2022年版

共通テスト
過去問研究

国語

JN247483

教学社

はじめに

共通テストってどんな試験？

大学入学共通テスト（以下、共通テスト）は、大学への入学志願者を対象に、高校における基礎的な学習の達成度を判定し、大学教育を受けるために必要な能力について把握することを目的とする試験です。一般選抜で国公立大学を目指す場合は原則的に、一次試験として共通テストを受験し、二次試験として各大学の個別試験を受験することになります。また、私立大学も9割近くが共通テストを利用します。そのことから、共通テストは50万人近くが受験する、大学入試最大の試験になっています。以前は大学入試センター試験がこの役割を果たしており、共通テストはそれを受け継ぐものです。

どんな特徴があるの？

共通テストの問題作成方針には「思考力、判断力、表現力等を発揮して解くことが求められる問題を重視する」とあり、「思考力」を問うような目新しい出題が見られます。たとえば、日常的な題材を扱う問題や複数の資料を読み取る問題が、以前のセンター試験に比べて多く出題されています。また、英語では、センター試験の「筆記」が「リーディング」に改称されたほか、リスニングで「1回読み」の問題が出題された等の変更があります。ただし、高校で履修する内容が変わったわけではありませんので、出題科目や出題範囲はセンター試験と同じです。

どうやって対策すればいいの？

共通テストで問われるのは、高校で学ぶべき内容をきちんと理解しているかどうかですから、普段の授業を大切にし、教科書に載っている基本事項をしっかりと身につけておくことが重要です。そのうえで出題形式に慣れるために、共通テストやセンター試験の過去問を有効に活用しましょう。共通テストでは思考力が重視されますが、思考力を問うような問題はセンター試験でも出題されてきました。共通テストの問題作成方針にも「これまで問題の評価・改善を重ねてきた大学入試センター試験における良問の蓄積を受け継ぎつつ」と明記されています。

本書では、共通テストの内容を詳しく分析し、センター試験の過去問を最大限活用できるよう編集しています。

本書が十分に活用され、志望校合格の一助になることを願ってやみません。

国語

＊2021 年度の共通テストは，新型コロナウイルス感染症の影響に伴う学業の遅れに対応する選択肢を確保するため，本試験が以下の 2 日程で実施されました。
第 1 日程：2021 年 1 月 16 日(土)および 17 日(日)
第 2 日程：2021 年 1 月 30 日(土)および 31 日(日)

＊実戦創作問題は，教学社が独自に作成した，共通テスト対策用の本書オリジナル問題です。

＊第 2 回試行調査は 2018 年度に，第 1 回試行調査は 2017 年度に実施されたものです。

＊試行調査（第 1 回・第 2 回）で実施された第 1 問（記述式）は，記述式の出題が見送りとなったため掲載しておりません。

共通テストについてのお問い合わせは…

独立行政法人　大学入試センター
志願者問い合わせ専用（志願者本人がお問い合わせください）03-3465-8600
9：30～17：00（土・日曜，祝日，12 月 29 日～ 1 月 3 日を除く）

https://www.dnc.ac.jp/

共通テストの

基礎知識

本書編集段階において，2022 年度共通テストの詳細については未定ですので，ここで紹介する内容は，2021 年 3 月時点で文部科学省や大学入試センターから公表されている情報，および 2021 年度共通テストの「受験案内」に基づいて作成しています。変更等も考えられますので，各人で入手した 2022 年度共通テストの「受験案内」や，大学入試センターのウェブサイト（https://www.dnc.ac.jp/）で必ず確認してください。

共通テストのスケジュールは？

A　2022年度共通テストの本試験は、1月15日(土)・16日(日)に実施される予定です。

「受験案内」の配布開始時期や出願期間は未定ですが、共通テストのスケジュールは、次のようになっています。1月なかばの試験実施日に対して出願が10月上旬とかなり早いので、十分注意しましょう。

9月初旬　受験案内　配布開始
志願票や検定料等の払込書等が添付されています。

10月上旬　出願
（現役生は在籍する高校経由で行います。）

1月なかば　共通テスト
2022年度本試験は1月15日(土)・16日(日)に実施される予定です。
自己採点

1月下旬　国公立大学の個別試験出願
私立大学の出願時期は大学によってまちまちです。各人で必ず確認してください。

共通テストの出願書類はどうやって入手するの?

A 「受験案内」という試験の案内冊子を入手しましょう。

「受験案内」には、志願票、検定料等の払込書、個人直接出願用封筒等が添付されており、出願の方法等も記載されています。主な入手経路は次のとおりです。

現役生	高校で一括入手するケースがほとんどです。出願も学校経由で行います。
過年度生	共通テストを利用する全国の各大学の窓口で入手できます。大手予備校に通っている場合は、そこで入手できる場合もあります。

受験する科目の決め方は?

A 志望大学の入試に必要な教科・科目を受験します。

左ページに掲載の6教科30科目のうちから、受験生は最大6教科9科目を受験することができます。どの科目が課されるかは大学・学部・日程によって異なりますので、受験生は志望大学の入試に必要な科目を選択して受験することになります。

共通テストの受験科目が足りないと、大学の個別試験に出願できなくなります。第一志望に限らず、**出願する可能性のある大学の入試に必要な教科・科目は早めに調べておきましょう。**

● 科目選択の注意点

地理歴史と公民で２科目受験するときに，選択できない組合せ

- ✕「世界史Ａ」と「世界史Ｂ」
- ✕「日本史Ａ」と「日本史Ｂ」
- ✕「地理Ａ」と「地理Ｂ」
- ✕「倫 理」と「倫理，政治・経済」
- ✕「政治・経済」と「倫理，政治・経済」

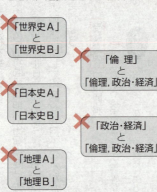

2022 年度の共通テストの出題教科・科目（下線はセンター試験との相違点を示す）

教　科	出題科目	備考（選択方法・出題方法）	試験時間 （配点）
国　語	『国語』	「国語総合」の内容を出題範囲とし，近代以降の文章（2 問 100 点），古典（古文（1 問 50 点），漢文（1 問 50 点））を出題する。	80 分 （200 点）
地理歴史	「世界史Ａ」 「世界史Ｂ」 「日本史Ａ」 「日本史Ｂ」 「地理Ａ」 「地理Ｂ」	10 科目から最大 2 科目を選択解答（同一名称を含む科目の組合せで 2 科目選択はできない。受験科目数は出願時に申請）。 『倫理，政治・経済』は，「倫理」と「政治・経済」を総合した出題範囲とする。	1 科目選択 60 分 （100 点） 2 科目選択*1 解答時間 120 分 （200 点）
公　民	「現代社会」 「倫理」 「政治・経済」 『倫理，政治・経済』		
数学 ①	「数学Ⅰ」 『数学Ⅰ・数学Ａ』	2 科目から 1 科目を選択解答。 『数学Ⅰ・数学Ａ』は，「数学Ⅰ」と「数学Ａ」を総合した出題範囲とする。「数学Ａ」は 3 項目（場合の数と確率，整数の性質，図形の性質）の内容のうち，2 項目以上を学習した者に対応した出題とし，問題を選択解答させる。	70 分 （100 点）
数学 ②	「数学Ⅱ」 『数学Ⅱ・数学Ｂ』 『簿記・会計』 『情報関係基礎』	4 科目から 1 科目を選択解答。 『数学Ⅱ・数学Ｂ』は，「数学Ⅱ」と「数学Ｂ」を総合した出題範囲とする。「数学Ｂ」は 3 項目（数列，ベクトル，確率分布と統計的な推測）の内容のうち，2 項目以上を学習した者に対応した出題とし，問題を選択解答させる。	60 分 （100 点）
理科 ①	「物理基礎」 「化学基礎」 「生物基礎」 「地学基礎」	8 科目から下記のいずれかの選択方法により科目を選択解答（受験科目の選択方法は出願時に申請）。 A　理科①から 2 科目 B　理科②から 1 科目 C　理科①から 2 科目および理科②から 1 科目 D　理科②から 2 科目	【理科①】 2 科目選択*2 60 分（100 点） 【理科②】 1 科目選択 60 分（100 点） 2 科目選択*1 解答時間 120 分 （200 点）
理科 ②	「物理」 「化学」 「生物」 「地学」		
外国語	『英語』 『ドイツ語』 『フランス語』 『中国語』 『韓国語』	5 科目から 1 科目を選択解答。 『英語』は，「コミュニケーション英語Ⅰ」に加えて「コミュニケーション英語Ⅱ」および「英語表現Ⅰ」を出題範囲とし，「リーディング」と「リスニング」を出題する。「リスニング」には，聞き取る英語の音声を 2 回流す問題と，1 回流す問題がある。	『英語』*3 【リーディング】 80 分（100 点） 【リスニング】 解答時間 30 分*4 （100 点） 『英語』以外 【筆記】 80 分（200 点）

＊1　「地理歴史および公民」と「理科②」で2科目を選択する場合は、解答順に「第1解答科目」および「第2解答科目」に区分し各60分間で解答を行うが、第1解答科目と第2解答科目の間に答案回収等を行うために必要な時間を加えた時間を試験時間（130分）とする。
＊2　「理科①」については、1科目のみの受験は認めない。
＊3　外国語において『英語』を選択する受験者は、原則として、リーディングとリスニングの双方を解答する。
＊4　リスニングは、音声問題を用い30分間で解答を行うが、解答開始前に受験者に配付したICプレーヤーの作動確認・音量調節を受験者本人が行うために必要な時間を加えた時間を試験時間（60分）とする。

どのような問題が出題されるの？

A　2022年度の共通テストについては「問題作成方針」※が発表されています。そこには「センター試験における良問の蓄積を受け継ぎつつ」とあるように、共通テストはセンター試験がベースになっています。また、2017・2018年度に行われた試行調査の問題作成の方向性もほぼ同じ内容でしたので、共通テストの対策をするうえで**共通テストの過去問**だけでなく、**試行調査やセンター試験の問題**が大いに参考になります。本書の「共通テスト対策講座」では2021年度の共通テストを詳細に分析し、試行調査やセンター過去問の効果的な活用法も紹介しています。

共通テストでは、多くの科目でセンター試験よりも問題文の**分量が増加**しました。そのため、共通テストの問題は難しく感じられるかもしれません。しかし、**過度に不安になる必要はありません**。各教科の基礎をしっかりと身につけ、センター試験の過去問も十分に活用して、共通テストに臨んでください。

なお、**数学と国語**では、試行調査実施段階では**記述式問題**が導入される予定でしたが、試行調査実施後に**見送り**が発表されました（※）。そのため、試行調査で出題された記述式問題については、**共通テストでは出題されません**ので、ご注意ください。

※2020年1月29日、および、2020年6月30日に公表されています。

「受験案内」の配布時期や入手方法、出願期間などの情報は、大学入試センターのウェブサイトで公表される予定です。各人で最新情報を確認するようにしてください。

試験データ

※ 2020 年度まではセンター試験の数値です。

共通テストや最近のセンター試験について，志願者数や平均点の推移，科目別の受験状況などを掲載しています。

● 志願者数・受験者数等の推移

	2021 年度	2020 年度	2019 年度	2018 年度
志願者数	535,245 人	557,699 人	576,830 人	582,671 人
内，高等学校等卒業見込者	449,795 人	452,235 人	464,950 人	473,570 人
現役志願率	44.3%	43.3%	44.0%	44.6%
受験者数	484,114 人	527,072 人	546,198 人	554,212 人
本試験のみ	482,624 人	526,833 人	545,588 人	553,762 人
追試験のみ	1,021 人	171 人	491 人	320 人
再試験のみ	10 人	—	—	—
本試験＋追試験	407 人	59 人	102 人	94 人
本試験＋再試験	51 人	9 人	17 人	36 人
受験率	90.45%	94.51%	94.69%	95.12%

※ 2021 年度受験者数は特例追試験（1 人）を含む。なお，2021 年度の内訳は以下のとおり。
本試験：第 1 日程（1 月 16 日・17 日）と第 2 日程（1 月 30 日・31 日）の合計人数
追試験：第 2 日程（1 月 30 日・31 日）の人数
再試験：第 2 日程（1 月 30 日・31 日）の人数

● 志願者数の推移

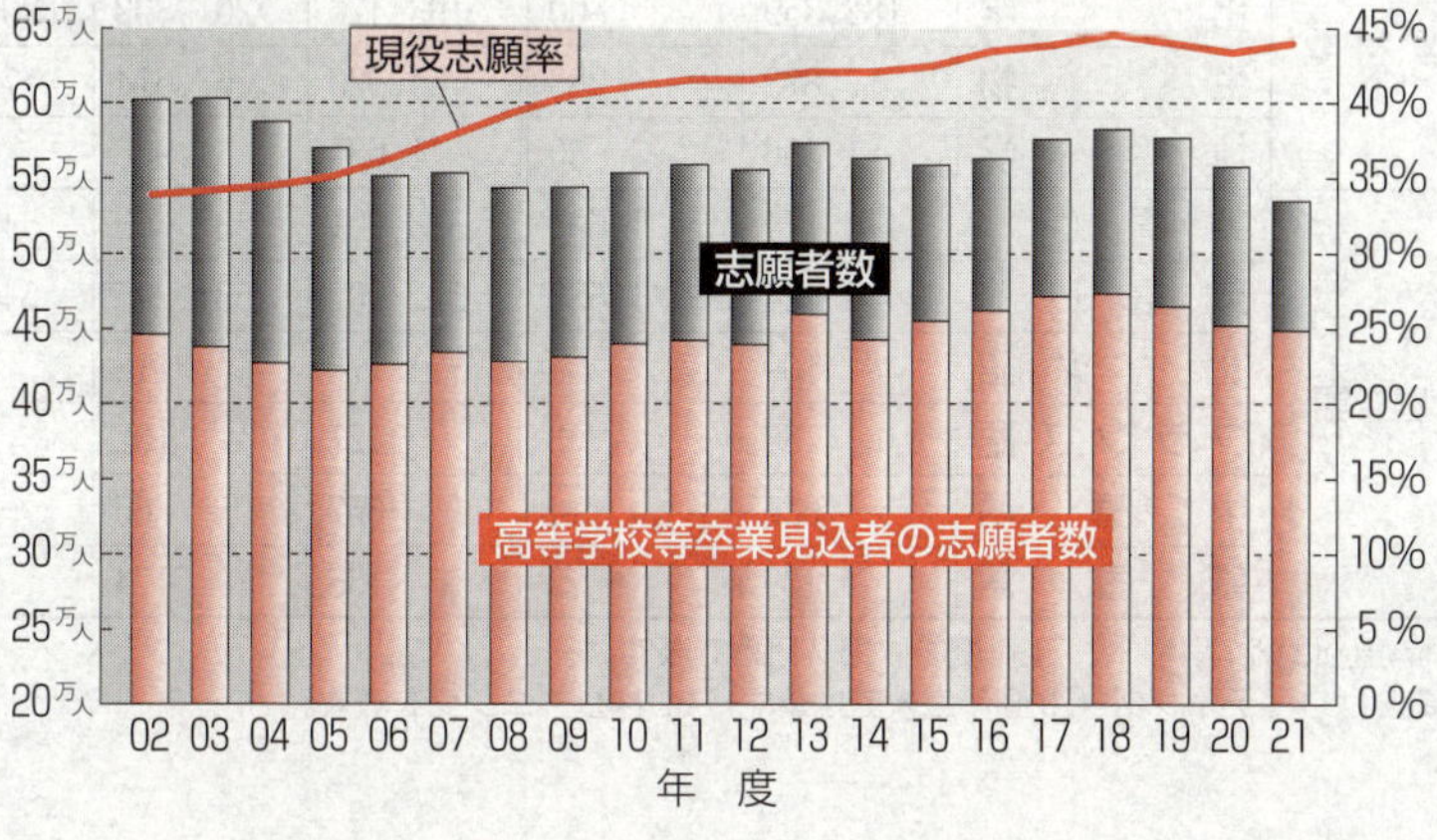

● 科目ごとの受験者数の推移（2018～2021 年度本試験）

（人）

教科		科目	2021 年度①	2021 年度②	2020 年度	2019 年度	2018 年度
国語		国語	457,305	1,587	498,200	516,858	524,724
地理歴史		世界史A	1,544	14	1,765	1,346	1,186
		世界史B	85,690	305	91,609	93,230	92,753
		日本史A	2,363	16	2,429	2,359	2,746
		日本史B	143,363	410	160,425	169,613	170,673
		地理A	1,952	16	2,240	2,100	2,315
		地理B	138,615	395	143,036	146,229	147,026
公民		現代社会	68,983	215	73,276	75,824	80,407
		倫理	19,955	88	21,202	21,585	20,429
		政治・経済	45,324	118	50,398	52,977	57,253
		倫理, 政治・経済	42,948	221	48,341	50,886	49,709
数学	数学①	数学Ⅰ	5,750	44	5,584	5,362	5,877
		数学Ⅰ・A	356,493	1,354	382,151	392,486	396,479
	数学②	数学Ⅱ	5,198	35	5,094	5,378	5,764
		数学Ⅱ・B	319,697	1,238	339,925	349,405	353,423
		簿記・会計	1,298	4	1,434	1,304	1,487
		情報関係基礎	344	4	380	395	487
理科	理科①	物理基礎	19,094	120	20,437	20,179	20,941
		化学基礎	103,074	301	110,955	113,801	114,863
		生物基礎	127,924	353	137,469	141,242	140,620
		地学基礎	44,320	141	48,758	49,745	48,336
	理科②	物理	146,041	656	153,140	156,568	157,196
		化学	182,359	800	193,476	201,332	204,543
		生物	57,878	283	64,623	67,614	71,567
		地学	1,356	30	1,684	1,936	2,011
外国語		英語（R※）	476,174	1,693	518,401	537,663	546,712
		英語（L※）	474,484	1,682	512,007	531,245	540,388
		ドイツ語	109	4	116	118	109
		フランス語	88	3	121	102	109
		中国語	625	14	667	665	574
		韓国語	109	3	135	174	146

・2021 年度①は第 1 日程，2021 年度②は第 2 日程を表す。
※英語の R はリーディング（2020 年度までは筆記），L はリスニングを表す。

科目ごとの平均点の推移（2018～2021 年度本試験）

（点）

教科		科目	2021 年度①	2021 年度②	2020 年度	2019 年度	2018 年度
国語		国語	58.75	55.74	59.66	60.77	52.34
地理歴史		世界史A	46.14	43.07	51.16	47.57	39.58
		世界史B	63.49	54.72	62.97	65.36	67.97
		日本史A	49.57	45.56	44.59	50.60	46.19
		日本史B	64.26	62.29	65.45	63.54	62.19
		地理A	59.98	61.75	54.51	57.11	50.03
		地理B	60.06	62.72	66.35	62.03	67.99
公民		現代社会	58.40	58.81	57.30	56.76	58.22
		倫理	71.96	63.57	65.37	62.25	67.78
		政治・経済	57.03	52.80	53.75	56.24	56.39
		倫理, 政治・経済	69.26	61.02	66.51	64.22	73.08
数学	数学①	数学Ⅰ	39.11	26.11	35.93	36.71	33.82
		数学Ⅰ・A	57.68	39.62	51.88	59.68	61.91
	数学②	数学Ⅱ	39.51	24.63	28.38	30.00	25.97
		数学Ⅱ・B	59.93	37.40	49.03	53.21	51.07
		簿記・会計	49.90	—	54.98	58.92	59.15
		情報関係基礎	61.19	—	68.34	49.89	59.35
理科	理科①	物理基礎	75.10	49.82	66.58	61.16	62.64
		化学基礎	49.30	47.24	56.40	62.44	60.84
		生物基礎	58.34	45.94	64.20	61.98	71.24
		地学基礎	67.04	60.78	54.06	59.24	68.26
	理科②	物理	62.36	53.51	60.68	56.94	62.42
		化学	57.59	39.28	54.79	54.67	60.57
		生物	72.64	48.66	57.56	62.89	61.36
		地学	46.65	43.53	39.51	46.34	48.58
外国語		英語（R※）	58.80	56.68	58.15	61.65	61.87
		英語（L※）	56.16	55.01	57.56	62.84	45.34
		ドイツ語	59.62	—	73.95	76.10	68.41
		フランス語	64.84	—	69.20	69.32	67.41
		中国語	80.17	80.57	83.70	75.44	77.45
		韓国語	72.43	—	73.75	63.12	66.27

- 各科目の平均点は 100 点満点に換算した点数。
- 2021 年度①の「公民」および「理科②」の科目の数値は，得点調整後のものである。
  得点調整の詳細については大学入試センターのウェブサイト内にある「令和 3 年度試験」「得点調整について」で確認してください。
- 2021 年度②の「—」は，受験者数が少ないため非公表。

数学①と数学②の受験状況（2021年度）

（人）

受験科目数	数学①		数学②				受験者数
	数学Ⅰ	数学Ⅰ・数学A	数学Ⅱ	数学Ⅱ・数学B	簿記・会計	情報関係基礎	
1科目	3,394	33,488	79	330	581	72	37,944
2科目	2,399	324,356	5,154	320,604	721	276	326,755
計	5,793	357,844	5,233	320,934	1,302	348	364,699

地理歴史と公民の受験状況（2021年度）

（人）

受験科目数	地理歴史						公民				受験者数
	世界史A	世界史B	日本史A	日本史B	地理A	地理B	現代社会	倫理	政治・経済	倫理，政経	
1科目	814	36,755	1,470	71,254	1,131	111,715	20,658	5,979	17,439	14,199	281,414
2科目	738	49,232	907	72,513	834	27,290	48,538	14,063	28,002	28,967	135,542
計	1,552	85,987	2,377	143,767	1,965	139,005	69,196	20,042	45,441	43,166	416,956

理科①の受験状況（2021年度）

区分	物理基礎	化学基礎	生物基礎	地学基礎	延受験者計
受験者数	19,214人	103,375人	128,278人	44,462人	295,329人
科目選択率	6.5%	35.0%	43.4%	15.1%	100.0%

- 2科目のうち一方の解答科目が特定できなかった場合も含む。
- 科目選択率＝各科目受験者数／理科①延受験者計×100

理科②の受験状況（2021年度）

（人）

受験科目数	物理	化学	生物	地学	受験者数
1科目	16,060	11,872	15,400	417	43,749
2科目	130,633	171,281	42,757	969	172,820
計	146,693	183,153	58,157	1,386	216,569

平均受験科目数（2021年度）

（人）

受験科目数	8科目	7科目	6科目	5科目	4科目	3科目	2科目	1科目
受験者数	7,021	272,915	21,924	24,496	41,943	100,843	13,025	1,947

平均受験科目数
5.62

- 理科①（基礎の付された科目）は，2科目で1科目と数えている。
- 上記の数値は本試験・追試験・再試験・特例追試験を含む。

共通テスト
対策講座

「大学入試センター試験」に代わるテストとして，2021年1月から「大学入学共通テスト」がスタートしました。ここでは，2021年1月に実施された2回の本試験と，大学入試センターが公表している資料をもとに，共通テストについてわかりやすく解説するとともに，具体的にどのような対策をすればよいかを考えます。

江端 文雄　Ebata, Fumio

眼鏡フレーム・繊維・漆器の産地，福井県鯖江市出身。元予備校講師。約30年間，各地の予備校で国語全般（現代文・古文・漢文）の指導にあたる。現在，「赤本」などの問題集・参考書の執筆，および大学入試問題の作成・審査に携わる。著書に『京大の現代文27カ年』『京大の古典27カ年』『阪大の国語15カ年』『共通テスト漢文 満点のコツ』（いずれも教学社）などがある。趣味はサイクリング，バックパック旅行，ピアノなど。

どんな問題が出るの？

まずは、二〇二一年度の国語の問題の全体を分析してみましょう。センター試験とはどう変わったのでしょうか。

共通テスト「国語」の新しい特徴は、

①複数の題材を組み合わせた問題が出題される
②言語活動の過程が重視される
③文章をいろいろな角度から読み取らせる

と言えます。なぜそう言えるのか、項目ごとに確認しながら読み解いていきましょう。

出題科目・出題方法等

共通テストの「国語」の「出題方法等」は「『国語総合』の内容を出題範囲とし、近代以降の文章、古典（古文、漢文）を出題する」と発表されており、センター試験からの変更はありません。

試験時間

共通テストの「国語」の試験時間は八〇分で、センター試験と同じです。

設問形式

共通テストも、センター試験と同じく、すべての問題がマーク式で出題されます。

大問構成・配点

二〇二一年度本試験の大問構成と配点は、大枠としては、**現代文二題**、**古文一題**、**漢文一題**という構成で、配点は「近代以降の文章（2問100点）、古典（古文（1問50点）、漢文（1問50点））」であり、センター試験からの変更はありません。

しかし、次のページの比較表（共通テスト二〇二一年度本試験第1日程／共通テスト二〇二一年度本試験第2日程／センター試験二〇二〇年度）にも示していますが、取り上げられた問題文・資料の面で、センター試験との違いが見られます。次の項目で詳しく分析します。

共通テストとセンター試験の比較

	大問	項目	問題文と資料	設問の量	配点
共通テスト二〇二一年度 本試験（第1日程）	1	現代文	評論文＋小説	5問（解答数12）	50点
	2	現代文	小説+その論評	6問（解答数9）	50点
	3	古文	文章＋和歌	5問（解答数8）	50点
	4	漢文	漢詩＋文章	6問（解答数9）	50点
	4題合計で22問（解答数38）　平均点117.51点（受験者数457,305人）				
共通テスト二〇二一年度 本試験（第2日程）	1	現代文	評論文	6問（解答数11）	50点
	2	現代文	小説	6問（解答数9）	50点
	3	古文	文章	5問（解答数8）	50点
	4	漢文	文章＋文章	7問（解答数9）	50点
	4題合計で24問（解答数37）　平均点111.49点（受験者数1,587人）				
センター試験（二〇二〇年度本試験）	1	現代文	評論文	6問（解答数11）	50点
	2	現代文	小説	6問（解答数9）	50点
	3	古文	文章	6問（解答数8）	50点
	4	漢文	漢詩	6問（解答数7）	50点
	4題合計で24問（解答数35）　平均点119.33点　（受験者数498,200人）				

問題文・資料

1 共通テストの問題作成方針と出題内容

共通テスト「国語」の問題作成方針（二〇二二年度試験・二〇二三年度試験とも同じ内容）として、大学入試センターは次のように述べています。

> 言語を手掛かりとしながら、文章から得られた情報を多面的・多角的な視点から解釈したり、目的や場面等に応じて文章を書いたりする力などを求める。近代以降の文章（論理的な文章、文学的な文章、実用的な文章）、古典（古文、漢文）といった題材を対象とし、言語活動の過程を重視する。問題の作成に当たっては、大問ごとに一つの題材で問題を作成するだけでなく、異なる種類や分野の文章などを組み合わせた、複数の題材による問題を含めて検討する。

二〇二二年度の本試験の問題は、この問題作成方針にのっとって作成されています。ただし第2日程の問題は、従来のセンター試験の形式をほぼ踏襲したものとなりました。特に共通テストの看板ともいえる**複数の題材**は、漢文の設問の中で短い資料が出されたにすぎません。よって、以下では第1日程の問題に即して説明していきます（第2日程については カッコつきで補足的に示します）。特に、問題文・資料の面で、問題作成方針は色濃く反映されています。二〇二一年度本試験の問題について、出題された内容をまとめると、次のようになります。基本的にセンター試験と同じです。

第1問：**現代文（論理的な文章）**

第2問：現代文（文学的な文章）
第3問：古文
第4問：漢文
問題作成方針との関連を、具体的に見ていきましょう。

2 複数の題材による問題と、実用的な文章

二〇二一年度の本試験では、「異なる種類や分野の文章などを組み合わせた、複数の題材による問題」（問題作成方針）として、以下のような出題がありました。

第1問：評論と小説
第2問：小説とその論評
第3問：文章と和歌
第4問：漢詩と文章

いずれの大問も複数の文章（和歌・漢詩を含む）の組み合わせでしたが、第1問〜第3問はメインの文章の読み取りが設問の大半を占め、もう一つの文章は資料として一つの設問を解く際に参照すればよいという性質のものでした。しかし第4問はメインの文章が二つあり、複数の設問が両文章に関わっていました。このように、題材については、メイン＋サブ、メイン＋メインの両形式が今後も出題されると思われます。

試行調査では、資料の多い問題も出されていました。メイン＋メインのタイプの本格的な複数資料問題が出題されると、読み取るべき資料の分量が多くなって、試験時間内に解き切るのがかなり難しくなります。資料の多い問題が出された場合は、最重要の資料はどれかを見極め、資料ごとの要点をとらえることが必要となるでしょう。

また、共通テストでは、近代以降の文章として、「実用的な文章」も出題の対象となっていますが、二〇二一年度本

試験では出題されませんでした〈第2日程でも出題なし〉。ただ、問題作成方針には、出題される可能性が示されているので、新しい傾向として注意しておきたいところです。

共通テストの試行調査では、文章と資料（表、図、法律などの条文、新聞記事など）を組み合わせる、複数の文章を組み合わせる、という問題が目立ちました。センター試験では、文章や設問に関連する図（写真、イラスト、系図など）が出されたり、漢文でメインの文章と関連する漢詩が出されたり（二〇一〇年度本試験）した例がありますが、それほど頻繁に見られたわけではありません。共通テストでは、今後、**文章以外のさまざまな素材が資料として用いられ**る可能性があります。

3 言語活動の重視

二〇二一年度本試験では、第1問の問5において、**本文を理解するために生徒が作成したノートが**、問題を解く資料として取り入れられていました。これは、**「学習の過程を意識した問題の場面設定」**（問題作成方針）ということが反映された出題と思われます。

類似の内容として、試行調査では、第2回の第1問（記述式）で、下のような問題が出されていました。また、第1回試行調査の第5問でも、生徒のまとめたレポートが出されていました。生徒どうしの会話という形式では、近年のセンター試験でもたびたび出題されていますので、過去問演習を通じて慣れておくとよいでしょう。

問2　「ヒトはどのように言語を習得していくのか」という問題について考えを進めたまことさんは、【文章Ⅰ】の傍線部B「初期の指差しは、言語習得のひとつの重要な要素をなしている」ことについて、【文章Ⅱ】に詳しく述べられていることに気付いた。そこで、【文章Ⅱ】の内容を基に、子どもが「初期の指差し」によって言語を習得しようとする一般的な過程を次のようにノートに整理してみた。その過程が明らかになるように、空欄に当てはまる内容を四十字以内で書け（句読点を含む）。

【初期の指差しと言語習得】

ある単語を耳にする。

↓

子どもは無数の候補の中から適切な一つを選ぶ必要が生じる。
しかも
大人は［　　　　］

↓

だから子どもは積極的に指差しをする。

第2回試行調査　第1問（記述式）の例

4 傍線が引かれていない問題文

第1回試行調査の第2問（評論）では、問題文に傍線がまったく引かれていない状態で問題が出されました。こういった問題は、傍線部の前後だけを読んで選択肢を判別するようなやり方では対処が難しく、**問題文全体の展開を把握し、筆者の言いたいことを理解することが求められます。**また、設問に示された言葉をキーワードとして、**出題意図を読み取ることが必要です。**二〇二一年度の本試験でも、問題文に傍線をつけずに内容を問う設問が出されました〈また第2日程の第3問では傍線をつけずに問う設問が目立ちました〉。センター試験でも、傍線をつけずに問う設問は増加傾向にありましたので、過去問でよく練習しておきましょう。

問題の分量

二〇二一年度の共通テストと、センター試験の、全体の解答数を比較すると、二〇二一年度本試験は、第1問・第4問の解答数が増え、全体としては微増となりました（14ページの比較表参照）。

問題冊子のページ数を比較すると、二〇〇〇年度前後のセンター試験では全体で三〇ページ程度のこともありましたが、近年は四〇ページ程度に増え、共通テストの二〇二一年度本試験は三九ページでした（空白のページは除く）。会話形式の設問を取り入れること、複数の資料を用いることなどによって、問題のページ数が多くなる傾向が指摘できます。

難易度

二〇二一年度本試験（第1日程）の平均点は、一一七・五一点でした。センター試験の近年の本試験の平均点は、下の表のとおり、おおむね5割台前半〜6割台前半となっています。したがって、問題の難易度自体は、両者に大きな違いはないと考えられます。

ただ、知識・技能に加え思考力・判断力なども測るべくさまざまに工夫された四つの大問を、八〇分という時間で解き切るのは、受験生にとってかなり難しいでしょう。高得点を取るには、**時間配分に注意**し、**文章・資料を的確に読み解いて選択肢にあたる**という練習が必要となります。

	年度等	平均点
共通テスト（本試験）	2021 第1日程	58.75
	2021 第2日程	55.74
共通テスト（試行）第2問〜第5問	第2回	45.40（51.37）
	第1回	非公表
センター試験（本試験）	2020	59.66
	2019	60.77
	2018	52.34
	2017	53.48
	2016	64.69
	2015	59.61

※100点満点に換算。第2回試行調査の（　）内は受検者のうち高校3年生の平均点。

以上のように、共通テストの国語には、いくつかの注目すべき変更点があります。ただ、共通テストの全教科を通じての「問題作成方針」によると、基本的な考え方として、「これまで問題の評価・改善を重ねてきた**大学入試センター試験における良問の蓄積を受け継ぎつつ**、高等学校教育を通じて大学教育の入口段階までにどのような力を身に付けているることを求めるのかをより明確にしながら問題を作成する」と示されています。したがって、共通テストの過去問に加えて、センター試験で出されてきた過去問も研究することが、共通テスト対策に役立つことは間違いないと考えます。

共通テスト徹底分析

ここでは、「現代文」「古文」「漢文」の各分野に分けて、今後の共通テストで出題されると考えられる内容と、効果的な対策を探ります。

現代文の出題内容

現代文（近代以降の文章）の二題は、**論理的な文章**、**文学的な文章**が、それぞれの大問の出題の中心になりました。おおむね、センター試験で第1問（評論）・第2問（小説）として出題されていた内容が踏襲されています。ただ、共通テストで出題される可能性がある文章として、**「実用的な文章」**もあります。詳しく見ていきましょう。

1 出題される文章は？

共通テストの二〇二一年度本試験、二回の試行調査、および最近のセンター試験で出された文章は以下のとおりです。

＊会話＝設問内に生徒（・教師）の会話文を含む
＊実用的資料・図・表・ノート＝本文や設問内にこれらが取り入れられている

●共通テスト　現代文出題一覧

年度等		問題番号	難度	ジャンル	出典	行数
2021	第1日程	1	やや難	評論	「江戸の妖怪革命」（香川雅信）	68
				小説	「歯車」（芥川龍之介）　ノート	4
		2	標準	小説	「羽織と時計」（加能作次郎）	80
				論評	「師走文壇の一瞥」（宮島新三郎）	11
	第2日程	1	やや難	評論	「『もの』の詩学」（多木浩二）　会話	69
		2	やや難	小説	「サキの忘れ物」（津村記久子）　会話	86
第2回試行		2	標準	評論	「著作権2．0―ウェブ時代の文化発展をめざして」（名和小太郎） 実用的資料（ポスター「著作権のイロハ」、著作権法（抄））　表	68
		3	標準	詩	「紙」（吉原幸子）	30
				随筆	「永遠の百合」（吉原幸子）	20
第1回試行		2	標準	評論	「路地がまちの記憶をつなぐ」（宇杉和夫）　表・図	86
		3	標準	小説	「ツバメたち」（光原百合）	70

●センター試験　現代文出題一覧

本試験

年度	問題番号	難度	ジャンル	出典	行数
2020	1	標準	評論	「境界の現象学」（河野哲也）　会話	64
	2	やや難	小説	「翳」（原民喜）	92

追試験

問題番号	ジャンル	出典	行数
1	評論	「柔らかヒューマノイド」（細田耕）　会話	82
2	小説	「水の中のザクロ」（稲葉真弓）　会話	98

年度	問	難易度	ジャンル	出典	
2019	1	標準	評論	「翻訳をめぐる七つの非実践的な断章」（沼野充義） 会話	80
	2	標準	小説	「花の精」（上林暁）	111
2018	1	標準	評論	「デザインド・リアリティ」（有元典文・岡部大介） 図 会話	98
	2	標準	小説	「キュウリいろいろ」（井上荒野）	109
2017	1	やや難	評論	「科学コミュニケーション」（小林傳司）	82
	2	標準	小説	「秋の一日」（野上弥生子）	107
2016	1	標準	評論	「キャラ化する／される子どもたち」（土井隆義） 会話	69
	2	標準	小説	「三等車」（佐多稲子）	141
2015	1	標準	評論	「未知との遭遇」（佐々木敦）	79
	2	標準	小説	「石を愛でる人」（小池昌代）	115

1	評論	「西欧化日本の研究」（三枝博音） 会話	84
2	小説	「一条の光」（耕治人）	120
1	評論	「ロスト近代」（橋本努） 会話	71
2	小説	「鳥屋の日々」（中野孝次）	99
1	評論	「科学技術・地球システム・人間」（竹内啓） 会話	84
2	小説	「青ざめた行列」（浅原六朗）	122
1	評論	「極北の声」（佐佐木幸綱）	84
2	小説	「孤児の感情」（川端康成）	86
1	評論	「運動する認識」（北垣徹）	66
2	小説	「紅茶」（大庭みな子）	123

二〇二一年度本試験（第1日程）では、第1問のメインの文章として妖怪を論じた文章が出題されましたが、哲学的な内容を含んでいました。現代文（論理的な文章）で出題される文章は、センター試験では、哲学評論から現代社会論・経済論・文学評論・芸術評論・日本語論・文化論と、ジャンルは多岐にわたり、**きわめて幅広いテーマ**が出題されています。問題文として採用されるのは、**まとまりがあって論旨のしっかりした部分**であり、分量は三〇〇〇～五〇〇〇字程度と読みごたえがあります。共通テストの二回の試行調査においては、実用的なテーマと絡めやすい文章が選ばれた感があり、**表や図、資料も文章とあわせて読み取る**ことが求められました。いずれにしても、平素から長文を読み慣れ、まとまりごとに論旨をつかみ、じっくり展開をたどっていく習慣ができていないと、限られた時間の中で読みこなすのは難しいでしょう。

文学的文章としては、センター試験では例年、**小説**が出題されてきました。二〇二一年度の共通テスト本試験も小説でしたが、第1日程ではサブの資料として批評が追加されていました。第2回試行調査では**詩とエッセイ**が出されました。これは複数の題材を使うという趣旨に即して作られたものと思われます。小説では、原民喜、上林暁、野上弥生子、耕治人といった少し昔の文学者から、津村記久子、小池昌代、井上荒野といった現代作家まで、実に幅広く出題されています。おおむね四〇〇〇字を超える長い文章で、一見読みやすそうですが、**心の動きのかなり深い部分まで**描かれているものが多く、本文そのものを理解するのに時間がかかります。読解力を向上させるのに好適な文章が選ばれていると言えるでしょう。

共通テストでは、**実用的な文章**や、**図表・資料**について、どのようなものが出されるか注目されていましたが、二〇二一年度本試験ではこれといった出題がありませんでした。今後の出題に備えるとするなら、試行調査で出された、次のような問題に注意しておきましょう。

【資料③】

青原高校新聞　（平成28年９月７日　文化祭特別号　青原高等学校新聞部）　抜粋

青高生の主張

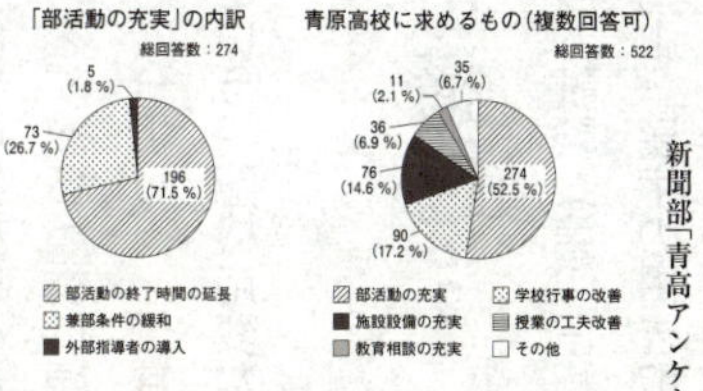

第一位は「部活動の充実」

新聞部「青高アンケート」結果発表

先日、新聞部が実施した「青高アンケート」（七月十五日実施）の結果によると、学校側への要望で、最も多かったものは「部活動の充実」、二番目は「学校行事の改善」であった。

「部活動の充実」の内訳では、「部活動の終了時間の延長」という回答が最も多かった。これは、秋の新人戦・作品展に向けた練習・準備が活発化する中、近隣高校に比べて活動時間が短い、という思いの表れであろう。

硬式野球部主将の中野さんは、「青原高校の生徒は、部活動があるからといって学業をおろそかにするとは考えられない」と語る。また、吹奏楽部部長の樋口さんは、「部活動を一生懸命やりたい後輩は、白鳥総合高校を目指してしまうから、ぜひ部活動の終了時間を延長してほしい」と訴えた。

しかし、部活動の終了時間の延長の実現には課題もある。青原市作成の「通学路安全マップ」によれば、本校の通学路は、歩道も確保できないほど道幅が狭い。また、交通量のピークは午前七時前後と午後六時前後とされている。生徒指導担当の織田先生は、「部活動の終了時間の延長を認めた場合、生徒の下校が集中する時間帯の安全確保に問題が生じるのではないか」と語っている。

第１回試行調査の第１問で「資料③」として出された架空の高校の新聞記事

①実用的な文章を主たる題材とするもの（↓第1回試行調査第1問：生徒会規約の条文、統計表、新聞記事）

②実用的な文章と論理的な文章を組み合わせたもの（↓第2回試行調査第2問：ポスター＋法律の条文＋評論文）

試行調査で出題された実用的な文章は、難しい表現や複雑な論理が展開されてはいないので、大学受験を考えている高校生であれば難なく読める文章です。法律や条例の条文などは、読み慣れていないかもしれませんが、項目ごとに順序立てて内容が書かれているので、内容の把握はそれほど難しくはないでしょう。資料も平易なものです。ただ、資料の数が多くなると、提示された資料を前から順番に読んでいくというやり方では時間が足りなくなります。まずは、出された文章や資料を横断的に確認して分析し、必要な情報がどれかを判断することが必要となります。資料の量を確認し、それに応じて時間配分をするという、臨機応変な対応が求められるでしょう。

2 設問の構成は?

二〇二一年度本試験(第1日程)の設問は、次のような内容となっていました。

第1問
問1:漢字の書き取り問題(5問)
問2:傍線部はどのような存在か、その説明として最も適当なものを選ぶ問題
問3:傍線部はどのような方法か、その説明として最も適当なものを選ぶ問題
問4:傍線部はどういうことか、その説明として最も適当なものを選ぶ問題
問5(i)・(ii)・(iii):ノートの空欄に入るものとして最も適当なものを選ぶ問題

第2問
問1:語意問題(3問)
問2:傍線部はどのような気持ちか、その説明として最も適当なものを選ぶ問題
問3:傍線部はどういうことか、その説明として最も適当なものを選ぶ問題
問4:傍線部がなぜかという説明として最も適当なものを選ぶ問題
問5:傍線部の行動の説明として最も適当なものを選ぶ問題
問6(i):傍線部の意見の説明として最も適当なものを選ぶ問題
(ii):評者とは異なる見解として最も適当なものを選ぶ問題

漢字は、センター試験や二回の試行調査と異なる大きな特徴として、選択肢が四つに減少しました〈第2日程も同様〉。訓読みも問われた点は従来通りです。語意を問う問題は、多くは語の辞書的な意味をふまえたうえで、文中における意味内容や比喩の内容を問うものになっています。

内容を問う設問のほとんどはセンター試験と同じ形式でした。傍線部の内容説明や理由説明を求めるものです。そして最後の一問が大きく変わりました。第1問の問5は生徒のノートを完成させるもので、追加資料の内容をふまえて答える設問となっていました。また第2問の問6は本文の批評の内容を問うもので、特に(ii)は「評者とは異なる見解」を問うという発展的な思考力が問われました。センター試験でも、最後の一問（問6）または二問（問5・問6）が本文全体にかかわる問題になっていました。論理的文章では、「本文の論の進め方」や「文章の表現」、「文章の構成・展開」などが問われており、文学的文章では「表現の特徴」「内容の特徴」などが問われています。傍線をつけずに問う（二〇一七年度本試験・追試験の第2問・問5）など、本文全体について把握したうえで検討しなくてはならない設問もいろいろな形で出される傾向にありますので、過去問で練習しておく必要があると同時に、このような新傾向の設問に対しても、十分に慣れておくことが大切です。

全体的な設問の傾向としては、いずれの大問も、きちんと「部分→全体」の流れが押さえられ、テーマや趣旨が理解されているかを問う問題です。つまり、メインの文章が正確に理解できているかを問う、現代文の本道を行く問題が中心となっています。

ただ、共通テストでは、サブとはいえ資料が追加されたことにより、複眼的な読み方を要求する設問が加えられています。また、第2日程で見られたように、ディベート形式などの設問が加わることも十分に考えられるので、これらについても注意しておく必要があるでしょう。

3 難易度は？

共通テストの問題は、新しい試みを取り入れ、よく工夫された問題という意味で、難しく感じられるかもしれません。迷わされる選択肢も含まれています。二〇二一年度本試験（第1日程）の論理的な文章は哲学的な内容が含まれていたために、その感が強かったと思われます。ただ**選択肢の長さが二つの大問ともに全体的に短くなりました**ので、設問を解くスピードは上がったと思われます。したがって総合的にみれば、**センター試験と同レベル**だと思われます。

文学的文章については、登場人物（特に主人公）の置かれた状況や心情、それらが変化していく過程を丁寧に追っていくという点はセンター試験と変わりません。確かに問6のような設問で多少戸惑うかもしれませんが、全体的には従来のセンター試験の難易度が踏襲されていたように思われます。なお、第2回試行調査で出された、詩に関する設問では正答率が低くなりました。**韻文**が出題された場合は、得意不得意による差が出ると思われます。大問一題あたり平均二〇分という短時間で解答することを考えると、文章の要点を読み取り、スピーディーに選択肢を見極める能力が必要な問題と言えます。

対策　いずれの大問においても、**限られた時間内での文章・資料の理解**が求められるので、細部にこだわらず**全体を大きく把握すると同時に、ポイントとなる箇所を正確に把握する**、というスタンスで臨むのがよいでしょう。どのような文章が出題されるかによって、問題で問われることはかなり変わるはずですので、論理的な文章、文学的な文章（詩・短歌などの韻文を含む）に加え、実用的な文章など、幅広い文章を読み慣れておくことが大切です。

✔ 論理的な文章

まず大切なことは、**骨のある長文の評論文を積極的に読む**ことです。共通テストでは素早く文意を読み取る力が要求されそうですので、同じ趣旨で作られたセンター試験の過去の問題にも数多く接しておきましょう。抽象的な文章は具体的な事柄に置き換えながら読むとわかりやすいでしょう。また、文章のジャンルでは、特に言語・芸術・哲学・社会・自然科学・文明批評などが重要分野です。読解にあたっては、次のような練習をしましょう。

- 全文を通読し、三つか四つの段落に大きく分け、それぞれ何について書かれているかつかむ
- 全体の流れをたどり、論旨・主題を二〇〇〜三〇〇字程度にまとめてみる
- 全体、またまとまりごとの標題（タイトル）をつける

文学的な文章

文学的文章については、小説・紀行・随筆などの文章を読み、**作者や登場人物の心情にまで迫る深い理解に達する**よう心がけることが重要です。読解にあたっては、作者（あるいは出題者）の意図、表現しようとしていることをつかみ、要旨を二〇〇〜三〇〇字程度にまとめる練習をすると効果的でしょう。

第2回試行調査では**詩**が出題されましたが、短歌、俳句なども要注意です。これらの韻文を取り上げた評論や鑑賞文を読み、**修辞技巧**を押さえるとともに、**鑑賞のポイント**を学習しておくとよいでしょう。また、散文・韻文にかかわらず、**比喩表現**が出てきた場合は、それが具体的に何を意味しているのかを考えながら読むようにしましょう。

実用的な文章・資料の読み取り

実用的な文章と呼べるものは、法律・白書などの公的文書、会議の議事録、契約書、宣伝文（チラシやインターネット広告など）、手紙やメールの文、観光案内など、実に幅広くあります。国語の問題の素材として使うならば、例えば次のような、野生動物の個体数の推定についての専門的な内容の文章が、環境問題（自然の保護）について述べた文章と組み合わせて出題されることが考えられます。どのようなものが出題されたとしても、その**文章や資料が何のために**

全国のニホンジカ及びイノシシの個体数推定等の結果について（平成30年度）

1．趣旨

近年，ニホンジカ等の鳥獣については，急速な生息数の増加や，生息域の拡大により，自然生態系，農林水産業及び生活環境に深刻な被害を及ぼしており，積極的な捕獲による個体群管理が不可欠となっています。（後略）

統計手法による全国のニホンジカ等の個体数推定等（概要）

1．調査方法

ニホンジカ及びイノシシを対象に，B階層ベイズモデルによるハーベストベースドモデルを用いた個体数推定※1及び将来予測を実施した。

※1 生息数と相関がある（生息数の変化により影響を受ける）複数の指標と捕獲数の経年的な変化を用いて，自然増加率などの既知の生態情報を活用しながら，確率論的な計算を行い，個体数を推定する手法。水産資源管理の分野で活用が進んでいる。

（中略）

2．鳥獣の個体数推定に本手法を用いる理由

●科学的・計画的な鳥獣の管理を推進するためには，対象となる鳥獣の個体数の動向を定期的に把握することが重要だが，直接的に計測することは困難。

●本手法は，全都道府県が長期的に有する捕獲数データを基に推定するため，一定の捕獲数があれば推定が可能。

●捕獲数をもとに将来予測ができるため，捕獲目標の設定や捕獲事業の効果の検証に活用することができる。さらに毎年得られたデータを追加して，過去の推定値と将来予測を修正していくことが可能であり，順応的管理に活用しやすい。

（出典：環境省　報道発表資料　平成30年10月2日「全国のニホンジカ及びイノシシの個体数推定等の結果について（平成30年度）」及び「資料1」より抜粋）

採用されたのか、何を読み取るべきなのか、ということに注意しながら読んでいくとよいでしょう。なお、新聞には、さまざまな文章や資料、広告などが掲載されていますので、これらを読んで考えを深めることは、効果的な対策となります。

図表などの資料については、その中で**特徴的な部分**を見つけることが大切です。また、**時間的な変化**を確認し、その傾向をとらえる練習をしておくとよいでしょう。図表や写真の**キャプション（説明文）**に読解のヒントがあることがありますので、見逃さないようにしましょう。

漢字・語意の学習を

漢字の問題は、共通テストでも引き続き出題されています。特に、**同じ音読みをする漢字**について、意味を理解しながら勉強していくとよいでしょう。このような問題は漢文でもよく出題されています。マーク式の出題であっても、正しい表記法や字体を覚えるためには、**実際に書いて覚える**練習をくり返し行っておくことが効果的です。漢字の問題集を一冊ぐらいは仕上げておきたいものです。

また、意味のわかりにくい語句に出会ったときは、そのつど国語辞典をこまめに引きましょう。一度にまとめて意味だけ覚えても効果は上がりません。**文章の中で理解する**習慣をつけましょう。

古文の出題内容

二〇二一年度本試験（第1日程）では、有名出典の一つ『栄花物語』から出題され、サブテキストとして『千載和歌集』からも出題されました。**複数の文章を組み合わせる**という現代文の形式と同じです。設問は五問に減少しました。おおよそ語意と和歌解釈と内容説明で構成され、文法単独の問題はなくなりました。これは試行調査と同様でした。このように変更点がありましたが、古文の知識をもとに文章を正確に読解できているかを測るという点ではセンター試験を踏襲しています。

1 出題される文章は？

共通テストの二〇二一年度本試験、二回の試行調査、および最近のセンター試験で出された文章は以下のとおりです。

＊和歌＝本文または注に和歌を含む。赤い数字は和歌の数（カッコつき数字は注における和歌の数）

＊会話＝設問内に生徒（・教師）の会話文を含む

●共通テスト　古文出題一覧

年度等		難度	時代	ジャンル	出典		行数
2021	第1日程	標準	中古	歴史物語	「栄花物語」	和歌4	22
			中古	歌集	「千載和歌集」	和歌1	1
	第2日程	やや難	中世	擬古物語	「山路の露」	和歌2	27
第2回試行		標準	中古	物語	「源氏物語」（紫式部）		18
			中古	歌集	「遍昭集」（遍昭）	和歌1 会話	5
第1回試行		標準	中古	物語	「源氏物語」（紫式部）	和歌1	11
			中世	注釈	「原中最秘抄」（源親行）		21

●センター試験　古文出題一覧

本試験

年度	難度	時代	ジャンル	出典		行数
20	標準	中世	擬古物語	「小夜衣」		24
19	標準	中世	室町物語	「玉水物語」	和歌2	37
18	標準	近世	歌論	「石上私淑言」（本居宣長）		26
17	標準	近世	擬古物語	「木草物語」（宮部万女）	和歌2（1）	30
16	標準	中古	説話	「今昔物語集」		34
15	標準	中世	擬古物語	「夢の通ひ路物語」	和歌2	31

追試験

時代	ジャンル	出典		行数
近世	擬古物語	「桃の園生」（荒木田麗女）	和歌6	29
近世	仮名草子	「恨の介」	和歌5	35
中世	室町物語	「鳥部山物語」	和歌2（2）	28
中世	擬古物語	「海人の刈藻」	和歌3	36
中世	擬古物語	「苔の衣」		26
中世	擬古物語	「しぐれ」	和歌3	33

共通テストでは『栄花物語』が出題されました。オーソドックスな出典に回帰したと言えます。試行調査でも、二回ともに『源氏物語』が出題され、第1回は『源氏物語』の注釈書が、また第2回は『源氏物語』で引用された和歌があわせて出題されました。複数の資料からの出題という意味では、**注釈書**、**和歌や俳句**は、今後も要注意です。出題された文章の傾向を、最近のセンター試験とあわせて確認すると、時代では**中世**からの出題が最も多く、ジャンルでは**物語系統の作品**が多く出題されています。特に**中世・近世の擬古物語**（＝平安時代の物語を模倣して作られた物語）が頻出しています。

また、**和歌を含む本文**の出題頻度が高いと言えるでしょう。二〇二〇年度追試験は、六首もの和歌を含む本文でした。二〇一七年度本試験のような、本文に和歌の一節のみが引用されて（注）に和歌全体が示されるというパターンも確認しておきましょう。

2 設問の構成は？

二〇二一年度本試験（第1日程）の設問は、次のような構成となっていました。

問1：語意を問う問題（3問）

問2：傍線部の行動の理由として最も適当なものを選ぶ問題

●出題作品・出題和歌の分析

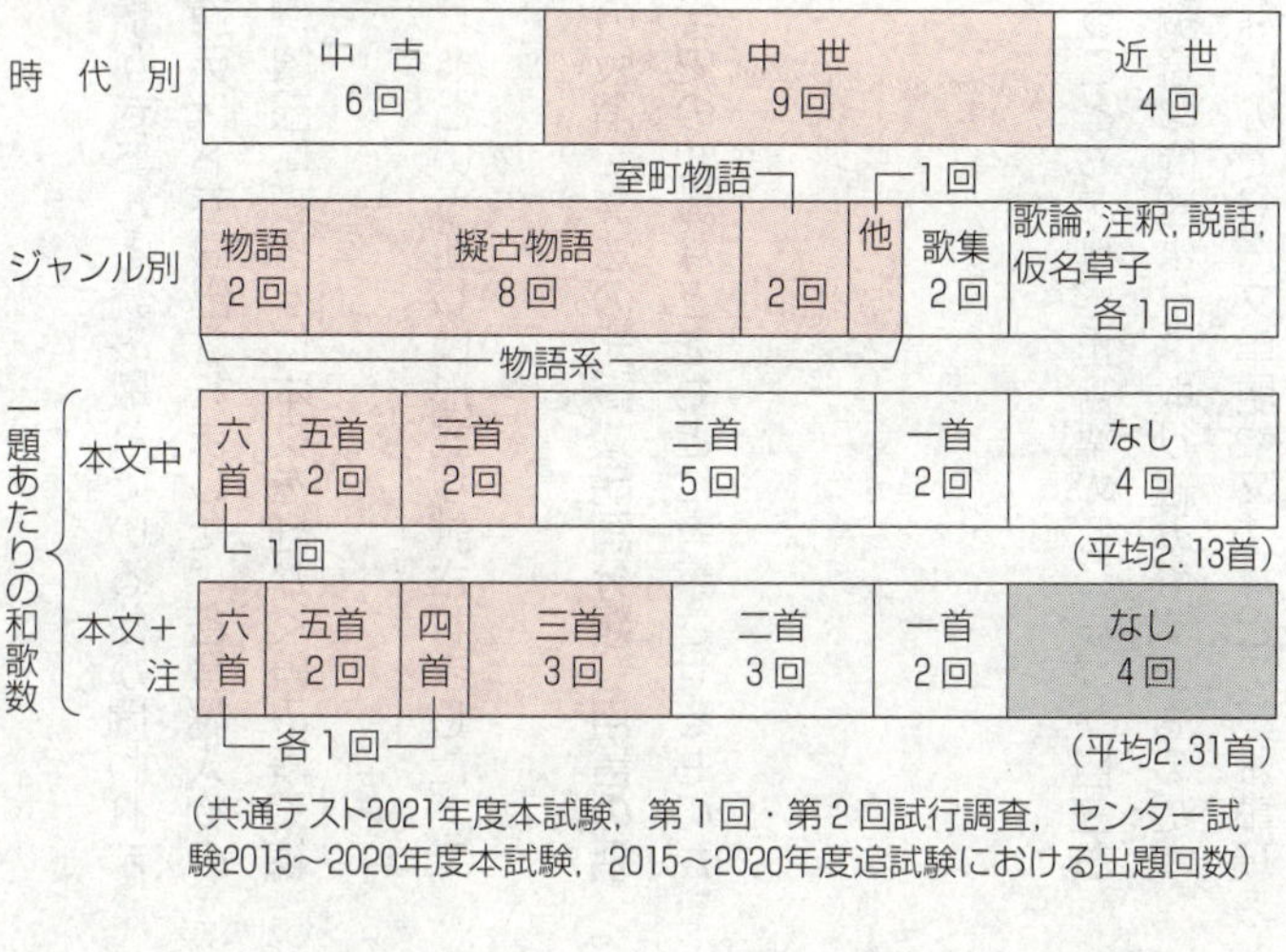

（共通テスト2021年度本試験，第1回・第2回試行調査，センター試験2015～2020年度本試験，2015～2020年度追試験における出題回数）

問3：傍線部の語句や表現に関する説明として最も適当なものを選ぶ問題
問4：**登場人物の説明**として最も適当なものを選ぶ問題
問5：**和歌の説明**として最も適当なものを選ぶ問題

語意は、単語の意味を機械的に答えればよいのではなく、辞書的な意味をふまえたうえでの**文脈に即した解釈**が求められています。

傍線部の内容や理由を問う設問では、**傍線部の前後や該当範囲の内容や心情**がきちんと読み取れているかが問われます。またセンター試験の古文で増えていた、傍線をつけずに問う設問が、共通テストでも出されました。**各登場人物の言動や心情について問う**ものでした。問われている事柄を把握したうえで、傍線部に頼らずに本文を細かく読み解く練習をしておく必要があります。

和歌解釈の設問では、**別バージョンの和歌を示して内容の違いを読み取らせる**という新しい形式が試されました。二つの文章を組み合わせることで設問の幅が広がる好例と言える設問でした。

なお**文法問題**は、単独の問題はないものの、文章の読解や、選択肢の吟味の段階で文法の知識（**品詞分類、用言の活用、敬語など**）は必須です。また、内容に関する問題の中で、**古典常識や文学史の知識**などをもとに考察させるものが出される可能性があり、要注意です。

3 難易度は？

試行調査では、本文の読み取りが難しい『源氏物語』から出題されたということもあり、正答率の低い設問が目立ちました。二〇二一年度の問題は、本文に和歌が含まれていたとはいえ、試行調査の問題よりは取り組みやすいものだったと言えるでしょう。センター試験からの変更点は、現代文ほどには大きくないので、古文単語や文法などの基本事項を押さえ、過去問演習で読解のコツをつかんでおけば、無理なく解ける問題になると思われます。

対策

基本知識をしっかり身につける

知識としては、基本古語と古典文法と文学史をしっかり身につけることです。

基本古語を三〇〇語程度、きちんと理解して覚えることが必要ですが、**文脈の中での正しい意味**をとらえる練習が大切です。そのためには、こまめに辞書（「全訳」と銘打つ辞書がお薦め）を引く習慣をつけましょう。古典文法では**用言・助動詞・助詞・敬語法**が特に重要なので、文法の問題集などを使って学習すると効果的です。

また、**文学史**の知識も本文理解に役立ちます。センター試験の二〇〇一・二〇〇二・二〇〇八年度の本試験では文学史そのものが出題されていました。教科書に出てきた作品・作者について理解を深めておくことはもとより、薄い問題集でよいので一通りこなして、主要作品・作者・ジャンル・内容などを押さえ、全体の流れをつかむ学習をしておきましょう。

本文読解のために

二〇二一年度の本試験（第2日程）では、中世の擬古物語が出題されました。センター試験でも、**中世や近世の擬古文**が近年よく出題されてきましたが、擬古文は原則として中古の文法や語彙にのっとって書かれています。したがって、対策としては、古語・文法などの**基本知識**を身につけたうえで、**中古の有名作品**のよく知られた章段を通して、解釈や文法の学習をし、確実な読解力を養っていくことが大事です。また、ぜひとも心がけてほしいのは、**音読**（**声を出して**

読む）練習です。音読することで、基礎事項が頭と体で覚えられます。

物語系統の文章では、本文に登場する人物について問われることが多いので、人物に注意しながら読む練習が効果的でしょう。主語が省略されている場合は要注意です。本文とあわせて、登場人物の系図が載せられることがありますが、ない場合も、自分で簡単な系図を書きながら読み進めると、人物どうしの関係がわかりやすくなります。

古典常識を身につける

十二支や月の異名など、古文読解の背景となる予備知識を、「国語便覧」などで確実に身につけましょう。その他、**枕詞・掛詞・序詞・縁語など**和歌修辞の学習も忘れないように。これらの理解が、解答を導くうえでキーポイントとなることがあります。

さらに得点アップをねらう人には、『共通テスト古文 満点のコツ』（教学社）がお薦めです。共通テストの試行調査とセンター試験の過去問を素材として、古文の読み方と、各設問への取り組み方のコツがわかりやすく解説されています。重要古文単語や和歌修辞など、知識分野のまとめも充実しています。

漢文の出題内容

共通テスト二〇二一年度本試験（第1日程）の漢文では、二つのテキストが組み合わされました。その一つは最後のセンター試験・本試験の漢文と同じく漢詩でした。しかも五言古詩という点も共通でした。第1回試行調査でも漢詩が出題されていましたので、予想の範囲内だったと思われます。設問は語意、訓点、書き下し文、口語訳など、センター試験と同様の問題が出題されました。文章が二つとはいえ、現代文・古文と比べると**全体の長さは短く**、**比較的平易**です。つまり、基礎知識と漢文に対する慣れが問われているのであり、きちんと対策をすれば、満点の取りやすい分野です。逆に、対策を怠れば、他の受験生に大きく差をつけられてしまう危険性があります。

1 出題される文章は?

共通テストの二〇二一年度本試験、二回の試行調査、および最近のセンター試験で出された文章は以下のとおりです。

＊会話＝設問内に生徒（・教師）の会話文を含む
＊レポート・図・絵＝本文や設問内にこれらを含む

● 共通テスト　漢文出題一覧

年度等	難度	時代	ジャンル	出典		行数
2021 第1日程	標準	北宋	詩	「欧陽文忠公集」（欧陽脩）		11
		戦国	思想	「韓非子」	絵	4
2021 第2日程	標準	北宋	説話	「墨池記」（曾鞏）		8
		唐	史伝	「晋書」		2
第2回試行	標準	現代	注釈	「訳注『荘子』」（金谷治）		2
		元末明初	説話	「郁離子」（劉基）	会話	9
第1回試行	標準	前漢	史伝	「史記」（司馬遷）		5
		江戸	詩	「太公垂釣図」（佐藤一斎）	レポート・図	4

センター試験 漢文出題一覧

年度	本試験 難度	本試験 時代	本試験 ジャンル	本試験 出典	本試験 行数	追試験 時代	追試験 ジャンル	追試験 出典	追試験 行数
20	標準	六朝	詩	「田南樹園激流植援」（謝霊運） 絵	10	清	史伝	「文史通義」（章学誠）	10
19	標準	盛唐	碑文	「唐故萬年縣君京兆杜氏墓誌」（杜甫）	10	北宋	随筆	「王文公文集」（王安石）	10
18	標準	南宋	史伝	「続資治通鑑長編」（李燾）	9	明	随筆	「日知録」（顧炎武）	10
17	標準	江戸	序文	「白石先生遺文」（新井白石）	10	清	随筆	「鷗陂漁話」（葉廷琯）	10
16	標準	清	随筆	「抱経堂文集」（盧文弨）	11	明	評論	「芸圃傖談」（郝敬）	10
15	やや易	明	随筆	「篁墩文集」（程敏政）	11	後漢	評論	「琴操」（蔡邕）	11

最初の共通テスト本試験は宋代の漢詩と戦国時代の『韓非子』の組み合わせとなりました。センター試験の二〇二〇年度本試験でも**六朝時代**の漢詩が出されましたので、**漢詩の出題は二年連続**です。ただセンター試験だけを見ると、比較的新しい**明～清代**の作品から、受験生が目にしたことがないような文章が選ばれる傾向が強いです。いずれにせよ、現代文・古文に比べると文章そのものは**短く平易**で、**話の筋がたどりやすいもの**がほとんどです。

2 設問の構成は？

二〇二一年度本試験（第1日程）の設問は、次のような構成となっていました。

問1：漢字の意味を問う問題（2問）
問2：短い語句の解釈を問う問題（3問）
問3：二つの文章を関連づけて空欄を補う問題
問4：傍線部の訓点と書き下し文として最も適当なものを選ぶ問題
問5：傍線部の解釈として最も適当なものを選ぶ問題
問6：二つの文章を関連づけて主旨を問う問題

漢文の問題では古文以上に知識がものを言います。読みや書き下し文の問題はもちろん、口語訳や内容説明の問題でも、**単語・句法の理解が絡んできます**。共通テストにおいても、**正確な知識と、それをふまえた読解力**が問われています。問1・問2・問4・問5はまさしく知識の有無が正誤に直結します。

問3と問6は**二つの文章の関連**を問うという、**思考力や総合力が試される設問**でした。今後もこのような設問が必ず出されると考えられます。

なお試行調査では、**会話文やレポート、図などの追加資料**が出され、追加資料に関する設問も出されていました。漢文では、センター試験でも新たな形式の設問が出題されることが多く、本試験では二〇二〇年度（住居と周辺の景物を描いた四つの絵を示し、漢詩の内容と合うものを問う）、二〇一四・二〇一一年度（本文全体のキーワードを空欄に入れることにより、筆者の主張が理解できているかを問う）、二〇一二年度（韻を踏んだ冗談の落ちを理解できているかを問う）、二〇一〇年度（本文の主旨と絡めて詩の鑑賞を問う）といった出題例があります。とはいえ、これらの設問も、基礎知識が身についていて本文全体の内容が理解できていれば、問題なく正解にたどりつけるものです。ただし慣れは必要です。

3 難易度は？

センター試験のレベルを踏襲しています。文章そのものは比較的短く、まとまりのある文章が選ばれているので、全大問の中で最も取り組みやすい問題になる確率が高いと言えます。ただし、漢詩や、故事をふまえた文章が出された場合、実力差がはっきりと現れます。

対策

音読し、語法・句法に慣れる

出典は、なじみの薄い文章であることがほとんどですが、内容は決して難しくありません。対策としては、教科書などを何度も音読し、漢文の語法に慣れていくことが一番です。

漢文の基礎事項として注意したい点は次のとおりです。

- 返り点・送りがななど、訓読の約束に習熟し、すらすらと読めるようになったところで、白文に返り点・送りがなを施す練習をする
- 重要な句法についての例文が白文で読め、口語訳できるようにまでしておく。また、多くの意味用法をもっている重要漢字を、訓や熟語などを通して確認していく

単語の読み・意味から必修の句法まで、重要事項をコンパクトにまとめた『共通テスト漢文 満点のコツ』（教学社）

は、共通テスト対策の学習に最適です。

✓ 漢詩の知識を身につける

漢詩が出題されることがあるので、形式・押韻・対句など、漢詩にかかわる基本知識（左の表参照）を一通り理解しておきましょう。また、漢文学史についても、春秋・戦国時代から隋・唐代の主要な作品と作者、および歴史について把握しておくことが望ましいでしょう。作品の理解に役立つことがあります。

《絶句・律詩の押韻の原則》（●が押韻する字。↕は原則として上下の句が対句になることを表す）

五言絶句	
起句	○○○○○
承句	○○○○●
転句	○○○○○
結句	○○○○●

七言絶句	
起句	○○○○○○●
承句	○○○○○○●
転句	○○○○○○○
結句	○○○○○○●

五言律詩			
首聯《しゅれん》	○○○○○		○○○○●
頷《がん》聯	○○○○○	↕	○○○○●
頸《けい》聯	○○○○○	↕	○○○○●
尾《び》聯	○○○○○		○○○○●

七言律詩			
首聯	○○○○○○●		○○○○○○●
頷聯	○○○○○○○	↕	○○○○○○●
頸聯	○○○○○○○	↕	○○○○○○●
尾聯	○○○○○○○		○○○○○○●

ねらいめはココ！

共通テスト、試行調査とセンター試験を通じて、似た問い方の設問が多く見られます。頻出の設問の攻略法を知っておくと、問題に取り組みやすくなります。以下に、国語で押さえておきたい問題のタイプを示します。

内容読解に関する主な設問のパターン十二個について、攻略法とオススメの問題例を示します（共＝共通テスト。二〇二一年度の（1）（2）はそれぞれ第1日程・第2日程。セ＝センター試験）。

1 内容説明（それはどういうことか）

説明のポイントとなる語句（複数箇所ある場合もある）を、適切に**具体化**したり、**言い換え**たりした選択肢を絞り込む。選択肢が長文の場合、まずは文末から検討するとよい。

オススメの問題

共二〇二一年度本試験（1）　第1問　問4
　　　　　　　　　　　　　　第2問　問3
セ二〇二〇年度本試験　第2問　問2
セ二〇一八年度本試験　第1問　問5
セ二〇一七年度本試験　第1問　問2・問3・問4

2 指示内容（それは何を指しているか）

指示語の直前からその指示内容を探すのが基本。他のパターンの設問でも、傍線部に指示語が含まれていたら、その指示内容も問われる。

オススメの問題
セ二〇二〇年度本試験 第1問 問4
セ二〇一九年度本試験 第1問 問2・問3

3 理由説明（それはなぜか）

直接の理由となる事柄をまずは傍線部の前後に探す。なければ他の箇所へと視野を広げて探す。

オススメの問題
共二〇二一年度本試験（1） 第2問 問4
第3問 問2
セ二〇一九年度追試験 第2問 問2・問4
セ二〇一八年度本試験 第1問 問2・問4

4 心情説明（どのような心情か）

人物の心情描写・会話・表情・行動・周囲の情景描写などから心情を読み取る。

オススメの問題
共二〇二一年度本試験（1） 第2問 問2
セ二〇二〇年度本試験 第2問 問5
セ二〇一八年度本試験 第2問 問3・問4
セ二〇一七年度追試験 第2問 問4・問5

5 図表の読み取り（本文の説明に合う図を選べ／図から読み取れる内容を選べ）

図や表が何を説明するために提示されているかを考える。図や表の特徴的な部分や変化の傾向をつかむ。

オススメの問題
- 共 第1回試行　第2問　問1・問2・問3
- セ 二〇二〇年度本試験　第4問　問3
- セ 二〇一八年度本試験　第1問　問3

6 具体例（ふさわしい例を選べ）

具体例であるためにはどのような条件が必要かを本文から見極め、自分なりに適当な例を考えてから選択肢を吟味する。

オススメの問題
- 共 二〇二一年度本試験（2）　第1問　問6
- 共 第2回試行　第2問　問2

7 文章の構成（どのような構成か）

本文全体を三つまたは四つに区切って、論の展開の仕方をつかむ。

オススメの問題
- 共 二〇二一年度本試験（2）　第1問　問5
- セ 二〇二〇年度追試験　第1問　問6(ii)
- セ 二〇一九年度本試験　第1問　問6(ii)

8 表現の特徴（表現の説明としてふさわしいものを選べ）

評論なら論理・引用・文体、小説なら視点・技巧・文体などの特徴をつかむ。消去法で解く。

オススメの問題
共二〇二一年度本試験（2）第3問 問5
セ二〇一九年度本試験 第2問 問6

9 内容合致（本文の内容と合うのはどれか／合致しないのはどれか）

消去法で解く。基本的には本文の内容と矛盾するもの・本文の内容からはずれるものは不適と判断する。

オススメの問題
共二〇二一年度本試験（2）第4問 問7
セ二〇一六年度本試験 第3問 問6
セ二〇一五年度本試験 第1問 問5

10 生徒によるディベート形式（会話の空欄に入るものを選べ／本文の主旨に近い発言を選べ）

「9 内容合致」と同じく、消去法で解く。選択肢が長く、惑わされやすいが、本文の主旨に最も近いものを選ぶ。

オススメの問題
共二〇二一年度本試験（2）第2問 問6
共第2回試行 第5問 問5
セ二〇二〇年度本試験 第1問 問5
セ二〇一六年度本試験 第1問 問5

11 二つの内容を比べて説明（AとBはどう違うか／AとBはそれぞれ何を指すか）

「…が、一方～」など、対比的に述べられているところに注目する。

オススメの問題

共 二〇二一年度本試験（1）第3問　問5
セ 二〇二〇年度追試験　第2問　問5
セ 二〇一六年度本試験　第4問　問6
セ 二〇一六年度追試験　第1問　問2・問3

12 複数資料の読み取り（文Ⅰと文Ⅱをふまえた説明として正しい／適当でないものを選べ）

複数の資料から、似た記述、あるいは対象的な記述を探す。または、筆者が最も主張したいと考えている箇所を特定し、他の資料と比べる。

オススメの問題

共 二〇二一年度本試験（1）第4問　問6
共 第1回試行　第4問　問5

過去問の上手な使い方

共通テストは、センター試験から変わった点もありますが、実は変わらない点が案外多く、共通テスト≒センター試験＋αと言ってよいでしょう。センター試験の過去問演習は共通テスト対策の土台・基礎づくりになります。共通テストに向けて、過去問や試行調査の問題をどのように活用して対策をすればよいか、五箇条にまとめてみました。

第1条 時間配分の感覚をつかむ

過去問演習で必ずやっておきたいのは、時間配分の確認と練習です。解答に時間制限がある以上、正確かつスピーディーに解答することが求められます。前半の現代文で泥沼にはまってしまい、時間がなくてあせった、という話をよく聞きます。古文と漢文に十分時間をかけられないまま、しかも現代文も得心のいかないままで終わってしまうというのはありがちなことです。

古文と漢文、特に漢文は、文章が比較的平易で実力通りに得点できる設問が多くあることが期待されます。本文の量とレベル、選択肢の文章量と紛らわしさを考えると、**時間がかかるのは現代文**なのです。そして現代文は、時間が十分にあって落ち着いて考えられれば、つまらないところにひっかかったり、思い違いをしたりしないで済みます。

●時間配分パターンと解き方の例

漢文（15分）

対句表現や**指示語**に注意しながら丁寧に文脈をたどる。➡一般例・具体例や故事に注意しながら全文を数段落に分けてみる。➡**再読文字**や**句法**など，訓読の基本に忠実に解答する。

⇩

古文（20分）

地の文・心中語・会話文を見分ける。➡**敬語**に注意して**動作主**や**人物関係**を把握する。➡**登場人物**の言動や心情，文全体の内容をつかむ。現代文と意味が異なっている古語に注意。➡助動詞など**文法事項**に注意しながら設問にあたる。

⇩

現代文
文学的文章（20分）

リード文から出来事・人物関係の背景を読み取る。➡**全文を客観的に通読**し，場面の変化をつかむ（接続詞や指示語に注意）。➡筆者の意図と**登場人物**の心理をつかむ。➡解答する。**語句の意味**は辞書的な意味に沿った選択肢を選ぶ。

⇩

現代文
論理的文章（20分）

全文を通読し，全体の内容と**キーワード**を把握する。➡同時に三，四段落程度に分け，各段落の要点や，**文章の因果関係**をつかむ。➡文意に合う漢字を解答する。➡各小問の選択肢を吟味する。

⇩

全体（5分）

やり残した設問や再検討の必要な設問を吟味する。

以上のことをふまえて、自分にとって最適な時間配分と解き方のパターンを考えてみましょう。前のページに時間配分パターンと解き方の例を挙げています。

ただし、この時間配分のパターンでは、古文と漢文が多少難しくても要領よく解けるだけの実力が必要です。このパターンにこだわる必要はありませんが、時間配分にはくれぐれも留意しましょう。自分の得意なもの、泥沼にはまる恐れの最も少ないものから取りかかることが肝要です。大問によって、出される文章や資料の量に差がある可能性もありますので、文章・資料が少なめの大問から解き始めるのもよいでしょう。いずれにしろ、一題に時間をかけすぎてはいけません。特に試験時間の前半では一題二〇分までを目安にして、たとえ途中でも次の大問に移り、残った時間で、やり残した設問を再び解くようにするとよいでしょう。少し時間をおくことで冷静になり、また違った視点からアプローチすることも可能になります。

第2条 自分で答えをつくる練習を！

選択肢のある設問では、設問文を見て、自分なりの解答を頭に思い浮かべる前にすぐに選択肢を読んでしまう人がいます。それは思考を停止させることになりますし、早合点をしてひっかけの選択肢を選んでしまうことにもなりかねません。本文を、内容の切れ目となる段落まで、あるいは最後まで読み、それから設問文に目を通し、**自分で答えをつくってみてから選択肢にあたれば、迷うことも少なくなるはず**です。必ずしも完全な形の文にまとめる必要はありません。キーワードを二、三考えておくだけでもよいのです。入試で国語が課されるのは共通テストだけという人も、多少時間がかかっても少しガマンしてじっくりと読み、本文を根拠に、まず自分で考える習慣をつけたいものです。

正解の選択肢の中に、一読しただけでは不適切に見える箇所が含まれていることもあれば、不正解の選択肢でも、使われている言葉だけを見ればすべて本文中に出てくる語句だということもあります。先に選択肢を読むと、このような理由で正解の選択肢をはずしてしまう恐れがあるのです。早合点はワナに落ちるもとです。

本書の解説においても、多くの設問で、選択肢を検討する前に、設問に対する答えを数十字の**赤字**でまず示し、そのあと、それと各選択肢との相違を検討しています。このように、**いったん自分なりの解答をつくり、文章にまとめる**というやり方を続けると、**表現力だけでなく、思考力や、文章の要約力が鍛えられます**。これは、大学の個別試験で国語の問題を解くときにも、必ず役立ちます。自分の解答をつくることは、最初は時間がかかると思いますが、日頃の問題演習で心がけていれば、着実に力がついてくるはずです。良問ぞろいの過去問を使って、ぜひ取り組んでほしいと思います。

第3条　漢文学習に時間をかけよう！

漢文学習に時間をかけていない人がしばしばいますが、出題されている文章は比較的平易で、覚えておくべき事柄（語意・句法など）も比較的少なく、文章に慣れ親しんでおけば**一番無理なく満点が取れる**分野です。古文と同じく五〇点、全体の四分の一の配点になっていることをよくよく考えてみるべきでしょう。そして、漢文の実力をしっかりつけておくことは、実際の試験において、**現代文に十分な時間をかけることを可能にします**。漢文を制する者が共通テストを制すると言っても過言ではないのです。また、特に漢文については、共通テストとセンター試験との違いが比較的少ないので、**できるだけ多くの過去問演習をすることが大きな効果を発揮する**ことでしょう。

第4条 多くの文章を読み込んで読解力を鍛えよう！

共通テストでは、複数の文章・資料を題材とする出題が予想されますが、まずは一つの文章をしっかり読むことができていないと、複数の文章を読み取ることなど、とてもできません。センター試験では、さまざまな文章を素材に、文章の読解力が問われてきました。漢字の書き取りや語句の意味・文法・句法など知識を問う設問もありますが、それらは全体の二割程度であり、しかも文脈の理解が必要なものもあります。したがって、センター試験の過去問を解くことで、**知識事項についても、文章の中で理解する習慣をつけることができるでしょう。**また、共通テストの設問の大半は、今後も、文脈の理解や全体の主旨に関するものになることが予想されますので、少しでも多くの、まとまった文章を読み込んでおかなければなりません。

センター試験で出題された多くの文章を読むことは、共通テストで求められる思考力・判断力・表現力を向上させるうえで、必ず役に立ちます。評論では**文章の構造**を、小説では**登場人物の心情**をきちんと把握できるように心がけましょう。

第5条 複数資料問題に挑戦

「複数資料問題」については、本書収載の「実戦創作問題」に挑戦することをすすめます。本書の「実戦創作問題」は、共通テストおよびその試行調査、さらにはセンター試験の過去問を徹底的に研究し、独自の工夫を加えて作られた、本書オリジナルの自信作です。問題を解くだけでなく、解説も熟読して、**複数資料をいかにうまく読み解くかのコツを**

つかんでください。

また、大学の個別試験には、複数の文章・資料が素材となっている問題や、図表の読み取りが必要な問題が多く見られます。以下に、練習問題となる国語の過去問の例を挙げます。いずれも手ごわい問題ですが、大学別の赤本を利用して、ぜひ挑戦してください。

1 現代文

✔ 複数資料を比較して解く問題

オススメの問題

信州大学（前期日程）二〇一九年度　教育学部　大問二　問五
富山大学（人文学部）二〇一九年度　大問一
福井県立大学　二〇一九年度　大問一
佐賀大学　二〇二〇・二〇一九年度　大問一
琉球大学　二〇二〇年度　大問二　問六
國學院大学　二〇二〇年度（B日程）大問一　問三
早稲田大学（文化構想学部）二〇二一・二〇二〇年度　大問一（現代文・文語文）

✔ 文章とあわせて図や表の読み取りが必要な問題

オススメの問題

岩手大学　二〇二〇・二〇一九年度　大問四
東京学芸大学　二〇一九年度　大問一　問九

上智大学（TEAP利用型）二〇二〇年度　大問一
東京女子大学　二〇二〇年度（2月4日実施分）　大問二
早稲田大学（商学部）二〇二〇年度　大問一

2 古文・漢文

複数資料を比較して解く問題

オススメの問題

九州大学（前期日程）二〇一九年度　文学部　大問二（古文）
［教育・法・経済〈経済・経営〉学部大問三も同問題］
上智大学（TEAP利用型）二〇二一年度　大問三（漢文）
法政大学（法・文・経営学部）二〇二〇年度　大問三（古文・古文）
明治大学（情報コミュニケーション学部）二〇二〇年度　大問三（古文・現代文）
早稲田大学（文化構想学部）二〇二一・二〇二〇・二〇一九年度　大問三（現代文・古文・漢文）

さらに、多くの国公立大学で出題されている「小論文」「総合問題」の問題は、多彩な資料が使われるものが多いので、複数資料の練習素材として好適です。関心のある大学・学部の個別試験の過去問には積極的に取り組んでおきましょう。

センパイ

受験生の声

ここでは，共通テストやセンター試験で高得点をマークした先輩方に，その秘訣を伺いました。実体験に基づく貴重なアドバイスの数々。これをヒントに，あなたも攻略ポイントを見つけ出してください！

まず、二〇二一年度の共通テストを受験された先輩の、最新の体験談を紹介します。センターの過去問が役立つという声が多いですが、共通テストならではの対策も必要なようですね。

評論では設問の中にも一つ文章があり、読解にかなり時間がかかりました。どちらの文章にも共通した要素を問う設問に苦戦しました。複数の文を読んで共通した要素を発見する練習をすると、かなり効果的だと思います。

K．K．さん（岐阜県出身）

現代文の読解法に関してはセンターと同じですが、問題形式には共通テスト特有のものがあります。ですが、まずはセンターの過去問等で基本的な読解をできるようにするのが最も重要です。そのうえで、共通テスト型の問題に対応する力をつけましょう。どんな形式で出題されるかはわからないので、さまざまな予想問題集にあたって「こういう形式もあるのだな」と分析してみるのもよいと思います。

T．M．さん（愛知県出身）

国語では本当に文章や資料が多いので、「速く」「正確に」読む練習をかなり積まないといけません。

R．S．さん（大阪府出身）

国語の得点を安定させるには古文、漢文の点数を取り切ることが大事です。まずは、古文、漢文の基礎を固め、センターの過去問を隅々までやり切ることをオススメします。　H．U．さん（大阪府出身）

十二月中旬以降、共通テスト対策予想問題集や試行調査を解きました。古文と漢文が苦手なのでセンターの過去問で演習をしつつ対策しました。演習↓復習の繰り返しでしたが、復習を重点的に行いました。　N．N．さん（千葉県出身）

以下は二〇二〇年度にセンター試験を受験した方々の体験談ですが、先輩方が国語の攻略のために編み出した「秘訣」の中には、共通テストでも活用できそうなものがたくさんあります。

時間配分が重要

試験時間内にすべての問題を解き終えるには、かなりの実力とトレーニングが必要です。センター試験においても、国語は時間配分の厳しい科目でしたが、先輩受験生のみなさんはどのように取り組んでいたのでしょうか。

解くときは必ず時間を計測して、練習では試験時間より五分短くして解くと、本番でかなり余裕ができます。　J．O．さん（京都府立大学・文学部）

大問四つの中で、どれか一つが解き切れないと点数は一気に低くなるため、現代文も古典もどちらもできるようにすること。時間との勝負なので、一気に一年分解く練習も必要です。　A．S．さん（横浜国立大学・経済学部）

国語は制限時間との闘いです。どれか一つ、例えば文章量が少ない漢文を、かなり短い時間（それこそ一〇分とか）で解くようにすると、時間にゆとりが持てます。　宮田涼太さん（法政大学・法学部）

過去問は二次試験を解くような気持ちで解いていました。ただ、二次試験よりは時間が少ないので、文章を読み返さなくていいように、文章の構成や表現を問われる問題は先に設問を見て、言及されている段落、行数にチェックを入れ、読み進めるときにチェックしたところをゆっくり読むようにしました。　M．U．さん（大阪大学・法学部）

現代文の攻略法

対策が難しいと言われる現代文。問題文の読み方、設問へのアプローチの仕方について、先輩方それぞれに工夫しています。

本文と設問を丁寧に読むこと。重要な接続語の後ろに線を引いておく、選択肢の熟語で絞ってから解答を考えるなど、いろいろな工夫をすることが大切です。
K．N．さん（東京理科大学・理工学部）

現代文の読解は「どういうことか」「なぜか」「心情」のように定型化されているため、まずはそれらの解法を押さえる。この後で演習をたくさん積もう。
Y．T．さん（九州大学・工学部）

評論文は、一度解いた問題を何度も読み込むことで、似たようなテーマの問題が出たときに内容を理解しやすくなり、速読・速解できると思う。
K．M．さん（北海道大学・総合入試理系）

小説は、人物の感情がわかるところにマークをしておくと、問題が解きやすくなると思います。
Y．E．さん（一橋大学・社会学部）

古文・漢文は得点源！

古文と漢文は、単語・文法事項を覚えることが即座に得点に直結します。最小の努力で最大の効果が得られるのですから、対策をするとしないとでは得点に大きな差が出てきます。

僕は単語と文法と句形をおさらいしてから過去問を解きまくりました。基礎をおさらいして過去問を解きまくるのが一番効率が良いと思います。
I．M．さん（名古屋大学・医学部）

古文単語は一つの意味だけ知っていても読めません。文章を読んでいく中で、自分が知っている単語の意味をうまく変形し、組み立てて意味を理解できるように練習してみてください。
N．N．さん（東京都立大学・理学部）

漢文は高得点を狙いやすいので、できれば満点を狙いましょう。古文は、動作の主体が誰であるかを常に意識しながら読まないと、話の流れがつかみにくくなります。敬語表現に着目するのがオススメです。
Y．T．さん（早稲田大学・文化構想学部）

オススメ 漢文早覚え速答法（学研）

選択肢の絞り方

選択肢の絞り方にもコツがあるようです。ただし、正解の根拠は、必ず問題文本文の中にあります。選択肢だけを見て頭をひねるのではなく、本文を正確に読むことが大事です。

国語が苦手でフィーリングで答えを選んでいるという人は〝論理的に読む〟ということを意識してほしいと思います。論理的に読むとは文法事項や単語の意味に沿って読むということです。古文の正解の選択肢は本文を直訳または少々意訳した文となっています。これを意識するだけで点数が変わってくると思いますよ。

T．K．さん（関西大学・文学部）

マーク式であっても基本は記述式と変わりません。文章と問題を読んでいきながら、まずは、自分なりの解答を頭の中でつくり、その後、選択肢を見て選んでいくことで、引っ掛からなくなると思います。

K．N．さん（広島大学・教育学部）

ワンランクアップのためには

がんばっているのになかなか点数が伸びない…スランプは誰にでもあります。得点アップの秘訣を探っていただきました。

できるだけたくさん演習すると、慣れて時間内に解き切れるようになります。また、基礎的な知識で解ける問題もあるので、確実に得点できるように文法・語彙力をつけましょう。

K．S．さん（東京大学・文科一類）

現代文でどれだけ点数を落とさないかが勝負だと思います。一問の点数が大きく、少しの見落としが命取りになります。隅々までよく読むことが重要です。

S．Y．さん（早稲田大学・政治経済学部）

長文問題は解きっぱなしにせずに解説と照合すること。文章のどこが裏付けになっているかを一問ずつ見ていくことで、正答率はかなり上がると思います。また、古文単語や有名な漢文の文型を覚えていることで、安定して得点が取れると思います。

T．M．さん（金沢大学・人間社会学域）

過去問をしっかり演習する

「共通テスト対策講座」で確認したとおり、センター試験の過去問も十分に活用が可能です。先輩方の体験談を参考に、自分に合った活用法を探りましょう。

赤本をひたすらやるのがいいです。選択肢の特徴などがよくわかり、選択肢を見るだけで、正解候補から外すものを確実に見極められるようになりました。
H．M．さん（神戸大学・国際人間科学部）

とにかく過去問です。過去問を何度も繰り返し解きましょう。何度も繰り返すことで選択肢のクセが見えてきます。「答えの番号を覚えてる」などと考えずに、思考のプロセスを丁寧に確認していきましょう。
S．N．さん（熊本大学・医学部）

現代文に関しては、赤本に入っているすべての年の過去問を解いたら、解き方が定着して安定した点を取ることができるようになりました。過去問を解いた数が勝負だと思います。
K．N．さん（青山学院大学・理工学部）

共通テスト

実戦創作問題

共通テストは，まだ演習用の素材が少ないのが現状です。そこで，独自の分析に基づき，本書オリジナル模試を作成しました。試験時間を意識した演習に役立ててください。

解答時間 80 分
配点 200 点

本問題および解答の作成には，大学入試やセンター試験を長年研究してこられた，江端文雄先生，北方修司先生，ほか多くの先生方にご協力いただきました。心より御礼申し上げます。

第1問

次のⅠ・Ⅱの二つの文章を読んで、後の問い（問1〜6）に答えよ。なお添付されている図表は元の文章にあったものだが、「図表1」などの番号は出題に際して割り振ったものであり、文章中に「図表1」などの記載はない。また、設問の都合で本文に段落番号を付してある。（配点 50）

【文章Ⅰ】

1 先日、國學院大學での私の授業「（注1）ジェンダーと経済」に、スウェーデン大使館の政治経済報道官のアップルヤード和美さんを、ゲストスピーカーとしてお呼びしたときのことである。

2 せっかくなので、日本人とスウェーデン人の結婚観について、アンケートを取りましょうという話になり、受講生たちに質問紙をハイ(ア)フした。まず、「あなたは結婚したいと思いますか？」と質問し、「はい」と回答した人には、「結婚相手として重視するもの」を問い、男女別に集計。項目は、「人柄」「収入」「職業」「学歴」「家柄」「容姿」「仕事への理解」「家事育児の能力」「その他（自由記述）」のうち、複数選択（三つまで可）とした。

3 受講生の集計結果は、やはり男女とも最もポイントが高かったのは「人柄」だったが、それ以外は男女差が目立った。まず男子は、多い順に「容姿」「仕事への理解」「家事育児の能力」となった。一方女子は、多い順に、「収入」「職業」「家事育児の能力」。この志向性は、国立社会保障・人口問題研究所「出生動向基本調査（独身者調査）」等に見られる結果と、ほぼ同様である。

4 この結果を受け、アップルヤードさんはインターンの学生に、同世代のスウェーデン人の友人たちにネット上で同様の調査を依頼してくださった。

5 結果は、スウェーデン人も男女とも重視するのは「人柄」が一位。そして、男子は二番目に重視するのは日本と同じく「容姿」であった（この点は、洋の東西を問わないらしい……）。だが、それ以外は全く異なる結果が見られた。(1)まず「収入」をあげる人は、男女ともゼロ。女子は多かった順に、「その他」「家事育児の能力」となった。

6 すでにスウェーデンには専業主婦に相当する人はほとんどいなくなっており、男女とも就業しているのが当たり前。だから、若い人たちは男女ともに、あえて相手の収入にはこだわらず、それよりも、とりわけ女性は、結婚相手には家事育児スキルを求めている……ということになる。

7 スウェーデンとは異なり、日本では、まだまだ男性の収入の差が結婚できるか否かの決定的な差である。たとえば、現在日本人男性の平均初婚年齢は三一歳だが、配偶者のいる割合を就労形態別に見てみると、三〇代前半・男性は「正社員」の場合婚姻率は六割弱だが、「パート・アルバイト」だと一割台まで落ちてしまう。

8 また、男性の年収別婚姻率を見てみると、三〇代前半の年齢階層では、年収「一〇〇万円台」の既婚率は二割台だが、同「四〇〇万円台」では既婚者が六割を超え、「八〇〇万円台」では九割弱となる。男子学生にこれらの統計結果を見せると、ため息交じりのレポートが返ってくる。「(2)しょせん男は、ATMということでしょうか……」等々。

9 いやこれは、現代日本の社会構造上、しかたのないことなのだ。日本の女性たちは、まだまだ(注2)稼得能力が低い。たとえば、国税庁「民間給与実態統計調査」(二〇一七年度分)で見た、年間を通じて給与所得がある人の平均給与は、男性は五三二万円だが女性は二八七万円と、概《おおむ》ね女性は男性の半分の給与水準となっている。しかも、管理職に占める女性割合はたったの一割。先進諸国はいずれも、三割から四割は当たり前！という昔の家電量販店の値引きのような状態であるのに(イ)カンガみても、寂しい数値と言わざるを得ない。

10 そもそも、今なおこの国では、女性が出産・育児と就業を両立させるのは難しい。第一子出産を機に離職する人は五割おり、少し前までは六割だった。さらに、子どものいるフルタイム労働者(二五歳～四四歳)の賃金水準ギャップを国際比較した統計では、男性一〇〇に対して女性は三九パーセントの賃金水準という結果も見られた。正社員、ないしはそれに準ずる働き方をしていてこれは厳しい……。

11 ついでに言えば、(3)日本の結婚は「(注3)ガラパゴス」である。なぜなら、「法律婚・同居が同時」で、出産するカップルは、きれいに法律婚後一～二年以内に第一子を産んでいくからだ。

12 一方、先進国で出生率が回復している国は、いずれも「法律婚・同居・出産」のタイミングがバラバラである。たとえば、先に述べたスウェーデンでは、女性の平均初婚年齢は三一歳だが、平均第一子出産年齢は二八歳となっている。これは、同棲《せい》カップルも法律婚カップルも、産まれてきた子どもの間の平等が保障されるなど、必ずしも法律婚を基盤とした家族規範にとらわれず子どもを産み育てることができるからである。

13 このため、北欧諸国もフランスも、婚外子出生率がすでに過半数を超えている。いわば「結婚の柔軟化」が進んだ結果とも言えるのだが、日本はこの真逆だ。同棲している若者の割合もそれほど増加せず、婚外子出生率は二パーセント程度。しかも、夫がひとりで働いて家計責任を担えなければ、実質的に結婚に踏み切ることはできない……。

14 ここで、若いカップルが家庭を持とうとするときの、思考フローチャートを見てみよう。まず、男性から。

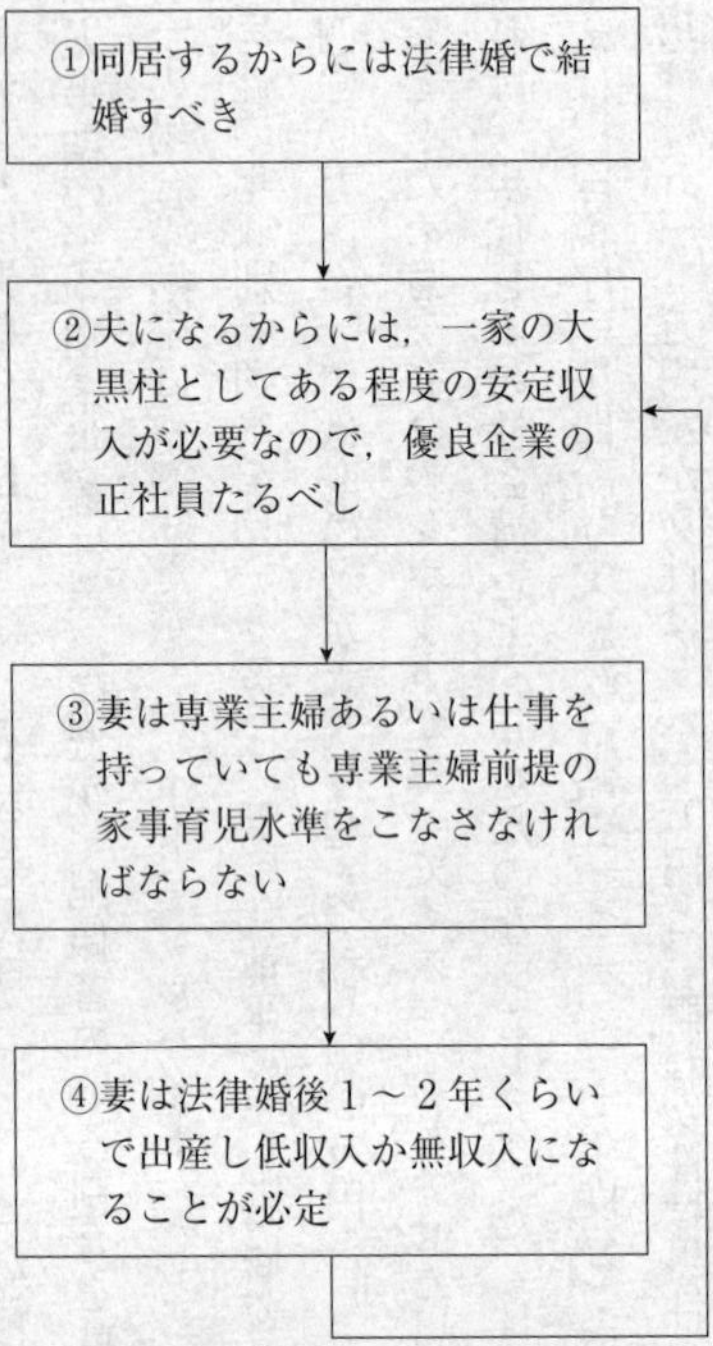

図表１
家庭を持とうとする若い男性の思考

15 以上のことを考えて、これから恋人にプロポーズしようと思っている男性（現在でも、「プロポーズは男性から」が八割超である）は、①一～二年後には子どもが産まれても大丈夫な程度の住居、②妻の収入がなくなっても子どもを育てられる程度の収入や貯金、以上を準備あるいは準備する心づもりを持って掛からねばならない。A何の壮大な

①22 歳までにファミリーフレンドリーな会社に内定をもらう

↓

②3 年間血眼で婚活し，25 歳までに伴侶候補をつかまえる
これは，結婚相手との平均交際年数は 4 年，結婚準備に半年から 1 年かかることから逆算した年数である

↓

③交際 3 年以内にプロポーズにもちこみ，28 歳で婚約

↓

④29 歳で結婚

↓

⑤直後に妊活し 30 歳までに妊娠する
ちなみに排卵回数は 1 年間で 12 回なので，12 回しかチャンスはない。それどころか，最短で職場復帰するためにベストな出産時期は自治体が来年度の保育所募集を締め切る前の 8・9・10 月であり，排卵 3 回分しかチャンスがない（12 月から 3 月に産んだら……下手をしたら 1 年間職場復帰が遅れてしまうからだ）

↓

⑥31 歳までに第 1 子を出産

↓

⑦妊娠中から保活して託児先確保

↓

⑧32 歳で職場復帰

↓

⑨第 1 子は 1 年以内に卒乳させ，排卵を回復して 33 歳で第 2 子妊娠

↓

⑩34 歳で第 2 子出産

図表 2　政府推奨・理想的な日本女性のライフコース

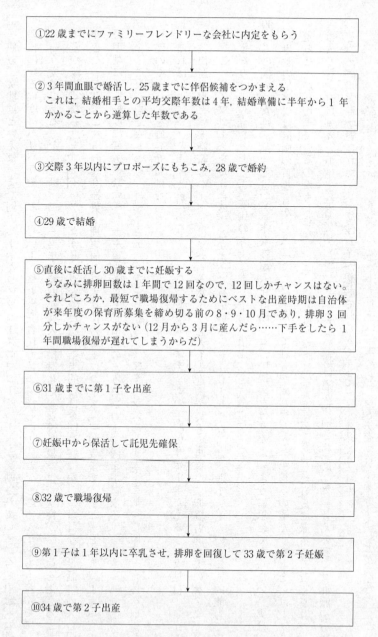

プロジェクトであろうか……。

16 他方、女性はといえば、また別のハードなライフコースのフローチャートが奨励されている。今政府は、女性に管理職になる程度にバリバリ働いてほしい！ でも家庭責任も持ってほしい！ と、もちろん子どもも産んでほしい！ という姿勢である。たとえば、二〇一三年に政府が導入を検討した「女性手帳」は、女性が三五歳を過ぎると妊娠・出産が難しくなる点を(ウ)ケイハツしようとしたものだが、結果的には全国の女性から「余計なお世話」の大合唱で頓挫した。だが、これらの政府推奨・理想的な日本女性のライフコース「三四歳までに子どもを二人以上産み育てつつ管理職になる程度に就労継続すべし」を再現すると、前頁のようなフローチャートになる。

17 ……これらをこなしつつ、妊娠予定の三〇歳までに(注4)マタハラにあわず大手を振って産休・育休を取得し得る程度のキャリアを確立せねばならない。

18 これは何の(注5)F1レースだろうか。いや、F1ならばチームの手厚いサポートがあるが、女性は(エ)コグン奮闘だ。出産育児と就業継続のハードルはまだまだ高く、しかも先進国で最も家事育児に非協力的な夫のケアまでしながら、このライフコースを走りきることが求められている。F1レーサーならば、弱小チームでも超人的能力で成果を出せるのは、(注6)トールマン時代の(注7)アイルトン・セナくらいではないか。

19 この国の「女性活躍」とは、「日本女性超人化計画」と言い換えたほうがよいように思えてならない。実は、国会議事堂の地下には計画の首謀者がいて、「これは、かつて誰もが成し得なかった神への道だ」などと、サングラスを光らせながら言っているのかもしれない。そういえば、女性活躍推進法が成立した直後に派遣法も改正された。企業は人を替えれば延々と派遣労働者を使い続けられるなど、抜け道が指摘されている。「替えの利く女性派遣労働者」といえば、大量培養された(注8)綾波レイが想起されるが、(4)まさか、本当に……!?

（水無田気流《みなしたきりう》「男も女もつらいよ——日本人に求められる人生をフローチャートにしてみたら」による）

【文章Ⅱ】

1　二〇一七年夏に厚生労働省から最新の相対的貧困率（以下、「貧困率」）が発表された。二〇一六年に実施された「国民生活基礎調査」から算出されたもので、貧困率は調査年の前年の二〇一五年の所得を用いたものとなる。これによると、国民全体の貧困率は一五・六パーセント、子ども（一七歳以下）の貧困率は一三・九パーセントであり、前回（二〇一三年実施。所得年は二〇一二年）の一六・一パーセント（全体）と一六・三パーセント（子ども）に比べると、国民全体では〇・五ポイント、子どもでは二・四ポイントの減少となった。

2　政府の統計はここまでである。

3　「ジェンダー」の観点から言えば、男女別の貧困率の動向が知りたいところである。そこで、厚生労働省から元データを借りて、男女別、年齢層別の貧困率を推計し直してみた。すると、とんでもない事実が明らかになってきた。

4　先述したように、二〇一二年から二〇一五年にかけて、国民全体の貧困率は減少している。これは、男女別に推計しても同じであり、勤労世代（二〇―六四歳）を見ると、(5)男性の貧困率は一三・六パーセントから一二・六パーセントへ、女性の貧困率は一五・〇パーセントから一四・三パーセントに減少した。しかし、その減少幅は女性の方が小さい。この年齢層においては、そもそも、男性に比べて、女性の貧困率が高くなっているが、この三年間において、男性は一・〇ポイントの減少を見たのに対し、女性は〇・七ポイントの減少しかみせておらず、男女差は一・四ポイントから一・七ポイントに上昇した。すなわち、貧困率の男女格差は拡大したのである。

5　長期的に見ても、勤労世代の貧困率の男女格差は、一九八五年の一・九ポイント差から、二〇〇〇年代後半に〇・九ポイントまで減少したものの、再度、一・七ポイントまで上昇しており、三〇年という月日が流れた現在においても、貧困の男女格差は縮小の方向に向かっていない。

6　ちなみに、高齢者（六五歳以上）の貧困率の男女格差は、勤労世代に増して大きいが、これも、さらに拡大方向にあり、一九八五年の三・六ポイントから二〇一五年の六・一ポイントに増加している。

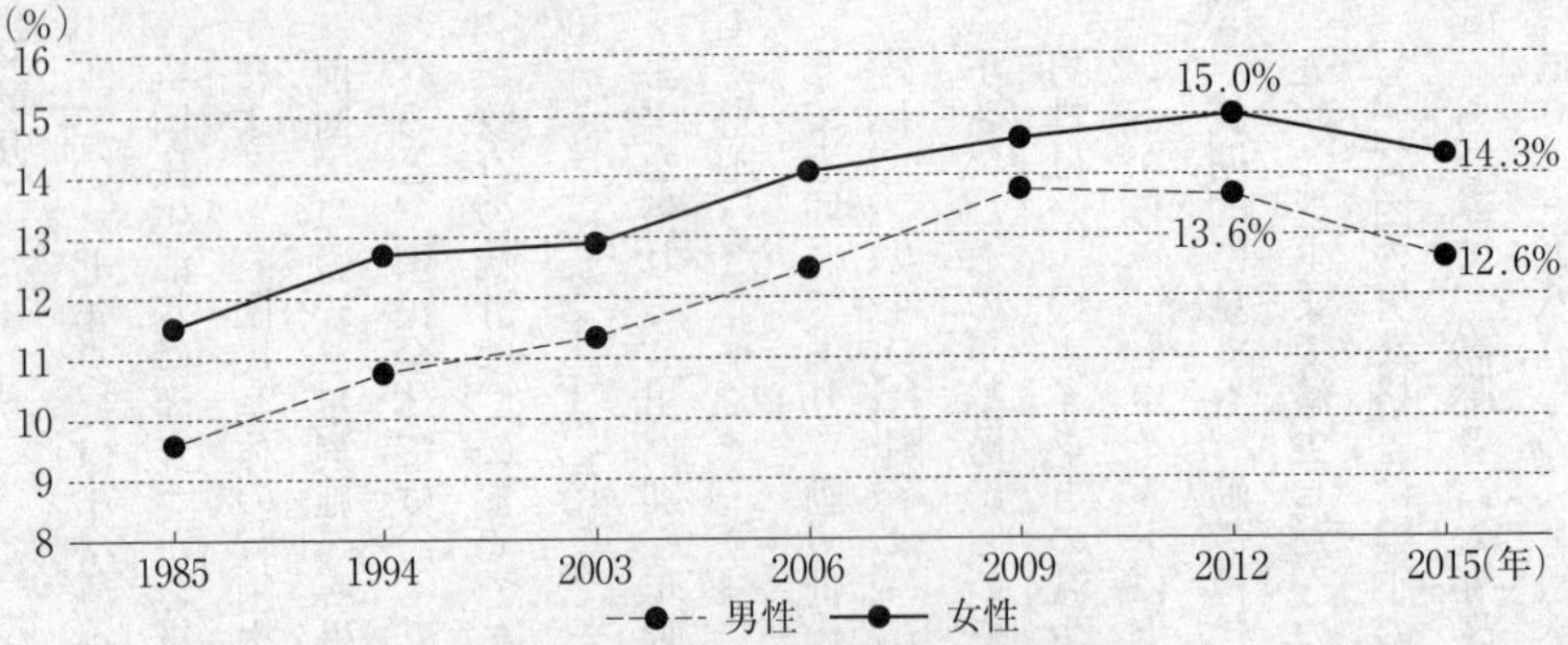

図表3　勤労世代（20-64歳）の貧困率（性別）

出典：阿部彩 2018「日本の相対的貧困率の動態：2012 から 2015 年」科学研究費助成事業（科学研究費補助金）（基盤研究(B)）「「貧困学」のフロンティアを構築する研究」報告書

7　ここで、相対的貧困率の定義をご存じでない読者の方々のために若干の説明を付け加えると、相対的貧困とはその社会・その時代において社会生活ができない状況を指す。例えば、「食」を一つとっても、飢え死にしないというだけであれば、ごみ箱から腐りかけの食料を漁《あさ》れば肉体的には生きることは可能であるが、現代日本においては、そのような状況で、就職したり、結婚したり、人と交流したりすることはできない。子どもであれば、ランドセルを背負って小学校に行き、体操着や上履きを揃《そろ》え……といった生活をするのが日本においての「当たり前」であり、憲法でも義務教育は保障されている。しかし、その生活を送るためには、相当の費用が必要となってくる。それが賄えない状況が相対的貧困なのである。所得で言えば、それぞれの社会において最低限の社会生活を送るためには、社会全体のちょうど真ん中（中央値）のさらに半分の世帯所得が必要であると推計されており、相対的貧困率は所得がその値以下の人の割合である。具体的には、二〇一五年においては、貧困基準は一人世帯で年間一二二万円であった。ちなみに、所得は世帯単位で考えるので、子どもや専業主婦など自身の所得がなくても、世帯の中の人の所得がそこそこにあれば貧困とはならない。

8　貧困率を男女別に推計すると、女性は常に男性よりも高い貧困率となっており、しかも、その格差は拡大方向にあることがわかる。しかしながら、これまでの政府の政策や、マスコミ等の報道において、「女性の貧困」が話題となることはあまりなかった。二〇〇八年の「年越し派遣村」が大きな社会問題として注目された時も、派遣村に現れたのはほとんど男性であったし、昨今注目されている子どもの貧困も、(オ)ショウテンは「子ども」であって、「母親」ではない。B女性は国民の半数以上を占めるのに、その女性の貧困は社会問題としてほとんど認識されていないのである。

（阿部《あべ》彩《あや》「女性の貧困はなぜ問題にされないのか」による）

（注）1 ジェンダー――生物学的性差（セックス）に対して、社会的・心理的性差をいう。
2 稼得能力――所得を生み出す能力。
3 ガラパゴス――孤島という閉鎖された環境の中で生物が独自の進化を遂げたガラパゴス諸島にたとえて、孤立した環境の中で独自に発達した物事をいう。
4 マタハラ――「マタニティ・ハラスメント」の略。職場などでの、妊娠・出産に関するいやがらせ。
5 F1レース――国際自動車連盟（FIA）が主催する自動車レースの最高峰。
6 トールマン――一九八〇年代にF1に参加していたイギリスのレーシング・マシン製造者。またそのレーシング・チーム。
7 アイルトン・セナ――一九六〇～一九九四年。ブラジルのレーシング・ドライバー。F1レースで三度優勝した。
8 綾波レイ――アニメ『エヴァンゲリオン』に登場する架空のヒロインの名。クローン人間である。

問1 傍線部(ア)〜(オ)に相当する漢字を含むものを、次の各群の①〜⑤のうちから、それぞれ一つずつ選べ。解答番号は［1］〜［5］。

(ア) ハイフ ［1］
① 単身フニン
② キップを買う
③ フセキを打つ
④ フヨウ家族

(イ) カンガみ ［2］
① 動物ズカン
② カンヨウな心
③ 衆人カンシ
④ 保険のカンユウ

(ウ) ケイハツ ［3］
① オンケイに浴する
② ケイヤクを結ぶ
③ キュウケイをとる
④ ハイケイ 新緑の候

(エ) コグン奮闘 ［4］
① エイコ盛衰
② コモンの先生
③ ココウを持する
④ エンコを頼る

(オ) ショウテン ［5］
① 話をウケタマワる
② 恋いコがれる
③ 罪をツグナう
④ 雑貨をアキナう

問2 Ⅰ15の傍線部Aに「何の壮大なプロジェクトであろうか……」とあるが、ここまでの範囲（図表1を含む）で、どのようなことが読み取れるか。その説明として最も適当なものを、次の①～⑤のうちから一つ選べ。解答番号は 6 。

① 日本の男性は法律婚と同居が同時で、出産は法律婚後一～二年以内でなければならないという結婚観にとらわれている。女性は必ずしもこのような結婚観に縛られていないが、女性の稼得能力は概ね男性の半分という現実があるため、結婚後は家事育児に専念することを望んでいる。

② 「しょせん男は、ATMということでしょうか……」という男子学生のレポートがあるように、高収入でなければ結婚できないと考える男性が少なくない。このような考え方が、「法律婚・同居が同時」で出産は法律婚後一～二年以内という因習がいまだに存続する原因となっている。

③ 日本人はいまだに法律婚を基盤とした家族規範に縛られており、しかも妻は家事育児に専念すべきと考えている。このような考え方の背景には女性の稼得能力が低いという事実があるが、これは裏から言えば、男性の収入の多寡が婚姻率に大きく影響しているということである。

④ 現在でも、「プロポーズは男性から」が八割超であり、「法律婚・同居が同時」というガラパゴス的な結婚観も男性の思考が大きく影響している。しかし女性は稼得能力が低いこともあって、結婚条件に男性の高収入をあげており、これが婚姻率の低下と少子化の要因となっている。

⑤ 日本では今なお女性が出産・育児と就業を両立させるのは難しく、専業主婦の割合はスウェーデンと比べてもはるかに高い。でも女性が専業主婦であることを容認する風潮が日本にはあり、男性も妻にそれを求めていて、自分がATMにたとえられることを肯定的に捉えている。

問3 図表2について筆者はどのように考えているか。その説明として最も適当なものを、次の①〜⑤のうちから一つ選べ。解答番号は 7 。

① 女性の労働環境や家庭環境を考えるならば、女性に出産・育児と就業継続の両立を求めるのは過酷と言わざるをえない。

② 政府が女性のライフコースに干渉するのは「余計なお世話」であり、女性がそれぞれ自由に決めればよいことである。

③ 政府の推奨する女性のライフコースは高所得の世帯ならともかく、所得が平均以下の世帯では実現不可能である。

④ 女性は出産・育児と就業継続を両立させるのが望ましいが、それには女性の稼得能力を高めることが第一条件である。

⑤ 女性の出産・育児は家庭の問題であり、就業継続は職場の問題であるから、両者を関連づけて考えるのは間違っている。

問4 図表3で筆者が最も注目していることは何か。その説明として最も適当なものを、次の①〜⑤のうちから一つ選べ。解答番号は 8 。

① 男性よりも女性の方が貧困率の高い傾向は、一九八五年以降変わっていないこと。

② 男女の貧困率の格差は、一九八五年から一九九四年にかけてが最も大きいこと。

③ 男性は二〇〇九年を、女性は二〇一二年をピークに貧困率が減少に転じたこと。

④　二〇一五年においても、貧困率は男女ともに依然として高い水準にあること。
⑤　縮小傾向にあった貧困率の男女差が、二〇〇九年以降、逆に拡大し続けていること。

問5　Ⅱ[8]の傍線部Bに「女性は国民の半数以上を占めるのに、その女性の貧困は社会問題としてほとんど認識されていない」とあるが、Ⅰの文章および図表1・図表2と関連づければ、その原因としてどのようなことを導き出すことができるか。その説明として最も適当なものを、次の①〜⑤のうちから一つ選べ。解答番号は[9]。

①　女性の貧困率が常に男性より高くても、男性が結婚相手の女性に求めるのは「人柄」や「家事育児の能力」であって、高い「収入」までは求めないため、男性の貧困ほどには問題視されないこと。
②　女性の貧困率が常に男性より高くても、女性は結婚すれば夫の扶養家族となり、出産・育児に専念すればよいという風潮が日本社会ではいまだに強いため、男性の貧困ほどには問題視されないこと。
③　女性の貧困率が常に男性より高くても、出産・育児と就業を両立させている女性ばかりが注目され、政府もそのようなライフコースを推奨しているため、男性の貧困ほどには問題視されないこと。
④　女性の貧困率が常に男性より高くても、女性は結婚して専業主婦となっていたり、あるいは結婚せずに親と同居してその扶養家族となっていたりするため、男性の貧困ほどには問題視されないこと。
⑤　女性の貧困率が常に男性より高くても、出産・育児と就業を両立させるのは難しいという現状を前にして、生涯独身を選択する女性が少なくないため、男性の貧困ほどには問題視されないこと。

問6　波線部(1)〜(5)の表現に関する説明として**適当でないもの**を、次の①〜⑤のうちから一つ選べ。解答番号は［10］。

① 波線部(1)「まず『収入』をあげる人は、男女ともゼロ。」は、体言止めを用いることで、日本人とスウェーデン人の結婚観の違いを印象づけている。

② 波線部(2)「しょせん男は、ＡＴＭということでしょうか……」は、自らをＡＴＭ（現金自動預け払い機）にたとえる自嘲的な心情を吐露している。

③ 波線部(3)「日本の結婚は『ガラパゴス』である」は、日本人がいまだに古い家族規範にとらわれている現状を、警句的表現を用いて批判している。

④ 波線部(4)「まさか、本当に……!?」は、アニメの世界が現実となるかどうか筆者には予想がつかず、「……」を用いてその判断を読者に委ねている。

⑤ 波線部(5)「男性の貧困率は一三・六パーセントから……減少した」は、細かい数値を列挙することで自分の主張に客観的な根拠を与えている。

第2問

次の文章は【Ⅰ】「自作について」、【詩】「初めての児に」（いずれも吉野弘著『詩のすすめ――詩と言葉の通路』二〇〇五年）および【Ⅱ】「待つということ」（角田光代『何も持たず存在するということ』二〇〇八年）である。これらの文章を読んで後の問い（問1〜6）に答えよ。なお、設問の都合で【詩】以外の部分に段落番号を付し、表記を一部改めている。（配点　50）

【Ⅰ】　自作について

1　A詩を書くのに無理をしないというのは、どういうことか、ひとつの例を挙げてご説明してみましょう。

2　半分に割れた皿の片方が、ごみ箱に捨てられていました。私は或る日、偶然にそれを見て、割れる前の完全な円形の皿を強く想起しました。私たちは、普段、一枚の円形の皿を見ても完全な円形というものを余りはっきりとは意識しません。それが、半円に割れてしまった皿を見たことで、一つの完全な円形の皿を想起したのは面白いことだと考えました。手や足や首などの欠けた（注1）塑像《そぞう》をトルソと言いますが、B欠けているために、その部分を補って眺める精神のいとなみが人間にはあって、それと似ています。私はそのときの面白さを詩に書こうと試みましたが、うまくいきませんでした。これは、私の心の中に「わからない意味」が飛びこんできた状態です。この「わからなさ」が私に詩を書かせる因子《いんし》なのですが、それが書けない場合、私はそれを無理に書こうとはしません。わからないものを、わかったかのように書いてみても、曖昧なものにしかならないのです。

3　詩的体験というものは、既に知っていることの中に、未知のものが割りこんだ状態ですから、既知の表現では、すらすらと書けないのが、むしろ当然なのです。そういうわけで私は、言葉が行きづまった場合、それを自分の力の限界と考えて、詩作を休止します。勿論《もちろん》、放棄するわけではありません。時間を借ります。人の話を聞いたり、本を読んだり、という経験が加わります。その集積が、先の「わからなさ」を解く力になるのです。

【詩】　初めての児に

おまえが生まれて間もない日。
（注2）禿鷹《はげたか》のように　そのひとたちはやってきて
黒い革鞄《かわかばん》のふたを　あけたりしめたりした。
——生命保険の勧誘員だった。

（ずいぶん　(ア)お耳が早い）
私が驚いてみせると
そのひとたちは笑って答えた
〈匂いが届きますから〉

顔の貌《かたち》さえさだまらぬ
やわらかなお前の身体の
どこに
私は小さな死を
わけあたえたのだろう。
もう
かんばしい匂いを
ただよわせていた　というではないか。

【Ⅱ】　待つということ

1　次の電車は新宿にいきますかと、中央線の駅のホームで、アジア人の女性に（注3）かたことの英語で訊《き》かれた。そのホームにくるのぼり電車は、新宿を経由するJRと、中野から地下にもぐる地下鉄の二種類ある。案内板を見ると、次も、その次の電車も地下鉄だった。その次がようやく、新宿経由のJRである。

2　「次とその次は新宿へはいかない、三本目の電車に乗ってください」と説明する私のかたこと英語を、彼女は真剣な顔で聞き、「三本目」と指を折って確認していた。私は地下鉄に乗る予定だったので、次の電車に乗った。座席に腰かけると、さっきの女性の不安げな顔が頭にちらついた。新宿いきの電車をなぜ一緒に待ってあげなかったのか。

ちらりと後悔した。（中略）

[3] 旅先の異国で数え切れないほど人に助けられてきたが、C忘れられない光景がある。

[4] タイの南端、サトゥンというちいさな町。マレーシアから船でタイに入り、船着き場からバス乗り場までバイクタクシーに乗った。サトゥンの町から鉄道駅にいくバス乗り場で私はバイクを降りたのだが、しかし周囲にあまりにも何もないので、本当にバスがくるのか不安になった。それで、バイクタクシーの運転手に「だれもいないし何もないけど本当にここがバス停なのか、バスはちゃんとくるのか、私は今日じゅうに鉄道駅に着くのか」と(イ)身振りで質問攻めにした。すると運転手の彼は、バイクのエンジンを切り、道ばたにうち捨てたように置かれているベンチに腰かけ、私にも腰かけるように手招きする。バスがくるまで一緒に待ってくれるらしかった。

[5] バスはなかなかこない。陽射しは強く、緑は濃く、花は色鮮やかで、(注4)羽虫の飛ぶ音がひっきりなしに聞こえた。四十五分、一時間とたつにつれ、私はだんだん不安になった。バイクタクシーの彼は、なんでずっとここにいるのか。仕事はいいのか。(注5)炎天下で平気なのか。彼に英語は通じないので、「ＯＫ？」と訊いてみると、バスのことを訊かれていると思ったらしい彼は「ＯＫＯＫ」と重々しい顔でくりかえす。

[6] 私たちは無言でベンチに座っていた。ときおりなま暖かい風が吹いた。雲ひとつない空を、ぎらぎら光る太陽がゆっくりと移動していく。

[7] バスなんかやっぱりこないのだとあきらめかけたとき、やっと陽炎《かげろう》の道の向こうから、ゆっくりとバスがあらわれた。バイクタクシーの彼は立ち上がり、笑顔で私にバスを指し示した。バスに私を乗せ、運転手に何か言い、そしてバイクにまたがって(注6)颯爽《さっそう》と帰っていった。

[8] 不安げな顔の女性をホームに残したまま地下鉄に乗った私は、そのときのことを思い出していた。いつになったら私は、バイクタクシーの彼ほど大人になれるのか。人のために時間を差し出せる、それを当然だと思える、本当の大人になれるのか。年齢ばかり重ねた私は、未だ子どものように(ウ)あくせくしている。早くしなさいと叱られる子ども

のように。そのことが少し、恥ずかしかった。

（注）
1 塑像――粘土や石膏などで作成された像。
2 禿鷹――大型のワシで頭部や頸《くび》の羽毛がなく、皮膚がむき出しとなっている。動物の死体や腐肉を主食とする。
3 かたこと――言葉が不完全でたどたどしい様子。
4 羽虫――翅《はね》のある小型の昆虫の俗称。
5 炎天下――焼けつくような熱い空の下。
6 颯爽――人の態度や行動などが、勇ましくさわやかに感じられるさま。

問1　傍線部(ア)〜(ウ)の本文中における意味として最も適当なものを、次の各群の①〜⑤のうちから、それぞれ一つずつ選べ。解答番号は 11 〜 13 。

(ア) 「お耳が早い」 11
① 人の弱点を見抜くのが早い
② 真偽を見分けるのが早い
③ 人の秘密をあばくのが早い
④ 情報を聞きつけるのが早い
⑤ 先回りして準備するのが早い

(イ) 「身振りで質問攻めにした」 12
① 自分の感情を表す身ぶりを交えて相手を責めたてた
② 言葉を用いずに身ぶりだけで相手に多くの質問をした
③ 言葉だけでなく体の動きを交えて必死に問いかけた
④ ものの形態をまねながらわかりやすく質問し続けた
⑤ 体のしぐさだけで彼が私を連れてきた理由をたずねた

(ウ) 「あくせくしている」 13
① はらはらと成り行きを見守っている
② うかうかと目先のことにとらわれている
③ いらいらと気短かに仕事をしている
④ おろおろと取り乱しつつ歩いている
⑤ せかせかと落ち着きなく動いている

問2 傍線部A「詩を書くのに無理をしないというのは、どういうことか」とあるが、その答えとして最も適当なものを、次の①～⑤のうちから一つ選べ。解答番号は 14 。

① 自分の感じた面白さをうまく表現できないので、詩作自体を諦める、ということ。
② 「わからない意味」を詩作の因子として大切にし、向き合い続ける、ということ。
③ わからないものに対してわかったふりをせず、曖昧さを排除する、ということ。
④ 既知の事柄の中に未知の事柄を割りこませ、新しい詩作を試みる、ということ。
⑤ 時間の力を借りて他の経験を蓄積し、詩作のヒントを手に入れる、ということ。

問3 傍線部B「欠けているために、その部分を補って眺める精神のいとなみ」とあるが、この「精神のいとなみ」は【詩】の中でどのような形で実現していると言えるか。その内容として最も適当なものを、次の①～⑤のうちから一つ選べ。解答番号は 15 。

① 自分が赤ん坊に「生命」と同時に「死」も与えていた、という罪の重さをやわらかな赤ん坊の身体によって気づく、という形で実現している。
② 赤ん坊の匂いに死の気配を嗅ぎとる生命保険の勧誘員の嗅覚の鋭さによって人間の「生命」の持つ欺瞞性に気づく、という形で実現している。
③ 人間の「生命」が必然的に「死」をはらんだものであるということを、生命保険の勧誘員の言葉によって気づく、という形で実現している。
④ 生命保険の勧誘員による黒い革鞄のふたのあけしめが人間の「生命」の「無限の循環」を象徴することに気

づく、という形で実現している。

⑤ 生まれたての赤ん坊に漂う「死」の匂いを指摘する生命保険の勧誘員の言葉によって、「生命」の無意味さに気づく、という形で実現している。

問4　傍線部C「忘れられない光景がある」とあるが、この後で述べられている具体例が【Ⅱ】のエッセイの中で果たしている役割として**適当でないもの**を、次の①～⑤のうちから一つ選べ。解答番号は 16 。

① タイのゆっくりとした時間の流れを描写することで、東京のせわしない時間の流れを印象づける役割を果たしている。

② 若いころの作者の不安な気持ちを描写することで、東京でのアジア人の女性の不安を類推させる役割を果たしている。

③ 「バイクタクシーの彼」の優しさを描写することで、他人の不安に無関心な私の冷酷さを際立たせる役割を果たしている。

④ タイで出会った「大人」の振る舞いを描写することで、「子ども」のような私の未熟さを対比させる役割を果たしている。

⑤ 私に自分の時間を差し出した運転手を描写することで、自分の時間を優先した私の後悔を強調する役割を果たしている。

問5　次に掲げるのは、文章【Ⅰ】、【詩】および文章【Ⅱ】との関係について五人の生徒が話し合っている場面である。これら三つの文章（詩）の関係の説明として最も適当なものを、次の①～⑤のうちから一つ選べ。解答番号は 17 。

① 生徒A——僕が思ったのは、【Ⅰ】の「無理をしない」というメッセージは、【Ⅱ】の「待つということ」というテーマと深く結び付いている、ということだった。わからない時には無理をせず、時間をおくとうまくいくことがある。それは僕たちに大人としての生き方を示してくれる。その意味で【Ⅱ】の「バイクタクシーの彼」は本物の「大人」なんだよ。

② 生徒B——関係を考える時には【詩】の意味もきちんと理解しなくちゃね。生まれて間もない赤ん坊にも「小さな死」は分け与えられている。それは【Ⅰ】の「半分に割れた皿」でも同じで、「完全な円形の皿」にも、皿の死としての分割・破壊が分け与えられている。【Ⅱ】の、〈タイのゆっくりとした時間〉だけがそれを忘れさせるのだと私は思うわ。

③ 生徒C——それは違うんじゃないかな。【Ⅰ】に「詩的体験というものは、既に知っていることの中に、未知のものが割りこんだ状態」とある通り、【詩】の中でも〈生の中の未知なる死〉が示唆されているし、【Ⅱ】でも〈バスが来るかどうかわからないことから生まれるドラマ〉が書かれている。だから「わからない」ことの大切さがテーマだと僕は思う。

④ 生徒D——そうかしら。私は〈欠けているものの理解〉が共通のテーマだと思ったわ。【Ⅰ】では〈わからない意味〉を手がかりにして詩作の本質を語っているし、【詩】では〈死〉が生の本質を把握する手がかりになっているし、【Ⅱ】では〈人のために時間を差し出す人〉によって自分のあり方を眺め直している。こうした〈欠落への気づき〉が大切だと思うわ。

⑤　生徒E——そんなに難しい話かなあ。僕は【Ⅱ】にある「時間を差し出せる」ことが「本当の大人」になることだ、という主張にとても共感した。それは【Ⅰ】では〈詩を書く際に時間をかける〉ことの大切さとして述べられているし、その結晶が具体的に【詩】の形になって表れている。時間は詩の成熟や人間の成熟をもたらす。それが共通のテーマだよ。

問6　文章【Ⅰ】、【詩】および文章【Ⅱ】における表現と内容の特徴についての説明として最も適当なものを、次の①～⑥のうちから二つ選べ。ただし、解答の順序は問わない。解答番号は 18 ・ 19 。

①　【Ⅰ】について。2は1での問題提起を受け、身近な体験に言及しながら「詩」と「割れた皿」とを〈類比〉によって関連づけ、3での結論を違和感のないものにしている。

②　【Ⅰ】について。2は1での問題提起を受け、詩作の本質が〈欠落を補う精神のいとなみ〉であることを明らかにした上で、その問題点に触れた3へと無理なくつないでいる。

③　【詩】について。「顔の貌さえさだまらぬ」という表現は、子どもの小ささや幼さを強調するとともに、実は子どもの生死もまだ定まっていない、ということを示唆している。

④　【詩】について。「禿鷹のように」という表現は、生命保険の勧誘員が持つ感覚の鋭さを強調するとともに、死にまつわるイメージを詩全体に漂わせる、という効果をもたらしている。

⑤　【Ⅱ】について。2の「かたこと英語」や4の「身振りで質問攻めにした」という記述を重ね合わせることで、いつまでたっても語学力を向上させようとしない「私」の「子ども」らしさを強調している。

⑥　【Ⅱ】について。5で〈陽射しの強さ／緑の濃さ／花の色の鮮やかさ／羽虫の飛ぶ音〉などの五感に訴える表現を並べることで、感性の刺激が〈大人の余裕〉を生むという筆者の考えを暗示している。

第3問 次の二つの文章を読んで、後の問い（問1〜6）に答えよ。（配点 50）

【文章Ⅰ】

むかし、男有りけり。女をとかく言ふこと月日経にけり。(ア)岩木《いはき》にしあらねば、A心苦しとや思ひけむ、やうやうあはれと思ひけり。そのころ、水無月の望《もち》ばかりなりければ、女、身に(注1)瘡《かさ》一つ二つ出《い》できにけり。女言ひおこせたる。「今は何の心もなし。身に瘡も一つ二つ出でたり。時もいと暑し。少し秋風吹き立ちなむ時、必ず逢はむ」と言へりけり。秋待つころほひに、ここかしこより、Bその人のもとへいなむずなりとて、(注2)口舌《くぜち》出できにけり。さりければ、女の兄人《せうと》、にはかに迎へに来たり。さればこの女、かへでの初紅葉を拾はせて、歌を詠みて、書きつけておこせたり。

C秋かけて言ひしながらもあらなくに木の葉降りしくえにこそありけれ

と書きおきて、「かしこより人おこせば、これをやれ」とて去《い》ぬ。さてやがて後、つひに今日まで知らず。よくてやあらむ、あしくてやあらむ。去にし所も知らず。かの男は、(注3)天《あま》の逆手《さかて》を打ちてなむ呪ひ居《を》るなる。(イ)むくつけきこと。人の呪ひごとは、負《お》ふものにやあらむ、負はぬものにやあらむ。「今こそは見め」とぞ言ふなる。

（『伊勢物語』）

（注）1 瘡――できもの。はれもの。
2 口舌――口論。言い争い。
3 天の逆手――人を呪うときなどに打つ柏手《かしわで》。普通の打ち方とは異なるが、未詳。

【文章Ⅱ】

をかし、男有りけり。(注1)恩を高く言ふ事、月日経にけり。薪《たきぎ》しも有らねば、D心苦しとや思ひけん、(ウ)やうやう奉公に出でにけり。そのころ、水無月の(注2)土用、餅搗《もちつ》かせければ、男、手に豆一つ二つ出でたり。「時もいと暑し。少し秋風吹き立ちなん時、必ず参らん」と言へり。秋待つころほひに、ここかしこより、その人を(注3)かんすなりとて、(注4)公事事《くじごと》出《い》できにけり。さりけれど、男の元の主、俄《には》かに迎へ遣《こ》しけり。さればこの男、(注5)鰹《かつを》の叩《たた》きを拵《こしら》へて、歌を書き付けて置きけり。

　秋かけてしたる叩きは辛《から》くとも(注6)をくは脹《ふく》るる味にぞ有りける

と書き置きて「かしこより人遣《お》こせば、これを進ぜよ」とて去《い》ぬ。さてやがて後、ついに今日まで知らず。よくてやあらん、あしくてやあらん。去にし所も知らず。かの男は(注7)天野の酒手を負ひてなん隠れ居《を》るなる。(注8)無体気《むたいげ》にて、人の(注9)野良《のら》と思ふにやあらん、叔母のもとに有り。「今こそは出でめ」とぞ言ふなる。

（『仁勢《にせ》物語』一六四〇年頃成立）

（注）
1 恩――奉公に対する給金。
2 土用――小暑から立秋までの十八日間。この時期に餅を食べる風習があった。
3 かんす――「かへす（返す）」の誤り。
4 公事――訴訟。
5 鰹の叩き――カツオの塩辛。
6 をくは脹るる味――未詳。〝後になると豊かな味〟の意か。
7 天野の酒手――「天野」は天野山金剛寺で作られた酒のこと。「酒手」は〝酒代〟。
8 無体気にて――無茶をやりかねない性格で。
9 野良――なまけ者。ならず者。

問1 傍線部(ア)〜(ウ)の解釈として最も適当なものを、次の各群の①〜⑤のうちから、それぞれ一つずつ選べ。解答番号は 20 〜 22 。

(ア) 岩木にしあらねば 20
① 岩や木ではないが、何も言わないわけではないので
② 岩や木ではないが、何も言わないでおこうとしたけれど
③ 岩や木のように感情を持たないものではないので
④ 岩や木のように強い意志を持っていたわけではないので
⑤ 岩や木のように心を動かされなかったのではないけれど

(イ) むくつけきこと 21
① 未練がましいことよ
② 報いのあることよ
③ 気の毒なことよ
④ 無風流なことよ
⑤ 気味の悪いことよ

(ウ) やうやう 22
① 思いがけず
② かろうじて
③ おのずから
④ だんだんと
⑤ いそいそと

問2　傍線部A・Dの「心苦し」の意味内容の組み合わせとして最も適当なものを、後の①〜⑥のうちから一つ選べ。
解答番号は 23 。

A　ア　自分にしつこく言い寄る男を不快に思う心情。
　　イ　諦めずに自分に言い寄る男を気の毒に思う心情。
　　ウ　男に会いたい気持ちが募って胸が苦しい心情。

D　エ　薪を買えない自分をふがいなく思う心情。
　　オ　生活に窮してきたことをつらく思う心情。
　　カ　奉公に出ることをわずらわしく思う心情。

①　ア・エ　②　ア・オ　③　イ・オ　④　イ・カ　⑤　ウ・エ　⑥　ウ・カ

問3　傍線部B「その人のもとへいなむずなり」の解釈として最も適当なものを、次の①〜⑤のうちから一つ選べ。
解答番号は 24 。

①　その男のもとへ引き取られて行くという話だ
②　その男のもとには決して行かないはずだ
③　その男のもとへ行こうと思っているのだ
④　その女のもとへ通っているといううわさだ
⑤　その女のもとへはもう通わなくなったのだ

問4 傍線部C「秋かけて言ひしながらもあらなくに木の葉降りしくえにこそありけれ」の和歌の説明として最も適当なものを、次の①～⑤のうちから一つ選べ。解答番号は 25 。

① やっと男女の縁を結んだのに、秋になったとたん、男が自分に飽きて離れてしまったことを悲しむ心情を詠んでいる。

② 秋になってできものが消えたら会おうと男に約束したのに、それを妨げられたことを激しく憤る心情を詠んでいる。

③ 男に飽きたわけではないけれど、男との縁は秋の訪れとともに切れる運命であったとしみじみ思う心情を詠んでいる。

④ 秋になったら会うという約束を果たせないまま、二人の縁が浅く切れてしまうことを残念に思う心情を詠んでいる。

⑤ 秋にかけて必ず会うと男と約束したのに、木の葉が散るようにむなしくそれを反故にされた悔しい心情を詠んでいる。

問5 文章Ⅱには内容的に矛盾した箇所がある。それはどことどこか。その一方の箇所として最も適当なものを、次の①～⑤のうちから一つ選べ。解答番号は 26 。

① 「薪しも有らねば」

② 「時もいと暑し」

③ 「男、手に豆一つ二つ出でたり」

④　「歌を書き付けて置きけり」

⑤　「叔母のもとに有り」

問6　次に掲げるのは、生徒たちが文章Ⅰと文章Ⅱの関連について話し合ったものである。彼らの意見のうち**適当でないもの**を、次の①～⑥のうちから二つ選べ。解答番号は 27 ・ 28 。

①　生徒A――Ⅰの「むかし、男有りけり。女をとかく言ふ」を、Ⅱが「をかし、男有りけり。恩を高く言ふ」ともじっているのは、男が女に言い寄るという恋愛の話が、男の奉公にまつわる滑稽な話へと転換されることを最初に告知するものとなっているよ。

②　生徒B――Ⅰの「水無月の望ばかりなりければ、女、身に瘡一つ二つ出できにけり」と、Ⅱの「水無月の土用、餅搗かせければ、男、手に豆一つ二つ出でたり」を比べると、「餅」は「望」の駄洒落《だじゃれ》であり、「豆」は「瘡」に対するもので、どちらもからだに出来る厄介物だから、うまく対応しているね。

③　生徒C――Ⅱの「鰹の叩きを拵へて」はⅠの「かへでの初紅葉を拾はせて」のもじりとみるのはやや苦しいけれど、「かへでの初紅葉」という、和歌に詠まれそうな優雅な表現を「鰹の叩き」という卑俗な表現に置き換えるのは、俳諧の精神・手法に通じていると言えると思う。

④　生徒E――逆に、Ⅰの「よくてやあらむ、あしくてやあらむ」とⅡの「よくてやあらん、あしくてやあらん」は同じ表現だよ。でもⅠには女が「あしくて」あれという呪いが強く表現されているのに対して、Ⅱには男が「よくて」あれという願望の気持ちが込められているんだ。

⑤　生徒D――Ⅰの「天の逆手を打ちてなむ呪ひ居るなる」を、Ⅱが「天野の酒手を負ひてなん隠れ居るなる」ともじることで、男が女を呪って逆手を打つという話が、酒代がたまって雲隠れするという話にすっとつながっ

ていくのは類義語のなせるわざだよ。

⑥ 生徒E――Ⅰの「今こそは見め」は女は今に思い知るだろうという意味で、Ⅱの「今こそは出でめ」は今に出て行くつもりだという意味で、どちらも男の捨てぜりふみたいなところがあって、物語の結末の言葉としてぴったりだなあ。Ⅱの作者のパロディ精神が隅々まで行き渡っていると思うよ。

第4問

次の文章は木曽川を舟で下ったときのことを記した紀行文の一節である。これを読んで後の問い（問1〜6）に答えよ。なお、設問の都合で返り点・送り仮名を省いたところがある。（配点　50）

(ア)忽遇フ三1一大《だい》巌《がん》ノ屹《きつ》二立《りつ》スル水中ニ一。舟殆《ほとん》ド触レントスレ之ニ。少シク誤ラバ則チ（注1）齏《さい》粉《ふん》セン矣。衆懼《おそ》レテ而黙ス。舟《しう》人《じん》笑ツテ捩《ひね》リテレ柁《かぢ》ヲ避クレ之ヲ。輒《すなは》チ掠《かす》メテ二巌角ヲ一過グ。A如キレ此ノ者数処、未ダ三嘗テ差《たが》ハ二糸《し》毫《がう》ヲ一。但ダ経ルトキ二巌際ヲ一、2波激シ舟舞ヒ、飛沫撲《う》チレ人ヲ、衣《い》袂《べい》尽ク湿《うるほ》フ。回二視スレバ僕従ヲ一、各《おのおの》握リ二両把ニ汗ヲ一、殆ドB無シ二人色一。舟人甚ダC間暇従《しよう》容《よう》トシテ、吹イテレ煙ヲ而坐ス。視《くら》ブレバ二上ルレ流レヲ船ノ併セテレ力ヲ挽《ひ》キ上グル者ニ一、3難易懸絶ス。4已ニシテ而離レレ峡ヲ、漸ク平遠ナリ。（注2）犬山城露ハレ二於（注3）翠《すい》微《び》ノ上ニ一、（注4）粉《ふん》壁《ぺき》鮮明ナリ。衆望見シテ歓然タリ。比《ころ》レ至ル二城下ニ一、又5有リテ二暗礁一齧《かみ》レ舟ヲ、（注5）砉《けき》然トシテ欲スレ裂ケント。衆復タ相ヒ顧ミテ（注6）瞿《く》然タリ。過ギテレ此《ここ》ヲ以往ハ、漁舟相ヒ望ミ、歌唱互ヒニ答フ。6衆心始メテ降《くだ》ル矣。

(イ)蓋（注7）始メテ発セシヨリレ抵《いた》ルニ此ニ、為ス二陸行半日之程《てい》ト一。不シテ二（注8）一《いつ》餉《しやう》時《じ》ナラ一而至ル。其ノ快《はや》キコト可シレ知ル矣。嘗テ読ムニ二（注9）盛《せい》広《くわう》之《し》・（注10）酈《れき》道《だう》元《げん》ノ所ヲレ記ス、誇二称セリ（注11）江《かう》水《すい》迅急之状ヲ一、至リテハ二唐李白ニ一、述ベテ二其ノ意ヲ一云フ、D千里ノ江《かう》陵《りよう》一日ニシテ還《かへ》ルト。平生窃カニ疑ヒテ以テ為セリ二文人ノ虚談ト一。E今過ギテ二此ノ際ヲ一、始メテ知ル二其ノ不ルヲレ誣《し》ヒ也。F但舟行甚迅、不能徐翫峡中之勝、為可恨已。

（斎藤拙堂「下岐蘇《きそ》川記（岐蘇川を下るの記）」による）

（注）
1 齏粉――こなごなになること。
2 犬山城――愛知県犬山市にあった城。天守閣のみ現存する。
3 翠微――もやが立ちこめる青い山。
4 粉壁――白い壁。
5 砉然――バリバリと音を立てるさま。
6 瞿然――驚き恐れるさま。
7 始発――筆者の一行は伏見（中山道の宿場の一つ。現在の岐阜県にあった）から舟に乗った。
8 一餉時――食事をするくらいの短い時間。
9 盛広之――南朝宋の国の人。その著に『荊州記』がある。「広」は「弘」あるいは「宏」の誤りと思われる。
10 酈道元――北魏の国の人。その著に『水経注』がある。
11 江水――長江（揚子江）。

問1　傍線部(ア)・(イ)の読み方として最も適当なものを、次の各群の①～⑤のうちから、それぞれ一つずつ選べ。解答番号は 29 ・ 30 。

(ア)「忽」
① いたづらに
② いよいよ
③ たちまち
④ おのづから
⑤ たまたま

(イ)「蓋」
① なほ
② けだし
③ かつて
④ およそ
⑤ さきに

問2 傍線部A「如レ此者数処、未三嘗差二糸毫一」とはどういうことか。その説明として最も適当なものを、次の①～⑤のうちから一つ選べ。解答番号は 31 。

① このように上手に舟を操る船頭は、岩にぶつかりそうな箇所に来ても、一度も表情を変えなかったということ。

② 舟が岩にぶつかりそうになっても、船頭が器用に舵を数回動かすと、舟は予定のコースを通り過ぎたということ。

③ 舟の乗客は岩がそびえ立つ危険な箇所に来ても、動揺したり絶望したりすることは一度もなかったということ。

④ 舟が岩にぶつかりはしないかとハラハラする者が数人いたが、船頭は少しもあわてずに舵を操ったということ。

⑤ 舟が岩に当たりそうな危ない箇所がいくつかあったが、船頭が巧みに舟を操って過たずそれを避けたということ。

問3　傍線部B「無二人色一」、C「間暇従容」の本文中における意味として最も適当なものを、次の各群の①～⑤のうちから、それぞれ一つずつ選べ。解答番号は［32］・［33］。

B「無人色」［32］
① 主人の顔色をうかがっていた
② 血の気を失っていた
③ 非常に興奮していた
④ ひっそりとしていた
⑤ 夢心地のようだった

C「間暇従容」［33］
① のんびりと落ち着きはらって
② 暇をもてあまして退屈そうに
③ 油断なく細心の注意を払って
④ だらだらと成り行き任せにして
⑤ てきぱきと臨機応変に行動して

問4　傍線部E「今過二此際一、始知二其不レ誣也一」はどのようなことを述べているか。傍線部D「千里江陵一日還」が次の漢詩の一句であることをふまえたうえで、その説明として最も適当なものを、後の①～⑤のうちから一つ選べ。解答番号は 34 。

早《つとニ》発《ス》二白帝城《ヲ》一　李白

朝《あしたニ》辞《ス》白帝彩雲《ノ》間

千里《ノ》江陵一日《ニシテ》還《かへル》

両岸《ノ》猿声啼《なキテ》不《ルニ》レ住《やマ》

軽舟已《すでニ》過《グ》万《ばん》重《ちょうノ》山

① 文人たちの言う通り、白帝城から江陵までの舟での行程がいかに遠いかを実感したということ。

② 文人たちの言う通り、急流を下る小舟がいかに速く突き進んでいくかを実感したということ。

③ 文人たちの言う通り、白帝城にたとえられる犬山城がいかに美しいかを実感したということ。

④ 文人たちの言う通り、長江下りがいかに危険と隣り合わせの船旅であるかを実感したということ。

⑤ 文人たちの言う通り、李白の詩が実景を歌った、いかに優れた詩であるかを実感したということ。

問5　傍線部F「但舟行甚迅、不能徐翫峡中之勝、為可恨已」の返り点の付け方と書き下し文との組み合わせとして最も適当なものを、次の①～⑤のうちから一つ選べ。解答番号は 35 。

① 但舟行甚迅、不レ能二徐翫レ峡中レ之勝、為レ可レ恨已
但《た》だ舟行甚だ迅《はや》く、徐《おもむろ》に峡を翫《もてあそ》ぶこと能はず之《これ》に中《あた》りて勝《まさ》り、恨むべしと為すのみ

② 但舟行甚迅、不二能徐翫一峡中之勝、為レ可恨已
但だ舟行甚だ迅く、能く徐に翫ばずして峡中の勝《しよう》、可を為《な》して恨みて已《や》む

③ 但舟行甚迅、不レ能三徐翫二峡中之勝一、為レ可レ恨已
但だ舟行甚だ迅く、徐に峡中の勝を翫ぶこと能はず、恨むべしと為すのみ

④ 但舟行甚迅、不二能徐翫一峡中之勝、為可レ恨已
但だ舟行甚だ迅く、能く徐に翫ばずして峡中の勝、為に恨むべきのみ

⑤ 但舟行甚迅、不レ能二徐翫レ峡中レ之勝、為レ可恨已
但だ舟行甚だ迅く、徐に峡を翫ぶこと能はずして之に中りて勝り、可を為して恨みて已む

問6　この文章の表現や内容に関して印象に残る箇所を、六人の生徒に報告してもらった。その内容として**適当でない**ものを、次の①～⑥のうちから二つ選べ。解答番号は 36 ・ 37 。

① 生徒A――波線部1「一 大 巌 屹二‐立 水 中一」は、一つの大きな岩が川の中にそびえ立っている感じを、ごつごつした印象を与える漢語で的確に表している。

② 生徒B――波線部2「波 激 舟 舞、飛 沫 撲レ人」は、短い主語と短い述語の繰り返しによって、川下りの躍動感や緊迫感を巧みに表現している。

③ 生徒C――波線部3「難 易 懸 絶」は、舟を操って急流を下るのも、舟を上流へと引き上げるのも辛い仕事であると、船頭たちに同情する気持ちを吐露している。

④ 生徒D――波線部4「已 而 離レ峡、漸 平 遠」は、舟が急峻な谷間から広々とした平地へと川を流れ下ったことを、副詞を効果的に用いて表現している。

⑤ 生徒E――波線部5「有二暗 礁一齧レ舟」は、舟が水面下に隠れていた岩にぶち当たってバリバリと音を立てる様子を、擬人法を用いて生き生きと表現している。

⑥ 生徒F――波線部6「衆 心 始 降 矣」は、舟の乗客たちが船頭たちの舟歌に心をひかれて、それを聴くために一度舟から降りたことを表している。

解答

共通テスト 実戦創作問題：国語

問題番号(配点)	設問	解答番号	正解	配点	チェック
第1問(50)	問1	1	③	2	
		2	①	2	
		3	④	2	
		4	③	2	
		5	②	2	
	問2	6	③	9	
	問3	7	①	8	
	問4	8	⑤	7	
	問5	9	②	8	
	問6	10	④	8	
第2問(50)	問1	11	④	3	
		12	③	3	
		13	⑤	3	
	問2	14	⑤	6	
	問3	15	③	8	
	問4	16	③	7	
	問5	17	④	8	
	問6	18-19	①-④	12(各6)	
第3問(50)	問1	20	③	4	
		21	⑤	4	
		22	②	4	
	問2	23	③	7	
	問3	24	①	6	
	問4	25	④	7	
	問5	26	⑤	6	
	問6	27-28	④-⑤	12(各6)	
第4問(50)	問1	29	③	3	
		30	②	3	
	問2	31	⑤	8	
	問3	32	②	4	
		33	①	4	
	問4	34	②	8	
	問5	35	③	8	
	問6	36-37	③-⑥	12(各6)	

(注) -(ハイフン)でつながれた正解は，順序を問わない。

自己採点欄
200点

第1問

標準

出典

【Ⅰ】水無田気流《みなしたきりう》「男も女もつらいよ—日本人に求められる人生をフローチャートにしてみたら」（『世界思想』二〇一九年春四六号〈特集 ジェンダー〉世界思想社）

【Ⅱ】阿部彩《あべあや》「女性の貧困はなぜ問題にされないのか」（『世界思想』二〇一九年春四六号〈特集 ジェンダー〉世界思想社）

水無田気流（一九七〇年〜）は詩人・社会学者。神奈川県出身。早稲田大学大学院社会科学研究科博士後期課程単位取得満期退学。二〇二一年現在、國學院大學経済学部教授。詩集に『音速平和』『Z境』、評論に『黒山もこもこ、抜けたら荒野—デフレ世代の憂鬱と希望』『無頼化した女たち』などがある。

阿部彩（一九六四年〜）は経済学者・社会政策学者。東京都出身。マサチューセッツ工科大学卒業。タフツ大学フレッチャー法律外交大学院修士号・博士号取得。二〇二一年現在、東京都立大学教授。著書に『子どもの貧困—日本の不公平を考える』『弱者の居場所がない社会—貧困・格差と社会的包摂』などがある。

要旨

Ⅰ

日本では女性の稼得能力はまだまだ低く、男性の収入の多さが結婚の条件となっている。また結婚した女性が出産・育児と就業を両立させるのは難しく、第一子出産を機に離職して専業主婦となる人が少なくない。したがって恋人にプロポーズしようと思っている男性は、ある程度の住居と収入と貯金を準備してかからねばならない。他方、女性は、仕事（管理職並み）と家事と出産・育児（子どもは二人以上）を同時にこなすことが政府から期待されている。この国の**「女性活躍」とは「日本女性超人化計画」**と言い換えた方がよいのではないか。

Ⅱ

厚生労働省の発表によると、相対的貧困率は近年減少傾向にある。これを男女別に推計してみても、やはり近年は男女ともに貧困率が減少している。しかし女性は常に男性よりも貧困率が高く、しかもとんでもないことに、**貧困率の男女格差は拡大方向にある。**女性の貧困は社会問題としてほとんど認識されていないのである。

語句

Ⅰ スキル＝経験や訓練を通じて身につけた技術や能力。

フローチャート＝データの流れや問題解決の手順を示す図式。流れ図。

解説

問1 標準 1〜5 正解は (ア)＝③ (イ)＝① (ウ)＝④ (エ)＝③ (オ)＝②

(ア) 配布　①赴任　②切符　③布石　④扶養

(イ) 鑑み　①図鑑　②寛容　③環視　④勧誘

(ウ) 啓発　①恩恵　②契約　③休憩　④拝啓

(エ) 孤軍　①栄枯　②顧問　③孤高　④縁故

(オ) 焦点　①承る　②焦がれる　③償う　④商う

問2 標準 6 正解は③

要旨を問う設問。傍線部に至るまでの十五段落を大きく四区分して内容をまとめてみよう。

- 第1～第6段落（先日、～ということになる。）
  結婚相手として重視するものを質問すると、日本人は男女ともに「人柄」が一位で、女子は二番目に「収入」をあげた。スウェーデン人の男女も「人柄」を一位にあげたが、共働きが当たり前のスウェーデンでは「収入」をあげる人は男女ともにいなかった。
- 第7～第10段落（スウェーデンとは～厳しい……。）
  日本ではまだまだ男性の収入の差が結婚できるかどうかの決定的な差である。この背景として女性の稼得能力が低いこと、また女性が出産・育児と就業を両立させるのが難しいことが考えられる。
- 第11～第13段落（ついでに～できない……。）
  先進国で出生率が回復している国はいずれも「法律婚・同居・出産」のタイミングがバラバラである。しかし日本は「法律婚・同居が同時」で、出産はその後である。
- 第14・第15段落（ここで～プロジェクトであろうか……。）
  男性の思考フローチャートからもわかるように、プロポーズを考えている男性は、ある程度の住居と収入と貯金を準備してからねばならない。

これを見てわかるように、「収入」という語をキーワードに、日本では男性の収入が結婚の重要な条件となっていること、その背景として女性の所得が低いこと、法律婚が重視されていることが指摘されている。

選択肢は男性の収入に言及している②と③と④に絞られる。その上で各選択肢の内容の適否を吟味すればよい。正解は③で、「男性の収入の多寡が婚姻率に大きく影響している」というポイント部分を最後に置いてまとめている。

「法律婚を基盤とした家族規範に縛られ」「妻は家事育児に専念すべき」「女性の稼得能力が低い」という説明も妥当である。

① 「収入」に触れていない。「女性は必ずしもこのような結婚観に縛られていない」「家事育児に専念することを望んでいる」も本文に書かれていない。

② 高収入でなければ結婚できないという結婚観を原因にあげ、「法律婚・同居が同時」で出産はその後という因習をその結婚観の結果と説明しており不適。思考フローチャートでは逆に、このような因習的な思考が安定収入が必要という思考を引き出している。

④ 「男性の思考が大きく影響している」が不適。書かれていない。また男性の高収入と少子化を因果関係で説明している点も、本文の内容からはずれる。

⑤ 「収入」に触れていない。また「自分がATMにたとえられることを肯定的に捉えている」も不適。第8段落に「ため息交じりのレポート」「しょせん男は、ATM……」とあるように、ATMのたとえを悲観的、自嘲的にみている。

問3 標準 7 正解は①

図表の読み取りを問う設問。**図表2**は「政府推奨・理想的な日本女性のライフコース」とあるように、女性の生き方に干渉しようとする政府の目論見をフローチャート化したものである。事実、女性の就職・結婚・出産・職場復帰に関して、年齢まで指定して**女性のライフコースを枠にはめようとしている**。筆者はこのライフコースをF1レースにたとえ、さらに「日本女性超人化計画」と名づけて**痛烈に批判する**（Iの第18・19段落）。女性が出産・育児そして家事をこなしながら、そのうえ就業、しかも「管理職になる程度にバリバリ働」（第16段落）くのは、それこそ「超人」でなければ不可能だと言うのである。筆者は、**現在の女性の置かれた立場や環境**（給与水準の低さも含まれる）**をまったく理解しない机上の空論だと退けて、激しく憤っている**ことが理解できよう。以上より「女性に出産・育児と就業継続の両立を求めるのは過酷と言わざるをえない」と説明した①が正解となる。

② 「女性がそれぞれ自由に決めればよい」が不適。筆者の考えからはずれる。筆者は「超人」という言葉を使って、政府の言う「ライフコース」の非現実性を批判している。

③ 「高所得の世帯ならともかく」が不適。所得とは関係なく、非現実的なのである。

④ 「女性は出産・育児と就業継続を両立させるのが望ましい」が不適。これは政府の考えであって、筆者はその是非について意見を述べていない。

⑤ 出産・育児と就業継続を切り離して考えるべきだと述べており不適。筆者の考えではない。

問4 標準 8 正解は⑤

図表の読み取りを問う設問。**図表3**は勤労世代の貧困率の推移を男女別に示したものである。縦軸が貧困率を、横軸が年（一九八五〜二〇一五年）を表している。二〇〇三年までは9年ごとの、それ以降は3年ごとの数値が示されている。これでみると、⑴男女ともに上昇傾向にあった貧困率が近年は下降傾向にあること、⑵全期間において男性より女性の方が貧困率が高いこと、⑶その貧困率の差は縮小傾向にあったけれども二〇〇九年を境に拡大傾向に転じたことなどが読み取れる。大きくみれば、男性の貧困率が上昇すれば女性の貧困率も上昇し、逆に前者が低下すれば後者も低下するので、両者の間には相関関係があると言える。しかしⅡの筆者が注目するのは⑶の特徴である。まず第3段落で「とんでもない事実が明らかになってきた」と述べて読者の注意を促す。続いて「貧困率の男女格差は拡大したのである」（第4段落）、「現在においても、貧困の男女格差は縮小の方向に向かっていない」（第5段落）と述べて、男女の貧困率の格差の拡大傾向を指摘する。そして最終段落で「女性の貧困は社会問題としてほとんど認識されていない」と結論づける。このように筆者の注目点は男性の貧困率との比較をふまえた女性の貧困問題であり、特に近年、貧困率が低下している（これは厚生労働省にとってはよい材料である）にもかかわらず、**男女の貧困率の格差が拡大しているという問題の深刻さ**（この問題が社会的に認識されていないことの深刻さを含む）なのである。よってこの点を指摘した⑤が正解となる。他の選択肢も内容的には正しいが、設問の解答としては不適である。

一方が変われば他方も変わるという関係を「相関関係」と言い、一方が増加すれば他方も増加する場合を「**正の相関**」、一方が増加すれば他方は減少する場合を「**負の相関**」と言う。例えば発育期の身長と体重の関係は前者であり、商品の供給量とその価格の関係は後者である。男性の貧困率と女性の貧困率の関係は前者である。

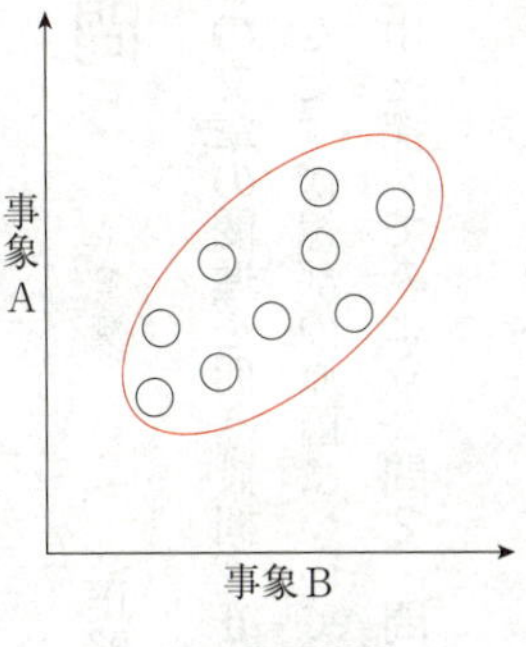

正の相関関係

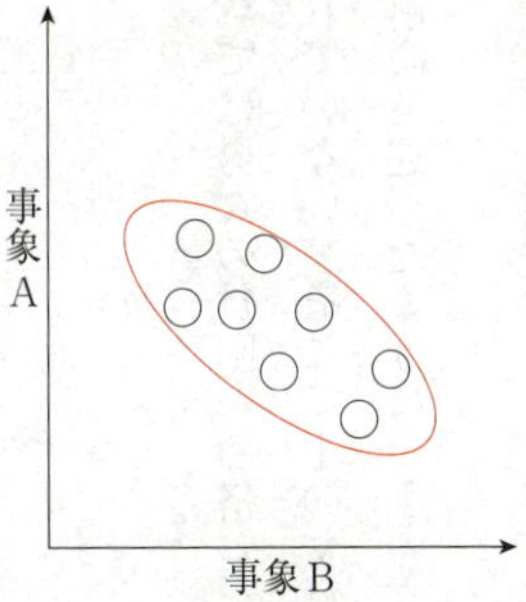

負の相関関係

また、一方が原因で他方がその結果である関係を「因果関係」と言う。例えば、雨が降ったという事象と地面が濡れているという事象の関係がそうである。

そこで**「相関関係」と「因果関係」の関係**についてみてみよう。二つの事象の間に「因果関係」があれば、そこには「相関関係」も認められる。しかし「相関関係」があっても「因果関係」も認められるとは限らないので注意が必要である。例えば家族が増えたので出費も増えたという因果関係において、両者の間には相関関係も認められる。しかし、今年の夏は例年より暑かったという事象と、今年はクーラーが例年より多く売れたという事象の間には相関関係が認められるが、今年の夏は例年より暑かったのでクーラーも例年より多く売れたと速断することはできない。なぜならクーラーが多く売れたのは買い換えの需要が多かったためかもしれないし、安くて性能のよい輸入品が出回ったためかもしれないからである。男女の貧困率についても相関関係は認められても、男性の貧困率が上昇したので女性の貧困率も上昇したという因果関係を導くことはできない。

問5 やや難 9 正解は②

二つの文章の関連を問う設問。Ⅱの文章では男女の貧困率の格差を示して、女性の貧困問題を認識すべきだと訴えている。ただ、傍線部の原因については触れていない。そこでⅠの文章に戻って、なぜ女性の貧困は問題視されないのか、その理由を探ってみよう。問2・問3の解説で述べたように、Ⅰの文章（図表1・図表2を含む）の要点は次の五つである。

(1) 日本の女性は男性の収入を結婚条件にあげている
(2) 女性の所得が低く、出産・育児と就業の両立も難しいため、男性の収入の差が結婚に影響する
(3) 日本は「法律婚・同居が同時」で、出産はその後である
(4) プロポーズする男性はある程度の住居と収入と貯金が必要である
(5) 政府は女性に、出産・育児・家事に加えて就業もこなすことを期待している

これでみると、(2)で女性の所得が低いことが指摘されており、これが女性の貧困と結びつくと考えられる。しかしそのことがあまり問題視されない原因を探ると、むしろ問題なのは男性の収入の多寡であり、それが結婚の条件を左右する上に、結婚後も男性の収入が家族の生活を大きく支えていることがわかる。そして女性は結婚を機に専業主婦となり、

家事と出産・育児に専念することが求められていることがわかる。政府の期待はこのような現状を無視するどころか隠蔽するものである。以上より次のような因果関係を導き出すことができよう。

女性は所得が低くても、結婚を機に専業主婦となって夫の収入に頼ればよい → 女性の貧困が問題視されない

選択肢はいずれも「女性の貧困率が常に男性より高くても」で始まり、「男性の貧困ほどには問題視されないこと。」で終わるので、その中間部分を検討することになる。消去法で解く。

①不適。男性が結婚相手の女性に「人柄」や「家事育児の能力」を求めているというのはその通りだが（Ⅰの第3段落）、高い収入を求めていないとは書かれていない。よってⅠの文章の内容からはずれた事柄を原因として提示することになり、誤りである（この点は③〜⑤も同じ）。

②適当。右に示した因果関係（赤字部分）に合致する説明になっている。

③不適。「出産・育児と就業を両立させている女性ばかりが注目され」とは書かれていない。筆者はこの両立は困難であることを述べている（Ⅰの第10段落）。

④不適。「結婚せずに親と同居してその扶養家族となっていたりする」とは書かれていない。

⑤不適。「生涯独身を選択する女性が少なくない」とは書かれていない。

問6 標準 10 正解は④

本文の表現を問う設問。消去法で解く。

①適当。体言止め（＝文末を名詞や代名詞で止める技法）は余韻を生み出したり、リズムを持たせたりする効果がある。ここでは「ゼロ」を強調し印象づける効果がある。

②適当。「ATM」は家計を支える男性の隠喩となっている。直前に「ため息交じりのレポートが返ってくる」とある

ように、男性が収入の多寡によって結婚できるかどうかが決まることに嘆息し、自らを「ATM」にたとえてあざ笑う心情が読み取れる。

③適当。「ガラパゴス」は（注）3に説明があるように比喩表現である。ここでは、先進国の中で日本だけが「法律婚を基盤とした家族規範」（Iの第12段落）に縛られていることをたとえる。同段落に「先進国で出生率が回復している国」とあるように、筆者は少子化の原因の一つがこの家族規範にあると考えているのだろう。よって「警句（＝短い皮肉な表現で、巧みに真理をついた言葉）的表現を用いて批判している」という説明は妥当である。

④不適。Iの最終段落で筆者は、女性活躍推進法が成立した直後に派遣法が改正され、企業は人を替えれば派遣労働者を使い続けられる、と問題点を指摘する。そして「替えの利く女性派遣労働者」が大いに「活躍」することになりかねない状況を危惧し、「綾波レイ」というアニメの登場人物（（注）8にあるようにクローン人間である）を想起する。よって「まさか、本当に……!?」という表現は、このような無謀な政策が推し進められていることに驚きあきれる心情を表していることになる。「筆者には予想がつかず」「その判断を読者に委ねている」という説明は誤りである。

⑤適当。IIの第4段落では、細かい数値を示して、貧困率の男女格差が拡大したという主張を裏付けている。

第2問 やや難

出典

【I】【詩】吉野弘『詩のすすめ―詩と言葉の通路』〈II 自作について 「初めての児に」〉（思潮社）

【II】角田光代『何も持たず存在するということ』〈待つということ〉（幻戯書房）

吉野弘（一九二六〜二〇一四年）は詩人。山形県酒田市生まれ。高校卒業後、帝国石油に就職。戦後、労働組合運動に従事するが、肺結核にて療養生活を送る。その過程で詩作を始めた。一九七二年『感傷旅行』で読売文学賞詩歌俳句賞受賞。以後詩作のみならず、随筆や校歌の作詞等、多様な分野で精力的に活動した。二〇一四年肺炎にて死去。代表的な詩に「祝婚歌」「夕焼け」「I was born」等がある。

角田光代（一九六七年〜）は小説家。神奈川県横浜市生まれ。早稲田大学卒業後、「幸福な遊戯」で海燕新人文学賞。二〇〇五年には『対岸の彼女』で直木賞受賞。エッセイや紀行文、絵本の翻訳等幅広く活動している。代表作に『空中庭園』『八日目の蝉』『紙の月』等がある。

要旨

Ⅰ

詩を書くのに無理をしないというのは、わからないものを無理に書こうとしないということだ。詩的体験とは、既知のことの中に、割れた皿のように「わからない意味」が割りこんだ状態だ。時間を借り、経験を積み重ねたその集積が**「わからなさ」を解く力**になる。

詩

おまえが生まれて間もない日、生命保険の勧誘員は、早くもお前の死の匂いを嗅ぎつけて、禿鷹のようにやってきた。顔の貌さえさだまらぬやわらかな身体のどこに、私は小さな死をわけあたえたのだろう。

Ⅱ

東京でアジア人の女性に電車の行き先を聞かれた私は、必要な説明はしたが、一緒に電車を待つことなく次の電車に乗った。一方、旅先のタイでバスが来るか不安だった私のために、バイクタクシーの運転手はバスが来るまでの長い時間を一緒に待っていてくれた。私はいつになったら、**人のために時間を差し出せる本当の大人**になれるのか。子どものような自分が少し恥ずかしかった。

解説

問1 標準 11 ～ 13 正解は (ア)＝④ (イ)＝③ (ウ)＝⑤

(ア) 「耳が早い」とは〝うわさなどを人よりも早く聞きつける〟という意味。ここでは直前の「おまえが生まれて間もない日」に「禿鷹のように…やってきて」という記述から〈短時間で聞きつける〉という内容であると理解でき、④が正解。

①は「人の弱点」、②は「真偽」、③は「秘密」、⑤は「先回り」「準備」がそれぞれ傍線部前後の記述および本来の語意に合致しない。

(イ) 「質問攻め」とは〝一人の人に立て続けに質問を投げかけること〟という意味。ここでは直前の「だれもいないし何もないけど本当にここがバス停なのか、バスはちゃんとくるのか、私は今日じゅうに鉄道駅に着くのか」という記述がヒント。それに「身振りで」という言葉がついているが、これは第5段落に「彼に英語は通じないので」とあるので、言葉の通じない、もしくは通じにくい相手（例えば外国人）に、**身ぶりを「交えて」言葉と一緒に状況を伝えている**、と理解することができる。よって正解は③となる。

①は「感情を表す」「相手を責めたてた」、②は「言葉を用いずに身ぶりだけで」、④は「わかりやすく」、⑤は「体のしぐさだけで」「彼が私を連れてきた理由」がそれぞれ傍線部前後の記述および本来の語意に合致しない。

(ウ) 「あくせく」とは〝目先のことに気持ちを奪われて落ち着かないさま。休む間もなく動き続けるさま〟という意味。第8段落では「不安げな顔の女性をホームに残したまま地下鉄に乗った私」の心情を、「人のために時間を差し出せる」「バイクタクシーの彼」と比較しているが、傍線部は**〈人のために時間を差し出さず、目先の用事のために動き続ける私〉のありさま**を形容している。これが⑤「せかせか」の〝動作や態度が忙しそうで落ち着きのないさま〟

に対応していると理解する。

①の「はらはら」は〝事態の成り行きを心配して落ち着かないさま〟を表し、「不安げな顔の女性をホームに残し」たことを心配したと考えれば内容として合致するが、「成り行きを見守っている」に該当する記述は確認できない。②の「うかうか」は〝うっかりしているさま。ぼんやりしているさま〟を表すが、それに該当する記述が見当たらない。③の「いらいら」は〝思い通りに進まないために焦って落ち着かないさま〟を表す。「気短か」「仕事をしている」は確認できない。④の「おろおろ」は〝どうしてよいかわからず、うろたえるさま〟、「取り乱す」は〝心の平静さを失って見苦しくふるまう〟という意味で、いずれも対応する記述が確認できない。

問2 やや易 14 正解は⑤

傍線部の内容を問う設問。Ⅰのエッセイのテーマを理解し、内容を整理する設問になっている。問われているのは〈詩を書くのに無理をしないというのは、どういうことか〉という問いに対する「答え」〉である。傍線部の記述自体をキーワードにしてⅠの文章を見ると、第2段落の末尾近くに「それ（＝詩）が書けない場合、私はそれを無理に書こうとはしません」とある。この記述を手がかりにして見ていくと、第3段落に「すらすらと書けないのが、むしろ当然なのです」「言葉が行きづまった場合、……詩作を休止します」「勿論、放棄するわけではありません。時間を借ります。人の話を聞いたり、本を読んだり、という経験が加わります。その集積が、先の『わからなさ』を解く力になるのです」とある。これらをまとめて、いったん詩作を休止し、時間をかけて人の話を聞いたり本を読むという経験を集積させ、「わからなさ」を解く（＝解いて詩作を行う）ということが「答え」であると考える。この内容に最も近い選択肢は、「『わからなさ』を解く力になる」を「詩作のヒントを手に入れる」と説明した⑤である。

①「詩作自体を諦める」が第3段落の「勿論、放棄するわけではありません」と矛盾する。よって不適。

② 第2段落に「この『わからなさ』が私に詩を書かせる因子」とあるので、「詩作の因子として大切にし」という記述は合致するが、「向き合い続ける」に対応する記述が本文に見当たらない。よって不適。

③ 第2段落に「わからないものを、わかったかのように書いてみても、曖昧なものにしかならない」とあるので、「わからないものに対してわかったふりをせず」という記述は合致するが、「曖昧さを排除する」が何を指すのかを本文で確認することができない。よって不適。

④ 第3段落に「詩的体験というものは、既に知っていることの中に、未知のものが割りこんだ状態」とあるので、詩的体験のあり方としては「既知の事柄の中に未知の事柄を割りこませ」という記述は（「割りこんだ」と「割りこませ」の違いはあるとしても）ある程度合致するが、「新しい詩作を試みる」の具体的な方法を書かなければ、傍線部の「無理をしない」の「答え」にはならない。よって不適。

問3 標準 15 正解は③

傍線部の内容を問うが、異なる**資料間の関係性**を把握したうえで答える設問である。傍線部の「欠けているために、その部分を補って眺める精神のいとなみ」であると述べている。これを踏まえて、詩の中から〈欠けた部分とは何か〉〈何を眺めるのか〉の二点を考える手がかりになる表現を探すと、次のように、「生」（上段）と「死」（下段）の文に分けられる。

おまえが生まれて間もない日　【生】
（ずいぶん　お耳が早い）　【生まれた情報を聞きつけるのが早い＝生】
顔の貌さえさだまらぬ　／　やわらかなお前の身体　【生まれたばかり＝生】

禿鷹のように　そのひとたちはやってきて　【禿鷹＝死（注）2】
——生命保険の勧誘員だった。　【生命保険＝死んだときの保険＝死】
〈匂いが届きますから〉　【死の匂い＝死】
私は小さな死を　／　わけあたえた　【死】
もう　／　かんばしい匂いを　／　ただよわせていた　【死の匂い＝死】

生まれた子どもに禿鷹が寄ってくる。禿鷹は生まれたばかりの子どもに死の匂いを嗅ぎ取ってやってくる。つまり生にはすでに死の匂いが漂っている。「生命保険の勧誘員」は「禿鷹」（＝動物の死体や腐肉を主食とする鳥）にたとえられている。その「勧誘員」が「匂いが届きますから」というとき、それは〈禿鷹が見つけるエサの匂い＝死体の匂い〉に他ならない。その言葉を聞いて、詩の語り手は〈自分は赤ん坊に生を与えたと思っていたのに、それは同時に死を与えたことにもなっていた〉ということに気づくのである。これを簡潔にまとめると〈生は必然的に死をはらむ〉ということになる。ここでもう一度設問の要求に戻ると、〈欠けた部分とは何か＝死〉、〈何を眺めるのか＝生〉という構図が完成する。通常「生」から最も遠いと思われる「死」を補って、もう一度「生」のありようを眺める精神のいとなみが、この部分に見てとれるのである。こうした点を最も押さえている③が正解である。

①「罪の重さ」に該当する部分を詩の中から読み取れない。また「やわらかな赤ん坊の身体」は〈「生」の象徴〉であって「死」を示唆するものではない。よって不適。

②「欺瞞性」の「欺瞞」とは〝人目をあざむき、だますこと〟であるが、こうした意味に該当する記述を詩の中で確認することができない。よって不適。

④「黒い革鞄のふたのあけしめ」が何を意味するかを、根拠に基づいて分析することは不可能である。また『生命』の『無限の循環』」に該当する内容も、詩の中で確認することができない。よって不適。

⑤「『死』の匂いを指摘する」とあるが、保険の勧誘員自体が〈死の匂いである〉と言ったわけではない。また『生命』の無意味さに気づく」とする根拠を詩の中から指摘することができない。よって不適。

問4 標準 16 正解は③

文章Ⅱにおける**具体例の効果**について把握する設問。以下、選択肢ごとに検証していく。

①**適当**。「バスはなかなかこない」「四十五分、一時間とたつ」（第5段落）、「ときおりなま暖かい風が吹いた」「雲ひとつない空を……太陽がゆっくりと移動していく」（第6段落）、「やっと陽炎の道の向こうから、ゆっくりとバスがあらわれた」（第7段落）などの記述は、いずれも「タイのゆっくりとした時間の流れ」を描写しており、それが「案内板を見ると、次も、その次の電車も地下鉄」「その次がようやく、新宿経由のJR」（第1段落）といった「東京のせわしない時間の流れ」と〈対比〉になっていると考えることができる。

②**適当**。第4段落の「本当にバスがくるのか不安になった」「本当にここがバス停なのか、バスはちゃんとくるのか、私は今日じゅうに鉄道駅に着くのか」といった記述は、タイという見知らぬ場所で、不安に駆られる筆者の姿を強調しているが、それが第1段落の「アジア人の女性」「かたことの英語」、第2段落の「さっきの女性の不安げな顔」の

後に置かれることで、〈アジア人の女性の不安とタイでの筆者の不安〉が重ね合わされ、「アジア人の女性」の不安を再度思い起こさせる効果を与えていると考えることができる。

③不適。よってこれが答えとなる。「『バイクタクシーの彼』の優しさ」については第4～第7段落に記述されているが、「他人の不安に無関心な私の冷酷さ」という説明は、「さっきの女性の不安げな顔が頭にちらついた。新宿いきの電車をなぜ一緒に待ってあげなかったのか。ちらりと後悔した」（第2段落）という筆者の関心や優しさを示す記述に矛盾していると考えられる。

④適当。「タイで出会った『大人』の振る舞い」については、③同様第4～第7段落に記述されている。それを第8段落で「バイクタクシーの彼ほど大人になれるのか」とまとめ、それと対比する形で自分のことを「私は、未だ子どものようにあくせくしている。早くしなさいと叱られる子どものように」と述べている。

⑤適当。第4～第7段落の記述は「私に自分の時間を差し出した運転手」の描写でもあり、それを第8段落で「人のために時間を差し出せる、それを当然だと思える、本当の大人」とまとめ、「アジア人の女性」に対してそれができなかった自分のことを「後悔した」（第2段落）、「恥ずかしかった」（第8段落）と述べている、と理解できる。

問5 やや難 17 正解は④

異なる資料間の共通項を見出す設問。文章Ⅰと詩の関係については、問3で既に確認している。しかしここでもう一度、それぞれの分析を丁寧に行いながら、両者の関係を示してみよう。まず文章Ⅰの内容を段落ごとに整理してみる。

1 詩を書くのに無理をしないとはどういうことなのか？
2 半分に割れた皿の片方を見て、割れる前の完全な円形の皿を強く想起した。
半円に割れてしまった皿を見たことで、一つの完全な円形の皿を想起した。
欠けているために、その部分を補って眺める精神のいとなみが人間にはある。
3 詩を書く＝私の心の中に「わからない意味」が飛びこんでくる（＝欠けている）。
言葉が行きづまると（＝欠けていると）、人の話を聞いたり、本を読んだり、という経験が加わる（＝補って眺める）。
「わからなさ」を解く＝詩が完成する（＝完全な円形の皿の想起が完成する）。

この「皿」と「詩」がいずれも〈欠けた部分を補って何かを完成させる〉という点において同じである、ということを理解するのが文章Ⅰのポイントとなる。これに即して今度は詩の内容を再確認する。問3の解説で述べているので詳細は省略するが、ポイントは以下のようになる。

人間の「生命」が必然的に「死」をはらんだものであるということを、生命保険の勧誘員の言葉によって気づく

＝

「生」に欠けている部分（＝「死」）を補って「生」の完全な形（＝本質）を想起する

皿であっても、詩であっても、生であっても、それぞれ欠けたもの（例えば割れた皿の、目の前に存在しないもう片方／まだ言葉として生まれてこない「わからない意味」／生の背後にあって目に見えない「死」）への〈気づき〉があって、その欠落を通して（あるいはその欠落を補うことで）、皿の姿、詩の姿、生の姿を把握するのである。最後に、こうした認識が文章Ⅱで成り立つかどうかを検証するために、文章Ⅱを整理してみると、

2 私はアジア人の女性のために新宿いきの電車をなぜ一緒に待ってあげなかったのか後悔した。
4〜7 バイクタクシーの運転手は私のためにバスが来るまで一緒に待ってくれた。
8 地下鉄に乗った私は、そのときのことを思い出していた。

> いつになったら私は、人のために時間を差し出せる、本当の大人になれるのか。
> 私は未だ子どものようにあくせくしている。そのことが少し恥ずかしかった。

となる。ここでは**「バイクタクシーの運転手」が〈自分にとって欠けた部分〉**であって、この〈欠落への気づき〉によって現在の自分の姿（人のために時間を差し出せない自分＝本当の大人になれない自分）を把握し、**〈人のために時間を差し出せる、本当の大人としての私〉をイメージさせる**、という構図になっている。こうした点をきちんと押さえている④が正解である。

①　まず「時間をおくとうまくいく」が誤り。文章Ⅰの第3段落には「時間を借ります。人の話を聞いたり、本を読んだり、という経験が加わります」とあるので、単に「時間をおく」ことを重視しているわけではないことがわかる。また文章Ⅰの「無理をしない」ということと文章Ⅱの「大人としての生き方」の間にもつながりはない。「大人としての生き方」は文章Ⅱの第8段落にあるように「人のために時間を差し出せる」かどうかで決まるのであって「無理をしない」かどうかで決まるわけではない。よって不適。

②　「半分に割れた皿」から「完全な円形の皿」を想起したのであり、「皿の死としての分割・破壊」を想起したのではない。また「〈タイのゆっくりとした時間〉だけがそれ（＝死／分割・破壊）を忘れさせる」というつながりを想起させる内容も、文章Ⅱの中には存在しない。よって不適。

③　文章Ⅰと詩とに共通するキーワードとして「わからない」ことの大切さを設定することは可能であるが、文章Ⅱのテーマを〈バスが来るかどうかわからないことから生まれるドラマ〉だと設定できる根拠は文章Ⅱの中には存在しない。第8段落の「地下鉄に乗った私は、そのときのことを思い出していた」という記述は、バスが来るかどうかではなく〈バイクタクシーの彼と私の違い〉が文章Ⅱの主眼であることを示唆している。よって不適。

⑤　まず「〈詩を書く際に時間をかける〉ことの大切さ」が誤り。文章Ⅰでは〈無理をしないこと〉〈時間を借りて、

人の話を聞いたり本を読んだりする〉ことが重視されているが、それは単に「時間をかける」こととは異なる。また詩に関しては〈詩を書く際に時間をかけた結果の産物〉という指摘のみで、その内容についての分析が一切されていない。さらに「時間は詩の成熟や人間の成熟をもたらす」とあるが、文章Ⅱの第8段落には「年齢ばかり重ねた私は、未だ子どものようにあくせくしている」とあるので、この結論も成立しない。よって不適。

問6 やや難 18・19 正解は①・④

表現と内容の特徴を把握する設問。以下、選択肢ごとに検証していく。

①適当。文章Ⅰの1では「詩を書くのに無理をしないというのは、どういうことか」という問題提起がされており、2で〈割れた皿の片方を見る〉という身近な体験に言及しながら「詩」と「割れた皿」とを類比によって関連づけている（問2を参照）。これにより「無理をしない」=〈割れた皿の残りの部分〉=「わからない意味」の理解のための経験の蓄積・集積〉という仕方で3の結論を違和感のないものにしている、と理解できる。

②不適。「詩作の本質が〈欠落を補う精神のいとなみ〉」であることの「問題点」に言及した箇所は、3を含め文章Ⅰには存在しない。

③不適。「子どもの生死もまだ定まっていない」ということを示唆する表現を詩の中に確認することはできない。「顔の貌さえさだまらぬ」の意味は〈とても幼い・生まれて間もない〉ということである。

④適当。「禿鷹」については（注）2に「動物の死体や腐肉を主食とする」とあるように、「死にまつわるイメージ」が詩全体に漂うことは論理的に推定可能である。また「禿鷹のように」子どもが生まれて間もない時期にやってきたという事実や、「匂いが届きますから」という発言から、「生命保険の勧誘員」が鋭い感覚を持っていることも論理的に推定可能である。

⑤不適。「私」の「子ども」らしさの根拠は「人のために時間を差し出せ」ないことにある点については問4・問5で確認済みである。また「語学力を向上させようとしない」ことを確認できる記述は文章Ⅱの中に存在しない。

⑥不適。「感性の刺激が〈大人の余裕〉を生む」を根拠づける記述を、文章Ⅱの中で確認できない。⑤でも確認したが、「大人」の条件は「人のために時間を差し出せる」ことにあり、「感性の刺激」は関係がない。

第3問　標準

出典

【Ⅰ】『伊勢物語』〈九十六〉

【Ⅱ】『仁勢《にせ》物語』〈下〉

『伊勢物語』は平安時代前期に成立した歌物語。一二〇段余りの短い章段から成り、和歌を中心に物語が展開する。在原業平《ありわらのなりひら》（歌人。六歌仙・三十六歌仙の一人。平城天皇の孫）を思わせる男の恋愛遍歴が中心となっている。『在五《ざいご》が物語』『在五中将の日記』などとも称される。作者未詳。『源氏物語』とともに後代に大きな影響を与えた。

『仁勢物語』は江戸時代初期の寛永年間に成立した仮名草子。作者未詳。『伊勢物語』を逐語的にもじり（＝元の表現をまねて言い換え）、当時の世相・風俗を滑稽化して描いている。『枕草子』をもじった『尤草子《もっとものそうし》』、『徒然草』をもじった『犬つれづれ』など、江戸時代前期に多く出たパロディ文学の一つである。本文は『伊勢物語』第九十六段の全文を巧みにもじったもの。

要旨

Ⅰ ある男がある女に辛抱強く言い寄ったところ、ついに女も男になびいて、秋になってできものが治ったら逢うと約束した。ところが女の兄がそれを許さず、女をどこかへ連れ出してしまった。女は男にあてて和歌を書き残していた。それを読んだ男は天の逆手を打って女を呪った。

Ⅱ ある男が生活に行き詰まってようやく奉公に出た。餅つきをさせられたところ、手に豆ができた。それで男は秋になったら戻ると言ってやめてしまった。その後主人が戻ってくるようにと使いを送ったが、男はカツオの塩辛と和歌を残して姿をくらませてしまった。叔母の所にいるらしい。

全訳

【Ⅰ】 昔、ある男がいた。女にあれこれと言い寄って（そのかいもなく）月日が経った。（女は）岩や木のように感情をもたないものではないので、気の毒に思ったのだろうか、しだいに（男を）いとおしく思うようになった。そのころは、陰暦六月の十五日ごろ（の暑い盛り）だったので、女は、からだにできものが一つ二つ出来てしまった。（それで）女が言って寄こした。「今は何も（あなたを思うことにためらう）気持ちはありません。（ただ）からだにできものが一つ二つ出来ました。時節もとても暑いです。少し秋風が吹き始めたときに、必ず逢いましょう」と言い伝えた。（ところが）秋を待つころに、あちこちから、（女が）その男のもとへ引き取られて行くという話だと言って、（二人の関わりについて）言い争いが起こった。そういうわけで、女の兄が、突然（女を）迎えにやって来た。それでこの女は、楓の初紅葉を（下女に）拾わせて、歌を詠んで、（葉に）書き付けて（男に）送ってきた。

秋になったら逢いましょうと申し上げたのに、それもかなわず、木の葉が降り積もって浅い江になるように、浅いご縁でしたわね。

と書き置いて、「あちらから使いの人を寄こしたら、これを渡しなさい」と言って立ち去った。そしてそのまま後は、（女の消息は）結局今日までわからない。幸せな暮らしをしているのだろうか、不幸せな暮らしをしているのだろうか。行き先もわからない。その男は、天の逆手を打って（女を）呪っているという話だ。気味の悪いことよ。人の呪いは、（相手が）身に受けるものだろうか、身に受けないものだろうか。「今にわかるだろう」と（男は）言っているそうだ。

【Ⅱ】滑稽な話だが、ある男がいた。奉公に対する給金を高く要求して（奉公しないまま）、月日が経った。（それで）薪にも事欠いたので、つらく苦しいと思ったのだろうか、かろうじて奉公に出た。そのころは、陰暦六月の土用の期間で、（奉公先の主人が）餅をつかせたところ、男は、手に豆が一つ二つ出来てしまった。（それで男は）「時節もたいそう暑い。少し秋風が吹き始めたときに、きっと戻って参りましょう」と言った。（ところが）秋を待つころに、あちこちから、その男を返すのだと言って、訴訟が起こった。しかしながら、男の元の主人は、突然（男を）迎えに（人を）寄こした。そこでこの男は、カツオの塩辛を作って、歌を書き付けておいた。

秋にかけてつくった塩辛は最初はしょっぱいけれど、後になると豊かな味となりますよ。

と書き置いて、「あちら（＝主人）から使いの人を寄こしたら、これを差し上げよ」と言って立ち去った。そしてそのまま後は、（男の消息は）結局今日までわからない。よい暮らしをしているのだろうか、ひどい暮らしをしているのだろうか。行き先もわからない。その男は天野酒の酒代を溜めこんで隠れているという話だ。（男は）無茶をやりかねない性格で、人が（男を）なまけ者と思っているのだろうか、（男は）叔母の所にいる。「今に出て行こう」と（男は）言っているそうだ。

語句

Ⅰ 言ひおこす＝言って寄こす。「〜おこす」は向こうからこちらへ動作を及ぼす意を表す。
負《お》ふ＝背負う。「名に負ふ」で、名に持つ。こうむる。借金する。

Ⅱ 遣《こ》す＝送って寄こす。
進ず＝差し上げる。進呈する。〜してさしあげる。

解説

問1 標準 20〜22 正解は (ア)＝③ (イ)＝⑤ (ウ)＝②

(ア) 「岩木」は〝岩と木〟。多くの場合、非情のもの、感情のないもののたとえに用いる。ここもそうで「岩木」は比喩である。「に」は断定の助動詞「なり」の連用形。「し」は強意の副助詞。「ね」は打消の助動詞「ず」の已然形。「ば」は順接確定条件を表す接続助詞。〝岩木ではないので〟と直訳できる。女が男の求愛に心を動かされたことを表現する。よって③が正解となる。①・②は「岩木」を比喩ではなく例示として解釈している。②は「けれど」と逆接に解釈しているのも誤り。④は「強い意志」が不適。⑤は「けれど」と逆接に解釈している。

(イ) 「むくつけし」は〝恐ろしい。気味が悪い。無風流だ〟の意。直前で、男が自分を裏切った女を呪って「天の逆手」を打っているらしいと語られる。傍線部はこれに対する筆者の感想を述べたものなので、「気味の悪い」とある⑤が適当となる。④は文脈的に合わない。他は語義的に不適。

(ウ) 「やうやう」は〝しだいに。かろうじて〟の意の副詞。給金が安いことを言い訳にして奉公に出たがらなかった男が、とうとう薪にも事欠くほどに生活が行き詰まってしまったので、仕方なく奉公に出たという文脈であるから、

②の「かろうじて」が適当となる。④の「だんだんと」は文脈的に不適。文章Ⅰの「やうやうあはれと思ひけり」の「やうやう」の解釈としてなら適当である。他の選択肢は語義的に不適。

問2 標準 23 正解は③

同じ語の意味の違いを問う設問。「心苦し」は文字通り心が痛くて苦しいさまを表し、自分自身が〝胸が苦しい。つらい〟あるいは〝気がかりだ〟という場合と、他者が〝気の毒だ。かわいそうだ〟という場合との使い分けがある。

Aは「岩木にしあらねば」と「やうやうあはれと思ひけり」との間にはさまれた挿入句「心苦しとや思ひけむ」の一部である。「あはれ」は〝いとおしい〟の意で、右に述べたように、女が男の求愛に心を開くようになったことを表している。したがってこの前後の文脈から、「心苦し」は**男の熱意に対して女が抱いた感情**であるから、〝気の毒だ〟の意にとるのが適当となる。選択肢ではイがこれに当たる。アは「不快に思う」が語義的にも文脈的にも不適となる。ウは自分の「胸が苦しい」と解釈しているが、この段階で女の恋愛感情が強く高まっているとは言えない。直後の「やうやう（＝しだいに）」にも続かない。

Dも「薪しも有らねば（「しも」は強意の副助詞）」と「やうやう奉公に出でにけり」との間にある挿入句の一部であるが、ここは**生活が苦しくて奉公に出た**という文脈であるから、〝つらい〟の意となる。選択肢ではオが該当する。エは「ふがいなく」が語義的に不適となる。カは語義的にも文脈的にも不適である。よってイとオを組み合わせた③が正解となる。

問3 標準 24 正解は①

傍線部の解釈を問う設問。傍線部は男と女の逢瀬が妨げられたことを述べる一節にある。その前後に「ここかしこ」「口舌」とあるように、二人の逢瀬をめぐって周囲の者たちが言い争いを始めたのである。「その人」は男あるいは女のいずれかを指すが、まずは「いなむずなり」に着眼しよう。**「むず」が助動詞であることに気づくことがポイント**である。これは「むとす」が変化したもので、意味は助動詞「む」と基本的に同じである。活用は次の通り（未然形と連用形と命令形の用例はない）。

未然形	連用形	終止形	連体形	已然形	命令形
○	○	むず（んず）	むずる（んずる）	むずれ（んずれ）	○

よって「むず」は終止形であるから、**「なり」は終止形接続の伝聞・推定の助動詞**である。「いな」はナ変動詞「いぬ（去ぬ・往ぬ）」の未然形で、〝行ってしまう。去る〟などの意がある。よって全体を直訳すると、〝**その人の所へ行くだろうという話だ**〟などとなり、これに最も合致するのは①である。したがって「その人」は男を指し、「いなむず」のは女となる。「なり」は伝聞の意となる。②は「行かないはずだ」、③は「思っているのだ」、④は「その女のもとへ通っている」が不適。⑤は「その女のもとへはもう通わなくなったのだ」の全体が不適。

なお文章Ⅰ・Ⅱ後半に共通して見える「居るなる」の「なる」、「言ふなる」の「なる」も**伝聞の助動詞「なり」**である（いずれも連体形）。前者はラ変動詞「居り」の連体形に接続しているが、この助動詞はラ変型活用の語（ラ変動詞・形容詞カリ活用・形容動詞・助動詞「ず」「たり」・断定の助動詞「なり」など）には連体形に接続する（ただしその場合、「ざるなり」→「ざ（ん）なり」のように撥音便化することもよくある）。また後者の「言ふ」は四段動詞で、終止形と連体形は同形であるが、文脈上「なる」は伝聞の助動詞になる。

問4　標準　25　正解は④

和歌の内容を問う設問。傍線部直前に「この女、……歌を詠みて、書きつけておこせたり」とあるように、女が詠んだ和歌である。「秋かけて言ひし」の下二段動詞「かけ（かく）」は〝目指す〟の意。「し」は過去の助動詞「き」の連体形。「少し秋風吹き立ちなむ時、必ず逢はむ」という女の前言をふまえたもので、秋になったら逢おうと男に言ったということ。「ながら」は逆接の接続助詞。「あらなくに」は〝ないのに〟の意。和歌の末尾に用いられることの多い慣用表現である。ラ変動詞「あり」の未然形「あら」＋打消の助動詞「ず」のク語法「なく」（「ず」の未然形「な」＋接尾語「く」）＋助詞「に」の形。**秋に逢おうと約束したのに、そうもいかなくなって**、ということ。「降りしく」は〝一面に降り積もる〟の意。「えに」は「縁《えに》」と「江に」の掛詞。「にこそありけれ」は断定の助動詞「なり」の連用形「に」＋強意の係助詞「こそ」＋ラ変動詞（ただし補助動詞の用法）「あり」の連用形＋詠嘆の助動詞「けり」の已然形「けれ」の形である。〝**木の葉が川に降り積もって浅くなるように、二人の縁も浅いものだった**〟という内容になる。男との逢瀬の約束を果たせないまま縁が切れてしまうことを残念に思う心情を詠んでいる。これに合致するのは④である。

①「やっと男女の縁を結んだ」わけではない。この歌では「秋」は「飽き」との掛詞とはならないので、「秋になったとたん」以下の説明も不適となる。

②「それを妨げられたことを激しく憤る」が不適。この和歌は女が兄に贈ったものではない。したがって怒りも読み取れない。

③「男に飽きたわけではない」が不適。①と同じく「秋」を「飽き」との掛詞ととっているのも不適。

⑤「むなしくそれを反故にされた悔しい心情」が不適。逢瀬の約束を破ったのは男ではなく女自身である。

問5 やや難 26 正解は⑤

文章全体の内容を問う設問。前述したように文章Ⅱは文章Ⅰを逐語的にもじってパロディ化したもので、それによっておかしみを生み出している。これが文章Ⅱの主眼であり、内容は二の次である。内容上齟齬《そご》をきたしたり、統一性に欠けていたりしても、それは承知の上である。それでもそれなりに話に整合性を持たせたところに作者の手腕が発揮されていると言えよう。そこで文章Ⅱの筋を箇条書きにしてみよう。

a 男は給金の安さを理由に奉公をしないでいた――「恩を高く言ふ事、月日経にけり」

b しかし生活が行き詰まったので奉公に出た――「心苦しとや思ひけん、やうやう奉公に出でにけり」

c 奉公先で餅つきをさせられて、手に豆ができた――「餅搗かせければ、男、手に豆一つ二つ出でたり」

d 奉公をやめて、秋になったら戻ると言った――「少し秋風吹き立ちなん時、必ず参らん」

e 男に対する訴訟があちこちから起こった――「ここかしこより……公事事出できにけり」

f 主人が男に戻ってくるようにと使いを出した――「男の元の主、俄かに迎へ遣しけり」

g 男はカツオの塩辛と和歌を残して姿を消した――「鰹の叩きを拵へて、歌を書き付けて置きけり」

h **男の行方はわからず**、隠れているらしい――「ついに今日まで知らず」「去にし所も知らず」「隠れ居るなる」

i **叔母の元にいて**、もうすぐ出て行くと言っているらしい――「叔母のもとに有り」「今こそは出でめ」

これで見ると、明らかに話が矛盾しているのはhとiで、hでは男の行方はわからないと言いながら、iでは叔母の元にいると述べている。なぜこのような矛盾をあえて犯したのかと言えば、文章Ⅰの「負はぬものにやあらむ」と対応させ（「負はぬものに」と「叔母のもとに」）、さらに「今こそは見め」を「今こそは出でめ」ともじってこれにつなげるためである。以上より⑤が正解で、それと矛盾した箇所は「ついに今日まで知らず」あるいは「去にし所も知らず」である。他の選択肢はいずれもそれと矛盾する内容は書かれていない。

問6 やや難 27・28 正解は④・⑤

二つの文章の関連を問う設問。消去法で解く。

①適当。Ⅱの冒頭の「をかし」は、Ⅰの「むかし」のもじりであることからわかるように、〝滑稽だ〟の意味である。また、豆ができたくらいで奉公をやめてしまうという話も滑稽さを生み出している。

②適当。「水無月」は陰暦六月の異称である。「望」は「望月」というように十五日を言う。「餅つき」→「豆」という連想も秀逸である。

③適当。「俳諧」とはもともと〝滑稽。戯れ〟の意で、江戸時代に流行した文学形式の一つである。正しくは「俳諧の連歌」「俳諧連歌」と言い、滑稽・機知を主とし、俗語や漢語を積極的に採用した。

④不適。Ⅰの「よくてやあらむ、あしくてやあらむ」は、女は幸福なのだろうか不幸なのだろうか、まったくわからないと述べているにすぎない。またⅡの「よくてやあらん、あしくてやあらん」は、男の暮らしはよいのだろうか悪いのだろうかという意味であって、男の暮らしがよかれと言っているわけではない。

⑤不適。「類義語（＝語形は違っていても意味の似ている二つ以上の語）」が不適。「天の」と「天野」、「逆手」と「酒手」は「類義語」ではなく「同音異義語」である。

⑥適当。「今こそは見め」は約束を破った女を呪う男の捨てぜりふである。「今こそは出でめ」は身を隠している叔母の元に居づらくなったためのせりふと理解できる。

第4問

標準

出典

斎藤拙堂「下岐蘇川記」

斎藤拙堂（一七九七～一八六五年）は江戸末期の儒学者。江戸生まれ。名は正謙。字は有終。津藩（現在の三重県津市にあった）の藩校設立にあたって学識に抜擢され、藩校の発展に尽力した。著書に『拙堂文集』『拙堂文話』『月瀬紀勝』『鉄研余滴』『海防策』『海外異伝』などがある。「下岐蘇川記」は一八三七年に書かれた紀行文で、江戸からの帰り、各地の名勝を訪ねる目的で美濃の国に赴き、伏見から舟に乗って木曽川を下り、伊勢の国の桑名に到着するまでの船旅を記している。

要旨

本文は二段落から成る。

1 川下りのスリル（忽遇二大巌…）

舟は谷間の急流を下り、船頭は舵を巧みに操って岩を避けた。乗客はみんな怖くて言葉も出なかった。しかし船頭はのんびりと座っている。ほどなく谷間を抜けて広々とした平地に出た。犬山城が見えると乗客は喜んだ。船頭たちは舟歌を歌い合い、乗客たちの心はようやく落ち着いた。

←

2

川下りの速さ（蓋始発抵此、…）

以前、長江の流れの速いことを書いた李白たちの詩文を読んだとき、誇張だと思った。しかし今、木曽川下りを体験して、それが虚言でないことがわかった。ただ景色を眺める余裕がなかったのが残念だった。

読み

忽《たちま》ち一大巌《だいがん》の水中に屹立《きつりつ》するに遇《あ》ふ。舟殆《ほとん》ど之《これ》に触れんとす。少《すこ》しく誤らば則《すなは》ち虀粉《さいふん》せん。衆懼《しうおそ》れて黙《もく》す。舟人《しうじん》笑つて柁《かぢ》を捩《ひね》りて之を避く。輒《すなは》ち巌角《がんかく》を掠《かす》めて過《す》ぐ。此《か》くのごとき者数処《すうしよ》、未《いま》だ嘗《かつ》て糸毫《しがう》も差《たが》はず。但《た》だ巌際《がんさい》を経《ふ》るとき、波激《げき》し舟舞ひ、飛沫《ひまつ》人を撲《う》ち、衣袂《いべい》尽《ことごと》く湿《うるほ》ふ。僕従《ぼくじゆう》を回視《かいし》すれば、各《おのおの》両把《りやうは》に汗を握り、殆ど人色《じんしよく》無し。舟人は甚《はなは》だ間暇従容《かんかしようよう》として、煙を吹いて坐《ざ》す。流れを上《のぼ》る船の力を併《あは》せて挽《ひ》き上《あ》ぐる者に視《くら》ぶれば、難易懸絶《けんぜつ》す。已《すで》にして峡《けふ》を離れ、漸《やうや》く平遠《へいゑん》なり。犬山城翠微《すいび》の上に露《あら》はれ、粉壁《ふんぺき》鮮明なり。衆望見《ばうけん》して歓然《くわんぜん》たり。城下に至る比《ころ》、又《また》暗礁有りて舟を齧《か》み、砉然《けきぜん》として裂けんと欲《ほつ》す。衆復《ま》た相《あ》ひ顧みて瞿然《くぜん》たり。此《ここ》を過ぎて以往《いわう》は、漁舟《ぎよしう》相ひ望み、歌唱《かしやう》互ひに答ふ。衆心《しうしん》始めて降《くだ》る。

蓋《けだ》し始めて発せしより此に抵《いた》る、陸行《りくかう》半日の程《てい》と為《な》す。一餉時《いつしやうじ》ならずして至る。其の快《はや》きこと知るべし。嘗《かつ》て盛広《せいくわう》之《し》・酈道元《れきだうげん》の記す所を読むに、江水迅急《かうすいじんきふ》の状《じやう》を誇称《こしやう》せり、唐の李白に至りては、其の意を述べて云《い》ふ、千里の江陵《かうりよう》一日にして還《かへ》ると。平生窃《へいぜいひそ》かに疑ひて以て文人の虚談《きよだん》と為せり。今此《こ》の際を過ぎ、始めて其の誣《し》ひざるを知るなり。但だ舟行《しうかう》甚だ迅《はや》く、徐《おもむろ》に峡中の勝《しよう》を翫《もてあそ》ぶこと能《あた》はず、恨《うら》むべしと為すのみ。

全訳

突然、一つの大きな岩が川の中にそびえ立っているのに出くわした。（私たちの）舟が危うくこの岩に突き当たりそうになった。少しでも（舵を切り）誤ったら（舟は）こなごなになるだろう。みんなは怖くて黙り込んだ。（しかし）船頭は笑いながら舵をひねって岩を避けた。たやすく（舟は）岩の角をかすめて通りすぎた。このような危ない箇所が数カ所あったが、（船頭は）一度も（舵を切り）誤ったことはない。ただ岩のきわを通るとき、波が勢いを増して舟が舞うように揺れるので、波しぶきが人を打ち、着物がすっかり濡れてしまう。従者を振り返って見ると、いずれも両手に汗を握り、ほとんど血の気を失っていた。（しかし）船頭は非常にのんびりと落ち着きはらって、煙草の煙をはいて座っている。流れを上る舟の船頭たちが力を合わせて引き上げているのと比べると、その困難の程度の差はかけ離れている。ほどなく（舟は）峡谷を離れ、しだいに広々とした平地に出た。犬山城がもやの立ちこめる青い山の上に姿を現し、その白い壁が鮮やかだ。みんなは（城を）眺めて喜んでいる。（しかし）城の下に近づいたとき、また暗礁があって舟にかみつき、バリバリと音を立てて今にも砕けそうだ。みんなはふたたび顔を見合わせてぎょっとしている。ここを過ぎてからは（危ない箇所はなく）、漁船が互いに見やり、舟歌を歌って応じ合っている。みんなの心は初めて落ち着いた。

思うに（伏見を）出発してからここに至るまでは、陸地を行くなら半日の行程である。（それを）食事をするくらいの短い時間で着いてしまった。いかに速いかわかるだろう。（私は）以前に盛広之と酈道元が書いたものを読んだときに、長江の流れの速いさまを大げさに書いている（と思い）、唐代の李白にいたっては、そのこと（＝長江の流れの速いこと）を述べて言うに、「千里の江陵一日にして還る」と（誇張して書いていると思った）。常日頃ひそかに疑って文人の虚言だと思っていた。（しかし）今この峡谷を下って、初めてそれ（＝文人たちの言うこと）が偽りでないことがわかった。ただ、舟が進むのがとても速いので、ゆっくりと谷間のすばらしい景色を楽しむことができず、残念に思ったしだいである。

語句

殆＝「ほとんど」。あやうく。まかり間違えば。
欲＝「ほっす」。今にも～しようとする。今にも～になりそうだ。
以往＝これより後。
誇称＝大げさに言う。

解説

問1　標準　29・30　正解は　(ア)＝③　(イ)＝②

(ア)「忽」は「たちまち」と読む副詞で、〝にわかに。突然〟の意。筆者たちの乗った舟の前に突然大きな岩が現れたという文脈である。③が正解。①は「徒」、②は「愈・弥」、④は「自」、⑤は「偶・適」の読みになる。品詞は②が接続詞で、他は副詞である。

(イ)「蓋」は「けだし」と読む副詞で、〝たぶん。思うに〟の意。不確かなことを推定するときに用いる語で、舟で下った距離を、陸上なら半日の行程だろうと述べている。②が正解。①は「猶」、③は「嘗」、④は「凡」、⑤は「向」の読みになる。いずれも副詞である。

問2 標準 31 正解は⑤

傍線部の内容を問う設問。急流を下る舟が大きな岩にぶつかりそうになると、船頭が巧みにそれを避けたという文脈に続く。「此」は「この・これ」と読む代名詞であるが、「如此」の形では「かくのごとし」と読み、〝このようである〟の意になる。「者」は上の用言を体言化する助詞である（「もの」と読んでも〝人〟を意味するとは限らない。むしろ〝もの・こと〟を意味する方が多い）。「数処」は〝数カ所〟。「未嘗（いまだかつて〜ず）」は〝まだ一度も〜ない〟の意。「差」は「たがふ」と読むことからわかるように、〝間違う。誤る〟の意となる。「糸毫」は〝糸と毛〟で、〝わずかなこと。非常に少ないこと〟の意。全体を直訳すると、〝このようなものが数カ所あったが、一度も少しも誤らなかった〟となる。したがって「如此者」は舟がぶつかりそうな危険な箇所を指していることになる。すなわち、船頭は危ない箇所に来ても、一度も舵を誤ることはなかったというのが全体の趣旨である。これに合致するのは⑤。

① 「如此者」を「上手に舟を操る船頭」と解釈しており不適。「一度も表情を変えなかった」とあるのも間違った説明になる。

② 「数処」を「舵を数回動かすと」と説明しており不適。「舟は予定のコースを通り過ぎた」とあるのも間違った説明になる。

③ 「如此者」を「舟の乗客」と解釈しており不適。乗客が「動揺したり絶望したりすることは一度もなかった」とあるのも間違った説明になる。

④ 「如此者」を「舟が岩にぶつかりはしないかとハラハラする者」、「数処」を「数人」と解釈しており不適。

問3 標準 32・33 正解は B＝② C＝①

B 舟が波に揺れ、波しぶきが人々をずぶ濡れにし、従者たちは握りこぶしに汗をかいているという直前の文脈をふまえる。「人色」は〝人の生き生きした顔色〟の意。それを「無」で否定するので、**顔が青ざめていた**ということになる。よって②の「血の気を失っていた」が最も適当である。他は語義的にも文脈的にも不適となる。

C 傍線部は「衆（＝舟の乗客）」と「舟人（＝船頭）」を対比する文脈にある。「閒暇」は〝**ひまがあること。ゆったりしていること**〟の意。「従容」も〝**ゆったりと落ち着いているさま**〟の意で、この熟語は読み・意味ともに覚えておくとよい。直後の、煙草を吸いながら座っていたという内容にもつながっている。よって①が正解。②は「退屈そうに」が不適。急流を下る場面に合致しない。他は語義的にも文脈的にも不適。

問4 標準 34 正解は②

傍線部の内容を問う設問。第二段落の内容を把握する。伏見駅から川下りを始めて、陸を歩くなら半日かかる行程を、食事に要する時間もかからずに移動したという。その速さに驚くとともに、長江の流れの速いことを記した盛広之と酈道元の文章や、また李白の詩の一句を思い出して、それらが事実を誇張した虚言にすぎないと今まで思っていたと述べる。傍線部はこれを受ける。「今」は木曽川の峡谷を舟で下った今をいう。「際」は第一段落に「巌際」とあるように岩のきわをいう。要するに岩がそそり立つ危険な峡谷を下ったということ。「其」は代名詞で、**盛広之**（(注) 9参照）**と酈道元の文章および李白の詩**を指す。「誣（しふ）」は「誣《ぶ》告《こく》（＝無実の人を陥れようとして告訴する）」という言葉があるように、〝事実を偽る〟の意。これを「不」で否定するから、**嘘ではなかった**ということになる。そこで傍線部Dで引用される李白の有名な詩を見てみよう。

早《つと》に白帝城を発《はっ》す　（早朝に白帝城を出発する）
朝《あした》に辞《じ》す白帝彩雲《さいうん》の間《かん》　（朝早く、朝焼けの雲がたなびく白帝城に別れを告げ）
千里の江陵《かうりよう》一日にして還《かへ》る　（千里も離れた江陵まで一日で到着した）
両岸の猿声《ゑんせい》啼《な》きて住《や》まざるに　（両岸から聞こえる猿の鳴き声がやまないうちに）
軽舟《けいしう》已《すで》に過ぐ万重《ばんちよう》の山　（軽快な舟は幾重にも重なる山々の間を通り過ぎていった）

作者の乗った小舟が長江の峡谷を速やかに流れ下るさまを、白帝城や両岸の山々や猿声を取り込みながら巧みに表現している。傍線部Dはこの第二句（承句）を引用したもので、遠く離れた江陵にたった一日で到着してしまったことに対する驚嘆の念が読み取れる。また第四句（結句）でも、軽快な小舟が深い谷間を疾走するさまが詠まれている。これと本文とを関連づけると、「始発抵此、為陸行半日之程。不一餉時而至」とあるように、木曽川の川下りもいかに速やかであったかが記されている。よって傍線部は、**長江の流れが非常に速く、舟で下ると短時間で目的地に到着したという文人たちの言葉が偽りではないことを知った**という内容になる。これに合致する選択肢は「急流を下る小舟がいかに速く突き進んでいくかを実感した」とある②である。①の「白帝城から江陵までの舟での行程がいかに遠いか」、③の「白帝城にたとえられる犬山城がいかに美しいか」、④の「長江下りがいかに危険と隣り合わせの船旅であるか」、⑤の「李白の詩が実景を歌った、いかに優れた詩であるか」はいずれもポイントがずれており不適となる。

問5　標準　35　正解は③

「但〜已」が「ただ〜のみ」と読む**限定の句形**になる。「舟行甚迅」はいずれの選択肢も「舟行甚だ迅く」と書き下している。「舟行」は〝舟が進むこと〟の意の名詞。「甚」は「はなはだ」と読む副詞。「迅」は「はやし」と読む形容詞である。次に「不能」は「～する（こと）あたはず」と読み、〝～できない〟の意。「徐」はいずれも「おもむろに」と副詞に読んでいる。〝ゆっくりと〟の意。「翫」は「玩具」の「玩」に同じで「もてあそぶ」と読む動詞。〝手に取って遊び楽しむ。めでて楽しむ〟の意。ここで選択肢を吟味すると、「但だ～のみ」と書き下すのは①・③・④。また「能はず」と書き下すのは①・③・⑤である。よって①と③に絞られる。問題は「峡中之勝」の部分で、①は「中之勝」を「之《これ》に中《あた》りて勝《まさ》り」と書き下す。〝これに的中してまさり〟の意となるが、これでは文脈的に意味をなさない。また「勝」は「勝A（Aに勝る）」という形をとるのが自然である。よって③が正解と決まる。「峡中之勝」で句をなし、「峡中」は〝谷間〟の意。「之」は「の」と読む助詞。「勝」は〝すぐれた景色〟の意である（「景勝地」などの熟語を連想するとよい）。残りの「為可恨已」は「恨むべしと為すのみ」と書き下す。〝残念がるべきだと思うだけだ〟と直訳できる。残念だということ。

②「不能」を「よく……ず」と読んでおり不適。「可を為《な》して恨みて已《や》む」も意味をなさない。

④「不能」を「よく……ず」と読んでおり不適。「為に……」という読みも不適。「為」が前置詞となる場合は、「～がために・～のために」と下から返って読む。

⑤「之に中りて勝り」「可を為して恨みて已む」のいずれも意味をなさない。

問6　標準　36・37　正解は③・⑥

文章の表現や内容を問う設問。消去法で解く。

①適当。例えば「一つの大きな岩が川の中から突き出ている」という表現と比べてみれば、「大巌」「屹立」という漢語の硬い響きや形態はこの場の情景を表現するのに非常に適切である。

②適当。〈波が激し、舟が舞い、飛沫が人を撲つ〉というように、短い主語と述語の繰り返しによって焦点が当てられ

る対象がめまぐるしく変化し、**動的な印象を生み出している**。

③不適。「難易」は〝難しさと易しさ〟。「懸絶」は〝かけ離れていること〟の意。一方は非常に困難であるのに、他方はとても容易であるということ。直前の部分で、川を下る船頭がのんびりと煙草を吸って座っている一方で、流れを上る舟は人々が力を合わせて川上へ引き上げていると述べられている。よって舟で川を下るのは楽だが、舟を川上へ引き上げるのはつらい仕事だということになり、両方とも「辛い仕事である」というのは誤りとなる。

④適当。「已而」は副詞「已」の下に接続詞「而」が付いた形であるが、「已」と同じで、「すでに・すでにして」と読み、〝やがて。ほどなく〟の意になる。また「漸」も副詞で、「ようやく」と読み、〝しだいに〟の意。どちらも**時間的な経過やその様態を表し**、舟から眺められる景色の変化に重ねている。

⑤適当。「暗礁」は〝水面下に隠れている岩〟のこと。「齧舟」の実質的な主語になる。舟が岩にぶちあたることを、逆に岩の方が舟をかむと表現するのは擬人法になる。**見えない岩の恐怖感を生き生きと描いている**。

⑥不適。船頭たちが舟歌を歌い合っているという文脈に続く。「衆《しう》」は〝多くの人。庶民〟の意。または「おほし（＝多い）」と形容詞で読む。ここは前者で、舟の乗客たちをいう。「降」は「おる。おろす。くだる。くだす。ふる」の読みがある。ここは「衆心」が主語となり、「くだる」と読み、〝落ち着く〟の意になる。舟を降りたわけではない。

参考

漢詩「早発白帝城」について。

起句　朝辞白帝彩雲間
承句　千里江陵一日還
転句　両岸猿声啼不住
結句　軽舟已過万重山

七言絶句である。押韻は「間（カン）」「還（カン）」「山（サン）」。「白帝」と「彩雲」の色彩の対比、「千里」と「一日」の数字の対比、「軽舟」と「万重山」の意味の対比が鮮やかである。また起句と承句で内容を大まかに表現し、転句と結句でそれを具体化して表現する。しかも転句は聴覚に訴え、結句は視覚に訴えて印象的である。

解答・解説編

Keys & Answers

解答・解説編

〈共通テスト〉
●2021年度　本試験（第1日程）
●2021年度　本試験（第2日程）
●第2回　試行調査（第2問〜第5問）
●第1回　試行調査（第2問〜第5問）

〈センター試験〉
●2020年度　本試験・追試験
●2019年度　本試験・追試験
●2018年度　本試験・追試験
●2017年度　本試験・追試験
●2016年度　本試験・追試験
●2015年度　本試験

国語

解答・配点に関する注意

本書に掲載している正解および配点は，大学入試センターから公表されたものをそのまま掲載しています。

2021
年度

国語 本試験（第１日程）

問題番号（配点）	設問	解答番号	正解	配点	チェック
第１問（50）	問１	1	③	2	
		2	①	2	
		3	②	2	
		4	③	2	
		5	①	2	
	問２	6	①	7	
	問３	7	②	7	
	問４	8	②	7	
	問５	9	④	5	
		10	③	3	
		11	④	3	
		12	②	8	
第２問（50）	問１	13	②	3	
		14	②	3	
		15	①	3	
	問２	16	③	6	
	問３	17	①	7	
	問４	18	①	8	
	問５	19	⑤	8	
	問６	20	④	6	
		21	④	6	

問題番号（配点）	設問	解答番号	正解	配点	チェック
第３問（50）	問１	22	④	5	
		23	③	5	
		24	①	5	
	問２	25	①	7	
	問３	26	①	6	
	問４	27	⑤	6	
	問５	28-29	③-⑥	16（各８）	
第４問（50）	問１	30	①	4	
		31	⑤	4	
	問２	32	⑤	5	
		33	③	5	
		34	④	5	
	問３	35	②	6	
	問４	36	④	6	
	問５	37	⑤	6	
	問６	38	③	9	

（注）-（ハイフン）でつながれた正解は，順序を問わない。

自己採点欄
/200点

（平均点：117.51点）

第1問　やや難

出典

香川雅信『江戸の妖怪革命』〈序章　妖怪のアルケオロジーの試み〉（角川ソフィア文庫）
芥川龍之介「歯車」〈四　まだ？〉（岩波文庫『歯車　他二篇』）

香川雅信（一九六九年〜）は香川県出身。大阪大学大学院文学研究科博士後期課程単位取得退学。総合研究大学院大学文化科学研究科にて博士号取得。二〇二一年現在、兵庫県立歴史博物館学芸員。『江戸の妖怪革命』は単行本として二〇〇五年に刊行され、一部改稿されて文庫化された。共著には『図説　妖怪画の系譜』『妖怪学の基礎知識』などがある。

芥川龍之介（一八九二〜一九二七年）は小説家。東京生まれ。東京帝国大学英文科卒業。夏目漱石の門下に入り、旺盛な文学活動を展開する。代表作に「鼻」「羅生門」「地獄変」「玄鶴山房」「河童」などがある。

要旨

本文は十八段落から成る。原文は三つの部分に分かれていて、それぞれに小見出しが付いている（「　」の部分が小見出し）。これに従って内容をまとめよう。

1 「妖怪研究の二つのレベル」　1〜5段落　※問2・問5

古典的な妖怪は古くから存在したが、**フィクションとしての妖怪**が生まれたのは近世の中期以降である。そもそも妖怪とは、日常的な因果了解では説明のつかない現象に対する不安や恐怖、言わば意味論的な危機を、**意味の体系のなかに回収するために生み出された文化的装置**であり、切実なリアリティをともなっていた。それゆえ妖怪をフィクションとして楽しもうという感性が生まれるためには、妖怪に対する認識が根本的に変容することが必要なのである。

2

「アルケオロジーという方法」 6〜9段落　※問3・問5

妖怪に対する認識の変容を記述・分析するうえでフーコーのアルケオロジーの手法を援用する。アルケオロジーとは思考や認識を可能にしている知の枠組みの変容として歴史を描き出す試みである。フーコーは十六世紀から近代にいたる西欧の知の変容を**「物」「言葉」「記号」「人間」の関係性の再編成**として描き出した。本書はこれに倣って妖怪観の変容を記述する。

3

「妖怪観のアルケオロジー」 10〜18段落　※問4・問5

中世では「物」は同時に**「言葉」を伝える「記号」**であり、人間はそれを読み取るだけであった。妖怪も神霊からの「言葉」を伝える「記号」だった。しかし近世になると、「物」にまとわりついた「言葉」や「記号」が剝ぎ取られ、「物」自体としてあらわれるようになる一方で、「記号」は神霊の支配を逃れて**人工的な記号すなわち「表象」**となった。「表象」は意味の伝達よりも視覚的側面が重要な役割を果たす「記号」である。妖怪も「表象」化されてリアリティを失い、人間の娯楽の題材へと変化した。さらに近代になって「私」という思想が誕生し、「私」が未知なる可能性を秘めた神秘的な存在となった結果、妖怪はこのような**「私」を投影した、リアリティのある存在**としてあらわれるようになった。

語句

民俗＝民間の習俗。民間伝承。「民族（＝人種や文化などを共有する集団）」と区別する。
喚起＝呼び起こすこと。呼び覚ますこと。
援用＝自分の主張を裏づけるために、他人の文献などを引用すること。

布置＝物を適当な所に並べ置くこと。
博物学＝動植物や鉱物などの自然物を収集し記録し分類する学問。

解説

問1　標準　1〜5　正解は　(ア)＝③　(イ)＝①　(ウ)＝②　(エ)＝③　(オ)＝①

(ア)　民俗　①所属　②海賊　③良俗　④継続
(イ)　喚起　①召喚　②返還　③栄冠　④交換
(ウ)　援用　①沿線　②救援　③順延　④円熟
(エ)　隔てる　①威嚇　②拡充　③隔絶　④地殻
(オ)　投影　①投合　②倒置　③系統　④奮闘

問2　標準　6　正解は①

傍線部の内容を問う設問。直後に「そうした存在だったのである」とあるので、「そうした」の指示内容を把握することになる。前二文の内容がその指示内容である。この部分に「意味論的な危機」とあるのは、その前に「日常的な因果了解では説明のつかない……不安と恐怖」とあるように、これは何々であると名づけたり意味づけたりできないことによる心の動揺をいう。例えば得体の知れない奇妙な生き物に遭遇したときの不安や恐怖を考えればよい。また「それをなんとか意味の体系のなかに回収する」とあるのは、その不可解な物体や現象を名づけ意味づけて、慣れ親しんだ世界の中に取り込むことをいう。例えば空に浮かぶ怪しい物体を「空飛ぶ円盤」「未確認飛行物体」と名づけて了解するなど。さらに「切実なリアリティをともなっていた」とあるのは、その怪しい存在が意味世界の秩序をこわし、人間の日常生活を脅かすからである。つまりこのような存在に「化け物」などと名づけることで**認識的な安心感を得る**わけである。これが「民間伝承としての妖怪」、言い換えれば、「フィクションとしての妖怪」（1段落）と対比される「古典的な妖怪」（2段落）である。以上より傍線部は次のように説明できる。

了解不能ゆえに感じる不安や恐怖を解消するために、意味世界の中に回収しなければならない存在

選択肢は「意味を与え」とある①と「意味の体系のなかで認識させる」とある③に絞り、「人間の理解を超えた不可思議な現象」「日常世界のなかに導き入れる」を決め手に①を選択すればよい。

②「フィクションの領域において」が不適。これは「フィクションとしての妖怪」の説明になる。

③「未来への不安」が不適。3段落の「不安と恐怖」は不可解な存在と遭遇したときの感情である。

④「意味の体系」と「リアリティ」を直接結びつけており不適となる。

⑤内容的には誤りではないが、「意味論的な危機」を回収すると説明しなければ不適となる。このままでは、名づけや意味づけ以前の不可解な存在の説明にしかならない。

問3　やや難　7　正解は②

傍線部の内容を問う設問。「アルケオロジー」については7段落で「思考や認識を可能にしている知の枠組み……の変容として歴史を描き出す試み」であり、この「知の枠組み」すなわち「エピステーメー」は「時代とともに変容する」と説明される。そしてこのエピステーメーの変容を具体的に説明するにあたって、この概念を掘り起こしたフーコーが「物」「言葉」「記号」「人間」という四つのキーワードを用いたと説明される（8段落）。非常に概略的な説明ではあるが、おおよそのところは理解できよう。すなわち、通常「考古学」と訳される「アルケオロジー」のもつ、昔の遺跡や資料を発掘して研究する学問という常識的なイメージとはかけ離れていて、「知の枠組み」という人間の最も根底的な領域を掘り出し、その歴史的な変容を研究する学問なのである（とはいえこのような学問として広く認知されたというわけではない）。以上より傍線部は次のように説明できる。

思考や認識を可能にする知の枠組みの変容を描き出す方法

選択肢はキーワードである「知の枠組み」を説明に用いた②と③に絞り、「事物のあいだにある秩序を認識し思考する」を決め手に②を選択すればよい。

① 「考古学の方法に倣い」が不適。通常の考古学とはおよそ異なっている。「客観的な秩序」も、7段落の「認識に先立って『客観的に』存在する事物の秩序そのものに触れているわけではない」に矛盾する。この引用箇所は要するに、世界を「ありのまま」に理解しているのではなく、人間特有の知覚や概念的理解に基づいて理解することをいう。

③ 「物」「言葉」「記号」「人間」はフーコーが西欧の知の変容を記述する際に用いた四概念にすぎない。またその四概念を「再編成」（8段落）するのであって、「文化事象」を「分類して整理し直す」ことではない。

④ 内容的には9段落の「同時代に存在する……可能にする」と合っているが、「知の枠組み」の変容という根本的なところを説明していない。なおこの引用箇所で述べられていることは、現象的にはさまざまである文化事象について、それらの土台にある知の枠組みの観点から共通性を取り出して見せることをいう（フーコーの『言葉と物』を読む醍醐味の一つがここにある）。

⑤ 「歴史的事象を……接合し」の部分が9段落の趣旨に合致しない。

なお、同じ「知の枠組み」と訳される言葉に「パラダイム」がある。これはもともと科学の領域において科学者が共有する認識の範型（例えば天動説や相対性理論など）を意味した言葉で、これがさらに社会全体のものの見方や価値観、世界観などを広く意味するようになった。これに対してフーコーのエピステーメーはもっと射程が深く、無意識の領域にまで通底するような根本的な知の枠組みをいう。ただどちらも知の枠組みが時代とともに変容すると考える点、また歴史は連続的に進歩・発展するのではなく、断絶的に変化すると考える点は共通している。

問4　やや難　8　正解は②

傍線部の内容を問う設問。「表象」とは一般に〝事物や現象について心に抱く像。イメージ〟の意である。「化」は〝別のものになること〟。例えば先ほど出会った人物の顔を思い浮かべることが「表象化」である。これに対して本文では、「神霊の支配を逃れて、人間の完全なコントロール下に入った」記号、「人工的な記号」を「表象」と呼んでいる（⑬段落）。さらに「表象」は「形象性、視覚的側面が重要な役割を果たす『記号』である」とも述べている（⑭段落）。要するに**記号の一種で、イメージ性のあるものを「表象」と呼ぶ**のである。例えば絵文字や地図記号の類を考えればよい。ただし、「あらゆる自然物がなんらかの意味を帯びた『記号』として存在していた」（⑪段落）とあるように、「記号」を広義に捉えている点は注意しよう。これも例をあげると、黒雲に嵐の到来を読み取る、また大雪を豊作の前兆と読み取る場合、黒雲や日蝕や大雪は記号となる。そしてこれらを神霊からのメッセージ**と理解していたと筆者は述べている**（⑪段落）。もちろん妖怪もその一つである。ところが近世になって妖怪が表象化されたというのが傍線部で、「キャラクター」（⑭段落）と表現しているように、**人間の作った娯楽的なイメージへと妖怪は変化したわけである**。すなわち「フィクションとしての妖怪」（①段落）である。以上より傍線部は次のように説明できる。

妖怪が、神霊からのメッセージを伝える記号から、人工的で視覚的で娯楽的な記号に変わった

選択肢は、「神霊」→「人工的」「形象性」「娯楽」という変化をふまえて、「神霊の働きを告げる記号」→「人間が約束事のなかで作り出す記号」「架空の存在」「楽しむ対象」と説明した②を選択すればよい。

① 「人間が人間を戒める」が不適。書かれていない。

③「人間世界に実在する」が不適。「フィクションとしての妖怪」に矛盾する。
④「きっかけ」ではなく、「帰結」（14段落）である。
⑤「人間の性質を戯画的に形象した」が不適。書かれていない。

問5 やや難 9〜12 正解は (i)＝④ (ii)Ⅲ＝③ Ⅳ＝④ (iii)＝②

本文のノート化に関わる設問。この形式の設問はセンター試験では例がなく、共通テストの第２回試行調査第１問（記述式）で初めて採用された形式である。三つの小問から成り、このうち(i)・(ii)は**本文の標題（見出し）および要約問題**、(iii)は**やや発展的な理解を問う問題**である。

(i)【ノート1】は本文全体を概観している。このうち空欄Ⅰに対応する2・3段落では、**妖怪が誕生した理由**、および古典的な妖怪がフィクションとしての妖怪へと**歴史的に変容した事実**が説明される。よってⅠの説明としては「歴史的背景」とある①・②と「歴史性」とある④が適当である。③の「娯楽の対象となった妖怪の説明」は妖怪の歴史性に触れていない。次に空欄Ⅱに対応する4・5段落では、「妖怪に対する認識が……変容」という表現が二度使われているように、**妖怪の認識の変化**がテーマとなる。よってⅡの説明としては「どのように妖怪認識が変容したのか」とある③・④が適当である。①の「意味論的な危機」、②の「妖怪娯楽の具体的事例」はいずれも不適となる。以上より④が正解となる。

(ii)【ノート2】は「近世から近代への変化を……まとめた」とあるが、14〜17段落の内容のまとめになる。**近世の妖怪観**であるⅢに関わるのが14段落で、**近代の妖怪観**であるⅣに関わるのが15〜17段落である。Ⅲは問4と関連する。すでに見たように14段落では**表象化されてキャラクターとなった妖怪が娯楽として享受された**ことが説明されている。

よって③が入る。①の「恐怖を感じさせる」、②の「神霊からの言葉を伝える」、④の「人を化かす」はいずれも不適。

次にⅣについて、15段落では妖怪がリアリティのなかに回帰したこと、16段落では「人間」がクローズアップされ、妖怪が**「人間」の内部に棲みつくようになったこと**、そして17段落では妖怪は**不気味で未知なる「私」を投影した存在となったこと**が説明される。このような事情をふまえて「不可解な内面をもつ人間」と説明した④が入ることになる。①の「合理的な思考をする」は15段落で否定される。②の「自立した」は自由で独立した個人という常識的な近代観をいったもので、これも15段落の「一般的な認識」に属する。③の「万物の霊長」も16段落で近代以前の発想と捉えており、不適となる。

(iii)　**【ノート3】**および「考察」は17段落の内容を発展させる形でドッペルゲンガー現象について調べたものである。その際芥川龍之介の「歯車」が参照される。ドッペルゲンガーは自己像幻視とも言われ、第二の自分を自分が見たり、他人がその第二の自分を見る（「歯車」の例）超常現象である。まさに**「『私』は私にとって『不気味なもの』」**（17段落）なのであり、筆者に言わせれば「私」の中に妖怪が棲んでいるのである。もちろんドッペルゲンガーや憑依現象なども古代から知られてはいたが、自己意識、自我の暴走として精神医学の対象とされたのが近代になってからなのである。選択肢は消去法で解けばよいだろう。

①不適。「『私』が他人の認識のなかで生されている」と、「別の僕」を肯定的に説明している。

②**適当**。「『私』が自分自身を統御できない不安定な存在」は16段落の内容に合致する。

③不適。「会いたいと思っていた」「思いをかなえてくれた」とは書かれていない。

④不適。「自分が分身に乗っ取られるかもしれない」「分身にコントロールされてしまう」とは書かれていない。

⑤不適。「他人にうわさされる」わけではない。

参考

ミシェル・フーコー（一九二六～一九八四年）はフランスの哲学者。『狂気の歴史』『言葉と物』『監獄の誕生』『性の歴史』など、次々と話題作を発表し、哲学・思想界における時代の寵児となった。『言葉と物』は一九六六年刊で、難解で大部の書にもかかわらず、フランスでベストセラーとなった。近代の終焉を予告する本文末尾の「人間は波うちぎわの砂の表情のように消滅するであろう」（渡辺一民・佐々木明訳　新潮社）という文句はあまりに有名である。

第２問　標準

出典

加能作次郎「羽織と時計」（荒川洋治編『世の中へ　乳の匂い―加能作次郎作品集』講談社文芸文庫）

宮島新三郎「師走文壇の一瞥」（『時事新報』一九一八年十二月七日）

加能作次郎（一八八五～一九四一年）は小説家。石川県生まれ。十三歳のとき家を出奔し、京都の伯父のもとで丁稚奉公する。その後いったん郷里に戻るものの、文学を志して上京し、早稲田大学英文科を卒業する。卒業後は編集者として働くかたわら、旺盛な創作活動を展開する。代表作に『世の中へ』『霰の音』『若き日』『微光』『弱過ぎる』『このわた集』などがある。

「羽織と時計」は一九一八年（大正七年）、文芸雑誌『新潮』十二月号に発表された。「Ｗ・Ｂ君を弔う」という副題が付く。文庫本で二十四ページの短編小説で、三部に分かれる。本文はその第二部の少し進んだ所から始まる。第一部では疎遠になっていたＷ君の訃報の葉書が届いたことが、また第三部では羽織袴に時計を携帯して、Ｗ君の妻のもとへ弔いに行ったことが語られる。作者の体験に基づいており、全体を通して陰鬱な雰囲気に満ちている。

宮島新三郎（一八九二〜一九三四年）は英文学者・文芸評論家。埼玉県出身。早稲田大学英文科卒業。同大学の教授となり、各国の文学の翻訳を行うほか、日本文学の批評も行った。

要旨

本文を四つの部分に分けて内容をまとめよう。

1 羽二重の羽織 1〜28行目（春になって、陽気が…） ※問2・問6

W君が病気見舞いのお礼として、生活が苦しいにもかかわらず、羽二重の紋付の羽織を拵えてくれた。私は初めて礼服というものを持つことになったが、その羽織を着るたびにW君のことを思い出さずにはいなかった。

2 懐中時計 29〜44行目（その後、社に改革があって…） ※問3・問6

私が社を辞めるとき、W君が奔走して社の同人から醵金を募り高価な懐中時計を贈ってくれた。私はW君に対して感謝の念に打たれると同時に、ある重い圧迫を感じずにはいられなかった。

3 羽織と時計の恩恵的債務感 46〜73行目（××社を出てから以後…） ※問4・問6

私は社の元同僚から、W君が退職してパン菓子屋を始め、自身は病床に就いていると聞かされた。私は見舞いに行かなければならないと思いながらつい億劫になった。羽織と時計、この二つのために常にW君から恩恵的債務を負っているように感じられ、W君の家の敷居が高く思われた。それには彼の妻の眼を恐れる気持ちもあずかっていた。

4

W君の店　74〜80行目（そんなことを思いながら…）　※問5・問6

私は妻子を連れてW君の店の前を通り、妻に餡パンを買わせるのを口実に、向かい側の道から店の様子をうかがったが、彼の妻の姿は見えなかった。それ以来、私は一度もその店の前を通らなかった。

語句

織元＝織物の製造元。

羽目＝成り行きから生じた、困った状況。

奔走＝物事がうまくいくように、あちこち駆け回って努力すること。

懐中時計＝ポケットなどに入れて持ち歩く、小型の携帯用時計。

厚意＝思いやりのある心。厚情。「好意（＝人に親しみを感じたり好ましく思ったりする気持ち）」と区別する。

邪推＝他人の心や好意を悪く推量すること。

融通＝必要な金や物を都合すること。

敷居が高い＝不義理や面目のないことがあって、その人の家へ行きにくい。また、高級すぎたり上品すぎたりして、その店に入りにくいこともいう。

無沙汰＝訪問や音信が絶えて久しいこと。

しらばくれる＝知っていて知らないふりをする。

解説

問1　標準　13 〜 15　正解は　(ア)＝②　(イ)＝②　(ウ)＝①

(ア)「術」は「ジュツ」と音読みすると、「技術」「芸術」「手術」などの熟語がそうであるように〝わざ。技芸〟の意と、「術策」「戦術」「秘術」などの熟語がそうであるように〝方法。手段〟の意をもつ。ところがこれを「すべ」と訓読みすると後者の意に限定され、「なす術がない」「術も知らない」などと否定表現で用いられることが多い。よって「手立て」とある②が正解となる。①の「理由」、③の「義理」、④の「気持ち」、⑤の「はず」はいずれも不適となる。

(イ)「言いはぐれる」は「言う」と「はぐれる」の二つの動詞が合成してできた複合動詞である。このうち「はぐれる」には、「群れにはぐれる」「仕事にはぐれる」など〝連れの人や仲間とはなればなれになる。その機会をのがす〟の意と、動詞の連用形に付いて、「食いはぐれる」「代金を取りはぐれる」など〝〜する機会を失う〟の意とがある。よって「言いはぐれる」は〝言う機会を失う。言いそびれる〟の意となり②が正解。①の「必要を感じない」、③の「忘れ」、④の「気になれなく」、⑤の「べきでない」はいずれも不適。

(ウ)「足が遠くなる」は「足が遠のく」と同じく、〝今までよく行っていた所に行かなくなる〟の意。直後の文にも「つい億劫になるのであった」とあるように、交通手段がないために行けなくなったというような物理的な理由からではなく、人間関係が疎遠になるといった心理的な理由から行かなくなるというニュアンスを含み持つ。よって①が正解となる。④は物理的な理由に該当するので不適。他は語義的に不適。

問2　標準　16　正解は③

傍線部の心情を問う設問。「擽《くす》ぐる」は〝皮膚を軽く刺激してむずむずしたり笑いだしたりする感覚を与える〟が原義。ここから〝人の心を軽く刺激してそわそわさせたり、いい気持ちにさせたりする〟という心理的な意味が派生した。

例えば「自尊心をくすぐる」「虚栄心をくすぐる」「母性本能をくすぐる」などと使う。本文では「ような（ようだ）」という比喩を表す助動詞が付くため前者の意（原義）になるが、「思」とあるように全体の文脈としては後者（派生した意味）になる。そこで15行目以下に着眼する。「私」がW君から病気見舞いの返礼として羽二重の紋付の羽織を拵えてもらったところ、妻がそれをしきりに褒める。妻は「私」が結婚の折に拵えたものと信じていて、「私」はW君から貰ったということをつい言いそびれている、というもの。傍線部はそんな、**妻に羽織を褒められたことに対するうれしさと、真相を言わずに「誤魔化して」（傍線部直後）いることによる、気が咎める思いとの入り交じった思いを表している**。よって傍線部の心情を次のように説明できる。

羽織を褒められたうれしさと、誤魔化したことによる気の咎めの入り交じった思い

選択肢は「擽ぐられるような」という比喩をふまえれば、「落ち着かない気持ち」とある③が正解とわかる。「ほめられたうれしさ」「本当のことを告げていない後ろめたさ」とあるのも右に検討した内容に合致する。

①「笑い出したいような気持ち」が不適。単に「擽ぐる」の原義をふまえた説明になっている。

②「自慢に思い」とは書かれていない。「不安になっている」も「擽ぐられる」のニュアンスに合わない。

④「自分の服装に関心を寄せてくれること」が「うれし」さの理由ではない。「物足りなく」も「擽ぐられる」の意に合わない。

⑤「打ち明けてみたい衝動」「自分を侮っている妻への不満」のいずれも本文から読み取れない。

問3 標準 17 正解は①

傍線部の内容を問う設問。本問は内容説明問題なので、傍線部の「やましい」「気恥しい」「重苦しい」の三つの形容詞の意味内容を明らかにする。まず29行目以下の筋をたどると、「私」は出版社を退社した折、W君が奔走して集めたお金で懐中時計を贈ってもらう。「私」はそれに感謝しつつも、そのことでW君が同人に非難されたり皮肉を言われたりしていると知ってW君を気の毒に思ったというもの。傍線部直前の「感謝の念」にはこのような思いが込められている。そこで傍線部を検討しよう。まず「やましい」と「気恥しい」について。前者は〝良心がとがめる。後ろめたい〟、後者は〝何となく恥ずかしい。きまりが悪い〟の意である。直前文に「私の身についたものの中で最も高価なもの」とあるように、いずれも分不相応なものを身につけることで生まれる感情である。次に「重苦しい」について。これは〝押さえつけられるようで息苦しい。気分が晴々しない〟の意である。42行目にも「或る重い圧迫」という類似の表現がある。「私」はこれについて「訳のわからぬ」（傍線部）と、自分でも判然としない思いを抱いている。それが明らかになるのが53行目以下である。この行にも43行目と同じ「羽織と時計――」という表現が使われていることに注意しよう。さらに続けて読むと、55行目に「W君から恩恵的債務を負うて居るように感ぜられた」「この債務に対する自意識」とある。これはW君から特別な恩恵を受けていることに対する心理的負担が、強迫観念のように心を悩ませることを言ったものである。以上の検討をもとに傍線部を次のように説明できる。

高価なものをもらって後ろめたくもきまりが悪くもあり、W君に対する心理的負担に悩まされてもいる

選択肢は「重苦しい感情」＝「恩恵的債務」と理解すれば、「自分を厚遇しようとするW君の熱意を過剰なものに感じてとまどっている」とある①が正解とわかる。「自分には到底釣り合わない」とあるのは「やましい」「気恥しい」感情をふまえている。

②「さしたる必要を感じていなかった」が不適。32行目の「私は時計を持って居なかったので」に矛盾する。また「評判を落としたこと」が「重苦しい感情」の内実ではない。

③「味をしめ」「欲の深さを恥じており」が不適。本文に書かれていない。「W君へ向けられた批判をそのまま自分にも向けられたものと受け取っている」とも書かれていない。「重苦しい感情」の説明としても不適。

④「情けなく感じており」とは書かれていない。「W君の厚意にも自分へ向けられた哀れみを感じ取っている」とあ

るのも読み取れない。

⑤「W君に対する申し訳なさ」は「感謝の念」に含まれるので、ここで持ち出すのは不適となる。また「見返りを期待する底意（＝下心）」も読み取れない。

問4 標準 18 正解は①

傍線部の理由を問う設問。直前の部分で、W君に「恩恵的債務」を負うているためにW君を訪ねることができなかったという趣旨のことが記されている。傍線部はこれをふまえて、「彼の妻君の眼を恐れた」とさらに話を展開させている。そして以下、「私」がW君の尽力によってもらった時計と羽織に関して**彼の妻の眼を過剰に意識する様子**が描かれる。特に「随分薄情な方ね、あれきり一度も来なさらない」（62行目）、「羽織や時計などを進げたりして、こちらでは尽すだけのことは尽してあるのに」（64・65行目）という箇所からは、**W君の妻の存在によって「恩恵的債務」感がいっそう膨らみ、無沙汰をひどく非難されているのではないかと恐れる様子**が読み取れる。ゆえに「私は逃げよう逃げようとした」（67行目）わけである。以上より傍線部の理由を次のように説明できる。

時計と羽織の債務感がいっそう募り、無沙汰を非難されているように感じたから

選択肢は文末を検討して、「自分の冷たさを責められるのではないかと悩んでいる」とある①と、「妻君には顔を合わせられないと悩んでいる」とある⑤に絞る。正解は①で、「厚意をもって」「見舞に駆けつけなくてはいけない」「疎遠になってしまい」と無難に説明している。

②「彼の恩義に酬いる番だと思う」が不適。読み取れない。また「経済的に助けられない」から「妻君には申し訳ない」というような謝罪の意識も不適となる。

③「偽善（＝うわべをいかにも善人らしく見せかけること）的な態度」が不適。「素直な自由な気持に」なれば「時々

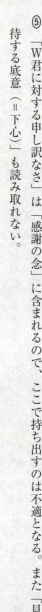

W君を訪れることが出来たであろう」（54行目）とあることから、「偽善」ではなく、心からW君を心配して訪ねたいと思っていたと読み取れる。

④「（W君が自分を）頼りにもしている」とは読み取れない。また「妻君の前では卑屈にへりくだらねばならない」とも読み取れない。よって「疎ましくも感じている」も誤りとなる。

⑤「立派な人間と評価してくれたことに感謝の気持ちを持っている」とは読み取れない。また「自分だけが幸せになっている」ことも書かれていない。

問5　標準　19　正解は⑤

傍線部の行動の意図を問う設問。傍線部は、「私」が妻子を連れてW君の家の前を通り、中の様子を探ろうとする場面の一節で、事情を知らない妻にW君の店で餡パンを買わせている。そこで直前文の「そんなことを思いながら」（74行目）に着眼しよう。これは67行目以下の「私」の心情描写の部分を指している。この部分で「私」は、W君の家を直接訪ねるのは気が重いので、路上で「偶然」（67行目）彼の妻や従妹に出会って**家を訪ねる口実を得ることを想像している**。傍線部直後でも「全く偶然の様に、妻君なり従妹なりに遇おうという微かな期待をもって居た」と、同じ期待を抱いていることが記される。このような「私」のもくろみが傍線部から読み取れる。でもこのもくろみは失敗し、「私」はとうとうW君には会えず、その後、彼の訃報に接することとなるというように話は展開する（10ページ出典参照）。

以上より傍線部の意図を次のように説明できる。

偶然を装ってW君の妻か従妹に会ってW君の様子を探りたいという意図

選択肢は文末を検討して、「作為的な振る舞い」とある①、「自分の家族まで付き合わせている」とある④、「回りくどいやり方で様子を窺う機会を作ろうとしている」とある⑤に絞る。そしてキーワードの「偶然」を決め手に⑤を選択すればよい。「これまで事情を誤魔化してきた」「今更妻に本当のことを打ち明けることもできず」という部分も内容的に合致している。

①　問3でみた傍線部Bに「やましいような」とはあるが、「罪悪感」とまでは言えない。また「自分たち家族の暮らし向きが好転した」とも書かれていない。よって「かつてのような質素な生活を演出」とあるのも的外れな説明となる。

②　「その悩みを悟られまいとして妻にまで虚勢を張る（＝自分の弱みを隠して、外見だけは威勢のいいふりをする）はめになっている」が不適。読み取れない。

③　厚意に応えたいというのはその通りだが、72行目に「かなり立派なものを持って見舞に行こう」とあるように、餡パンを買うだけでは応えたことにならない。

④　「W君の家族との間柄がこじれてしまった」が不適。書かれていない。W君の妻の「私」に対する不満・非難はあくまでも「私」の想像の域を出ない。よって「どうにかしてその誤解を解こうとして稚拙な振る舞いに及ぶ」とあるのも誤った説明となる。

問6　やや難　20・21　正解は　(i)＝④　(ii)＝④

本文と資料とを関連づけて考察させる設問。まず資料の内容を確認しよう。設問文によると、この資料は『羽織と時計』が発表された当時の批評文の一部である。評者は、作者加能作次郎の小説は従来「生活の種々相を様々な方面から多角的に描破し」、「見た儘、有りの儘を刻明に（＝写実的に）描写する」ところに特長があったと讃辞を述べた後、『羽織と時計』は単にこの二つの品物にまつわるエピソードを物語ることが中心となっていて、「小話臭味の多過ぎた嫌い（＝好ましくない傾向）がある」と批判している。そして「W君の生活、W君の病気、それに伴う陰鬱な、悲惨な境遇を如実に描いたなら、一層感銘の深い作品になったろう」と残念がっている。これは人間の悲惨さ・醜さ・性欲などをあからさまに描くことをよしとする、**日本的な自然主義文学の立場に立った評言**と言える。以上の事柄を確認したうえで二重傍線部をみると、「**ユーモラス**」とあるのは、「私」がW君の妻の眼を過剰に意識してあれこれとつまらないことを想像する場面を言ったものと思われる。また「**作品の効果**」とは右に引用したように、W君の悲惨な境遇を克明に描くことで感銘深い作品となることを言ったものである。

(i)　**二重傍線部の内容**を問う。**羽織と時計への執着が滑稽感を漂わせるものの、W君の境遇の悲惨さが描写しきれていない**というのがその内容である。消去法で解くのがよいだろう。

①不適。「多くの挿話から」とは右の「多角的に描破し」を言ったもので、この作品には該当しない。「予期せぬぶれ」とあるのも根拠がない。

②不適。「忠実に再現しようと意識しすぎた」とは右の「見た儘、有りの儘を刻明に描写する」を言ったもので、この作品には該当しない。W君の「思いに寄り添えていない」も誤りとなる。

③不適。「愛着」が53行目の「この二つが、W君と私とを遠ざけた」、55行目の「恩恵的債務」に合致せず、評者の意見とはならない。「愛着」と「執着」の違いにも注意すること。また「美化している」とは述べられていない。

④適当。「挿話」とは羽織と時計のエピソードを言う。「W君の生活や境遇の描き方が断片的なものになっている」とは、部分的に触れられているだけで写実性が不足しているということ。

(ii)　**資料をふまえた発展的な事柄**を問う。「羽織と時計――」という表現に着目させる。消去法で解く。

①不適。「異なる状況」とあるのは、43行目が「私」の転職直後、53行目がW君の退社後ということを考えれば妥当である。しかし「W君を信頼できなくなっていく『私』の動揺」は描かれていない。

②不適。「複雑な人間関係に耐えられず」とあるが、W君が退社したのは病気が原因である。また妻子と従妹と暮らし

ているとはいえ、その人間関係がW君を悩ませたとは書かれていない。

③不適。「W君の思いの純粋さを想起させる」とあるが、「重苦しい感情」（44行目）、「恩恵的債務」（55行目）とあるように、羽織と時計は「私」とW君の関係を疎遠にするものとして捉えられている。

④適当。「自分をかえって遠ざけることになった」「切ない心中を吐露（＝思いを打ち明けること）している」と無難に説明している。**羽織と時計を評者が単なる「小話」と否定的に評価するのに対して、この選択肢は、厚意によるこれらの品物のために人間関係に溝ができるという、人生の一断面を切り取ったものとして肯定的に評価している。**

第3問 標準

出典

『栄花物語』〈巻第二十七　ころものたま〉

『千載和歌集』〈巻第九　哀傷歌〉

『栄花物語』は平安時代後期の歴史物語。『栄華物語』とも書き、『世継』『世継物語』とも呼ばれる。作者は赤染衛門とする説が有力だが、不詳。全四十巻。宇多天皇から堀河天皇までの歴史を編年体で描き、特に藤原道長に焦点が当てられ、その生涯を讃美する傾向が見られる。物語的要素が強く、『源氏物語』の影響を受けている。

『千載和歌集』は平安時代末期に編纂された、第七番目の勅撰和歌集である。撰者は藤原俊成。全二十巻。

要旨

本文は三段落から成る。各段落のあらすじは次の通り。

1

長家の亡妻の移送（大北の方も、この殿ばらも…）第一段落

いよいよ移送の段になると、人々は改めて激しく泣き臥した。亡骸を運ぶ車を先頭に移送の列が長く続き、法住寺に到着すると、**僧都が出迎えた。僧都**も涙で目がくもってしまった。

2

長家と進内侍たちとの和歌の贈答（さてこの御忌のほどは…）第二段落

人々は喪の期間、法住寺に籠もった。寂しい思いでいる**長家**を慰めようと姉たちや女房たちが和歌を贈ったが、**長家**はしかるべき人たちにのみ返歌を返した。

3

亡き妻に対する長家の尽きぬ思い（かやうに思しのたまはせても…）第三段落

長家は亡き**妻**が万事すぐれていたこと、字が上手だったこと、絵を描くことにとても興じていたことなど、**妻**への思いが尽きなかった。そして、家に帰ったら**妻**が集めた絵物語を見て心を慰めようと考えた。

※　リード文の「藤原長家（本文では「中納言殿」）の妻が亡くなり……」を読んで、長家が本文の主人公であろうと予想を立てた上で本文を読み進めることが大切である。この予想があれば、第二段落以下の読解もスムーズにいくだろう。ちなみに長家は平安貴族のスーパースターとも言うべき藤原道長の六男である。道長の長男で摂政・関白・太政大臣を務めた頼通や、一条天皇の皇后となった彰子たちと兄弟になる（問題に付けられた〈人物関係図〉に彰子の名があるので気付いたかもしれない）。出世は権大納言までだが、和歌の才能があり、歌道の家として有名な御子左家の祖となる。その子孫に藤原俊成・定家父子がいる。亡くなった妻とは再婚で、最初の妻（藤原行成の娘）とも死別している。この再婚の妻は斉信の一人娘であった。ところが妊娠中、麻疹（はしか）と物の怪に悩まされ、生まれた男君は死産だった。妻もその後を追うように亡くなった（本文に「悲しくゆゆしきこと」とあるのはこの事情を言っている）。本文はそれに続く場面である。ちなみに妻の死後、長家は藤原正光の娘と再々婚した。

語句

北の方＝貴人の妻の敬称。側室や愛人などに対して正妻の呼び名である。
臥しまろぶ＝悲しみや喜びのあまり、身を地面に投げ出して転げ回るさまをいう。本文では悲しみのあまり激しく慟哭《どうこく》するさまを表す。
さるべき＝しかるべき。適当な。本文では亡骸の移送の列に加わるべき、ゆかりのある人々をいう。
御目もくれて＝「目もくる（暗る）」は目がくらむ、目の前が暗くなる。
かきおろす＝車などから抱え下ろす。
忌のほど＝人が死んで四十九日の法要が行われるまでの期間をいう。忌中。
わざとならず＝格別でない。さりげない。本文では木々が自然と色づいてゆくさまをいう。
月のいみじう明き＝十五日の満月のころをいう。
契る＝約束する。将来を誓う。
もののおぼゆ＝意識がはっきりしている。物心がつく。「ものおぼゆ」に同じ。
顔かたち＝容貌。「心ざま（＝気立て。性格）」と対になる語。
さいつころ＝先頃。先日。

全訳

大北の方も、この（故人と縁故のあった）殿たちも、また繰り返し身を伏せて泣き崩れなさる。このことをさえ悲しくて忌まわしいことだと言わないでは、ほかに何事を（そう言えようか、いや言えない）と思われた。さて（亡骸を運ぶ）御車の後ろに、大納言殿、中納言殿、縁故のある人々がお歩きなさる。（この深い悲しみを）言葉で表しても並一通りのことで、表現し尽くすことはできない。大北の方の御車や、女房たちの車などが次々と続いている。お供の人々などが数知れず多い。法住寺では、ふだんのお越しとは似てもいない御車などの様子に、僧都の君は、（涙で）お目がくもって、拝見なさることがおできにならない。そうして（従者たちが）御車から（亡骸を）抱え下ろして、ついで人々も（御車から）下りた。

さてこの御喪の期間は、誰もがそこ（＝法住寺）にお籠りになるはずであった。（中納言殿は）東山の方を遠く見やりなさるにつけても、（木々は）自然とさまざまな色に少し紅葉している。鹿の鳴く声にお目も覚めて、少しばかり心細さも募りなさる。宮様方よりもお心が慰められそうなお便りがたびたびあるけれど、今はただもう夢を見ているようにばかりお思いにならずにはいられなくて（日々を）お過ごしになる。月がたいそう明るいにつけても、（月を眺めて）あれこれもの思いの限りを尽くしなさる。宮中の女房も、さまざまにお便りを差し上げるけれども、並一通りの（関わりしかない）女房に対しては、「いずれ自ら（お会いしてお礼申し上げます）」とだけお書きになる。（しかし、しかるべき女房に対しては対応が違っていて）進内侍と申し上げる人が、お詠み申し上げた。

千年までも連れ添おうと奥様と約束したのもむなしく、涙の水底に枕ばかりが浮いて見えることでしょう。

中納言殿の御返歌、

（千年までも）一緒に起き伏ししようという（妻との）約束は絶えて（悲しみが）尽きないので、枕を浮かせるほどの涙であることです。

また東宮の若宮の御乳母であった小弁（の和歌は）、

X　奥様を亡くした悲しみを一方では思い慰めてください。誰もが結局は生きとどまることのできるこの世ではないのですから。

（中納言殿の）御返歌、

Y　悲しみに沈む私には心を慰めるすべもないので、この世が無常であることもわきまえられないのです。

このようにお思いになりお詠みになっても、いやいや、（自分の）意識はしっかりしているようだ、まして数カ月、数年も経てば、（悲しみを）忘れるようなこともあるかもしれないと、われながら情けなくお思いにならずにはいられない。（亡き妻は）万事どうしてこのように（すぐれているのだろう）と思われるほど感じのよい人でいらっしゃったのになあ、顔だちを始めとして、気立て（もよく）、字も上手に書き、絵などに興味を持ち、先頃まで夢中になられて、うつ伏しうつ伏して（絵を）描いていらっしゃったものだから、この夏に描いた絵を、枇杷殿の所に持って参上したところ、（枇杷殿は）たいそう興じてお褒めになって、お納めになったものだが、（我ながら）よくぞ持って参上したことだなどと、もの思いの限りを尽くしなさるにまかせて、何事につけても（亡き妻のことを）恋しくばかり思い出し申し上げなさる。（亡き妻が）長年書き集めなさった絵物語などは、（数年前の火事で）すべて燃えてしまった後、（改めて）去年、今年の間に集めなさったものもたいそう多かったが、自邸に戻ったときには、取り出して見て（心を）慰めようとついお思いになるのであった。

解説

問1　標準　22～24　正解は　(ア)＝④　(イ)＝③　(ウ)＝①

(ア)「え」は不可能の意を表す副詞で、下に打消の語（「ず」「じ」「で」など）を伴う。両者で〝～できない〟の意になる。「まねび（まねぶ）」は名詞「まね（真似）」に接尾語「ぶ」が付いて動詞化したもので、〝まねをする〟〝見聞きしたことをそのまま人に伝える〟〝学問・技芸を習得する〟の意がある。ここは二番目の意になる。「やら（やる）」は補助動詞で、〝遠く～する〟〝（下に打消語を伴って）すっかり～する。十分に～する〟の意があるが、ここは「やらず」とあるように、後者の意となる。全体で「見聞きしたことをすっかり人に伝えることができない」と直訳できる。よって④が正解。直前の「いへばおろかにて」がヒントになる。「いへばおろかなり」は「いふもおろかなり」などと同じく、〝言っても言い尽くせない。言うまでもない〟の意であるから、傍線部は**表現の限界を表明したもの**であろうと見当がつこう。①・②・③・⑤は「まねび」の解釈が不適。②は「え〜ず」の解釈も不適となる。

(イ)「**めやすく**（めやすし）」は「目」と「安し（＝安らかだ）」が合成した形容詞で、〝見苦しくない。感じがよい〟の意。多く容姿や外見について言う。ここは長家が亡き妻について述べたものである。「**おはせ**（おはす）」は「あり」の**尊敬語**で、〝いらっしゃる〟の意。「**し**」は過去の助動詞「き」の連体形。「**ものを**」は主に逆接の確定条件（〜のに）を表す接続助詞の用法と、詠嘆（〜のになあ）の意を表す終助詞の用法がある。ここはいずれの選択肢も後者の意で解釈している。「めやすく」の意から③と④に絞られ、「おはせ」の意から②と③に絞られる。よって③が正解となる。

(ウ)宮廷人を描いた物語や日記などでは、「**里**」は、宮中などに仕える人が〝自宅〟、または嫁ぎ先に対する〝実家〟を指して言うのが普通である。ここは中納言が、自宅に戻ったら亡き妻が集めていた絵物語を見て心を慰めようと思ったという文脈になる。「**出で**（出づ）」は法住寺から出るということ。「**な**」は完了の助動詞「ぬ」の未然形。「**ば**」は順接仮定条件を表す接続助詞である。すなわち「実家に出たならば」と直訳できる。選択肢の中で仮定の意を含むのは①のみであるから、「ば」の解釈だけからでも①が正解とわかる。

問2　標準　25　正解は①

傍線部の理由を問う設問。設問で傍線部の主語が長家であることが明かされているが、本文第二段落の「山の方をながめやらせたまふにつけても」以下、長家の言動に焦点が当てられる。要旨の※で述べたように長家は藤原道長の子息である。中納言（最終的には権大納言）とはいえ、彼の言動の一部に「せたまふ」（尊敬の助動詞「す」の連用形「せ」

＋尊敬の補助動詞「たまふ」）など、尊敬語を重ねて高い敬意を払っているのも、その辺の事情を考慮したものだろう。さて傍線部に戻ると、「今みづから」とは、**いずれ自ら会ってお礼を申し上げよう**という趣意である。これは、傍線部を含む文の冒頭に「内裏わたりの女房も、さまざま御消息聞こゆれども」とあるように、宮中に仕える女房たちが妻を亡くした長家に悔やみの手紙を送った、その返事の言葉である。その返事の相手を「**よろしきほど**」とことわっている。「よろしき（よろし）」は〝**まあまあよい。普通だ**〟などの意で、この意の場合、現代語の「よろしい」と違ってけっして**ほめ言葉ではない**ので注意がいる。**普通のつき合いがあった程度の女房に対しては**、単に「今みづから」とだけ儀礼上の返事を書いたというわけである。これに対して、直後で進内侍と小弁には返歌を贈っている。妻を亡くして悲嘆にくれているという長家の事情を考えれば、**関わりの薄い女房たちにまで懇切な返事を書くゆとりがなかったから**と理由づけできる。このように本問では思考力が問われていると言えよう。

ただし、「よろしきほど」に着眼すれば、選択肢の中では「並一通りの関わりしかない」とある①が正解だとすぐにわかってしまう。「丁寧な返事をする心の余裕がなかった」という説明も適切である。**傍線部およびその周辺にある重要古語が、正解を導く手がかりとなることがある**ので注意しよう。

② 「妻と仲のよかった女房たち」が不適。「よろしきほど」に合致しない。「この悲しみが自然と薄れるまでは」とあるのも、第三段落の「思ひ忘るるやうもやあらんと、われながら心憂く」（→長家は亡き妻のことを忘れるのは情けないと思っている）にそぐわない。

③ 「心のこもったおくやみの手紙」が不適。「よろしきほど」に合致しない。

④ 「見舞客の対応で忙しかった」が不適。長家たちは法住寺に籠もっているが、そこへ見舞客が訪れたとは書かれていない。

⑤ 「大切な相手」が不適。「よろしきほど」に合致しない。「すぐに自らお礼の挨拶にうかがわなければならない」とあるのも、寺籠もりという事情に合わない。

問3　標準　26　正解は①

傍線部の語句・表現を問う設問。消去法で解く。その前に第三段落の①「いでや……思ひ忘るるやうもやあらん」と②「何ごとにも……よくぞもてまゐりにける」と③「里に出でなば、とり出でつつ見て慰めむ」が長家の心情描写の部分である点、および①が長家自身の心の変化を自省したものであるのに対して、②は亡き妻のありし姿を回想したものである点をおさえよう。特に絵を描くのが好きだったことが印象的に回想され、「うつ伏しうつ伏して描きたまひし」と、その情景がありありと思い浮かぶように描かれている。そして亡き妻が描いた絵を妍子(枇杷殿)に献呈したところ、彼女がその絵をたいそう気に入り手元に納めたことが回想される。傍線部はこれに続く。

①適当。「よくぞ」は副詞「よく」に強意の係助詞「ぞ」が付いたもの。〝よくぞ。よくもまあ〟の意で、褒めたり、そしったりする気持ちを表す。「もてまゐり(もてまゐる)」は〝持って参上する〟の意。「に」は完了の助動詞「ぬ」の連用形。「ける」は詠嘆の助動詞「けり」の連体形。直前で妍子が「いみじう興じめで」たことをふまえれば、ここは妍子に絵を献呈した行為を自ら褒めていると判断できる。「そうしておいてよかった」「しみじみと感じている」という説明は妥当である。

②不適。「思し残す」は「思ひ残す」の尊敬表現。「思ひ残す」は文字通り〝あれこれのもの思いをし残す〟の意。これを「なき(なし)」で否定する。よって〝もの思いを残らずする〟、言い換えれば〝もの思いの限りを尽くす〟という内容になる。「後悔はない」は現代語(「思い残すことはない」)に拠った説明で、誤りとなる。

③不適。「ままに」は名詞「まま」に格助詞「に」が付いた形で、接続詞的に働く。〝…にまかせて。…につれて。…のとおりに。…やいなや〟といった意がある。ここは長家がもの思いにふける場面なので、〝もの思いにふけるのにまかせて〟ということになる。よって「それでもやはり」という逆接的な説明は誤りとなる。

④不適。「よろづ」は〝万事〟の意。「恋しく」は亡き妻が恋しいということ。「思ひ出できこえさせたまふ」の「きこ

え（きこゆ）」は謙譲の補助動詞で亡き妻への敬意を表す。尊敬語を重ねた「させたまふ」は長家への敬意を表す。この敬語表現からも、「よろづにつけて」は亡き妻の在りし日の様子や言動などについて述べたものであることがわかる。よって「妻の描いた絵物語のすべてが焼失してしまったこと」が誤りとなる。

⑤不適。④で確認したように「させ（さす）」は「使役」ではなく尊敬の意である。「亡き妻のことを懐かしんでほしい」という説明も誤りで、もしそうなら他者への願望を表す終助詞「なむ」、あるいは命令形（「思ひ出でたまへ」）がなければならない。

問4　標準　27　正解は⑤

登場人物それぞれの言動を問う設問。消去法で解く。

①不適。第一段落冒頭に「大北の方も、この殿ばらも、またおしかへし臥しまろばせたまふ」とあるように、**「大北の方」も「悲しみのあまりに取り乱して」おり**、「冷静さを保って人々に指示を与えていた」という説明は誤りとなる。

②不適。「涙があふれて長家の妻の亡骸を直視できない」とあるのは、第一段落の「御目もくれて、え見たてまつりたまはず」に合致する。しかし「気丈に（＝気持ちをしっかり保って）振る舞い亡骸を車から降ろした」が誤りとなる。**「御車かきおろして（＝亡骸を抱き下ろして）」の主語は従者たち**である。僧都の動作には「御目」「え見たてまつりたまはず」と尊敬語が使われている。

③不適。「秋の終わりの寂しい風景」とあるのは第二段落の「わざとならず色々にすこしうつろひたり（＝紅葉している）。鹿の鳴く音に」に合致する。ただこれだけで「秋の終わり」と判断させるのは厳しい。実は亡骸を法住寺に移したのが陰暦九月十五日、四十九日目の法事が十月十八日であることが本文の前後に記されており、季節についてはこれで合っている。誤りは「妻を亡くしたことが夢であってくれればよい」の部分である。第二段落に「ただ今はただ夢を

見たらんやうにのみ思されて過ぐしたまふ」とあるのは、妻の死にまつわる一連の出来事がまるで夢のようだと長家が思っていることを述べている。

④不適。「自分も枕が浮くほど涙を流している」が誤りとなる。進内侍の和歌「契りけん」の「涙の水底に」以下は、長家が枕も浮くほどに涙を流しているであろうという内容である。「見ゆらん」の「らん」は現在推量の助動詞で、長家の現在の状況を推測している。なお「涙」に「無み（＝無いので）」を掛けている。「浮き」は「水底」の縁語。

⑤適当。「容貌もすばらしく」は第三段落の「顔かたちよりはじめ」に、「字が上手」は同段落の「手うち書き（＝字を上手に書き）」に、「絵にもたいそう関心が深く生前は熱心に描いていた」は同段落の「絵などの心に入り……うつ伏しうつ伏して描きたまひし」にそれぞれ合致する。

問5 やや難 28・29 正解は③・⑥

和歌の異同を問う設問。消去法で解く。まず各和歌について確認しよう。

X 小弁が長家に贈った和歌。「慰めよ」が下二段動詞「慰む」の命令形なので、三句切れとなる。「かつは」は〝一方では〟の意。「世か」の「か」は反語の係助詞。「世かは」としたいところだが、「とまるべき世かは」では字余りとなるので「は」を省略してある。誰もがいつかはこの世に別れを告げるという趣旨で、無常を説いて長家の悲しみを和らげようとしている。設問の【文章】にあるようにこの和歌は『千載和歌集』にも記されていて、詠者は大弐三位（藤原賢子。紫式部の娘）となっている。「小弁」と同一人物と思われる。またこの和歌には「大納言長家、大納言斉信のむすめに住み（＝通い）侍《はべり》けるを、女みまかりにける（＝亡くなった）ころ、法住寺に籠りゐて侍けるにつかはしける」という詞書が付いている。

Y 長家の返歌。句切れなし。「方しなければ」の「し」は強意の副助詞。自分には心を慰めるすべがないと、絶望感をストレートに詠んでいる。そしてこの世の無常もわきまえられないほど、悲しみで分別を失っていると訴える。「知られざりけり」の「れ（る）」は可能、「けり」は詠嘆の意。

Z 長家の返歌の別バージョン。句切れなし。「べき（べし）」は可能の意。「後るる（後る）」は〝先立たれる〟の意。「悲しき」は直前の係助詞「ぞ」の結びである。歌意は〝誰もがこの世にとどまることはできないけれども、妻に先立たれて独り取り残されているこの間はやはり悲しいものです〟というもの。「なほぞ悲しき」という感情の直接的な表現に長家の率直な思いが表されている。

①不適。「ありきたりなおくやみの歌であり」と説明する根拠に乏しい。また「悲しみをきっぱり忘れなさい」とあるのも、「悲しさをかつは思ひも慰めよ」に合致しない。小弁は長家の悲しみに同情しつつ、この世の無常を考えて心を慰めよと訴えている。よって「誠意のなさ」も不適となる。

②不適。「その内容をあえて肯定することで」の「ことで（＝ことによって）」が誤りとなる。和歌Zは「あらねども」という逆接の接続助詞「ども」で下に続けており、これに合致しない。また「悲しみをなんとか慰めようとしている」とあるのも、下の句の趣旨からはずれている。

③適当。前半は和歌Xの内容に即して説明している。後半は、「それでも」が和歌Zの「あらねども」に対応し、「妻を亡くした今は」以下は和歌Zの下の句の内容に合致する。

④不適。「同じ言葉を用いる」のは返歌だからであって、「悲しみを癒やしてくれたことへの感謝を表現している」わけではない。もちろん「感謝」も表現されていない。また和歌Yも「慰（むる）」「世の中の常なき」と、和歌Xに対応した語句を用いており、「それらを用いない」とは言い切れない。「励ましを拒む」とあるのも和歌の趣旨に合わない。

⑤不適。和歌Yの「慰むる方」の「方」は〝手段。方法〟の意なので、「私の心を癒やすことのできる人などいない」という説明は誤りとなる。「反発した」も和歌の趣旨に合わない。「他人の干渉をわずらわしく思い」も読み取れない。

さらに第三段落に「思ひ忘るるやうもやあらん」とある以上、「亡き妻との思い出の世界に閉じこもってゆくという文脈につながっている」とは単純には言えない。

⑥適当。和歌Yで「世の中の常なきことも知られざりけり」と詠みながら、第三段落で「いでや、ものおぼゆるにこそあめれ（＝意識はしっかりしているようだ）」以下、将来の自分の心の変化を危惧し、そして亡き妻の思い出に耽るという流れになる。この経緯を「かえってこの世の無常を意識」以下、適切に説明してある。

第4問　標準

出典

Ⅰ　欧陽脩「有馬示徐無党」（『欧陽文忠公集』巻五・古詩十八首）

Ⅱ　『韓非子』〈喩老第二十一〉

欧陽脩（一〇〇七～一〇七二年）は北宋の政治家・学者・文学者。現在の江西省吉安の人。字は永叔。号は酔翁。有能な官僚であったが、地方への左遷と中央への復帰を繰り返した。また唐宋八大家の一人として北宋の新しい文学の基礎を築いた。著書・編書に『新唐書』『五代史記』（『新五代史』）『六一詩話』『帰田録』などがある。『欧陽文忠公集』（全一五三巻）は彼の全集である。

韓非（？～前二三三年頃）は戦国時代末期の法家の思想家。荀子の性悪説に立って儒家の徳治主義を退け、厳格な法治主義を説いた。その説は秦の始皇帝に影響を与えたとされる。『韓非子』（全二十巻）は韓非およびその一派によって記されたもので、編者は不明である。

要旨

Ⅰ　詩は二十二句から成る五言古詩である。偶数句末に韻を踏む。順に「森（シン）」、「陰（イン）」、「音（イン）」、「心（シン）」、「琴（キン）」、「林（リン）」、「尋（ジン）」、「侵（シン）」、「金（キン）」、「深（シン）」、「箴（シン）」。古詩には律詩のような対句の決まりはないが、第三句と第五句、第十七句と第十九句がそれぞれ対句の関係になっている。それでは本文を三つの部分に分けてあらすじを記そう。

1　**千里の馬**　第1句〜第6句（「吾有…五音」）
千里の馬に引かせる私の馬車は奔風のように疾走し、徐行すれば五音の音階に適う。

2　**人馬一体**　第7句〜第16句（「馬雖…相侵」）
馬車を操るのは意のままで、どこへでも出かけることができ、人馬一体の境地とはこのことだ。

3　**伯楽と王良**　第17句〜第22句（「伯楽…為箴」）
伯楽は価千金の良馬を見抜き、王良は御術にすぐれていた。

Ⅱ　馬車の競走で襄主が王良に負けたのは、襄主が馬と一体化しようとせず、王良との差に気を取られていたからである。

語句

Ⅰ　千里馬＝一日に千里も走るような名馬。「千里馬常有而伯楽不常有（千里の馬は常に有れども伯楽は常には有らず）」（韓愈「雑説」）という故事成語で有名。すぐれた人物はいつの世にもいるが、これを見分ける能力のある人はめったにいないということのたとえ。

奔風＝疾風。はやて。

留陰＝影を残す。

Ⅱ　所以＝理由。原因。読みは「ゆゑん」。

読み

Ⅰ
吾《われ》に千里の馬有り
毛骨何《まうこつなん》ぞ蕭森《せうしん》たる
疾《はや》く馳《は》すれば奔風のごとく
白日《はくじつ》に陰《かげ》を留むる無し
徐《おもむ》ろに駆《か》くれば大道《たいだう》に当たり
歩驟《ほしう》は五音《いん》に中《あ》たる
馬に四足《しそく》有りと雖《いへど》も
遅速《ちそく》は吾《わ》が心に在り
六轡《りくひ》は吾が手に応じ
調和《てうわ》すること瑟琴《しつきん》のごとし
東西と南北と
山と林とを高下す
惟《た》だ意の適《ゆ》かんと欲《ほつ》する所にして
九州周《きうしうあまね》く尋《たづ》ぬべし
至れるかな人と馬と
両楽相《りやうらくあひ》侵さず
伯楽《はくらく》は其《そ》の外《ぐわい》を識《し》るも
徒《た》だ価《あたひ》の千金なるを知る
王良《わうりやう》は其の性を得たり
此《こ》の術固《じゆつもと》より已《すで》に深し

Ⅱ　良馬《りやうば》は善馭《ぜんぎよ》を須《ま》つ　　吾が言箴《げんしん》と為《な》すべし

凡《およ》そ御《ぎよ》の貴《たつと》ぶ所は、馬体《ばたい》車に安んじ、人心馬に調《かな》ひ、而《しか》る後に以《もつ》て進むこと速やかにして遠きを致すべし。今君後《きみおく》るれば則《すなは》ち臣に逮《およ》ばんと欲し、先んづれば則ち臣に逮ばるることを恐る。夫《そ》れ道に誘《すす》めて遠きを争ふは、先んずるに非《あら》ざれば則ち後るるなり。而《しか》して先後《せんこう》の心は臣に在り。尚《な》ほ何を以て馬に調はん。此れ君の後るる所以《ゆゑん》なり。

全訳

Ⅰ

私には千里を走る名馬がいて　その毛並と骨格はなんと引き締まって美しいことよ
速く走るとまるで疾風のようであり　太陽の下でもその影を留めることがない
ゆっくりと走ると大きな道を行くようであり　馬が駆ける音は五音の音階に適っている
馬には四本の足があるといっても　遅く走るか速く走るかは私の意のままだ
馬車を操る手綱は私の手に反応して　人馬一体となること、まるで大きな琴と小さな琴のようだ
東西と南北とどの方角にも走り　山と林を上ったり下ったりする
ただ私の心の行きたいと思うままに　中国全土どこでも訪ねて行くことができる
このような境地にまで到達できるものなのか、人と馬は　馬の楽しさと人の楽しさは互いに妨げ合うことがない
良馬を見抜く名人は馬の外見を見分けて　ただ千金に値する馬かどうかがわかる
王良は馬の性質を心得ていて　彼の御術はもともと既に深い
良馬はすぐれた御者を待っている　私の言葉をいましめとするのがよい

Ⅱ

およそ御術《ぎよじゆつ》で大切なのは、馬の体が車としっくり合い、御者の心が馬と一つになることであって、そうして初めて速く進み長い距離を走れるのです。（ところが）いま主君は私に後れると追いつくことだけを考え、前に出るといつ追いつかれるかと心配ばかりしていました。そもそも（馬を）道に引き出して長い距離を競走するというのは、先に

なるのでなければ後になるのです（先になったり後になったりするのは当然のことです）。しかしながら（主君は）先になったり後になったりと考える心は私の方に向いています。そのうえどうして馬と心を一つにすることができましょうか、いやできません。これが主君が後れた原因です。

解説

問1　標準　30・31　正解は　(ア)＝①　(イ)＝⑤

(ア)「徒」は名詞「かち・ともがら」などの読みもあるが、よく目にするのは副詞「いたづらに・ただ〜（のみ）」の読みである。ここも「知」を修飾する副詞となる。「いたづらに」と読めば〝むだに。むなしく〟の意、「ただ〜（のみ）」と読めば〝ただ〜（だけ）〟の意になる。ここは、伯楽は価千金の名馬を見分けることができるという文脈であるから、前者では文脈に合わないので後者の意となる。同じ限定の副詞は①「只」である。②「復（また）」、③「当（まさに〜べし）」、④「好（このむ・すく）」、⑤「猶（なほ〜ごとし）」はいずれも不適。

(イ)「固」は動詞「かたまる」、形容詞「かたし」、副詞「かたく」などの読みがあるが、設問で問われるのは副詞「もとより」の読みであることが多く、ここもそうである。〝もともと。もちろん〟の意。王良の御術が元来すぐれていたことをいう。⑤が正解で、「本来」という熟語があるように、「本」には〝もと。もともと〟の意がある。①「強（つよし・こはし・しふ・しいて）」、②「難（かたし）」、③「必（かならず・かならずしも）」、④「絶（たつ・たゆ）」はいずれも不適となる。

問2 標準 32〜34 正解は (1)=⑤ (2)=③ (3)=④

(1) 「何」は疑問「なんぞ・なにをか・いづくにか・いづれの〜（する）」、反語「なんぞ〜ん（や）」、詠嘆「なんぞ〜や」の三つの用法がある。句末を「蕭森たる」と読むので疑問のようにも思えるが、ここは**「千里馬」の「毛骨」のすばらしさを褒める文脈**であり、疑問ではなく詠嘆の意ととらなければならない。ただ詠嘆の場合は「何〜也」のように文末に助詞（助字）を伴うのが一般的であり、そのため「なんぞ〜や」と読むのであるが、ここには助詞がない。その理由は**一句五言**という制約があるためで、**助詞が省略された**と考えればよい。よって「なんと」と解釈する⑤が正解となる。①〜④はいずれも疑問の解釈となり不適。

(2) 「周」は名詞「まはり」、動詞「めぐる」、形容詞「あまねし」、副詞「あまねく」などの読みがある。選択肢を見るといずれも名詞や動詞の解釈ではなく、直後に「尋ぬ」という動詞があるので、副詞ととれる。すなわち「あまねく」たづぬべし」と読む。「あまねく」は〝広く。すべてにわたって〟の意であるから、③「あらゆるところに」が正解となる。馬車に乗って中国全土どこへも行けるということ。ただこの読みを知らなくても、「周囲」「円周」などの熟語から空間的な広がりということはわかるから、③を選択するのは困難ではない。他の選択肢は語義的に誤り。

(3) 「至」は「いたれる」と読むように動詞である。〝到達する。きわまる〟の意。「哉」は「や・か」と読めば疑問・反語、「かな」と読めば詠嘆の意になる。これだけでは判別できないので、直後の「人与馬」に着眼する。「与」は「と」と読む接続詞で、「人と馬と」と読む。これは**「人与馬」と「至哉」を倒置したもの**だと理解すればよい。すなわち「人与馬」が主語で「至哉」が述語である。さらに直後の句を見ると、「両楽」とある。「両」とは人と馬を指すと考えられる。人馬それぞれの楽しみである。人の楽しみは馬を自由に操って行きたい所へ行く楽しみであり、馬の楽しみは疾走する楽しみである。これをふまえて「至哉」に戻ると、これは人馬一体の境地に至ることをいったものだと理解できる。よって「いたれるかな」と読み、④の解釈が適当となる。①・③・⑤は「至」を物理的な移動と解釈しており不適。②は「馬」を主語とした解釈になり不適。

問3　標準　35　正解は②

空所を補充する設問。偶数句末にあるので押韻の問題でもある。要旨で示したように「-in」で統一されている。選択肢は①「体（テイ）」、②「心（シン）」、③「進（シン）」、④「先（セン）」、⑤「臣（シン）」であるから、②・③・⑤が正解の候補となる。傍線部の「雖」は「いへども」と読む逆接の接続詞。〝馬には四本の足があるとはいっても〟という意。「遅速」は〝遅いか速いか〟。馬車の速度の加減をいう。「吾」は作者を指す一人称の代名詞。「わが」と読むから空欄には名詞が入る。また「馬」と「吾」が対比されている点にも注意しよう。ここで設問の指示に従い【問題文Ⅱ】を検討する。右の三候補の箇所だけ見ると、②（b）は「人心調于馬」とある。「于」は対象を表す前置詞で置き字となる。人の心が馬と調和する、一体となるという内容である。③（c）の「進速」は速く進むということ。⑤（e）の「臣」は「君」に対する語で、臣下が君主に対してへりくだって言う一人称の語である。すなわち話者である王良を指す。以上より②を入れるのが適当とわかる。「吾心」に「人心」が対応する形になる。傍線部は要するに、馬車を引っ張って走るのは馬だが、速さを制御するのは自分だという趣旨になる。

問4　標準　36　正解は④

「惟」は問1の「徒」「只」や、「唯」「但」などと同じく限定「ただ～（のみ）」の副詞になる。「意」は「い・こころ・おもひ」と名詞で読んだり、「おもふ」と動詞で読んだりする。「所（ところ）」は下の用言を体言化して名詞句を作る返読文字で、品詞的には助詞になる。〝～するもの。～であること〟などと訳す。「欲（ほっす）」も返読文字で、下から返って「～(せ)んとほつす」と読む。〝～したいと思う。今にも～しようとする〟の意。「適」は「たまたま」などと副詞で読むこともあるが、ここは動詞で「ゆく」または「かなふ」と読む。選択肢はこのいずれかで読んでいるが、「適」→「欲」→「所」と一字ずつレ点で返ることになるから、「ゆかんとほつするところ」と読む④が正解とわかる。「意」は「意の」と送り仮名を付けて下の名詞句を修飾する形になる。全体で〝ただ心の行きたいと思うままに〟の意となる。他の選択肢は「所欲適」の読みがすべて間違っている。

問5　標準　37　正解は⑤

【問題文Ⅱ】のリード文で、襄主と王良が馬車の競走をして三回とも王良が勝ったことが記されている。そして本文に入ると、王良が「御之所貴、馬体安于車、人心調于馬」と述べて、人馬が一体となることの大切さを説いている。傍線部はこれに続く。「今(いま)」は場面の転換を示す接続詞として働く。「君」は前述したように、王良の自称である「臣」に対する語で、主君襄主を指す。「則(すなはち)」はいわゆる「レバ則」と言われる接続詞で、「～(すれ)ばすなはち…」と前後をつなげて〝もし～ならば…〟の意となる。したがって「後則欲」は「後るれば則ち欲す」と読み、〝後れたら…したいと思う〟の意である。また「先則恐」も「先んずれば則ち恐る」と読み、〝前に出たら…と心配する〟の意である。「逮」は「およぶ」と読む動詞で、〝追いつく〟の意になる。この読みは難しいが、「逮捕」の「逮」の字は「逮臣」と「逮于臣」の二回登場する。違いは後者が受身形であることである。「于」はここでは受身の用法になり、「臣に逮ばるることを」あるいは「臣に逮ばれんことを」と読まなければならない。もちろん文脈的にも推測できる。ここであるから、〝追いかけて捕らえる〟のような意味であろうと見当はつくだろう。

選択肢は「後則欲」に着眼して、「後ろにつかれると」とある①と「後れると」とある⑤に絞り、「心配ばかりしていました」を決め手に⑤を選択すればよい。

①「馬車の操縦に集中する」「やる気を失ってしまいました」が不適。
②「後れても」が不適。これは「雖後（後るといへども）」の解釈になる。「以前は私に及ばない」も不適。
③「後回し」「どの馬も私の馬より劣っている」が不適。
④「後から」「最初から」「気をつけていました」が不適。

問6　やや難　38　正解は③

二つの問題文から導かれる事柄を問う設問。共通テストらしい、総合的な思考力・判断力が問われる。次のことを確認したうえで消去法で解く。まず【問題文Ⅰ】では、終わり二句に「良馬須善馭」「可為箴」とあるように、**御者がすぐれていなければ、たとえ良馬であってもその能力を十分に発揮できない**と作者は主張している。このすぐれた御者とは第十九句に「王良得其性」とあるように、**馬の性質を理解して、人馬一体の境地に至れる者**（第十五句）をいう。次に【問題文Ⅱ】でも、**人馬が一体とならなければ馬車の競走に勝てない**と説いている。以上の点をふまえて選択肢を吟味する。

①不適。「馬を手厚く養う」「よい馬車を選ぶ」「車の手入れを入念にし」、このいずれも【問題文Ⅰ】【問題文Ⅱ】の内容からはずれている。

②不適。第一文は【問題文Ⅰ】の第十三〜十六句・第十九句、および【問題文Ⅱ】の「人心調于馬…」に合致する。しかし第二文の「馬の体調を考えながら鍛えなければ」はどちらにも書かれていない。

③適当。第二文に「他のことに気をとられていては」とあるのは、【問題文Ⅱ】の傍線部Ｃおよび「先後心在于臣」をいったものである。

④不適。「馬を厳しく育て」「巧みな駆け引き」「勝負の場を意識しながら馬を育てなければ」、このいずれも【問題文

Ⅰ】【問題文Ⅱ】の内容からはずれる。

⑤不適。「山と林を駆けまわって手綱さばきを磨く」が、【問題文Ⅰ】の第十二句の趣旨に合致しない。これは山でも林でも自由に走らせることができるという趣旨である。また「型通りの練習をおこなう」とあるのも【問題文Ⅱ】の内容からはずれる。

国語 本試験（第２日程）

問題番号(配点)	設問	解答番号	正解	配点	チェック
第１問(50)	問１	1	②	2	
		2	①	2	
		3	③	2	
		4	④	2	
		5	②	2	
	問２	6	②	8	
	問３	7	②	8	
	問４	8	⑤	8	
	問５	9	③	6	
	問６	10-11	①-⑤	10(各５)	
第２問(50)	問１	12	④	3	
		13	④	3	
		14	①	3	
	問２	15	②	7	
	問３	16	⑤	8	
	問４	17	⑤	8	
	問５	18	⑤	8	
	問６	19	②	5	
		20	④	5	
第３問(50)	問１	21	①	5	
		22	③	5	
	問２	23	②	6	
	問３	24	⑤	6	
	問４	25-26	②-⑤	14(各７)	
	問５	27-28	③-⑤	14(各７)	
第４問(50)	問１	29	②	5	
		30	④	5	
	問２	31	③	4	
	問３	32-33	①-④	8(各４)	
	問４	34	④	7	
	問５	35	②	6	
	問６	36	③	7	
	問７	37	①	8	

（注）－（ハイフン）でつながれた正解は，順序を問わない。

自己採点欄
／200点

（平均点：111.49点）

第1問

やや難

出典

多木浩二『「もの」の詩学―家具、建築、都市のレトリック』〈第一章「もの」と身体　二　椅子の変貌　2　椅子の近代化〉(岩波現代文庫)

多木浩二(一九二八〜二〇一一年)は美術・写真・建築評論家。兵庫県出身。東京大学文学部美学美術史学科卒業。東京造形大学教授、千葉大学教授を経て評論家となる。著書に『ベンヤミン「複製技術時代の芸術作品」精読』『生きられた家』『天皇の肖像』『写真論集成』『眼の隠喩』などがある。『「もの」の詩学―家具、建築、都市のレトリック』は一九八四年に岩波書店より『「もの」の詩学―ルイ十四世からヒトラーまで』として刊行され、副題を改題し、構成を修正して二〇〇六年に改めて刊行された。

要旨

本文は八段落から成る。これを四つの部分に分けて内容をまとめよう。

1

椅子の生理学的問題　1段落　※問5・問6

西欧での椅子の座法には、椅子の硬さが身体を圧迫して血行を阻害すること、また上体を支えるために筋肉を緊張させて苦痛をもたらすことという**二つの生理学的な問題**があった。

2

椅子の再構成 2～5段落 ※問2・問5・問6

生理的な身体への配慮から、一七世紀に椅子の背が後ろに傾きはじめると同時に、古代から使われていたクッションが椅子と合体した。こうして**椅子の近代化**は、快楽を志向する**身体による椅子の再構成**からはじまった。

3

文化としての「身体」 6・7段落 ※問3・問5・問6

椅子の背の後傾もクッションとの合体も一七世紀の宮廷社会と切り離すことはできず、身分に結びつく政治学をもっていた。そして「身体」もまた自然の肉体ではなく、**宮廷社会における文化的価値**だった。実際に椅子に掛けるのは「裸の身体」ではなく「着物をまとった身体」なのであり、**文化としての「身体」**であった。

4

ブルジョワジーの身体技法 8段落 ※問4・問5・問6

やがて台頭したブルジョワジーは、かつての支配階級、宮廷社会が使用していた「もの」の文化を吸収し、彼らの所作のうちに形成されていた、貴族的な色彩をもつ「身体」を**引き継いで、働く「身体」に結びつけた**。

語句

換喩法＝本文では高い官職にある人はクッションに座ることから、〈クッション〉がそのような人をたとえる換喩になる。このような比喩の例として、「スピード違反で**パトカー**に捕まった。（警察官の乗り物である〈パトカー〉が換喩）」「昨日久しぶりに**メガネ**に会った。（メガネをかけた友人の付属物である〈メガネ〉が換喩）」などがあげられる。

解説

問1　標準　[1]～[5]　正解は　(ア)＝②　(イ)＝①　(ウ)＝③　(エ)＝④　(オ)＝②

(ア)「抱かせ」　①包含　②抱負　③砲台　④飽和

(イ)「繊維」　①維持　②安易　③驚異　④依拠

(ウ)「誇示」　①回顧　②凝固　③誇張　④孤高

(エ)「見劣り」　①陳列　②猛烈　③破裂　④卑劣

(オ)「系譜」　①符合　②譜面　③不慮　④扶養

問2　標準　[6]　正解は②

傍線部の内容を問う設問。**要旨**で確認したように、[1]段落で椅子の生理学的問題点が二つ指摘され、[2]～[5]段落で一七世紀に、身体的配慮すなわち生理的な配慮から椅子の改良が二点施されたことが説明される。すなわち①**背の後傾**および②**椅子とクッションの合体**である。傍線部の「もうひとつの生理的配慮」が②**椅子とクッションの合体**で、「背の後傾」が①の生理的配慮である。もう少し具体的にみれば、①の配慮ではリクライニング・チェアやキャスターを取り付けた車椅子やスリーピング・チェアの発明に至ったことが説明される（[2]・[3]段落）。また②の配慮では、もともと古代からクッションが使われていたこと、クッションの使用が政治的特権であったこと、椅子とクッションの合体が起こったこと、そして椅子の概念が変わったことが説明される（[4]・[5]段落）。なお傍線部の「どちらが早いともいえない時期」とは、[2]段落に「一七世紀の椅子の背が後ろに傾きはじめた」とあり、[5]段落に「椅子とクッションが一六世紀から一七世紀にかけてひとつになりはじめた」とあるように、この「一七世紀」をいう。この時期という点が解答を導く際の一つのポイントになるので、見逃さないようにしよう。以上より傍線部を次のように説明できる。

椅子とクッションの合体も背の後傾と同じく一七世紀に起こった

選択肢は「もうひとつの生理的配慮」に着眼して、これを「椅子と一体化したクッション」として説明している②を選択すればよい。「筋肉の緊張」「圧迫」とあるのは1段落の内容をふまえる。

①「もうひとつの生理的配慮」を、椅子にキャスターを付けて可動式としたことだと説明しており、不適。

③「椅子の背を調整して」だけでは背の後傾の説明として不十分である。またクッションを背にのみ取り付けていると説明しており、これも不適となる。クッションが古代から座面に取り付けられていたことは4段落の内容からわかる。

④・⑤　④の「エジプトや……用いること」は古代、⑤の「それ自体が可動式の家具のようにさえなった」は中世のことであり（4段落）、どちらも椅子とクッションの一体化を説明していない。

問3　標準　7　正解は②

傍線部の内容を問う設問。6段落以下の内容を辿る。この段落が逆接の接続詞「だが」で始まる点に注意しよう。直前の5段落で、椅子の再構成（＝椅子の改良による、椅子のイメージの根本的な転換）が身体への配慮に基づいて始まったと述べられているが、これを否定する形で、その身体とは「限られた身分の人間」の身体であることが指摘され、「もの」も「身体」も文化の産物であり、文化的価値と密接に結びついていたと指摘される（6段落）。平たく言えば、椅子も座る人間も、宮廷社会の内部のみに関わる話であったということである。筆者は「もの」をそれ自体の機能すなわち何の役に立つかだけで評価したり（あるいは価格で「もの」を評価することも付け加えてよいだろう。宮廷貴族はお金で物を評価したりはしない)、「身体」をその生理的側面からのみ考えたりするのは近代人の発想である点に注意を促している。以上の事柄を受けるのが傍線部である。すなわち「『裸の身体』」とは文字通りの意味ではなく、「解剖学的肉体」あるいは「単純な自然的肉体」(いずれも7段落)であり、貴族か平民かの区別なく平等に持っている**生物としての身体**である。また「『着物をまとった身体』」とあるのも、たんに寒さをしのぎ他人の目から隠すための衣服をまとった身体という意味ではなく、**文化の産物としての身体**、すなわち**社会的な身分と結びついた身体**、あるいは**社会的身分を読み取らせる身体**をいう。この身体がまとう「衣装」について、傍線部の直後では「社会的な記号としてパフォーマンスの一部である」と説明され、さらに同段落終わりで「政治的な記号なのである」と説明される。以上より傍線部を次のように説明できる。

椅子に座るのはただの生物的な身体ではなく、社会的身分を表す記号としての身体である

選択肢は傍線部直後の「社会的な記号として」に着眼して、「文化的な記号としての側面」とある②と、「政治的な記号としての役割」とある④、「社会的な記号として」とある⑤に絞り、「生理的な快適さの追求という説明だけでは理解できない」を決め手に②を選択すればよい。「貴婦人の椅子が……デザインされていた」とあるのは7段落の「バック・ストゥール」や「ズガベルロ」などの例をふまえている。

① 「身体に配慮する政治学の普遍性」とあるが、6段落では「身体」は「普遍的な哲学の概念でもなく、文化の産物」、すなわちある社会や時代に特徴的な文化の産物であると述べられている。また「社会的な記号の由来」とあるのも「社会的な記号として」とは意味がずれている。

③ 「機能的な椅子」が不適。本文で「機能的」は6段落に「すぐに機能化と呼んでしまいそうな」「機能的にだけ理解する」とあるように、近代的な見方を示すものとして使われている。「解剖学的な記号」も7段落の趣旨からみれば矛盾した表現となる。

④ 「生理的な快適さへの関心」を「覆い隠そうとする」ことが「政治的な記号」であると説明しており不適。本文で

は、「政治的な記号」は社会的な身分を表すという意味で用いられている。

⑤「椅子と実際に接触するのは生身の身体よりも衣服である」が不適。傍線部を文字通りの意味に受け取っている。また「生理的な快適さを手放してでも」とは書かれていない。4段落には「身体に快適さを与えること自体が政治的特権であった」とある。

問4 やや難 8 正解は⑤

傍線部の内容を問う設問。8段落では、ブルジョワジーすなわち資本家階級が宮廷貴族に代わって支配階級となった際、宮廷貴族が愛好した家具や調度類をはじめとする「もの」の文化を吸収したこと、および彼らが身につけていた所作や態度、衣装などの「身体」に関わる文化を引き継ぎ、「働く『身体』」と結びつけてブルジョワジー固有の「身体技法」を生み出したことが説明される。「働く『身体』」とは生産活動や商業活動を行うブルジョワジーとして身につけた所作や行動様式をいうと思われるが、彼らは宮廷貴族の「身体」文化も引き継ぎながら独自の「身体」文化を創り出したと筆者は考えている。説明が概略的で言い回しが抽象的なため、ややわかりにくい。そこで、宮廷や貴族の館で燕尾服を着て舞踏会に興じたり、お抱えの音楽家たちの演奏に耳を傾けたりといった宮廷貴族の「身体」文化を受け継いで、現代人がビジネススーツに身を固めながらクラシック・コンサートに出かける、といった例を考えると多少はイメージしやすいかもしれない。傍線部は以上の内容のまとめとなる。「『身体』の仕組み」とは文化的に作り上げられる「身体」の構造ということ。また「複雑な政治過程」とは、宮廷貴族の「身体」文化を受け継ぎつつ、ブルジョワジー固有の「身体」文化を創り出す過程をいう。

選択肢は文末に着眼する。「複雑な政治過程」＝貴族階級の「身体」を引き継いで、ブルジョワジー固有の「身体」を生み出す、と理解すれば、「新旧の文化が積み重なっている」とある⑤が正解とわかる。「彼らの働く『身体』に……

再構成した」とあるのは傍線部直前の内容をふまえる。「権力構造の変遷」とは支配階級が貴族からブルジョワジーに取って代わったことをいう。

①「ブルジョワジーはかつて労働者向けの簡素な『もの』を用いていた」とは書かれていない。本文で労働者のことには触れられていない。「彼らの『身体』は……求めるようになった」とも書かれていない。したがって「新しい『もの』の獲得によって」以下の説明も誤りとなる。

②「宮廷社会への帰属の印として掲げていった」が不適。書かれていない。「相互に」も不適。ブルジョワジーが宮廷貴族の文化の影響を受けたのは確かだが、その逆、すなわち宮廷貴族（没落貴族）がブルジョワジーの文化の影響を受けたとは書かれていない。

③「解消していく」が不適。「ひきついで」（傍線部前文）に矛盾する。よって「新しい支配階級に合った形がそのつど生じる」も不適となる。

④「労働者の『身体』に適応させるような変化をともなっていた」とは書かれていない。「働く『身体』には『もの』の機能を追求し」以下についても、本文の内容からはずれている。

問5 標準 9 正解は③

本文の構成と内容を問う設問。消去法で解く。

①不適。1段落で「本文での議論が最終的に生理学的問題として解決できるという見通し」は示されていない。また6段落以下、「もの」や「身体」が文化の産物であるという内容へと転換していく。

②不適。右に見たように「6段落以降でも……継続している」わけではない。

③適当。6・7段落では「もの」も「身体」も「文化の産物」であり、「社会的な記号」「政治的な記号」であること

が強調されている。

④不適。本文は、「もの」の議論と「身体」の議論を分けて論じられているわけではなく、全体を通じて「もの」（特に椅子）と「身体」との密接な関わりを前提にして議論が進められている。

問6　やや難　10・11　正解は①・⑤

本文の趣旨と具体例を問う新傾向の設問。教師の指示を受けて生徒たちが各自の意見を述べるという形式をとる。ディベート形式とは異なるので、選択肢それぞれの適否だけを判断すればよい。消去法で解く。選択するのは「本文の趣旨に合致しないもの」である。

①不適。本文では「もの」と「身体」との社会的関係という観点から、「身体」の快適さに合わせて椅子が改良されたことが例として挙げられている。家の構造も身体への配慮に基づいているとも言えるが、「それぞれの環境に適応して」とあるように、「環境」という、本文では触れられていない別の要素が取り入れられている。

②適当。「複数の側面」とは「もの」がもつ機能性と記号性をいう。機能的に作られたユニホームが所属チームを表す記号としても、またファンの一体感を生み出す記号としても働くと述べている。ただ本文では「政治的な記号」（7段落）という意味合いが強く出ており、それゆえにこの選択肢を誤りと判断した受験生がいるかもしれない。

③適当。箸の使い方も「文化の産物」であり、身体技法の一つであるという趣旨である。ただ「文化の産物」に関して、本文では「宮廷社会のなかで生じた……文化的価値だった」（6段落）とあるように、身分制度と関わる特殊な社会（宮廷社会）における「文化の産物」がテーマとなっており、やや微妙な感があったかもしれない。

④適当。鹿鳴館に集う上流階級の洋装は、西洋貴族の「身体」にまつわる文化的な価値を取り入れたものだという趣旨である。ただ「西洋の貴族やブルジョワジー」と併記すると、両者の『身体』にまつわる文化的な価値」の違い

を説明した8段落の趣旨との適否が微妙ではある。

⑤不適。スマートフォンがそれを用いる世代の身体技法を変え、社会をも刷新しているという趣旨である。本文では支配階級の交代に伴う身体技法の変化が論じられ、この選択肢では世代の交代による身体技法の変化が指摘されている。よって論旨がずれている。

⑥適当。帽子が日射しを避けるという機能を果たすと同時に、屋内では帽子を脱ぐという行為が社会的な記号となることを指摘したものである。ステータスシンボルと言えるシルクハットなどを例に挙げてもよいだろう。

第２問　やや難

出典

津村記久子「サキの忘れ物」（新潮社『サキの忘れ物』所収）

津村記久子（一九七八年～）は小説家。大阪市生まれ。大谷大学文学部国際文化学科卒業後、会社員をしながら小説を執筆し、その後専業作家となる。「マンイーター」（単行本化するとき『君は永遠にそいつらより若い』と改題）で太宰治賞、『ミュージック・ブレス・ユー!!』で野間文芸新人賞、『ポトスライムの舟』で芥川賞、『ワーカーズ・ダイジェスト』で織田作之助賞ほか、多くの文学賞を受賞する。

要旨

本文は、単行本で三十四ページの短編小説の、なかほどの一節である。場面の転換に従って四つの部分に分けて内容をまとめよう。

1

初めて客に話しかける　1～44行目（本を店に忘れた…）　※問2・問6

千春は女の人に忘れ物の文庫本を渡したのをきっかけにして、初めて客に話しかけた。そして女の人から、電車に乗らなくて済むのは幸せだと言われて戸惑い、高校を中退したことまでは言わずにおいた。

2

初めて文庫本を買う　45～60行目（その日も女の人は…）　※問3・問6

千春はアルバイトの帰り、書店で女の人が持っていたのと同じサキの文庫本を買った。文庫本を買ったのは初めてだったが、おもしろいかつまらないかをなんとか自分でわかるようになりたいと思った。

3

本について発見する　64～81行目（次の日、その女の人は…）　※問4・問6

翌日、女の人は千春たちに一つずつブンタンをくれた。千春は昨日買った文庫本を読みながら、ただ様子を想像していたいと思い、続けて読んでいたいと思った。そして本は、予想していたようなおもしろさやつまらなさを感じさせるものではないということを発見した。

4

勉強机の上にブンタンを置く　82～86行目（ブンタンをもらった…）　※問5・問6

千春は家に帰っても、その本を読みたいという気持ちが募った。そしてもう不要になった勉強机の上にブンタンを置いた。すっとする、良い香りがした。

解説

問1 標準 12 ～ 14 正解は (ア)＝④ (イ)＝④ (ウ)＝①

(ア) 「居心地」は〝ある場所や地位にいるときに感じる気持ち〟。「居心地が悪い」は〝その場にとどまることに窮屈さやきまりの悪さといった不快な気分を感じるさま〟の意。千春が沈黙してしまったことで、女の人は自分がまずいことを言ったのではないかと思って謝る。そのときの女の人の気まずい思いを千春が忖度した場面である。④の「落ち着かない」が語義的に最も近い。①の「所在ない（＝することがなくて退屈だ）」、②の「あじけない（＝面白みがなくてつまらない）」、③の「やるせない（＝思いを晴らすすべがない）」、⑤の「心細い」はいずれも、語義的にも文脈的にも不適となる。

(イ) 「危惧」は〝心配し恐れること〟の意。④の「心配になった」と⑤の「恐れをなした」に絞る。ここは自分の欲しい本とは違う本を提示されるのではないかと危ぶむ場面であるから、④が適当となる。①の「疑いを持った」、②の「慎重になった」、③の「気後れ（＝相手の勢いやその場の雰囲気などに押されて、心がひるむこと）がした」は語義的に不適。

(ウ) 「むしのいい」は〝自分の利益だけを考えて他を顧みない。身勝手だ〟の意の慣用句。「努力しないで成功したいなんて、むしのいい話だ」などと使う。「むし」は「虫」で、人間の体内にいると信じられていた想像上の生き物であり、中国から伝わった。①の「都合がよい」が語義的に最も近い。②の「手際」、③の「威勢」、④の「要領」、⑤の「気分」はいずれも語義的に不適。

問2 標準 15 正解は②

傍線部の心情を問う設問。「言い返せ（言い返す）」は〝他人の意見に対して言葉を返すこと〟の意。ここでは女の人に「それは幸せですねえ」と言われたことに対する千春の反応をいう。女の人は電車の中で携帯を見ると頭が痛くなると言い、電車に乗ることをあまり心地よいものとは思っていない。千春はそれに対して自分は長いこと電車に乗っていないと応じる。そこで女の人がこのような発言をしたわけだが、千春は自分が幸せだと言われた記憶がないために**「少しびっくり」して、なんと返答したらよいのかわからなかった**というのである。したがってここでの「言い返す」は反論するというような強い意味合いはなく、たんに返答に詰まったというほどの意味である。以上より千春の心情を次のように説明できる。この設問は心情説明であるから、傍線部と関連する部分に「少しびっくりする」という心情描写がある以上、基本的にこれをふまえて説明することになる。

女の人に幸せだと言われて驚き、そんなことを言われた記憶がないので返答のしようがなかった

選択肢は「少しびっくりする」を「意表をつかれて（＝予想もしないことで驚かせられて）」と説明した②が正解。「人から自分が幸せに見えることがあるとは思っていなかった」とあるのは、38行目の「他の人に『幸せ』なんて言われたのは、生まれて初めてのような気がした」に合致する。「自然な」とは女の人に他意はなく、すなわち裏に隠した意図がなく、素直な気持ちで発言したということ。

① 「周囲の誰からも自分が幸せだとは思われていないと感じていた」が不適。千春に幸福あるいは不幸の自覚があったとは書かれていない。また「あまり目を覚ましてくれない……」の部分も傍線部との関連はない。

③ 「幸せだったことは記憶の及ぶ限り一度もなかった」のではなく、他人に自分は幸せだと言われたことが一度も記憶になかったのである。「焦ってしまった」というのも読み取れない。

④ 「皮肉」が不適。女の人は千春が高校を中退したことを知らないので、皮肉交じりに電車に乗らなくてよいのは幸

せだと言ったわけではない。

⑤　「千春が幸せな境遇かどうかという話題」とあるが、女の人は千春の境遇をことさら話題として持ち出したわけではなく、千春自身も女の人の発言にたんに戸惑っているだけである。

問3　標準　16　正解は⑤

傍線部の心情を問う設問。初めて文庫本を買った千春の心情を説明する。55行目以下に着眼する。千春は女の人が読んでいた文庫本に興味をもち、本屋で同じ本を買う。でも「明日になったら、どうしてこんなものを買ったのと思うかもしれない」と思い直すものの、値段の安さに自分を納得させる。そして「これがおもしろくてもつまらなくてもかまわない」と思い、「おもしろいかつまらないかをなんとか自分でわかるようになりたい」と思う。すなわち自分の力だけで本の価値を判断できるようになりたいと願っている。このような気持ちの背後には**「何にもおもしろいと思えなくて高校をやめた」ことへのこだわり**がある。高校については43行目でも「何の意欲も持てないことをやめたに過ぎなかった」と当時を振り返る。このように千春が高校を中退したのは**はっきりとした理由があったからではなく、何となくつまらないと感じたから**である。これは「高校をやめたことの埋め合わせ」という表現からもうなずけるだろう。そんな千春が自ら文庫本を買って読もうとしたことには、**対象に対して積極的に臨もうとする姿勢**が感じられる。以上より傍線部の心情を次のように説明できる。

本がおもしろいかつまらないかを自分の力でわかるようになりたい

選択肢は「おもしろいかつまらないかをなんとか自分でわかるようになりたい」を決め手とすれば、「この本のおもしろさやつまらなさだけでも自分で判断できるようになりたい」とある⑤をすんなり選択できる。「高校をやめたことの理由づけにはならなくても」とあるのは傍線部㋒前後に合致する。また「何かが変わるというかすかな期待」についてははっきり書かれているわけではないが、千春の積極性が傍線部から読み取れるので、許容範囲であろう。

①「つまらないと感じたことはやめてしまいがち」と一般化して説明しており不適。読み取れない。「最後まで本が読めるとは思えなかった」とも書かれていない。「すぐに見つかる」も誤り。さらに「内容を知りたい」も不適。「内容」ではなく、おもしろいかつまらないかの価値判断である。

②「挫折感」が不適。43行目の「何の意欲も持てないことをやめたに過ぎなかった」に合致しない。「女の人とさらに親しくなりたい」も不適。傍線部の続きはそのように展開していない。

③「内容を知りそれなりに理解できるようになりたい」が右の①の最後の理由により、不適となる。

④「サキという名を持つ作家について女の人から教えてもらいたかった」とは書かれていない。また「おもしろさだけでも」も不適となる。

問4　標準　17　正解は⑤

傍線部の心情を問う設問。前問と関連する。前問の傍線部では、千春はサキの本に関しておもしろいかつまらないかがわかるようになりたいと思っていた。でも牛の話を読んだところ、「ちょっと愉快な気持ちにな」(78行目)り、「(本は)おもしろさやつまらなさを感じさせるものではない」ことを「発見した」(傍線部)という。では「千春は読書についてどのように思ったか」(設問)。それは直前の文で「ただ、様子を想像していたいと思い、続けて読んでいたいと思った」と記されている。すなわち**想像することの楽しさを発見し、だから続けて読みたいと思っている**のである。ここには**小説を読むことの意義**について、作者なりの考えが表明されているのだろう。つまり、小説を読むことの意義は情報を得ることではなく(なぜなら小説はフィクションだから)、また視覚や聴覚を楽しませることでもなく(それらは映像や動画や音楽の得意分野である)、**言葉を媒介に想像して楽しむこと**にあるというわけである。以上のように辿れば、傍線部の心情を次のように説明できる。

読書の楽しみは想像しながら読み進めるところにあると思った

選択肢はキーワードである「想像」の重要性を指摘した①・④・⑤に絞り、「本を読むという体験には……自ら想像をふくらませてそれと関わることが含まれるのだと思った」とまとめた⑤を選択すればよい。この選択肢に「突飛なものに思えた」「自分のこととして空想することには魅力が感じられた」とあるのは、76〜78行目の内容をふまえている。

①「勇気づけられた」が不適。読み取れない。「登場人物に共感する」というのも本文の内容に合致しない。そもそも千春は牛専門の画家というものが存在するのかといぶかっている。

②「本を読む喜びは……苦労して読み通すその過程によって生み出される」が不適となる。これではたんに忍耐力を養うということにしかならない。

③「想像するのが難しかった」が不適。「様子を想像していたい」に矛盾する。また「本を読む価値は……世の中にはまだ知らないことが多いと気づくことにある」とあるのも本文に書かれていない。

④「未知の体験」とは本屋で初めて文庫本を買ったことをいうのだろう。それはよいとして、「本を読んだ感動は、それを読むに至る経緯や状況によって左右される」が不適となる。読み取れない。

問5 やや難 18 正解は⑤

傍線部に関わる心情を問う設問。千春は女の人にもらったブンタンを家に持って帰り、サキの本をまた読みたいと強く思いながら勉強机の上に置く。それは、「すっとする、良い香り」とあるように千春の心を楽しませるものである。が、千春の心を楽しませるのはたんに良い香りがするからだけではない。**読書の喜びを発見するきっかけを与えてくれ**

た女の人からもらった物だからであり、それを身近に置きながら今まさに本を読もうとしているからである。このようにブンタンは千春にとって、女の人および読書と結びつく大切な存在なのである。そもそもなぜブンタンなのかということを深読みしてみると、文学のブンと音が共通していることに思い至る。以上のように読み取れば、傍線部について次のように説明できる。

ブンタンは読書の楽しみを発見するきっかけを与えてくれた女の人と結びつく大切なものだ

選択肢は三行と長い。文末を検討する。ブンタンと読書とのつながりというポイントをおさえれば、「本を読む楽しさを発見した清新な喜びにつながっている」とある⑤を選択できるだろう。読書する千春の姿と、同じく読書する女の人の姿を結びつけるという説明も状況的に適切である。

①　千春が客に話しかけるのは女の人が初めてだったとはいえ、「人見知りで口下手だった」とは断言できない。よって「自分を過小評価していた」というのも不適となる。また千春を一人前の社会人だと認めたからブンタンをくれたわけではない。よって「仕事を通して前向きに生きる」というのもトンチンカンな説明となる。

②　千春が女の人に憧れて、彼女が読む本と同じ本を探しに書店に行ったと説明しており不適。千春が女の人に憧れを抱いていたと読める根拠がない。また「他の人の生活に関心を持ち始めた」というのも、本文後半の筋に合致しない。

③　女の人に好意を抱いたというのはよいとして、スタッフにまで好意を抱いたとは読み取れない。また「自分にしか関心のなかった」と説明する根拠がない。「その場しのぎの態度」というのも根拠が見当たらない。

④　ブンタンが千春の姿と女の人の姿を結びつけるという説明や、「千春が自分の意志で新たなことに取り組もうとする積極性」という説明は悪くない。しかし読書のことに触れていないのが最大の欠点となる。

問6 やや難 19・20 正解は Ⅰ＝② Ⅱ＝④

センター試験でも時折見られたディベート型の設問である。ただし空欄補充になっているところが新しく、試行調査の形式を踏襲するものとなっている。とはいえ一般の空欄補充問題のように前後の文脈をふまえて入れるのではなく、「これを⑴のまとめにしよう。」「Bさんの言ったことが⑵のまとめになる。」とあるように、Ⅰ・Ⅱいずれも**それまでの意見を集約してまとめる形**になっている。いわば**思考力が問われる帰納型の設問**といえよう。そこでまずⅠについて検討する。これは「⑴女の人はどのように描かれているか」についての生徒たちの意見を集約するものである。ポイントとなりそうな箇所を順に拾うと、「『申し訳なさそうに』」「うれしそうに笑っている」「笑顔で応じている」「ざっくばらん（＝素直に心情を表すさま）」「『もしよろしければ』」とある。これらから女の人の性格・人柄を帰納すると、**控え目で相手への気遣いを見せる一方で、笑顔で応じる明るい性格で、親しみやすい**人物像が浮かび上がる。選択肢は消去法で解けばよいだろう。

①不適。「自分の心の内は包み隠す」に該当する発言がない。

②適当。「相手と気さくに打ち解ける」「繊細な気遣い」と適切に説明している。

③不適。「内心がすぐ顔に出てしまう」とは〝裏表がない〟という肯定的な意味合いもあるが、〝単純〟感情がすぐ顔色に表れてしまう〟といった否定的な意味合いで使うことが多く、ここでは適さない。

④不適。「どこかに緊張感を漂わせている」が不適。「うれしそう」「笑顔」に合致しない。

⑤不適。「自分の思いもさらけ出す（＝隠さずにすべてを表す）」に該当する発言がない。「ざっくばらんに話」すのは「自分の事情」である（Cさん）。

次にⅡを検討する。これは「⑵千春にとって女の人はどういう存在として描かれているか」についての意見を集約するものである。やはりポイントとなりそうな箇所を拾うと、「千春の心に変化が起こっている」「千春の心は揺り動かされている」「きっかけを千春に与えてくれた」「『わかるようになりたい』」とある。これらを集約すると、女の人は千春の心を動かして外の世界に関心を向けさせてくれる存在として描かれているといえる。これも消去法で解く。

①不適。千春が悩みを抱えていたとは書かれていない。

②不適。高校を中退したことを後悔しているとは書かれていない。

③不適。「仕事に意義や楽しさを積極的に見出していく」のではなく、読書に楽しみを見出していくのである。

④適当。やや漠然とした説明ではあるが、千春が女の人に自分から話しかけたり、初めて文庫本を買って読んだりしたことを考慮すれば、無難にまとめてあるといえよう。ただ千春には以前付き合っていた彼氏がいて、結婚や娘のことまで想像していたことを考えると（9・10行目）、微妙な感じは否めない。とはいえ消去法でこの選択肢が残ることは間違いない。

⑤不適。「自分に欠けていた他人への配慮」と説明するだけの根拠がない。

第3問　やや難

出典

『山路の露』

『山路の露』は鎌倉時代初期に成立した擬古物語。作者は藤原伊行《これゆき》、あるいはその娘建礼門院右京大夫ではないかとされているが、未詳である。『源氏物語』の続篇として書かれた短編物語である。『源氏物語』最後の十巻「宇治十帖」（宇治を舞台とするのでこう呼ばれる）のヒロインである浮舟は、薫と匂宮との三角関係に悩み、出奔して入水自殺を図るも助けられて出家する。その後、比叡山の麓の小野という所で出家生活を送る。やがて浮舟の生存を知った薫は彼女に手紙を送って再会を果たそうとする。しかし浮舟は頑として応じない…。『山路の露』はこの後を受け、この二人を中心に物語が展開する。リード文の「男君」が薫、「女君」が浮舟である。

要旨

本文は二つの部分に分けられる。

1 **男君の訪問**　1～9行目（夕霧たちこめて…）

男君は童の案内で暗い山道を辿り、ようやく女君の住まいに行き着いた。

2 **女君の当惑**　10～27行目（小柴といふもの…）

勤行を終えた女君が月を見て和歌を詠むと、思いがけずも返歌を詠む者がいた。それが男君であるとわかると、女君は自分の居所が知られてしまったことに茫然とするばかりであった。

語句

深き心をしるべにて＝「しるべ」は〝道案内。道しるべ〟の意。女君への熱い思いに導かれるようにしてということ。

竹の垣ほしわたしたる＝「垣ほ」は〝垣根〟の意。「わたし（わたす）」は〝ずっと及ぶ〟の意の補助動詞。

かたはらめ＝「傍ら目」。横から見た姿。横顔。ここから男君の立ち位置がわかる。

全訳

夕霧が立ちこめて、道は（暗くて）たいそうおぼつかないけれども、（女君への）熱い思いを道しるべとして、急いで辿りなさるのも、一方では不思議で、（女君が出家してしまった）今はもう（急いでも）そのかいもないであろうが、と（男君は）お思いになるけれども、せめて昔の夢のような思い出話だけでも語り合いたくて、つい先が急がれるお気持ちである。浮雲を吹き払う四方の強い風のために、月が陰りなくくっきりと昇って、はるか遠くまで思いを馳せずにはいられない気持ちがするので、いっそうもの思いの限りを尽くしなさることであろうよ。山が深くなるにつれて、道はひどく草木が茂り、露が多いので、お供をしている者はひどく目立たない姿に変えてはいるけれどやはり似つかわしく、御前駆の者が露を払う様子も趣深く見える。

かの所（＝女君の住まい）は、比叡山の麓で、とてもこじんまりした所であった。先にあの童（＝女君の弟）を入れて、様子をうかがわせなさると、

（童が）「こちらの門らしい方は閉ざしてあるようです。竹の垣根を巡らしてある所に、通路があるようです。直接そのままお入りください。人の姿も見えません」

と申し上げるので、

（男君は）「しばらく静かにしておれ」

とおっしゃって、自分一人お入りになる。

小柴垣というものを形ばかりしつらえてあるのも、どこも同じとはいえ、（女君が住んでいると思うと）たいそう心がひかれ、風情のある様子である。妻戸も開いていて、まだ人が起きているのだろうか、と思われるので、茂っている庭の植木の元から伝い寄って、軒端近い常緑樹が所狭しと枝葉を広げている下に立ち隠れてご覧になると、こちらは仏間であるのだろう。お香のかおりが、たいそう深くしみ込んでかおり出ていて、ただこちらの端の方で勤行する人がいるのだろうか、お経が巻き返される音もひそやかに心ひかれるように聞こえてきて、しみじみと感慨深いが、（男君は）なんとなく、そのまま御涙がもよおされるような気持ちがして、しんみりとご覧になっていると、しばらくして、勤行が終わったのだろうか、

「たいそう明るい月の光だこと」と独り言を言って、簾の端を少し上げながら、月の表面をぼんやりと眺めている横顔（を男君がご覧になると）、昔そのままの面影をふとお思い出さずにはいられなくて、たいそうしみじみと感慨深いが、（なおも）ご覧になると、月の光が残るくまなく差し込んでいるなか、鈍色、香染などであろうか、（女君の衣の）袖口が心ひかれるように見えて、額髪がゆらゆらと切り揃えられてかかっている目元のあたりが、たいそう優美でいかにも愛らしい感じで、このような尼の姿はかえっていとおしさが募って、（男君は）こらえがたく見つめていらっしゃると、（女君は）なおも、しばらく（月を）ぼんやりと眺め入って、

「どの里も分け隔てなく照らす空の月の光だけは、昔宇治で見た秋の月と変わらないのだろうか、私はすっかり変わってしまったのに」

と、ひそやかに独り口ずさんで、涙ぐんでいる様子が、たいそういとおしいので、きまじめな人（＝男君）も、そうも心を静めることがおできにならなかったのであろうか、

「あなたと眺めた宇治の里の月はあなたの失踪以来涙ですっかり曇ってしまって、当時のままの月の光は二度と見ることはなかった」

と詠んで、不意に近寄りなさったところ、（女君は）たいそう思いがけないことで、化け物などというものであろうと、気味が悪くて、奥の方へ引き下がりなさるその袖を引き寄せなさるにつけても、（自分を）抑えられないでいる（男君の）ご様子を（見て）、やはり、男君だと自然とお気づきになることは、たいそう恥ずかしく口惜しく思いながら、ただもう気味の悪い化け物だったらどうしようもない、（でも）この世に生きている者とも（男君に）聞かれ申し上げてしまったことをつらいことだと思いながら、どうにかして（やはり）この世には生きていないのだと聞いて思い直していただきたいと、あれやこれやと願っていたのに、（今）逃れがたくも見つけられ申し上げてしまったと思うと、やりきれなくて、涙が流れ出るばかりで、茫然としている様子は、とても気の毒である。

解説

問1　標準　21・22　正解は　(ア)＝①　(イ)＝③

(ア)「かつは」は〝一方では〟の意の副詞。「かつは～、かつは…」の形をとることが多い。「あやしく（あやし）」は〝不思議だ。異常だ。粗末だ。身分が低い〟などの意をもつ形容詞。前後の「急ぎわたり給ふも」「今はそのかひあるまじきを」に着眼する。男君は女君の元へ急いで行こうとするものの、今さら急いでもそのかいがないと思ったということ。男君は急ごうとする自分の心を思い直している。すなわち**今さら急いでも仕方がないのに急ごうとする自分の心を不思議がっているの**である。よって①が正解。他は語義的にも文脈的にも不適。

(イ)「はかなく（はかなし）」は〝頼りない。何のかいもない。たわいもない。ちょっとした〟の意の形容詞。「しなし（しなす）」は〝作り上げる。仕立てる〟の意の動詞。「たる」は存続の助動詞「たり」の連体形である。女君の住まいの様子を描写する一節で、庵を小柴垣で囲ってあるというもの。それが簡素なものであることを「はかなく」と形容する。以上より「**形ばかりしつらえてある**」とある③が正解となる。他は語義的に不適。②は「たる」の解釈（～ている・～てある）も間違っている。

問2　標準　23　正解は②

傍線部の表現を問う設問。消去法で解く。

①不適。「ありし」はラ変動詞「あり」の連用形に過去の助動詞「き」の連体形「し」が付いてできた連体詞で、〝昔の。前世の〟の意。「世」は〝時〟。「夢語り」は〝夢の内容を語ること。またその話〟および〝夢のようにはかない物

語〟の意がある。ここは後者である。それはリード文の「男君との恋愛関係のもつれ」や本文後半の「昔ながらの(女君の)面影」からわかる。つまり、**昔女君と語り合った夢のような話**ということである。

②**適当**。副助詞「だに」は主に類推(～さえ)と最小限の限定(せめて～だけでも)の用法がある。特に後者は下に命令・願望・仮定などの表現を伴う。ここは希望の助動詞「まほしう(まほし)」があるように後者の用法になる。**以前の関係に戻るのは無理でも、せめて昔の思い出話だけでも語り合いたい**ということ。よって「わずかな望みにもすがりたいような心境」という説明は妥当である。

③**不適**。「語り合はせ」は「語り合は」+「せ」ではなく、「語り」+「合はせ」である。「合はせ(合はす)」は〟いっしょに～する〟の意の補助動詞となる。

④**不適**。「るる」は**自発**の助動詞「る」の連体形になる。「る」「らる」が可能の意になるのは否定表現で用いられる場合に限られる(平安時代)。本文は擬古文なので平安時代の用法に従っている。

⑤**不適**。「なむ」は文末を**連体形**で結ぶ係助詞である。ここは「**ある**」が省略されている。「侍らめ」の「め」は推量の助動詞「む」の已然形であるから、もしそうなら係助詞「こそ」の結びでなければならない。

問3 やや難 24 正解は⑤

主人公(男君)の行動や心理を問う設問。センター試験では見られなかった新傾向の設問である。消去法で解く。

①**不適**。男君が「思っていた」わけではない。４行目に「道いとしげう、露深ければ……をかしく見ゆ」とあるのは、**語り手の視点から描写した表現**である。男君の心理描写は「思せ(思す)」「御心地」などの敬語を用いて明示されている。

②不適。「童が余計な口出しをするのを不快に思い」が誤りとなる。6行目の童の発言は男君を案内するためのものであって「余計な口出し」ではない。また8行目に「しばし音なくてを」とあるのは、女君に気配を悟られないために従者たちに命じたものである。

③不適。「女君の住まいの様子が……似ている」とは書かれていない。10・13行目の「なつかしく（なつかし）」は〝心ひかれる。慕わしい〟の意である。現在の〝懐かしい〟の意が出てくるのは中世末からとなる。

④不適。12行目の「ただこの端つ方に行ふ人あるにや」、16行目の「簾のつま少し上げつつ」から、男君が仏道修行中の女君の姿を目撃していないことがわかる（簾がかかっていると、室内から外は見えるが、外から室内は見えない）。経文を読む女君の声が聞こえるだけであり、女君の姿を見るのは「行ひはてぬる」後である。

⑤適当。「独り歌を詠み涙ぐむ」は21行目の「しのびやかにひとりごちて、涙ぐみたる」に、「可憐な姿」は18行目の「らうたげさまさりて」、そして「隠れて見ているだけでは飽き足りなくなってしまった」は21行目の「さのみはしづめ給はずやありけむ」にそれぞれ合致する。

問4 やや難 25・26 正解は②・⑤

主人公（女君）の心理を問う設問。前問と同じく消去法で解く。

①不適。「涙がこぼれるほど」が誤りとなる。24行目の「せきとめがたき御気色」は男君の様子を表す。「せきとめがたき」は女君への恋情が募るあまり自分を抑えられないということで、それが女君の着物の袖をつかんでしまうという行動として現われている。

②適当。24行目に「それと見知られ給ふ」とある。主語は女君である。「それ」は男君を指す。「見知られ」の「れ」は自発の助動詞「る」の連用形。「給ふ」は尊敬の補助動詞で女君を敬う。自分と和歌を唱和したのは化け物などで

はなく、まさかの男君だったということ。よって「目の前の相手が男君であることを知って動揺し」とあるのは妥当な説明である。また「化け物であってくれたほうが……」とあるのは、24〜25行目の「むくつけきものならばいかがはせむ（＝どうしようもない）」に合致する。

③不適。本文に書かれていない。25行目の「世にあるものとも聞かれ奉りぬるをこそは憂きことに思ひつつ」について、「世にある（あり）」は〝この世に生きている〟。「れ」は受身の助動詞「る」の連用形。「奉り（奉る）」は謙譲の補助動詞で、男君を敬う。「憂き（憂し）」は〝つらい〟の意。自分が生存していたことを男君に知られてしまい、つらい思いを持ち続けていた女君の心情を表現している。

④不適。書かれていない。男君を女君の元へ手引きしたのは童である。

⑤適当。26・27行目の「のがれがたく見あらはされ奉りぬる」「我にもあらぬ（＝茫然とする）様」に合致する。「れ奉り」は③と同じく受身の助動詞＋男君を敬う謙譲の補助動詞である。「ぬる」は完了の助動詞「ぬ」の連体形で余剰効果を生み出している。

⑥不適。書かれていない。27行目の「我にもあらぬ様」は女君の様子で、「いとあはれなり」は語り手の心情である。

問5 やや難 27・28 正解は③・⑤

本文の特定の語句の説明に関してその適否を問う設問。これも新傾向の設問である。消去法で解く。

①不適。「夜の山道を行くことをためらっていた」は1行目の「急ぎわたり給ふ」に矛盾する。また「男君の心の迷いが払拭された」とあるのも、3行目の「いとど思し残すことあらじかし」に矛盾する。「いとど」は〝いっそう。ますます〟の意の副詞。「思し残す」は「思ひ残す（＝あれこれともの思いをし残す）」の尊敬語。これを打消推量の助動詞「じ」で否定する。すなわち、もの思いをし残さないとは、もの思いの限りをし尽くすということ。男君が、今

訪ねて行く女君、あるいは都にいる妻その他の人々のことなど、さまざまに思いめぐらすさまをいう。まさに「迷いが払拭された」とは真逆である。

②不適。「男君の面影を重ねながら」とは書かれていない。16行目の「昔ながらの面影」は昔のままの女君の面影をいう。また「男君がいつかは……不安に思っている」とあるのは状況的に間違いとは言えないが、「明示されている」わけではない。

③適当。16行目の「かたはらめ」は〝横顔〟の意。その直前に「簾のつま（＝端）少し上げつつ」とあり、月の光に照らされた女君の顔が外から見える状態になったことがわかる。また17行目以下、女君の尼姿が描写され、「いみじうなまめかしうをかしげにて、かかるしもこそらうたげさまさりて（＝このような尼の姿はかえっていとおしさが募って）」とあり、「以前とは異なる魅力」というのは妥当な説明である。『源氏物語』でも、尼になった姿や病気でやつれた姿に以前とは違う美しさや、今まで以上の美しさを見出すという描写が定型的に繰り返し出てくる。

④不適。「女君のつらい過去」とあるのはリード文の内容から考えて妥当と言えるが、月がそれを「忘れさせてくれる」とは書かれていない。特に20行目の女君の和歌は、月は昔も今も変わらないという趣旨で、「恋愛関係のもつれに悩」（リード文）んだ昔の生活から、仏道修行に専念する今の生活へと至る自らの人生の変遷を、変わらぬ月と対照させている。

⑤適当。「里わかぬ」の「わく（分く）」は〝区別する。分け隔てする〟の意。月はそこがどこであっても平等に照らすということ。「月の影のみ」は昔と変わらないと詠んでいる。「身の上が大きく変わってしまった」とあるのも、リード文および本文の内容からみて妥当な説明といえる。

⑥不適。22行目の男君の和歌は20行目の和歌に対する返歌ではあるが、女君と一緒に見た昔の月は涙で曇ってしまい、二度と同じ光を見ることはなかったという趣旨になる。よって「女君の姿を月にたとえて出家を惜しんでいる」「女君の苦悩を理解しない」「独りよがりな心」はいずれも根拠のない説明となる。

第4問 標準

出典

曾鞏「墨池記」

『晋書』〈巻八十　列伝第五十　王羲之〉

曾鞏（一〇一九～一〇八三年）は北宋時代の文人。字は子固。南豊（江西省）の人。南豊先生として知られる。三十九歳で進士に合格し、主に地方官として善政を行った。また唐宋八大家の一人、欧陽脩《おうようしゅう》に認められ、彼の影響を受けた緻密な文章を書いた。曾鞏自身も唐宋八大家の一人に数えられる。詩文集に『元豊類藁』『金石録』がある。

要旨

本文は「墨池記」の後半部分である。前半部分では王羲之の古跡と伝えられる「墨池」の由来が記される。後半部分は次のように二つの部分に分けることができる。

1 **王羲之の努力**（羲之之書、…）

王羲之のすぐれた技能は生まれつきではなく努力の結果であり、後年の作こそ素晴らしい。

2 **王羲之の故事**（墨池之上、今為…）

墨池のほとりにある学校の教官である王盛が、王羲之をたたえる六字を柱の間に掲げ、曾鞏にその由来を書いてくれるように依頼した。

読み

義之《ぎし》の書は、晩《おそ》くして乃《すなは》ち善《よ》し。則《すなは》ち其《そ》の能《よ》くする所は、蓋《けだ》し亦《ま》た精力を以て自《みづか》ら致す者にして、天成《てんせい》に非《あら》ざるなり。然《しか》れども後世未《いま》だ能く及ぶ者有らざるは、豈《あ》に其の学彼に如《し》かざるか。則ち学は固《もと》より豈に以て少《か》くべけんや。況《いは》んや深く道徳に造《いた》らんと欲する者をや。墨池《ぼくち》の上《ほとり》は、今は州の学舎と為《な》る。教授王君盛《わうくんせい》は、其の章《あらは》れざるを恐るるや、晋《しん》の王右軍《わういうぐん》の墨池の六字を楹間《えいかん》に書し以て之《これ》を掲《かか》ぐ。又《ま》た鞏《きよう》に告げて曰《い》はく、「願はくは記《き》有らんことを」と。王君の心を推《お》すに、豈に人の善《ぜん》を愛して、一能《いちのう》と雖《いへど》も以て廃せずして、因《よ》りて以て其の跡に及ぶか。其れ亦た其の事を推して以て其の学ぶ者を勉《はげ》まさんと欲するか。夫《そ》れ人の一能有りて後人をして之を尚《たつと》ばしむること此《か》くのごとし。況んや仁人荘士《じんじんさうし》の遺風余思《よし》、来世に被《かうむ》る者如何《いかん》ぞや。

【問7の資料】云《い》はく、「張芝《ちやうし》池に臨《のぞ》みて書を学び、池水《ちすい》尽《ことごと》く黒し。人をして之《これ》に耽《ふけ》ること是《か》くのごとくならしめば、未だ必ずしも之に後れざるなり」と。

全訳

王羲之の書は、年をとってからこそが素晴らしい。彼のすぐれた技能は、思うに精励努力によって自ら到達したものであって、生まれつきのものではない。しかし後世に（王羲之に）追いつけた者がいないのは、その者の稽古学習が王羲之に及ばないからではなかろうか。かくて稽古学習というものはもちろんどうして努力を怠ってよいだろうか。ましてしっかりと道徳を身に付けたい者はなおさら（努力をしなければならない）であろう。（ところで）墨池のほとりは、今は州の学校となっている。教授の王盛は、（墨池が）世間から埋もれてしまうのを心配して、「晋王右軍墨池（晋の王右軍の墨池）」の六字を書いて正面の柱の間に掲げた。そのうえこの鞏に語って言うには、「（墨池のいわれを記した）文章を書いてほしい」と。王盛の気持ちを推し量るに、人のすぐれた点を愛して、一芸といえども埋もれないようにしようとして、そこで王羲之の古跡の顕彰に及んだのであろうか。あるいはまた王羲之の故事を引き合いにして学生を励まそうとしたのであろうか。そもそも人に一芸があれば後世の人にその者を尊敬させることになるとはこのようである。ましてや仁愛の徳を備えた人や行いの立派な者が後世に及ぼす感化を、後世の人が受けるのはどれほど大きいことであろうか。

【問7の資料】（王羲之が）言うには、「張芝が池のほとりで書を練習したとき、池の水が（墨で）真っ黒になった。人をこのように書に熱中させたら、張芝に追いつけないとはかぎらない」と。

解説

問1　標準　29・30　正解は　(ア)＝②　(イ)＝④

(ア)「晩」は名詞「ばん（＝暮れ）」、動詞「くる（暮る）」、形容詞「おそし（＝暮れて暗い。年末に近い。年老いている）」の三つの用法がある。「乃（すなはち）」は接続詞で、〝そこで。そこではじめて。それなのに〟などの意がある。「善」はここは「よし」と読む形容詞となり、選択肢はいずれも〝素晴らしい〟の意としている。前後関係から、王羲之の書は年老いてようやく素晴らしいものになったという内容だとわかる。「晩」は「晩年」「晩学」の「晩」である。よって②が正解。①は「年齢を重ねたので」と、「乃」を理由の意にとっており不適。③は「さえも」が不適。④は「いずれも」が不適。⑤は「年齢にかかわらず」が不適。

(イ)「豈可〜哉」は「あに〜べけんや」と読む反語形になる。〝どうして〜できようか、いやできない〟の意。④だけが反語の解釈となり正解。①・②は推量、③は詠嘆、⑤は疑問の解釈となる。なお傍線部の「以（もつて）」は単に語調を整えるために用いられている。「少」は「すくなし・わかし」と形容詞で読むことが多いが、ここは「かく」と動詞で読む。「欠く」に同じ。「学」は「少く」ことができないと述べている。「豈可」と同じく「豈能（あによく

～んや）」「豈得（あに～をえんや）」も反語形になるのでまとめて覚えておこう。

問2　標準　31　正解は③

空欄に入る字は「有」からレ点で戻る。選択肢はいずれも**再読文字**である。すなわち①「宜」は「よろしく～べし（＝～するのがよい）」、②「将」は「まさに～んとす（＝今にも～しようとする）」、③「未」は「いまだ～ず（＝まだ～しない）」、④「当」は「まさに～べし（＝当然～べきだ）」、⑤「猶」は「なほ～ごとし（＝ちょうど～のようだ）」と読む。そこで文脈をたどろう。文頭の「然（しかれども）」は逆接の接続詞で、王羲之の技能は努力の結果であって天性のものではないという前文の内容を受ける。続いて「後世」「能及者」とある。すなわち王羲之に匹敵するような後世の者ということである。このような文脈をふまえると、③「未」が入り、**王羲之が努力したように、努力すれば王羲之の域に到達できるのに、いまだそのような努力をした者はいないという内容になることがわかる。**他の選択肢では文脈が通じない。ただこの設問は次の問3とも関わるため、問3を解いてから戻って解いてもよいだろう。

問3　標準　32・33　正解は①・④

傍線部の句法を問う設問。「豈～邪」に着眼する。「あに～んや」と読めば反語、「あに～か」と読めば疑問である。選択肢には「反語」がなく「疑問」のみがあるから、まず④が正解とわかる。次に「不如」に着眼する。これは「不若」と同じく「～にしかず」と読む比較形である。よって①が二つ目の正解となる。全体で「あにそのがくかれにしかざるか」と読む。「其」は代名詞で、後世の人間を指す。「学」は〝学習。学問〟の意で、ここは特に書の稽古をいう。「彼」も代名詞で王羲之を指す。**書の稽古に励んだ王羲之の努力に及ばないのではないだろうか**と述べている（よってこの設問がわかれば、問２に戻って、否定的な文脈につながることに基づいて③を選択できる）。なお、②は「無被～（～（ら）るなし）」、③は「不唯～（ただに～のみならず）」、⑥は「縦使～（たとひ～しむとも）」などの形が考えられる。

問４　標準　34　正解は④

傍線部の解釈を問う設問。「況～邪」が「いはんや～をや」と読む**抑揚形**になる。抑揚形の基本形は「…且━、況～乎（…すら且つ━、況んや～をや）」であるから、その前半部分が省略された形になるが、直前の波線部(イ)が実質的にそれに該当する。〝**まして～はなおさらだ**〟の意。「～」の部分に当たるのが「欲深造道徳者」である。「欲」は〝～したいと思う〟の意。「造」は「いたる」と読ませるように、〝到達する〟の意。「造詣（＝学問が深い所に到達すること）」の「造」である。「者」は上の用言を体言化する助詞で、〝もの。こと〟などと訳すが、ここは文字通り〝者。人〟の意になる。以上より選択肢は「まして」とある①・②・④に絞り、さらに「なおさらであろう」とある②・④に絞り、「道徳を身に付けたい」を決め手に④を選択すればよい。「なおさら」とは努力を怠ってはならないということである。

問５　やや難　35　正解は②

傍線部の心情を問う設問。「王君」の「心」の内容を問う。「墨池之上」以下、王盛が王羲之の故事を広めるために、学校の柱の間に「晋王右軍墨池」の六字を掲げたこと、および筆者に王羲之の故事について書いてほしいと依頼したことが記される。傍線部はこれに続く。直前の「推」は「推察」の「推」で、〝推し量る〟の意であるから、傍線部以下に王盛の心情が記されることになる。その部分に「豈〜邪」とあり、続けて「其亦〜邪」とある。前者は傍線部Aと同じ句形であるから、疑問形であろうと見当がつこう。「其亦（＝あるいはまた）」で始まる後者も同じ疑問形である。前者の「善」は直後に「一能（＝一つの技能）」とあることから、「善悪」の「善」ではなく、〝すぐれた点〟の意となる。また「廃」は「廃止」「廃墟」「荒廃」などの熟語からわかるように、〝すたれる。衰える〟の意。「其跡」は王羲之ゆかりの墨池の跡をいう。全体で、王盛は王羲之の書家としての名声がすたれてしまわないように、墨池の跡に六字を掲げたのであろうかという趣旨になる。続けて後者について。「推其事」の「推」はここは〝押し進める〟の意。「其事」は王羲之の故事をいう。「勉其学者」は学生を励ますということ。すなわち王羲之の故事を引き合いに出して、学生たちに勉学に励むように促したのであろうかという趣旨になる。以上ここまでが王盛の「心」の内容である。

選択肢は、意味の取りやすい「勉其学者」に着眼して「学生たちを奮起させようとする」とある②を選択すればよい。「墨池の跡が忘れられてしまうことを憂い」とあるのも適切な説明である。

①「一握りの才能ある者を優遇することなく」が不適。書かれていない。

③「歴史ある学舎の跡」「振興」が不適。右の趣旨に合致しない。

④「天賦の才能」が不適。「非天成」に矛盾する。「うらやみ」も不適。書かれていない。

⑤「王羲之ゆかりの学舎」「その歴史」が不適。「今為州学舎」とあるように、学校は後世に建てられたものである。

問6　標準　36　正解は③

返り点と書き下し文を問う設問。基本的な句形に着眼すればよい。まず「使」が使役の助動詞であろうと見当をつける。「使A〜（Aをして〜（せ）しむ）」という使役の基本形である。「A」に当たるのが「後人」で、「〜」の動詞に当たるのが「尚（たつとぶ）」である。その目的語が「之（これ）」。よって「使後人尚之」は「後人をして之を尚ばしむ」と読む。選択肢は③と④に絞られる。次に「如此」は「如是」「若此」「若是」と同じく「此《か》くのごとし」と読み、〝このようである〟の意となる。選択肢は③と④が残ったままである。最後に「而」は接続詞で前後をつなぐから、「一能有りて……尚ばしむる」と読む③が正解だとわかる。「夫」は文頭にあって「それ」と読み、〝そもそも〟の意。「人之」の「之(の)」は主格を表す助詞となる。「尚之」の「之」は「一能」を指す。「如此」は王盛が王羲之を顕彰するために六字を掲げたことを指す。なお④は、「人を」を受ける動詞がないなど、不自然な読みになる。

問7 標準 37 正解は①

本文および資料の内容についての真偽を問う設問で、合致しないものを答える。消去法で解く。その前に資料の内容を確認しよう。「云」は王羲之が言ったということ(原文には「曾与人書云(曾《かつ》て人に書を与へて云はく)」とある)。「臨池」は池のほとりでということ。「池水尽黒」は墨で池が真っ黒になったということ。やや誇張した表現か。「使」以下、使役の句形になる。「耽之」の「之」は「書」を指す。「若是」は「かくのごとし」と読む。張芝が池を墨で真っ黒にしたように書の練習に熱中させるということ。「未必～(いまだかならずしも～ず)」は部分否定の句形で、〝～とはかぎらない〟の意。「後之」の「之」は「張芝」を指す。張芝に追いつけないとはかぎらない、言い換えれば張芝に追いつけるかもしれないということ。

①不適。「張芝には到底肩をならべることができない」が「未必後之」に矛盾する。

②適当。問5で見た傍線部Cが示す内容および資料の内容に合致する。

③適当。本文の「以精力自致者、非天成」および資料の内容に合致する。

④適当。資料の内容に合致する。

⑤適当。本文の「書晋王右軍墨池之六字於楹間以掲之」「告於鞏曰、『願有記。』」および資料の内容に合致する。

第２回 試行調査：国語

第２問〜第５問

問題番号(配点)	設問	解答番号	正解	配点	チェック
第２問(50)	問１	1	①	2	
		2	②	2	
		3	⑤	2	
		4	④	2	
		5	①	2	
	問２	6	④	6	
	問３	7	⑤	8	
	問４	8	④	9	
	問５	9	①	8	
	問６	10-11-12	②-④-⑥	9(各３)	
第３問(50)	問１	1	⑤	3	
		2	④	3	
		3	③	3	
	問２	4	②	8	
	問３	5	④	6	
	問４	6	②	7	
	問５	7	④	8	
	問６	8	②	6	
		9	①	6	

問題番号(配点)	設問	解答番号	正解	配点	チェック
第４問(50)	問１	1	④	7	
	問２	2	③	5	
		3	①	5	
		4	②	5	
	問３	5	③	7	
	問４	6	⑤	7	
	問５	7-8	②-⑥	14(各７)	
第５問(50)	問１	1	②	4	
		2	④	4	
	問２	3	①	7	
	問３	4	①	7	
	問４	5	①	7	
	問５	6	⑤	7	
		7	③	7	
		8	①	7	

（注）-（ハイフン）でつながれた正解は，順序を問わない。

自己採点欄
200点

(平均点：102.74点)※

※ 2018年11月の試行調査の受検者のうち，３年生の得点の平均値を示しています。

第2問

出題資料の確認と分析

【資料Ⅰ】「著作権のイロハ」
問題の冒頭に、「【資料Ⅱ】と【文章】を参考に作成しているポスターである」と説明されている。著作物と著作権について、箇条書きでまとめられている。一番下が空欄となっており、問6でこの内容が問われることとなる。

【資料Ⅱ】「著作権法」（抄）
法律の条文が抜粋して示されている。設問を解くにあたって、必ず読まなくてはならない条文と、特に読まなくてもよい条文とが混在している。

出典

【文章】名和小太郎『著作権2．0――ウェブ時代の文化発展をめざして』〈第4章　著作権法――「著作権法は著作物ではない」〉（NTT出版）
名和小太郎は一九三一年生まれ。東京大学理学部物理学科卒業。工学博士。石油資源開発、旭化成工業、旭リサーチセンターを経て、新潟大学法学部教授、関西大学総合情報学部教授を歴任。『技術標準対知的所有権』『起業家エジソン』『学術情報と知的所有権』など多数の著書がある。

要旨

【文章】著作権法は、著作者が発表した「原作品」ではなく、「原作品」の中の記号列を「著作物」として対象とする。

著作物は多様な姿形をしているが、著作権法では「自分」の価値として「一回的」な対象を「主観的」に表現した叙情詩型のテキストを「著作物」と定義し、「万人」の価値として「普遍的」な対象を「客観的」に示した理工系論文を対極において、著作物性の濃さによって著作権侵害の有無を判断する。著作権法には著作権に関係する「利用」と関係しない「使用」がある。著作物の使用などを過剰に制御すると正常な社会生活を抑圧してしまうが、区別が困難な場合もある。

解説

問1　標準　1 ～ 5　正解は　(ア)―①　(イ)―②　(ウ)―⑤　(エ)―④　(オ)―①

(ア)　合致　①致命　②報知　③稚拙　④緻密　⑤余地

(イ)　適合　①匹敵　②適度　③水滴　④警笛　⑤摘発

(ウ)　両端　①丹精　②担架　③破綻　④落胆　⑤端的

(エ)　閲覧　①欄干　②出藍　③乱世　④一覧　⑤累卵

(オ)　過剰　①剰余　②冗長　③醸造　④施錠　⑤常備

問2　やや難　6　正解は④

傍線部の内容を問う問題。傍線部の表現が意味するものを、文脈の読み取りと【資料Ⅱ】の「著作権法」の条文をもとに考察する。著作者は作品を紙やカンバスや光ディスクなど「記録メディア」に載せて発表し、その最初の作品が

「原作品」「オリジナル」と呼ばれる。しかし著作権法が対象とする「著作物」は「オリジナル」ではなく、「原作品のなかに存在するエッセンス」だというのが傍線部前の文脈である。以上をまとめると次のようになる。

著作物＝原作品のなかに存在するエッセンス

そして、傍線部の直前文の「そのエッセンスとは何か」という問いへの答えが傍線部であるから、

著作物＝原作品のなかに存在するエッセンス＝傍線部の「記録メディアから剥がされた記号列」

となる。これを踏まえて、**【資料Ⅱ】**の「著作権法」で定義される「著作物」の内容を確認する。著作権法第二条の一で「著作物」の定義がされており、「思想又は感情を創作的に表現したものであつて、文芸、学術、美術又は音楽の範囲に属するもの」とある。つまり、原作品の中の「エッセンス」とは、**「オリジナル」で表現された思想や感情**であり、**文芸、学術、美術、音楽の範囲に属するもの**であると判断することができる。この読み取りをもとに選択肢を確認すると、④の「作曲家が音楽作品を通じて創作的に表現した思想や感情」という内容が当てはまる。

①　「著作権法」第一条にある、法律で定める権利の範囲の説明である。傍線部は原作品のエッセンスが指すものを説明している部分であるので、不適当と判断できる。

②　手書きの原稿を活字で印刷した文芸雑誌は、「記録メディア」そのものといえ、「オリジナル」の説明である。

③　画家が制作した美術品は、「原作品」「オリジナル」そのものである。

⑤　選択肢に文字通り書かれているように、「オリジナル」の説明。

傍線部の「記号列」という抽象的表現が、「著作権法」で定義される「著作物」がどのようなものかを示している。この傍線部の意味することをまず把握することが正解を導く方法である。だが、法律の理論という、高校生が触れることの少ないテーマであり、傍線部の抽象的表現からも、本問の意図を把握するのは簡単ではなかったかもしれない。そして、この意図が把握できなければ、「著作権法」のどの部分に着目してよいかわからないという二段構えの問題である。**本文と資料の二つを確認する**必要があることから、注意の必要な問題。

問3　標準　7　正解は⑤

【文章】における著作権に関する説明として適当なものを答える問題。傍線部について問うものではない。**【文章】全体の内容理解**をもとに、選択肢の正誤を判定する。

①不適。著作権の「利用」と「使用」については15段落以降で説明されている。著作権に関係するものが「利用」であり、「使用」に対しては著作権法がはたらかない。「使用」には書物の閲覧やプログラムの実行などが含まれ、著作者の了解を得る必要はない。よって、「利用」が「著作者の了解を得ることなく行うことができる」という①は、本文と合致しない。

②不適。著作物の内容と著作権の説明は5段落以降で説明される。5段落最後に、理工系論文、新聞記事が、著作物の定義を示した「表1」から「排除される要素を多く含んでいる」とあるが、7段落で、「無方式主義」という原則のため、叙情詩モデルを尺度とすると排除されてしまうものまで著作物として認めてしまうとある。よって、②の「新聞記事や理工系論文は除外される」は誤り。

③不適。14段落にあるとおり、「表現／内容の二分法」によって可能になることは、著作物がより叙情詩型かより理工系論文型かを判断することである。これによって著作権侵害について、「明確な判断を下す」ことはできない。また、テキストを「叙情詩型と理工系論文型に分類することが可能」も不適切。両者のいずれかに分類するのではなく、両者を両端とするスペクトルのどの位置にあるかを判定できるのみである。

④不適。「著作物性」とは表現の希少性による著作権の濃さのことで、表現の希少性が低いものを保護するものではない。11段落にあるように、内容に価値があり表現の希少性が低いものは著作権法の領域外。特許法など他の法律の範疇である。

⑤適当。13・14段落で説明されている内容である、**著作権法が「テキストの表現の希少性に注目」する**ことについて

の説明になっており、本文に合致する。

問4 標準 8 正解は④

二つの表の意味するものと関係性を、文章に基づいて考察する問題。傍線部は、テキストの二つの型を示した表2について説明した部分である。表2について、本問で注目すべき内容は次のとおりである。

叙情詩型のテキスト＝自分が一回的な対象を主観的に表現したもの

理工系論文型のテキスト＝万人が普遍的な対象について客観的に着想、論理、事実を示したもの

⑩段落以降の説明にあるように、この叙情詩型の色合いが濃いか薄いかによって、著作権でコントロールされる「著作物」か否かを判断する。

傍線部に、表2は「表1を再構成したもの」とあるが、表1は、著作物の定義として著作権の及ぶ要素が「キーワード」で示され、著作権から排除される要素を対置している表である。また⑤段落で説明されるとおり、叙情詩は「キーワード」的に著作物の定義に適合し、理工系論文は、表1右側の「排除されるもの」の要素を多く含んだものであることがわかる。つまり表1の左側が表2の「叙情詩型」で、表1の右側が表2の「理工系論文型」でまとめ直されているといえる（次ページ参照）。

この理解をもとに選択肢を確認すると、④の、表1が〈キーワード＝叙情詩が適合する要素〉↔〈（著作物から）排除されるもの〉、表2が〈叙情詩型〉↔〈理工系論文型〉を対比したもので、これにより著作物性の濃淡を説明するという内容が一致する。

表1　著作物の定義

キーワード	排除されるもの
思想または感情	外界にあるもの（事実、法則など）
創作的	ありふれたもの
表現	発見、着想
文芸、学術、美術、音楽の範囲	実用のもの

‖　‖

	叙情詩型	理工系論文型
何が特色	表現	着想、論理、事実
誰が記述	私	誰でも
どんな記述法	主観的	客観的
どんな対象	一回的	普遍的
他テキストとの関係	なし（自立的）	累積的
誰の価値	自分	万人

表2　テキストの型

①　表2は「排除されるもの」の定義を明確にしたものではなく、叙情詩型と理工系論文型の違いを説明したものである。

②　著作物は、「キーワード」と「排除されるもの」の二つの特性を含むという記述が誤り。「キーワード」が著作物の特性である。

③「排除されるもの」は著作物の類型ではない。表２の理工系論文型は比較のために並べられたもので、著作物にはなりにくい「テキストの型」。

⑤表２は叙情詩型と理工系論文型の「類似性」ではなく、違いを明確にしている表。

問５ やや難 9 正解は①

文章の表現について問う問題。選択肢の内容と本文の表現を照らし合わせて判断する。「適当でないもの」を答えることに注意しよう。

①不適。１段落の「何らかの実体――記録メディア」の「――」の前後の語の関係を考えると、「何らかの実体」の具体例である紙・カンバス・空気振動・光ディスクなどの総称が「記録メディア」だといえる。また３段落の「物理的な実体――複製物など」については、「現実の作品は、物理的には、あるいは消失し、あるいは拡散してしまう」ものだが、著作権は、著作物という概念を介した物理的な実体である「複製物など」に及ぶ、とある。どちらの箇所も「――」直前の語句をより具体的に説明しているところであり、直前の語句を強調したものという説明は明らかに誤りである。

②適当。ここで指摘される表現は、読者に対して語りかけているものと判断でき、「口語的」で「理解を促す工夫」といえる。

③適当。「プラトニズム」＝プラトン主義。（注）５も参照すると、「哲学や言語学の概念を援用」という記述に疑問をはさむ余地はない。

④適当。叙情詩型と理工系論文型、表現と内容の二分法、著作権の関係する「利用」と著作権に関係しない「使用」など、二項を対立させた説明がされており、本文の内容に適する説明。

⑤適当。16段落以降では、著作権法でコントロールされる範囲とされないものとの説明をしており、最後の文で「現実には利用と使用との区別が困難な場合もある」と述べ、「運用の複雑さを示唆している」といえる。

問6 標準 10〜12 正解は②・④・⑥

資料の意味するものを読み取り、他の資料の記述を参考に、**資料の空所に該当する事項を選ぶ問題**。【資料Ⅰ】の一番下の枠内を見ると、空欄aには、**著作権の例外規定**として、「市民楽団が市民ホールで行う演奏会」で**著作物の権利者の了解を得ずに著作物を利用できる条件**が入るとわかる。しかし、【文章】には著作権法の例外規定は説明されていない。

【資料Ⅱ】の第三十八条に「営利を目的とせず」「聴衆又は観衆から料金を受けない場合には、公に上演し、演奏し……」とあり、**上演による金銭的利益が発生しない場合**は自由に著作物を利用できることが理解できる。これに適合するのが、②「楽団の営利を目的としていない」、④「観客から一切の料金を徴収しない」である。また、第三十八条の最終文に「ただし……実演家……に対し報酬が支払われる場合は、この限りでない」とあり、観衆から料金を徴収しなくとも、**演者に報酬が支払われる場合**は、例外規定とはならないことがわかる。よって、⑥の「楽団に報酬が支払われない」であれば、例外規定にあたるということになる。

【文章】とはほぼ関係せずに、資料の読み取りだけで答えられる問題であり、国語の問題としてはかなり新しい問い方といえるだろう。空欄aが著作権の例外規定の説明であり、【資料Ⅱ】「著作権法」の条文の中に著作権の例外が記されていると気づけば、簡単に三つを選ぶことができたであろう。逆に、空欄aの意味が把握できず、【文章】を中心に該当箇所を探そうとした受検者には、非常に難しく感じられたはずである。文章と資料や表といった**複数のテキストから、必要な情報を効率よく把握し判断する能力を問われる問題**である。

第3問

出典

吉原幸子「紙」（『オンディーヌ』思潮社）、「永遠の百合」（『花を食べる』思潮社）

吉原幸子（一九三二～二〇〇二年）は詩人。東京大学文学部仏文科卒業。詩集に『幼年連禱』『夏の墓』『昼顔』など多数。その他随筆や翻訳がある。

要旨

【エッセイ】アート・フラワーの百合をもらったが「秋になったら捨てて」という言葉に驚いた。にせものを造る人たちのほんものにかなわないといういじらしさか、思い上がりか。枯れないものは花ではないと知りながら、ひと夏の百合を超える永遠の百合をめざすことがつくるという行為なのではないか。描くという行為も一瞬を永遠のなかに定着する作業であり、ことばによって私の一瞬を枯れない花にすることができたらと思う。ただし、と気づく。「私の」永遠はたかだかあと三十年、死なないものはいのちではない。私は百合を捨てず、それは今も死ねないまま私の部屋に立っている。

解説

問1 標準 1 ～ 3

正解は (ア)―⑤ (イ)―④ (ウ)―③

本文の語句の意味を答える問題。その語の持つ意味を押さえたうえで、文脈での使われ方を確認すること。文脈に当てはまるかどうかを先に考えると、引っかけの選択肢に引っかかる可能性があるので注意が必要。各語の基本的な意味は、(ア)「いぶかる」は**不審に思って疑うこと**、(イ)「手すさび」は**退屈を慰めるため手で何かをすること**、(ウ)「いじらしさ」は**幼い者、弱い者が懸命にふるまうことに対してかわいらしいと思う感情のこと**である。

問2　標準　4　正解は②

詩の表現の意味するところを、エッセイの内容を踏まえて読み取る問題。「何百枚の紙に　書きしるす　不遜」という表現から、詩人である**筆者が〈書く〉ということをどのようにとらえているか**を読み取る。なお、「不遜」とは〝思い上がっていること、思い上がっている様子〟の意味である。

筆者はエッセイの6段落以降で、「たかだかあと三十年」の短い期間で「私の一瞬を枯れない花にすることができたら」と思って、ことばで描くという行為を続けていることを記している。また、詩の第三連で、紙のことを「こころより長もちする」と述べている。この読み取りから、傍線部は、**いつかはほろぶいのちの中で、永遠を求めて紙に書きしるす行為が「不遜」だ**と表現していると読み取れる。この読みに合致するのは、②の、「終わりを迎えるほかないものを、表現という行為を介して、いつまでも残そうとたくらむ」という説明である。

①　「あたかも実現が可能なように偽る」の内容はエッセイの展開からは読み取れない。

③　ほろぶべき運命にある自分が、表現することによって永遠を求めるというエッセイの展開が全く説明されていない。

④　空想を「実体として捉えたかのように見せかける」という展開はエッセイからは読み取れない。

⑤　「滅びるものの美しさ」はエッセイにない内容である。

問3 やや易 5 正解は④

傍線部の内容を文脈から読み取る問題。ここでの「つくる」は、枯れないものは花ではないと知りつつ、枯れない花を造ることであり、5段落にあるように、「どこかで花を超えるもの」をめざすということだと読み取ることができる。この内容に当てはまるのは、④の、「対象を真似ながらも、どこかに対象を超えた部分をもつものを生み出そうとすること」である。

①「対象と同一化」は文脈に合致しない。

②「にせものを生み出そうとする」という内容は文章からは読み取れない。

③「類似するもの」では傍線部後の文脈の内容に適さない。

⑤「新奇な特性を追求」は、「花を超えるもの」の展開からは外れる。

問4 標準 6 正解は②

傍線部の内容を文脈から読み取る問題。「個人の見、嗅いだものをひとつの生きた花とするなら」それは「在る」という重み、つまり生きたものの存在の重みをもつようになるという内容が読み取れる。ただ、この部分は非常に抽象的な表現であり、選択肢を一つ一つ吟味しながら慎重に判断する方がよい。

① 傍線部のある6段落の展開は、「花を超える何かに変える」と説明される「描くという行為」に「夢」を感じているというものであり、選択肢の「喪失感の深さ」はあたらない。

② 生きた存在の重みという読み取りと、実物に備わるかけがえのなさとは、相通ずるものと思われる。

③「個性の独特さ」の部分が文章の中で述べられていない内容であり、生きた存在の重みの説明とはいえない。

④「主観の中に形成された印象の強さ」が生きた表現であるならば、自己の中だけで終わってしまい、永遠の中に定着して残すことは不可能だろう。

⑤傍線部直前に「すべての表現にまして」とあり、「在るという重み」は表現自体のことを意味していると読み取れ、「表現行為を動機づける衝撃」は傍線部とずれた説明。

選択肢を比較すると、②の内容が最適であることが見えてくるだろう。文章の**抽象的表現をある程度理解したうえで選択肢を読めるかが鍵となる**。傍線部直前の「すべての表現にまして」に着目できれば、ここでは**表現よりも生きた存在に重みがあるということをいっていると読み取れただろう**。

問5　標準　7　正解は④

傍線部の内容を文脈から読み取る問題。エッセイ全体の展開から読み取る。〔要旨〕で確認したように、枯れるはずのない造花であるのに「秋になったら捨てて」という言葉、つまり生きた花と同じように扱ってという言葉に、筆者は驚きを感じる。それほど本物の百合と同じなのか、それとも本物に似ていないことを恥じて、本物と同じように扱ってほしいと言ったのか。そこから筆者は、永遠の百合をめざすときに真似るという行為は許されるのだと「昂奮」し、言葉によって永遠の中に定着することをめざす自分自身を思う。その後「さめる」のだ。「秋になったら」花は死ぬわけであり、それは自分のいのちも永遠ではなく、「死なないものはいのちではない」という思いに至る。この展開を読み取ったうえで選択肢を確認する。「私はさめる」の内容を説明した7段落の「『私の』永遠は……いのちではないのだから」に近い、④の「自分の感性も永遠ではないと感じた」が適当と読み取れるが、④前半の「作品が時代を超えて残ること」への「違和感」まで説明できるかがやや迷う。他の選択肢も吟味する。

①「造花も本物の花も同等の存在感をもつ」と感じているとは読み取れない。

② 創作が「日常の営みを」永久に残すのではなく、ことばで「描く」という行為によって永遠をめざしている。

③ 花をありのままに表現しようとしても完全なものはできないために、古い友だちは「秋になったら捨てて」と言ったのかもしれないが、その気づきが筆者が「さめる」理由になったのではない。

⑤ ③と同じく、「昂奮」し「さめる」のは「身勝手な思い」を自覚したのではなく、自己の死に気づいたからだろう。

選択肢の比較から、やはり④の説明で間違いないと確認できる。本問は問3、問4と同じく内容説明の問題であるが、抽象的な表現の多い**文章全体の展開から読み取る**問題であり、問題としては前の二問よりは難しく、配点も高い。

問6　標準　8・9　正解は　(i)―②　(ii)―①

詩とエッセイの**表現の特徴**についての問題である。

(i) 詩の表現について説明した文の空所に当てはまる語句の組み合わせを答える。aについて、擬態語や擬人法は詩の中に見当たらない。第五連の「この紙のやうに　生きれば」の部分は、その直前の行との**倒置法**となっているといえる。また第六連に「乾杯」が複数回出てくるのは**反復法**ともいえるだろう。よってaで②と③に絞り、bの②「反語的」、③「帰納的」のどちらが妥当かの判断で決定する。

「第一連に示される思い」とは、**紙片がありつづけることを「いぶかる」思い**である。肉体の印象も「いまはないのに」、「こころより長もちする」と、**紙の不思議さを「反語的」に問いかけている**といえるだろう。紙がありつづけることを「いぶかる」って、さまざまな事象を挙げることで「帰納的」に結論を導き出してはいない。よって、正解は②の組み合わせとなる。

(ii) 選択肢の内容とエッセイ本文を照合しながら判断する。

①〈枯れることができない〉と〈枯れないことができる〉とは同じことを言っているが、捉え方が異なることを説明している。枯れること、枯れないことの表現が、「造花である限り」とあるように造花の限界を表現するとともに、花より美しい花も「あってよい」という肯定につながると読める。

②「昂奮」は明らかに筆者の内部に起きたものであり、「第三者的な観点」ではない。

③前半部の表現は問題ないが、「『花』を描くことに込められた」の部分は誤り。筆者はことばによって描くが、「花」を描いているのではなく、花は比喩的に用いられていることが読み取れる。

④「私の」は、「たかだかあと三十年」とあるとおり、永遠の中に定着する作業が可能な〈筆者自身の〉時間を表しているといえるだろう。筆者が「恣意的に解釈しようとする」という説明は外れる。

この選択肢の比較から、①の説明が最も適切といえる。

第４問

出典

紫式部『源氏物語』〈手習〉

遍昭『遍昭集』

リード文にあるように、本文は『源氏物語』「手習」巻の一節である。「手習」巻は、『源氏物語』の第三部とされる「宇治十帖」の終盤にある。「宇治十帖」では、光源氏の死後、薫（＝光源氏と女三の宮との子とされるが、実は柏木と女三の宮との子）と匂宮（＝光源氏の孫）を中心に物語が語られる。薫と匂宮は、光源氏の異母弟である宇治八の宮の二人の娘（＝大君と中の君）の所に通う。その姉妹の異母妹が浮舟である。浮舟は薫の愛人であったが、匂宮に強引に言い寄られ関係してしまう。薫と匂宮の間で苦悩した浮舟は、宇治川に入水することを決意するが、行き倒れているところを僧都に発見され、助けられる。その後、比叡山のふもと、小野で、尼君たちと暮らしているという場面から出題されている。

※『源氏物語』の登場人物については次ページの系図を参照のこと。

遍昭（八一六～八九〇年）は六歌仙の一人。桓武天皇の孫で、俗名は良岑宗貞《よしみねのむねさだ》。八五〇年、仁明天皇の崩御にともない出家する。『古今和歌集』などの勅撰和歌集に多数入集しており、百人一首の「天つ風雲の通ひ路吹きとぢよをとめの姿しばしとどめむ」の和歌で知られる。本問の「たらちねは」の歌は、鴨長明の『無名抄』などにおいても秀歌と評されている。

全訳

（浮舟は）あさはかなことに（匂宮と過ちを犯して）失敗した我が身を思いつづけてゆくと、匂宮を、少しでもいとしいと思い申し上げたというような心がまったく道理にはずれている、ただ、この匂宮とのご縁によりさまよい歩いたと思うと、（かつて二人きりで過ごしたときに宇治川のほとりの）小島の色を例にして（変わらない愛を匂宮が）誓いなさったことを、どうして魅力的であると思い申し上げたのだろうとすっかりいやになってしまったという思いがする。はじめから、（愛情が）浅いながらものどかにいらっしゃった人（＝薫）は、このときはあのときはなどと、思い出すことは格別すぐれているのだった。（私浮舟が）このように（ここで）生きていたと（薫に）聞きつけられ申し上げるようなことの恥ずかしさは、誰から（聞きつけられること）よりもきっと勝ることだろう。そうはいっても、この世では、（薫の）昔のままのお姿を、遠くからであっても、いつか見ることもあるだろうと思う（のは）、やはり悪い心だ、そのようなことさえ思わないようにしよう、などと（自分の）心ひとつで思い直している。

ようやく鶏が鳴くのを（浮舟は）聞いて、とてもうれしい。母上のお声を聞いたなら、ましてどうだろう（よりうれ

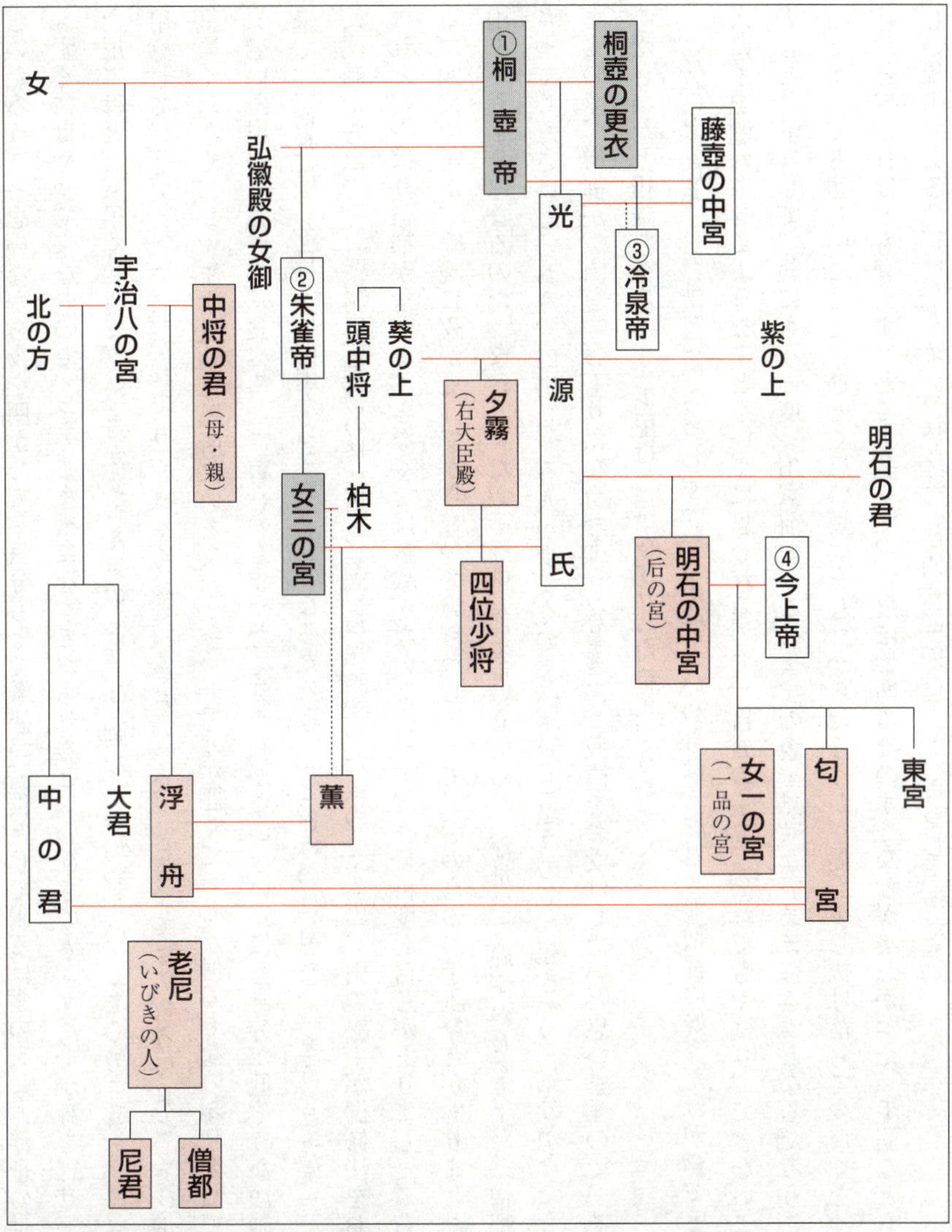

図：『源氏物語』登場人物系図（抜粋）

□は第2回試行調査，■は第1回試行調査の出題文に登場する人物。

①～④は帝の即位順で，②は④の父。

しいだろう）と思いながら夜を明かして、気分もとても悪い。供として来るはずの人（＝浮舟の世話をしている女童）もすぐにはやって来ないので、そのまま横になっておられると、いびきの人（＝浮舟が身を寄せている庵に住む年老いた尼）はとても早く起きて、（浮舟が食べる気のしない）粥などの煩わしいことなどを（さもごちそうだというように）用意して、「あなたに（おかれても）、はやくお食べなさい」などと寄ってきて言うけれど、（浮舟は）給仕もまったく気にくわなく、ますます見知らぬ所にいる気がして、「気分が悪くて」と、何でもないふりをしてお断りなさるのを、（老いた尼が）強いて（食べろと）言うのもまったく気が利かない。いかにも身分が低そうな法師たちなどがたくさん来て、「僧都は、今日（比叡山から）お下りになるだろう」（と言うのに対し）、「どうして急に」と問う様子なので、（法師たちは）「一品の宮が御物の怪に患っていらっしゃった（のですが）、山の座主が御修法をお勤め申し上げなさるけれど、やはり僧都が参上なさらなくては霊験がないと言って、昨日再度お召しがありました。右大臣殿の（息子である）四位少将が、昨晩に夜が更けてから登っていらっしゃって、后の宮のお手紙などがありましたので（今日、僧都は山を）お下りになるのだ」などと、たいそう盛んに言い立てる。（浮舟は）恥ずかしくとも、（僧都に）会って、尼になさってくださいと言おう、口出しする人が少なくてよい折だと思うので、起きて、「気分がただもうとても悪うございますので、僧都が（山を）お下りになったようなときに、戒律をお受けしたいと思いますので、そのように申し上げてください」と相談なさると、（老尼は）ぼんやりした様子でうなずく。

（浮舟は）いつもの部屋にいらっしゃって、髪は（いつもは）尼君（＝僧都の妹）だけが櫛でときなさるのを、他人に手を触れさせるようなこともいやに思われるので、自分の手で、それでもやはり、できないことであるので、ただ少しとき下ろして、親にもう一度（出家前の）このままの姿を見せないままにきっとなるだろうことが、自分のせいなのだがとても悲しいことだ。ひどく思い煩いをしたからだろうか、髪も少し抜け落ちて少なくなってしまった気がするけれど、どれほども衰えず、とても多くて、六尺ほどある髪のすそなどが美しかった。毛筋なども、まことに細かく美しい様子である。「このようにあれとは」と独り言を言っていらっしゃった。

【『遍昭集』】

母はこのように（＝出家するように）なれと思って、私の黒髪をなでてはいなかっただろう

あれこれと言い歩いて（華やかにして）いたころに、お仕えしていた深草の帝（＝仁明天皇）がお亡くなりになって、（これから）変わるだろう世の中を見るようなことも、耐えがたく悲しい。蔵人の頭の中将などといって、夜昼（深草の帝のおそばで）親しみ申し上げて（いたので）、「前の世が残ることのない（新しい）世の中に交わることはしないつもりだ」と言って、急に、家の人にも知らせないで、比叡山に上って、髪をそって出家しまして、と思いましたときにも、やはり、親などのことは、心にかかったのでしょうか。

語句

小島の色を例に契り給ひし＝「浮舟」巻での匂宮の和歌、「年経ともかはらむものか橘の小島の崎に契る心は」をふまえた表現。小舟に乗り、宇治川を渡っているときに、船頭が「橘の小島」と指し示した岩に茂る常緑樹を見て、匂宮が浮舟への変わらぬ愛を詠んだ歌である。

一品の宮＝明石の中宮（＝光源氏と明石の君の間の子）の長女。

右大臣殿の四位少将＝右大臣殿は夕霧（＝光源氏と葵の上の間の子）であり、夕霧の息子のうち四位少将となっている者を指す。

后の宮＝明石の中宮。

解説

問1 標準 1 正解は④

文脈を把握したうえで、傍線部の人物の心情を読み取る問題。傍線部がある段落において、浮舟は匂宮と薫とのことを思い出し、薫の素晴らしさを実感している。そして、薫にこのような場所に自分がいると聞きつけられたときには、他の人に聞きつけられるよりもずっと恥ずかしいだろうと気づく。しかし、薫の昔ながらの「御さま」を、遠くからでもいつかは見るだろうと思いつつ、やはりそれは悪い心だからそんなことは思わないようにしようと、「心ひとつをかへさふ」浮舟の複雑な心境を説明している。「かへさふ」は〝思い直す〟の意味である。この展開の読み取りをしたうえで、選択肢を確認すると、④の「小野でこのように生活していると薫に知られたときの気持ちは、誰にもまして恥ずかしいだろう」の内容が本文と合致することに気づく。ただ、思い直している内容全体ではないので、他の選択肢の確認もして判断する方が間違いがない。

①不適。「匂宮に対して薄情だった」という内容は読み取れない。

②不適。「匂宮への愛情」ではなく、薫に強く惹かれる心情が説明されている。

③不適。「匂宮以上に情熱的に愛情を注いでくれた」という内容は読み取れない。

⑤不適。薫との再会のことを思わないようにしようと思い直しており、「再会を期待して気持ちを奮い立たせている」のではない。

④以外の選択肢は内容的に誤っており、やはり④が正解と判断できる。匂宮と薫に愛され、薫に惹かれているのに匂宮と関係し、小野の地で暮らしていることを薫に知られたらと恥じる浮舟の心情が読み取れるかどうかということがポイントとなる。

問2 標準 2 ～ 4 正解は (ア)－③ (イ)－① (ウ)－②

古文単語の知識をもとに、文脈から傍線部の意味を確認する問題。センター試験の語意の問題を踏襲した問題である。

(ア) 「聞こし召す」は「聞く」の尊敬語、「食ふ」「飲む」の尊敬語、「治む」の尊敬語などの用法がある。傍線部の文脈は、老いた尼が早く起きて「粥など」を準備し、「御前に、とく」と浮舟にすすめている場面なので、③の「お食べなさい」が最適。

(イ) 「こちなし」は〝不作法である、ぶしつけだ、風流でない〟の意味。ここは、浮舟が、出された食事を「なやましくなむ」と言って断ったのに、老いた尼が「強ひて言ふ」ので、という文脈であり、①の「気が利かない」が最適。

(ウ) 「さかしら」は〝利口そうにふるまう、おせっかい、差し出がましい口をきくこと〟。この意味には①と②があてはまる。⑤の「つまらない」と迷うかもしれないが、浮舟の側の心情を考えれば、①の方があてはまる。尼になさってくださいと言おう、「さかしら人すくなくてよき折にこそ」という文脈であり、尼になることに対して、とやかく言って止めようとする人が少ないうちにという解釈が妥当であるので、②の「口出しする人」が最適。

問3 やや難 5 正解は③

文章全体の把握から登場人物について読み取る問題。適当でないものを選ぶ点に注意が必要。

①適当。夜が明けて、「心地もいとあし」とあり、「まかなひ」に不満があり、食事を「なやましくなむ」と断っているので、本文と合致する。

②適当。「法師ばら」は、一品の宮の物の怪調伏のために僧都が呼ばれ、わざわざ四位少将が后の宮の手紙を持ってき

たことを「いとはなやかに言ひなす」と描写されており、「誇らしげに言い立てていた」は妥当な説明である。

③不適。僧都が「浮舟の出家のために急遽下山することになった」は明らかに誤り。「法師ばら」の発言からわかるように、僧都は一品の宮の祈禱のために比叡山から下山する。そしてそれを聞いた浮舟が、僧都に出家の導きを願い、戒律を受けようと考えているのである。

④適当。②でも見たように、四位少将が比叡山に、僧都宛ての后の宮の手紙を持ってきている。

⑤適当。出家を願う浮舟のことばに「ほけほけしうなづく」とあり、正しい選択肢。ただ「ほけほけしう」の意味は難しく感じたかもしれない。

出題文は、浮舟による匂宮と薫の回想からはじまり、「いびきの人」、「法師ばら」の自慢話など、登場人物が多く、決してわかりやすい文章ではないので、簡単ではないだろう。ただ、③が正解（＝適当でない）と判断できれば、③以外の選択肢の内容は〈正しい〉はずなので、**〈正しい〉選択肢を頼りに人物関係をつかむ**ことが可能である。

問4 標準 6 正解は⑤

傍線部の内容を読み取る問題。出家を決意し、比叡山から下りてくる僧都に導いてもらおうとしている浮舟は、自分の髪を見ながら、**親にもう一度このままの姿を見せずに尼になってしまうことを悲しむ**という文脈である。この把握から選択肢を検討する。

①不適。「すっかり容貌の衰えた」の部分が、傍線部直後の「髪もすこし……うつくしげなり」の、髪も少し抜け落ちて細くなったような気がするが、どれほども衰えておらず、すそも毛筋も美しいという内容と合わない。

②不適。「見えずなりなむ」の「なりなむ」は四段活用動詞「なる」の連用形＋強意（確述）の助動詞「ぬ」の未然形＋推量の助動詞「む」の連体形である。〝（出家する前の姿を親に）見られることなく尼になってしまうだろう〟とい

う内容である。「む」を意志で訳すと「姿を隠したい」という意味になるが、「いと悲しけれ」「かかれとてしも」などからは、浮舟の一方ならぬ母への思いが感じられるため、親から「姿を隠したい」という説明は誤り。

③**不適**。「こそ」の係り結びで「悲しけれ」と示された浮舟の心情に合わない。「人やりならず」の「人やり」は〝自分の意志ではなく他人に強いられてすること〟であり、「人やりならず」とは、他人にされるのではなく、自分のせいであることを言う。よって、「他人である尼君の世話を受けざるを得ない」という説明は誤り。

④**不適**。③で解説したように、「人やりならず」は自分のせいであることを意味するので、「他人を責める」が誤り。

⑤**適当**。筆者が浮舟の心情を説明するのではなく、**直接浮舟に心情を語らせている部分**であり、「心情を読者に強く訴えかける効果」の説明は妥当。

問5 やや難 7・8 正解は②・⑥

本文の読み取りと追加された資料にもとづきながら、**傍線部の解釈**について選択肢から妥当なものを選ぶ問題。本文の「かかれとてしも」の説明として、僧正遍昭の和歌を引き歌にしており、その歌がどのような経緯で詠まれたかを、追加の資料『遍昭集』で示している。

「かかれ」は「かくあれ」（＝このようにあれ）が縮まった形で、「このように」とは、『遍昭集』の「比叡《ひえ》に上りて、頭《かしら》下ろし侍りて」を指す。よって、「かかれとてしも……我が黒髪をなでずやありけむ」は〝出家・剃髪しなさいと言って私の黒髪をなでてはいなかっただろう〟の意味になる。つまり浮舟は自分の美しい髪の毛を見て、**出家しなさいと言って親が自分の髪をなでたわけではないと嘆いている**と解釈できる。この読みに合致する選択肢が正解の選択肢。

①**不適**。「母はこのように私が出家することを願って私の髪をなでたに違いない」という読みは誤り。和歌の「なでずやありけむ」の打消の助動詞「ず」の部分を読み落とさないように。直訳すると〝なでないであったのだろうか〟と

なり、出家を願って黒髪をなでてはいなかったのだろうと詠んでいる。

②適当。「なでたはずがない」は意訳であるがとらえている内容は正しい。「さすがに」は、〝そうはいってもやはり〟と訳すように、前で言ったことに相反することを導く。出家はしたけれどもやはり親のことが気がかりで申し訳ないという遍昭の気持ちを表している。

③不適。生徒A、つまり①の内容を支持している時点で不正解。「お母さんの意向に沿った生き方」は、本文、『遍昭集』の誤った解釈。

④不適。こちらも①の内容を支持しているので誤り。加えて、「薫か匂宮と結ばれて幸せになりたい」というのは本文の誤った解釈。浮舟は匂宮と関係してしまったことを後悔している。さらに、「遍昭のように晴れ晴れした気分で出家」の部分は、親のことを気に掛けている遍昭の様子と矛盾する。

⑤不適。和歌の正しい解釈をしている生徒Bを支持しており、正解に近い選択肢であるが、「出家以外に道はないとわりきった浮舟の潔さ」の部分が引っかかる。次の⑥の選択肢と比較して検討する。

⑥適当。⑤と同じく生徒Bを支持しており、正しい読み取り。そのうえで、親が気がかりだという遍昭のことばを、浮舟が出家前に思い起こしていることから、「出家に踏み切るだけの心の整理」を「まだできていない」とするのは、傍線部Bにある、「親にいま一たびかうながらのさまを……」と悲しむ部分に照らして正しい読み取り。⑤の内容と比較してもこちらが適当だと判断できる。

選択肢を検討してみると、①の生徒Aについて正しく判断できれば、連動して他の選択肢の正誤が判断できる問題と言える。「宇治十帖」の展開および人物関係、さらに「出家する」ということに関する知識があれば、かなり解きやすい問題であった。

第5問

出典

Ⅰ　金谷治の文章（『荘子　第一冊 内篇』〈斉物論篇　第二〉の訳注。岩波文庫）

Ⅱ　劉基『郁離子』〈術使〉

【文章Ⅰ】は『荘子』の「朝三暮四」の部分の口語訳であり、【文章Ⅱ】が「朝三暮四」を題材に別の視点から描いた漢文である。つまり、【文章Ⅱ】は「朝三暮四」のパロディであり、「朝三暮四」から発想を転換した内容の文章である。実質的に読解の問題として問われているのは【文章Ⅱ】のみであり、センター試験の漢文の問題と大きな違いはない。最後の問5で【文章Ⅰ】との関連が問われるが、【文章Ⅰ】自体が口語訳された文章で、しかも短いものである。純粋な漢文読解問題と変わらないものとして解くことができるだろう。なお、【文章Ⅱ】は、共通一次試験の一九八四年度追試験で用いられた出題文とほぼ同じものであった（送り仮名が一部変更されている）。

読み

楚《そ》に狙《そ》を養ひて以《もつ》て生《せい》を為《な》す者有り。楚人之《そひとこれ》を狙公《そこう》と謂《い》ふ。旦日《たんじつ》必ず衆狙《しうそ》を庭に部分して、老狙をして率《ひき》ゐて以て山中に之《ゆ》き、草木の実を求めしむ。什《じふ》の一を賦《ふ》して以て自ら奉ず。或《ある》いは給せずんば、則《すなは》ち鞭箠《べんすい》を加ふ。群狙皆畏《おそ》れて之に苦しむも、敢《あ》へて違《たが》はざるなり。一日、小狙有りて衆狙に謂ひて曰はく、「山の果は、公の樹《う》うる所か」と。曰はく、「否《しから》ざるなり。天の生ずるなり」と。曰はく、「公に非《あら》ずんば得て取らざるか」と。曰はく、「否ざるなり。皆得て取るなり」と。曰はく、「然《しか》らば則ち吾《われ》何ぞ彼に仮《か》りて之が役を為すか」と。言未《いま》だ既《つ》きざるに、衆狙皆寤《さ》む。其の夕、相《あ》ひ与《とも》に狙公の寝《い》ぬるを伺《うかが》ひ、柵《さく》を破り柙《をり》を毀《こぼ》ち、其の積を取り、相ひ携《たづさ》へて林中に入り、復《ま》た帰らず。狙公卒《つひ》に餒《う》ゑて死す。
郁離子《いくりし》曰はく、「世に術を以て民を使ひて道揆《だうき》無き者有るは、其れ狙公の如《ごと》きか。惟《た》だ其れ昏《くら》くして未だ覚めざるなり。一旦之を開くこと有らば、其の術窮《きう》せん」と。

全訳

楚に猿を飼ってそれによって生計を立てている者がいた。楚の人はこの者を狙公といった。（狙公は）明け方には決まって大勢の猿を庭でグループごとに分けて、老猿に率いさせて山の中に行き、草木の実を求めさせた。（狙公は、取れた草木の実の）十分の一を徴収して自らの暮らしをまかなっていた。あるときは（猿が取ってきた木の実が）足りないと、むちで打った。猿の群れは皆恐れてこれに苦しんでいたが、決して逆らおうとはしなかった。ある日、小猿が猿の群れに言った、「山の木の実は、親方（＝狙公）が植えたものなのか」と。（猿たちは）言った、「いやそうではない。天が生じさせたのだ」と。（小猿は）言った、「親方でなければ手に入れることはできないのか」と。（猿たちは）言った、「いやそうではない。誰でも皆手に入れることができるのだ」と。（小猿は）言った、「そうであるならば僕はどうして彼に（木の実を）借り受けて（＝仮に分け与えられて）彼のために木の実を取る役をしているのか」と。（小猿の）言葉がいまだ終わらないうちに、猿たちは皆気づいた。その夕方、（猿たちは）ともに狙公の寝たのを見はからい、柵を破りおりを壊して、狙公のためた木の実を取り、皆で持って林の中に入り、二度と帰ってこなかった。狙公はついに飢えて死んだ。

郁離子は言う、「世に策略で民を使って道理にかなった決まりを作らない者（＝為政者）がいるのは、ちょうどこの狙公と同じようなものであろうか。ただ民たちが道理に疎くてまだ気づいていないだけだ。いったんその目が開くことがあれば、その策略は行き詰まってしまうだろう」と。

語句

賦什一＝「賦」はここでは〝財物を徴収する〟という意味。「什一」は〝十分の一〟という意味。狙公は、猿たちに対して何も与えていないのに、猿たちが山から取ってきた草木の実のうち一割を徴収していたのである。狙公の行っていたこのやり方を最終段落で「術」（＝猿を手なづけてだます策略）と言っている。

不復帰＝二度とは帰らない。「不復～」は〝決して～ない〟という否定を強調する形、または〝二度とは～しない〟という部分否定の形で用いられる。

術＝技術。策略。

窮＝きわめる。行き詰まる。

解説

問１　やや易　1・2　正解は　(1)―②　(2)―④

語句の意味を答える問題。文脈から語意を読み取る問題は、漢文の問題で頻出。

(1)　猿を飼って山の草木の実を取りに行かせてそれを差し出させているので、ここでの「為生」は〝生計を立てる〟意味であることがわかる。よって②の「生計」が正解。

(2)　猿たちは「積」を取りそれを持って山に入ってしまう。その結果として狙公は飢えて死ぬわけなので、この「積」は狙公がためこんだ木の実。この読みから④の「蓄積」が正しい。

問２ やや易 3 正解は①

訓読の問題。適切な返り点、送り仮名、書き下し文を、選択肢から選ぶ。狙公が朝、猿を庭に集めて、山中に草木の実を取りに行かせる場面である。傍線部の先頭に**「使」**があり、ここに戻って「しむ」と読ませる**使役の構文**であろうことが推測できる。選択肢でも、①・③・⑤が使役の読み方をしている。①の書き下し文をもとに直訳すると、〝老猿に〈猿たちを〉率いて山中に行き、草木の実を求めさせる〟となる。これは、〈猿たちを率いて山中に行って草木の実を取る〉ということを狙公が老猿にさせていたという内容であり、妥当な読みになる。よって①が正解。

②「草木の実を求む」と読むと、狙公が実を求めに行くと解釈できてしまうので誤り。「求」にも使役の意味がつくように読むべきである。

④「使《も》し老狙率ゐて以て山中に之かば」と仮定で読んでいるが、〝もし老猿が〈猿たちを〉率いて山に行ったならば、草木の実を求める〟では、狙公の生計の助けにはならないだろう。

③・⑤ 使役が用いられている選択肢であり、注意して検討する。「使」の直後には、**〈誰に何をさせる〉**という形がくることが多く、ここは老猿を使役し「～させる」の文である。その際、**〈誰に〉の部分に「～をして」と送り仮名をつける**のが訓読の決まりであり、この読みは訓読の問題で頻出のものである。そこから、「～をば」と読んでいる⑤は外れる。③は「老狙をして率へしめて」と「率」だけに使役がかかり、②と同様に草木の実を誰が取るのかわからないので外れる。

以上のように、書き下し文を選ぶ問題において選択肢を絞り込むには、二つのアプローチが考えられる。

● **文章の展開と、書き下し文から導ける現代語訳とが合っているか**を確認する

● 句法の知識を用い、**句法の部分が正しく訳されているか**を確認する

漢文の問題では、基本的に、句法が反映されている部分が出題されることが多く、漢文の基礎的句法の知識は必須で

ある。本問では、頻出の使役の構文が出題されている。

問3　標準　4　正解は①

書き下し文と解釈の問題。文脈を通して、正しく本文を解釈することが必要である。傍線部までの文脈は、狙公が猿たちを使役して山の中に木の実を取りに行かせて搾取し、猿たちは苦しんでいるという内容。それに対して「小狙」が挟んだ傍線部の疑問に、他の猿たちが「そうではない、天が生じさせた」と返答しているという展開である。選択肢に示された解釈は、いずれも文末が「～のか」と疑問形になっており、文脈を読み取るうえでヒントになる。前後の文脈に合うものとしては、①の、「山の果は、公の樹《う》うる所か」と読み、「山の木の実は、猿飼いの親方が植えたものか」と解釈するのが、最も適していると読み取れる。

② 「親方の土地の木に生《な》ったのか」という解釈は、木の実のなった場所を尋ねている質問であり、「天が生じさせた」という返答と対応しない。

③ 「所」は、下にある動詞を名詞化するときに「～する所の」と返って読む。ここでは「樹」を「うゑ」と動詞として読んでおり、「ううる所」と読むのが適当。「樹」の下の「与」を動詞として「所」に返って読ませるのは妥当とは言えない。さらに「親方が植えて分け与えているものなのか」という解釈は、木の実は誰が分け与えているのかと尋ねており、「天が生じさせた」という返答と対応しない。

④ ②と同様、「親方の土地に植えたものか」という木の実のなる場所を尋ねる解釈は、他の猿たちの返答部分と対応しない。

⑤ 「親方が植えたものを分け与えたのか」という解釈は、③と同様、木の実は誰が分け与えたものかと聞いており、「天が生じさせた」という返答とは対応しない。

傍線前後の文脈の把握が必須の問題。②〜⑤はいずれも直後の返答と対応しないので誤りと判断できる。単純に傍線の部分だけを問う問題ではないことに注意が必要である。そのうえで、「所＋動詞」の訓読を確認する。また、「与」は動詞の「与える」ではなく「か」と読み、疑問の意を表す用例があることも、覚えるべきポイントの一つである。

問4　標準　5　正解は①

文章全体の読解を通して筆者の主張をとらえ、傍線部を解釈する問題。この文章の第一段落では、狙公に搾取され苦しんでいた猿が、小猿の素朴な問いかけにより、自分たちが狙公のために働く理由がないことに気づかされ、狙公の蓄えを奪って逃げるという話が語られる。そこから筆者（郁離子）が主張をまとめるという、説話特有の構成になっていることに気づくだろう。最後の部分で郁離子は、道理にかなった決まりをもたないで民を使う為政者は狙公と同じだと述べる。このことをまとめると、次のようになる。

- 狙公の搾取に苦しむ猿たち　→不当な搾取に気づく（「皆寤」）→狙公に離反する
- ＝為政者の悪政に耐える民　→道理がないことに気づく（「覚」「開之」）→為政者に離反する？

傍線部では、ただ「昏」がいまだ覚めないだけだと述べている。この「昏」の解釈が解答のポイントになるだろう。最後の文との対応で読み取ると、「一旦之を開くこと有らば」とあり、「昏」は目の開かれていない、気づいていない状態であることが読み取れる。これは深い眠りを表す「昏睡」という言葉からもイメージできるかもしれない。そこから考えると、ただ目が開かれず気がついていないだけだ、いったん目が開かれればその「術」は行き詰まる、というのが傍線部から最終部分までの解釈になる。この内容を説明しているのは、「ただ民たちが疎くてこれまで気付かなかっただけである」とする①である。

② 傍線部は「昏」（＝目が開かれていない）ゆえに「未だ覚めず」（＝眠りから覚めていない）と解釈すべきところ

である。「昏」の説明がない点が不十分。また「それまでのやり方に満足していた」という説明は、猿たちについて述べた「皆畏れて之に苦しむ」と合致せず、不適当。

③　②と同様、「昏」の説明がない点が不十分。また「満足しなかった」のであれば、小猿に指摘される前に「覚」の状態になっていたはずだ。

④　主語を「猿飼いの親方」としている点が誤り。また、「それまでのやり方のままにした」ことにより猿たちが気づいて離反したのであり、文章全体の読み取りからも不適当。

⑤　④と同じく主語が誤り。傍線部は猿（民）の目が覚めていないだけだという内容である。「親方が疎くて事態の変化にまだ気付いていなかった」という説明は、本文最後の、いったん目が開かれれば「術」は行き詰まるという内容と対応しない。

傍線部は本文最後の結論部分にあり、単純な解釈問題ではなく、**文章全体の意図を把握して答える**問題である。文章全体の展開を把握し、「昏」の内容を文脈や他の用法からイメージできれば正答を導けただろう。

問5　標準　6 〜 8　正解は　(i)―⑤　(ii)―③　(iii)―①

本文の内容について話し合っている会話文の展開を読み取り、本文との関連から、**会話文の空所を補充する**問題。故事成語の知識も問われるが、「朝三暮四」「朝令暮改」はそれほど難しいものではないだろう。会話の展開と【文章Ⅱ】の関係性に注意が必要。(iii)がやや難しかったかもしれない。

(i)　【文章Ⅰ】のたとえ話からできた**故事成語に関する知識**を問う出題。「朝三つにして夕方四つ」にすることに反発された狙公が「朝四つにして夕方三つ」にする（＝一日の合計はどちらも七つで変わらない）と言ったことからできた故事成語は「朝三暮四」である。このたとえ話は、次の二つの意味で使う。

●実質的には何も変わらないが、言葉巧みにごまかすこと（狙公の側から）
●目の前の利益に心を奪われ、結果が同じになることに気がつかない愚かさ（猿の側から）
このうち、前者の意味に該当するのが、⑤の「内容を改めないで口先だけでごまかすこと」という説明である。

① 一日の合計はどちらも七つであり、「おおよそ同じ」ではないので誤り。「大同小異」の説明ならば正しい。
② 朝命令し夕方改めるというのは「朝令暮改」の説明。
③ どちらも合計七つであり、「話のつじつまが合わない」わけではない。
④ 夕方に与える個数を変えているが、やはり合計七つで、実質は改められていないので、本文と合わない。

(ii) 空所に続く生徒Aの発言内容（「運命の分かれ目」）から、猿飼いの親方と猿との関係がどこで変わるかを読み取る。親方の「狙公」は猿を使役するという強い立場であったが、その不合理さに気づいた猿たちに反乱を起こされて飢え死にする。親方と猿たちの立場の逆転は、「小狙」が、山の木の実は狙公が植えたのかという素朴な質問（傍線部B）をしたことから始まる。この内容から、空所に入るのは③の選択肢が妥当であることに気づくだろう。

① （注６）のある文に「むちを打って猿をおどす」ことは述べられているが、それによって狙公の転落が始まるわけではないので、不適切。
② 狙公が「草木の実をすべて取る」という内容は【文章Ⅱ】には述べられていないので誤り。
④ 猿たちは小猿の問いかけによって「寤む」（＝気づく）のであり、老猿が「親方の素性を教えた」は誤り。
⑤ 猿たちの逃亡が「老猿」の指示であるとは述べられていないので誤り。

(iii) 空所に続いて、生徒Cが「だからこそ……『其の術窮せん。』ということになった」と言っていることから、猿飼いの親方が転落した背景を説明する言葉を、【文章Ⅱ】の最後の郁離子の言葉の中から選ぶ問題となる。

郁離子は、「道揆」つまり道理にかなった決まりもなしに「術」で民を使う者は狙公と同じだと述べている。狙公は道理に合う決まりを使わず、むちの力で猿を使役したために、狙公のために働く理由がないことに気がついた猿たちに反乱を起こされる。この内容の説明は①にあり、「道揆」に合うかどうかを考えない猿飼いの親方のような者がいて、民が気がつかないうちはよいが、いったん目が開かれれば「其の術窮せん」ということになると述べられており、空所の文脈に最適な選択肢。

② 「『術』をころころ変え」るのは「朝令暮改」の説明であり、誤りの選択肢。

③ 「『道揆』を知らない民に反抗される」のではなく、為政者に「道揆」がないことに気がついた民に反抗される。

④ 「賞罰が『道揆』に合わない」は誤り。民を使うことに「道揆」がないのである。

⑤ 「『道揆』よりも多くをむさぼる」のではなく、民から取ることに対する「道揆」がないのである。

第1回　試行調査：国語

第2問～第5問

問題番号	設　問	解答番号	正　解	備　考	チェック
第2問	問1	1	②		
		2	①		
	問2	3	②		
	問3	4	③		
	問4	5	②，⑥	＊1	
	問5	6	③		
第3問	問1	1	⑤		
		2	④		
		3	⑤		
	問2	4	③		
	問3	5	②	＊2	
		6	③		
	問4	7	②，⑥	＊1	
	問5	8	④		
		9	②		
		10	⑤		

問題番号	設　問	解答番号	正　解	備　考	チェック
第4問	問1	1	①		
	問2	2	④		
	問3	3	①		
	問4	4	⑤		
	問5	5	③		
	問6	6	③		
第5問	問1	1	①		
		2	⑤		
	問2	3	②		
		4	④		
	問3	5	⑤		
	問4	6	③		
	問5	7	①，⑥	＊3	
	問6	8	③	＊2	
		9	⑤		
	問7	10	⑤		

（注）

＊1　過不足なくマークしている場合に正解とする。正解のいずれかをマークしている場合に部分点を与えるかどうかは，本調査の分析結果を踏まえ，検討する予定。

＊2　両方を正しくマークしている場合のみ正解とする。

＊3　過不足なくマークしている場合のみ正解とする。

自己採点欄
／32問

● 各設問の配点は非公表。

第2問

出典

宇杉和夫「路地がまちの記憶をつなぐ」（宇杉和夫・青木仁・井関和朗・岡本哲志編著『まち路地再生のデザイン―路地に学ぶ生活空間の再生術』彰国社）

宇杉和夫は一九四六年埼玉県生まれ。日本大学大学院理工学研究科建築学専攻修了、西安交通大学客員教授、元日本大学准教授。著書に『日本住宅の空間学』『地域主権のデザインとコミュニティアーキテクト』など。『まち路地再生のデザイン―路地に学ぶ生活空間の再生術』は二〇一〇年に刊行された。

要旨

都市の内部に触れたと感じるのは路地に触れたときである。路地的空間について述べるには道と居住空間という二つの視座が必要だが、人間を規定する理想環境のあり方への問いが古代以来明確な西欧の都市と対照的に、路地空間に自然性がある日本の都市は、明治以前とそれ以降の近代空間計画への過程の継承が必要だ。日本は参道から自然に発展した参道型空間が基本であり、区画整形でも自然尊重が基盤となってきたが、近代の合理的空間基準による機能的、経済的市街地整備により市街地の魅力は失われた。逆に自然形成による地域継承空間システムの文脈にある路地的空間に評価が高まっており、家並みと路地と共同空間によるまちの原風景を近代空間計画に生かすべきである。

語句

掃き出し窓＝床面に接する低い位置に設けられた小さな窓。部屋の中のチリを箒などではき出すためのもの。

縁＝ここでは「えん」と読み、縁側のこと。日本建築で座敷の外に設けられた細長い板敷き。
庇＝窓や出入り口の上部から外側に出された小さな屋根。日差しや雨を防ぐために設けられる。
震災復興区画整理事業＝「震災」は関東大震災（一九二三年）を指す。
山の手＝山に近い高台の土地。東京においては、江戸時代は、江戸城とその西側の台地を指し、時代とともに変遷しながら、大正以降には、さらに東京の西部へと広がった。

解説

※問題文に太字で示された小見出し「近代空間システムと路地空間システム」「路地の形成とは記憶・持続である」について、以下の解説では、それぞれ前段、後段として説明する。

問1　標準　1・2　正解は　A―②　B―①

表を読み取り、その意味する内容と表の語句を本文全体の展開から理解する問題。**表1**は「近代道路空間計画システム」と「路地空間システム（近代以前空間システム）」が左右に対比され、縦軸にその構成要素が挙げられる。設問に「文章全体の内容に照らした場合」とあり、**文章全体の展開から、この表の意味をとらえる**必要がある。この表の右側の「路地空間システム」に、「（近代以前空間システム）」と括弧書きがあることがヒントとなる。これは、本文前段の文脈から読み取れるとおり、「明治に至って急速な欧米文化導入」（前段第三段落）がある以前の、自然性がある日本の路地の空間であることが読み取れる。それに対置される明治以降（＝近代）の道路を中心とした空間計画システムが、表の左側である。

A　傍線部Aの「**機縁物語性**」の意味内容を読み取る問題であるが、**表1**から読み取るべきなのは、これが**路地空間システムの構造**を表しており、「場所性」「領域的」と同じ欄に置かれているということである。これについて本文では、前段第二段落の中で、日本の路地空間の特徴として「数戸が集まった居住建築」空間であり「通行空間であるが居住集合のウチの空間」としてまとまりがあり、「ソトの空間から区切られているが通行空間としてつながる」微妙な空間システムであり、その継承には物理的な仕組みの継承だけでなく、「近隣コミュニティの中に相関的秩序」があり通行者もそれに対応できるシステムがあると述べられている。これが後段で述べられる参道型空間である。これに対置される、近代の「機能・合理性・均質性」という構造（表1参照）による合理的空間は魅力を保持できず、新区画の傍らにできた眺望、景観を売り物に再開発された場所に人々が移動する結果をもたらしてしまう、というのである。この展開から、「機縁物語性」とは、**路地空間の、コミュニティとしてつながりがあることで、ウチとソトが微妙につながる歴史的に作り上げられた構造**と理解できるだろう。この展開を説明したのが②である。

① 緑という植物的自然のみを取り上げており、前述の「構造」の説明になっていない。

③ 前半部は問題ないが「外部と遮断された」の部分が誤り。

④ 空間に応じた人間関係の変容については、本文では言及されていない。

⑤「通行空間から切り離す」の部分が誤り。

B　傍線部Bは近代の、つまり西欧的な「広域空間システム」である。本文では後段の第三段落で、日本の道空間の原型・原風景に対するものとして、「**すべての道はローマに通ず**」に表される、中心都市ローマから軍事、経済的な理由で地方まで張り巡らされた西欧の道路空間や、計画的区画であるグリッド形式が紹介されている。この内容を説明した①「**中心都市を基点として拡大延長された合理的空間システム。**」が正解となる。

②「原風景を残した」の部分が誤り。西欧はギリシャ、ローマという古代からその理念は変わっていない。

③「アジア的空間と融合」はしていないので誤り。

④「地形を平らに整備した」は表1の「形成」の説明になるので不適。

⑤「居住空間を減らして交通空間を優先した」という内容は、前段の第二段落で近い内容が述べられており、「日本の路地空間」の説明になるので不適。

ここで注意しなければならないのは、正解選択肢①の「中心都市を基点として」の部分は、本文には具体的説明がないことである。古代ローマ帝国の「すべての道はローマに通ず」の意味を理解できたかという点が影響してくる。つまり、単純に国語の知識だけを運用するのではなく、世界史の知識に基づいた考察が求められている設問ともいえる。**単純な文章読解以上の幅広い知識に基づいた読み**が有効になりうるといえよう。

問2　やや易　3　正解は②

図の意味するものを、本文の記述から読み取り理解する問題。後段の文脈で、日本の道空間の原型・原風景を説明しており、後段第三段落で図2の説明として、**パッケージ型路地**とは、「面的に広がった**計画的区画にある路地は同様のものが繰り返し連続する**」路地として参道型路地とは区分されると述べられている。それに対し**参道型路地**は**目的地としての神社仏閣があり**、そこから伸びた参道とその両側の店と住居、そしてその裏側の空間が基本で、そこから**折れ曲がって分かれ、次の参道空間に結びつく**形式と読み取れる。この内容を説明したのは②である。

①「区画化された車優先の路地」はパッケージ型路地の説明にあてはまらない。後半の「手つかずの自然を残した原始的な路地」も参道型路地の説明になっていない。

③「ローマのような中心都市から」の「拡大延長」は西欧の都市の成り立ち。後半の「独自性を競い合う」も誤り。

④図2のパッケージ型が「同心円状の幾何学的路地」でないことは明らか。「秩序を失った……路地」も誤り。前段第二段落に、路地空間について「まとまりがある」「相関的秩序があり」と述べられている。

⑤パッケージ型の「通り抜けできない路地」の説明部分が誤り。

この設問は本文での説明箇所を探しやすく、説明の内容を押さえて選択肢の読み誤りをしなければ正解を導きやすい。

問3 やや難 4 正解は③

図の意味するものを本文の内容から読み取り、考察する問題。図3は「東京・江東区の街区形成と通り」との説明がついている。よって、本文から江東区の都市形成の説明を読み取り、この図の意味するものを理解する必要がある。江東区については後段の第五段落、第六段落で説明されているが、やや読み取りにくい部分でもある。江東区の方形整形街区方式は掘割とともに形成されたが、その「計画が機能的・経済的に短絡されて」きてしまったので、自然とのつながりをもつ居住区形成には「水面水路との計画的な配慮が必要だった」とある。ここには直接的には書かれていないのだが、逆説的に、歴史的空間の記憶、つまり路地的な空間を継承せず、整形を基本とする市街地整備を行って機能性、経済性を重視した市街地を形成してきたということを述べていることに気づきたい。そしてこの市街地整備は、明治以降の西欧から導入したグリッド形式であることを読み取らなければならない。そこから、図3のまっすぐな道が計画的に区画整理された人工的な街路であるという図の読み取りが可能になる。これを説明したのが、③の「江戸から継承された水路を埋め立て、自動車交通に配慮した機能的な近代の空間に整備された例。」である。

① 「江戸の歴史的な町並み」を図3から読み取ることはできないだろう。

② 「区間整理の歴史的な蓄積を生かし」と肯定的に説明しているのが不適。江東区の区画整理は空間的記憶の継承を無視したものだと、批判的に述べられていることに気がつかなければならない。

④ 「オープンスペースと眺望・景観」を売りにしたのは、この街区整備の一角にあり、工場が移転した跡地に建てられた、海に面した超高層マンションである。都心ベイエリアの現状を知っていれば読み取りやすかっただろうが、そうでなければイメージしにくかったかもしれない。

⑤　複雑な地形の地の利を生かしたのであれば、まっすぐな街路になるはずはない。

選択肢の意味する内容を考察し、正しく把握できたかが分かれ目になっただろう。**図の内容を本文の展開とともに読み取る**、新しい形の問題といえる。図にある道路が意味するものに気づくための、街の風景に対する知識があれば問題なく読み取れるのであるが、多くの高校生には難しかったかもしれない。さまざまな知識を応用して考察し、いかに資料を読み取るか。「国語」の内容に限らない幅広い学習により、普段から社会の事象に対していかに問題意識を持ち、知識を蓄積し、考察しているかが勝負になりそうである。

問4　標準　5　正解は②・⑥

本文で使用される**語句の意味**を、**文章全体**の展開から読み取り選択する問題。「どういうことか」という問い方で表現の意味するところを問うものに近い問題であるが、本文の特定の場所に傍線が引かれその前後の展開から読み取るのではなく、**文章全体でどのような捉え方がされているか**を把握する問題。本文に合致する説明を二つ選ぶ。

文章全体の展開から「路地空間」・「路地的空間」がどのようなニュアンスで使われているか把握しておき、選択肢を吟味していくしかないだろう。時間短縮を図るには、先に設問を見ておき、この**文章の中心的話題である「路地」の意味するところ**を一回目の読みで把握しておくことが大切だろう。

①**不適**。「自然発生的に区画化」は迷う表現であるが、後段の第三段落で「日本の道空間の原型・原風景は区画された街区にはない」とあることからわかるように、この文章で使われる「区画化」が西欧で発生した道路空間による意図的な「区画」に限定して使われているという点に着目する。ここから路地の説明でないことが読み取れる。

②**適当**。地形に基づく形成は、参道型路地や山の手、向島の空間の説明から、路地の説明と判断できる。

③**不適**。「景観を一望」が誤り。路地から大自然を一望できるかと常識的に考えても明らかな誤りと判断できる。ただ

この判断には「路地」をイメージできているかが関わる。

④不適。「都市とは異なる」とあるが、向島も山の手も東京の中心市街に近い。決して「自然豊かな」空間ではない。判別には東京近郊に在住している人が有利ともいえるが、図5を見れば推察できるだろう。

⑤不適。「通行者の安全性」とあるが、この文章では路地通行の安全性については論じられていないので、路地の説明としては選べない。

⑥適当。この文章の主旨ともいえる内容。日本の道空間の原型・原風景を都市の計画に継承、反映させるべきというのが筆者の主張である。そこに残したいのが「路地空間」・「路地的空間」である。

問5 標準 6 正解は③

本文の中心の話題について、新たな条件を付加した場合、本文の論旨からはどのような状況になるかを考察させる問題。マーク式という形式の中で、読解力とそれに基づいた発展的な考察を求める問題として、これまでのセンター試験ではあまり見られなかった意欲的な出題である。

路地的空間の長所については後段最後の二段落にあるように、「地域コミュニティの原点」として評価され、魅力ある市街地として居住者の評価が高まっていると述べられている。短所についてはこの部分では言及されていないが、設問に「緊急時や災害時の対応の観点を加えて」という誘導があるので、その誘導に従えばどのような結論が導けるかを考察することになる。図1の参道型路地的空間の写真、図2の参道型の概略図、図5の向島の通りを見る限り、道路はまっすぐではなく、狭く袋小路になっている。江東区の区画整形街区も、関東大震災の復興区画整理事業、戦災後の復興計画で推進されたように、災害から街を守るという意味合いが深く関係する。「路地的空間」は災害が起きた場合に被害が大きくなる空間と考えることができる。

これらの読解と考察を通して選択肢を吟味すると、③の「持続的に住みたいと思わせ」、「コミュニティが形成されやすい」ものの、「災害時には」問題が起こるという説明が正しいことがわかる。

① コミュニティとして緊急時の対応は可能になる可能性はあるが、「自然信仰的な秩序」があるために再現が難しいことが短所とは考えられない。

② 「居住空間と通行空間が連続的に広がらず」の部分は本文で述べられる「路地的空間」の説明とは逆を行くものであり、そのために「高齢の単身居住者が多くなり」という説明には結びつかない。

④ 「機能的な道・道路」という説明は、西欧に端を発するものであり、路地的空間のものではない。図から見る限りでも路地的空間とは結びつきがたいと判断できるだろう。

⑤ 前半部の説明は妥当なものであるが、それとの対比として高層居住空間のコミュニティと価値観の共有ができず、共存できないことが短所であるという説明は、かなりの飛躍である。後段最終段落では、「路地的空間をもつ低層居住地区にするか、外部開放空間をもつ高層居住地区にするかといった二者択一」ではなく、地域の中で両空間が「補完・混成して成立するシステムが残っている」と述べられている。目新しい出題であったが、本文の展開がつかめていれば、選択肢自体は選びやすいといえよう。

第3問

出典

光原百合「ツバメたち」（大崎梢・近藤史恵他『アンソロジー　捨てる』文藝春秋）〈光原百合「四つの掌編」の第二編〉

光原百合は広島県生まれの小説家。尾道市立大学教授。一九九八年『時計を忘れて森へいこう』でデビュー。著書に『十八の夏』『イオニアの風』など。

要旨

オスカー・ワイルド作「幸福な王子」より。「幸福な王子」のツバメ（＝彼）は見た目のいい若者だったが、いつも夢のようなことばかり語る風変わりな存在だった。彼は王子《プリンス》の元に通い、南の土地に自分は行かないと言い出す。仲間たちと違ってあたしは彼のことが気になり、ここで何をするつもりなのか問いつめるが、王子に頼まれて貧しい人を助けるためという理由が理解できない。南の国で冬を迎えたあたしは、彼が残った理由を考える。彼は大好きな王子の喜ぶ顔を見たかっただけ。王子も自分の重荷を捨て、同時に命を捨てても自分の傍《そば》にいたいと思う存在を求めただけだったのではないか。

解説

問1 標準 1－3 正解は (ア)—⑤ (イ)—④ (ウ)—⑤

センター試験では文学的文章で出されていた語句の意味を問う問題が第1回試行調査では出題されていないが、本問の(ア)「ギョウギョウしく」、(ウ)「ショタイを持つ」は、語句の内容を知っていると答えやすい。また(イ)の選択肢がすべて四字熟語となっており、**漢字の書き取りと語句の知識の融合問題**ともいえる設問である。

(ア) 仰々しく　①業績　②苦行　③凝縮　④異形　⑤仰天

(イ) 到来　①孤軍奮闘　②本末転倒　③当意即妙　④用意周到　⑤不偏不党

(ウ) 所帯を持つ　①悪態　②台頭　③怠慢　④安泰　⑤帯同

問2　易　4　正解は③

傍線部の内容の根拠を説明する箇所を、本文の四つの箇所から選ぶ問題。傍線部は、「幸福な王子」のあらすじの続きにあるが、ここからが筆者による小説の本筋であると気づくだろう。そして、この「若者」が「幸福な王子」に出てくるツバメであり、小説がツバメの側から見た「幸福な王子」の物語の描き直しだと瞬時に気づきたい。つまり、この設問は**場面の状況をつかんでいるか**をとらえる問題といえる。さらに傍線部では「若者」が「風変わり」であると述べているが、「風変わり」という**語句の知識**（＝様子やふるまいが他の人と違っていること）について問う問題ともいえる。そして、他のツバメと違っている点を説明している箇所を指摘するわけだが、ここまでの把握ができていれば、③の「**彼がいつも夢のようなことばかり語る**」という点が、**他のツバメ「みんな」と異なる存在である**ということを示しており、「風変わり」の根拠だと読み取ることができるだろう。

①「若者」の外見を説明し、「群れに、問題なく受け入れられた」とあるので、「風変わり」にはあたらない。

②「友だちの中にも彼に興味を示すものは何羽もいた」のは、「彼」が「風変わり」だからではなく、その外見（「実に見た目のいい若者」）からである。

④③の状況でも「嫌われるほどのことではない」と説明した箇所であり、仲間として受け入れられていたので、「風変わり」の根拠ではない。

傍線部の直後にある指定された文から読み取る問題であり、選択肢も少なく内容も明らかである。

問3　標準　5・6　正解は【Ⅰ群】―②　【Ⅱ群】―③

傍線部の表現について、**登場人物の心情**をとらえる問題。小説の読解問題のメインとなる、心情を読み取る問題である。センター試験は、文章の展開の順に傍線が引かれ、それぞれの場面の心情を読み取り解答する問題が中心であったが、第1回試行調査の第3問で心情について傍線が引かれたのはこの問題だけである。設問の内容は、本文中の二カ所の「わからない」について、「彼」と「あたし」という登場人物それぞれがどのような心情であるかを読み取り、【Ⅰ群】【Ⅱ群】それぞれから選択する形になっている。【Ⅰ群】【Ⅱ群】とも選択肢は三つである。

【Ⅰ群】については、傍線部Bを含む「君なんかには、僕らのやっていることの尊さはわからないさ」という「彼」の発言に込められた心情をつかむ必要がある。傍線部の前の展開から、「彼」は貧しい人々を助ける使命感にかられ、「なぜあなたがしなければならないの？」という問いを発する「あたし」を「馬鹿にしたような目」で見た。傍線部の次の文に「腹が立ったあたしは」とある通り、この傍線部分には**「彼」が自分のすることの意味を確信したうえで、それを理解できない「あたし」にこれ以上の説明は無駄だと見下す心情**が込められている。この読み取りから選択肢を吟味していく。

①不適。「ツバメとしての生き方に固執」し、「王子」の像にすがる町の人々の悲痛な思いを理解しないという「あたし」の「利己的な態度」に、「彼」は軽蔑を隠しきれないという説明。「『あたし』の」以下は正しいが、「あたし」が理解できないのは「町の人々の悲痛な思い」そのものではなく、その救済をなぜ「彼」がやる必要があるのか、という点であることを読み取れれば除外できる。

②適当。「『王子』と、命をなげうってそれを手伝う自分（＝「彼」）」を、「あたし」が「理解する」どころか、「自己陶酔だと厳しく批判する」ことに対し、「彼」は嫌気がさしているという説明である。「僕らのやっていることの尊さ」を「町の貧しい人たちを救おうと……それを手伝う」と説明しており、それを理解しようとしない「あたし」を「君なんかには……」と突き放すという本文の展開に合致している。

③不適。「あたし」が「彼」の足を踏んづけて逃げられないようにしてから尋ねたことを「どう喝」「暴力的な振る舞

いに頼るばかり」ととらえている点が明らかな誤り。「裏切られた思いを抱き」という内容も本文からは読み取れない。

【Ⅱ群】の選択肢は「あたし」の心情の説明であるが、傍線部Cの「どうせあたしにはわからない」という言葉に至るまでの表現から心情を読み取る問題となっている。「あたし」は、彼はなぜあの町にとどまったのかと自問し、「大好きな王子の喜ぶ顔を見たかっただけではないか」、「王子」も「貧しい人たちを救うため、自分ではそう思っていただろう。でも……。」と、「彼」と「王子」との関係の中で結論を導こうとしている。この説明にあてはまる選択肢を探す。

①不適。「『王子』の像を……祭り上げる人間の態度は」とあり、「王子」「彼」以外の関係性を説明している。

②不適。「彼」を救い出せなかった「あたし」自身に結論を導いており、本文の内容にあてはまらない。傍線部C前後の「まあいい」「どうでもいいことだ」という心情表現とも合わない。

③適当。「王子」への「彼」の行動という両者の関係性に言及しており、最適な選択肢といえる。

問4　やや難　7　正解は②・⑥

小説中の二つの資料（部分）の読解から、両者を比較し関連性を考察する問題。

まず把握しておきたいのは、オスカー・ワイルドの「幸福な王子」（X）は、「王子」と「ツバメ」を第三者の視点から描き、崇高な行為による結果は人々から認められることはなかったが、神により評価され救済されるという物語であるという点である。それに対し続く物語（Y）は、「幸福な王子」の物語を、「一羽のツバメ」に興味を示す「あたし」の視点から描き、「王子」と「一羽のツバメ」の行為は、それぞれが相手への思いという個人的な感情でなされた行為であって、「一羽のツバメ」との間で個人的な関係性をつくることができなかった「あたし」の思いを描く形になっている。この読み取りを前提に、選択肢を把握していく。

①不適。「Xでは、神の視点から」「自己犠牲的な行為が語られ」とあるが、「幸福な王子」（X）では、『あの町からもっとも尊いものを二つ持ってきなさい』と神に命じられた天使が』とあり、神の行為も外部の第三者の目で描いているので不適当。さらにYについて「神の存在を否定した上で」とあるが、この内容もYからは特に読み取れないことから、不適当な選択肢である。

②適当。人々から認められなかったが、神からは崇高さを保証された「幸福な王子」（X）。Yではそれが「あたし」の視点からそれぞれの「個人的な願望に基づくもの」として描かれているという説明は、本文の読みとして妥当なものである。

③不適。Yについて、「理性的な『彼』を批判し、超越的な神の視点も破棄」とあるが、この内容はY本文からは読み取れない。最後の「救いのない悲惨な結末」という表現も極端であり、明らかに誤りの選択肢をつくるためのものであると気づくだろう。

④不適。前半部は問題ない内容だが、後半部は「誰にも顧みられることなく悲劇的に終わるX」の部分が、神による救済を説明していない。また、Yを「『あたし』の思いの成就を暗示する恋愛物語」としている点も、本文中で「あたし」の思いの成就は暗示されず、「彼」との関係はあきらめをもって語られていることから、不適当な選択肢。

⑤不適。前半部は問題ないが、「彼」の死を「あたし」は、お互いが相手を思う関係性の問題として、あきらめの思いで語っているのであり、「自己犠牲として救済される」とは読み取れないので、不適当な選択肢。

⑥適当。Xは貧しい人々に対する「王子」の、また、「王子」に対する「一羽のツバメ」の「自己犠牲」の物語である。Yについて、「彼」が命を捧げ、また、「王子」が社会的な役割から逃れることは「捨てるという行為の意味が読み替えられている」という説明であり、迷ったかもしれない。Yの最後の二行にある、「あなたはただ、自分がまとっていた重いものを、捨てたかっただけではありませんか。そして、命を捨てても……」という表現から、「彼」の「捨

てる」と、王子の側の「捨てる」も描かれていると読み取れ、正解の選択肢となる。

問5　標準　8 - 10　正解は　a―④　b―②　c―⑤

本文の構成や表現を読み取る問題。**【Ⅰ群】**の中で三つの箇所が示され、その三つの箇所に合致する説明を**【Ⅱ群】**の中からそれぞれ選ぶという形になっており、本文の構成、表現と選択肢を結びつけることに加えて、**【Ⅱ群】**の選択肢がどの部分の説明であるかも読み取らなければならない。**【Ⅰ群】**に示された箇所がどういう内容であるかを把握したうえで、**【Ⅱ群】**の選択肢を読んでいくしかないと思うが、かなり複雑な問題といえる。

aについては、オスカー・ワイルドの「幸福な王子」の記載について最適な選択肢を選ぶ。

①**不適**。1～7行目の「幸福な王子」は「最終場面」ではなく、「あたし」の語りでもないので、「幸福な王子」の説明とはならない。

②・③・⑤**不適**。②は「『彼』の性質」、③は「『あたし』が『彼』に対して抱く不可解さ」、⑤は「あたし」の「複雑な心情」が説明されており、これらの内容は「幸福な王子」ではなくその後に続く物語についての指摘である。

④**適当**。「**『王子』の像も人々に見捨てられる**」という内容は、「幸福な王子」に記されており、かつ、南の国に去った「あたし」には知ることができない内容であるので、「幸福な王子」の記載についての説明として妥当である。

⑥**不適**。「幸福な王子」には「あたし」は出てこないので、「『あたし』の内面的な成長を示唆」することは不可能である。

bは12行目の「――」が表現することについての問いである。前後の内容を確認すると、直前の二文で「彼」の外見のよさが説明され、その外見ゆえに興味を示す仲間もいたと述べられているので、「あたし」自身も「彼」に興味を示したと読めるが、自分たちが生きるという現実ではなく、「夢のようなことばかり語る」から、みんなから興味を示されなくなった、と「――」の後に説明されていく。

①不適。最終場面の出来事の時間とは関わりない部分である。

②適当。「夢のようなことばかり語る」という内容について、直後に「今まで……について、遠くを見るようなまなざしで語る」と具体的に説明されており、妥当な内容である。

③不適。「言いよどむ」という点が、bとの関連づけとして読めるが、「断定的な表現を避け」、「『彼』に対して抱く不可解さ」の部分が読み取れない。

④不適。「『王子』の像」との展開はこの箇所とは全く関係ない。

⑤不適。「王子」の行動はこの部分では関わらない。

⑥不適。「『あたし』の内面的な成長」を表現している部分ではない。

cは最後の部分にある、「あたし」が「彼」と「王子」の行動の理由を考察した独白の展開を説明した選択肢を選ぶ。

①不適。最終場面のことであるが、この独白は時間のずれを強調しているものではなく、「彼」と「王子」の内面のずれを考察したものである。

②不適。「王子」の内面にも触れており、「彼」の性質だけを説明しているのではない。

③不適。「言いよどむ」場面もあるが、「『彼』に対して抱く不可解さが強調され」が合致しない。

④不適。「『王子』の像」が捨てられるという展開の示唆とは読み取れない。

⑤適当。「王子」「彼」の思いに対して抱く「あたし」の「複雑な心情」という説明であり、cの説明として妥当。

⑥不適。最終場面であるので、「『あたし』の内面的な成長を示唆」が妥当かどうか迷ったかもしれない。「自問自答」

は当てはまるが、この問いかけが「あたし」の成長につながっているかというと、そこまで言い切れない。

a・b・cの内容を六つの選択肢から一つずつ検討していくとかなり複雑な検討となってしまう。最もやりやすいのはcの選択だと思われ、ここから選択肢の可能性を狭めていって解答していくことが時間短縮の手段になるだろう。

第4問

出典

Ⅰ・Ⅱ　紫式部『源氏物語』〈桐壺〉（Ⅰは「青表紙本」、Ⅱは「河内本」）

Ⅲ　源親行『原中最秘抄』〈上〉

三種類の文章が提示されている。中心となる題材は『源氏物語』（「桐壺」の巻）。**桐壺帝は、寵愛していた桐壺の更衣が世を去ったあとに、**更衣の母の邸に靫負命婦《ゆげいのみょうぶ》を遣わした。帰参した命婦が差し出した更衣の母からの「贈りもの」を見て、桐壺帝が嘆くのがこの場面である。

『源氏物語』は平安時代中期に紫式部により書かれたが、藤原定家や源光行、親行のいた鎌倉時代には、すでに原本は失われていた。定家や光行、親行たちは多くの資料を研究しながら、正しい「源氏物語」を追究したわけである。【文章Ⅰ】は藤原定家が整定した「青表紙本」、【文章Ⅱ】は源光行、親行が整定した「河内本」であり、校合に使用した伝本の内容がかなり食い違っていたらしい。同じ場面であるので重複する表現が多いが、【文章Ⅱ】の方が明らかに記載量が多い。古典作品は、印刷ではなく書写によって複製がつくられ広がっていく。その際に写し間違いをすることはよくあり、さらに写す人物の私見によって表現を変えたり付け足したりすることも行われていた。【文章Ⅲ】の『原中最秘抄』は、源光行、親行による『源氏物語』研究の成果を、親行とその子聖覚、孫の行阿が集大成した注釈書であり、いろいろな写本が存在する事情を今に伝えている。

全訳

Ⅰ　あの（桐壺の更衣の母からの）贈り物を（靫負命婦は桐壺帝に）ご覧に入れる。（帝は、これが、玄宗皇帝が命じて道士が）亡き人のすみかを探し出したという、証拠のかんざしであったなら（どんなによいだろう）、とお思いになるが、（それも）まったくかいのないことだ。

（桐壺の更衣の魂を）尋ねて行く幻術士がいてほしいものだ。人づてにでも魂のありかをそこと知ることができるように。

絵に描いた楊貴妃の容貌は、すぐれた絵師といっても、筆の力に限りがあったので、たいそう美しさが少ない。太液という池に咲く蓮の花と、未央という宮殿にある柳も、いかにもそれに似通った（楊貴妃の）容貌を（思うと）、唐風の装いは見事であっただろうが、（それに比べて桐壺の更衣は）心ひかれかわいらしい様子だったことを（帝は）思い出しなさると、花や鳥の色にも声にも、たとえようがない。

Ⅱ　あの（桐壺の更衣の母からの）贈り物を（靫負命婦は桐壺帝に）ご覧に入れる。（帝は、これが、玄宗皇帝が命じて道士が）亡き人のすみかを探し出したという、証拠のかんざしであったなら（どんなによいだろう）、とお思いになるが、（それも）大変悲しい。

（桐壺の更衣の魂を）尋ねて行く幻術士がいてほしいものだ。人づてにでも魂のありかをそこと知ることができるように。

絵に描いた楊貴妃の容貌は、すぐれた絵師といっても、筆の力に限りがあったので、たいそう美しさが少ない。太液という池に咲く蓮の花も、いかにもそれに似通った（楊貴妃の）容貌・顔色と、唐風にしていたようなその装いは見事で、美しいさまであっただろうが、（桐壺の更衣の）心ひかれかわいらしかった様子は、女郎花が風になびいているよりもしなやかで、撫子が露にぬれているのよりも愛らしく可憐で、（帝は）心ひかれた容貌・ものごしを思い出しなさると、花や鳥の色にも声にも、たとえようがない。

Ⅲ　亡き父の光行が、昔、五条三品（＝藤原俊成）にこの物語（＝『源氏物語』）の不審の所々を尋ね申しました中に、当巻（＝桐壺の巻）に、「絵に描いた楊貴妃の容貌は、すぐれた絵師といっても、筆の力に限りがあるので、美しさが少ない。太液の芙蓉、未央の柳も」と書いて、「未央の柳」という一句を見せ消ちにして（＝文字の上に線を引いて文字が読めるように消して）いた。これによって（父光行は）親行（＝筆者）を使いにして、

「楊貴妃を芙蓉と柳とにたとえ、更衣（＝桐壺の更衣）を女郎花と撫子にたとえる、みな二句ずつでよく理解できますのを、（俊成卿の）御本で、未央の柳を消されたのは、どのような理由があるのでしょうか」

と申したところ、（俊成卿が）

「私はどうして勝手なこと（＝私的な改変）をするだろうか（、いや、勝手なことなどするわけがない）。（藤原）行成卿の自筆の本で、この一句を見せ消ちになさった。（行成卿は）紫式部と同時代の人でございますので、申し合わせるようなこともあるでしょう、といってこれも墨をつけて（消して）はございますが、不審に思い何度も見たところ、（『源氏物語』中盤にある）若菜の巻で（そのわけを）理解して、おもしろくみなしております」

と申しなさったのを、親行が、（父に）このことを語ると、

「若菜の巻には、どこに同類がありますと（俊成卿は）申しなさったか」

と（父が）言うので、

「そこまでは尋ね申し上げない」

と（私親行が）答えましたのを、（父が）さまざまにはずかしめ叱りましたので、私親行は家にこもって、若菜の巻を数回開き見ると、（俊成卿の言った）その意を理解した。六条院の女試楽（＝女性たちによる演奏会）で、女三の

宮が、他の人より小柄でかわいらしげで、ただ御衣だけがあるような心地がする（のが）、美しさという点では劣っているが、とても気品がありかわいらしくて、二月の二十日ごろの青柳が枝をたらしはじめたような様子で、とある。柳を人の顔にたとえていることが（桐壺の巻と若菜の巻の両方であると）多くなることによって、（俊成卿は桐壺の巻の「未央の柳」を）見せ消ちになさいましたのだ。三品（＝俊成卿）の和才（＝和歌や和文に関する才能）がすぐれた中にこの物語（＝『源氏物語』）の奥義までも極められましたのは、すばらしいことである。そうであるのに、京極中納言入道（＝藤原定家）の家の本に「未央の柳」と書かれていることもあるのでしょうか。（それで）また俊成卿の女《むすめ》に（その定家の「未央の柳」のことを）尋ね申しましたところ、（俊成卿の女は）「このこと（＝未央の柳）は代々の書写の誤りで書き入れられたのだろうか、あまりに対句のようにして（＝意図がみえすぎて）気にくわない感じがあるのでしょうか」と云々。よって私の本（＝源光行・親行親子が整えた本文）ではこれ（＝未央の柳）を用いない。

語句

Ⅰ **かひなし**＝ク活用の形容詞。漢字では「甲斐無し」と書き、〝無駄だ、効果がない〟の意。

よそふ＝〝たとえる、比べる〟の意。「よそふべきかたぞなき」で、そのものが、他に並ぶものがないほどすぐれているさまを表す。

Ⅲ **いぶかしさ**＝〝気がかりである、不審である〟の意の形容詞「いぶかし」の名詞形。

若菜の巻＝『源氏物語』五十四帖のうち、三十四番目が「若菜上」、三十五番目が「若菜下」の巻である。物語を大きく三部に分けた際の第二部の冒頭にあたる。女三の宮・柏木などが登場し、重要なエピソードが多数収められる。「六条院の女試楽」は「若菜下」の巻で語られる内容である。

勘当＝責めてとがめること。

中の十日＝①一カ月のうち中旬の十日間。②一カ月の二十日目。ここでは①・②のどちらで解釈してもよいだろう。

解説

問1　やや易　1　正解は①

省略されている表現を問う問題。**反実仮想の構文**（ましかば〜まし）の理解を基礎に、本文の文脈を把握して表現の意図と登場人物の心情をとらえる出題となっている。（注）1にある通り、玄宗皇帝が派遣した道士が、楊貴妃に会った証拠に楊貴妃の金の釵を持ち帰ったという物語を背景に、「贈りもの」が〈**桐壺の更衣の「しるしの釵」であったならば**〉と嘆く桐壺帝の心情をとらえる。

「贈りもの」とは、問題文からわかるように、桐壺の更衣の「形見の品々」である。「しるしの釵」とは、道士が楊貴妃に会った証拠の品であるが、命婦は、桐壺の更衣に会った証拠の品を持ち帰れなかった。よって、「贈りもの」は「しるしの釵」ではなかったということになる。

●**しるしの釵**＝道士が楊貴妃に会った証拠の品

●**贈りもの**＝帝のもとに届けられた、桐壺の更衣の形見の品々→**「しるしの釵」ではない**

続く和歌で、帝は桐壺の更衣の「魂のありか」を知りたいと詠んでいる。よって、最愛の桐壺の更衣を失った帝にとって、もし桐壺の更衣の魂に会った証拠の品であったならば〈**うれしい**〉という展開が妥当であることに気づくだろう。ここから、〝どんなにうれしいだろうに〟という意味になる①が正解。

なお、傍線部直後の「思ほすも」の「も」は、係助詞から転じた接続助詞で、ここでは**逆接の確定条件**を示し、傍線部に続く部分は〝とお思いになるが、まったくかいのないことだ〟（**【文章Ⅱ】**では〝とお思いになるが、大変悲しい〟）という意味になる。よって、ここから、本問で答えるべき心情が、**「かひなし」と対照的な心情になる**と推察することもヒントになる。
② 「めやすし」は「目安し（目易し）」で、〝見苦しくない、感じがよい〟の意。最愛の人の魂の場所を求める心情として不適。
③ 「くやし」では意味がまったく通らない。
④ 〝趣がある〟などの意のある「をかし」では、帝の切なさは表現できない。
⑤ 「あぢきなし」は〝道理に外れている、つまらない〟の意。本文の展開にまったく合わない。

問2 難 2 正解は④

和歌の修辞と内容の理解を問う問題。「尋ねゆく幻もがなつてにても魂のありかをそこと知るべく」という本文中の和歌からの出題。選択肢には、和歌修辞、文法、内容と、いろいろな要素が含まれているので、この和歌について、形式面と内容面の両方から詳しく読み取ることが求められている。

「しるしの釵ならましかば」とお思いになるも、どうすることもできない、という問１で問われた心情部分の直後にあり、この和歌が**桐壺帝の詠んだ歌**だと読み取れる。「幻もがな」の「もがな」は願望の終助詞であり、〝〜があればなあ、〜であればなあ〟などと訳す。ここでは〝幻があればなあ〟の意味となる。この「幻」が何を指すかがポイントである。「尋ねゆく」に後続していることから、（注）1にある、楊貴妃の魂のありかを尋ね求めた「幻術士」を指すことに気づけただろうか。この和歌では帝が、「楊貴妃を尋ねゆく幻術士がいればなあ」と願望を述べ、そうすれば「つて」、つまり人づてにでも桐壺の更衣の魂のありかがそこだと知ることができるだろうに、と、悲しみを述べている。

●玄宗皇帝→道士（幻術士）に命じる→道士は亡き楊貴妃の釵を持ち帰り、皇帝に渡した
●桐壺帝　→道士（幻術士）がいない→「つて」がないため、亡き桐壺の更衣の魂のありかがわからない

文脈と（注）を絡めてこの歌の解釈を行うのはかなり難しいといえるだろう。選択肢は**適当でないものを選ぶ**。④の「幻術士になって更衣に会いに行きたい」という解釈は不適当であり、④が本問の正解となる。

①**適当**。ただし、和歌の解釈ができていないと、この選択肢の判別が不安になるだろう。「縁語」かどうかの判別は一般的にかなり難しい。さらに掛詞についても、この歌では「魂」に〝玉〟の意味があるのではないかなどと不安になったかもしれない。

②**適当**。第二句末の「もがな」は願望の終助詞。終助詞ということから、この和歌が二句切れであり、そこを境に倒置していることがわかる。

③**適当**。願望の終助詞「もがな」の用法を理解していれば問題はないと判断できるだろう。

⑤**適当**。（注）1から、玄宗皇帝と楊貴妃の悲劇を背景にしていることがわかる。

（注）1にある、玄宗皇帝が楊貴妃の魂のありかを幻術士に求めさせたという物語を背景にして、和歌の「幻」が「幻術士」のことだと気づくことが、④を不適と判断することの前提になるが、これはかなり難しい。レベル的には難の出題だろう。

問3 やや難 3 正解は①

文脈の把握から、**傍線部の表現の意味**をとらえる問題。**【文章Ⅲ】**の傍線部までの文脈を正しく把握できたかどうかということが、正解を導く鍵になる。

冒頭に「亡父光行」とあるので、**【文章Ⅲ】**は源親行の語りである。父光行が『源氏物語』にある不審な点を五条三品（＝藤原俊成）に尋ねたが、その中に、桐壺の巻で**「未央の柳」を「見せ消ち」にしたのはどうしてか**という疑問があった。これらの不審な点について、自分（親行）を使いとして俊成のもとに聞きに行かせ、「…いかなる子細の侍るやらむ」と自分が申したところ、傍線部の回答が俊成からなされたという展開である。なお、「見せ消ち」については問題の（注）２に説明があるが、具体的には次のようなことである。

●見せ消ち

太液の芙蓉、未央の柳も、げに通ひたりし……（見せ消ちに）

⬇

太液の芙蓉も、げに通ひたりし……（見せ消ちが採用され、「未央の柳」がなくなった本文）

俊成は傍線部の後で「行成卿の自筆の本に、この一句を見せ消ちにし給ひき」と言っており、傍線部の「いかでか自由の事をばしるべき」は、俊成が自分で自由に、勝手な解釈をもとに本文をつくるはずがない、という内容であると読み取れる。よって、ここの「いかでか」は反語で〝どうして〜か（、いや、〜ない）〟の意。「しる」は〝自分のものとする、できる〟といった意である。この内容を説明しているのは①の選択肢。

②不適。「質問されてもわからない」は「自由の事」の説明にはならない。また、このあとで親行からの「質問」に答えていることとも矛盾する。

③不適。「いかでか」の訳出の仕方が誤っている。「いかでか」は副詞「いかで」＋係助詞「か」で、

①疑問　どうして

②反語　どうして〜か（、いや、〜ない）

③願望　なんとかして（〜したい）

の三つの意味があり、選択肢では③で訳しているが、ここは②の意味で解釈すべきである。なお、③の意味になると

きは、下に**意志や願望を表す語を伴う**場合が多い。

④不適。親行の意見を求めているとは読み取れず、この後の展開でも親行は俊成に対して回答していない。

⑤不適。これは間違いやすい選択肢だろう。傍線部の後の部分から、〈行成卿が自筆本で墨をつけて見せ消ちにしているが、行成卿は『源氏物語』の作者紫式部と同時代の人であり、作者と申し合わせることもあっただろう。だから行成卿の見せ消ちを尊重して私俊成もそのまま見せ消ちにした〉と読み取ってこれが正解と考えたかもしれない。しかし、直前に着目すると、俊成は親行に「子細」を問われ、この後で事情を説明しているので、「自分の意見を言うことはできない」では文脈に合致しない。ここは、自分勝手な考えで自由に見せ消ちにしたのではないことの説明となる。

問4　難　4　正解は⑤

文章の展開から把握される、**傍線部の主語および敬意の対象**を問う問題。「見せ消ちにせられ」の解釈がポイントになる。「せられ」の「せ」は、見せ消ちに〈する〉と解釈でき、サ行変格活用動詞「す」の未然形。「られ」は受身、尊敬、可能、自発の意味がある助動詞「らる」であるが、他者からされる受身、自分の心情に自然と生じる自発はあり得ない。見せ消ちにすることが〈できる〉という可能の解釈は無理があり、また選択肢の中でその可能性は述べられていない。ここは、**見せ消ちにした人物への尊敬**と解釈するのが妥当。**【文章Ⅲ】**の中で「見せ消ち」を行ったのは「五条三品」（＝藤原俊成）と「行成卿」であり、②と⑤が正解の候補となる。

文脈を確認すると、「未央の柳」を見せ消ちにした俊成にその理由を尋ねたところ、俊成が『源氏物語』の若菜の巻で理解できたと言ったのに対し、親行も若菜の巻を調べることで理由を納得し、傍線部直後で「三品の和才すぐれたる中にこの物語の奥義をさへきはめられ」と俊成を賞賛している。ここから、**「見せ消ちにせられ」たのは俊成**であると読み取れ、「俊成に対する敬語」という⑤の内容が正しい。

①不適。紫式部は『源氏物語』の作者であり、自分の本に見せ消ちを入れる理由はない。（注）２から「見せ消ち」とはどのようなことかを理解して判断したい。

②不適。先述のとおり、ここでの見せ消ちは行成の見せ消ちではない。文章の展開を正しく把握していないと誤って選んでしまう選択肢だろう。

③不適。俊成に対する賞賛が述べられており、「親行の不満」は読み取れない。

④不適。「侍りし」は丁寧語であり、傍線部は地の文にあるので読者に対する敬語と解釈できる。【文章Ⅲ】の冒頭に「亡父光行」とあるように、光行は亡くなっているので、この文章の読者とはなりえず、光行への敬意を表すものではない。光行への丁寧語であれば、光行に対する会話の形式で示されるはずである。

いろいろな敬語表現が誰から誰への敬意を表すかについては、次のようにまとめられる。条件ごとに整理をして覚えておきたい。

●敬語が示す敬意の方向

尊敬語	謙譲語	丁寧語
〈地の文〉筆者→動作の主体 〈会話文〉話し手→動作の主体 （「誰が」）	〈地の文〉筆者→動作の客体 〈会話文〉話し手→動作の客体 （「誰を」「誰に」「誰へ」「誰から」）	〈地の文〉筆者→読者 〈会話文〉話し手→聞き手

問5　難　5　正解は③

二つの文章を比較し、二重傍線部に描かれた人物の説明として適当でないものを問う問題。二重傍線部の前半が楊貴妃を表現したものであることは把握できると思うが、どこからが桐壺の更衣の説明かを把握できるかが、まず第一の関門だ。【文章Ⅰ】と【文章Ⅱ】が同じ展開を別の表現で描いたものだという点に着目し、描写が短くて読み取りやすい【文章Ⅰ】の似た箇所を確認する。「唐めいたるよそひはうるはしうこそありけめ」が〈こそ…已然形、―〉で逆接を表し、さらに「けめ」が過去推量の助動詞「けむ」の已然形であることから、ここまでが楊貴妃の描写であり、「なつかしうらうたげなりしを思し出づるに」以降が、帝が思い出した桐壺の更衣の描写であると読み取れる。

ここから【文章Ⅱ】でも、「なつかしうらうたげなりしありさま」以降が桐壺の更衣の描写であると想定できる。【文章Ⅰ】と同様に、「唐めいたりけむ」の過去推量の助動詞「けむ」で、過去の物語である楊貴妃を表現している点、「けうらにこそはありけめ、…」の〈こそ…已然形、―〉で逆接を表すという文法事項から、「なつかしう」以降が桐壺の更衣の描写であるという展開が読み取れる。

	文章Ⅰ	文章Ⅱ
楊貴妃	唐めいたるよそひはうるはしうこそありけめ、	唐めいたりけむよそひはうるはしう、けうらにこそはありけめ、
桐壺の更衣	なつかしうらうたげなりし	なつかしうらうたげなりしありさまは、女郎花の風になびきたるよりもなよび、撫子の露に濡れたるよりもらうたく、なつかしかりし容貌・気配

桐壺の更衣について述べた表現の「らうたげなりし」「なつかしかりし」の「し」は、過去の助動詞「き」の連体形であり、「き」が直接経験した過去について述べる助動詞であることから、桐壺帝が、直接知っている桐壺の更衣を回想している表現として、文法の面からも適切である。

以上を押さえたうえで、選択肢の説明内容をもとに、表現の特徴を吟味するというのが第二の関門。

①適当。「けむ」に着目すると、楊貴妃の描写には過去推量の表現がされ、唐の過去の物語ということを示していると考えられる。「なつかしう」以降の桐壺の更衣の描写には過去推量は使われていないことから、「対比」として読み取ることができる。

②適当。「けうら」は漢字で書くと「清ら」で、美しさを表現する語である。「唐めいたりけむよそひ」の文脈から「中国的な」美しさと読み取ることができ、適する選択肢である。

③不適。「女郎花の風になびきたるよりもなよび」のうち、「なよび（なよぶ）」は〃なよなよとしている〃という弱いイメージで使う場合もある。しかしこの場面は、【文章Ⅰ】と同様に、楊貴妃に勝るとも劣らない桐壺の更衣の美しさを表現した部分であり、更衣について「幸薄く薄命な女性」のようなマイナスイメージを暗示しているという説明は微妙。「なよぶ」を、風になびいている女郎花よりも〃柔和である、しなやかである〃といったプラスの意味で解釈する方が妥当といえるだろう。

④適当。〃撫子が露にぬれているよりもかわいらしく〃という表現であり、「更衣の可憐さ」という説明は、桐壺の更衣の美しさを説明している文脈からも妥当。

⑤適当。「女郎花」「撫子」と比較して、花より美しく心ひかれる存在であった桐壺の更衣を賞賛している部分であり、「更衣の魅力を強調」という説明は正しい。

問6　やや難　6　正解は③

【文章Ⅲ】の内容に合致する説明を選ぶ問題。他の文章の内容も関係づけながら、【文章Ⅲ】の展開全体を把握したうえで、選択肢を吟味する。

①不適。親行は、藤原俊成の指摘と、俊成の女に確認を取ったことにより「未央の柳」を用いていないのである。【文章Ⅲ】に「季節」との不一致について言及した箇所はなく、「季節」について考慮して「未央の柳」を削除したとするのは恣意的な読み取りとなる。明らかに誤りの選択肢。

②不適。俊成の女は「伝々の書写のあやまり」と言っており、前半部分の説明は誤りではないが、「俊成から譲られた行成自筆本」の内容は本文からは読み取れない。また行成自筆本はもともと見せ消ちになっていたのであり、「（俊成の女が）墨で塗りつぶし」も明らかに誤り。

③適当。光行が「未央の柳」の見せ消ちに不審を抱いて親行を遣わして質問させたという内容は、本文と合致する。後半部分の、光行が「整った対句になっているほうがよいと考えた」という内容については、使いに出た親行が「みな二句づつにてよく聞こえ侍るを」と述べていることから、対句関係を父の光行が評価していると推察できる。

④不適。「光行からも若菜の巻を読むように叱られた」の部分が文章中から読み取れない。光行が親行を叱った理由として本文に書かれているのは、若菜の巻のどの箇所に「同類」があるのかを、親行が尋ねてこなかったことである。

⑤不適。「京極中納言入道（＝藤原定家）の家の本に『未央の柳』と書かれたる」とあるが、これが定家の父俊成の指示であるとはどこにも書かれていない。さらにそのことについて俊成の女が「書写のあやまり」と断定しており、藤原俊成一門（＝御子左家）の「奥義」であるはずはないので、誤りの選択肢。

選択肢は誤りのはっきりしたものがあり選びやすいが、【文章Ⅲ】の読み取りが簡単ではないので、やや難の問題といえるだろう。

第５問

出典

Ⅰ 司馬遷『史記』〈第三十二巻 斉太公世家 第二〉

Ⅱ 佐藤一斎「太公垂釣図」

【文章Ⅰ】は司馬遷『史記』の「斉太公世家」にある太公望呂尚についての記述である。『史記』は紀伝体として、「本紀」「列伝」という分類が有名であるが、その他に、「表」「書」「世家」という分類に入る文章も収められている。「世家」は諸侯の事績を記した部分であり、今回出題された部分は、春秋戦国時代の斉の創始者である呂尚が周の西伯（文王）と出会った場面で、呂尚の出世の糸口が描かれている。

【文章Ⅱ】は十九世紀中頃の日本で作られた漢詩「太公垂釣の図」をメインとする資料である。漢詩は佐藤一斎が詠んだもので、西伯（文王）のもとで活躍した「太公望呂尚」について、独自の視点から描いている。資料は、この漢詩について、高校生が調査し、発表するときのまとめ資料の形式となっており、漢詩の下に口語訳がついているので、内容は読み取りやすいだろう。また、資料中の説明文や絵画、「コラム」も、漢詩を読み解くうえでのヒントとなっている。

読み

Ⅰ 呂尚は蓋《けだ》し嘗《かつ》て窮困《きゅうこん》し、年老いたり。漁釣《ぎょちょう》を以て周の西伯《せいはく》に奸《もと》む。西伯将《まさ》に出でて猟《か》りせんとし之《これ》を卜《うらな》ふ。曰はく、「獲る所は龍に非ず、彲《みづち》に非ず、虎に非ず、羆《ひぐま》に非ず、獲る所は覇王の輔《たす》けなり」と。是《ここ》に於《お》いて周の西伯猟りす。果《は》たして太公に渭《ゐ》の陽《きた》に遇《あ》ふ。与《とも》に語りて大いに説《よろこ》びて曰はく、「吾が先君太公より曰はく、『当《まさ》に聖人有りて周に適《ゆ》くべし。周以て興《おこ》らん』と。子《し》は真に是れなるか。吾が太公子を望むこと久し」と。故《ゆゑ》に之を号《がう》して太公望と曰ふ。載《の》せて与に倶《とも》に帰り、立てて師と為す。

Ⅱ　太公垂釣の図

謬《あやま》りて文王に載せ得て帰られ
一竿《いつかん》の風月心と違《たが》ふ
想《おも》ふ君が牧野《ぼくや》鷹揚《ようやう》の後
夢は磻渓《はんけい》の旧釣磯《てうき》に在らん

全訳

Ⅰ　呂尚はそもそも以前生活に困窮し、（さらに）年老いていた。魚釣りをしていて周の西伯に知遇を得ることを求めた。西伯は狩りに出ようとしてその成果を占った。その占いに、「猟の獲物は龍ではなく、雨竜（＝伝説上の竜の一種、雌の竜など様々な説がある）ではなく、虎ではなく、ヒグマでもなく、捕れる獲物は覇王の補佐となるものだろう」と出た。それで周の西伯は狩りをした。案の定（＝その占いの通り）（西伯は）呂尚に渭水の北岸で出会った。ともに語って（西伯は）大いに喜んで言った、「私の先君太公より、『聖人がいてきっと（我が）周に行くだろう。周はそれによって強力になるだろう』と言われている。あなたはまさにその人ではないか。私の亡き父太公があなた（の出現）を望むことは昔からのことだった」と。それで呂尚を称して太公望と言った。車に乗せてともに帰り、軍師として太公望を立てた。

Ⅱ　問題参照。

解説

問1 易 1・2 正解は (1)―① (2)―⑤

語句の読みを答える問題。(1)・(2)とも頻出語句である。

(1)「嘗」は〝味を見る〟という意味の「なむ」、〝試す〟という意味の「こころむ」などの読み方があるが、試験で出題されるのはほぼ「かつて」だけである。ここは呂尚の過去を語っている部分であり「かつて」の読みしかない。〝以前に〟という意味となる。

(2)「与」は動詞では「あたふ」「あづかる」「くみす」、助字として「ために」「と」「より」、文末の疑問や反語の助字「か」「や」などの用法もあるが、ここは〝一緒に語った〟という文脈であり、「ともに」の読みが正しい。

問2 標準 3・4 正解は (ア)―② (イ)―④

語句の本文中での意味・用法を答える問題。

(ア)「果」は、名詞や動詞（「はたす」「はてる」）として使われることもあるが、ここでは、選択肢がいずれも副詞となっていることからわかるように、副詞として使われている。副詞の場合は「はたして」と読む。前後の内容を確認すると、「果」の前文で、占いを行ったところ、天下の覇王となることを補佐する者を獲物として得られるだろうという結果が出たため狩猟をしたことが述べられている。そして「果」を含む文で「太公」に出会ったと述べられるので、占いの結果の通りに呂尚に出会ったという文脈と考えられる。この内容を押さえれば、②「案の定」が正解とわかる。占いの結果を受ける文脈であり、①「たまたま」出会ったのでは、占いの結果は関係ない。同様に、③「思いがけず」では占った意味がなく、④「やっとのことで」ではおかしい。

⑤「約束どおりに」に引っかかった受検者が多かったのではないだろうか。占いで言われた結果として「約束どおりに」太公望に会えたと解答したと思われるが、占いは先のことを予見するものであり、決して「約束」されたものでないことに留意しなければならない。おみくじの結果が約束されたものではないことからも理解できるだろう。

(イ)「当」は、返り点の上下点の「下」が付いていることから、「適」から返って最後に読んでおり、**再読文字「当《まさ》に～（す）べし」**であるとわかる。問題は、この「当」の訳として、「当然～すべきだ」、「きっと～だろう」のどちらが当てはまるかを文脈から確認しなければならないことである。ここは、西伯の亡き父太公が言った、〈聖人が出てきて周に行く。それにより周が興るだろう〉という内容に着目すると、この「聖人」が呂尚であることがわかる。**亡き父太公の予言を示す**箇所であることから、④の「きっと～だろう」の意味が最適であることがわかる。

①の「ぜひとも～すべきだ」は再読文字「当」の訳として使うが、亡き父太公の予言の言葉としては不適当な表現である。②・③・⑤は「当」の訳し方として不適。

問3　標準　5　正解は⑤

白文を読み、**書き下し文と返り点**を検討する問題。

ここは、**西伯が猟に出ようとして、その成果を占った**という内容が想定できるだろう。そこから「将」が**再読文字**の「**将《まさ》に～んとす**」であることに気づけば、選択肢を絞ることができる。なお、①の書き下し文は「将」を再読文字として読んではいるが、文末が「～んとす」ではなく「～べし」となっており、読みがおかしいうえに、この読み方で訳すと〈狩りに出てから占いをする〉という内容になってしまう。狩りでの結果を占うのであって、狩りに出てから占っても仕方がないので、①は誤り。⑤の「将に出でて猟りせんとし之を卜ふ」であれば、狩りをしようとしてその結果を〈狩りをする前に〉占うという内容に合致する。返り点の打ち方も正しいので、正解は⑤である。②〜④は「将」を再読文字として読んでいないという点で明らかに誤りの選択肢である。

問4 標準 6 正解は③

傍線部の解釈を問う問題。文脈を踏まえて傍線部分の会話の主体をとらえ、語句の用法、指示語の指す内容とともに訳出することが必要である。傍線部分の会話が呂尚、西伯のどちらの発言かをつかむのがまず第一。「太公」が〈呂尚〉と〈西伯の亡き父〉の両方の意味で出てくるので混乱するが、（注）の説明をしっかり読み取るべきである。（注）４にあるように、「先君太公」が西伯の父のことであるので、**傍線部分は西伯の発言**である。

そのうえで第二のポイントが、**「子」と「是」の意味**がつかめたか、である。傍線部は西伯が呂尚に語っている内容であり、「子」は〝子ども〟ではなく、〝あなた〟を意味する人称代名詞であることに気づくことが大切だ。傍線の直前にある、先君太公の「当有聖人……以興（＝聖人が周の国に行くだろう。それによって周が興るだろう）」という**予言の「聖人」はあなたのことなのか**と、西伯が驚きをもって語っているということを読み取る。つまり、「是」は「聖人」を指している。これらを踏まえて選択肢を確認する。

①不適。〈「我が子」がこれ（＝予言されたその人）に違いない〉は、まったく見当違いの解釈。「邪」の意味も含まれていない。

②不適。前半部分は問題ないが、後半部分を反語で解釈してしまうと、〝あなたはまさに予言されたその人だろうか、いやそうではない〟という展開になってしまい、誤り。

③適当。〝あなたはまさにその予言された人ではないか〟という解釈であり、文脈に適合する。

④不適。「我が子がまさにその人だろうか」では、呂尚ではなく西伯の子が予言された人になってしまう。西伯の子は登場していない。

⑤不適。「子」を「我が子」と解釈しており、誤りの選択肢。

問5　難　7　正解は①・⑥

漢詩の形式、歴史的意義についての知識をもとに妥当な説明をすべて選ぶ問題。【文章Ⅱ】の佐藤一斎の漢詩は一行七字の四行で構成されており、「七言絶句」である。「帰《キ》」「違《イ》」「磯《キ》」の字で韻がふまれている。以上をもとに選択肢を検討する。

①適当。七言の絶句、律詩とも一句目末と偶数句末で押韻するのが基本である。この詩の形式、押韻の説明として正しい。

②不適。律詩は八行の詩であり、この詩は「七言律詩」ではない。「対句を構成している」も誤り。この詩に対句は含まれていない。よって明らかに誤りの選択肢。

③不適。古体詩は行数が定まっていない詩であり、長いものもあれば、四行、八行のものもある。押韻などの形式はかなり自由であり、絶句、律詩などの近体詩に比較して形式性が弱い。また、首聯、頷聯、頸聯、尾聯は、律詩についての用語（律詩の二行ずつを聯として数える）であり、絶句であるこの詩の説明としては誤り。絶句は四つの句を起句、承句、転句、結句という。

④不適。「漢詩は日本人の創作活動の一つにはならなかった」が明らかに誤り。日本の漢詩の歴史は古く、奈良時代からつくられており、漢詩集として奈良時代には『懐風藻』が編まれている。平安時代には勅撰漢詩集もつくられており、『凌雲集』『文華秀麗集』『経国集』が有名だ。

⑤不適。④の解説からわかるように、「日本人は江戸時代末期から漢詩を作るようになった」は誤り。

⑥適当。「古くから日本人が漢詩文に親しみ」、「教養の基礎としてきた」のは、漢詩集の撰集があることや、『枕草子』、『源氏物語』などの記述からも明らかである。

漢詩と日本の漢詩文の歴史についての知識問題である。高校の授業で扱われているはずの内容であるが、すべて過不足なく選べという形式が問題としての難度を押し上げている。

問6 やや難 8・9 正解は A群―③ B群―⑤

【文章Ⅱ】の〈コラム〉の文中にある誤った表現をA群から選び、それを正しく改めるとB群のどれになるかを答える問題である。**複数の資料から相違点を読み取り**、そのことを説明した適切な選択肢を選ぶ問題となっている。コラムは太公望と釣り人との関連を説明した部分である。A群の選択肢のうち、②の「釣り人のことを『太公望』と言います」という内容は、辞書どおりの意味を説明しており、誤りではない。この正誤判定にあたっては、「太公望」という言葉の意味がわかっているかという知識が影響する。自信がない場合は、②は保留として他の選択肢を確認するというのがよいだろう。

次に、A群の①と③を検討する。①の「**文王との出会いが釣りであった**」という内容は、【文章Ⅰ】の一行目にある「以漁釣奸周西伯」の部分と合致するので、誤りではないと言える。③は、「太公望」の名前の由来が、【文章Ⅰ】では「西伯が望んだ人物だったから」と説明している。しかし【文章Ⅰ】の四、五行目の「『……吾太公望子久矣。』故号之曰太公望」の部分から、太公（＝西伯の先君）が望んだ人という意味が【文章Ⅰ】での「太公望」の由来であり、「西伯が望んだ」という記述は誤り。よってA群ではこの③の選択肢を解答する。

B群は六つの選択肢があるが、A群とB群を比べれば、A群の①を改める候補がB群の①・②であり、同様に、A

群の②がB群の③・④、A群の③がB群の⑤・⑥に対応するとわかるだろう。よってA群の誤りが③だと把握できれば、B群は⑤か⑥に絞られる。先に検討したとおり、**太公が望んだ人物が太公望だ**という⑤が正解となる。⑥は「子」を〝子ども〟の意味で読んでおり、これは**【文章Ⅰ】**に関しては誤読である。

B群の他の選択肢をみるとすべて誤りの説明である。①文王は占いをしたあとに呂尚に会っているので、「卜いをしている時に出会った」は明らかに誤り。②文王は「猟」はしているが「釣り」をしていたかどうかははっきりしない。③・④は「太公望」の意味を誤って説明している。

問7　標準　10　正解は⑤

【文章Ⅰ】と【文章Ⅱ】の漢詩の両方に登場する太公望（呂尚）について、両者を比較し、佐藤一斎の漢詩から読み取れる太公望の説明を、選択肢から選ぶ問題。 **複数資料**が対象の出題となっているが、実質的には、**【文章Ⅱ】**の漢詩の訳と選択肢の読解だけで解ける問題である。

漢詩に描かれる太公望は、漢詩の第一句・第二句の訳からわかるように、**文王に仕えることは本意ではなく、自然の中で一人釣りをすることを願っていた**。これを押さえたうえで選択肢を確認する。

①不適。「謬りて」（＝不本意にも）は、第一句の訳にあるように、文王に周に連れていかれたことに対する思いであり、明らかに誤りの選択肢。

②不適。①と同様、「殷を討伐した後」の「謬りて」とは関係ない。また討伐後に「むなしさ」を感じていたと読める部分はない。

③不適。訳にあるように、釣り竿一本だけで「風月」、つまり自然の中で静かに風流を味わう生活を送りたいという願いとは異なることになった、というのが第二句の解釈である。よって「釣りをするだけの生活」は太公望が望んだ生

活であり、これが「心と違ふ」という説明は誤り。

④不適。「その後の待遇」がよくないために太公望が「不満」を感じたという内容は漢詩から読み取れない。

⑤適当。第四句について、昔の釣りのことを毎夜夢に見ていたという訳がされており、「本来は釣磯で釣りを楽しんでいたかったという太公望の望み」という説明は、漢詩の内容に合致する。

⑥不適。磻渓については、昔の釣磯を夢見ていたのであり、昔釣りをしていた地方を領地としてもらいたいわけではないので、誤りの選択肢。

2020
年度

センター試験
国語　本試験

問題番号(配点)	設問	解答番号	正解	配点
第1問(50)	問1	1	⑤	2
		2	①	2
		3	①	2
		4	④	2
		5	⑤	2
	問2	6	②	8
	問3	7	③	8
	問4	8	②	8
	問5	9	②	8
	問6	10	①	4
		11	④	4
第2問(50)	問1	12	①	3
		13	①	3
		14	④	3
	問2	15	④	7
	問3	16	②	8
	問4	17	⑤	8
	問5	18	②	8
	問6	19-20	③-⑥	10(各5)

問題番号(配点)	設問	解答番号	正解	配点
第3問(50)	問1	21	③	5
		22	②	5
		23	④	5
	問2	24	①	6
	問3	25	③	7
	問4	26	⑤	7
	問5	27	②	7
	問6	28	⑤	8
第4問(50)	問1	29	⑤	4
		30	③	4
	問2	31	②	8
	問3	32	②	8
	問4	33	①	8
	問5	34	⑤	9
	問6	35	④	9

(注)－(ハイフン)でつながれた正解は，順序を問わない。

自己採点欄
200点

(平均点：119.33点)

第1問 標準

《出典》河野哲也『境界の現象学―始原の海から流体の存在論へ』〈第九章 海洋惑星とレジリエンス〉（筑摩書房）

河野哲也（一九六三年～）は哲学者。東京都出身。慶應義塾大学文学部（哲学科哲学専攻）卒業。同大学院文学研究科博士後期課程単位取得退学。玉川大学文学部人間学科准教授などを経て、現在、立教大学文学部教育学科教授。著書に『メルロ＝ポンティの意味論』『エコロジカルな心の哲学』『環境に拡がる心』などがある。『境界の現象学』は二〇一四年刊。

要旨

本文は十四段落から成る。これを三つの部分に分けて内容をまとめよう。

1 レジリエンスという概念　第1～第6段落　※問2・問5・問6

レジリエンスとはもとは物性科学のなかで物質が元の形状に戻る弾性のことを意味する。また生態学では環境の変化に対して動的に応じていく適応能力をいう。レジリエンスは、回復力（復元力）あるいはサステナビリティと意味が似ているけれども、**変化する環境に合わせて自らの姿を変更**しながら目的を達成する点、また適度な失敗が最初から包含され、それが**自らを更新する機会**となる点で両者とは異なる。

2 レジリエンスの概念の拡大　第7～第11段落　※問3・問5・問6

レジリエンスは心理学や精神医学の分野でも使われ、ストレスや災難などに対処して自己を維持する**抵抗力**や、病気や不運などから立ち直る**心理的な回復力**として解釈される。またソーシャルワークでは患者の自発性や潜在能力に着目し、患者中心の援助や支援を行う。さらにエンジニアリングの分野では、環境の変化に対して自らを変化させる柔軟性にきわめて近い性能として解釈される。レジリエンスにとっては、変化や刺激に対する敏感さを意味する脆弱性が重要な意味を持っている。

←

3

レジリエンスとケア　第12〜第14段落　※問4・問5・問6

以上のように、レジリエンスとは複雑なシステムが、変化する環境との相互作用を連続的に変化させながら、環境に柔軟に適応していく過程のことである。これを福祉の観点から言えば、自己のニーズを充足し、生活の基本的条件を維持するために個人が持たねばならない最低限の回復力がレジリエンスである。したがってケアする者がなすべきことは、このような力を獲得してもらうように本人を支援することである。

【語句】

▼最適解＝現状において最適と考えられる解答。
▼文脈＝物事の背景。
▼包含＝中に含んでいること。
▼ケア＝介護。看護。世話。
▼ニーズ＝必要。要求。

解説

問1　1 - 5　正解は　(ア)＝⑤　(イ)＝①　(ウ)＝①　(エ)＝④　(オ)＝⑤

(ア)「促進」 ①結束 ②目測 ③捕捉 ④自足 ⑤催促

(イ)「健康」 ①小康 ②候補 ③更迭 ④甲乙 ⑤技巧

(ウ)「権限」 ①棄権 ②堅固 ③嫌疑 ④検証 ⑤勢力圏

(エ)「偏って」 ①編集 ②遍歴 ③返却 ④偏差値 ⑤変調

(オ)「頑健」 ①対岸 ②主眼 ③岩盤 ④祈願 ⑤頑強

問2 6 正解は②

傍線部の内容を問う設問。「レジリエンス」と「回復力（復元力）」あるいは「サステナビリティ」との違いを問う。「そこ」の指示内容である、それらの「類似の意味合い」は問われない。まず「回復力（復元力）」との違いについては傍線部の次文以降で、「回復力（復元力）」が「ベースライン（＝基準線・基準値）や基準に戻ること」「均衡状態に到達するための性質」であるのに対して、「レジリエンス」は「絶えず変化する環境に合わせて流動的に自らの姿を変更しつつ、それでも目的を達成する（こと）」「発展成長する動的過程をソクシンするための性質」であると述べられる。要するに、**前者が一定の基準に戻るものであるのに対して、後者は環境に合わせて変化するものである**。次に「サステナビリティ」との違いについては、第6段落で生態系を例にあげて、「サステナビリティ」が「唯一の均衡点」を想定するのに対して、「レジリエンス」は「ケンコウなダイナミズム」であり、「自らを更新する」と述べられる。やはりここでも、**前者＝均衡点への戻り、後者＝動的な自己更新**という対比の構造になっている。よって以上の内容をまとめると、次のように説明できる。

回復力・サステナビリティ＝基準・均衡点に戻るもの
レジリエンス＝環境に合わせて変化してやまないもの

選択肢は「基準」「均衡」「変化」といったキーワードに着眼すれば、「戻るべき基準や均衡状態」「環境の変化に応じて自らの姿を変えていく」と説明した②を選択できる。

①「回復力やサステナビリティ」に「ベースラインが存在しない」という説明が本文の内容と矛盾する。また「弾性の法則によって本来の形状に戻る」のはレジリエンスではなく、回復力やサステナビリティの方である。
③「環境の変動に応じて自己を更新し続ける」のは回復力やサステナビリティではなく、レジリエンスである。
④「均衡を調整する動的過程」が不適。第5段落の「発展成長する動的過程」と内容的に合致しない。
⑤「自己を動的な状態に置いておくこと」は「目的」ではなく「手段」である。第5段落に「自らの姿を変更しつつ、それでも目的を達成する」とある。

問3　7　正解は③

傍線部の内容を問う設問。傍線部冒頭の「ここで」は、レジリエンスとソーシャルワークとの関わりにおいてということ。選択肢がすべて「近年のソーシャルワークでは」で始まるのはそのためである。また全選択肢で「脆弱性」という語が使われていることからわかるように、**「脆弱性」が「重要な意味をもつ」とはどういうことか**が問われている。そこで「ソーシャルワーク」の語がある第7段落以下に着眼すると、ソーシャルワークでは患者の自発性や潜在能力に基づいた援助や支援を行うこと（第8段落）、人間と社会環境の相互作用に働きかけること（第9段落）が説明される。そしてこれを受けて「脆弱性」（＝もろくて弱いさま）が取り上げられる。傍線部のある第10段落で、「脆弱性」とは「**変化や刺激に対する敏感さ**」を意味すること、そしてその「**センサー**」が環境の変化や悪化などをいち早く感知することが説明される。このように「脆弱性」はレジリエンスにおいては否定的なものではなく、「**積極的な価値**」なのである。硬直した思想・価値観などを打ち破るものとして弱さやもろさの価値を見直そうといった論調の評論文を近年見かける。そこでは「フラジャイル」（＝壊れやすい）」という語をキーワードに使うことがある。本文の「脆弱性」もその流れに沿ったものと言えよう。以上より「脆弱性」の重要性を次のように説明できる。

レジリエンスにとって脆弱性は環境の変化をいち早く感知する重要なセンサーである

選択肢は冒頭と結尾の部分がすべて同じなので、中間部を検討することになる。手がかりは「脆弱性」の「積極的な価値」である「**敏感さ**」と「**センサー**」である。この二語に着眼すれば、「センサーとして働く」とある③と、「敏感なセンサーとして働く」とある④に絞ることができる。正解は③で、「被支援者の適応力を活かせる」は第9段落の「本人の持つレジリエンスが活かせる」に、また「非常時に高い対応力を発揮する施設や設備」は第10段落の「災害に対して対応力に富む施設・建築物」に対応する。

①「被支援者が支援者にどれだけ依存しているかを測る尺度となる」が不適。「脆弱性」の説明で「尺度」またはこれに類する語は使われていない。「過度の依存が起こらない」とあるのも、第8段落の内容に合致しない。

②「環境に対する抵抗力の弱い人々を支援する」が不適。第8段落の「患者の自発性や潜在能力に着目し、……支援を行う」に合致しない。「変化の起こりにくい環境に変化を起こす刺激」とあるのも不適。

④「均衡状態へと戻る」が不適。第5段落の「レジリエンスは、均衡状態に到達するための性質ではなく」に矛盾する。

⑤「復元力」は第5段落で「レジリエンス」とは異なると説明されている。また「尺度」も不適となる。なお第12段落に「回復力」とあるが、これは「内在的性質」ではなく、相互作用の過程で生じると説明されている。

問4 8 正解は②

傍線部の内容を問う設問。「それ」の指示内容も問われる。まず「それ」は直前の「こうした意味での回復力」、すなわち、複雑なシステム（人間を含む）が環境との相互作用を通して環境に柔軟に対応している能力を指している（第12段落参照）。「ミニマル」は〝最小限の〟の意。よって傍線部は、**環境に柔軟に対応していく能力を福祉の最小限の基準として提案できる**と言い換えられる。さらに傍線部直後の文が「すなわち」で始まり、具体的に説明される。ここにも「変化に適切に応じる能力」「柔軟な適応力」を持たせることが福祉の目的だと述べられる。続く文では「ニーズ」「能動的」「自律的」という語が使われ、第14段落冒頭で「レジリエンスとは、自己のニーズを充足し、生活の基本的条件を維持するために、**個人が持たねばならない最低限の回復力である**」とまとめられる。そして**このような力を獲得できるように支援すること**が福祉の目的であると結論づけられる。以上より次のように説明できる。

福祉は、環境に柔軟に対応しながら自己のニーズを充足できるような能力の獲得を最小限の基準とすべきだ

選択肢は「それ」の指示内容に着眼すれば、「個人がさまざまな環境に応じて自己の要求を充足してゆく能力」と説明した②が正解とわかる。他の選択肢はいずれも「それ」の指示内容の説明が間違っている。

①「社会体制を整備すること」ではなく、被支援者本人を支援することが福祉の目的である。

③「環境の変化の影響を受けずに」が決定的な誤りとなる。

④「被支援者のニーズに応えて満足してもらえる」ことではなく、被支援者自らが自己のニーズを満足させるように支援することが大切なのである。

⑤「経済力を持つ」が決定的な誤りとなる。「多様な形」というのも漠然としている。

問5　9　正解は②

ディベート中の空所を補充する設問。この形式の設問はセンター試験ではほとんど例がなく、二〇一八年度本試験第1問の問3に類例が見られる程度である。しかし共通テストの試行調査では類題が出されていた。なお、最初に「教師」が「皆さん自身の問題として具体的に考えてみることはできないか」と問題提起しているように、**具体例を問うている**点で、思考力が問われる設問だと言える。では設問を検討しよう。まず生徒Aの発言は問題ない。次に生徒Bの「規則正しい生活習慣をしっかり保ち続けられるかどうか」という発言は第5段落の「サステナビリティ」に該当するので、本文の誤読となる。そのため生徒Cに「そういうことだろうか」と反論されてしまう。そしてCは「**動的過程**」というキーワードを提示する。これを受けてその具体例を提示したのが直後のAの発言である。このキーワードに関して「**環境の変化に対して動的に応じていく**」（第4段落）、「流動的に**自らの姿を変更し**

つつ、それでも**目的を達成する**」（第5段落）などと説明されている点を押さえた上で選択肢を吟味すればよい。

消去法で解くことになるが、**環境の変化に応じた自己の変化**というポイントを堅持することが重要である。

①不適。「まったく経験のない競技を始めた」ことは環境の変化に該当しない。「休まず練習を積み重ねた」というのも自己の変化に該当しない。

②**適当**。「新チーム」が環境の変化に該当する。「うまくいかなかった」というのは第6段落の「適度な失敗」に該当する。「現状に合うように工夫した」とあるのが自己の変化に該当する。「目標」は「目的」に合致する。

③不適。環境の変化と自己の変化のいずれにも該当しない。

④不適。環境の変化、自己の変化のいずれについても当たらずとも遠からずという印象を受けるが、「将来のニーズ」とは時代や社会のニーズを言うから、第14段落の「自己のニーズ」からはずれている。

⑤不適。これも環境の変化、自己の変化のいずれも適当に見えるけれども、「オンとオフ」の「切り替え」は「発展成長する動的過程」には該当しない。

問6 10・11 正解は（i）＝① （ii）＝④

本文の表現と構成を問う設問。消去法で解く。

（i）

①**適当**。「運んでいるとしよう」と「行ったとしよう」の「よう」はいずれも意志の助動詞であるが、「さて勉強するとしよう」のように単純に意志を表す用法とは違い、ある状況を想像してみようという仮定の文脈で使われている。

②不適。「直後の語句」とは「自己の維持」をいう。その前文に「生態系が変動と変化に対して自己を維持する過程という意味で使われた」とあるように、「筆者が独自に規定した意味で用いている」わけではない。

③不適。「直前の表現」とは「サステナブルな自然」をいう。確かにこの表現について「自然のシステムの本来の

姿とは合わない」と否定的に述べられているが、「といったときには」という表現自体が「本来好ましくない」という意味合いを持つわけではない（例「子どもがいやといったときには無理強いしてはいけない」）。

④不適。「あるとされ」の「れ」は受身の助動詞「れる」の連用形であるから、「敬意を示」してはいない。

(ii)

①適当。第2段落はウォーカーの文章を引用している。第3段落は筆者が「レジリエンス」の意味を「攪乱（＝かき乱すこと）を吸収し、基本的な機能と構造を保持し続けるシステムの能力」と説明している。

②適当。第5・第6段落では「レジリエンス」と「回復力（復元力）」「サステナビリティ」との意味の違いが説明されている。

③適当。第4段落に「六〇年代になると」、第7段落に「さらに八〇年代になると」、第11段落に「さらに、近年の」とあるように、「レジリエンス」の概念の広がりを時間を追って説明している。

④不適。「反論している」が誤りとなる。第13段落以下、それまで説明してきた「レジリエンス」という概念を用いて福祉のあるべき姿を提案している。

第2問 やや難

《出典》原民喜「翳《かげ》」〈Ⅱ〉（講談社文芸文庫『原民喜戦後全小説』）

原民喜（一九〇五～一九五一年）は小説家。広島市生まれ。慶應義塾大学文学部英文科卒業。学生時代から詩や小説などを発表する。その後、疎開していた広島市で被爆し、当時のノートをもとに代表作『夏の花』を発表する。他に『廃墟から』『壊滅の序曲』『鎮魂歌』『心願の国』『原民喜詩集』などがある。

「翳」は一九四八年（昭和二三年）の十一月、文芸雑誌『明日』に発表された。文庫本で十三ページの短編小説で、ⅠとⅡに分かれる。本文はⅡの全文である。なおⅠでは日中戦争が始まる時期における、「私」と知人の岩井繁雄や長広幸人との交友、および彼らの死が語られる。

要旨

本文を四つの部分に分けて内容をまとめよう。

1

魚芳の死亡の通知 1～12行目（私は一九四四年の秋に…） ※問2・問5・問6

私は**妻**の死亡通知を知人たちに送ったが、その一人である**魚芳**からは何の返事もなかった。その後、彼の父親から封書が届き、**魚芳**が**妻**よりも五カ月前に既に死亡していたことを知った。

←

2

魚芳との交遊 13～56行目（私がはじめて…） ※問3・問5・問6

私たちが千葉の借家に引っ越すと、**魚芳**はほぼ毎日註文を取りに立ち寄った。**魚芳**ら御用聞きがやって来ると、表の露次はひとしきり活気づいた。しかし**目に見えない憂鬱の影**はだんだん濃くなっていた。冬になると**魚芳**は毎日のように小鳥を獲っては持って来てくれたが、この頃が彼にとっては一番愉しかったのかもしれない。

←

3

魚芳の出征 57～82行目（翌年春、魚芳は入営し…） ※問4・問5・問6

魚芳が入営して満洲へ渡った年、**私**の**妻**が発病し療養生活を送るようになった。**魚芳**から便りが届き、こちらからも小包を送ったりした。その後**魚芳**は除隊となり千葉に訪ねて来たが、挨拶もそこそこにすぐ立ち去った。そしてふたたび満洲へ行ってしまった。内地にすっかり**失望**してしまったのだろう。

4

郷里に死にに還った魚芳　84～92行目（その文面によれば…）　※問5・問6

魚芳の父親の手紙によれば、魚芳は満洲で病気になり、郷里に辿り着いて一週間後に亡くなったという。善良ゆえに過重な仕事を押しつけられ、悪い環境や機構の中でぎりぎりのところまで堪えて**郷里に死にに還った魚芳**。終戦後、私は郷里にただ死にに帰って行くらしい疲れ果てた青年の姿を再三、汽車の中で見かけた。

【語句】

▼**知己**＝親友。知人。

▼**満洲**＝中国東北部の旧地域名。一九三二年、この地域を占領した日本は「満洲国」を建国したが、第二次世界大戦後、中国に復帰した。

▼**紋切型**＝一定の型にはまっていること。

▼**懶惰**＝なまけ怠ること。怠惰。

▼**天秤棒**＝両端に荷物を吊るし、中央を肩にかけてかつぐ棒。

▼**物腰**＝人と応対するときの言葉遣いや身のこなし。

▼**板場**＝調理場。

▼**内幕**＝外からはわからない内部の事情。内情。

▼**慰問**＝病気・災害などで苦しんでいる人を見舞い慰めること。本文では戦地にいる兵士への見舞いをいう。

▼**内地**＝海外の植民地を「外地」と称したのに対し、日本本国の領土を「内地」と称した。

▼**募る**＝激化する。募集する。本文では前者の意。

解説

問1 12 - 14 正解は (ア)＝① (イ)＝① (ウ)＝④

(ア) 「興じ」はサ変動詞「興ずる」または上一段動詞「興じる」の連用形で、〝楽しむ〟の意。「合う」は〝互いに～する〟の意の補助動詞の用法になる。「興じ」の意から「面白がっている」の①と「ふざけている」の④に絞られる。また「合う」の意からは「互いに～いる」とある①と「ともに～いる」とある⑤に絞られる。よって①が正解となる。「合う」のような何でもない言葉でも、しっかりと意味をおさえよう。

(イ) 「重宝がる」は〝便利なものとして使う〟の意。「れる」は受身の助動詞。直前に「炊事も出来るし」とあるように、魚芳が役に立つ男だと思われて人々によく利用されるという文脈である。①の「頼みやすく」が「重宝がる」の意味に最も近い。④は「思いのままに（＝自分の思い通りに）」が語義的に不適。

(ウ) 「晴れがましい」は〝表立っていて誇らしげだ〟と〝表立っていて気恥ずかしい〟の意がある。直前に「郷里から軍服を着て千葉を訪れ」とある。また73行目で、軍服を着た魚芳を見て医者が「ほう、立派になったね」と言っている。ここから、当時は軍服姿を立派だとする時勢であったとわかる。よってここは前者の意となり、④が正解となる。他は語義的に不適。

問2 15 正解は④

傍線部の内容を問う設問。「そうした」の指示内容も問われる。「私」が妻に先立たれて悲しみに沈む日々を送っている場面である。「そうした」は前文の「サイレンはもう頻々と（＝しきりに）鳴り唸っていた」などを指す。この「サイレン」は、3行目に「本土空襲も漸く切迫しかかった頃」とあるように空襲警報のサイレンである。したがって「暗い、望みのない」とは本土空襲を受けるほどに戦局が悪化していることを意味する。そうした日々、「私」は亡き妻との生活をじっと思い返していたというのが傍線部の内容であるから、次のように説明できる。

戦局の悪化するなか、「私」はしばしば妻との生活をじっと思い返していた

選択肢は「そうした」の指示内容に着眼して、「生命の危機を感じさせる」とある①と、「戦局の悪化」とある④に絞り、「亡き妻への思いにとらわれ続けていた」を決め手に④を選択すればよい。ただ「顧みず（＝気にかけず）」というのはやや言い過ぎのきらいがあろう。

①「恐怖にかられた」「安息を感じていた」とは読み取れない。

②「妻との生活も思い出せなくなるのではないかとおびえていた」とは読み取れない。

③「生活への意欲を取り戻そうとしていた」とは読み取れない。

⑤「かつての交友関係にこだわり続けていた」とは読み取れない。

問3　16　正解は②

傍線部の心情を問う設問。この小説は**「私」の視点を通して語られる**ので、当然ながら妻の心情は「『私』がこのとき**推測した**」ものとなる。この点を確認した上で傍線部に戻ろう。場面は、毎日のように御用聞きにやって来て周囲を明るくする魚芳たちが、「になえつつ」の姿勢を実演して妻を笑わせたというものである。「私の妻は笑いこけていた。だが、何か笑いきれない」とは、**心の底から笑うことができない**という意味である（「〜（し）きる」は〝〜し終える。〜し尽くす〟の意の補助動詞）。その理由を傍線部前後に求めれば、「二人とも来年入営する筈であった」「八百屋がまず召集され、……別れを告げて行った」とあるように、日の前で陽気に騒ぎ合う魚芳たちも、他の若者同様、**近い将来軍隊に召集されて去っていくことがわかっているから**である。よって妻の心情を次のように説明できる。

今は陽気にふるまう魚芳たちもいずれ召集されて去っていくので、無心に笑うことができない

選択肢は傍線部前後の「入営」「召集」「別れ」に着眼して、「以前の平穏な日々が終わりつつあることを実感している」とある②を選択すればよい。魚芳をはじめとする御用聞きたちとの交遊が終わりを告げつつあることをふまえた表現である。

①「気のはやり（＝待ちきれず興奮して気持ちがあせること）」が不適。魚芳たちは「興じ合っている」（傍線部(ア)）にすぎない。

③「魚芳たちがいだく期待」とは何を言うのか曖昧だし、本文からも読み取れない。「商売人として一人前になれなかった境遇にあわれみを覚えている」も傍線部前後から読み取れない。

④「熱心に」が不適。「興じ合っている」に合致しない。「軍務についたら苦労するのではと懸念している」とも読み取れない。

⑤「将来の不安を紛らそうとして」が不適。このような心情は読み取れない。「そのふざけ方がやや度を越している」という非難めいた心情も読み取れない。

問4 17 正解は⑤

傍線部の心情を問う設問。「どのような態度」とあるが、心情問題の一種とみなしてよい。傍線部は、除隊になった魚芳が久しぶりに「私」の家の台所に現れる場面である。「私」は家に上がるように勧めるが、魚芳は「かしこまった（＝恐れ敬い、慎んだ）まま、台所のところの閾（＝境目）から一歩も内へ這入ろうとしない」。直前文にも「きちんと立ったまま」とあるように、魚芳はどこまでも**節度を保ちながら「私達」と接している**。これはもちろん、御用聞きという**従来の立場をわきまえている**ことから出た態度だと考えるのが自然であろう。他の理由を見出せるような根拠は見当たらない。よって次のように説明できる。

久しぶりの再会とはいえ、御用聞きという立場を守り通そうとする態度

選択肢は「かしこまった」に着眼して、「礼儀を重んじようとしている」とある①、「丁重に」とある②、「姿勢を正して」とある⑤に絞り、「御用聞きと得意先であった間柄を今でもわきまえようとしている」を根拠に⑤を選択すればよい。

①「兵長にふさわしくない行動だと気づき」が読み取れない。直後の文に「『兵長になりました』と嬉しげに応え」とあるように、魚芳は兵長（＝軍隊の階級の一つ）になったことを単純に喜んでいるにすぎない。

②「再び魚屋で仕事ができると思って」が読み取れない。61～62行目に「魚芳はまた帰って来て魚屋が出来ると思っているのかしら」とあるのは妻の推測にすぎない。

③「後ろめたさを隠そうとしている」と読み取る根拠が見当たらない。直前文の「ニコニコしていた」とも結びつかない。

④「予想以上に病状が悪化している……驚き」と読み取る根拠が見当たらない。これも直前文の「ニコニコしていた」と結びつかない。

問5 18 正解は②

心情の推移を問う設問。「私」や妻あての**手紙**が登場する箇所を順に取り出して、「『私』の感情はどのように動いていったか」を確認しよう。

- 妻の死亡通知に対する悔み状（2行目）→心を鎮めてくれる
- 魚芳の父親からの手紙（10行目）→魚芳の死を初めて知る
- 魚芳からの手紙（55行目）→魚芳の弾む気持ちが伝わる
- **魚芳からの手紙（57行目）→魚芳はみんなに可愛がられているに違いないと思う**
- 魚芳からの手紙（60行目）→除隊したらまた魚屋ができると魚芳は思っているのかと妻が嘆息する
- 魚芳からの手紙（65行目）→魚芳の除隊を知る
- 魚芳からの手紙（78行目）→魚芳は内地に失望したのだろうと推測する
- 魚芳からの手紙（80行目）→魚芳が内地の暮らしを心配する
- **魚芳の父親からの手紙（84行目）→魚芳の戦地での忍耐を想像して、魚芳の生前の姿を回想し、魚芳のように郷**

里に死にに帰る疲れ果てた青年に同情する

これで見ると、「私」の感情は基本的に魚芳に対する感情として推移していることがわかる。特に魚芳に対する心情が強く表れた太字部分に着眼すると、次のようにまとめることができる。

魚芳はみんなに可愛がられていると思っていたが、実際は忍耐を続けて死に至ったと思い直し、同じような境遇の青年に同情した

選択肢は三行と長い。**長い選択肢はまず末尾を吟味して絞れるだけ絞る**ことを勧めたい。消去法で選択肢を順に細かく検討していく方法は、正確ではあっても時間をロスする。正確かつ迅速に解くのが良策である。本問でもこれを採用する。「私」の感情は魚芳のような**不幸な青年への同情へと行き着く**というポイントを押さえれば、「疲弊して帰郷する青年の姿に、短い人生を終えた魚芳が重なって見えた」と説明した②が正解だと容易にわかるだろう。心情の推移を問う設問に対しては、まず、その**心情の到達点に着目する**のが鉄則である。

①「妻の死の悲しみを共有しえない」が3行目の「心を鎮めてくれる」に合致しない。「魚芳とも悲しみを分ち合えない」も読み取れない。

③「周囲に溶け込めず立場が悪くなった」が傍線部(イ)「重宝がられる」に合致しない。

④「魚屋で働くことを楽しみにしている」と魚芳の手紙にあったとは書かれていない。「時局を顧みない楽天的な傾向……」も、「私」の青年たちへの同情に合致しない。

⑤「他人事のように語る」が80行目の「おそろしいことですね」に合致しない。「不満」も不適。79行目には「すっかり失望してしまったのであろう」とあるのみである。

問6 19・20 正解は③・⑥

表現の特徴を問う設問。**適当でないもの**を選ぶ。消去法で解く。

①適当。魚芳と川瀬成吉が同一人物であることは、11行目の「(川瀬丈吉が)魚芳の父親らしい」などからわかる。

18行目の「魚芳の小僧」とは、魚芳という魚屋の使用人すなわち川瀬成吉のことである。

②適当。本文は大まかに見ると、現在↓過去↓現在という構成になっている。よって「いくつかの時点を行き来しつつ」という説明は妥当である。

③不適。指摘されたいずれの箇所も「ユーモラスに描いている」とは言えない。特に90行目の「とぼとぼと」は、直前に「病軀（＝病気にかかっているからだ）をかかえ」とあるように暗鬱な様子を表している。

④適当。魚芳が魚の頭を犬に与える場面（30行目）や、小鳥を毎日のように持って来てくれる場面（53行目）から、魚芳の温かな人柄が読み取れる。

⑤適当。38行目の「散漫」は集中力が欠けるさまを表している。

⑥不適。79行目に「日々に募ってゆく生活難」とはあるが、選択肢は「私」の生活の厳しさと妻の病気を関連づけて説明している点が誤りとなる。

第3問 標準

《出典》『小夜衣』〈上〉

『小夜衣』は鎌倉時代中期以降に成立した擬古物語。作者未詳。全三巻。兵部卿宮（本文中の「宮」）と山里にすむ姫君との恋愛と、継子いじめという平安時代の物語の主要なテーマを踏襲している。しかも内容ばかりでなく、表現的にも『源氏物語』や『狭衣物語』などからの引用が数多く見られる（〔語句〕参照）。本文は冒頭近くの一節である。

要旨

本文は三段落から成る。各段落のあらすじは次の通り。

1

宰相の通う庵（「ここはいづくぞ」と…）第一段落

宮は偶然宰相が通う庵を探し当て、仏事にいそしむ生活をうらやましく思った。そして宰相に会いたい旨伝えると、宰相が出てきて宮を南向きの部屋へ案内した。

↓

2

重篤の尼上（うち笑み給ひて…）第二段落

宰相は宮がわざわざ訪ねてきてくれたことに礼を述べ、尼上が重篤であることを告げた。宮も尼上の見舞いに来たことを話すと、宰相はそのことを尼上に告げた。尼上は深く感謝し、直接挨拶できないことをわびた。

↓

3

宮の姫君への想い（人々、のぞきて…）第三段落

女房たちは宮の美しさ・立派さにひどく感嘆し、姫君と結婚させたいと思った。宮はわび住まいをしている姫君に同情し、必ず姫君に引き合わせてほしいと宰相に言い残して立ち去った。

【語句】

▼**人々**＝多く、従者たちや女房たちを意味する。身分の高い人々を指すのはまれ。

▼**いづくもおなじ卯の花とはいひながら**＝「わが宿の垣根な過ぎそほととぎすいづれの里もおなじ卯の花（＝〝我が家の垣根を素通りしないでくれ、ほととぎすよ。どこの山里も同じ卯の花が咲いているのだから〟）」（『後拾遺和歌集』〈夏〉）などをふまえる。

▼心尽くす＝あれこれと気をもむ。
▼からからと＝金属の器が立てる擬音語。『源氏物語』〈賢木〉の「法師ばらの閼伽たてまつるとて、からからと鳴らしつつ」を模倣する。
▼目もおよばず＝まぶしいほど立派だ。
▼艶も色も…＝『源氏物語』〈螢〉の「艶も色もこぼるばかりなる御衣に直衣はかなく重なれるあはひも、いづこに加はれるきよらにかあらむ、この世の人の染め出だしたると見えず…」を模倣する。
▼文目＝着物の模様。
▼わろきだに見ならはぬ＝「わろき（わろし）」は〝美しくない〟の意。しかしここは「そこそこ美しい男でさえ見慣れていない」という趣旨なので、「わろき」ではなく「わろからぬ」とあるべきところ。
▼めでまどふ＝たいそう褒める。ひどく感嘆する。
▼もの思はし＝もの思いがちだ。
▼うちしほたる＝「うち」は語調を整える接頭語。「しほたる」は〝涙を流す。涙で袖が濡れる〟の意。
▼かまへて＝ぜひとも・必ず〜（意志・希望・命令表現と呼応する）。決して〜（禁止表現と呼応する）。

全訳

（宮が）「ここは何という所か」と、お供の人々にお尋ねになると、（お供の人々が）「雲林院と申します所でございます」と申し上げるので、（宮はその言葉が）お耳に残って、宰相の通う所であったかと（思い当たり）、近頃はここに（通っている）と聞いたが、（宰相は）どこにいるのだろうと、知りたくお思いになって、お車（＝牛車）を停めて外をご覧になっていると、（卯の花は）どこでも同じ卯の花とはいえ、垣根をなして続いているのも（卯の花の名所である）玉川を見るような心地がして、ほととぎすの初声も（まだ鳴かないかと）気をもむこともない辺りであろうかと、自然と知りたくお思いになって、夕暮れの頃なので、静かに葦の垣根のすき間から、格子などの見えるのを覗《のぞ》きなさると、こちらは仏前（＝仏間）と思われて、閼伽棚が小さくこしらえてあって、妻戸・格子なども押し開いて、樒の花が青々と散って、花をお供えしようとして、（金属の器が）からからと鳴る様子も（似つかわしく）、仏道のお勤めも、現世でも手持ちぶさたなこともなく、後世もまたたいそう（極楽往生の）期待がもてることだよ。仏事は関心を寄せることなので、（宮は）うらやましくご覧になっている。無常なこの世で、このように（＝仏事に専念しながら）も暮らしたく、お目を止めてご覧になっていると、童女の姿も大勢見える中に、あの宰相の元にいる童女もいるのは、（やはり）ここであろうか、とお思いになるので、お供の兵衛督という者をお呼びになって、「宰相の君はここにおりますか」と、対面したい旨申し上げなさる。（宰相は）びっくりして、「どうしましょう。宮が、ここまで訪ね入っていらっしゃったのでしょう。もったいないことです」と言って、急いで出てきた。仏のかたわらの南向きの部屋に、御座所などをきちんと整えて、（宮を）入れ申し上げる。

（宮は）微笑みなさって、「この近くをお訪ねしたところ、（あなたが）この辺りにいらっしゃるなどと聞いて、ここまで分け入っております（私の）誠意を、わかってください」などとおっしゃるので、（宰相は）「まことに、もったいなくも訪ね入ってくださったご誠意は、（もったいなくて）いたたまれないことでございます。（実は）年寄り（＝尼上）が、命も限りに患っておりますときで、最後までお世話しましょうと思って、籠もって（おります）」などと申し上げると、（宮は）「そうでいらっしゃるとは、気の毒なことです。そのご病気のこともお聞きしたいと思って、わざわざ参上したのだが」などとおっしゃるので、（宰相は）奥へ入って、「（宮の）こういうお言葉がございます」と申し上げなさると、（尼上は）「そのような者（＝尼上自身）がいると（宮の）お耳に入って、（私の）老いの果てに、このようなありがたいお情をかけていただくのは、生き長らえております命も、今となってはうれしく、この世の名誉と思われます。直接ご挨拶申し上げるべきでございますのに、このように病気で衰弱した有様なので（それもかないません）」などと、途切れ途切れに申し上げているのも、（宮は）とても望ましいことだとお聞きになった。

人々（＝女房たち）が、覗いて拝見すると、美しくさし昇った夕方の月に（照らされて）、振る舞いなさっている（宮の）様子は、他に似るものがなく素晴らしい。山の端から月の光が輝き出たようなご様子は、まぶしいほど立派である。光沢も色彩もあふれ出るばかりのお召し物に、直衣が無造作に重なっている色合いも、どこに加わっている美しさなのであろうか、この世の人が染め出したものとも思われず、普通の色とも見えない様子で、模様も実に珍しい。（女房たちは）美しくもない男でさえ見慣れていない感じなので、「世の中にはこのような（素晴らしい）人もいらっしゃるのだなあ」と、たいそう褒め合っている。本当に、（夫婦として）姫君と並べてみたいと思って、微笑んでいる。宮は、この場の様子などご覧になるにつけて、他とは様子が違って見える。人が少なくしんみりとして、ここにもの思いがちな人（＝姫君）が住んでいるその心細さなど、自然とふびんにお思いになって、むやみに悲しくて、お袖も涙で濡らしなさりながら、宰相にも、「ぜひとも、（姫君との仲が）甲斐のある（＝良い結果になる）ように（尼上に）取りなし申し上げてください」などと語ってお帰りになるのを、女房たちも名残が尽きないように思っている。

解説

問1　21 – 23　正解は　(ア)＝③　(イ)＝②　(ウ)＝④

(ア)「ゆかしく」は形容詞「ゆかし」の連用形。動詞「行く」からできた語で、**そこへ行って様子が知りたい**というのが原義。〝見たい。聞きたい。知りたい〟の意になる。また現代語の「おくゆかしい」に近い〝何となく慕わしい。懐かしい〟の意もあるが、これは中世以降の用法である。ここは直前に「いづくならん」とあるように、**宰相の居所が知りたい**という内容である。「おぼしめし（おぼしめす）」は「思ふ」の尊敬語。〝思いなさる〟〝お思いになる〟などと訳す。よって③が正解。②・⑤の「お思い申し上げて」は謙譲表現（＝「思ひ奉りて」など）の訳になる。

(イ)　副詞「やをら」は〝そっと。静かに〟の意。「やはら」ともいう。②が正解。⑤の「そのまま」は「やがて」

の訳になる。形が似ているので注意が必要。

(ウ) 「重なれ」は四段活用の自動詞「重なる」の已然形（命令形）。「御衣」（＝上衣）の上に「直衣」を重ねて着ているということ。「る」は完了・存続の助動詞「り」の連体形。エ段（四段動詞の已然（命令）形またはサ変動詞の未然形「せ」）につくと覚える助動詞である。「あはひ」は〝あいだ。間柄。情勢。色の取り合わせ〟の意。ここは最後の意になる。「重なれる」が〝重なっている〟または〝重なった〟と直訳できるから、③と④に絞り、重ね着するという文脈から④が正解とわかる。直前の「はかなく（はかなし）」は〝無造作に〟の意。なお②と⑤の「重ね」は下二段活用の他動詞「重ぬ」の訳になるので不適である。

問2 24 正解は①

a 「奉る」は謙譲の補助動詞「奉る」の終止形。宰相が宮を部屋の中にお入れするという文脈であるから、動作の対象（相手）である宮を敬う。

b 「給ふ」は尊敬の補助動詞。直前の「ものし（ものす）」は漠然とある動作を表す動詞で、ここは〝いる〟または〝通う〟の意になる。話し手である宮が聞き手である宰相に向かって、あなたがこの辺りにいらっしゃると聞いた、または通っていらっしゃると聞いたという文脈であるから、主語である宰相を敬う。

c 「侍る」は丁寧の補助動詞「侍り」の連体形。宰相が宮に語る言葉の一節にあるから、聞き手である宮を敬う。

d 「聞こえ」は「言ふ」の謙譲語「聞こゆ」の連用形で、宰相が尼上に申し上げるという文脈であるから、動作の対象である尼上（＝「老い人」）を敬う。

▼敬意の方向の考え方
尊敬語＝動作の主語を敬う
謙譲語＝動作の対象（相手）を敬う
丁寧語＝聞き手（読み手）を敬う

問3　25　正解は③

傍線部の内容を問う設問。傍線部は宮が宰相の通う庵を覗き見する場面である。「御車をとどめて見出だし給へる」とあるように、宮は牛車の覗き窓から外の庵の様子を見ている。以下、白い卯の花が垣根をなして咲いている様子、仏前に花を供える様子が描写される。それを見て宮は「このかたのいとなみも……このかたは心にとどまることなれば、うらやましく」思ったというのである。二度使われる「このかた（＝こちらの方）」は仏前に供花していること、および「この世（＝現世）」「後の世（＝後世）」とあることから、仏事を指していると判断できる。「うらやまし」は〝ねたましい。うらやましい〟の意。したがって宮が仏道の勤めに深い関心を持っており、それを中心とした生活をうらやましく思っていることがわかる。以上より「仏事にいそしむことで……」とある③が正解となる。「現世でも充実感があり」とあるのは「この世にてもつれづれならず」をふまえる。「つれづれなり」は〝手持ちぶさただ。退屈だ〟の意で、仏道に励めば現世の生活も物足りなくはないということ。また「来世にも希望が持てる」とあるのは「後の世はまたいと頼もしきぞかし」をふまえる。「頼もし」は〝頼もしい。心強い〟の意で、来世での極楽往生に期待ができるということ。

①　「味気ない」は「あぢきなき世」をふまえたものだが、現代語の「味気ない（＝面白みや風情がない）」とは違い、「あぢきなし」は〝無益だ。かいがない。にがにがしい〟の意になる。また「極楽浄土のように楽しく暮らす」とあるのも内容的に不適となる。

②　宮が姫君との交際を求めていることは前書きからもわかるが、「姫君と来世までも添い遂げようと心に決めている」とまでは書かれていない。「いつも」以下も読み取れない。

④　「来世のことを考えずに」が傍線部直前の内容と矛盾する。そもそも宮が姫君の境遇に思いを巡らすのは、第三段落の「宮は、所の有様など御覧ずるに」以下である。

⑤　宮は高貴な身分であるから「自由に行動できない」というのはその通りであろうが、身の不自由を嘆いてい

ることがはっきり書かれているわけではない。

問4 26 正解は⑤

傍線部の心情を問う設問。宮の見舞いの言葉に対して尼上が礼を述べる場面である。宰相が両者を取り次いでいる。「つて」は〝人づて〟の意。「なら」は断定の助動詞「なり」の未然形。「で」は打消の接続助詞。「こそ」は強意の係助詞。「申す」は「言ふ」の謙譲語。「べく」は当然の助動詞「べし」の連用形。「侍る」は丁寧の補助動詞「侍り」の連体形。「に」は逆接の接続助詞。**人づてでなく宮に直接お礼を申し上げるべきなのに**という内容で、それができないことを、病床にある尼上は**心苦しく思っている**。直後の「弱々しき（弱々し）」は〝衰弱した〟、「心地」は〝病気〟の意。傍線部直前にも目をやると、「老いの果てに、かかるめでたき御恵みをうけたまはるこそ、……面目とおぼえ侍れ」とある。「御恵み」は宮が見舞いに来てくれたことをいい、尼上はそれを「面目（＝名誉）」と思っている。また「ながらへ侍る命も、**今はうれしく**」とは、極楽往生を願い現世を厭《いと》う気持ちから長生きしたことを嘆いていたけれど、**宮の来訪という僥倖《ぎょうこう》にめぐり合えたので、今となっては長生きしてよかった**という心情をいう。以上より尼上の心情を次のように説明できる。

見舞ってくれた宮に感謝すると同時に、直接礼を言えないことをわびる思い

選択肢は「めでたき御恵み」「面目」「つてならで」あたりに着眼すれば、「見舞いに来られた」「直接ご挨拶申し上げるべきだ」とある⑤が正解とわかる。「実に畏れ多い」とあるのは尼上の言葉にはないが、高貴な人が見舞いに来てくれたという状況を考えれば妥当な説明である。また宰相が少し前の部分で「かたじけなく（＝もったいなく）」と述べており（第二段落二行目）、これは尼上も同じ心情であると言える。あるいは、いずれの選択肢も「つてならで」を「直接」と説明しているので、「申す」が補助動詞ではなく動詞（〈言う〉という動作）であることに着眼して、「ご相談申し上げたい」とある②と「ご挨拶申し上げるべきだ」とある⑤に絞ることもできる。

①「自分が姫君と宮との仲を取り持って」以下が不適。本文から読み取れない。

②　「姫君のことを直接ご相談申し上げたい」が不適。本文から読み取れない。

③　「多大な援助」「お受け取り申し上げる」が不適。

④　宮に仏道について教授するという内容なので不適。

問5　27　正解は②

傍線部の心情を問う設問。女房たちが宮を覗き見る場面である。第三段落冒頭の「人々」が姫君に仕える女房たちを指す点をおさえよう（〔語句〕参照）。その「人々、のぞきて見奉るに」以下、宮の容姿が描写される。「似るものなくめでたし」「目もおよばず」「めでまどひあへり」などとあるように、女房たちは**宮の美しさ・立派さにたいそう感動している**ことがわかる。そして「げに、姫君に並べまほしく」とあって傍線部につながる。「げに」は〝なるほど。本当に〟の意の副詞。「まほしく」は希望の助動詞「まほし」の連用形。女房たちは**宮と姫君を並べてみたい**と思っている。本文の前書きからも、宮が姫君に求愛していることがわかるから、二人の結婚を導き出すのは困難ではないだろう。そしてその似合いのカップルを思い浮かべるゆえに「笑みゐたり」となるわけである。「笑み（笑む）」は〝ほほえむ。にっこり笑う〟の意である。「ゐ」は上一段動詞「ゐる」の連用形で、ここは補助動詞の用法となり、〝〜ている〟という存続の意味を表す。それにさらに存続の助動詞「たり」がついている。以上より女房たちの心情を次のように説明できる。両者を並べるとはどういうことか。内裏雛《だいりびな》を想像すればわかるように、**結婚させる**ということである。

宮の立派な姿に感動し、姫君と結婚させたいと思っている

選択肢は「笑み」の意から「興奮している」とある①と「あきれている」とある⑤をはずせる。さらに「姫君に並べまほしく」の内容から「姫君と宮が結婚したらどんなにすばらしいだろう」とある②を選択できる。

①　「上質な衣装は見慣れている」「姫君の衣装と比べてみたい」が不適。

③　「宮が噂以上の美しさであった」とは書かれていない。「姫君が宮を見たら」以下も不適となる。

④　宮と姫君を出家させるという内容で不適。
⑤　宮と姫君では釣り合わないと説明しており不適。「あきれている」が決定的な誤りとなる。

問6　28　正解は⑤

本文の内容を問う設問。消去法で解く。
①不適。姫君が仏事にいそしんでいると説明している。確かに第一段落に「このかたのいとなみ」とあるが、仏前に花を供えているのは下仕えの女か尼であろう。高貴な姫君が行うことではない。また「対面の場」とは文脈上、姫君との対面をいうから、この点でも不適となる。
②不適。宰相が宮への対応の仕方について兵衛督に尋ねたとは書かれていない。宰相の言葉に「いかがし侍るべき」とあるのは、宰相の独り言か、他の女房に向かって言ったものである。「尼上と姫君がいる南向きの部屋」も誤り。尼上は奥の部屋で床に伏している。姫君がいる部屋については触れられていない。
③不適。尼上が自分の死後のことや姫君の後見のことを宮に頼んだとは書かれていない。また宮は宰相に「かひあるさまに聞こえなし給へ」と述べて、姫君との仲を取り持ってほしいと宰相に頼んでいるだけで、「姫君との関係が自らの望む方向に進んでいきそうな予感を覚えた」わけではない。
④不適。「この静かな山里で出家し」とは書かれていない。第三段落の「さまかはりて」は場所柄の違いをいったものである。下二段活用の「さまかふ（様変ふ）」（＝出家して姿を変える）と混同してはいけない。そもそも出家して（＝俗縁を断ち切って）姫君とともに暮らすというのはおかしな話である。
⑤適当。「山里を去る」は第三段落の「帰り給ふ」に、「姫君に同情し」は「あはれにおぼしめされて」に、「必ず姫君に引き合わせてほしい」は「かひあるさまに聞こえなし給へ」に、「その余韻にひたっていた」は「人々も名残多くおぼゆ」にそれぞれ合致する。

第4問 標準

《出典》 謝霊運「田南樹園、激流植援」（『文選』巻三十・雑詩下）

謝霊運（三八五〜四三三年）は六朝時代（二二二〜五八九年）の宋の詩人。会稽《かいけい》郡始寧《しねい》（浙江省紹興《しょうこう》市）の人。南朝宋の武帝、続いて少帝に仕え、宮廷文人として重用されるも、朝廷内の権力闘争に巻き込まれて左遷されるなど、官界にあって浮沈を味わい、辞職して故郷に戻る。その後、謀反の嫌疑をかけられて流罪となり、処刑された。しかし文人としては六朝時代を代表する詩人で、同時代の顔延之《がんえんし》とともに「顔謝」と並び称された。『文選』には晋の陸機に次いで多くの詩が収められた。

『文選』は六朝時代の梁の昭明太子が編纂した詩文集。全六十巻（もと三十巻）。周から梁にいたる約一〇〇〇年間の詩文を集める。収録された作者は約一三〇人。作品は約八〇〇編にのぼる。日本にも早くに伝わり、日本文学に大きな影響を与えた。

【詩の概説】

詩は二十句から成る五言古詩である。**偶数句末に韻を踏む**。前から順に「同（ドウ）」、「中（チュウ）」、「風（フウ）」、「江（コウ）」、「墉（ヨウ）」、「窓（ソウ）」、「峰（ホウ）」、「功（コウ）」、「蹤（ショウ）」、「同（ドウ）」。また第5句と第6句、第7句と第8句、第9句と第10句、第11句と第12句、第13句と第14句、第17句と第18句が対句になる。題名の「田南樹園、激流植援（田南《でんなん》に園《えん》を樹《た》て、流れを激《げき》して援《えん》を植う）」は、〃田畑の南に庭園を作り、流水を引き込み垣根を植える〃の意。

要旨

本文を三つの部分に分けてあらすじを記そう。

1 山中の住居　第1句〜第6句（樵隠…遠風）
都での生活で疲れた心身を癒やすために、山中に庭園のある住居を構えた。広々として俗世のわずらわしさもない。

←

2 住居の様子　第7句〜第16句（卜室…人功）
住居は丘を背にし、前に川が流れる。庭園に水を引き、むくげの垣根を作る。周りは木が多く、遠く山も見える。人手をかけない簡素な住まいである。

←

3 庭園の小道　第17句〜第20句（唯開…能同）
蔣生が自宅の庭に小道を作って求仲と羊仲を招いたように、自分も友人を招いて共に美しい風景を楽しみたい。

【語句】
▼群木＝群れ立つ木々。「衆山（＝多くの山々）」に対応する。
▼対＝ここは「たいす」と読む動詞で、〝向かう〟の意。
▼不期労＝「期」は〝あてにする。望む〟。「労」は〝労働。労役〟。労役をあてにしないということ。
▼即事＝そのことにとりかかる。ここでは住居を建てることをいう。

読み

樵隠《せういん》倶《とも》に山に在るも　由来事《ゆらいこと》は同じからず
同じからざるは一事《いちじ》に非《あら》ず　痾《やまひ》を養ふも亦《ま》た園中《ゑんちゆう》
園中氛雑《ふんざつ》を屛《しりぞ》け　清曠《せいくわう》遠風《ゑんぷう》を招く
室《しつ》を卜《ぼく》して北の阜《をか》に倚《よ》り　扉を啓《ひら》きて南の江《かは》に面す
澗《たにがは》を激《せきと》めて井《せい》に汲《く》むに代へ　槿《むくげ》を挿《う》ゑて墉《かき》に列《つらな》るに当《あ》つ
群木《ぐんぼく》既に戸に羅《つらな》り　衆山《しゆうざん》亦た窓に対す
靡迤《びい》として下田《かでん》に趨《おもむ》き　迢遞《てうてい》として高峰《かうほう》を瞰《み》る
欲を寡《すく》なくして労を期せず　事に即して人の功罕《こうまれ》なり
唯《た》だ蔣生《しやうせい》の径《みち》を開き　永《なが》く求羊《きうやう》の蹤《あと》を懐《おも》ふ
賞心《しやうしん》忘るべからず　妙善《めうぜん》冀《こひねが》はくは能《よ》く同《とも》にせんことを

全訳

木こりと隠者はともに山に暮らしているが、その理由は同じではない（木こりは木を切るため、隠者は俗世を逃れるため）
同じでない理由は一つではなく、（私のように）都の生活で疲れた心身を癒やすのもまた庭園のある住居である
庭園のある住居の中で俗世のわずらわしさを払い、清らかで広々とした空間に遠くから吹いてくる風を入れる
土地の吉凶を占って住居を北の丘を背にして建て、門扉を開くと南にある川が目の前を流れる
谷川の水をせき止め引き込んで井戸の水を汲む代わりとし、むくげを植え巡らせて垣根にする
群れ立つ木々が戸の前に連なり、多くの山々も窓に向かってそびえ立つ
うねうねと連なり続く道をたどって下の田畑に出かけ、はるかに遠くの高い峰を眺める

欲が少なく労役をあてにしたくはないので、住居を建てるのに人の手をかけ過ぎたりしない
ただ蔣生のように小道を作り、いつまでも求仲・羊仲のような友人が訪ねてくれることを望む
美しい風景をめでる心を忘れてはならず、この上ない幸福を友人と一緒に味わえたらと願うのだ

解説

問1 29・30 正解は (ア)＝⑤ (イ)＝③

(ア) 「倶」は「ともに」と読む副詞の用法と「ともにす」と読む動詞の用法がある。ここは「在」にかかる副詞である。〝両方とも〟の意。木こりと隠者はどちらも山で暮らすということ。⑤が正解。「ともに」と読む副詞は他に「共・与」などがある（「与」は他に「と・より・や・か・かな」などの読みがあるので注意が必要）。①は「偶・適」、②は「具」、③は「既・已」、④は「漫」などの読みになる。

(イ) 「寡」は「多寡（＝多いか少ないか）」「寡占（＝ある商品やサービスにかかわる市場が少数の売り手に支配されること）」「寡聞（＝見聞が狭い）」などの熟語を考えればわかるように、「すくなし」と読む形容詞や「すくなす」と読む動詞などの用法がある。ここは後者で「欲」から返って読む。③が正解。①は「偽・詐」、②は「募」、④は「肯」、⑤は「与・預」などの読みになる。なお、「寡人」は〝徳の少ない人〟の意で、君主（諸侯）が自分を謙遜して言う自称の言葉である。これに対応するのが「臣」で、臣下が君主に対して謙遜して言う自称の言葉である。合わせて覚えておこう。

問2 31 正解は②

傍線部の訓点と書き下し文を問う設問。まず五言詩であるから語調が二・三となる点をおさえる（七言詩であれば、二・二・三となる）。すなわち第2句は「由来・事不同」、第3句は「不同・非一事」とそれぞれ切れ、返読はできるだけ避ける。第2句の「由来」は（注）にあるように〝理由〟の意で、第1句の「在山」すなわち山に暮ら

す理由をいう。「事不同」の「事」と「不同」は主語と述語の関係になる。「事」は「由来」の〝内容〟というほどの意。「不同」は「同じからず」（「同」は形容詞）と読んでも、「同じうせず」（「同」は動詞）と読んでも構わないが、後者なら普通下に目的語がくると考えれば（例「不同席」席を同じうせず）、前者の読みが適当とわかる。これにより選択肢は①と②に絞られる。次に第3句は「不同」の繰り返しで始まる。これは第4句末尾の「園中」を第5句冒頭で繰り返す手法と同じである。したがって「不同」はやはり「同じからず」と読むのがよいと判断でき、主語になるので「同じからざるは」と読むことになる。「非一事」の「非」は「あらず」と読み「一事」から返る。すなわち「一事に非ず」と訓読する。文字通り、〝一つではない〟の意。**木こりと隠者が山にいる理由は異なるが、その異なる理由は一つではない**ということ。その他の理由としてあげられるのが第4句で、作者は心身の疲れを癒やすために山中の住居で暮らすことを選んだと述べている。以上より②が正解となる。

①「同じからず」「同じうせず」と読み方を変えている。「非とする」という読みも不適。

③「不同」を「同じうせず」と読んでいる。

④「不同」を「同じうせず」と読んでいる。句の切れ目を無視して「非」から「同」に返って読む点も不適。

⑤「同じうせず」「同じからず」と読み方を変えている。「非とする」という読みも不適。

問3　32　正解は②

傍線部の内容に合うイラストを問う設問。センター試験では例がなく、**新傾向の設問**である。とはいえ難しくはない。まず第7句について。「卜室」は注がある。「卜」は〝うらなう〟の意。「室」は〝住居〟の意。「倚北阜」の「倚（よる）」は〝寄りかかる〟、「阜」は〝丘〟の意で、**北にある丘あるいは小山を背にして住居を構えた**ということ。第8句について。「啓扉」の「啓」は〝開く〟の意。「扉」は門扉をいう。「南江」は文字通り南にある川をいい、**門扉を開くと南の川に面している**というのである。第9句について。「激澗」の「激」は「せきとむ」と読むように、**谷川の水をせき止めて**庭園の中に引き込むことをいう。「げきす」と読んでも構わない。直後に「代汲井」

とあるように、**井戸の水を汲む代わりとしたということ**。確かに井戸を掘ることに比べればたやすい。第15句の「不期労」の実践と言えよう。第10句について。「槿」はアオイ科フヨウ属の落葉樹で、夏に白やピンクの花をつける。「当列墉」の「当（あつ）」は〝当てる。充当する〟の意。「墉（かき）」は〝垣根〟の意。**住居の周りにむくげを植えて垣根としたということ**。すなわち生け垣である。以上より住居の位置と設備について次の四つのポイントが引き出せる（なお問題には示されていないが、詩の題名に「田南樹園」とあるので、住居の北側にも田畑があるのであろう）。

住居は北の丘を背にする
南側に門扉があり、その前に川が流れる
井戸の代わりに谷川の水を引き込む
むくげの生け垣を作る

イラストはいずれも画面上の小山のある方が北、画面下の畑がある方が南と理解できる。右の四ポイントから②を選択できる。

① 門扉が東側にある。井戸がある。
③ 井戸がある。生け垣ではなく塀である。
④ 門扉が東側にある。生け垣ではなく塀である。

問4 33 正解は①

空所を補充する設問。**押韻と対句**が問われる。まず押韻について。古体詩・近体詩を問わず、**五言詩では偶数句末の漢字の音を揃える**。この詩の押韻はすでに〔詩の構成〕で示した。その多くが「ｏｕ」、一部が「ｕｕ」で統一されている。選択肢を見ると、①「窓（ソウ）」、②「空（クウ）」、③「虹（コウ）」、④「門（モン）」、⑤「月（ゲツ）」であるから、①と③、あるいは②が正解の候補となる。続いて対句について。これも前述したように第

11句と第12句が対句になる。すなわち、

	名詞（主語）	副詞	動詞	名詞（目的語）
第11句	群木	既	羅	戸
第12句	衆山	亦	対	C

　このように**両句の文法的構造が同じ**で、**内容的にも対応関係にある**のが対句である。「群木」に「衆山」が対応するように、「戸」にも C が対応すると考えなければならない。そこで選択肢に戻ると、「戸」に対するものとして、同じ住居の建具である①の「窓」を入れるのが適当とわかる。「衆山」が「窓」に「対」するとは、**窓を開けると山々が望める**ということである。②の「空（＝からっぽ）」では山々に「対」しようがないし、③の「虹」も束の間の自然現象である。

問5　34　正解は⑤

傍線部の表現について問う設問。**適当でないもの**を選ぶ。第13句と第14句も対句になっている点をおさえた上で、消去法で解く。

①適当。「靡（び）」と「迤（い）」は「i」音が共通する。「靡迤」は（注）にあるように道がうねうねと続くさまをいう。「趨」は〝向かって行く〟の意。「田」は〝耕作地。田畑〟の意で、日本語の〝水田〟を意味しないから注意しよう。田園風景がイメージされる。

②適当。対応関係は「靡迤」と「迢遰」が形容詞。「趨」と「瞰」が動詞。「下田」と「高峰」が名詞で、それぞれ直前の動詞の目的語になる。田園風景と遠くの山脈の取り合わせであるから、「俗世を離れた清らかな場所」という説明は妥当であろう。

③適当。「迢（ちょう）」と「遰（てい）」も音が近いと言える。「山々がはるか遠くのすがすがしい存在である」

というのも妥当な説明であろう。

④適当。「下田」と「高峰」の対比から高低差が読み取れるから、「垂直方向」という説明は妥当である。ただ「水平方向にものびやか」は「山のふもとに広がる『下田』」を指すのであろうが、**問3**のイラストにとらわれるとイメージしにくいかもしれない。

⑤不適。「田畑を耕作する世俗のいとなみ」が「遠いものとなった」とは、作者にとって農作業は縁遠いものであるという意味であろうが、作者が農作業を行うかどうかはともかく、親しみを感じるものであることは間違いない。

問6 35 正解は④

傍線部の心情を問う設問。終わり四句に着眼する。まず第17・第18句で、蔣生が自宅の庭に小道を作って求仲と羊仲を招いたという故事をふまえて（（注）参照）、**自分も小道を作って友人を招きたい**と詠む。「懐」は〝願い望む。思いやる。しのぶ〟などの意。この故事をしのんで自分もそう願うということ。「蹤」は〝足跡〟の意で、求仲と羊仲が蔣生の作った小道を歩いたということ。傍線部はこの二句をふまえるように「美しい風景をめでる心」をいう（「賞」は〝めでる〟の意）。これが倒置されて「不可忘」の目的語となる。第19句の「賞心」は（注）にあるように「美しい風景をめでる心」をいう（「賞」は〝めでる〟の意）。これが倒置されて「不可忘」の目的語となる。第20句の「妙善」は注がつく。「冀」は「こひねがはくは」と読み、「～せん（ことを）・せよ」と結ぶ。〝願うことには～。どうか～〟の意。「能」は〝～できる〟の意。「同」は「ともにせんことを」と読んでいるように、〝一緒に共有する〟の意。その目的語は「妙善」であるから、これも倒置形である。**この上ない幸福を友と分かち合えたらと願う**心情を詠む。以上より作者の心情を次のように説明できる。

美しい風景をめでる心を忘れず、この幸福を友人と分かち合いたい

選択肢は「美しい風景」「漢の蔣生と求仲・羊仲のように」「親しい仲間と一緒にながめ」「立派な人格者である我が友人たちよ」「どうか～ください」が共通する。そこで例によって**末尾**の「どうか～ください」の「～」の部分を検討しよう。これは「冀能同」を訳したものであるから、「妙善」を分かち合いたいという内容を考えれば、「どうか我が家においでください」とある④が適当とわかる。

①「さまざまな見方を教わる」が不適。読み取れない。「何でも言ってください」とあるのも傍線部の内容に合致しない。

②「その評価は決して一致しない」が不適。「同」に合致しない。「私のことはそっとしておいてください」とあるのも傍線部の内容に合致しない。

③「その苦心」とは何を言うのか不明である。「我が家のことを皆に伝えてください」とあるのも傍線部の内容に合致しない。

⑤「永遠に称賛されることはない」が不適。「永懐」の意味に合致しない。「我が家を時々思い出してください」とあるのも傍線部の内容に合致しない。

参考　後漢の趙岐《ちょうき》の『三輔決録』や、唐の李瀚《りかん》の『蒙求』によれば、蔣生は官職を退いて故郷に帰り、住居内の竹林に三本の小道を作って散策を楽しみ、世俗との交わりを断って、ただ旧友である求仲と羊仲だけを招いて共に遊び楽しんだという。謝霊運の境遇と重なるところがあって共感を覚え、この故事を詩に詠み込んだのであろう。

2020
年度

国語　追試験

問題番号(配点)	設問	解答番号	正解	配点
第1問(50)	問1	1	①	2
		2	②	2
		3	③	2
		4	④	2
		5	①	2
	問2	6	①	8
	問3	7	⑤	8
	問4	8	②	8
	問5	9	④	8
	問6	10	③	4
		11	④	4
第2問(50)	問1	12	③	3
		13	①	3
		14	③	3
	問2	15	④	7
	問3	16	③	8
	問4	17	①	8
	問5	18	⑤	8
	問6	19-20	③-⑥	10(各5)

問題番号(配点)	設問	解答番号	正解	配点
第3問(50)	問1	21	④	5
		22	②	5
		23	③	5
	問2	24	②	6
	問3	25	①	7
	問4	26	④	7
	問5	27	⑤	7
	問6	28	④	8
第4問(50)	問1	29	③	4
		30	⑤	4
	問2	31	③	8
	問3	32	④	8
	問4	33	①	8
	問5	34	②	9
	問6	35	④	9

（注）－（ハイフン）でつながれた正解は，順序を問わない。

自己採点欄
200点

第1問 標準

《出典》 細田耕『柔らかヒューマノイド――ロボットが知能の謎を解き明かす』〈第1章 ヒューマノイドとは何か――人間に似せる理由〉（化学同人）

細田耕（一九六五年～）は大阪府生まれ。京都大学工学部精密工学科卒業。同大学院工学研究科博士課程修了。現在、大阪大学大学院基礎工学研究科教授。専門はロボティクス。著書に『実践ロボット制御――基礎から動力学まで』『ロボットからヒトを識る』『身体適応』（いずれも共著）などがある。『柔らかヒューマノイド――ロボットが知能の謎を解き明かす』は二〇一六年刊。

要旨

本文は十三段落から成る。原文は第1～4段落が「ヒューマノイドの用途」という標題に属し、第5～13段落が「ヒューマノイドを使った構成論的研究」という標題に属する。ここでは後者をさらに二分して全体の内容をまとめよう。

1 ヒューマノイドの用途 第1～4段落 ※問2・問5・問6

ロボットを労働の代替という意味で考えれば、人間としての形より、性能に特化した形のほうが有利である。しかし想定されない状況や、接客や応対という場面では、人間の形をしたヒューマノイドロボットが有利である。

↓

2 生物の構成論的研究 第5～10段落 ※問3・問5・問6

ヒューマノイドロボット（アンドロイド）には労働の代替という意味のほかに、人間を調べるためのツールという意味がある。人間あるいは他の生物そっくりのロボットをつくってその情報処理や知能を知ろうという、生物の構成論的研究である。砂漠アリのモデルロボット「サハボット」はその一例である。

3

人間の構成論的研究　第11～13段落　※問4・問5・問6

人間の構成論的研究のために使われるロボットは、人間の知能的な行動を再現できるヒューマノイドである。人間と同じ環境内（他の人間を含む）で学習するロボットを観察することで、**人間の知能やコミュニケーションに関する新しい知見が得られる**。このようにロボットの構成論的研究はロボットの新しい方向性であると考えることができる。

【語句】

▼**特化**＝特定の部分に重点を置くこと。業務内容を限定して専門化すること。

▼**想定外**＝予想した範囲を超えていること。

▼**ノウハウ**＝ある専門的な知識や技術。

解説

問1　1－5　正解は　(ア)＝①　(イ)＝②　(ウ)＝③　(エ)＝④　(オ)＝①

(ア)「任せて」　①赴任　②忍耐　③妊娠　④人相　⑤認定

(イ)「角度」　①改革　②頭角　③収穫　④閣議　⑤規格

(ウ)「風貌」　①無謀　②防衛　③変貌　④傍聴　⑤欠乏

(エ)「顕著」　①双肩　②兼業　③懸垂　④顕示　⑤謙虚

(オ)「目標」　①標識　②漂白　③拍子　④定評　⑤辞表

問2　6　正解は①

傍線部の理由を問う設問。「**適当でないもの**」とあるので消去法で解く。まず傍線部が第1～4段落の内容のまとめになっている点をおさえよう。「未知の環境（ここでは、災害現場やコミュニケーション相手の人）」とは第2段落の「未知の現場」「想定外」や、第4段落の「接客や応対」をふまえたもので、何が起こるかわからない災害現場では、普通のロボットよりも自分と同じ形をしたヒューマノイドロボットのほうがオペレーターは直感的に操作しやすいし、また人間を相手とするサービスの分野では、モニターよりも人間全体を複製したヒューマノイドのほうが「人間としての存在感」があると述べられている。これをおさえて選択肢を吟味する。

①不適。「人間と同じ構造にすれば」以下が誤り。ヒューマノイドにすれば自律的に適応できるとは述べられていない。（＝他からの制約や支配を受けずに、自分自身で立てた規則に従って行動するさま）とあるのは、第3段落に「ロボットが自律的に動く場合でも……人間の形をすることが有利に働く場合もあるだろう」とあるのは、自律的ロボットについてもヒューマノイドのほうが有利な場合もあると述べているにすぎない。

②適当。第3段落の「状況をあらかじめ想定する代わりに、オペレーターの適応能力にマカせてしまおう、という考え方である」に合致する。

③適当。第3段落の「腕をどんな……自分の経験から想像した結果を、ほぼ信用することができる」に合致する。

④適当。①で引用した「ロボットが自律的に動く場合でも……人間の形をすることが有利に働く」に合致する。

⑤適当。第4段落の「人間としての存在感が……人間全体を複製してしまう、という方向で正解なのだろう」に合致する。

問3　7　正解は⑤

傍線部以下の内容を問う設問。第5段落以下、「生物の情報処理あるいは知能を知ろう」という「生物の『構成論的研究』」（第6段落）へと議論が展開する。「サハボット」の研究開発もその一例である。まず第8・9段落で、砂漠アリには偏光センサーと神経があることがわかっており、それを模したニューラルネットワーク装置をサハボットに取り付けたことが説明される。だがこれではうまくいかなかったので、「あるニューロン」を加えたところ、問題が解決し、アリを解剖した結果、未知のニューロンの発見につながったと述べられる（第10段落）。以上より、**偏光センサーと神経を模したサハボット→失敗→あるニューロンを追加したロボット→成功→アリの未知のニューロンの発見**という流れが取り出せる。

選択肢は各文の文末に着眼して、「アリの知能の理解に貢献した」とある①、「アリの内部構造の理解に貢献した」とある③、「アリの情報処理の理解に貢献した」とある⑤に絞り、「未知の細胞がアリから発見される」を決め手に⑤を選択すればよい。もちろんこの「細胞」とは神経細胞である。

①「アリにしか存在しないニューロンが関与している」とあるが、このニューロンがアリ独自のものなのかどうかは本文で言及されていない。

②「偏光センサー」は最初からロボットに取り付けられている。また「ロボットの観測システムの高度化」が実験の成果ではない。

③「ニューロンの多様な機能を可能な限り分類する」が不適。本文に書かれていない。

④「従来のロボットのナビゲーションシステムには欠陥があった」とは書かれていない。また「ロボットの情報処理の高度化」が実験の成果ではない。

問4 8 正解は②

傍線部の理由を問う設問。第11段落以下では人間の「構成論的研究」（同段落）が論じられる。すなわちヒューマノイドロボットをつくってその学習過程を観察したり、人間の学習過程との比較をしたりすることで、**人間の学習や知能に関する新しい知見が得られる可能性がある**ことが説明される。ヒューマノイドは「人間の使う道具の延長」（第13段落）ではなく「人間を知るための道具」（第12段落）なのである。傍線部の前文にも「人間を知るための科学的なツール（＝道具）としての役割を果たす」とあり、これが「ロボットの新しい方向性」となる。よって傍線部の理由を端的に次のように説明できる。これは「労働の代替」としてのロボットから、「構成論的研究」のためのロボットへ、という本文の展開にも合致している。

選択肢は、まず文末を見ると、①「新しい知識」、②「新しい知見」、③「新しい知性」、④「新しい関係性」、⑤「新しい形状」となっている。④の「関係性」と⑤の「形状」が適当でなさそうであるのはわかる。そこで冒頭に目を転じると、いずれも一文目が「これまでのロボットは……た。」となっている。このうち適当であるのは「労働を代行するものでしかなかった」とある②と「人間の労働を代替する存在としてのみ捉えられてきた」とある④であるから、結局②が正解とわかる。②は〈人間についての新しい知見〉ではなく「対象についての新しい知見」となっている点で、正解であるとはややわかりにくいきらいがあるが、これは傍線部がヒューマノイドに限定しない、より一般化した表現になっているると判断したためであろう。

①「プログラムどおりに行動する」が不適。「労働の代替」を説明していない。また「ロボットについての新しい知識を得る」ことが「新しい方向性」ではない。

③「人間に制御される」が不適。「労働の代替」を説明していない。またロボットの「新しい知性」を開発することが「新しい方向性」ではない。

④人間とロボットが協働する、「新しい関係性」を研究するためのツールであるとは書かれていない。

⑤「効率を重視して」が不適。「労働の代替」を説明していない。「対象の構造やメカニズムを検証すること」で「新しい形状を探究する」とも書かれていない。

問5 9 正解は④

ディベート形式による発言内容の是非を問う設問。消去法で解く。

①**適当**。第5段落で「不気味の谷」について言及され、ロボットと人間との外見の酷似や動きの微妙な差異がもたらす違和感が指摘されている。

②**適当**。第4段落でヒューマノイドロボットの代わりに、モニターにアバターを映し出すことの是非が論じられる。特に人間としての存在感やコストに焦点が当てられている。

③**適当**。第11段落で、人間の構成論的研究で使われるロボットは「人間の知能的な行動を再現することができるヒューマノイドである」と述べられる。

④**不適**。「人間を相手にコミュニケーションを繰り返すことで、ロボットが人間の知能をよりよく模倣できるようになる」とはもっともな意見であるが、本文には書かれていない。

⑤**適当**。「実際の人間と同じような環境で……」は第11段落の内容に、「ロボットがどのような外見になれば……」は第5段落の内容に、さらに「これからのロボット研究」は傍線部**C**などに合致する。

問6　10・11　正解は　(i)＝③　(ii)＝④

(i)　**本文の表現**を問う設問。消去法で解く。

①**不適**。「そもそも」は話を説き起こすときに使われる接続詞であって、この語自体が「読者の気持ちを代弁している」わけではない。

②**不適**。「問題となるのは人間としての存在感ではない」ではなく、〈問題となるのは人間としての存在感である〉の誤り。「存在感ではない」では、直後の「しかし、人間としての存在感が……」にも続かない。

③**適当**。「正しいように思われる」の「ように（ようだ）」は婉曲の用法になる。「思われる」も筆者の意見として提示したものであって、「断言することは留保した表現」というのは妥当である。

④**不適**。「あるいは」は、前の疑問文と、それとは異なる視点から述べた後の疑問文とを選択的につないでいるにすぎず、「読者に考えさせる働き」をしているわけではない。

(ii)　**本文の構成**を問う設問。消去法で解く。

①**不適**。「大きく異なる観点が導入される」のは第4段落ではなく第5段落である。また第11段落以降は第1段落

の問題意識に対する結論を提示しており、「批判」はしていない。
②不適。①と同じく、第11段落以降で「批判」はしていない。
③不適。「大きく異なる観点が導入される」のは第5段落である。
④適当。〔要旨〕で示したように本文は第1～4段落と第5～13段落に大きく二分できる。また第13段落が全体のまとめと結論になっている。

第2問 標準

《出典》 稲葉真弓『水の中のザクロ』〈4〉（講談社）

稲葉真弓（一九五〇～二〇一四年）は小説家・詩人。愛知県生まれ。県立津島高校を卒業後、同人誌『作家』に小説を発表し、短編『蒼い影の傷みを』で女流新人賞を受賞して文壇にデビューする。主な作品に『エンドレス・ワルツ』『声の娼婦』『海松《みる》』『半島へ』などがある。『水の中のザクロ』（一九九九年刊）は単行本で二百ページ足らずの中編小説で、本文は前半の一節である。

要旨

本文を四つの部分に分けて内容をまとめよう。

1 老女の記憶 1～25行目（「何、捜しているの…」） ※問2・問5・問6

老女はロッカーの前に座り込んで、子供のときに作ったという花のしおりを探していた。彼女の記憶は、遠い過去に戻りながら、今と昔とが何の違和感もなく混じり合う瞬間もあるらしかった。

2

母との同居　26～66行目（晩年病んで…）　※問3・問5・問6

晩年脳を病んで田舎に住むことを諦めた母は、上京して「私」の住むマンションに越してきた。記憶の混乱がわかっていたからか、荷物の段ボール箱を開くことはなかった。

←

3

捨てた田舎の家　67～91行目（慣れない場所と…）　※問4・問5・問6

母は「私」の部屋で見聞きするものだけに心の浮き沈みを託していた。ダム底に沈んだという村の写真を見て、自分が捨ててきた田舎の家のことを思って泣いた。

←

4

老女と母の重なり　92～98行目（見知らぬ他人…）　※問5・問6

母がわずかな荷物に昔を託したように、ロッカーの中には老女の記憶がぎっしりと詰まっている。

←

【語句】

▼納戸＝普段使用しない衣類や家具や調度品などを収納しておく空間。
▼放心＝魂が抜けたようにぼんやりすること。
▼緩慢＝動きがゆっくりしているさま。
▼色水＝植物の花や葉の汁などで作った水。子どもが水遊びで使う。

▼**自戒**＝自分で自分の言動をいましめ慎むこと。
▼**丸帯**＝幅の広い女帯。正装用の帯で、振袖や訪問着などに用いられる。
▼**晴れ着**＝成人式や結婚式などのハレの日に着る着物。
▼**梁**＝建物の水平方向に架けられ、床や屋根などの荷重を柱に伝える材木。

解説

問1 12 – 14　正解は　(ア)＝③　(イ)＝①　(ウ)＝③

(ア)「首をかしげる」は首を傾けるしぐさを表し、〝疑問に思う。不審に思う〟の意。直前に「五つか六つの子供に……持ち歩いていたという話」とあり、「私」は老女の話を**にわかに信じがたく思っている**。③が正解。①の「とまどう」、②の「共感しにくい」、④の「否定する」、⑤の「不快に感じる」はいずれも語義的に不適。

(イ)「のっぴきならない」の「のっぴき」は「退《の》き引き」が変化したもの。〝身動きがとれない。どうしようもない〟の意。直後の文に「一度転んでアキレス腱をいためてから、身の回りのことがほとんどできなくなった」とあるように、母の田舎暮らしが**どうにも立ちゆかない**切羽詰まったものであることを表す。よって①が正解となる。②は前後の文脈に合わない。③の「煩わしく」、④の「思うとおりにならない」は語義的に不適。⑤は前後の文脈には合うが、やはり語義という点で不適となる。

(ウ)「とりとめもなく」の「とりとめ」は〝要点。まとまり〟の意。「とりとめもない」「とりとめのない」の形で、〝まとまりがない。重要でない〟の意を表す。ここでは母の興味の対象が**まとまりもなく移ってゆく様子**をいう。「目的や方向性が定まらない」とある③が正解。①は昼夜を問わずの意味なので不適。②の「他人にはわからない理由」、④の「気持ちを抑えることなく」、⑤の「平常心を失って見苦しく」はいずれも語義的に不適。

問2 15　正解は④

傍線部の内容を問う設問。「脈絡」も「つじつま」も〝筋道〟の意。「頓着（とんじゃく・とんちゃく）」は〝気にすること〟。ふつう「頓着しない」のように否定表現で用いる。直前の二文に「ときに薄明かりが差すように……行き来していた」とあるように、**話が過去と現在をとりとめもなく往来して筋が通らないにもかかわらず、気にも止めない**老女の様子を表現している。「私」はそんな老女の「記憶の混乱」（19行目）に「首をかしげる気分」（傍線部(ア)）になりながらも、あえて注意することもなく聞き役に徹している。

選択肢は、「脈絡も、つじつまの有無」を「筋道の怪しい物語」と説明した①と、「話の一貫性や整合性」と説明した④に絞り、「あまり気にかけることなく、折々の心の動きをそのまま口にしている」を決め手に④を選択すればよい。「ときどき自分でも記憶の確かさに軽い疑いをもつようで」とあるのは、5行目の「自分でもそれが確かなのかどうか疑っているらしい、影のようなものが差している」をふまえている。

①「にせの記憶」が不適。記憶同士の整合性がないだけで、記憶が偽りだとは書かれていない。したがって「創作」も不適。さらに「話して回っている」とあるのも本文からは読み取れない。

②「順序だてて記憶しているわけではなく」が不適。順序だっていないのは話である。「子ども時代の記憶をよみがえらせようと懸命に試みている」とあるのも、本文の内容に合致しない。

③「『私』や他の客にもその美しさを見てほしくて」が不適。12行目の「だれに言うでもなく言った」に合致しない。「無邪気」も傍線部に合致しない。

⑤記憶の混乱を「自分でも承知している」とは書かれていない。「開き直って」「恐れることなく」も傍線部に合致しない。

問3 16 正解は③

傍線部の内容を問う設問。「私」の母が故郷にいたときに見た夢の内容は61行目以下で語られる。それは母の親しい知人か親族らしき人物が何度も現われたというものである。「畳から少し浮いている」という表現から考えて、おそらくその人はすでに亡くなっているのだろう。母はその人物に懐かしさを感じて誰かに報告したいと思いつつも、目が覚めると白けた気分になり、その人物の名前も思い出せないでいる――。そこで26行目以下に着眼しよう。この行以下、脳を病んだ母が「私」のマンションに同居してからの様子が描写される。特に同行の「**記憶の混乱**」に焦点が当てられ、持ってきた段ボール箱を開けようとしなかったことや、近所を徘徊して行方不明になったことが印象的に語られる。これをふまえて夢の話に戻ると、記憶が混乱し曖昧になりつつある中で、この夢は**母にとって妙に忘れられないものでありながらも、それはまた記憶の欠損や故郷への執着を表すもの**であると言えよう。

選択肢は、本文の65行目、特に「**白々としている**」に着眼すると、「目覚めるとそうした気持ちもさめてしまう」とある③と、「目覚めるとそうした気持ちも興ざめしてしまう」とある④に絞ることができる。正解は③で、「夢は母の記憶の部分的な欠如を表し」「記憶を取り戻せないもどかしさや懐旧の情」が決め手となる。

①「記憶と想像の交錯」が不適。「想像」とは書かれていない。「記憶を整理する煩わしさ」「孤独が慰められた」も不適。さらに「苦々しくなる」も「白々としている」に合致しない。

②「過去と現在の断絶」が不適。むしろ故郷への執着を表すものである。「幸福だった過去」とあるのも本文からは読み取れない。「ばかばかしくなる」も「白々としている」に合致しない。

④夢を語ることが「過去を思い出すことへの抵抗」だとは言えない。また「宙に浮くという不思議な体験」を誰かに話したいのではない。母が話したいのは同じ人物を何度も夢に見たことである。

⑤「記憶の日常的な混濁」が不適。「記憶の混乱」であって「混濁（＝いろいろなものが混じって濁ること）」ではない。34行目の「意識が混濁した状態で最期を迎えた」と区別する必要がある。また、夢を見たことを誰かに知らせたいという思いを忘れてしまうという説明も誤りとなる。忘れてしまうのは人物の名前である。

問4 17 正解は①

傍線部の心情を問う設問。傍線部は二文から成る。第一文は**箱詰めの荷物**についてのもので、「開かなくても見えていた」とある。35行目にも『整理を促しても『開かなくても分かっているから』』とあり、続く36・37行目で「田舎をひきずるのがいやだったのか」などと母の心情を想像し、58行目でも「箱を開けば執着が生まれるという自戒が働いたのか」と推測する。このように**母の荷物は田舎の記憶と強く結びついている**ことがわかる。次に第二文は、母が「私」の部屋にあったものを見聞きして「心の浮き沈み（＝心が明るくはずんだり、暗く落ち込んだりすること）」を見せたというもの。これについては67行目以下が手がかりになる。母はティーカップを見て感動するかと思えば、ダムの底に沈んだ村の写真を見て泣き出す。「田舎の家が、幻の声となって母を呼んでいる」「自分もまた家を捨てたことを思いだし、身悶える」と81・82行目にあるように、母は**田舎の家を捨てたことに後ろめたさを感じている**。

選択肢は文末を検討する。①「心を痛めてもいた」、③「後ろめたく思ってもいた」、④「自分を責めていると感じていた」に絞り、「心の浮き沈み」を「華やいだ気分になったり昔を思い出して動揺したりする」と説明した①を選択すればよい。「箱の中身よりも、それらにまつわる記憶が大事だった」とあるのも、母が箱を開けていない点から考えても適切な説明といえる。

②「中身を想像することで……苦労したりする」とは書かれていない。また「慰められてもいた」とあるのは「浮き沈み」の「浮き」の説明として妥当であるが、「沈み」の説明を欠いている。

③「東京に来てからは慣れ親しんだ家や庭の存在を忘れていた」とは書かれていない。むしろ家を捨てたことの後ろめたさ（後悔ではない）が常に母の心の片隅にあったと言える。また「田舎に帰りたくなったりする」とも書かれていない。

④母には田舎での思い出が必要なかったという趣旨になり不適。また「自分を病人扱いする何気ない娘の言動に傷ついたりする」とも書かれていない。

⑤「東京に来たことを後悔していた」が不適。母は田舎の家を捨てたことに心を痛めてはいるものの、そのこと

を後悔しているわけではない。

問5　18　正解は⑤

傍線部および本文全体の内容を問う設問。傍線部は老女の歩く姿を見て亡き母の歩行を思い出したと述べるにすぎないが、直前の段落（92〜95行目）を見ると、**母が荷物に昔の記憶を託したように、老女のロッカーの中には彼女の昔の記憶がぎっしり詰まっているという趣旨のことが語られる。**このように「私」が**二人を重ねて見ている**ことは、**老女と亡き母が重なって見えたと「私」が感じていることがわかる。**傍線部はこれを受け継いでいるので、

24・25行目の「脈絡も、つじつまの有無も……私の脳裏には決まって母のことが浮かんでくる」という箇所や、86行目の「〝大阪のおばあちゃん〟を見ていると、母が田舎から東京に持ってきた、箱詰めの荷物のことを思う」という箇所からもわかる。すなわち**昔の記憶の蓄積とその混乱**という点が二人の共通点である。

選択肢はまず文末を検討する。設問は「『私』には二人の姿がどのように感じられているのか」と尋ねているので、「重なり合っているように感じられている」とある①、「二人は重なり合うと感じられている」とある③、「二人が重なり合って感じられている」とある⑤に絞られる。この三つを検討すればよく、「遠い過去の記憶が何かのはずみに浮かび上がり、ときに周囲をとまどわせる言動を見せる」とある⑤を選択すればよい。前半に「対照的」とあるのは二人の晩年の暮らし方の違いをいったもので、妥当な説明と言える。

①「荷物を開けないことで田舎の家や骨董品を忘れないように努めていた」が不適。35行目や58行目の内容に合致しない。「記憶の混線をものともせず」とあるのも、少なくとも「私」の母には当てはまらない。40行目に「口に出すのが恐かったのだろう」とあるように、母は記憶の傷害・喪失を恐れている。

②「これ以上混乱しないように気を張って生きている」とは書かれていない。「欲望を抑えきれずに発作的な行動をとる」のではなく、認知症による徘徊である。「対照的な老年の姿」とまとめていることも不適となる。

③「山間の村の写真」が「過去の幸福な記憶につながる」と説明しており不適。母はその写真を見て泣き出し、

自分も田舎の家を捨てたことを苦にしている。

④「周囲の噂を強気に振り払いながら」とは書かれていない。老女がこの「噂」を耳にしたかどうかは本文からはわからない。「後悔し続けて」「同年代の女性でありながら対照的だ」も不適となる。

問6 19・20　正解は③・⑥

表現の特徴を問う設問。消去法で解く。

①不適。「影のようなもの」とは文字通りの影ではなく、直前に「自分でもそれが確かなのかどうか疑っているらしい」とあり、また問2の正解④にも「軽い疑い」とあるように、心理的な印象をいう。したがって単に「視覚でとらえられるもの」ではなく、心理的に読み取られるものである。

②不適。母が生前、薬を整理していた行為が、時間的に遠い事柄であるため遠称の指示代名詞「あれ」を用いたのであって、「『私』の記憶がかなり薄れ、ぼんやりとしか思い出せない」からではない。31行目に「便秘薬も利尿剤もあった」とあるように、むしろ「私」の記憶は正確である。

③適当。「ぬるぬる」は「物の表面が粘液でおおわれて滑りやすい様子」を表すと同時に、そのような感じがもたらす不快な様子も表す。ここでは田舎を離れたときの記憶がよみがえるさまを「ぬるぬる」と感覚的に表現しているが、直後に「それに耐えられなかった」「田舎をひきずるのがいやだった」とあるように、**記憶がよみがえることを嫌悪する気持ち**が表れている。

④不適。40行目の「恐かったのだろう」は確かに直前の文の内容についての推量である。しかし56行目の「あったのだろう」は直前の文「思い出しかけて言葉につまり、苦く寂しい顔になった」に基づく推量ではなく、直後の「昔から……好きだった」ことに基づく推量である。

⑤不適。「飲ませ」「洗ってやる」というのは確かにややぞんざいな表現ではある。でもこれは母と娘という遠慮のいらない身内同士ゆえに使われたものであって、「当時の『私』が母を煩わしく思い、冷淡で高圧的な態度で

世話していた」わけではない。

⑥適当。直前に「田舎での一人暮らしを支えたものは、雑草だらけの庭であり、古びた家だった」とあり、これを「庭で野菜を作り……大黒柱を丹念に拭いた」と具体例を列挙して印象づけている。これを一種の「強調」と説明するのは妥当である。

第3問 標準

《出典》 荒木田麗女『桃の園生』〈下巻〉

荒木田麗女（一七三二〜一八〇六年）は江戸後期の物語作者。伊勢の人。本名、隆、のちに麗と改める。神官の娘。幼児から学問に励み、和歌・連歌・俳諧・漢詩・書画に親しみ、歴史、物語、紀行など多くの著書を残した。代表作に『月のゆくへ』『池の藻屑』『野中の清水』などがある。『桃の園生』は上下二巻。頭中将と頭弁という二人の男を主人公とする擬古物語である。

要旨

本文は場面の展開によって前半（第一段落）と後半（第二段落）に分けられる。

1

前半：左京との再会（頭弁は思しやる方あまたあれど…）

謹慎の解けた弁が恋人の左京と久しぶりに再会したとき、二人は互いに恨み言を言い合った。だがそれが何者かの仕業による誤解であったことがわかり、弁は改めて左京に愛を誓った。

←

2

後半：**頭中将との問答**（またの日、ありつる文使ひの主殿司…）
弁は手紙の使いの**主殿司**を問い詰め、**頭中将**の仕業であろうと思い至った。そこで**頭中将**をとがめる和歌を贈ったところ、**頭中将**は濡れ衣だという内容の和歌を返した。

【語句】

▼**また人になれける**＝「また人に馴れける袖のうつり香をわが身にしめてうらみつるかな（＝あなたが他の人に馴れ親しんで残した袖の移り香を、わが身に染ませながら恨めしく思ったことです）」（『源氏物語』宿木）をふまえる。

▼**中の衣と**＝「みなれぬる中の衣とたのみしをかばかりにてやかけはなれなん（＝馴れ親しんできた夫婦の仲と頼りにしていたのに、これ程度のことで縁が切れてしまうのでしょうか）」（『源氏物語』宿木）をふまえる。右の「また人に」への返歌である。「中の衣」は〝下着〟の意。夫婦仲の意を効かせる。

▼**うらなし**＝心の隔てがない。

▼**影踏むばかりのほども…**＝「立ち寄らば影踏むばかり近けれど誰かなこその関をすゑけん（＝立ち寄ったらあなたの影を踏むほどに近くにいるのに、いったい誰が、来てはいけないという勿来《なこそ》の関を据えたのでしょうか）」（『後撰和歌集』）をふまえる。「なこそ」は「勿来の関」と「な来そ」の掛詞。

▼**移し心はげに、色ことなりけり**＝「いで人はことのみぞよき月草のうつし心は色ことにして（＝いやもうあなたは言葉だけは立派ですよ。露草で染めた物が色変わりするように移り気な心はまた格別で）」（『古今和歌集』）をふまえる。

▼**所狭げなり**＝形容詞「所狭し（＝いっぱいだ。窮屈だ）」を形容動詞化したもの。

▼**あきらむ**＝明らかにする。心を晴らす。

▼**その長浜に**＝「大《おほ》の浦のその長浜に寄する波ゆたけき君を思ふこのころ（＝大の浦の長浜に寄せる波のようにゆっ

たりした君のことを思うこのごろだ」（『万葉集』）をふまえる。

▼世づく＝世慣れる。男女の情を解する。

全訳

頭弁は思いをかけていらっしゃる方々が大勢いるけれど、まずは左京の所へ行って様子をご覧になると、（左京は）以前と変わりなく、（また）他の人と親しくなったために心が打ち解けないということもなく、心を隔てることがないので、（弁は）安心して思うけれども、近頃の（左京の）手紙が理解しがたかったのも、足の途絶えを（左京が）恨めしく思っていたようだと思われて、いっそういとおしく、愛情こまやかにお話しになる。女（＝左京）は、「影を踏むほど近くにいても、（謹慎中のため）逢坂の関ではないが逢うのは難しいだろうが、手紙すらくださらない勿来の関のような隔てが恨めしく」と、奥ゆかしい様子でそれとなく言い、恨み申し上げると、弁は、「それは私の方こそ（あなたに）恨み言を申し上げたい。（謹慎中は）あれほど（あなたのことが）気がかりで、毎日手紙を書いていたのに、（あなたは）軽くお考えになって、いつも奇妙な感じで愚痴をこぼしなさって、（私と同じく私を）お思いにならなかったことが、かいのないことのように思いもしたのに」と、本気になられると、女は、「本当に憎らしいことよ」と思って、「I　檜垣が間を隔てるように、むなしくも手紙も通わないほど、あなたの心は私を疎み遠ざけようとしているのだとわかりました。

移り気な心は本当に、色が格別なことよ」と言うと、弁は、「理不尽にもとぼけなさったよ。それならば（あなたが）くださった手紙がたくさん場所も狭いほどにあるのを、今度見せて差し上げよう」とおっしゃるので、女も不審に思って、「ぜんぜん知らないわ。（あなたからいただいた手紙も）わずかに二、三度だけよ」などと言って、弁からの手紙を取り出した。（弁が）たくさん書き尽くしなさったものは、まったくなくて、三通ほどだけである。たいそう不思議で、いったいどういうわけかと胸騒ぎがして思案するうちに、言うまでもなく使いの者の思慮が浅くて、（送り先を）間違えて持って行ったようだ、それにしてもどこへ持って行ったのかと、ますます不安に思われるけれど、（今さら）どうしようもないので、明日あの主殿司に尋ねて、真偽を確かめようと思って、言葉につかえながら、「私は少しも（あなたを）忘れることもなかったのに」と言って泣いて、

「**Ⅱ** あなたのことを思って日数も長くなった。夢の中でさえ会えなくてたいそう焦がれ続けたので。

いつも忘れられないでいる」などと悲しい様子でことさら強く申し上げなさる。女は、

「**Ⅲ** どれほど多くの夜だったでしょうか。涙で濡れた寝床を払い、ぐっしょりと濡れた衣を裏返して寝たことです。

月が変わるまでも」と言うのも、心がつらいので、（弁は）「今はもう苦しみなさるな。決して足が途絶えるつもりはなく、目が離れることなくお会い申し上げようと思う」と言って慰めて、男君（＝弁）は、

「**Ⅳ** 幸せなことにお互い出会って恋に落ちた妻はいとおしいなあ。途絶えることなく通おう。

あの長浜に（寄せる波のようにこれからずっと）」と申し上げなさる。

翌日、（弁は）例の手紙を届ける使いの主殿司を、人目につかない所に呼んでお尋ねになると、（主殿司は）ご返事の申し上げようもなくて座っていた。そうはいってもやはり公達がなさったことなどとは、どうしてもすらすらとは言えなくて、この君（＝弁）の（厳しい）態度も面倒で、心底困っている。弁は、（主殿司が）はっきりとは言わないけれど、しだいに公達の仕業であると心得なさって、頭中将こそこのような馬鹿げた振る舞いをしたのだろう、他の者ならきっと遠慮することもあるだろうと、あて推量に思い至ると、いまいましいことこの上ない。すぐに頭中将の元へ、手紙をお書きになる。

「**Ⅴ** 秋風の吹く日々雁が空を渡って行くように、私が日々手紙を届けさせたのは、実はあなたの使いだったとは

私は思いもしなかったなあ。

あまり男女の情を解さないお心が珍しくて」と書いてある。頭中将は不審に思ってご覧になったが、すぐに（事情を）

心得なさって、侍従・少将などが、悪ふざけでしたことをぼんやり知って、(その背後にいる人物として)私を思いついたのであるようだと思うと、おかしいものの、(一方では)面倒に思って、

「**Ⅵ** わけがわからない。夕霧が広がる空を渡って行く雁の声も絶えてしまったように、私の使いの者があなたの手紙を届けるなんてことはない。

とても奇妙で、まったくどういうことかも思いつくことができません」とご返事申し上げなさる。

解説

問1 21 — 23　正解は　(ア)＝④　(イ)＝②　(ウ)＝③

(ア)　「いとど」は〝ますます。いっそう〟の意の副詞。「いと(＝たいそう。ひどく。たいして(……ない))」と区別する。「らうたく(らうたし)」は〝かわいい。いとおしい〟の意。弁が再会した左京の様子を表す。

(イ)　弁の発言の一節。「あやなく(あやなし)」は〝道理が立たない。意味がない〟の意(「あや(文)」は〝模様。道理〟)。「おぼめき(おぼめく)」は〝おぼつかなく思う。知らないふりをする〟の意(「おぼ」は「おぼろ」「おぼろ月夜」などの「おぼ」に同じ)。「給ひ(給ふ)」は尊敬の補助動詞。「な」は詠嘆の終助詞。「あやなく」を「理不尽に」、「おぼめき」を「とぼけ」と解釈した②が正解となる。他は語義的に不適。

(ウ)　弁の心情描写の一節。「所置く」は〝はばかる。遠慮する〟の意。「ありなん」の「なん」はラ変動詞「あり」の連用形に接続するから、**「なん」は完了・強意の助動詞「ぬ」の未然形「な」＋推量の助動詞「ん」の形**であり、〝**きっと〜だろう**〟などと訳す。よって③が正解となる。①・②の「あってほしい」は、他者への願望(あつらえ)を表す、未然形接続の終助詞「なむ(なん)」の解釈になる。

問2 24　正解は②

a　「給ふ」は**尊敬の補助動詞**。ここまでの登場人物は弁と左京であり、直後の文が「女は」で始まるので、「うち

語らひ給ふ」の主語は弁とわかる。よって主語である**弁**を敬う。

b　「奉ら（奉る）」は**謙譲の補助動詞**。直前の「見え（見ゆ）」は〝会う〟の意。直後に「と慰めて、男君」とある。接続助詞「て」の前後では一般に主語は変わらないから、「男君」すなわち弁が話し手であり、かつ「見え奉らん」の主語となる。よってその相手である**左京**を敬う。

c　「給ふ」は**尊敬の補助動詞**。主殿司を呼び出して事情を聞いた**弁**を敬う。

d　「侍ら（侍り）」は**丁寧の補助動詞**。手紙の書き手である頭中将がその読み手である**弁**を敬う。

▼敬意の対称

尊敬語＝主語（動作主）を敬う

謙譲語＝主語の相手（対象）を敬う

丁寧語＝聞き手または読み手を敬う

問3　25　正解は①

傍線部の心情を問う設問。「まがまがしう」はシク活用の形容詞「まがまがし」の連用形「まがまがしく」のウ音便で、〝不吉だ。縁起が悪い〟と〝いまいましい。憎らしい〟の意がある。直前の文を見ると、「女は……怨じ聞こゆるに」、「弁……まめだち給へば」となっている。「怨」は「怨恨《えんこん》」「怨念《おんねん》」などの熟語があるように〝恨む〟の意であり、「まめだち（まめだつ）」は「まめ（＝真面目）」から〝真面目になる。本気になる〟の意とわかる。「……」の部分の内容がはっきりとはつかめなくても、**左京が恨んだので弁が本気になった**というおおよそのところは理解できる。したがって傍線部は**左京もかっとなった**ということである。

選択肢は「まがまがし」の意から①「にくらしい」と②「気味が悪い」に絞り、文脈から①を選択すればよい。

②　「気味が悪い」が不適。文脈にそぐわない。「弁の方こそ心が離れているのに」とあるのは（注）3の内容をふまえている。

③「弁への思いは断ち切っていた」が不適。（注）3の内容に合わない。「わずらわしい」も不適。
④「本心を明かさない」が不適。「まめだち」に矛盾する。
⑤「弁がまったく聞く耳を持ってくれない」「悲しい」が不適。

問4 26 正解は④

傍線部の心情を問う設問。前後の文脈を把握する。まず、三行前からの「いとあやしう、いかなることぞ……まことそらごとあきらめめ」が弁の心情描写となる。この部分で弁は左京との間で交わした手紙に不審を抱き、手紙の使者である主殿司を問いただそうと考える。でもその一方で、左京に向かって「我はつゆ忘るることもなかりしを」と、左京への変わらぬ愛情を訴える。また直後の和歌Ⅱでも「恋ひし渡れば」（「渡る」は〝～し続ける〟の意）と同じ心情を詠んでいる。よってこの箇所における弁の心情を、**手紙の使者を不審に思う**一方で、**左京への変わらぬ愛情を訴えている**、と説明できる。

選択肢は④「左京に愛情を伝えたい」と⑤「なんとか愛情を取り戻そう」に絞り、「手紙が届かなかった理由は知りたいが」を決め手に④を選択すればよい。

①「安心している」が不適。「うち泣きて」はうれしくて泣くのではない。
②「以前よりも愛情が薄れた」「動揺を隠しながらうまいいわけを考えている」が不適。確かに左京が「移し心はげに、色ことなりけり」と弁をなじってはいるが、それが事実だとは書かれていない。
③「原因はわからないだろう」「真相を明らかにすることを断念している」が不適。弁の心情描写にある「まことそらごと（＝本当か嘘か）あきらめめ（＝明らかにしよう）」に合致しない。
⑤「左京の心がすでに離れてしまっていたことを知って傷つき」が不適。（注）3・（注）4から、左京が弁を恨んでいたことはわかるが、「心がすでに離れてしまっていた」わけではない。

問5 27 正解は⑤

傍線部の内容を問う設問。前後の文脈を把握する。頭中将は弁からの手紙を見て「いぶかしう（＝不審に）」思うが、すぐに「侍従・少将などの……我に思ひ寄りつるなめり」と思い至る。「思ひ寄る」は〝気づく。思いつく〟の意である。前書きの部分や（注）11も参照すると、弁は侍従や少将たちが悪ふざけでしたことをぼんやり知って、その背後には自分がいるようだと思いついたようだという内容になる。そこで頭中将は弁への返信に「さらにいかなることとも思ひ給へ寄られ侍らずなん」（「給へ」は謙譲・下二段活用・補助動詞「給ふ」の連用形）と書いて、自分には思い当たるふしがないと弁明している。

選択肢は「いたずらは頭中将のしわざであると、弁が思い込んでいる」とある⑤を選択すればよい。

①「侍従や少将が弁に白状した」が不適。書かれていない。

②「頭中将が左京と深い仲だ」以下が不適。書かれていない。

③「さかしらにせし」の主語は「侍従・少将」であるが、この主語を頭中将と取り違えており、不適。

④「頭中将に解明してほしい」以下が不適。

問6　28　正解は④

和歌の解釈を問う設問。まずは各和歌の概略をおさえる。

Ⅰ　左京の和歌。句切れなし。「徒らに（徒らなり）」は〝むなしい。はかない〟の意。「中檜垣（＝檜《ひのき》の薄い板を編んで作った、間を隔てる垣根）」は「隔つる」をたとえる。「隔つる（隔つ）」は〝疎み遠ざける〟の意で、手紙も寄越さない弁は自分から心が離れてしまった、と弁をなじっている。

Ⅱ　弁の和歌。二句切れ。「日」は〝日数〟。「なりぬ」の「ぬ」は完了の助動詞。「だに」は類推（～さえ）の副助詞。実際に逢えず夢でさえも逢えないことをいう。「ここだ」は〝たくさん。たいそう〟の意の副詞。「恋ひし渡れば」の「し」は強意の副助詞。左京のことを思い続けて日数が経ってしまったという内容。

Ⅲ　左京の和歌。初句切れ。「幾夜」は〝どれほどの夜。幾晩〟。「かも」は疑問の終助詞。「侘びしをれし」は衣が涙でぐっしょり濡れたことをいう。**弁のことを思って幾晩も泣き濡れた**と詠んでいる。

Ⅳ 弁の和歌。四句切れ。「さきく」は〝無事に。幸せに〟の意の副詞。「若草の」は「妻」にかかる枕詞。「はしきやし」は「はし（愛し）（＝いとおしい）」の連体形「はしき」に詠嘆の間投助詞「やし」が付いたもの。「通はん」の「ん」は意志の助動詞。**左京の元へ途絶えることなく通い続けるつもりだ**と詠んでいる。

Ⅴ 弁の和歌。句切れなし。雁が鳴いて空を渡るという意に、手紙を届けるという意を効かせている。「なくに」は打消の助動詞「ず」を名詞化した「なく」に詠嘆の意を表す接続助詞（諸説あり）「に」が付いたもの。**手紙の使者が頭中将の使者であるとは気づかなかった**と、暗に頭中将を責めている。

Ⅵ 頭中将の和歌。初句切れ。「おぼつかな」は形容詞「おぼつかなし（＝はっきりしない。気がかりだ。待ち遠しい）」の語幹。**弁が何を理由に自分を責めるのかわけがわからない**と詠んでいる。〝空を渡る雁の声も絶えてしまった〟という意に、自分の使者が弁の手紙を届けるはずはないという意を効かせている。

以上をもとに消去法で解く。

①不適。「弁は手紙が届いていないとは夢にも思っていなかった」以下が誤り。

②不適。「左京が弁に心変わりを伝えた」「これ以上悲しい思いをさせられるのはつらいと拒絶した」が誤り。

③不適。「左京の愛情が薄れたのではないかと疑った」が誤り。

④適当。Ⅲの「幾夜かも涙の床をはらひ」、Ⅳの「離れず通はん」に合致する。

⑤不適。「手紙が届かなかった理由」を「頭中将に尋ねた」和歌ではない。「自分も気になってはいる」も誤り。

第4問 標準

《出典》 章学誠『文史通義』〈巻第四内篇四　知難〉

章学誠（一七三八～一八〇一年）は清代の歴史学者。浙江省会稽の人。字は実斎。科挙の試験に合格するも任官せず、各地の書院をめぐりながら研究を行い、独自の歴史理論を確立した。著書に『文史通義』『校讎通義』などがある。『文史通義』は史学理論書で、内篇5・外篇3の計八巻から成る。

要旨

本文は三段落から成る。

1 **読書人の実態**（読其書者…）
本を読む者は大勢いるけれど、内容を理解している者は少なく、作品が書かれた動機まで理解している者にいたってはごくわずかだ。

←

2 **憂いと志**（人知『易』…）
孔子は憂いをもつがゆえに『易』の作者文王の憂いを理解し、司馬遷は志をもつがゆえに「離騒」の作者屈原の志を理解した。

←

3 **隠れたままの動機**（然則古之人…）
後世の人は昔の人の憂いに通じる憂いや、志に通じる志をもたないために、憂いや志といった、作品の書かれた動機が隠れたままになっているものが少なくない。

読み

其《そ》の書を読む者は、天下に比比《ひひ》たり。其の言《げん》を知る者は、千に百を得《え》ず。其の言を知る者は、天下に寥寥《れうれう》たり。其の言を為《な》す所以《ゆゑん》を知る者は、百に一を得ず。然《しか》れども天下皆《みな》曰《い》はく、我《われ》能《よ》く其の書を読み、其の言を為す所以を知ると。此《こ》れ知るの難《かた》きなり。

人『易《えき》』の卜筮《ぼくぜい》の書たるを知る。夫子之《ふうしこれ》を読みて、作者の憂患《いうくわん》有るを知る、是《こ》れ聖人の聖人を知るなり。人「離騒《りさう》」の詞賦《しふ》の祖《そ》たるを知る。司馬遷《しばせん》之を読みて、其の志《こころざし》を悲しむ、是れ賢人の賢人を知るなり。夫《そ》れ司馬遷の志を具《そな》へずして、屈原《くつげん》の志を知らんと欲《ほつ》し、夫子の憂《うれ》ひを具へずして、文王《ぶんわう》の憂ひを知らんと欲すれば、則《すなは》ち罔《くら》きに幾《ちか》し。然《しか》らば則ち古《いにしへ》の人、其の憂ひと其の志と有れども、不幸にして後の人の能く其の憂ひを憂ひとし、其の志を志とする有るを得ずして、因《よ》りて以《もつ》て湮没《いんぼつ》して彰《あき》らかならざる者は、蓋《けだ》し少なからざらん。

全訳

本を読む者は、世の中にいたるところにいる。（しかし）その内容を理解する者は、千人中百人もいない。その内容を理解する者は、世の中にわずかである。（さらに）本が書かれた理由（動機）を理解する者は、百人中一人もいない。ところが世の中の人々がみな言うことには、私はその本を読んで、書かれた理由を理解できた、と。これは（真に）理解することの難しさを表している。

人は『易』が占いの本であることを知っている。（しかし）孔子はこの本を読んで、作者には憂いがあることを理解したが、これは聖人は聖人を理解する（凡人には聖人が理解できない）ということである。（また）人は「離騒」が詞賦の起源であることを知っている。（しかし）司馬遷はこの本を読んで、作者の志を悲しみ痛んだが、これは賢人は賢人を理解する（凡人には賢人が理解できない）ということである。そもそも司馬遷の志をもたずに、屈原の志を理解しようと思ったり、孔子の憂いをもたずに、文王の憂いを理解しようと思ったりすると、ほとんど道理に暗いのに等しい。そうであるなら昔の人に、憂いや志があっても、運悪く後世の人がその憂いを自分の憂いとし、その志を自分の志とすることができなくて、それゆえに埋没して明らかにならないものは、おそらく少なくないだろう。

解説

問1 29・30　正解は (ア)＝③ (イ)＝⑤

(1) 「祖」は「先祖」の「祖」で、〝はじめ〟の意。「離騒」は詞賦の始まりであるということ。直前の「為（たり）」は〝～である〟の意。「之（の）」は連体修飾格の助詞。③が正解。他はいずれも語義的に不適。

(2) 「幾」は「ほとんど」と副詞で読んだり、「庶幾」の形で「こひねがはくは」と読んだりすることが多いが、ここは述語となって「**ちかし**」と形容詞で読む。直後の前置詞「乎」は比較の基準を表す。⑤が正解。他はいずれも語義的に不適。④のように「幾」単独で「願う」の意はない。

問2 31　正解は③

傍線部の表現や構成を問う設問。「適当でないもの」を選ぶ。消去法で解く。傍線部は四文から成る。その趣旨は順に、❶**本を読む**人間は数多い、❷**内容**（「言」）を理解する者は千人中百人に満たない、❸内容を理解する者はわずかだ、❹**作品を書いた理由や動機**（「所以」）を理解する者は百人中一人もいないとなる。各文末の「矣」また は「焉」はいずれも強い断定の意を表す助詞である。

①**適当**。「寥」は「寂寥」の「寥」で、〝さびしくて静かなさま〟の意を表す。ここは後者の意で、〝数が少ないさま〟の意を表す。「比比」と対比されている。

②**適当**。「千に百を得ず」「百に一を得ず」はいずれも数の少ないことを表すが、「千」→「百」→「一」と数字を並べて、数がより少ないことを強調している。

③**不適**。「『知其言』が最も重要であると強調している」が誤り。確かに第三文は第二文を強調しているが、「知其言」、「知其所以為言」と並べて、**後者の方がより困難である**ことを「千不得百」、「百不得一」という数字で表している。さらに第二段落以下で後者の例として「憂患」と「志」をあげて、その重要性を強調している。

④**適当**。第一文と第三文、第二文と第四文が、それぞれほぼ対句の構成になっている。

⑤**適当**。本を読む↓内容を理解する↓作品が書かれた理由を理解する、という順に読書のレベルが上がる。

問3 32 正解は④

空所補充と書き下し文の設問。傍線部は「皆」の発言内容に当たる。「我」は「皆」を指す一人称の代名詞。「読其書」は「其の書を読み（読む）」と書き下す。「知其所以為言」は傍線部**A**の四文目と同じ表現であるから「其の言を為す所以を知る（知ら）」と書き下す。「矣」は断定の助詞である。置き字となって読まない。そこで前後の文脈を見ると、まず直前に「然而天下皆曰」とある。「然」は「しかれども」と読ませる逆接の接続詞であるから、**作品が書かれた理由を知る者は百人に一人もいないのに**……という文脈であることがわかる。次に傍線部直後を見ると、「此知之難也」とある。「此」は直前までの内容を指す代名詞である。「知之難」は〝理解することの難しさ〟の意で、「知」の対象は「其言」および「其所以為言」である。したがって、作品が書かれた理由を理解する者は百人に一人もいないのに、人はみな理解できるという、これは**真に理解することがいかに難しいか**を物語っているという文脈になることがわかる。よって空欄には可能の助動詞「**能**（よく）」が入る。④が正解。返り点は「書」から「読」へ一・二点で返る。また「言」から「為」へレ点で返り、さらに「為」から「所以」、「知」へと一・二・三点で返る。

①「何（なんぞ）」は疑問・反語の副詞で、ここは「何ぞ……んや」と反語で読ませている。〝私はどうしてその本を読んで、書かれた理由を知ることができようか、いやできない〟の意で、文脈的に不適となる。

②「雖（いへども）」は逆接の接続詞で、返読文字となる。ふつう「A雖～、…」（Aは主語）という形をとる。

〝私はその本を読んだけれども、書かれた理由がわかる〟の意で、文脈的に不適となる。

③「猶」は「なほ〜ごとし」と読む再読文字（品詞的には副詞）。〝私はちょうどその本を読んで、書かれた理由を理解するようなものだ〟の意で、文脈的に不適となる。

⑤「未」は「いまだ〜ず」と読む再読文字（品詞的には副詞）。〝私はまだその本を読んで、書かれた理由を知らない〟の意で、文脈的に不適となる。

問4　33　正解は①

(ア)直後に主格の助詞「之（の）」と動詞「知（しる）」がある。また直前の「是」は「夫子読之、而知作者有憂患」を指し、ここにも「知」がある。よって「聖人」は「**夫子**」を指すことがわかる。

(イ)「知聖人」は右の「知作者有憂患」を言ったものである。すなわち「聖人」は『易』（＝『易経』）の「作者」を指す。（注）9に文王が『易経』の制作に関わったとあるので、**文王**を指すことになる。

(ウ)(ア)・(イ)と(ウ)・(エ)が同じ構造になっている点に着眼する。直前の「是」は「司馬遷読之、而悲其志」を指しており、「賢人」は「**司馬遷**」を指すことになる。

(エ)（注）5から「離騒」の作者が屈原だとわかり、（注）8で屈原は憂国の詩人であったと説明されている。これもヒントになって**屈原**を指すことになる。

問5　34　正解は②

傍線部の理由を問う設問。直前に「因以（＝それゆえに）」とあるので、その前の部分「古之人……志其志」が理由となる。この部分で**「古之人」と「後之人」**が対比され、前者は「憂」と「志」を持っているのに、後者はそれらを持つことができないと述べられる（「不得（〜えず）」が不可能の意を表している点に注意しよう）。これを理由として、「憂」や「志」のように理解されないままに隠れている、作品が書かれた理由や動機は少なくないだろうと結論づけられる。傍線部の「彰」は「顕彰」の「彰」で、〝明らかになる〟の意。また「蓋（けだし）」は

〝おそらく。思うに〟の意である。

選択肢は「憂其憂」「志其志」に着眼して、**古人の憂いや志を自分のものとする**という趣旨をおさえれば、「自分の中に古人に通じる憂いや志を持たなければ」とある②が正解とわかる。

①「理解しようとする」が不適。傍線部の内容に合致しない。

③「聖人や賢人を敬わないので」という理由づけが不適。

④「すべて偶然に左右される」が不適。傍線部の内容に合致しない。

⑤「尋常ではない不幸な思いを味わわない限り」が不適。傍線部前の「不幸」は〝不運にも〟の意である。

問6 35 正解は④

内容合致の設問。消去法で解く。

①**不適**。「作者と同じ資質」が必要なのではなく、作品が書かれた理由・動機にまで及ぶような深い読解力が必要なのである。また「できるだけ多くの経験を積み」とあるのも本文に書かれていない。

②**不適**。「読書は、聖人や賢人の著作を対象とすべきである」とは書かれていない。また「作品に共感し感動を得ることが重要であり」「知識を多く身に付けることが必要となる」とも書かれていない。

③**不適**。「聖人や賢人の著作の他にも優れた韻文の文学作品は多くある」「埋もれた作品を発掘してその価値を見出していく」とは書かれていない。

④**適当**。全体を通して、筆者は**作品が書かれた理由・動機を理解することが最も大切**だと考えており、内容的に合致する。

⑤**不適**。「読書は質の高いものを読んでこそ意味がある」とは書かれていない。したがって「聖人や賢人によって価値を認められた」以下も誤りとなる。

国語　本試験

問題番号(配点)	設問	解答番号	正解	配点
第1問(50)	問1	1	③	2
		2	②	2
		3	④	2
		4	③	2
		5	②	2
	問2	6	④	8
	問3	7	②	8
	問4	8	②	8
	問5	9	②	8
	問6	10	④	4
		11	②	4
第2問(50)	問1	12	③	3
		13	①	3
		14	②	3
	問2	15	③	7
	問3	16	⑤	8
	問4	17	②	8
	問5	18	①	8
	問6	19-20	④-⑥	10(各5)

問題番号(配点)	設問	解答番号	正解	配点
第3問(50)	問1	21	②	5
		22	④	5
		23	⑤	5
	問2	24	④	5
	問3	25	⑤	7
	問4	26	③	7
	問5	27	①	8
	問6	28	②	8
第4問(50)	問1	29	③	4
		30	④	4
	問2	31	②	7
	問3	32	⑤	7
	問4	33	③	6
	問5	34	⑤	7
	問6	35	②	7
	問7	36	③	8

（注）－（ハイフン）でつながれた正解は，順序を問わない。

自己採点欄
200点

（平均点：121.55点）

第1問 標準

《出典》 沼野充義「翻訳をめぐる七つの非実践的な断章―奇跡と不可能の間で」（早稲田文学会『早稲田文学』一九九五年五月号）

沼野充義（一九五四年～ ）はロシア・東欧文学者。東京都出身。東京大学教養学部教養学科ロシア分科卒業。同大学院人文科学研究科露語露文学博士課程単位取得満期退学。ハーバード大学大学院スラヴ語スラヴ文学専攻博士課程単位取得。二〇一九年現在、東京大学教授。著書に『屋根の上のバイリンガル』『永遠の一駅手前―現代ロシア文学案内』『夢に見られて―ロシア・ポーランドの幻想文学』などがある。

要旨

本文は十五段落から成り、三カ所の空白行によって四つの部分に分かれている。

1 翻訳家は楽天家　第1～第4段落　※問2・問5・問6

翻訳について考える場合、翻訳なんて簡単で、たいていのものは翻訳できるという楽天的な考え方と、翻訳は近似的なものでしかなく、原理的に不可能だという悲観的な考え方の間を揺れ動くことになる。しかし考えてみれば、文化的背景も言語もまったく異なる文学作品を別の言語に訳して読者に理解されるというのは奇跡のようなものであり、その奇跡を信じているという意味では翻訳家はみな楽天家なのだ。

2 翻訳の二つの戦略　第5～第9段落　※問3・問5・問6

もちろん、ある言語文化に固有の慣用句のように、翻訳不可能だと思われる例はいくらもある。それに対して楽天的な翻訳家はどういう戦略をとるかと言えば、直訳して注をつけるか、近似的な言い換えをする。前者は注が頻出することになり、評判が悪い。後者はこなれた自然な日本語であれば高く評価される。しかしこれは翻訳というよりは、**翻訳を回避する技術**なのかも知れない。

↓

3

翻訳業への道　第10〜第12段落　※問5・問6

子供の頃は翻訳にも良し悪しがあるとは夢にも思わず、不分明な薄明のような世界に浸りながら至福の読書体験を送っていた。それが後年、ロシア語とかポーランド語といった特殊言語を専門として選んだために、まったく手探りで、原語と悪戦苦闘する日々が続いたのだった。

↓

4

正確な翻訳とは　第13〜第15段落　※問4・問5・問6

こなれた自然な訳が正しいのか、それとも不自然でも原文の構造に忠実な訳が正しいのかということは、**正確な翻訳とは何かという言語哲学の問題**に行き着いてしまう。だが普通の読者は自然な訳の方がいいと受け止めるから、訳者としては、変な原文をいい日本語に直してしまう傾向がある。

※　本文は翻訳について考察した文章である。評論とはいえ、自身の体験をふまえながらつづったエッセーに近く、緊密な論理の展開や明確な結論はみられない。

【語句】

▼**定見**＝他人の意見に左右されない、自分自身の意見。

▼**甘受**＝やむをえないこととして受け入れること。

▼まがりなりにも＝不完全ながら。どうにかこうにか。
▼楽天家＝物事を楽観的に考える人。オプチミスト。
▼絶句＝話の途中で言葉に詰まること。
▼藪から棒＝唐突に物事を行うさま。前触れや前置きのないさま。
▼生硬＝表現などが未熟でかたい感じがすること。
▼ぞっこん＝心の底からほれ込んでいるさま。
▼四角四面＝ひどく真面目で堅苦しいこと。

解説

問1 1 - 5 正解は(ア)＝③ (イ)＝② (ウ)＝④ (エ)＝③ (オ)＝②

(ア)「丹念」 ①一旦 ②鍛練（錬） ③丹精 ④担架 ⑤破綻
(イ)「漠然」 ①麦芽 ②砂漠 ③呪縛 ④爆笑 ⑤幕末
(ウ)「響く」 ①供給 ②逆境 ③協定 ④影響 ⑤歩道橋
(エ)「頻出」 ①品質 ②海浜 ③頻繁 ④来賓 ⑤貧弱
(オ)「圧倒」 ①逃避 ②傾倒 ③唐突 ④周到 ⑤糖分

問2 6 正解は④

傍線部の内容を問う設問。「その」の指示内容も問われる。まず第1段落から第4段落にかけての議論を押さえよう。筆者は翻訳について考えるとき、たいていのものは翻訳できるという楽天的な考え方と、翻訳とは近似的なものでしかなく、原理的に不可能だという悲観的な考え方との間で揺れ動くという趣旨のことを述べる（第1〜第3段落）。そして第4段落でこの二つの対極的な考え方をまとめて、まったく違った文化的背景の中で、まったく違った言語によって書かれた文学作品を、別の言語に訳して理解されるというのは奇跡のようなものであり、翻訳を試みるということはこの奇跡を信じることだと述べる。傍線部はこれを受けている。「その意味」の「その」は翻訳の奇跡、すなわち、**異なる文化的背景の中で異なる言語で書かれた文学作品を別の言語に訳して読者に理解されるという奇跡を信じている**ことを指している。翻訳家が「楽天家」といわれるゆえんである。以上より、傍線部を端的に言い換えると次のようになる。

翻訳家は翻訳の奇跡が可能だと楽観的に信じている

選択肢は、「その」の指示内容を「言語や文化的背景がどれほど異なる文学作品でも、読者に何とか理解される」と説明した④を選択すればよい。他の選択肢はいずれも「その」の指示内容を説明していない。

①「いつかは誰でも優れた翻訳家になれる」とは書かれていない。

② 第1段落の「翻訳なんて簡単さ、たいていのものは翻訳できる」をなぞったものになっており、不適。

③ 第2段落の「質についてうるさいことを……たいていのものは翻訳されている」をなぞったもので、不適。

⑤ 原語で読んでも翻訳で読んでも同じ読書体験ができると説明しており、不適。第3段落に「はたして、同じ体験と言えるのだろうか」とあるように、筆者はこれについて否定的に述べている。

問3　7　正解は②

傍線部の理由を問う設問。「これ」の指示内容も問われる。第5段落以下、「翻訳不可能」と思われる語句の翻訳の仕方が説明される。まず「よろしくお願いします」という日本語の慣用句が例にあげられ、これに相当する表現が英語やロシア語にはないという意外な事実が明かされる（第5・第6段落）。続く第7〜第9段落では Good morning! や I love you. を例にあげながら、翻訳家のとる戦略として、「**直訳**」したうえで注をつけるというやり方と、近似的な「**言い換え**」というやり方が指摘される。このうち、前者は注が煩雑になって評判が悪いので、普通は後者の戦略が採用されると述べる。いわゆる意訳（＝原文の一語一語にこだわらず、全体の意味を汲み取って翻訳すること）である。その際、日本語として自然であることが肝心であると強調する（「自然」という語は第8段落で三回使われている）。こうして「こなれた（＝熟練していて、ぎごちなさがない）」訳文が世間では高く評価されると述べる。しかし筆者はこれに対して「これは本当に翻訳なのだろうか」と疑問を呈し、傍線部で、「これ」すなわち「言い換え」（傍線部の直前文。第8段落にも「近似的な『言い換え』」とある）は「翻訳を回避する技術なのかも知れない」と、否定的なニュアンスを込めた意見を述べる（傍線部の「これ」はその直前文の「これ」と指示内容は同じである）。ここから、第一の戦略、すなわち一字一句忠実に訳し、場合によっては注をつけるという方法をとるのが誠実な翻訳の仕方なのだという考えを読み取ることができよう。以上のように検討すれば、次のように理由づけできる。

近似的な言い換えは日本語として自然であっても、忠実な翻訳とはいえないから

選択肢は、「これ」の指示内容を「近似的に言い換える」と説明した②と、「言い換え」と説明した③に絞り、「自然」をキーワードに「自然さを重視するあまり」とある②を選択すればよい。「よりふさわしい訳文を探し求める」とあるのはやや曖昧な表現であるが、忠実な翻訳を心がけることをいったものと理解すればよい。

①「これ」の指示内容が誤り。また「日本語のあいまいさ」という一般化した説明も不適。第9段落でI love you.に直接対応する日本語の表現がないと述べられているのは特殊な例である。

③「これ」の指示内容に「直訳に注を付す方法」を含めており、不適。また「忠実に原文を再現する」とは「直訳」に他ならないから、矛盾した説明になる。これが「翻訳の理想」であるという説明も不適。

④「これ」の指示内容が誤っており、全体的に不適切な説明になる。

⑤「言い換え」とあるが「これ」の指示内容になっていない。筆者は「言い換え」を「翻訳を回避する技術」ではないかと考えている。また「文学作品の名訳や先輩翻訳者の成功例などを参考にする」とは書かれていない。

問4 8 正解は②

傍線部から読み取れる筆者の考えを問う設問。第13段落以下に着眼する。「ぼくはあの娘にぞっこんなんだ」と「私は彼女を深く愛しているのである」という二つの訳文について、どちらが適切な翻訳なのかという問題が提起される。問3で確認したように、前者の訳し方はこなれた自然な日本語にするという第二の戦略であり、後者の訳し方は「原文の構造に忠実な」（第14段落）第一の戦略である。これについて筆者は両者の訳文の正否は簡単には決められないとして、「正確な翻訳とは何かという言語哲学の問題に行き着く」（傍線部）と述べる。「言語哲学」とは言語の意味、音声、文字、文法といった言語の個々の事象についての実際的、実証的な研究とは異なり、言語の本質や起源、機能などを原理的に研究する、哲学の一分野をいう。ここでは、訳文の正否を問題にし始めると、翻訳の本質論にまで行き着いて決着がつかなくなるという意味合いでこの語を用いている。普通の読者はそこまで考えないものであり、多少不正確でも自然な訳文が好まれる傾向があると述べる（傍線部に続く部分）。以上より傍線部およびその前後から読み取れる筆者の翻訳観は次のようになる。

訳文の正否を問題にすると翻訳の本質論にまで行き着いて、決着がつかなくなる

選択肢は三行と長いので、文末を検討し、「容易に解決しがたいものになる」とある②が第14段落の趣旨に合致していると判断し、これを正解の第一候補とする。さらにこの選択肢を読むと、「原理的な問い」とあり、「言語哲学の問題」に合致する。「原文を自然な日本語に訳すべきか、原文の意味や構造に忠実に訳すべきか」という箇所も翻訳の二つの戦略を述べたものである。よって②が正解とわかる。

①「翻訳の正しさ」を「意味的にも構造的にも一対一で対応すべき」と、第一の戦略に限定して説明しており、不適。

③「翻訳の正しさ」を「いかに自然な日本語に見せることができるか」と、第二の戦略に限定して説明しており、不適。「あまり本質的な問題ではない」とあるのも傍線部の趣旨に合致しない。

④「とはいえ」以下が不適となる。第一の戦略と第二の戦略を「両立させ」るべきだというのが筆者の主張では

ない。「時代を超えて通用する表現」という説明も本文の内容からはずれる。

⑤「効率的」という表現は本文に見当たらない。「とはいえ」以下の「正確であるとはどういうことかは学問的に定義して決定していくべきである」というのは筆者の主張ではなく、不適となる。

問5 9 正解は②

ディベート形式による**本文の趣旨**を問う設問。本文は翻訳の可能性（奇跡）と不可能性、および直訳型と言い換え型をめぐって議論が展開されている。これをふまえて消去法で解く。

①**適当**。「翻訳の仕事の難しさ」とあるのは、第9段落の「本当は言わないことをそれらしく言い換えなければならないのだから、翻訳家はつらい」とあるのに合致する。

②**不適**。「筆者がいうように」とあるが、「時代や文化の違いをなるべく意識させずに」以下の内容は述べられていない。

③**適当**。第12段落の「妙な感心こそしたものの、決して下手くそな翻訳とは思わなかった」や、第4段落の「まったく違った文化的背景の中で」などに合致する。

④**適当**。第14段落の「話し言葉としてアットウ的に自然なのは前者であって」「ある意味では後者のほうが原文の構造に忠実なだけに正しいとさえ言えるのかも知れない」などに合致する。

⑤**適当**。第14段落の「多少不正確であっても、自然であればその方がいい」や、第15段落の「同じくらい変な日本語に訳すのが『正確』な翻訳だ」「変な原文をいい日本語に直してしまう傾向がある」などに合致する。

問6 10・11 正解は (i)＝④ (ii)＝②

本文の表現と構成を問う設問。消去法で解く。

(i)

①**適当**。「こう」は〝このように〟の意の副詞。ここでは直後の文の「まったく違った……奇跡のようなことでは

ないのか」を指している。指示語は多くの場合、前の語句・内容を指すが、この箇所のように後の語句・内容を指す場合もある。

②適当。「翻訳をする」を「いや」で否定して「翻訳を試みる」と言い直すことで、翻訳は困難な作業であるという筆者の考えが強調されている。

③適当。第12段落で「ガイジン」と「外国人」が使い分けられている。前者は外国人の存在がまだ珍しかった時代の、外国人に対する意識を表現している。

④不適。「過去の自分が考えたことを回想し、当時を懐かしむ」のではなく、二十年後の自分が翻訳に携わって四苦八苦する姿を想像して複雑な思いに浸るのである。

(ii)

①不適。「支持する立場を一方に確定させている」とあるが、第4段落の「奇跡と不可能性の間で揺れ動くことだと思う」に矛盾する。

②適当。「翻訳不可能」な例として「よろしくお願いします」という慣用句をとりあげ、それに対する戦略として、直訳と言い換えを提示している。

③不適。第12段落で子供の頃に翻訳小説に感心したことが回想されているが、それが現在の翻訳業の「きっかけ」になったとは述べられていない。選択肢は、勝手に因果関係を持ち込んで説明するパターンである（本文「Aである。Bである」→選択肢「Aであるから、Bである」＝誤）。

④不適。第14段落に「原文の構造に忠実なだけに正しいとさえ言えるのかも知れない」などとあるように、筆者は直訳型にある程度の支持を示している。しかし、問4でみたように、「翻訳の正しさについて」は明確に結論を出せないものであるというのが筆者の考えである。

第2問 標準

《出典》 上林暁「花の精」（『上林暁全集　第三巻』筑摩書房）

上林暁（一九〇二～一九八〇年）は小説家。高知県出身。本名、徳廣巌城《とくひろいわき》。東京帝国大学英文科卒業。改造社に入社し、同社の雑誌『文芸』の編集主任となる。その後退社し、作家生活に入る。しかしスランプに陥り、妻が精神病を患うなど、亡くなるまで困難な生活が続いた。私小説作家として独自の作風を樹立し、代表作に「薔薇盗人」「安住の家」「聖ヨハネ病院にて」「白い屋形船」などがある。

「花の精」は一九四〇年（昭和十五年）に月刊総合雑誌『知性』九月号に発表され、同年単行本『野』に収められた。二十ページ余りの短編小説で、本文は後半の一節である。

要旨

本文は22行目の空白行によって前半と後半に分かれる。後半を三区分し、全体を四つの部分に分けてまとめた。

1 **兄の花畠と妹の菜園**　1～21行目（私が朝晩庭に下りて…）　※問2・問6

「私」が月見草を失った空虚な心を紛らわせるために草花の世話をしていると、妹も庭の空き地に野菜を植え出した。妹は夫を失って途方に暮れていたのだが、菜園を作り始めると急に生き生きとしてきた。**兄が花畠を作り、妹が菜園を作るのも、それぞれ遣り場のない思いを慰め、紛らわせるためだった。**

2 **月見草引き**　23～73行目（然るに、その月見草を…）　※問3・問6

「私」はO君と連れ立って多摩川べりの是政へ出かけた。O君は釣りが目的だった。「私」は山を見るのと、川原で月

←

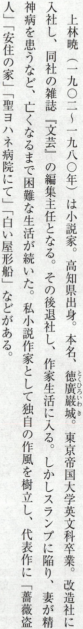

見草を引いてくるのが目的だった。月見草は線路のふちにも川原にもいっぱいだった。「私」は川原で手頃なものを引き抜いた。O君も月見草の大きな株を手いっぱいに持ってきてくれた。「私」はうれしかった。

←

3

サナトリウム　74～97行目（是政の駅は…）　※問4・問6

是政の駅で帰りの列車を待っていると、近くに**サナトリウム**が見えた。突然「**私**」は病院に**いる妻**のことを思い出し、サナトリウムの方へ歩いて行った。「私」は涙があふれそうになった。しかし駅に戻る途中、今開いたばかりの**一面の月見草**の群落を目にすると、涙など一遍に引っ込んでしまった。

←

4

花の天国　98～111行目（七時五十五分…）　※問5・問6

列車が走り出すと、ヘッドライトの光に、右からも左からも前方からも**月見草**が現れては消えていき、それがひっきりなしに続いた。まるで**花の天国**のようであった。「私」は、蕾から花を開いて**かぐわしい香り**のする月見草の束を小脇に抱え、武蔵境の駅を出た。

【語句】

▼**月見草**＝アカバナ科マツヨイグサ属に属する二年草または多年草。花は夕方咲き、翌朝しぼむ。

▼**糸瓜水**＝ヘチマのつるから採った粘性の液。古くから化粧水にされた。

▼**チシャ菜**＝レタスの一種で「包み菜」とも呼ばれる。

▼**畝**＝うね。種をまいたり苗を植えたりするために、畑の土を平行に盛り上げた所。

▼鯇＝川魚ウグイの別名。
▼色眼鏡＝着色したレンズをはめたメガネ。サングラスなど。
▼ドイツ軍の巴里肉薄＝一九四〇年六月、ナチス・ドイツ軍によってパリが占領されることをいう。

解説

問1 12 - 14 正解は (ア)＝③ (イ)＝① (ウ)＝②

(ア) 「お手のもの」は〝慣れていてたやすくできること。得意とするもの〟の意。「子どものときから習っているので、ギターはお手のものだ」などと使う。ここは、郷里で農作業をしていた妹が自在に鍬を操って畝を切る様子を表す。③が正解。②の「腕がよくて」は意味がずれる。また⑤は「できそうで」の「そうで」が推量を表す助動詞で、余計である。

(イ) 「肚（腹）を決める」は〝決心する。覚悟を決める〟の意。この「肚（腹）」は〝気持ち〟の意になる。「私」が是政に行くことを決意したという文脈で使われている。①が正解。④は「示した」が不適となる。誰かに自分の覚悟を伝えたわけではない。

(ウ) 「目を見張る」は〝驚きや感動のために目を大きく見開く〟の意。「見張る」は文字通り〝目を大きく開いて見る〟の意になる（〝監視する〟の意ではない）。花を開いた月見草の群落に感動して注目する「私」の様子を表す。②が正解。③は「動揺しつつ」が不適。④の「目を凝らし（＝じっと見つめる）」は意味がずれる。

問2 15 正解は③

傍線部の心情を問う設問。「気がひける」は〝気後れがする。遠慮される。気がとがめる〟の意。「私」が庭の日当たりのよい部分を独占することに気がとがめて、妹にその一部を譲ったというのである。まず前書き（リード文）と傍線部に至る箇所によって、庭の月見草をすべて抜き取られてしまった「私」が空虚な気持ちを抱いていること（妻が長期間入院していることがその心情を強めている）、また同居する妹も夫に先立たれて途方に暮れていること、その妹が「私」の様子を見て菜園作りを始め、手際よく作業をしたことを押さえる。次に傍線部以下に着眼して、小さな菜園作りを始めた妹が生き生きとしてきたこと、また花畠や菜園を作るのは「それぞれ、遣り場のない思いを、慰め、紛らそうがため」（20行目）であることを把握する。ここから、妹を慰め、元気づけてやりたいという「私」の心情が読み取れる。以上より妹に対する「私」の心情を次のように説明できる。

日当たりのよい場所を独占することに気がとがめると同時に、妹を慰め元気づけたい

選択肢は「気がひけた」に着眼して、「後ろめたい気持ち」とある①と、「悪いと思い」とある③に絞り、「妹の回復の兆し」「気遣い」を決め手に③を選択すればよい。

① 「一緒にたくさんの野菜を育てる」が不適。19〜20行目の「兄が花畠をつくり、妹が菜園をつくる」に合致しない。

② 「気後れ（＝相手の勢いやその場の雰囲気に押されて、心がひるむこと）」が不適。妹との関わりが失った月見草の代わりになるというのも本文から読み取れない。

④ 「妹から指摘されたような気持ち」が不適。読み取れない。また菜園作りを始めた程度では「再出発（＝自立する・再就職するといった行動）」とはいえず、妹に対して「居心地の悪さ（＝その場に留まることの窮屈さ・苦痛）」を感じたという説明も不適となる。

⑤ 「将来の希望を見出した」が不適。読み取れない。

問3　16　正解は⑤

傍線部の理由を問う設問。「それ」の指示内容も問われる。「それ」は直前の文の内容、すなわちO君が月見草の大きな株を手にして上がってきたことを指す。それを「私」は「よろこばしい」と感じ、直後の文で自分も「大きなやつを引けばよかった」と思う。ここで23行目以下、傍線部に至る筋を確認しよう。「私」はO君と連れ立って是政へ出かけるが、「私」の目的は山と月見草であり、O君の目的は鮠釣りである。そのため当地に着くと、O君は釣りに専念し、「私」は山を見て故郷の山を懐かしがったり、月見草を引き抜いたりする。そしてそろそろ帰る時分になって、O君も月見草を持って川原から上がってきた、というものである。釣りが目的であったはずのO君が、なぜ月見草の大きな株を手いっぱいに持っていたのか？ その理由を以上の筋をふまえて考えれば、月見草に執着する「私」の心情をO君が理解していたからというのが、本文から読み取れる妥当な理由であろう（51行目でも、O君は「咲いてるとも。いいのを見つくろって、引いてゆくといいよ。」と言って「私」を励ましている）。また「私」が「よろこばしい」と感じたのも、月見草に対する思いをO君と共有できたからといえよう。このように考えれば、次のように理由づけできる。

O君が月見草の大きな株を持っているのを見て、月見草に対する「私」の思いが通じたと思ったから

選択肢は「それ」の指示内容をふまえて、「大きな月見草の株」とある①と、「月見草の大きな株」とある⑤に絞り、「釣りに夢中だと思っていた」「意外」「月見草への自分の思いをO君が理解してくれていた」を決め手に、⑤を選択すればよい。

① 「月見草を失った自分の憂いが解消してしまう」が不適となる。42行目の「そこいらいっぱいの月見草を見ると、もう大丈夫だ」という箇所で、すでに「憂い」は「解消し」ている。

② 「落胆する自分の気持ちを慰めてくれる」というのは「よろこばしい」の説明として少し弱い。また、O君が月見草を持ってきたことに対する意外さが表されていない。

③ 「自分を鼓舞する（＝奮い立たせる）」が不適。「大きなやつを引けばよかった」と後悔する心情に続かない。

④ O君が匂いのあるなしに頓着せず「無造作に持ってきた」のかどうかは本文から読み取れない。「月見草に興味がない」と言い切るのも不適となる。

問4 17 正解は②

傍線部前後の心情を問う設問。是政の駅で帰りの列車が来るのを待つ間、「私」が近くのサナトリウムの方へ歩いて行く場面である。サナトリウムには注が付いているが、当時は不治の病とされた結核患者を主に収容していた。一行前の文に「窩をもった骸骨のように見え」とあるのも不治の病のイメージと結びつく。さてそのとき「私」はふと入院中の妻のことを思い出す。これはもちろんサナトリウムからの連想である。今ごろ妻はどうしているだろうかと遠く思いをはせ、「私」は寂しさに襲われる（87行目）。そして妻がサナトリウムにいるかのような気持ちになり、「妻よ、安らかなれ」（91行目）と心の中で祈って涙があふれそうになる。妻の病気が何なのか本文からはわからないが、リード文から長期入院していることはわかる。「私」は不在の妻を思って寂しい気持ちになり、また感傷的になり、そして彼女の安息を願っている。よってその心情を次のように説明できる。

妻の不在に思いをはせて寂しく悲しく思い、彼女の安息を願う心情

選択肢は三行と長いので、終わりの方を検討する。「寂しさ」「妻よ、安らかなれ」「感傷的」あたりに着眼すると、「その平穏を願い胸がいっぱいになっている」とある②と、「妻の回復を祈るしかないと感じている」とある⑤に絞られる。さらに「その不在を感じ」「妻がすぐそこにいるような思いにかられ」あたりを決め手に②を選択すればよい。

①「忘れようと努めていた」とは書かれていない。月見草のことで頭が一杯で、妻のことを一時的に忘れていたのである。よって「絶望的な思い」も不適となる。「妻の病状をひたすら案ずる」とあるのも、状況的には許容できても、「病状」が説明されているわけでもなく、無理がある。

③「健やかに生活しているような錯覚」は表現されていないので不適。また妻の病気に対する希望的観測と絶望的な現実との落差に失望したというのも本文の内容からはずれる。

④「罪悪感」「申し訳なさ」が不適。入院中の妻のことを忘れていたことに対する後ろめたさは読み取れない。

⑤骸骨→療養中の妻という説明が不適となる。これでは妻の死を意識していることになってしまう。また「妻

がいつまでも退院できないのではないかという不安」も読み取れない。

問5　18　正解は①

傍線部に至る心情を問う設問。「それ」の指示内容も問われる。「それ」はヘッドライトに照らされて三方から現れては消えていく**月見草の群落**を指しており、これを「**花の天国**」とたとえる。直前の文の「息を呑んだ」は、この美しい情景に感動して、思わず息を止める様子を表す。設問の指示に従い、ここに至るまでの月見草に対する「私」の心情をたどると、家での**空虚な思い**→線路沿いの月見草を見たときの**安心感**→川原で月見草を引き抜いたときの満足感と、大きな株を引き抜かなかったことの後悔→サナトリウムから引き返すときの、悲しみを吹き飛ばすほどの**驚嘆**→帰りの列車の中での**感動**となる。このようにたどると、月見草に対する「私」の思いが徐々に高まり、最高潮の状態に行き着くことがわかる。要するに「私」はカタルシス（＝日ごろの**鬱屈した感情が解放**され、快感がもたらされること。浄化）を体験したわけである。以上より「私」の心情を次のように説明できる。

空虚な思いが次第に満たされ、深い感動となって解放感を味わう

選択肢は「それ」の指示内容に着眼して、「三方から光の中に現れては闇に消えていく一面の月見草の花」とある①、「次々に現れては消える月見草」とある④、「闇の中から現れ光の果てに消えていく月見草」とある⑤に絞り、「自分の感傷を吹き飛ばす」「憂いや心労に満ちた日常から自分が解放される」を決め手に①を選択すればよい。

②「心配になった」が不適。橋番の言葉を聞いたあとに「根付かないかもしれない」と気にする描写はない。また「ヘッドライトに照らされた月見草」から「庭に月見草が復活するという確信を得た」も本文と合致しない。

③傍線部直前に「息を呑んだ」とあるように、「安らかさ」というよりは驚きや感動である。「妻の病も回復に向かうだろうという希望をもった」は、傍線部前後の文脈から読み取れない。

④「サナトリウムの暗い窓を思わせる」「死後の世界のイメージを感じ取り」「死に魅入られてしまう」が不適。

恣意的な読み取りとなる。サナトリウムから受けた暗い印象は94行目以降消え去っている。

⑤「自分と妻の将来に明るい幸福を予感させてくれた」が不適。このように説明できる具体的な記述が見当たらない。もちろん「私」が入院中の妻のことをいつも気にかけていることは、通奏低音のような背景として読み取ることはできるが、「花の天国」＝「明るい幸福」と解釈する客観的な根拠がない。

問6 19・20　正解は④・⑥

表現の特徴を問う設問。消去法で解く。

①不適。2行目と4行目だけから「快活な性格」を読み取ることはできない。リード文の「夫に先立たれ途方に暮れている」とも合致しない。ここはむしろ失意の自分を奮い立たせるための発言と理解できる。

②不適。体言止めには文章に変化を与える、簡潔さをもたらす、余情を生み出すといった効果がある。「『私』にとって印象深い記憶であった」というのはその通りであろうが、指摘された箇所で使われている体言止めは単に文章が平板になるのを避けるためである。

③不適。「緊迫感を高めている」とは言えない。特に「ポツリ、ポツリ」は途切れがちな様子を、「ポクポク」は緩慢な様子を表している。

④適当。月見草の匂いが具体的に描写されるのは110行目になってからであり、妥当な説明と言える。

⑤不適。「『私』の状況が次第に悪化していく」とは言えない。確かにその後「私」はサナトリウムに近づいてひどく悲嘆するけれども、その後月見草の群落を見て気分が高揚している。

⑥適当。82行目の比喩は「私」が不気味さを感じ、恐怖心を抱いたことを示唆し、95行目の比喩は「私」が明るい世界に連れ戻されて幸福感を感じたことを示唆している。

第3問 標準

《出典》『玉水物語』〈上〉

『玉水物語』は室町時代の物語（御伽草子）で、人間と他の動物との恋愛・結婚を描いた怪婚譚に属する。上・下二巻。本文は冒頭から少し進んだ箇所で、狐が娘に化けて姫君に近づく場面である。その後の展開は、姫君の入内が決まり、娘・玉水も中将の君として一緒に宮中に召されることになった。しかし玉水は苦悩の末、自分の正体などすべてを打ち明けた手紙（最後に姫君を思う長歌が詠まれている）を残して姿を消してしまう、というもの。

要旨

本文は四段落から成る。各段落のあらすじは次の通り。

1

狐のかなわぬ恋（折節この花園に…）第一段落

花園に棲む一匹の狐が高柳家の**姫君を一目見て恋の病**を患い、エサも食べずに巣の中で寝込んでしまった。それでも姫君会いたさに巣から出てくると、人に見つかり追い払われた。**狐の恋心**は募るばかりであった。

←

2

狐が若い女に化ける（なかなかに露霜とも…）第二段落

狐は姫君に近づくために**若い女に化けて**、娘のいない民家に行った。その家の女房はたいそう喜び、**養女**にして良縁を授けてやろうとした。ところが娘は宮仕えを望んだので、女房は高柳家の姫君に宮仕えできるようにはからった。

←

3

娘の宮仕え　（かく語らふところに…）第三段落

娘が姫君のもとに**宮仕え**すると、姫君は美しくて優雅な娘が気に入り、**玉水と名付け**ていつも側から離さなかった。

娘が異様なまでに犬を怖がるので、御所中に犬を置かないようにした。

4

玉水の秘めた思い　（かくて過ぎ行くほどに…）第四段落

あるとき、ホトトギスの声を聞いた姫君が上の句を詠むと、玉水が下の句を付けた。その下の句に**秘めた思い**を悟った姫君は**玉水の心の中**が知りたいと戯れた。

【語句】

▼**美しの御姿や**＝形容詞・形容動詞の語幹（シク活用形容詞は終止形）＋「の」＋名詞＋「や」の形で、詠嘆を表す。

▼**塚**＝土が盛り上がった所をいい、〝墓〟を意味することもある。本文では狐の巣をいう。

▼**いたづらになる**＝死ぬ。「いたづらになす」は他動詞で、〝死なせる〟の意。

▼**露霜とも消えやらぬ命**＝露や霜のようにはかなく消え去ることのない命。本文では、恋煩いの苦しみから逃れたくて死を望んでも、そう簡単には死ねないつらさをいう。

▼**女ならましかば**＝「ましか」は反実仮想の助動詞「まし」の未然形。後に「よからまし」などが省略されている。

▼**徒人ならぬ御姿**＝「徒人」は〝身分の低い一般の人〟の意。狐が高貴な女の姿に化けたことをいう。

▼**さもあらむ人**＝「さもあり」は〝その通りだ。いかにもそうだ〟の意。本文ではいかにも立派な男性をいう。

▼**ありつく**＝落ち着く。そういう身分に生まれる。生活していく。本文では結婚して落ち着くことをいう。

▼**玉水の前**＝「前」は女性の名に付けて尊敬を表す語。

▼身の毛一つ立ち＝「一つ」は〝いっしょ〟の意。毛が総立ちになること。
▼けしからぬ＝「けし（＝異様だ）」の未然形「けしから」＋打消の助動詞「ず」の連体形。〝異様だ。常軌を逸している〟の意。この場合「ず」は〝異様などころではない〟という意味合いで、「けし」を強める用法になる。すなわち「けし」＝「けしからず」である。同じように否定の語を付けて強調する用法に、「うしろめたし（＝気がかりだ）」＋「なし」＝「うしろめたなし」＝「うしろめたし」などの例がある。
▼ゐざる＝座ったまま膝で移動する。
▼おもひね＝人を恋しく思いながら寝ること。

全訳

折しもこの花園に狐が一匹おりましたが、姫君を拝見して、「ああ美しいお姿だよ。なおも時々このような（美しい）お姿を、よそながらも拝見したいものだ」と思って、木陰に隠れて、気持ちが静まらずお慕いしたのは驚きあきれたことだ。姫君がお帰りになってしまうと、狐も、こうしているわけにもいかないと思って、自分の塚（＝土を盛り上げて作った巣）へ帰って行った。（そして）つらつらと座禅をしてわが身の有様を思いめぐらしてみるに、「自分は、前世で犯したどのような罪の報いのために、（現世で）このような獣として生まれたのだろうか。美しい人を初めて拝見して、かなわぬ恋路に身がやせるほど夢中になって、むなしく死んでしまったら残念で悲しい」と思いめぐらし、しきりに泣き伏して（恋しく）思ったことで、立派な男に化けてこの姫君と結婚し申し上げたいものだと思ったものの、また翻って思うには、「私が、姫君と結婚し申し上げたなら、（姫君は）きっとお命を落としてしまわれるだろう。（もしそうなったら）父母のお嘆きといい、世にまたとない（美しい）お姿を、死なせ申し上げるのはお気の毒で（とてもできない）」と、あれこれと思い悩んで日々を過ごすうちに、エサも食べないので、身も弱って横になって過ごしていた。（たまに）もしかして（姫君を）拝見することもありはしないかと例の花園によろよろと出かけると、人に見られて、あるときは小石をぶつけられ、あるときはやじりを射かけられて、ますます恋心を焦がしたのはあわれである。

なまじっか露や霜のように（はかなく）消え失せることのない命を、（狐は）つらく思ったが、なんとかして（姫君の）お側近くに参上して朝夕拝見して心を楽しませたいものだと思いめぐらして、ある民家の所で、男の子ばかり大勢いて女の子を持たず、大勢いる子どもたちの中で一人でも女の子であったら（よかったのに）と朝夕嘆いている（家がある）のを幸いに、年が十四、五の容貌の目立って美しい女に化けて、その家に行き、「私は西の京のあたりに住んでいた者です。（しかし両親が死んで）身寄りのない身となり、頼る縁者もないままに、足に任せてここまでさまよい出て来たけれど、行くあても思いつかないのでお仕え申し上げたい」と言う。主人の女房が見て、「気の毒なことよ。高貴なお姿をして、どうやってここまでさまよい出て来たのだろう。どうせなら私を親と思いなさい。男の子は大勢おりますけれども女の子がいないので、朝夕欲しいと（思っていた）」と言う。（狐は）「そういうことならうれしいことです。どこを目指して行くあてもございません」と言うと、（女房は）たいそう喜んでかわいがり（家に）置いてさしあげる。（こうして）なんとかしてひとかどの男と結婚させてあげたいものだと思って（良縁を得ることに）努めた。しかし、この娘は、少しも心を許す様子もなく、時々は泣きなどなさるので、（女房が）「もし契りを結ばれた殿方などおりますなら、私に隠さず打ち明けなさい」となだめたところ、（娘は）「けっしてそのようなこと（＝色恋沙汰）はございません。つらいわが身が疎ましく思われてこのように鬱屈としている有様なので、誰かの妻となることなど思いも寄りません。ただ美しい姫君などのお側に伺候して、御宮仕えいたしたくございます」と言うので、（女房は）「立派な所へ（嫁入りして）落ち着かせてさしあげたいものだといつも申し上げているけれども、そのようにお思いなら、ともかくもお心に背くつもりはありません。（それでは）高柳家の姫君こそ優雅で上品でいらっしゃるので、私の妹が、この御所で働いておりますので、聞いてさしあげよう。どんなことでも気軽に、思っていらっしゃることはお話しなさい。背いたりいたしません」と言うと、（娘は）とてもうれしいと思った。

このように語り合っているところに、（都合よく）その者（＝女房の妹）がやって来たので、（女房が）このことを話すと、(女房の妹は)「その事情を申し上げてみよう」と言って、(御所に)戻って御乳母にお尋ねすると、(乳母は)「それならばすぐに出仕させなさい」とおっしゃる。(娘は)喜んで身なりを整えて参上した。(娘の)姿、器量が、美しかったので、姫君も喜びなさって、名を玉水の前とお付けになる。何事につけても優雅で上品な様子で、姫君の御遊びには、お側に朝夕親しんでお仕えし、お手洗いの水をさしあげ飲食物をさしあげ、(乳母子の)月冴と同じく(姫君の)お着物の足元に寝て、離れることなく伺候した。(あるとき)お庭に犬などが参上したところ、この人(＝玉水。正体は狐)は、顔色が変わり、身の毛が総立ちになるように(怖がって)、何も食べることができず、異様な様子なので、(姫君は)気の毒にお思いにならずにはいられなくて、御所中に犬を置かせなさらない。「あまりに異様なまでの怖がりようだよ」「この人(＝玉水)の受けるご寵愛の深さがうらやましいことだよ」などと、周囲には妬む人もいるだろう。

こうして(月日が)過ぎていくうちに、五月の中頃、とりわけ月も曇りなく明るい夜に、姫君は、御簾の端近くに膝をついたまま移動なさって、(月を)ぼんやり眺めていらっしゃったときに、ホトトギスが鳴き声をたてて(空を)通り過ぎたので、(姫君が)

ホトトギスが空のかなたで声に出して鳴いている

と(歌の上の句を)お詠みになったところ、玉水がすぐさま、

深い思いのようなものを心に抱いているのだろう

(と下の句を付けて)すぐに「私の心の中(にも深い思いがある)」とぼそぼそと申したので、(姫君は)「どういうことだろうか、(そなたの)心の中が知りたいことだなあ。恋とかいうものだろうか、あるいは人を恨む心など(を抱いているの)だろうか。気がかりなこと」と言って、

五月雨の降るあいだ空にいるホトトギスは、誰の思い寝(＝人を恋しく思いつつ寝ること)に表れた表情をそれと知って鳴いているのだろう

解説

問1　21 - 23　正解は　(ア)＝②　(イ)＝④　(ウ)＝⑤

(ア)「しづ心（静心）」は〝静かな落ち着いた気持ち〟の意。「しづ心なし」などと否定表現で用いられる。「思ひ（思ふ）」はここは〝恋しく思う〟の意。「奉り（奉る）」は謙譲の補助動詞。「あさましけれ」は形容詞の已然形で、係助詞「こそ」の結び。「あさまし」は〝驚きあきれるばかりだ。ひどい。情けない。貧しい。（副詞的に）ひどく～〟の意をもつ基本語。狐が姫君に一目惚れしたという状況を押さえる。「思ひ奉り」を「お慕いした」と訳した②と、「好意をお寄せ申し上げる」と訳した⑤に絞り、「あさましけれ」の意から②を選択できる。③・④は「奉り」を尊敬に訳している点でも不適とわかる。

(イ)「いかにして」は疑問の副詞「いかに」に、サ変動詞「す」の連用形「し」と接続助詞「て」が付いた連語で、〝どのようにして。なんとかして〟の意になる。ここは下の「心を慰めばや」の願望の終助詞「ばや」と呼応して後者の意になる。④が正解。

(ウ)「この人」は玉水を指す。「おぼえ」は〝評判。寵愛を受けること。記憶〟の意。二番目の意の場合、多く「御おぼえ・御覚え」の形になる。ここも同じで、姫君から寵愛を受けることをいう。よって⑤が正解。

問2　24　正解は④

a「奉る」は謙譲の補助動詞「奉る」の終止形。狐が姫君を拝見するという意味であるから、動作の対象である姫君を敬う。

b「候は」は本動詞で、「あり」の丁寧語「候ふ」の未然形。話し手である主の女房が聞き手である娘を敬って言った言葉である。

c「侍る」は丁寧の補助動詞「侍り」の連体形。話し手である娘が聞き手である主の女房を敬って言ったもの。

d　「参らせ」は本動詞で、「与ふ」「やる」の謙譲語「参らす」の連用形。娘が姫君に食事をさしあげるという意味であるから、動作の対象である姫君を敬う。なお、同段落の「さらばただやがて参らせよ」の「参らせよ」は「来」の謙譲語「参る」の未然形「参ら」＋使役の助動詞「す」の命令形「せよ」であるから、注意が必要。

問3　25　正解は⑤

傍線部の心情を問う設問。傍線部は狐の心情描写の一節である。直前の部分で、自分が獣に生まれ、姫君への「およばぬ恋路（＝かなわぬ恋）」のせいでやせ細る身の不幸を嘆いている。「いたづらに」は形容動詞「いたづらなり」の連用形で、〝むだだ。はかない。ひまだ〟の意。直後の下二段動詞「消え失せ（消え失す）」が文脈上〝死ぬ〟の意になるため、「いたづらに」は〝はかない〟の意になる。「消え失せなむ」は「連用形＋な＋む」のパターンとなり、「なむ」はここでは完了・強意（～してしまう・きっと～）の助動詞「ぬ」の未然形「な」＋婉曲・仮定（～ような・～したら）の助動詞「む」の連体形「む」の形になる。「うらめしけれ」は「こそ」の結びで、形容詞「うらめし（＝恨みに思われる。残念だ）」の已然形である。全体を直訳すると〝はかなく死んでしまうとしたら残念だ〟などとなる。この直訳をふまえて選択肢を吟味すると、「いたづらに」を「むなしく」、「うらめしけれ」を「残念に」と説明した⑤が適当とわかる。

①　「罪の報いを受けて死んでしまう」が不適。傍線部直前の文にあるように、「罪」とは「前の世（＝前世）」で犯した罪であり、またその報いとは「けだものと生まれ」たことをいう。

②　「姫君に何度も近づいた」わけではない。一度見ただけの一目惚れである。また「疎まれ」も不適で、姫君は狐の存在さえ知らない。「消えて」「悲しく」も語義的に誤りとなる。

③　「いたづらに」を「なんとなく」と説明しており不適。「姿を消して」も不適。

④　「人間に化ける」ことを思いつくのは傍線部ではなく、その後の「よきに化けて」以下の箇所である。また「情けなく」とあるのも「うらめしけれ」の説明として不適となる。

問4　26　正解は③

傍線部に関わる心情を問う設問。第二段落のあらすじで確認したように、狐は片思いの姫君に近づくために策略を練る。それは若い女に化けて、娘のいない家の養女になるというものである。それがまんまと成功して、その家の女房は養女となった娘に良縁を授けてやろうと努める（傍線部直前の「いかにしてさもあらむ人に見せ奉らばや」の「見せ（見す）」は〝結婚させる〟の意）。ところが娘は「つやつやうちとくる気色もなく、折々はうち泣きなどし給ふ」というもの。「つやつや」は〝少しも〜（ない）〟の意。「うちとくる（うちとく）」は〝心を許す〟の意。つまり娘は自分の縁談話に乗り気でなく、時々泣いてみせたというのである。設問はその意図を問うている。そこで傍線部の続きを読むと、娘は「人に見ゆることなどは思ひもよらず」（「見ゆる（見ゆ）」は〝結婚する〟の意）、「（姫君に）御宮仕へ申したく侍るなり」と訴える。それならということで、女房が高柳家の姫君（＝狐が一目惚れした姫君）に宮仕えできるようにはからおうと言うと、娘は「いと嬉し」と思ったというもの。以上の筋をふまえると、娘の意図を次のように説明できる。

縁談に乗り気でない態度を示せば、姫君に宮仕えする道が開ける

選択肢は娘（＝狐）の策略である点をふまえて、①の「思惑」、③の「期待」、④の「願望」に絞り、縁談よりも宮仕えがしたいというポイントをふまえて、「縁談を喜ばず」とある③を選択すればよい。「自分の願い」とはもちろん高柳家の姫君への宮仕えをいう。

①「意中の人との縁談を提案してくれる」が不適。娘は「ゆめゆめ（＝けっして）さやうのことは侍らず」と言って、「見給ふ君（「見（見る）」は〝異性と関係を持つ〟の意）」の存在を否定している。

②「見せびらかしたい」「逆らえないという不満」が不適。傍線部前後の文脈に合致しない。

④「疎外感」が不適。傍線部前後の文脈に合致しない。

⑤「罪悪感」「苦悩」が不適。傍線部前後の文脈に合致しない。

問5　27　正解は①

本文の内容に基づく理由を問う設問。狐が娘に化けたことは第二段落の「年十四、五の容貌あざやかなる女に化けて」からわかる。その後の筋をたどると、娘はある家の養女となり、結婚よりも宮仕えを希望する（第二段落）。そして念願であった高柳家の姫君に仕え、姫君から玉水という名前をもらって寵愛されるというもの（第三段落）。よって狐が娘に化けた理由は、姫君に宮仕えして寵愛されるためということになる。ではそもそもなぜ姫君に近づきたかったのかといえば、姫君に一目惚れしたからである（第一段落）。そして「よきに化けてこの姫君に逢ひ奉らばや」、すなわち立派な男に化けて姫君と結婚したいと思うが、「我、姫君に逢ひ奉らば、必ず御身いたづらになり給ひぬべし」、すなわち自分が姫君と結婚したら姫君は死んでしまうだろうと思い直す。これは人間と狐のような異種婚姻が人間に災いをもたらすという考えに基づいている。以上より狐の心理をたどると次のようになる。

姫君に一目惚れ→男に化けて姫君と結婚すると、姫君は死んでしまう→娘に化けて姫君に宮仕えしたい

選択肢は姫君への一目惚れと宮仕えの二点をポイントに決めれば、「姫君と結ばれ」「宮仕え」「そばにいられる」と説明した①が選択できる。「両親を悲しませる」とあるのは第一段落の「父母の御嘆き」に合致する。

②「縁談でも持ち上がれば、高柳家との縁もできる」が不適。狐は縁談を望んでいない。

③「姫君に気に入って……女の姿の方がよく」が不適。狐が女に化けた動機と矛盾する。

④「望まない縁談を迫られている姫君」とは書かれていない。

⑤「高柳家の姫君が自分と年近い侍女を探している」とは書かれていない。

問6　28　正解は②

本文後半の内容を問う設問。「玉水」の姿とあるので、第三・第四段落の内容に着眼する。姫君に宮仕えして、玉水は嫌いな犬を御所中から追い払ってもらえるほどに姫君から寵愛される。そこで第四段落に進むと、姫君と玉水が連歌を詠む場面になる。まず姫君が詠んだ上の句は、ホトトギスが空で鳴いている情景を詠んだにすぎないの

に対して、玉水が付けた下の句は、ホトトギスが「深き思ひ」を抱いていると意味深長なことを詠み、さらに「わが心の内」とぼそぼそつぶやいて、自分も深い思いを抱いていることを示唆する。するとそれを聞いた姫君が、玉水の心の中が知りたいと言い、玉水が誰かに恋をしているらしいという意味を込めた和歌を詠むという筋になる。これを第一段落の内容と関連づけると、玉水が姫君への恋心を「深き思ひ」と暗示しようとしたのに対して、そんなことはつゆ知らぬ（もちろん玉水の正体が狐であることも知らない）姫君は、玉水がどこかの男に恋心を抱いているにちがいないと理解した、その両者の思惑のずれが巧みに描かれている。以上の点をふまえて選択肢を吟味する。消去法で解けばよい。

①不適。「周囲の不満に気づけない」とは書かれていない。

②適当。「玉水の秘めた思い」「打ち明けられない思いを姫君本人から問われてしまう」と適切に説明している。

③不適。ここでは「雲居」に「宮中」の意は掛けられていないので、「姫君が密かに心を寄せる殿上人」は存在しない。「姫君の恋を応援しようとする」などと、本文の内容からはずれた説明となっている。

④不適。本文には「ゆかしけれ（＝知りたい）」とあるのみで、「しつこく問い詰め」てはいない。また玉水は「私の思いをわかってもらえるはずもないと、冷たい応対」もしていない。

⑤不適。「涙にくれるような状況」は書かれていない。よって「苦しい立場を理解してくれない」という説明も誤りとなる。

第4問　標準

《出典》　杜甫「唐故萬年縣君京兆杜氏墓誌」（仇兆鰲『杜詩詳註』〈巻二十五〉）

仇兆鰲《ちょうごう》（一六三八～一七一七年）は明末～清初の学者。字は滄柱。甬江（浙江省）の人。著書に『四書説約』ほか。『杜詩詳註』は杜甫の詩文に注釈を施したもので、詩注二十三巻、雑文注二巻の全二十五巻。本文は「唐故萬年縣君京兆杜氏墓誌」と題する杜甫の文章の末尾の一節で、途中に記されている仇兆鰲の注釈はすべて割愛されている。

杜甫（七一二〜七七〇年）は盛唐の詩人。字は子美《しび》。号は少陵。中国最大の詩人として、同時代の李白と並び称される。作品は詩文集『杜工部集』二十巻に収める。

要旨

本文は三段落から成る。あらすじは次の通り。

1 **叔母の恩**（嗚呼哀哉。…）
私が亡き叔母の喪に服し、墓誌を刻むのは、私と叔母の子が同時に病気で寝込んだとき、叔母がわが子の命を犠牲にして私を救ってくれた恩に報いるためである。それで諡を義と決めた。

←

2 **魯の義姑**（君子以為…）
魯の義姑は暴徒に遭遇したとき、私情を断って、自分の子を犠牲にして兄の子を救った。叔母もまた義の人である。

←

3 **墓誌銘**（是以挙茲一隅、…）
墓誌銘は韻を踏まず、真情のみを記した。

【語句】

▼豈孝童之猶子与＝「豈～与（あに～なるか）」は〝ことによると～なのだろうか〟の意の疑問形。

▼将出涕＝「将」は「まさに～んとす」と読む再読文字。〝いまにも～しようとする（するつもりだ）〟の意。

▼以為＝「おもへらく～と」と読み、〝思うに～と〟の意。「以て～と為《な》す」とも読む。

▼是以＝「ここをもつて」と読み、〝そういうわけで〟の意。

読み

嗚呼哀《ああかな》しいかな。兄の子《こ》有り甫《ほ》と曰《い》ふ、服を斯《ここ》に制し、徳を斯に紀《しる》し、石に斯に刻《きざ》む。或《あるひと》曰はく、「豈《あ》に孝童《かうどう》の猶子《いうし》なるか、奚《なん》ぞ孝義の勤《つと》むること此《か》くのごとき」と。甫泣きて対《こた》へて曰はく、「敢《あ》へて是《こ》れに当たるに非《あら》ざるなり、亦《ま》た報《むく》ゆるを為《な》すなり。甫昔 病《やまひ》に我《わ》が諸姑《しよこ》に臥《ふ》し、姑の子又《また》病《や》む。女巫《ぢよふ》に問へば、巫曰はく、『楹《はしら》の東南隅《ぐう》に処《を》る者は吉《きつ》なり』と。姑遂《つひ》に子の地《ち》を易《か》へ以《もつ》て我《われ》を安《やす》んず。我是《こ》れを用《もつ》て存《そん》し、而《しかう》して姑の子卒《しゆつ》す。後に乃《すなは》ち之《これ》を走使《そうし》より知る。甫嘗《かつ》て人に説《と》くこと有り、客将《かくまさ》に涕《なみだ》を出《い》ださんとす、感ずる者之《ことこれ》を久しくし、相《あ》ひ与《とも》に謚《おくりな》を定め義と曰ふ」と。

君子以為《おもへ》らく魯《ろ》の義姑《ぎこ》なる者は、暴客に郊《かう》に遇《あ》ひ、其《そ》の携《たづさ》へる所を抱《いだ》き、その抱く所を棄て、以て私愛《しあい》を割《た》つと。県《けん》君焉《くんこれ》有り。

是《ここ》を以て茲《こ》の一隅を挙げ、彼《か》の百行《ひやつかう》を昭《あきら》かにす。銘《めい》して韻《いん》せず、蓋《けだ》し情至れば文《ぶん》無し。其の詞《ことば》に曰はく「嗚呼、有《いう》唐《たう》の義姑、京兆杜氏《けいてうとし》の墓」。

全訳

ああ悲しいことよ。（故人の）兄には子がいて（名を）甫と言い、（その甫である私が）喪に服し、（故人の）徳を記し、墓誌を石に刻む。ある人が言うには、「（あなたは）あの孝童さん（＝杜甫の叔父杜井）の甥ですよね、どうして

（故人に対する）孝行にこのように励んでいるのですか」と。この甫が泣きながら答えて言うには、「とんでもないことです、ただ（故人の生前の恩に）報いようとしているのです。この甫が昔病気になって（育ててもらった）私の叔母の家で寝込み、叔母の子もまた病気になりました。女性の祈禱師に（病気のことを）尋ねると、祈禱師が言うには、「柱の東南側にいると、運気がよくなります」と。叔母はそういうわけで子どもたちの寝場所を取り替えて私の命を救ってくれたのです。私はこれ（＝場所替え）のおかげで生きているが、叔母の子は亡くなってしまったのです。後日やっとこの話を使用人から聞いて知ったのです。この甫は以前ある人にこの話をしたところ、その人は今にも涙を流さんばかりで、長い間感傷に浸り、二人で相談して（叔母の）諡を義と決めたのです」と。

君子は思うであろう、魯の国の義姑という女性は、町外れで暴徒に遭遇して、手を引いていた兄の子を抱き、抱いていた自分の子を捨てて、（義のために）私情を断ち切ったという話を。叔母も義姑と同じ義の人なのである。

そういうわけでこの一小話を取り上げ、彼女のあらゆる行いを顕彰するのである。銘文を作るが韻は踏まないのは、真心がこもっていれば文飾はいらないからである。その墓誌銘に記すのは「ああ、唐王朝の義姑、長安の杜氏の墓」。

解説

問１ 29 ・ 30 正解は (ア)＝③ (イ)＝④

(ア) 「対」は「こたふ」と読む動詞で、普通「対《こたヘテ》曰《いハク》」の形をとる。〝相手、特に目上の人の問いに対して答える〟の意になる。よって③が正解。

(イ) 「乃」は「なんぢ」と読む代名詞の用法と、「すなはち」と読む接続詞の用法がある。ここは選択肢から後者とわかる。前の内容を受けて〝その結果～〟という意味合いで用いられ、〝そこで。やっと。それなのに。なんと〟といった意を表す。④が正解。後日やっと真相を知ったという文脈。①の「すぐに」は、同じく「すなはち」と読む「即」あるいは「便」の意味になる。

問2　31　正解は②

傍線部の内容を問う設問。「奚」は「何」と同じく「なんぞ」と読む疑問・反語の副詞で、ここは文末の「若」を「ごとき」と連体形で読むことからわかるように、**疑問の意になる**（反語なら「ごとからん（や）」と読む。「孝義」の「孝」は「親孝行」というように〝孝行〟の意。「義」は〝人として踏むべき道。道義〟の意。二字で〝親孝行という正しい道〟というほどの意。「之《の》」は連体修飾格の助詞。「勤」は〝励むこと〟の意。「若此」は「如此」に同じで、「かくのごとし」と読み、〝このようである。この通りである〟の意の連語。全体を直訳すると、〝**どうして孝行に励むことがこのようであるのか**〟となる。「此」は直前文の「制服……刻石於斯」を指している。注4で指摘されるように、息子ではなく甥である杜甫が、亡き叔母の喪に服し墓誌を刻むのを見て、なぜそこまで叔母に孝行するのかと尋ねている。よって②が正解となる。

①　「若いにもかかわらず」が不適。「若」を形容詞「わかし」と解釈している。

③　「孝行を尽くせていない」が不適。「仕事が忙しく」は「勤」にひっかけている。

④　「孝行を尽くしていない」が不適。

⑤　「正義感が強い」「困窮した」は傍線部前後の文脈からはずれる。不適。

問3　32　正解は⑤

傍線部の理由を問う設問。「非敢～（あへて～にあらず）」は〝けっして～ではない〟という強い否定を表す。「当《あタル》」は〝当てはまる〟の意。「是《こレ》」は代名詞。直訳すると〝**けっしてこれに当てはまるのではない**〟となる。「是」は直前の文の「孝義之勤」を指す。すなわち、亡き叔母への孝行に励んでいるわけではないという趣旨になる。その理由は傍線部以下で述べられる。まず直後に「亦為報也」とある。「為《なス》」は〝行う〟、「報《むくユル》」は〝恩返しをすること〟の意。自分を養育してくれた**叔母に恩返しをするためだ**というのである（前書きに「杜甫は幼少期に、この叔母に育ててもらっていた」とある）。そして「甫昔」以下、幼少期のあるエピソードが語られる。以上より簡潔に理由づけすれば次のようになる。

杜甫は叔母に恩返しがしたかったから

選択肢は「為報」に着眼して、「恩返し」とある③と「その善意に応えている（＝報いている）」とある⑤に絞り、「自分を養育してくれた叔母に感謝し」を決め手に⑤を選択すればよい。

①「自負（＝自信と誇りをもつこと）」「より謙虚でありたい」が不適。書かれていない。

②「他者」と一般化して説明しており不適。

③「生前の叔母の世話をしていた」とは書かれていない。

④叔父も死んだとも、孝行する機会を永遠に失ってしまったとも書かれていない。

問4　33　正解は③

傍線部の書き下し文と解釈を問う設問。杜甫と叔母の子が病気になったとき、叔母が相談した祈禱師が述べた言葉である。句形らしきものは見当たらないので、選択肢を手がかりにする。まず選択肢はすべて「**者吉**」を「者は吉なり」と書き下し、「**処楹之東南隅**」を「者」に連体修飾させていることがわかる。次に「**処**」は動詞で、「しよす」（＝〝しかるべく決める〟）または「をる」（＝〝いる〟）と読むことがわかる。さらに「**楹**《はしら》」と「**東南隅**」が名詞であることもわかる。問題は「**之**」で、②・⑤のように「ゆく」と動詞で読むか、①・③のように「の」と助詞で読むかである（「之」が代名詞の場合は「これ」と読み、④のように「この」と読むことはない）。いずれで読んでも構文的に間違いではないが、名詞と名詞の間にあるので「の」と読むのが普通であろうと判断すればよい。よって①と③に絞り、あとは文脈から判断する。すなわち直後の文に「**易子之地**」とある。「易」は〝取り替える〟、「地」は〝場所〟の意。**子どもたちの場所を取り替える**という内容であるから、別に柱を動かしたり処分したりするわけではないとわかり、よって③が正解となる。なお、「者」をすべて「～すると」の形で訳しているのは、「者」が主語を明示して強調する助詞だからで、〝～のは。～とは〟の意になる（「者」を「～ものは」と読んでも

「〜は」と読んでも同じ)。

②「楹に処りて」を「柱から」と訳している点でも不適。

⑤「之く」を「移す」と他動詞に訳している点でも不適。

問5　34　正解は⑤

傍線部の内容を問う設問。「我」は杜甫を指す一人称代名詞。「用《もつテ》」は原因・理由を表す前置詞となる。「是」は代名詞。叔母が子どもたちがいる場所を取り替えて自分の命を救ってくれた（「安《やすンズ》」＝〝安らかにする〟）という前文の内容を指す。「存」は「存在。生存」の「存」で〝生きている〟の意。「而」は逆接の接続詞。「卒」は動詞で〝終わる。死ぬ〟の意。叔母の子も病気であった点、および「存」と対比されている点から後者の意ととる。直訳すると、〝**私はこれによって生きているが、叔母の子は死んだ**〟となる。

選択肢は「卒」を「命を落とした」とする①と、「犠牲になった」とする⑤に絞り、「寝場所を移してくれた」を決め手に⑤を選択すればよい。

①「女巫のお祓いを受けた」が不適。

②「重病となった」が不適。

③「気持ちが落ち着いた」「病気も治った」が不適。

④「優しく看病してくれた」「回復した」が不適。

問6　35　正解は②

傍線部の内容を問う設問。「**県君**」は注11にあるように叔母を指す。「焉《これ》」は代名詞で、その**指示内容は直前の文**となる。注9・注10を手がかりにすれば、魯の**義姑**が暴徒と遭遇したとき、自分の子を犠牲にして兄の子を救ったという趣旨になる（「義姑」とは「義」を行う「姑」（＝父の姉妹）ということ）。「其所携」が兄の子を指し、「其所抱」が自分の子を指す（「其」はいずれも義姑を指す。「所」はいずれも下の用言を体言化する助詞）。「割《たッ》」は

〝断ち切る〟の意。「私愛」は〝えこひいき。偏愛〟の意で、ここでは自分の子を優先することをいう。「私愛」を断ち、**自分の子よりも兄の子を優先して救った**行為が「義」であるとして、「義姑」と呼ばれている。これは杜甫**の叔母が自分の子よりも杜甫を優先して命を救った**のと同じ構図になる。以上より、「焉」は「割私愛」を指し、杜甫の叔母も「義姑」だという内容になる。

選択肢は「有焉」を「私情を断ち切って」と説明した②が正解となる。

①「一族の跡継ぎを重んじる」が不適。

③「実子と同様に愛した」という記述はない。

④「杜甫に黙っていた」のは事実（「後乃知之於走使」）だが、そのことを「義」と呼んでいるのではない。

⑤「暴徒をも恐れぬ気概を持っていた」が不適。

問7　36　正解は③

傍線部の内容を問う設問。「銘而不韻」は注がつく。「蓋《けだシ》」は〝思うに。たぶん〟、「情」は〝真心〟、「至」は〝この上ない点にまでいたる〟、「文」は〝文章の飾り。修辞。文飾〟の意。韻を踏まないことを「無文」といったもの（注13がヒントになっている）。よって傍線部の内容を次のように簡潔に説明できる。

韻を踏まない銘を記すのは、真心がこもっていれば文飾は不要だと思うからだ

選択肢は「文」を「飾り気のない文」とする②と、「うわべを飾るのではなく」とする③に絞り、「真心」を決め手に③を選択すればよい。

①「慎み深かった」とは書かれていない。「実子以上に」以下も本文の内容からはずれる。

②「毅然としていた」とは書かれていない。「取り乱しがちな」「叔母の人柄を表現」も不適。

④「恩返しできなかった後悔」以下、本文の内容からはずれる。

⑤「たくさんの善行をのこした」とは書かれていない。「あらゆる美点を」以下も不適。

2019 年度

国語 追試験

問題番号(配点)	設問	解答番号	正解	配点
第1問(50)	問1	1	④	2
		2	②	2
		3	③	2
		4	③	2
		5	⑤	2
	問2	6	①	8
	問3	7	③	8
	問4	8	②	8
	問5	9	⑤	8
	問6	10	③	4
		11	③	4
第2問(50)	問1	12	④	3
		13	①	3
		14	①	3
	問2	15	⑤	7
	問3	16	④	8
	問4	17	③	8
	問5	18	⑤	8
	問6	19-20	①-②	10(各5)

問題番号(配点)	設問	解答番号	正解	配点
第3問(50)	問1	21	⑤	5
		22	①	5
		23	④	5
	問2	24	③	5
	問3	25	④	8
	問4	26	⑤	7
	問5	27	④	7
	問6	28	⑤	8
第4問(50)	問1	29	③	4
		30	④	4
	問2	31	②	7
	問3	32	⑤	7
	問4	33	②	8
	問5	34	④	6
		35	③	6
	問6	36	②	8

（注）-（ハイフン）でつながれた正解は，順序を問わない。

自己採点欄
200点

第1問 標準

《出典》三枝博音「西欧化日本の研究」〈序論〉（『三枝博音著作集 第十二巻』中央公論社）

三枝博音（一八九二〜一九六三年）は哲学者・科学史家。広島県出身。東京帝国大学西洋哲学科卒業。唯物論の研究に従事するも、軍国主義の時代ゆえに思想的弾圧を受け、日本思想史の研究へと転じた。著書に『日本哲学全書』『日本科学古典全書』『技術史』『三浦梅園の哲学』などがある。

要旨

本文は十八段落から成る。これを四区分して内容をまとめよう。

1 **日本人は虚と実を心得ていた** 第1〜第7段落 ※問2・問6

日本の居間はちゃぶ台をおけば食堂になり、蒲団《ふとん》をしけば寝室になるように自由自在である。日本人は虚をうまくつかう。**虚と実を心得ている。**ヨーロッパ人が実質的なものを基礎において建物や都市や学問を構築するのとは対照的に、日本人にとってはむしろ**実は虚の成立の機会となっている。**

↓

2 **虚は止まらない** 第8〜第10段落 ※問3・問6

虚は能や仏法などでも重視される。基礎《したじ》が荒くてこわいものは厳しく退けられ、置いた物が**止まりつづけるのはよくない。**心も一つの物事に執着してはいけない。不動に立てることをよしとする西洋文明とは対照的である。

↓

3

虚は仏教や老荘思想からきている　第11・第12段落　※問4・問6

「空」や「無」や「虚」の根源は古代インド人の仏教的世界観や中国の老荘の世界観からきている。ヨーロッパ人にとって知性とは抽象をつくるはたらきであり、抽象的固定性が知性の第一の特長である。しかし古代のインド人はこの**固定性を取り除くもう一つの知性**を考案した。日本人はこの哲学を仏教の哲学からではなく、生活の仕方から体得したのだ。

4

虚は今日の日本文化に生きている　第13〜第18段落　※問5

虚という生活の仕方とその思想は今日の日本文化にも生きており、西田幾多郎の哲学や湯川秀樹の理論物理学に見て取れる。例えば湯川は法則の成り立たない背景を考え、**秩序と混沌のさかい目**に注目するが、そのさかい目とは物ではなく**作用**なのである。このような考え方は他民族のなかにもひそんでいるようで、それでこそ「日本的」なのである。

【語句】

▼**剣客**＝剣道・剣術にすぐれた人。

▼**飄々**《ひょうひょう》＝性格や態度が世俗を超越していて、とらえどころがないさま。

▼**禅語**＝禅宗独特の言葉。

解説

問1　1 ー 5　正解は　(ア)＝④　(イ)＝②　(ウ)＝③　(エ)＝③　(オ)＝⑤

(ア)「清潔」　①心血　②傑作　③連結　④潔白　⑤欠航

(イ) 「大抵」 ①法廷 ②抵抗 ③訂正 ④定食 ⑤贈呈
(ウ) 「精進」 ①静観 ②調整 ③精密 ④宣誓 ⑤声援
(エ) 「領地」 ①療養 ②同僚 ③要領 ④量産 ⑤給料
(オ) 「背景」 ①提携 ②継承 ③参詣 ④稽古 ⑤景気

問2 6 正解は①

傍線部の内容を問う設問。「この」の**指示内容**も問われる。「敏捷さ」は〝動作が素早いこと〟の意。「この」は直前の「空《あ》いている処《ところ》をふさぐ、ふさいでいたものをとりはらう」を指すが、これは第2段落で、居間にちゃぶ台をおけば食堂になり、蒲団をしけば寝室になるという、**空間利用の「自由自在さ」**を一般化したものである。また傍線部直後の文でも「空きのあること、透《す》きのあること、**いつでもそこへ物がもち込める可能性**」と言い換えられている。むやみに物を置かない空間だからこそなせるわざである。よって傍線部は次のように具体化できる。

空いた空間に物を置いたり取り去ったりして自在に空間を使う様子

選択肢は、「この」＝物を置いたり取り去ったりする、ということから「出し入れ」とある①と③に絞り、「部屋を物で満たさず」「空間を様々に活用できる」を決め手に①を選択すればよい。

② 「より多くの家財を手早く持ち込める」が不適。物の出し入れを説明していない。
③ 「障子の取り外し」「空間の広さを瞬時に変えられる」が不適。二つの部屋を仕切っていた障子を取り外して広く使うというのも、日本の家屋の特徴としてよく指摘されることではあるが、本文では触れられていない。
④ 「素早く並行して複数の目的に利用できる」が不適。これも物の出し入れを説明していない。
⑤ 部屋の空いたスペースを物で埋めるという内容となり不適。

問3 7 正解は③

傍線部の内容を問う設問。いつでも物を置いたり取り去ったりできるように部屋を空けておくこと、これを筆者は「虚《きょ》」と一般化して（第3段落）、以下、この「虚」をテーマに議論が展開される。その際、その対義語である「実」についても議論されるが、「実は虚の成立の機会となっている」（第7段落）、「虚であってはじめて実なのである」（第8段落）とあるように、あくまでも**「虚」が議論の中心**となっている。同時に基礎に対するヨーロッパ人と日本人の考え方の違いが説明される。すなわちヨーロッパでは基礎を固めてその上に不動なものを建てるのに対して、日本では**基礎は丸みがあったり柔軟であったりしていなければならず、その上に「置く」**のだと述べられる（第5～第9段落）。「実」重視と「虚」重視の違いである。そしてさらに日本では「置く」にしても止まってはならず、物でも人でも**固定的であるのはよくない**と言われる（第10段落）。傍線部は以上の内容から導かれる。同段落の「仏法にては、この止まりて物に心の残ることを嫌ひ申し候。故に止まるを煩悩と申し候（＝仏教では、ある物事に心が捕らわれて執着するのはよくないと申しております。それゆえ心が捕らわれることを煩悩と申しております）」にも着眼すると、「心」を「『置いて』はいけない」とは、簡潔に言えば、**心は一つの物事に執着してはいけない**ということである。

選択肢は第二文に着眼して、執着の否定という視点から、「一個所にとらわれつづける」とある③、「一つの事柄に固執して」とある④、「一個所に止まっている」とある⑤に絞る。さらに「虚や空なるものを重視してきた」「執着として遠ざけた」を決め手に③を選択すればよい。

①「西洋的な思想を遠ざけた」とは書かれていない。

②「心がすさみ」が執着を否定する説明として不適になる。

④「物に情が移ることを行や道の妨げであると遠ざけた」とは書かれていない。

⑤第8段落で、芸のうえで「生《なま》であるもの」は下地が荒くこわいのでよくないとは述べられるが、「一個所に止まっている段階」が「未熟で生」だとは述べられていない（第9・第10段落）。

問4 8 正解は②

傍線部の理由を問う設問。「この」の指示内容も問われる。まず「この」は直前の文の「『空』や『無』や『虚』がその思想のうちにひそんでいる」を指す。また「対蹠的《たいせき》」は〝まったく正反対であるさま。対照的〟の意である。そこで「古代インド人の仏教的な世界観や中国の老荘の世界観」と「ギリシア的・ローマ的な知性のはたらき方」の違いについての説明をみると、同段落に「この抽象的固定性は知性の第一の特長である」「固定はまさに東洋人の嫌った止まりの最もなるものである」とあるように、「抽象的固定性」を肯定するか否定するかの違いとして説明されている。よって両者は次のように対比される。

ギリシア的・ローマ的な知性＝知性のはたらきによる抽象的固定性を重視する
仏教・老荘の世界観＝抽象的固定性を退ける「空」・「無」・「虚」の思想

選択肢は、まず「この」の指示内容を吟味すると、「虚」を重視するという趣旨の①と⑤、および「虚」の重視について「固定的なもの」「固定性」を否定すると言い換えた②と④に絞られる。さらに「ギリシア的・ローマ的な知性」における「抽象的固定性」の重視を、「基礎を固めた上でものごとをがっちりと築き上げようとした」と説明した②を選択すればよい。

① 「虚」の重視と「実」の重視を対比させた説明で、内容的には間違いではないが、「抽象的固定性」を肯定するか否定するかというポイントに触れていない。

③ 「抽象的な法則から具体的な問題を捉えようとした」が、「この」の指示内容として不適。「気分や感じなどという具体的な事例から」という説明も、第11段落の内容に合致しない。

④ 「消えることなく固定化されている具体的な物事」が不適。固定的なのは具体的な事物ではなく、抽象的な概念である。

⑤ 「都市や建物といった実体」が④と同じ理由で不適となる。

問5 9 正解は⑤

ディベート形式による発言内容から本文の趣旨と異なるものを選ぶ設問。消去法で解く。

①適当。〈形なきものの形を見、声なきものの声を聞く〉というのはまさしく「虚」の思想である。注10にも、西田幾多郎は「日本的な『無』の哲学を主張した」とある。

②適当。第16段落で、自然科学者は混沌に秩序（＝法則）をつけようとすると述べられ、第17段落で、秩序と混沌の境界を追究することの面白さが述べられている。

③適当。西洋思想＝混沌の秩序化、東洋思想＝混沌と秩序の境界の追究という対比を説明している。

④適当。虚の思想は現代にも生きているというのは第14段落以下の内容に合致する。また虚は実体（＝実）ではないというのも、虚と実の違いを論じた本文前半の内容に合致する。さらに日本的なものが他民族にもひそんでいるというのも第18段落の内容に合致する。

⑤不適。「西洋においても東洋的な虚の考え方が次第に広まってきている」とあるが、第18段落では「他民族のなかにもひそんでいる」としか述べられていない。

問6 10・11 正解は (i)＝③ (ii)＝③

(i) 本文の表現の説明として適当でないものを選ぶ設問。消去法で解く。

①適当。感嘆符（！）が用いられており、「日本文化への驚きを共有」という説明は妥当である。

②適当。「都市」→「建物」→「学問」と分野の異なるものを列挙して、ヨーロッパでは基礎を固めることがあらゆる分野に行き渡っていることを強調している。

③不適。「基礎」がもともと能の用語であったとは書かれていない。

④適当。第11段落の「ヨーロッパ人において標本的である知性なるもの」とは、ヨーロッパ人にとって知性の典型的なものということ。古代インド人にとっての知性と比較する観点（＝相対化）から論じられている。

(ii) 本文の構成の説明として適当なものを選ぶ設問。消去法で解く。
①不適。「推論」ではなく、第1・第2段落の具体例を一般化したのが第3段落である。
②不適。第7段落は第6段落の「実は虚のためのもの」「実はただ虚のできるはずみ」の言い換えである。
③適当。第7段落までは建築空間に基づいた議論となっているが、第8段落からは芸事や仏教へと議論が展開し、不動性、固定性の否定という新たな視点が取り入れられている。
④不適。第11・第12段落は、前段落までで論じられた日本的な特徴がインドや中国から伝わったものであると議論を拡張している。

第2問 標準

《出典》 耕治人「一条の光」（『一条の光・天井から降る哀しい音』講談社文芸文庫）

耕治人（一九〇六～一九八八年）は小説家・詩人。熊本県出身。明治学院高等部英文科卒業。詩人の千家元麿に師事して詩集を発表する。その後に小説に転じる。私小説的な作風に特色がある。詩集に『耕治人詩集』、『水中の桑』、小説に『喪われた祖国』『一条の光』『そうかもしれない』などがある。

「一条の光」は文庫本で二十頁の短編小説。〈一〉～〈三〉の三部に分けられ、本文は〈二〉後半と〈三〉の部分。

要旨

〈二〉の後半と〈三〉の部分それぞれを二区分し、全体を四区分して内容をまとめよう。

1 **フジ子を引き取る話** 1～25行目（私は渋った。…）※問2・問6

やっと見つけた四畳半と三畳のアパートに移ると、**ひろ子**は三畳に**フジ子**を置くという。女学校のことも**フジ子**に話してあるという。**私**は自分に相談なしに話が進んでいることに腹が立ったが、**ひろ子**は意に介さなかった。

←

2

フジ子との三人暮らし　26～54行目（偏窟《へんくつ》な私も…）　※問6

フジ子が女学校に、**ひろ子**が勤めに出たあと、**私**は執筆に精を出した。**ひろ子**と**フジ子**は日曜日には二人で掃除をした。そのあいだ廊下で待つ**私**はなんとなく幸福だった。ある日曜日、**フジ子**がゴミをすくいながら「出るにゃあ」と国言葉で言った。**私**もゴミがたくさん出ることに驚いた。

←

3

フジ子の疎開　56～82行目（米機の空襲が…）　※問3・問4・問6

親子三人の平穏な生活も長くは続かなかった。米機の空襲が始まり、**フジ子**は東北の生家へ疎開することになった。**私**は**フジ子**を手放すのが淋しくもあり、惜しくもあった。

←

4

一条の光　83～120行目（フジ子が去って、…）　※問5・問6

執筆に夢中になっていたとき、ふと畳に視線を移すと、ゴミが目に飛びこんできた。そのゴミを起点として**一条の光**が闇のなかを走った。それは**私**の生涯だった。**私の生涯に必然性が生まれた**のだ。この思いは日が経つにつれ、ずっしりと重さを増し、ますます根を張った。

【語句】

▼**払底**＝すっかりなくなること。

▼**偏窟《へんくつ》**（偏屈）＝性格が素直でないこと。ひねくれていること。

▼**時局向き**＝「時局」はそのときの社会情勢。ここでは戦時体制に合わせて戦意を高揚したり質実剛健を勧めたりするような作風のことを「時局向き」と言っている。

▼**徴用**＝戦時に国民を強制的に動員して、軍需産業などに従事させること。

解説

問1 12－14 正解は (ア)＝④ (イ)＝① (ウ)＝①

(ア) 「呑《の》みこむ」は文字通り〝食べ物をかまずにのどを通す〟という意であるが、ここは直前の「ひろ子とフジ子の気持《きもち》の交流」についてなので〝理解する。納得する〟という比喩的な意になる。よって④が正解。①「予見」、②「歓迎」、③「共感」、⑤「容認」はいずれも語義的に誤りとなる。

(イ) 「醒《さ》めた」は〝感情に動かされず、冷静な〟の意。ここではフジ子を疎開させるかどうかに関して、理性的に考えて決断したことをいう。よって「冷静に判断できる」とある①が正解となる。②「正確に」、③「正常に」、④「冷淡に」、⑤「傍観できる」はいずれも不適。

(ウ) 「雲を摑《つか》むよう」とは〝漠然としていて、とらえどころのないさま〟の意。ここではゴミから一条の光が発した話についていう。①が正解。他はいずれも語義的に不適となる。

問2 15 正解は⑤

傍線部の理由を問う設問。「私」とひろ子が、フジ子を養子として引き取ることについて話し合う場面である。「私」がフジ子を引き取ることに不賛成であることは、本文冒頭の「私は渋った」などからわかる。しかしその直後に「ものを書くという仕事に私は自信がないから、それを持ち出すことはできなかった」とあるように、**不賛成の理由に執筆活動を持ち出せないでいる**。一家の収入をひろ子の稼ぎに頼っている手前、わがままは言えないわけである。そんな少し肩身の狭い「私」ではあるが、「私」の了解もなく（傍線部直後に「なぜ、オレに相談しなかったんだ」とある）**フジ子を女学校に通わせるという話にまで進んでいることを知らされると、さすがに「腹が立った」**というのが傍線部である。でもひろ子はそんな「私」の怒りなど意に介さず、「あなたに迷惑かけないわ」と平然と答えている。以上より傍線部の理由を次のように説明できる。

「私」に相談なしにフジ子を引き取る話が進んでいるから

選択肢は、右の事情を「作家としての仕事に自信がない」「創作活動に支障が出るとは言えず」「『私』に断りなくひろ子がフジ子に持ちかけてしまっていた」と説明した⑤を選択すればよい。

① フジ子の入学が「私」の執筆活動の妨げになると説明しており不適。またそれをひろ子が「察してい」たとも読み取れない。「自負（＝自分の才能や業績などに自信と誇りを持つこと）」も読み取れない。

② 「『私』の気遣い」が不適。9行目に「フジ子のことは私の頭から消えていた」とあるように、「私」はフジ子を引き取ることに積極的でない。三畳では気の毒だというのは「気遣い」ではなく言い訳である。

③ 「寛容な態度」が不適。「私」は一軒家ならともかく、フジ子を引き取ることには不賛成であり、「寛容な態度」で接してはいない。したがって「それに乗じて」という説明も不適となる。

④ 「フジ子の女学校選びは慎重に行いたいという思いがあった」が不適。「私」がフジ子の女学校入学の話を聞かされたのは傍線部の直前のことである。

問3　16　正解は④

傍線部前後の心情を問う設問。フジ子を引き取って三人の生活が始まる。フジ子は女学校に通い、ひろ子は勤めに出て行き、「私」は一人残って執筆する。掃除はひろ子とフジ子がする。そのあいだ廊下に出ている「私」は

「なんとなく幸福な気持になる」（48行目）。そこには**「予期しなかった幸福があった」**（57行目）。当時、**太平洋戦争が始まり、戦局が重大化してゆく状況下にあった**が、「私」は「なんとなく痛切でなかった。その矛盾した感じはフジ子のため生じたらしい」（65行目）というもの。「私」は最初フジ子を引き取ることに反対だったけれども、いざフジ子を引き取ってみると、**三人の平穏な生活**に幸福を感じ、戦局の重大化も深刻に感じていない。よって当時の「私」の心境を次のように説明できる。

フジ子との三人の生活に幸福を感じ、戦争の重大化も深刻に受け止められない心境

正解は④で、このような心境を「フジ子が加わったことで心おだやかな日々を送ることができるようになり、世間で起きている事態を深刻なものとして受け止めきれないでいる」と適切に説明している。

①「しばらくは我慢して乗り切ろう」が不適。米機による空襲が現実のものとなったとき、「私」はためらうことなくフジ子を生家に疎開させている。

②66行目に「春風みたいなものが漂うようになった」とあるが、これは穏やかな幸福感をいったものであって、「希望を感じ」たわけではない。また「現実から目を背けてやり過ごそうとしている」も不適となる。「私」は戦争という現実に対処してフジ子を疎開させている。

③戦局が悪化してフジ子の安全を最優先に考えなければならないと説明しているが、三人の生活の幸福感や、悪化する戦局に対して深刻になれない心境を説明していない。

⑤「戦局を切実に考えざるをえなくなった」が不適。「バケツリレー」開始の時点では、「来るにしても遠い先だ」（64行目）、「痛切でなかった」（65行目）とあり、本文の内容と矛盾する。また「フジ子が執筆活動に励みを与えてくれる」とは書かれていない。

問4　17　正解は③

傍線部の理由を問う設問。「私」とひろ子が、生家に疎開するフジ子と上野駅で別れる場面である。「自分の娘のような気持……淋《さび》しくもあり、惜しくもあった」（75行目～76行目）とあるように、フジ子を実の娘のように感じていた「私」はフジ子との別れを悲しんでいる。それに対してフジ子は、「うれしそうな顔をしていた」「実家に戻れる喜びは隠しきれないのだ」（78行目～79行目）とあるように、「私」たちとの別れの悲しみよりも、実家に帰れる喜びの方が大きい。そんなフジ子の様子を眺めながら「私」は二十年前に一人で上京した当時を思い出したというのが傍線部である。そこで傍線部の続きを読むと、「私」はフジ子を養子に迎えて以来、**亡き両親のことをよく思い出す**ようになり、フジ子との接し方について**父だったらどうするだろう**と思うことがあったと記されている。これは、「私」が**父親の立場に立って物事を見るようになった**ことを表している。傍線部でも「私」は父親の立場から疎開するフジ子を見ており、その彼女の姿と二十年前に上京した自分の姿とが重なったというのである。よって傍線部の理由を次のように説明できる。

父親の立場からフジ子を見るようになり、疎開する彼女を見て上京したときの自分を思い出したから

選択肢は「父親のような立場に自分を置く」を決め手に③を選択すればよい。「実家に戻るフジ子の姿が上京した頃の自分と重なった」という説明も傍線部前後の内容と合致している。

①「故郷と自分とのつながりの強さをあらためて自覚した」が不適。読み取れない。

②「うきうきと明るく」と「対比的」であるとは、悲しくて沈んだ気持ちで、ということだから不適となる。そのような描写はない。

④「気苦労もないわけではなかった」とは書かれていない。「故郷の束縛を脱し」以下も読み取れない。

⑤「父はどんな思いで」以下の、「私」を上京させたときの父親の心情に思いを馳せたという内容が不適となる。確かに「私」は父親の立場に立ってフジ子を見るようになってはいるものの、傍線部の場面で亡父の心情に思いを馳せたとまでは読み取れない。

問5

18　正解は⑤

傍線部の心情を問う設問。ゴミについてはまず48行目〜54行目に記述がある。そこでは毎朝たくさんのゴミが出ることに驚いたことしか記されていない。次に87行目に「ゴミを見て、コレダ！ と思った」とあり、「私」にとってゴミが重要な意味を持つことが示唆される。そして100行目〜101行目の「何気なく畳に視線を移したとき、ゴミが飛びこんできたのだ」以下、ゴミが主題化される。「私」はひろ子が掃除したばかりの部屋にゴミがあることを不審に思い、それがまるで生きているように感じる（傍線部）。するとそのゴミから**一条の光**が走るのを見て、「（一条の光は）**私の生涯だった**」「**生涯を一条の光が貫いたのだ**」「（自分について書くことに）**必然性が生まれた**」（同段落）と感じる。そして日ごとにこの確信がいよいよ重みを増したと記して小説が終わる。以上のように筋をたどると、傍線部における「私」の心情を次のように説明できる。

生きているようなゴミから走った一条の光は自分の生涯であり、それを書くことには必然性がある

選択肢は三行と長いのでまず文末を検討する。「生涯」というキーワードを手がかりにすれば、「自分の人生を完結したものとして書けるのだ」とある④と、「今なすべきことは自分を書くことである」とある⑤に絞られる。さらに「私の心が過去に向かって目覚めつつある」「私の過去と現在を一筋に貫き」を決め手に⑤を選択すればよい。「ゴミは、フジ子の不在を私に思い出させる」とは明示されていないものの、傍線部直前の段落に「フジ子がいたときは……」とあるから、状況的に許容できるだろう。

① 「悩み揺れ動く現在の人生そのもの」が不適。現在に限定した説明となっている。

② ゴミが三人の「生活の思い出の象徴」であると説明しており不適。根拠がない。またひろ子とフジ子が「私」に執筆を促し励ましたとは書かれていない。「故郷の一族の存在の重み」もずれた説明になる。

③ ゴミが「幸福な生活の結晶」であると説明しており不適。根拠がない。また一条の光が作家としての自信を保つための手立てであるという説明もずれている。

④ ゴミが貧しい生活を思い出させると説明しており不適。根拠がない。また、光は夫婦生活の思い出であると

は書かれていない。「人生を完結したものとして書ける」という説明もずれている。

問6

表現の特徴について適当でないものを選ぶ設問。消去法で解く。

19・20　正解は①・②

①不適。9行目の「四畳半と三畳」は「隠喩（＝「鉄の心」「暗黒の時代」のように、「ようだ」「ごとし」などを用いないでたとえる比喩法）」ではなく**換喩**（＝ある事物を表すのに、それの属性やそれと関連の深い物で置き換える比喩法）である。新しい「アパート」をその属性である「四畳半と三畳」と表現している。なお、全体と部分の関係（上位概念と下位概念の関係）に基づき、全体で部分を、部分で全体を表す比喩法を**提喩**という。

例　来場者の中に黒いサングラスをかけた男がいた。そのサングラスが私の方に近づいてきた。（換喩）

家族で花見に行った。（提喩。「花」はその下位概念である「桜」を意味する）

ご飯を食べた。（提喩。「ご飯」はその上位概念である「食事」を意味する）

②不適。「来てもらおうじゃないか」の「もらお（もらう）」は補助動詞で、自分が利益を受ける（例「本を読んでもらった」）、他人が利益を受ける（例「喜んでもらってうれしい」）、自分が迷惑を受ける（例「突然訪ねてもらっても困る」）の三つの用法がある。ここは養子にきてもらうという意味だから、第一の用法になる。よって「フジ子に対して何の遠慮もしていない」は誤りで、多少の遠慮の気持ちが読み取れる。

③適当。フジ子から養子の承諾を得て「私」のアパートに引っ越してきてもらったという経緯が省略されて、いきなり「三畳はフジ子の勉強部屋になった」と記されている。

④適当。75行目に「私はそうフジ子に言った」とある。また69行目に「フジ子のクラスにも疎開した人がいたそうだ」とあるのも、「私」とフジ子の間の会話を暗示している。

⑤適当。85行目も95行目もダッシュの後の「そんな」はその前の内容を指している。

⑥適当。「覚えている」という表現が、本文が「私」の過去の体験を記したものであることを明示している。

第3問 標準

《出典》『恨の介』〈下〉

『恨の介』は江戸時代の仮名草子。二巻。作者未詳。恨の介と雪の前の悲恋を描く。筋は、清水寺の万灯会《まんどうえ》で雪の前を見初めた恨の介が庄司の仲介によって恋文を取り交わし、ついに彼女と逢瀬を遂げる。しかしその後ふたたび逢えることはなく、恨の介は恋煩いで死んでしまう。それを知った雪の前も息絶え、二人の仲をとりもった庄司や侍女たちも自害したというもの。

要旨

本文は場面の展開によって三つの部分に分けられる。

1 **謎解き**（さてさて御文の中《うち》、…）第一・第二段落

恨の介は**宗庵**に、**雪の前**からもらった手紙の謎解きをしてもらった。

2 **手引き**（その後、八月十五夜を…）第三〜第六段落

八月十五夜、**恨の介**は**庄司**の案内で**雪の前**の住む近衛家に出かけ、**菖蒲殿**の導きで**雪の前**の局に案内された。

3

連歌　（かかりけるところに、…）　第七段落

恨の介は雪の前と連歌を詠み交わし、寝室に案内された。

【語句】

▼**阿漕**《あこぎ》＝物事がたび重なること。たびたび。女院に恋慕した西行が、彼女からもらった短冊に書いてあった「阿漕」という言葉を知らなかったことを恥じて出家したという話が御伽草子「西行」などに見える。

▼**生**《しやう》**々**《じやう》**世**《せ》**々**《ぜ》＝生まれ変わり、死に変わりして経る多くの世。永遠。

▼**詰まり詰まり**＝すみずみ。

▼**いたいけしたる**＝「いたいけし」は動詞「いたいけす（＝可愛い様子である）」の連用形。「たる（たり）」は存続の助動詞。

全訳

それにしても（雪の前の）お手紙の中で、（その他は）どの箇所も理解できたけれども、「上の五つの文字」「真葛」「月の最中」は見当がつかない。そこで、ここに細川玄旨に使われていた宗庵と申しました人は、恨の介ととりわけ親交のある人なので、（恨の介は）この人の家へ行って、歌物語を他人事のように話し出して、この言葉に託された真意を尋ねたところ、この宗庵は、和歌の道に、よく通じた人であったので、すぐにわかって、『なき世なりせばの、上の五つの文字なくは』とは、あなたの心に偽りがなければという意味であろう。古歌に、『偽りのなき世なりせばいかばかり人の言葉のうれしからまし』とある。きっとこの和歌の意味であろう。『真葛』『月の最中』という言葉は、三条右大臣の和歌に、『名にし負ふ逢坂山の真葛人に知られでくるよしもがな』とある。そして『月の最中』という言葉は、『水の面に照る月なみを数ふれば今宵ぞ秋の最中なりける』という『和漢朗詠集』の和歌に見えたのは、八月の十五夜

のことと思われる」（と謎を解いた）。

この事情を恨の介は聞いて、「この程度のことを知らないで、高貴な方へ手紙をさしあげたとは、もってのほかの奴だ」と、わが身の愚かさを哀れなことだとわが心に恥じた。（しかしその一方で）「いやいや忘れていた。昔、鳥羽院の御所に（北面の武士として）仕えていた佐藤兵衛憲清は阿漕という言葉の由来を知らなかったので、（出家して）頭陀の縁笈を、肩にかけて、北国修行に出かけたということだ。その広く名が知れ渡った西行法師と申しました人、今の時代にまでも知られている歌人でさえ、阿漕を知らないという例がある。ましてや自分のような（歌道に疎い）者が、（この三つの語句の意味を）知らないのは当然だ」と思った。

その後、八月の十五夜を、肥後の阿闍梨が弥勒菩薩の出世（＝この世に現れること）を待つように、万年を送るほどに（とても待ち遠しく思って）待っていたところ、絶えず流れる月日が積み重なって、ようやく今夜は十五夜にもなったので、恨の介は、庄司のところへ行って、「（雪の前の）お手紙に見え申し上げます通りに、ここまで参上しました。この上はともかくも、この恨の介のことを、あなた様にお任せします」と言ったところ、後家（＝庄司）が、聞いて、「なるほど今夜は（近衛家は）月見の管弦の催しでいらっしゃいます。人に紛れて自ら（出かけよう）と（お考えなのでしょう）、さあ、お出かけなさい」と言って、すぐに支度をして、その恨の介を女房の姿に変装させ、薄衣を頭からかぶらせ、折しも月に陰りもなく、照り輝く月を恨めしいことよと嫌い、恨の介を連れて近衛家へ参上し、恨の介を紅葉の門のところに隠して、たいそう人目を忍ばせなさって、「そこでお待ちなさい」と言って、庄司が後家は屋敷の中に入り、（それで）本当に、この後家の誠意は、永遠に忘れがたいことだと（恨の介には）思われた。

それから後家は、菖蒲殿をその辺りの木陰へ連れて行き、「例の恨の介を連れ出し、紅葉の門は自然と、人が気づくこともあろうかと思い、花の局に隠しおき申し上げてあります。あの姫君（＝雪の前）の（側に人のいない）お暇なときをうかがい、うまく（二人を引き合わせてください）」と申し上げて、姫君にもお会い申し上げず、自分の家に帰った。

その後、恨の介は耳をそばだて、お屋敷の様子を聞くと、管弦の音が絶え間なくて、琴の音は四本懸りの木に訪れる松風のように聞こえた。これも恋する人がいるからだろうと、（恨の介は）早くも心が落ち着かなくて、屋敷の内側で足音がすると思うと、少し声がかすかに聞こえる。思った通りだと思い、急いで立ち寄ると、門の内側で歌にことよせておっしゃったことには、「誰だろうかこの花の局で声がするのは」と（上の句を）おっしゃると、恨の介は、あっと思い、「人を待つ間にうたた寝をしてしまって」と（下の句を）申し上げたので、内側から片方の戸をきしきしと細めに開け、たいそう整って美しいお手で、恨の介の衣の袖をつかみ、門の内側へ引き入れなさる。

上臈女房（＝菖蒲殿）のお姿を見ると、以前清水寺で拝見した姫君ではない。さて、どちらが見劣りするだろうか（いや、どちらも負けず劣らずの美貌だ）。背丈に余る髪の毛を、ぱっと振り乱しなさると、折しも、月に雲がかかり、ぼんやりと見える（上臈女房の）ご様子を、（恨の介が）不思議に思っていたところ、上臈女房が仰ったことには、「私を誰とお思いになりますか。庄司が後家に頼まれた菖蒲の前とは私のことです。遠慮しないでください」とこちらへお入りくださいと言って、すみずみの灯火を、紅の地に月を描いた扇で、さっさっとあおいで消し、九重の幕、八重の几帳を通り過ぎて、雪の前のお局に（恨の介を）入れなさる。

このようなところに、例の姫君が、たいそう恥ずかしそうな様子で仰ったことには、

葛の葉が翻って裏を見せるではないけれど、恨の介というのは誰ですか

と（上の句を）詠んだので、恨の介もすぐにご返事を（しなければ）と思われて、

あなたの愛情をいただけない身であったら（それこそ恨みますよ）

と（下の句を）お詠み申し上げたところ、その姫君は、恨の介の側に寄りなさり、恨の介の手を可愛らしいお手でお取りになり、菖蒲の前と一緒にご寝室にお入りになる。

解説

問1 21 - 23 正解は　(ア)＝⑤　(イ)＝①　(ウ)＝④

(ア) **「心」**は〝気持ち。情け。情趣。意味。事情〟などの意をもつ多義語。恨の介が雪の前の手紙にあった三つの語句（「上の五つの文字」「真葛《さねかづら》」「月の最中《もなか》」）が理解できず宗庵に尋ねたという文脈をふまえると、「この」は三つの語句を指し、「心」は〝**意味**〟の意となる。これを「言葉に託された真意」と解釈した⑤が正解となる。

①「申し上げた」、②「和歌が上達する方法」、③「歌物語の本質」、④「心がけ」はいずれも不適。

(イ) **「やがて」**は〝そのまま。すぐに〟の意の副詞。**「こしらへ」**（こしらふ）には〝なぐさめる。説得する。用意する。扮装する〟の意がある。恨の介が女装して近衛家に出かける場面であることをふまえると、「すぐに支度をして」とある①が語義的にも文脈的にも適当とわかる。②・③は「やがて」の解釈が不適。④は「身を隠して」、⑤は「返事をして」が解釈として不適となる。

(ウ) 「な置かれそ」の**「な〜そ」**は**禁止**を表す句形。「れ」は**尊敬の助動詞**「る」の連用形。「節《ふし》」はもともと竹や葦の茎にあるつなぎ目を言うが、そこから〝**物を隔てるもの**〟の意が派生した。「心に節を置く」で、〝心を隔てる〟の意になる。よって④が正解。②では「節」のニュアンスが出ない。

問2 24 正解は③

a 「名**に**」が「負ふ」を連用修飾するので、「に」は**格助詞**となる。「名にし」の**「し」は強意の副助詞**。「名に（し）負ふ」は〝名としてもつ。有名である〟の意。

b **「にけり」**の形は**完了の助動詞**「ぬ」の連用形「に」＋過去の助動詞「けり」のパターンである。「恥ぢ」は上二段動詞「恥づ」の連用形。

c 「十五夜**に**」が「なり」（四段動詞「なる」の連用形）を連用修飾するので、「に」は**格助詞**。「も」は強意の係助詞。

d 「ほのかに」はナリ活用の形容動詞「ほのかなり」の連用形で、「に」はその活用語尾。

e 「見る」は上一段動詞の連体形なので、「に」は格助詞または接続助詞の可能性がある。ここは後者で単純な接続を表し、〝お姿を見ると、以前……〟という流れになる。

問3　25　正解は④

傍線部に関する内容を問う設問。「やがて心得」以下の宗庵の説明に着眼する。まず「**上の五つの文字**」は、雪の前の手紙の「なき世なりせばの、上の五つの文字なくは（＝なければ）」を言ったもので、古歌「偽りのなき世なりせばいかばかり人の言葉のうれしからまし（＝偽りのない二人の仲であったら、どんなにあの人の言葉がうれしいことだろう）」（『古今和歌集』）が引用されている。すなわち「上の五つの文字」とは「偽りの」を指し、これについて「そなたの心に偽りなくといふ心（＝意味）なるべし」と謎解きされる。次に「**真葛**《さねかづら》」は、三条右大臣の和歌「名にし負ふ逢坂山《あふさかやま》の真葛人に知られでくるよしもがな（＝「逢ふ」「さ寝」という名をもつ逢坂山の真葛をたぐるように、あの人に逢って寝るために誰にも知られずやって来る方法があればなあ）」（『後撰和歌集』）から引用されたものだと明かされる。そして「**月の最中**」は、『和漢朗詠集』の和歌「水の面《おも》に照る月なみを数《かぞ》ふれば今宵ぞ秋の最中なりける（＝波の立つ水面に照り映える月を見て月日を数えると、今夜は秋の真ん中の八月十五夜であったよ）」（『拾遺和歌集』にも源順の和歌として収められている）からの引用で、「八月十五夜の事とおぼえたり」と明かされる。よってこの三つの語句はそれぞれ、偽りのない心・人に知られず来る方法・八月十五夜を暗示していることがわかる。

選択肢は「偽りのない心」から「気持ちにうそがない」とある②、「誠実で」とある③、「心に偽りがない」とある④に絞り、さらに「八月十五夜」とある②と④に絞る。そして「人に見つからないように私のもとを訪れてください」を決め手に④を選択すればよい。

① 「上の五つの文字」「真葛」「月の最中」すべての謎解きが不適。
② 三つの語句の謎解き自体は正しいが、雪の前が恨の介を訪ねると説明しており不適。
③ 「月の最中」の謎解きが不適。
⑤ 「上の五つの文字」「真葛」の謎解きが不適。

問4 26 正解は⑤

傍線部に至る心情を問う設問。宗庵から雪の前の手紙の謎解きをしてもらった恨の介の心情が第二段落で記される。その第一文では「かほどの事を知らずして」「恥ぢにけり」とあるように、恨の介は自分に和歌の素養がないばかりに例の三つの語句の謎解きができなかったことを残念に思い、わが身を恥じている。しかし第二文では、有名な歌人の西行でさえ「阿漕《あこぎ》」という言葉の由来を知らなかったという前例を持ち出して、自分が知らないのは「道理なれ（＝当然だ）」と思い直している。よって恨の介の心情の推移は、**和歌の素養のなさを恥じる→それを当然だと思う**、と説明できる。

選択肢は「恥ぢにけり」に着眼して、「一度は恥じたが」とある④と⑤に絞り、「西行でさえ知らないこともある」「自分が古歌について知らなくても仕方のないことだ」を決め手に⑤を選択すればよい。

① 「憤りを覚えた」が不適。「和歌に通じた」以下も第二段落の内容からはずれる。
② 「同情」が不適。書かれていない。傍線部における心情も説明していない。
③ 「自分たちのような者はかえって和歌を知らない方がよい」が不適。第二段落の内容からはずれる。
④ 「雪の前が高貴な女性であること」を「知らなかった」とは言えない。前書きに「近衛家の養女へ恋文を送った」とあり、第二段落にも「雲の上人《うへびと》（＝高貴な人）へ一筆を参らせし」とある。

問5 27 正解は④

傍線部の心情を問う設問。女房に変装した恨の介が庄司に連れられて近衛家へ出かけ、庄司に待つように言われて門のところで一人案内を待つ場面である。Ⅰは屋敷の中から管弦の音が聞こえて雪の前に思いを馳せたという文脈に続く。「はや」は〝早くも〟の意。「そぞろに（そぞろなり）」は〝何という理由もない。関係がない。気が落ち着かない〟の意がある。ここは雪の前との逢引きを前にしていることをふまえれば、**〝そわそわと気が落ち着かない〟**の意が適当となる。Ⅱは門の内側から誰かが近づいて話しかけたという文脈に続く。「**さればこそ**」は**〝思った通りだ〟**の意で、恨の介は逢引きの計画が順調に進んでいると思って喜んでいる。Ⅲは門の内の者が**和歌の上の句を詠んで**恨の介に下の句を付けるように求めたという文脈に続く。どなたですかと尋ねられて恨の介は**「あっ」と驚きはする**ものの、すぐに下の句を詠んで即応している。よって恨の介の心情の推移は、**そわそわと落ち着かない→思った通りだと思う→上の句を詠みかけられて驚く**、と説明できる。

選択肢は「そぞろに」を「心が落ち着かず」と説明した①と、「心が浮き立ち」と説明した④に絞り、「ついに声をかけられた」を決め手に④を選択すればよい。Ⅱに関して「聞こえてきた声を雪の前のものだと確信し」とあるのは、三つの傍線部の前後からは読み取れないが、次の段落に「上臈《じやうらふ》の御姿を見るに、いつぞや清水にて見申せし姫（＝雪の前）にてはなし」とあることから、門のところにやって来た女を恨の介が雪の前だと思い込んでいたことがわかり、妥当な説明と言える。

①「恋敵がいる」「不安が的中した」「妙案を思いついた」が不適。

②「哀れをもよおし」「歌声」が不適。

③「緊張し」「弱気になり」「困惑した」が不適。

⑤「気が緩み」「想像通りの声に満足した」「声色が変わったことに動揺した」が不適。

問6　28　正解は⑤

連歌の内容を問う設問。まず上の句について。「**葛の葉**」は「うらみ」にかかる枕詞であ

に「**うらみ**」が「**裏見**」と「**恨み**」の掛詞になるため、「葛の葉」の意味も生きてくる。

翻って裏を見せること。「誰やらむ」の「やらむ」は「にやあらむ」が変化した形で、〝〜であろうか〟の
というのは誰であろうかとは、恨の介とは誰だろうかということ。すなわち「あなたが恨の介ですか」という
である。次に下の句について。「君」は雪の前を指す。「情」は〝愛情〟の意。「身」は恨の介自身をいう。「なり」は断定の助動詞「なり」の連用形。「せ」は過去の助動詞「き」の未然形。「ば」は順接仮定条件を表す接続助詞。直訳すると「あなたの愛情のないわが身であったら」となり、下の語句が省略された形になる。そこで上の句と対応させて考えれば、あなたをきっと恨みますという内容の「恨みなむ」「恨みなまし」などが補えることになる。

選択肢は下の句が仮定条件で終わっていることに着眼すれば、「あなたから愛情をいただけなければ」とある⑤が正解とわかる。上の句の説明も妥当である。

①「からかい」が場面的に不適となる。「得られるはずのない」と断定して説明している点でも誤りとなる。

②「恨んでいる」「ひどい扱い」が本文の内容からはずれた説明になる。

③「世の中」を恨んでいるわけではない。「私を愛してくれなかった」と断定している点も誤り。

④「葛の葉は恨みを表す」「意地悪」「戯れ」と、連歌の内容からはずれた説明になっている。

第4問 標準

《出典》王安石「同学一首　別子固」（『王文公文集』）

王安石（一〇二一〜一〇八六年）は北宋の政治家・文人。臨川（現在の江西省）の人。字は介甫。号は半山。神宗の信任を得て宰相となり、多くの改革を行ったが、保守派の反対にあって辞職した。文人・学者としてもすぐれ、詩文集『臨川集』などがある。唐宋八大家の一人。

要旨

本文は二段落から成る。

1
子固と正之　（二賢人…）
子固と正之の二人の賢人は交流がないにもかかわらず、ともに聖人に学んだために、その言葉と行いが似ており、筆者の語るお互いの人物像をそのまま受け入れた。

↓

2
中庸の徳　（子固作…）
子固も正之も**中庸の徳**を身につけることを目指しているが、自分も彼らと共に学べば中庸の徳を身につけられるだろうと思っている。

【語句】

▼未嘗＝まだ一度も～ない。
▼師若友＝「若（もしくは）」は接続詞の用法。「若」は他に「わかし・もし・ごとし・しく」などの読みがある。
▼舎二賢人者＝「舎」は〝おく。捨てる〟の意。

読み

二賢人《けんじん》は、足は未《いま》だ嘗《かつ》て相《あ》ひ過《よぎ》らざるなり。口は未だ嘗て相ひ語らざるなり。辞幣《じへい》は未だ嘗て相ひ接《せつ》せざるなり。其《そ》の師若《も》しくは友は、豈《あ》に尽《ことごと》く同じからんや。予《われ》其の言行《げんかう》を考ふるに、其の相ひ似ざる者何ぞ其れ少なきや。曰《い》はく、「聖人《せいじん》に学ぶのみ」と。聖人に学べば、則《すなは》ち其の師若しくは友は、必ず聖人に学ぶ者なり。聖人の言行は、豈に二《に》有らんや。其の相ひ似るや適然《てきぜん》たり。予淮南《わいなん》に在《あ》りて、正之《せいし》の為《ため》に子固《しこ》を道《い》へば、正之は予を疑はざるなり。江南《かうなん》に還《かへ》りて、子固の為に正之を道へば、子固も亦《ま》た以て然《しか》りと為《な》す。予又所謂《またいはゆる》賢人なる者は、既に相ひ似て、又相ひ信じて疑はざるを知るなり。

子固「友を懐《おも》ふ」一首を作りて予に遺《おく》る。其の大略は相ひ扳《ひ》きて以て中庸《ちゆうよう》に至りて後《のち》に已《や》まんと欲す。正之も蓋《けだ》し亦た常に爾云《しかい》ふ。夫《そ》れ安駆《あんく》徐行し、中庸の庭を轥《へ》て、其の堂に造《いた》るは、二賢人なる者を舍《お》いて誰《たれ》ぞや。予昔より敢《あ》へて自《みづか》ら必ず其の至ること有らんとするに非ず、亦た左右に従事せんことを願ふのみ。輔《たす》けて之《これ》に進まば、其れ可なり。

全訳

(子固と正之の)二人の賢人は、足はまだ一度もお互いに(相手の家に)立ち寄ったことがない。口はまだ一度もお互いに語り合ったことがない。あいさつの手紙や贈り物はまだ一度も交わしたことがない。(それゆえ)彼らの師あるいは友人は、どうしてすべて同じということがあろうか、いや違っているだろう。(それなのに)私は彼らの言葉と行いを考えてみるに、彼らがお互いに似ていない点はなんと少ないことだろう。(彼らが)言うには、「(私は)聖人に学んだだけだ」と。(人が)聖人に学べば、その師あるいは友人も、きっと聖人に学ぶのである。聖人の言葉と行いは、どうして(前と後で)違っていようか、いや違わない。(だから)聖人に学んだ人々がお互いに似てくるのは当然なのだ。私が淮南にいたとき、(そこに居住していた)正之に向かって子固のことを話すと、正之は私の言うことを疑わなかった。(また)江南に戻って、(そこに居住していた)子固に向かって正之のことを話すと、子固もまたそれを信じた。私はそれでいわゆる賢人とされる人たちは、まったくお互いに似ているうえに、またお互いを信じて疑わないことを知ったのである。

子固が「友を懐ふ」の一首を作って私に贈ってきた。その大筋は、ともに助け合って中庸の徳を身につけるまで止まることのないようにしようと願う（というものである）。思うに（実は）正之もまた常にそのように言っている。馬車をゆっくりと走らせ、中庸の庭を通過して、奥座敷に到達する（＝学問や人徳が高い境地に達する）のは、二人の賢人をおいて他に誰がいようか、いや誰もいはしない。私は昔から自分自身で必ずや中庸の徳を身につけようとしてきたわけでは決してなく、（賢人である）子固と正之に付き従うことを願ってきただけである。（そして彼らの）手助けをしながら（中庸の徳を目指して）進んでいけば、それでよいのだ。

解説

問1 29・30 正解は (ア)＝③ (イ)＝④

(ア) 動詞「過」は「すぐ・すぐす・よぎる・あやまつ」の読みがある。二賢人はお互いに交流がなかったという以下の文脈をふまえると、ここは「よぎる」と読み、〝立ち寄る。訪れる〟の意だとわかる。

(イ) 「遺」は動詞で「のこる・のこす・わする・おくる」などの読みがある。ここは、〈子固が漢詩を作って私に～、その概略は……〉という文脈であるから、「おくる」と読み、〝贈る〟の意が適当である。

問2 31 正解は②

傍線部の心情を問う設問。「其（その）」は「二賢人」を指す代名詞。「者」は上の用言を名詞化する助詞。「何其～也（なんぞそれ～や）」は詠嘆を表す句形になる（「其」は強調を表す助詞）。子固と正之の「言行」が似ていない点が少ないことに筆者は驚いている。驚いた理由を考えると、傍線部の前の部分で、二人は会ったことも手紙を交わしたこともなく、また師も友人もすべて同じではない点があげられている。したがって接点もなく共通点も少ないはずの子固と正之の言葉と行いが、お互いに似ていることに筆者は感動していることになる。

選択肢は詠嘆の句形に着眼すれば、「感嘆している」とある②と「感心している」とある④に絞られ、「お互いに交流のない」を決め手に②を選択すればよい。

①「似ている点がもう少しあってもよい」と逆の説明になっている。

③「共通の先生や友人を持つ」が不適。

④「以前から会いたいと思っていた」とは書かれていない。

⑤「疑問を持っている」が不適。

問3 32 正解は⑤

傍線部の理由を問う設問。「其」は「二賢人」を指す代名詞。「也（や）」は上の名詞節を強調する助詞。「適然」は注がある。**子固と正之の言行が似ているのは当然だ**というのである。その理由は直前の三文（「曰、『学……二哉。』」）で述べられる。まず「曰」は子固と正之の発言をいう。「**聖人に学んだだけだ**」と二人は同じことを述べている。これについて筆者は、聖人に学ぶ者はその先生も友人も聖人に学ぶのであり、また聖人の言行は「**豈有二哉**」なのだと言う。「豈〜哉」は**反語形**。「二」は「一（＝同じである）」の対義語で、〝別の違ったものである〟の意。聖人の言行は前と後で、あるいは時と場合によって違っていることはないというのがその趣旨である。すなわち**聖人の言行は一貫している**ので、**聖人に学ぶ者たちの言行も似てくる**という因果関係が導ける。

選択肢は「豈有二哉」に着眼すれば、「一つの道にのっとった聖人の言行」とある⑤が正解とわかる。

①「筆者の言葉」ではなく、子固と正之の言葉である。

②「共通の先生や友人」が不適。書かれていない。

③「一人の聖人だけ」が不適。書かれていない。

④「聖人の多岐にわたる言行」が不適。「豈有二哉」に合致しない。

問4 33 正解は②

傍線部の理由を問う設問。「予」は筆者を指す代名詞。「所謂（いはゆる）」は〝世間で言うところの〟の意。

「既」はここは〝すっかり。完全に〟の意。ここまで、**賢人というものはまったく互いに似ている**という内容である。続く「又（＝そのうえ）」が以下の内容を追加することを表す。「相信不疑」は、**賢人はお互いを信じて疑わない**ということ。筆者がこのように述べる理由は直前の二文からわかる。その二文で筆者は、淮南で正之に会い、子固のことを話して聞かせると、正之はその言葉を信じて疑わなかったと言い、また江南に戻って子固に会い、正之のことを話して聞かせると、子固もその言葉を信じて疑わなかったと言う（「為正之」「為子固」の「為」は〝〜に向かって〟の意）。よってこの体験から傍線部が導かれたことになり、その理由は次のように説明できる。

子固と正之は言行が似ているうえに、お互いについて述べた筆者の言葉を疑わなかったから

右のポイントを「筆者の語る互いの人物像をそのまま受け入れた」と説明する②を選択すればよい。

①「同一の聖人を理想とする」「その聖人を信じ切っている」が不適。書かれていない。

③「実は同じ先生や友人と交流していた」が本文の内容と矛盾する。「三人で」以下も書かれていない。

④「聖人の言行の学び方で似通う」以下、書かれていない。

⑤「筆者と言行が似通う」「聖人観についても筆者と一致していた」が不適。書かれていない。

問5

34 ・ 35　正解は (i)＝④　(ii)＝③

(i) **傍線部の書き下し文**を問う設問。「欲」は名詞「よく」の用法もあるが（選択肢①・⑤）、動詞「ほっす」の用例が圧倒的に多く、ここもそう判断すればよい。選択肢は②〜④に絞られる。「相」は他の箇所と同じく「あひ」と読む副詞で、〝お互いに。ともに〟の意。「扳」は「ひく」と読む動詞。意味は注にある。「以」は接続詞の用法になる。「至」は「いたる」と読む動詞。「乎」は到達するところを表す前置詞。「中庸」がその目標となる。「而」は置き字となって読まないが、単純な接続を表す接続詞となり、「欲」「扳」「至」のいずれかの動詞を「〜て」と補読して（「欲して」あるいは「扳きて」あるいは「至りて」）、「後已」に続ければよいことになる。これに合った読みは④の「中庸に至りて後に已まんと欲す」のみである。よって④が正解となる。「後」は「のち」と読む名詞となり、「に」を送る。「已」は「やむ」と読む動詞になる。「已」は他に副詞「すでに」と助詞「のみ」の用法があり、いずれも重要である。なお返り点は、「庸」から「至」へ一・二点で返り、これをはさんで「已」から「欲」へ上・下点で返る。

(ii) 傍線部の解釈を問う設問。「欲」は〝～したいと思う〟。「已」は〝止める〟の意。全体を直訳すると、〝お互いに助けて中庸に至ってその後止めたいと思う〟となる。これに合致するのは③である。

問6 36 正解は②

傍線部の趣旨を問う設問。「予」は筆者を指す代名詞。「非敢（あへて～にあらず）」は〝決して～するようなことではない〟の意。「自（みづから）」は〝自分で〟の意。「其」は「中庸」を指す代名詞。「至」は〝目指すところまでいたる〟の意。「也」は置き字として読まないが、強意を表す助詞。ここまでは、自分自身で中庸を目指すようなことはしないという内容になる。続いて「左右」は〝近臣〟の意の用例をよく見かけるが、ここは〝左右の人〟すなわち子固と正之を指す。「焉爾（のみ）」は限定の助詞。ここまで、子固と正之に従事したいという内容になる。「輔」は「輔佐」の「輔」で、〝手助けする〟の意。「之」は「中庸」を指す代名詞。「可」は〝よろしい〟の意。ここまで、子固と正之を助けながら中庸を目指せばよいという内容になる。特に決め手となるような語句が見当たらないので、選択肢は消去法で解くのがよいだろう。

①不適。「欲望を抑える」が不適。傍線部Dの「欲」にひっかけている。

②適当。「自分だけでは中庸の徳を身につけるのは難しい」「彼らとともに学んでゆく」と適切に説明している。

③不適。中庸の徳を身につけられるか、自分も子固も正之も不安に感じていたというのは、本文からはずれた説明。

④不適。「子固と正之のやり方で……疑念を抱いていた」が不適。書かれていない。

⑤不適。「中庸の徳を身につけられないはずはないと自負してきた」「考え直している」が不適。書かれていない。

2018
年度

国　語　本試験

問題番号(配点)	設　問	解答番号	正　解	配点
第1問(50)	問1	1	②	2
		2	③	2
		3	⑤	2
		4	⑤	2
		5	②	2
	問2	6	②	8
	問3	7	⑤	8
	問4	8	③	8
	問5	9	①	8
	問6	10	④	4
		11	④	4
第2問(50)	問1	12	②	3
		13	⑤	3
		14	⑤	3
	問2	15	③	7
	問3	16	①	8
	問4	17	④	8
	問5	18	③	8
	問6	19-20	③-⑥	10(各5)

問題番号(配点)	設　問	解答番号	正　解	配点
第3問(50)	問1	21	①	5
		22	③	5
		23	⑤	5
	問2	24	③	5
	問3	25	②	6
	問4	26	③	8
	問5	27	④	8
	問6	28	④	8
第4問(50)	問1	29	③	5
	問2	30	①	6
		31	③	6
	問3	32	④	5
		33	③	5
	問4	34	③	7
	問5	35	②	8
	問6	36	④	8

（注）-（ハイフン）でつながれた正解は，順序を問わない。

自己採点欄
200点

（平均点：104.68点）

第1問 標準

《出典》 有元典文・岡部大介『デザインド・リアリティ―集合的達成の心理学』〈Ⅷ〉（北樹出版）

有元典文（一九六四年〜）は東京都生まれ。東京外国語大学外国語学部インド・パーキスタン語学科卒業。横浜国立大学大学院教育学研究科修士課程修了。東京工業大学大学院総合理工学研究科博士課程修了。二〇一八年現在、横浜国立大学教育学部教授。専門は教育心理学・文化心理学。著書に『学校インターンシップの科学』（共著）、『状況論的アプローチ 2 認知的道具のデザイン』（共著）などがある。

岡部大介（一九七三年〜）は山形県生まれ。横浜国立大学教育学部卒業。同大学院教育学研究科修士課程修了。二〇一八年現在、東京都市大学メディア情報学部教授。専門は認知心理学・社会情報学。著書に『ケータイのある風景』（共著）などがある。

『デザインド・リアリティ―集合的達成の心理学』（二〇一三年刊）は両者による共著で、二〇〇八年に刊行された『デザインド・リアリティ―半径300メートルの文化心理学』の増補版である。

要旨

本文はデザインが人間にとって本質的な行為であることを論じたもので、十九段落から成る。これを四区分して内容をまとめてみよう。

1 **授業者によるデザイン** 第1〜第4段落 ※問2・問6

授業者が「後でテストをする」と宣言すると、受講者は暗記に向けた聴き方に変わる。これは学習や教育の場におけるデザインであり、デザインによってその場のひとやモノや課題の間の関係、ひとのふるまいが変化する。

2

デザイン＝世界の人工物化　第5〜第13段落　※問3・問6

デザインすることはまわりの世界を人工物化したり再人工物化したりすることであり、現行の秩序を別の秩序に変え、**異なる意味や価値を与える**行為である。そしてデザインされることでモノの**アフォーダンスの情報が変化**する。

3

現実＝デザインした現実　第14・第15段落　※問4・問6

デザインには物理的変化、アフォーダンスの変化、ふるまいの変化、こころの変化、現実の変化が伴う。私たちの住まう現実は**私たちのオーダーメイドな現実**である。人間はいわば人間がデザインした現実を知覚し生きてきたといえる。

4

「行為′」・「心理学′」　第16〜第19段落　※問5・問6

原行為というものはなく、すべての人間の行為は人工物とセットになった「行為′」である。同じく「原心理」を想定した「心理学」は誤りであり、「心理学′」つまり「文化心理学」として再記述されていくであろう。

【語句】

▼**文脈**＝文の前後の意味のつながり。ある事柄の背景や周辺の状況。本文は後者の意味。

▼**呼応**＝呼びかけに応えること。一方の行動に応えて他方も行動すること。

▼**バージョン**＝出版物の版。商品の型。一般的にある事柄を変形したもの。本文はこの最後の意味。

▼**アフォーダンス**＝アメリカの知覚心理学者J・ギブソンの提唱した理論。環境の中にはさまざまな情報があふれており、生物はその一部を選びとり、それに基づいて行動するというもの。また環境がその行動を提供することを「アフォードする」（第14段落）という。

▼**可搬性**＝持ち運びができること。ポータビリティー。

▼**摂理**＝自然界を支配している法則。

▼**媒介**＝二者のあいだに入って両者を関係づけること。

▼**レディメイド**＝既製品。対義語は「オーダーメイド（＝注文品）」。

解説

問1 1－5 正解は (ア)＝② (イ)＝③ (ウ)＝⑤ (エ)＝⑤ (オ)＝②

(ア)「意匠」 ①高尚 ②巨匠 ③交渉 ④昇格 ⑤抄本

(イ)「踏み」 ①急騰 ②登記 ③踏襲 ④陶器 ⑤搭乗

(ウ)「乾いた」 ①緩和 ②歓迎 ③果敢 ④干拓 ⑤乾電池

(エ)「摂理」 ①切断 ②折衝 ③窃盗 ④雪辱 ⑤摂取

(オ)「洗練」 ①旋律 ②洗浄 ③独占 ④変遷 ⑤潜水艦

問2 6 正解は②

傍線部の理由を問う設問。第1～第3段落で述べられる授業風景は、例えば、学生にとって眠気を催す雑音であったり、あるいは魅力的な異性の歌声であったり、さらには知的好奇心を刺激する情報であったりする教師の声が、「後でテストをする」と宣言された瞬間、暗記すべき知識内容を含んだものへと一変するというものである。そしてこのような授業の「多様な捉え方」（傍線部の三文前）が、「世界は**多義的**（＝多くの意味を持っているさま）でその意味と価値はたくさんの解釈に開かれている。世界の意味と価値は一意（＝唯一の意味）に定まらない」と一般化される。傍線部の「不変な実在」とはこの「意味と価値」が一つに定まることをいう。よって傍線部の理由を次のように説明できる。

日常の講義でさえも学生によってさまざまに捉えられるから

選択肢は、右の「その意味と価値はたくさんの解釈に開かれている」に着眼して、これを「その解釈が多様な可能性をもっており、一つに固定されたものではない」と説明した②を選択すればよい。他の選択肢はこの理由のポイントを説明していない。

① 内容的には誤りでないが、「授業者の働きかけによって容易に変化していくものであるから」という理由づけが不適となる。

③「学生の学習効果に大きな影響を与えていく」が不適。本文に書かれていない。

④「多義性を絞り込まれることによって初めて有益な存在となる」が不適。本文に書かれていない。

⑤「再現できるものではない」が不適。本文に書かれていない。

問3 7 正解は⑤

傍線部に関するディベートを完成させる設問。第5～第9段落で、デザインすることは環境を加工すること、自然を人工物化したり再人工物化したりすることであり、現行の秩序を別の秩序に変え、これまでとは異なる意味や価値を与えることであると述べられる。これを受けて第10段落で、湯飲み茶碗と珈琲カップの例が取り上げられる。すなわち、湯飲み茶碗＋持ち手→珈琲カップという作業がデザインすることであり、「モノの扱い方の可能性、つまりアフォーダンスの情報が変化する」（傍線部直後の文）と述べられる。「アフォーダンス」については続く第11段落で「モノはその物理的なたたずまいの中に、モノ自身の扱い方の情報を含んでいる」と説明され、鉛筆なら「つまむ」という情報が、バットなら「にぎる」という情報がその使用者に提供されると例示される。以上の内容を把握した上で設問のディベートをみると、湯飲み茶碗と珈琲カップとでは運び方や運べる数にどのような違いがあるかを話し合い、そしてデザインを変えることで何が変化するのかということに話題が移る。これが空欄前後の文脈である。それは右に引用したように「モノの扱い方の可能性」が変化するということになる。

選択肢は、右の引用箇所に着眼して、「異なる扱い方ができる」と説明した⑤を選択すればよい。

① 「各自の判断」ではなく、モノ自体に扱い方の情報が含まれているのである。
② 「無数の」が不適。本文に書かれていない。
③ 「ものの見方やとらえ方を変える」のではない。
④ 「立場」による違いではなく、モノそのものに情報の違いが含まれている。

問4 [8] 正解は③

傍線部の理由を問う設問。同時に「このこと」の内容が問われる指示内容の設問でもある。第14段落冒頭に「ここで本書の内容にかなったデザインの定義を試みると」とあるように、第14・第15段落は第5〜第13段落の内容をまとめる段落になる。この二段落で、デザインとは「対象に異なる秩序を与えること」であり、デザインには物理的な変化などさまざまな変化が伴うと述べられ、「**人間はいわば人間が『デザインした現実』を知覚し、生きてきた**」（傍線部の直前文）とまとめられる。傍線部の「このこと」はこの箇所を指しており、これが人間を理解する上で重要だと述べる。その理由は第15段落に「私たちの住まう現実は……オーダーメイドな現実である」とあるように、**人間は自分に合わせて現実を変化させ続けてきたから**ということになる。以上より傍線部の理由を次のように説明できる。

人間が現実をデザインするという視点は、自分に合わせて現実を変化させ続けるという人間の営みを記述し理解する上で大きな手がかりとなるから

選択肢はいずれも二文から成り、第一文が「現実は」で始まり、第二文が「そのため、人間を記述し理解する際

には、……をふまえることが重要になってくるから。」となっている。そこでこの第二文が傍線部「このことは……重要なことだと思われる。」の言い換えとなっている点に着眼すれば、**「このこと」の指示内容がこの第二文に示されている**と判断できる。よって「をふまえる」の直前を吟味すれば、「自分たちの生きる環境に手を加え続けてきた」とある③が正解とわかる。第一文の「自分たちが生きやすいように既存の秩序を改変してきた」という説明も、傍線部二行前の「自分たちの身の丈に合わせてあつらえられた」という比喩的な言い回しに合致する。

①「このこと」を「デザインされる以前の自然状態を加工し改変し続ける」と説明しており不適。第一文の「現実は、人間にとって常に工夫される前の状態……」という説明も不適となる。いずれも第17段落の「人間になまの現実はなく……」に合致しない。

②「このこと」を「自然のもたらす形状の変化に適合し……」と説明しており不適。モノの形状を変化させるのは人間である（珈琲カップの例）。

④「このこと」の指示内容が不適。「あつらえられた世界でしか……」という否定的な言い回しは傍線部の前二文の内容と合致しない。第一文の「特定の集団が困難や支障を取り除いていく……」という説明も不適。本文に書かれていない。

⑤「このこと」を「デザインによって人工物を次から次へと生み続ける」と説明した点は適当といえるが、「創造」が不適となる。「創造」ではなく「加工」あるいは「工夫」である。

問5　9　正解は①

傍線部の内容を問う設問。第16段落以下の内容を把握する。筆者は現実をデザインすることで現実が変化するというそれまでの議論をふまえて、変化前と変化後を区別するために、後者に**「ダッシュ」を付けて呼ぶ**ことを提案する。すなわち「行為」→「行為'」、「記憶」→「記憶'」、「歩行」→「歩行'」のたぐいである。ただしこのように表記しても、変化前はデザインされない「原行為」（第17段落）であるわけではなく、変化後と同じく「行為'」であると断り、「すべての人間の行為は人工物とセットになった『行′為』だといえる」と述べる（同段落）。そしてさらに心理学に言及して、心理学が実験室で想定してきた「記憶」は決して〈原記憶〉のようなものではなく、やはり「記′憶」なのだと批判し、傍線部につなげる。その第19段落で、「心′理学」は従来の心理学のように「原心理」を想定せず、こころの現象を「文化歴史的条件と不可分の一体」なものとして記述する「文化心理学」であると述べる。この段落に「社会文化と不可分」「人間を文化と深く入り交じった集合体の一部であると捉える」とあるように、**人間やその心理が文化と一体のものであることが強調されている**。以上より傍線部を次のように説明できる。

文化と一体となった心理学が必要である

選択肢は三行と長いので、文末を検討する。右に引用した「文化歴史的条件と不可分の一体」などに着眼すれば、「文化と心理とを一体として考える」とある①を選択できる。「人間が文化歴史的条件と分離不可能であることに自覚的ではない心理学」以下の説明も、右に引用した「文化歴史的条件と不可分の一体」などに合致しており、適切である。他の選択肢は、この文化と心理の一体性を説明していない。

②「人工物化された新たな環境に直面した際に明らかになる」は人工物化されない環境（＝原環境）を認めた説明になる。

③「心′理学」は人間の「記′憶」と動物の「記憶」を区別すると説明しており不適。「従来の心理学は無関心であったため」という理由づけも不適。

④「心′理学」は「人間の心性」を「環境デザインに対応させて記述する」ものだと説明しており不適。また「既存の心理学よりも……『心′理学』の方が必要である」という説明は、「既存の心理学」を否定しているわけではない点でも不適となる。

⑤「ある行い……処理する心理学」は従来の心理学についての筆者の説明と異なる。「心′理学」を「人間の心性」と「変化する現実」との「集合体」として考えると説明している点も不適。

問6 10・11 正解は (i)＝④ (ii)＝④

本文の表現の特徴と構成を問う設問。消去法で解く。

(i)

①適当。会話文から文章を始めることは読者を惹きつける有力な方法である。小説ではよく見かけるが、評論では珍しいだけに、よりその効果が大きい。

②適当。「空気のふるえ」は教師が講義している話の内容を度外視して、たんなる物理的な空気の振動に還元している。

③適当。「新しい古典」とは矛盾した表現だが、最近の本ながら古典的価値のある名著という意味である。

④不適。後者の「私たち」については妥当な説明であるが、前者の「私たち」は評論でよく用いられるレトリックの一つで、筆者および筆者と主義主張を共有する（だろう）他の著者を一体化して扱うものであって、読者と一体化して扱っているわけではない。

(ii)

①不適。最後の第18・第19段落は全体の「統括」ではなく、デザインするという人間の特質に関して補足的に心理学について言及したものである。

②不適。文章全体が具体例→一般化→結論という構成になっているわけではない。

③不適。①で確認したように最後の二段落は「反対意見への反論と統括」ではない。

④適当。全体は具体例（講義）→一般化→具体例（湯飲み茶碗と珈琲カップ）→一般化→具体例（ビーチサンダル）→一般化→具体例（百マス計算など）→一般化という流れになっている。

第2問 標準

《出典》 井上荒野『キャベツ炒めに捧ぐ』〈キュウリいろいろ〉（ハルキ文庫）

井上荒野（一九六一年〜　）は小説家。東京都生まれ。小説家井上光晴の長女。成蹊大学文学部英米文学科卒業。出版社勤務を経て小説家に転身。代表作に『潤一』『切羽へ』『そこへ行くな』『赤へ』などがある。『キャベツ炒めに捧ぐ』は、惣菜屋「ここ家」を経営する、いずれも中年を過ぎた江子・麻津子・郁子の三人を主人公とする物語で、「新米」「あさりフライ」「キャベツ炒め」などの見出しのついた十一章から成る。「キュウリいろいろ」は十章目。月刊誌『ランティエ』二〇一〇年一月号から十一月号にかけて連載され、その後加筆・訂正されて単行本化、さらに文庫本化された。

要旨

本文は二カ所の空白行によって三つの部分に分かれている。

1

二頭の馬　1〜33行目（おいしいビールを飲みながら…）　※問2・問6

郁子は息子の草《そう》が亡くなって以来、幾度も夫の俊介につらく当たった。しかしその俊介にも先立たれて独りでお盆を迎える今、楊枝をキュウリに刺して二頭の馬を作って二人の写真の前に飾った。数日前に俊介の同級生から俊介の写真を借りたいと言われたが、郁子はこの写真を貸すのをためらい、別の写真を探すことにした。

2

スナップ写真　35〜69行目（お盆にしては空いてるわね…）　※問3・問4・問6

郁子は俊介の同級生に写真を届けるために電車に乗った。持ってきた十数枚の写真は自分が見るためでもあった。幸

←

福そうな俊介の写真が数多くあるのは郁子にとって驚きであった。何枚かの写真には笑っている郁子自身も写っていた。郁子はそれが紛れもない自分と夫であることを何度もたしかめた。

←

3

俊介の母校　71～109行目（「鹿島さん？　でしょ？」…）　※問5・問6

郁子は俊介の同級生だった石井さんと駅前で出会い、石井さんに案内されて俊介の母校に行った。すると、俊介から聞かされて頭の中に思い描いていた男子校の風景が今、眼前にあらわれた気がした。それが夫を憎んだり責めたりしている間も自分の中に保存されていたことに郁子は呆然とし、学生服を着た十六歳の俊介が校庭を横切っていく幻を眺めた。

【語句】

▼**見立て**＝ある物を、それによく似た別の物で示すこと。

▼**仏様**＝亡くなった人。死者。

▼**憎まれ口**＝人に憎まれるような話し方。またその言葉。

▼**虚勢を張る**＝自分の弱みを隠して威勢のあるふりをする。からいばりをする。

▼**プロフィール**＝人物紹介。人物評。

▼**懸案事項**＝気になっている事柄。

▼**面食らう**＝突然の出来事にまごつく。

▼**既視感**＝一度も経験したことがないのに、すでにどこかで経験したように感じること。デジャビュ。

▼**交換日記**＝日記帳を友人同士などで共有して、日記をつけたり相手へのメッセージを書き込んだりしながら順番に

回すこと。特に一九九〇年代に流行した。

解説

問1 12－14 正解は (ア)＝② (イ)＝⑤ (ウ)＝⑤

(ア)「腹に据えかねる」は〝怒りを抑えておくことができなくなる。我慢できない〟の意の慣用表現。「あんなことを言われて、どうにも腹に据えかねた」などと使う。本文は、郁子の憎まれ口に対して俊介が怒りを抑えられずに別れを口にする場面である。②が正解。⑤は語義的に弱く不適となる。

(イ)「戦《おのの》く」は「わななく」が変化したもので、〝(恐怖・寒さ・興奮などで)ふるえる〟の意。本文は「別れようか」という俊介の発言に郁子が「衝撃」を受ける場面である。②がやや紛らわしいが、語義的に⑤が正解となる。少し後の「震える声」もヒント。

(ウ)「枷《かせ》」は昔の刑具の一つで、罪人の首・手・足にはめて自由に動けなくするものをいう(「手枷」「足枷」など)。ここから〝人の行動を束縛するもの〟の意が派生し、「枷が外れる(＝行動を束縛していたものがなくなる)」のような慣用句も生まれた。「枷」＝「制約」と説明した⑤が正解。

問2 15 正解は③

傍線部の理由を問う設問。「**苦笑**」は〝他人や自分の言動に対する不快な気持ちや戸惑う気持ちなどを紛らすために、仕方なく笑うこと〟の意。「テストで同じミスをしてしまい、思わず苦笑した」などと使う。本文は、郁子が亡き草と俊介のためにキュウリの馬を一頭ずつ作り、俊介の写真を眺める場面で、「馬に乗ってきて、そのままずっとわたしのそばにいればいい」という自分の思いに対する俊介の反応を想像したものである。そこで「苦笑したように見えた」理由を前の部分に求めると、8・9行目に「キュウリの馬を作っていたら……立派な馬を作ってるのよ」とある。この箇所に「**からかう口調**で言われて」とあるように、俊介はキュウリの馬を作る田舎の**旧習を**

かたくなに守り続けている郁子にあきれ、おもしろがる調子で語りかけている。また郁子は息子のいるあの世に自分も行きたいと、今とは矛盾することを言っている。郁子はそのことを思い出したのである。以上より傍線部の理由を次のように説明できる。

キュウリの馬を作る旧習にこだわり続け、また、発言が昔と今とで矛盾する郁子に俊介があきれていると想像したから

選択肢は傍線部直前に着眼して、郁子の発言の矛盾を「かつては息子の元へ行きたいと言い、今は息子も夫も自分のそばにいてほしいと言う」と説明した③を選択すればよい。

①「夫を今も憎らしく思っている」「嫌な気持ち」が不適。右のいずれの引用箇所にも合致しない。

②「夫は後ろめたさを感じ」が不適。本文から読み取れない。

④「皮肉交じりに笑っている」が不適。これは「苦笑」ではなく「冷笑（＝さげすんで笑うこと）」に近い。

⑤「夫に甘え続けていたことに今さら気づいた自分の頼りなさ」が不適。本文から読み取れない。

問3 16 正解は①

傍線部以下の心情を問う設問。設問に「この出来事をきっかけにした郁子の心の動き」とあるので、傍線部前後だけに着眼せず、続く40行目から47行目にかけての内容を把握する。若い女性に席を譲られた郁子は、昔同じように席を譲られたことを思い出す。郁子が妊娠していたときで、俊介も一緒だった。そのとき席を譲ってくれた年配の男性とその妻と四人で言葉を交わす。郁子の妊娠が話題となるが、特に「奥さんじゃなくてご主人の様子を見ていればわかります」（47行目）に着眼しよう。俊介が傍目にもはっきりわかるほど妊娠中の郁子を気遣っていたことがわかる。また郁子がこの会話をずっと覚えていたことから、郁子が俊介の優しさを、その後二人の間にどんなにいさかいが起ころうが、強く心にとどめていたことがわかる。このように郁子は当時の自分たちを懐かしく思い出しているのである。よって郁子の心情を次のように説明できる。

妊娠していた当時同じように席を譲られたことを思い出し、俊介の優しい心遣いを懐かしんでいる

選択肢は右の引用箇所に着眼して「妊娠中の妻を気遣っていた夫とその気遣いを受けていたあの頃の自分に思いをはせている」とある①を選択すればよい。

②「物足りなく思っている」が不適。本文から読み取れない。また本問のポイントとなる、妊娠していた郁子への俊介の心遣いにも触れていない。

③「まだ席を譲られる年齢でもないと思っていた」、および「若くて頼りなかった夫」が不適。本文から読み取れない。

④「その不思議な巡り合わせを新鮮に感じている」とあるだけで、当時の郁子と俊介の心の通い合いに触れていない。もちろん「不思議な巡り合わせ」に運命的なものを感じているわけではない。

⑤「時の流れを実感している」というのは間違いではないが、②・④と同じく、当時の郁子と俊介の心の通い合いに触れていない。

問4 17 正解は④

傍線部の心情を問う設問。48行目以下、傍線部にかけての内容をたどる。車内が空いてきたので、郁子は持ってきた俊介の十数枚の写真を眺める。数多くの写真を持ってきたのは、同級生に見せるためというよりも、自分が眺めるためであった。ところがそれらの**写真が郁子を驚かせる**ことになる。「こんなに幸福そうな俊介の写真が、これほどたくさんあるなんて」（62行目）という**意外感**が郁子を襲う（「**驚き**」という言葉は61・67行目で繰り返されている）。なかには郁子自身も笑っているものまである。郁子がこのように驚く理由は64行目以下（特に「二人とも家にじっと閉じこもり、写真を撮ることにも撮られることにも無縁だった」）からわかるように、郁子と俊介は草が亡くなって以来、ずっと**笑うこととは無縁な生活を送ってきたと思いこんでいた**からである。俊介と顔を見合わせて微笑み合っている写真を「まるで見知らぬ誰かを見るように」（傍線部）眺めたというのも同じ理由からである。以上より郁子の心情を次のように説明できる。

俊介と自分が笑っている写真が何枚もあるのにひどく驚いている

選択肢は、キーワードの「驚き」に着眼して、「自分たちの笑顔は思いがけないものだった」とある④と、「幸福そうな姿が自分たちのものとは信じることができなかった」とある⑤に絞る。さらに「自分も夫も知らず知らず幸福に向かって生きようとしていた」という箇所が「植物が伸びるように人間は生きていく以上は笑おうとするものだ」（65・66行目）に合致すると判断して④を選択する。

①「葛藤（＝心の中に背反する感情や欲望が起こり、そのいずれを選ぶか迷うこと）」が不適。「葛藤」ではなく「悲哀」などと説明すべきである。もちろん本文から「葛藤」など読み取れない。「そこには」以下も、傍線部の「紛れもない自分と夫であることを何度でもたしかめた」に合致しない。

②「明るく振る舞っていた」「同様に振る舞い、夫に同調していた」という説明が不適。俊介も郁子も故意に明るく振る舞おうとしていたわけではない。

③「明るさを失わない夫に不満といらだちを抱いていた」とは読み取れない。「夫のたくましさ」も本文からずれた説明になる。

⑤「互いに傷つけ合った記憶」は傍線部周辺ではよみがえっていない。小説では時間の経過や場面の転換などにともなって登場人物の心情が変化していく。異なる場面における心情に基づいて説明した選択肢は間違いとなるので注意しよう。

問5　18　正解は③

傍線部の理由を問う設問。71行目以下、傍線部に至る内容を把握する。郁子は俊介の同級生だった石井さんと待ち合わせ、俊介の母校に案内される。その道中の風景に懐かしさや既視感を覚えて郁子は驚く。母校に着くと、石井さんは校内の見学を勧めるが、郁子はその必要はないと答えた、というもの。その理由は傍線部直後で、「何か」

を探しに来たとしても、「もうそれを見つけたような感覚があった」からと述べられる。この「何か」については104行目以下で、俊介から聞いて思い描いていた男子校の風景が、彼を憎んだり責めたりしている間も保存され（そのことに郁子は「呆然と」する）、いま眼前にあらわれているような気がし、十六歳の俊介の幻を眺めたと書かれていることから、それは郁子が思い描いていた男子校の風景であり、高校生の俊介の姿であるとわかる。以上より傍線部の理由を次のように説明できる。

俊介から聞いて思い描いていた俊介の母校の風景や当時の俊介の姿を確認できたような気がしたから

選択肢は後半を検討する。俊介の母校の風景や若い俊介の姿が自分の中に保存されていたという最終段落の内容に着眼して、「夫の若々しい姿が自分の中に刻まれていた」とある③、「若き夫の幻」とある⑤に絞る。さらに「いさかいの多かった暮らしの中でも」とある③が107行目の内容に合致していると判断して③を選択すればよい。「自分たち夫婦の時間の積み重なり」とあるのも、この行をふまえた説明と理解できる。

①「あまりのあざやかさ」とは本文に書かれていない。「夫をいとおしむ心の強さをあらためて確認することができた」という説明も、「呆然」（107・108行目）に合致しない。

②「亡くなるまでの夫の姿」が不適。傍線部の時点でよみがえっていたのは高校生の俊介の姿である。「大切なことは記憶の中にあるのだと認識することができたから」という説明も一般的すぎて不適となる。

④「ようやく許す心境に達し」「夫への感謝」「自分の新しい人生の始まりを予感する」が不適。読み取れない。「目の前にあらわれた若い夫の姿」という表現も、「幻」ではなく、文字通り実物があらわれたという意味に取れてしまい不適となる。

⑤「今は彼のことをいたわってあげたいという穏やかな心境」が不適。本文から読み取れない。「自分と夫は」以下についても傍線部以下の内容に合致しない。

問6 19・20 正解は③・⑥

表現の特徴を問う設問。消去法で解く。

①適当。会話に「　」を付けないのは地の文との連続性を保つためであり、本文では郁子の回想や思考の一部のように描写されている。

②適当。「馬に乗ってきて……」という文は一人称による語りとなっており、自分の願いが直接表白されている。舞台で演技中の俳優が直接観客に語りかけるのと同じような効果がある。

③不適。「他人に隠したい」というのは56・87行目には当てはまるが、97行目には当てはまらない。「石井さんの好意にあらためて感謝した」というのはむしろ郁子が石井さんに伝えたい気持ちであろう。

④適当。郁子はさまざまな場面で撮られた俊介の写真に見入っている。「〜俊介」の反復は、郁子が俊介の写真を一枚ずつ繰っている様子を鮮やかに描写している。

⑤適当。80行目の「俊介が若い日を過ごしたあちこちを訪ねて歩きたい」という郁子の言葉を受けて、石井さんは俊介と強く結びついた場所を「名所旧跡」と表現している。

⑥不適。93行目に「郁子の悔やんでいる気持ちがあらわれて」いるとまでは言えない。郁子は俊介の実家にはたんに一度しか来訪しなかったと回想しているだけで、そこに特別な感慨は読み取れない。まして「悔やんでいる気持ち」を読み取るのは恣意的な読み方となる。

第3問　標準

《出典》　本居宣長『石上私淑言』〈巻二〉

本居宣長（一七三〇～一八〇一年）は江戸中期の国学者・国語学者。伊勢松坂の人。京に出て医学を学ぶかたわら、『源氏物語』を研究し、その後賀茂真淵に師事して上代古典を本格的に研究した。『古事記伝』、『玉勝間』をはじめとして、「もののあはれ」論で有名な『源氏物語玉の小櫛』、『古今集遠鏡』、『詞の玉緒』など、多くの研究書や随筆を残した。『石上私淑言』は歌論書で、全三巻。歌の本質や起源などを問答体の形式で記す。

要旨

本文は二つの問答から成る。二つ目をさらに二分割して内容をまとめよう。

1

恋の歌が多い理由（問ひて云はく、恋の歌…）第一・第二段落

恋の歌がなぜ多いのかといえば、恋は人の心を最も深く感じ入らせて、たいそうこらえがたいものであるため、恋の歌がしみじみと人の心を感動させるからである。

↓

2

名利を求める歌が詠まれない理由（問ひて云はく、おほかた…）第三・第四段落

名利を求める心を歌に詠まないのはなぜかといえば、恋が「物のあはれ」を知る「情」と深く関わるゆえに歌が生まれるのに対して、名利を求める心は「欲」であって、「欲」は「物のあはれ」とは関係が薄いために歌が生まれないからである。

↓

3

歌は「情」を詠み詩は「欲」を詠む（さはあれども…）第五・第六段落

「情」は心弱いものとして後世おとしめられたが、歌の世界では上代から一貫して「情」が詠まれてきた。『万葉集』に「欲」を詠んだ歌もあるが、これは例外で、心ひかれるものではない。「欲」は見苦しい心だからである。それなのに外国で「欲」をすばらしいものとして詩によく詠んでいるのはわけがわからない。

【語句】

▼上《かみ》つ代《よ》＝上代。大昔。「つ」は上代の格助詞で〝の〟の意。

▼むね＝「宗《むね》」で、〝中心とすること〟。他に「旨（＝内容・趣旨）」、「胸」「棟」もあるが、本文では、和歌では恋の歌が中心となるものだという趣旨のことが述べられている。

▼堪《た》ふ＝じっとこらえる。能力がある。本文は前者の意。

▼すぐれて＝〝とりわけ。きわだって〟の意の副詞。

▼とあらまほしかくあらまほし＝「と（＝そのように。あのように）」と「かく（＝このように）」はよく対で用いられる副詞。「あらまほし」はラ変動詞「あり」の未然形「あら」＋希望の助動詞「まほし」で〝こうありたい。～が望ましい〟の意。シク活用の形容詞として一語で用いられると〝好ましい。理想的だ〟の意を表す。

▼出で来ぬなるべし＝「出で来（＝出てくる。起こる）」はカ変動詞なので、未然形なら「いでこ」、連用形なら「いでき」、終止形なら「いでく」と読む。しかし「ぬ」は未然形接続の打消の助動詞「ず」の連体形か、連用形接続の完了の助動詞「ぬ」の終止形なので、「いでく」の読みが消える。次に「なる」は終止形接続の伝聞・推定の助動詞「なり」の連体形か、連体形・体言接続の断定の助動詞「なり」の連体形であるが、推量系の助動詞「べし」が下につくので後者となる（前者につく形はない）。よって「ぬ」は「ず」の連体形と決まり、「出で来」は「いでこ」と読み、〝生まれ出ないのであろう〟の意となる。これで文脈も通じる。

▼かかる＝〝寄りかかる。頼る。目や心にとまる。降りかかる〟などの意をもつ多義語。本文は〝関係する〟の意。

▼生きとし生けるもの＝あらゆる生き物。「と」は格助詞。「し」は強意の副助詞。「る」は存続の助動詞「り」の連体形。

▼ならはし＝練習。習慣。本文は後者の意。

▼めめし＝弱々しい。柔弱だ。「女女し」と表記する。対義語は「ををし（雄雄し）」。

全訳

（ある人が）質問して言うには、恋の歌が非常に多いのはどうしてかと。

（私が）答えて言うには、まず『古事記』『日本書紀』に見えているたいそう昔の歌々を初めとして、代々の歌集にも、恋の歌ばかりが特に多い中でも、『万葉集』には相聞とあるのが恋（の部立）であって、すべての歌を雑歌、相聞、挽歌と三つに分け、八の巻、十の巻などには四季の雑歌、四季の相聞と分けてある。このように（相聞と挽歌の）他はすべて雑と言っていることから、歌は恋を主とすることが理解できよう。それにしてもどうしてこのようであるのかというと、恋はすべての情趣にまさって深く人の心に感じられて、たいそうこらえがたい情動であるためである。だから、とりわけしみじみと心を動かされる方面は常に恋の歌に多いのであると。

（ある人が）質問して言うには、だいたい世間の人びとが誰でも常に深く心の奥に根ざして願うことは、恋愛を思うよりも、わが身の繁栄を願い財宝を求める心などこそ、ひたむきで抑えがたく見えるようであるのに、どうしてそのような心情のことは歌に詠まないのかと。

（私が）答えて言うには、情と欲との区別がある。まず総じて人の心にさまざまに浮かぶ思いは、みな情である。その思いの中でも、そうありたいこうありたいと求める思いは欲というものである。だから、この二つ（＝情と欲）は互いに離れないものであって、総じて言えば欲も情の中の一種ではあるけれども、また他と区別しては、人をいとしいと思い、かわいいと思い、あるいはつらいとも薄情だとも思うようなたぐいを情と言ったのである。とはいえその情から出て欲にも通じ、また欲から出て情にも通じて、一通りでなくいろいろであるが、どのようであっても、歌は情の方から生まれ出るものである。これは、情の方の思いは物事にも感じやすく、しみじみと心を動かされることがこのうえなく深いためである。欲の方の思いはいちずに願い求める心ばかりであって、それほど身に深く感じられるくらいこまやかではないからであろうか、（情のように）はかない花の色や鳥の声にも涙がこぼれるほどは深くない。あの財宝を貪欲に求めようとする思いは、この欲というものであって、しみじみとした情趣の方面には関係が薄いために歌は生まれ出ないのであろう。恋愛を思うのももともとは欲から出るけれども、特に情の方に深く関わる思いであって、あらゆる生き物の避けられないところである。ましてや人間はとりわけしみじみとした情趣を理解するものであるので、格別深く心に感じられて、情趣をこらえられないのはこの思い（＝恋愛感情）である。その他のことでも何かにつけてしみじみとした情趣を感じることには、歌が生まれ出るものだと理解せよ。

そうではあるけれども、情の方は前に述べたように、気の弱いことを恥じる後世の風習のために包み隠して耐え忍ぶことが多いために、かえって欲より浅くも見えるのであろう。しかし、この歌だけは上代の心性を失っていない。人の心の真実のさまをありのままに詠んで、意気地がなく気の弱い面もまったく恥じることがないので、後世にいたって奥ゆかしく優美に詠もうとするときには、ますますしみじみとした情趣ばかりを中心として、あの欲の方面はまったく疎んじてしまって、詠もうとも思っていない。

ごくまれながらあの『万葉集』の三の巻に「酒をたたえた歌」の（欲を詠んだ）たぐいがあり、漢詩では普通のことであって、このようなたぐいばかりが多いけれど、和歌ではたいそう気にそまず憎くさえ思われて、まったく心ひかれない。何の見る価値もないのだよ。これは、欲は汚ない思いであって、しみじみとした情趣ではないからである。ところが外国では、しみじみとした情を恥じて隠して、汚ない欲をすばらしいもののように言い合っているのはどういうわけであろうか（、理解しがたいことだ）。

解説

問1　21－23　正解は　(ア)＝①　(イ)＝③　(ウ)＝⑤

(ア)　「身の栄えを願ひ財宝《たから》を求むる心」の抑えがたさを述べる文脈である。「**あながちに**」は形容動詞「あながちなり（＝強引だ。**ひたむきだ**。異常だ）」の連用形。「**わりなく**」は形容詞「わりなし（＝道理に合わない。つらい。

どうしようもない。格別だ）」の連用形。「あながちに」の意から①が選択できる。

(イ) 「いかにもあれ」は副詞「いかに」＋係助詞「も」＋ラ変動詞「あり」の命令形の形で、〝どのようであっても。いずれにせよ〟の意の慣用句。直前の「とりどりなるが（＝さまざまであるが）」を受ける。③が正解。

(ウ) 副詞「さらに」は〝その上に。改めて〟の意であるが、傍線部のように下に打消の語（ここは助動詞「ず」）を伴うと、〝まったく・少しも（〜ない）〟の意になる。「なつかしから」は形容詞「なつかし（＝心がひかれる。親しみがある。懐かしい）」の未然形。「さらに」の意から⑤が選択できる。

▼おもな呼応の副詞（下に特定の語をともなう副詞）

不可能	え〜打消語	＝〜できない
打消	さらに・つゆ・ゆめ たえて・よに }〜打消語	＝まったく・けっして〜ない
打消	いと・をさをさ いたく }〜打消語	＝それほど・あまり〜ない
打消推量	よも〜じ	＝よもや・けっして〜ないだろう（するまい）
禁止	な〜そ	＝〜するな・〜してくれるな
	ゆめ・かまへて〜な	＝けっして〜するな
願望	いかで〜ばや・なむ・命令形	＝なんとかして〜したい（してほしい・せよ）
仮定	たとひ〜とも	＝たとえ〜としても

問2 24 正解は③

波線部の品詞分解は次の通り。③の「仮定条件」は「確定条件」の誤りである（「ば」は已然形接続）。

身	に	しむ	ばかり	細やかに	は	あら	ね
名詞	格助詞	四段動詞「しむ」終止形	副助詞	ナリ活用形容動詞「細やかなり」連用形	係助詞	ラ変動詞「あり」未然形	打消の助動詞「ず」已然形

ば	に	や
確定条件を表す接続助詞	断定の助動詞「なり」連用形	疑問の係助詞

問3　25　正解は②

傍線部の問いに対する本文での答えを問う設問。傍線部直後の「答へて云はく」以下に着眼する。まず『古事記』や『日本書紀』や『万葉集』などを例にあげて恋の歌が中心となっていることを指摘したうえで、「そもいかなればかくあるぞといふに」以下、「恋はよろづのあはれにすぐれて深く人の心にしみて、いみじく堪へがたきわざなるゆゑなり」とその理由を答えている。すなわち、**恋はとりわけ人の心を抑えがたいまでに感動させる情趣だから**というのである。

選択肢は右の「恋はよろづのあはれにすぐれて深く人の心にしみて」に着眼して、「特に恋は切実なものなので」と説明した②を選択すればよい。「恋の歌が上代から中心的な題材として詠まれている」とあるのも「歌は恋をむねとする」に合致する。

①　『万葉集』の影響力が強かったとは本文に書かれていない。

③　「相手への思いを……伝わりにくいので」が不適。本文に書かれていない。

④　恋の歌が四季の歌の中にもあるという説明が不適。本文に「四季の相聞と分かてり」とあるのは、「相聞」が「春の相聞」「夏の相聞」「秋の相聞」「冬の相聞」と分類してあるということ。

⑤　本文の「雑」は「粗雑」の意味ではなく「雑歌（＝相聞・挽歌に属さない歌）」の意味である。

問4 26 正解は③

傍線部に関わる内容を問う設問。人の心は恋愛（本文中の「色」）を思うよりも出世欲や金銭欲の方が強いのに、それを歌に詠まないのはなぜかという問いに対して、傍線部以下、段落末にかけて筆者の考えが展開される。「わきまへ」は〝区別〟の意で、「情」と「欲」は異なる思いであるとしながらも、「欲」は「情」の一種であること、「情」はいとおしいやかわいいといった感情であること、「情」と「欲」は互いに通じていること、歌はしみじみとした情趣を感じ取る「情」から生じること、「欲」はこのような情趣とは疎遠であるゆえに歌に詠まれないことが主張される。そして恋愛に関して、「色を思ふも本は欲より出づれども、ことに情の方に深くかかる思ひにて」とあるように、恋愛は「欲」より出るが「情」と深く関わる思いであると述べられる。以上より設問に対して次のように答えることができる。

「情」と「欲」は通じてはいても区別され、恋は「欲」から出ても「情」と深く関わっている

選択肢は文末を検討する。右の引用箇所に着眼すれば、「『欲』よりも『情』に密接に関わっている」とある③を選択できる。その③の第一文は「さまざま思ふ思ひは、みな情なり」「とりわきては、人をあはれと思ひ……情とはいひける」「（情は）はかなき花鳥の色音にも涙のこぼるる」に合致する。また第二文は「かの財宝をむさぼるやうの思ひは、この欲といふものにて」に合致する。

①「情」も「欲」も恋に関わる感情であるとするのは本文に合致するが、「情」は自身についての思い、「欲」は相手への思いという「対照的な関係にある」と説明しており不適。

②「情」＝受動的な感情、「欲」＝能動的な感情と説明しており不適。恋が「情」から「欲」へと変化するという説明も、本文の説明とは逆である。

④「恋を成就させるには『欲』だけではなく様々な感情が必要」だと説明しており不適。また「『情』にも通じるべきである」とあるのは、情を当為（＝あるべきこと・なすべきこと）として説明しており不適。

⑤「情」＝自然賛美、「欲」＝人工賛美と説明しており不適。また「『欲』を源にすることはない」という説明も右の引用箇所の「色を思ふも本は欲より出づれども」に合致しない。

問5 27 正解は④

該当段落の内容を問う設問。「情」と「欲」の時代的な考察は終わりから二つ目の段落で展開される。その要点は、**「情」は心の弱さを恥じる後世の風習によって押し隠されるようになったため「欲」より浅く見られること**、**真実の心を詠む歌だけは心の弱さを恥じることなく、上代から後世まで一貫して「情」を詠んでいること**である。この二点をおさえて選択肢を吟味する。消去法で解けばよい。

①**不適**。「情」のあり方が変わっていないとあるが、本文では後世、「情」は「欲」よりも浅く思われるようになったと説明している。また恋の歌の性質が変わったという説明も不適。

②**不適**。「『情』は『欲』に比べると弱々しい感情なので」という説明は、「情」は本質的に弱々しい感情だと述べていることになり不適。また「人々の心から消えていった」という説明も本文の説明と合致しない。

③**不適**。「恋の歌を詠むときに自らの『情』と向き合う」とは本文に書かれていない。また後世になって恋の歌が衰退したと説明しているが、これも本文に書かれていない。

④**適当**。前述の二つの要点を説明している。

⑤**不適**。歌はもともと「欲」にもとづいて詠まれていたという点、「情」を中心に据えなければならなくなったという点、『万葉集』は顧みられなくなったという点、いずれも最後の二つの段落の内容に合致しない。

問6 28 正解は④

本文全体の内容を問う設問。まず**漢詩との関係**については最終段落に着眼する。『万葉集』にはまれながら「欲」を詠んだ「酒を讃《ほ》めたる歌」があるが、心をひかれず何の価値もない。ところが外国の詩（＝漢詩）では不可解にも「情」よりも「欲」が重視されていると筆者は述べる。次に「**物のあはれ**」については本文全体を通して言及され、恋の歌に多く詠まれること、「欲」ではなく「情」によって深く感じ取られること、とりわけ人間が理解するものであること、何かにつけて歌が詠まれること、などと説明される。以上の諸点をおさえて選択肢を吟味する。消去法で解けばよい。

①不適。「詩は『欲』を動機として詠まれる」とは書かれていない。また「あはれ」の対象や「欲」の対象は国によって異なるという説明も、本文の内容からはずれる。

②不適。「上代から……重視してきた」とあるが、意識して優美な歌を詠もうとしたのは「後の世に至りて」（終わりから二つ目の段落）である。また「詩の影響を受けるあまり」とは本文に書かれていない。

③不適。「しか表すことができない」という否定的な説明が誤り。筆者は「物のあはれ」を「人の心のまこと」（終わりから二つ目の段落）と考えている。

④適当。「情」については波線部から二行後の「生きとし生けるもの」以下に合致する。「欲」については最終段落の「（詩において）欲をしもいみじきものにいひ合へる」に合致する。

⑤不適。詩も「物のあはれ」を知ることから詠まれるという説明も、詩では「物のあはれ」を直接表現することを避ける傾向があるという説明も本文にない。

第4問 標準

《出典》 李燾『続資治通鑑長編』〈巻五十五〉

李燾（一一一五～一一八四年）は南宋の歴史家。字は仁甫あるいは子真。科挙の試験に合格後、地方官を歴任する。その後中央官となる。博識で知られ、特に歴史に通じていた。北宋の司馬光が編集した歴史書『資治通鑑』の続編として、北宋九代の歴史を記した『続資治通鑑長編』（全九百八十巻）を編集した。

要旨

本文を前半と後半に分けて内容をまとめよう。

1 **寇準の今後の進退**（嘉祐、禹偁子也…）

寇準が嘉祐に知事としての自分の評判を尋ねると、嘉祐は、世間では寇準が朝廷に入ればすぐにでも宰相になるだろうと言っているが、もしそうなれば寇準の名声は失われるだろうと否定的な意見を述べた。

↓

2 **天下太平の条件**（嘉祐曰、「自古…」）

嘉祐は天下が太平であるためには君臣が親密でなければならないと言い、寇準と皇帝の関係について疑問を呈した。すると寇準は嘉祐のアドバイスに感謝し、その見識の高さをたたえた。

【語句】

▼平時＝平和で何もないとき。ふだん。

▼一日＝ある日。先日。本文は前者の意。

▼外人＝外国の人。よその社会の人。他人。本文は最後の意。

▼君臣相得＝「得」は〝気が合う。親しむ〟の意。

▼功名俱美＝「美」は〝立派だ〟の意。「美」には〝味がよい〟の意もある。

▼中外＝内と外。本文は〝国家の内外〟の意。

▼冠天下＝「冠」は〝第一等〟の意。

読み

嘉祐《かいう》は、禹偁《うしよう》の子《こ》なり。嘉祐は平時《へいじ》は愚騃《ぐがい》のごときも、独《ひと》り寇準《こうじゆん》のみ之《これ》を知る。準開封府《かいほうふ》に知《ち》たりて、一日《いちじつ》、嘉祐に問ひて曰《い》はく、「外間《ぐわいかん》準を議《ぎ》すること云何《いかん》」と。嘉祐曰はく、「外人《ぐわいじん》皆丈人旦夕《ぢやうじんたんせき》入《い》りて相《しやう》たらんと云《い》ふ」と。準曰はく、「吾子《ごし》に於《お》いては意《おも》ふこと何如《いかん》」と。嘉祐曰はく、「愚《ぐ》を以《もつ》て之を観《み》るに、丈人未《いま》だ相と為《な》らざるに若《し》かず。相と為れば則《すなは》ち誉望損《よばうそこ》なはれん」と。準曰はく、「何の故《ゆゑ》ぞ」と。嘉祐曰はく、「古《いにしへ》より賢相《けんしやう》の能《よ》く功業《こうげふ》を建て生民《せいみん》を沢《うるほ》す所以《ゆゑん》は、其《そ》の君臣相《くんしんあ》ひ得《う》ること皆魚《うを》の水有るがごとければなり。故に言聴《げんき》かれ計従《けい》はれ、而《しか》して功名倶《こうみやうとも》に美《び》なり。今丈人天下の重望《ぢゆうばう》を負ひ、相たれば則ち中外太平《ちゆうぐわいたいへい》を以て責《もと》めん。丈人の明主《めいしゆ》に于《お》けるや、能く魚の水有るがごときか。嘉祐の誉望の損なはれんことを恐るる所以なり」と。準喜び、起《た》ちて其の手を執《と》りて曰はく、「元之《げんし》は文章は天下に冠《くわん》たりと雖《いへど》も、深識遠慮《しんしきゑんりよ》に至りては、殆《ほとん》ど吾子に勝《まさ》る能《あた》はざるなり」と。

全訳

嘉祐は、禹偁の子である。嘉祐はふだんは愚かなようであったが、寇準だけはこのこと（＝嘉祐が愚かでないこと）を知っていた。準が開封府の知事を務めていたとき、ある日、嘉祐に尋ねて言うには、「世間はこの準をどのように批評しているかね」と。嘉祐が言うには、「他の人は皆あなたはすぐに朝廷に入って宰相になるだろうと言っています」と。準が言うには、「君はどう思うかね」と。嘉祐が言うには、「私が考えますに、あなたはまだ宰相にならないほうがよろしいでしょう。もしあなたが宰相になればあなたの名声は損なわれるでしょう」と。準が言うには、「どうしてかね」と。嘉祐が言うには、「昔から名宰相が功績をあげ人々に恩恵を施すことができた理由は、魚に水が必要であるようにその君臣の関係が親密だったからです。だから（名宰相の）意見や計画が（君主によって）聞き入れられ、そうして功名は両者ともに立派だったのです。さてあなたは人々の厚い信望を背負っていて、もし宰相となれば（人々は）国の内外が太平であることを求めるでしょう。（しかし）あなたの皇帝との関係は、魚に水が必要であるように親密でしょうか。この嘉祐が（寇準の）名声が損なわれるのを心配するのはこのような理由からです」と。（すると）準は喜び、立ち上がって嘉祐の手を取って言うには、「元之（＝王禹偁）は文章は天下一であるけれども、物事についての深い知識と先を見通す深い思慮については、おそらく君にはかなわないよ」と。

解説

問1　29　正解は③

Xは「準（＝寇準）」を目的語とする動詞なので、「議す」と読む。〝論じる。相談する。批評する〟の意。開封府の知事であった寇準が嘉祐に、**世間は自分をどのように……**と問う文脈であるから、③の「論評する」が適当となる。①では「準を」に続かない。⑤の意味もあるが、文脈的にそぐわない。

Yも「生民」を目的語とする動詞である。**昔から名宰相が功績をあげ、人々を……**という文脈であるから、やはり③の「恩恵を施す」が適当となる。読みは「うるほす」。この意では「恩沢」などの熟語がある。

問2　30・31　正解は　Ⅰ＝①　Ⅱ＝③

Ⅰ　「之《これ》」は代名詞。直前の文脈からその内容が推測できる。「嘉祐平時若愚騃」の「若」は「如」に同じで「ごとし」と読むが、「キモ」と送り仮名がつくので「ごときも」と読む。この「も」は逆接の接続助詞（古文）だから、**嘉祐はふだんは愚かなようであったが、しかし寇準だけは知っていた**という文脈になる。さらに寇準が嘉祐に自分の評判を尋ねたという文脈に続くことも考慮すると、「之」の指示内容は「嘉祐は愚かでないこと」ということになる。よって「愚かな人物ではない」とある①が正解である。②は「乱世には」、⑤は「文才」が不適。いずれも前後の文脈に合わない。

Ⅱ 「準」が主語、「知開封府」が述語である。（注）4によって**寇準が政治家であること**、また（注）5によって**「開封府」が地名であること**がわかるから、「知」は〝**州や県の長官**〟の意を表す名詞か、あるいは〝**治める**〟の意の動詞であると推測できる（古文でも、「知る」には〝統治する〟の意があることは必修事項）。さらに寇準が宰相になるかどうかという話へと展開することからも推測できよう。現在の日本で市長や知事が国会議員に転身するようなものである。よって「知事を務めていた」とある③が正解となる。

問3 32・33 正解は (i)＝④ (ii)＝③

(i) **書き下し文**の設問。「不若」は「不如」に同じで「～にしかず（＝～に及ばない。～した方がましだ）」と読む**比較形**を作る。「未」は「いまだ～ず」と読む**再読文字**。「為」は「ため・たり・なす・なる・つくる」などさまざまな読み方があるが、ここは「未」に返る動詞で、選択肢は「なる」または「ためにす」と読んでいる。決め手は少し前の「丈人旦夕入相（＝あなたはすぐに朝廷に入って宰相になるだろう）」で、この箇所と関連づければ「**なる**」と読むとわかる。傍線部二文目冒頭の「為」も同じく「なる」と読む。よって④が正解。「損」を「そこなはれん」と受身に読むのは文脈上である。「矣」は断定・推量を表す助詞（置き字）。訓点は次の通り。

丈人不レ若《カ》レ未《ダ》《ルニ》レ為《ラ》レ相《ト》。為《レバ》レ相《ト》則《チ》誉望損《ナハレント》矣

(ii) **傍線部の解釈**を問う設問。第一文を直訳すると、〝あなたはまだ宰相にならないことには及ばない〟となる。よって③が正解。「誉望」は「名誉と人望」をいう。

▼**比較形のおもな形**

比較形 不レ如《カ》レAニ　不レ若《カ》レAニ ｝ Aにしかず＝Aに及ばない。Aした方がよい

最上形 無《シ》レ如《クハ》レAニ　無《シ》レ若《クハ》レAニ ｝ Aにしくはなし＝Aに及ぶものはない。Aが一番だ

選択形

莫《シ》レB《ナルハ》二於A《ヨリ》一　AよりBなるはなし＝AよりBなものはない。Aが一番だ

与《リハ》二其《ノ》B《セン》一不《レ》レ如《カ》レA《ニ》　そのBせんよりはAにしかず＝BするよりAした方がよい

与《リハ》二其《ノ》B《セン》一寧《ロ》A《セヨ》　そのBせんよりはむしろAせよ＝BするよりAした方がよい

問4　34　正解は③

傍線部の内容を問う設問。「言」は〝意見〟。「計」は〝計画〟の意。「聴」「従」はともに〝聞き入れる〟の意で、いずれも文脈上受身で読んでいる。そこで「自古賢相」以下の嘉祐の発言の内容をおさえる。「賢相」は〝すぐれた宰相〟の意で、**名宰相が功績をあげ人々に恩恵を施すことができたのは君臣の関係が親密だったからだ**と述べている。これを接続詞「故《ゆゑニ》（＝だから）」で受けて傍線部に続け、**君臣ともに立派な功名を立てることができた**と結論づける。さらにその直後の文冒頭の「今」は話題を転換する接続詞で、以下**「丈人」と「明主」**の関係について述べている。よって「賢相」の「言」「計」が「君」によって「聴」「従」されるとなり、③が正解。

問5　35　正解は②

傍線部の理由を問う設問。「所以《ゆゑん》」は〝理由。手段。目的〟の意。ここは文脈的に〝理由〟の意になり、嘉祐が寇準の名声が損なわれるのを心配する理由だと述べている。よって傍線部の直前の文脈を把握すればよい。「相則」以下、嘉祐は、**もし寇準が宰相となれば人々から太平を求められるが、寇準と皇帝の関係は魚と水のように親密であるか**と尋ねている（傍線部直前の「乎」は疑問の助詞）。嘉祐がこのように尋ねるのは前問で確認したように、宰相として功績をあげ、人々に恩恵を施すには君臣が親密であることが必要だと考えているからである。以上より傍線部の理由を次のように説明できる。

寇準と皇帝が親密でなければ太平は実現できないから

選択肢は寇準と皇帝の親密な関係を要点として、「寇準が皇帝と親密な状態になれなければ」とある②と、「寇準が皇帝の信用を得られなければ」とある⑤に絞り、人々が天下の太平を期待すると説明した②を選択すればよ

い。

① 宰相が（宰相となる）寇準に天下太平を期待すると説明しており不適。また「寇準が昔の偉大な臣下より劣るとすれば」という理由づけも不適となる。

③ 皇帝が寇準に天下太平を期待すると説明しており不適。また「寇準の政策が古代の宰相よりも優れていなければ」という理由づけも不適となる。

④「寇準が皇帝の意向に従ってしまえば」という理由づけが不適。

⑤ 宰相が（宰相となる）寇準に天下太平を期待すると説明しており不適。また「寇準が皇帝の信用を得られなければ」という理由づけも「若㆓魚之有㆒水」からはずれる。

問6　36　正解は④

傍線部の内容を問う設問。主語は文頭の「元之」（＝王禹偁）。「殆《ほとんド》」は〝おそらく〟の意の副詞。「不能（あたはず）」は〝～できない〟の意。「勝」は「まさる」と読む。直訳すると〝**(元之は) おそらく君に勝ることはできない**〟となる。そこで直前を見ると「**至於深識遠慮**」とある。「至」は〝～に関しては〟の意。「深識」は文字通り〝深い知識〟。「遠慮」も文字通り〝遠い思慮〟すなわち将来を見通す深い思慮をいう（日本語の一般的な「遠慮」との違いに注意。「深謀遠慮」の場合はここと同義）。よって傍線部の内容を次のように説明できる。

深い知識と先を見通す深い思慮に関しては、元之はおそらく嘉祐には及ばない

選択肢は「深識遠慮」を「知識の深さ」と説明した③と「見識の高さ」と説明した④に絞り、「寇準の今後の進退（＝知事を辞めて宰相となるかどうか）」を決め手に④を選択すればよい。

①「どのように人々と向き合うべきか」が不適。本文で言及されていない。また「政治家としての思考の適切さ」も「深識遠慮」の説明として不適となる。

②「寇準の政治的立場に深く配慮し」が不適。「意志の強さ」も「深識遠慮」の説明として不適となる。

③　「今の政治を分析するにあたり、古代の宰相の功績を参考にしている」とは本文に書かれていない。「歴史についての」という修飾句も誤りとなる。

⑤　王嘉祐が寇準に問われてはじめて自分の政治的見解を述べたと説明しているが、本文からは読み取れない。また「言動の慎重さ」も「深識遠慮」の説明として不適となる。

国語 追試験

2018
年度

問題番号(配点)	設問	解答番号	正解	配点
第1問(50)	問1	1	③	2
		2	④	2
		3	②	2
		4	①	2
		5	③	2
	問2	6	④	8
	問3	7	②	8
	問4	8	⑤	8
	問5	9	③	8
	問6	10-11	②-⑥	8(各4)
第2問(50)	問1	12	①	3
		13	④	3
		14	④	3
	問2	15	①	7
	問3	16	④	8
	問4	17	③	8
	問5	18	③	8
	問6	19-20	④-⑤	10(各5)

問題番号(配点)	設問	解答番号	正解	配点
第3問(50)	問1	21	②	5
		22	④	5
		23	①	5
	問2	24	⑤	5
	問3	25	⑤	6
	問4	26	②	8
	問5	27	②	8
	問6	28	④	8
第4問(50)	問1	29	②	5
		30	⑤	5
	問2	31	③	7
	問3	32	⑤	6
		33	③	6
	問4	34	④	7
	問5	35	③	6
	問6	36	①	8

（注）-（ハイフン）でつながれた正解は，順序を問わない。

自己採点欄
/200点

第1問 標準

《出典》　橋本努『ロスト近代―資本主義の新たな駆動因』〈第1章　近代・ポスト近代・ロスト近代　4「ロスト近代」の駆動因〉（弘文堂）

橋本努（一九六七年〜　）は社会学者。東京都出身。横浜国立大学経済学部卒業。東京大学大学院総合文化研究科課程博士号取得。二〇一八年現在、北海道大学大学院経済学研究科教授。著書に『自由の論法―ポパー・ミーゼス・ハイエク』『社会科学の人間学―自由主義のプロジェクト』『帝国の条件―自由を育む秩序の原理』などがある。『ロスト近代―資本主義の新たな駆動因』は二〇一二年に刊行された。

要旨

本文は十三段落から成る。これを三区分して内容をまとめよう。

1

「ロスト近代」の出現　第1〜第3段落　※問2・問6

「ロスト近代」と呼ぶ時代は九〇年代の中頃から出現してきた時代の新たなモードである。近代の駆動因である物象化も、ポスト近代の駆動因である欲望消費も、時代を動かすための動因としてはあまり見込みがない。そのような失速感こそが現代を規定しているのではないか。

↓

2

自己愛消費　第4〜第8段落　※問3・問4・問6

九〇年代の中盤以降、さまざまな規制緩和政策やグローバリゼーションによる自由競争のもとで、「勝ち組／負け組」と呼ばれる格差が拡大した。負け組と呼ばれる低所得層の人びとは欲望消費を諦め、欲望を抑えた自己愛消費によって人生を楽しむようになった。他方では、近代的な勤勉精神の「ロスト」、ポスト近代的な欲望の「ロスト」という二つの「ロスト」は、それぞれの時代における対抗運動、すなわち近代におけるコミューン運動、ポスト近代における逸脱的な欲望の表現の意義も失効させてしまった。

↓

3

「創造階級」　第9～第13段落　※問5・問6

「ロスト近代」の背景には「自然の本来的価値」への志向がある。「創造階級」と呼ばれる新しい支配階級は、情報産業の新たな担い手たちで、彼らは欲望消費に踊らされず、創造的な環境に身を置くこと、自然の本来的な価値に触れたり自然の多産性を身につけたりすることに関心をもっている。そのようなエコロジーへの関心、すなわち**エコロジカルな融和のためにクリエイティブな仕方で環境と向き合うこと**への関心は、資本主義の新たな駆動因となるのではないか。

【語句】

▼**バブル経済**＝株価や土地などの資産価格が、投機によって適正水準を大幅に上回り、膨張する経済状況。

▼**セレブ**＝著名人。有名人。本文では「セレブな」と形容動詞化して、〝富裕層並の〟というほどの意で用いられている。

▼**蛸壺化**＝自分または仲間内だけの狭い世界に閉じ籠もり、外部に目を向けなくなること。

▼**コンテンツ**＝情報サービスによって提供される動画・音声・テキストなどの情報の内容。

▼**ロハス**＝地球環境に配慮した健康的で持続可能なライフスタイルのこと。

▼**エコロジー**＝人間と自然との調和・共存をめざす考え方。

解説

問1 [1]－[5] 正解は (ア)＝③ (イ)＝④ (ウ)＝② (エ)＝① (オ)＝③

(ア) 「噴出」 ①義憤 ②紛争 ③噴霧 ④興奮 ⑤粉飾

(イ) 「享受」 ①矯正 ②恭順 ③驚異 ④享楽 ⑤脅威

(ウ) 「象徴」 ①跳躍 ②徴収 ③超越 ④懲戒 ⑤彫刻

(エ) 「購入」 ①購読 ②貢献 ③綱紀 ④原稿 ⑤硬貨

(オ) 「稼ぐ」 ①転嫁 ②架空 ③稼働 ④渦中 ⑤苛烈

問2 [6] 正解は④

傍線部の内容を問う設問。「ポスト近代」の「ポスト」は、問題文前書きの「『近代』以降の『ポスト近代』社会」からもわかるように、ある語の上に付いて〝〜以後〟を表す接頭語である。「ポスト近代」は「ポストモダン」とも称される。そして「ポスト近代」のさらに後に続くのが「ロスト近代」である。すなわち、

「近代」→「ポスト近代」→「ロスト近代」（九〇年代中盤以降）

の順になる。このうち前二者の「駆動因」（問題文前書きに「動かした要因」とある）については、それぞれ「近代の駆動因である物象化」および「**ポスト近代の駆動因である欲望消費**」（第3段落）と説明される。また第2段落でもそれぞれ、「人々が勤勉に働けば経済が成長する」や「**欲望消費の増大**」と説明される。よって「ポスト近代」を説明するキーワードは「**欲望消費**」ということになる。この語は（注）2にあるように、企業の販売戦略によって欲望を刺激された人々が商品の購買に走るさまをいったものである。

選択肢は、このキーワードをヒントに、「旺盛な消費欲の肥大」とある④を選択すればよい。

① 第1段落に「停滞したシステムのなかで……」とあるように、「ロスト近代」の説明になる。また、「勤労精

神を失わなかった」のは「近代」の特徴であり、第7段落の「近代的な勤勉精神の喪失（ロスト）」に矛盾する。

② 「近代」の説明になる。

③ 「ロスト近代」の説明になる。第4段落で、九〇年代中盤以降、官主導の経済政策が機能不全に陥り、規制緩和政策が採用されたことが指摘されている。

⑤ 「ロスト近代」の説明になる。第4段落で、「勝ち組／負け組」という格差が問題化したことが指摘される。ただし「模倣した」とあるのは、第5段落の「『勝ち組の欲望を真似する』のではなく」に矛盾する。

問3 7 正解は②

傍線部の内容を問う設問。第4段落以降、「ロスト近代」が主題となる。九〇年代中盤以降、「勝ち組／負け組」の格差が広がるなかで、負け組である低所得層の人びとは勝ち組である富裕層の欲望消費を模倣することを諦めたという趣旨のことが述べられ、傍線部につながってゆく。「**各私化**」というのは耳慣れない言葉だが、おのおのの私へと向かう、すなわち個人化とほぼ同義とみてよいだろう。傍線部直後で「欲望のエネルギーは……『**自分がしたいことをする**』という水準にまで、収縮してしまう」と言い換えられるように、高望みを諦めて身の丈にあった欲望を抱くということである。これが「クール・ダウン（＝冷静になること）」であり、「『自己への愛』でもって満足する」「ネット上に『自己の快楽』を求める」（いずれも第5段落）、「**自己愛消費**」（第6段落）などと言い換えられる。よって傍線部を言い換えると次のようになる。

高望みをやめて自分らしい欲望を追求する

選択肢は、欲望の収縮↓自分らしい欲望という要点を押さえれば、「自分が本来したいことは何かという水準にまで欲望のエネルギーを縮小させ」とある②が選べる。他の選択肢は欲望の収縮を説明していない。なお②の前半部は第5段落前半の趣旨に合致し、後半部の「自己の探究」は「『自分探し』」（同段落）に合致する。

① 「社会や他者との関わりを放棄し」とは書かれていない。「潜在的な」も不適。

③「先行きへの不安」「競争原理に巻き込まれまい」とは書かれていない。「自己中心的」についても、自分勝手、利己的という意味合いを伴うため不適となる。

④基本的に負け組ではなく「創造階級」（第10段落以降）の説明であるため不適。

⑤特に誤りの箇所はないが、「自己の欲望」というだけでは「各私化された欲望」の説明として不十分である。

問4 8 正解は⑤

傍線部の内容を問う設問。ただし選択肢はディベート形式になっているので、消去法で解くのがよい。まず、「二つの『ロスト』」とはもちろん、直前の「**近代的な勤勉精神の喪失（ロスト）、および、ポスト近代的な欲望の喪失（ロスト）**」をいう。この両者を本文全体の趣旨をふまえて説明することになる（設問に「本文の趣旨」とあるため）。前者については「勤勉に働けば経済が成長するのかというと、そうでもなさそうである」（第2段落）、「『勤勉』に働くことが報われず」（第5段落）などと説明される。後者については「欲望消費の増大によっては、大きな経済成長は望めそうにない」（第2段落）、「欲求水準そのものをクール・ダウンする」（第5段落）などと説明される。よって「二つの『ロスト』」とは、**勤勉の喪失による経済の停滞と欲望の喪失による経済の停滞**である。

①不適。経済の停滞を説明していないため、不完全な説明となる。欲望消費の説明を「自分よりワンランク上の人たちを真似したいという欲望」と限定している点も不適である。

②不適。「物象化に抵抗して人間性を保ちつづけたい」は「対抗運動」（傍線部直後）の説明になる。「ロスト近代」における「対抗運動」は第7・第8段落で論じられるが、本筋からははずれている。

③不適。「政府のために努力しても仕方がない」ことが「ロスト」なのではない。

④不適。「勤勉な富裕層」とあるが、本文では「勤勉」は近代の駆動因として、「富裕層」はロスト近代の勝ち組として説明されており、この二語を結びつけて説明するのは誤り。

⑤適当。「欲望と勤勉さのどっちも経済を成長させる重要な要因でなくなった」が決め手となる。「欲望のままに

消費するのはバカバカしい」とあるのは第9段落の「欲望消費のバカバカしさに気づきはじめた」に合致する。

問5 9 正解は③

傍線部の理由を問う設問。第9段落以降、「ロスト近代」の駆動因が主題となる。この最後の五段落で、ロスト近代の人々は欲望消費に踊らされず、**自然の本来的価値への志向**をもっていること、特に「創造階級」と呼ばれる情報産業の新たな担い手たちは、クリエイティブに生きるために、自然の本来的な価値に触れ、自然の多産性を身につけることに関心をもっていること、そのために自然の神秘に迫る脱日常的な経験を必要としていること、そしてこのような自然と調和したエコロジカルな生き方は**真の豊かさを求める人々すべての理想**であることなどが説明される。やや抽象的な説明に終始しているきらいはあるが、要するに**自然とのクリエイティブな調和・融和が「ロスト近代」の駆動因となる**と主張していることは理解できよう。

選択肢は三行と長く、鉄則に従ってまず文末を検討したいところだが、いずれの選択肢もほぼ同じなので、軌道修正して文頭から検討するのがよい。よって、これも消去法を採用する。ただ⑤はキーワードである「自然」を用いていないのでこれは誤りとわかる。

①不適。「階層意識をもっている」とは書かれていない。

②不適。「経済的に成功して高所得をかせぐことを拒否」したわけではなく、「経済的に成功しなくても……十分な意義がある」（第11段落）というだけである。

③適当。「宣伝に踊らされるのではなく」「本来的な経験」「イマジネーションを活用して自然と調和する」と無難に説明している。

④不適。「リサイクルをしたり有機野菜を食べたりすること」は否定的に述べられている（第12段落第二文）。

⑤不適。人々が「創造階級にあこがれ」ているとは書かれていない。

問6 10・11 正解は②・⑥

本文の構成・展開を問う設問。消去法で解く。

①適当。第1～第3段落では、文章全体の主題である「ロスト近代」の問題点が指摘される。

②不適。「文章全体の主張」とはロスト近代の駆動因をいうが、この範囲ではまだ提示されていない。

③適当。第5～第8段落では「ロスト近代」の特徴が具体化される。「別の角度からの考察」とは「対抗運動」に触れた箇所をいう。

④適当。第8段落で「それ（＝「ロスト近代」の駆動因）は、いったい何であろうか」と問題提起されている。

⑤適当。第9～第13段落では「ロスト近代」の駆動因が考察され、それが傍線部Dで肯定的にまとめられる。

⑥不適。「対比して」が誤り。筆者は前著で論じた「創造階級」をふたたび取り上げ、彼らの生き方と「ロスト近代」の駆動因を結びつけている。

第2問 標準

《出典》中野孝次「鳥屋の日々」（『麦熟るる日に』河出文庫）

中野孝次（一九二五～二〇〇四年）は評論家・小説家・ドイツ文学者。元國學院大学教授。千葉県出身。東京大学文学部独文科卒業。随筆『ブリューゲルへの旅』、小説『麦熟るる日に』、評論『清貧の思想』などで知られる。「鳥屋の日々」は一九七七年に雑誌『文藝』に発表された自伝小説（幼年期から十五歳までを描く）。作者にとって初めての小説であり、芥川賞候補となった。翌年『麦熟るる日に』に収められた。全体は一～四の四部から成り、本文は二の終わりから三の初めにかけての部分である（37行目から三に入る）。

要旨

本文は場面の展開によって四区分できる。それに基づいて内容をまとめよう。

1

父の宣告 1～35行目（やがておそるおそる…）※問2・問6

ぼくは父に、中学へはやれないと宣告されて必死に抵抗したものの、無駄だった。母にまで見離されて、泣きながら江戸川の土手までやって来たが、慣れ親しんだ景色までが疎遠なものに思われた。

←

2

父に対する愛憎 37～54行目（ぼくは本当は…）※問3・問6

父は傲慢で無教養で暴力的だったが、ぼくは職人気質の傲然とした父が好きで、そういう父を持ったことが自慢だった。しかし中学進学をめぐる父との闘争は、その後の双方の関係を不幸な歪んだものにしてしまった。

←

3

須藤との喧嘩 55～72行目（冬に近いある日の午後…）※問4・問6

ある日の午後、ぼくは進学組の須藤を見かけると、衝動に駆られるままに突進し、泣きながら須藤を殴り続けた。須藤も反撃し、ひとしきりぼくを殴り続けたあと立ち去った。ぼくは自分がみじめでやりきれなかった。

←

4

小学校の高等科 73～99行目（昭和十一年秋…）※問5・問6

景気がよくなって父は家を新築した。ぼくは小学校の高等科に通い出した。ソロバンをはじきながら、これは自分が本当にしたいことじゃないと感じたが、クラスには肌を寄せ合う敗残兵のような空気があり、それになじんでいった。

【語句】

▼長火鉢＝長方形の箱火鉢（「火鉢」は灰を入れ、中に炭火を入れて暖房や湯沸かしなどに用いる道具）。

▼一刻者＝頑固で自分を曲げない人。一徹者。

▼蘆溝橋事件＝一九三七年、北京近郊の盧溝橋で日本と中国の軍隊が衝突した事件。日中戦争の発端となった。

▼蚕食＝カイコが桑の葉を食べるように、端から次第に奥へと侵食していくこと。

▼敗残兵＝戦いに敗れて生き残った兵士。

解説

問1 12－14 正解は ㈠＝① ㈡＝④ ㈢＝④

㈠ 「すげない」は「素気無い」とも表記し、〝思いやりがない。愛想がない。冷淡だ。そっけない〟の意になる。「すげない返事」「すげなく断られる」などと用いる。ここは「ぼく」が母に突き放される場面で、①が正解。

②は〝打つ手がない。どうしようもない〟の意。

㈡ 「うちひしがれる」は、「ひしぐ（＝押しつぶす）」に強意の接頭語「うち」が付いた「うちひしぐ（＝精神的な衝撃などで気力や意欲をなくさせる）」の未然形に、受身の助動詞「れる」が付いた形。中学進学の希望を打ち砕かれた「ぼく」の失意の状態を表す。④が正解。②は「疲れ切って」、⑤は「涙にうるんだ」が不適。

㈢ 「やみくも」は「闇雲」とも表記し、〝先の見通しもなく行うこと〟の意。直前に「わけのわからぬものがうちに衝きあげてきて」とあるように、分別を失い衝動的に行動するさまをいう。④が正解。③はやめようとしてもやめられないさまをいい、語義的に不適。

問2 15 正解は①

傍線部の内容を問う設問。傍線部末尾に「気がする」とあるため心情問題とみてもよい。「その親しい眺め」とは、「ぼく」が生まれて以来慣れ親しんできた江戸川の景色をいう。ところが今は、中学進学の希望を父母に打ち砕かれた**失意**のせいで**空虚感**に襲われ（傍線部直前に「力が抜けて」とある）、その景色も**疎遠**なものに感じられるというのが、「自分との関係さえ断ち切れてしまった」という表現である。そのときの心理状態によって見慣れた景色が違って見えるというのは、誰しも経験することだろう。よって傍線部は次のように説明できる。

中学進学の夢が断たれて空虚感に襲われ、親しい景色が疎遠に感じられる

選択肢は、親しい景色との関係を断ち切られてしまったことを、「世界とのつながりまでが失われてしまった」とある①と、「景色までがもはや自分を見離してしまっている」とある③に絞り、「母にも理解を得られなかった」を決め手に①を選択すればよい。

② 22行目に「死んだほうがましだ」とあるのは母の同情を誘うための誇張にすぎず、「死を意識する」というのは言い過ぎである。「いつもと変わらないでいることにうらめしさを感じている」とあるのも読み取れない。

③ 「いつも元気づけてくれていた」と説明する根拠が本文に見当たらない。

④ 「親にも理解されない自分の生い立ちのみじめさ」が不適。「無理言うんじゃないよ」（20行目）などとあるように、母は当然「ぼく」の貧しい境遇を理解している。「疎ましく（＝いとわしく）」も不適。

⑤ 「捨て去ろう」が不適。「ぼく」が環境とのつながりを意志的・主体的に断ち切ろうとしているわけではない。「甘え」も読み取れない。

問3　16　正解は④

傍線部の心情を問う設問。「本当は」はそれまでの箇所をふまえた表現で、中学進学を許さない父に強く反発しながらもという意味を込める。「ぼく」が父のことを好きな理由は傍線部以下で述べられる。「父は傲慢で無教養で暴力的だった」が、職人としての誇りを持ちながら「傲然とつっ立っている」父を見るのが「**好きだった**」し「**自慢だった**」と述べている。しかしその一方で、進学問題をめぐる**対立**は解消せず、それが「一生涯双方の関係を不幸な歪んだものにしてしまった」(46・47行目)と振り返る。このように「ぼく」は父と対立するに至った経緯をたどりながら、その一方で父に愛情を抱いていたことを確認している。よって傍線部は次のように説明できる。

進学問題では父と対立しながらも、職人である父が好きで自慢だった

選択肢は父に対する感情表現である「好き」「自慢」に着眼して、「自慢」とある②と、「誇り」とある④に絞り、「強い反発心」「職人気質」「あらためて確認している」を決め手に④を選択すればよい。

① 「不満な気持ち」が不適。読み取れない。「ようやく」以下も傍線部前後の筋に合致しない。

② 「本当は理解し合いたい」が不適。読み取れない。また「父への愛情を手放しに認められずにいる」とあるのも「父への愛着ぬきには考えられない」(傍線部直後の文)などに合致しない。

③ 「あこがれ」が不適。読み取れない。「親愛の情をもてあましている(=処置に困っている)」も不適。

⑤ 「もう和解すべきだ」が不適。「一生涯……歪んだものにしてしまった」(46・47行目)とも矛盾する。

問4 17 正解は③

傍線部の内容を問う設問。前文に「分身といってもいい仲間だった」とあるように、「ぼく」と須藤は類似点の多い親友であるから、須藤を殴るのは自分を殴るのと同じだったというのは一応筋が通る。問題は須藤を殴った理由である。それはここまでの筋をふまえれば、須藤は進学組であったのに、「ぼく」は父が反対したせいで進学組に入れなかったことから、その強い不満・憤りが須藤に対するねたみ・嫉妬へと転化したためとも取れる。しかしながら、「いま自分はなにか非常に卑怯な、……自覚しながら」(62・63行目)、「自分のしたことが……よくわかっていた。それだけに……やりきれなかった」(68~70行目)とあることから、このときの理不尽な「ぼく」の衝動は、須藤本人に向けられたものというより、「実にいい顔」(59行目)で鉄棒の練習に熱中している須藤が体現している**〈「ぼく」もそうなるはずであった自分自身の姿〉**に向けられたものと言えよう。傍線部直後の「何も彼も終りだ」からも、二人のこれまでの関係や自分の全てに対して自暴自棄になっている気持ちがうかがえる。よって傍線部は次のように説明できる。

進学組に入るという希望がかなわなかった自分に対する憤りと、自分を葬り去ってしまいたいという衝動が、その希望をかなえた自分の分身のような須藤に向けられたということ

選択肢は「自分を殴る」という表現に着眼すれば、「自分自身を激しく否定する」とある③、「自分を傷つける」とある④、「自分自身への怒り」とある⑤に絞ることができる。さらに「自分がなりたかった存在を痛切に感じさせる」「理想に到達できなくなったという絶望感」とまとめた③を選択すればよい。

①　自分に対する怒りを説明していない。「快活だった過去の自分を思い出させる」以下も本文の筋に合致しない。

②　「自分を孤独に追い込む」が不適。読み取れない。本文末尾の内容にも合致しない。

④　「状況を変えられないいら立ちから」くる自傷行為と説明しているが、状況を変えようともがいている様子は見られず不適となる。

⑤　「『ぼく』の心情を考慮しない」が不適。前段落（48～54行目）で、須藤も彼なりに「ぼく」の心情を理解していることがわかる。「怒り」を「彼を心から信頼していた自分自身」に向けたものとしている点も不適。

問5　18　正解は③

傍線部の内容を問う設問。「生ぬるい湯につかるように」は直喩。「なじん（なじむ）」は〝慣れ親しむ〟の意。直前の「クラスには肌をよせあう**敗残兵のような空気**があり」に着眼する。「敗残兵」は進学組に入れなかった無気力な生徒のたとえで、「ぼく」たちは仕方なく小学校の高等科に通い出す。「おれは一番したいことをしないでいる」（93行目）、「これは自分が本当にしたいことじゃない」（95行目）とあるように、「ぼく」は**不本意**ながらも実業教育を受けるが、次第にそれを受け入れ、「諦めと一種の人懐っこさ」（87行目）の漂う和やかなクラスの空気に**なじんでいった**、というもの。よって傍線部は次のように説明できる。

不本意ながらも、諦めと人懐っこさの漂う和やかなクラスに親しんでいった

選択肢は文末を検討する。「なじんでいった」を「なれ合うようになっていった」と言い換えた③と、「居心地の良さを覚え始めていった」とある⑤に絞る。さらに「なぐさめ合うような連帯感」を決め手に③を選択すればよい。「充実感に乏しい」とあるのは右の不本意な気持ちをいったもの。

①「将来の可能性を漠然とながら感じ始めていった」が不適。「将来自分が何をしたいのかはわからないけれども」（94行目）に合致しない。

②「現実社会と向き合えず」が不適。「ぼく」は将来は未定ながらも実業教育を受け入れていく。

④「羞恥心」が読み取れない。「人目を避けるような生活」も傍線部の説明として不適。

⑤「希望を見出し」「軍需景気で活気づく社会に鼓舞される」が不適。読み取れない。

問6 19・20 正解は④・⑤

表現の特徴を問う設問。消去法で解く。

①適当。本文は「ぼく」の視点から描かれ、2行目は弟妹たち→母→父へと「ぼく」の視線が向けられる。

②適当。55〜72行目にかけて暴力事件の内容が一段落で語られ、「ぼく」にとって特別な記憶であることを印象づけている。

③適当。「……ほどの」の後に前文の「闘争にならずにすまなかった」が省略されている。余剰効果もある。

④不適。「陰鬱となった理由」が中学進学の断念にあることは明らかで、「分析」しているわけではない。

⑤不適。「自然が徐々に破壊されていくことへの『ぼく』の危機感」は読み取れない。

⑥適当。「御破算（＝そろばんの珠を全部払って零の状態にすること）で願いましては」に比べて、「単なる音の連続」という説明は妥当である。「単調さ」は「来る日も来る日も」（88行目）をふまえたもの。

第3問

標準

《出典》『鳥部山物語』

『鳥部山物語』は室町時代の物語で、僧侶あるいは公家や武家と稚児との恋愛関係を描いた稚児物語に属する。筋は、武蔵国のある和尚の弟子であった民部卿が、師に従って上京した折、中納言の子藤《とう》の弁《べん》（弁君。当時十六歳未満）を見初め、やがて二人は深い仲になる。しかし民部が師と共に都を去ると、藤の弁は民部を慕うあまり病に倒れ、駆けつける民部を待つことなく死去する。その後民部は藤の弁の墓前で死のうとするが、止められて出家したというもの。

要旨

本文は場面の展開によって二つに分けられる。

1　弁君の危篤の知らせ　（民部に対面して…）

民部は、都から訪ねて来たとめのとから弁君の危篤を知らされ茫然とするが、すぐに見舞いに駆けつける算段をした。

←

2　弁君の死去の知らせ　（二人の者いとうれしき…）

民部とめのとは都にのぼる旅に出たが、都に入る前日に弁君の死去を知らされた。二人は悲嘆に暮れながら翌日の夕方都に到着した。

【語句】

▼なやめる＝「なやめ（なやむ）」は〝病気を患う〟の意。「る」は存続の助動詞「り」の連体形。

▼世の中も頼み少なに＝この世に命があることを頼みにしづらくなる、すなわち死期が近いことをいう。

▼草の袂も露深く＝「草の袂」は草を衣のたもとに見立てた表現。草が露に濡れ、たもとが涙で濡れるということ。

▼寄そへられつつ＝「寄そへ（寄そふ）」は〝なぞらえる。ことよせる〟の意。「られ（らる）」は自発の助動詞。

▼涙かたしく袖の上＝「かたしく」は「片敷く」で、〝自分の衣の片袖を敷いて寂しく独り寝をする〟の意。男女が互いに袖を敷き交わして共寝するという昔の習慣をふまえたもの。

▼見そなはし＝「見る」の尊敬語。

全訳

（めのとは）民部と対面して、「これこれのこと（＝弁君が民部を恋い慕うあまり危篤状態になったこと）がございますのを、どれほど気の毒なことかとはお思いになりませんか」と言うやいなや、真っ先に涙を流してむせび泣いたので、（それを）聞く（民部の）心は茫然としている。しばらくして（民部が）申し上げることには、「やはりそうだったのですね。そんなこと（＝自分と弁君が深い仲にあったこと）がありましたが、何事につけ世間に気がねされてはっきり言い出すことができないで過ごし、あなたにまでも知らせませんでしたのに、今こうして（はるばる）訪ねて来てくださったのは面目ないことです。私も都を出たときから片時も（弁君のことを）忘れ申し上げることはございませんけれど、誰も思いのままにはならない日々の営みのために、むなしく今日まで過ごしてきました。（弁君が私に会いたいと）切実な願いを抱いているとのこと、聞くのもたいそうつらく耐えがたいことです。何としてでも（弁君に）会いましょう」と言って、すぐに立って出て、以前思っていたころ、たいそう熱心にいたわってくれた仲間のもとへ行って相談することには、「長年いろいろと心を尽くして大切に思ってきた縁者が、最近都に近い所までのぼりましたが、思いがけなく病に冒されてこの世に命があるのも頼み少なくなってゆくので、ちょっと相談いたしたいことがあるから命のあるうちにもう一度（会いたい）と、にわかに知らせてきたのです。ああ、あなたの取り計らいによって三十日あまりのお暇をいただいて、ただ一目（縁者を）見もし、（私を）見せもしたい」と嘆き悲しむのを、（仲間は）どうして難しいことがあろうかと言って、すぐに和尚に申し上げたところ、（和尚は）もっともなことだと言ってお暇をくださった。

二人の者（＝民部とめのと）はたいそううれしく思って、時はちょうど秋風が涙を誘うように吹き寄せるなか、虫もいろいろと鳴き添えて、草が露にぐっしょり濡れるように涙で袂を濡らし、月が（雲を）かき分けて（輝いて）いる武蔵野を、まだ夜明け方に旅立った。しだいに進んで行くと、富士山に降り積もる雪も、（弁君への）積もる想いに自然となぞらえられるので、

X　消えがたい富士山の雪になぞらえても、もっと生き長らえてほしいと願う弁君の命であるよ。

などと、心の中からあふれ出ることなどを思いつくままに（和歌に）歌いながら旅を続けるうちに、清見関付近の海辺で旅寝をしても、涙が独り寝の袖を濡らすその袖の上では、打ち解けてはやはり眠ることができないが、漁師の家に旅寝して波が寄せては返す（のを聞きながら人を恋しく思った）と（古歌に）詠んでいるのも、（夜も昼も弁君の身を案ずる）わが身の上のようについ身にしみて感じられて、ひととおりではない悲しさは、また何に似ているだろうか、いや、ほかの何ものにも似ていないにちがいない。

Y　かえって、さまざまに物思いを尽くすために、先に、私までもが波の泡のように弁君に会わないまままきっと消えてしまうだろう。

耐えがたい苦しみのあまりに（詠んだものに）ちがいない。

日数もしだいに重なるにつれて土山という宿駅に着いた。夜が明けたら都へ（入ろう）と心に決め、喜び合っているなかにも（弁君の容体が心配で）いっそう気をもんでいるところに、都からと言って（使いの者が）手紙を持ってきた。（民部は）ああどのように（書いてあるのだろう）と胸騒ぎがして、急いで開いて見てみると、

患っていた人（＝弁君）は、日を追って次第に衰弱してゆき、昨日の日暮れ方に息が絶えました。と書いてあるのを、見ると目がくらみ心も乱れて、これはいったいどうしたことかとまるではかない夢の中の通い路をたどるような気持ちがした。民部は、涙が絶え間なく流れながらも、「もう一度（会えると）頼みに思ってはるばるとやって来たのに、（せめてあと）一日二日待つこともなく死んでしまった（弁君の）命のはかないことよ。（弁君は民部との別れの際）こんなことになるかもしれないと予期していたのだろうか、同じときに最期を迎える命でないのなら（自分の命に代えてでも民部と離れたくない）と嘆き悲しみなさったのでしょう。それゆえ、自分（＝民部）のせいで亡くなってしまった人（＝弁君）を、臨終の際にまでも一目お会いになることのできない、あなた（＝めのと）の心の中を想像するのもつらく思われます。（弁君の）幼いころからお世話なさっていた人なので、どんなにかあっけないとお思いでしょう。私もここまでやって来たからには、急いで都にのぼって、頼りにする者を失って嘆き悲しんでいらっしゃる父母のお心をも慰め、また故人の葬儀も執り行いたいです」と申し上げたところ、（めのとは）「もったいないお心です。これほどまでにおっしゃってくださるからには、何の恨みがございましょうか、いや、ございません。ただ亡き人の命のはかなさは、ともかくもどうしようもないことです」と言って、ふたたび泣き沈む様子は、本当にひととおりでなくたいそうつらい。民部も途切れ途切れに鼻をかんで、「先立たれたり先立ったりする命のはかなさはおよそ世の中のならわしであるけれど、このような（はかない）例は聞いたこともない」と言って嘆き悲しみながら、翌日の日暮れごろに都に到着した。

解説

問1　21－23　正解は　(ア)＝②　(イ)＝④　(ウ)＝①

(ア)　「しるく」は形容詞「しるし（＝**はっきりしている**。予想通りだ）」の連用形。「言ひ出づる（言ひ出づ）」は〝言葉に出して言う〟の意。「の」は主格の格助詞。「かなは（かなふ）」は〝適合する。思い通りになる。できる〟の意がある。「で」は打消の接続助詞。文脈的に〝**言い出すことができない**〟という意味になる。「しるく」の意から②が選択できる。他はこの語の訳として不適。

(イ)「いとど」は〝**いっそう**。ますます〟の意の副詞。「心やましき（心やまし）」は名詞「心」と形容詞「やまし（＝気分がすぐれない。心が安らかでない）」を合成してできた形容詞で、〝不満だ。不愉快だ。**気がもめる**〟といった意がある。ここは、都に近づいて喜び合うなかにも、弁君の容体が心配で心穏やかでないという心情を表す。「いとど」の意から②と④に絞り、「心やましき」の意から④を選択する。

(ウ)「いかばかり」は〝どれほど。**どんなに**〟の意。「か」は疑問の係助詞。「あへなし」は〝**あっけない**。どうしようもない。はかない〟の意。「む」は推量の助動詞。「いかばかり」「あへなし」両方の意が正しいのは①のみ。

問2　24　正解は⑤

a　**尊敬**の補助動詞「給ふ」の連体形。「たづね来たり」の主語はめのとであるから、めのとへの敬意を表す。

b　**謙譲**の補助動詞「参らす」の連体形。「我」すなわち民部が弁君のことを片時も忘れたことがないという文脈になり、「忘れ」の対象である弁君への敬意を表す。

c　**丁寧**の補助動詞「侍り」の終止形。民部が同朋に語る会話中にあるから、聞き手である同朋への敬意を表す。

d　**尊敬**の補助動詞「給ふ」の未然形。直前の「むなしくなりし人」とは弁君を指すから、「見」の主語はめのとである。よってめのとへの敬意を表す。

問3　25　正解は⑤

傍線部に関する内容を問う設問。「賜《たまは》り（賜る）」は「受く・もらふ」の謙譲語で、〝いただく〟の意。弁君のお見舞いに行きたい民部が、和尚からお暇をいただいたということ。しかし弁君と恋愛関係にあるとはさすがに言えなかったので、**同朋に嘘をついて和尚に取り次いでもらった**のである。そこで「同朋のもとに行きてたばかる（＝相談する）やう」以下に着眼する。「ゆかり（＝縁故）の者」が「病にをかされ」て「今一度（会いたい）」と「告げこし（＝告げてきた）」ので、「そこ（＝同朋）のはからひにて三十日あまりのいとま賜りて」と巧みに嘘をついている。よってこれに合致するのは⑤である。

① 「以前なやんでいた」以下、全体的に内容が間違っている。

② 「同朋と和尚」に「懇願した」わけではない。「愛する人」ということも告げてはいない。

③ 民部は「和尚をあざむくために」と述べているわけではない。

④ 「都を一目見るための手助けをしたい」が誤り。和尚に言及していない点も不適。

問4 26 正解は②

和歌の解釈を問う設問。 X・Yいずれも民部が旅の道中に詠んだ和歌である。まずXについて。句切れはない。「み雪」の「み」は「雪」を美しく言うための接頭語。下二段活用動詞「たぐへ（たぐふ）」は〝連れ立たせる。真似る〟の意があるが、ここは後者。「長かれ」は形容詞「長し」の命令形で、「長かれと思ふ命」とあるように、**富士山のなかなか消えない雪のように弁君が生き長らえることを願っている**。次にYについて。これも句切れなし。「なかなかに」は〝かえって〟、「心づくし」は〝いろいろと物思いすること。気をもむこと〟の意。「あは」は「泡」と「会は」の掛詞。「消えなむ」の「なむ」は完了・強意の助動詞「ぬ」の未然形「な」＋推量の助動詞「む」の形。**危篤の弁君のことを心配するあまり、弁君に会えないままに自分の方が先に波の泡となって消えてしまいそうだ**と詠んでいる。

選択肢はXの「長かれと思ふ命」に着眼して、「弁君の延命を願う」とある①、「弁君の命が消えないでほしいと願う」とある②、「弁君の長命を願う」とある⑤に絞り、Yの掛詞「あはで」に着眼して、「再会前に」とある②を選択すればよい。「心配するあまり」とあるのは「心づくし」をふまえている。

① 「自分が身代わりに」が不適。「先立ちて」の解釈が間違っている。

③ 「弁君の身を思う」というだけでは不十分な説明になる。「死んだ方がましだ」も「消えなむ」の解釈として

不適となる。

④「養生させたい」「気苦労を消し去ってほしい」が不適切な解釈となる。

⑤「再会のあかつき」が「あはで」に合致しない。「いっそ二人で死んでしまいたい」も不適。

問5 27 正解は②

傍線部の理由を問う設問。「恨みか」の「か」は反語の係助詞で、めのとは民部に対して何の恨みも持っていないと述べる。その理由を直前で「かくまでものし給ふ上は」と述べている。「ものし（ものす）」はある動作を婉曲的に表現する動詞で、ここは「言ふ」の代わりに用いられている。したがって直前の**民部の言葉「今一度……いとなみ侍らばや」に着眼**すればよい。この箇所で、弁君が生前に民部との別れをたいそう惜しんでいたこと、臨終の弁君に会えなかった「そこ（＝めのと）」に対して申し訳なく思っていること、弁君の両親を慰め、「後のわざ（＝葬儀。仏事）」を行いたいこと、などを述べている。よってこの事情を「めのとを気遣い」「葬儀のとりしきり」「傷心の両親を慰める」などと説明した②が正解となる。

①「養子となって」以下が不適。書かれていない。

③めのとより民部の方が弁君への愛情が深かったと説明しており不適。書かれていない。

④「弁君への想いを断ち切った」が不適。第一段落の「片時忘れ参らすることは侍らねど」などに矛盾する。

⑤民部が弁君の死を悲しむふりをしていると説明しており不適。「和歌の名所をめぐるために」以下についても本文の内容に合っていない。

問6 28 正解は④

本文全体の内容・表現を問う設問。消去法で解く。

①**適当**。第一段落の筋に合致する。「面目なさ」は「面伏せさ（＝不名誉）」をいったもの。

②**適当**。「秋風の」（五音）「涙もよほす」（七音）「おとづれに」（五音）、「海士の磯屋に」（七音）「旅寝して」（五

音）など、五音と七音のリズミカルな調子が旅路を急ぐ二人の様子を効果的に表している。

③適当。「富士の高嶺に降る雪も」が「積もる思ひ」を導く序詞になり、「積もる」は「雪が積もる」と「思いがつのる」の意を掛ける。「よるひる」も掛詞になって、二人の心境を重ねている。

④不適。「自らも後を追う」とは書かれていない。本文後半の「夢のわたりの浮き橋をたどる心地」とは〈夢の浮き橋（＝夢の中の通い路。はかない夢）〉をふまえた表現で、弁君の訃報を聞いた民部が、これは夢ではないかとうろたえる様子を表している。

⑤適当。本文終わり近くの「後れ先立つ（＝先立たれたり先立ったりする）はかなさは大方の世のさが（＝ならわし。運命）なれど、かかるためし（＝例）こそ聞きもならはね（＝聞いたこともない）」の前後に合致する。

第4問 標準

《出典》 顧炎武『日知録』〈巻之十三　生日〉

顧炎武（一六一三～一六八二年）は明末～清初の儒学者。崑山県（現在の江蘇省）の人。字は寧人。号は亭林。終生、任官せず、各地を旅して学問と著述に励んだ。経学・地理学・言語学など、広い分野の実証的研究を行った。清代考証学の祖、「清初三大儒」の一人と称される。著書に『日知録』『天下郡国利病書』『音学五書』などがある。『日知録』は三十二巻から成る随筆集である。

要旨

本文は二段落から成る。

1 **誕生日の祝い**（生日之礼…）

『顔氏家訓』によれば、江南では子どもの誕生日に「試児」という儀式を行う習慣があり、この日親戚を集めて宴会を行った。宴会は両親が生きている間は毎年行われた。孝元帝も誕生日に斎講を催したが、母親の死後は取りやめた。

←

2 **誕生日の本義**（逮唐宋以後…）

唐宋以後、天子から庶民に至るまで誕生日を盛大に祝うようになったが、自分を生んでくれた両親に思いをはせ、両親のおかげで今生きていられることを感謝するという、昔の人が考えた誕生日の意義からはかけ離れている。

【語句】

▼**発意**＝意見や考えを思いつく。

▼**二親若在**＝「若」は「もし」と読む接続詞で仮定形を作る。

▼**是此礼**＝「是」「此」ともに代名詞で、前者は『顔氏家訓』の一節を、後者は「生日」を指す。

読み

生日《せいじつ》の礼は、古人に無き所なり。『顔氏家訓《がんしかくん》』に曰《い》はく、「江南《かうなん》の風俗、児《じ》生まれて一期《いつき》、為《ため》に新衣《しんい》を制《つく》り、盥浴装《くわんよくさう》飾《しょく》す。男は則《すなは》ち弓矢紙筆《きうししひつ》を用ひ、女は則ち刀尺鍼縷《たうせきしんる》あり、並びに飲食の物、及び珍宝服玩《ちんぽうふくぐわん》を加へ、之《これ》を児の前に置く。其《そ》の意《い》を発《はつ》して取る所を観《み》、以《もつ》て貪廉智愚《たんれんちぐ》を験《ため》す。之を名づけて試児《しじ》と為《な》す。親表聚集《しんぺうしゆうしふ》すれば、因《よ》りて宴会を成す。茲《こ》れより以後、二親若《も》し在《あ》れば、此《こ》の日に至る毎《ごと》に、常に飲食の事有り。無教《むけう》の徒《と》は、已《すで》に孤露《ころ》たりと雖《いへど》も、其の日は皆供頓《きようとん》を為し、酣暢声楽《かんちやうせいがく》し、感じて傷《いた》む所有るを知らず。梁《りやう》の孝元《かうげん》年少の時、八月六日、載誕《さいたん》の辰《しん》毎に、嘗《つね》に斎講《さいかう》を設《まう》く。阮脩容《げんしうよう》の薨《みまか》りてより後、此の事亦《ま》た絶ゆ」と。是れ此の礼は斉梁《せいりやう》の間より起こる。

唐宋以後に逮《およ》び、天子《てんし》より庶人《しよじん》に至るまで、此の日を崇飾《すうしよく》せざる無く、筵《えん》を開き客を召し、詩を賦《ふ》し寿《ことぶき》を称す。而《しか》るに昔人《せきじん》の本《もと》に反《かへ》り生を楽しむの意に於いて、之を去ること遠し。

全訳

誕生日のお祝いの儀式は、昔の人は行わなかった。『顔氏家訓』に書いてあることには、「江南（＝長江下流の地域）の風俗では、子どもが生まれて一年目に、その子のために新しい着物を作り、体を洗ってやり着飾らせる。男の子なら弓と矢と紙と筆、女の子ならハサミと物差しと針と糸を用意し、そして飲食物、およびお宝と装飾品やおもちゃも加えて、これらを子どもの前に置く。子どもが欲しがって手に取るものを見て、（子どもが）欲張りか清廉か、利口か愚かかを試すのだ。この儀式を名づけて「試児」という。（この日には）親戚が集まるので、宴会を開く。これ以後、両親が生きていれば、毎年この日が来ると、決まって飲食の席を設ける（のが習わしである）。（しかし）教養のない連中は、すでに親を亡くしてしまっていても、その日は皆が酒を出して客をもてなし、酒を飲んでくつろぎ、歌や楽器の演奏に興じて、（亡き親への）思いからくる悲しみに浸ることなど考えもしない。梁の孝元帝は幼いころ、八月六日の、誕生日が来るたびに、斎講（＝僧侶を招いて仏法を説いてもらう行事）を催すのが常であった。（しかし）阮脩容（＝孝元帝の生母）が亡くなってからは、やはりこれ（＝斎講を催す習慣）をやめた」と。（したがって）これ（＝『顔氏家訓』）によればこの（誕生祝いの）儀式は斉・梁の頃に始まったことになる。

唐や宋より後の時代になると、天子から庶民に至るまで、誕生日を立派に飾り立てない者はなく、宴席を設けて客を招待し、詩を作り長生きをお祝いするようになった。しかし昔の人が自分の始まり（＝ルーツである両親）のことを振り返り（今）生きていることを喜んだという（誕生日の）意義からは、遠くかけ離れている。

解説

問1　29・30　正解は　(ア)＝②　(イ)＝⑤

(ア)　「礼」は〝儀式。慣習。制度。作法〟などの意がある。ここは『顔氏家訓』から引用して、子どもの誕生日に行う行事のことを記しているので、②が適当となる。①の「感謝」、③の「贈り物」、④の「説教」、⑤の「宴席」はいずれも「礼」の意からはずれる。

(イ)　「称」は〝となえる。たたえる〟などの意を表す動詞。「寿」は「米寿」などの熟語があるように、〝長命の祝い〟の意。誕生日に客を招待してもてなし、詩を作るという文脈に続くことからも⑤が正解とわかる。

問2　31　正解は③

傍線部の理由を問う設問。「試児」は〝子どもを試す〟の意。「江南風俗」以下、この地方の風習として、子どもの一歳の誕生日に新しい着物を着せ、子どもの前にさまざまな物を並べて、そのどれを取るかによって「貪廉智愚」を試すことが記されている。「貪」は「貪欲」というように〝よくばり〟、「廉」は「清廉」というように〝私欲がないこと〟の意。また「智」は〝かしこい〟、「愚」は〝おろか〟の意。子どもの性格や能力を試すということ。よって「素質や志向を調べる」とある③が正解となる。

①「成長の度合を測る」が不適。

②「興味を示す物を予想して」以下が不適。

④「親が自分の教育方針を決める」が不適。

⑤「親が彼らに合った誕生日の贈り物を選ぶ」が不適。

問3　32・33　正解は　(i)＝⑤　(ii)＝③

(i)　「不」「有」「所」が返読文字になる。このうち「所」は下の用言から返ってそれを体言化する働きをする助詞で、〃～するもの。～すること〃などと訳す。この場合、「感傷」が熟語としても使われることを考慮すれば、これを「感じて傷む」と読んで、一・二点で「所」に返るのが適当とわかる。さらに「所」→「有」→「知」→「不」といずれもレ点で返る。「有」以下が「知」の目的語となっている。よって⑤が正解となる。

(ii)　傍線部を直訳すると、〃感じて悲しむことのあることを知らない〃となる。誕生日を祝うめでたい日なのに「感傷」とあるのは「孤露」をふまえているからで、親がいないことを悲しむことをいう。よって③が正解となる。直訳の「知らない」を「考えもしない」と置き換えている点からも③が選択できる。

問4　34　正解は④

傍線部の内容を問う設問。「此事」は「斎講」を指す。「亦」は〃～もまた〃、～も同様に〃、「絶」は〃とだえる〃の意。よって前文からの内容は、孝元帝は阮脩容が亡くなると（「薨」は〃（諸侯・貴人が）死ぬ〃の意）、やはり斎講を催すのを取りやめた、となる。この「亦」は少し前の「二親若在、毎至此日、常有飲食之事」をふまえたもので、民間では両親が生きている間は誕生日の宴会を催した、逆に言えば片親でも亡くなれば宴会を取りやめたという習慣にならったことをいっている。以上より「斎講を催す習慣をやめた」とある④が正解となる。①は「拒んだ」、②は「誕生日以外にも」、③は「宴会を」、⑤は「悲しまなかった」がそれぞれ不適となる。

問5　35　正解は③

傍線部の表現を問う設問。「自」は「みづから（＝自分）」または「おのづから（＝自然に）」と読む副詞の用法と、「より（＝～から）」と読み、時間・場所などの起点や経由を表す前置詞の用法をよく見かける。ここは「子」から返るので後者の用法になる。下に「至」があることからも容易にわかるだろう。日本語でも「自大阪至神戸（＝大阪より神戸に至る）」のように表記することがある。「於」も前置詞で「至」の範囲を表す。また直後の「無不」は「～（せ）ざる（は）なし」と読む二重否定の句形で、〃～しないものはない。皆～する〃の意になる。よって傍線部の前後は、天子から庶人に至るまで誕生日を盛大に祝わない者はいない、という内容になる。正解は

「身分階層の上下の範囲を指定し」とある③となる。①は「身分差をはっきりさせている」、②・④は「並列させる」以下、⑤は「梁の天子」以下がそれぞれ不適となる。

問6 36 正解は①

傍線部における筆者の主張を問う設問。「而（しかるに）」は逆接の接続詞で、誕生日を盛大に祝うという前文の内容を否定する文脈が続くことを示す。「於（おいて）」は〝〜に関して〟というほどの意の前置詞。「反（かへる）」は〝戻る。振り返る〟の意の動詞。「本」は〝根元。始まり〟。「楽生」は今生きていることを喜ぶということ。「意」は〝思い。意味〟の意。「去之」の「之」は代名詞で「昔人反本楽生之意」を指す。文末の「矣」は断定の助詞。全体を直訳すると、〝しかし昔の人が始まりを振り返り生きているのを喜ぶという意味に関して、これから遠ざかっている〟となる。これが誕生日について述べたものであることを考えれば、**自分を生んでくれた両親を思い、今生きていることを感謝するという誕生日の本義からかけ離れている**という筆者の主張が読み取れる。

選択肢は「意、去之遠」に着眼して、「意義からはかけ離れてしまっている」とある①、「期待から大きく外れて」とある②、「意図をまったく理解できなくなってしまっている」とある⑤に絞り、「而」の前後の文脈をふまえて、「……宴会を開き楽しむばかりとなった。これでは……」と説明した①を選択すればよい。

② 「庶民は」以下、傍線部前後の文脈からはずれる。

③ 「友人ばかりで集まる」「足が遠のいてしまっている」など、内容的に不適。

④ 「斎講」を中心に説明しており不適。

⑤ 第一段落前半の内容を無理やりこじつけた説明になっており不適。

2017
年度

国語　本試験

問題番号(配点)	設　問	解答番号	正　解	配点
第1問(50)	問1	1	⑤	2
		2	⑤	2
		3	③	2
		4	①	2
		5	④	2
	問2	6	⑤	8
	問3	7	④	8
	問4	8	③	8
	問5	9	④	8
	問6	10	③	4
		11	①	4
第2問(50)	問1	12	①	3
		13	②	3
		14	①	3
	問2	15	④	7
	問3	16	⑤	8
	問4	17	②	8
	問5	18	④	8
	問6	19-20	④-⑤	10(各5)

問題番号(配点)	設　問	解答番号	正　解	配点
第3問(50)	問1	21	③	5
		22	③	5
		23	④	5
	問2	24	⑤	5
	問3	25	②	7
	問4	26	②	7
	問5	27	④	8
	問6	28	①	8
第4問(50)	問1	29	⑤	4
		30	②	4
	問2	31	②	5
		32	③	5
	問3	33	②	8
	問4	34	④	8
	問5	35	②	8
	問6	36	①	8

（注）-（ハイフン）でつながれた正解は，順序を問わない。

自己採点欄
／200点

（平均点：106.96点）

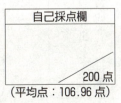

第1問 やや難

《出典》 小林傳司「科学コミュニケーション―専門家と素人の対話は可能か」〈1 誰に科学を語る資格があるのか〉（金森修・中島秀人編著『科学論の現在』勁草書房）

小林傳司（一九五四年〜 ）は京都府生まれ。京都大学理学部生物学科卒業。東京大学大学院理学系研究科博士課程単位取得退学。専門は科学史・科学基礎論。福岡教育大学教育学部助教授、南山大学人文学部教授などを経て、大阪大学理事・副学長（二〇一七年現在）。著書に『誰が科学技術について考えるのか―コンセンサス会議という実験』『トランス・サイエンスの時代―科学技術と社会をつなぐ』などがある。

要旨

本文は科学の歴史をたどりながらコリンズとピンチの科学論を論じたもので、十三段落から成る。原文には第1〜第4段落に「科学の変容」、第5段落以下に「社会学的『欠如モデル』？」という小見出しがある。ここでは全体を五区分して内容をまとめてみよう。1・2が序論、3・4が本論、5が結論という構成になる。

1 科学技術の膨張　第1・第2段落　※問2・問6

科学は十六・十七世紀までは伝統的な自然哲学の一環という側面が強かったが、十九世紀になると科学者という職業的専門家による知識生産へと変容し、さらに二十世紀になると技術と結びついて国家の重要な戦力として膨張し続けた。

↓

2 科学技術の両面価値　第3・第4段落　※問3・問6

科学技術は二十世紀前半までは社会の諸問題を解決する能力を持っていたが、後半になると、それの作り出した人工物が人類にさまざまな災いをもたらし始めた。こうして「もっと科学を」というスローガンの説得力が低下し、「科学が問題ではないか」という新たな意識が社会に生まれ始めている。

←

3

ゴレムのイメージ　第5・第6段落　※問4・問6

コリンズとピンチは科学を、「実在と直結した無謬の知識という神のイメージ」から「不確実で失敗しがちな向こう見ずでへまをする巨人のイメージ」、すなわちゴレムのイメージに取りかえることを主張した。

←

4

重力波の測定の例　第7〜第11段落　※問6

コリンズとピンチは重力波の測定を例に、科学上の論争の終結が論理的、方法論的な決着とはほど遠いことを明らかにした。二人はこのようなケーススタディーをもとに、「もっと科学を」路線を批判し、**科学を一枚岩とみなす発想を掘り崩した**。

←

5

コリンズとピンチの議論の構造　第12・第13段落　※問5・問6

コリンズとピンチは、科学者はもちろん一般市民も科学の「ほんとうの」姿を知らず、**科学を正当に語る資格があるのは科学社会学者である**、という自分たち科学社会学者の立場を無批判に前提にする構造の議論をしてしまっている。

【語釈】

▼自然哲学＝思弁によって自然を総合的、統一的に説明しようとする哲学の一部門。古代ギリシアで成立した。
▼好事家＝物好きな人。また風流を好む人。
▼思弁的＝経験によらず、もっぱら思考によって推論するさま。
▼人口に膾炙していた＝人々に広く知れ渡っていた。
▼神話＝根拠もなしに信じ込まれて、人間の思考や行動を支配する固定観念。

解説

問1　1－5　正解は　(ア)＝⑤　(イ)＝⑤　(ウ)＝③　(エ)＝①　(オ)＝④

(ア)「倍増」　①培養　②媒体　③陪審　④賠償　⑤倍した
(イ)「要因」　①動員　②強引　③婚姻　④陰謀　⑤起因
(ウ)「厄介」　①ご利益　②通訳　③厄年　④躍起　⑤薬効
(エ)「宣告」　①上告　②克明　③黒白　④穀倉　⑤酷似
(オ)「癒やされる」　①空輸　②比喩　③愉悦　④癒着　⑤教諭

問2　6　正解は⑤

傍線部の内容を問う設問。現代の科学技術が先進国の社会体制の維持と発展に大きく寄与しているというのがその内容であるが、ここに至る論旨の流れを正確につかむ必要がある。それを整理すると次のようになる。

▼十六・十七世紀――伝統的な自然哲学の一環としての好事家による楽しみの側面が強かった
▼十九世紀――科学者によって営まれる知識生産としての近代科学へと変容した
▼二十世紀――技術と結びついて膨張し、国家の競争の重要な戦力となった

傍線部はこの第三の段階をいったもので、第1段落では科学技術が国家間の競争の重要な戦力となっていること、第2段落では科学技術にGNPの二%強が投資されていること、さらに第3段落では、科学技術が自然を操作してさまざまな人工物を作り出していることなどが指摘される。すなわち現代の科学技術が**国家の経済力・競争力と強く結びつき、国民の物質的生活を豊かにする方向へと転換した**というのが傍線部の具体的な内容である。なお傍線部の直前で、現代の科学技術が自然哲学的性格を失ったことが指摘されているが、それのみならず、近代の科学からも変容していることが暗黙のうちに示されている。以上より、傍線部は次のように説明できる。

現代の科学技術は、国家体制を支える経済力・競争力のアップと国民の物質的生活の向上に奉仕する方向へと変化してきている

選択肢は、「**社会体制**（＝社会の秩序づけられた仕組み）」に着眼して、これを「体系的な仕組み」と言い換えた⑤を選択すればよい。他の選択肢はいずれもこの語を説明していない（「どういうことか」と問われている以上、基本的な語であるとはいえ、この語も説明する必要がある）。なお正解⑤に「人間の知的活動という側面を薄れさせ」とあるのは、右に指摘したように近代の科学から変容したことをいったものである。

①　第1・第2段落の内容に沿った説明で悪くないが、「社会体制」を説明していない点が不適。

②　自然哲学が科学の「本来の目的」であると説明しており、不適。

③　「為政者（＝政治家）の厳重な管理下に置かれる」とは書かれていない。

④　「社会体制」を説明していない。また、「『もっと科学を』というスローガン」は科学技術を肯定するものであるから、「地位を離れ」という説明も不適となる。

問3　7　正解は④

傍線部の内容を問う設問。だが冒頭に「こうして」とあるように、指示語の設問でもある。この指示語は前三文を指している。すなわち科学技術は自然の脅威を制御できるようになった反面、それが作り出した環境ホルモンなどの人工物が人類にさまざまな災いをもたらし始めているというもの。これが「両面価値的（＝相反する価値が同時に存在するさま。アンビバレント）」（同段落）ということである。次に「『もっと科学を』というスローガン」とは、同段落で述べられているように、社会の諸問題を解決し、日常生活を豊かにする科学技術を全面的に肯定して、さらに発展させようとする考え方をいう。ところがこの動きに対する疑念が「『科学が問題ではないか』という新たな意識」であり、環境ホルモンなどの**負の遺産に対する問題意識が科学技術に対する疑念を生み出した**というのである。よって傍線部は次のように説明できる。

科学技術が作り出した人工物が災いをもたらすようになると、科学を肯定する考え方が弱まり、逆に問題視しつつある

選択肢は、指示語「こうして」に着眼して、これを「人工物が各種の予想外の災いをもたらすこともあり」と説明した④を選択すればよい。「全的な信頼感が揺らぎつつある」とあるのも右の問題意識の説明として適切である。なお本書では、三行にわたる長い選択肢はまず文末を検討して絞りこむ方法を薦めているが、本問でこれを用いると、②の「失望感」と③の「違和感」がはずせるのみで、残り三つを吟味する必要があり時間がかかる。「こうして」に着眼する理由はここにある。

① 「予測不可能」だからではなく、「災いをもたらし始めてもいる」ことへの警戒感である。

② 「自然哲学的な営みから発展」したのではない。「営利的な傾向」に対する「失望感」という説明も傍線部の趣旨に合致しない。

③ 「自然の仕組みを解明することによって」ではなく、技術と結びつくことによって、である。

⑤ 「生活感覚から次第に乖離する（＝そむき離れる）」ことへの「漠然とした不安感」ではなく、すでに災いがもたらされていることへの不安である。

問4 8 正解は③

傍線部の内容を問う設問。「ゴレムのイメージ」については、第5段落以下で説明される。コリンズとピンチは科学のイメージが全面的に善なる存在か（「科学至上主義」第12段落）、全面的に悪なる存在か（「反科学主義」第12段落）に分裂しているとし（第5段落）、その解決策として科学をその実態に合わせて「不確実で失敗しがちな向こう見ずでへまをする巨人のイメージ」、つまり「ゴレムのイメージ」に取りかえることを提案したと述べられる（第6段落）。この解決策は、科学を善と捉えるにしろ、悪と捉えるにしろ、その**いずれかを絶対視するのではなく、善悪の両面を含むものとして捉え直そうとする**、一種の妥協案とみることができる。このゴレムは神話に登場する、人間が創った怪物で、魔力を日々増加させながら成長し、人間に役立ち外敵から守ると同時に、適切に制御しなければ人間に敵対する危険な存在であると述べられる（第5段落）。科学技術が作り出した人工物が人類に恩恵をもたらすと同時に、その制御を誤れば害悪ももたらすことを考えれば（第3段落にも「両面価値的存在」とある）、ゴレムの比喩はまさしく適切であろう。なお第7段落以下で重力波の論争が取り上げられ、重力波の存在・非存在が実験によってではなく、有力科学者の意見によって決着をつけられたことが記されている。**科学的な「真理」が絶対的なものではない**ことを示す一例である。以上より傍線部は次のように説明できる。

ゴレムが人間に奉仕すると同時に敵対する怪物であるように、科学も人類に恩恵を与えると同時に害悪ももたらす存在であることを主張した

選択肢は三行と長く、また冒頭部分が同じなので、まず文末を検討する。ゴレムが危険な怪物であるということから、「人類を窮地に陥れる脅威となり得る存在」とある①、「制御困難な問題も引き起こす存在」とある③、「人類に災いをもたらす存在」とある⑤に絞る。次に**ゴレムと同じく科学も両面価値的存在である**点に着眼して、「人間の役に立つが欠陥が多く危険な面も備える」「人類に寄与する一方で制御困難な問題も引き起こす」と説明した③を選択すればよい。

①　ゴレム、科学いずれも人類に役立つという点を説明していない。

② ゴレム、科学いずれも人類に害をもたらすという点を説明していない。

④ ゴレムは「万能」ではないので不適。科学の二面性の説明も不適。

⑤ 科学の害悪を説明するのみで、科学が人類に役立つという面を説明していない。

問5 9 正解は④

傍線部の理由を問う設問。傍線部以下、コリンズとピンチによる、**科学＝ゴレムという議論に対する批判**が展開される。その要点は二つ。まず第一に、ゴレムという科学のイメージは古くからあり、ポピュラーなものであること（第12段落）。第二に、こちらの方がより重要なのだが、科学者も一般市民も一枚岩的に（＝組織などがしっかりまとまっているさま）科学の「ほんとうの」姿を知らず、知っているのはコリンズとピンチのような科学社会学者だけであるという、**自己の立場の正当性を暗黙のうちに前提にした議論**をしていることである。しかしこれでは「科学至上主義」の立場から、科学に対する素人の誤解を解き無知を啓蒙しなければならないと発想する科学者（第4段落）と同じ立場に立って発言していることになる、というのが筆者の批判の眼目である（ただし、特定の立場に立たずに議論ができるのかという疑問は残る）。本文末尾の「科学を正当に語る資格があるのは……『科学社会学者である』と答える構造の議論をしてしまっている」という箇所をしっかり押さえよう。以上より傍線部の理由は次のように説明できる。

一般市民も科学の「ほんとうの」姿を知らず、科学を正当に語れるのは科学社会学者であると、自己の立場を無批判に肯定して議論しているから

選択肢はこれも三行と長いので、文末を検討するとよい。右に挙げた本文末尾に着眼すれば、「科学者と似た見方であるから」とある④が選択できよう。「歴史的にポピュラーな」「一般市民は科学の『ほんとうの』姿を知らない存在だと決めつける」という説明も適切である。

① 以前の小説家たちが一般市民の科学観を問題にしてきたとは書かれていない。

②「一般市民自らが決定を下せるように、市民に科学をもっと伝えるべきだと主張してきた」が不適。第10段落の「一般市民に期待するなどというのはばかげていると主張する」「伝えるべきことは、科学の内容ではなく……なのだ」に矛盾する。

③「専門家の示す科学的知見に疑問を差しはさむ余地などない」が不適。第11段落の「科学を一枚岩とみなす発想を掘り崩す効果をもっている」などに矛盾する。

⑤「科学に『ついての』知識の重要性を強調するばかりで」が不適。コリンズとピンチの主張とは異なる。②の解説に示した、第10段落の箇所に合致しない。また「科学知識そのものを十分に身につけていない」以下についても、本文に書かれていない。

問6 10・11 正解は（i）＝③（ii）＝①

本文の表現の特徴・論旨の展開について適当でないものを選ぶ設問。消去法で解く。

（i）

①**適当**。十九世紀になってようやく「科学者」という呼称が成立して彼らが社会的存在となり始める、という趣旨に合致する。

②**適当**。「一石を投じる」は〝反響を呼ぶ問題を投げかける〟の意。

③**不適**。「極端な対症療法（＝問題に対する根本的な対策ではなく、表面に表れた状況に応じて問題を処理すること）」とあるが、第11段落に「科学を一枚岩とみなす発想を掘り崩す効果をもっている」とあるように、筆者は彼らの「処方箋」の欠陥を指摘しながらもその有効性を評価している。

④**適当**。同段落の末尾に「実験家の悪循環」とある。

（ii）

①**不適**。「その諸状況が科学者の高慢な認識を招いた」とあるが、第4段落冒頭部分に「依然として」とあるよう

に、「その諸状況」の前後で科学者たちが認識を改めることはなかったのである。

②適当。第5・第6段落でゴレムのイメージが提示され、第7〜第9段落で、ケーススタディー（＝実際の症例や事例を研究して理論を構築したり実証したりする研究方法）の一例として重力波が取り上げられている。

③適当。第10・第11段落ではコリンズとピンチの議論の有効性が確認されている。

④適当。コリンズとピンチの議論の問題点について、第12・第13段落それぞれで指摘されている。

第2問 標準

《出典》 野上弥生子「秋の一日」（『野上弥生子全集 第一巻 小説一』岩波書店）

野上弥生子（一八八五〜一九八五年）は小説家。大分県生まれ。明治女学校高等科卒業。夏目漱石に師事して創作活動を行う。知的な作風で知られ、市民生活や社会問題などをテーマに小説を書いた。また翻訳や評論の分野でも活躍した。代表作に『海神丸』『真知子』『迷路』『秀吉と利休』などがある。

「秋の一日」は明治四五年（一九一二年）一月発行の文芸雑誌『ホトトギス』第十五巻四号に掲載された短編小説で、本文はその途中の一節である。

要旨

本文を場面の展開に従い、五区分して内容をまとめてみよう。4が回想部分で、他はほぼ時系列的に話が進んでいく。

1 あけび細工の籠 1〜15行目（「此秋になったら…」） ※問2・問5・問6

直子は毎年秋になると病気をしてどこへも出かけられなかったが、今年の秋は元気だった。そこで絵の展覧会を見に行くついでに、あけび細工の籠に食べものを入れて子供とピクニックに出かけようと決めた。

2

訳もない涙　16〜41行目（あけの日は…）　※問3・問5・問6

直子は子供と女中を連れて上野へ出かけた。人気の稀な朝の公園はいかにも秋らしかった。小学校の運動会で子供たちが遊戯をしているのを眺めていると、訳もなく涙がにじみ出てきた。直子はこの涙が久しく癖になっていた。

←

3

「幸ある朝」　42〜67行目（此涙の後に浮ぶ…）　※問5・問6

展覧会場はまだ人も少なく、絵画も彫刻もうるさい批評から免れて休息しているように見えた。直子は「幸ある朝」という絵の前で心が動揺した。その画家の義妹は直子の旧友の淑子であった。

←

4

昔話　68〜90行目（話は或る暑中休暇の…）　※問5・問6

女学校時代、直子たち三四人の友達が暑中休暇に会を作る相談をしたが、淑子が参加できないと言い実現しなかった。実は淑子が休暇中に義兄の絵のモデルになっていたことを、直子たちはその秋の展覧会で知ったのだった。

←

5

雲のような追懐　91〜107行目（直子は今…）　※問4・問5・問6

直子は「幸ある朝」の前で当時の自分を思い出し、笑いたいような冷やかしたいような、あわれみたいような気がした。そしてその見すぼらしい姿を悲しんだ。しかし虎の絵を怖がる子供の泣き声で現実に戻り、可笑しくなった。

【語釈】
▼一ッぱし＝人並みに。一人前に。
▼当て気＝わざと人目を引くことを言ったり、行ったりしようとする気持ち。
▼お転婆＝若い女性が、恥じらいもなく活発に行動するさま。

解説

問1 12 - 14 正解は (ア)＝① (イ)＝② (ウ)＝①

(ア) 「あっけに取られる」は〝意外な出来事に出合って驚きあきれる〟意の慣用表現。「あぜんとする」「絶句する」「開いた口がふさがらない」などの類義語がある。本文では、子供が「初めて見る此珍らしい踊りの群れ」にひどく驚く様子を表現する。①が正解。②は「とまどった」が不適。下の「熱心に」にも続かない。③・④は意外性のニュアンスがない。⑤は「うれしそうな」が不適。

(イ) 「生一本」は本来〝純粋で混じり気のないこと〟の意で、ここから〝純真に物事に打ち込むさま〟の意が派生した。類義語に「一本気」などがある。本文では淑子の性格を表している。語義的に正しいのは②のみ。⑤は直前の「頑固」と意味が重なる点でも不適となる。

(ウ) 「あてつけがましい」は「あてつける（＝他の事にかこつけて、それとわかるように、相手の悪口や皮肉などを言う。仲のよさを見せつける）」を形容詞化したもので、〝いかにもあてつけるような態度だ〟の意。本文では暑中休暇の会に参加しようとしない淑子に対して、直子が婉曲的な言い回しで嫌味を言う場面で使われる。①が正解。②の「敵意」、④の「憎悪」は意味が強すぎる。③は「ふざけて」、⑤は「失礼で慎みがない」が不適。

問2 15 正解は④

傍線部の内容を問う設問。直後に「遠足を待つ小学生のような心」とあるように、直子が翌日の外出をうきうきと楽しく思い描く場面である。「物珍らしい楽しい事が急に湧いたような」とあるのは、少し前の「其前日の全く偶然な出来心」と対応する表現で、展覧会に行くことを決めた直子が、ついでにどこか近郊へピクニックに行くことを急に思いついたことを表現している。傍線部直前の心情描写の部分にも「すんだら上野から何処か静かな田舎に行く事にしよう」とある。直子がこのように思いついたのは、「あけび細工の籠」に執着しているからで、その様子は、リード文の一節や、2行目、11行目、17行目で繰り返されている。よって傍線部は次のように説明できる。

展覧会のついでに、籠を持ってどこか近郊へピクニックに行くことを急に思いついて心がはずんでいる

この「籠」と「ピクニック」の二点を基準に吟味する。「籠を持ってどこかへ出掛けたい」とある①と、「籠を持って」「郊外へ出掛ければいい」とある④に絞り、急に行楽を思いつくという点を決め手に④を選択する。

① 絵の鑑賞に「にわかに興味を覚え」たとする点が、10行目の「去年も一昨年も……今年は早く行って見よう」という気持ちに合わず不適。

② 「長い間患っていた病気が治り」「全快を実感できる」とは書かれていない。籠や展覧会にも触れていない。

③ 行楽に触れていないのが最大の欠点。また「悩んでいた」とも書かれていない（7行目参照）。

⑤ 「子供は退屈するのではないかとためらっていた」とは書かれていない。キーワードの「籠」もない。

問3 16 正解は⑤

傍線部の内容を問う設問。指示語の設問でもある。まず「この微笑」は直前の、児童たちの遊戯に見入る自分の子供を振り返って見たときに浮かんだ微笑である。次に「涙に変る或物」とは涙へと変化していく或るものということだが、これについては33行目以降が手がかりになる。直子は自分の子供と一緒に児童たちの遊戯を見ていたときに、ふと涙がにじみ出てくる。それは「訳もない涙」で、感情の表出に先立ち、感情を伴わずに流れる涙である。

日常の何気ないときや、子供の清らかな瞳を見つめているときなど、「ただその有様が胸に沁む」と表現される。よって「或物」とは感情を激しく揺さぶるような劇的な物事ではなく、**何か心の深い所に触れて静かな感動を与える物事**といったものをいい、それが無意識ながら、**ささやかな幸福感や美的感情となって涙を誘う**のだとわかる。

選択肢はまず「この」の指示内容として、①の「身を乗り出して運動会を見ている子供の様子に反応した」と⑤の「子供が運動会を見つめる姿に反応した」を適切なものとして選び、続いて「或物」を「純粋なもの」と説明した⑤を選択すればよい。

①「或物」を「病弱な自分がいつも心弱さから流す涙」と説明しており、不適。

②「驚く」のは傍線部(ア)の箇所であり、ここではもう驚いてはいない。「無邪気な子供の将来を思う不安」も読み取れない。

③「純真さをいつまでも保ってほしいと願うあまりに」涙が流れるとは読み取れない。

④「幸せそうな」や、「自分がさまざまな苦労をして流した涙の記憶」が読み取れない。

問4 17 正解は②

傍線部の内容を問う設問。指示語「こうした」の指示内容の設問でもあるが、「こうした雲のような追懐（＝昔をしのぶこと。追憶）」の指示する範囲は広い。この「追懐」は展覧会で「幸ある朝」（61行目）を見たときに始まる。62行目に「いろいろ取り集めたような**動揺した感情**の許にあった」とあり、続いてその事情が具体的に描かれる。それは直子の学友であった淑子にまつわるもので、淑子がひそかに画家の義兄のモデルとなり、展覧会場でその絵を見た直子たちを驚かせたという話である。直子は**この出来事を昨日のことのように思い出し**ながら、**その後の淑子**の結婚とその早過ぎる死を思い、そして現在の自分とは別人のような**当時の自分**に対して、「笑い度いような冷やかしたいような且憫み度いような気がし」、その「如何にも価《あたい》なく（＝値打ちがなく）見すぼらしいのを悲し」む。だがこのような「追懐」に「封じられてる（＝自由な行動ができないようにされている）」うちに、子供の泣き叫ぶ声で現実に戻ったというもの。なお「雲のような」という比喩は、思い出が次々と湧き上がってくる様子をたとえたものである。以上より傍線部は次のように説明できる。

次々と湧き上がってくる、淑子にまつわる女学校時代の思い出や、当時の見すぼらしい自分を悲しむ気持ちから抜け出せずにいる

選択肢は、長いので文末を検討する。「封じられてる」に着眼して、「抜け出すことができずにいる」とある②、「ふさがれている」とある③、「とらわれている」とある⑤に絞る。さらに③の「後悔の念」、⑤の「取り戻したい」を不適とみなし、「淑子さんはすでに亡く、自分自身も変化している」と無難にまとめた②を選択する。

①「長い間の病気が自分の快活な気質をくもらせてしまった」とは書かれていない。

③淑子との感情のすれ違いを、当時の自分が未熟だったからとする記述はない。「後悔」も不適。

④当時の思い出が薄れてしまったとの説明が、93・94行目の「ほんの昨日の出来事で……どやどやと此室に流れ込んで来そうな気がする」に矛盾する。「懸命に思い出そうと努めている」も不適。

⑤「さまざまな感情」（96・97行目「笑い度いような……悲しんだ」）が淑子の仕掛けた謎によって生じたとする説明が不適。「取り戻したい」とも書かれていない。

問5　18　正解は④

心情を問う設問。消去法で解く。

①不適。1～7行目の直子の心情。「明け暮れ軽快な心持ちで」「毎年よそに見はずした秋の遊び場のそこ此処を思いやった」などとあるように、珍しく健康なこの秋はピクニックに行きたいと思っている。したがって「秋のピクニックを計画する余裕もない」という説明は誤り。

②不適。25～28行目の直子の心情。「異様な鳥のように直子の目に映った」とあり、鴉を不気味に思う直子の心情が描かれるが、「ささいなことにも暗い影を見てしまう直子の不安な感情が暗示されている」とまでは言えない。

③不適。32～34行目の直子の心情。「子供に劣らぬもの珍らしい心を以て立ち留まって眺めていた」とあるが、それは「何年ぶりかでこんな光景を見た」からである。「子供の新鮮な心の動き」がその原因ではない。

④適当。47～54行目の直子の心情。直子は子供が美術展の「美しい大きな画」を「どんな顔をして眺めるだろうか」と、その**反応を注視し**、子供が女の裸体像を指さして「おっぱい、おっぱい」と喜ぶ姿を見て、**遠慮なく笑っている**。よって「のびやかな気分」という説明は妥当である。

⑤不適。97行目以降の直子の心情。学生時代を追想していた直子は子供の突然の泣き声によって現実に連れ戻されるが、子供が絵の虎を怖がる様子に「堪らなく可笑しくな」る。よって「嘆く様」という説明は不適。なお「とや、とや」は虎を表す子供の舌足らずな言葉。また106行目の「ううう」は虎の声を擬音化したものである。

問6　19・20　正解は④・⑤

表現の特徴として適当でないものを二つ選ぶ設問。消去法で解く。

①適当。1行目の「あんよ」は足や歩行をいう幼児語。24行目の「あらわ」は形容動詞「あらわだ」の連体形「あらわな」の語幹である。「目立たせる」「識別しやすくする」という説明は妥当である。

②適当。22行目の「灰色、茶色、鈍びた朱色」、48行目の「赤や青や黄や紫や」などが色彩語になる。また23行目の「さくさく」は落ち葉を踏む音を擬音化したものである。

③適当。38行目に「秋晴の空のま下に」とある。

④不適。直子は確かに絵は素人であるけれど、だからといって作者はそのことを非難したり、「突き放そうと」しているわけではなく、むしろ**素人なりの鑑賞態度を肯定的に描いている**。

⑤不適。「うるさい『品定め』から免れた悦びを歌いながら、安らかに休息してる」のは「絵画や彫刻」そのものであって、「絵画や彫刻にかたどられた人たち」ではない。ここは**絵画や彫刻を擬人化した表現**になっている。

⑥適当。93・94行目に「ほんの昨日の出来事で、今にも……流れ込んで来そうな気がする」とある。

第3問　標準

《出典》　宮部万女『木草物語』〈冬〉

宮部万女《みやべまんじょ》（？～一七八八年）は江戸中期～後期の歌人で、『伊勢物語』や『源氏物語』といった平安朝文学にも精通し、『源氏物語』「葵」の巻を浄書した。またその学識を生かし、擬古物語『木草物語』を著した。この作品は「春」「夏」「秋」「冬」の四巻構成で、登場人物名に草木の名前を使用したのが書名の由来。帝、中宮、女御、太政大臣といった高貴な人々の人間関係や恋愛模様を描く。筋立てや描写などに『源氏物語』の強い影響が見られる。

要旨

本文は五段落から成る。これを三区分して内容をまとめよう。

1　**若い尼をかいま見る**　（にはかのことなれば…）第一・第二段落

菊君が**蔵人**の屋敷を訪れ、夕顔の花にひかれて庭に下り、何気なく透垣の隙間から隣家をのぞき見ると、**老尼と若い尼**が見えた。**菊君**はその**若い尼**に心をひきつけられた。

↓

2　**老尼の娘に歌を贈る**　（主、御果物など…）第三段落

菊君は屋敷に住む**童**から隣人のことを聞き出した。**老尼**は**蔵人**のきょうだいで、**娘**（＝若い尼）と一緒に一時的に隣に住んでいるのであった。そこで**菊君**は**童**を使いにして娘に歌を贈った。

↓

3

老尼の返歌　（なごりも…）第四・第五段落

菊君は蔵人たちを先に寝かせて童の帰りを待った。ようやく戻った童は老尼の空とぼけた返歌を伝え聞かせた。菊君は娘の面影が忘れられず眠れなかった。

【語釈】

▼**御座**＝御座所。菊君が座っているところをいい、蔵人は菊君の前に何のご馳走も出せないことを詫びている。

▼**ゐざり出づる**＝すわったまま膝で進み出る。

▼**そらめ**＝見まちがい。「そら」は〝いい加減。根拠がない〟の意で、「そらごと（＝うそ）」「そら耳（＝幻聴）」「そら頼み（＝あてにならない頼み）」などの熟語を作る。

▼**尼ならずは**＝「ずは」は打消の助動詞「ず」の未然形（あるいは連用形）＋係助詞「は」の形で、打消の順接仮定条件（〝もし〜でないならば〟）を作る。「ずば」も同じ。

▼**あからさまに**＝一時的に。〝あらわに。明らかに〟の意は近世以降の用法。

▼**そぞろごと**＝とりとめもないこと。むだ話。本文ではうわついた恋の話をいう。「すずろごと」に同じ。

▼**おぼめき侍りしかばなむ**＝「おぼめく」は〝知らないふりをする〟の意。

▼**間近けれども**＝（注9）の「人知れぬ」の歌意は、〝人知れぬ片思いなど何の役にも立たないとはいっても、近くにいるのに逢う手立てがない〟というもの。「葦垣の」は「間近」の枕詞。

通釈

急なことなので、主人（＝蔵人）は「十分なおもてなしもできず、まったく畏《おそ》れ多い御座所でありますよ」と言って、こゆるぎの磯の「いそ」ではないが急いで、酒の肴《さかな》を探し求めて、お供の人々も世話をして忙しく立ち振る舞うが、菊君は「涼しいところへ（移ろう）」と言って外に近いところで物に寄りかかって横になり、打ち解けていらっしゃるお姿は、場所柄なおさらこの上なく（優雅に）お見えになる。

隣といってもたいそう近く、粗末な透垣などを巡らせてあるところに、夕顔の花が所せましと咲きかかっているのが、（菊君は）見慣れていらっしゃらないので、趣があると思ってご覧になる。少し暮れかかった露ほどの弱い光も紛れて色あいも定かでないが、（庭に）下り立ってこの花を一房お採りになったときに、透垣の少し空いているところから（隣家を）のぞきなさると、尼の住居と思われて、閼伽棚に粗末な草の花などを摘んで散らしてあるが、五十歳ほどの尼が出てきて、（閼伽棚を）水で洗い清めなどする。花皿に数珠が引っかかって、さらさらと音を立てるのもとても風情があるところに、また奥の方からぼんやりとながら座ったまま進み出てくる人がいる（のが見える）。年のほどは、二十歳くらいと思われて、たいそう色が白く小柄であるが、髪の裾《すそ》が、座高ほどの長さに豊かに広がっているのは、この人も尼であろうか、夕暮れ時の見まちがえやすい目のために、（菊君は）はっきりとは見分けがつきなさらない。（若い尼は）片手にお経を持っているが、何事であろうか、この老いた尼にささやきながら微笑んでいるのも、このような質素な屋敷の中では不釣り合いなほど、上品でいかにも可愛らしい。たいそう若いのに、どのような道心を起こしてこのように出家してしまったのだろうかと、（菊君は）たわいないことに執心なさる癖があるので、たいそう心ひかれると見捨てがたくお思いになる。

主人は、酒の肴などしかるべき体裁にして持って出てきて、「せめてこれでも（お召し上がりください）」と言って、忙しく世話を焼くが、（菊君は部屋に）お入りになっても（酒の肴など）見向きもなさらない。（心中では）たいそう心ひかれる人を見たなあ、もし尼でなければ、親しくつき合わないではいられないお気持ちがして、誰もいない間に（菊君の）御前にお控えしている童にお尋ねになる。「この隣に住む人は何者なのか。知っているか」とおっしゃると、（童は）「主人のきょうだいの尼だと申しておりましたが、数カ月このかた山里に住んでおりましたのに、最近一時的にここにやって来て住んでおりますもので、菊君がこうして突然お越しになったのが、時機が悪いと言って、主人はひどく不機嫌にしております」と申し上げる。（菊君は）「その尼は、年はいくつほどであるか」と、なおもお尋ねになると、（童は）「五十歳あまりにもなるでしょうか。その娘でたいそう若い者も、同じように出家して、とお聞きしたのは、本当のことでしょうか。身分のほどよりは見すぼらしい感じもなく、たいそう気位の高い人ゆえ、だいたいのところは世の中がすっかり嫌になってしまいましたとか（言います）。なるほど仏に仕える心持ちの高さは大変なものです」と言って笑う。（菊君は）「感慨深い話だなあ。それほど固く決心した人に、無常の世の話でも申し上げたい気がするが、突然のうわついた言葉も罪深いに違いないけれど、どう返事するか、試しに手紙を届けてはくれないだろうか」と言って、御畳紙に、

X「涙がこぼれかかるほど嘆いたところで私の恋心もかいがない。夕暮れ時にほのかに見た家に住む（夕顔の花のような）貴女よ」

童はわけがわからず、（でも）事情があるのだろうと思って、（菊君の手紙を）懐に入れて出かけて行った。

（老尼の娘の）面影をしのんで物思いにふけっていらっしゃると、人々が、（菊君の）御前に参上し、主人も「退屈なさっているでしょう」と言って、いろいろなお話などお聞かせするうちに、夜もひどく更けていくので、菊君はあのお返事がたいそう知りたいのに、あいにく人が大勢いるのを不本意にお思いになるので、いかにも眠そうに振舞いなさって物に寄りかかって横になられるので、人々は、菊君に「さあ、早くお休みください」と言って、主人もそっと（寝床に）入った。

ようやく童が帰参したので、（菊君が）「どうであったか」とお尋ねになると、（童は）「『（わが家には）まったくこのようなお手紙をお受け取りするはずの人はおりません。家を間違えているのでは（ないでしょうか）』と、例の老尼が、思いの外のことのように申し上げました」と言って、

Y「『出家した尼の住む粗末な家ですのに、いったいどのような夕顔（＝女性）を見たとおっしゃるのでしょうか』と、知らないふりをしましたので、戻ってまいりました」と申し上げるので、（菊君は）このように申し上げなさい

（歌を贈った）かいがないものの、（一方では）もっともだと思い直しなさっていると、お眠りになることができない。不思議なことに、可愛かった（老尼の娘の）幻が、夢ではない（現実の）御枕元にぴったりと寄り添っているお気持ちがして、「近くにいるのに（逢えなくてつらい）」と独り言をおっしゃる。

解説

問1　21－23　正解は　(ア)＝③　(イ)＝③　(ウ)＝④

(ア)「にげなし」は「似げ無し」で、〝釣り合わない。似合わない〟の意。重要語に近い。前後の「葎の中（＝粗末な家の中）」と「あてに（＝上品で）」とが矛盾した表現であることからも③が選べる。

(イ)「聞こえ」は「言ふ」の謙譲語「聞こゆ」の未然形。〝申し上げる〟の意。話し手である菊君が尼の母娘を敬って言った表現。「まほしき」は希望の助動詞「まほし」の連体形で、〝～たい〟の意。③が正解。①なら「うけたまはらまほしき」となる。

(ウ)「あやしう」は形容詞「あやし（＝不思議だ。異様だ。疑わしい。粗末だ。身分が低い）」の連用形「あやしく」のウ音便で、「添ひたる」にかかる。老尼の娘のことを思って眠れない菊君が、枕元に彼女の幻が寄り添っているように感じたという文脈。④が正解。①や③では文脈的につながらない。

問2　24　正解は⑤

助動詞「ず」「ぬ」「なり」の分類。

a　直前の「給は」が尊敬の四段活用補助動詞「給ふ」の未然形であり、直後の「ものから」が連体形接続の順接・逆接の接続助詞であることから、「ぬ」は打消の助動詞「ず」の連体形とわかる。

b　「にや（あらむ）」は「にか（あらむ）」と同じく一つのパターン的表現で、「に」は断定の助動詞「なり」の連用形である。「や」は係助詞。〝～であろうか〟の意。

c　直前の「そむき」が四段動詞「そむく（＝出家する）」の連用形で、直後の「らむ」が終止形接続の原因推量の助動詞「らむ」である。よって「ぬ」は**完了の助動詞「ぬ」の終止形**。

d　文末にあり、直前の「給ひ」が尊敬の四段活用補助動詞「給ふ」の連用形であるから、「ね」は**完了の助動詞「ぬ」の命令形**になる。文頭の感動詞「いざ（＝さあ）」に対応する。

e　直前の「なら」が断定の助動詞「なり」の未然形で、「ぬ」は名詞「御枕上」にかかるから、**打消の助動詞「ず」の連体形**とわかる。

▼紛らわしい「に」「ぬ」「ね」

	未然形	連用形	終止形	連体形	已然形	命令形	接続
打消の助動詞「ず」		（に）		ぬ	ね		未然形
完了の助動詞「ぬ」	な	に	ぬ			ね	連用形
断定の助動詞「なり」		に					体言・連体形

〔注意〕「に」は他に、格助詞（例「片手に経持てる」）、接続助詞（例「人々もてなし騒ぐに」）、形容動詞連用形活用語尾（例「あてに」）、副詞の一部（例「げに」）などがある（例はいずれも本文中のもの）。

問3　25　正解は②

傍線部の内容を問う設問。まず**尊敬の接頭語「御」**に着眼して、菊君の「心地」であることを把握する。本文（地の文）で動作表現に尊敬語を用いて敬っている人物は菊君だけである（第一段落「君は……見え給ふ」など）。他の人物に対しては用いられていない。たとえば、第一段落「主（＝蔵人）は……さかな求めて」、第二段落「五十ばかりの尼の出できて」、「（若い尼は）年のほど、二十ばかりと見えて」、第三段落「（童は）……と聞こゆ」など。次に「御心地」が「**いとあはれなる人を見つるかな、尼ならずは、見ではえやむまじき**」の部分をいう点を把握する。この部分に「見る」が二回使われている。「見つるかな」の「見る」は文字通り〝見る〟の意であるが、「見では」の「見る」は〝**異性と関係をもつ。結婚する**〟の意である点に注意する（これは必修事項）。この「見ではえやむまじき」は、「見る」の未然形「見」＋打消の接続助詞「で」＋係助詞「は」＋不可能の意を表す副詞「え」＋動詞「やむ（止む）」の終止形＋打消推量の助動詞「まじ」の連体形「まじき」、と分解され、直訳は〝結婚しないではやめることができそうにない〟。菊君が老尼の娘に興味をもったことは第二段落末の「いとあはれと見捨てがたう思す」などからもわかる。したがって傍線部は**菊君の、老尼の娘に対する恋心**と簡潔に説明できる。

選択肢は、「菊君」の心情と解した①と②に絞り、「恋心」を決め手に②を選択すればよい。

①　傍線部直後の文の「この隣なる人はいかなるものぞ」から読み取れる心情の説明になっており、不適。

③〜⑤　蔵人または老尼の心情と説明しており、不適。

問4　26　正解は②

傍線部の内容を問う設問。尊敬の補助動詞「給ふ」の連用形「給ひ」のウ音便「給う」があるので、主語は菊君。「眠たげに」は形容詞「眠《ねぶ》たし」を形容動詞化した「眠たげなり」の連用形で、〝いかにも眠そうに〟の意。「もてない」は四段動詞「もてなす」の連用形「もてなし」のイ音便で、〝振舞う〟の意。そこで**菊君がいかにも眠そうに振舞った理由**を考えると、直前に「君はかの御返しのいとゆかしきに、あやにくなる人しげさをわびしう思せば」とある。「御返し」は菊君が童を使いにして贈った手紙の返事。「ゆかしき（ゆかし）」は〝見たい。知りたい。聞きたい〟。「あやにくなる（あやにくなり）」は〝あいにくだ〟。「しげさ」は形容詞「しげし（＝数が多い。わずらわしい）」を名詞化したもの。「わびしう（わびし）」は〝つらい〟。この箇所から、**菊君が手紙の返事が届くのを待ち遠しく思うと同時に、周囲の人々を迷惑に思い、人々を遠ざけるために眠そうなふりをした**ことがわかる。

選択肢は、「眠そうなふりをして」などとある①・②・③・④から、「その帰りをひそかに待っていた」を決め手に②を選択すればよい。

①　「蔵人たちがそうした菊君の行動を警戒して」が不適。蔵人たちは菊君の恋心に気づいていない。

③　「こっそり蔵人の屋敷を抜け出して娘のもとに忍び込もうと考えた」とは書かれていない。

④・⑤　菊君の恋についてまったく触れていないので不適。

問5　27　正解は④

和歌の解釈を問う設問。和歌の解釈は難しいので、消去法で解くとよい。まずXは菊君が老尼の娘に贈った恋歌である。「露」は涙の隠喩。「心」は菊君の心。「はかな」は形容詞「はかなし（＝あっけない。無益だ。ちょっとしたことだ）」の語幹で、ここで文を終止して感動を表す用法が用いられている。よって二句切れとなる。老尼の娘への恋心を伝えるすべがなく、いたずらに涙を流すばかりだという趣旨。「たそかれ」は〝夕暮れ時〟。「宿」は隣の尼の家をいう。「花の夕顔」は娘をたとえる隠喩。夕暮れ時に娘を見て一目惚れしたと訴えている。

Yは老尼が娘に代わって詠んだ返歌である。「世をそむく」は〝出家する〟。「葎の宿」は尼が自分の家を謙遜していったもの。「あやしき（あやし）」はここは〝粗末だ〟の意になる。「見しや」の「し」は過去の助動詞「き」の連体形。「や」は疑問の係助詞。「いかなる花の夕顔」が倒置されている。〝どんな女性を見たというのですか〟の意だが、こんな見すぼらしい尼の家に若い女性などいないという意味を込める。

①不適。「露かかる」とあるように「露」は涙のたとえであって、恋のはかなさをたとえたものではない。「露」がはかなさのたとえとして用いられるのは、一般に「世」「身」「命」などについてである。Yの説明も誤り。

②不適。Yの歌が「恋は仏道修行の妨げになる」とは読み取れない。

③不適。「夕暮れ時は怪しいことが起こる」以下、Yの歌の内容からはずれる。

④適当。「あなたの恋の相手となるような女性はいない」が決め手となる。

⑤不適。Yの歌から「若い女性は何人かいる」とは読み取れない。

問6　28　正解は①

登場人物について問う設問。消去法で解く。

①適当。第三段落の「主のはらからの尼となむ申し侍りし」「娘のいと若きも……世をも倦んじ果て侍るとかや」

および、「童は心も得ず、あるやうあらむと思ひて」に合致する。
②不適。「本心からの恋であるならそれも許されるだろう」とは書かれていない。
③不適。「ますます不快に思った……あわれだと思った」とは書かれていない。
④不適。老尼が「蔵人に間の悪さを責められた」とは書かれていない。
⑤不適。「菊君から歌を贈られたことで」以下が誤り。「眠れなくなった」のは老尼の娘ではなく菊君。

第4問 標準

《出典》　新井白石『白石先生遺文』「江関遺聞序」

新井白石（一六五七～一七二五年）は江戸中期の朱子学者・政治家。名は君美《きんみ》。木下順庵に朱子学を学び、徳川家宣・家継に仕え、貨幣の改良や長崎貿易の制限など、「正徳の治」と言われる善政を行った。主な著書に『読史余論』『藩翰譜』『西洋紀聞』『折たく柴の記』など。『白石先生遺文』は上下二巻。白石が生前に書き残した種々の短文を「史論」「雑著」「詩」の項目のもとに分類・収集したもので、「江関遺聞序」は「雑著」に収められている。

要旨

本文は三段落から成る。各段落の大意は次の通り。

1
「刻舟求剣」の故事　（聴雷霆…）
遠い過去の事物を調べる際、その事物が変化していることを知らないなら、それは、船に乗っていた人が水中に落とした剣を探すために船べりに傷をつけ、後からそれを目印に剣を探すのと同じようなものだ。

←

2 江戸という地名の由来 （今夫江戸者…）

江戸という地名を昔に戻って探しても見つからない。現在と昔では時間的な隔たりが大きく、事物も変化しているからだ。後世の人が現在について調べようとするときにも同じことが言える。

←

3 『遺聞』を書いた動機 （吾窃有感焉…）

後世の人に資するために『江関遺聞』を書いたのである。

【語釈】

▼于＝前置詞として働く置き字。場所・時間・対象・起点・受身・比較・理由などの意味を表す。「於・乎」に同じ。
このうち「於」のみは「おいて・おける」と読むことがある。

▼猶＝「なほ～ごとし」と読む再読文字で、〝ちょうど～のようだ。～と同じだ〟の意。

▼不可＝「～べからず」と読み、不可能（＝できない）の意を表す。

読み

雷霆《らいてい》を百里の外に聴けば、盆《ぼん》を鼓《こ》するがごとく、江河《かうが》を千里の間に望めば、帯《おび》を縈《まと》ふがごときは、其《そ》の相《あ》ひ去るの遠きを以《もつ》てなり。故《ゆゑ》に千載《せんざい》の下に居《を》りて之《これ》を千載の上に求むるに、相ひ去るの遠きを以て其の変有るを知らざれば、則《すなは》ち猶《な》ほ舟に刻みて剣を求むるがごとし。今の求むる所は、往者《わうしや》の失ふ所に非《あら》ざるも、其の刻みし所は此《ここ》に在り、是《こ》れ従《よ》りて墜《お》つる所なりと謂《おも》へり。豈《あ》に惑《まど》ひならずや。

今夫《そ》れ江戸は、世の称する所の名都大邑《めいとだいいふ》、冠蓋《くわんがい》の集まる所、舟車《しうしや》の湊《あつ》まる所にして、実《まこと》に天下の大都会たるなり。而《しか》れども其の地の名たる、之を古《いにしへ》に訪ぬるも、未《いま》だ之を聞かず。豈に古今《ここん》相ひ去ること日《ひび》に遠く、事物の変も亦《ま》た其の間に在るに非ずや。蓋《けだ》し知る、後の今に於《お》けるも、世の相ひ去ること愈《いよいよ》遠く、事の相ひ変ずること愈多く、其の間かんと欲する所を求むるも得《う》べからざること、亦た猶ほ今の古に於けるがごときを。
吾窃《ひそか》に焉《これ》に感ずる有り。『遺聞』の書、由《よ》りて作る所なり。

通釈

雷鳴を百里離れたところから聞けば、酒器をたたいて音を出しているように（小さく）聞こえ、長江や黄河を千里離れたところから眺めれば、帯を巻きつけているように（小さく）見えるのは、それとの距離が遠く離れているからである。だからはるかな未来にいてある事物を遠い過去に尋ねるときに、時代が遠く離れているために（その間に）その事物が変化したことを知らなければ、ちょうど（船で川を渡る途中、水中に剣を落とした人が）船べりに傷をつけておいて（船が停泊してからそれを目印に）剣を探し求めるのと同じである。今（剣を）探し求めている場所は、以前に（剣を）なくした場所ではないのに、（目印に）傷をつけたのはここにあるから、ここから（剣を）落としたのだと思っているのである。なんと愚かではないか。

現在そもそも江戸は、世間の言うところの名都・大都市で、身分の高い人が集まるところであり、水陸の交通の要衝であって、まさに天下の大都会である。しかしその地の（江戸という）名前は、これを昔に探し求めても、いまだ聞いたことがない。なんと現在と昔の隔たりは日に日に遠くなり、事物の変化もまたその間に起きているではないか。思うに、後世から現在を見ても、世の隔たりはますます遠くなり、事物の変化もますます多くなって、（後世の人が現在について）聞きたいことを探し求めてもかなわないのは、やはりちょうど現在から昔を見るのと同じことなのだ。私は人知れずこのことに強く感じ入っている。『遺聞』の書は、このような理由で書いたのである。

解説

問1 29・30 正解は (ア)＝⑤ (イ)＝②

(ア)「蓋」は「けだし」と読む重要な副詞。全体を見渡して推量する意を表す。〝思うに。たぶん〟の意。⑤が正解。①は「何・那・胡・曷」、②は「果」、③は「方・正」、④は「則・即・便・乃・輒」などの字が該当する。

(イ)「愈」は「いよいよ」と読み、これも重要な副詞。〝ますます〟の意。①は「数」、③は「反・却」、④は「甚・太」、⑤は「頗」などの字が該当する。

問2 31・32 正解は (1)＝② (2)＝③

(1)「千載之上」は前の「千載之下」に対応する。「千載」は「千載一遇（＝千年に一度めぐり合うほどの、またとない機会）」という四字熟語があるように、「載」は数を表す言葉の下につくと〝年数〟の意になる。したがって「上」「下」はそれぞれ〝以前。昔〟、〝以後。未来〟の意になる。〝千年の昔〟すなわち②の「遠い過去」が正解である。⑤は「千載之下」の意になる。

(2)〝舟と車が集まる場所〟と直訳できる。大都市江戸の繁栄を描写する一節にある点を考慮すれば、③の「水陸の交通の要衝（＝重要な場所）」が適当とわかる。

問3 33 正解は②

傍線部の内容を問う設問。まず次のように**対句**（＝形式・内容が対応する二句）が使われている点に着眼する。

聴 雷霆 於 百里之外 者、如 鼓盆

望 江河 於 千里之間 者、如 縈帯

「聴（きく）」と「望（のぞむ）」は動詞で、それぞれ下に目的語「雷霆」「江河」を伴う。「雷霆」は（注）にあるように〝雷鳴〟の意。「江河」は中国の大河「長江」と「黄河」をまとめた表現。あるいは〝大きな川〟の意。

「於」は置き字で読まないが、場所を表す前置詞として働く。「百里之外」と「千里之間」がその目的語。「百里」も「千里」も距離が遠いことを表す。「者」は「聴ケバ」「望メバ」と読んでいるように、順接の仮定条件（もし〜ならば）を表す助詞。「如」は「ク」「キハ」と送り仮名が付くように「ごとし」と読み、比況（〜のようだ）の意を表す。そのたとえとなっているのが「鼓盆」「縈帯」で、いずれも動詞＋名詞の形になる。前者は（注）にあるように酒器をたたくことであり、後者は帯を巻きつけることである。ここまで、**雷鳴を遠くから聞けば酒器をたたいているようなものであり、長江や黄河を遠くから眺めれば帯を巻きつけているようなもの**だという趣旨になる。

続いて「以其相去之遠也」について。「以（もつて）」は前置詞で、ここは原因・理由の意となる。「其」は代名詞だが、単独で主語などに用いられることはなく、ここでは「其相去」が主語になる。「遠」が述語で、両者の間に**主格（〜が）を表す助詞「之（の）」**が入るので、「其相去之遠」は名詞節（＝文中で名詞と同じ働きをする節）になる（問5の解説参照）。「相」は「あい（あひ）」と読む副詞で、〝互いに〟の意。「去（さる）」は〝距離が隔たる〟。簡単に言えば、**距離が遠く離れているから**だという趣旨。以上をふまえてもう一度対句に着眼すると、雷霆（大）→遠距離→鼓盆（小）、江河（大）→遠距離→縈帯（小）のような対応関係がわかるだろう。以上より、「遠くから見聞きしている」「本来は大きなものも、小さく感じられる」と説明した②が正解となる。

① 聴覚と視覚の能力の差を距離の大小によって説明したもので、傍線部の趣旨に合わない。

③ 距離の大小によって小ささの感じが異なると説明しており、傍線部の趣旨に合わない。

④ 「危険なもの」「怖くなくなる」という説明が不適。傍線部から読み取れない。

⑤ 高さと広さの違いによって小ささの感じが異なると説明しており、傍線部の趣旨に合わない。

問4 34　正解は④

傍線部の理由を問う設問。「豈不惑乎」が**詠嘆形**「豈不〜（乎・哉）」（豈に〜ずや＝〝なんと〜ではないか〟）になる（後出の「豈非古今……其間耶」も詠嘆形）。「惑」は〝心がとらわれる。分別を失う〟。なんと愚かなことではないかと嘆息している。内容については「故居于千載之下」以下に着眼する。空間的な隔たりを時間的な隔たりに置き換え、長い年月の間に物事が変化することを知らなければ、と述べて、「刻舟求剣」の故事を引用する。これは『呂氏春秋』を典拠とする有名な故事である。知らなかったとしても（注）に説明があるので、これを参考に本文をたどる。「今之所求、非往者所失」の「往者」は〝以前に〟の意で「今」に対する。「所」は下の用言から返って名詞句などを作る助詞の用法（例「所欲＝欲する所＝欲しいもの」）が重要だが、ここは文字通り〝場所〟の意。「求」「失」の対象はいずれも「剣」である。ここまで、**今剣を探し求めている場所は以前に剣を失った場所とは異なる**という趣旨。次に「而謂其刻在此、是所従墜也」の「而」は置き字で読まないが逆接の接続詞として働き、前出の「非」に「ザルモ」と送り仮名を付けている。「此」は代名詞で、船べりの傷をつけた箇所を指す。「所」はやはり〝場所〟の意。**船べりに目印の傷をつけたのはここにあるから、ここから剣を落としたと思っている**という趣旨。以上より次のように理由づけできる。正解は④。（注）だけからも④を導くことは可能だろう。

船が移動していて剣を落とした場所が異なるのに、船べりにつけた目印の下に剣があると思っているから

①　剣が錆びていると説明しており、本文の内容からはずれる。

②　船が移動したこと自体は認識しているという説明になっており、不適。

③　「目印のつけ方が正しいかどうかばかりを議論している」と説明しており、不適。

⑤　「新しい目印をつけるべき」と説明しており、不適。

▼よく見かける詠嘆形

豈不～（乎・哉）	豈に～ずや	＝なんと～ではないか
豈非～（乎・哉）	豈に～に非ずや	＝なんと～ではないか
不亦～乎	亦た～ずや	＝なんと～ではないか
何～哉	何ぞ～や	＝なんと～なことか

問5　35　正解は②

返り点と書き下し文との組み合わせを問う設問。

まず「其地之為名」について。主語「其地（＝江戸）」と述語「為名」との間に主格の助詞「之」が入る形で、傍線部Aの「其相去之遠」と同じく名詞節になる（「之」が主格で用いられるのは名詞節あるいは副詞節において）。返読文字「為」はここでは「たり」と読む動詞（古文では「たり」は助動詞なので要注意）。〝～である〟の意。ここまで直訳すると、〝その地が名であること〟となる。〝その地が江戸という名前であるのは〟ということ。次に「訪之於古」について。動詞「訪（たづぬ）」は「尋」に同じ。「之（これ）」は代名詞で、「名」を指す。「於」は時間を表す前置詞。「古」は「いにしへ」と読む名詞。江戸という名前の由来を昔に戻って探し求めるということ。しかし直後で「未之聞」と否定されるので、「訪」は「たづぬるも」あるいは「たづぬれども」と**逆接で読む**ことになる。最後に「未之聞」について。「未」は「いまだ～ず」と読む再読文字。「未」が否定するのは動詞「聞」。「之（これ）」は代名詞でやはり「名」を指し、「聞」の目的語となる。漢文では目的語は動詞の下に来るという原則があるが、**否定文では目的語が代名詞の場合、動詞と語順が逆になる例がよく見られる**。すなわち、否定詞＋代名詞＋動詞という形である。もちろん、否定詞＋動詞＋代名詞という形も見られる。この部分の内容は、江戸の名前を聞いたことがないということ。全体の返り点は、「名」から「為」へレ点で返り、「古」から「訪」へ一・二点で返り、さらに「聞」から「未」へ一・二点で返る。以上より②が正解となる。

① 「地の」の「の」を主格（～が）ととるなら名詞節をつくるはずだが、「為すに」という読み方は名詞節ではない。あるいはこれを連体修飾格（～の）ととるなら、語順は「為其地之名」となる。また三つ目の「之」を動詞「ゆく」ととって「未だ之くを聞かず」と読むのなら、語順は「未聞之」となる（動詞＋目的語の原則）。

③ 「其の地の名を為すに」は①と同じ誤り。「之きて古に於いて訪ぬるも」と読むのなら「之（而）訪於古」の語順になる。さらに「未だ之かざるを聞く」と読むのなら「聞未之」の語順になる。

④「其の地の名の為に」と読むのなら「為其地之名」の語順になる。「之きて……訪ぬるも」は③と同じ誤り。

⑤「未だ之かざるを聞く」が③と同じ誤り。

問6 36 正解は①

傍線部の理由を問う設問。本文の内容を大きく把握する必要があるため、消去法で解くとよいだろう。直前に「有《リ》レ感《ズル》レ焉《これニ》」とあり、これに「由《よ》」って『遺聞（＝一般に知られていない珍しい話・事柄）』を書いたと述べている。したがって**「焉」の内容**がその理由となる。そこで第二段落の内容を確認しよう。まず、江戸は大勢の人の集まる大都会であるが、しかしその地名は過去に戻って探しても見つからないと述べられる。つまり江戸の繁栄は昔からずっと続いているわけではなく、地名さえ昔はなかったということ。次に、**昔と現在**とでは時間の隔たりが大きく、事物（例えば江戸という土地）も変化していると、一般化される。そしてこれを敷衍《ふえん》（＝押し広げる）して、**後世と現在**の関係も同じで、時間の隔たりや事物の変化はますます大きくなるため、後世の人が現在のことを知りたくても不可能だろうと述べられる。以上がその内容である。ここから類推すれば、『遺聞』執筆の動機は、**現在のことを記して後世の人の理解を手助けするため**、ということになる。

①適当。「未来の江戸も今とは全く違った姿になっているはず」「後世の人が……事実を理解するための手助けをしたい」とあり、後世からの理解に資するというポイントを押さえた説明になっている。

②不適。「今後も発展を続ける保証はないし、逆にさびれてしまうおそれさえある」とは書かれていない。本文には「事物之変」とあるのみ。

③不適。「江戸の今と昔」についての説明に終始しており、後世への言及がない。

④不適。「古い情報しか持たずに」以下、江戸に不案内な現在の人に役立つためと説明している。

⑤不適。「昔の江戸の風情が失われてきており」以下、江戸という地名は昔を調べてもわからないという本文の内容と矛盾する。

2017年度

国語　追試験

問題番号(配点)	設問	解答番号	正解	配点
第1問(50)	問1	1	①	2
		2	①	2
		3	④	2
		4	⑤	2
		5	④	2
	問2	6	④	8
	問3	7	③	8
	問4	8	④	8
	問5	9	③	8
	問6	10	④	4
		11	③	4
第2問(50)	問1	12	③	3
		13	①	3
		14	④	3
	問2	15	②	7
	問3	16	④	8
	問4	17	②	8
	問5	18	⑤	8
	問6	19-20	④-⑤	10(各5)

問題番号(配点)	設問	解答番号	正解	配点
第3問(50)	問1	21	⑤	5
		22	⑤	5
		23	④	5
	問2	24	④	5
	問3	25	②	7
	問4	26	①	7
	問5	27	④	8
	問6	28	⑤	8
第4問(50)	問1	29	②	4
		30	④	4
	問2	31	④	6
	問3	32	②	6
	問4	33	③	8
	問5	34	③	6
	問6	35	①	8
	問7	36	⑤	8

(注)－(ハイフン)でつながれた正解は，順序を問わない。

自己採点欄
/200点

第1問 やや難

《出典》

竹内啓『科学技術・地球システム・人間』〈I 客観的認識の対象としての人間 4 対象としての社会〉（岩波書店）

竹内啓（一九三三年〜 ）は数理統計学者・経済学者・科学史家。東京都出身。東京大学経済学部卒業。同大学院経済学研究科博士課程単位取得退学。著書に『数理統計学』『高度技術社会と人間』などがある。『科学技術・地球システム・人間』は「双書 科学／技術のゆくえ」の一冊として二〇〇一年に刊行された。

要旨

本文は十六段落から成る。これを四区分して内容をまとめよう。

1 社会科学の誕生とその二つのアプローチ 第1〜第4段落 ※問2・問5・問6

社会科学は社会的現象を客観的に観察して、その中にある論理や法則性を発見しようとする努力から生まれたが、社会を単なる個人の集合にすぎないものと考えるか、個人を越えた何らかの実体と考えるかということは、近代社会科学にとって大きな問題であった。前者は原子論的アプローチであり、後者は全体論的アプローチである。

←

2 社会科学と生物学の類似性 第5〜第8段落 ※問5・問6

原子論的アプローチは、社会現象を、それを構成する個人個人の行動にまで還元して考察すべきだと主張し、全体論的アプローチは、社会を全体として考察すべきだと主張した。前者は個人主義に、後者は全体主義に結びつきやすい傾向があった。生物もそれを構成している原子・分子の性質、つまり物理・化学の法則に還元できるという説と、生物には物理・化学の法則に還元できない「生命力」があるという説が対立した。しかし後者の生気論はその後否定された。同様に社会についても、全体主義である国家主義は勢力を失った。

3

社会を維持する構造の存在　第9～第13段落　※問3・問4・問5・問6

生物は単なる分子の集合ではなくそこに一定の構造が存在し、その構造が維持される限り全体として一個の存在と見なされるように、社会も**人と人との関係が一定の構造を持ち**、それが維持されている限りは、逆にその**構造が人々の行動を制約している**のであり、その意味では国家や社会は個人に先立つと言える。よって右の二つのアプローチはいずれもそれだけでは正しくない。

←

4

個人は社会の中に生まれ作られる　第14～第16段落　※問5・問6

経済学が人間を合理的利己主義者と規定するのはそれを仮説として扱うならば不都合はない。その一方で、社会の論理、その組織が個人から離れて存在するというのも間違いではない。**人々は社会の中に生まれる**のであり、**社会によって作られる**ものである。

←

解説

問1　1 - 5　正解は　(ア)＝①　(イ)＝①　(ウ)＝④　(エ)＝⑤　(オ)＝④

(ア)「搾取」　①搾乳　②酢酸　③交錯　④掘削　⑤検索

(イ)「陥る」　①欠陥　②肝胆　③甘言　④勘所　⑤看過

(ウ)「整合性」　①晴耕雨読　②市井　③一斉　④整列　⑤清涼剤

(エ)「均一性」　①琴線　②僅差　③皆勤　④胸襟　⑤均衡

(オ)「要請」 ①勢い ②花盛り ③誓い ④請けおう ⑤省みる

問2 6 正解は④

傍線部の内容を問う設問。「この」の指示内容も問われる。まず「このような社会科学的認識」とは第1段落の「社会的現象を……客観的にそれ自体として観察し、その中にある論理や法則性を発見しようとする」ことを指す。また「二つの要素」とは直後の「人々の行動様式についての仮定」と「個人の行動が統合される社会的な場についての仮定」をいい、さらに「個人の行動を重視する立場」と「社会における統合を重視する立場」と言い直される。第4段落にも同内容の表現がある。

選択肢は、「この」の指示内容である「論理や法則性」を基準に③と④に絞り、「個人」と「統合」をそれぞれ「個人個人の行動様式」と「社会全体を一つの対象として考察する」（第5段落に同様の表現あり）と説明した④を選択すればよい。

① 「論理や法則性」に触れていない。「人間関係」も「統合」の説明として不適。

② 「論理や法則性」に触れていない。「個人的な判断」「客観的な形式」も「二つの要素」の説明として不適。

③ 「規範的論理」が不適。第1段落で「客観的認識とはいえない」として否定されている。

⑤ 「論理や法則性」に触れていない。また「二つの要素」を「利益」に限定して説明した点も不適。

問3 7 正解は③

傍線部の理由を問う設問。第5段落以下、社会科学における「原子論的アプローチ」と「全体論的アプローチ」（いずれも第3段落）が検討される。前者は社会現象を個人個人の行動にまで還元（＝複雑で多様な物事を根本的なものに置き換えること）する還元論であり、後者は社会を個人の集合以上のものと考える全体論であると説明される、生物学における、物理・化学の法則への還元論と生気論に対応させられる。そして生気論が否定されたように（第6段落の「超物理・化学的な実体が」以下）、全体主義である国家主義も勢力を失ったと指摘される。傍線部はこれを受けて、だからといって還元論が正しいわけではないと注意を促す。その理由は以下で、生物がその物質的要素の間の関係の構造とその維持によって生存するように、国家や社会も人と人との関係の構造によって維持されるという意味で、個人に先立って存在すると述べられる。よって傍線部の理由を端的に示すと次のようになる。

生物が要素間の関係の構造によって存在するように、国家・社会も人間関係の構造によって維持されるから

選択肢はまず文末を検討して、「構造」を「全体論」と言い換えて、全体論の方法は否定されないという趣旨のことを述べた②・③・⑤に絞る。次に中間部を検討して「生気論の衰退によっても生物の個体が全体として統一性を持つ存在であることは否定されなかった」と説明した③を選択する。

①「生気論の登場で……限界が示された」が不適。否定されたのは「生気論」の方である（傍線部直後）。

②「個人の集合以上のより高等な形態」が不適。第5段落で社会全体を「より高い存在であると論ずる傾向」が全体主義と結びつきやすいものとして否定的に述べられている。

④「生気論」を肯定的に説明しており不適。

⑤「生気論」を肯定的に説明しており不適。「神聖な存在」についても、「構造」という考え方に合致しない。

問4 8 正解は④

傍線部の内容を問う設問。「その」の指示内容も問われる。まず「その」の指示内容については第11段落で、生物体は**DNAによる情報システム**によって自己を保全、再生、複製するものであることが述べられており、これを指している。傍線部はこれを受けて、**社会も一つのシステム**であると述べられ、以下、特定の性質や性向を持った個人が存在するだけでなく、**個人と個人の間に安定した構造**が存在すると述べられる。この構造についてはすでに第10段落で、人と人との関係が作り上げる構造が逆に人々の行動を制約するものであることが指摘されている。以上より傍線部は次のように説明できる。

生物体が情報システムによって自己を維持・再生するように、社会も安定した構造が人々の行動を制約する

選択肢は「その」の指示内容の設問と考えて、「遺伝情報」とある④と「情報システム」とある⑤に絞り、「個人を社会の内部で相互に結びつけ、同時に制約する」を決め手に④を選択すればよい。

①「その」の指示内容の説明が不適。また機能や規範が構造を構築するというのも本文の内容に合致しない。

②「その」の指示内容の説明が不適。「離合集散」「発達させる」という表現も本文にない。

③「その」の指示内容の説明が不適。「構成要素……発展的に統合する」とあるのも本文の内容からはずれる。

⑤「個人個人の行動が積み重ねられる」以下が不適。個人と個人の関係としての構造を説明していない。

問5 9 正解は③

本文全体の内容を問う設問。ディベート形式は二〇一六年度本試験に続いての出題である。消去法で解く。

①不適。「個人を越えた何らかの実体のあるものとした上で」が、第13段落の「(社会を)『実体』と考えたのでは、客観的に認識することは不可能になる」などに矛盾する。

②不適。「個人個人の行動にまで還元して考察することが社会科学では重要」が、傍線部Bなどと矛盾する。

③適当。傍線部Cおよび第14・第15段落の内容に合致する。「命題」は〝ある主張を表している文〟の意。

④不適。「そういう人間のモデルを使って社会的な規範まで導き出した」、およびこれが経済学を「科学的」にしているという説明が誤りとなる。第14・第15段落の内容に合致しない。

⑤不適。「個人は意識的に行動することで、社会との間に新たな関係を作り出していく」とあるのが、第16段落の「個人が、主体的な自由意志を持って……社会に参加すると考えるわけではない」に矛盾する。

問6 10・11 正解は (i)＝④ (ii)＝③

本文の表現と構成・展開を問う設問。消去法で解く。

(i)

①適当。助動詞「べし」は義務を、その否定表現「べからず」は禁止を表す。

②適当。第6段落で、生物学においても対立する二つの議論があったことが紹介されている。
③適当。「生命力」は「anima」の訳語である。
④不適。「しかし」は逆接の接続詞で、「国家主義は～」と「民族主義は～」とを対立の関係でつないでいる。これを「語句の呼応」とはいわない。「語句の呼応」とは係り結びや、呼応の副詞（例えば、「たぶん…（だろう）」「けっして…（ない）」など）のように、ある語とある語が文法上の特定の関係にあることをいう。

(ii)
①適当。第1・第2段落で社会科学の誕生を、第3・第4段落で社会科学の二つの立場を論じている。
②適当。生物における構造（第9段落）が国家や社会にも存在すると述べられ（第10段落）、さらにこの構造は情報によって維持・再生されると補足される（第11段落）。
③不適。第13段落は第12段落の内容を補足したものであって、前者の内容が「必ずしも十分ではないことを反例とともに述べて」いるわけではない。
④適当。第14段落では経済学が想定する「合理的利己主義者」という概念をとりあげ、第15・第16段落ではこの概念について検討し、最後に「人々が社会を作るのではなく……」と結論づけている。

第2問　標準

《出典》　浅原六朗「青ざめた行列」（『浅原六朗選集　第一巻』河出書房新社）

浅原六朗（一八九五～一九七七年）は小説家・日本大学教授。長野県出身。早稲田大学英文科卒業。実業之日本社に勤務し編集業務に携わるかたわら、自作の童謡や詩を発表する。その後「新興芸術派倶楽部」の結成に参加し、モダニズム文学の作家として活躍。代表作に「或る自殺階級者」「H子との交渉」「混血児ジョオヂ」などがある。

要旨

本文は場面の展開によって四区分できる。それに基づいて内容をまとめよう。

1

郊外の風景の記憶　1～15行目（その郊外は…）　※問2・問6

私は見覚えのある郊外の風景を前にして立っていた。線路の向こうに黒い森や草原が見える。しかし記憶を呼び戻すことができず、もどかしい思いを味わいながら、その**死にはてた記憶**がめざめてくるのを待っていた。

↓

2

葬列と囚人たちの輪環　16～44行目（踏切をこえて…）　※問3・問6

森に向かって歩いていると、**葬列**の一団に出会った。私は特別な感慨を抱くこともなく、この青ざめた葬列を見送った。しかしこの葬列はゴーグの描いた**囚人たちの輪環**を連想させた。空想児であった私は現実に押しつぶされそうになった時、その絵を見て慰められたのだった。私は葬列とは反対方向に歩き出し、古い石の門の前に出た。

↓

3

Kの記憶の甦り　45～68行目（その時、一瞬にして…）　※問4・問6

その時、私は十年も前にしたしい友人であるKの家を訪ねたことを思い出した。だが今は人かげも見えず、Kはもうこの家にはいないようだった。ふと誰かが呼んでいる声を聞いたが、呼んだ人は見当たらない。私はこの家がある生物の**抜殻**のように寂しく想われ、引き返そうとした。

4

老人との思いがけない出会い　69～122行目（茛をすてて…）　※問5・問6

私は二階の窓に立つ**老人**を認め、促されるままに二階にあがった。見知らぬ者同士ではあったが、自然と打ち解け合った。**私**は彼に**敬意**を抱き、彼の前で不遇な人生を歎き、慰めてもらいたかった。**老人**は敬愛する**妻**のことを話し出した。**私**が彼女に会いたいと言うと、**老人**は長い葬列に出会わなかったかと尋ねた。

解説

問1　12－14　正解は　(ア)＝③　(イ)＝①　(ウ)＝④

(ア)　「凝然」は〝じっと動かずにいるさま〟の意。「凝」の音は「ギョウ」、訓は「こル」。「凝視」「肩が凝る」「目を凝らす」などと使う。三文前にも「動かさない」とある。③が正解。他は語義的に不適。

(イ)　「霊性」は宗教（キリスト教）用語で「スピリチュアリティ」の訳語。〝超人的なすぐれた性質。生まれつきの聡明さ〟といった意味で使われる。前後の「高い智性《ちせい》」「尊敬させた」「威厳」を手がかりに①を選択する。⑤はこの文脈からも不適となる。②は性格をいったものだから不適。③・④も「霊性」からはずれる。

(ウ)　「つつましい」は〝遠慮深い。控えめだ〟の意。「控えめに」とある④が正解。「敬意をもって」とあるのは、前文の「人間は一段上の者に逢うとみんな小さくなる」や、傍線部(イ)直前の「尊敬させた」などをふまえる。①の「丁寧に」、②の「ひたむきに」、③の「真剣に」、⑤の「穏やかに」はいずれも語義的に不適。

問2　15　正解は②

傍線部の内容を問う設問。「夢魔」はあまり見かけることのない言葉であるが、〝夢の中に現れる恐ろしい悪魔。非常な不安や恐怖を感じる夢〟といった意である。ここではもちろん「私」は眠っているわけではなく、郊外の風景を前にしながら、**遠い記憶を呼び戻そうとしている**。というのもこの風景に見覚えがあるからだが、「もどかしい、はっきりと浮《う》かびあがらない記憶」（8行目）などとあるように、「私」はその記憶を引き出すことができないでいる。このような「現実性を帯びたファンタジア」あるいは「夢幻的現実」（いずれも12行目）をやや誇張して「夢魔」と表現している。よって傍線部における「私」の状態を次のように説明できる。

記憶を呼び戻すことができず、もどかしい状態

選択肢は文末に着眼して「はがゆさ」とある②を選択する。「記憶との結びつきがあるような気はするもののはっきりせず」という説明も妥当である。

① 森は「空の一部にもり上《あが》っている」（7行目）だけであって、「空を覆い隠している」わけではない。「ぼんやりとした不安」も読み取れない。

③ 「かつてここに来たことがあるかないか、なかなか思い出せず」が不適。「古い記憶が喚《よ》びさまされる感情がのこっていた」（2行目）とあるように、「私」にはぼんやりとながら来た記憶がある。「あせり」も13行目の「記憶がめざめてくるのを待っていた」に合致しない。

④ 文字通り「夢なのか現実なのか判断することができ」ないわけではない。「心細さ」も読み取れない。

⑤ 「居心地の悪さ」が不適。読み取れない。

問3 16 正解は④

傍線部の理由を問う設問。葬列に出会った「私」はそれを見送りながら、ゴーグの「囚人」を連想する。囚人たちが輪環をなして歩くその絵に、なぜか「私」は「慰められた」という。その理由は以下を読むと明らかになる。空想児であった「私」は「すさまじい生存競争のリアリティ」（36行目）の中で敗者となり、**自分も両手に重い鎖を感じて**この絵に慰められたという。その理由を「空想児としての私の人生もゴーグの囚人以上であろうかと考えたから」という。つまり厳しい現実の重みに耐えかねている「私」は、**自分をゴーグの囚人に重ね合わせている**わけである。これは悲しい時に悲しい音楽を聴くと心が癒されるのと同じである。

選択肢は**自分＝囚人**というポイントを基準にすれば、「自分の姿を私に気づかせる」とある②と、「私の感情に形を与えてくれる」とある④に絞ることができる。そして「現実に押しつぶされそうになっている」を決め手に④を選択すればよい。

①「優れた絵画の表現となっている」が不適。本文に書かれていない。

②「束縛されつつも現実に生きている」が不適。「束縛」に耐えて果敢に生きるという積極的な意味合いが感じられ、文脈に合わない。

③「現実から逃避する」が不適。「私」は空想児ゆえに現実に押しつぶされるのであって、現実に押しつぶされたから現実逃避の空想児になったわけではない。

⑤「自分がどう生きるべきかについての認識を深めてくれる」が不適。「私」は人生の指針を絵から読み取ったわけではない。

問4　17　正解は②

傍線部に至る心情や様子を問う設問。葬列と別れてある家にたどり着いた「私」はそこがKの家であることを思い出し、ベルを押したりドアを叩いたりするが、返事がない。そこで家や庭の様子をさぐっていると、誰かが呼ぶ声が聞こえる。だが人かげは見えない。傍線部はその時の「私」の**緊張感や恐怖感**を表している。そして「私」はもうKはこの家に住んでいないのだろうと推測し、「この建物が、ある生物の抜殻《ぬけがら》のように寂しく想われ」（65行目）、「**寂然とした感情**」（68行目）に襲われる。よって「私」の心情と様子を次のように説明することができる。

呼ぶ声のみがして姿が見えないために緊張し恐怖を感じ、抜殻のような寂しさを家に感じている

選択肢は三行と長いので、文末を検討する。「不気味さと空虚さ」とある②と「寂しさと不吉さ」とある③と「張り詰めた気持ち」とある⑤に絞り、消去法で②を選択する。「重苦しさを和らげてくれるKの記憶」とあるのは、52行目の「Kの記憶は私の感情をしずかにかろくなでてくれた」をふまえる。

①「かすかな期待感」が不適。傍線部およびその直後の「私」の感情と合致しない。

③「記憶をたぐり寄せて旧友のKの家にやって来た」「Kは家を留守にしていた」が内容的に誤り。

④「Kは外国に行っているらしく留守であった」「あたかもKが自分のことを呼んでいるのではないかと感じる」が内容的に誤り。

⑤「Kを呼ぶように」「その声がKのものでなく見知らぬ老人のものであると分かり」が内容的に誤り。

問5 18 正解は⑤

一場面における心情と様子を問う設問。69行目以下における「私」の心情や様子をたどる。二階の窓に老人の姿を認めた「私」は、見知らぬ顔ながら**親しみを感じる**。また老人の眼光から、彼が高い知性の持ち主であることがわかり、彼に**敬意を抱き、謙虚な気持ちになる**。そして自らの人生の不遇を訴えたいと思っていると、老人は妻のことを話し出し、「私」が出会った葬列は老人の敬愛する妻の葬列であることを示唆したというもの。抑制の効いた静かな会話が展開された最後に深い悲哀が余韻となって漂うという、巧みなストーリー構成といえよう。以上より「私」の心情と様子を次のように説明できる。**妻の葬列の示唆**という点がカギとなる。

見知らぬ老人に親しみと尊敬の念を抱き、謙虚な気持ちになるが、葬列が妻の葬列であることを示唆され、老人の悲哀に引き込まれている

選択肢はやはり文末を検討する。老人の妻の葬列であることを示唆されたというポイントを基準にすると、「葬列が老人の敬愛していた夫人のものであったことをほのめかされ、人生の厳しさに向き合わされている」と説明した⑤が正解とわかる。「親しみ深く威厳ある」「謙虚な気持ち」「自分の悲しみを慰めてもらいたくなった」とあるのも適切な説明である。

①「ゴーグの絵の囚人たちのような苦悩を感じていた」とは書かれていない。妻の葬列にも触れていない。

② 「青年期の悩みに煩悶する」のではなく「青年期の煩悶《はんもん》に還《かえ》らされていた」（103行目）のである。「人生の絶望を突きつけられている」というのも不適。妻の葬列にも触れていない。

③ 「自分の人生にも可能性がある」が不適。妻の葬列を示唆されたことに合致しない。

④ 「老人を問い詰めた」わけではない。また「夫人が亡くなったことを聞かされ」たのではなく、示唆されたのである。

問6 19・20 正解は④・⑤

表現や構成の特徴を問う設問。消去法で解く。

①適当。「裂声」とは作者の造語であろう。〝静寂が支配する空間を引き裂く鋭い音や声〟というほどの意である。

②適当。21行目は終末の場面の伏線として働いているので、「意外性」という表現は妥当である。

③適当。26行目に「烈《はげ》しい魅力を、感ぜずには居られなかった」とあり、妥当な説明である。

④不適。39行目の「囚人以上であろうか」の「か」は反語ではなく、詠嘆を表す。

⑤不適。「苦しみから解放されていく」とあるが、103行目の「青年期の煩悶《はんもん》に還《かえ》らされていた」などと矛盾する。

⑥適当。「その郊外」（1行目）とあるのみで、場所が特定されない。Kと老人の関係も説明されない。「私はあなたを覚えていません」（79行目）、「いや、俺《わし》もあなたを知らない」（81行目）という対話など、非現実的で不自然な印象を与える。「現実感の希薄さ」という説明は妥当である。

第3問 やや難

《出典》『海人《あま》の刈藻《かるも》』〈巻四〉

『海人の刈藻』は平安末期から鎌倉初期に成立した擬古物語。全四巻。作者不詳。大納言と藤壺の女御との悲恋を中心とした中編の恋愛小説である。

要旨

本文は場面の展開によって三区分できる。

1 **大納言の置き手紙**（あやしくて見れば…）

一条院から姿を消した大納言は斎宮、大宮、大将にそれぞれ置き手紙を残していた。それを読んだ人々はたいそう驚き、悲嘆にくれた。

↓

2 **大納言の出家**（昼つかた…）

昼ごろ大納言の従者が戻り、大納言が聖の僧坊で出家したときの様子を人々に話して聞かせた。

↓

3 **大納言の出奔**（「さてあるべきかは」とて…）

人々は大納言に面会したいと思って比叡山に登った。しかし大納言はすでに僧坊にはおらず、人々は大納言への手紙を残して泣き泣き帰った。

【語釈】

▼**目も霧《き》りふたがる**＝「霧りふたがる」は〝霧が立ちこめて視界をさえぎる。涙で目がはっきり見えない〟の意。

▼**御覧ぜられむ**＝「御覧ぜらる」は、「らる」が受身の場合は〝お目にかける。見ていただく〟と訳し、尊敬の場合

（中世以降の用法）は〝ご覧になる〟と訳す。本文は二カ所とも前者の用法になる。
▼あさましともおろかなり＝「〜とはおろかなり」「〜といふもおろかなり」と同じく、「おろかなり」は〝そんな言葉では言い尽くせない。十分に表せない〟の意。
▼聞きさし＝「さし（さす）」は〝〜を途中でやめる。〜しかける〟の意の補助動詞（あるいは接尾語）。
▼蓮葉《はちすば》のつゆも変はらぬ＝副詞「つゆも（＝少しも）」に「露」を掛ける。
▼憎しとも世のつねなり＝「〜とも世のつねなり」は前掲の「〜ともおろかなり」に同じ。
▼懲りぬや＝「や」（ここは疑問の意）は係助詞（終助詞）で、文末にある場合、終止形または已然形につく。よって「ぬ」は完了の助動詞「ぬ」の終止形で、「懲り」は上二段動詞「懲る」の連用形である。〝懲りたか〟の意。

通釈

（女房が）不審に思って見てみると、御笛に添えてある手紙は「斎宮へ」と書いてある。（他の二通には）「大宮」「大将殿」と書いてある。（女房は）いぶかしく、胸騒ぎがして、斎宮にこのことを申し上げて、手紙をお渡しすると、（斎宮は）びっくりなさって（手紙を）引き開けてご覧になるけれど、涙で目がはっきり見えないので、女別当・宣旨などが見てさしあげると、

昨夜（出家のことを）申し上げたかったのだが、大宮などが引き止めなさるだろう、そのもったいなさに、申し上げることができませんでした。もうしばらくこのまま（＝在俗のまま）でいたいが、寿命が尽きそうであることを仏がはっきりと知らせてくださることがございましたので、しばらくの間でも仏道修行しようと思いまして（出家を決意した）。大宮をはじめ申し上げて、お嘆きになるだろうこと、その（不孝の）罪は避けようがなく、かといって、御目の前で（私の）亡骸をご覧いただくよりは（出家した方がよい）と思ったのです。幼い者（＝若君）は、成長したら、比叡山延暦寺の座主に（弟子として）さしあげなさってください。（若君を）僧侶にしたいという志

を深く持っております。この笛は、故院（＝大宮の亡き夫）が、（兄の）大将が（私より）もう少し年上で、欲しがり申し上げなさったのだが、（故院は）「この笛は（私に）思うところがある」とおっしゃって、私にくださったのである。そのご厚意がもったいなくて、五歳のときから肌身離しませんでした。たとえ（若君が）法師になっても、（私の）形見として与えてください。

などと、こまごまと書いて、

譲り渡したこの笛の悲しい音色によって亡き父のことをしのんでおくれ。この父子の別れこそは世にまたとなくつらいものだ。

（大納言の手紙を）ご覧になる（人々の）お心は、これが現実なのか夢なのか判別しがたいありさまである。大宮は手紙をお顔に押し当てて、うつぶしなさる。「御厩の馬も、従者もおりません」などと（家の者が）申し上げると、驚きあきれるばかりだなどという言葉では言い尽くせない。

大宮へのお手紙には、

あまり深くは嘆き悲しまないでください。先立たれたり先立ったりする定めは、世の常のことです。御目の前で（私の臨終の）悲しみをご覧いただく方がたいそうつらいことだとお思いになって、（自らを）慰めてくださるように。

などと書いて、

はかないこのつらい世の夢がさめない間は悲しまずにご覧ください。私が出家の功徳によって照らしてさしあげる後世の浄土の光明を。

大将殿へも「こうこうです」と申し上げなさるので、（大将殿は）びっくりして（大納言の）手紙をご覧になると、昨夜の（縁談の）お話を聞くのを途中でやめましたのも、このような（出家の）志（があったからです）。けっして自分の意思から起こったことではありません。仏がたびたび諫めなさったので（出家を決意したのです）。目の前で死に別れるよりは、どうして（生き別れの方が悲しみが深いはずがあろうか）とお考えください。大宮が嘆き悲しみなさるであろうから、慰めてさしあげてください。

と書いて、

後世でも心の隔てはあるまいと思います。浄土の蓮の葉にかかる露ではないが、兄上とは少しも変わることのない親しい間柄のわが身だと思っていますので。

殿（＝関白）も聞いてびっくりなさって、大将と一緒に一乗院へ参上なさる。

昼ごろ、（大納言に同行した従者が）御馬を引き返して帰参した。（関白たちが）「どうしたのか」とお尋ねになると、（従者は）「（大納言が）長年親しくしていた聖の僧坊にお着きになって、以前から約束なさっていたのだろうか、（聖は）ためらうことなく御髪を剃って、御衣・袈裟などをかけてさしあげました。（大納言が）『なりつぎ（＝大納言の従者）も帰参せよ』とおっしゃったけれど、（なりつぎも）自分で髪を剃って、彼もお側に仕えております。お気の毒でもったいないことでしたので、『（私も）ご一緒に（出家したい）』と申し上げましたが、『都で騒いでいらっしゃるだろうと思うともったいない。（お前は）帰参して、事情を申し上げよ』ということでございました」と言って泣く様子は、あの車匿舎人が（釈迦の出家を見届けて）帰ったとかいう他国の宮廷のことまでつい推測されて、感慨深い。

「そのままにしておいてよいわけがない」とおっしゃって、殿も大将も比叡山へお登りになる。権大夫も参上なさる。宮廷からの御使者として源中納言が、東宮の御使者として三位の中将がお登りになる。

（関白たちが）聖の僧坊にお入りになると、大納言はいらっしゃらない。「それでは、どこに（いらっしゃるのか）」とお尋ねになると、（聖は）「都から人が大勢連れ立って登っていらっしゃると、下法師が申し上げましたところ、（大納言は）『いまさらお目にかかっても（仕方がない）』とおっしゃって、どちらへ行ってしまわれたのか、知らない」と言うので、（関白たちは）あまりの情けなさに、「どうして、一条院（＝大宮）・大殿などにも、こうこうとは問い合わせなさらないで、（自分の一存で）このように（大納言を）剃髪出家させ申し上げてしまわれたのだろうか。（大納言は）世の中の物知りでいらっしゃったのに」とおっしゃると、（聖は）「さあ。出家を引き止めることを、全世界の仏たちが憎みなさることなので、私の方からさえ（出家を）お勧め申し上げなければならないのに、（大納言は）殊勝なことにご自身で（出家を）思いつきなさったのは、めったにないほど素晴らしいことだと思われます。もしそれ（＝大納言を出家させたこと）が間違ったことなら、どのようにも（私を）処分なさってください。昔から出家の身は、国王・大臣という（俗世の）ことなど関知しないものよ」と言って、数珠を爪《つま》ぐって座っていた。憎らしいという言葉ではとても言い尽くせない。世の道理も忘れて、もし仏罰を被らないなら、（聖を叩いて）「もう懲りたか、懲りたか」とも（従者に）言わせたい様子である。どなたも手紙を書き残して、泣き泣きお帰りになる。

解説

問1 21 － 23 正解は (ア)＝⑤ (イ)＝⑤ (ウ)＝④

(ア) 「あら」はラ変動詞「あり」の未然形。ここでは出家せず俗世に生きることをいう。「まほしけれ」は希望（～たい）の助動詞「まほし」の已然形。「ど」は逆接の接続助詞。「まほし」の意から①と⑤に絞り、文脈から⑤を選択する。②・③のような「～てほしい」という他者への願望を表す用法が「まほし」にあることはあるが、これは例外的なもの（終助詞「なむ」が一般的）。④の「～てもよい」は適当の意であるから、これも不適。

(イ) 「さて」は〝そのままで〟の意の副詞。「ある」はラ変動詞「あり」の連体形。「べき」は適当の助動詞「べし」の連体形。「かは」は反語の係助詞。直訳すると〝そのままであってよいだろうか、いやよくはない〟となる。ここは文脈的に、出家しようとしている大納言をそのまま放置できないということ。直訳から⑤が選択できる。よく似た慣用表現に「さてあるべき（こと）ならねば（＝そのままにしておくわけにもいかないので）」がある。

(ウ) 「見え」は下二段動詞「見ゆ」（＝見える。会う。来る。見られる。見せる。妻になる。思われる）」の連用形。「奉り」は謙譲の補助動詞「奉る」の連用形。「て」は接続助詞、「も」は係助詞。出家した大納言が都からやって来る人々との面会を拒絶する場面であるから、「見ゆ」は〝会う〟の意になり、〝お会い申し上げても〟と訳せる。よって④が正解で、後に「せんかたなし（＝仕方がない）」を補って訳している。①は「見奉る」の訳になる。③は「興味がない」が不適。②・⑤は「奉る」を尊敬語に訳している。

問2　24　正解は④

「かく」は〝このように〟の意の副詞。「は」は係助詞。「なし」は四段動詞「なす（＝する。行う）」の連用形。ここは、聖が大納言を剃髪出家させたことをいう。「聞こえ」は謙譲の補助動詞「聞こゆ」の連用形。謙譲語は主語の相手（対象）を敬うから、大納言への敬意を表す。「給へ」は尊敬の補助動詞「給ふ」の已然形（命令形）。尊敬語は主語を敬うから、聖への敬意を表す。「る」は完了の助動詞「り」の連体形。「なら」は断定の助動詞「なり」の未然形。「む」は推量の助動詞で、疑問の副詞「などか」を受けて連体形となる（疑問・反語の副詞があると文末は連体形になる）。よって④が不適となる。

問3　25　正解は②

傍線部の理由を問う設問。大納言が斎宮に宛てた手紙の「この笛は」以下に着眼する。大納言は、この笛は故院が兄の大将ではなく自分に譲ってくれたもので、肌身離さず持っていたが、若君が成長したら自分の形見として渡してほしいと書いている。さらに「伝へてし」の和歌で、「伝へてしうきねをしのべ」と、笛の悲しい音色を聞いて自分のことをしのんでほしいと訴えている。

選択肢は「若君に渡してほしい」とある②を選択すればよい。他はいずれも渡す相手が間違っている。

問4　26　正解は①

傍線部の内容を問う設問。大納言が大将へ宛てた手紙の一節である。傍線部は〝自分の意思から起こったことではありません〟の意。これは出家を決意したことをいう。またその理由は直後の文で「仏のたびたび諌めさせ給ひしかば」と述べられる。この「仏」については斎宮への手紙の中でも「命絶ゆべきことを仏の定かに知らせ給ふ……」と言及されている。よって（注）6も参考にすれば、**大納言が縁談に関心を示さなかったのは、仏が残り少ない命を仏道修行に捧げるように諫めたからだ**ということになる。

選択肢は「仏のたびたび諫めさせ給ひしかば」に着眼して、「仏に諭された」とある①と、「仏の度重なるお告げに従った」とある⑤に絞り、「残り少ない人生」を決め手に①を選択する。

② 内容的には間違いとは言いがたいが、傍線部前後の文脈をふまえていない。

③「他に例のない」以下が不適。大納言の手紙の内容と合致しない。

④「結婚をすると大宮が寂しがるに違いない」が不適。大納言の手紙の内容と合致しない。

⑤「妻帯してはならない」が不適。仏の「諫め」の内容と合致しない。

問5　27　正解は④

傍線部の内容を問う設問。前問に続いて大将への手紙の一節である。「目の前の別れ」は斎宮への手紙にも「御目の前にて亡き身と御覧ぜられむ」とあるように、**親しい人々に看取られて死別すること**をいう。「などか」は疑問・反語の副詞。その後が省略されているが、目の前で看取られて死別するよりは……（の方がよい）という文脈であるから、反語の意とわかる。またその省略された内容とは、前後の文脈や本文のリード文などから考えて、**出家して生き別れること**をいうと推定できよう。なお「思しなせ（思しなす）」は「思ひなす（＝思いこむ。推測する）」の尊敬表現である。以上より大納言の意図を次のように説明できる。

目の前で看取られて死別するよりも、出家して生き別れた方がましだと思ってほしい

選択肢は「目の前の別れ」について「面と向かって別れを告げられる」とある①と、「私の死を目の当たりにする」とある④に絞り、「俗世を捨てた私と会えなくなる」を決め手に④を選択すればよい。

① 大納言の真意を説明していないので不適。

②「目の前の別れ」の説明が不適。

③「目の前の別れ」の説明が不適。「あなたのためにもよい」とあるのも大納言の心情からずれている。
⑤「目の前の別れ」の説明が不適。「幼くして」以下も本文に書かれていない。

問6　28　正解は⑤

本文全体の内容を問う設問。消去法で解く。
①適当。「かりそめの」の和歌の「嘆かでも見よ」、「後の世も」の和歌の「隔てはあらじ」に合致する。
②適当。「殿も聞きおどろかせ給ひて……」およびその直後の段落の内容に合致する。
③適当。終わりから三段落目の「みづから頭《かしら》下ろして、かれ（＝なりつぎ）も候ふ」に合致する。
④適当。最終段落の「あまりの心憂さに……数珠《ず ず》うち繰りて居たり」に合致する。
⑤不適。大将たちは大納言に会えなかったので、「大納言を連れて帰ろうとする」は誤り。また大将たちが聖を懲らしめるのであって、その逆ではない。

第4問　標準

《出典》　葉廷琯『鷗陂漁話《おうひぎょわ》』〈巻一　董思翁論書示子帖〉

葉廷琯（一七九二〜一八六九年）は清代、呉県（現在の江蘇省）の人。字は紫陰。号は調生など。生涯、名誉欲や金銭欲とは縁がなく、経書（『論語』『孟子』などの儒教の正典）や歴史書の研究を楽しみとした。著書に『吹網録』『鷗波余話』などがある。『鷗陂漁話』は全六巻から成る随筆集である。

要旨

本文は二段落から成る。

1 **文敏の偽物**（新安一賈人…）

新安の商人が文敏（＝董其昌）の食客を介して彼の書（実は偽物）を手に入れた。それを見た人々はみな感嘆した。

↓

2 **文敏の真筆**（明年、賈復…）

翌年、商人は文敏に出会ったが、昨年書を書いてもらった人物とは別人であった。商人が悲嘆にくれていると、文敏が同情して気軽に書を書いてくれた。だが、眼識のある者が見ると、むしろ偽物の方が上手であった。

【語釈】

▼**懼其贋也**＝「也《や》」は「懼其贋」を強調する助詞。

▼**文敏之客**＝「客」は客人の待遇で家に抱えておく人。食客。

▼**始末**＝初めから終わりまで。顚末《てんまつ》。

読み

新安《しんあん》の一賈人《こじん》文敏《ぶんびん》の書《しょ》を得んと欲して、其《そ》の贋《にせ》なるを懼《おそ》るるや、諸《これ》を文敏の客《かく》に謀《はか》る。客厚幣《こうへい》を具《そな》へて、介《かい》もて入謁《にふえつ》せしむ。賓主《ひんしゅ》の礼を備へ、童《どう》に命じて墨を磨《す》らしめ、墨濃くなれば、文敏乃《すなは》ち起《た》ちて毫《ふで》を揮《ふる》ひて賈に授く。賈大いに喜びて拝謝《はいしゃ》し、持ち帰りて堂中《だうちゅう》に懸《か》く。過客之《くわかくこれ》を見て、嘆絶《たんぜつ》せざるは無し。

明年《めいねん》、賈復《ま》た松江《しょうかう》に至る。偶《たまたま》府署《ふしょ》の前を過ぎて、肩輿《けんよ》せられて入《い》る者を見る。人曰《い》はく、「董宗伯《とうそうはく》なり」と。賈其の容《よう》を望めば、絶えて去年己《おのれ》の為《ため》に書《しょ》する者に類《るい》せず。其の出《い》づるを俟《ま》ちて、審《つまび》らかに之を視《み》るに、相《あ》ひ異なること真《まこと》に遠く甚だしければ、大声もて屈《くつ》を呼ぶを禁ぜず。文敏輿を停《とど》めて故《ゆゑ》を問へば、賈涕泣《ていきふ》して始末《しまつ》を述《の》ぶ。文敏笑ひて曰はく、「君《きみ》人の紿《あざむ》く所と為《な》る。君の誠《まこと》を憐《あは》れみて、今同《とも》に往《ゆ》きて汝《なんぢ》の為に書すべし」と。賈大いに喜びて再拝《さいはい》し、始めて真筆《しんぴつ》を得《う》れば、帰りて以《もつ》て人に誇る。而《しか》れども識者往往《しきしやわうわう》にして謂《おも》へらく、前書較工《ぜんしよややたく》みなりと。此《こ》れ又《ま》た見るべし、名家随意酬応《めいかずいいしうおう》の筆常に反《かへ》つて贋本《がんぽん》の下に出づる者有るを。遽《には》かに真偽を工拙《こうせつ》の間《かん》に定むべけんや。

通釈

新安のある商人が文敏（＝董其昌）の書を手に入れたいと思ったが、それが偽物であることを心配して、このことを文敏の食客に相談した。食客は（商人に）手厚い贈り物を用意させ、訪問先の使用人の案内を受けて（文敏と）面会させた。訪問者と主人との挨拶の儀礼を済ませると、召使いに命じて墨を磨らせ、墨が濃くなると、文敏はようやく立ち上がって筆を走らせて書を書いて商人に与えた。商人はたいそう喜んで謹んで礼を述べ、持ち帰って家の中に掛けた。立ち寄った者はこの書を見て、みな感嘆した。

翌年、商人は再び松江に出かけた。たまたま役所の前を通ったとき、二人が肩でかつぐ輿《こし》に乗せられて中に入る者を見かけた。ある人が言うには、「（あれは）董宗伯（＝董其昌、文敏）だ」と。商人がその容貌を眺めると、まったく去年自分のために書を書いてくれた者に似ていなかった。（それで）彼が（役所から）出てくるのを待って、念を入れて彼をよく見てみると、両者は全くもってはなはだ違っていたので、大声で不当な扱いを受けたと言い立てずにはいられなかった。（すると）文敏は輿を停めてその理由を尋ねると、商人は涙を流して顚末を語った。文敏が笑って言うには、「あなたは人にだまされたのだ。（それでは）あなたの誠実な心に同情して、今から一緒に行ってあなたのために書を書いてあげよう」と。商人はたいそう喜んで繰り返しお辞儀して、初めて（文敏の）真筆を手に入れたので、家に帰って人に自慢した。しかし眼識のある者がしばしば思ったことには、前の（偽物の）書の方がやや上手だと。このことからわかるように、名人が心まかせに求められるままに書いた書はきまってかえって偽物に劣るものである。本物か偽物かは上手か下手かという点からただちに決められるだろうか、いや決められない。

解説

問1 29・30 正解は (ア)＝② (イ)＝④

(ア)「**具**」は「つぶさに」という副詞の読みがよく問われるが、ここは名詞「厚幣」から返るので、動詞になる。「具備」「具足」といった熟語があるように、「そなふ・そなはる」と読む。直前の「令（しむ）」が使役の助動詞であるから、客人が商人に手厚い贈り物を準備させたという文脈になる。よって②が正解。

(イ)「**故**」は副詞「ゆゑに・もとより」、形容詞「ふるし」などの用法もあるが、ここは動詞「問」に返るので名詞となり、「ゆゑ」と読み、〝原因・理由〟の意を表す。④が正解。

問2 31 正解は④

主語は「過客」。直前の「之（これ）」は商人が文敏に書いてもらった書を指す。「嘆絶」は〝非常に褒める〟の意。よって空欄には「みな」という意味を表す語句が入る。④「無不」が正解で、下から返って「…（せ）ざるはなし」と読む**二重否定**の形である。〝**…しないものはない。みな…する**〟の意。

①「〜可以…」は「〜もつて…べし」と読み、〝〜によって〔なので〕…できる・べきだ・あろう〟などと訳す。

②「何如」は「いかん」と読み、疑問形（「いかんぞ…（する）」「…は〔を〕いかんせん」など）または反語形（「いかんぞ…（せ）んや」「…は〔を〕いかんせん」など）を作る。「何若」などに同じ。

③「不若…」は「…にしかず」と読み、比較形（〝…におよばない。…の方がましだ〟）を作る。「不如」に同じ。

⑤「未必…」は「いまだかならずしも…ず」と読み、部分否定の形（〝きっと…（する）とは限らない〟）を作る。

問3 32 正解は②

返り点と書き下し文の設問。商人が董宗伯（＝董其昌、文敏）だと言われる人物の顔を眺めると、という文脈に続く。傍線部を見ると、まず「類」はいずれの選択肢も「類せ」と読んでいるので、「るいす」と読む動詞となり、「不」に返るとわかる。「類似」という熟語などからわかるように、〝似ている〟の意。よって「者」に似ていないという骨格がつかめ、「去年為己書者」が名詞句となって「類」に返るとわかる。「去年」は第一段落の内容をいうから、自分のために書を書いてくれた者という内容となり、「為」は「ため」と読み、「己」は商人自身をいう。「書」は「しよす」と読む動詞になる。ここまでで「去年己の為に書する者に類せ」と読んだ②と④に絞られる。後はその内容から、④の「類せざるを絶つ」では文脈が通じないと判断して②を選択する。「絶」は「不」と呼応する副詞となり、「たえて」と読み、〝まったく…（ない）〟の意になる。

問4　33　正解は③

傍線部の理由を問う設問。「不禁」は〝～をおさえられない・がまんできない〟の意。商人が不当な仕打ちを受けたと叫んだ理由は直前の「相異真遠甚」に書かれている（「甚」の送り仮名「ダシケレバ」に着眼する）。すなわち**去年会った文敏（＝董其昌）と、今注視している文敏はまったく似ていない**というのである。よって「計略に引っかかった」と説明した③が正解となる。

①「再会した」「無視されてしまった」が不適。
②「長々と待たせた」「尊大な態度」が不適。
④　全文が本文の内容からはずれている。
⑤「実際は」以下が本文の内容からはずれる。

問5　34　正解は③

句形を問う設問。**受身**の句形の一つ「為A所～（Aの～する所と為る）＝Aに～される」の形である。

問6　35　正解は①

傍線部の解釈を問う設問。話し手は「文敏（＝董其昌）」である。「憐（あはれむ）」は〝同情する。心が引かれる〟の意。「君」は商人を指す。ここまでで選択肢は①〜③に絞られる。「可（べし）」は意志を表す助動詞で、動詞「書（しょす）」から返る。「為」は問3と同様に「ため」と読む。「汝」は商人を指す二人称の代名詞。**商人のために書を書いてあげようということ**。よって選択肢は①と③に絞られ、③の「今回もやはり」は内容的に誤りなので、①が正解となる。「同」は「ともに」と読む副詞である。「往」は「ゆく」と読む動詞。

問7 36 正解は⑤

傍線部の解釈および筆者の見解を問う設問。まず文末の「乎」に着眼する。これは「哉・也・邪・夫」などと同じく疑問・反語・詠嘆を表す助詞であるが、「可〜乎」を「〜べけんや」と読むから反語とわかる。「可」は「定」から返るから、〝決められるだろうか、いや決められない〟と訳せる。「真偽」は〝本物か偽物か〟の意。「于」は読まないが前置詞として働く。「工」は二文前で「たくみなりと」と読んでいるから、「工拙」は「巧拙」に同じとわかる。ここまでで選択肢は①・③・⑤に絞られる。次に二文前の「而識者往往謂」以下に着眼する。眼識のある者が文敏の書いた真筆よりも偽物の方が上手だと思ったと述べられ、これをふまえて、「名家」以下、名人の「随意（＝心まかせに）酬応（＝求められるままに）」書いた書は「出贋本（＝偽りの書）下」、すなわち偽物に劣ると述べている。よってこれをなぞった⑤が正解となる。

①「努めて入手するべきだ」が右の内容に合致しない。

②「決められるはずだ」が間違った解釈となる。

③「入手しても意味がない」とまでは筆者は決めつけていない。

④「決められるはずだ」が間違った解釈となる。「偽物に勝る」も誤り。

国語 本試験

問題番号(配点)	設問	解答番号	正解	配点
第1問 (50)	問1	1	③	2
		2	⑤	2
		3	⑤	2
		4	③	2
		5	⑤	2
	問2	6	①	8
	問3	7	②	8
	問4	8	④	8
	問5	9	②	8
	問6	10	①	4
		11	③	4
第2問 (50)	問1	12	⑤	3
		13	③	3
		14	②	3
	問2	15	①	7
	問3	16	④	8
	問4	17	③	8
	問5	18	②	8
	問6	19-20	①-④	10 (各5)

問題番号(配点)	設問	解答番号	正解	配点
第3問 (50)	問1	21	③	5
		22	⑤	5
		23	①	5
	問2	24	①	5
	問3	25	④	7
	問4	26	④	8
	問5	27	④	7
	問6	28	③	8
第4問 (50)	問1	29	⑤	4
		30	④	4
	問2	31	①	6
	問3	32	①	6
	問4	33	④	6
	問5	34	④	8
	問6	35	③	8
	問7	36	⑤	8

（注）-（ハイフン）でつながれた正解は，順序を問わない。

自己採点欄
200点

（平均点：129.39点）

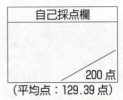

第1問 標準

《出典》 土井隆義『キャラ化する／される子どもたち—排除型社会における新たな人間像』〈第二章 アイデンティティからキャラへ 1 外キャラという対人関係の技法〉（岩波ブックレット）

土井隆義（一九六〇年～ ）は筑波大学大学院人文社会科学研究科教授（二〇一六年現在）。専攻は社会学。筑波大学第一学群社会学類卒業。大阪大学大学院人間科学研究科博士課程中退。著書に『〈非行少年〉の消滅—個性神話と少年犯罪』『「個性」を煽られる子どもたち—親密圏の変容を考える』『友だち地獄—「空気を読む」世代のサバイバル』などがある。『キャラ化する／される子どもたち—排除型社会における新たな人間像』は二〇〇九年に発行された。

要旨

原文は「キャラクターからキャラへ」という小見出しに導かれた第1～第6段落と、「不透明な関係の透明化」という小見出しに導かれた第7～第15段落に分かれている。これを前半・後半いずれもさらに二区分して全体を四区分し、内容をまとめてみよう。起承転結の構成になる。

1 **キャラクターからキャラへ** 第1～第3段落 ※問2・問6

着せ替え人形のリカちゃんは設定された物語の枠組から解放されて、ミニーマウスやポストペットなどの別キャラクターを演じるようになった。これはキャラクターがキャラ化したことを意味している。

←

2

アイデンティティの確立から外キャラの演技へ　第4～第6段落　※問3・問6

キャラクターのキャラ化は複雑になった人間関係を乗り切っていこうとする現代人の心性を暗示する。今日の若い世代は、揺らぎを繰り返しながらアイデンティティの確立を目指したかつての世代とは違い、対人関係に応じて、**固定的な外キャラを意図的に演じようとしている**のだ。

↓

3

単純なキャラによる人間関係の透明化　第7～第12段落　※問4・問6

現在の人間関係では、その時々の状況や気分によって評価が大きく変動するようになっている。きわめて単純化されたキャラは、このような**錯綜した不透明な人間関係を単純化し、透明化する**のであり、またどんなに場面が変化しても臨機応変に対応することができるのだ。

↓

4

キャラ＝コミュニケーションと共生の技法　第13～第15段落　※問5・問6

外キャラの呈示は**コミュニケーションの技法の一つ**であり、互いの違いを的確に伝えあってうまく**共生**することを目指す技法の一つといえる。キャラはきわめて単純化されたものではあるが、個性の一部なのであり、自分をキャラ化して呈示することは他者に対する誠実な態度といえなくもない。

【語釈】

▼物語＝本文では、実際に語られたり書かれたりしたものに限らず、ストーリー性のある物事を広く指して「物語」

としている。

▼文脈＝ある物事の背景や周辺の状況。

▼定形的＝一定の形や型などに従っているさま。ただしこの意味では「定型的」の表記が一般的。

▼負荷＝力学的・電気的エネルギーを消費するもの。本文では、心理的負担という比喩的な意味で使われている。

▼予定調和＝物事の推移も結果も予定通りであること。

解説

問1 1－5 正解は (ア)＝③ (イ)＝⑤ (ウ)＝⑤ (エ)＝③ (オ)＝⑤

(ア)「繕う」 ①漸増 ②全容 ③営繕 ④学生然 ⑤禅問答

(イ)「収束」 ①反則 ②促進 ③閉塞 ④一触即発 ⑤束縛

(ウ)「顧みても」 ①故意 ②古式 ③鼓舞 ④孤独 ⑤顧慮

(エ)「回避」 ①大会 ②大海 ③転回 ④下界 ⑤開陳

(オ)「縮減」 ①祝し ②粛々と ③宿敵 ④淑女 ⑤緊縮

問2 6 正解は①

傍線部の内容を問う設問。「変容」は〝姿・形が変わること〟の意。第1・第2段落に拠って、リカちゃんの「捉えられ方」がどのように変化したのかを把握する。そこで第2段落冒頭の逆接の接続詞「しかし」に着眼して、その前後にある「設定されたその物語の枠組のなかで」および「その物語の枠組から徐々に解放され」に注目する（注目しなければならない）。これは、発売元のタカラトミーが設定した理想的な家庭環境にあるリカちゃんが、その限定された家庭環境から抜け出てミニーマウス（ミッキーマウスのガールフレンドと言った方がわかりやすい）やポストペットなど別の役を演じることをいったものである。このことを傍線部の直前で「特定の物語を背後に背負ったキャラクターから……どんな物語にも転用可能なプロトタイプを示す言葉となったキャラへ」、さらには第4段落で「キャラクターのキャラ化」とまとめている。「キャラ」とはもちろん「キャラクター（＝登場人物）」の略語であるが、第2段落に出てくる伊藤剛は、ある物語のなかで独自の個性・存在感を持つ者を「キャラクター」、その単純な造形によってさまざまな物語・文脈に登場する者を「キャラ」と呼んで区別することを提唱した。筆者はこの分類に従っている。以上より、傍線部は次のように説明できる。

物語の枠組のなかのキャラクターから、その枠組を越え出たキャラへの変化

選択肢は、「枠組」をキーワードに「設定された枠組から解放され」とある①と、「それまでの枠組に縛られず」とある④に絞り、「その場その場の物語に応じた役割」を決め手に①を選択すればよい。

②「多くの子どもたちの」以下が不適。「世代ごとに異なる物語空間」とは本文で述べられていない。

③国民的アイドルへと変化したという説明が不適。第1段落で、リカちゃんは初代から国民的アイドルであると述べられている。

④「より身近な生活スタイルを感じさせる」が不適。キャラ化を説明していない。

⑤「自由な想像力を育む」以下が不適。第1段落で、かつてのリカちゃんは子どもたちの憧れのイメージ・キャラクターであったと述べられている。

問3　7　正解は②

傍線部の内容を問う設問。「人びと」と「大きな物語」の関係を尋ねる。傍線部以下、リカちゃん人形の捉え方の変化から、**現代人の心性の変化**へと話題が転換していく点に注意しよう。この現代人の心性の変化は続く第5・第6段落で説明される（第7段落冒頭の「では」は、前の事柄を受けて次の事柄を導く接続詞なので、その直前で内容がいったん切れると判断する）。第5段落冒頭に「振り返ってみれば」とあり、第6段落冒頭に「それに対して」とあるように、両段落で、**前の世代の古い心性と、今日の若い世代の新しい心性が対比される**。前者は、「大きな物語」のなかでアイデンティティ（＝自分とは何者であるかということについての自己理解。自己同一性）の確立を目指すもので、内面と外面の「揺らぎ（＝ずれ）」を繰り返しながらも一貫した人格を追求する。これに対して後者は、自分の人格を固定的なキャラとして演じるもので、内キャラと外キャラをそのまま併存させるものである。したがって、リカちゃん人形における、キャラクターからキャラへの変化と、現代人の心性における、アイデンティティの確立からキャラの演技への変化とが対応関係にあることになる。以上をふまえて傍線部をみると、これは古い心性を言ったものだとわかる。よって「人びと」と「大きな物語」の関係を次のように説明できる（「大きな物語」とは具体的に何を意味するのかは本文からは読み取れないので、考える必要はない。いや考えてはならない。無駄に時間を費やすだけである）。

人びとが「大きな物語」のなかで自己のアイデンティティの確立を目指す

選択肢は、前半が同じなので後半を検討する。「アイデンティティ（＝同一性）」を基準にすれば「矛盾のない」が決め手となって②が正解とわかる。「自己の外面的な要素（＝外見）と内面的な要素（＝性格や心情）との隔たりに悩み」とあるのも、第5段落の「揺らぎをはらみ」に合致する。

①「臨機応変に複数の人格のイメージを使い分けようとしていた」が不適。これは外キャラを演じ分ける新しい心性の説明になる。

③「社会的に自立した」が不適。アイデンティティの確立の説明にならない。

④「生まれもった人格」が不適。第6段落に「生まれもった人格特性を示す内キャラ」とあるように、新しい心性の説明になる。

⑤「個別的で偽りのない」が不適。アイデンティティの確立の説明にならない。

問4 8 正解は④

傍線部の理由を問う設問。直後に「そのためでしょう」とあるように、「その」の指示内容を問う設問でもある。

「生身のキャラ」とは実際の人間が演じるキャラをいう。その単純さが求められる理由を、第7段落以下の内容に基づいて把握する。まず第7～第9段落では、価値観の多元化・多様化に伴い、人間関係においてもその場の状況や気分によって評価が変動すること、そのため自己の一貫性（アイデンティティ）を見出すことが難しいことが説明される。「しかし」（第10段落冒頭）単純に造形されたキャラが印象的で把握しやすいように、単純化された生身のキャラも「錯綜した不透明な**人間関係を単純化し、透明化**してくれる」し、「また」（第11段落冒頭）どんなに場面が変化しても**臨機応変**（＝その時々の場面や状況の変化に応じて適切に処置すること）**に対応することができる**と説明される。したがって生身のキャラに「単純明快でくっきりとした輪郭が求められる」理由は二つあることになり、それが「その」の指示内容とも一致する。それは次のように説明できる。

1　錯綜した不透明な人間関係を単純化・透明化してくれる

2　場面の変化に臨機応変に対応できる

選択肢は三行と長いので、まず文末を検討する。すると「臨機応変」を「様々な場面の変化にも対応できる」と言い換えた④が正解とわかってしまう。「人間関係が明瞭になり」とあるのは右の第一の理由に合致する。他の選択肢は「臨機応変」を説明していない。

①「一貫性をもっている」以下が理由として不適。本文では「一貫」という語はアイデンティティと結びつけて用いられている（例：「一貫したアイデンティティ」第9段落）。

②「自分の性格や行動パターンを把握されやすくなるから」という理由づけが不適。把握されやすいことによるメリットが問われている。

③「文化の異なる様々な国での活躍が評価されるようになる」とは本文に書かれていない。理由づけとしても不適。

⑤「若者たちに親しまれるようになるから」という理由づけが不適。また「素朴」も本文に書かれていない。

問5 9 正解は②

傍線部の内容を問う設問。特に「誠実さ」の内容が問われる。設問に「最も近い発言」とあるが、要するに内容説明の設問とみなせばよい。第13段落以下に着眼する。価値観の多元化によって多様に変化し続ける人間関係においては、外キャラの呈示はコミュニケーションを成立させ、異なる他者と共生するための技法であり、自己欺瞞でも騙しでもなく、**自分らしさ・個性の表現**であると述べられている。これをふまえ、傍線部の前文で「自分をキャラ化して呈示することは、他者に対して誠実な態度といえなくもない」と述べられる。したがって傍線部の「誠実さ」とは、**自分をキャラ化して呈示することで自分らしさを表現する**ことを述べたものだといえる。なお「相対性」とは〝物事が他との関係において成り立つさま〟の意で、多様な人間関係の中で価値観が揺れ動くさまを表している。

選択肢はこれも三行と長いので、文末を検討するとよい。**「誠実さ」=「キャラ化」**というポイントを押さえれば、「キャラを演じ分けることも一つの誠実さだ」とある②と、「キャラになりきることのほうが重要」とある④に絞られる。そして「状況に応じて態度やふるまいが変わる」=**キャラの演じ分け**と理解できるので、②が正解となる。

① 「自分の中に確固とした信念をも（つ）」「自分が信じる正しさを貫き通（す）」が不適。これはアイデンティティの確立を目指した古い心性にあたる。

③ 「自分を見失ってしまう危険がある」が不適。キャラ化の説明に合致しない。「他者よりも、まずは自分に対して誠実でなくっちゃ」とあるのも、傍線部前文の趣旨に合致しない。

④ 「自分らしさ」を否定した内容だから、不適。

⑤ 「相対性の時代」の説明が誤り。キャラを演じなくてもよいという内容も、また他者に対する誠実さが成り立たないという内容も不適。

問6 10 ・ 11 正解は (i)=① (ii)=③

(i)

本文の表現の特徴・論旨の展開を問う設問。消去法で解く。

①不適。「敬意」が誤り。「演じてくれる」の「くれる」は補助動詞で、行為の受け手に利益をもたらすことを表す。

②適当。「評論家の伊藤剛さん」の考え方であることを明示している。

③適当。「思われます」は筆者の推測を表している。

④適当。「アイデンティティ」というのは自己の統一感であり、何かへの所属感であるから、その「揺らぎ」も外部からは見えにくい。

(ii)

①適当。第7段落は「では」で始まり、「いい加減な態度なのでしょうか」と疑問を投げかけ、以下の段落でそれに答える展開になっている。

②適当。第10段落は「しかし」で始まり、前段落の内容を否定的に捉えている。また第11段落は「また」で始まり、前段落とは異なる内容を添加している。

③不適。「それまでとはやや異質な」以下が誤り。コンビニやファーストフードの店員の「定形的」な接客態度は、前段落の傍線部Cの具体例となっている。

④適当。第14段落は冒頭の「したがって」以下、前段落から導かれる結論、すなわち外キャラの演技は自分らしさの表現であり、個性の一部であるという結論を呈示している。

第2問 標準

《出典》 佐多稲子「三等車」（『佐多稲子全集 第八巻』講談社）

佐多稲子（一九〇四～一九九八年）は小説家。本名、佐田イネ。長崎県生まれ。複雑で貧しい家庭に育ち、小学校を中退した。成人後は左翼運動に身を投じ、『キャラメル工場から』でプロレタリア派の作家としてデビューするも、その後左翼運動から身を引く。戦後は女性運動に身を捧げる。作品は他に『女の宿』『樹影』『時に佇《た》つ』『私の東京地図』『夏の栞《しおり》』などがある。

「三等車」は雑誌『文芸』（一九五四年一月号）に発表された。

要旨

本文を四区分して各部分の内容をまとめてみよう。

1 闇で座席を買う 1～30行目（鹿児島ゆきの…） ※問2・問6

鹿児島ゆきの急行列車に乗ろうとした時にはすでに座席が埋まっていた。そこで私は座席屋の男から闇で座席を買った。私は周囲に対して少し照れながらもほっとした。

←

2 子連れの夫婦が乗り込む 31～68行目（発車までには…） ※問6

私の座席の近くに男の子と赤ん坊を連れた若い夫婦が乗り込んできた。夫婦は喧嘩したまま乗り込んできたらしく二人の神経は昂っており、夫は妻と視線を合わせることなく列車から出て行った。男の子はおとなしく立っていたが、母親がちょっとその場を離れると、「母ちゃん」と遠慮がちに低くつぶやいた。

3

母親が身の上話をする　69～118行目（やがて発車のベルが…）　※問3・問4・問6

父親が窓の外から**男の子**を呼んで握手して立ち去った。汽車が動き出してから**母親**がお茶のびんを抱えて戻ってきて、それで乳を作って赤ん坊にのませた。**私**や近くの乗客が彼女に同情して少し助けてやると、**母親**は気を許して身の上話を始め、明日までの汽車の中にようやく腰をおろしたふうであった。

4

男の子が父親を恋い慕う　119～141行目（ホームで妻子に…）　※問5・問6

私は闇の座席を買った罪滅ぼしのように**男の子**を膝に抱きながら、ひとりで帰って行った**父親**の今の様子や心情に思いを馳せた。車内が落ち着いてあまり話し声もしなくなったころ、ふと**男の子**が「父ちゃん来い、父ちゃん来い」と、可憐に弱々しく無心につぶやくように歌うのが耳に入ってきた。

解説

問1　12 － 14　正解は　(ア)＝⑤　(イ)＝③　(ウ)＝②

(ア)　「目くば（配）せ」は〝目を動かしたり、まばたきしたりして合図すること〟。身振りや手まねや顔の表情などで相手に意思を伝えるボディーランゲージ（身体言語）の一種。ここでは座席屋の男が仲間に、座席が売れたことを目つきで知らせている。「合図した」とある⑤のみが文脈的に合っている。

(イ)　「無造作」は〝容易なこと。気にせず気軽に行うこと〟。ここは座席を確保できなかった母親が仕方なく荷物を床に下ろす場面なので、後者の意になる。そのぞんざいな様子を読み取って③を選択する。他は語義的に不適。

(ウ) 「見栄」は〝見た目。実際よりよく見せようとする態度。歌舞伎俳優のポーズ〟の意。「見栄もなく」の「見栄」は二番目の意になり、〝人目やうわさなどを気にかけることもなく〟の意。ここは母親が、聞かれもしないのに自らの貧しい境遇を率直に話す場面であるので、②が適当となる。①は「偉ぶる（＝偉そうにふるまう）」が誤り。他は語義的に不適。

問2 15 正解は①

心情を問う設問。「私」の心情を表現した箇所に着眼する。まず12～13行目に「内心ほっとしていた」とある。座席屋の男との交渉が初めてにしてはスムーズに運んだことに、「私」は安心したのである。次に18～19行目に「周囲に対して少し照れながら再びほっとした」とある。座席を買えたことに安心すると同時に、闇取引をしたことをきまり悪く思う心情を表現している。最後に28行目に「先方も、私も、安心したようになって」とある。座席の闇値が前の席の婦人のと同じであり、自分だけが不当に高い値をふっかけられたわけではないと知って安心したのである。この三箇所をまとめると次のようになる。

闇で座席を買ったことをきまり悪く思いながらも、席を確保できたことや不当な値ではなかったことに心が安らいでいる

選択肢は右の三箇所をなぞったものを選べばよく、「うしろめたく思いながらも」「他の乗客と同じ金額」「座っていられる」と並べた①を選択すればよい。

② 「ためらいながら」が不適。8行目に「いくら？」とあるように、「私」は座席屋の男と即座に値段の交渉を始めている。「年配の女性であることに安心している」も本文から読み取れない。

③ 「闇で座席を買わされたことを耐えがたく思いながら」が不適。「私」はためらわずに座席を買ったのであり、買えたことに満足している。

④「罪の意識」が言い過ぎとなる。前に引用した「少し照れながら」に合致しない。128行目に「闇の坐席を買った罪ほろぼし」とあるが、この罪悪感は座席のない気の毒な母子と出会った後に感じた心情である（小説では時間的に後の心情を前の箇所の心情として読んではいけない）。「長い道中を共に過ごせることに満足している」という説明も本文にない。

⑤「次の仕事の準備ができることにほっとしている」が読み取れない（13行目参照）。

問3　16　正解は④

傍線部の心情を問う設問。何が「残念」なのかを読み取る。まず傍線部前後の「（母親は）夫が、やっぱり発車までホームに残っていたということを知らずにいるのだ」「汽車が出るとき、子どもさんはお父さんと握手しましたよ」に着眼する。「私」は**父親がホームに残っていたことを母親に知ってほしいと思っている**。その理由を前に戻って探す。「夫婦の会話は……言い合いでもしてきた調子である」（50行目）、「妻は黙って視線をはずしている」（54行目）、「（夫は）出ていったまま窓の外にも顔を出さない」（55～56行目）などとあるように、**夫婦は仲たがいをしており**、お互い顔を見合わせることなく別れてしまう。しかし夫は帰ってしまったのではなく、発車間際に窓越しに男の子と握手して帰って行く。その様子を見ていた「私」はその場に妻がいなかったことを「残念」に思ったというのである。したがって「残念な」とは、夫が男の子に父親らしい愛情を示したことをその妻が知らずにいることを無念に思う心情であると説明できる。またこの言葉から、夫婦仲を気遣う心情や、夫婦の仲たがいのために**寂しい思いをしている男の子を気の毒に思う**心情を読み取ることもできよう。

選択肢は傍線部前後に着眼して「父親の示した優しさ」とある①と、「男の子を見送ろうとする父親らしさ」とある④に絞り、「妻子を放り出して行ったように見えた夫」「彼女にも知らせたいと思った」を決め手に④を選択すればよい。

①「母親の苦労が思いやられたので……耐えられなくなり」が不適。本文からそのようには読み取れない。

②「家族に対する夫の無理解を嘆く」が不適。時間的に後の事柄になる（94・106行目）。「単身で東京に残る……」という箇所も119行目以下をふまえた説明になり、不適。

③父親のことではなく、男の子のけなげな姿を伝えたいと説明しており、不適。

⑤③と同じく男の子の心情を理解してほしいと説明しており、不適。また79～80行目に「子どもはちゃんと承知したように」とあるように、男の子は落ち着いている。

問4　17　正解は③

傍線部の心情を問う設問。「腰をおろした」とあるが、「ふうだ（＝様子・状態が似ていることを表す）」とあるように、母親が**心を落ち着けたことを比喩的に表したもの**。彼女が実際に座っていたことは104行目の「彼女は三人掛けの端しに腰をおろして」という箇所からわかる。そこで81行目以下の筋をたどると、お茶のびんを抱えて戻ってきた母親は、空腹のためにむずかる赤ん坊にミルクを作って飲ませ、ようやく落ち着く。そして周囲の乗客に向かって、夫に対する不満を交えながら身の上話を始める。男の子は「私」の膝で眠っている。「私」たちは彼女の話を「同感して聞いている」（116行目）というもの。傍線部はこれに続いている。「明日までの汽車の中に」という表現は、鹿児島までの**長い時間を二人の子どもを連れて過ごさなければならないこと**を母親がすっかり覚悟したことを表している。よって彼女の心情を、他の乗客の理解と協力を得られて子連れの長旅も覚悟ができ、心を落ち着かせた、と説明できる。

選択肢は長いので、例によって文末を検討する。「腰をおろしたふうだ」に着眼して、「落ち着きを取り戻している」とある③と、「ほっとしている」とある④に絞り、「周囲の乗客が同調するように聞いてくれたことでいらだちが多少和らいだ」「長い距離を移動する気苦労を受け入れる」と説明した③を選択すればよい。

①「励まされた」が不適。乗客は「同調」するだけである。「日ごろからいさかいを繰り返している」も本文にはない。「鹿児島での生活に気持ちを向けている」とあるのも、「腰をおろした」の説明として不適。

②「日ごろから子育てを一人で担っている」と推測はできるが、本文に明記されてはいない。「偶然乗り合わせたに過ぎない」以下の内容は間違いというわけではないが、「腰をおろした」という箇所の心情を説明していない。

④発車に間に合ってほっとしたというだけの内容で、他の乗客とのふれあいを説明していない。

⑤「じっとしていられない男の子」が不適。男の子はずっとおとなしくしている。「周囲に気を許している（＝警戒心を解く）」も「腰をおろした」の心情に合致しない。

問5　18　正解は②

傍線部に関わる心情を問う設問。「父ちゃん来い」という一節の繰り返しは、もちろん、東京に留まった父親に対して家族と一緒にいてほしいという男の子の願いが込められているが、続けて「可憐に弱々しく、無心なつぶやき」とあるように、窓外の景色に見とれている男の子の、**無意識に口をついて出た素直な心情**を表している。その様子を見ている「私」の心情はその周辺に明示されてはいないけれど、**男の子に同情して、早く家族が一緒に暮らせるようにと願っている**ことは読み取れよう。ここで設問に「本文全体もふまえた説明」とあるので、男の子の様子を描写した箇所を振り返ってみると、「おとなしく周囲を見て突っ立っている」（38行目）、「遠慮がちに心細さをつい声に出したというような」（66行目）、「父の言葉にも、子どもは始終黙っていた」（79行目）、「眠りから覚めても、この男の子は何も言わず」（129～130行目）などとあるように、この男の子は**無口でおとなしい**。いがみ合っている夫婦の様子とは対照的である。そんな様子をいじらしく、かわいそうに思った「私」は男の子を膝に抱いて眠らせてやっていたのである。以上より、「私」の心情を次のように説明できる。

寂しそうな男の子に同情し、早く家族が一緒に暮らせることを願う

この設問も選択肢が長いので、まず文末を検討する。すると「この家族が幸せになってほしいという願いを重ね合わせている」とある①と、「この家族のことを気がかりに思っている」とある②、「この家族の悲哀を感じている」とある③に絞られる。次に「父ちゃん来い」からも、「父親がいなくなった寂しさ」「その寂しさが込められている」とある①、「父親に自分のそばにいてほしい」とある②、「父親に対する恋しさを伝えようとしている」とある③とも適当。最後に「気持ちをうまく言葉にできないでいる」を決め手に②を選択すればよい。

①「車内の騒がしさに圧倒されて」が不適。男の子がおとなしいのは性格や家庭環境ゆえ（130～131行目参照）である。

③「怒りっぽい性格」が不適。120行目に「今日の気分の故か癇性な男に見えた」とはあるが、癇性だと断定しているわけではない。

④「やるせない思いを抱えている」が不適。男の子の心情として読み取れない。また父親は男の子と握手をして愛情を示しているので、「家族に対する父親の態度が改まることを願っている」という「私」の心情も不適となる。

⑤「父親のことだけは信頼しているようだ」が不適。59行目に「ウン、と、不安げな返事をした」とあるように、男の子は母親も信頼している。「無邪気にはしゃぐ」も不適。さらに「父親が家族に愛情を注ぐことを祈っている」とあるのも、④と同じ理由で不適となる。

問6 19・20 正解は①・④

表現の特徴を問う設問。消去法で解く。

①不適。確かに三等車なので「庶民的」とはいえるが、「一体感（＝一つにまとまった感じ）」は読み取れない。20行目は「ごたごたし」た感じを表している。また135行目は時間がたって実際に乗客が疲れているのであり、一体感が崩壊したわけではない。

②適当。「私」には闇の座席を買うほどの余裕があるので、貧しい家族に比べて裕福であるといえる。

③適当。「苛々するように細いかん高い声で言った」（46行目）、「当てつけるように言って」（49行目）とあるよう

に、赤ん坊をめぐって夫婦の険悪な会話が交わされている。

④不適。「次第に気持ちを高ぶらせていく」とあるが、112行目に「すみませんねえ」とあるように、母親は身の上話をいったん中断して、「私」に謝っている。116行目の「ぼそぼそと話す」にも合致しない。問4で見た心情とも矛盾する。

⑤適当。119〜127行目に「私」が父親の今の状況や心情を思いやる様子が描かれている。これが137行目以下で男の子が父親を恋い慕う様子へとつながっていくのである。

⑥適当。この部分以前の36〜37行目、52行目、72〜73行目にそれぞれ該当箇所がある。

第3問　標準

《出典》『今昔物語集』〈巻第十六　隠形《おんぎやう》の男、六角堂の観音の助けに依りて身を顕《あら》はす語《こと》第三十二〉

『今昔物語集』（『今昔物語』とも）は平安後期の説話集。編者未詳。三十一巻（うち三巻は欠）。一〇五九の説話を収録する。構成は天竺（インド）巻一〜巻五、震旦《しんたん》（中国）巻六〜巻十、本朝（日本）巻十一〜巻三十一の三部に分かれ、それぞれ、仏法と世俗の二篇に分けられる。本文は本朝の仏法に分類されている。

要旨

本文は八段落から成る。これを四つの部分に分けて内容をまとめよう。

1　**鬼との遭遇**（男、「今は限りなりけり」と思ひて…）第一・第二段落

男は帰宅途中に鬼に捕まり、命は助かったものの、つばを吐きかけられた。家に帰ると、妻や子は男の姿が見えず声も聞こえなかった。男は、鬼につばを吐きかけられたせいで自分の身体《からだ》が見えなくなってしまったことを悟った。妻や

子は男が殺されたものと思って嘆き悲しんだ。

←

2

六角堂での夢告　（さて、日ごろを経るに…）第三段落

男は六角堂に参籠して、自分の姿が見えるようになるように観音に祈願したところ、夢に僧が現れて、朝、最初に出会った者の言うことに従えと告げた。

←

3

ある家での出来事　（夜明けぬれば…）第四〜第六段落

男は出会った牛飼の童につき従い、ある家に行った。そこでは姫君が病に臥せっていた。牛飼の童が男に小槌で姫君を打たせると、彼女はいっそう苦しんだ。家人が尊い験者を呼んで加持祈禱させると、男の着物に火がつき、男の姿が見えるようになり、姫君の病も治った。

←

4

牛飼の童の正体　（その時に…）第七・第八段落

男は験者のおかげで許され、家に帰って事情を話すと、妻は驚きながらも喜んだ。牛飼の童は悪神の従者で、誰かの頼みを聞き入れて姫君に取りついて患わせたのであった。

【語釈】

▼心地違《たが》ふ＝気分や気持ちがふだんと異なる。気分が悪い。

▼早う＝形容詞「早し」の連用形「早く」から派生した副詞で、〝すでに。以前。もともと。なんと実は〟の意。この四つ目の意の場合、文末に詠嘆の助動詞「けり」を伴うことが多く、本文も「早う……ありけれ」となっている。

▼験《しるし》＝効き目。効験。同音異義語に「標・印・証（＝目じるし。合図）」がある。

▼会ひたり＝「会ふ」が〝出会う〟の意になる場合、先方を主語にして、相手が出会う、やって来るという形になることが多い。

▼入りに入る＝ずんずん入る。「に」は格助詞で、同じ動詞を重ねて強調する用法。「逃げに逃げ」「焼けに焼くれ」も同じ。

▼悩む＝病気で苦しむ。古文では精神的苦悩よりも肉体的苦痛を表す方が多い。「悩まし（＝気分が悪い）」も同じ。「悩ます」は「悩む」の他動詞形。

▼あつかふ＝世話をする。看病する。

▼槌《つち》＝物を打ちたたくのに用いる道具。

通釈

男が、「（鬼に見つかってしまい）もう命も終わりだ」と思っていると、一人の鬼が、走ってきて、男を捕まえて（橋の上に）引っ張り上げた。（すると）鬼たちが言うには、「この男は、重い罪がありそうな者ではない。放してやれ」と言って、鬼が、四、五人ほどで男につばを吐きかけながらみんな行ってしまった。

その後、男は、（鬼に）殺されなかったことを喜んで、気分が悪く頭も痛いけれども、我慢して、「早く家に帰って、さっきの出来事を妻に話してやろう」と思って、急いで帰って家に入ったが、妻も子どももみんな、男を見ても言葉もかけない。また、男も、言葉をかけるけれども、妻子は、返事もしない。それゆえ、男は、「驚きあきれたことだ」と思って近くに寄ったけれども、（妻子は）そばに人がいてもいるとも思わない。そのとき、男が、悟ることには、「なんと、鬼たちが私につばを吐きかけたために、私の身体が見えなくなってしまったのだ」と思うと、悲しいことこの上ない。自分は人を見るのは元通りだ。また、人の言う言葉も差し障りなく聞こえる。（しかし）人は自分の姿も見えず、声も聞こえない。それゆえ、（自分が）人が置いた食べ物を取って食べても、人はこのことに気づかない。こうして夜も明けてしまうと、妻子は、自分のことを、「昨夜、人に殺されてしまったのだろう」と言って、悲しみ合っていることこの上ない。

さて、数日経つが、どうしようもない。それゆえ、男は、（以前のように）六角堂に参籠して、「観音様、私をお助けください。長年お頼み申し上げて参詣いたしましたその効験として、以前のように私の身体を見えるようにしてください」と祈願して、参籠していた人の食べ物や寄付された米などを取って食べているけれども、そばにいる人は、気づくことがない。こうして十四日間ほどにもなったときに、夜寝ていると、明け方の夢の中に、観音像の周りに垂らしてある布の近くに、いかにも尊そうな僧が現れて、男のそばに立って、告げておっしゃるには、「そなたは、すぐさま、朝ここから退出するときに、最初に出会った者の言う言葉に従うがよい」と。このように（夢を）見ていると夢から目が覚めた。

夜が明けたので、（六角堂から）退出すると、門の所に牛飼の童でひどく怖そうな者が、大きな牛を引いてやって来た。（牛飼の童が）男を見て言うには、「さあ、そこのお方、私と一緒に（来なさい）」と。男は、これを聞くと、「自分の身体は見えるようになったのだ」と思うと、うれしくて、喜んで夢を頼みにして童と一緒に行くと、西の方に十町ほど行ったところで、大きな棟門がある。門が閉じていて開かないので、牛飼は、牛を門につないで、扉の隙間で人が通れそうもない所から入ろうとして、男を引っ張って、「そなたも一緒に入れ」と言うので、男は、「どうしてこの隙間からは入れるだろうか、いやこの隙間からは入れないだろう」と言うが、童は、「とにかく入れ」と言って男の手を取って引っ張り入れると、男も一緒に入ってしまった。見ると、家の中は広くて、人が、たいそう多い。童は、男を連れて板張りの所に上がって、中の方へずんずん入っていくが、（どうしたことだと言って）見とがめる人は誰もいない。はるか遠く奥の方へ入って見てみると、姫君が、病を患って臥せっている。（姫君の）足元と枕元に女房たちが並んで座って姫君を介抱する。童は、そこへ男を連れて行って、小さな槌を取らせて、この患う姫君のそばに座らせて、（姫君の）頭を打たせ腰を打たせる。すると、姫君は、頭を起こして思い苦しむことこの上ない。それゆえ、父母は、「この病は、もう命も終わりのようだ」と言って泣き合っている。（男が）見ていると、読経を行い、別に、尊い験者（＝加持祈禱を行う僧）を招くために（使者を）遣わすようだ。しばらく経って、験者がやって来た。病人のそば近くに座って、般若心経を読経して祈ると、この男は、尊く思うことこの上ない。身の毛もよだち、わけもなく寒いように感じる。

その間に、この牛飼の童は、この僧を見るやいなや、一目散に外へ逃げ去った。僧は不動明王の力によって災厄をはらう火界の呪文を唱えて、病人を加持祈禱すると、男が着ている着物に火がついてしまった。どんどん焼けるので、男は、声を上げて叫ぶ。それゆえ、男は、すっかり見えるようになった。そのとき、家の者たち、姫君の父母を始めとして女房たちが見ると、ひどく見すぼらしく見える男が、病人のそばに座っている。驚きあきれて、ともかく男を捕らえて引っ張り出した。「これはいったいどういうことか」と尋ねると、男は、事の次第をありのままに最初から話す。人びとはみんなこれを聞いて、「不思議なことだ」と思う。その間に、男が、（姿が）見えるようになったので、（それと呼応するように）病人は、ぬぐい去るように病が治ってしまった。それゆえ、家中の者が、喜び合うことこの上ない。

そのとき、験者が言うには、「この男は、罪がありそうな者でもない。六角堂の観音様のご利益をこうむった者である。それゆえ、即刻許してやりなさい」と言ったので、（家の者は男を）追い出して逃がしてやった。それゆえ、男は、家に帰って、事の次第を話したところ、妻は、「驚きあきれた」と思いながらも喜んだ。

あの牛飼は（悪）神の従者であった。（姫君を呪う）誰かの頼みを引き受けてこの姫君に取りついて患わせたのであった。

解説

問1 21 - 23 正解は (ア)＝③ (イ)＝⑤ (ウ)＝①

(ア) サ変動詞「**念ず**」は〝祈願する。我慢する〟の意の重要語。ここは直前に「心地違ひ頭痛けれども」とあるので、〝**我慢する**〟の意になる。気分が悪く頭が痛いのを我慢して急いで家に帰ったという文脈。③が正解。②は文脈的に不適。

(イ) 副詞「**いかでか**」は「いかで」に同じ。**疑問**（どうして。どうやって）、**反語**（どうして〜か、いや〜でない）、**願望**（なんとかして）の用法がある。このいずれであるかは文脈によって判断する。そこで前を見ると、「扉の迫《はさま》（＝隙間）の人通るべくもなき（＝人が通れそうもない）」とあるので反語の意となり、直訳すると、〝どうしてこの隙間からは入ることができようか、いやできはしない〟となる。よって⑤が正解。③は願望の訳。

(ウ) 「**いかに**」には副詞として**疑問**（どのように。どうして。どれほど）と**感動**（なんとまあ）の用法があり、また**感動詞**として〝おい。もしもし〟と相手に呼びかける用法がある。ここは後者で、勝手に家の中に入ってきた牛飼の童と男を呼び止めるという文脈になる。もちろん二人は姿が見えないので、「**あへて**（＝**まったく**）**なし**」となる。よって直訳すると、〝おいと呼び止める人はまったくいない〟となる。正解は①で、やや意訳した形になる。他は文脈的に不適。

問2 24 正解は①

格助詞「の」の分類。

a **主格**〝が〟の用法。「鬼どもの」が主語、「吐きかけつる」が述語になる。

b **連体修飾格**〝の〟の用法。「男の」が「傍ら」を修飾する。

c　同格〝で〟の用法。「牛飼の童」と「いと恐ろしげなる（者）」とが並列（文法的に対等な資格）の関係になる。
〝牛飼の童で、たいそう恐ろしそうな者が〟の意。

d　同格〝で〟の用法。「扉の迫」と「人通るべくもなき（迫）」とが並列の関係になる。

e　連体修飾格〝の〟の用法。「男の」が「手」を修飾する。

▼格助詞「の」の他の用法

・準体格〝のもの〟 **例**「唐のはさらなり」（＝中国のものはいうまでもない）

・連用修飾格〝のように〟 **例**「例の集まりぬ」（＝例のように集まった）
「紫草のにほへる妹」（＝紫草のように美しい君）

問3　25　正解は④

傍線部の理由を問う設問。「悲し」は〝悲しい。かわいそうだ〟の意。同音の「かなし（愛し）」（＝かわいい）」と区別する。「限りなし」は〝この上ない。はてしない〟の意。男がひどく悲しむ理由を前に戻って見つける。まず直前の男の心情部分「鬼どもの我に唾を吐きかけつるによりて、我が身の隠れにけるにこそありけれ」に着眼する。「我が身の隠れにける」とは傍線部の前後に「男を見れども物も言ひかけず」「人は我が形をも見ず、声をも聞かず」とあるように、**自分の姿が見えなくなったということ**（「人」は一般的な人ではなく、妻子という自分に関係のある特定の人をいう。古文ではこの用法はしばしば見かける）というのである。異形《いぎょう》の化け物である鬼の仕業であるが、唾液が呪力を持つという信仰は古くからある。傍線部の理由を次のように説明できる。

鬼の吐きかけた唾によって自分の姿が見えなくなってしまったから

選択肢は、直前の男の心情部分に着眼して④を選択すればよい。

①　「鬼に捕まって唾をかけられるという屈辱」が直接の理由ではない。

② 頭痛がしたことが直接の理由ではない。

③「妻子の様子が変わり」「誰が近くに寄っても」が内容的に誤り。

⑤「妻子が誤解し」たのは傍線部より時間的に後のことだから誤り。

問4 26 正解は④

傍線部の内容を問う設問。**「喜びながら」**は直前の「『我が身は顕れにけり』と思ふに、うれしくて」を受ける。「顕《あらは》る」は〝出現する〟の意で、自分の姿が見えるようになったということ。男がそう思ったのは、牛飼が男を見て「いざ、かの主（＝そこのお方）、我が供に」と言ったからである。次に**「夢を頼みて」**とあるのは、第三段落の「暁方の夢」をいう。すなわち男が六角堂に参籠して、「元のごとく我が身を顕し給へ」と観音に祈願したところ、夢に僧が現れて「汝、すみやかに……初めて会へらむ者の言はむことに従ふべし（＝最初に出会った者の言うことに従いなさい）」と告げたというもの。そして男は夢のお告げを頼みにして、最初に出会った牛飼の指示に従いついて行くのである。以上より男の行為は次のように説明できる。

牛飼に声をかけられて自分の姿が見えるようになったと思って喜び、夢のお告げ通り牛飼について行った

選択肢は、文末の内容がどれも同じなので、軌道修正して**「喜び」の内容**を検討する。すなわち「喜び」＝「我が身は顕れにけり」という等式を基準に、「自分の姿が見えるようになったと思って喜び」とある④を選択すればよい。

①「六角堂から出てきた人……引き受けてくれた」が不適。

②「元の姿に戻る方法を尋ねるように言われた」および「相談した」以下が不適。

③「怪しげな……半信半疑ながらも」が不適。「夢を頼みて」と合致しない。

⑤「牛飼に出会ったら……妻子と再会することができるだろう」が不適。

問5 27 正解は④

傍線部の内容を問う設問。姿が見えるようになった男が、家に帰って妻に「事のあり様（＝事情）」を語ったというのだから、本文全体の筋が問われる。よって消去法で解く。

①**適当**。第二段落の「鬼どもの我に唾を吐きかけつるによりて」「人は我が形をも見ず、声をも聞かず」に合致する。

②**適当**。第三段落の「観音、我を助け給へ……元のごとく我が身を顕し給へ」に合致する。

③**適当**。第五段落の「姫君、病に悩み……これ（＝姫君）をあつかふ」に合致する。

④**不適**。「男は尊い存在となり」以下が不適。験者の読経によって男の衣服に火がつき、男の姿が見えるようになったのである（第六段落）。また姫君が病気になったのは牛飼が姫君に取りついたからであり（最終段落）、病気が治ったのは牛飼が逃げ去ったからである。

⑤**適当**。第七段落の「この男、咎あるべき者にもあらず……すみやかに許さるべし」に合致する。

問6 28 正解は③

本文全体の内容を問う設問。消去法で解く。

①**不適**。「男を牛飼から解き放してやった」とあるが、第六段落に「この牛飼の童……外ざまに去りぬ」とあるように、牛飼は験者を見て自ら退散したのである。

②**不適**。「読経を聞いて寒がっている男の気配」以下が誤り。第五段落に「尊きこと限りなし……そぞろ寒きやうにおぼゆ」とあるように、男は身がぞっとするほどにありがたい読経に感動したのである。生理的に寒かったのではない。また験者が呪文を唱えたのは男を暖めるためではない。

③**適当**。〈男が六角堂の観音に祈る→男が牛飼と出会う→男と牛飼が病に臥せる姫君の家を訪ねる→験者が姫君に取りついていた牛飼を退散させ、姫君の病を治し、男の姿が見えるようにさせた〉という筋に合致する。

④**不適**。「牛飼を信頼して男を預けた」わけではない。また験者が観音の化身だとは書かれていない。

⑤不適。「元の姿に戻すことと引き替えに」が誤り。牛飼が男の姿を見えるようにしたわけではない。
⑥不適。「やむなく姫君を苦しめていた」とは書かれていない。「内心では」以下も誤り。

第4問 標準

《出典》 盧文弨『抱経堂文集』〈巻二十五 張荷宇夢母図記〉

盧文弨《ろぶんしょう》（一七一七〜一七九五年）は清代中期の学者。浙江省餘姚《せっこうしょうよよう》の人。字は弨弓《しょうきゅう》。号は磯漁《きりょう》・檠斎《けいさい》・弓父。蔵書室を抱経堂という。翰林院《かんりんいん》（主に詔書の起草にあたった役所）などの役所で要職を務め、また多くの古書を校訂して出版した。著書に『抱経堂文集』『儀礼注疏詳校』『鐘山劄記』などがある。『抱経堂文集』は全三十四巻。書物の表題・書物の後書き・記録・伝記・書簡など、筆者のさまざまな文章を収録する。

要旨

本文は三段落から成る。各段落の大意は次の通り。

1 荷宇が亡き母を慕う（荷宇生十月…）

荷宇は生後十カ月にして母を失い、物心がついてからは母を慕う気持ちがつのるばかりであった。

2 荷宇が夢に見た母の姿を描く（荷宇香河人…）

荷宇は旅から帰る途中、母の夢を見、目覚めて大声をあげて泣いた。そして夢に見たままに母の姿を絵に描いた。筆者が実際に見たのはその絵ではなく、母の夢を見る場面を描いた絵であった。

3

荷宇を励ます（余因語之曰…）
私は、真心は生死を超えて通じるのだから、あなたの思いは亡き母に届いたのだと言って荷宇を励ました。

読み

荷《か》宇《う》は生まれて十月《じふげつ》にして其《そ》の母を喪《うしな》ふ。知《ち》有るに及び、即《すなは》ち時時《じじ》母を念《おも》ひて置かず、弥《いよいよ》久しくして弥篤《あつ》し。其の身の一日《いちじつ》として母に事《つか》ふる能《あた》はざるを哀《かな》しむなり。母の言語動作も亦《ま》た未《いま》だ識《し》る能はざるを哀しむなり。

荷宇は香《かう》河《が》の人なり。嘗《かつ》て南に遊びて反《かへ》るに、銭唐《せんたう》に至る。母の来前《らいぜん》するを夢《ゆめ》み、夢中に即ち其の母たるを知るなり。既に覚め、乃《すなは》ち嗷然《けうぜん》として以《もつ》て哭《こく》して曰《い》はく、「此《こ》れ真《しん》に吾《わ》が母なり。母よ、胡為《なんす》れぞ我《われ》をして今日《こんにち》に至りて乃ち見るを得《え》しむるや。母よ、又《ま》た何《なん》ぞ我を去ることの速《すみ》やかなるや。母よ、其《そ》れ我をして此《これ》を継《つ》ぎて見るを得しむべけんや」と。是《ここ》に於《お》いて夢に見る所に即して之《これ》が図を為《つく》る。此の図は吾《われ》之を見ざるなり。今の図は吾之を見るに、則《すなは》ち其の母を夢みるの境《きやう》なるのみ。

余《よ》因《よ》りて之に語りて曰はく、「夫《そ》れ人の精誠《せいせい》の感ずる所に、幽明《いうめい》死生《しせい》の隔て無きは、此《こ》れ理《り》の信ずべく誣《し》ひざる者なり。況《いは》んや子《こ》の親に於《お》ける、其の喘息《ぜんそく》呼吸も相《あ》ひ通じ、本《もと》より之を間《へだ》つる者有る無きをや」と。

通釈

荷宇は生まれて十カ月で母を亡くした。物心がつくと、いつも母のことを思い続けてやむことがなく、（その思いは成長するにつれて）ますます絶えることがなく、ますます強くなった。自分がたった一日たりとも母に仕えて孝行することができなかったことを悲しむのであった。また母の話した言葉や立ち居振る舞いも見覚えることができなかったことを悲しむのであった。

荷宇は香河県の人である。以前南方の地を訪ねての帰り、銭唐県に着いた。(そこで)母が目の前にやって来る夢を見て、夢の中ながらすぐに彼女が母であることがわかった。目が覚めると、そこで大声をあげて泣いて言うには、「これはまさしく私のお母様です。お母様、なぜ今日になって私に会ってくださったのですか。お母様、またどうしてあんなに急いで私を置いてこの世を去ってしまわれたのですか。お母様、今後も私と会ってくださることはできないのでしょうか」と。そこで(荷宇は)夢に見たそのままに母の姿を絵に描いた。この絵は私は見たことがない。今の(荷宇が持ってきた)絵は私が見ると、荷宇が母の夢を見る場面が描かれているだけである。

そこで私が荷宇に語って言うには、「いったい真心が(相手に)通じることに、あの世とこの世、生と死の隔てがないのは、道理として信ずべきであり偽りのないことである。まして子は親に対しては、その息づかいまでも通じ合い、もとより両者を隔てるものは何もないのだよ」と。

解説

問1 29・30 正解は (1)＝⑤ (2)＝④

(1) 荷宇は生後十カ月で母と死別し、いつも母を思い続けたという前後の文脈をふまえる。直前の「及」は〝～になる〟の意。「有」は名詞から返って読む返読文字で、〝持つ。生じる〟の意。「知」は〝知恵〟。全体で〝知恵を持つ。知恵が生じる〟の意になり、⑤が正解。①は「知」を動詞に訳している。④は、確かに「知」に〝知り合い〟の意があるが、文脈的に不適。

(2) 「遊」は〝楽しむ。旅に出る。勉学などで他国へ行く。つきあう〟などの意を持つ多義語。「遊子(＝旅人)」「遊学」「交遊」などの熟語を考えるとよい。前後の「南」「反(＝もとに戻る)」に着眼すれば、「遠方の地を訪ねて」とある④が正解とわかる。少なくとも①・②のような現代日本語的な解釈を選んではいけない。③・⑤のような意はない。

問2

(ア) 31 正解は①

「即」は「すなはち」と読む基本の接続詞で、〝すぐに。そのまま。つまり〟などの意がある。荷宇は夢の中に現れた人物（＝「其」）が母親であることがわかったという文脈から、〝すぐに〟の意にとるのが適当。選択肢は①と④に絞られる。

(イ) 「乃」も「すなはち」と読む基本の接続詞で、〝そこで。やっとのことで。それなのに〟などの意がある。荷宇は夢から覚めて慟哭《どうこく》したという文脈から、〝そこで〟の意になる。よって①が正解。

▼「すなはち」と読む他の接続詞

- 「便」＝「即」にほぼ同じ。
- 「則」＝～（ならば）、…。すぐに。～の場合は。
- 「輒」＝そのたびに。～するたびに。～とすぐに。

問3 32 正解は①

傍線部の解釈を問う設問。「時時」は〝ときどき。いつも〟の意の副詞。日本語にも「時々刻々（＝しだいに。つぎつぎと）」という副詞があるから、副詞だという見当はつくだろう。「念」は〝心の中で思い続ける〟。「思」や「想」よりも考える程度が強くて長い。「思念」「念願」「念力」などの熟語を考えるとよい。「置」は〝物を置く。据えつける。やめる〟などの意がある。ここは文脈的に何かの物を置いたりするわけではなく、「念母」を「不置」ということ。すなわち「置」は〝やめる〟の意で、母のことを思い続けることをやめないということ。そしてそれが成長してもずっと続き、いっそう強まったという文につながる。以上より①が正解となる。②の「自らの心を慰め」、③の「いたたまれなくなり」、④の「もの思いにふけり」、⑤の「人には言わず」はいずれも「不置」の解釈として不適となる。

問4

33 正解は④

返り点と書き下し文を問う設問。傍線部と直後の文がいずれも「**哀……也**」となっている点に着眼する。一種の対句である。そこで後者の文を手がかりにすると、まず「哀」は「かなしむ」と読む動詞であることがわかる。次に「不能」と「未能」で共通しており、後者の文では「未」が再読文字で、「いまだ…能はざるを哀しむ」と読むことから、前者の文も「能はざるを哀しむ」と読むと判断できる。「不能」は一般に「**～（する）（こと）あたはず**」と読み、不可能の意を表すことは必修事項である（肯定文では「能～（能《よ》く～）」となる）。この「能」は助動詞で動詞から返る。ここでは「事」が動詞で、「仕」と同じく「**つかふ**」と読む（これも必修事項）。直後の「乎」は前置詞で（「於」に同じ）、読まないが「事」という動作の対象を表す。その対象が「母」である。なお「其」は代名詞で、荷字を指す。文末の「也」は断定の助詞。

選択肢は「能はざる」と読む②・④・⑤に絞り、これから「哀しむ」に続けた④を選択すればよい。「哀」が動詞で、「其……母」がその目的語である。目的語は主語「其身」＋述語「不……母」の構成になり、英文法的に言えば名詞節となる。「一日として」の「として」は、二重否定の句形「無A不～（Aとして～（せ）ざるはなし）」＝〝どんなAでも～（し）ないものはない〟、「不A不～（Aとして～（せ）ずんばあらず）」＝〝どんなAでも～しないことはない〟で見かけるが、単純否定では珍しい。ただ日本語でも「一つとして完全なものはない」「一日として心の休まる日はない」といった言い方をする。

① 「不能」を「能くせざる」と読んでおり不適。「不能」を「能くせず」と読むのは、「能」が「よくす」と読む動詞になる場合である（例：「制鼠不能於人（鼠を制すること人に能くせずして）」二〇〇六年度本試）。

② 読みとして間違ってはいないが、我が身を悲しみ、一日として母に仕えることができなかったという意味になり、文脈的に不適。

③　「不能」を「能くせざる」と読んでおり不適。

⑤　「事乎母」の読みを間違えている。

問5　34　正解は④

傍線部の解釈を問う設問。「母」は一語だけで独立した呼びかけとなる。「胡為（乎）……也」が疑問「なんすれぞ〜（する）や」・反語「なんすれぞ〜（せ）んや」の句形（「胡」は「何」に同じ）である。選択肢はいずれも疑問で解釈している。「使我……見」が使役形「使A〜（Aをして〜（せ）しむ）」＝〝Aに〜させる〟。「乃」は〝やっとのことで〟の意。「得」は可能の助動詞。動詞「見」は〝見る。会う。知る。思う〟などの意を持つ多義語。前に「夢母来前」とあるから、ここは〝会う〟の意になる。全体を直訳すると、〝母よ、どうして私に、今日になってやっと会えるようにさせたのか〟となる。よって④が正解。ただし使役のニュアンスは表に出ていない。①は「私が」とあるように、「我」を主語に解釈しており不適。②・③は「見」の解釈が不適。⑤は「私の夢」と解釈しており不適。

問6　35　正解は③

傍線部の内容を問う設問。「此図」は直前の「即夢所見為之図」をいう。「即」は「そくす」と読む動詞で、〝従う〟の意。「之」は「母」を指す代名詞。「図」は〝絵〟の意。夢に見たままに描いた母の絵ということ。筆者はこの絵は見ていないと述べている。他方の「今之図」は直後の「其夢母之境而已」をいう。「其」は荀宇を指す代名詞。「境」は〝様子。状態〟の意。「而已」は「のみ」と読む限定の助詞。荀宇が母を夢に見ている様子を描いただけの絵ということ。荀宇が筆者のもとに持参した絵である。よって③が正解となる。

問7　36　正解は⑤

傍線部以下の内容を問う設問。「余」「之」はいずれも代名詞で、それぞれ筆者、荀宇を指す。筆者が荀宇に語った言葉は二文から成る。まず第一文について。「精誠」は〝真心〟の意で、真心が相手に通じるのに、あの世とこの世、生と死の隔てはない、すなわち**真心は死者にも通じると述べている**。次に第二文について。「況〜乎（況んや〜をや）」が**抑揚形**になる。基本的な抑揚形「A且（猶・尚）B、況C乎（Aすら且《か》つ（猶《な》ほ・尚《な》ほ）B、況んやCをや）」＝〝AでさえBだ、ましてCはなおさらBだ〟の、前半部分が崩れた変則形である。**子は親に対しては、その息づかいまでも通じ合い、両者を隔てるものは何もないと述べている**。そこで両文を抑揚形の観点からまとめると、**真心は死者にも通じる、ましてや子は親と深く結ばれている**ということになる。

選択肢は抑揚形に着眼して、「まして」とある①・③・⑤に絞り、「子之於親」以下を、「子は親と……」と説明した⑤を選択すればよい。荷宇の思いは母に通じたという説明も適切である。

①「親が我が子を見捨てる」以下が不適。特に「夢の神秘を分析し」が見当違いの説明になる。

②「やはり」以下が不適。親子のきずなの深さを説明していない。

③「親が我が子から離れる」以下が不適。母の愛情の深さを述べたものではない。

④「やはり」以下が不適。特に「運命の非情を嘆きつつ憤っている」が根拠のない説明になる。

2016
年度

国語 追試験

問題番号(配点)	設問	解答番号	正解	配点
第1問 (50)	問1	1	②	2
		2	③	2
		3	③	2
		4	④	2
		5	④	2
	問2	6	①	8
	問3	7	②	8
	問4	8	②	8
	問5	9	④	8
	問6	10	②	4
		11	②	4
第2問 (50)	問1	12	①	3
		13	⑤	3
		14	②	3
	問2	15	③	7
	問3	16	④	8
	問4	17	③	8
	問5	18	⑤	8
	問6	19-20	③-⑥	10 (各5)

問題番号(配点)	設問	解答番号	正解	配点
第3問 (50)	問1	21	①	5
		22	④	5
		23	⑤	5
	問2	24	⑤	5
	問3	25	③	8
	問4	26	②	7
	問5	27	①	7
	問6	28	⑤	8
第4問 (50)	問1	29	①	4
		30	⑤	4
	問2	31	④	4
		32	⑤	4
	問3	33	④	6
	問4	34	③	7
	問5	35	②	6
	問6	36	④	7
	問7	37	①	8

（注）－（ハイフン）でつながれた正解は，順序を問わない。

自己採点欄
200点

第1問　標準

《出典》　佐佐木幸綱『極北の声』〈語呂合わせの歌〉（『佐佐木幸綱の世界　8』河出書房新社）

佐佐木幸綱（一九三八年～　）は歌人・国文学者。代々歌人・国学者の家系に生まれる。早稲田大学第一文学部国文科卒業。同大学院修士課程修了。在学中、作歌活動を本格的に始める。代表作に『群黎』『瀧の時間』『アニマ』『はじめての雪』などがある。

要旨

本文は十九段落から成る。これを四つの部分に分けて内容をまとめてみよう。

1

語呂合わせの短歌　第1～第3段落　※問2・問6

毎日新聞の短歌俳句欄に、「秋」という題による語呂合わせの短歌を三首発表した。案の定、歌人の間での評判はきわめて悪く、遊びだ、軽いなどと非難された。

↓

2

褻の歌　第4～第12段落　※問3・問4・問6

近代短歌以後の歌人たちは歌集や短歌雑誌、結社雑誌という限定された場で、一部の鑑賞者を想定した**褻《け》の歌**、すなわち〈私〉の日常の歌ばかりを創作してきた。しかし短歌はもっと**広い世界を包括しうる**形式である。あえて語呂合わせの歌を発表した理由の一つも、**鑑賞者の**〈新鮮な驚き〉の質をあらためて検証したいということであった。

↓

3 **近代短歌の常識**　第13～第16段落　※問6

自我と正面から向き合った近代において、短歌は生き残るために社交の具、つまり**挨拶の形式**から完全に絶縁した。
だがそれは読者を想定して歌を詠むことを不潔きわまりないとする〝常識〟を生み、現在の短歌界を支配している。

←

4 **他者との関係を求める歌**　第17～第19段落　※問5・問6

あらゆる問題が個から発して個を超えた次元にある今日、〈私〉に執する近代流の姿勢を捨てて、**〈私との関係〉の変革に意を用いることが必要である**。歌人も、〈私〉に執しつつ〈私〉のためにうたうモノローグ短歌のみを実践するのではなく、**〈うたう〉ことが他者との関係を求める行為である**ことを思い起こさなければならない。

解説

問1 1－5　正解は　(ア)＝②　(イ)＝③　(ウ)＝③　(エ)＝④　(オ)＝④

(ア)「妥当」　①打算　②妥協　③長蛇　④駄菓子　⑤惰眠

(イ)「功罪」　①光明　②巧妙　③功名　④交互　⑤口語

(ウ)「童謡」　①揺　②溶　③謡　④揚　⑤躍

(エ)「冷徹」　①更迭　②鉄壁　③撤去　④徹夜　⑤哲学

(オ)「招来」　①照　②昇　③正　④招　⑤詳

問2 6　正解は①

歌の技巧と引用の意図を問う設問。Ａ・Ｂともに「**頭韻を踏んだ**」（第１段落）歌である。「頭韻」とは語頭や句頭に同じ音を繰り返して用いる技法をいう（これに対して「脚韻」は句末や行末を同じ音にする技法をいう）。

Ａ　秋（あき）の穴（あな）のぞくあの子は　あばれ者　あれあれ明日（あした）　天気になあれ

Ｂ　よき人の　よしとよく見て　よしと言ひし　芳野（よしの）よく見よ　よき人よく見

このようにＡは「秋」の「あ」に基づくア音の、Ｂは「芳野」の「よ」に基づくヨ音の頭韻を踏んでいる。このＡについて、筆者は歌人の間では評判が悪かったといい、これに対して、どうして「短歌を、小さく、狭く考えたがるのだろう」と疑念を述べる。そして同様の技巧を用いた古典作品である天武天皇のＢの歌を引用して、この歌の「楽しさを認めない」姿勢を批判する（以上第３段落）。よってＢは、Ａが決して奇を衒《てら》ったものではなく、一種の**言葉遊びの歌の伝統に連なる**ものであることを示すために引用されたといえる。

選択肢は、Ａ・Ｂに共通する「頭韻」と「楽しさ」をキーワードにすれば、「楽しむ」とある①・⑤に絞られ、「Ｂに連なるＡが正当な歌である」を決め手に①を選択すればよい。

② ＢはＡの「異質性」を「目立たなく」するために引用されたものではない。

③ 「頭韻」に触れていない点が致命的な誤りとなる。

④ 筆者は「挑発」を意図してＡを発表したわけではない。よって「和らげられている」も不適。

⑤ Ｂはヨ音のみの押韻なので、「複数の音が繰り返される」が不適となる。

問３　7　正解は②

傍線部の内容を問う設問。「晴《はれ》」と「褻」は対になる概念。「晴」は「晴れ着」「晴れ舞台」の「晴」で、〝おおやけ。非日常〟を意味し、「褻」は〝わたくし。日常〟を意味する。本文では短歌に関してこの両概念が用いられている。まず「褻の歌」とは戦後の歌人が**ごく一部の鑑賞者**を想定して、歌集や短歌雑誌、結社雑誌に発表してきた「〈私〉の日常の歌」をいい（第６段落）、「鋭くはなったけれど狭くもなった」（第７段落）と評される。他方の

「晴の歌」は「褻の歌」との対比で考えれば、不特定多数の鑑賞者を想定してマスコミなど広い場で発表される歌をいう。特に第10・第11段落に着眼すると、「〈新鮮な驚き〉」「非日常的」という言葉が繰り返されているように、**鑑賞者に非日常的世界の新鮮な驚きを感じ取ってもらう**ことを意図して詠まれる歌であることを、筆者はAの歌を使って説明する。最終段落でも、「〈私〉が〈私〉に執しつつ〈私〉のためにうたうモノローグ短歌」と、「他者との関係を求める」短歌との対比として示されている。以上をまとめると次のようになる。

「褻の歌」＝日常を詠む私的な歌。歌集や短歌雑誌などに発表

「晴の歌」＝非日常を詠む他者に開かれた歌。マスコミなどに発表

選択肢が長いので文末を検討する。「他者に鑑賞される」とある①、「他者と共有される」とある②、「読者を獲得する」とある④に絞り、「限られた範囲」「〈新鮮な驚き〉を伴う非日常的な言語体験」を決め手に②を選択する。

① 「新聞紙面で……」は「晴の歌」の説明になり不適。「歌集や短歌雑誌など」は「褻の歌」の説明になり不適。

③ 「歌集や短歌雑誌など」は「褻の歌」の説明になり不適。

④ 「旧知（＝昔からの知り合い）の読者」が第6段落の「自分を知っていてくれるだろう鑑賞者」に合致しない。

⑤ 「床の中や食卓の前」で読む短歌は「晴の歌」である（第5段落）。「読者も……他者とともに読む」も不適。

問4 8 正解は②

傍線部の内容に関わる設問。傍線部に「このこと」とあるので、「この」の指示内容も問われる。まず「この」は直前の「鑑賞者へのこうした期待が私を一方で支えている」を指している。「こうした期待」とは前段落で述べられているように、**歌の非日常的な世界を鑑賞者にも体験してもらうこと**をいう。次に「嘘をつきつづけてきた」とは、同段落の「鑑賞者などは想定しません」という歌人の回答に対して述べたもので、筆者はこれを虚言であるという。すなわち歌人たちが読者を想定するのは「不潔」だと言って、「モノローグにのみ賭けた」歌を詠もうとする態度を批判して、**読者（鑑賞者）を想定しない歌などありえない**という考えを暗に示している。よって解答のポイントは次のようになる。

読者による非日常的言語体験を期待しないモノローグの歌などありえない

選択肢はやはり文末を検討する。「このこと」＝読者の非日常的言語体験を期待すること、というポイントをもとに、「新しい世界を読者と共有する」とある②を選択すればよい。「自己の世界に沈潜する」とはモノローグをいったもの。

① 読者を想定することが、「読者の好意的な助言を取り入れ」ることとなっており、不適。「自己の感性を信じる」も不適。

③ 読者を想定することが、「読者の多様な人生経験に触発され」ることとなっており、不適。

④ 読者を想定することが、「歌の本意を正確に伝えようとすること」となっており、不適。「自己の歌道を極める」も不適。

⑤ 読者を想定することが、「現代の読者と手を結びながら近代短歌の常識を脱しようとすること」となっており、不適。「自己の心情に忠実である」も不適。

問5 9 正解は④

傍線部の内容を問う設問。傍線部直前に「個人つまり〈私〉に執する近代流の姿勢を捨てて」とあり、前段落に「（近代と現代の）ずれ」などとあるように、筆者は近代と現代（いわゆるポストモダン）の違いに注目して、近代個人主義の時代思潮を乗り越えるべきだという。というのも現代のさまざまな問題が「個から発して個を超えた次元にある」（傍線部前文）からであり、「（〈私〉ではなく）、私たち自身をとりもどす」（傍線部同文）ことが必要だと訴える。傍線部はこれをいったもので、最終段落でも「他者との関係を求める」ことが強調される。よって、**個人への執着→他者との関係の希求**というポイントが導ける。なお設問に「本文の主旨に即した」とあり、選択肢はいずれも「近代短歌は」で始めているので、近代短歌以降を論じた第12～第16段落あたりにも着眼する。そこでは和歌革新運動によって短歌が社交の具であることをやめ、ひたすら作者個人を志向するものへと変化した、そして現代の歌人もこの傾向を踏襲していることが指摘される。これが筆者の批判する「モノローグ短歌」（最終段落）である。以上の事情をおさえて選択肢を吟味しよう。

選択肢は後半を検討するとよい。右のポイントを押さえれば、「他者と〈私〉とのつながりを求め」とある②、「〈私たち〉の関わりを生み出す」とある③、「他者との関わりを基礎に置き」とある④に絞られ、「新しい個人の発見」を決め手に④を選択すればよい。

①・⑤　右のポイントを説明していない。

②「個人的な驚きの表現を重んじる」のは近代短歌ではなく、作者の志向する短歌である（第11段落参照）。

③「独りよがり（＝独善）」とまでは筆者はいっていない。「挨拶の形式」が「〈私たち〉の関わりを生み出す」とあるのも不適。本文で述べられていない。

問6　10・11　正解は（i）＝②（ii）＝②

本文の表現と構成・展開を問う設問。消去法で解く。

(i)①適当。「体質」は〝団体や組織などが持つ性質や特徴〟の意。歌壇の傾向は近代短歌以来続いている。

②不適。「ここ」を「そこ」に置き換えても、前二文を指していることには変わりない。

③適当。「線上」は〝文脈〟の意。狭い褻の歌ばかりが短歌ではないという文脈で言えば、ということ。

④適当。「想定いたす」は「想定する」の謙譲表現。「ませ（ます）」は丁寧語。

(ii)①適当。第13段落に「右に書いたとおりである」とあり、近代以降、短歌は他者を想定しない褻の歌を志向してきたという結論を確認している。続く第14・第15段落ではその歴史的背景を考察している。

②不適。①で見たように、結論を確認し、その背景について述べた上で「近代短歌の〝常識〟」について言及しようとしており、話題が「広がりすぎてしまった」わけではない。

③適当。近代と現代の「ずれ」を指摘し、それを以下の段落で具体化している。

④適当。近代的自我の克服という課題→モノローグ短歌の批判→他者との関係の希求という流れになる。

第2問 標準

《出典》 川端康成「孤児の感情」〈一・二〉（『川端康成全集 第二巻』新潮社）

川端康成（一八九九～一九七二年）は小説家。大阪市生まれ。東京帝国大学文学部国文学科卒業。在学中に同級生らと第六次『新思潮』を発刊。『招魂祭一景』で菊池寛らに認められ、文壇に進出する足がかりとなった。また卒業後、横光利一・今東光らと同人雑誌『文藝時代』を発刊し、「新感覚派」と呼ばれる。日本で初めてノーベル文学賞を受賞したことでも知られる。『伊豆の踊子《おどりこ》』『眠れる美女』『山の音』『雪国』など多くの作品を残した。

要旨

本文は34行目の空白行で前半と後半に分かれる。後半をさらに二区分し、各部分の内容をまとめてみよう。

1 孤児となった兄妹（父母——…） 1～33行目 ※問2・問3・問5・問6

妹から縁談相手の男と会うために上京するという手紙が届いた。幼いころに父母を亡くして孤児となった兄妹は別々の家に引き取られ、めったに会うことはなかった。たまに妹の顔を見ても気恥ずかしい気がしたが、妹が日記のことで顔を赤らめたとき、**私は妹に新しい親しみを感じた。**

←

2

父母が生きていたら——（妹は長い夜汽車を…）　35～72行目　※問5・問6

五年ぶりに見る妹は適齢期の娘になっていた。国を出るとき、「お父さんやお母さんが生きていたら」とうるさいほど言われたと妹が言ったとき、私は、故郷にいたころこの言葉に悩まされ続けていたことを思い出した。

↓

3

肉親に対する親しみ（「あの——生きていたら…」）　73～86行目　※問4・問5・問6

私が「父母が生きていたら」という言葉に強い反感を抱いているのに対して、妹は別の捉え方をした。そして縁談相手が私の知人だと知ると、遠慮のない驚きの表情を表した。私はそこに**肉親の親しみ**を感じた。

解説

問1 12 － 14　正解は(ア)＝①　(イ)＝⑤　(ウ)＝②

(ア)「狼狽《ろうばい》」は〝あわてふためくこと〟の意。「周章」も同意で、四字熟語「周章狼狽」がある。二文前に「面喰《めんくら》った（＝突然の出来事にまごついた）」とあり、これもヒントになる。①が正解。他は語義的に誤り。

(イ)「甘悲しい」という語は大きな辞書にも載っておらず、世間に認知された語とは言えないが、「甘」に着眼すると、これは「甘いメロディー」「甘いささやき」などに類似した用法で、〝うっとりと快い〟の意に近い。すなわち、悲しみ＋心地よさの感情である。よって⑤の「感傷的（＝悲哀の感情に動かされやすく、涙もろい。センチメンタル）」が最も適当となる。「甘」から②・④・⑤に絞り、「悲」から⑤と選択してもよい。

(ウ)「きまり悪い」は〝体裁が悪く、恥ずかしい〟の意。「げ」は気配・様子などを表す接尾語で、形容動詞の語幹を作る。「きまり悪げ」「悲しげ」「涼しげ」など。語義が一致する選択肢がないので、最も近い「困惑（＝どうしてよいかわからず、戸惑うこと）」とある②を選択する。

問2　15　正解は③

傍線部の内容を問う設問。「私」と父母および妹との関係を把握する。特に傍線部直後の「妹という言葉の連想として」や、7行目の「妹は、時々彼女の連想として父母を私の頭に持って来る」あたりに着眼して、幼くして父母を亡くした「私」には父母の記憶がなく、手紙をよこした妹とのつながりで彼らのことが頭に思い浮かんだという趣旨を把握する。「私」が父母の具体的な姿をイメージできないことは49行目の「私には（父母の姿など）何も見えて来ない」などからもわかる。また妹とも、何度か面識があったものの、**疎遠な関係が続いていた**ことも9〜11行目などからわかる。よって、**妹からの手紙→妹の想起→父母の観念の想起**という流れを把握する。

選択肢は文末を検討して「父母のことも回想した」とある①、「父母のことが想起された」とある③、「父母のことが連想された」とある⑤に絞り、「父母についての記憶がなく」「実感は伴わない」を決め手に③を選択する。

①　妹から手紙をもらった時点では「肉親の温かさを実感して」いない。

②　「追慕（＝死者や別れた人を恋しく思うこと）」が不適。

④　「肉親への親しみが刺激された」以下が不適。

⑤　「妹とも別れざるをえなくなり」が不適。「私」は勉学のために上京したが、妹との別れを惜しんではいない。

問3　16　正解は④

傍線部の内容を問う設問。傍線部は、それまで親しみを感じなかった妹に初めて親しみを感じたという内容である。直後に「秋のような気持」とあるのは、秋のような澄明感、爽快感を感じたということ。そこでここに至るまでの、「私」の妹に対する心情をたどると、まず初めて会ったとき「私」は不意をつかれて狼狽する（14行目）。続いて字の上手な妹に嫉妬する（17行目）。さらに努めて妹を避けるようにし、妹に対して**気恥ずかしさ**を感じる

（24行目）というもの。このように「私」は妹に対して嫉妬心や羞恥心というネガティブな感情を抱いていたわけだが、秘密の日記を書いていることを暴露されて顔を赤めた妹に対して、初めて親しみを感じたというのである。これは妹のナイーブな一面を知ったことで、兄妹としての親近感が生まれたということであろう。

選択肢はこれも文末を検討する。「親しみ」を「好感」と言い換えた③と、「共感」と言い換えた④に絞り、「てれくさい」「恥じらい」「繊細な一面」を根拠に④を選択する。「兄として見守る」とあるのは、兄妹としての親近感をいったもの。

①「私」も妹も孤独だとは本文に書かれていない。「兄として力になろう」も「親しみ」に合致しない。

②「張り合う」が不適。本文の内容からはずれる。「優越感」も「親しみ」に合致しない。

③「気になっていた」が不適。本文の内容からはずれる。「忍耐強く控えめな性格を知り」も不適。

⑤「内向的」「自分と似た性質」が不適。本文の内容からはずれる。「関心」も「親しみ」に合致しない。

問4 17 正解は③

傍線部の内容を問う設問。「私」が「父母が生きていたら――」と言われるたびに閉口してきたと訴えると、妹は、それはさまざまな感情の一つを誇張して楽しんでいるのだと言い返す。それを「私」は「悲しみをはじき返すための、逆説的《パラドキシカル》な感情の遊び」だと解釈した、というもの。「逆説的」は〝真理に背くように見えながら、実際は真理をついているさま〟、また〝普通とは反対の方向から考えを進めるさま〟の意。ここは前者で、**悲しみに反発するために、あえて悲しみを否定して強がっている**ということ。悲しみを否定することで悲しみが表れるという逆説である。この悲しみとは、直後で妹が「兄さんと反対の方へ感情を誇張しますわ」と言って、孤児であることにこだわりを示しているように、孤児であることの悲しみをいう。以上が設問で問うている「どう理解し」に対する答である。また「どのように受け止めているか」についてはは本文にこれという手がかりがないが、傍線部の「～というのかい」という、親しみをもって尋ねる調子から、妹の意見として、**反論したりせずそのまま受け止めようと**

する姿勢がうかがえる。よって、孤児であることの悲しみに反発して強がっているという、自分に対する妹の批判を理解し、妹の意見としてそのまま受け止めている、と説明できる。

選択肢は文末を検討する。「冷静に受け止めている」とある①と、「余裕をもって受け止めている」とある③に絞り、「父母の不在に対する悲しみ」を決め手に③を選択する。②の「感心しながら」、④の「諦めつつ冷淡に」、⑤の「うれしく思いながら」はいずれも根拠がない。

① 「自分の感情を勝手に決めつける」ことを「私」が悲しんでいるわけではない。

② 自分を亡き父母と結びつけられることを悲しんでいると説明しており、不適。

④ 妹の無理解を諦めていると説明しており不適。最終行の「肉親の親しみ」にも結びつかない。

⑤ 「自分の孤独」「いたわり」が不適。本文から読み取れない。

問5 18 正解は⑤

心情の変化を問う設問。34行目を境に、妹に対する「私」の心情・印象がどう変わったかを、該当箇所をおさえながらたどる。それ以前では、すでに確認したように、「私」は妹の存在を大して気にかけず、会っても気恥ずかしさを感じるだけであるが、妹が顔を赤らめたときは親しみを感じる。妹も「私」を兄として慕う気配はなかったが、それ以後では、「私」は妹が妙齢の女性になったことを認め、また言動が活発になったと感じる。このような妹に「肉親の親しみ」（最終行）を感じたというもの。よって解答のポイントは次のようになる。

以前＝気にかけず、会っても気恥ずかしいだけだったが、親しみを感じたときもある

以後＝妙齢になって活発になり、肉親の親しみを感じる

選択肢はやはり各文末を検討する。「肉親の親しみ」に着眼して、「親近感」とある④と「うれしく」とある⑤に絞り、「淡い親しみ」「生き生きと感情を表して遠慮なく接する」を決め手に⑤を選択すればよい。

① 「軽率さ」「心配」が不適。本文終末部の内容に合致しない。

②「誰に対しても」「従順な性格」「ぞんざい（＝いいかげん）」「自立した」が不適。本文から読み取れない。

③「もう少し親しく接したい」「気を遣いながら」「頼もしさ」が不適。本文から読み取れない。

④「思いやりのある人柄」「過去のわだかまり」が不適。本文から読み取れない。

問6　19・20　正解は③・⑥

表現の特徴を問う設問。消去法で解く。

①不適。5・62・64行目などの「――」は余情を表す用法である。また32行目の「――」は時の経過を表している。

②不適。逆接の接続詞を多用しているのは単調さを避けるためであって、「感情の複雑さを表」すためではない。

③適当。「強盗」は「兄という感情」の、「拷問」は「親子という感情」の型にはめこまれるという文脈で用いられている。

④不適。「私の無力さと諦めの感情」が読み取れない。

⑤不適。妹から上京を知らせる手紙をもらった日と、妹が上京した日との間には確かに「時間の飛躍」があるが、その間はおそらく数日であろう。二人が親密になるために必要な「時間の経過」とは言えない。

⑥適当。83行目以下、「笠原」という名前が突然現われ、事態が急展開している。「意外性」という説明は正しい。

第3問　標準

《出典》『苔の衣』〈秋〉

『苔の衣』は鎌倉時代に成立した擬古物語。「春夏秋冬」それぞれを巻名とする全四巻から成る。作者未詳。人生の無常を主題に、三世代にわたる人々の運命を描く。『源氏物語』『狭衣物語』『住吉物語』などの先行作品の構想・文章をまねる。

要旨

本文は場面の展開によって前半と後半に分けることができる。

1 **北の方の姫君への遺言**（このほどとなりては…）

重い病を患う**北の方**が幼い**姫君**を近くに引き寄せて、自分の死後の身の処し方や中庭の植え込みのことなどを遺言して激しく泣くと、**姫君**は落ち着いていながらも顔をそむけて泣くのであった。

↓

2 **北の方の出家の意思**（殿は、またまた…）

北の方は自分の死期が近いことを感じて、意識がはっきりしている間に出家しようと考え、夫の**大将**に許可を願い出たが、**姫君**のことを思うと心も迷うのであった。

【語釈】

▼**つい居る**＝「つい」は「つき」が変化したもの。あぐらをかくように座るのに対して、ひざをついて座ることをいう。

▼**思《おぼ》さる**＝「思さ（思す）」は「思ふ」の尊敬語。「る」は助動詞で、「思す」につくと、多く自発の意になる。他は可能の意（否定表現で）。尊敬の意になることはない。

▼**居丈《ゐたけ》**＝座高。「居丈高」は〝座高が高いこと〟、また〝座ったまま背を反らせ相手を威圧すること〟。

▼**はかなの御様や**＝「はかな」は形容詞「はかなし（＝たわいない）」の語幹。形容詞・形容動詞の語幹＋格助詞

「の」＋名詞＋間投助詞（終助詞）「や」の形。形容詞・形容動詞の連体形＋名詞に比べて、詠嘆の意が加わる。

▼うち側《そば》む＝横を見る。顔をそむける。

▼おはせましかば……ならまし＝反実仮想の典型的な形「ましかば〜まし」。

▼遂げなばや＝下二段動詞「遂ぐ」の連用形「遂げ」＋完了の助動詞「ぬ」の未然形「な」＋願望の終助詞「ばや」の形。

通釈

この頃となっては（北の方の容体は）実のところ（回復の）望みも少なく、どうかすると息が絶え絶えになって苦しくお感じになる。姫君が、成長なさるにつれていかにも可愛らしい様子で、ご自分の鏡に映ったお姿にとてもよく似ていらっしゃって、お歳のほどよりは格段に落ち着いてそばにひざまずいていらっしゃるのをご覧になると、（北の方は）このような幼い子を後に残して浅茅の露のようにはかなく消えてしまうのはとても悲しいとお思いにならずにはいられないので、（姫君を）近くに引き寄せなさった。

北の方は、座高にお足りにならないほどの長さの（姫君の）御髪が、たいそういかにも美しい様子でゆらゆらと（顔に）かかっているのを、かきやりながらご覧になると、「ああ、かわいそうに。私もこのくらいの年頃で母上が先立ってしまわれた。（母上は私を）このようにこの上なくいとおしくお思いになってそばからお離しにならなかった」と、（亡き母上の）面影をぼんやりと思い出しなさると、まったく（今の）我が身と違わない気持ちにおなりになるので、「いったいどんな前世の因縁によって、いとおしく思うはずの人たちをお世話できない宿命があるのだろうか」と、（母上が生きていた）昔のことをつい思い出しなさって、しんみりと流れ出る涙をせき止められない様子であるのを、幼いお心ながら姫君もたいそう悲しくて、御目に涙が浮かんでいるのをきまり悪くお思いになって、いかにも可愛らしい御手で、

「目にゴミが入ったの」

と言ってこすりなさる。（北の方は）「あどけないご様子よ」と悲しくお思いにならずにはいられなくて、「そなたを誰よりも誰よりもいとおしくて見捨てがたく思い申し上げるけれど、（死は）逃れられないことなのであろうか、思い通りにはいかなかったので、とうとう（私が）死んでしまったような後は、どんなにかわいそうな姿で成長なさるのであろうかと、ひどく気がかりであるけれど、（そなたの父親である）大将殿などはよもや粗略には扱いなさらないだろう。また中宮に（姫君のことをよろしく頼むと）言い残し申し上げているので、恐れ多くも私の代わりと思って頼り申し上げなさい。あの中庭の植え込みを、私の死んだ後も荒れるにまかせてはくださるな。きっと手入れをしてご自身で仏壇などにもお供えしなさい。せめて分別がおつきになる年頃までだけでもお世話できなくなってしまったのが、考えまいと思うけれど、とても悲しい」

などと、大人などに言うようにお話し続けなさってたいそうお泣きになるのを、姫君はとても落ち着きながらも、顔をそむけてお泣きになる。

大将殿は、さらに仰々しいまでに追加なさる（北の方の病気平癒のための）ご祈禱のことなどを、指図なさろうとしてその場を離れていらっしゃったが、今（北の方の部屋に）お入りになった。この二人（＝北の方と姫君）のご様子をご覧になると、「またどんなに（苦しく）お思いであろうか」と御胸の休まるときがない。（北の方が）いつも息が絶えそうにしていらっしゃるのを、（大将殿も）まったく同じように気が弱いぐらいに思い詰めなさっては、寿命のある命もどうであろうかと見えるが、（北の方が）少しでも生気を取り戻しなさったのを（大将殿が）この上なくうれしいと思っていらっしゃるのを（北の方は）ご覧になると、「ついにこの命が尽きてしまった後は、どんなに（悲しく）お思いになるだろう」と、本当に（大将殿を）後に残し申し上げるのもつい気がかりにお思いになるにつけても、「もし亡き大臣（＝父）が生きていらっしゃったら、どんなに悲痛な表情をなさったことだろうか。先立たれて本当によかった」と思い続けなさるが、「この身を尼の姿に変えないままで死んでしまうのはとても罪深いことと昔から話に聞いているので、ぜひとも、少しでも意識がはっきりしている時に、ぜひとも尼になりたい」とお思いになって、とても気が引けるけれど、大将殿がいらっしゃるので、

「こうして日を経るにつれてますます苦しくなって、ついに生き長らえそうにも思われませんので、在俗の姿のまま死ぬのはたいそう罪深いことと人も申すので、いつもよりも（命も）限りのように思われるので、本当に今こそ最期なのだろうと思うと、言いようもなく心細いので、ぜひに（出家の）本願を遂げたい」

と（北の方は）おっしゃる。おりしも姫君が（北の方の）御ふところの中に入って横になっていらっしゃるのが、少しばかり（出家を決意した）心が乱れるようなので、（北の方は）中将の乳母をお呼びになって、姫君のお部屋へお移し申し上げようとなさるのを、（姫君が）事情をわかったような様子で（北の方の）御手にすがりついてお泣きになるので、（北の方は）ますます悲しく思い詰めていらっしゃった。

解説

問1 21 － 23 正解は　(ア)＝①　(イ)＝④　(ウ)＝⑤

(ア)「こよなく」は形容詞「こよなし」（＝たいそう違う。格別だ。ひどく劣っている）の連体形。「静まる」は〝（神仏が）鎮座する。騒ぎが治まる。落ち着いている〟などの意。ここは姫君が**年齢の割には落ち着いている**様子をいう。①が正解。④は「内向的」が不適。

(イ)「すこしも」は〝わずかでも〟。「心」は〝意識。気分。思いやり。意味〟などの意をもつ多義語。前後で北の方がぜひとも出家したいと望んでいるので、「心」は〝**意識**〟の意になり④が適当となる。北の方が意識も絶え絶えの重体であることは「消え入る」（同段落）などからわかる。⑤は文脈的にも不適。

(ウ)「見知る」は〝見て知っている。経験がある。理解する〟などの意。姫君が北の方と引き離されるのをいやがって、北の方にしがみつくという文脈から、〝**理解する**〟の意になる。⑤が適当。

問2 24 正解は⑤

a 「消えなむ」は下二段動詞「消ゆ」の連用形「消え」＋完了の助動詞「ぬ」の未然形「な」＋婉曲の助動詞「む」の連体形の形。「消え」を未然形ととると、「なむ」は他者への願望を表す終助詞になるが、文末でない上に、文脈的にも不可。

b 「らむ」は現在の事実についての原因を推量する助動詞。終止形（ラ変型活用語には連体形）につく。

c 「なむ」は強意の係助詞で、「悲しき」（形容詞「悲し」の連体形）が結びとなる。

d 下二段動詞「消え果つ」の連用形の下にあるので、「なむ」はaと同じで、「な」＋「む」の形。

e 「ならむ」は断定の助動詞「なり」の未然形「なら」＋推量の助動詞「む」の形。「む」は係助詞「や」の結びで連体形である。

問3 25 正解は③

傍線部の心情を問う設問。北の方が姫君の髪をなでながら、**自身の母親「故上《こうへ》」のことを回想する**場面。「違はぬ」は〝そむく。食い違う。普通でなくなる〟の意。「ぬ」は打消の助動詞「ず」の連体形で、〝我が身と違わない気持ちにおなりになるので〟の意になる。そこで直前の北の方の心情部分（「いで、あはれ……放ち給はざりし」）を見ると、「我もこのほどにて故上先立ち給ひにし（＝私もこの姫君の年頃くらいの時に母上が先立ってしまわれた）」とある。したがって傍線部は、**幼い子を残して死ぬという点で、自分と亡き母は同じだ**という趣旨になる。

　選択肢は「幼い我が子を残して先立たねばならない今の自分と同じだった」とある③を選択すればよい。

① 「幼い頃の自分とそっくりである」が不適。これは第一段落の「我が御鏡の影（＝鏡に映った自分の姿）にいとよく通ひ（＝似ている）給ひつつ」をいったもので、「違はぬ」の内容として不適となる。

② 「娘もいずれ幼い子どもを残して亡くなる」が不適。北の方の心情からはずれる。

④「娘も自分と」以下が「違はぬ」の内容として不適。

⑤「自分の髪も同じ長さだった」「今の季節と同じだった」が「違はぬ」の内容として不適。

問4 26 正解は②

傍線部の心情を問う設問。段落冒頭の「殿は」以下、主語が入り組んでいるので注意が必要。「うれしと思したる」までは基本的に大将が主語になる（途中の「常は消え入るやうにし給ふ」「すこしも生き出で給ひぬる」は北の方が主語）。そして「見給ふに」以下、「いとつつましけれど」まで北の方が主語になる。そこで傍線部を見ると、**「うしろめたく**（うしろめたし）」は〝気がかりだ。不安だ〟の意の重要語である。「思さるる」は「思ふ」の尊敬語「思《おぼ》す」の未然形「思さ」＋自発の助動詞「る」の連体形「るる」の形になる。さらに直前の**「後らかし奉らむ」**に着眼すると、「後《おく》らかし（後らかす）」は「後らす」と同じく、「後る（＝遅れる。先に死なれる）」の他動詞形で、〝置き去りにする。先に死ぬ〟などの意になる。「奉ら（奉る）」は謙譲の補助動詞。したがって、文脈的に**自分が先に死ぬことを気がかりに思っている**という内容となり、**北の方が主語**になる。「奉ら」は大将への敬意を表す。

選択肢は「うしろめたく」に着眼して、「不安に」とある①と「気がかりに」とある②に絞り、「自分が先立ってしまったら」を決め手に②を選択すればよい。「一喜一憂」とあるのは、「御胸の隙《ひま》なし（＝御胸の休まるときがない）」および「限りなくうれしと思したる」をふまえたもの。

①「幼い姫君をどのように育ててくれるのだろうか」が誤り。「うしろめたく」の内容として不適。

③「妻が苦しんでいるにもかかわらず」以下が不適。大将が席を外したのは病気平癒の「御祈り（＝ご祈禱）」を「沙汰《さた》（＝指図）」するためである。

④・⑤ 主語を大将ととっているため、全体の内容が不適となる。

問5 27 正解は①

傍線部の心情を問う設問。傍線部(イ)前後に「この身をやつさで（＝出家しないで）」「様変へ（＝出家する）てむ」とあり、傍線部C前文にも「本意《ほい》（＝宿願）も遂げなばや」とあって、北の方は出家を望んでいることがわかる。ところが、姫君が「（北の方の）御懐にのみ入り臥《ふ》し給ひたる」ために、「心乱るる（＝思い悩む）」ようなので、姫君を自室に行かせようとしたというのである。このような文脈から、北の方は姫君の存在が心にかかって出家の決意が乱れているのだとわかる。すなわち姫君がほだし（＝仏道や出家などの妨げとなるもの）となっているのである。

選択肢は「心乱るる」に着眼して、「気持ちを保つことができなかった」とある①、「とまどってしまった」とある③、「迷ってしまった」とある④に絞り、さらに「出家」を手がかりに①と③に絞り、「姫君への愛情が妨げとなって」を決め手に①を選択する。

②「事態の深刻さを理解せず無邪気」が不適。第二段落の「幼き御心に姫君もいと悲しうて」などに合致しない。

③「幼い娘と一緒に」が不適。姫君を自室に行かせようとしたという後続の内容に続かない。

④「娘が中将の乳母に連れられて自分の側から離れていくことに心細くなり」以下が内容的に合致しない。

⑤「自分を情けなく思い」以下が内容的に合致しない。

問6　28　正解は⑤

本文全体の内容を問う設問。消去法で解く。

①不適。「母が元気だった頃を思い出し」「心配させてはいけない」が第二段落の内容に合致しない。

②不適。「父親はあまりあてになりそうにない」が本文（注3）直前の「殿などもおろかに（＝粗略に）はもてなし給はじ」に合致しない。

③不適。「高貴な女性の心得として」が不適。本文に書かれていない。

④不適。「人の寿命というのはあらかじめ定まっている」以下が不適。本文後半の「限りあらむ御命もいかがと見ゆる」とあるのは、北の方の病気を苦にする大将の寿命もどうであろうか、縮まってしまうのではなかろうかと

いう趣旨。

⑤適当。本文後半の「故大臣おはせましかば……よくぞ先立ち給ひにける」に合致する。

第4問 標準

《出典》 郝敬《かくけい》『芸圃傖談《げいほそうだん》』

郝敬（一五五八～一六三九年）は明代の学者。字は仲輿。科挙に合格し役人となるも、その批判的な性格がわざわいしてしばしば降格・左遷され、最後は自ら職を辞す。その後は籠居して五経など儒教の経典の註釈や著述に専念する。『芸圃傖談』は全四巻。本文はその文章論の一節である。

要旨

本文は二段落から成る。

1 **才能を生かす**（後生為文…）

よい文章を書くには持って生まれた自分の才能を生かすようにするのがよく、そのためには**読書と思索**に励んで、他人の言うことに左右されないことが大切である。

←

2 **欠点を知る**（初学為文…）

初心者が文章を書く時は、**自分の短所や悪い点を見つけて直すこと**が大切であるが、そのためには他人と競い合い、また**自分の長所や良い点を生かす**のがよい方法である。

読み

後生《こうせい》の文を為《つく》るは、各《おのおの》己《おのれ》の長《ちやう》ずる所を用《もち》ふ。愚夫《ぐふ》も天《てん》の聡明《そうめい》に非《あら》ずんば、人と為《な》る能《あた》はず。況《いは》んや士子《しし》をや。読書して理《り》を窮《きは》むれば、心鏡《しんきやう》自《おのづか》ら開き、覃思研慮《たんしけんりよ》すれば、各一得《いつとく》有り。之《これ》を己に証《しやう》し、之を師に質《ただ》し、長ずる所を黙識《もくし》し、栽培して善《よ》く養へば、大小《だいせう》各自《みづか》ら器《き》を成して用ふるに利あらん。必ずしも人と斉同《せいどう》ならず。若《も》し耳食《じしよく》浮沈《ふちん》し、人の唱《しやう》念《ねん》するを学べば、今日《こんにち》は弋陽《よくやう》、明日《みやうにち》は海塩《くわいゑん》、又《また》明日は蓮花落《れんくわらく》と、老死《らうし》して成すこと無からん。

初学の文を為《つく》るは、急いで好《かう》を求むること勿《な》かれ。且《しばら》く須《すべか》らく病《へい》を問ふべし。病まざれ《や》ば則《すなは》ち自《おのづか》ら好となる。高手《かうしゆ》に遇《あ》へども、退怯《たいきやう》を生ずること勿かれ。努力向前《きやうぜん》して角抵《かくてい》し、久久《きうきう》に夾持《きやうぢ》すれば、并《あは》せて己も亦《ま》た高くならん。長《ちやう》処《しよ》有れば、必ず短処《たんしよ》有り。短処は続《つ》ぎ難《がた》し。且《しばら》く長処に就《つ》きて塡補《てんぽ》すれば、即《すなは》ち短処漸《やうや》く平《たひ》らかなり。好処《かうしよ》有れば、定《さだ》めて病処《へいしよ》有り。病処は除き難し。且く好処に就きて調養《てうやう》すれば、即ち病処漸く癒《い》ゆ。苟《いやし》くも自《みづか》ら其の短《たん》を知らざれば、並びに長処も還《かへ》つて短となり、自《みづか》ら其《そ》の病を知らざれば、並びに好処も亦た病む。

通釈

後進の学習者が文章を書く時は、おのおの自分の長所を生かすようにする（のがよい）。愚かな人も天が聡明でなかったら、人として生まれ出ることはできない（＝どんな人であっても、長所を備えた人として生まれてくる）。ましてや学問をする人はなおさら（長所を備えているもの）だ。読書して道理を究めれば、心が澄み切り、深く思慮をめぐらせば、おのおの得るものがある。これを自らに明らかにし、先生に問いただし、自分の長所を心の中で認識し、育ててうまく伸ばせば、大なり小なりおのおの自分の才能を開花させて役立てることができよう。必ずしも他人と同じでなくてもよい。（むしろ）もし他人の言うことに左右され、他人が唱えることを学ぶ（だけ）ならば、今日は弋陽、明日は海塩、また明くる日は蓮花落と（学ぶ対象を次々に変えるだけで）、年老いて死んで（学問が）成就することはないだろう。

初心者が文章を書く時は、性急に良いものを書こうとしてはならない。（むしろ）しばらくは悪い点を見つけることが大切である。それを無くしていけば自然と良さが現われてくる。文章の上手な人に出会っても、尻込みしておびえてはならない。努力し向き合って競い合い、継続して取り組めば、一緒に自分もまた上達するだろう。長所があれば、必ず短所もある。短所は継ぎ足し補うのが難しい。（しかし）しばらく長所によって補い埋め合わせれば、短所もしだいに目立たなくなる。良い点があれば、きっと悪い点もある。悪い点は取り除くのが難しい。（しかし）しばらく良い点によって調え養えば、欠点もしだいに直ってくる。もし自ら自分の短所を知ろうとしなかったら、それに伴い長所もかえって短所となり、自ら自分の悪い点を知ろうとしなかったら、それに伴い良い点もまた欠点となるものだ。

解説

問1 29・30 正解は (ア)＝① (イ)＝⑤

(ア) 「況」は「いはんや」と読む副詞で、〝まして〟の意。一般に**抑揚形**（Aすら且つ～、況んやBをや＝Aでさえ～だ、ましてBはなおさら～だ）に現われる。ここはその崩れた形。①が正解。②は「則・即・便・乃・輒」、③は「何・奚・胡・曷」、④は「寧」、⑤は「豈」が当てはまる。

(イ) 「苟」は「いやしくも」と読み、**順接の仮定条件**を作る接続詞で、〝もしも。かりに〟の意。⑤が正解。①は「雖」、②は「所謂」、③・④は「安・悪・焉」が当てはまる。

問2 31・32 正解は (1)＝④ (2)＝⑤

(1) 「窮」は「きわまる・きわめる」と読む動詞。「理」は基本的に〝道理〟の意になる。

(2) 「漸」は「やうやく」と読む副詞で、〝しだいに。少しずつ〟の意。

問3 33 正解は④

書き下し文の設問。「必不」（全部否定）と違い、「不必」のように否定詞「不」の下に副詞が来ると、部分否定の句形になる。読みも、前者が「かならず〜ず」と読むのに対して、後者は「かならずしも〜ず」と読む。意味も、前者は〝きっと〜しない〟、後者は〝きっと〜するとは限らない〟と異なる。「与」は動詞（あづかる・くみす・あたふ）、副詞（ともに）、前置詞（と・より）、接続詞（〜と〜と）などの用法があるが、下に「斉同（＝ひとしい）」と続き、また他人の言うことに左右されてはならないという内容に続くことから、「と」と読んで、他人と同じである必要はないという趣旨だと判断できる。よって④が正解。①・②は「必ず」と読む点で誤り。③は文脈的に不適。⑤は「人より斉同ならず」が意味をなさない。

問4 34 正解は③

傍線部の内容を問う設問。注6からわかるように、傍線部は毎日各地の民謡を代わる代わる練習することをいったもので、この比喩が意味する内容を理解する。まず直後に「老死無成（＝学問を成就できないままに老いて死ぬ）」とあるように、この比喩が否定的な意味である点をおさえる。次に直前の「若耳食浮沈」以下に着眼して、他人の言うことに左右され、他人の説を学ぶだけであったら、という趣旨のことを述べている点を把握する。さらに傍線部Aの内容も考え合わせると、③の「学ぶ対象を次々に変え態度が定まらない」が適当であるとわかる。

①「一度にたくさんの目標を立てる」が不適。直前の内容に続かない。

②「現地での実体験にこだわる」が不適。直前の内容に続かない。

④「伝統の継承」が不適。「弋陽」「海塩」「蓮花落」に引っかけたもの。

⑤「他者を批判し続ける」が不適。比喩に対応していない。

問5 35 正解は②

傍線部の解釈を問う設問。第一文について。「須」は「すべからく〜べし」と読む再読文字で、〝〜する必要がある〟の意。「病（へい）」はいずれの選択肢も〝悪い点〟と解釈している。よってここまで「須らく病を問ふべし」

と読み、〝自分の悪い点を問いただす必要がある〟の意になる。第二文について。「則（すなはち）」はいわゆるレバ則の「則」で、「～すれば則ち…」と読み、**順接仮定条件**（もし～ならば…）を作る接続詞である。「自」は「みづから（＝自分で）」または「おのづから（＝自然と）」と読む副詞で「好」を修飾するが、ここは文脈的に後者で読む。「好」は〝良くなる〟の意。よって第二文は「病《や》まざれば則ち自《おのづか》ら好《かう》となる」と読み、〝欠点がなくなれば自然と良くなる〟の意になる。

選択肢はまず「須」を「きっと～だろう」と解釈した④をはずす。次に「則」に着眼して、「無くしていけば」とある②と「重視しなければ」とある⑤に絞り、⑤の「単なる自己満足で終わる」を不適と判断して②を選択すればよい。「大切である」という解釈はやや変則的だが許容範囲と言える。「問」を「見つける」と解釈するのも文脈をふまえたもの。①・③・④は「須」または「則」のいずれかの解釈が間違っている点からはずせる。⑤は「不病」を「重視しなければ」と解釈している点でも不適とわかる。

問6　36　正解は④

対句（**語法的にも内容的にも対応する二つの句や文**）が二組用いられている点に着眼できれば、自動的に空欄が埋まるようになっている。

有長処、必有短処。短処難続。且就長処塡補、即短処漸平。
有好処、定有病処。病処難除。且就Ⅰ処調養、即Ⅱ処漸癒。

不自知其短、並長処還短、
不自知其Ⅲ、並好処亦病。

前者の対句では、「長処（＝長所）」と「短処（＝短所）」の対比構造、「好処（＝良い点）」と「病処（＝悪い点）」の対比構造がまったく同じになっている。よってⅠに「好」が入り、Ⅱに「病」が入る。また後者の対句では、「短」と「長処」の対比構造、「病」と「好処」の対比構造がやはり同じになっているので、Ⅲには「病」が入ることになる。よって正解は④。

問7 37 正解は①

本文全体の主旨を問う設問。初めに確認したように、第一段落では自分の長所を伸ばして生かすことの大切さが、第二段落では自分の欠点を知ることの大切さが説かれている。この点をふまえて消去法で解くとよい。

①適当。「自身の天性」とは「己之所長」（一行目）をいったもの。「欠点をそのまま放置しない方がよい」とは傍線部Cをふまえたもの。

②不適。「自身の思い通り自由に書く」「広く世の意見を受け入れる」のいずれも本文に書かれていない。

③不適。「名文を手本として練習する」とは書かれていない。

④不適。「先生の教えにしたがう方がよい」とは書かれていない。

⑤不適。「個性も残しつつ」とあるが、第二段落の主旨に合致しない。

国語　本試験

問題番号(配点)	設問	解答番号	正解	配点
第1問(50)	問1	1	⑤	2
		2	⑤	2
		3	②	2
		4	④	2
		5	④	2
	問2	6	③	8
	問3	7	②	8
	問4	8	④	8
	問5	9	②	8
	問6	10-11	③-④	8(各4)
第2問(50)	問1	12	③	3
		13	⑤	3
		14	③	3
	問2	15	②	7
	問3	16	③	8
	問4	17	①	8
	問5	18	②	8
	問6	19-20	①-⑤	10(各5)

問題番号(配点)	設問	解答番号	正解	配点
第3問(50)	問1	21	④	5
		22	②	5
		23	①	5
	問2	24	⑤	5
	問3	25	③	7
	問4	26	③	9
	問5	27	④	7
	問6	28	⑤	7
第4問(50)	問1	29	⑤	4
		30	③	4
	問2	31	④	4
		32	④	4
	問3	33	④	5
	問4	34	③	7
	問5	35	④	7
	問6	36	⑤	7
	問7	37	②	8

(注)－(ハイフン)でつながれた正解は，順序を問わない。

自己採点欄
200点

(平均点：119.22点)

第1問 標準

《出典》 佐々木敦『未知との遭遇―無限のセカイと有限のワタシ』〈三日目 UNKNOWN-MIX! A面 不可能世界論〉（筑摩書房）

佐々木敦（一九六四年～）は評論家・早稲田大学文学学術院文化構想学部教授。愛知県名古屋市生まれ。現在、映画・音楽・文学・思想など幅広い分野にわたって批評活動を行っている。また音楽レーベルＨＥＡＤＺを主宰し、雑誌『エクス・ポ』の編集発行人でもある。著書に『即興の解体／懐胎』『文学拡張マニュアル』『テクノイズ・マテリアリズム』などがある。『未知との遭遇』は二〇一一年に刊行された。

要旨

本文は十一段落から成る。これを、内容が転換する段落に着眼して四区分し、内容をまとめてみよう。

1 「教えて君」と「教えてあげる君」 第1段落 ※問2・問5・問6

ネット上で「教えて君」がいると、必ず「教えてあげる君」が現れる。そして両者が一緒になって啓蒙の質が低下していく。啓蒙は必要だが、啓蒙するよりも啓蒙される側に回った方が利があると思う。

←

2 過去の遺産との類似の問題 第2～6段落 ※問3・問5・問6

人類はそれなりに長い歴史を持っているので、発想であれメロディであれ、無意識的に過去の何かに似てしまうことがある。これは仕方のないことだが、それを認めることは必要だ。その一方で意識的な盗作がオリジナルとして流通してしまうことがあるので、**受け手側の一定のリテラシーが求められる。**

3

「物語」としての歴史から「塊」としての歴史へ　第7～10段落　※問4・問5・問6

歴史には時間が介在しているために、歴史は「物語」として記述されてきた。ところがネット以後、歴史を圧縮したり編集したりすることが容易になった結果、一個の「塊＝マッス」として歴史をとらえるのが今やリアルになってきた。

↓

4

啓蒙よりも未知なるものへ　第11段落　※問5・問6

最低限のリテラシーを形成するために啓蒙も必要だと思うが、自分としては未知なるものへの好奇心／関心／興味を刺激することの方をしたい。しかしそれも、今や受け手のリテラシーを推し量りながらする必要があり、難しい。

↓

【語釈】

▼**啓蒙**＝人々に新しい知識を与え、合理的な考え方を持つように教え導くこと。「啓」は〝人の目を開いて物事を理解させる〟、「蒙」は〝道理に暗い〟の意。

▼**ベクトル**＝物事の向かう方向と大きさ。

▼**リヴァイバル**＝映画などの昔のものを再生（再上映）すること。復興。復活。

▼**担保**＝保証すること。

▼**系譜学**＝系譜や系図の真偽を科学的に明らかにする学問。

解説

問1 1-5 正解は (ア)＝⑤ (イ)＝⑤ (ウ)＝② (エ)＝④ (オ)＝④

(ア)「垂れる」 ①心酔 ②睡魔 ③無粋 ④自炊 ⑤懸垂

(イ)「大概」 ①該博 ②弾劾 ③形骸 ④感慨 ⑤概要

(ウ)「潤沢」 ①循環 ②湿潤 ③殉教者 ④巡回 ⑤純度

(エ)「端的」 ①丹精 ②枯淡 ③大胆 ④発端 ⑤探究

(オ)「奏で」 ①捜査 ②双眼鏡 ③一掃 ④奏上 ⑤操業

問2 6 正解は③

傍線部の理由を問う設問。第1段落で、ネット上で「教えてあげる君」が「教えて君」を啓蒙することの問題点が指摘される。「啓蒙のベクトルが、どんどん落ちていく」、「よりものを知らない人へ知らない人へと向かってしまう」というのがそれである。これは「自分で調べてもすぐにわかりそうなのに」などとあるように、「教えて君」が簡単なことでも自分で調べる努力を怠り、「教えてあげる君」もすぐに教えてしまうために、**啓蒙の知的レベルがどんどん低下していく**ことをいう。傍線部はこれをふまえて「教えてあげる君」側の問題がより深刻だという。それは直後の二文（「自分より知識や……利があると思うのです」）で指摘されるように、**自分の知識が増えないか**ら、という単純な理由による。よって傍線部の理由として次の二点を指摘できる。

- 啓蒙の知的レベルが低下する
- 「教えてあげる君」の知識が増えない

選択肢は、右の二つの理由のうち端的な後者の理由に着眼して、「自身の知識を増やそうとすることがなく」とある③と、「自分自身の知的レベルが向上していかない」とある④にまず絞る。そして、前者の理由を「**社会全体**

の知的レベルが向上していかない」と説明した③を選択すればよい。

①「無責任な回答」が不適。本文に書かれていない。また後者の理由にも触れていない。

②「知識を押しつける」「困惑させてしまい」など、全体的に第1段落の内容から大きくはずれる。

④「『教えて君』の向学心」が不適。「教えて君」は知的努力を放棄しており、「向学心」があるとは言えない。

⑤「自己満足」が不適。本文に書かれていない。「『教えて君』の知的レベルを向上させることには関心がない」も不適。「教えてあげる君」は「啓蒙」に対する「一種の義務感」を持っている。

問3　7　正解は②

傍線部の理由を問う設問。「これ」の指示内容も問われる。第2段落以下、人類の歴史がそれなりに長いために、新しい発想や知見、メロディを思いついたつもりでも、**過去の遺産との類似**がしばしば起こりうることが指摘される。傍線部はこの文脈にあり、新しいメロディを書こうとする音楽家が「**厳しい問題**」を抱えていると指摘する。傍線部にある代名詞「これ」は前文の「新しいメロディが、なかなか出てこないということ」を指しているが、その直後の「それだけ過去に素晴らしいメロディが数多く紡ぎ出されたということ」も含意している点をおさえよう。すると次のような因果の連鎖が導ける。

過去に数多くのメロディが作られた　→　新しいメロディが生まれにくい　→　音楽家にとって厳しい

選択肢は、「これ」＝「新しいメロディが……出てこない」＝「オリジナルな曲を作ることが困難になってきている」という等式から②が選択できる。

①「知識が自由な発想を妨げてしまう」「誰もが口ずさめるような躍動感のあるメロディ」が不適。本文に書かれていない。

③「過去のメロディを自作の一部として取り込む」が不適。これは第4段落の「盗作、パクリ」に当たる。傍線部の前後は、無意識のうちに過去のメロディに類似してしまうことを論じている。

④「社会に多くの曲が出回っているために」が不適。これは共時的（同時代的）類似性であり、本文のような通時的（歴史的）類似性とは異なる。

⑤「過去の膨大な曲を確認する時間と労力」の問題が「厳しい問題」の内実ではない。

問4 8 正解は④

傍線部の内容を問う設問。歴史のとらえ方が変わったことを論じた第7〜10段落の内容を把握する。この部分の最も重要なキーワードである「**塊**」という語が、**歴史のとらえ方の転換**という文脈で用いられている。すなわち、「時間」に沿って展開する歴史を「物語」という因果性によってとらえる従来の歴史記述・把握の仕方に代わって、時間軸を抜きに「塊」としてとらえる仕方が優勢になったと述べ、その原因として、ネット以後、**歴史の圧縮・編集が容易に**なったことをあげる。このような歴史観の転換を筆者は「**『歴史』の崩壊**」と称している。もちろんこの表現は歴史自体が崩壊したと主張するわけではなく、「歴史」にカギカッコがついているように、〈従来の歴史〉が崩壊したという意味である。よって傍線部を端的に言い換えると次のようになる。

「歴史」の崩壊　＝　〈**「物語」・因果性の歴史**　→　**「塊」としての歴史**〉

選択肢は従来の歴史のとらえ方を「物語を歴史と捉える」と説明した②と、「因果関係を歴史と捉える」と説明した④に絞り、歴史の圧縮・編集を「過去の個々の出来事を……自由に結びつけられるようになった」と説明した④を選択すればよい。

①「過去の出来事と現在の出来事との類似性」「両者の本質的な違い」が不適。本文に書かれていない。

②「多様性を尊重することが要求されるようになった」が不適。第7段落の「われわれが『多様性』を、何らかの意味でネガティヴ（＝否定的）に受け取ってしまう」に矛盾する。

③「過去の出来事を重要度の違いによって分類する」以下が不適。本文に書かれていない。

⑤「時間の流れに即して」ではなく、「時間の流れを無視して」などとすべき。また「時間的な前後関係や因果

関係を超えて」も不適。従来の歴史のとらえ方に矛盾する。

問5　9　正解は②

本文のキーワードに関する設問。本文の論旨の展開をキーワードによって圧縮すると、

「啓蒙」するよりも「啓蒙」される側へ（第1段落）→**「物語」としての「歴史」から「塊」としての「歴史」へ**（第2〜10段落）→**「啓蒙」よりも「未知なるもの」へ**（第11段落）

となる。筆者は「啓蒙」が従来の歴史のとらえ方を前提としているとみなしたうえで、両者とは異なる次元のスタンス（立場）をとっている。これをふまえて第1段落と第11段落に着眼しよう。まず第1段落末尾に「啓蒙するよりも啓蒙される側に回った方が、自分にとっては利がある」とあり、啓蒙主義に対する**懐疑的、否定的立場**が表明される。この点は**問2**でも問われている。次に第11段落の「啓蒙も必要なのかもしれない」以下に着眼しよう。筆者はここで**啓蒙に対する立場を修正**して啓蒙の意義を認めつつも、それは他人に任せて、自分は「**未知なるものへの好奇心／関心／興味を刺激する**ことの方をやはりしたい」と主張している。これが啓蒙に対する最終的な結論である。設問に「『啓蒙』という行為に対する筆者の考えをまとめたもの」とあるのも、この結論を問うている。よってその解答は次のように簡潔に示すことができる。

啓蒙よりも未知なるものへ

選択肢はいずれも三行を満たすほどに長い。**長い選択肢は最後の部分に決め手があることが多い**という原則に従って三行目を検討すると、右の解答の後半部を「新たな表現を生み出すよう促す側に身を置き続けたい」と言い換えた②が正解とわかる。また、②の第一文は第11段落の「たとえば芸術にかんしても……芽生えてきました」をふまえる。第二文の「みずからその作業（＝啓蒙）を率先して担うよりは」という説明も妥当である。

①「有効な啓蒙の方法を模索することも必要だ」が不適。筆者の結論に合致しない。「啓蒙という行為の重要性は高まり続けている」も「啓蒙も必要なのかもしれない」という筆者の考えにそぐわない。

③　啓蒙という行為についての責任免除という内容が不適。第11段落の「啓蒙という行為に何らかの責任の意識を……」に合致しない。「あえて他者を啓蒙する場にとどまり続けたい」も不適。

④　独創的な芸術表現を行うことの困難さを、歴史の圧縮・編集のせいにしており不適（問3参照）。また「啓蒙という行為に積極的に関わる」も不適。

⑤　「啓蒙という行為の意義は高まる一方である」、および「あえて啓蒙の意義を否定し」以下が不適。

問6　10・11　正解は③・④

本文の表現の特徴を問う設問。8個から**適当でないものを2個選ぶ**という形式はセンター試験では初めてだが、その前身である共通一次試験ではしばしば見られたものである。消去法によって**明らかに適当なものから消去**すればよい。ここでは順に検討しよう。

①**適当**。筆者はネット上での啓蒙的行為を「良くない」「ナンセンス」（第1段落）と否定的にとらえており、「軽いからかいの気持ち」という説明は妥当である。

②**適当**。第3段落は「です・ます」調から「だ・である」調に変化するのに伴い、筆者の主張がより簡潔に示されている。よって「内容そのものの説明に重点が移っている」という説明は妥当。

③**不適**。「より滑らかにする」とは言えない。第4段落末尾の「むしろ問題だと思います」の「問題」が第5段落以下で具体化される。「そのこと」は問題点を強調する働きをしているが、「なぜかよく似てしまうことの方が」としても次段落への接続は滑らかである。

④**不適**。「肯定の立場から否定の立場に転じて」が誤り。ふと思いついたメロディが過去のメロディに似てしまうことについて、筆者は不可避という立場で一貫している。

⑤**適当**。第3文の「それ」も第4文の「それら」も、第2文の「目の前に……見えてくるもの」を指しており、いずれの「しかし」もこの文とは逆接の関係になる。

⑥適当。第8段落のカギカッコつきの「歴史」とは従来の「物語」としての歴史であることが第9段落で説明されている。

⑦適当。「ある意味では」の「ある」の内容が具体化または示唆されているわけではない。

⑧適当。第6文の「できれば啓蒙は他の人に任せておきたい」という表現にも、「啓蒙を得意とする……責任の意識を持っている人たち」を敬遠する気持ちが読み取れる。

第2問 標準

《出典》 小池昌代「石を愛でる人」(『感光生活』筑摩書房)

小池昌代(一九五九年〜)は詩人、小説家、エッセイスト。東京都江東区深川生まれ。津田塾大学国際関係学科卒業。卒業後、法律関係の雑誌の編集に長く携わるが、その後退職して創作活動に入り、詩集や小説、エッセーでさまざまな賞を受賞する。詩集に『水の町から歩き出して』『青果祭』『永遠に来ないバス』など、小説に『感光生活』『ルーガ』『裁縫師』など、エッセーに『屋上への誘惑』『文字の導火線』などがある。

「石を愛でる人」は雑誌『ちくま』(二〇〇一年九月号)に発表され、『感光生活』(二〇〇四年刊行)に収録された。

要旨

本文を四区分して各部分の内容をまとめてみよう。

1

アイセキカ　1～28行目（趣味といっても…）　※問2・問6

山形さんが「アイセキカ」友の会に入会したと聞いて、「わたし」は自分も子供の頃から石に親しんできたことを思い出した。そして、人間関係に疲れたとき無機質で冷たい石に不思議な安らぎを感じる自分もまた、充分にアイセキカの一人ではないかと思った。

←

2

テレビ出演　29～49行目（さて、そのアイセキカ…）　※問3・問6

「わたし」は山形さんに説得されて彼が担当するインタビュー番組に出演した。だが詩人という肩書きで得意になってしゃべった自分に嫌気がさし、落ち込んだ。そんな「わたし」を山形さんは慰めてくれた。

←

3

石の展示会への招待　50～75行目（その山形さんから…）　※問3・問4・問6

「わたし」は山形さんから石の展示会に来るようにと強引に誘われ、仕方なく承諾した。しかし展示された数々の小石を見て、石を愛するという趣味は実にシンプルでいいものだと思った。

4

山形さんに惹かれる「わたし」　77～115行目（アトリエは薄暗く……）　※問5・問6

「わたし」は会場で山形さんのあたたかい声を聞いてほっとし、彼の気弱な目を見て石に惹かれる山形さんが少しわかったような気がした。そして石を見たあと、山形さんに誘われて近くの居酒屋へ行った。そのとき山形さんに心を惹かれていたのかもしれない、と後で思い返した。

解説

問1　12－14　正解は　(ア)＝③　(イ)＝⑤　(ウ)＝③

(ア)「透明な」は〝濁りがなく、透き通っているさま〟の意。前後に「石をただ見つめる……行為」とあるように、ここでは石を何かの目的に用いたりすることなく、純粋にただ観賞するという比喩的な意味で使われている。語義的・文脈的にも③が正解。他はいずれも語義的に不適。

(イ)「とくとくと」は得意そうな様子を表す副詞。よって⑤が正解。

(ウ)「追い討ちをかける」は〝弱った者にさらに打撃を加える。追撃する〟の意。ここは直後に「電話までかかってきて」とあるように、しつこく言う様子を表す。③が正解。①の「無理に」、②の「責め立てて」は語義的に不適。

問2　15　正解は②

傍線部の内容を問う設問。直前文に「人間関係の疲労とは、行き交う言葉をめぐる疲労である」とあるように、他人と言葉を交わすことに疲れた「わたし」が沈黙の石に癒されることを述べた場面である。「冷たいあたたかさ」という矛盾した表現は、前段落の「その無機質で冷たい関係が……不思議な安らぎをあたえてくれる」をふまえたもので、「冷たい」は石の物理的な冷たさと、お互いに干渉し合わないという意味での冷たさを含意する。また

「あたたかさ」とは心の安らぎをいう。よって傍線部は、人間関係に疲れた「わたし」が一人になって沈黙の石に安らぎを覚えた、と説明できる。

選択肢は、「人間関係の疲労」に着眼して、「言葉を交わす人間関係の煩わしさ」とある②を選択すればよい。

「ほっとするような孤独」という説明も妥当である。

① 「慰めや励まし」「緊張感」「確かな存在」「自信を取り戻させてくれる」が不適。いずれも傍線部前後の文脈に合致しない。

③ 「周囲の人との心の通い合いの大切さ」以下が不適。一人になって安らぐ様子に矛盾する。

④ 「嘘をつき自分を偽る」「石と感覚を同化させていく」「虚飾のない本当の自分」が不適。いずれも傍線部前後の文脈に合致しない。

⑤ 「乾いて色あせてしまった水辺の石」とは「わたし」が子供のころに拾った石であるから不適。また「他人の言葉に傷ついた」も本文には書かれていない。

問3 16 正解は③

人物像を問う設問。〈要旨〉で確認したように、「わたし」は次第に山形さんに惹かれていくが、設問はその過程での山形さんの印象を問うている。設問で指定された範囲を中心に、山形さんの人物像の手がかりとなる箇所を抜き出してまとめてみよう。

4・5行目…「奥さんをなくした」「アイセキカ」

29行目　…「石のように無口な」人

46～49行目…落ち込んだ「わたし」を「石のように表情のない顔で、のんびりとなぐさめて」くれる人・「自信を持って決めつける」人

51～57行目…「追い討ちをかけ」(＝しつこくて)、「動かぬ大山のような」(＝頑固で)、「ずうずうしさ」がある

人

このように山形さんの人柄は石と関係づけられ、**無口で無表情で強引な人物**として描写されている。とはいえ、「わたし」は自分自身アイセキカであると述べるように、石のような山形さんに対して**ことさらに悪い印象を抱いているわけではない**点に注意しよう。

選択肢は、以上の「自信を持って決めつける」「動かぬ大山」「ずうずうしさ」などの手がかりから、「強引な人物」とまとめた③を選択すればよい。「不思議な優しさ」「揺るぎない態度」とあるのも妥当である。

①「明るさ」が不適。「表情のない顔」に合致しない。

②「度量の大きさ」が不適。本文に根拠がない。

④「気遣うふりをして」が不適。本文に合致しない。「無神経」も不適。

⑤「話題をそらしてごまかし」が不適。本文に合致しない。「無責任」も不適。

問4　17　正解は①

傍線部の理由を問う設問。「わたし」が石の展示会に出かける場面である。「わたし」が雨の日に石を見に行くのはいいと思う理由として二点考えられる。まず直後に「傘というものがわたしは好き……ひとりひとりを囲んでいる傘が」とあるように、「わたし」は**傘が自分を一人の世界に囲ってくれる**ゆえに雨の日を好ましく思っている。次に67～75行目に着眼すると、**水石の魅力**が引用文と共に述べられる。水石とは盆などに載せて観賞する自然石をいい、実際に水に浸してあるわけではないが、石と水の親和性がイメージされる。ここで11～13行目に戻ると、文字通り**水辺の石の魅力**が回想されている。このように、**石と水の親和性**が、雨の日に石を見るのがいいと「わたし」が思う第二の理由である。

選択肢は各文末を検討すればよく、右の第一の理由を「自分だけの世界を心地よいものにしてくれる」と説明した①と、「一人一人の孤独な空間を守ってくれる」とある④に絞る。さらに第二の理由を水辺の石と関連づけて説明した①を選択すればよい。

② 第一の理由を説明していない。「（傘が）様々に姿を変える」が合致しない。また「水石の世界」を知ったのは展示会に行ってからなので不適。

③ 皺に「石に似た魅力があった」とは書かれていない。「孤独な詩人としての共感」も不適。

④ 「乾いた石に愛着を覚えていた」が不適。第二の理由に合致しない。「テレビに出演して」以下も本文の筋に合致しない。

⑤ 第二の理由を説明していない点が不適。

問5 18 正解は②

傍線部の内容を問う設問。石の展示会で「わたし」が山形さんと出会う場面。お互い沈黙のまま相手の存在を認め合った後、山形さんが声をかける。その声は「どこかほっとする、あたたかい声」であり、その目は「疲れはてていて、むしろ気弱な目」である。そして石に惹かれる山形さんを少し理解したように感じて、「山形さんに、心を惹かれていたのかもしれない」と当時を振り返る。傍線部の「何かが何かを少しずつひっぱっている」とは、このように山形さんに惹かれる「わたし」の心情を表現したものである。したがって傍線部から、強引なところがあると思っていた山形さんの、あたたかさや気弱さを発見して好意を感じ始めている「わたし」の様子が読み取れる。

この設問も選択肢が長いので、各**文末を検討**する。傍線部直前の「山形さんに、心を惹かれていた」に着眼して、「二人が惹かれ合っている」とある①と、「二人の心の距離が近付きつつある」とある②に絞り、「山形さんのしっとりとした瞳の中に弱さを発見した」を決め手に②を選択すればよい。「山形さんの声は違和感なく受け入れられた」とあるのは94行目の「不思議な浸透力……」をふまえている。

① 「自分にもそうした両面（＝強さと弱さ）があることを発見し」が不適。本文から読み取れない。

③ 「わたしを生き生きとさせた」「彼の見識の高さ」「自分も同じように石を出品してみたい」が不適。

④「愛情が芽生え」とまでは言えない。「わたしを今までの自分とは違う人間に変えるかもしれない」とあるのも本文から読み取れない。

⑤ 石との関係が「壊れてきている」と説明しており不適。108行目に「わたしたちもまた、石のようなものだ」などとあるように、「わたし」は最後まで石に親近感を抱いている。

問6 19・20 正解は①・⑤

表現の特徴を問う設問。消去法で解く。

①**適当**。3行目の「アイセキカと聞いて……思い浮かばなかった」、4行目の「愛惜？ と聞き返してしまった」に合致する。21行目の「アイセキカ」は「わたし」が狭義の愛石家ではないことを表し、27・29行目の「アイセキカ」も含みを持たせて使われている。

②**不適**。「わたしの後悔を他人事として突き放すような、投げやりなもの」が、47行目の「のんびりとなぐさめてくれた」に合致しない。

③**不適**。「軽んじる気持ち」が誤り。64～65行目の「石を愛するという趣味は、実にシンプルでいいものだと思った」に合致しない。

④**不適**。「石からは次第に心が離れつつある」が誤り（問5の⑤の解説参照）。

⑤**適当**。81行目に「とわたしは思った」とあり、88行目に「きっとそんな気がしたのである」とあるように、（ ）で示された部分は「わたし」の思念や山形さんの思念の推測を表している。

⑥**不適**。「表現技巧が以前と比べて洗練された」とは言えない。114行目の「あふれる」「流れ出た」は隠喩的ではあるが、よく使われるものである。

第3問 標準

《出典》 『夢の通ひ路物語』〈六〉

『夢の通ひ路物語』（『夢の通ひ路』とも）は南北朝末頃に成立した長編の擬古物語で、全六巻。作者未詳。男君（後の権大納言）と女君（後の梅壺女御）の悲恋を描く。右大臣の子息である男君は、京極大納言の娘である女君に思いを寄せるが、不本意ながら別の女性と結婚する。しかし女君への思いを断ち切れず、ひそかに逢瀬をとげる。ところが女君は帝に召されて入内してしまう。逢瀬の望みを断たれた男君は苦悩のうちに死去し、女君も受戒する。二人の間に生まれた子供は自分の出生の秘密を知って出家を願うが、諫められて断念する、というストーリー。

要旨

本文を三つの部分に分けて内容をまとめよう。

1 男君の苦悩 （かたみに…）

入内した女君と離ればなれになった男君は、女君への恋の苦悩に加えて、女君の産んだ子供の父親が誰なのかはっきり知りたいと思うけれど、清さだにも右近にも相談できず、独り悩んでいた。

←

2 女君の苦悩 （こなたにも…）

女君は帝の寵愛を受けつつも、心労がたたって体調をくずし部屋に下がった。そこへ右近がやって来て、痩せ衰えた男君の様子を伝え、男君から預かった手紙を渡した。

←

3
男君と女君の和歌の贈答 （A「さりともと…」）
男君が自分の死を予期して、魂がさまよい出たら引き留めてほしいと訴えると、女君も、男君が死んだら自分も遅れずに死にたいと応えた。

【語釈】
▼夢ならで通ひぬべき身ならねば＝夢の中でしか逢瀬がかなわない身の上なので、ということ。
▼御かしらなど参る＝「かしら」は〝頭髪〟。「参る」は「す」「おこなふ」の謙譲語で〝ご奉仕する。～してさしあげる〟の意。ここは「御髪《みぐし》参る」と同じく、髪を整えることをいう。
▼悩む＝病気で苦しむ。古語では精神的苦悩よりも肉体的苦痛を表す方が多い。「悩まし（＝気分が悪い）」も同様。
▼まつはす＝まといつく。
▼魂＝古くは、人間の魂は肉体から出て自由に行動することができ、肉体が滅んだのちも存在すると信じられていた。生霊や死霊は『源氏物語』など多くの物語にしばしば登場する。
▼惜しけくあらぬ＝「惜しけく」は形容詞「惜しけし」の連用形で、意味は「惜し（＝惜しい）」に同じ。
▼引き結ぶ＝手紙をたたんで両端をねじり結ぶこと。結び文。

通釈
（男君と女君は）お互いに恋しい思いが募りなさることはさまざまであるけれど、夢の中でなくては通っていけそうな身の上ではないので、（女君は）現実に（会える）望みが絶えてしまったつらさばかりを思い続けなさって、大空ばかりを物思いに沈みながらぼんやり眺めては、ずっと物寂しく思っていらっしゃった。男君のお心の中は、ましてや恨めしくて、（女君への）どうにもならない恋の苦悩に加えて、御子のご様子も（聞くのが）たいへん憚られ、鏡に映った自分の顔も（御子の顔に）そっくりなように思われるので、ますます「（御子が誰の子なのか）真実をはっきりさせたい」とずっと思い続けなさるけれど、以前のように相談相手（＝右近）までも（男君に）連絡し申し上げないので、「みっともないことに、今さら（右近たちに）関わりを持つのは、愚かなことだと（右近たちに）思われ困惑されるだろうか」とつい遠慮されて、清さだにさえもお心を開いてお話しになることはなく、いよいよ甚だしい物思いをなさった。

こちら（＝女君）でもお心の中で絶えずお嘆きになるけれど、どうして（秘密を）お漏らしになろうか。帝の寝所にたびたび召されて、自然と帝のお側にいることが多く、帝のご愛情がこの上なく深くなっていくのも、（女君は）たいそうつらく、恐ろしく、人知れずご気分がすぐれないようにお思いになって、ちょっとお部屋に下がりなさった。人も少なく、しみじみと物思いに沈んでいらっしゃった夕暮れに、右近が、お側に参上して、御髪《おぐし》など整え申し上げるついでに、あの（男君の）御事をやんわりと申し上げる。

「先日（男君に）お会いしましたが、（男君の）ご両親が心配なさるのももっともでございます。本当にたいそうお痩せになって、ひどくお顔色が真っ青なのを拝見しました。清さだも、長い間ご無沙汰しておりましたが、（男君は女君のことを）どのようにあきらめなさったのだろうかと、（私は）この数日気がかりで、恐ろしく存じずにはいられなかったけれど、（男君は）やはり堪えきれなさらなかったのか、昨日（清さだが）手紙をよこした中に、このようなもの（＝男君が女君へあてた手紙）がございました。（清さだの手紙には）『まったく、（男君が）病気を患っていらっしゃることは、日数が経って言いようもなく悪く、拝見するのも気の毒で（ならない）。東宮が（男君に）たいそうかわいらしくまといつきなさるので、くつろいで家にこもったりはなさらなかったのに、近頃は、連日参内なさることもできず、ご病気がひどくなる一方だよ』と書いてありました」

と言って、（男君の）お手紙を取り出したけれど、（女君は）かえってつらく、なんとなく恐ろしいので、

「どうして、そんな（つらい）話をするのだろうか」

と言って、お泣きになる。

「今回が、最後でございましょう。(男君の手紙を)ご覧にならないのは、罪深いことだとお思いになってください」

と(右近が)言って、泣いて、

「(男君と女君が)昔のままの(忍び逢う)ご関係であったなら、このように予想に反して(女君が入内してしまい)、どちらもつらいお心が付け加わったりはしなかったでしょうに」

と、(涙を)こらえて申し上げると、(女君は)ますます恥ずかしく、本当に悲しくて、(男君の手紙を)振り捨てきれずにご覧になる。

A「そうはいってもまた逢瀬の機会もあるだろうとあなたが私に期待をさせたかいもなく、むなしく私が死んだ後に、せめて世間並みならぬ深い物思いをしてください。

(入内したあなたは)手の届かないところに行ってしまわれたと思い申し上げ、帝とあなたの御前で笛の演奏を披露したあの夕べ以来、心が定まらず混乱し、気分がすぐれないように思っておりましたが、まもなく魂がこのつらいわが身を離れて(=生霊となって)、あなたの辺りに迷い出たならば、引き留めなさってくださいよ。惜しくもない命も、まだ絶え果ててはいないので」

などと、しみじみと感慨深く、いつもよりはいっそう見所のある感じで気の向くままにお書きになったのをご覧になると、(女君は)これまでのことやこれから先のことを思うと万事(悲しみで)心が暗くなり、涙でお袖をひどく濡らしなさる。(そのまま)うつぶせになられたのを、(右近は)拝見するのも気の毒で、「(男君と女君は)いったいどのような前世からのご宿縁なのだろうか」と、(右近は)思い嘆くようだ。

「人目がないうちに、さあ、お返事を(書いてさしあげてください)」

と(右近が)申し上げると、(女君は)お心もせわしく、

B「心ならずも離ればなれになってしまったことを嘆き悲しんでからは、いっそあなたと一緒に死んでしまいたいと願っています。死に遅れるつもりはありません」

とだけ、お書きになったけれども、結び文にもおできにならず、深く思い悩んで泣き沈みなさる。「このように言葉少なく、これといった箇所もないけれど、（男君は）ますます（女君を）いとおしくもふびんにも思ってご覧になるだろう」と、（右近は）二人それぞれの気持ちを思いやるにつけても、悲しく拝見した。

解説

問1 21 - 23 正解は (ア)＝④ (イ)＝② (ウ)＝①

(ア)「あぢきなし」は〝どうにもならない。つまらない。にがにがしい〟の意の重要語。ここは男君の女君に対する思うにまかせない恋の嘆きを述べている。「嘆き」の意味からも④の「苦悩」が選択できる。①の「落胆」、②の「憐れみ」、③の「憎しみ」、⑤の「いらだち」はいずれも語義的に誤り。

(イ)「あきらむ」は「明らむ」で、〝明らかにする。晴らす〟の意。その連用形に**自己の願望の終助詞「てしがな」**（「てしが」「にしがな」「にしが」も同じ）がついた形。〝〜たい（ものだ）〟の意。②が正解。①の「辞めてしまいたい」、③の「断ち切りたい」のような、現代語「諦める」の語義に近い選択肢ははずすのが鉄則。また④・⑤の「〜てほしい」は、あつらえ（他者への願望）を表す未然形接続の終助詞「なむ」の語義になる。

(ウ)「こころざし」は〝意向。愛情。贈り物〟などの意。ここは接頭語「御」がつくように、女君に対する帝の愛情をいう。「になき」は形容詞「になし（二無し）」の連体形で、〝二つとない。比べるものがない〟の意。帝の寵愛が女君に集中する様子をいう。①が正解。②は「分不相応」が不適。

問2 24 正解は⑤

a　**会話文**の中にある。会話文の直前に「右近、御側に参りて……聞こえ奉る」とあるので、話し手は右近、聞き手は女君である。「**侍り**」は形容詞「むべなり（＝もっともだ）」の連用形「むべに」に接続した**丁寧の補助動詞**。活用語の連用形＋（助詞＋）補助動詞のパターンになる。話し手である右近から、聞き手である女君への敬意を表す。

b　**手紙文**の中にある。手紙文直前に「昨日文おこせし」とあり、「御文」でなく「文」となっていることから、この手紙文の書き手は男君ではなく清さだである。男君の手紙は**A**の部分。「給は」は**尊敬の四段活用の補助動詞**「**給ふ**」の未然形。男君はこれまで家にこもることはなかったのに、今は家にこもって病に臥せっているという文脈を把握する。書き手である清さだから、「籠らせ給はぬ」の主語である男君への敬意を表す。

c　**手紙文**の中にある。書き手は男君。「給へ」は**謙譲の下二段活用の補助動詞**「**給ふ**」の連用形で、「心地も乱れ、悩ましう思ひ給へし」の主語は男君自身である。書き手である男君から、読み手である女君への敬意を表す。

▼二種類の補助動詞「**給ふ**」

- **尊敬**の補助動詞「給ふ」
  - 活用は**四段活用**　給―は・ひ・ふ・ふ・へ・へ
  - **動作の主語**を敬う
- **謙譲**の補助動詞「給ふ」
  - 活用は**下二段活用**　給―へ・へ・ふ・ふる・ふれ・○（終止形はまれ。命令形はない）
  - **聞き手・読み手**を敬う（会話文・手紙文に現れる）
  - 「（私が）〜させていただく・〜おります」と訳す（丁寧語という説もある）
  - 自分の動作を表す動詞（「思ふ・聞く・知る・見る」など）につく
  - 複合動詞に対してはその間に入る（**例**「思ひ知る」→「思ひ給へ知る」）

▼敬意の対象は次の図式に従い、機械的に当てはめればよい。
・誰から　地の文 ➡ 作者（語り手）から
　　　　　会話文・手紙文 ➡ 話し手・書き手から
・誰へ　尊敬語 ➡ 動作の主語へ
　　　　謙譲語 ➡ 動作の相手（対象）へ
　　　　丁寧語（会話文・手紙文） ➡ 聞き手・読み手へ
　　　　丁寧語（地の文） ➡ 読者へ

問3　25　正解は③

傍線部の心情を問う設問。女君が右近から、男君の手紙を読むようにと説得された場面である。「いとど」は〝ますます。いっそう〟の意の副詞。「恥づかしう（恥づかし）」「悲しく（悲し）」はいずれもほぼ現代語と同義である。この点は選択肢はすべて共通なので、このような感情をもたらした原因をさぐる。そこで直前の右近の言葉「こたびは……思ほさめ」「昔ながらの……添ふべきや」に着眼する。「御覧ぜざらむは、罪深きことにこそ思ほさめ」とは、男君の手紙を読まないのは罪深いことだと思ってほしいという内容。「め」は助動詞「む」の已然形で、ここは適当（〜のがよい）の意になる。罪深いとは、男君の成仏を妨げる一因となるという仏教的な意味。また「昔ながらの……添ふべきや」とは、男君と女君が昔のままの関係であったら、どちらも苦しみを味わわずにすんだのにという内容。「ましか」は反実仮想の助動詞「まし」の未然形である。

選択肢は右近の言葉に着眼すれば、③が選択できる。他の選択肢はいずれも右近の言葉の理解が間違っている。

問4　26　正解は③

手紙の内容を問う設問。手紙Aについて。まず「頼め」は下二段動詞「頼む」（＝頼みに思わせる。あてにさせる）」の連用形で、逢瀬の機会がいずれあるだろうと女君が自分に期待させたということ。「なき」は「（かいも）

無き」と「亡き（あと）」の掛詞で〝期待したかいもなく、自分の死後に……〟と続く。「ながめ」は〝物思いにふけってぼんやり見ること〟の意の基本語。死んだ自分のことを思い出して物思いにふけってほしいと和歌で女君に訴えている。次に「心地も乱れ、悩ましう」は自分が病気になったということ。これに続けて「魂の憂き身を捨て……給へかし」とあるのは、自分の魂が女君の元へとさまよい出たら引き留めてほしいということ。

手紙Bについて。「思はず」は〝思いがけない〟の意で、よい意味でも悪い意味でも用いられるが、物語では後者の例をよく見かける。ここもそうで、自分が入内したことで男君との関係が心ならずも断ち切られてしまったことをいう。「もろともに」は〝一緒に〟の意の副詞。「消え（消ゆ）」は〝死ぬ〟の意。「はて（はつ）」は〝すっかり～する。～し終わる〟の意の補助動詞。「なめ」は完了・強意の助動詞「ぬ」の未然形「な」＋意志の助動詞「む」の已然形の形。「遅るべうは」の「べう」は「べく」の音便形で、意志を表す助動詞「べし」の連用形。男君が死んだら自分も死に遅れるつもりはないということ。

選択肢は文末を検討するとよい。「消えもはてなめ　遅るべうは」を、「私も死に遅れはしない」とある③と、「私も遅れずに死ぬから」とある④に絞り、Bの「嘆きて」を「悲しく」と説明した③を選択すればよい。

①「この身にとどまって死にきれない」が不適。「生きる甲斐もなく」「消えてしまいたい」もややずれる。

②「死にきれないので……」「あなたを愛することはできない」「前世からの因縁」が不適。

④「あなたを恨みながら」「誰のせいで……」「あなたと距離が……情けなく」が不適。

⑤「空を眺めてほしい」「今逢えないことでさえも……」が不適。

問5　27　正解は④

傍線部の心情を問う設問。問3と同様に、「悲しう」の内実を直前の「かやうにこと少なく……御覧ぜむ」によって把握する。「こと」には「事」「言」「異・殊」「琴」があり、このうち「言」は〝言葉。和歌。うわさ〟、「異・殊」は〝違っている。格別だ〟の意がある。ここは「かやうにこと少なく」とあり、「言」すなわち〝言葉〟の意で用いられ、**女君の返事が短いこと**をいう。また「節なき」は〝これといった箇所がない〟の意で、女君の返歌に表現技巧が見られず、あっさりと書き流されているさまをいう。これを逆接の接続助詞「ものから」で受けて、それでも男君は「あはれにもいとほしうも（＝いとおしくもふびんにも）」思うだろうと述べている。なお「方々」は男君と女君を指す。

選択肢は「こと少なく」に着眼して、「簡単な手紙」とある①、「言葉足らず」とある③、「短く書く」とある④に絞り、「女君への思いを募らせる」を決め手に④を選択すればよい。

①「立場上」が不適。「あはれにもいとほしうも」の意味も反映されていない。

②「男君」と「女君」を取り違えている。

③「落胆する」「二人の別れを予感して」が不適。

⑤「控えめな人柄」「二人の将来を危ぶんで」が不適。

問6 28 正解は⑤

本文全体の内容を問う設問。消去法で解く。

①不適。「未練がましく言い寄っても女君が不快に思うのではと恐れて」が誤り。第一段落の「人わろく……思ひまどはれむか」は右近たちに対する心情を述べている。

②不適。右近に手紙を取り次がせようとしたのは男君であって女君ではない。

③不適。「右近から……事情を知らせるように」とは本文には書かれていない。

④不適。「東宮のもとに無理に出仕をしたため」とは書かれていない。

⑤適当。「恐ろしく感じ」は本文中ほどの「そら恐ろしきに」に、「当惑して泣いた」は「『いかで、かくは言ふにかあらむ』とて、泣き給ひぬ」に、「無視もできずに手紙を読んだ」は「振り捨てやらで御覧ず」に、「絶望的な気持ちになった」は「来し方行く先みなかきくれて……」にそれぞれ合致する。

第4問 やや易

《出典》 程敏政『篁墩文集』〈巻十一 貍奴論〉

程敏政（一四四六～一四九九年）は明代の官僚・学者。字は克勤。休寧（現在の安徽省黄山市に位置する）の人。十歳余りにして神童として知れ渡る。科挙の試験に合格して官僚となり、礼部右侍郎（祭祀・礼制・教育などを司る役所の次官）に至る。著書に『新安文献志』『明文衡』『宋遺民録』などがある。『篁墩文集』（または『篁墩集』）は全九十三巻。公私にわたるさまざまな文章や詩などを収める。

要旨

本文は二段落から成る。

1 **老猫と子猫**（家畜…）

老猫が流産したとき、たまたま二匹の子猫をもらった。子猫たちは初めは老猫になつかなかったが、老猫が親身に世話をしたところ、子猫たちもしだいになついて、実の母子のようになった。

↓

2 **明徳馬后と章帝**（昔、漢…）

漢の明徳馬后には子がなかったが、他の妃の子を引き取って育て、両者の間に深い愛情が育まれた。世の中に互いに愛情を抱きあえない親子がいるのは、古人はおろか猫に対しても恥じるべきことだ。

読み

家に一老貍奴《いちらうりど》を蓄《やしな》ふ。将《まさ》に子を誕《う》まんとす。一女童《ぢよどう》誤りて之《これ》に触れ、而《しかう》して堕《だ》す。日夕嗚嗚然《につせきををぜん》たり。会両小《たまたまりやうせう》貍奴を餽《おく》る者有り。其《そ》の始め、蓋《けだ》し漠然として相《あ》ひ能《よ》くせざるなり。老貍奴なる者、従ひて之を撫《ぶ》し、彷徨焉《はうくわうえん》たり、躑《てき》躅《ちよく》焉たり。臥《ぐわ》すれば則《すなは》ち之を擁《よう》し、行けば則ち之を翊《たす》く。其の氄《じよう》を舐《な》めて之に食《しよく》を譲《ゆづ》る。両小貍奴なる者も、亦《ま》た久しくして相ひ忘るるなり。稍《やうや》く之に即《つ》き、遂《つひ》に其の乳《ちち》を承《う》く。是《こ》れより欣然《きんぜん》として以《もつ》て良《まこと》に己《おのれ》の母なりと為《な》す。老貍奴なる者も、亦た居然《きよぜん》として以て良に己が出だすと為すなり。吁《ああ》、亦た異《い》なるかな。

昔、漢の明徳馬后《めいとくばこう》に子無し。顕宗《けんそう》他《た》の人子《じんし》を取り、命じて之を養はしめて曰《い》はく、「人子何《なん》ぞ必ずしも親生まんや。但《た》だ愛の至らざるを恨《うら》むのみ」と。后遂に心を尽くして撫育《ぶいく》し、而して章帝《しやうてい》も亦た恩性天至《おんせいてんい》たり。母子の慈孝《じかう》、始終纖芥《せんかい》の間《かん》無し。貍奴の事、適《たまたま》契《かな》ふ有り。然《しか》らば則ち世の人親《じんしん》と子と為《な》りて、不慈不孝なる者有るは、豈《あ》に独り古人に愧《は》づるのみならんや。亦た此の異類に愧づるのみ。

通釈

わが家で一匹の老猫を飼っていた。（その老猫が妊娠し）いよいよ子を産みそうであった。（ところが）一人の召使の女がうっかりして老猫に触ったために、（老猫は）流産してしまった。（老猫は）昼も夜も嘆き悲しんで鳴いた。思いがけずある人が二匹の子猫を譲ってくれた。（だが）最初のうちは、思うに（子猫たちは老猫に）無関心な様子でなつこうとしなかった。（それでも）老猫は、子猫たちにつきまとってかわいがり、うろうろしたり足踏みをしたりして、落ち着かなかった。（子猫たちが）寝るときはこれを抱きかかえてやり、歩くときはこれを守ってやった。（また）子猫たちのうぶ毛をなめ、子猫たちに食べ物を譲ってやった。二匹の子猫たちも、またしばらくして（実の母猫のことを）忘れるのであった。だんだんと老猫に寄り添い、ついにその乳を飲むようになった。これ以来（子猫たちは）喜々として本当に自分の実母のように（老猫に）なついた。老猫も、また（子猫たちがいると）安らかな様子で本当に自分が産んだ子のように（子猫たちを）可愛がった。ああ、なんと珍しいことだよ。

昔、漢王朝の明徳馬后には子がなかった。（そこで）顕宗が他の妃の子を引き取って、この子を（后に）養育させるよう命じて言うには、「子というものは、自分で産んだかどうかが大事なのではない。ただ（実子であろうがなかろうが）愛情が（子に）行き届かないとしたらそれは残念なことだよ」と。后はその結果として心を尽くしてその子を慈しみ育て、（その子であり後の）章帝もまた親に対する愛情が自然に備わっていった。母子の間の愛情は、ずっとわずかな隔たりさえなかった。猫の話は、ちょうど符合する点がある。だとすれば、この世で人の親となり子となりながら、子を慈しまない親や親に孝行しない子がいるのは、どうしてただ（明徳馬后と章帝のような）古人に対して恥じるだけであろうか。この猫に対しても恥じるべきである。

解説

問1 29・30 正解は (1)=⑤ (2)=③

(1) 子猫が老猫の乳を飲むようになったという文脈を把握する。「承」は「承知」「承認」の「承」で、〝**受け入れる**〟の意。⑤が正解。他は語義的にも文脈的にも不適。

(2) 「適」は「**たまたま**」と読む副詞で、〝**ちょうど**〟の意。③が正解。

問2 31・32 正解は (ア)=④ (イ)=④

(ア) 「**将**」は返り点のレ点がついているので、**再読文字**であると判断する。「**まさに～（せ）んとす**」と読み、〝今にも～しようとする。今にも～するつもりだ〟の意。同じ読みをする再読文字は④。他の選択肢もすべて再読文字で、①・③は「まさに～べし」と読み、〝当然～すべきだ。きっと～するはずだ〟の意。②は「なんぞ～（せ）ざる」と読み、〝どうして～しないのか。～してはどうか〟の意。⑤は「すべからく～（す）べし」と読み、〝～する必要がある。ぜひとも～したい〟の意。

(イ)「自」もレ点がついているので、「より」と読む前置詞となり、時間や場所の起点・経由を表す。「自是」で〝これ以来〟の意。なお「自」には副詞「みづから・おのづから」の用法もある。選択肢では④の「従」が「より」と読む前置詞となる。「従」には動詞「したがふ」の用法もある。①は「もし・～のごとし・～しか（ず）・ゆく」、②は「もつて・もつてす」、③は「～ごとに・つねに」、⑤は「～といへども」などの読みがある。

問3 33 正解は④

(a)「矣」は断定の終助詞で、置き字として読まない。

(b)「也」は断定の終助詞で、ふつう「なり」と読む。

(c)「耳」は限定の終助詞で、「のみ」と読む。

(d)「焉」は断定の終助詞で、置き字として読まない。「いづくんぞ・いづくにか」と読めば疑問・反語の副詞。

(e)「已」は限定の終助詞で、「のみ」と読む。「すでに」と読む副詞、「やむ」と読む動詞の用法もある。

●主な終助詞

断定	矣・焉・也
疑問・反語・詠嘆	乎・哉・邪・与・夫・也
限定	耳・爾・已

問4 34 正解は③

傍線部の理由を問う設問。「吁」は「ああ」と読む感動詞で、老猫と二匹の子猫が実の親子のように親しみ合う様子に感動して発した言葉である。「亦」は〝なんとまあ。おおいに〟の意の副詞で、文末の助詞「哉」と同じく、これも感動を表す。「異」は〝普通とは違っている。珍しい〟の意。

選択肢は直前二文の、子猫たちの「欣然以為良己之母」という様子、老猫の「居然以為良己出」という様子に着眼して、子猫たちと老猫が実の親子のように思い合っている様子を把握し、「ついには『欣然』と老猫のことを慕うようになった」と説明した③を選択すればよい。

①「欣然」を老猫の様子として説明しており不適。
②「親子であることを忘れていた」が不適。「最後には」以下も不適。
④「居然」を子猫たちの様子として説明しており不適。
⑤「『居然』たるさまを装いながらも」以下が不適。

問5　35　正解は④

傍線部の解釈を問う設問。「何必」が「何ぞ必ずしも～ん（や）」と読む反語形になる。〝どうして必ず～しようか、いやそうするとは限らない。～する必要があろうか、いや必要ない〟の意。「人子」は動詞「生（うむ）」の目的語であるからその下に置かれるはずだが、倒置されて文頭にきている。「人子何ぞ必ずしも親生まん（や）」と読み、〝人の子はどうして親が生む必要があろうか、いや必要ない〟と直訳できる。血縁関係がなくても愛情さえあれば親子関係は立派に成立するということ。この趣旨に合致するのは④。③は疑問形になっているので不適。

問6　36　正解は⑤

書き下し文の設問。「世」は名詞。「為」は「なる」と読む動詞。この「与」は「と」と読む接続詞で、「人親」と「子」をつなぐ。「A与《ト》B」（AとBと）の形である（「与」には他に「よりは」と読む前置詞、「か・や・かな」と読む助詞、「ともに」と読む副詞、「あたふ・あづかる・くみす」と読む動詞の用法などがある）。「而」は置き字で読まないが、接続詞の働きをする。「豈独～」は直後の文の「亦」とともに累加形を作る。「あにひとり～のみならんや。また～」と読む。〝どうして～だけであろうか。また～〟の意。「愧」は「はづ」と読む動詞。「于」は前置詞で対象を表す用法。

選択肢は「与」を「と」と読む①・④・⑤に絞り、「豈独」を「豈に独り～のみならんや」と読む⑤を選択する。

▼**累加**とは〝重ね加えること〟。古文では添加の副助詞「さへ」がこの働きをするが、漢文では〝〜だけでなく、そのうえまた…〟という、限定形の発展した形となる。

豈ニ独《ひとり》A、ノミナランヤ而《しかう》シテ亦タB　豈《あ》に独りAのみならんや、而《しかう》して亦《ま》たB
　→どうしてAだけであろうか、Bもまたそうである

不㆓独リA㆒ノミナラ而シテ亦タB　独りAのみならず而して亦たB
非㆓独リA㆒ノミニ而シテ亦タB　独りAのみに非ず而して亦たB
　}→Aだけでなく、またBでもある

- 「ひとり」ではなく「**唯**《た》ダニ」を用いた形もある。
- 否定詞は「独・唯」の上にくる。「独不〜」「唯不〜」だと限定形などになる。
- 「而亦B」の部分が省略される場合もある。

問7　**37**　正解は②

本文の主題を問う設問。消去法で解く。

①**不適**。猫の親子が家族の危機を乗り越えたという説明が誤り。血縁関係にない老猫と子猫たちが母子になったという話である。「悲嘆のあまり」以下も本文の内容からはずれる。

②適当。傍線部**C**および末尾の文の内容に合致する。

③**不適**。「老猫の悲しみは癒やされることはなかった」が本文から読み取れない。「我が子を思う親の愛情は」以下も、第二段落の内容からはずれる。

④**不適**。「その一方で」以下で親子の愛情のすれ違いについて述べているが、これも第二段落の内容からはずれる。

⑤**不適**。子猫が老猫に「孝心」（＝親孝行の心）を抱いたという説明が誤り。「肉親の愛情に恩義を感じない子」についても、傍線部**C**の「不慈不孝」に合致しない。

NOTE

NOTE

NOTE

NOTE

NOTE

NOTE

赤本ノート
過去問演習の効果を最大化
共通テスト対策の
必須アイテム
Akahon notebook
Akahon loose leaf
赤本ノート
共通テスト用
赤本ルーズリーフ
共通テスト用
マークシートに慣れる！& 実力分析ができる！
「共通テスト赤本シリーズ」・
「Smart Startシリーズ」と
セットで使える！ ※全科目対応
詳しい
使い方は
こちら
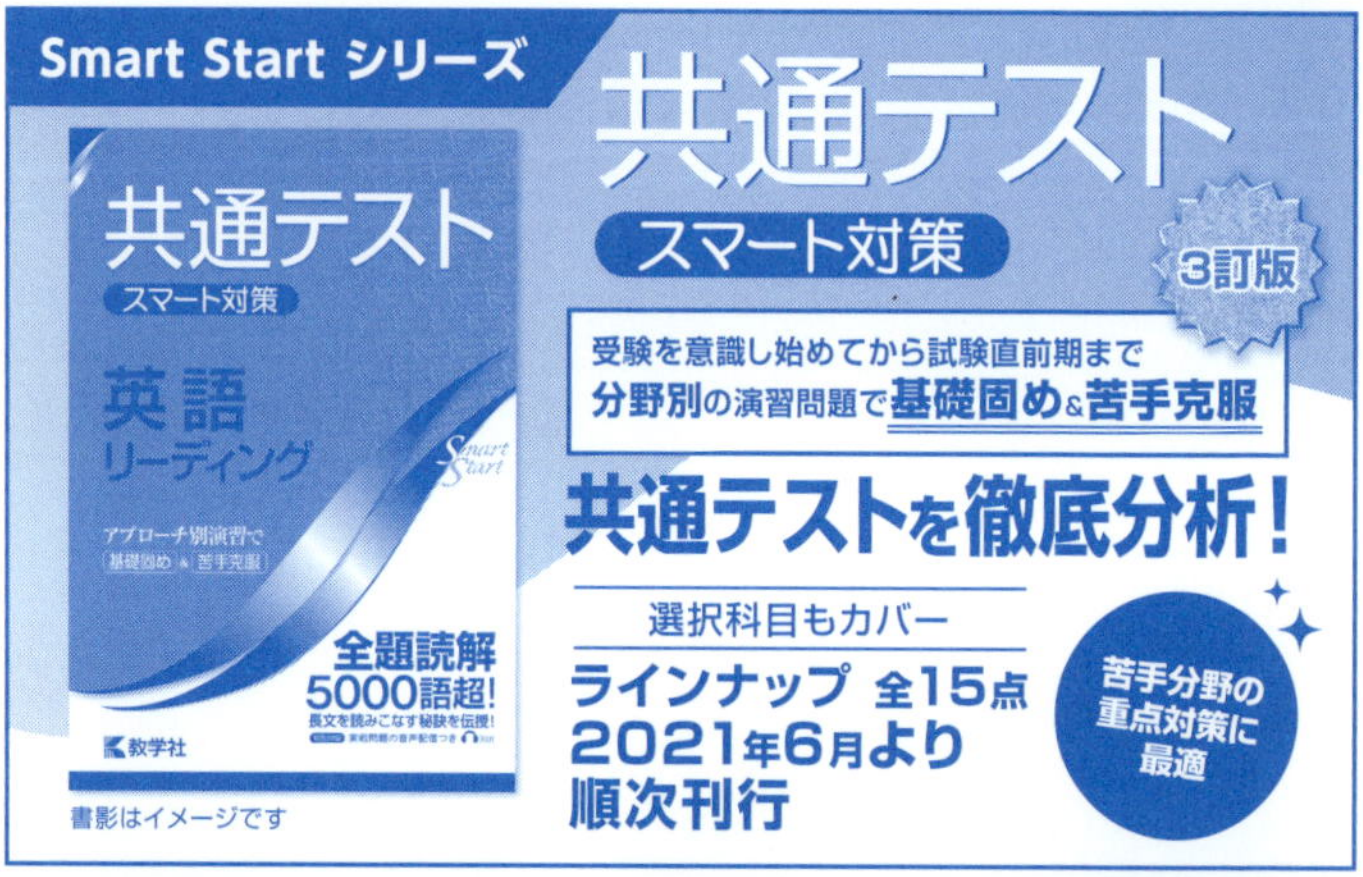
Smart Start シリーズ
共通テスト
スマート対策
英語
リーディング
アプローチ別演習で
基礎固め & 苦手克服
全題読解
5000語超！
長文を読みこなす秘訣を伝授！
教学社
書影はイメージです
共通テスト
スマート対策
3訂版
受験を意識し始めてから試験直前期まで
分野別の演習問題で基礎固め&苦手克服
共通テストを徹底分析！
選択科目もカバー
ラインナップ 全15点
2021年6月より
順次刊行
苦手分野の
重点対策に
最適

目からウロコの
コツが満載！
共通テスト
満点のコツ
シリーズ
英語〔リスニング〕／古文／漢文
こんなふうに英語を聞くのか！
共通テスト英語
リスニング
竹岡 広信 著
満点のコツ
竹岡流！
25カ条
共通テスト古文
満点のコツ
共通テスト漢文
満点のコツ
こんなふうに解けばいいのか！

2022年版

共通テスト

過去問研究

国語

問題編

教学社

問題編

〈共通テスト〉
●2021年度　本試験（第1日程）
●2021年度　本試験（第2日程）
●第2回　試行調査（第2問～第5問）
●第1回　試行調査（第2問～第5問）

〈センター試験〉
●2020年度　本試験・追試験
●2019年度　本試験・追試験
●2018年度　本試験・追試験
●2017年度　本試験・追試験
●2016年度　本試験・追試験
●2015年度　本試験

＊2021年度の共通テストは、新型コロナウイルス感染症の影響に伴う学業の遅れに対応する選択肢を確保するため、本試験が左記の2日程で実施されました。
第1日程：2021年1月16日(土)および17日(日)
第2日程：2021年1月30日(土)および31日(日)

＊第2回試行調査は2018年度に、第1回試行調査は2017年度に実施されたものです。

＊試行調査で実施された第1問（記述式）は、記述式の出題が見送りとなったため掲載していません。

マークシート解答用紙　2回分

※本書に付属のマークシートは編集部で作成したものです。実際の試験とは異なる場合がありますが、ご了承ください。

国語

2021

共通テスト

本試験
（第1日程）

国語

解答時間 80 分
配点 200 点

第1問

次の文章は、香川雅信《かがわまさのぶ》『江戸の妖怪革命』の序章の一部である。本文中でいう「本書」とはこの著作を指し、「近世」とは江戸時代にあたる。これを読んで、後の問い(問1～5)に答えよ。なお、設問の都合で本文の段落に 1 ～ 18 の番号を付してある。(配点　50)

1　フィクションとしての妖怪、とりわけ娯楽の対象としての妖怪は、いかなる歴史的背景のもとで生まれてきたのか。

2　確かに、鬼や天狗《てんぐ》など、古典的な妖怪を題材にした絵画や芸能は古くから存在した。しかし、妖怪が明らかにフィクションの世界に属する存在としてとらえられ、そのことによってかえっておびただしい数の妖怪画や妖怪を題材とした文芸作品、大衆芸能が創作されていくのは、近世も中期に入ってからのことなのである。つまり、フィクションとしての妖怪という領域自体が歴史性を帯びたものなのである。

3　妖怪はそもそも、日常的理解を超えた不可思議な現象に意味を与えようとするミン(ア)ゾク的な心意から生まれたものであった。人間はつねに、経験に裏打ちされた日常的な原因―結果の了解に基づいて目の前に生起する現象を認識し、未来を予見し、さまざまな行動を決定している。ところが時たま、そうした日常的な因果了解では説明のつかない現象に遭遇する。それは通常の認識や予見を無効化するため、人間の心に不安と恐怖を(イ)カンキする。このような言わば意味論的な危機に対して、それをなんとか意味の体系のなかに回収するために生み出された文化的装置が「妖怪」だった。それは人間が秩序ある意味世界のなかで生きていくうえでの必要性から生み出されたものであり、それゆえに切実なリアリティをともなっていた。A民間伝承としての妖怪とは、そうした存在だったのである。

4　妖怪が意味論的な危機から生み出されるものであるかぎり、そしてそれゆえにリアリティを帯びた存在であるかぎり、それをフィクションとして楽しもうという感性は生まれえない。フィクションとしての妖怪という領域が成立するには、妖怪に対する認識が根本的に変容することが必要なのである。

5 妖怪に対する認識がどのように変容したのか。そしてそれは、いかなる歴史的背景から生じたのか。本書ではそのような問いに対する答えを、「妖怪娯楽」の具体的な事例を通して探っていこうと思う。

6 妖怪に対する認識の変容を記述し分析するうえで、本書ではフランスの哲学者ミシェル・フーコーの「アルケオロジー」の手法を(ウ)エンヨウすることにしたい。

7 アルケオロジーとは、通常「考古学」と訳される言葉であるが、フーコーの言うアルケオロジーは、思考や認識を可能にしている知の枠組み――「エピステーメー」(ギリシャ語で「知」の意味)の変容として歴史を描き出す試みのことである。人間が事物のあいだにある秩序を認識し、それにしたがって思考する際に、われわれは決して認識に先立って「客観的に」存在する事物の秩序そのものに触れているわけではない。事物のあいだになんらかの関係性をうち立てるある一つの枠組みを通して、はじめて事物の秩序を認識することができるのである。この枠組みがエピステーメーであり、しかもこれは時代とともに変容する。事物に対する認識や思考が、時間を(エ)ヘダてることで大きく変貌してしまうのだ。

8 フーコーは、十六世紀から近代にいたる西欧の「知」の変容について論じた『言葉と物』という著作において、このエピステーメーの変貌を、「物」「言葉」「記号」そして「人間」の関係性の再編成として描き出している。これらは人間が世界を認識するうえで重要な役割を果たす諸要素であるが、そのあいだにどのような関係性がうち立てられるかによって、「知」のあり方は大きく様変わりする。

9 本書では、このアルケオロジーという方法を踏まえて、日本の妖怪観の変容について記述することにしたい。それは妖怪観の変容を「物」「言葉」「記号」「人間」の布置の再編成として記述する試みである。この方法は、同時代に存在する一見関係のないさまざまな文化事象を、同じ世界認識の平面上にあるものとしてとらえることを可能にする。これによって日本の妖怪観の変容を、大きな文化史的変動のなかで考えることができるだろう。

10 では、ここで本書の議論を先取りして、Bアルケオロジー的方法によって再構成した日本の妖怪観の変容について簡単に述べておこう。

11 中世において、妖怪の出現は多くの場合「凶兆」として解釈された。それらは神仏をはじめとする神秘的存在からの「警告」であった。すなわち、妖怪は神霊からの「言葉」を伝えるものという意味で、一種の「記号」だったのである。これは妖怪にかぎったことではなく、あらゆる自然物がなんらかの意味を帯びた「記号」として存在していた。つまり、「物」は物そのものと言うよりも「記号」であったのである。これらの「記号」は所与のものとして存在しており、人間にできるのはその「記号」を「読み取る」こと、そしてその結果にしたがって神霊への働きかけをおこなうことだけだった。

12 「物」が同時に「言葉」を伝える「記号」である世界。こうした認識は、しかし近世において大きく変容する。「物」にまとわりついた「言葉」や「記号」としての性質が剝ぎ取られ、はじめて「物」そのものとして人間の目の前にあらわれるようになるのである。ここに近世の自然認識や、西洋の博物学に相当する本草学《ほんぞうがく》(注)という学問が成立する。そして妖怪もまた博物学的な思考、あるいは嗜好《しこう》の対象となっていくのである。

13 この結果、「記号」の位置づけも変わってくる。かつて「記号」は所与のものとして存在し、人間はそれを「読み取る」ことしかできなかった。しかし、近世においては、「記号」は人間が約束事のなかで作り出すことができるものとなった。これは、「記号」が神霊の支配を逃れて、人間の完全なコントロール下に入ったことを意味する。こうした「記号」を、本書では「表象」と呼んでいる。人工的な記号、人間の支配下にあることがはっきりと刻印された記号、それが「表象」である。

14 「表象」は、意味を伝えるものであるよりも、むしろその形象性、視覚的側面が重要な役割を果たす「記号」である。妖怪は、伝承や説話といった「言葉」の世界、意味の世界から切り離され、名前や視覚的形象によって弁別される「表象」となっていった。それはまさに、現代で言うところの「キャラクター」であった。そしてキャラクターとなった妖怪は完全にリアリティを喪失し、フィクショナルな存在として人間の娯楽の題材へと化していった。妖怪は「表象」という人工物へと作り変えられたことによって、人間の手で自由自在にコントロールされるものとなったのである。こうしたC妖怪の「表象」化は、人間の支配力が世界のあらゆる局面、あらゆる「物」に及ぶようになったことの帰結である。かつて神霊が占めていたその位置を、いまや人間が占めるようになったのである。

15 ここまでが、近世後期——より具体的には十八世紀後半以降の都市における妖怪観である。だが、近代になると、こうした近世の妖怪観はふたたび編成しなおされることになる。「表象」として、リアリティの領域から切り離されてあった妖怪が、以前とは異なる形でリアリティのなかに回帰するのである。これは、近世は妖怪をリアルなものとして恐怖していた迷信の時代、近代はそれを合理的思考によって否定し去った啓蒙《けいもう》の時代、という一般的な認識とはまったく逆の形である。

16 「表象」という人工的な記号を成立させていたのは、「万物の霊長」とされた人間の力の絶対性であった。ところが近代になると、この「人間」そのものに根本的な懐疑が突きつけられるようになる。人間は「神経」の作用、「催眠術」の効果、「心霊」の感応によって容易に妖怪を「見てしまう」不安定な存在、「内面」というコントロール不可能な部分を抱えた存在として認識されるようになったのだ。かつて「表象」としてフィクショナルな領域に囲い込まれていた妖怪たちは、今度は「人間」そのものの内部に棲《す》みつくようになったのである。

17 そして、こうした認識とともに生み出されたのが、「私」という近代に特有の思想であった。謎めいた「内面」を抱え込んでしまったことで、「私」は私にとって「不気味なもの」となり、いっぽうで未知なる可能性を秘めた神秘的な存在となった。妖怪は、まさにこのような「私」を(オ)トウエイした存在としてあらわれるようになるのである。

18 以上がアルケオロジー的方法によって描き出した、妖怪観の変容のストーリーである。

(注) 本草学——もとは薬用になる動植物などを研究する中国由来の学問で、江戸時代に盛んとなり、薬物にとどまらず広く自然物を対象とするようになった。

問1　傍線部(ア)～(オ)に相当する漢字を含むものを、次の各群の①～④のうちから、それぞれ一つずつ選べ。解答番号は［1］～［5］。

(ア) ミンゾク ［1］
① 楽団にショゾクする
② カイゾク版を根絶する
③ 公序リョウゾクに反する
④ 事業をケイゾクする

(イ) カンキ ［2］
① 証人としてショウカンされる
② 優勝旗をヘンカンする
③ 勝利のエイカンに輝く
④ 意見をコウカンする

(ウ) エンヨウ ［3］
① 鉄道のエンセンに住む
② キュウエン活動を行う
③ 雨で試合がジュンエンする
④ エンジュクした技を披露する

(エ) ヘダてる ［4］
① 敵をイカクする
② 施設のカクジュウをはかる
③ 外界とカクゼツする
④ 海底のチカクが変動する

(オ) トウエイ ［5］
① 意気トウゴウする
② トウチ法を用いる
③ 電気ケイトウが故障する
④ 強敵を相手にフントウする

問2　傍線部A「民間伝承としての妖怪」とは、どのような存在か。その説明として最も適当なものを、次の①～⑤のうちから一つ選べ。解答番号は 6 。

① 人間の理解を超えた不可思議な現象に意味を与え日常世界のなかに導き入れる存在。
② 通常の認識や予見が無効となる現象をフィクションの領域においてとらえなおす存在。
③ 目の前の出来事から予測される未来への不安を意味の体系のなかで認識させる存在。
④ 日常的な因果関係にもとづく意味の体系のリアリティを改めて人間に気づかせる存在。
⑤ 通常の因果関係の理解では説明のできない意味論的な危機を人間の心に生み出す存在。

問3　傍線部B「アルケオロジー的方法」とは、どのような方法か。その説明として最も適当なものを、次の①～⑤のうちから一つ選べ。解答番号は 7 。

① ある時代の文化事象のあいだにある関係性を理解し、その理解にもとづいて考古学の方法に倣い、その時代の事物の客観的な秩序を復元して描き出す方法。

② 事物のあいだにある秩序を認識し思考することを可能にしている知の枠組みをとらえ、その枠組みが時代とともに変容するさまを記述する方法。

③ さまざまな文化事象を「物」「言葉」「記号」「人間」という要素ごとに分類して整理し直すことで、知の枠組みの変容を描き出す方法。

④ 通常区別されているさまざまな文化事象を同じ認識の平面上でとらえることで、ある時代の文化的特徴を社会的な背景を踏まえて分析し記述する方法。

⑤ 一見関係のないさまざまな歴史的事象を「物」「言葉」「記号」そして「人間」の関係性に即して接合し、大きな世界史的変動として描き出す方法。

問4 傍線部C「妖怪の『表象』化」とは、どういうことか。その説明として最も適当なものを、次の①～⑤のうちから一つ選べ。解答番号は 8 。

① 妖怪が、人工的に作り出されるようになり、神霊による警告を伝える役割を失って、人間が人間を戒めるための道具になったということ。

② 妖怪が、神霊の働きを告げる記号から、人間が約束事のなかで作り出す記号になり、架空の存在として楽しむ対象になったということ。

③ 妖怪が、伝承や説話といった言葉の世界の存在ではなく視覚的な形象になったことによって、人間世界に実在するかのように感じられるようになったということ。

④ 妖怪が、人間の手で自由自在に作り出されるものになり、人間の力が世界のあらゆる局面や物に及ぶきっかけになったということ。

⑤ 妖怪が、神霊からの警告を伝える記号から人間がコントロールする人工的な記号になり、人間の性質を戯画的に形象した娯楽の題材になったということ。

問5　この文章を授業で読んだNさんは、内容をよく理解するために【ノート1】〜【ノート3】を作成した。本文の内容とNさんの学習の過程を踏まえて、(i)〜(iii)の問いに答えよ。

(i)　Nさんは、本文の 1 〜 18 を【ノート1】のように見出しをつけて整理した。空欄 Ⅰ ・ Ⅱ に入る語句の組合せとして最も適当なものを、後の①〜④のうちから一つ選べ。解答番号は 9 。

【ノート1】

● 問題設定（1〜5）
　2〜3　Ⅰ
　4〜5　Ⅱ
● 方法論（6〜9）
　7〜9　アルケオロジーの説明
● 日本の妖怪観の変容（10〜18）
　11　中世の妖怪
　12〜14　近世の妖怪
　15〜17　近代の妖怪

① Ⅰ　妖怪はいかなる歴史的背景のもとで娯楽の対象になったのかという問い
　 Ⅱ　意味論的な危機から生み出される妖怪

② Ⅰ　妖怪はいかなる歴史的背景のもとで娯楽の対象になったのかという問い
　 Ⅱ　妖怪娯楽の具体的事例の紹介

③ Ⅰ　娯楽の対象となった妖怪の説明
　 Ⅱ　いかなる歴史的背景のもとで、どのように妖怪認識が変容したのかという問い

④ Ⅰ　妖怪に対する認識の歴史性
　 Ⅱ　いかなる歴史的背景のもとで、どのように妖怪認識が変容したのかという問い

(ii)　Nさんは、本文で述べられている近世から近代への変化を【ノート2】のようにまとめた。空欄 Ⅲ ・ Ⅳ に入る語句として最も適当なものを、後の各群の①～④のうちから、それぞれ一つずつ選べ。解答番号は 10 ・ 11 。

【ノート2】

近世と近代の妖怪観の違いの背景には、「表象」と「人間」との関係の変容があった。

近世には、人間によって作り出された、 Ⅲ が現れた。しかし、近代へ入ると Ⅳ が認識されるようになったことで、近代の妖怪は近世の妖怪にはなかったリアリティを持った存在として現れるようになった。

Ⅲ に入る語句 10
① 恐怖を感じさせる形象としての妖怪
② 神霊からの言葉を伝える記号としての妖怪
③ 視覚的なキャラクターとしての妖怪
④ 人を化かすフィクショナルな存在としての妖怪

Ⅳ に入る語句 11
① 合理的な思考をする人間
② 「私」という自立した人間
③ 万物の霊長としての人間
④ 不可解な内面をもつ人間

(iii)　【ノート2】を作成したNさんは、近代の妖怪観の背景に興味をもった。そこで出典の『江戸の妖怪革命』を読み、【ノート3】を作成した。空欄 V に入る最も適当なものを、後の ①～⑤ のうちから一つ選べ。解答番号は 12 。

【ノート3】

本文の 17 には、近代において「私」が私にとって「不気味なもの」となったということが書かれていた。このことに関係して、本書第四章には、欧米でも日本でも近代になってドッペルゲンガーや自己分裂を主題とした小説が数多く発表されたとあり、芥川龍之介の小説「歯車」（一九二七年発表）の次の一節が例として引用されていた。

第二の僕、――独逸《どいつ》人の所謂《いわゆる》Doppelgaenger は仕合《しあわ》せにも僕自身に見えたことはなかった。しかし亜米利加《あめりか》の映画俳優になったK君の夫人は第二の僕を帝劇の廊下に見かけていた。（僕は突然K君の夫人に「先達《せんだって》はつい御挨拶もしませんで」と言われ、当惑したことを覚えている。）それからもう故人になったある隻脚《かたあし》の翻訳家もやはり銀座のある煙草《たばこ》屋に第二の僕を見かけていた。死はあるいは僕よりも第二の僕に来るのかも知れなかった。

考察　ドッペルゲンガー（Doppelgaenger）とは、ドイツ語で「二重に行く者」、すなわち「分身」の意味であり、もう一人の自分を「見てしまう」怪異のことである。また、「ドッペルゲンガーを見た者は死ぬと言い伝えられている」と説明されていた。 V

17 に書かれていた『私』という近代に特有の思想」とは、こうした自己意識を踏まえた指摘だったことがわかった。

① 「歯車」の僕は、自分の知らないところで別の僕が行動していることを知った。僕はまだ自分でドッペルゲンガーを見たわけではないと安心し、別の僕の行動によって自分が周囲から承認されているのだと悟った。これは、「私」が他人の認識のなかで生かされているという神秘的な存在であることの例にあたる。

② 「歯車」の僕は、自分には心当たりがない場所で別の僕が目撃されていたと知った。僕は自分でドッペルゲンガーを見たわけではないのでひとまずは安心しながらも、もう一人の自分に死が訪れるのではないかと考えていた。これは、「私」が自分自身を統御できない不安定な存在であることの例にあたる。

③ 「歯車」の僕は、身に覚えのないうちに、会いたいと思っていた人の前に別の僕が姿を現していたと知った。僕は自分でドッペルゲンガーを見たわけではないが、別の僕が自分に代わって思いをかなえてくれたことに驚いた。これは、「私」が未知なる可能性を秘めた存在であることの例にあたる。

④ 「歯車」の僕は、自分がいたはずのない場所に別の僕がいたことを知った。僕は自分でドッペルゲンガーを見たわけではないと自分を落ち着かせながらも、自分が分身に乗っ取られるかもしれないという不安を感じた。これは、「私」という分身にコントロールされてしまう不気味な存在であることの例にあたる。

⑤ 「歯車」の僕は、自分がいるはずのない時と場所で僕を見かけたと言われた。僕は今のところ自分でドッペルゲンガーを見たわけではないので死ぬことはないと安心しているが、他人にうわさされることに困惑していた。これは、「私」が自分で自分を制御できない部分を抱えた存在であることの例にあたる。

第2問

次の文章は、加能作次郎《かのうさくじろう》「羽織と時計」（一九一八年発表）の一節である。「私」と同じ出版社で働くW君は、妻子と従妹《いとこ》と暮らしていたが生活は苦しかった。そのW君が病で休職している期間、「私」は何度か彼を訪れ、同僚から集めた見舞金を届けたことがある。以下はそれに続く場面である。これを読んで、後の問い（**問1～6**）に答えよ。なお、設問の都合で本文の上に行数を付してある。（配点　50）

春になって、陽気がだんだん暖かになると、W君の病気も次第に快《よ》くなって、五月の末には、再び出勤することが出来るようになった。

『君の家の紋（注1）は何かね？』

彼が久し振りに出勤した最初の日に、W君は突然私に尋ねた。私は不審に思いながら答えた。

『円《まる》（注2）に横モッコです。平凡なありふれた紋です。何ですか？』

『いや、実はね。僕も長い間休んで居て、君に少《すくな》からぬ世話になったから、ほんのお礼の印に羽二重《はぶたえ》（注3）を一反《いったん》（注4）お上げしようと思っているんだが、同じことなら羽織にでもなるように紋を抜いた（注5）方がよいと思ってね。どうだね、其方《そのほう》がよかろうね。』とW君は言った。

W君の郷里は羽二重の産地で、彼の親類に織元《おりもと》があるので、そこから安く、実費で分けて貰《もら》うので、外にも序《ついで》があるから、そこから直接に京都へ染めにやることにしてあるとのことであった。

『染《そめ》は京都でなくちゃ駄目だからね。』とW君は独りで首肯《うなず》いて、『じゃ早速言ってやろう。』

私は辞退する(ア)術《すべ》もなかった。

一ケ月あまり経《た》って、染め上《あが》って来た。W君は自分でそれを持って私の下宿を訪れて呉《く》れた。私は早速W君と連れだって、呉服屋へ行って裏地を買って羽織に縫って貰った。

貧乏な私は其時《そのとき》まで礼服というものを一枚も持たなかった。羽二重の紋付《もんつき》の羽織というものを、その時始めて着たのであるが、今でもそれが私の持物《もちもの》の中で最も貴重なものの一つとなって居る。

『ほんとにいい羽織ですこと、あなたの様な貧乏人が、こんな羽織をもって居なさるのが不思議な位ですわね。』

妻は、私がその羽織を着る機会のある毎《ごと》にそう言った。私はW君から貰ったのだということを、妙な羽目からつい(イ)言いはぐれて了《しま》って、今だに妻に打ち明けてないのであった。妻が私が結婚の折に特に拵《こしら》えたものと信じて居るのだ。下に着る着物でも袴《はかま》でも、その羽織とは全く不調和な粗末なものばかりしか私は持って居ないので、

『よくそれでも羽織だけ飛び離れていいものをお拵えになりましたわね。』と妻は言うのであった。

『そりゃ礼服だからな。これ一枚あれば下にどんなものを着て居ても、兎《と》に角《かく》礼服として何処《どこ》へでも出られるからな。』私は**A**擽《くす》ぐられるような思《おもい》をしながら、そんなことを言って誤魔化《ごまか》して居た。

『これで袴だけ仙台平《せんだいひら》(注6)か何かのがあれば揃《そろ》うのですけれどね。どうにかして袴だけいいのをお拵えなさいよ。これじゃ羽織が泣きますわ。こんなぼとぼとしたセル(注7)の袴じゃ、折角《せっかく》のいい羽織がちっとも引き立たないじゃありませんか。』

妻はいかにも惜しそうにそう言い言いした。

私もそうは思わないではないが、今だにその余裕がないのであった。私はこの羽織を着る毎にW君のことを思い出さずに居なかった。

その後、社に改革があって、私が雑誌を一人でやることになり、W君は書籍の出版の方に廻《まわ》ることになった。そして翌年の春、私は他にいい口があったので、その方へ転ずることになった。

W君は私の将来を祝し、送別会をする代《かわ》りだといって、自ら奔走して社の同人(注8)達《たち》から二十円ばかり醵金《きょきん》(注9)をして、私に記念品を贈ることにして呉れた。私は時計を持って居なかったので、自分から望んで懐中時計を買って貰った。

『贈××君。××社同人。』

こう銀側の蓋の裏に小さく刻まれてあった。

この処置について、社の同人の中には、内々不平を抱いたものもあったそうだ。まだ二年足らずしか居ないものに、記念品を

贈るなどということは曾《かつ》て例のないことで、これはW君が、自分の病気の際に私が奔走して見舞金を贈ったので、その時の私の厚意に酬《むく》いようとする個人的の感情から企てたことだといってW君を非難するものもあったそうだ。また中には、『あれはW君が自分が罷《や》める時にも、そんな風なことをして貰いたいからだよ。』と卑しい邪推をして皮肉を言ったものもあったそうだ。

私は後でそんなことを耳にして非常に不快を感じた。そしてW君に対して気の毒でならなかった。そういう非難を受けてまでも(それはW君自身予想しなかったことであろうが)私の為《ため》に奔走して呉れたW君の厚い情誼《じょうぎ》(注10)を思いやると、私は涙ぐましいほど感謝の念に打たれるのであった。それと同時に、その一種の恩恵に対して、常に或《あ》る重い圧迫を感ぜざるを得なかった。

羽織と時計――。私の身についたものの中で最も高価なものが、二つともW君から贈られたものだ。この意識が、今でも私の心に、感謝の念と共に、**B**何だかやましいような気恥《きはずか》しいような、訳のわからぬ一種の重苦しい感情を起《おこ》させるのである。

××社を出てから以後、私は一度もW君と会わなかった。W君は、その後一年あまりして、病気が再発して、遂《つい》に社を辞し、いくらかの金を融通して来て、電車通りに小さなパン菓子屋を始めたこと、自分は寝たきりで、店は主に従妹が支配して居て、それでやっと生活して居るということなどを、私は或る日途中で××社の人に遇《あ》った時に聞いた。私は××社を辞した後、或る文学雑誌の編輯《へんしゅう》に携《たずさわ》って、文壇の方と接触する様になり、交友の範囲もおのずから違って行き、仕事も忙しかったので、一度見舞旁々《みまいかたがた》訪《おとな》わねばならぬと思いながら、自然と遠ざかって了った。その中《うち》私も結婚をしたり、子が出来たりして、境遇も次第に前と異《こと》って来て、一層(ウ)足が遠くなった。偶々《たまたま》思い出しても、久しく無沙汰をして居ただけそれだけ、そしてそれに対して一種の自責を感ずれば感ずるほど、妙に改まった気持《きもち》になって、つい億劫《おっくう》になるのであった。

羽織と時計――併《しか》し本当を言えば、この二つが、W君と私とを遠ざけたようなものであった。これがなかったなら、私はもっと素直な自由な気持になって、時々W君を訪れることが出来たであろうと、今になって思われる。何故《なぜ》というに、私はこの二個の物品を持って居るので、常にW君から恩恵的債務を負うて居るように感ぜられたからである。この債務に対する自意識は、私をして不思議にW君の家の敷居を高く思わせた。而《しか》も不思議なことに、**C**私はW君よりも、彼の妻君《さいくん》の眼を恐れた。私が時計を帯にはさんで行くとする、『あの時計は、良人《うち》(注11)が世話して進《あ》げたのだ。』斯《こ》う妻君の眼が言う。私が羽織を着て行く、『ああの羽織は、良人が進げたのだ。』斯う妻君の眼が言う。もし二つとも身につけて行かないならば、『あの人は羽織や時計をどうしただろう。』斯う妻君の眼が言うように空想されるのであった。どうしてそんな考《かんがえ》が起《おこ》るのか分《わか》らない。或《あるい》は私自身の中に、そういう卑しい邪推深い性情がある為であろう。が、いつでもW君を訪れようと思いつく毎に、妙にその厭《いや》な考が私を引き止めるのであった。そればかりではない、こうして無沙汰を続ければ続けるほど、私はW君の妻君に対して更に恐れを抱くのであった。

『○○さんて方は随分薄情な方ね、あれきり一度も来なさらない。こうして貴郎《あなた》が病気で寝て居らっしゃるのを知らないんでしょうか、見舞に一度も来て下さらない。』

斯う彼女が彼女の良人《おっと》に向《むか》って私を責めて居そうである。その言葉には、あんなに、羽織や時計などを進げたりして、こちらでは尽《つく》すだけのことは尽してあるのに、という意味を、彼女は含めて居るのである。

そんなことを思うと迚《とて》も行く気にはなれなかった。こちらから出て行って、妻君のそういう考をなくする様に努めるよりも、私は逃げよう逃げようとした。私は何か偶然の機会で妻君なり従妹なりと、途中ででも遇わんことを願った。そうしたら、

『W君はお変《かわ》りありませんか、相変らず元気で××社へ行っていらっしゃいますか？』としらばくれて尋ねる、すると、疾《と》うに社をやめ、病気で寝て居ると、相手の人は答えるに違いない。

『おやおや！　一寸《ちっと》も知りませんでした。それはいけませんね。どうぞよろしく言って下さい。近いうちに御《お》見舞に上りますから。』

こう言って分れよう。そしてそれから二三日置いて、何か手土産を、そうだ、かなり立派なものを持って見舞に行こう、そうするとそれから後は、心易《こころやす》く往来出来るだろう——。

そんなことを思いながら、三年四年と月日が流れるように経って行った。今年の新緑の頃、子供を連れて郊外へ散歩に行った時に、**D**私は少し遠廻りして、W君の家の前を通り、原っぱで子供に食べさせるのだからと妻に命じて、態《わざ》と其《そ》の店に餡《あん》パン

を買わせたが、実はその折陰ながら家の様子を窺《うかが》い、うまく行けば、全く偶然の様に、妻君なり従妹なりに遇おうという微《かす》かな期待をもって居た為《た》めであった。私は電車の線路を挟んで向側《むかいがわ》の人道に立って店の様子をそれとなく注視して居たが、出て来た人は、妻君でも従妹でもなく、全く見知らぬ、下女《げじょ》(注12)の様な女だった。私は若《も》しや家が間違っては居ないか、または代《だい》が変ってでも居るのではないかと、屋根看板をよく注意して見たが、以前××社の人から聞いたと同じく、××堂W——とあった。たしかにW君の店に相違なかった。それ以来、私はまだ一度も其店の前を通ったこともなかった。

(注)
1 紋——家、氏族のしるしとして定まっている図柄。
2 円に横モッコ——紋の図案の一つ。
3 羽二重——上質な絹織物。つやがあり、肌ざわりがいい。
4 一反——布類の長さの単位。長さ一〇メートル幅三六センチ以上が一反の規格で、成人一人分の着物となる。
5 紋を抜いた——「紋の図柄を染め抜いた」という意味。
6 仙台平——袴に用いる高級絹織物の一種。
7 セル——和服用の毛織物の一種。
8 同人——仲間。
9 醵金——何かをするために金銭を出し合うこと。
10 情誼——人とつきあう上での人情や情愛。
11 良人——夫。
12 下女——雑事をさせるために雇った女性のこと。当時の呼称。

問1　傍線部(ア)～(ウ)の本文中における意味として最も適当なものを、次の各群の①～⑤のうちから、それぞれ一つずつ選べ。解答番号は 13 ～ 15 。

(ア) 術もなかった 13
① 理由もなかった
② 手立てもなかった
③ 義理もなかった
④ 気持ちもなかった
⑤ はずもなかった

(イ) 言いはぐれて 14
① 言う必要を感じないで
② 言う機会を逃して
③ 言うのを忘れて
④ 言う気になれなくて
⑤ 言うべきでないと思って

(ウ) 足が遠くなった 15
① 訪れることがなくなった
② 時間がかかるようになった
③ 会う理由がなくなった
④ 行き来が不便になった
⑤ 思い出さなくなった

問2　傍線部A「擽ぐられるような思」とあるが、それはどのような気持ちか。その説明として最も適当なものを、次の①～⑤のうちから一つ選べ。解答番号は 16 。

① 自分たちの結婚に際して羽織を新調したと思い込んで発言している妻に対する、笑い出したいような気持ち。
② 上等な羽織を持っていることを自慢に思いつつ、妻に事実を知られた場合を想像して、不安になっている気持ち。
③ 妻に羽織をほめられたうれしさと、本当のことを告げていない後ろめたさとが入り混じった、落ち着かない気持ち。
④ 妻が自分の服装に関心を寄せてくれることをうれしく感じつつも、羽織だけほめることを物足りなく思う気持ち。
⑤ 羽織はW君からもらったものだと妻に打ち明けてみたい衝動と、自分を侮っている妻への不満とがせめぎ合う気持ち。

問3　傍線部B「何だかやましいような気恥しいような、訳のわからぬ一種の重苦しい感情」とあるが、それはどういうことか。その説明として最も適当なものを、次の①～⑤のうちから一つ選べ。解答番号は 17 。

① W君が手を尽くして贈ってくれた品物は、いずれも自分には到底釣り合わないほど立派なものに思え、自分を厚遇しようとするW君の熱意を過剰なものに感じてとまどっている。

② W君の見繕ってくれた羽織はもちろん、自ら希望した時計にも実はさしたる必要を感じていなかったのに、W君がその贈り物をするために評判を落としたことを、申し訳なくももったいなくも感じている。

③ W君が羽織を贈ってくれたことに味をしめ、続いて時計までも希望し、高価な品々をやすやすと手に入れてしまった欲の深さを恥じており、W君へ向けられた批判をそのまま自分にも向けられたものと受け取っている。

④ 立派な羽織と時計とによって一人前の体裁を取り繕うことができたものの、それらを自分の力では手に入れられなかったことを情けなく感じており、W君の厚意にも自分へ向けられた哀れみを感じ取っている。

⑤ 頼んだわけでもないのに自分のために奔走してくれるW君に対する周囲の批判を耳にするたびに、W君に対する申し訳なさを感じたが、同時にその厚意には見返りを期待する底意をも察知している。

問4　傍線部**C**「私はW君よりも、彼の妻君の眼を恐れた」とあるが、「私」が「妻君の眼」を気にするのはなぜか。その説明として最も適当なものを、次の①～⑤のうちから一つ選べ。解答番号は 18 。

① 「私」に厚意をもって接してくれたW君が退社後に寝たきりで生活苦に陥っていることを考えると、見舞に駆けつけなくてはいけないと思う一方で、「私」の転職後はW君と久しく疎遠になってしまい、その間看病を続けた妻君に自分の冷たさを責められるのではないかと悩んでいるから。

② W君が退社した後慣れないパン菓子屋を始めるほど家計が苦しくなったことを知り、「私」が彼の恩義に酬いる番だと思う一方で、転職後にさほど家計も潤わずW君を経済的に助けられないことを考えると、W君を家庭で支える妻君には申し訳ないことをしていると感じているから。

③ 退職後に病で苦労しているW君のことを思うと、「私」に対するW君の恩義は一生忘れてはいけないと思う一方で、忙しい日常生活にかまけてW君のことをつい忘れてしまうふがいなさを感じたまま見舞に出かけると、妻君に偽善的な態度を指摘されるのではないかという怖さを感じているから。

④ 自分を友人として信頼し苦しい状況にあって頼りにもしているだろうW君のことを想像すると、見舞に行きたいという気持ちが募る一方で、かつてW君の示した厚意に酬いていないことを内心やましく思わざるを得ず、妻君の前では卑屈にへりくだらねばならないことを疎ましくも感じているから。

⑤ W君が「私」を立派な人間と評価してくれたことに感謝の気持ちを持っているため、W君の窮状を救いたいという思いが募る一方で、自分だけが幸せになっているのにW君を訪れなかったことを反省すればするほど、苦労する妻君には顔を合わせられないと悩んでいるから。

問5　傍線部**D**「私は少し遠廻りして、W君の家の前を通り、原っぱで子供に食べさせるのだからと妻に命じて、態と其の店に餡パンを買わせた」とあるが、この「私」の行動の説明として最も適当なものを、次の①～⑤のうちから一つ選べ。解答番号は 19 。

① W君の家族に対する罪悪感を募らせるあまり、自分たち家族の暮らし向きが好転したさまを見せることがためらわれて、かつてのような質素な生活を演出しようと作為的な振る舞いに及んでいる。

② W君と疎遠になってしまった後悔にさいなまれてはいるものの、それを妻に率直に打ち明け相談することも今更できず、逆にその悩みを悟られまいとして妻にまで虚勢を張るはめになっている。

③ 家族を犠牲にしてまで自分を厚遇してくれたW君に酬いるためのふさわしい方法がわからず、せめて店で買い物をすることによって、かつての厚意に少しでも応えることができればと考えている。

④ W君の家族との間柄がこじれてしまったことが気がかりでならず、どうにかしてその誤解を解こうとして稚拙な振る舞いに及ぶばかりか、身勝手な思いに事情を知らない自分の家族まで付き合わせている。

⑤ 偶然を装わなければW君と会えないとまで思っていたが、これまで事情を誤魔化してきたために、今更妻に本当のことを打ち明けることもできず、回りくどいやり方で様子を窺う機会を作ろうとしている。

問6　次に示す【資料】は、この文章（加能作次郎「羽織と時計」）が発表された当時、新聞紙上に掲載された批評（評者は宮島新三郎、原文の仮名遣いを改めてある）の一部である。これを踏まえた上で、後の(i)・(ii)の問いに答えよ。

【資料】

今までの氏は生活の種々相を様々な方面から多角的に描破（注1）して、其処《そこ》から或るものを浮き上《あが》らせようとした点があったし、又そうすることに依《よ》って作品の効果を強大にするという長所を示していたように思う。見た儘《まま》、有りの儘を刻明に描写する――其処に氏の有する大きな強味がある。由来（注2）氏はライフの一点だけを覘《ねら》って作をするというような所謂《いわゆる》『小話《こばなし》』作家の面影は有《も》っていなかった。

それが『羽織と時計』になると、作者が本当の泣き笑いの悲痛な人生を描こうとしたものか、それとも単に羽織と時計に伴う思い出を中心にして、ある一つの興味ある覘いを、否一つのおちを物語ってでもやろうとしたのか分《わか》らない程謂《い》う所の小話臭味の多過ぎた嫌いがある。若《も》し此《この》作品から小話臭味を取去《とり》ったら、即《すなわ》ち羽織と時計とに作者が関心し過ぎなかったら、そして飽くまでも『私』の見たW君の生活、W君の病気、それに伴う陰鬱な、悲惨な境遇を如実に描いたなら、一層感銘の深い作品になったろうと思われる。羽織と時計とに執し過ぎた（注3）ことは、この作品をユーモラスなものにする助けとはなったが、作品の効果を増す力にはなって居ない。私は寧《むし》ろ忠実なる生活の再現者としての加能氏に多くの尊敬を払っている。

宮島新三郎「師走文壇の一瞥《いちべつ》」（『時事新報』一九一八年一二月七日）

（注）1　描破――あまさず描きつくすこと。
2　由来――元来、もともと。
3　執し過ぎた――「執着し過ぎた」という意味。

(i)【資料】の二重傍線部に「羽織と時計とに執し過ぎたことは、この作品をユーモラスなものにする助けとはなったが、作品の効果を増す力にはなって居ない。」とあるが、それはどのようなことか。評者の意見の説明として最も適当なものを、次の①～④のうちから一つ選べ。解答番号は 20 。

① 多くの挿話からW君の姿を浮かび上がらせようとして、W君の描き方に予期せぬぶれが生じている。

② 実際の出来事を忠実に再現しようと意識しすぎた結果、W君の悲痛な思いに寄り添えていない。

③ 強い印象を残した思い出の品への愛着が強かったために、W君の一面だけを取り上げ美化している。

④ 挿話の巧みなまとまりにこだわったため、W君の生活や境遇の描き方が断片的なものになっている。

(ii)【資料】の評者が着目する「羽織と時計」は、表題に用いられるほかに、「羽織と時計――」という表現として本文中にも用いられている(43行目、53行目)。この繰り返しに注目し、評者とは異なる見解を提示した内容として最も適当なものを、次の①～④のうちから一つ選べ。解答番号は 21 。

① 「羽織と時計――」という表現がそれぞれ異なる状況において自問自答のように繰り返されることで、かつてのようにはW君を信頼できなくなっていく「私」の動揺が描かれることを重視すべきだ。

② 複雑な人間関係に耐えられず生活の破綻を招いてしまったW君のつたなさが、「羽織と時計――」という余韻を含んだ表現で哀惜の思いをこめて回顧されていることを重視すべきだ。

③ 「私」の境遇の変化にかかわらず繰り返し用いられる「羽織と時計――」という表現が、好意をもって接していた「私」に必死で応えようとするW君の思いの純粋さを想起させることを重視すべきだ。

④ 「羽織と時計――」という表現の繰り返しによって、W君の厚意が皮肉にも自分をかえって遠ざけることになった経緯について、「私」が切ない心中を吐露していることを重視すべきだ。

第3問

次の文章は、『栄花物語』の一節である。藤原長家（本文では「中納言殿」）の妻が亡くなり、親族らが亡骸《なきがら》をゆかりの寺（法住寺《ほうじゅうじ》）に移す場面から始まっている。これを読んで、後の問い（問1～5）に答えよ。（配点　50）

　大北の方も、(注1)この殿ばらも、またおしかへし臥《ふ》しまろばせたまふ。これをだに悲しくゆゆしきことにいはでは、また何ごとをかはと見えたり。さて御車の(注2)後《しり》に、(注3)大納言殿、中納言殿、さるべき人々は歩ませたまふ。いへばおろかにて、(ア)えまねびやらず。(注4)北の方の御車や、女房たちの車などひき続けたり。御供の人々など数知らず多かり。法住寺には、常の御渡りにも似ぬ御車などのさまに、(注5)僧都《そうづ》の君、御目もくれて、え見たてまつりたまはず。さて御車かきおろして、つぎて人々おりぬ。

　さてこの御忌《いみ》のほどは、誰《たれ》もそこにおはしますべきなりけり。山の方をながめやらせたまふにつけても、わざとならず色々にすこしうつろひたり。鹿の鳴く音《ね》に御目もさめて、今すこし心細さまさりたまふ。(注6)宮々よりも思《おぼ》し慰むべき御消息《せうそこ》たびたびあれど、ただ今はただ夢を見たらんやうにのみ思されて過ぐしたまふ。月のいみじう明《あか》きにも、思し残させたまふことなし。内裏《うち》わたりの女房も、さまざま御消息聞こゆれども、よろしきほどは、A「今みづから」とばかり書かせたまふ。進内侍《じんのないし》と聞こゆる人、聞こえたり。

　　契りけん千代は涙の水底《みなそこ》に枕ばかりや浮きて見ゆらん

中納言殿の御返し、

　　起き臥しの契りはたえて尽きせねば枕を浮くる涙なりけり

また東宮の若宮の御乳母《めのと》の小弁《こべん》、

　　X　悲しさをかつは思ひも慰めよ誰もつひにはとまるべき世か

御返し、

　　Y　慰むる方しなければ世の中の常なきことも知られざりけり

かやうに思しのたまはせても、もののおぼゆるにこそあめれ、まして月ごろ、年ごろにもならば、思ひ忘るるやうもやあらんと、われながら心憂く思さる。何ごとにもいかでかくと(イ)めやすくおはせしものを、顔かたちよりはじめ、心ざま、手うち書き、絵などの心に入り、さいつころまで御心に入りて、うつ伏しうつ伏して描《か》きたまひしものを、この夏の絵を、枇杷《びは》殿《どの》にもてまゐりたりしかば、いみじう興じめでさせたまひて、納めたまひし、Bよくぞもてまゐりにけるなど、思し残すことなきままに、よろづにつけて恋しくのみ思ひ出できこえさせたまふ。年ごろ書き集《つ》めさせたまひける絵物語など、みな焼けにし(注7)後《のち》、去年《こぞ》、今年のほどにし集めさせたまへるもいみじう多かりし、(ウ)里に出でなば、とり出でつつ見て慰めむと思されけり。

(注)
1　この殿ばら――故人と縁故のあった人々。
2　御車――亡骸を運ぶ車。
3　大納言殿――藤原斉信。長家の妻の父。
4　北の方――「大北の方」と同一人物。
5　僧都の君――斉信の弟で、法住寺の僧。
6　宮々――長家の姉たち。彰子や妍子(枇杷殿)ら。
7　みな焼けにし後――数年前の火事ですべて燃えてしまった後。

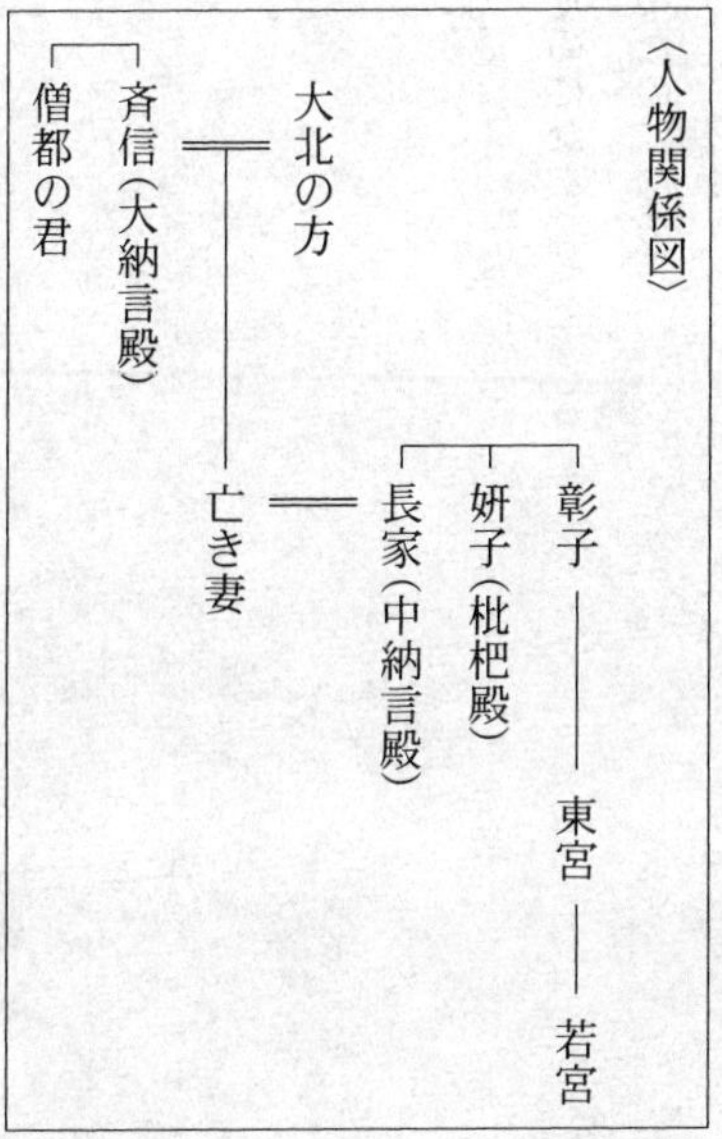

問1　傍線部(ア)～(ウ)の解釈として最も適当なものを、次の各群の①～⑤のうちから、それぞれ一つずつ選べ。解答番号は［22］～［24］。

(ア)　えまねびやらず　［22］

① 信じてあげることができない
② かつて経験したことがない
③ とても真似《まね》のしようがない
④ 表現しつくすことはできない
⑤ 決して忘れることはできない

(イ)　めやすくおはせしものを　［23］

① すばらしい人柄だったのになあ
② すこやかに過ごしていらしたのになあ
③ 感じのよい人でいらっしゃったのになあ
④ 見た目のすぐれた人であったのになあ
⑤ 上手におできになったのになあ

(ウ)　里に出でなば　［24］

① 自邸に戻ったときには
② 旧都に引っ越した日には
③ 山里に隠棲《いんせい》するつもりなので
④ 妻の実家から立ち去るので
⑤ 故郷に帰るとすぐに

問2　傍線部A「『今みづから』とばかり書かせたまふ」とあるが、長家がそのような対応をしたのはなぜか。その理由の説明として最も適当なものを、次の①～⑤のうちから一つ選べ。解答番号は 25 。

① 並一通りの関わりしかない人からのおくやみの手紙に対してまで、丁寧な返事をする心の余裕がなかったから。
② 妻と仲のよかった女房たちには、この悲しみが自然と薄れるまでは返事を待ってほしいと伝えたかったから。
③ 心のこもったおくやみの手紙に対しては、表現を十分練って返事をする必要があり、少し待ってほしかったから。
④ 見舞客の対応で忙しかったが、いくらか時間ができた時には、ほんの一言ならば返事を書くことができたから。
⑤ 大切な相手からのおくやみの手紙に対しては、すぐに自らお礼の挨拶にうかがわなければならないと考えたから。

問3　傍線部B「よくぞもてまゐりにけるなど、思し残すことなきままに、よろづにつけて恋しくのみ思ひ出できこえさせたまふ」の語句や表現に関する説明として最も適当なものを、次の①～⑤のうちから一つ選べ。解答番号は 26 。

① 「よくぞ……ける」は、妻の描いた絵を枇杷殿へ献上していたことを振り返って、そうしておいてよかったと、長家がしみじみと感じていることを表している。

② 「思し残すことなき」は、妻とともに過ごした日々に後悔はないという長家の気持ちを表している。

③ 「ままに」は「それでもやはり」という意味で、長家が妻の死を受け入れたつもりでも、なお悲しみを払拭することができずに苦悩していることを表している。

④ 「よろづにつけて」は、妻の描いた絵物語のすべてが焼失してしまったことに対する長家の悲しみを強調している。

⑤ 「思ひ出できこえさせたまふ」の「させ」は使役の意味で、ともに亡き妻のことを懐かしんでほしいと、長家が枇杷殿に強く訴えていることを表している。

問4　この文章の登場人物についての説明として最も適当なものを、次の①～⑤のうちから一つ選べ。解答番号は 27 。

① 親族たちが悲しみのあまりに取り乱している中で、「大北の方」だけは冷静さを保って人々に指示を与えていた。

② 「僧都の君」は涙があふれて長家の妻の亡骸を直視できないほどであったが、気丈に振る舞い亡骸を車から降ろした。

③ 長家は秋の終わりの寂しい風景を目にするたびに、妻を亡くしたことが夢であってくれればよいと思っていた。

④ 「進内侍」は長家の妻が亡くなったことを深く悲しみ、自分も枕が浮くほど涙を流していると嘆く歌を贈った。

⑤ 長家の亡き妻は容貌もすばらしく、字が上手なことに加え、絵にもたいそう関心が深く生前は熱心に描いていた。

問５　次に示す【文章】を読み、その内容を踏まえて、X・Y・Zの三首の和歌についての説明として適当なものを、後の①～⑥のうちから二つ選べ。ただし、解答の順序は問わない。解答番号は［28］・［29］。

【文章】
『栄花物語』の和歌Xと同じ歌は、『千載和歌集』にも記されている。妻を失って悲しむ長家のもとへ届けられたという状況も同一である。しかし、『千載和歌集』では、それに対する長家の返歌は、

Z　誰もみなとまるべきにはあらねども後《おく》るるほどはなほぞ悲しき

となっており、同じ和歌Xに対する返歌の表現や内容が、『千載和歌集』の和歌Zと『栄花物語』の和歌Yとでは異なる。『栄花物語』では、和歌X・Yのやりとりを経て、長家が内省を深めてゆく様子が描かれている。

①　和歌Xは、妻を失った長家の悲しみを深くは理解していない、ありきたりなおくやみの歌であり、「悲しみをきっぱり忘れなさい」と安易に言ってしまっている部分に、その誠意のなさが露呈してしまっている。

②　和歌Xが、世の中は無常で誰しも永遠に生きることはできないということを詠んでいるのに対して、和歌Zはその内容をあえて肯定することで、妻に先立たれてしまった悲しみをなんとか慰めようとしている。

③　和歌Xが、誰でもいつかは必ず死ぬ身なのだからと言って長家を慰めようとしているのに対して、和歌Zはひとまずそれに同意を示したうえで、それでも妻を亡くした今は悲しくてならないと訴えている。

④　和歌Zが、「誰も」「とまるべき」「悲し」など和歌Xと同じ言葉を用いることで、悲しみを癒《い》やしてくれたことへの感謝を表現しているのに対して、和歌Yはそれらを用いないことで、和歌Xの励ましを拒む姿勢を表明している。

⑤　和歌Yは、長家を励まそうとした和歌Xに対して私の心を癒やすことのできる人などいないと反発した歌であり、長家が他人の干渉をわずらわしく思い、亡き妻との思い出の世界に閉じこもってゆくという文脈につながっている。

⑥　和歌Yは、世の無常のことなど今は考えられないと詠んだ歌だが、そう詠んだことでかえってこの世の無常を意識してしまった長家が、いつかは妻への思いも薄れてゆくのではないかと恐れ、妻を深く追慕してゆく契機となっている。

第4問

次の【問題文Ⅰ】の詩と【問題文Ⅱ】の文章は、いずれも馬車を操縦する「御術《ぎょじゅつ》」について書かれたものである。これらを読んで、後の問い（問1～6）に答えよ。なお、設問の都合で返り点・送り仮名を省いたところがある。（配点　50）

【問題文Ⅰ】

吾有リ二千里ノ馬一　毛骨（注1）何（1）蕭《せう》（注2）森タル

疾《はや》ク馳《は》スレバ如ク二奔風ノ一　白日ニ無シレ留ムルレ陰ヲ

徐《おもむ》ロニ駆《か》クレバ当タリ二大道ニ一　歩《ほ》（注3）驟《しう》ハ中《あ》タル二五（注4）音ニ一

A　馬ニ雖モレ有リト二四足一　遅速ハ在リ二吾ガ［X］一

六《りく》（注5）轡《ひ》ハ応ジ二吾ガ手ニ一　調和スルコト如シ二瑟《しつ》（注6）琴ノ一

東西ト与二南北一　高二下スト山ト与レ林ヲ

B　惟意所欲適　九（注7）州可シ二周（2）尋ヌ一

至レル（3）哉人ト与レ馬　両楽不二相侵サ一

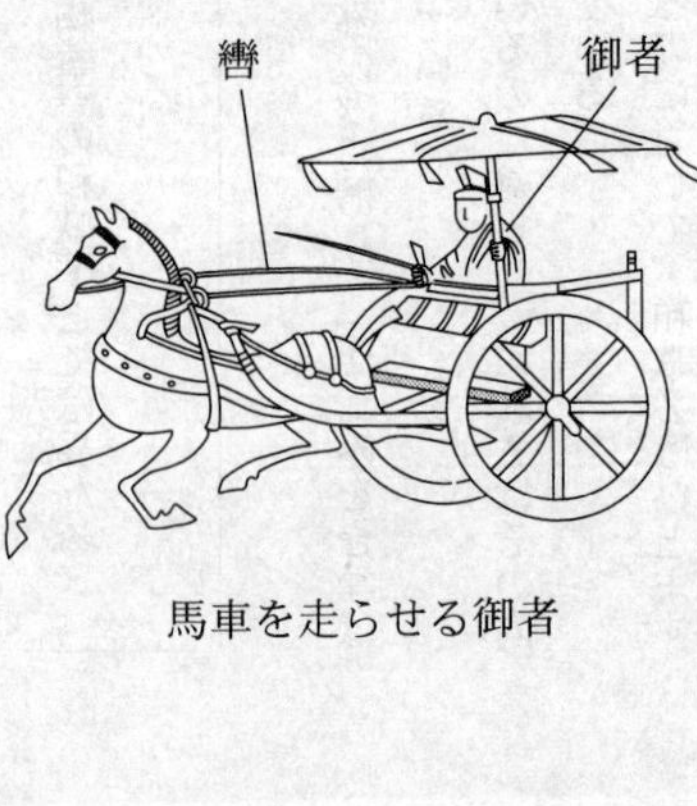

馬車を走らせる御者

（注）
1　毛骨——馬の毛なみと骨格。
2　蕭森——ひきしまって美しい。
3　歩驟——馬が駆ける音。
4　五音——中国の伝統的な音階。
5　六轡——馬車を操る手綱。
6　瑟琴——大きな琴と小さな琴。

伯（注8）楽ハ識《し》ルモ㆓其ノ外ヲ㆒　(ア)徒知ル㆓価ノ千金ナルヲ㆒

王良ハ得タリ㆓其ノ性ヲ㆒　此ノ術(イ)固已ニ深シ

良馬ハ須《ま》ツ㆓善（注9）馭《ぎよ》ヲ㆒　吾ガ言可㆑シ為㆑ス箴《しん》ト（注10）

7　九州――中国全土。
8　伯楽――良馬を見抜く名人。
9　善馭――すぐれた御者（前ページの図を参照）。
馭は御に同じ。
10　箴――いましめ。

（欧陽脩《おうようしゅう》『欧陽文忠公集《おうようぶんちゅうこうしゅう》』による）

【問題文Ⅱ】

王良は趙《ちょう》国の襄主《じょうしゅ》に仕える臣であり、「御術」における師でもある。ある日、襄主が王良に馬車の駆け競《くら》べを挑み、三回競走して三回とも勝てなかった。くやしがる襄主が、まだ「御術」のすべてを教えていないのではないかと詰め寄ると、王良は次のように答えた。

凡ソ御之所㆑ハ貴ブ、馬体(a)‖安ンジ㆓于車㆒ニ、人心(b)‖調《かな》ヒ㆓于馬㆒ニ、而ル後ニ可㆓シ以テ(c)‖進ムコト速《すみ》ヤカニシテ致㆒ス㆑遠キヲ。C今君後則欲㆑逮㆑臣、先則恐㆑逮㆓于臣㆒。夫レ誘《すす》メテ㆑道ニ争フハ㆑遠キヲ、非ザレバ㆑先ンズルニ則チ後ルル也。而シテ(d)‖先後ノ心ハ在リ㆓于(e)‖臣㆒ニ。尚ホ何ヲ以テ調ハン㆓於馬㆒ニ。此レ君之所㆓以後ルル㆒也。

（『韓非子《かんぴし》』による）

問1　波線部(ア)「徒」・(イ)「固」のここでの意味と、最も近い意味を持つ漢字はどれか。次の各群の①～⑤のうちから、それぞれ一つずつ選べ。解答番号は 30 ・ 31 。

(ア) 30 「徒」
① 只
② 復
③ 当
④ 好
⑤ 猶

(イ) 31 「固」
① 強
② 難
③ 必
④ 絶
⑤ 本

問2　波線部(1)「何」・(2)「周」・(3)「至哉」のここでの解釈として最も適当なものを、次の各群の①～⑤のうちから、それぞれ一つずつ選べ。解答番号は 32 ～ 34 。

(1)「何」 32
① どこが
② いつから
③ どのように
④ どうして
⑤ なんと

(2)「周」 33
① 手あたり次第に
② 何度も繰り返して
③ あらゆるところに
④ きちんと準備して
⑤ はるか遠くより

(3)「至哉」 34
① あのような遠くまで行くことができるものなのか
② こんなにも人の気持ちが理解できるものなのか
③ あのような高い山まで登ることができようか
④ このような境地にまで到達できるものなのか
⑤ こんなにも速く走ることができるだろうか

問3　**【問題文Ⅰ】**の傍線部**A**「馬雖レ有二四足一遅速在二吾 **X** 一」は「御術」の要点を述べている。**【問題文Ⅰ】**と**【問題文Ⅱ】**を踏まえれば、**【問題文Ⅰ】**の空欄 **X** には**【問題文Ⅱ】**の二重傍線部(a)～(e)のいずれかが入る。空欄 **X** に入る語として最も適当なものを、次の①～⑤のうちから一つ選べ。解答番号は 35 。

① (a)　体
② (b)　心
③ (c)　進
④ (d)　先
⑤ (e)　臣

問4　傍線部**B**「惟意所欲適」の返り点の付け方と書き下し文との組合せとして最も適当なものを、次の①～⑤のうちから一つ選べ。解答番号は 36 。

① 惟意所二欲適一　　惟《た》だ意の欲して適《かな》ふ所にして
② 惟意所欲レ適　　惟だ意《おも》ふ所に適《かな》はんと欲して
③ 惟意レ所レ欲適　　惟だ欲する所を意《おも》ひ適《ゆ》きて
④ 惟意所レ欲レ適　　惟だ意の適《ゆ》かんと欲する所にして
⑤ 惟意レ所二欲適一　　惟だ欲して適《ゆ》く所を意《おも》ひて

問5　傍線部C「今君後則欲レ逮レ臣、先則恐レ逮ニ于臣一。」の解釈として最も適当なものを、次の①～⑤のうちから一つ選べ。解答番号は 37 。

① あなたは私に後ろにつかれると馬車の操縦に集中するのに、私が前に出るとすぐにやる気を失ってしまいました。

② あなたは今回後れても追いつこうとしましたが、以前は私に及ばないのではないかと不安にかられるだけでした。

③ あなたはいつも馬車のことを後回しにして、どの馬も私の馬より劣っているのではないかと憂えるばかりでした。

④ あなたは後から追い抜くことを考えていましたが、私は最初から追いつかれないように気をつけていました。

⑤ あなたは私に後れると追いつくことだけを考え、前に出るといつ追いつかれるかと心配ばかりしていました。

問6　【問題文Ⅰ】と【問題文Ⅱ】を踏まえた「御術」と御者の説明として最も適当なものを、次の①～⑤のうちから一つ選べ。
解答番号は 38 。

① 「御術」においては、馬を手厚く養うだけでなく、よい馬車を選ぶことも大切である。王良のように車の手入れを入念にしなければ、馬を快適に走らせることのできる御者にはなれない。

② 「御術」においては、馬の心のうちをくみとり、馬車を遠くまで走らせることが大切である。王良のように馬の体調を考えながら鍛えなければ、千里の馬を育てる御者にはなれない。

③ 「御術」においては、すぐれた馬を選ぶだけでなく、馬と一体となって走ることも大切である。襄主のように他のことに気をとられていては、馬を自在に走らせる御者にはなれない。

④ 「御術」においては、馬を厳しく育て、巧みな駆け引きを会得することが大切である。王良のように常に勝負の場を意識しながら馬を育てなければ、競走に勝つことのできる御者にはなれない。

⑤ 「御術」においては、訓練場だけでなく、山と林を駆けまわって手綱さばきを磨くことも大切である。襄主のように型通りの練習をおこなうだけでは、素晴らしい御者にはなれない。

2021

共通テスト

本試験
(第2日程)

国語

解答時間 80分
配点 200点

第1問　次の文章を読んで、後の問い(問1～6)に答えよ。なお、設問の都合で本文の段落に 1 ～ 8 の番号を付してある。(配点　50)

1　椅子の「座」と「背」について生理学的にはふたつの問題があった。西欧での椅子の座法は、尻、腿《もも》、背をじかに椅子の面に接触させる。そこに自らの体重によって圧迫が生じる。接触とはほんらい相互的であるから、一方が硬ければ軟らかい方が圧迫される。板にじかに座ることを考えればよい。ひどい場合には、血行を阻害する。たぶん椅子の硬さは、人びとに「血の流れる袋」のような身体のイメージを喚起していたにちがいない。もうひとつは椅子に座ることで人間は両足で立つことからは解放されるとはいえ、上体を支えるには、それなりに筋肉を不断に働かせている。この筋肉の緊張が苦痛をもたらすことは、私たちが椅子の上で決して長時間、一定の姿勢をとりつづけられず、たえず動いている方がずっと楽だという経験的事実からも明らかである。椅子は休息のための道具とはいえ、身体に生理的苦痛をひきおこすものでもある。

2　一七世紀の椅子の背が後ろに傾きはじめたのは、上体を支える筋肉の緊張をいくらかでも緩和するためであった。そのためには身体を垂直の姿勢から次第に横臥《おうが》の状態に近づけていけばよい。(注1)イノケンティウス一〇世の肖像でみたように、公的な場で使われる椅子では決して威厳を失うほど後ろに靠《もた》れた姿勢がとられなかったが、「背」の後傾が純粋に生理的な身体への配慮から追求される場合もあった。その結果が、私たちがもっと後の時代の発明ではないかと想像しがちなリクライニング・チェアの発明になった。これにキャスターをとりつけた車椅子も同時にうまれていた。このふたつとも、もちろん、一七世紀にあっては高位の身障者、病人のために発明されたのである。リクライニング・チェアは、骨とそれをつつむ筋肉からなる一種の(注2)バロック的な「身体機械」のイメージを(ア)イダかせたにちがいない。次の世紀には(注3)『人間機械論』があらわれて、「人間はゼンマイの集合にすぎない」というようになる時代である。

3　一七世紀半ばにスペインの王フェリーペ二世のために考案された椅子のスケッチが残っている。普通の状態ではすでにあげた一七世紀の椅子のかたちと同じだが、後ろに重心がかかるから、倒れないために後脚を少し斜め後ろに張り出している。馬の毛を填《つ》めたキルティング(注4)で蔽《おお》った背は両側の大きな留め金具で適度な傾きに調整でき、足台も同様の留め金具でそれにあわせて動かせるので、背を倒し足台を上げると、身体に横臥に近い姿勢をとらせることができる。こうして背を立てていると王者らしい威厳も保てる車椅子が考えられていた。実際にフェリーペ二世のためにつくられた車椅子はこのスケッチとは若干ことなり、天幕を張っていたようであり、足台はなかった。このような仕掛けはいろいろ工夫される。たとえばスウェーデンのチャールス一〇世の身障者椅子では、背と足台を腕木にあけた穴を通した紐《ひも》で連動させていた。病人用の椅子から、背の両側に目隠し用の袖を立てた仮眠のためのスリーピング・チェアがうまれ、それは上流社会で静かに流行した。

４　A もうひとつの生理的配慮も、背の後傾とどちらが早いともいえない時期に生じている。どちらも身体への配慮にもとづくから不思議ではない。椅子からうける圧迫をやわらげる努力は古くから行われてきた。エジプト人は座に曲面をあたえた椅子をつくっていたし、植物セン(イ)イや革紐で網をあんで座の枠に張ってもいた。ギリシャのクリスモス(注5)の座も編んだしなやかなものであった。しかし、それでも充分とはいえなかったので、古代からクッションが使われてきた。エジプトでもアッシリアでも玉座には美しいクッションが使われているし、ギリシャのクリスモスの上にもクッションを置いて使うのが常であった。中世では四角い膨らんだクッションがそれ自体可動の家具のようにさえなっていた。長持ち(注6)はその上にクッションを置けば腰掛けにもなった。窓ぎわの石の腰掛けもクッションを置きさえすれば快適だった。クッションは石や木の硬さをやわらげ、身体は軟らかい触覚で座ることができた。しかし、いまから考えれば驚くことだが、クッションはその美しい色彩とともに、それだけでステータス(注7)を表示する室内装飾のひとつの要素だったのである。クッションを使うこと、つまり身体に快適さを与えること自体が政治的特権であった。オランダ語で「クッションに座る」といえば、高い官職を保持することを意味したといわれるが、この換喩法《メトニミー》(注8)が成立すること自体、いかにクッションの使用が階層性と結びついていたかを物語っている。たしかに王や女王、貴族たちを描いた絵画や版画を調べていくと、さまざまな意匠のクッションがその豊富なヴォリュームと色彩を(ウ)コジするように使われているのである。

5 こうして別々に作られ、使うときに一緒にされていた椅子とクッションが一六世紀から一七世紀にかけてひとつになりはじめた。この結びつけの技術は一七世紀のあいだに著しく発達する。(注9)最初は木の座や背の上に塡め物を素朴にとりつけることからはじまったが、椅子張り職人（アプホルスタラー――実際にはテキスタイル全般をあつかった職人）の技術の向上とともに、布や革で蔽われた座や背はほとんど今日のものに(エ)ミオトりしないほどに進んだ。こうした塡め物《アプホルスター》は、たんにクッションを椅子に合体させただけではなかった。それまで硬かった椅子そのもののイメージを軟らかくしてしまったことが、椅子についての概念を決定的に変え、近代の方向に椅子を押しやるきっかけになったのである。エリック・マーサー(注10)も指摘するように椅子の近代化は形態からではなく、装飾の消去からでもなく、身体への配慮、あらたに見出された快楽を志向する身体による椅子の再構成からはじまったのであった。

6 だが、近代人ならばすぐに機能化と呼んでしまいそうな椅子を成立させた思考も技術も、一七世紀にあっては限られた身分の人間なればこそ生じた身体への配慮のなかに形成されたのである。つまり傾いた背をもつ椅子も、塡め物で軟らかくなった椅子も、それ自体をいま見る限りでは「身体」との関係で説明し切れるように思えるが、さらに視野をひろげて階層社会をみれば、「もの」はほんらい社会的な関係――ここでは宮廷社会――にとりまかれ、身分に結びつく政治学をひそかにもっていたのである。むしろ「もの」を機能的にだけ理解することはすでに一種の抽象である。私たちが普通、この時代の家具とみなしているものは、実は支配階級の使用するものであり、一六世紀頃からは版画による意匠集の出版、「人形の家」という玩具でもあれば一種の商品見本でもあるものによって、新しい意匠の伝播《でんぱ》が生じるが、それは国境を越えて他の国の宮廷、小宮廷貴族、大ブルジョワジー(注11)には伝わっても、同じ国の下層へひろまることはなかった。私たちはあらためて「身体」という概念が、自然の肉体ではなく、普遍的な哲学の概念でもなく、文化の産物であり、ここまで「生理的配慮」とよんできたものも、宮廷社会のなかで生じた新しい感情やそれに伴う新しい振舞方《ふるまいかた》と切り離せない文化的価値だったことに気がつくのである。その時代に哲学ではスピノザ(注12)をのぞけば「身体」の不思議さに謎を感じているものはなかったのである。

7 生理的快適さに触れたとき、椅子に影響する身体を「血の流れる袋」とか「筋肉と骨からなる身体機械」とか、解剖学的肉体にもとづくイメージであるかのように語ったが、**B**実際に椅子に掛けるのは「裸の身体」ではなく「着物をまとった身体」なのである。衣装は一面では仮面と同じく社会的な記号としてパフォーマンスの一部である。同時に、実際にかさのある身体として椅子の形態に直接の影響をあたえていた。一六世紀には婦人たちは鯨骨を用いてひろがったスカート（ファージンゲール）で座るために、「背」はあるが腕木はないバック・ストゥールや、ズガベルロ（イタリアの椅子のタイプ）がうまれたし、一八世紀のフォートゥイユ（安楽椅子）の腕木がずっと後方にさげられるのも、やはり婦人たちの膨らんだスカートのためであった。このように文化としての「身体」は、さまざまな意味において単純な自然的肉体ではないのである。もちろんこの衣装も本質的には宮廷社会という構図のなかに形成されるし、宮廷社会への帰属という、政治的な記号なのである。

[8] やがてブルジョワジーが上昇し、支配の座につくとき、かれらはかつての支配階級、宮廷社会がうみだし、使用していた「もの」の文化を吸収するのである。ベンヤミン（注13）が「ルイ＝フィリップあるいは室内」で幻影として批評したブルジョワジーの家具、調度類は、この宮廷社会の「もの」の文化のケイ(オ)フに属していた。いいかえるならそっくりそのままではないが、ブルジョワジーは支配階級の所作のうちに形成された「身体」をひきついで、働く「身体」に結びつけ、充分に貴族的な色彩をもつブルジョワジー固有の「身体技法」（注14）をうみだしていたのである。**C**「身体」の仕組みはそれ自体、すでにひとつの、しかし複雑な政治過程を含んでいるのである。

（多木浩二《たきこうじ》『「もの」の詩学』による）

（注）
1　イノケンティウス一〇世の肖像 —— スペインの画家ベラスケスが描いた肖像画。わずかに後傾した椅子にモデルが座っている。
2　バロック —— 芸術様式の一つ。技巧や有機的な装飾を重視し、動的で迫力ある特色を示す。
3　『人間機械論』 —— フランスの哲学者ラ・メトリの著書。
4　キルティング —— 刺繡《ししゅう》の一種。二枚の布のあいだに綿や毛糸などを入れ、模様などを刺し縫いする。
5　クリスモス —— 古代ギリシャからローマ時代にかけて使われた椅子の一種。

6　長持ち――衣類や調度などを収納する、蓋付きの大きな箱。
7　ステータス――社会的地位。
8　換喩法《メトニミー》――あるものを表す際に、関係の深い別のもので置き換える表現技法。
9　テキスタイル――織物。布。
10　エリック・マーサー――イギリスの建築史家（一九一八―二〇〇一）。
11　ブルジョワジー――裕福な市民層。ブルジョアジー。
12　スピノザ――オランダの哲学者（一六三二―一六七七）。
13　ベンヤミン――ドイツの批評家（一八九二―一九四〇）。
14　「身体技法」――フランスの民族学者モースによる概念。人間は社会の中で身体の扱い方を習得することで、特定の文化に組み入れられるという考え方。

問1　傍線部(ア)～(オ)に相当する漢字を含むものを、次の各群の①～④のうちから、それぞれ一つずつ選べ。解答番号は 1 ～ 5 。

(ア) イダかせ 1
① 複数の意味をホウガンする
② 卒業後のホウフ
③ 港にホウダイを築く
④ 交通量がホウワ状態になる

(イ) センイ 2
① 現状をイジする
② アンイな道を選ぶ
③ キョウイ的な回復力
④ 条約にイキョする

(ウ) コジ 3
① 偉人のカイコ録
② 液体のギョウコ
③ コチョウした表現
④ ココウの詩人

(エ) ミオトり 4
① 商品を棚にチンレツする
② モウレツに勉強する
③ 風船がハレツする
④ ヒレツな策を用いる

(オ) ケイフ 5
① フゴウしない証言
② フメン通りの演奏
③ フリョの事故
④ 家族をフヨウする

問2　傍線部A「もうひとつの生理的配慮も、背の後傾とどちらが早いともいえない時期に生じている。」とあるが、それはどういうことか。その説明として最も適当なものを、次の①～⑤のうちから一つ選べ。解答番号は 6 。

① 身体を横臥の状態に近づけて上体の筋肉を不断の緊張から解放する配慮が現れたのとほとんど同じ時期に、椅子にキャスターを付けて可動式とし、身体障害者や病人の移動を容易にするための配慮も現れたということ。

② 椅子の背を後傾させて上半身を支える筋肉の緊張をやわらげる配慮が現れたのとほとんど同じ時期に、椅子と一体化したクッションを用いて背や座面から受ける圧迫をやわらげる配慮も現れたということ。

③ 椅子の背を調整して一定の姿勢で座り続ける苦痛をやわらげる配慮が現れたのとほとんど同じ時期に、後傾した椅子の背にクッションを取り付けることによって体重による圧迫を軽減する配慮も現れたということ。

④ 椅子の背を後ろに傾けて上体の筋肉の緊張を低減しようという配慮が現れたのとほとんど同じ時期に、エジプトやギリシャにおいてクッションを用いることで椅子の硬さを低減させる配慮も現れたということ。

⑤ 後傾させた椅子の背によって上半身の筋肉を緊張から解放する配慮が現れたのとほとんど同じ時期に、それ自体が可動式の家具のようにさえなったクッションを用いて椅子の硬さを緩和する配慮も現れたということ。

問３　傍線部Ｂ「実際に椅子に掛けるのは『裸の身体』ではなく『着物をまとった身体』なのである」とあるが、それはどういうことか。その説明として最も適当なものを、次の①～⑤のうちから一つ選べ。解答番号は 7 。

① 宮廷社会の家具の意匠が国境と身分を越えて行き渡ったということは、身体に配慮する政治学の普遍性を示すものであり、人々が椅子に座るときの服装やふるまいといった社会的な記号の由来もここから説明できるということ。

② 貴婦人の椅子が彼女たちの衣装やふるまいに合わせてデザインされていたように、椅子の用い方には生理的な快適さの追求という説明だけでは理解できない文化的な記号としての側面もあったということ。

③ 座るのは自然的肉体であっても、服装のヴォリュームも考慮に入れた機能的な椅子が求められており、宮廷社会では貴族の服飾文化に合わせた形態の椅子がこれまでとは異なる解剖学的な記号として登場したということ。

④ 宮廷社会の椅子には、貴族たちが自分の身体に向けていた生理的な快適さへの関心を、機能性には直結しない服飾文化に振り向けることで仮面のように覆い隠そうとする政治的な記号としての役割があったということ。

⑤ 椅子と実際に接触するのは生身の身体よりも衣服であるから、貴婦人の衣装やパフォーマンスを引き立たせるために、生理的な快適さを手放してでも、社会的な記号としての華美な椅子が重視されたということ。

問4　傍線部C『「身体」の仕組みはそれ自体、すでにひとつの、しかし複雑な政治過程を含んでいるのである。』とあるが、それはどういうことか。その説明として最も適当なものを、次の①～⑤のうちから一つ選べ。解答番号は 8 。

① ブルジョワジーはかつて労働者向けの簡素な「もの」を用いていたが、支配階級に取って代わったとき、彼らの「身体」は「もの」に実用的な機能ではなく、貴族的な装飾や快楽を求めるようになった。このように、本質的には人間の「身体」は、新しい「もの」の獲得によって新たな感覚や好みを備えて次々と変容していくものだということ。

② ブルジョワジーは働く「身体」という固有の特徴を受け皿にして、かつての支配階級が所有していた家具や調度類といった「もの」を受け継ぎ、それを宮廷社会への帰属の印として掲げていった。このように、「身体」と「もの」の文化は部分的に支配階級の権威の影響を受けており、相互に影響し合って単純に固有性が見いだせるものではないということ。

③ ブルジョワジーがかつての支配階級に取って代わったという変革は単なる権力の奪取ではなく、貴族に固有の「もの」や「身体」で構成された宮廷文化を解消していくという側面も持っていた。このように、「身体」にかかわる文化は永続的なものではなく、新しい支配階級に合った形がそのつど生じるので予見できないということ。

④ ブルジョワジーがかつての支配階級の所作を受け継いだやり方はそっくりそのままではなく、貴族の社会における「もの」の用い方を、労働者の「身体」に適応させるような変化をともなっていた。このように、働く「身体」には「もの」の機能を追求し、それに応じて「もの」の形態を多様化させる潜在的な力があるということ。

⑤ ブルジョワジーは新しい支配階級となるにあたって貴族社会のすべてを拒否したわけではなく、彼らの働く「身体」に応じて、宮廷社会の「もの」に付随する所作や感覚を受け継いで再構成した。このように、人間の「身体」には、権力構造の変遷にともなうさまざまな社会的要素がからみ合い、新旧の文化が積み重なっているということ。

問5　この文章の構成と内容に関する説明として最も適当なものを、次の①～④のうちから一つ選べ。解答番号は 9 。

① 1 段落では、本文での議論が最終的に生理学的問題として解決できるという見通しを示し、2 ～ 5 段落では、支配階級の椅子を詳しく描写しながら 1 段落で触れた問題を解決するための過去の取り組みを説明している。

② 5 段落は、椅子の座や背を軟らかくする技術が椅子についての概念を決定的に変えてしまったことを述べており、6 段落以降でもこの変化が社会にもたらした意義についての議論を継続している。

③ 6 段落と 7 段落では、生理学的な問題への配慮という角度から論じていたそれまでの議論を踏まえて、さらに「もの」の社会的あるいは政治的な記号という側面に目を向ける必要性を説いている。

④ 8 段落は、新たな支配階級がかつての支配階級の「もの」の文化を吸収し、固有の「身体技法」を生み出したことを述べ、5 段落までの「もの」の議論と 6 段落からの「身体」の議論の接続を行っている。

問６ 次に示すのは、この文章を読んだ後に、教師の指示を受けて六人の生徒が意見を発表している場面である。本文の趣旨に**合致しないものを**、次の①～⑥のうちから**二つ**選べ。ただし、解答の順序は問わない。解答番号は 10 ・ 11 。

教師――この文章では「もの」と「身体」との社会的関係について論じていましたね。本文で述べられていたことを、皆さんの知っている具体的な例にあてはめて考えてみましょう。

① 生徒Ａ――快適さを求めて改良されてきた様々な家具が紹介されていましたが、家に関しても寒い地域では断熱性が高められる一方で、暑い地域では風通しが良いように作られています。私たちの「身体」がそれぞれの環境に適応して心地よく暮らしていくための工夫がいろいろ試みられ、近代的な家屋という「もの」の文化を生み出しています。

② 生徒Ｂ――身につける「もの」に複数の側面があるということは、スポーツで用いるユニホームについても言えると思います。競技の特性や選手の「身体」に合わせた機能性を重視し、そろいのデザインによって所属チームを明らかにすることはもちろんですが、同じ「もの」をファンが着て一体感を生み出す記号としての役割も大きいはずです。

③ 生徒Ｃ――「身体」という概念は文化の産物だと述べられていますが、私たちが箸を使うときのことを思い出しました。二本の棒という「もの」を用いて食事をするわけですが、単に料理を口に運べればよいのではなく、その扱い方には様々な「身体」的決まり事があって、それは文化によって規定されているのだと思います。

④ 生徒Ｄ――「身体」がまとう衣装は社会的な記号であるということでしたが、明治時代の鹿鳴館《ろくめいかん》では当時の上流階級が華やかな洋装で交流していたそうです。その姿は単なる服装という「もの」の変化にとどまらず、西洋の貴族やブルジョワジーの「身体」にまつわる文化的な価値を日本が取り入れようとしたことを示しているのではないでしょうか。

⑤　生徒E――支配階級の交代にともなって「身体」のありようが変容するとありましたが、現代ではスマートフォンの登場によって、娯楽だけでなく勉強の仕方も大きく変わってきています。このような新しい「もの」がそれを用いる世代の感覚やふるまいを変え、さらには社会の仕組みも刷新していくことになるのではないでしょうか。

⑥　生徒F――椅子や衣装にともなう所作のもつ意味に関連して、私たちが身につける「もの」の中でも、帽子には日射しを避けるという機能とは別の「身体」のふるまいにかかわる記号としての側面もあるのではないでしょうか。「脱帽」という行為は相手への敬意を表しますし、帽子を脱いだ方がふさわしい場もあると思います。

第2問

次の文章は、津村記久子《つむらきくこ》「サキの忘れ物」(二〇一七年発表)の一節である。十八歳の千春は高校を中退し、病院に併設されている喫茶店で、店長の谷中《やなか》さんとアルバイトの先輩の菊田さんと働いている。ある日、常連客の「女の人」が喫茶店に文庫本を忘れる。その本は、「サキ」という名前の外国人男性作家が書いた短編集だった。以下はそれに続く場面である。これを読んで、後の問い(問1～6)に答えよ。なお、設問の都合で本文の上に行数を付してある。(配点　50)

本を店に忘れた女の人は、いつもと同じように夜の八時にやってきた。女の人は、席に着くなり申し訳なさそうに、私昨日忘れ物をしていったかもしれないんですけど調べてもらえますか？　文庫本なんですが、と千春に言った。千春は、ありましたよ、とうなずいてすぐに忘れ物の棚に取りに行き、女の人に本を渡した。女の人は、よかった、電車に忘れてたら買い直そうと思ってたんだけど、とうれしそうに笑って本を受け取った。

「ここに忘れててよかったです。電車だと手続きが面倒だし、たぶん戻ってこないから」

「そうなんですか」

ここに忘れてよかった、というのはなんだかへんな表現だと千春は思う。でも、女の人がとても喜んでいる様子なのはよかった。

「サキ」はおもしろいですか？　(注1)どんな話を書いているかわからない顔の男の人ですね。私は別れた彼氏と付き合ってた頃、この人と結婚して娘ができたらサキっていう名前にしようと思っていました。

千春は、頭の中でそう言いながら、女の人のオーダーを取った。珍しいことだった。千春が誰かに何かを話しかけたいと思うことは。何を話しかけたいか、ちゃんと頭の中に文言が出てくるということは。

女の人は、チーズケーキとブレンドコーヒーを注文した。チーズケーキは、昨日帰り際に谷中さんが仕込んでいたもので、たぶん最後の一きれだったはずだ。

あなたは運がいいですよ。

千春はそう思いながら、もちろんそれも口にはしなかった。

手順通りコーヒーを淹《い》れて、チーズケーキを冷蔵庫から出して、昨日店に本を忘れた女の人の席へと持って行く。谷中さんは厨房《ちゅうぼう》で、昨日と同じように明日のチーズケーキの仕込みをしていた。(注2)午前に千春がビルマのことについてたずねたことは、完全に忘れているようだった。

ソーサーに乗せたコーヒーカップと、チーズケーキのお皿をテーブルの上に置くと、女の人は、いい匂い、と言った。初めてのことだった。もしかしたら今日、忘れ物に関して注文以外の会話をしたからかもしれないし、この店に来るまでに何か良いことがあったのかもしれない、と千春は思った。

「お客さんは運がいいですよ。ケーキ、最後の一個だったんで」

そう話しながら、緊張で全身に血が巡るような感覚を千春は覚えた。今年の五月から半年ぐらいここで働いているけど、お客さんに話しかけるのは初めてだった。

「そうなんですか、それはよかったです」

女の人は、千春を見上げてかすかに笑った。千春はその表情をもう少しだけ続けさせたい、と思って、本をこの店に忘れてよかったですね、と女の人が言っていたことをそのまま言った。女の人はうなずいた。

「友達のお見舞いに来てるんですけど、眠ってる時間が長くて、本がないと間が持たないんですよね」

あと、ここから家までも一時間ぐらいあるし、と女の人は付け加えた。遠くから来ているのだな、と千春は思った。いくつか情報を与えられて、フロアには他のお客さんもいなかったし、もう少し話を続けてみよう、と千春は決めた。

「遠くからお越しなんですね」

「携帯を見ていてもいいんですけど、電車で見ると頭が痛くなるんですよね。ほんともう年だから」

おいくつなんですか？と言いかけて、千春はやめる。女の人に年を訊《き》くのは失礼にあたるかもしれないということぐらいは、千春も知っている。

「私は電車に乗らなくなってだいぶ経《た》つから、そういう感じは忘れました」

「それは幸せですねえ」

女の人にそう言われると、千春は自分が少しびっくりするのを感じた。他の人に「幸せ」なんて言われたのは、生まれて初めてのような気がしたのだった。小さい頃にはあったかもしれないけれども、とにかく記憶の及ぶ範囲では一度もなかった。

A何も言い返せないでいると、女の人は、もしかしたら事情があるかもしれないのに、ごめんなさいね、と頭を下げて、コーヒーカップに口を付けた。千春は、自分が黙ってしまったことで女の人が(ア)居心地の悪さを感じたのではないかと怖くなって、いえいえ事情なんて、と何度も頭を下げながらその場を離れた。高校をやめたから、と言ったら、たぶんその人はより申し訳ない気持ちになるのではないかと千春は思った。千春自身にとっては、何の意欲も持てないことをやめたに過ぎなかったけれども、高校をやめることがそう頻繁にはないことは千春も知っている。

その日も女の人は、九時の少し前まで店で本を読んで帰っていった。千春は、忘れた本人のところに戻っていったものの、一度は家に持って帰ったサキの本のことがどうしても気になって、家に帰るのとは反対方向の、病院の近くの遅くまで開いているチェーンの書店に寄って「サキ」の本を探した。(注3)文庫本のコーナーに入るのは初めてで、表紙を上にして置いてある本以外は、背表紙の文字だけが頼りなのでめまいがするようだった。本棚の分類が出版社別になっているということも、千春を混乱させた。女の人が忘れた本が、どこの出版社のものかなんてまったく見ていなかった。

三十分ほど文庫本のコーナーを見て回ったあと、千春は、棚の整理に来た小柄な女性の店員さんに、サキの本を探しているのですが、と話しかけた。正直、それだけの情報では、なんとかサキだとか、サキなんとかという人の本を出されるのではないかと千春は(イ)危惧したのだが、店員さんは、ああはい、少々お待ちください、と言い残した後、女の人が忘れていったのとまったく同じ本をすぐに持ってきて、今お店にはこの本しか置いていないんですけれども、と言った。千春は少し興奮して、これです、ありがとうございます、と受け取り、早足でレジに向かった。

文庫本なんて初めて買った。読めるかどうかもわからないのに。明日になったら、どうしてこんなものを買ったのと思うかもしれないけれども、それでもべつにいいやと思える値段でよかった。

いつもより遅くて長い帰り道を歩きながら、千春は、これがおもしろくてもつまらなくてもかまわない、とずっと思っていた。それ以上に、おもしろいかつまらないかをなんとか自分でわかるようになりたいと思った。それで自分が、何にもおもしろいと思えなくて高校をやめたことの埋め合わせが少しでもできるなんて(ウ)むしのいいことは望んでいなかったけれども、B とにかく、この軽い小さい本のことだけでも、自分でわかるようになりたいと思った。

*

次の日、その女の人は、いらなかったらいいんですけど、もしよろしければ、とすごく大きなみかんを千春と菊田さんと谷中さんに一つずつくれた。みかんというか、グレープフルーツというか、とにかく大きな丸い果物だった。すいかほどではないが、プリンスメロンぐらいの大きさはあった。レジで応対して直接もらった菊田さんによると、ブンタン、という名前らしい。

「友達の病室で、隣のベッドの患者さんの親戚の人が五つくれたんだけど、一人じゃこんなに食べれないし、明日職場で配るにしても持って帰るのがとにかく重いから、って」

菊田さんはブンタンを右手に置いて、おもしろそうに手を上下させて千春に見せた。黄色いボールみたいだった。

「隣のベッドの人のお見舞いの人が、いろんなものをくれるんだって。本当ならぜんぜん関わりがないような人同士が同じ場所にいて、その周囲の知らない人がさらに集まってくるから、入院って不思議よね」

菊田さん自身は、まだ入院はしたことがないそうだけれども、その日の暇な時間帯に谷中さんにたずねると、あるよ、とちょっと暗い声で答えた。

昨日本を買って帰った千春は、いろんな話の書き出しを読んでみて、自分に理解できそうな話をなんとか探し、牛の話を読んだ。牛専門の画家が、隣の家の庭に入り込んで、おそらく貴重な花を食べている牛を追っ払おうとするが、逆に牛は家の中に入り込んでしまい、仕方ないので画家は牛を絵に描くことにする、という話だった。牛専門の画家というのがそもそもいるのかという感じだったし、牛が人の家の庭にいて、さらに家の中に入ってくるというのもありえないと思ったが、千春は、自分の家の庭に牛がいて、それが玄関から家の中に入ってくると思うと、ちょっと愉快な気持ちになった。

その話を読んでいて、千春は、声を出して笑ったわけでも、つまらないと本を投げ出したわけでもなかった。ただ、様子を想像していたいと思い、続けて読んでいたいと思った。**C**本は、千春が予想していたようなおもしろさやつまらなさを感じさせるものではない、ということを千春は発見した。

ブンタンをもらったその日も、家に帰ってからどれか読めそうな話を読むつもりだった。ブンタンはお母さんに渡そうと思っていたが、千春は家の中のいろんなところに牛がいるところを想像していて、お母さんに渡すのは忘れて部屋に持って帰ってしまった。

また持って行くよりは、お茶を淹れて本を読みたいという気持ちが勝って、もう勉強なんてしないのに部屋に置いてある勉強机の上に、千春は大きなブンタンを置いた。**D**すっとする、良い香りがした。

(注)
1　どんな話を書いているかわからない顔の男の人――本文の前の場面で、千春は女の人が忘れた本のカバーに載っていたサキの写真を見ていた。
2　午前に千春がビルマのことについてたずねた――本文の前の場面で、サキが「ビルマ」(現在のミャンマー)の出身であることを知った千春は谷中さんに「ビルマ」について尋ねていた。
3　一度は家に持って帰ったサキの本――前日、千春は女の人が忘れた本に興味を持ち、自宅に持ち帰ってしまったが、翌日、その本を店の忘れ物の棚に戻しておいた。

問1　傍線部(ア)～(ウ)の本文中における意味として最も適当なものを、次の各群の①～⑤のうちから、それぞれ一つずつ選べ。解答番号は 12 ～ 14 。

(ア) 居心地の悪さを感じた 12
① 所在ない感じがした
② あじけない感じがした
③ やるせない感じがした
④ 落ち着かない感じがした
⑤ 心細い感じがした

(イ) 危惧した 13
① 疑いを持った
② 慎重になった
③ 気後れがした
④ 心配になった
⑤ 恐れをなした

(ウ) むしのいい 14
① 都合がよい
② 手際がよい
③ 威勢がよい
④ 要領がよい
⑤ 気分がよい

問２　傍線部Ａ「何も言い返せないでいる」とあるが、このときの千春の状況や心情の説明として最も適当なものを、次の①～⑤のうちから一つ選べ。解答番号は 15 。

① 周囲の誰からも自分が幸せだとは思われていないと感じていただけに、女の人から幸せだと指摘されたことで、あまり目を覚ましてくれない友達の見舞いを続ける彼女の境遇を察し、言葉を失ってしまった。

② 人から自分が幸せに見えることがあるとは思っていなかっただけに、女の人が自然な様子で千春の境遇を幸せだと言ったことに意表をつかれて、その後の会話を続ける言葉が思い浮かばなかった。

③ 女の人の笑顔をもう少し見ていたくて会話を続けているのに、幸せだったことは記憶の及ぶ限り一度もなかったために話題が思い浮かばず、何か話さなくてはならないと焦ってしまった。

④ 仕事や見舞いのために長時間電車に乗らなくてはならない女の人と比べると、高校をやめたのも電車に乗らなくてよいという点からは幸せに見えるのだと気づかされ、その皮肉に言葉が出なくなった。

⑤ これまでお客さんと会話をすることがほとんどなかったために、その場にふさわしい話し方がわからず、千春が幸せな境遇かどうかという話題をうまくやりすごす返答の仕方が見つからなかった。

問3　傍線部B「とにかく、この軽い小さい本のことだけでも、自分でわかるようになりたいと思った」とあるが、このときの千春の心情はどのようなものか。その説明として最も適当なものを、次の①～⑤のうちから一つ選べ。解答番号は 16 。

① つまらないと感じたことはやめてしまいがちな自分に最後まで本が読めるとは思えなかったが、女の人も愛読するサキの本は書店でもすぐに見つかるほど有名だとわかり、自分でも読んでみて内容を知りたいと思った。

② 高校をやめてしまった挫折感が和らぐことは期待できなくても、女の人が買い直してもよいとまで言うサキの本と同じものを入手して読むことで、その本をきっかけにして女の人とさらに親しくなりたいと思った。

③ 仕事帰りに書店に立ち寄り見つけるのに苦労しながら初めて購入した本なので、読書体験の乏しい自分でもこの軽い小さい本のことだけは、内容を知りそれなりに理解できるようになりたいと思った。

④ 娘が生まれたらつけようと思っていたサキという名を持つ作家について女の人から教えてもらいたかったのに、話がそれてしまったので、自分で読んでそのおもしろさだけでもわかりたいと思った。

⑤ 高校をやめたことの理由づけにはならなくても、何かが変わるというかすかな期待をもって、女の人と会話をするきっかけとなったこの本のおもしろさやつまらなさだけでも自分で判断できるようになりたいと思った。

問４　傍線部Ｃ「本は、千春が予想していたようなおもしろさやつまらなさを感じさせるものではない、ということを千春は発見した。」とあるが、千春は読書についてどのように思ったか。その説明として最も適当なものを、次の①～⑤のうちから一つ選べ。解答番号は［17］。

①　「牛の話」の内容そのものには嘘くささを感じたが、追い払おうとした牛を受け入れ自分の画業に生かした画家の姿には勇気づけられた。このことから、本を読む意義は、ただ内容を読み取るだけではなく、物語を想像し登場人物に共感することで自分の力にすることにあると思った。

②　きっかけは単なる偶然でしかなかったが、初めての経験がもたらす新鮮な驚きに支えられながら「牛の話」を読み通すところまでたどり着けた。このことから、本を読む喜びは、内容のおもしろさによって与えられるのではなく、苦労して読み通すその過程によって生み出されるのだと思った。

③　「牛の話」は日常とかけ離れていて情景を想像するのが難しかったが、世界には牛と人との生活がすぐ近くにある人たちもいるという事実を知ることができた。このことから、本を読む価値は、内容のおもしろさよりもむしろ、世の中にはまだ知らないことが多いと気づくことにあると思った。

④　「牛の話」の内容そのものはおもしろいとは思わなかったが、未知の体験を経て想像しながら読んだ本には愛着を感じることができた。このことから、本を読んだ感動は、それを読むに至る経緯や状況によって左右されるので、内容がおもしろいかつまらないかはさほど重要ではないと思った。

⑤　「牛の話」の内容そのものはいかにも突飛なものに思えたが、それを自分のこととして空想することには魅力が感じられた。このことから、本を読むという体験には、書かれているものをただ受けとめるだけではなく、自ら想像をふくらませてそれと関わることが含まれるのだと思った。

問5　傍線部D「すっとする、良い香りがした。」とあるが、「ブンタン」の描写と千春の気持ちや行動との関係についての説明として最も適当なものを、次の①～⑤のうちから一つ選べ。解答番号は 18 。

① 女の人が喫茶店のスタッフに一つずつくれた「ブンタン」は、人見知りで口下手だったために自分を過小評価していた千春が一人前の社会人として認められたことを示している。その香りの印象は、千春が仕事を通して前向きに生きる自信を回復する予兆となっている。

② 千春が自室に持ち込んだ「ブンタン」は、友達の見舞いの帰りに喫茶店で本を読む女の人の行動を真似、家とは反対方向の書店にわざわざ出かけて本を探した千春の憧れの強さを表している。その香りの印象は、他の人の生活に関心を持ち始めた千春の変化を示している。

③ 千春が本を読むときに自分のそばに置きたいと思った「ブンタン」は、女の人や喫茶店のスタッフに対する積極的な好意を表している。その香りの印象は、自分にしか関心のなかった千春がその場しのぎの態度を改めて周囲との関係を作っていこうとする前向きな変化を強調している。

④ 千春が手にした「ブンタン」は、長く使っていなかった勉強机に向かった千春の姿と、交流のなかった喫茶店のスタッフに「ブンタン」を分けてくれた女の人の姿とを結びつける。その香りの印象は、千春が自分の意志で新たなことに取り組もうとする積極性を表している。

⑤ 女の人がくれた「ブンタン」は、それを勉強机に置き、その香りのなかでお茶を淹れて本を読もうとしている千春の姿と、喫茶店でコーヒーを飲みながら本を読む女の人の姿とを結びつける。その香りの印象は、千春が本を読む楽しさを発見した清新な喜びにつながっている。

問６　Aさんのクラスでは国語の授業で千春の描写を中心に学んできた。続いてもうひとりの登場人物である女の人について各グループで話し合うことになった。Aさんのグループでは「⑴女の人はどのように描かれているか」「⑵千春にとって女の人はどういう存在として描かれているか」について考えることにした。次はAさんのグループの話し合いの様子である。本文の内容を踏まえて、空欄 Ⅰ ・ Ⅱ に入る最も適当なものを、後の各群の①〜⑤のうちから、それぞれ一つずつ選べ。解答番号は 19 ・ 20 。

Aさん――まずは表情に注目してみよう。本文の1行目で、「申し訳なさそうに」忘れ物の本のことを尋ねてきた女の人は、4行目で本があったことを千春が告げると、うれしそうに笑っている。

Bさん――それに釣られるようにして、千春も女の人に話しかけたいと思う言葉を頭の中でめぐらせ始めている。

Cさん――千春の運んだコーヒーとチーズケーキについて、女の人が「いい匂い」と口にしたことで、二人の会話が始まったね。

Dさん――23行目で千春が緊張しながら話しかけると、女の人は笑顔で応じている。

Cさん――友達のお見舞いに来ているという自分の事情をざっくばらんに話してもいるよ。

Dさん――でも、67行目で喫茶店のスタッフに果物をあげるときに、職場で配るために持って帰るのも重いとわざわざ付け加えているのも、この人らしいね。そうそう、64行目では「もしよろしければ」という言い方もしているよ。

Aさん――そうすると、この人は Ⅰ ように描かれていることになるね。これを⑴のまとめにしよう。

Bさん――次に⑵の「千春にとって女の人はどういう存在として描かれているか」についてだけど、5行目にある「ここに忘れててよかった」、という女の人の言葉をなんだか変な表現だと思ったところから、千春の心に変化が起こっているね。

Dさん――気になる存在になった。どうしてだろう。

Aさん――文庫本もきっかけだけど、それだけじゃない。

Bさん――37行目で女の人に「それは幸せですねえ」と言われたのに千春が何も言い返せないでいたら、女の人が「もしかしたら事情があるかもしれないのに、ごめんなさいね」と言う。このやりとりは気になるね。

Cさん――女の人から「幸せ」だと言われたり、「事情があるかもしれない」と配慮されたりすることで、千春の心は揺り動かされているのかな。

Bさん――そうか、女の人は　Ⅱ　きっかけを千春に与えてくれたんだ。

Aさん――「わかるようになりたい」という58行目の言葉も印象的だね。Bさんの言ったことが(2)のまとめになる。

Ⅰ　19
① 相手を気遣うようでありながら、自分の心の内は包み隠す人である
② 相手と気さくに打ち解ける一方で、繊細な気遣いも見せる人である
③ 相手への配慮を感じさせつつ、内心がすぐ顔に出てしまう人である
④ 相手に気安く接しながら、どこかに緊張感を漂わせている人である
⑤ 相手の気持ちに寄り添いながら、自分の思いもさらけ出す人である

Ⅱ　20
① 周囲の誰に対しても打ち明けられないまま目をそらしてきた悩みに改めて向き合う
② 高校を中退してしまったことを後悔するばかりだった後ろ向きの思考から抜け出す
③ 流されるままにただこなしていた仕事に意義や楽しさを積極的に見出していく
④ 他の人や物事に自ら働きかけることのなかったこれまでの自分について考え始める
⑤ 他人に気遣われる経験を通して自分に欠けていた他人への配慮について意識する

第３問

次の文章は、『山路の露』の一節である。男君との恋愛関係のもつれに悩んで姿を消した女君は、やがて出家し、ある山里でひっそりと暮らしていた。女君の生存を伝え聞いた男君は、女君の弟（本文では「童」）を使いとして何度か手紙を送ったが、女君は取り合わなかった。本文は、あきらめきれない男君が女君の住む山里を訪ねる場面から始まる。これを読んで、後の問い（問１～５）に答えよ。なお、設問の都合で本文の上に行数を付してある。（配点　50）

夕霧たちこめて、道いとたどたどしけれども、深き心をしるべにて、急ぎわたり給《たま》ふも、(ア)かつはあやしく、今はそのかひあるまじきを、と思《おぼ》せども、ありし世の夢語りをだに語り合はせまほしう、行く先急がるる御心地になむ。浮雲はらふ四方《よ も》の嵐に、月なごりなうすみのぼりて、千里《ちさと》(注1)の外《ほか》まで思ひやらるる心地するに、いとど思し残すことあらじかし。山深くなるままに、道いとしげう、露深ければ、御随身《ずいじん》いとやつしたれどさすがにつきづきしく、御前駆《さき》の露はらふ様もをかしく見ゆ。かしこは、山のふもとに、いとささやかなる所なりけり。まづかの童《わらは》を入れて、案内み(注2)給へば、「こなたの門だつ方は鎖《さ》して侍《はべ》るめり。竹の垣ほしわたしたる所に、通ふ道の侍るめり。ただ入らせ給へ。人影もし侍らず」と聞こゆれば、「しばし音なくてを」とのたまひて、我ひとり入り給ふ。小柴《こしば》といふもの(イ)はかなくしなしたるも、同じことなれど、いとなつかしく、よしある様なり。妻戸も開《あ》きて、いまだ人の起きたるにや、と見ゆれば、しげりたる前栽《せんざい》のもとよりつたひよりて、軒近き常磐木《ときはぎ》の所せくひろごりたる下にたち隠れて見給へば、こなたは仏の御前なるべし。名香《みやうがう》(注3)の香《か》、いとしみ深くかをり出でて、ただこの端つ方に行ふ人あるにや、経の巻き返さるる音もしのびやかになつかしく聞こえて、しめじめとものあはれなるに、なにとなく、やがて御涙すすむ心地して、つくづくと見ゐ給へるに、とばかりありて、行ひはてぬるにや、

「いみじの月の光や」

とひとりごちて、簾《すだれ》のつま少し上げつつ、月の顔をつくづくとながめたるかたはらめ、昔ながらの面影ふと思し出でられて、いみじうあはれなるに、見給へば、月は残りなくさし入りたるに、鈍色《にびいろ》(注4)、香染《かうぞめ》などにや、袖口なつかしう見えて、額髪《ひたひがみ》のゆらゆらと削《そ》ぎかけられたるまみのわたり、いみじうなまめかしうをかしげにて、かかるしもこそらうたげさまさりて、忍びがたうまもりゐ給へるに、なほ、とばかりながめ入りて、

「里わかぬ雲居の月の影のみや見し世の秋にかはらざるらむ」

と、しのびやかにひとりごちて、涙ぐみたる様、いみじうあはれなるに、まめ人(注5)も、さのみはしづめ給はずやありけむ、

「ふるさとの月は涙にかきくれてその世ながらの影は見ざりき」

とて、ふと寄り給へるに、いとおぼえなく、化け物などいふらむものにこそと、むくつけくて、奥ざまに引き入り給ふ袖を引き寄せ給ふままに、せきとめがたき御気色《けしき》を、さすが、それと見知られ給ふは、いと恥づかしう口惜しくおぼえつつ、ひたすらむくつけきものならばいかがはせむ、世にあるものとも聞かれ奉りぬるをこそは憂きことに思ひつつ、いかであらざりけりと聞きなほされ奉らむと、とざまかうざまにあらまされつる(注6)を、のがれがたく見あらはされ奉りぬると、せむかたなくて、涙のみ流れ出でつつ、我にもあらぬ様、いとあはれなり。

(注) 1 千里の外まで――はるか遠くまで。
2 案内み給へば――様子をうかがわせてみると。
3 名香――仏前でたく香。
4 鈍色、香染――どちらも出家者が身につける衣の色。
5 まめ人――きまじめな人。ここでは、男君を指す。
6 あらまされつる――願っていた。

問1　傍線部(ア)・(イ)の解釈として最も適当なものを、次の各群の①～⑤のうちから、それぞれ一つずつ選べ。解答番号は 21 ・ 22 。

(ア) かつはあやしく 21
① 一方では不思議で
② 一方では不愉快で
③ 一方では不気味で
④ そのうえ不体裁で
⑤ そのうえ不都合で

(イ) はかなくしなしたる 22
① かわいらしく飾ってある
② 崩れそうな様子である
③ 形ばかりしつらえてある
④ こぎれいに手入れしてある
⑤ いつのまにか枯れている

問2　二重傍線部「ありし世の夢語りをだに語り合はせまほしう、行く先急がるる御心地になむ」の語句や表現に関する説明として最も適当なものを、次の①～⑤のうちから一つ選べ。解答番号は 23 。

① 「ありし世の夢語り」には、二人の仲は前世からの縁であるはずだと、男君が夢想していたことが表現されている。
② 「だに」は「まほしう」と呼応して、男君がわずかな望みにもすがりたいような心境であったことを表現している。
③ 「語り合はせ」の「せ」は使役の意味で、男君が女君自身の口から事情を説明させようとしていることを表現している。
④ 「急がるる」の「るる」は可能の意味で、女君のためなら暗い山道を行くこともいとわない男君の決意を表現している。
⑤ 「なむ」の後には「侍らめ」が省略されているが、それをあえて書かないことで余韻をもたせた表現になっている。

問3　この文章の男君の行動や心境についての説明として最も適当なものを、次の①～⑤のうちから一つ選べ。解答番号は 24 。

① 女君のもとへ行く途上、先導の者が露を払いながら進むのを見て、山道の雰囲気に合う優美な様子だと思っていた。
② 童に女君の住まいの様子を調べさせたが、その童が余計な口出しをするのを不快に思い、黙っているように命じた。
③ 女君の住まいの様子が、かつて二人で過ごした場所の雰囲気によく似ているのを見て、懐かしさを覚えた。
④ 木陰から垣間見たところ、仏道修行に励んでいる女君の姿を目にし、女君の敬虔《けいけん》さに改めて心ひかれた。
⑤ 独り歌を詠み涙ぐむ女君の、可憐《かれん》な姿を目にするうちに、隠れて見ているだけでは飽き足りなくなってしまった。

問４　この文章の女君の心境についての説明として適当なものを、次の①～⑥のうちから**二つ**選べ。ただし、解答の順序は問わない。解答番号は［25］・［26］。

①　突然現れた男君を化け物だと思い込み、着物の袖をつかまれたことで、涙がこぼれるほど恐ろしく感じた。

②　目の前の相手が男君であることを知って動揺し、化け物であってくれたほうがまだあきらめがつくと思った。

③　男君ほどつらい思いをしている者はこの世にいないだろうと世間が噂《うわさ》しているのを聞き、不愉快に感じていた。

④　男君に見つかってしまったのは、歌を口ずさんだのを聞かれたせいに違いないと思い、軽率な行動を後悔した。

⑤　男君に姿を見られてしまい、もはや逃げも隠れもできない状況になってしまったことを悟って、途方に暮れた。

⑥　男君が以前とは打って変わってひどくやつれているのを見て、その苦悩の深さを知り、同情の気持ちがわいた。

問５　この文章では、「月」がたびたび描かれ、登場人物を照らし、和歌にも詠まれている。それぞれの場面についての説明として適当なものを、次の①～⑥のうちから二つ選べ。ただし、解答の順序は問わない。解答番号は［27］・［28］。

①　３行目「月なごりなうすみのぼりて」では、遠く離れた場所に住む女君のもとへといたる道のりを月が明るく照らし出すことで、夜の山道を行くことをためらっていた男君の心の迷いが払拭されたことが象徴的に表現されている。

②　16行目「月の顔をつくづくとながめたる」では、女君は月を見て男君の面影を重ねながら長々と物思いにふけっており、男君がいつかはこの山里まで訪ねてきてしまうのではないかと、女君が不安に思っていることが明示されている。

③　16行目「月の顔をつくづくとながめたる」女君の横顔は、男君の目には昔と変わらないように見えたが、17行目「残りなくさし入りたるに」では、月の光が女君の尼姿を照らし出し、以前とは異なる魅力を男君に発見させている。

④　15行目「いみじの月の光や」、20行目「里わかぬ雲居の月」と、女君が月を見て二度まで独りごとを言う場面では、仏道修行に専念する生活の中で、月だけが女君のつらい過去を忘れさせてくれる存在であったことが暗示されている。

⑤　20行目「里わかぬ雲居の月」の歌における月は、世を捨てた者の暮らす山里までもあまねく照らすものとして詠まれており、昔と変わらないその光が、以前とは身の上が大きく変わってしまったことを、否応《いやおう》なく女君に意識させている。

⑥　22行目「ふるさとの月」の歌は、20行目「里わかぬ雲居の月」の歌に答える形で詠まれたものだが、かつての女君の姿を月にたとえて出家を惜しんでいるところに、女君の苦悩を理解しない男君の、独りよがりな心が露呈している。

第4問

次の文章は、北宋《ほくそう》の文章家曾鞏《そうきよう》が東晋《とうしん》の書家王羲之《おうぎし》に関する故事を記したものである。これを読んで、後の問い（問1〜7）に答えよ。なお、設問の都合で返り点・送り仮名を省いたところがある。（配点　50）

羲之之書ハ、(ア)晩乃善。則チ其ノ所レ能クスル、蓋シ亦タ以テ二精力ヲ一自ラ致ス者ニシテ、非ザル二天成ニ一也。然レドモ後世　X　レ有二能ク及ブ者一、A豈其学不レ如レ彼邪。則チ学ハ(イ)固ヨリ豈可二以少一哉。B況ンヤ欲スル三深ク造《いた》ラント二道徳ニ一者ヲ邪。墨池之上《ほとり》ハ、今為ル二州ノ(注1)学舎ト一。(注2)教授王君盛ハ、恐ルル二其ノ不ルヲレ章《あらは》レ也《や》、書シ二晋ノ王右軍ノ(注3)墨池之六字ヲ於楹《えい》(注4)間《かん》一ニ以テ掲グレ之ヲ。又タ告ゲテ二於鞏ニ(注5)一曰ハク、「願ハクハ有ランコトヲレ記スト。」C推スニ二王君之心ヲ一、豈愛シテ二人之善ヲ一、雖モ二一能ト一不シテ二以テ廃セ一、而因リテ以テ及ブ二乎其ノ跡ニ一邪。其レ亦タ欲スル下推シテ二其ノ事ヲ一以テ勉《はげ》マサント中其ノ学ブ者ヲ上邪。D夫人之有一能而使後人尚之如此。況ンヤ仁人(注6)荘士之遺(注7)風余思、被《かうむ》ル二於来世ニ一者如何ゾ哉。

（曾鞏「墨池記《ぼくちき》」による）

(注)

1　州学舎——州に設置された学校。

2　教授王君盛——教授の王盛《おうせい》のこと。

3　王右軍——王羲之を指す。右軍は官職名。

4　楹——家屋の正面の大きな柱。

5　鞏——曾鞏の自称。

6　仁人荘士——仁愛の徳を備えた人や行いの立派な者。

7　遺風余思——後世に及ぶ感化。

問１　波線部(ア)「晩 乃 善」・(イ)「豈 可二以 少一哉」のここでの解釈として最も適当なものを、次の各群の①～⑤のうちから、それぞれ一つずつ選べ。解答番号は 29 ・ 30 。

(ア)「晩 乃 善」 29

① 年齢を重ねたので素晴らしい
② 年を取ってからこそが素晴らしい
③ 晩年になってさえも素晴らしい
④ 晩年のものはいずれも素晴らしい
⑤ 年齢にかかわらず素晴らしい

(イ)「豈 可二以 少一哉」 30

① やはり鍛錬をおろそかにするにちがいない
② きっと稽古が足りないにちがいない
③ なんと才能に恵まれないことだろうか
④ どうして努力を怠ってよいだろうか
⑤ なぜ若いときから精進しないのか

問２　空欄 **X** に入る語として最も適当なものを、次の①～⑤のうちから一つ選べ。解答番号は 31 。

① 宜
② 将
③ 未
④ 当
⑤ 猶

問３　傍線部**A**「豈其学不レ如レ彼邪」に用いられている句法の説明として適当なものを、次の①～⑥のうちから二つ選べ。ただし、解答の順序は問わない。解答番号は 32 ・ 33 。

① この文には比較の句法が用いられており、「～には及ばない」という意味を表している。
② この文には受身の句法が用いられており、「～されることはない」という意味を表している。
③ この文には限定の句法が用いられており、「～だけではない」という意味を表している。
④ この文には疑問を含んだ推量の句法が用いられており、「～ではないだろうか」という意味を表している。
⑤ この文には仮定を含んだ感嘆の句法が用いられており、「～なら～ないなあ」という意味を表している。
⑥ この文には使役を含んだ仮定の句法が用いられており、「～させたとしても～ではない」という意味を表している。

問4　傍線部B「況 欲㆔深 造㆓道 徳㆒者 邪。」とあるが、その解釈として最も適当なものを、次の①～⑤のうちから一つ選べ。解答番号は 34 。

① ましてつきつめて道徳を理解しようとする者がいるのだろうか。
② まして道徳を体得できない者はなおさらであろう。
③ それでもやはり道徳を根付かせたい者がいるであろう。
④ ましてしっかりと道徳を身に付けたい者はなおさらであろう。
⑤ それでも道徳を普及させたい者はなおさらではないか。

問5　傍線部C「王 君 之 心」の説明として最も適当なものを、次の①～⑤のうちから一つ選べ。解答番号は 35 。

① 一握りの才能ある者を優遇することなく、より多くの人材を育ててゆこうとすること。
② 王羲之の墨池の跡が忘れられてしまうことを憂い、学生たちを奮起させようとすること。
③ 歴史ある学舎の跡が廃れていることを残念に思い、王羲之の例を引き合いに出して振興しようとすること。
④ 王羲之の天賦の才能をうらやみ、その書跡を模範として学生たちを導こうとすること。
⑤ 王羲之ゆかりの学舎が忘れられてしまったことを嘆き、その歴史を曾鞏に書いてもらおうとすること。

問6 傍線部D「夫人之有一能而使後人尚之如此」の返り点の付け方と書き下し文との組合せとして最も適当なものを、次の①～⑤のうちから一つ選べ。解答番号は 36 。

① 夫人之有二一能一而使二後人一尚レ之レ如レ此
夫《か》の人の一能有りて後人を使ひて此《か》くのごとく之を尚《たつと》ぶ

② 夫人之有二一能一而使二後人尚一レ之レ如レ此
夫の人を之れ一能有れば而《すなは》ち後人をして此くのごときに之《ゆ》くを尚ばしむ

③ 夫人之有二一能一而使二後人尚一レ之如レ此
夫《そ》れ人の一能有りて後人をして之を尚ばしむること此くのごとし

④ 夫人之有下一能而使二後人尚一レ之如上此
夫れ人を之れ一能にして後人をして之を尚ばしむること此くのごとき有り

⑤ 夫人之有下一能而使二後人一尚レ之如上此
夫れ人の一能にして後人を使ひて之を尚ぶこと此くのごとき有り

問7　「墨池」の故事は、王羲之が後漢の書家張芝《ちょうし》について述べた次の【資料】にも見える。本文および【資料】の内容に合致しないものを、後の①～⑤のうちから一つ選べ。解答番号は 37 。

【資料】

云《ハク》、「張芝臨《ミテ》レ池《ニ》学《ビ》レ書《ヲ》、池水尽《ク》黒《シ》。使《メバ》二人《ヲシテ》耽《ふけ》《ルコト》レ之《ニ》若《クナラ》レ是《かくノ》、未《ダ》《ル》二必《ズシモ》後《レ》レ之《ニ》也《ト》。」

（『晋書《しんじょ》』「王羲之伝《おうぎしでん》」による）

① 王羲之は張芝を見習って池が墨で真っ黒になるまで稽古を重ねたが、張芝には到底肩をならべることができないと考えていた。

② 王盛は王羲之が張芝に匹敵するほど書に熱中したことを墨池の故事として学生に示し、修練の大切さを伝えようとした。

③ 曾鞏は王羲之には天成の才能があったのではなく、張芝のような並外れた練習によって後に書家として大成したと考えていた。

④ 王羲之は張芝が書を練習して池が墨で真っ黒になったのを知って、自分もそれ以上の修練をして張芝に追いつきたいと思った。

⑤ 王盛は張芝を目標として励んだ王羲之をたたえる六字を柱の間に掲げ、曾鞏にその由来を文章に書いてくれるよう依頼した。

第2回
試 行

共通テスト

第2回 試行調査

国語

第2問～第5問

(注)

第 2 回試行調査では，第 1 問として記述式の問題が出されましたが，記述式の問題は，共通テストでは当面出題されないことになりましたので，本書では第 1 問の掲載を割愛しています。

(解答時間と配点について)

解答時間は，第 1 問（記述式）を含む 5 題で 100 分として設定されていました。第 2 問～第 5 問の 4 題の解答時間の目安は，80 分となります。

配点は，第 2 問～第 5 問の合計で 200 点です。第 1 問（記述式）は段階評価（点数化されない）が行われました。

第2問

次の【資料Ⅰ】は、【資料Ⅱ】と【文章】を参考に作成しているポスターである。【資料Ⅱ】は著作権法（二〇一六年改正）の条文の一部であり、【文章】は名和小太郎《なわこたろう》の『著作権2.0　ウェブ時代の文化発展をめざして』（二〇一〇年）の一部である。これらを読んで、後の問い（問1〜6）に答えよ。なお、設問の都合で【文章】の本文の段落に 1 〜 18 の番号を付し、表記を一部改めている。（配点　50）

【資料Ⅰ】

著作権のイロハ

著作物とは（「著作権法」第二条の一より）

☑「思想または感情」を表現したもの
☑思想または感情を「創作的」に表現したもの
☑思想または感情を「表現」したもの
☑「文芸、学術、美術、音楽の範囲」に属するもの

著作物の例

言　語	音　楽	舞踏・無言劇	美　術	地図・図形
・小説 ・脚本 ・講演　等	・楽曲 ・楽曲を伴う歌詞　等	・ダンス ・日本舞踊 ・振り付け　等	・絵画 ・版画 ・彫刻　等	・学術的な図面 ・図表 ・立体図　等

著作権の例外規定（権利者の了解を得ずに著作物を利用できる）

〈例〉市民楽団が市民ホールで行う演奏会

【例外となるための条件】

a

【資料Ⅱ】

「著作権法」(抄)

(目的)

第一条　この法律は、著作物並びに実演、レコード、放送及び有線放送に関し著作者の権利及びこれに隣接する権利を定め、これらの文化的所産の公正な利用に留意しつつ、著作者等の権利の保護を図り、もつて文化の発展に寄与することを目的とする。

(定義)

第二条　この法律において、次の各号に掲げる用語の意義は、当該各号に定めるところによる。

一　著作物　思想又は感情を創作的に表現したものであつて、文芸、学術、美術又は音楽の範囲に属するものをいう。

二　著作者　著作物を創作する者をいう。

三　実演　著作物を、演劇的に演じ、舞い、演奏し、歌い、口演し、朗詠し、又はその他の方法により演ずること(これらに類する行為で、著作物を演じないが芸能的な性質を有するものを含む。)をいう。

(技術の開発又は実用化のための試験の用に供するための利用)

第三十条の四　公表された著作物は、著作物の録音、録画その他の利用に係る技術の開発又は実用化のための試験の用に供する場合には、その必要と認められる限度において、利用することができる。

(営利を目的としない上演等)

第三十八条　公表された著作物は、営利を目的とせず、かつ、聴衆又は観衆から料金(いずれの名義をもつてするかを問わず、著作物の提供又は提示につき受ける対価をいう。以下この条において同じ。)を受けない場合には、公に上演し、演奏し、上映し、又は口述することができる。ただし、当該上演、演奏、上映又は口述について実演家又は口述を行う者に対し報酬が支払われる場合は、この限りでない。

(時事の事件の報道のための利用)

第四十一条　写真、映画、放送その他の方法によつて時事の事件を報道する場合には、当該事件を構成し、又は当該事件の過程において見られ、若しくは聞かれる著作物は、報道の目的上正当な範囲内において、複製し、及び当該事件の報道に伴つて利用することができる。

【文章】

1　著作者は最初の作品を何らかの実体——記録メディア——に載せて発表する。その実体は紙であったり、カンバスであったり、空気振動であったり、光ディスクであったりする。この最初の作品をそれが載せられた実体とともに「原作品」——オリジナル——と呼ぶ。

キーワード	排除されるもの
思想または感情	外界にあるもの(事実、法則など)
創作的	ありふれたもの
表現	発見、着想
文芸、学術、美術、音楽の範囲	実用のもの

表1　著作物の定義

2　著作権法は、じつは、この原作品のなかに存在するエッセンスを引き出して「著作物」と定義していることになる。そのエッセンスとは何か。A記録メディアから剝がされた記号列になる。著作権が対象とするものは原作品ではなく、この記号列としての著作物である。

3　論理的には、著作権法のコントロール対象は著作物である。しかし、そのコントロールは著作物という概念を介して物理的な実体——複製物など——へと及ぶのである。現実の作品は、物理的には、あるいは消失し、あるいは拡散してしまう。だが著作権法は、著作物を頑丈な概念として扱う。

4　もうひと言。著作物は、かりに原作品が壊されても盗まれても、保護期間内であれば、そのまま存続する。また、破れた書籍のなかにも、音程を外した歌唱のなかにも、存在する。現代のプラトニズム、とも言える。

5　著作物は、多様な姿、形をしている。繰り返せば、テキストに限っても——そして保護期間について眼をつむれば——それは神話、叙事詩、叙情詩、法典、教典、小説、哲学書、歴史書、新聞記事、理工系論文に及ぶ。いっぽう、表1の定義にガッ(ア)チするものを上記の例示から拾うと、もっとも(イ)テキゴウするものは叙情詩、逆に、定義になじみにくいものが理工系論文、あるいは新聞記事ということになる。理工系論文、新聞記事には、表1から排除される要素を多く含んでいる。

6 ということで、著作権法にいう著作物の定義は叙情詩をモデルにしたものであり、したがって、著作権の扱いについても、その侵害の有無を含めて、この叙情詩モデルを通しているのである。それはテキストにとどまらない。地図であっても、伽藍《がらん》であっても、ラップであっても、プログラムであっても、それを叙情詩として扱うのである。

	叙情詩型	理工系論文型
何が特色	表現	着想、論理、事実
誰が記述	私	誰でも
どんな記述法	主観的	客観的
どんな対象	一回的	普遍的
他テキストとの関係	なし(自立的)	累積的
誰の価値	自分	万人

表2 テキストの型

7 だが、ここには無方式主義(注1)という原則がある。このために、著作権法は叙情詩モデルを尺度として使えば排除されてしまうようなものまで、著作物として認めてしまうことになる。

8 叙情詩モデルについて続ける。このモデルの意味を確かめるために、その特性を表2として示そう。比較のために叙情詩の対極にあると見られる理工系論文の特性も並べておく。

9 B 表2は、具体的な著作物——テキスト——について、表1を再構成したものである。ここに見るように、叙情詩型のテキストの特徴は、「私」が「自分」の価値として「一回的」な対象を「主観的」に「表現」として示したものとなる。逆に、理工系論文の特徴は、「誰」かが「万人」の価値として「普遍的」な対象について「客観的」に「着想」や「論理」や「事実」を示すものとなる。

10 話がくどくなるが続ける。二人の詩人が(注2)「太郎を眠らせ、太郎の屋根に雪ふりつむ。」というテキストを同時にべつべつに発表することは、確率的に見てほとんどゼロである。このように、叙情詩型のテキストであれば、表現の希少性は高く、したがってその著作物性——著作権の濃さ——は高い。

11　いっぽう、誰が解読しても、特定の生物種の特定の染色体の特定の遺伝子に対するDNA配列は同じ表現になる。こちらの著作物性は低く、したがって著作権法のコントロール領域の外へはじき出されてしまう。その記号列にどれほど研究者のアイデンティティが凝縮していようと、どれほどコストや時間が投入されていようと、どれほどの財産的な価値があろうとも、である。じつは、この型のテキストの価値は内容にある。その内容とはテキストの示す着想、論理、事実、さらにアルゴリズム（注3）、発見などに及ぶ。

12　多くのテキスト――たとえば哲学書、未来予測シナリオ、歴史小説――は叙情詩と理工系論文とを(ウ)リョウタンとするスペクトル（注4）のうえにある。その著作物性については、そのスペクトル上の位置を参照すれば、およその見当はつけることができる。

13　表2から、どんなテキストであっても、「表現」と「内容」とを二重にもっている、という理解を導くこともできる。それはフェルディナン・ド・ソシュール（注5）の言う「記号表現」と「記号内容」に相当する。叙情詩尺度は、つまり著作権法は、このうち前者に注目し、この表現のもつ価値の程度によって、その記号列が著作物であるのか否かを判断するものである。ここに見られる表現の抽出と内容の排除とを、法学の専門家は「表現／内容の二分法」と言う。

14　いま価値というあいまいな言葉を使ったが、およそ何であれ、「ありふれた表現」でなければ、つまり希少性があれば、それには価値が生じる。著作権法は、テキストの表現の希少性に注目し、それが際立っているものほど、そのテキストは濃い著作権をもつ、逆であれば薄い著作権をもつと判断するのである。この二分法は著作権訴訟においてよく言及される。争いの対象になった著作物の特性がより叙情詩型なのか、そうではなくてより理工系論文型なのか、この判断によって侵害のありなしを決めることになる。

15　著作物に対する操作には、著作権に関係するものと、そうではないものとがある。前者を著作権の「利用」と言う。そのなかには多様な手段があり、これをまとめると表3となる。「コピーライト」という言葉は、この操作をすべてコピーとみなすものである。その「コピー」は日常語より多義的である。

16　表3に示した以外の著作物に対する操作を著作物の「使用」と呼ぶ。この使用に対して著作権法ははたらかない。何が「利用」

で何が「使用」か。その判断基準は明らかでない。

17 著作物の使用のなかには、たとえば、書物のエツ(エ)ラン、建築への居住、プログラムの実行などが含まれる。したがって、海賊版の出版は著作権に触れるが、海賊版の読書に著作権は関知しない。じつは、利用や使用の事前の操作として著作物へのアクセスという操作がある。これも著作権とは関係がない。

18 このように、著作権法は「利用／使用の二分法」も設けている。この二分法がないと、著作物の使用、著作物へのアクセスまでも著作権法がコントロールすることとなる。このときコントロールはカ(オ)ジョウとなり、正常な社会生活までも抑圧してしまう。たとえば、読書のつど、居住のつど、計算のつど、その人は著作者に許可を求めなければならない。ただし、現実には利用と使用との区別が困難な場合もある。

<table>
<tr><th colspan="2">著作物 ／ 利用目的</th><th>固定型</th><th>散逸型</th><th>増殖型</th></tr>
<tr><td colspan="2">そのまま</td><td>展示</td><td>上映、演奏</td><td>――――</td></tr>
<tr><td colspan="2">複製</td><td>フォトコピー</td><td>録音、録画</td><td>デジタル化</td></tr>
<tr><td colspan="2">移転</td><td>譲渡、貸与</td><td colspan="2">放送、送信、ファイル交換</td></tr>
<tr><td rowspan="2">二次的利用</td><td>変形</td><td colspan="3">翻訳、編曲、脚色、映画化、パロディ化
リバース・エンジニアリング(注6)</td></tr>
<tr><td>組込み</td><td colspan="3">編集、データベース化</td></tr>
</table>

表3　著作物の利用行為(例示)

（注）1 無方式主義——著作物の誕生とともに著作権も発生するという考え方。

2 「太郎を眠らせ、太郎の屋根に雪ふりつむ。」——三好達治「雪」の一節。

3 アルゴリズム——問題を解決する定型的な手法・技法や演算手続きを指示する規則。

4 スペクトル——多様なものをある観点に基づいて規則的に配列したもの。

5 フェルディナン・ド・ソシュール——スイス生まれの言語学者（一八五七〜一九一三）。

6 リバース・エンジニアリング——一般の製造手順とは逆に、完成品を分解・分析してその仕組み、構造、性能を調べ、新製品に取り入れる手法。

問１　傍線部(ア)〜(オ)に相当する漢字を含むものを、次の各群の①〜⑤のうちから、それぞれ一つずつ選べ。解答番号は［１］〜［５］。

(ア)　ガッチする　［１］
① チメイ的な失敗
② 火災ホウチ器
③ チセツな表現
④ チミツな頭脳
⑤ 再考のヨチがある

(イ)　テキゴウする　［２］
① プロにヒッテキする実力
② テキドに運動する
③ 窓にスイテキがつく
④ ケイテキを鳴らす
⑤ 脱税をテキハツする

(ウ)　リョウタン　［３］
① タンセイして育てる
② 負傷者をタンカで運ぶ
③ 経営がハタンする
④ ラクタンする
⑤ タンテキに示す

(エ)　エツラン　［４］
① 橋のランカンにもたれる
② シュツランの誉れ
③ ランセの英雄
④ イチランに供する
⑤ 事態はルイランの危うきにある

(オ)　カジョウ　［５］
① ジョウヨ金
② ジョウチョウな文章
③ 米からジョウゾウする製法
④ 金庫のセジョウ
⑤ 家庭のジョウビ薬

問２ 傍線部Ａ「記録メディアから剝がされた記号列」とあるが、それはどういうものか。【資料Ⅱ】を踏まえて考えられる例として最も適当なものを、次の①～⑤のうちから一つ選べ。解答番号は 6 。

① 実演、レコード、放送及び有線放送に関するすべての文化的所産。
② 小説家が執筆した手書きの原稿を活字で印刷した文芸雑誌。
③ 画家が制作した、消失したり散逸したりしていない美術品。
④ 作曲家が音楽作品を通じて創作的に表現した思想や感情。
⑤ 著作権法ではコントロールできないオリジナルな舞踏や歌唱。

問３　【文章】における著作権に関する説明として最も適当なものを、次の①～⑤のうちから一つ選べ。解答番号は 7 。

① 著作権に関わる著作物の操作の一つに「利用」があり、著作者の了解を得ることなく行うことができる。音楽の場合は、そのまま演奏すること、録音などの複製をすること、編曲することなどがそれにあたる。

② 著作権法がコントロールする著作物は、叙情詩モデルによって定義づけられるテキストである。したがって、叙情詩、教典、小説、歴史書などがこれにあたり、新聞記事や理工系論文は除外される。

③ 多くのテキストは叙情詩型と理工系論文型に分類することが可能である。この「二分法」の考え方に立つことで、著作権訴訟においては、著作権の侵害の問題について明確な判断を下すことができている。

④ 著作権について考える際には、「著作物性」という考え方が必要である。なぜなら、遺伝子のＤＮＡ配列のように表現の希少性が低いものも著作権法によって保護できるからである。

⑤ 著作物にあたるどのようなテキストも、「表現」と「内容」を二重にもつ。著作権法は、内容を排除して表現を抽出し、その表現がもつ価値の程度によって著作物にあたるかどうかを判断している。

問４　傍線部Ｂ「表２は、具体的な著作物――テキスト――について、表１を再構成したものである。」とあるが、その説明として最も適当なものを、次の①～⑤のうちから一つ選べ。解答番号は 8 。

① 「キーワード」と「排除されるもの」とを対比的にまとめて整理する表１に対し、表２では、「テキストの型」の観点から表１の「排除されるもの」の定義をより明確にしている。

② 「キーワード」と「排除されるもの」の二つの特性を含むものを著作物とする表１に対し、表２では、叙情詩型と理工系論文型とを対極とするテキストの特性によって著作物性を定義している。

③ 「キーワード」や「排除されるもの」の観点で著作物の多様な類型を網羅する表１に対し、表２では、著作物となる「テキストの型」の詳細を整理して説明をしている。

④ 叙情詩モデルの特徴と著作物から排除されるものとを整理している表１に対し、表２では、叙情詩型と理工系論文型の特性の違いを比べながら、著作物性の濃淡を説明している。

⑤ 「排除されるもの」を示して著作物の範囲を定義づける表１に対し、表２では、叙情詩型と理工系論文型との類似性を明らかにして、著作物と定義されるものの特質を示している。

問５　【文章】の表現に関する説明として**適当でないもの**を、次の ①～⑤ のうちから一つ選べ。解答番号は 9 。

① 第１段落第一文と第３段落第二文で用いられている「――」は、直前の語句である「何らかの実体」や「物理的な実体」を強調し、筆者の主張に注釈を加える働きをもっている。

② 第４段落第一文「もうひと言。」、第10段落第一文「話がくどくなるが続ける。」は、読者を意識した親しみやすい口語的な表現になっており、文章内容のよりいっそうの理解を促す工夫がなされている。

③ 第４段落第四文「現代のプラトニズム、とも言える」、第13段落第二文「フェルディナン・ド・ソシュールの言う『記号表現』と『記号内容』に相当する」という表現では、哲学や言語学の概念を援用して自分の考えが展開されている。

④ 第５段落第二文「叙情詩」や「理工系論文」、第13段落第一文「表現」と「内容」、第15段落第一文「著作権に関係するものと、そうではないもの」という表現では、それぞれの特質を明らかにするための事例が対比的に取り上げられている。

⑤ 第16段落第二文「はたらかない」、第四文「明らかでない」、第17段落第二文「関知しない」、第四文「関係がない」という否定表現は、著作権法の及ばない領域を明らかにし、その現実的な運用の複雑さを示唆している。

問６ 【資料Ⅰ】の空欄 a に当てはまるものを、次の①～⑥のうちから三つ選べ。ただし、解答の順序は問わない。
解答番号は 10 ～ 12 。

① 原曲にアレンジを加えたパロディとして演奏すること
② 楽団の営利を目的としていない演奏会であること
③ 誰でも容易に演奏することができる曲を用いること
④ 観客から一切の料金を徴収しないこと
⑤ 文化の発展を目的とした演奏会であること
⑥ 演奏を行う楽団に報酬が支払われないこと

第3問

次の詩「紙」（『オンディーヌ』、一九七二年）とエッセイ「永遠の百合《ゆり》」（『花を食べる』、一九七七年）を読んで（ともに作者は吉原幸子《よしはらさちこ》）、後の問い（問1〜6）に答えよ。なお、設問の都合でエッセイの本文の段落に 1 〜 8 の番号を付し、表記を一部改めている。（配点　50）

紙

愛ののこした紙片が
しらじらしく　ありつづけることを
(ア)いぶかる

書いた　ひとりの肉体の
重さも　ぬくみも　体臭も
いまはないのに

こんなにも
もえやすく　いのちをもたぬ
たった一枚の黄ばんだ紙が
こころより長もちすることの　不思議
いのち　といふ不遜
一枚の紙よりほろびやすいものが
A 何百枚の紙に　書きしるす　不遜

死のやうに生きれば
何も失はないですむだらうか
この紙のやうに　生きれば

さあ
ほろびやすい愛のために
乾杯
のこされた紙片に
乾杯
いのちが
蒼《あお》ざめそして黄ばむまで
（いのちでないものに近づくまで）

乾杯！

永遠の百合

1 あまり生産的とはいえない、さまざまの優雅な(イ)手すさびにひたれることは、女性の一つの美点でもあり、(何百年もの涙とひきかえの)特権であるのかもしれない。近ごろはアート・フラワーという分野も颯爽《さっそう》とそれに加わった。

2 去年の夏、私はある古い友だちに、そのような〝匂わない〟百合の花束をもらった。「秋になったら捨てて頂戴ね」という言葉を添えて。

3 私はびっくりし、そして考えた。これは謙虚か、傲慢か、ただのキザなのか。そんなに百合そっくりのつもりなのか、そうでないことを恥じているのか。人間が自然を真似《まね》る時、決して自然を超える自信がないのなら、いったいこの花たちは何なのだろう。心こめてにせものを造る人たちの、ほんものにかなわないという(ウ)いじらしさと、生理まで似せるつもりの思い上がりと。

4 枯れないものは花ではない。それを知りつつ枯れない花を造るのが、Bつくるということではないのか。——花そっくりの花も、花より美しい花もあってよい。それに香水をふりかけるもよい。だが造花が造花である限り、たった一つできないのは枯れることだ。そしてまた、たった一つできるのは枯れないことだ。

5 花でない何か。どこかで花を超えるもの。大げさに言うなら、ひと夏の百合を超える永遠の百合。それをめざす時のみ、つくるという、真似るという、不遜な行為は許されるのだ。(と、私はだんだん昂奮《こうふん》してくる。)

6 絵画だって、ことばだってそうだ。C一瞬を永遠のなかに定着する作業なのだ。個人の見、嗅いだものをひとつの生きた花とするなら、それはすべての表現にまして在るという重みをもつに決まっている。あえてそれを花を超える何かに変える——もどす——ことがたぶん、描くという行為なのだ。そのひそかな夢のためにこそ、私もまた手をこんなにノリだらけにしているのではないか。もし、もしも、ことばによって私の一瞬を枯れない花にすることができたら！

7 ——ただし、(とD私はさめる。秋になったら……の発想を、はじめて少し理解する。)「私の」永遠は、たかだかあと三十年——歴史上、私のような古風な感性の絶滅するまでの短い期間——でよい。何故《なぜ》なら、(ああ何という不変の真理！)死なないものはいのちではないのだから。

8 私は百合を捨てなかった。それは造ったものの分までうしろめたく蒼ざめながら、今も死ねないまま、私の部屋に立っている。

問１　傍線部(ア)〜(ウ)の本文中における意味として最も適当なものを、次の各群の①〜⑤のうちから、それぞれ一つずつ選べ。解答番号は 1 〜 3 。

(ア)「いぶかる」 1
① うるさく感じる
② 誇らしく感じる
③ 冷静に考える
④ 気の毒に思う
⑤ 疑わしく思う

(イ)「手すさび」 2
① 思いがけず出てしまう無意識の癖
② 多くの労力を必要とする創作
③ いつ役に立つとも知れない訓練
④ 必要に迫られたものではない遊び
⑤ 犠牲に見合うとは思えない見返り

(ウ)「いじらしさ」 3
① 不満を覚えず自足する様子
② 自ら蔑み萎縮している様子
③ けなげで同情を誘う様子
④ 配慮を忘れない周到な様子
⑤ 見るに堪えない悲痛な様子

問２　傍線部Ａ「何百枚の紙に　書きしるす　不遜」とあるが、どうして「不遜」と言えるのか。エッセイの内容を踏まえて説明したものとして最も適当なものを、次の①～⑤のうちから一つ選べ。解答番号は［４］。

①　そもそも不可能なことであっても、表現という行為を繰り返すことで、あたかも実現が可能なように偽るから。
②　はかなく移ろい終わりを迎えるほかないものを、表現という行為を介して、いつまでも残そうとたくらむから。
③　心の中にわだかまることからも、表現という行為を幾度も重ねていけば、いずれは解放されると思い込むから。
④　空想でしかあり得ないはずのものを、表現という行為を通じて、実体として捉えたかのように見せかけるから。
⑤　滅びるものの美しさに目を向けず、表現という行為にこだわることで、あくまで永遠の存在に価値を置くから。

問３　傍線部Ｂ「つくるということ」とあるが、その説明として最も適当なものを、次の①～⑤のうちから一つ選べ。解答番号は［５］。

①　対象をあるがままに引き写し、対象と同一化できるものを生み出そうとすること。
②　対象を真似てはならないと意識をしながら、それでもにせものを生み出そうとすること。
③　対象に謙虚な態度で向き合いつつ、あえて類似するものを生み出そうとすること。
④　対象を真似ながらも、どこかに対象を超えた部分をもつものを生み出そうとすること。
⑤　対象の捉え方に個性を発揮し、新奇な特性を追求したものを生み出そうとすること。

問4　傍線部C「在るという重み」とあるが、その説明として最も適当なものを、次の①～⑤のうちから一つ選べ。解答番号は 6 。

① 時間的な経過に伴う喪失感の深さ。
② 実物そのものに備わるかけがえのなさ。
③ 感覚によって捉えられる個性の独特さ。
④ 主観の中に形成された印象の強さ。
⑤ 表現行為を動機づける衝撃の大きさ。

問5　傍線部D「私はさめる」とあるが、その理由として最も適当なものを、次の①～⑤のうちから一つ選べ。解答番号は 7 。

① 現実世界においては、造花も本物の花も同等の存在感をもつことを認識したから。
② 創作することの意義が、日常の営みを永久に残し続けることにもあると理解したから。
③ 花をありのままに表現しようとしても、完全を期することはできないと気付いたから。
④ 作品が時代を超えて残ることに違和感を抱き、自分の感性も永遠ではないと感じたから。
⑤ 友人からの厚意を理解もせずに、身勝手な思いを巡らせていることを自覚したから。

問6　詩「紙」とエッセイ「永遠の百合」の表現について、次の(i)・(ii)の問いに答えよ。

(i)　次の文は詩「紙」の表現に関する説明である。文中の空欄 a ・ b に入る語句の組合せとして最も適当なものを、後の①～④のうちから一つ選べ。解答番号は 8 。

> 対比的な表現や a を用いながら、第一連に示される思いを b に捉え直している。

① a—擬態語　b—演繹《えんえき》的
② a—倒置法　b—反語的
③ a—反復法　b—帰納的
④ a—擬人法　b—構造的

(ii)　エッセイ「永遠の百合」の表現に関する説明として最も適当なものを、次の①〜④のうちから一つ選べ。解答番号は 9 。

① 第４段落における「たった一つできないのは枯れることだ。そしてまた、たった一つできるのは枯れないことだ」では、対照的な表現によって、枯れないという造花の欠点が肯定的に捉え直されている。

② 第５段落における「(と、私はだんだん昂奮してくる。)」には、第三者的な観点を用いて「私」の感情の高ぶりが強調されており、混乱し揺れ動く意識が臨場感をもって印象づけられている。

③ 第６段落における「——もどす——」に用いられている「——」によって、「私」の考えや思いに余韻が与えられ、「花」を描くことに込められた「私」の思い入れの深さが強調されている。

④ 第７段落における「『私の』永遠」の「私の」に用いられている「 」には、「永遠」という普遍的な概念を話題に応じて恣意的に解釈しようとする「私」の意図が示されている。

第４問

次の文章は『源氏物語』「手習《てならい》」巻の一節である。浮舟《うきふね》という女君は、薫《かおる》という男君の思い人だったが、匂宮《におうのみや》という男君から強引に言い寄られて深い関係になった。浮舟は苦悩の末に入水《じゅすい》しようとしたが果たせず、僧侶たちによって助けられ、比《ひ》叡山《えいざん》のふもとの小野《おの》の地で暮らしている。本文は、浮舟が出家を考えつつ、過去を回想している場面から始まる。これを読んで、後の問い（問１～５）に答えよ。（配点 50）

あさましうもてそこなひたる身を思ひもてゆけば、宮(注1)を、すこしもあはれと思ひ聞こえけむ心ぞいとけしからぬ、ただ、この人の御ゆかりにさすらへぬるぞと思へば、小島《こじま》(注2)の色を例《ためし》に契り給《たま》ひしを、などてをかしと思ひ聞こえけむとこよなく飽きにたる心地す。はじめより、薄き(注3)ながらものどやかにものし給ひし人は、この折《をり》かの折など、思ひ出《い》づるぞこよなかりける。かくてこそありけれと聞きつけられ奉らむ恥づかしさは、人よりまさりぬべし。さすがに、この世には、ありし御さまを、よそながらだに、いつかは見むずるとうち思ふ、なほわろの心や、かくだに思はじ、など A心ひとつをかへさふ。

からうして鶏《とり》の鳴くを聞きて、いとうれし。母の御声を聞きたらむは、ましていかならむと思ひ明かして、心地もいとあし。供(注4)にてわたるべき人もとみに来ねば、なほ臥《ふ》し給へるに、いびき(注5)の人はいととく起きて、粥《かゆ》などむつかしきことどもをもてはやして、「御前《おまへ》に、とく(ア)聞こし召せ」など寄り来て言へど、まかなひもいと心づきなく、うたて見知らぬ心地して、「なやましくなむ」と、ことなしび給ふを、強《し》ひて言ふもいと(イ)こちなし。下衆《げす》下衆しき法師ばらなどあまた来て、「僧都《そうづ》(注6)、今日下《お》りさせ給ふべし」、「などにはかには」と問ふなれば、「一品《いつぽん》の宮の御物《もの》の怪《け》になやませ給ひける、山の座主《ざす》御修法《ずほふ》仕《つか》まつらせ給へど、なほ僧都参り給はでは験《しるし》なしとて、昨日二たびなむ召し侍《はべ》りし。右大臣殿の四位少将、昨夜《よべ》夜更《ふ》けてなむ登りおはしまして、后《きさい》の宮の御文など侍りければ下りさせ給ふなり」など、いとはなやかに言ひなす。恥づかしうとも、あひて、尼になし給ひてよと言はむ、(ウ)さかしら人すくなくてよき折にこそと思へば、起きて、「心地のいとあしうのみ侍るを、僧都の下りさせ給へらむに、忌《い》む(注7)こと受け侍らむとなむ思ひ侍るを、さやうに聞こえ給へ」と語らひ給へば、ほけほけしううなづく。

例の方（注8）におはして、髪は尼君（注9）のみ梳《けづ》り給ふを、別人《ことひと》に手触れさせむもうたておぼゆるに、手づから、はた、えせぬことなれば、ただすこしとき下《くだ》して、B親にいま一たびかうながらのさまを見えずなりなむこそ、人やりならずいと悲しけれ。いたうわづらひしけにや、髪もすこし落ち細りにたる心地すれど、何ばかりもおとろへず、いと多くて、六尺（注10）ばかりなる末などぞうつくしかりける。筋なども、いとこまかにうつくしげなり。「かかれとてしも」と独りごちゐ給へり。

（注）
1　宮――匂宮。
2　小島の色を例に契り給ひし――匂宮に連れ出されて宇治川《うじがわ》のほとりの小屋で二人きりで過ごしたこと。
3　薄きながらものどやかにものし給ひし人――薫のこと。
4　供にてわたるべき人――浮舟の世話をしている女童《めのわらわ》。
5　いびきの人――浮舟が身を寄せている小野の庵《いおり》に住む、年老いた尼。いびきがひどい。
6　僧都――浮舟を助けた比叡山の僧侶。「いびきの人」の子。
7　忌むこと受け侍らむ――仏教の戒律を授けてもらいたいということ。
8　例の方――浮舟がふだん過ごしている部屋。
9　尼君――僧都の妹。
10　六尺――約一八〇センチメートル。

問1 傍線部A「心ひとつをかへさふ」とあるが、ここでの浮舟の心情の説明として最も適当なものを、次の①～⑤のうちから一つ選べ。解答番号は 1 。

① 匂宮に対して薄情だった自分を責めるとともに、現在の境遇も匂宮との縁があってこそだと感慨にふけっている。
② 匂宮と二人で過ごしたときのことを回想して、不思議なほどに匂宮への愛情を覚え満ち足りた気分になっている。
③ 薫は普段は淡々とした人柄であるものの、時には匂宮以上に情熱的に愛情を注いでくれたことを忘れかねている。
④ 小野でこのように生活していると薫に知られたときの気持ちは、誰にもまして恥ずかしいだろうと想像している。
⑤ 薫の姿を遠くから見ることすら諦めようとする自分を否定し、薫との再会を期待して気持ちを奮い立たせている。

問2　傍線部(ア)〜(ウ)の解釈として最も適当なものを、次の各群の①〜⑤のうちから、それぞれ一つずつ選べ。解答番号は［2］〜［4］。

(ア)　聞こし召せ　［2］
① お起きなさい
② 着替えなさい
③ お食べなさい
④ 手伝いなさい
⑤ お聞きなさい

(イ)　こちなし　［3］
① 気が利かない
② 大げさである
③ 優しくない
④ 気詰まりだ
⑤ つまらない

(ウ)　さかしら人　［4］
① 知ったかぶりをする人
② 口出しする人
③ 身分の高い人
④ あつかましい人
⑤ 意地の悪い人

問3 この文章の登場人物についての説明として**適当でないもの**を、次の①～⑤のうちから一つ選べ。解答番号は 5 。

① 浮舟は、朝になっても気分が悪く臥せっており、「いびきの人」たちの給仕で食事をする気にもなれなかった。
② 「下衆下衆しき法師ばら」は、「僧都」が高貴な人々からの信頼が厚い僧侶であることを、誇らしげに言い立てていた。
③ 「僧都」は、「一品の宮」のための祈禱《きとう》を延暦寺の座主に任せて、浮舟の出家のために急遽《きゅうきょ》下山することになった。
④ 「右大臣殿の四位少将」は、「僧都」を比叡山から呼び戻すために、「后の宮」の手紙を携えて「僧都」のもとを訪れた。
⑤ 「いびきの人」は、浮舟から「僧都」を呼んでほしいと言われても、ぼんやりした顔でただうなずくだけだった。

問4 傍線部B「親にいま一たびかうながらのさまを見えずなりなむこそ、人やりならずいと悲しけれ」の説明として最も適当なものを、次の①～⑤のうちから一つ選べ。解答番号は 6 。

① 「かうながらのさま」とは、すっかり容貌の衰えた今の浮舟の姿のことである。
② 「見えずなりなむ」は、「見られないように姿を隠したい」という意味である。
③ 「こそ」による係り結びは、実の親ではなく、他人である尼君の世話を受けざるを得ない浮舟の苦境を強調している。
④ 「人やりならず」には、他人を責める浮舟の気持ちが込められている。
⑤ 「『……悲しけれ』と思ひ給ふ」ではなく「悲しけれ」と結ぶ表現には、浮舟の心情を読者に強く訴えかける効果がある。

問５　次に掲げるのは、二重傍線部「かかれとてしも」に関して、生徒と教師が交わした授業中の会話である。会話中にあらわれる遍昭《へんじよう》の和歌や、それを踏まえる二重傍線部「かかれとてしも」の解釈として、会話の後に六人の生徒から出された発言①～⑥のうち、適当なものを二つ選べ。ただし、解答の順序は問わない。解答番号は［７］・［８］。

生徒　先生、この「かかれとてしも」という部分なんですけど、現代語に訳しただけでは意味が分からないんです。どう考えたらいいですか。

教師　それは、

たらちねはかかれとてしもむばたまの我《わ》が黒髪をなでずやありけむ

という遍昭の歌に基づく表現だから、この歌を知らないと分かりにくかっただろうね。古文には「引き歌」といって、有名な和歌の一部を引用して、人物の心情を豊かに表現する技法があるんだよ。

生徒　そんな技法があるなんて知りませんでした。和歌についての知識が必要なんですね。

教師　遍昭の歌が詠まれた経緯については、『遍昭集』という歌集が詳しいよ。歌の右側には、

なにくれといひありきしほどに、仕《つか》まつりし深草《ふかくさ》の帝《みかど》隠れおはしまして、かはらむ世を見むも、堪《た》へがたくかなし。蔵人の頭の中将などいひて、夜昼馴《な》れ仕まつりて、「名残りなからむ世に交《ま》じらはじ」とて、にはかに、家の人にも知らせで、比叡《ひえ》に上りて、頭《かしら》下ろし侍りて、思ひ侍りしも、さすがに、親などのことは、心にやかかり侍りけむ。

と、歌が詠まれた状況が書かれているよ。

生徒　そこまで分かると、浮舟とのつながりも見えてくる気がします。

教師　それでは、板書しておくから、歌が詠まれた状況も踏まえて、遍昭の和歌と『源氏物語』の浮舟、それぞれについてみんなで意見を出し合ってごらん。

①　生徒Ａ――遍昭は、お仕えしていた帝の死をきっかけに出家したんだね。そのときに「たらちね」、つまりお母さんのことを思って「母はこのように私が出家することを願って私の髪をなでたに違いない」と詠んだんだから、遍昭の親は以前から息子に出家してほしいと思っていたんだね。

②　生徒Ｂ――そうかなあ。この和歌は「母は私がこのように出家することを願って私の髪をなでたはずがない」という意味だと思うな。出家をして帝への忠義は果たしたけれど、育ててくれた親に申し訳ないという気持ちもあって、だから『遍昭集』で「さすがに」と言っているんだよ。

③　生徒Ｃ――私はＡさんの意見がいいと思う。浮舟も出家することで、遍昭と同じくお母さんの意向に沿った生き方をしようとしているんだよ。つまり、今まで親の期待に背いてきた浮舟が、これからの人生をやり直そうとしている決意を、心の中でお母さんに誓っていることになるね。

④　生徒Ｄ――私も和歌の解釈はＡさんのでいいと思うけど、『源氏物語』に関してはＣさんとは意見が違う。薫か匂宮と結ばれて幸せになりたいというのが、浮舟の本心だったはずだよ。自分も遍昭のように晴れ晴れした気分で出家できたらどんなにいいかという望みが、浮舟の独り言から読み取れるよ。

⑤　生徒Ｅ――いや、和歌の解釈はＢさんのほうが正しいと思うよ。浮舟も元々は気がすすまなかった、親もそれを望んでいない、それでも過去を清算するためには出家以外に道はないとわりきった浮舟の潔さが、遍昭の歌を口ずさんでいるところに表れているんだよ。

⑥　生徒Ｆ――私もＢさんの解釈のほうがいいと思う。でも、遍昭が出家を遂げた後に詠んだ歌を、浮舟は出家の前に思い起こしているという違いは大きいよ。出家に踏み切るだけの心の整理を、浮舟はまだできていないということが、引き歌によって表現されているんだよ。

第5問

次の【文章Ⅰ】と【文章Ⅱ】は、いずれも「狙公《そこう》」（猿飼いの親方）と「狙《そ》」（猿）とのやりとりを描いたものである。【文章Ⅰ】と【文章Ⅱ】を読んで、後の問い（問1～5）に答えよ。なお、設問の都合で返り点・送り仮名を省いたところがある。（配点　50）

【文章Ⅰ】

猿飼いの親方が芧《とち》の実を分け与えるのに、「朝三つにして夕方四つにしよう。」といったところ、猿どもはみな怒った。「それでは朝四つにして夕方三つにしよう。」といったところ、猿どもはみな悦《よろこ》んだという。

（金谷《かなや》 治《おさむ》訳注『荘子』による。）

【文章Ⅱ】

楚(注1)ニ有リ二養ヒテレ狙《そ》ヲ以テ為スレ生(1)者一。楚人謂フ二之ヲ狙《そ》公《こう》ト一。旦(注2)日必ズ部(注3)二分シテ衆狙ヲ于庭ニ一、A使老狙率以之山中、求草木之実。賦(注4)シテ二什《じふ》一ノ一ヲ以テ自ラ奉(注5)ズ。或イハ不レバレ給セ、則チ加フ二鞭《べん》(注6)箠《すい》ヲ一焉。群狙皆畏レテ苦シムレ之ヲ、弗ニ敢ヘテ違《たが》ハ一也。一日、有リテ二小狙一謂ヒテ二衆狙ニ一曰ハク、B「山之果、公所樹与。」曰ハク、「否《しから》ザル也。天ノ生ズル也。」曰ハク、「非ズンバレ公ニ不ル二得テ而取ラ一与。」曰ハク、「否ザル也。皆得テ而取ル也。」曰ハク、「然ラバ則チ吾何ゾ仮リテ二於彼ニ一而為スニ之ガ役ヲ一乎ト。」言未ダレ既《つ》キルニ、衆狙皆寤《さむ》ム。其ノ夕、相ヒ与ニ伺ヒ二狙公之寝《いヌル》ヲ一、破リレ柵ヲ毀《こぼチ》レ柙《をり》ヲ、

取《リ》二其《ノ》積(2)一、相《ヒ》携《ヘテ》而入《リ》二于林中一、不二復《タ》帰《ラ》一。狙公卒《つひニ》餒《うヱテ》而死《ス》。

郁《いく》(注7)離子曰《ハク》「世《ニ》有《ル》下以《テ》レ術《ヲ》使《ヒテ》レ民《ヲ》而無《キ》二道揆(注8)一者上、其《レ》如《キ》二狙公《ノ》一乎。C惟其昏而未レ覚也。一旦有《ラバ》レ開《クコト》レ之《ヲ》、其《ノ》術窮《セント》矣。」

（劉基《りゅうき》『郁離子』による。）

（注）
1 楚――古代中国の国名の一つ。
2 旦日――明け方。
3 部分――グループごとに分ける。
4 賦二什一一――十分の一を徴収する。
5 自奉――自らの暮らしをまかなう。
6 鞭箠――むち。
7 郁離子――著者劉基の自称。
8 道揆――道理にかなった決まり。

問１　傍線部(1)「生」・(2)「積」の意味として最も適当なものを、次の各群の①～⑤のうちから、それぞれ一つずつ選べ。解答番号は［1］・［2］。

(1)「生」［1］
① 往生
② 生計
③ 生成
④ 畜生
⑤ 発生

(2)「積」［2］
① 積極
② 積年
③ 積分
④ 蓄積
⑤ 容積

問２　傍線部Ａ「使老狙率以之山中、求草木之実」の返り点・送り仮名の付け方と書き下し文との組合せとして最も適当なものを、次の①～⑤のうちから一つ選べ。解答番号は 3 。

① 使ム下老狙ヲシテ率キテ以テ之キ二山中ニ一、求メ中草木之実ヲ上
老狙をして率《ひき》ゐて以て山中に之《ゆ》き、草木の実を求めしむ

② 使ヒテ二老狙ヲ一率ネテ以テ之カシメ二山中ニ一、求ム二草木之実ヲ一
老狙を使ひて率《おほむ》ね以て山中に之かしめ、草木の実を求む

③ 使メテ二老狙ヲシテ率ヘ一以テ之キ二山中ニ一、求ム二草木之実ヲ一
老狙をして率《とら》へしめて以て山中に之き、草木の実を求む

④ 使シ老狙率ヰテ以テ之カバ二山中ニ一、求ム二草木之実ヲ一
使《も》し老狙率《ひき》ゐて以て山中に之かば、草木の実を求む

⑤ 使ム下老狙ヲバ率ヘテ以テ之キ二山中ニ一、求メ中草木之実ヲ上
老狙をば率《とら》へて以て山中に之き、草木の実を求めしむ

問3　傍線部B「山 之 果、公 所 樹 与」の書き下し文とその解釈との組合せとして最も適当なものを、次の①～⑤のうちから一つ選べ。解答番号は 4 。

① 山の果は、公の樹《う》うる所か
山の木の実は、猿飼いの親方が植えたものか

② 山の果は、公の所の樹《き》か
山の木の実は、猿飼いの親方の土地の木に生《な》ったのか

③ 山の果は、公の樹《う》ゑて与ふる所か
山の木の実は、猿飼いの親方が植えて分け与えているものなのか

④ 山の果は、公の所に樹《う》うるか
山の木の実は、猿飼いの親方の土地に植えたものか

⑤ 山の果は、公の樹《う》うる所を与ふるか
山の木の実は、猿飼いの親方が植えたものを分け与えたのか

問4　傍線部C「惟其昏而未レ覚也」の解釈として最も適当なものを、次の①～⑤のうちから一つ選べ。解答番号は 5 。

① ただ民たちが疎くてこれまで気付かなかっただけである
② ただ民たちがそれまでのやり方に満足していただけである
③ ただ猿たちがそれまでのやり方に満足しなかっただけである
④ ただ猿飼いの親方がそれまでのやり方のままにしただけである
⑤ ただ猿飼いの親方が疎くて事態の変化にまだ気付いていなかっただけである

問５　次に掲げるのは、授業の中で【文章Ⅰ】と【文章Ⅱ】について話し合った生徒の会話である。これを読んで、後の(i)〜(iii)の問いに答えよ。

生徒Ａ　【文章Ⅰ】のエピソードは、有名な故事成語になっているね。
生徒Ｂ　それって何だったかな。［Ｘ］というような意味になるんだっけ。
生徒Ｃ　そうそう。もう一つの【文章Ⅱ】では、猿飼いの親方は散々な目に遭っているね。【文章Ⅰ】と【文章Ⅱ】とでは、何が違ったんだろう。
生徒Ａ　【文章Ⅰ】では、猿飼いの親方は言葉で猿を操っているね。
生徒Ｂ　【文章Ⅱ】では、猿飼いの親方はむちで猿を従わせているよ。
生徒Ｃ　【文章Ⅰ】では、猿飼いの親方の言葉に猿が丸め込まれてしまうけど……。
生徒Ａ　【文章Ⅱ】では、［Ｙ］が運命の分かれ目だよね。これで猿飼いの親方と猿との関係が変わってしまった。
生徒Ｂ　【文章Ⅱ】の最後で郁離子は、［Ｚ］と言っているよね。
生徒Ｃ　だからこそ、【文章Ⅱ】の猿飼いの親方は、「其の術窮せん。」ということになったわけか。

(i)　［Ｘ］に入る有名な故事成語の意味として最も適当なものを、次の①〜⑤のうちから一つ選べ。解答番号は［６］。

①　おおよそ同じだが細かな違いがあること
②　朝に命令を下し、その日の夕方になるとそれを改めること
③　二つの物事がくい違って、話のつじつまが合わないこと
④　朝に指摘された過ちを夕方には改めること
⑤　内容を改めないで口先だけでごまかすこと

(ii) Y に入る最も適当なものを、次の①～⑤のうちから一つ選べ。解答番号は 7 。

① 猿飼いの親方がむちを打って猿をおどすようになったこと
② 猿飼いの親方が草木の実をすべて取るようになったこと
③ 小猿が猿たちに素朴な問いを投げかけたこと
④ 老猿が小猿に猿飼いの親方の素性を教えたこと
⑤ 老猿の指示で猿たちが林の中に逃げてしまったこと

(iii) Z に入る最も適当なものを、次の①～⑤のうちから一つ選べ。解答番号は 8 。

① 世の中には「術」によって民を使うばかりで、「道揆」に合うかを考えない猿飼いの親方のような者がいる
② 世の中には「術」をころころ変えて民を使い、「道揆」に沿わない猿飼いの親方のような者がいる
③ 世の中には「術」をめぐらせて民を使い、「道揆」を知らない民に反抗される猿飼いの親方のような者がいる
④ 世の中には「術」によって民を使おうとして、賞罰が「道揆」に合わない猿飼いの親方のような者がいる
⑤ 世の中には「術」で民をきびしく使い、民から「道揆」よりも多くをむさぼる猿飼いの親方のような者がいる

共通テスト

第1回 試行調査

国語

第2問〜第5問

(注)

第1回試行調査では，第1問として記述式の問題が出されましたが，記述式の問題は，共通テストでは当面出題されないことになりましたので，本書では第1問の掲載を割愛しています。

(解答時間と配点について)

解答時間は，第1問（記述式）を含む5題で100分として設定されていました。第2問〜第5問の4題の解答時間の目安は，80分となります。

配点は，第2問〜第5問の合計で200点です。第1問（記述式）は段階評価（点数化されない）が行われました。

第2問

次の文章と図表は、宇杉和夫《うすぎかずお》「路地がまちの記憶をつなぐ」の一部である。これを読んで、後の問い（問1～5）に答えよ。なお、表1、2及び図3については、文章中に「（表1）」などの記載はない。

表1

	近代道路空間計画システム	路地空間システム（近代以前空間システム）
主体	クルマ・交通	人間・生活
背景	欧米近代志向	土着地域性
形成	人工物質・基準標準化	自然性・多様性・手づくり性
構造	機能・合理性・均質性	A機縁物語性・場所性・領域的
空間	B広域空間システム・ヒエラルキー	地域環境システム・固有性
効果	人間条件性・国際普遍性	人間ふれあい性・地域文化継承

近代空間システムと路地空間システム

訪れた都市の内部に触れたと感じるのは、まちの路地に触れたときである。そこには香りがあって、固有で特殊でありながら、かつどこかで体験したことのある記憶がよぎる。西欧の路地は建物と建物のすきまで、さまざまなはみ出しものがなく管理されている。路地と内部空間との結びつきは窓とドアにより単純である。日本の路地は敷地と敷地の間にあり、また建物と建物の間にあり、建物には出窓あり、掃き出し窓あり、縁あり庇《ひさし》あり、塀あり等、多様で複雑である。敷地の中にも建物の中にも路地（土間）はあった。

日本の路地空間には西欧の路地にはない自然性がある。物質としての自然、形成過程としての自然、の2つである。日本の坪庭（注1）を考えてみよう。やはり建物（4つの）に囲まれた坪庭の特徴はそこが砂や石や土と緑の自然の空間である。さらにその閉じた自然は床下を通って建物外部にもつながっている。日本の路地にも、坪庭のように全面的ではないが自然性が継承されている。また路地空間の特徴は、ある数戸が集まった居住建築の中で軒や縁や緑の重なった通行空間であることである。そこは通行空間であるが居住集合のウチの空間であり、その場所は生活境域としてのまとまりがある。ソトの空間から区切られているが通行空間としてつながるこの微妙な空間システムを継承するには物理的な仕組みの継承だけでなく、近隣コミュニティの中に相関的秩序があり、通行者もそれに対応できているシステムがある。

表２

	地形と集落の路地			
	低地の路地	台地の路地	地形の縁・境界	丘陵・山と路地
非区画型路地 （オモテウラ型） （クルドサック型）	水路と自由型	トオリとウラ道	山辺路地・崖縁路地 崖(堤)下路地・階段路地 行き当たり封鎖	丘上集 崖上路地 景観と眺望
区画内型路地 （パッケージ型）	条理区画 条坊区画 近世町家区画 耕地整理 土地区画整理	条理区画 条坊区画 近世町家区画 耕地整理 土地区画整理		

現在、近代に欧米から移入され、日本の近代の中で形成されてきた都市空間・建築空間システムが環境システムと併せて改めて問われている。しかし日本にもち込まれた近代は、明治開国まではその多くは東南アジア、東アジアで変質した近代西欧文化で融和性もあった。明治に至って急速な欧米文化導入の後の日本の近代の空間計画を見れば、路地空間、路地的空間システムは常に、大枠として近代の空間システムと対照的位置にあることが理解できる。近代の空間計画の特徴を産業技術発展と都市化と近代社会形成の主要3点についてあげれば、その対照に路地空間の特徴をあげることは容易である。すなわち、路地的空間、路地的空間システムについて検討することは近代空間システムとは異なる地域に継承されてきた空間システムについて肯定的に検討することになる。

路地の形成とは記憶・持続である

路地的空間について述べる基本的な視座に、「道」「道路」の視座と「居住空間」の視座があり、どちらか片方を省くことはできない。道・道路は環境・居住空間の基本的な要素である。その環境・都市は人間を総体的に規定し、文化も個も環境の中から生まれてきた。行動を制約してしまう環境としての住宅と都市、その正しい環境、理想環境とは何かをどう問いかけるか。これが西欧の都市は古代以来明確であった。都市は神の秩序で、神と同じ形姿をもつ人間だけが自然の姿と都市の姿を生活空間として描くことができた。

これに対し、日本とアジアの都市の基本的性質である「非西欧都市」の形成を近代以前と近代に分けて、その形成経過を次の世代にどう説明・継承するのか、すなわちどう持続させていくのかが重要である。そして体験空間の形成・記憶の継承と路地的空間の持続はこの大事な現在の問題の骨格

図１

◎参道型路地的空間
東京・神田の小祠《しょうし》には、その手前の街区に参道型路地的空間が発見できた

図２

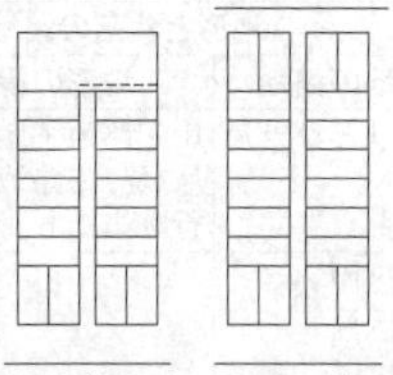

◎参道型路地空間とパッケージ型路地空間
月島の通り抜け路地は典型的なパッケージ型路地である

図３

◎東京・江東区の街区形成と通り
自動車交通、駐車スペースにならずガランとした通りもある

になり続けるものと考えることができる。この根本的な次元では現在の区画化された市街地形成のモデルだけでなく、その形成過程の記憶、原風景をも計画対象とすることが必要になっている。元来、日本の自然環境（自然景観）はアジアが共有する自然信仰の認識的な秩序の中にあった。日本のムラとマチは西欧と異なり、環境としての自然と一体的であり連続的関係であったのである。具体的には、周囲の（中心である）山と海に生活空間が深く結びついていた。結果として、路地は地形に深く結びついて継承されてきた。

まず、日本の道空間の原型・原風景は区画された街区にはないことを指摘したい。また「すべての道はローマに通ず」といわれ、ローマから拡大延長された西欧の道路空間と、日本の道空間は異なる。目的到着点をもつ参道型空間が基本であり、地域内の参道空間から折れ曲がって分かれ、より広域の次の参道空間に結びつく形式で、西欧のグリッド（注２）形式、放射形式の道路とは異なる（図１）。多くの日本のまちはこの参道空間の両側の店と住居とその裏側の空間からなり、その間に路地がある。これは城下町にも組み込まれてすきまとしての路地があるゆえに連続的、持続的であったと考えられるわけである。それによって面的に広がった計画的区画にある路地は同様のものが繰り返し連続するパッケージ型路地として前者の参道型路地、クルドサック（注３）型路地と区分できる（図２）。

この区画方形のグリッドの原型・原風景はどこか。ニューヨークはそのグリッド街路の原型をギリシャ都市に求め、近代世界の中心都市を目指した。アジアの都市にはそれとは異なる別の源流がある。日本の都市はこの区画街区に限らず、アジアの源流と欧米の源流の重複的形式の空間形成になっている。日本の路地は計画的な区画整形の中にあっても、そこに自然尊重の立場が基本にあり、その基盤となってきた。

図4

◎東京・江東区の街区の中の路地
区画整理街区にも路地的空間がまちの特性をつくっている

図5

◎東京・墨田区向島の通り
向島の通り空間はカーブしてまちの特性となっている

日本にも西欧にも街区形式の歴史と継承がある。東京にも江戸から継承された街区がある。江東区の方形整形街区方式は掘割とともに形成された(注4)。自由型の水路に沿った路地と同様、区画整形街区も水面に沿った路地と接して形成されてきた。この方形形式は震災復興区画整理事業でも、戦災後の復興計画でも継続された。ここは近代の、整形を基本とする市街地整備の典型となるものである。しかし、そこに理想とした成果・持続が確認できるであろうか(図4)。

東京の魅力ある市街地としては地形の複雑な山の手に評価がある。山の手では否応《いやおう》なく地形、自然が関連する。しかし区画整形の歴史がある江東区では、計画が機能的・経済的に短絡されてきた。その中で自然とのつながりをもつ居住区形成には、水面水路との計画的な配慮が必要だった。単に区画整形するだけでは魅力ある住宅市街地は形成されない。その計画的な配慮とは、第1に地区街区の歴史的な空間の記憶を人間スケールの空間にして継承する努力である。体験されてきた空間を誇りをもって継承する意思である。路地的空間の継承である。これらを合理的空間基準が変革対象としてきたことに問題がある。この新区画街区の傍らに、水資源活用から立地した工場敷地跡地が、水辺のオープンスペースと高層居住の眺望・景観を売りものに再開発されれば、住宅需要者の希望は超高層マンションに向かい、街区中層マンションが停滞するのは当然のことである。

この2タイプに対して、向島地区の路地的空間は街区型でもなく、開放高層居住空間でもなく、自然形成農道等からなる地域継承空間システムの文脈の中にある(図5)。そしてそこでもまた居住者の評価が高まってきている。本来、地域に継承されてきた空間システムであれば、それは計画検討課題になり、結果がよければビジョンの核にもなるものであった。ところが現実には、地域の継承空間システムは居住者の持続的居住欲求によって残り、また地域の原風景に対する一般人の希求・要求によって、結果として継承に至ったものが多く、計画的にはあくまで変革すべき対象であった経過がある。計画とはあくまで欧米空間への追随であった。また、この地域継承の路地空間システム居住地区においても駅前や北側背後に水面をもつ地区において高層マンションも含む再開発が進行している。しかし、この再開発もル・コルビュジエ(注5)の高層地区提案のように、地区を全面的に変革するものではなく、路地的空間との関係こそが計画のテーマとなる方法論が必要である。

路地的空間をもつ低層居住地区にするか、外部開放空間をもつ高層居住地区にするかといった二者択一ではなく、地域・地区の中で両空間モデルが補完・混成して成立するシステムが残っている。地域の原風景、村の原風景は都市を含めてあらゆる地域コミュニティの原点である。その村(集落)の原風景がほとんど消滅しているが、家並みと路地と共同空間からなる村とまちの原風景は、現在のストックの再建に至った時には、すべての近代空間計画地の再生にあたって、可能性を検討すべきである。都市居住にとっても路地はふれあいと場所の原風景である。近代化の中でこそ路地の原風景に特別の意味があったとすれば、それは日本の近代都市計画を継承する新たな時代の1つの原点にもなるべきものである。

(宇杉和夫他『まち路地再生のデザイン――路地に学ぶ生活空間の再生術』による。なお、一部表記を改めたところがある。)

(注) 1 坪庭――建物に囲まれた小さな庭。
2 グリッド――格子。
3 クルドサック――袋小路。
4 掘割――地面を掘って作った水路。江東区には掘割を埋め立てて道路を整備した箇所がある。
5 ル・コルビュジエ――スイス生まれの建築家(一八八七〜一九六五)。

問1　文章全体の内容に照らした場合、表1の傍線部A・Bはそれぞれどのように説明できるか。最も適当なものを、次の各群の①～⑤のうちから、それぞれ一つずつ選べ。解答番号は［1］・［2］。

A　機縁物語性　［1］

① 通行空間に緑を配置し、自然の大切さを認識できる環境に優しい構造。
② 生活者のコミュニティが成立し、通行者もそこに参入できる開放的な構造。
③ 生活環境としてまとまりがあり、外部と遮断された自立的な構造。
④ ウチとソトの空間に応じて人間関係が変容するような、劇的な構造。
⑤ 通行空間から切り離すことで、生活空間の歴史や記憶を継承する構造。

B　広域空間システム　［2］

① 中心都市を基点として拡大延長された合理的空間システム。
② 区画整理されながらも原風景を残した近代的空間システム。
③ 近代化以前のアジア的空間と融合した欧米的空間システム。
④ 産業技術によって地形を平らに整備した均質的空間システム。
⑤ 居住空間を減らして交通空間を優先した機能的空間システム。

問2　図2の「パッケージ型」と「参道型」の路地の説明として最も適当なものを、次の①～⑤のうちから一つ選べ。解答番号は［3］。

①　パッケージ型の路地とは、近代道路空間計画システムによって区画化された車優先の路地のことであり、参道型の路地とは、アジアの自然信仰に基づいた、手つかずの自然を残した原始的な路地を指す。

②　パッケージ型の路地とは、区画整理された路地が反復的に拡張された路地のことであり、参道型の路地とは、通り抜けできない目的到着点をもち、折れ曲がって持続的に広がる、城下町にあるような路地を指す。

③　パッケージ型の路地とは、ローマのような中心都市から拡大延長され一元化された路地のことであり、参道型の路地とは、祠《ほこら》のような複数の目的到達地点によって独自性を競い合うような日本的な路地を指す。

④　パッケージ型の路地とは、ギリシャの都市をモデルに発展してきた同心円状の幾何学的路地のことであり、参道型の路地とは、通行空間と居住空間が混然一体となって秩序を失ったアジア的な路地を指す。

⑤　パッケージ型の路地とは、通り抜けできる路地と通り抜けできない路地が繰り返し連続する路地のことであり、参道型の路地とは、他の路地と連続的、持続的に広がる迷路のような路地を指す。

問3　図3の江東区の一画は、どのように整備された例として挙げられているか。その説明として最も適当なものを、次の①～⑤のうちから一つ選べ。解答番号は 4 。

① 街区の一部を区画整理し、江戸の歴史的な町並みを残しつつ複合的な近代の空間に整備された例。
② 区画整理の歴史的な蓄積を生かし、人間スケールの空間的記憶とその継承を重視して整備された例。
③ 江戸から継承された水路を埋め立て、自動車交通に配慮した機能的な近代の空間に整備された例。
④ 掘割や水路を大規模に埋め立て、オープンスペースと眺望・景観を売りものにして整備された例。
⑤ 複雑な地形が連続している地の利を生かし、江戸期の掘割や水路に沿った区画に整備された例。

問4　「路地空間」・「路地的空間」はどのような生活空間と捉えられるか。文章全体に即したまとめとして適当なものを、次の①～⑥のうちから二つ選べ。解答番号は 5 。

① 自然発生的に区画化された生活空間。
② 地形に基づいて形成された生活空間。
③ 大自然の景観を一望できる生活空間。
④ 都市とは異なる自然豊かな生活空間。
⑤ 通行者の安全性を確保した生活空間。
⑥ 土地の記憶を保持している生活空間。

問5　まちづくりにおける「路地的空間」の長所と短所について、緊急時や災害時の対応の観点を加えて議論した場合、文章全体を踏まえて成り立つ意見はどれか。最も適当なものを、次の①～⑤のうちから一つ選べ。解答番号は 6 。

① 機能性や合理性を重視する都市の生活にあって、路地的空間は緊急時の対応を可能にする密なコミュニティを形成するという長所がある。一方、そうした生活境域としてのまとまりはしばしば自然信仰的な秩序とともにあるため、近代的な計画に基づいて再現することが難しいという短所がある。

② 日本の路地的空間は欧米の路地とは異なり、自然との共生や人間同士のふれあいを可能にするという長所がある。一方、自然破壊につながるような区画整理を拒否するため、居住空間と通行空間が連続的に広がらず、高齢の単身居住者が多くなり、災害時や緊急時において孤立してしまうという短所がある。

③ 豊かな自然や懐かしい風景が残存している路地的空間は、持続的に住みたいと思わせる生活空間であり、相互扶助のコミュニティが形成されやすいという長所がある。一方、計画的な区画整理がなされていないために、災害時には、緊急車両の進入を妨げたり住民の避難を困難にしたりする短所がある。

④ 路地的空間には、災害時の避難行動を可能にする機能的な道・道路であるという点で、近代的な都市の街区にはない長所がある。一方、都市居住者にとって路地的空間は地域の原風景としてばかり捉えられがちで、そうした機能性が合理的に評価されたり、活用されたりしにくいという短所がある。

⑤ 再開発を行わず近代以前の地域の原風景をとどめる低層住宅の路地的空間は、コミュニティとしての結束力が強く、非常事態においても対処できる長所がある。一方、隣接する欧米近代志向の開放高層居住空間のコミュニティとは、価値観があまりにも異なるために共存できないという短所がある。

第3問　次の文章は、複数の作家による『捨てる』という題の作品集に収録されている光原百合《みつはらゆり》の小説「ツバメたち」の全文である。この文章を読んで、後の問い（問1～5）に答えよ。なお、本文の上の数字は行数を示す。

〈一羽のツバメが渡りの旅の途中で立ち寄った町で、「幸福な王子」と呼ばれる像と仲良くなった。王子は町の貧しい人々の暮らしぶりをツバメから聞いて心を痛め、自分の体から宝石や金箔《きんぱく》を外して配るよう頼む。冬が近づいても王子の願いを果たすためにその町にとどまっていたツバメは、ついに凍え死んでしまった。金箔をはがされてみすぼらしい姿になった王子の像は溶かされてしまうが、二つに割れた心臓だけはどうしても溶けなかった。ツバメの死骸と王子の心臓は、ともにゴミ捨て場に捨てられた。その夜、「あの町からもっとも尊いものを二つ持ってきなさい」と神に命じられた天使が降りてきて、ツバメと王子の心臓を抱き、天国へと持ち帰ったのだった。

オスカー・ワイルド作「幸福な王子」より〉

A 遅れてその町にやってきた若者は、なんとも風変わりだった。

つやのある黒い羽に敏捷《びんしょう》な身のこなし、実に見た目のいい若者だったから、南の国にわたる前、最後の骨休めをしながら翼の力をたくわえているあたしたちの群れに、問題なく受け入れられた。あたしの友だちの中にも彼に興味を示すものは何羽もいた。でも、彼がいつも夢のようなことばかり語るものだから――今まで見てきた北の土地について、これから飛んでいく南の国について、遠くを見るようなまなざしで語るばかりだったから、みんなそのうち興味をなくしてしまった。来年、一緒に巣をこしらえて子どもを育てる連れ合いには、そこらを飛んでいる虫を素早く見つけてたくさんつかまえてくれる若者がふさわしい。遠くを見るまなざしなど必要ない。

とはいえ嫌われるほどのことではないし、厳しい渡りの旅をともにする仲間は多いに越したことはないので、彼はあたしたちとそのまま一緒に過ごしていた。

そんな彼が翼繁《しげ》く通っていたのが、丘の上に立つ像のところだった。早くに死んでしまった身分の高い人間、「王子《プリンス》」と人間たちは呼んでいたが、その姿に似せて作った像だということだ。遠くからでもきらきら光っているのは、全身に金が貼ってあって、たいそう高価な宝石も使われているからだという。あたしたちには金も宝石も用はないが。

人間たちはこの像をひどく大切にしているようで、何かといえばそのまわりに集まって、列を作って歩くやら歌うやら踊るやら、(ア)ギョウギョウしく騒いでいた。

彼はその像の肩にとまって、あれこれとおしゃべりするのが好きなようだった。王子の像も嬉《うれ》しそうに応じていた。

「一体何を、あんなに楽しそうに話しているの？」

彼にそう聞いてみたことがある。

「僕の見てきた北の土地や、まだ見ていないけれど話に聞く南の国のことをね。あの方はお気の毒に、人間として生きていらした間も、身分が高いせいでいつもお城の中で守られていて、そう簡単にはよその土地に行けなかったんだ。憧れていた遠い場所の話を聞けるのが、とても嬉しいと言ってくださってる」

「そりゃよかったわね」

あたしたちには興味のない遠い土地の話が、身分の高いお方とやらには嬉しいのだろう。誇らしげに話す彼の様子が腹立たしく、あたしはさっさと朝食の虫を捕まえに飛び立った。

やがて彼が、王子と話すだけでなく、そこから何かをくわえて飛び立って、町のあちこちに飛んでいく姿をよく見かけるようになった。南への旅立ちも近いというのに一体何をしているのか、あたしには不思議でならなかった。

風は日増しに冷たくなっていた。あたしたちの群れの長老が旅立ちの日を決めたが、それを聞いた彼は、自分は行かない、と答えたらしい。自分に構わず発《た》ってくれと。

仲間たちは皆、彼のことは放っておけと言ったが、あたしは気になった。いよいよ明日は渡りに発つという日、あたしは彼をつかまえ、逃げられないよう足を踏んづけておいてから聞いた。ここで何をしているのか、なにをするつもりなのか。

彼はあたしの方は見ずに、丘の上の王子の像を遠く眺めながら答えた。

「僕はあの方を飾っている宝石を外して、それから体に貼ってある金箔をはがして、貧しい人たちに持って行っているんだ。あの方に頼まれたからだ。あの方は、この町の貧しい人たちが食べ物も薪《まき》も薬も買えずに苦しんでいることを、ひどく気にしておられる。こんな悲しいことを黙って見ていることはできない、けれどご自分は台座から降りられない。だから僕にお頼みになった。僕が宝石や金箔を届けたら、おなかをすかせた若者がパンを、凍える子どもが薪を、病気の年寄りが薬を買うことができるんだ」

あたしにはよくわからなかった。

「どうしてあなたが、それをするの？」

「誰かがしなければならないから」

「だけど、どうしてあなたが、その『誰か』なの？　なぜあなたがしなければならないの？　ここにいたのでは、長く生きられないわよ」

あたしは重ねて聞いた。彼は馬鹿にしたような目で、ちらっとあたしを見た。

「君なんかには、僕らのやっていることの尊さはBわからないさ」

腹が立ったあたしは「勝手にすれば」と言って、足をのけた。彼ははばたいて丘の上へと飛んで行った。あたしはそれをただ見送った。

長い長い渡りの旅を終え、あたしたちは南の海辺の町に着いた。あたしは数日の間、海を見下ろす木の枝にとまって、沖のほうを眺めていた。彼が遅れて飛んで来はしないかと思ったのだ。しかし彼が現れることはなく、やがて嵐がやって来て、数日の間海を閉ざした。

この嵐は冬の(イ)トウライを告げるもので、北の町はもう、あたしたちには生きていけない寒さになったはずだと、年かさのツバメたちが話していた。

彼もきっと、もう死んでしまっているだろう。

彼はなぜ、あの町に残ったのだろうか。貧しい人たちを救うため、自分ではそう思っていただろう。あたしなどにはそんな志はわからないのだと。でも本当のところは、大好きな王子の喜ぶ顔を見たかっただけではないか。

そうして王子はなぜ、彼に使いを頼んだのだろう。貧しい人たちを救うため、自分ではそう思っていただろう。でも……。

まあいい。どうせあたしにはCわからない、どうでもいいことだ。春になればあたしたちは、また北の土地に帰っていく。あたしはそこで、彼のような遠くを見るまなざしなど持たず、近くの虫を見つけてせっせとつかまえ、子どもたちを一緒に育ててくれる若者とショ(ウ)タイを持つことだろう。

それでも、もしまた渡りの前にあの町に寄って「幸福な王子」の像を見たら、聞いてしまうかもしれない。

あなたはただ、自分がまとっていた重いものを、捨てたかっただけではありませんか。そして、命を捨てても自分の傍《そば》にいたいと思う者がただひとり、いてくれればいいと思ったのではありませんか――と。

（光原百合他『アンソロジー　捨てる』による。）

問1 傍線部(ア)〜(ウ)に相当する漢字を含むものを、次の各群の①〜⑤のうちから、それぞれ一つずつ選べ。解答番号は［1］〜［3］。

(ア) ギョウギョウしく ［1］
① 会社のギョウセキを掲載する
② クギョウに耐える
③ 思いをギョウシュクした言葉
④ イギョウの鬼
⑤ ギョウテンするニュース

(イ) トウライ ［2］
① 孤軍フントウ
② 本末テントウ
③ トウイ即妙
④ 用意シュウトウ
⑤ 不偏フトウ

(ウ) ショタイを持つ ［3］
① アクタイをつく
② 新たな勢力のタイトウ
③ タイマンなプレー
④ 家庭のアンタイを願う
⑤ 秘書をタイドウする

問2　傍線部A「遅れてその町にやってきた若者は、なんとも風変わりだった。」にある「若者」の「風変わり」な点について説明する場合、本文中の波線を引いた四つの文のうち、どの文を根拠にするべきか。最も適当なものを、次の①〜④のうちから一つ選べ。解答番号は 4 。

① つやのある黒い羽に敏捷な身のこなし、実に見た目のいい若者だったから、南の国にわたる前、最後の骨休めをしながら翼の力をたくわえているあたしたちの群れに、問題なく受け入れられた。

② あたしの友だちの中にも彼に興味を示すものは何羽もいた。

③ でも、彼がいつも夢のようなことばかり語るものだから——今まで見てきた北の土地について、これから飛んでいく南の国について、遠くを見るようなまなざしで語るばかりだったから、みんなそのうち興味をなくしてしまった。

④ とはいえ嫌われるほどのことではないし、厳しい渡りの旅をともにする仲間は多いに越したことはないので、彼はあたしたちとそのまま一緒に過ごしていた。

問3　傍線部B「わからないさ」及び傍線部C「わからない」について、「彼」と「あたし」はそれぞれどのような思いを抱いていたか。その説明として最も適当なものを、傍線部Bについては次の【Ⅰ群】の①～③のうちから、傍線部Cについては後の【Ⅱ群】の①～③のうちから、それぞれ一つずつ選べ。解答番号は 5 ・ 6 。

【Ⅰ群】 5

① 南の土地に渡って子孫を残すというツバメとしての生き方に固執し、生活の苦しさから救われようと「王子」の像にすがる町の人々の悲痛な思いを理解しない「あたし」の利己的な態度に、軽蔑の感情を隠しきれない。

② 町の貧しい人たちを救おうとする「王子」と、命をなげうってそれを手伝う自分を理解するどころか、その行動を自己陶酔だと厳しく批判する「あたし」に、これ以上踏み込まれたくないと嫌気がさしている。

③ 群れの足並みを乱させまいとどう喝する「あたし」が、暴力的な振る舞いに頼るばかりで、「王子」の行いをどれほど熱心に説明しても理解しようとする態度を見せないことに、裏切られた思いを抱き、失望している。

【Ⅱ群】 6

① 「王子」の像を金や宝石によって飾り、祭り上げる人間の態度は、ツバメである「あたし」にとっては理解できないものであり、そうした「王子」に生命をかけて尽くしている「彼」のこともまたいまだに理解しがたく感じている。

② 無謀な行動に突き進んでいこうとする「彼」を救い出す言葉を持たず、暴力的な振る舞いでかえって「彼」を突き放してしまったことを悔い、これから先の生活にもその後悔がついて回ることを恐れている。

③ 貧しい人たちを救うためというより、「王子」に尽くすためだけに「彼」は行動しているに過ぎないと思っているが、「彼」自身の拒絶によってふたりの関係に介入することもできず、割り切れない思いを抱えている。

問4 この小説は、オスカー・ワイルド「幸福な王子」のあらすじの記載から始まっている。この箇所（X）とその後の文章（Y）との関係はどのようなものか。その説明として適当なものを、次の①〜⑥のうちから二つ選べ。解答番号は 7 。

① Xでは、神の視点から「一羽のツバメ」と「王子」の自己犠牲的な行為が語られ、最後には救済が与えられることで普遍的な博愛の物語になっている。ツバメたちの視点から語り直すYは、Xに見られる神の存在を否定した上で、「彼」と「王子」のすれ違いを強調し、それによってもたらされた悲劇へと読み替えている。

② Xの「王子」と「一羽のツバメ」の自己犠牲は、人々からは認められなかったものの、最終的には神によってその崇高さを保証される。Yでも、献身的な「王子」に「彼」が命を捨てて仕えただろうことが暗示されるが、その理由はいずれも、「あたし」によって、個人的な願望に基づくものへと読み替えられている。

③ Yでは、「あたし」という感情的な女性のツバメの視点を通して、理性的な「彼」を批判し、超越的な神の視点も破棄している。こうして、「一羽のツバメ」と「王子」の英雄的な自己犠牲が神によって救済されるというXの幸福な結末を、「あたし」の介入によって、救いのない悲惨な結末へと読み替えている。

④ Yには、「あたし」というツバメが登場し、「王子」に向けた「彼」の言動の不可解さに言及する「あたし」の心情が中心化されている。「一羽のツバメ」と「王子」が誰にも顧みられることなく悲劇的に終わるXを、Yは、「彼」と家庭を持ちたいという「あたし」の思いの成就を暗示する恋愛物語へと読み替えている。

⑤ Xは、愚かな人間たちによって捨てられた「一羽のツバメ」の死骸と「王子」の心臓が、天使によって天国に迎えられるという逆転劇の構造を持っている。その構造は、Yにおいて、仲間によって見捨てられた「彼」の死が「あたし」によって「王子」のための自己犠牲として救済されるという、別の逆転劇に読み替えられている。

⑥　Xでは、貧しい人々に分け与えるために宝石や金箔を外すという「王子」の自己犠牲的な行為は、「一羽のツバメ」の献身とともに賞賛されている。それに対して、Yでは、「王子」が命を捧げるように「彼」に求めつつ、自らは社会的な役割から逃れたいと望んでいるとして、捨てるという行為の意味が読み替えられている。

問5 次の【Ⅰ群】のa～cの構成や表現に関する説明として最も適当なものを、後の【Ⅱ群】の①～⑥のうちから、それぞれ一つずつ選べ。解答番号は 8 ～ 10 。

【Ⅰ群】

a 1～7行目のオスカー・ワイルド作「幸福な王子」の記載 8

b 12行目「彼がいつも夢のようなことばかり語るものだから――」の「――」 9

c 56行目以降の「あたし」のモノローグ（独白） 10

【Ⅱ群】

① 最終場面における物語の出来事の時間と、それを語っている「あたし」の現在時とのずれが強調されている。

② 「彼」の性質を端的に示した後で具体的な例が重ねられ、その性質に注釈が加えられている。

③ 断定的な表現を避け、言いよどむことで、「あたし」が「彼」に対して抱く不可解さが強調されている。

④ 「王子」の像も人々に見捨てられるという、「あたし」にも想像できなかった展開が示唆されている。

⑤ 「あたし」の、「王子」や「彼」の行動や思いに対して揺れる複雑な心情が示唆されている。

⑥ 自問自答を積み重ねる「あたし」の内面的な成長を示唆する視点が加えられている。

第4問

『源氏物語』は書き写す人の考え方によって本文に違いが生じ、その結果、本によって表現が異なっている。次の【文章Ⅰ】と【文章Ⅱ】は、ともに『源氏物語』(桐壺《きりつぼ》の巻)の一節で、最愛の后《きさき》である桐壺の更衣《こうい》を失った帝《みかど》のもとに、更衣の母から故人の形見の品々が届けられた場面である。【文章Ⅰ】は藤原定家が整えた本文に基づき、【文章Ⅱ】は源光行《みつゆき》・親行《ちかゆき》親子が整えた本文に基づいている。また、【文章Ⅲ】は源親行によって書かれた『原中最秘抄《げんちゅうさいひしょう》』の一節で、【文章Ⅱ】のように本文を整えたときの逸話を記している。【文章Ⅰ】〜【文章Ⅲ】を読んで、後の問い(問1〜6)に答えよ。

【文章Ⅰ】

かの贈りもの御覧ぜさす。亡き人(注1)の住みか尋ねいでたりけむ、(ア)しるしの釵《かんざし》ならましかば、と思《おも》ほすも、いとかひなし。

(イ)尋ねゆく幻もがなつてにても魂《たま》のありかをそこと知るべく

絵(注2)に描ける楊貴妃《やうきひ》の容貌《かたち》は、いみじき絵師と言へども、筆限りありければ、いと匂ひ少なし。太液《たいえき》(注3)の芙蓉《ふよう》、未央《びあう》の柳も、げに通ひたりし容貌を、唐《から》めいたるよそひはうるはしうこそありけめ、なつかしうらうたげなりしを思《おぼ》し出《い》づるに、花鳥《はなとり》の色にも音《ね》にも、よそふべきかたぞなき。

【文章Ⅱ】

かの贈りもの御覧ぜさす。亡き人の住みか尋ねいでたりけむ、しるしの釵ならましかば、と思すも、いとかなし。

尋ねゆく幻もがなつてにても魂のありかをそこと知るべく

絵に描ける楊貴妃の容貌は、いみじき絵師と言へども、筆限りありければ、いと匂ひ少なし。太液の芙蓉も、げに通ひたりし容貌・色あひ、唐めいたりけむよそひはうるはしう、けうらにこそはありけめ、なつかしうらうたげなりしありさまは、女郎花《をみなえし》の風になびきたるよりもなよび、撫子《なでしこ》の露に濡《ぬ》れたるよりもらうたく、なつかしかりし容貌・気配を思し出づるに、花鳥の色にも音にも、よそふべきかたぞなき。

（注） 1 亡き人の住みか尋ねいでたりけむ、しるしの釵 ―― 唐の玄宗皇帝と楊貴妃の愛の悲劇を描いた漢詩「長恨歌」による表現。玄宗皇帝は、最愛の后であった楊貴妃の死後、彼女の魂のありかを求めるように道士（幻術士）に命じ、道士は楊貴妃に会った証拠に金の釵を持ち帰った。

2 絵 ―― 更衣の死後、帝が明けても暮れても見ていた「長恨歌」の絵のこと。

3 太液の芙蓉、未央の柳 ―― 太液という池に咲いている蓮《はす》の花と、未央という宮殿に植えられている柳のことで、いずれも美人の形容として用いられている（「長恨歌」）。

【文章Ⅲ】

亡父光行、昔、五条三品（注1）にこの物語の不審の条々を尋ね申し侍《はべ》りし中に、当巻に、「絵に描ける楊貴妃の形は、いみじき絵師と言へども、筆限りあれば、匂ひ少なし。太液の芙蓉、未央の柳も」と書きて、「未央の柳」といふ一句を見せ消ち（注2）《け》にせり。これによりて親行を使ひとして、

「楊貴妃をば芙蓉と柳とにたとへ、更衣をば女郎花と撫子にたとふ、みな二句づつにてよく聞こえ侍るを、御本（注3）、未央の柳を消たれたるは、いかなる子細の侍るやらむ」

と申したりしかば、

「我は(ウ)いかでか自由の事をばしるべき。行成卿（注4）《きやう》の自筆の本に、この一句を見せ消ちにし給ひき。紫式部同時の人に侍れば、申し合はする様こそ侍らめ、とてこれも墨を付けては侍れども、いぶかしさにあまたたび見しほどに、若菜（注5）の巻にて心をえて、おもしろくみなし侍るなり」

と申されけるを、親行、このよしを語るに、

「若菜の巻には、いづくに同類侍るとか申されし」

と言ふに、

「それまでは尋ね申さず」

と答へ侍りしを、さまざま恥《は》ぢしめ勘当し侍りしほどに、親行こもり居て、若菜の巻を数遍ひらきみるに、その意をえたり。六条院の女試楽《しがく》（注6）、女三の宮、人よりちいさくうつくしげにて、ただ御衣のみある心地す、にほひやかなるかたはをくれて、いとあてやかになまめかしくて、二月の中の十日ばかりの青柳のしだりはじめたらむ心地して、とあり。柳を人の顔にたとへたる事あまたになるによりて、(エ)見せ消ちにせられ侍りしにこそ。三品の和才すぐれたる中にこの物語の奥義をさへきはめられ侍りける、ありがたき事なり。しかあるを、京極中納言入道（注7）の家の本に「未央の柳」と書かれたる事も侍るにや。又俊成卿の女《むすめ》（注8）に尋ね申し侍りしかば、

「この事は伝々の書写のあやまりに書き入るるにや、あまりに対句めかしくにくいけしたる方侍るにや」

と云々《しかじか》。よりて愚本にこれを用いず。

（注）
1　五条三品――藤原俊成。平安時代末期の歌人で古典学者。
2　見せ消ち――写本などで文字を訂正する際、もとの文字が読めるように、傍点を付けたり、その字の上に線を引くなどすること。
3　御本――藤原俊成が所持する『源氏物語』の写本。
4　行成卿――藤原行成。平安時代中期の公卿で文人。書道にすぐれ古典の書写をよくした。
5　若菜の巻――『源氏物語』の巻名。
6　六条院の女試楽――光源氏が邸宅六条院で開催した女性たちによる演奏会。
7　京極中納言入道――藤原定家。藤原俊成の息子で歌人・古典学者。
8　俊成卿の女――藤原俊成の養女で歌人。

問1 傍線部(ア)「しるしの釵ならましかば」とあるが、直後に補うことのできる表現として最も適当なものを、次の①〜⑤のうちから一つ選べ。解答番号は 1 。

① いかにうれしからまし
② いかにめやすからまし
③ いかにくやしからまし
④ いかにをかしからまし
⑤ いかにあぢきなからまし

問2 傍線部(イ)「尋ねゆく幻もがなつてにても魂のありかをそこと知るべく」の歌の説明として**適当でないもの**を、次の①〜⑤のうちから一つ選べ。解答番号は 2 。

① 縁語・掛詞は用いられていない。
② 倒置法が用いられている。
③ 「もがな」は願望を表している。
④ 幻術士になって更衣に会いに行きたいと詠んだ歌である。
⑤ 「長恨歌」の玄宗皇帝を想起して詠んだ歌である。

問3　傍線部(ウ)「いかでか自由の事をばしるべき」の解釈として最も適当なものを、次の①～⑤のうちから一つ選べ。解答番号は 3 。

① 勝手なことなどするわけがない。
② 質問されてもわからない。
③ なんとかして好きなようにしたい。
④ あなたの意見が聞きたい。
⑤ 自分の意見を言うことはできない。

問4　傍線部(エ)「見せ消ちにせられ侍りしにこそ」についての説明として最も適当なものを、次の①～⑤のうちから一つ選べ。解答番号は 4 。

① 紫式部を主語とする文である。
② 行成への敬意が示されている。
③ 親行の不満が文末の省略にこめられている。
④ 光行を読み手として意識している。
⑤ 俊成に対する敬語が用いられている。

問5 【文章Ⅱ】の二重傍線部「唐めいたりけむ～思し出づるに」では、楊貴妃と更衣のことが、【文章Ⅰ】よりも詳しく描かれている。この部分の表現とその効果についての説明として、**適当でないもの**を、次の①～⑤のうちから一つ選べ。解答番号は 5 。

① 「唐めいたりけむ」の「けむ」は、「長恨歌」中の人物であった楊貴妃と、更衣との対比を明確にしている。

② 「けうらにこそはありけめ」という表現は、中国的な美人であった楊貴妃のイメージを鮮明にしている。

③ 「女郎花」が風になびいているという表現は、更衣が幸薄く薄命な女性であったことを暗示している。

④ 「撫子」が露に濡れているという表現は、若くして亡くなってしまった更衣の可憐《かれん》さを引き立てている。

⑤ 「○○よりも△△」という表現の繰り返しは、自然物になぞらえきれない更衣の魅力を強調している。

問6 【文章Ⅲ】の内容についての説明として最も適当なものを、次の①〜⑤のうちから一つ選べ。解答番号は 6 。

① 親行は、女郎花と撫子が秋の景物であるのに対して、柳は春の景物であり、桐壺の巻の場面である秋の季節に使う表現としてはふさわしくないと判断した。そこで、【文章Ⅱ】では「未央の柳」を削除した。

② 俊成の女は、「未央の柳」は紫式部の表現意図を無視した後代の書き込みであると主張した。そして、俊成から譲られた行成自筆本の該当部分を墨で塗りつぶし、それを親行に見せた。

③ 光行は、俊成所持の『源氏物語』では、「未央の柳」が見せ消ちになっていることに不審を抱いて、親行に命じて質問させた。それは、光行は、整った対句になっているほうがよいと考えたからであった。

④ 親行は、「未央の柳」を見せ消ちとした理由を俊成に尋ねたところ、満足な答えが得られず、光行からも若菜の巻を読むように叱られた。そこで、自身で若菜の巻を読み、「未央の柳」を不要だと判断した。

⑤ 俊成は、光行・親行父子に対しては、「未央の柳」は見せ消ちでよいと言っておきながら、息子の定家には「未央の柳」をはっきり残すように指示していた。それは、奥義を自家の秘伝とするための偽装であった。

第5問

次の【文章Ⅰ】は、殷《いん》王朝の末期に、周《しゅう》の西伯《せいはく》が呂尚《りょしょう》（太公望《たいこうぼう》）と出会った時の話を記したものである。授業でこれを学んだC組は太公望について調べてみることになった。二班は、太公望のことを詠んだ佐藤一斎《さとういっさい》の漢詩を見つけ、調べたことを【文章Ⅱ】としてまとめた。【文章Ⅰ】と【文章Ⅱ】を読んで、後の問い（問1～7）に答えよ。なお、返り点・送り仮名を省いたところがある。

【文章Ⅰ】

呂尚《ハ》蓋《シ》(1)嘗窮困《シ》、年老《イタリ》矣。以《テ》二漁釣《ヲ》一奸《もとム》(注1)二周《ノ》西伯《ニ》一。A西伯将出猟卜之。曰《ハク》「所《ハ》レ獲《ル》非《ズ》レ龍《ニ》、非《ズ》レ彲《みづち》《ニ》、非《ズ》レ虎《ニ》、非《ズ》レ羆《ひぐま》《ニ》、所《ハ》レ獲《ル》覇王之輔《たす》《ケナリト》。」於《イテ》レ是《ニ》周《ノ》西伯猟《かリス》。(ア)果‖遇《フ》二太(注2)公《ニ》於渭《ゐ》(注3)之陽《きた》《ニ》一。(2)与語《リテ》大《イニ》説《よろこ》《ビテ》曰《ハク》「自《リ》二吾《ガ》(注4)先君太公一曰《ハク》、『(イ)当‖下有《リテ》二聖人一適《ゆク》上周《ニ》。周以《テ》興《ラント》。』B子《ハ》真《ニ》是《レナル》邪《か》。吾《ガ》太公望《ムコト》レ子《ヲ》久《シト》矣。」故《ニ》号《シテ》レ之《ヲ》曰《フ》二太公望《ト》一。載《セテ》与倶《ニ》帰《リ》、立《テテ》為《スト》レ師《ト》。

（司馬遷《しばせん》『史記《しき》』による。）

（注）
1 奸——知遇を得ることを求める。
2 太公——ここでは呂尚を指す。
3 渭之陽——渭水《いすい》の北岸。渭水は、今の陝西省《せんせい》を東に流れて黄河に至る川。
4 吾先君太公——ここでは西伯の亡父を指す（なお諸説がある）。

【文章Ⅱ】

佐藤一斎の「太公垂釣の図」について

平成二十九年十一月十三日
愛日楼高等学校二年C組二班

太公垂釣ノ図　　佐藤一斎

謬《あやま》リテ被《れ》二文王ニ載セ得テ帰ラ一
一《いつ》竿《かん》ノ風月与レ心違《たが》フ
想《おも》フ君ガ牧《ぼく》野《や》鷹《よう》揚《やう》ノ後
夢ハ在《ラン》二磻《はん》渓《けい》ノ旧釣《てう》磯《き》ニ一

不本意にも文王によって周に連れていかれてしまい、
釣り竿《ざお》一本だけの風月という願いとは、異なることになってしまった。
想うに、あなたは牧野で武勇知略を示して殷を討伐した後は、
磻渓の昔の釣磯《つりいそ》を毎夜夢に見ていたことであろう。

狩野探幽《かのうたんゆう》画「太公望釣浜図」
日本でも太公望が釣りをする絵画がたくさん描かれました。

幕末の佐藤一斎（一七七二〜一八五九）に、太公望（呂尚）のことを詠んだ漢詩があります。太公望は、七十歳を過ぎてから磻渓（渭水のほとり）で文王（西伯）と出会い、周に仕えます。殷との「牧野の戦い」では、軍師として活躍し、周の天下を盤石のものとしました。しかし、その本当の思いは？

C 佐藤一斎の漢詩は、【文章Ⅰ】とは異なる太公望の姿を描きました。

ある説として、この漢詩は佐藤一斎が七十歳を過ぎてから昌平坂《しょうへいざか》学問所（幕府直轄の学校）の教官となり、その時の自分の心境を示しているとも言われています。

〈コラム〉
太公望＝釣り人？
文王との出会いが釣りであったことから、今では釣り人のことを「太公望」と言います。【文章Ⅰ】の、西伯が望んだ人物だったからという由来とは違う意味で使われています。

問１ 波線部(1)「嘗」・(2)「与」の読み方として最も適当なものを、次の各群の①～⑤のうちから、それぞれ一つずつ選べ。解答番号は 1 ・ 2 。

(1) 「嘗」 1
① かつて
② こころみに
③ すなはち
④ なめて
⑤ なんぞ

(2) 「与」 2
① あたへ
② あづかり
③ ここに
④ すでに
⑤ ともに

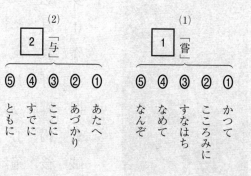

問２ 二重傍線部(ア)「果」・(イ)「当」の本文中における意味として最も適当なものを、次の各群の①～⑤のうちから、それぞれ一つずつ選べ。解答番号は 3 ・ 4 。

(ア)「果」 3

① たまたま
② 案の定
③ 思いがけず
④ やっとのことで
⑤ 約束どおりに

(イ)「当」 4

① ぜひとも～すべきだ
② ちょうど～のようだ
③ どうして～しないのか
④ きっと～だろう
⑤ ただ～だけだ

問3　傍線部A「西 伯 将 出 猟 卜 之」の返り点の付け方と書き下し文との組合せとして最も適当なものを、次の①～⑤のうちから一つ選べ。解答番号は 5 。

① 西 伯 将㆓出㆑猟 卜㆒㆑之　西伯将に猟《か》りに出《い》でて之を卜《うらな》ふべし

② 西 伯 将 出 猟 卜㆑之　西伯の将出でて猟りして之を卜ふ

③ 西 伯 将 出㆑猟 卜㆑之　西伯将《は》た猟りに出でて之を卜ふか

④ 西 伯 将㆑出㆑猟 卜㆑之　西伯猟りに出づるを将《ひき》ゐて之を卜ふ

⑤ 西 伯 将㆓出 猟㆒卜㆑之　西伯将に出でて猟りせんとし之を卜ふ

問4　傍線部B「子 真 是 邪」の解釈として最も適当なものを、次の①～⑤のうちから一つ選べ。解答番号は 6 。

① 我が子はまさにこれにちがいない。
② あなたはまさにその人だろうか、いや、そんなはずはない。
③ あなたはまさにその人ではないか。
④ 我が子がまさにその人だろうか、いや、そんなはずはない。
⑤ 我が子がまさにその人ではないか。

問5　【文章Ⅱ】に挙げられた佐藤一斎の漢詩に関連した説明として正しいものを、次の①～⑥のうちから、すべて選べ。解答番号は［7］。

① この詩は七言絶句という形式であり、第一、二、四句の末字で押韻している。
② この詩は七言律詩という形式であり、第一句と偶数句末で押韻し、また対句を構成している。
③ この詩は古体詩の七言詩であり、首聯《しゅれん》、頷聯《がんれん》、頸聯《けいれん》、尾聯《びれん》からなっている。
④ この詩のような作品は中国語の訓練を積んだごく一部の知識人しか作ることができず、漢詩は日本人の創作活動の一つにはならなかった。
⑤ この詩のような作品を詠むことができたのは、漢詩を日本独自の文学様式に変化させたからで、日本人は江戸時代末期から漢詩を作るようになった。
⑥ この詩のように優れた作品を日本人が多く残しているのは、古くから日本人が漢詩文に親しみ、自らの教養の基礎としてきたからである。

問6 【文章Ⅱ】の□で囲まれた〈コラム〉の文中に一箇所誤った箇所がある。その**誤った箇所**を次のA群の①～③のうちから一つ選び、**正しく改めたもの**を後のB群の①～⑥のうちから一つ選べ。解答番号は 8 ・ 9 。

A群 8

① 文王との出会いが釣りであった
② 釣り人のことを「太公望」と言います
③ 西伯が望んだ人物だったから

B群 9

① 文王が卜《うらな》いをしている時に出会った
② 文王が釣りをしている時に出会った
③ 釣りによって出世しようとする人のことを「太公望」と言います
④ 釣り場で出会った友のことを「太公望」と言います
⑤ 西伯の先君太公が望んだ人物だったから
⑥ 西伯の先君太公が望んだ子孫だったから

問7 【文章Ⅱ】の傍線部C「佐藤一斎の漢詩は、【文章Ⅰ】とは異なる太公望の姿を描きました。」とあるが、佐藤一斎の漢詩からうかがえる太公望の説明として最も適当なものを、次の①〜⑥のうちから一つ選べ。解答番号は 10 。

① 第一句「謬りて」は、文王のために十分に活躍することはできなかったという太公望の控えめな態度を表現している。
② 第一句「謬りて」は、文王の補佐役になって殷を討伐した後の太公望のむなしさを表現している。
③ 第二句「心と違ふ」は、文王に見いだされなければ、このまま釣りをするだけの生活で終わってしまっていたという太公望の回想を表現している。
④ 第二句「心と違ふ」は、殷の勢威に対抗するために文王の補佐役となったが、その後の待遇に対する太公望の不満を表現している。
⑤ 第四句「夢」は、本来は釣磯で釣りを楽しんでいたかったという太公望の望みを表現している。
⑥ 第四句「夢」は、文王の覇業が成就した今、かなうことなら故郷の磻渓の領主になりたいという太公望の願いを表現している。

2020

センター試験

本試験

80分　200点

第1問　次の文章は、近年さまざまな分野で応用されるようになった「レジリエンス」という概念を紹介し、その現代的意義を論じたものである。これを読んで、後の問い（問1～6）に答えよ。なお、設問の都合で本文の段落に 1 ～ 14 の番号を付してある。（配点　50）

1　環境システムの専門家であるウォーカーは、以下のような興味深い比喩を持ち出している。

2　あなたは、港に停泊しているヨットのなかでコップ一杯の水を運んでいるとしよう。そして、同じことを荒れた海を航海しているときに行ったとしよう。港に停泊しているときにコップの水を運ぶのは簡単である。この場合は、できるだけ早く、しかし早すぎないように運べばよいのであって、その最適解は求めやすい。しかし、波風が激しい大洋を航海しているときには、早く運べるかどうかなど二の次で、不意に大きく揺れる床の上で転ばないでいることの方が重要になる。あなたは、膝を緩め、突然やってくる船の揺れを吸収し、バランスをとらねばならない。海の上での解は、妨害要因を吸収する能力を向上させることをあなたに求める。すなわち、波に対するあなたのレジリエンスを向上させることを求めるのである。

3　この引用で言う「レジリエンス（resilience）」とは、近年、さまざまな領域で言及されるようになった注目すべき概念である。この言葉は、「攪乱《かくらん》を吸収し、基本的な機能と構造を保持し続けるシステムの能力」（注1）を意味する。

4　レジリエンスの概念をもう少し詳しく説明しよう。レジリエンスは、もともとは物性科学のなかで物質が元の形状に戻る「弾性」のことを意味する。六〇年代になると生態学や自然保護運動の文脈で用いられるようになった。そこでは、生態系が変動と変化に対して自己を維持する過程という意味で使われた。しかし、ここで言う「自己の維持」とは単なる物理的な弾力のことではなく、環境の変化に対して動的に応じていく適応能力のことである。

5　レジリエンスは、回復力（復元力）、あるいは、サステナビリティ（注2）と類似の意味合いをもつが、Aそこにある微妙な意味の違いに注目しなければならない。たとえば、回復とはあるベースラインや基準に戻ることを意味するが、レジリエンスでは、かならずしも固定的な原型が想定されていない。絶えず変化する環境に合わせて流動的に自らの姿を変更しつつ、それでも目的を達成するのがレジリエンスである。レジリエンスは、均衡状態に到達するための性質ではなく、発展成長する動的過程を(ア)ソクシンするための性質である。

6　また、サステナビリティに関しても、たとえば、「サステナブルな自然」といったときには、唯一の均衡点が生態系のなかにあるかのように期待されている。しかしこれは自然のシステムの本来の姿とは合わない。レジリエンスで目指されているのは、ケン(イ)コウなダイナミズム（注3）である。レジリエンスには、適度な失敗が最初から包含されている。たとえば、小規模の森林火災は、その生態系にとって資源の一部を再構築し、栄養を再配分することで自らを更新する機会となる。こうした小規模の火災まで防いでしまうと、森林は燃えやすい要素をため込み、些細《ささい》な発火で破滅的な大火災にまで発展してしまう。

7　さらに八〇年代になると、レジリエンスは、心理学や精神医学、ソーシャルワーク（注4）の分野で使われるようになった。そこでは、ストレスや災難、困難に対処して自分自身を維持する抵抗力や、病気や変化、不運から立ち直る個人の心理的な回復力として解釈される。

8　たとえば、フレイザー（注5）は、ソーシャルワークと教育の分野におけるレジリエンスの概念の重要性を主張する。従来は、患者の問題を専門家がどう除去するかという医学中心主義的な視点でソーシャルワークが行われていた。患者の問題の原因は患者自身にあるとされ、患者を治療する専門家にケアの方針を決定する(ウ)ケンゲンが渡された。こうして患者は医師に依存させられてきた。これに対して、レジリエンスに注目するソーシャルワークでは、患者の自発性や潜在能力に着目し、患者に中心をおいた援助や支援を行う。

9　フレイザーのソーシャルワークの特徴は、人間と社会環境のどちらかではなく、その間の相互作用に働きかけることにある。クライエント（注6）の支援は、本人の持つレジリエンスが活《い》かせる環境を構築することに焦点が置かれる。たとえば、発達障害のある子どもに対して、特定の作業所で務められるような仕事をどの子どもにも同じように教えることは妥当ではない。そうすると身につけられる能力が(エ)カタヨって特定の作業所に依存してしまい、学校から作業所へという流れの外に出ることができなくなる。それでは一種の隔離になる。子どもの潜在性に着目して、職場や環境が変わっても続けられる仕事につながるような能力を開発すべきである。

10　Bここでレジリエンスにとって重要な意味をもつのが、「脆弱性《ぜいじゃく》(vulnerability)」である。通常、脆弱性はレジリエンスとは正反対の意味を持つと考えられている。レジリエンスは、ある種の(オ)ガンケンさを意味し、脆弱性とは回復力の不十分さを意味するからである。しかし見方を変えるなら、脆弱性は、レジリエンスを保つための積極的な価値となる。なぜなら、脆弱性とは、変化や刺激に対する敏感さを意味しており、このようなセンサーをもったシステムは、環境の不規則な変化や攪乱、悪化にいち早く気づけるからである。たとえば、災害に対して対応力に富む施設・建築物を作り出したいのなら、障害者や高齢者、妊娠中の女性にとって避難しやすい作りにすることが最善の策となる。

11　さらに、近年のエンジニアリング(注7)の分野においては、レジリエンスは、安全に関する新しい発想法として登場した。レジリエンス・エンジニアリングとは、複雑性を持つ現実世界に対処できるように、適度な冗長性(注8)を持ち、柔軟性に富んだ組織の能力を高める方法を見いだすものである。エンジニアリングの分野では、レジリエンスは、環境の変化に対して自らを変化させて対応する柔軟性にきわめて近い性能として解釈される。

12　以上のように、レジリエンスという概念に特徴的なことは、それが自己と環境の動的な調整に関わることである。回復力とは、システムどうしが相互作用する一連の過程から生じるものであり、システムが有している内在的性質ではない。レジリエンスの獲得には、当人や当該システムの能力の開発のみならず、その能力に見合うように環境を選択したり、現在の環境を改変したりすることも求められる。レジリエンスは、複雑なシステムが、変化する環境のなかで自己を維持するために、環境との相互作用を連続的に変化させながら、環境に柔軟に適応していく過程のことである。

13　レジリエンスがこうした意味での回復力を意味するのであれば、Cそれをミニマルな福祉の基準として提案できる。すなわち、ある人が変転する世界を生きていくには、変化に適切に応じる能力が必要であって、そうした柔軟な適応力を持てるようにすることが、福祉の目的である。福祉とは、その人のニーズを充足することである。ニーズとは人間的な生活を送る上で必要とされるものである。ニーズを充足するには他者から与えられるものを受け取るばかりではなく、自分自身でそのニーズを能動的に充足する力を持つ必要がある。そうでなければ、自律的な生活を継続的に送れないからである。

14 レジリエンスとは、自己のニーズを充足し、生活の基本的条件を維持するために、個人が持たねばならない最低限の回復力である。人間は静物ではなく、生きている。したがって、傷ついて、病を得て、あるいは、脆弱となって自己のニーズを満たせなくなった個人に対してケアする側がなすべきは、物を修復するような行為ではないし、単に補償のための金銭を付与することでもない。物を復元することと、生命あるものが自己を維持することとはまったく異なる。生命の自己維持活動は自発的であり、生命自身の能動性や自律性が要求される。したがって、ケアする者がなすべきは、さまざまに変化する環境に対応しながら自分のニーズを満たせる力を獲得してもらうように、本人を支援することである。

（河野《こうの》哲也《てつや》『境界の現象学』による）

（注）
1　物性科学――物質の性質を解明する学問。
2　サステナビリティ――持続可能性。「サステイナビリティ」と表記されることも多い。後出の「サステナブルな」は「持続可能な」の意。
3　ダイナミズム――動きのあること。
4　ソーシャルワーク――社会福祉事業。それに従事する専門家が「ソーシャルワーカー」。
5　フレイザー――マーク・W・フレイザー（一九四六―　）。ソーシャルワークの研究者でレジリエンスの提唱者。
6　クライエント――相談者、依頼人。「クライアント」ともいう。
7　エンジニアリング――工学。
8　冗長性――ここでは、余裕を持たせておくこと。

問1　傍線部(ア)〜(オ)に相当する漢字を含むものを、次の各群の①〜⑤のうちから、それぞれ一つずつ選べ。解答番号は 1 〜 5 。

(ア) ソクシン 1
① 組織のケッソクを固める
② 距離のモクソクを誤る
③ 消費の動向をホソクする
④ 自給ジソクの生活を送る
⑤ 返事をサイソクする

(イ) ケンコウ 2
① ショウコウ状態を保つ
② 賞のコウホに挙げられる
③ 大臣をコウテツする
④ コウオツつけがたい
⑤ ギコウを凝らした細工

(ウ) ケンゲン 3
① マラソンを途中でキケンする
② ケンゴな意志を持つ
③ ケンギを晴らす
④ 実験の結果をケンショウする
⑤ セイリョクケンを広げる

(エ) カタヨって 4
① 雑誌をヘンシュウする
② 世界の国々をヘンレキする
③ 図書をヘンキャクする
④ 国語のヘンサチが上がった
⑤ 体にヘンチョウをきたす

(オ) ガンケン 5
① タイガンまで泳ぐ
② 環境保全にシュガンを置く
③ ドリルでガンバンを掘る
④ 勝利をキガンする
⑤ ガンキョウに主張する

問2　傍線部**A**「そこにある微妙な意味の違い」とあるが、どのような違いか。その説明として最も適当なものを、次の①～⑤のうちから一つ選べ。解答番号は 6 。

① 回復力やサステナビリティには基準となるベースラインが存在しないが、レジリエンスは弾性の法則によって本来の形状に戻るという違い。

② 回復力やサステナビリティは戻るべき基準や均衡状態を期待するが、レジリエンスは環境の変化に応じて自らの姿を変えていくことを目指すという違い。

③ 回復力やサステナビリティは環境の変動に応じて自己を更新し続けるが、レジリエンスは適度な失敗を繰り返すことで自らの姿を変えていくという違い。

④ 回復力やサステナビリティは生態系の中で均衡を維持する自然を想定するが、レジリエンスは均衡を調整する動的過程として自然を捉えるという違い。

⑤ 回復力やサステナビリティは原型復帰や均衡状態を目指すが、レジリエンスは自己を動的な状態に置いておくこと自体を目的とするという違い。

問3　傍線部B「ここでレジリエンスにとって重要な意味をもつのが、『脆弱性(vulnerability)』である。」とあるが、それはどういうことか。その説明として最も適当なものを、次の①～⑤のうちから一つ選べ。解答番号は 7 。

① 近年のソーシャルワークでは、人の自発性や潜在能力に着目して支援を行う。そのとき脆弱性は、被支援者が支援者にどれだけ依存しているかを測る尺度となるため、特定の人物に過度の依存が起こらない仕組みを作るにあたって重要な役割を果たすということ。

② 近年のソーシャルワークでは、環境に対する抵抗力の弱い人々を支援する。そのとき脆弱性は、変化の起こりにくい環境に変化を起こす刺激として働くため、障害者や高齢者といった人々が周囲の環境の変化に順応していく際に重要な役割を果たすということ。

③ 近年のソーシャルワークでは、被支援者の適応力を活かせるような環境を構築する。そのとき脆弱性は、環境の変化に対していち早く反応するセンサーとして働くため、非常時に高い対応力を発揮する施設や設備を作る際などに重要な役割を果たすということ。

④ 近年のソーシャルワークでは、人間と環境の相互作用に焦点を置いて働きかける。そのとき脆弱性は、周囲の変化に対する敏感なセンサーとして働くため、人間と環境の双方に対応をうながし、均衡状態へと戻るための重要な役割を果たすということ。

⑤ 近年のソーシャルワークでは、人と環境の復元力を保てるように支援を行う。そのとき脆弱性は、人の回復力が不十分な状態にあることを示す尺度となるため、障害者や高齢者などを支援し日常的な生活を取り戻す際などに重要な役割を果たすということ。

問4　傍線部C「それをミニマルな福祉の基準として提案できる」とあるが、それはどういうことか。その説明として最も適当なものを、次の①～⑤のうちから一つ選べ。解答番号は 8 。

① 個人が複雑な現実世界へ主体的に対応できるシステムを、福祉における最小の基準とすることができる。これに基づいて、支援者には被支援者が主体的に対応できるよう必要な社会体制を整備することが求められるということ。

② 個人がさまざまな環境に応じて自己の要求を充足してゆく能力を、福祉における最小の基準とすることができる。これに基づいて、支援者には被支援者がその能力を身につけるために補助することが求められるということ。

③ 個人が環境の変化の影響を受けずに自己のニーズを満たせることを、福祉における最小の基準とすることができる。これに基づいて、支援者には被支援者が自己のニーズを満たすための手助けをすることが求められるということ。

④ 個人が環境の変化の中で感じたニーズを満たすことを、福祉における最小の基準とすることができる。これに基づいて、支援者には被支援者のニーズに応えて満足してもらえるよう尽力することが求められるということ。

⑤ 個人が生活を維持するための経済力を持つことを、福祉における最小の基準とすることができる。これに基づいて、支援者には被支援者に対する金銭的補償にとどまらず、多様な形で援助することが求められるということ。

問5　次に示すのは、本文を読んだ後に、三人の生徒が話し合っている場面である。本文の趣旨を踏まえ、空欄に入る発言として最も適当なものを、後の①～⑤のうちから一つ選べ。解答番号は 9 。

教　師――この文章の主題はレジリエンスでしたね。ずいぶん専門的な事例がたくさん挙げられていましたが、ここで説明されていることを、皆さん自身の問題として具体的に考えてみることはできないか、グループで話し合ってみましょう。

生徒A――最初に出てくるヨットのたとえ話は比較的イメージしやすかったな。ここで説明されていることを、もう少し身近な場面に置きかえてみればいいのかな。

生徒B――海の様子しだいで船の中の状況も全然違ってくるという話だったよね。環境の変化という問題は私たちにとっても切実だよ。4段落に「自己の維持」と書かれているけど、このごろは、高校を卒業して新しい環境に入っても、今までのように規則正しい生活習慣をしっかり保ち続けられるかどうか、心配していたところなんだ。

生徒C――そういうことだろうか。この文章では、さまざまに変化する環境の中でどんなふうに目的に向かっていくか、ということが論じられていたんじゃないかな。5段落には「発展成長する動的過程」ともあるよ。こういう表現は何だか私たちのような高校生に向けられているみたいだね。

生徒A――たしかにね。［　　　　］

生徒B――なるほど。「動的」ってそういうことなのか。少し誤解してたけど、よくわかった気がするよ。

①　発展とか成長の過程というのは、私は部活のことを考えると納得したな。まったく経験のない競技を始めたけど、休まず練習を積み重ねたからこそ、最後には地区大会で優勝できたんだよ。

②　私が部活で部長を引き継いだとき、以前のやり方を踏襲したのにうまくいかなかったんだ。でも、新チームで話し合って現状に合うように工夫したら、目標に向けてまとまりが出てきたよ。

③　授業の時間でも生活の場面でも、あくまで私たちの自由な発想を活かしていくことが大切なんだね。そうすることで、ひとりひとりの個性が伸ばされていくということなんじゃないかな。

④　私たちが勉強する内容も時代に対応して変化しているんだよね。だからこそ、決まったことを学ぶだけでなく、将来のニーズを今から予想していろんなことを学んでおくのが重要なんだよ。

⑤　環境の変化に適応する能力は大事だと思うんだ。同じ教室でも先生が授業している時と休み時間に友達どうしでおしゃべりしている時とは違うのだから、オンとオフは切り替えなきゃ。

問6　この文章の表現と構成について、次の(i)・(ii)の問いに答えよ。

(i)　この文章の表現に関する説明として最も適当なものを、次の①～④のうちから一つ選べ。解答番号は［10］。

①　［2］段落の最初の文と第2文は「としよう」で終わっているが、どちらの文も仮定の状況を提示することで、読者にその状況を具体的に想像させる働きがある。

②　［4］段落の最後の文の「ここで言う」は、直後の語句が他の分野で使われている意味ではなく、筆者が独自に規定した意味で用いていることに注意をうながす働きがある。

③　［6］段落の最初の文の「といったときには」は、直前の表現は本来好ましくないが、あえて使用しているという筆者の態度を示す働きがある。

④　［8］段落の第3文の「あるとされ」は、筆者から患者に対する敬意を示すことで、患者に対しても配慮のある丁寧な文章にする働きがある。

(ii)　この文章の構成に関する説明として**適当でないもの**を、次の①～④のうちから一つ選べ。解答番号は［11］。

①　［2］段落では、レジリエンスについて他者の言葉で読者にイメージをつかませ、［3］段落では、筆者の言葉で意味を明確にしてこの概念を導入している。

②　［5］段落と［6］段落では、［3］段落までに導入したレジリエンスという概念と、類似する他の概念との違いを詳しく説明し、レジリエンスについての説明を補足している。

③　［4］段落、［7］段落、［11］段落では、時系列順にそれぞれの時代でどのようにレジリエンスという概念が拡大してきたかを紹介している。

④　［13］段落では、これまでの議論を踏まえ、レジリエンスという概念について一般的な理解を取り上げた後、筆者の立場から反論している。

第2問

次の文章は、原民喜《はらたみき》「翳《かげ》」（一九四八年発表）の一節である。これを読んで、後の問い（問1～6）に答えよ。なお、設問の都合で本文の上に行数を付してある。（配点　50）

私は一九四四年の秋に妻を喪《うしな》ったが、ごく少数の知己へ送った死亡通知のほかに、満洲《まんしゅう》にいる魚芳《うおよし》へも端書《はがき》を差出《さしだ》しておいた。妻を喪った私は悔《くや》み状が来るたびに、丁寧に読み返し仏壇のほとりに供えておいた。紋切型の悔み状であっても、それにはそれでまた喪にいるものの心を鎮めてくれるものがあった。本土空襲も漸《ようや》く切迫しかかった頃のことで、出した死亡通知に何の返事も来ないものもあった。出した筈《はず》の通知にまだ返信が来ないという些細《ささい》なことも、私にとっては時折気に掛《かか》るのであったが、妻の死を知って、ほんとうに悲しみを頒《わか》ってくれるだろうとおもえた川瀬成吉からもどうしたものか、何の返事もなかった。

私は妻の遺骨を郷里の墓地に納めると、再び棲《す》みなれた千葉の借家に立帰《たちかえ》り、そこで四十九日を迎えた。輸送船の船長をしていた妻の義兄が台湾沖で沈んだということをきいたのもその頃である。サイレンはもう頻々と鳴り唸《うな》っていた。A そうした、暗い、望みのない明け暮れにも、私は凝《じっ》と蹲《うずくま》ったまま、妻と一緒にすごした月日を回想することが多かった。その年も暮れようとする、底冷えの重苦しい、曇った朝、一通の封書が私のところに舞込《まいこ》んだ。差出人は新潟県××郡××村×川瀬丈吉となっている。一目見て、魚芳の父親らしいことが分《わか》ったが、何気なく封を切ると、内味《なかみ》まで父親の筆跡で、息子の死を通知して来たものであった。私が満洲にいるとばかり思っていた川瀬成吉は、私の妻より五ヵ月前に既にこの世を去っていたのである。

私がはじめて魚芳を見たのは十二年前のことで、私達が千葉の借家へ移った時のことである。私たちがそこへ越した、その日、(注1)彼は早速顔をのぞけ、それからは殆《ほとん》ど毎日註文《ちゅうもん》を取りに立寄《たちよ》った。大概朝のうち註文を取ってまわり、夕方自転車で魚を配達するのであったが、どうかすると何かの都合で、日に二三度顔を現わすこともあった。そういう時も彼は気軽に(注2)一里あまりの路《みち》を自転車で何度も往復した。私の妻は毎日顔を逢《あ》わせているので、時々、彼のことを私に語るのであったが、まだ私は何の興味も関心も持たなかったし、殆ど碌《ろく》に顔も知っていなかった。

私がほんとうに魚芳の小僧を見たのは、それから一年後のことと云《い》っていい。ある日、私達は隣家の細君と一緒にブラブラと千葉海岸の方へ散歩していた。すると、向《むこう》の青々とした草原の径《みち》をゴムの長靴をひきずり、自転車を脇に押しやりながら、ぶらぶらやって来る青年があった。私達の姿を認めると、いかにも懐《なつか》しげに帽子をとって、挨拶をした。

「魚芳さんはこの辺までやって来るの」と隣家の細君は訊《たず》ねた。

「ハア」と彼はこの一寸《ちょっと》した逢遭《ほうそう》(注3)を、いかにも愉《たの》しげにニコニコしているのであった。やがて、彼の姿が遠ざかって行くと、隣家の細君は、

「ほんとに、あの人は顔だけ見たら、まるで良家のお坊ちゃんのようですね」と嘆じた。その頃から私はかすかに魚芳に興味を持つようになっていた。

その頃――と云っても隣家の細君が魚芳をほめた時から、もう一年は隔《へだた》っていたが、――私の家に宿なし犬が居ついて、表の露次(注4)でいつも寝そべっていた。褐色の毛並《けなみ》をした、その懶惰《らんだ》な雌犬は魚芳のゴム靴の音をきくと、のそのそと立上《たちあが》って、鼻さきを持上《もちあ》げながら自転車の後について歩く。何となく魚芳はその犬に対しても愛嬌《あいきょう》を示すような身振《みぶり》であった。彼がやって来ると、この露次は急に賑《にぎ》やかになり、細君や子供たちが一頻《ひとしき》り陽気に騒ぐのであったが、ふと、その騒ぎも少し鎮まった頃、窓の方から向を見ると、魚芳は木箱の中から魚の頭を取出《とりだ》して犬に与えているのであった。そこへ、もう一人雑魚売りの爺《じい》さんが天《てん》秤棒《びんぼう》を担いでやって来る。魚芳のおとなしい物腰に対して、この爺さんの方は威勢のいい商人であった。そうするとまた露次は賑やかになり、爺さんの忙しげな庖丁《ほうちょう》の音や、魚芳の滑らかな声が暫《しばら》くつづくのであった。――こうした、のんびりした情景はほとんど毎日繰返《くりかえ》されていたし、ずっと続いてゆくもののようにおもわれた。だが、日華事変(注5)の頃から少しずつ変《かわ》って行くのであった。

私の家は露次の方から三尺幅(注6)の空地を廻《まわ》ると、台所に行かれるようになっていたが、そして、台所の前にもやはり三尺幅の空地があったが、そこへ毎日、八百屋、魚芳をはじめ、いろんな御用聞《ごようきき》(注7)がやって来る。台所の障子一重を隔てた六畳が私の書斎に

なっていたので、御用聞と妻との話すことは手にとるように聞《きこ》える。私はぼんやりと彼等《かれら》の会話に耳をかたむけることがあった。ある日も、それは南風が吹き荒《すさ》んでものを考えるには明るすぎる、散漫な午後であったが、米屋の小僧と魚芳と妻との三人が台所で賑やかに談笑していた。そのうちに彼等の話題は教練(注8)のことに移って行った。二人とも青年訓練所へ通っているらしく、その台所前の狭い空地で、魚芳たちは「になえつつ(注9)」の姿勢を実演して(ア)興じ合っているのであった。二人とも来年入営(注10)する筈であったので、兵隊の姿勢を身につけようとして陽気に騒ぎ合っているのだ。その恰好《かっこう》がおかしいので私の妻は笑いこけていた。だが、B何か笑いきれないものが、目に見えないところに残されているようでもあった。台所へ姿を現していた御用聞のうちでは、八百屋がまず召集され、つづいて雑貨屋の小僧が、これは海軍志願兵になって行ってしまった。それから、豆腐屋の若衆がある日、赤襷《あかだすき》(注11)をして、台所に立寄り忙しげに別れを告げて行った。

目に見えない憂鬱の影はだんだん濃くなっていたようだ。が、魚芳は相変らず元気で小豆《こまめ》に立働《たちはたら》いた。妻が私の着古しのシャツなどを与えると、大喜びで彼はそんなものも早速身に着けるのであった。朝は暗いうちから市場へ行き、夜は皆が寝静まる時まで板場で働く、そんな内幕も妻に語るようになった。料理の骨《こつ》が憶《おぼ》えたくて堪《たま》らないので、教えを乞うと、親方は庖丁を使いながら彼の方を見やり、「黙って見ていろ」と、ただ、そう呟《つぶや》くのだそうだ。鞠躬如《きっきゅうじょ》(注12)として勤勉に立働く魚芳は、もしかすると、そこの家の養子にされるのではあるまいか、と私の妻は臆測もした。ある時も魚芳は私の妻に、――あなたとそっくりの写真がありますよ。それが主人のかみさんの妹なのですが、と大発見をしたように告げるのであった。

冬になると、魚芳は鵯《ひよどり》を持って来て呉《く》れた。彼の店の裏に畑があって、そこへ毎朝沢山小鳥が集まるので、釣《つり》針に蚯蚓《みみず》を附《つ》けたものを木の枝に吊《つる》しておくと、小鳥は簡単に獲《と》れる。餌は前の晩しつらえておくと、霜の朝、小鳥は木の枝に動かなくなっている――この手柄話を妻はひどく面白がったし、私も好きな小鳥が食べられるので喜んだ。すると、魚芳は殆ど毎日小鳥を獲ってはせっせと私のところへ持って来る。夕方になると台所に彼の弾んだ声がきこえるのだった。――この頃が彼にとっては一番愉しかった時代かもしれない。その後戦地へ赴いた彼に妻が思い出を書いてやると、「帰って来たら又幾羽でも鵯鳥《ひよどり》を獲って差上げます」と何かまだ弾む気持をつたえるような返事であった。

翌年春、魚芳は入営し、やがて満洲の方から便りを寄越すようになった。その年の秋から私の妻は発病し療養生活を送るようになったが、妻は枕頭《ちんとう》(注13)で女中を指図して慰問の小包を作らせ魚芳に送ったりした。温かそうな毛の帽子を着た軍服姿の写真(注14)が満洲から送って来た。きっと魚芳はみんなに可愛《かわい》がられているに違いない。炊事も出来るし、あの気性では誰からも(イ)重宝がられるだろう、と妻は時折噂《うわさ》をした。妻の病気は二年三年と長びいていたが、そのうちに、魚芳は北支(注15)から便りを寄越すようになった。もう程なく除隊(注16)になるから帰ったらよろしくお願いする、とあった。魚芳はまた帰って来て魚屋が出来ると思っているのかしら……と病妻は心細げに嘆息した。一しきり台所を賑わしていた御用聞きたちの和やかな声ももう聞かれなかったし、世の中はいよいよ兇悪《きょうあく》な貌《かお》を露出している頃であった。千葉名産の蛤《はまぐり》の缶詰を送ってやると、大喜びで、千葉へ帰って来る日をたのしみにしている礼状が来た。年の暮、新潟の方から梨の箱が届いた。差出人は川瀬成吉とあった。それから間もなく除隊になった挨拶状が届いた。魚芳が千葉へ訪れて来たのは、その翌年であった。

その頃女中を傭《やと》えなかったので、妻は寝たり起きたりの身体で台所をやっていたが、ある日、台所の裏口へ軍服姿の川瀬成吉がふらりと現れたのだった。彼はきちんと立ったまま、ニコニコしていた。久振《ひさしぶ》りではあるし、私も頻《しき》りに上《あが》ってゆっくりして行けとすすめたのだが、C彼はかしこまったまま、台所のところの閾《しきい》から一歩も内へ這入《はい》ろうとしないのであった。「何になったの」と、軍隊のことはよく分らない私達が訊ねると、「兵長になりました」と嬉《うれ》しげに応え、これからまだ魚芳へ行くのだからと、倉皇(注17)として立去《たちさ》ったのである。

そして、それきり彼は訪ねて来なかった。あれほど千葉へ帰る日をたのしみにしていた彼はそれから間もなく満洲の方へ行ってしまった。だが、私は彼が千葉を立去る前に街の歯医者でちらとその姿を見たのであった。恰度《ちょうど》私がそこで順番を待っていると、後から入って来た軍服の青年が歯医者に挨拶をした。「ほう、立派になったね」と老人の医者は懐しげに肯《うなず》いた。やがて、私が治療室の方へ行きそこの椅子に腰を下《おろ》すと、間もなく、後からやって来たその青年も助手の方の椅子に腰を下した。「これは仮りにこうしておきますから、また郷里の方でゆっくりお治しなさい」その青年の手当はすぐ終《おわ》ったらしく、助手は「川瀬成吉さんでしたね」と、机のところのカードに彼の名を記入する様子であった。それまで何となく重苦しい気分に沈んでいた私はその名をきいて、はっとしたが、その時にはもう彼は階段を降りてゆくところだった。

それから二三ヵ月して、新京(注18)の方から便りが来た。川瀬成吉は満洲の吏員(注19)に就職したらしかった。あれほど内地を恋しがっていた魚芳も、一度帰ってみて、すっかり失望してしまったのであろう。私の妻は日々に募ってゆく生活難を書いてやった。すると満洲から返事が来た。「大根一本が五十銭、内地の暮しは何のことやらわかりません。おそろしいことですね」——こんな一節があった。しかしこれが最後の消息であった。その後私の妻の病気は悪化し、もう手紙を認《したた》めることも出来なかったが、満洲の方からも音沙汰なかった。

その文面によれば、彼は死ぬる一週間前に郷里に辿《たど》りついているのである。「兼《か》て彼の地に於《おい》て病を得、五月一日帰郷、五月八日、永眠仕候《つかまつりそうろう》」と、その手紙は悲痛を押《お》しつぶすような調子ではあるが、それだけに、侘《わび》しいものの姿が、一そう大きく浮《うか》び上って来る。

あんな気性では皆から可愛がられるだろうと、よく妻は云っていたが、善良なだけに、彼は周囲から過重な仕事を押つけられ、悪い環境や機構の中を堪え忍んで行ったのではあるまいか。親方から庖丁の使い方は教えて貰えなくても、辛棒《しんぼう》した魚芳、久振りに訪ねて来ても、台所の閾から奥へは遠慮して這入ろうともしない魚芳。郷里から軍服を着て千葉を訪れ、(ウ)晴れがましく顧客の歯医者で手当してもらう青年。そして、遂に病軀《びょうく》をかかえ、とぼとぼと遠国から帰って来る男。……ぎりぎりのところまで堪えて、郷里に死にに還った男。私は何となしに、また魯迅《ろじん》(注20)の作品の暗い翳を思い浮べるのであった。

終戦後、私は郷里にただ死にに帰って行くらしい疲れはてた青年の姿を再三、汽車の中で見かけることがあった。……

（注）
1　彼は早速顔をのぞけ――「彼は早速顔をのぞかせ」の意。
2　一里――里は長さの単位。一里は約三・九キロメートル。
3　逢遭――出会い。
4　露次――ここでは、家と家との間の細い通路。「露地」「路地」などとも表記される。
5　日華事変――日中戦争。当時の日本での呼称。
6　三尺――尺は長さの単位。一尺は約三〇・三センチメートル。
7　御用聞――得意先を回って注文を聞く人。
8　教練――軍事上の訓練。
9　になえつつ――銃を肩にかけること。また、その姿勢をさせるためにかけた号令でもあった。
10　入営――兵務につくため、軍の宿舎に入ること。
11　赤襷――ここでは、召集令状を受けて軍隊に行く人がかけた赤いたすき。
12　鞠躬如として――身をかがめてかしこまって。
13　女中――ここでは、一般家庭に雇われて家事をする女性。当時の呼称。
14　写真が満洲から送って来た。――「写真が満洲から送られて来た。」の意。
15　北支――中国北部。当時の日本での呼称。
16　除隊――現役兵が服務解除とともに予備役（必要に応じて召集される兵役）に編入されて帰郷すること。
17　倉皇として――急いで。
18　新京――現在の中国吉林省長春市。いわゆる「満洲国」の首都とされた。
19　吏員――役所の職員。
20　魯迅――中国の作家（一八八一―一九三六）。本文より前の部分で魯迅の作品に関する言及がある。

問1　傍線部(ア)～(ウ)の本文中における意味として最も適当なものを、次の各群の①～⑤のうちから、それぞれ一つずつ選べ。解答番号は 12 ～ 14 。

(ア) 興じ合っている 12
① 互いに面白がっている
② 負けまいと競っている
③ それぞれが興奮している
④ わけもなくふざけている
⑤ 相手とともに練習している

(イ) 重宝がられる 13
① 頼みやすく思われ使われる
② 親しみを込めて扱われる
③ 一目置かれて尊ばれる
④ 思いのままに利用される
⑤ 価値が低いと見なされる

(ウ) 晴れがましく 14
① 何の疑いもなく
② 人目を気にしつつ
③ 心の底から喜んで
④ 誇らしく堂々と
⑤ すがすがしい表情で

問2　傍線部A「そうした、暗い、望みのない明け暮れにも、私は凝と蹲ったまま、妻と一緒にすごした月日を回想することが多かった。」とあるが、それはどういうことか。その説明として最も適当なものを、次の①～⑤のうちから一つ選べ。解答番号は 15 。

① 生命の危機を感じさせる事態が続けざまに起こり恐怖にかられた「私」は、妻との思い出に逃避し安息を感じていた。
② 身近な人々の相次ぐ死に打ちのめされた「私」は、やがて妻との生活も思い出せなくなるのではないかとおびえていた。
③ 世の中の成り行きに閉塞感を覚えていた「私」は、妻と暮らした記憶によって生活への意欲を取り戻そうとしていた。
④ 戦局の悪化に伴って災いが次々に降りかかる状況を顧みず、「私」は亡き妻への思いにとらわれ続けていた。
⑤ 思うような連絡すら望めない状況にあっても、「私」は妻を思い出させるかつての交友関係にこだわり続けていた。

問3　傍線部B「何か笑いきれないものが、目に見えないところに残されているようでもあった」とあるが、「私」がこのとき推測した妻の心情はどのようなものか。その説明として最も適当なものを、次の①～⑤のうちから一つ選べ。解答番号は 16 。

① 魚芳たちが「になえつつ」を練習する様子に気のはやりがあらわで、そうした態度で軍務につくならば、彼らは生きて帰れないのではと不安がっている。

② 皆で明るく振る舞ってはいても、魚芳たちは「になえつつ」の練習をしているのであり、以前の平穏な日々が終わりつつあることを実感している。

③ 「になえつつ」の練習をしあう様子に、魚芳たちがいだく期待を感じ取りつつも、商売人として一人前になれなかった境遇にあわれみを覚えている。

④ 魚芳たちは熱心に練習してはいるものの、「になえつつ」の姿勢すらうまくできていないため、軍務についたら苦労するのではと懸念している。

⑤ 魚芳たちは将来の不安を紛らそうとして、騒ぎながら「になえつつ」の練習をしているのだが、そのふざけ方がやや度を越していると感じている。

問4　傍線部C「彼はかしこまったまま、台所のところの閾から一歩も内へ這入ろうとしないのであった」とあるが、魚芳は「私達」に対してどのような態度で接しようとしているか。その説明として最も適当なものを、次の①～⑤のうちから一つ選べ。解答番号は 17 。

① 戦時色が強まりつつある時期に、連絡せずに「私達」の家を訪問するのは兵長にふさわしくない行動だと気づき、改めて礼儀を重んじようとしている。

② 再び魚屋で仕事ができると思ってかつての勤め先に向かう途中に立ち寄ったので、台所から上がれという「私達」の勧めを丁重に断ろうとしている。

③ 「私達」に千葉に戻るのを楽しみだと言いつつ、除隊後新潟に帰郷したまま連絡を怠り、すぐに訪れなかったことに対する後ろめたさを隠そうとしている。

④ 「私達」と手紙で近況を報告しあっていたが、予想以上に病状が悪化している「妻」の姿を目の当たりにして驚き、これ以上迷惑をかけないようにしている。

⑤ 除隊後に軍服姿で「私達」を訪ね、姿勢を正して笑顔で対面しているが、かつて御用聞きと得意先であった間柄を今でもわきまえようとしている。

問5　本文中には「私」や「妻」あての手紙がいくつか登場する。それぞれの手紙を読むことをきっかけとして、「私」の感情はどのように動いていったか。その説明として最も適当なものを、次の①～⑤のうちから一つ選べ。解答番号は 18 。

① 妻の死亡通知に対する悔み状（2行目）を読んで、紋切型の文面からごく少数の知己とでさえ妻の死の悲しみを共有しえないことを知った。その後、満洲にいる魚芳から返信が来ないという些細なことが気掛かりになる。やがて魚芳とも悲しみを分かち合えないのではないかと悲観的な気持ちが強まった。

② 川瀬丈吉からの封書（10行目、84行目）を読んで、川瀬成吉が帰郷の一週間後に死亡していたことを知った。生前の魚芳との交流や彼の人柄を思い浮かべ、彼の死にやりきれなさを覚えていく。終戦後、汽車でしばしば見かけた疲弊して帰郷する青年の姿に、短い人生を終えた魚芳が重なって見えた。

③ 満洲から届いた便り（57行目）を読んで、魚芳が入営したことを知った。妻が送った防寒用の毛の帽子をかぶる魚芳の写真が届き（58行目）、新たな環境になじんだ様子を知る。だが、すぐに赴任先が変わったので、周囲に溶け込めず立場が悪くなったのではないかと心配になった。

④ 北支から届いた便り（60行目）を読んで、魚芳がもうすぐ除隊になることを知った。そこには千葉に戻って魚屋で働くことを楽しみにしているから帰ったらよろしくお願いするとあった。この言葉から、時局を顧みない楽天的な傾向が魚芳たちの世代に浸透しているような感覚にとらわれていった。

⑤ 新京から届いた便り（78行目）を読んで、川瀬成吉が満洲の吏員に就職したらしいことを知った。妻が内地での生活難を訴えると、それに対してまるで他人事のように語る返事が届いた。あれほど内地を恋しがっていたのに、役所に勤めた途端に内地への失望感を高めたことに不満を覚えた。

問6　この文章の表現に関する説明として**適当でないもの**を、次の①～⑥のうちから二つ選べ。ただし、解答の順序は問わない。解答番号は 19 ・ 20 。

① 1行目「魚芳」は川瀬成吉を指し、18行目の「魚芳」は魚屋の名前であることから、川瀬成吉が、彼の働いている店の名前で呼ばれている状況が推定できるように書かれている。

② 1行目「私は一九四四年の秋に妻を喪った」、13行目「私がはじめて魚芳を見たのは十二年前のことで」のように、要所で時を示し、いくつかの時点を行き来しつつ記述していることがわかるようにしている。

③ 18行目「ブラブラと」、22行目「ニコニコ」、27行目「のそのそと」、90行目「とぼとぼと」と、擬態語を用いて、人物や動物の様子をユーモラスに描いている。

④ 28～30行目に記された宿なし犬との関わりや51～56行目の鴨をめぐるエピソードを提示することで、魚芳の人柄を浮き彫りにしている。

⑤ 38行目「南風が吹き荒んでものを考えるには明るすぎる」という部分は、「午後」を修飾し、思索に適さない様子を印象的に描写している。

⑥ 57行目「私の妻は発病し」、60行目「妻の病気は一年二年と長びいていたが」、62行目「病妻」というように、妻の状況を断片的に示し、「私」の生活が次第に厳しくなっていったことを表している。

第3問　次の文章は『小夜衣《さよごろも》』の一節である。寂しい山里に祖母の尼上と暮らす姫君の噂《うわさ》を耳にした宮は、そこに通う宰相という女房に、姫君との仲を取り持ってほしいと訴えていた。本文は、偶然その山里を通りかかった宮が、ある庵《いおり》に目をとめた場面から始まる。これを読んで、後の問い（問1～6）に答えよ。（配点　50）

「ここはいづくぞ」と、御供の人々に問ひ給《たま》へば、「雲林院《うりんゐん》(注1)と申す所に侍《はべ》る」と申すに、御耳とどまりて、宰相が通ふ所にやと、このほどはここにとこそ聞きしか、いづくならんと、(ア)ゆかしくおぼしめして、御車をとどめて見出《みい》だし給へるに、いづくもおなじ卯《う》の花とはいひながら、垣根続きも玉川(注2)の心地して、ほととぎすの初音も心尽くさぬあたりにやと、ゆかしくおぼしめされて、夕暮れのほどなれば、(イ)やをら葦垣《あしがき》の隙《ひま》より、格子《かうし》などの見ゆるをのぞき給へば、こなたは仏の御前と見えて、閼伽棚《あかだな》(注3)ささやかにて、妻戸(注4)・格子なども押しやりて、樒《しきみ》(注5)の花青やかに散りて、花奉るとて、からからと鳴るほども、このかたのいとなみも、この世にてもつれづれならず、後《のち》の世はまたいと頼もしきぞかし。このかたは心にとどまることなれば、Aうらやましく見給へり。あぢきなき世に、かくても住ままほしく、御目とまりて見え給へるに、童《わらは》べの姿もあまた見ゆる中に、かの宰相のもとなる童べもあるは、ここにや、とおぼしめせば、御供なる兵衛督《ひやうゑのかみ》といふを召し給ひて、「宰相の君はこれにて侍るにや」と、対面すべきよし聞こえ給へり。驚きて、「いかがし侍るべき。宮の、これまで尋ね入《い》らせ給へるにこそ。かたじけなく侍り」とて、いそぎ出でたり。仏のかたはらの南面に、おましなどひきつくろひて、入れ a奉る。

うち笑み給ひて、「このほど尋ね聞こゆれば、このわたりにものし b給ふなど聞きて、これまで分け入り侍る心ざし、おぼし知れ」など仰せらるれば、「げに、かたじけなく尋ね入らせ給へる御心ざしこそ、かたはらいたく侍れ。老い人(注6)の、限りにわづらひ c侍るほどに、見果て侍らんとて、籠《こ》もりて」など申すに、「さやうにおはしますらん、不便《ふびん》に侍り。その御心地もうけたまはらんとて、わざと参りぬるを」など仰せらるれば、内へ入りて、「かうかうの仰せ言こそ侍れ」と d聞こえ給へば、「さる者ありと御耳に入りて、老いの果てに、かかるめでたき御恵みをうけたまはるこそ、ながらへ侍る命も、今はうれしく、この世の面目とおぼえ侍れ。**B**つてならでこそ申すべく侍るに、かく弱々しき心地に」など、たえだえ聞こえたるも、いとあらまほしと聞き給へり。

人々、のぞきて見奉るに、はなやかにさし出でたる夕月夜に、うちふるまひ給へるけはひ、似るものなくめでたし。山の端より月の光のかかやき出でたるやうなる御有様、目もおよばず。艶《つや》も色もこぼるばかりなる御衣《ぞ》に、直衣《なほし》はかなく(ウ)重なれるあはひも、いづくに加はれるきよらにかあらん、この世の人の染め出だしたるとも見えず、常の色とも見えぬさま、文目《あやめ》もげにめづらかなり。わろきだに見ならはぬ心地なるに、「世にはかかる人もおはしましけり」と、めでまどひあへり。げに、姫君に並べまほしく、**C**笑みゐたり。宮は、所の有様など御覧ずるに、ほかにはさまかはりて見ゆ。人少なくしめじめとして、ここにもの思はしからん人の住みたらん心細さなど、あはれにおぼしめされて、そぞろにものがなしく、御袖もうちしほたれ給ひつつ、宰相にも、「かまへて、かひあるさまに聞こえなし給へ」など語らひて帰り給ふを、人々も名残多くおぼゆ。

（注）
1　雲林院——都の郊外にあった寺。姫君は尼上とともにこの寺の一角にある寂しい庵で暮らしている。
2　玉川の心地して——卯の花の名所である玉川を見るような心地がして。
3　閼伽棚——仏前に供える水や花などを置くための棚。
4　妻戸——出入り口に付ける両開きの板戸。
5　樒——仏前に供えられることの多い植物。
6　老い人——ここでは、尼上を指す。

問1　傍線部(ア)〜(ウ)の解釈として最も適当なものを、次の各群の①〜⑤のうちから、それぞれ一つずつ選べ。解答番号は 21 〜 23 。

(ア) ゆかしくおぼしめして 21
① いぶかしくお思いになって
② もどかしくお思い申し上げて
③ 知りたくお思いになって
④ 縁起が悪いとお思いになって
⑤ 会いたいとお思い申し上げて

(イ) やをら 22
① 急いで
② 静かに
③ かろうじて
④ まじまじと
⑤ そのまま

(ウ) 重なれるあはひ 23
① 重なる様子
② 重ねた風情
③ 重なった瞬間
④ 重なっている色合い
⑤ 重ねている着こなし

問2　波線部a～dの敬語は、それぞれ誰に対する敬意を示しているか。その組合せとして正しいものを、次の①～⑤のうちから一つ選べ。解答番号は 24 。

① a 宮　b 宰相　c 宮　d 老い人
② a 宮　b 宰相　c 老い人　d 宮
③ a 宮　b 宮　c 宮　d 老い人
④ a 宰相　b 宮　c 老い人　d 宮
⑤ a 宰相　b 宰相　c 老い人　d 老い人

問3　傍線部A「うらやましく見給へり」とあるが、宮は何に対してうらやましく思っているか。その説明として最も適当なものを、次の①～⑤のうちから一つ選べ。解答番号は 25 。

① 味気ない俗世から離れ、極楽浄土のように楽しく暮らすことのできるこの山里の日常をうらやましく思っている。
② 姫君と来世までも添い遂げようと心に決めているので、いつも姫君のそばにいる人たちをうらやましく思っている。
③ 仏事にいそしむことで現世でも充実感があり来世にも希望が持てる、この庵での生活をうらやましく思っている。
④ 鳥の鳴き声や美しい花に囲まれた庵で、来世のことを考えずに暮らすことのできる姫君をうらやましく思っている。
⑤ 自由に行動できない身分である自分と異なり、いつでも山里を訪れることのできる宰相をうらやましく思っている。

問4　傍線部B「つてならでこそ申すべく侍るに」とあるが、尼上はどのような思いからこのように述べたのか。その説明として最も適当なものを、次の①～⑤のうちから一つ選べ。解答番号は［26］。

① 病気のためにかなわないが、本来であれば直接自分が姫君と宮との仲を取り持って、二人をお引き合わせ申し上げるべきだ、という思い。

② 長生きしたおかげで、幸いにも高貴な宮の来訪を受ける機会に恵まれたので、この折に姫君のことを直接ご相談申し上げたい、という思い。

③ 老いの身で宮から多大な援助をいただけることはもったいないことなので、宰相を介さず直接お受け取り申し上げるべきだ、という思い。

④ 今のような弱々しい状態ではなく、元気なうちに宮にお目にかかって、仏道について直接お教え申し上げたかった、という思い。

⑤ 宮が自分のような者を気にとめて見舞いに来られたことは実に畏《おそ》れ多いことであり、直接ご挨拶申し上げるべきだ、という思い。

問5　傍線部C「笑みゐたり」とあるが、この時の女房たちの心情についての説明として最も適当なものを、次の①～⑤のうちから一つ選べ。解答番号は 27 。

① 普段から上質な衣装は見慣れているが宮の衣装の美しさには感心し、姫君の衣装と比べてみたいと興奮している。
② 月光に照らされた宮の美しさを目の当たりにし、姫君と宮が結婚したらどんなにすばらしいだろうと期待している。
③ 宮が噂以上の美しさであったことに圧倒され、姫君が宮を見たらきっと驚くだろうと想像して心おどらせている。
④ 山里の生活を宮に見せることで仏道に導き、姫君とそろって出家するように仕向けることができたと喜んでいる。
⑤ これまで平凡な男とさえ縁談がなかった姫君と、このようなすばらしい宮が釣り合うはずがないとあきれている。

問6　この文章の内容に関する説明として最も適当なものを、次の①～⑤のうちから一つ選べ。解答番号は 28 。

① 宮は山里の庵を訪ねた折、葦垣のすきまから仏事にいそしむ美しい女性の姿を見た。この人こそ噂に聞いていた姫君に違いないと確信した宮は、すぐに対面の場を設けるよう宰相に依頼した。

② 宮の突然の来訪に驚いた宰相は、兵衛督を呼んで、どのように対応すればよいか尋ねた。そして大急ぎで出迎えて、宮に失礼のないように席などを整え、尼上と姫君がいる南向きの部屋に案内した。

③ 重篤の身である尼上は、宰相を通じて自分の亡き後のことを宮に頼んだ。姫君についても大切に後見するよう懇願された宮は、姫君との関係が自らの望む方向に進んでいきそうな予感を覚えた。

④ 宮の美しさはあたかも山里を照らす月のようで、周囲の女房たちは、これまでに見たことがないほどだと驚嘆した。一方宮はこの静かな山里で出家し、姫君とともに暮らしたいと思うようになった。

⑤ 宮は山里を去るにあたり、このような寂しい場所で暮らしている姫君に同情し、必ず姫君に引き合わせてほしいと宰相に言い残した。女房たちは宮のすばらしさを思い、その余韻にひたっていた。

第4問　次に挙げるのは、六朝時代の詩人謝霊運《しゃれいうん》の五言詩である。名門貴族の出身でありながら、都で志を果たせなかった彼は、疲れた心身を癒やすため故郷に帰り、自分が暮らす住居を建てた。これはその住居の様子を詠んだ詩である。これを読んで、後の問い（**問1**～**6**）に答えよ。なお、設問の都合で返り点・送り仮名を省いたところがある。（配点　50）

（注1）樵《せう》隠(ア)倶在ルモレ山ニ　　A（注2）由来事不同
不同非一事　　（注3）養フモレ痾《やまひ》ヲ亦タ（注4）園中
園中屏《しりぞ》ケ二（注5）氛《ふん》雑ヲ一　　（注6）清《せい》曠《くわう》招ク二遠風ヲ一
B（注7）卜《ぼく》シテレ室ヲ倚《よ》リ二北阜《をか》ニ一　　啓《ひら》キテレ扉ヲ面ス二南江《かは》ニ一
激《せきと》メテレ澗《たにがは》ヲ代ヘレ汲《く》ムニレ井ニ　　挿《う》エテレ槿《むくげ》ヲ当ツレ列《つらな》ルニ二墉《かき》ニ一
群木既ニ羅《つらなり》レ戸ニ　　衆山亦タ対スレ［C］ニ
D（注8）靡《び》迤《い》トシテ趨《おもむ》キ二下田ニ一　　（注9）迢《てう》遞《てい》トシテ瞰《み》ル二高峰ヲ一
(イ)寡レ欲ヲ不レ期セレ労ヲ　　即シテレ事ニ（注10）罕《まれ》ナリ二人ノ功一

E

唯《ダ》開《キ》ニ蔣《しやう》（注11）生《せいノ》径《みちヲ》一　永《ク》懐《おもフ》ニ求《きう》（注12）羊《やうノ》蹤《あとヲ》一

賞（注13）心不レ可《カラ》レ忘《ル》　妙（注14）善冀《こひねがハクハ》能《よク》同《ともニセンコトヲ》

（『文選《もんぜん》』による）

（注）

1　樵隠——木こりと隠者。

2　由来——理由。

3　養レ痾——都の生活で疲れた心身を癒やす。

4　園中——庭園のある住居。

5　氛雑——俗世のわずらわしさ。

6　清曠——清らかで広々とした空間。

7　卜レ室——土地の吉凶を占って住居を建てる場所を決めること。

8　靡迤——うねうねと連なり続くさま。

9　迢遞——はるか遠いさま。

10　罕ニ人功一——人の手をかけ過ぎない。

11　蔣生——漢の蔣詡《く》のこと。自宅の庭に小道を作って友人たちを招いた。

12　求羊——求仲と羊仲のこと。二人は蔣詡の親友であった。

13　賞心——美しい風景をめでる心。

14　妙善——この上ない幸福。

問1　波線部(ア)「倶」・(イ)「寡」のここでの読み方として最も適当なものを、次の各群の①～⑤のうちから、それぞれ一つずつ選べ。解答番号は 29 ・ 30 。

(ア)「倶」 29
① たまたま
② つぶさに
③ すでに
④ そぞろに
⑤ ともに

(イ)「寡」 30
① いつはりて
② つのりて
③ すくなくして
④ がへんじて
⑤ あづけて

問2　傍線部A「由 来 事 不 同、不 同 非 一 事」について、(a)返り点の付け方と、(b)書き下し文との組合せとして最も適当なものを、次の①～⑤のうちから一つ選べ。解答番号は 31 。

① (a) 由来事不レ同、不レ同レ非二一事一　(b) 由来事は同じからず、一事を非とするを同じうせず
② (a) 由来事不レ同、不レ同非二一事一　(b) 由来事は同じからず、同じからざるは一事に非ず
③ (a) 由来事不レ同、不レ同二非レ一事一　(b) 由来事は同じうせず、一に非ざる事を同じうせず
④ (a) 由来事不レ同、不レ同レ非一レ事　(b) 由来事は同じうせず、非を同じうせずんば事を一にす
⑤ (a) 由来事不レ同、不レ同二非一事一　(b) 由来事は同じうせず、非とするは一事に同じからず

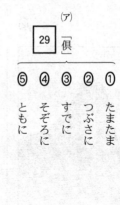

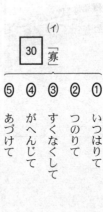

問3　傍線部B「卜レ室倚二北阜一、啓レ扉面二南江一、激レ澗代レ汲レ井、挿レ槿当レ列レ墉」を模式的に示したとき、住居の設備と周辺の景物の配置として最も適当なものを、次の①～④のうちから一つ選べ。解答番号は［32］。

①

②

③

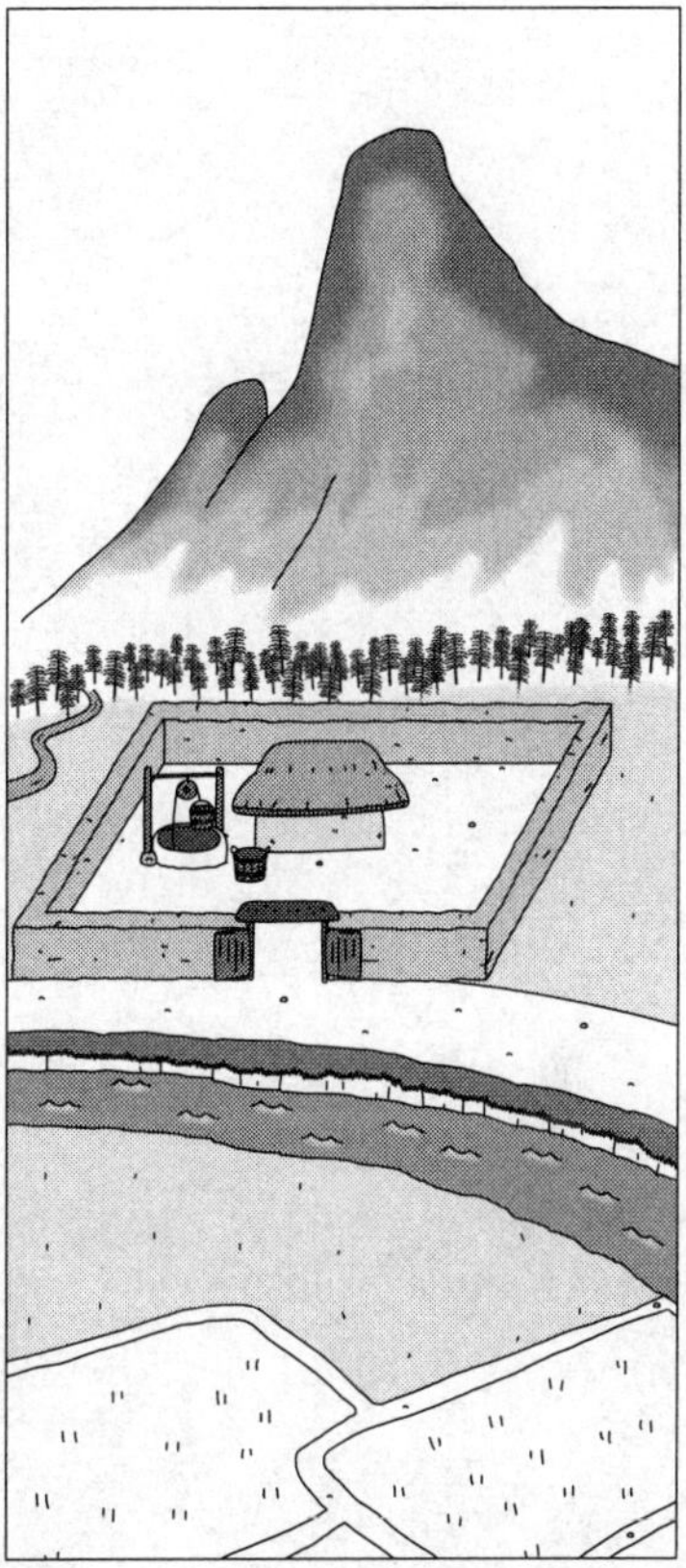

④

問4　空欄 C に入る文字として最も適当なものを、次の①～⑤のうちから一つ選べ。解答番号は 33 。

① 窓
② 空
③ 虹
④ 門
⑤ 月

問5　傍線部D「靡迤趨二下田一、迢逓瞰二高峰一」の表現に関する説明として**適当でないもの**を、次の①～⑤のうちから一つ選べ。解答番号は **34** 。

① 「靡迤《びい》」という音の響きの近い語の連続が、「下田に趨《おもむ》く」という動作とつながることによって、山のふもとの田園風景がどこまでも続いていることが強調されている。

② 「靡迤として」続いている田園風景と「迢逓《てうてい》として」はるか遠くに見える山々とが対句として構成されることによって、住居の周辺が俗世を離れた清らかな場所であることが表現されている。

③ 「迢逓」という音の響きの近い語の連続が、「高峰を瞰《み》る」という動作とつながることによって、山々がはるか遠くのすがすがしい存在であることが強調されている。

④ 山のふもとに広がる「下田」とはるか遠くの「高峰」とが対句として構成されることによって、この詩の風景が、垂直方向だけでなく水平方向にものびやかに表現されている。

⑤ 「趨く」と「瞰る」という二つの動詞が対句として構成されることによって、田畑を耕作する世俗のいとなみが、作者にとって高い山々をながめやるように遠いものとなったことが強調されている。

問6　傍線部E「賞心不レ可レ忘、妙善冀能同」とあるが、作者がこの詩の結びに込めた心情はどのようなものか。その説明として最も適当なものを、次の①～⑤のうちから一つ選べ。解答番号は **35** 。

① 美しい風景も、漢の蔣生と求仲・羊仲のように、親しい仲間と一緒にながめると、さまざまな見方を教わることがあるので、立派な人格者である我が友人たちよ、どうか遠慮なく何でも言ってください。

② 美しい風景は、漢の蔣生と求仲・羊仲のように、親しい仲間と一緒にながめても、その評価は決して一致しないので、立派な人格者である我が友人たちよ、どうか私のことはそっとしておいてください。

③ 美しい風景は、漢の蔣生と求仲・羊仲のように、親しい仲間と一緒にながめてこそ、その苦心が報われるものなので、立派な人格者である我が友人たちよ、どうか我が家のことを皆に伝えてください。

④ 美しい風景は、漢の蔣生と求仲・羊仲のように、親しい仲間と一緒にながめてこそ、その楽しさがしみじみと味わえるものなので、立派な人格者である我が友人たちよ、どうか我が家においでください。

⑤ 美しい風景も、漢の蔣生と求仲・羊仲のように、親しい仲間と一緒にながめないと、永遠に称賛されることはないので、立派な人格者である我が友人たちよ、どうか我が家を時々思い出してください。

2020

追試験

80 分　200 点

第1問

次の文章を読んで、後の問い(問1～6)に答えよ。なお、設問の都合で本文の段落に 1 ～ 13 の番号を付してある。(配点　50)

1　そもそも、ロボットはヒューマノイド(注1)であるべきかどうか、という問いは、われわれヒューマノイドロボット研究者に、常に投げかけられていると言っていい。確かに、労働の代替としての性能を突き詰めると、人間としての形より、性能に特化した形のほうが有利である。たとえば、食器洗いをするだけの目的であれば、ヒューマノイドロボットによって、一枚一枚お皿を洗うよりも、大型の食洗器を使うほうが効率的である。人間のように複雑な構造をしていれば、当然壊れやすく、故障も多い。もっとも典型的なのが身体の移動で、移動速度や、エネルギー効率を考えると、二足歩行よりは、車輪移動のほうがはるかに優れている。その意味で、人間っぽいロボットの必要性はない、と考えることもできるだろう。では、ヒューマノイドロボットを研究する必然性は何だろう。

2　人間が入れないような災害現場にロボットが入る場合、状況はあらかじめ想定できない。ロボットは未知の現場に行き、そこで作業をしなければならない。ある特定の作業に特化して設計されたロボットの場合、災害現場のような環境では、あらかじめ想定された作業がそのままできる場合はよいが、想定されない状況になったときに、それに適当に対応できるかどうかは、まったく予想できない。あらかじめ、状況をできるだけたくさん想定し、対応するハードウエアとプログラムをつくっておけばいいじゃないか、と考えるかもしれないが、あらかじめ想定できる状況は限られており、想定外のことは常に起こりうるということを考えれば、根本的な解決にはなりそうにない。ロボットを外部から遠隔操作することによって状況の変化に対処することも考えられるが、ロボットを操作するオペレーターが、あらかじめ作業に特化して設計されたようなロボットを、上手に使うことができるかどうかもわからない。

3　一方で、ロボットが人間らしい形をしていれば、ひょっとすると、オペレーターが実際にその現場に行った気分になって〔実際にバーチャルリアリティー(仮想現実感)の技術を使えば、それを実現することは可能である〕、自分がどのように対処するかというノウハウを、直接ロボットに投影することができるかもしれない。状況をあらかじめ想定する代わりに、オペレーターの適応能力に(ア)マカせてしまおう、という考え方である。ロボットとオペレーターが同じ構造をしていれば、オペレーターは、あたかも自分の身体を使うように操作できることが期待される。たとえば、腕をどんな(イ)カクドにして壁を押せば大きな力が出るか、あるいはできるだけ手先を早く動かすことができるかは、自分の経験から想像した結果を、ほぼ信用することができる。一方で、ロボットの身体構造がオペレーターと大きく違う場合には、たとえば、できるだけ大きな力を出したいと思っても、どのような姿勢をとればよいかが直感的にわからず、うまく使いこなすには時間がかかるだろう。とくに、オペレーターがロボットについて、技術的にあまりくわしくない場合、どうやればうまく力を出すことができるかを、すぐに体得するのは難しい。ロボットが自律的に動く場合でも、災害現場がビルなどの人工物であった場合、その環境はもともと人間にとって使いやすいものであった可能性が高いため、人間の形をすることが有利に働く場合もあるだろう。

4　労働は、必ずしも物理的な仕事だけではない。人間そっくりの外観をしたアンドロイド(注2)が肩代わりする労働は、接客や応対である。人間の代わりに、人間に対するサービスを提供するのであるから、代替という意味で、ヒューマノイドロボットと定義することは自然である。しかし実際に、人間そっくりのフウ(ウ)ボウを持つアンドロイドをつくることは、本当に必要なのだろうか。たとえば、モニターにアバター(仮想的なキャラクター)を映し出すほうが、コストは低いし、変更などの使い勝手もよい。おそらく、そのときにもっとも問題となるのは、ロボット、あるいはアバターの、人間としての存在感ではないだろうか。しかし、人間としての存在感が、実体のどの部分にもっとも(エ)ケンチョに表れるかがわからないとすると、人間全体を複製してしまう、という方向で正解なのだろう。A ヒューマノイドとしての人間っぽさは、実は、未知の環境(ここでは、災害現場やコミュニケーション相手の人)への適応性と強い関係があるのではないだろうか、と考えることができる。

5　外観が人間そっくりのアンドロイドには、このような接触や応対といった労働の代替という意味のほかに、非常に重要な役割がある。外見がとてもよく似ていても、アンドロイドは人間とは違う。では、その違いがどのくらいあれば、コミュニケーション相手の人間にとって違和感があり、どこまで同じであれば、違和感がないのだろうか。外見が同じならいいのだろうか、それとも動きが重要なのだろうか。外見が酷似していると、かえってちょっとした違いから、大きな違和感を覚えるという心理的な効果は「不気味の谷」と呼ばれている。この谷の深さは、アンドロイドの外見や、運動をコントロールすることによって測ることができるかもしれない。このように、人間を調べるためのツールとしてヒューマノイドロボットを使うという考え方は、労働の代替とは違う、新しい考え方である。

6 人間に限らず、生物が、どうしてある行動を取るかのからくりを調べるために、その生物そっくりのロボットをつくり、その内部構造を考えることによって、生物の情報処理あるいは知能を知ろうという研究がある。このような研究を、生物の「構成論的研究」という。

7 スイス・チューリッヒ大学のロルフ・ファイファー教授とレディガー・ヴェナー教授がつくったB砂漠アリのモデルロボット「サハボット」は、その一例である。両教授は、砂漠に住むアリが自分の巣穴から出て餌を探し、まっすぐに巣穴に戻ることができる能力が、どのようにアリの内部にプログラムされているかを研究していた。このように、自分自身の場所を知り、目的の場所まで移動することを「ナビゲーション」と呼ぶが、砂漠でのナビゲーションは、木や草、石ころがある環境でのそれに比べて、目印が少ないという意味で、はるかに難しい。もし、アリの周りに、（オ）モクヒョウとなるものがいろいろあれば、それらの場所を頼りに、自分の巣に帰ることができそうだが、砂漠の場合、周りに目立ったものがほとんどない。アリが、自分の通った道筋に目印になるフェロモン（注3）を残し、それをたどってナビゲーションする、ということも知られているが、砂漠アリの場合、フェロモンを地面に残そうとしても、砂が風に飛ばされて、あっというまにわからなくなる。

8 生物学者の研究によると、砂漠アリには、太陽の偏光（注4）を感じるセンサーがあり、これをもとに巣穴に対する自分の位置を知ると言われている。砂漠の中では太陽光には事欠かないので、この仮説は正しいように思われるし、実際に偏光を観測することができるセンサーがアリにあることも観察されている。そこで、偏光を用いたアリのナビゲーションのメカニズムをくわしく知るために、両教授がつくったのが、砂漠アリの観測システムをまねたサハボットである。

9 サハボットには、車輪の回転量を測るセンサー、周りを見渡すことができる全方位センサーと、いくつかの偏光センサーが取り付けられており、それぞれアリの持っているセンサーを模擬している。このロボットが、実際に砂漠で自分の位置を知り、目的の場所に移動する「プログラム」を実現するために、教授たちは、アリの脳内に見つかっている神経を模擬した、ニューラルネットワーク(神経回路)を使った。そして、いくつかの異なった偏光方向を持つ偏光センサーの値を、このネットワークに入力し、実際にロボットが、どの方向を向いているか知ることができるかを試した。

10 その結果、もともとアリで見つかっていたネットワークだけでは、どうやってもロボットの方向を完全に決めることができないということと、あるニューロン(注5)を加えることでそれが解決できるということがわかった。実際、後日のアリの解剖研究によって、それまでは知られていなかったこのニューロンが、存在することがわかったのである。

11 人間の場合も、この砂漠アリの構成論的研究のように、ロボットをつくることによって、人間の知能が、どのように実現されるかを知ることができる可能性がある。これが人間の構成論的研究であり、そのために使われるロボットは、人間の知能的な行動を再現することができるヒューマノイドである。人間のある機能を備えたヒューマノイドをつくり、それを人間と同じ環境に置いて、さまざまな振る舞いをつくり込む。つくり込む過程で、当初は考えていなかった、人間が持つ環境に関するある特徴を利用しないとその振る舞いが実現できないことがわかれば、ロボットをつくることを通して人間の振る舞いの原理を知ることになる。あるいは、人間と同じ環境内で学習するようなヒューマノイドロボットの場合、どのような学習過程を経るかを観察することによって、人間の学習についての新しい知見が得られるかもしれない。行動をつくり込んだり、学習させたりした結果と、人間で観測されている事実を突き合わせて、人間の知能に関する新しい知見を得ることができる。

12 ここで、環境とはもちろん、コミュニケーションする相手も含んでいる。環境の一部に人間を含んでいるようなシステムの場合、ロボットにどのような外見をつくり込めば、ロボットを人間らしく感じるのだろうか。あるいは、どのくらい内部のプログラムをつくり込めば、それを見た人間が、ロボットを人間と錯覚してしまうのだろうか。このように、構成論的な研究に用いられるロボットは、これまでのロボットのように、人間の代わりに労働するだけでなく、人間を知るための道具として用いられることになる。

13 これまで開発されてきた産業用ロボットは、人間の使う道具の延長に過ぎず、制御される対象でしかなかった。設計者がロボットに役に立つ行動をプログラムし、あらかじめ理論でわかっていることを物理的に実現して、労働を代行する、その対象でしかなかった。しかし、構成論的研究のために用いられるヒューマノイドロボットは、人間を知るための科学的なツールとしての役割を果たす。その意味で、C構成論的研究に用いられるロボットは、ロボットの新しい方向性であると考えることができる。

（細田耕《ほそだこう》『柔らかヒューマノイド』による）

（注）
1 ヒューマノイド――人間の形をしたもの、あるいは人間の形をした、の意。
2 アンドロイド――人間の形をしたロボット。
3 フェロモン――動物の体内でつくられ、体外に放出されて同種の他の個体の行動や発育に影響を与える物質。
4 偏光――特定の方向にのみ振動している光。
5 ニューロン――神経細胞。神経系の構成単位。

問1　傍線部(ア)〜(オ)に相当する漢字を含むものを、次の各群の①〜⑤のうちから、それぞれ一つずつ選べ。解答番号は［1］〜［5］。

(ア)　マカせて［1］
①　海外にフニンする
②　ニンタイの限界に達する
③　第一子をニンシンする
④　占いでニンソウを見る
⑤　資格をニンテイする

(イ)　カクド［2］
①　教育制度をカイカクする
②　トウカクを現す
③　農作物をシュウカクする
④　カクギで政策を決定する
⑤　製品のキカクを統一する

(ウ)　フウボウ［3］
①　ムボウな計画を立てる
②　将棋の王座をボウエイする
③　都市の景観がヘンボウする
④　裁判をボウチョウする
⑤　資源がケツボウする

(エ)　ケンチョ［4］
①　国民の期待をソウケンに担う
②　ケンギョウ農家が増える
③　鉄棒でケンスイをする
④　自己ケンジ欲が強い
⑤　ケンキョに反省する

(オ)　モクヒョウ［5］
①　道路ヒョウシキを設置する
②　シャツをヒョウハクする
③　転んだヒョウシにけがをする
④　サービスにテイヒョウがある
⑤　ジヒョウを提出する

問2　傍線部A「ヒューマノイドとしての人間っぽさは、実は、未知の環境（ここでは、災害現場やコミュニケーション相手の人）への適応性と強い関係があるのではないだろうか」とあるが、筆者がそのように考えるのはなぜか。その理由として**適当でないもの**を、次の①～⑤のうちから一つ選べ。解答番号は［6］。

① 災害現場において、特定の作業に特化したロボットでは想定外の出来事に対応できないが、人間と同じ構造にすればロボット自身が自律的に状況に適応できるはずだから。

② 人間とロボットの形が近ければ、あらゆる状況を想定したハードウエアとプログラムを準備できなくても、様子のわからない現場での対応をオペレーターに委ねることが可能だから。

③ ロボットの腕などの形がオペレーターと同じ構造になっていれば、オペレーターは未知の状況でも自分の身体を動かす経験に基づいて直感的に操作できることが期待できるから。

④ ロボットが自律して動く場合、現場が人工物であればその環境は人間に合わせて設計されている可能性が高いため、ヒューマノイドロボットが有利に行動できるであろうから。

⑤ 接客に携わるロボットには人間としての存在感を持つことが求められるが、それがどこに表れるのかわからないため、人間全体を複製すればどこかに存在感が示されると思われるから。

問3　傍線部B「砂漠アリのモデルロボット『サハボット』は、その一例である」とあるが、サハボットを用いた実験の成果についての説明として最も適当なものを、次の①～⑤のうちから一つ選べ。解答番号は 7 。

① サハボットの実験により、生物学者が想定していた以上にアリのナビゲーションシステムは独特だとわかり、アリにしか存在しないニューロンが関与していることが確認された。ロボットの研究がアリの知能の理解に貢献したといえる。

② サハボットの実験により、ロボットの電子的なネットワークだけではアリの行動を再現できず、生物学者の研究が示唆する偏光センサーが必要であるとわかった。アリについての生物学的研究がロボットの観測システムの高度化に貢献したといえる。

③ サハボットの実験により、ロボットの動きをアリにできるだけ近づけるためには、アリが脳内に持つニューロンの多様な機能を可能な限り分類することが必要だとわかった。ロボットの研究がアリの内部構造の理解に貢献したといえる。

④ サハボットの実験により、従来のロボットのナビゲーションシステムには欠陥があったが、アリの観測システムを模倣することでより精度の高いものへと改善できるとわかった。アリの生物学的研究がロボットの情報処理の高度化に貢献したといえる。

⑤ サハボットの実験により、アリの脳内にある既知の神経を模したネットワークではうまくロボットをナビゲーションできないとわかり、未知の細胞がアリから発見されることにつながった。ロボットの研究がアリの情報処理の理解に貢献したといえる。

問4　傍線部C「構成論的研究に用いられるロボットは、ロボットの新しい方向性であると考えることができる」とあるが、それはなぜか。その説明として最も適当なものを、次の①～⑤のうちから一つ選べ。解答番号は 8 。

① これまでのロボットは、プログラムどおりに行動するものでしかなかった。これに対し、構成論的研究に用いられるロボットは、対象の振る舞いを模倣するようにプログラムや外見をつくり込むことで、ロボットについての新しい知識を得るツールであるから。

② これまでのロボットは、人間の道具の延長となり、労働を代行するものでしかなかった。これに対し、構成論的研究に用いられるロボットは、模倣対象の動きや知能を再現し分析することによって、その対象についての新しい知見を得るツールであるから。

③ これまでのロボットは、人間に制御される対象としてのみ見られてきた。これに対し、構成論的研究に用いられるロボットは、ロボットが自律的に学習して動くプログラムを制作することによって、人間をサポートする新しい知性を開発するツールであるから。

④ これまでのロボットは、人間の労働を代替する存在としてのみ捉えられてきた。これに対し、構成論的研究に用いられるロボットは、人間と同じ環境にロボットを置き、人間とロボットが協働することによって両者の新しい関係性を研究するツールであるから。

⑤ これまでのロボットは、形状よりも効率を重視して開発されるだけであった。これに対し、構成論的研究に用いられるロボットは、対象の構造やメカニズムを検証することで、未知の環境にも柔軟に適応できるような新しい形状を探究するツールであるから。

問5 次に示すのは、本文を読んだ後に、五人の生徒が話し合っている場面である。本文の趣旨と異なる発言を、次の①～⑤のうちから一つ選べ。解答番号は 9 。

① 生徒A――筆者は、人間に似たヒューマノイドロボットを研究する必要性を問題にしていたね。ロボットの外見が人間に似てくると、ちょっとした違いから不気味に感じられることがあるというのはよくわかるし、そういう違和感は、外見だけでなく、動きにもかかわっているよ。

② 生徒B――でも、人間そっくりではなくても、モニター上のアバターに人間らしさを感じることがあるよ。その理由はどこにあるのだろう。人間らしい動きが重要なのかな。ヒューマノイドロボットをつくるのは技術的に高度で、お金がかかるけど、モニターに映し出すアバターなら費用もかからないし、簡単につくり直すこともできるしね。

③ 生徒C――人間らしさということでいえば、外見や動きの問題だけではなく、知能の問題にも関わるよね。人間と同じ環境で、人間のように振る舞うヒューマノイドロボットをつくるとしたら、人間の知能的な行動を再現して試すことになるわけだから。

④ 生徒D――知能のことを考える場合、ロボットが人間とどれくらい自然にコミュニケーションできるようになるかがポイントになるよね。人間を相手にコミュニケーションを繰り返すことで、ロボットが人間の知能をよりよく模倣できるようになるんじゃないかな。

⑤ 生徒E――たしかに、コミュニケーションも含めて、実際の人間と同じような環境でロボットを行動させたり学習させたりすることに触れていたね。ロボットがどのような外見になれば不気味に見えなくなるかや、どのように振る舞えば人間に近づくかがわかるとすれば、それらもこれからのロボット研究が持つ可能性ということになりそうだね。

問6　この文章の表現と構成について、次の(i)・(ii)の問いに答えよ。

(i)　この文章の表現に関する説明として最も適当なものを、次の①～④のうちから一つ選べ。解答番号は 10 。

① 1 段落の冒頭の「そもそも」は、後に続く問いについて、果たして真剣に考える意義があるのだろうか、と疑いを示すことで読者の気持ちを代弁している。

② 4 段落の第6文の「人間としての存在感ではないだろうか」は、「問題となるのは人間としての存在感ではない」という筆者の主張を控えめに主張している。

③ 8 段落の第2文の「正しいように思われる」は、第1文で紹介した仮説は正しいと判断しているが、断言することは留保した表現である。

④ 12 段落の第3文の「あるいは」は、ここでは前後の「のだろうか」で終わる二つの疑問について、どちらがより重要か読者に考えさせる働きがある。

(ii)　この文章の構成に関する説明として最も適当なものを、次の①～④のうちから一つ選べ。解答番号は［11］。

① ヒューマノイドロボットの意義について、［2］、［3］段落で例が紹介された後、［4］段落でそれらとは大きく異なる観点が導入される。［7］段落からは実験が紹介され、［11］段落以降で［1］段落の問題意識に対して批判を行いながら回答している。

② ヒューマノイドロボットの意義について、［2］、［3］、［4］段落で例が紹介された後、［5］段落でそれらとは大きく異なる観点が導入される。［7］段落からは実験が紹介され、［11］段落以降で［1］段落の問題意識に対して批判を行いながら回答している。

③ ヒューマノイドロボットの意義について、［2］、［3］段落で例が紹介された後、［4］段落でそれらとは大きく異なる観点が導入される。［7］段落からは実験が紹介され、［11］段落以降で［1］段落の問題意識に対して例を示しながら回答している。

④ ヒューマノイドロボットの意義について、［2］、［3］、［4］段落で例が紹介された後、［5］段落でそれらとは大きく異なる観点が導入される。［7］段落からは実験が紹介され、［11］段落以降で［1］段落の問題意識に対して例を示しながら回答している。

第2問

次の文章は、稲葉真弓《いなばまゆみ》「水の中のザクロ」（一九九九年発表）の一節である。「私」は、東京都内にある二十四時間営業の入浴・娯楽施設「ケンコウランド」に通っている。ある日、そこに客として寝泊まりし、常連客から〝大阪のおばあちゃん〟と呼ばれて親しまれている老女が、施設内でずっと使っているロッカーの前に座り込んで紙袋の中を探っているのを見かける。以下はそれに続く場面である。これを読んで、後の問い（問1～6）に答えよ。なお、設問の都合で本文の上に行数を付してある。（配点　50）

「何、捜しているの、おばあちゃん」声をかけてもうつむいたままで、返事がなかった。捜しものは袋の中にあるのではなく、複雑に絡み合った記憶の糸の奥にあるようでもあった。紙袋の中につっこまれた手はあてもなく、ただ、内側を掻《か》きむしっているだけだ。それでもようやく顔を上げると、おばあちゃんは言った。

「なくてもええようなもんなんやけど……どないしたんかいなあ、女学校のときから持ち歩いとった花のしおりなんやけど」

言いながら、おばあちゃんの顔には、自分でもそれが確かなのかどうか疑っているらしい、影のようなものが差している。

開きっぱなしのロッカーの中には、びっしりと物が詰まっていた。畳まれた白い下着は下の段に、パイプを渡した中段のハンガーには、折り畳んだ地味な色の着物を、四方洗濯バサミで留めて、皺《しわ》ひとつなくかけてあった。上の段には何が入っているのか、デパートの紙袋が押し込まれていた。ロッカーの扉の裏面は、まるでピンナップボード（注1）だった。紐《ひも》でつるしたノートのようなもの、小さなネジ類や突起物にひっかけた老眼鏡やハンカチ、薬を入れた袋もぶらさがっていた。マグネットで留めたメモもある。扉についている小さな鏡の下には、数本のヘアピンと、若い頃の自分の顔写真がセロハンテープで貼りつけてあった。合理的で無駄のない生活が、そのまま見える見事な内部だった。

「昔なあ」おばあちゃんは床に座り込んだまま、だれに言うでもなく言った。

「五つか六つの頃やったか、震災があってな、東京は燃えてしもたけど、関西はどうということもなかってな、みんな東京の子供に送ったろいうて、たくさん花のしおりを作ったもんやで。慰問袋（注2）や衣類の間に入れてな、そうそう、布団を送る会というのもあったいう話や。そのしおりなんや。あんまりきれいやから、うちもお守りがほしい言うて、母親に手伝ってもらって作ったんを、ずっとバッグの中にいれてなぁ、持っとったんやけど」

大正十二年の関東大震災の時に五つか六つということは、おばあちゃんは八十歳を過ぎていることになる。五つか六つの子供に花のしおりが作れるものかどうか、それを七十数年もの間持ち歩いていたという話にしても(ア)首をかしげる気分はあったが、おばあちゃんの記憶の混乱はいつものことだ。震災、震災と言うので、先ごろの阪神大震災(注3)のことかと思って聞いていたら、じつは関東大震災の話が混在していて、それが突然、また阪神大震災の話につながっていくので、聞いているうちにわけがわからなくなったと笑っていた女もいた。

ときに薄明かりが差すように、おばあちゃんの記憶は遠い過去に戻る。今と昔とが何の違和感もなく混じり合う瞬間もあるらしく、薄明かりは差し込んだり、ふいに消えたり、その運動の帰結はわからないまま、おばあちゃんの中を行き来していた。A脈絡も、つじつまの有無も頓着せずに話しているおばあちゃんを見るたびに、私の脳裏には決まって母のことが浮かんでくる。母にもそういう瞬間が何度かあったからだ。

晩年病んで、田舎に住むことを諦めた母は、上京してからほとんどの荷物を開かなかった。記憶の混乱がわかっていたからか、見たくはないものがあったからなのか、いつまでも積み上げたままだった。私の住むマンションには、納戸めいた小部屋があった。そこに荷物を入れて、当座必要なものだけを開けたのだが、開けて出したもののすべてを小さな箱に仕分けをし、さらに段ボール紙で仕切りを作って整理するという念の入れようだった。ことに母が丹念に整理したのが、たくさんの薬類だった。自分で作った箱の仕切りのひとつひとつに、まるでお雛《ひな》様のように並べては、「これは高血圧の薬、こっちは風邪薬、これは催眠剤、この黄色いのは抗鬱剤、白いカプセルは胃腸薬」。便秘薬も利尿剤もあった。しかも、何という名前の錠剤でどんな効用があるのか、細かいメモを添えてあった。あれは、薬の名前と効用を記憶するためのものではなく、老いてからの病歴をそれとなく私に知らせるための行為だったのかもしれない。年月の中で衰えていった器官の、順序の確認の作業のようでもあった。

母は結局病院で、意識が混濁した状態で最期を迎えたが、死ぬときまで荷物の扱いは変わらなかった。段ボール箱を開くこともなかったし、整理を促しても「開かなくても分かっているから」とそっけなかった。

　田舎を離れたときの自分の気持ちが、娘の部屋でぬるぬると出てくる、それに耐えられなかったのか、田舎をひきずるのがいやだったのか、それとも整理しきれないであろう時間の残りをそれとなく覚悟していたのか。

　一緒に母と暮らすことを決めたのは、病んでからの田舎の日々が(イ)のっぴきならないものになっていたからだった。一度転んでアキレス腱《けん》をいためてから、身の回りのことがほとんどできなくなった。そのときすでに母は発病していたはずだが、私にも縁者にも言わなかった。病気を知られたくないというよりも、口に出すのが恐《こわ》かったのだろう。

　部屋の中に放心したまま座りこみ、食事は昼と夜の二度、町の福祉課のサービスを頼っていた。ガスは危険なので、湯はポットで沸かす。家の中の行き来は台所とトイレだけ。人に体を触れられるのがいやだと言って、福祉サービスの人が入浴の支度に来ても、断わることが何度もあったという。

　東京に来てからも母の日常は変わらなかった。体を動かすのがおっくうだと、たいていキッチンの椅子に座り込みテレビを見るか、ベッドに横になってうとうとと眠る。母が病んだのは脳だったが、それは急激なダメージを受けるものではなく、ひどく緩慢に、ほとんど目に見えない速度で細胞を破壊していた。

　老いと病の中で、自分の体が破壊されていくのを待つだけの母でも、最後のあがきはあった。どこにそんな力が残っていたのか、二度、マンションの近辺で行方不明になった。足腰が不自由なうえろくに地理もわからないのに、ささいなきっかけで心が動き出し、ふらりと外に出てあとは混乱状態になる。一度目は、上京した翌年の夏のことで、マンションから歩いて十分ほどの民家の庭に入りこみ、朝顔の花をむしっているところを発見された。駆けつけたとき、母の手も顔も服も朝顔の汁でまだらに染まっていた。きれいだったから、欲しくなった。これで色水を作るのよと母は言った。

　もう一度は入院する前に、これもマンションに近いマーケットの化粧品売り場で、陳列してある化粧品の蓋を手当り次第に開けているところを保護された。オイルや香水で濡れた手を無邪気に眺めながら、母は昔使っていた〝ベルベット〟というお白粉《しろい》を探していたと言った。ベルベット、いや、ドルフィン……ドルックスだったかね。母の記憶はたえず変容する。思い出しかけて言葉につまり、苦く寂しい顔になった。ためこむことが安心を誘うところがあったのだろう、昔から次々と生命保険に入り、郵便局や銀行や信用金庫に通帳を作り、株を買うのが好きだった。その株のことも、ついに晩年口にしなかったし、唯一の趣味といえる古裂《こぎれ》(注4)や骨董《こっとう》についても忘れたふりをしていた。箱を開けば執着が生まれるという自戒が働いたのか、「もういいよ。みんなあんたにあげる」と言った。

東京に来てから、母はほとんど愚痴めいたことを言わなかったが、たったひとつだけ、具合が悪くなってから、田舎でよく見たという話をした。**B**それはいつも同じ夢で、いつも同じ終わり方をするのだった。

だれかがじっと布団の傍らに座って私を見ている。畳から少し浮いているときもある。だれだろうと思ってじっと覗《のぞ》き見るのだが、着物に見覚えがあってもどうしても顔だけが見えない。妙なことに自分も一緒に浮いているようでもある。そのうちにはっと気付いて「あれは……」と人の名前を口にしかけると、決まって目が覚める。けれどもその夢は少しも恐くはない。むしろ懐かしいような、温かいような、腹の底が膨らんでくる感覚で身がよじれそうになる。ああ見た、また見たと誰かに報告したいぬくもりの中で目が覚めてみると、妙にあとは白々としている。思いだしかけた名前もさっぱり思いだせない。

そんなふうに母は説明した。

慣れない場所と空間のせいだろう、母の気分は今日はこちらに、別の日には別のものにと(ウ)とりとめもなく動き続けた。私の部屋で使うさして高価ではないティーカップの、金とブルーの花模様を「ああ、きれいだ、こんなきれいなカップは見たことがない。田舎にはこういうものはないよ」としつこく誉《ほ》めるので、「新しいのを買ってあげる。ブルーがいいの。それとも花柄?」と尋ねると、途端に興味をなくしたように首を振る。

自分の結婚式のときに作った丸帯のことを執拗《しつよう》に口にする日もあった。「あれをあんたに仕立て直してみたらどうだろうね。いい帯になるよ」以前目にしたことのある記念の帯は、何ヵ所か虫に食われ、仕立て直しも難しい状態になっていたはずだが、まだ大切に持ち歩いているのだろう。東京で仕事に明け暮れるうちに四十代になり、結婚する気もない一人娘に、母はまだ晴れ着を着せることを夢見ているらしかった。

何が母の意識を刺激するのか、その時になってみないとわからない。旅行雑誌、PR誌、雑貨類を集めた若い女性向けのムック(注5)などを、年に何冊か定期的に引き受けている私のかたわらにきて、積み上げてある資料や写真、観光案内書などを手に取ることもあった。ここはどこ？　ここに行ったのかい？　石の町だね。この町は今もあるんだろうか？　と話しかけたり、ひなびた山間の村の写真を見つけたときは、突然ひきつれた声で泣き出した。村がダムの底に沈んだと知ったからだが、写真に写っている村の家々の屋根をいつまでも撫《な》でながら、捨てたらいかん、捨てたらいかん。梁《はり》も屋根もダイコクさん（大黒柱のことを母はいつもそう呼んでいた）もオクドさん(注6)も、お井戸さんもみんなみんな、かわいそうになあ、とつぶやくのだ。

東京で娘と暮らすために人に預けた田舎の家が、幻の声となって母を呼んでいるのが見えるようだった。捨ててはいかんと泣く母は、自分もまた家を捨てたことを思いだし、身悶《みもだ》える。そんな母のかたわらで、私は食事を作り、眠る前の薬を飲ませ、入れ歯をブラシで洗ってやる。

石の町にもダムのある村にも私は行かなかった。岩山が崩れる音や、石切り場に響く鋭い金属音、あるいは藁葺《わらぶき》屋根にそよぐペンペン草やタンポポなどに心ひかれることがあっても、ついに東京を離れることができなかった。そうして六年が過ぎ、母は病院で死んだ。〝大阪のおばあちゃん〟を見ていると、母が田舎から東京に持ってきた、箱詰めの荷物のことを思う。**C**開くことがなかったのは、開かなくても見えていたからだった。あとは私の部屋で見聞きするものだけに、心の浮き沈みを託していた。石の町に庭の石を重ね、ダム底に沈んだという村に自分と家との年月を重ね、母は泣いた。恨みとか諦めとかではなかったような気がする。母が泣いたのは、捨てたものの中にまだ命が流れているのを知っていたからではなかっただろうか。田舎での一人暮らしを支えたものは、雑草だらけの庭であり、古びた家だった。庭で野菜を作り、蘭《らん》を育て、サツキを植え、冬になれば障子を張り替え、夏になれば井戸に必ず消毒剤を放りこみ、正月前には大黒柱を丹念に拭いた。

見知らぬ他人の中に身を沈めるには、いったいどれほどのものを捨てればいいのだろう。幅二十センチのロッカーに収まるだけの記憶の量がいったいどれほどの重みなのか、私には咄嗟《とっさ》に想像できない。けれども、七十年以上も前の花のしおりと震災が、今もおばあちゃんの中に浮き沈みし、ロッカーを開けさせる。母がわずかな荷物に昔を託したように、幅二十センチのロッカーの中にも人には見えないものがぎっしりと詰まっているような気がする。

私はにこにこと笑いながら廊下を歩いていくおばあちゃんの、花柄ガウンの裾を見ている。**D**肩に力を入れて背筋を立て、立ち止まり、意識的に歩こうとしている姿を目にすると、朝顔や化粧品に向かってやみくもに歩き出した母の晩年の歩行が、いやでも思い出された。

（注）
1　ピンナップボード――写真などをピンで留めて貼るための板。
2　慰問袋――被災者を見舞うために日用品や娯楽品を入れて送る袋。
3　阪神大震災――一九九五年の兵庫県南部地震によって引き起こされた阪神・淡路大震災。
4　古裂――古く中国などから入ってきた装飾的な布地。
5　ムック――雑誌と書籍の中間的な体裁の出版物。「私」は雑誌やこうした出版物の記事執筆や編集に関わる仕事をしている。
6　オクドさん――「くど」のこと。火をたいて煮たきをするための設備。かまど。

問1　傍線部(ア)～(ウ)の本文中における意味として最も適当なものを、次の各群の①～⑤のうちから、それぞれ一つずつ選べ。解答番号は 12 ～ 14 。

(ア) 首をかしげる気分 12
① 話の詳細がわからずとまどう気持ち
② その行為に共感しにくいという気持ち
③ 本当かどうか疑わしいと思う気持ち
④ 嘘に違いないと否定する気持ち
⑤ 自慢気な話を不快に感じる気持ち

(イ) のっぴきならない 13
① 放っておくとどうにもならない
② どうしても避けることのできない
③ 煩わしく思えてならない
④ 本人の思うとおりにならない
⑤ 人並みの生活を維持できない

(ウ) とりとめもなく 14
① 昼も夜もとどまることなく
② 他人にはわからない理由で
③ 目的や方向性が定まらないまま
④ 自分の気持ちを抑えることなく
⑤ 平常心を失って見苦しく

問2　傍線部A「脈絡も、つじつまの有無も頓着せずに話しているおばあちゃん」とあるが、「私」には、この〝大阪のおばあちゃん〟がどのように見えているか。その説明として最も適当なものを、次の①～⑤のうちから一つ選べ。解答番号は 15 。

① ロッカーの中にぎっちりと物を詰め込んでおり、その一つ一つに関して、にせの記憶が混ざった筋道の怪しい物語を創作し、ケンコウランドで親しく交流する客たちに話して回っている。

② 現在の生活に必要な物はきちんと整理をして暮らしているものの、過去の体験を順序だてて記憶しているわけではなく、他の客たちとの対話を手がかりとして、子ども時代の記憶をよみがえらせようと懸命に試みている。

③ 母親に手伝ってもらって花のしおりを作った少女時代の幸福な記憶を追想するために、一人で紙袋の中を捜していたが、「私」や他の客にもその美しさを見てほしくて、しおりの由来を無邪気に話している。

④ ときどき自分でも記憶の確かさに軽い疑いをもつようで、交流のあるケンコウランドの客たちを当惑させながらも、話の一貫性や整合性をあまり気にかけることなく、折々の心の動きをそのまま口にしている。

⑤ 関東大震災と阪神大震災の記憶が入り混じることは自分でも承知しているが、自分自身にとってはどちらも大切な記憶なのだと開き直って、恐れることなく自分の感じるままの物語を人々に話して聞かせている。

問3　傍線部B「それはいつも同じ夢で、いつも同じ終わり方をするのだった。」とあるが、この夢は母にとってどのようなものであったか。その説明として最も適当なものを、次の①～⑤のうちから一つ選べ。解答番号は 16 。

① 夢は母の記憶と想像の交錯を表し、母に記憶を整理する煩わしさを感じさせた。一方で孤独が慰められたことを母は誰かに訴えたいと思うが、目覚めるとそう思ったことが苦々しくなるようなものであった。

② 夢は母の過去と現在の断絶を表し、母に失われた記憶を確認する苦痛や幸福だった過去への執着を感じさせた。母は夢の内容を誰かに語りたいと思うが、目覚めるとそう思ったことがばかばかしくなるようなものであった。

③ 夢は母の記憶の部分的な欠如を表し、母に記憶を取り戻せないもどかしさや懐旧の情を覚えさせた。母は繰り返し見る夢について誰かに話したいと思うが、目覚めるとそうした気持ちもさめてしまうようなものであった。

④ 夢は母の不安定な心理状態を表し、母に過去を思い出すことへの抵抗を感じさせた。また宙に浮くという不思議な体験を母は誰かに教えたいと思うが、目覚めるとそうした気持ちも興ざめしてしまうようなものであった。

⑤ 夢は母の記憶の日常的な混濁を表し、母に記憶が曖昧なことへの不安や望郷の念を覚えさせた。母は何度も同じ夢を見たことを誰かに知らせたいと思うが、目覚めるとそう思ったことも忘れてしまうようなものであった。

問4 傍線部C「開くことがなかったのは、開かなくても見えていたからだった。あとは私の部屋で見聞きするものだけに、心の浮き沈みを託していた。」とあるが、「私」は母の状況や心情をどのように考えているか。その説明として最も適当なものを、次の①～⑤のうちから一つ選べ。解答番号は 17 。

① 母には、箱の中身よりも、それらにまつわる記憶が大事だった。東京の生活ではあえて箱の中を見ずに、日々見聞きするものによって、華やいだ気分になったり昔を思い出して動揺したりする。さらに、長い間一人暮らしを支えてくれた家も庭もまだ生きているのに、それらを捨てて東京に来たことにひどく心を痛めてもいた。

② 母は、箱の中を見なくても、自分の持ち物をすべて把握していた。箱を開けずに中身を想像することで、幸せだった昔に思いをはせたり記憶のつじつまを合わせようと苦労したりする。だが、娘の持ち物によって田舎の家や庭を思い出し、それらが自分の記憶の中で生きていることを確認して慰められてもいた。

③ 母は、荷物を見ると執着が生まれることを知っていたので、箱を開けなかった。東京に来てからは慣れ親しんだ家や庭の存在を忘れていたのに、娘の部屋でそれらを連想するものを見聞きして、温かい気持ちになったり田舎に帰りたくなったりする。同時に、病の悪化を理由に田舎から逃げ出したことを後ろめたく思ってもいた。

④ 母には、箱の中の物に関する思い出ではなく、娘と過ごす時間や新しい記憶が必要だった。娘と暮らすうちに、身の回りの世話をしてくれる娘の優しさに触れて喜んだり、自分を病人扱いする何気ない娘の言動に傷ついたりする。一方で、長年ともに過ごした家や庭にも命があって、それらが娘を選んだ自分を責めていると感じていた。

⑤ 母は、箱を開くと記憶が混乱することがわかっていたので、箱の中を見ようとしなかった。娘との生活でさまざまなものを見聞きし、自分の老いや病を認めざるをえず苦しんだり、娘の存在に安心したりする。また、田舎での一人暮らしを思い出し、住み慣れた家や庭が恋しくなって、娘に説得されて東京に来たことを後悔していた。

問5　傍線部D「肩に力を入れて背筋を立て、立ち止まり、意識的に歩こうとしている姿を目にすると、朝顔や化粧品に向かってやみくもに歩き出した母の晩年の歩行が、いやでも思い出された。」とある。「私」は〝大阪のおばあちゃん〟を見かけるたびに亡き母を想起させられているが、「私」には二人の姿がどのように感じられているのか。文章全体を踏まえて、その説明として最も適当なものを、次の①～⑤のうちから一つ選べ。解答番号は 18 。

① 幅二十センチのロッカーの中には入っているはずもない遠い昔の花のしおりを捜している〝大阪のおばあちゃん〟と、娘の家に持ち込んだ荷物を開けないことで田舎の家や骨董品を忘れないように努めていた母とは、記憶の混線をものともせず過去を現在に再生させる点で、重なり合っているように感じられている。

② 記憶の混乱によって周囲を驚かせる点で二人は重なり合うものの、思い出のすべてをロッカーの中に管理してこれ以上混乱しないように気を張って生きている〝大阪のおばあちゃん〟と、老いや病のために田舎の家や昔懐かしいものへの欲望を抑えきれずに発作的な行動をとることがあった母とは、対照的な老年の姿だと感じられている。

③ ケンコウランドの不特定多数の客に愛されて元気に暮らす〝大阪のおばあちゃん〟と、足腰が不自由なうえに脳を病んで田舎の夢を繰り返し見続けた母とは対照的であるが、花のしおりやティーカップ、山間の村の写真などの、過去の幸福な記憶につながるささやかで美しい物によって晩年の生活を楽しむ点で、二人は重なり合うと感じられている。

④ 記憶が混乱しているという周囲の噂を強気に振り払いながら縁者のいないケンコウランドで悠々と生きている〝大阪のおばあちゃん〟と、身内である娘の家に移ってからも田舎の家や庭を捨てたことを後悔し続けて、田舎から持参した箱を開けないことで過去の記憶を守ろうとした母とは、同年代の女性でありながら対照的だと感じられている。

⑤ ケンコウランドで他人と交わって暮らす〝大阪のおばあちゃん〟と、娘の家に引きこもった母とは対照的な晩年であるにもかかわらず、物が詰まったロッカーや開かれないままの段ボール箱に象徴されるような遠い過去の記憶が何かのはずみに浮かび上がり、ときに周囲をとどまわせる言動を見せる点で、二人が重なり合って感じられている。

問6 この文章の表現に関する説明として適当なものを、次の①～⑥のうちから二つ選べ。ただし、解答の順序は問わない。解答番号は 19 ・ 20 。

① 5行目「影のようなものが」、8行目「紐でつるしたノートのようなもの」、18行目「作れるものかどうか」の「もの」は、視覚でとらえられるものを指している。

② 32行目「あれは」の「あれ」は、生前の母がいくつもの薬を丁寧に整理し並べていたことを指す。「これ」や「それ」ではなく「あれ」を使うことで、「私」の記憶がかなり薄れ、ぼんやりとしか思い出せないことが表されている。

③ 36行目にある「ぬるぬると」という擬態語は、一般的には物の表面が粘液でおおわれて滑りやすい様子を表す。ここでは、田舎を離れたときの記憶が生々しく呼び覚まされていくことに対する不快な気持ちが表されている。

④ 40行目「恐かったのだろう」や56行目「あったのだろう」の「のだろう」は、事柄の事情や理由を推し量る表現である。どちらも、直前の文で描写される母の言動の理由を推し量ったものになっている。

⑤ 82行目の「そんな」で始まる文では、「私」が母に対して行った動作について、「飲ませ」という使役の表現や「洗ってやる」という恩恵を施す意味の表現が使われている。これらの表現は、当時の「私」が母を煩わしく思い、冷淡で高圧的な態度で世話していたことを示している。

⑥ 90行目の「庭で野菜を作り」で始まる文では、「作り」「育て」など動詞の連用形がいくつも重ねられ、「拭いた」と結ばれている。これは、母の日常生活の様子を具体的に示すことで、母の「田舎での一人暮らしを支えた」ものが「庭」と「家」であったことを強調したものである。

第3問

次の文章は『桃の園生《そのふ》』の一節である。謹慎中の弁（「頭弁《とうのべん》」「男君」）は恋人の左京（「女」）に手紙を何通も送ったが、何者かのいたずらで、手紙は左京にほとんど届かず、弁に届けられた返信も多くは偽物であった。本文は弁の謹慎が解け、このいたずらを知らない二人が対面するところから始まる。これを読んで、後の問い（問1～6）に答えよ。（配点　50）

頭弁は思《おぼ》しやる方《かた》あまたあれど、まづ左京が許《もと》に行きて気色《けしき》見給《たま》ふに、ありしに変はることなく、(注1)また人になれける中の衣(注2)もなく、うらなければ、心おちゐて思ふものから、日頃の文《ふみ》の心得がたかりしも、絶え間も恨めしう思ひけるなめりとおぼえて、(ア)いとどらうたく、こまやかにうち語らひ a給ふ。女は、「(注3)影踏むばかりのほども、逢坂《あふさか》こそかたからめ、文をさへ通はし給はぬ勿来《なこそ》の関の恨めしう」と、にくからぬさまに(注4)うちかすめ、怨《ゑん》じ聞こゆるに、弁、「そは我こそ恨みをも聞こえめ。さしもおぼつかなからず、日ごとにものしつるを、あさはかにも思しなして、いつもあやしげにかこちなし給ひ、あひ思さざりつるが、かひなくのみ思《おも》ひしものを」と、まめだち給へば、女、「A いとまがまがしうも」とて、

「I　徒《いた》づらに文も通はぬ中檜垣《なかひがき》隔つる君が心とぞ見し

移《うつ》し心《ごころ》はげに、色ことなりけり」と言ふに、弁、「(イ)あやなくおぼめき給ひけりな。さらば賜《たま》ひつる文あまた所《ところ》狭《せ》げにてあるを、今見せ奉らん」とのたまふに、女もいぶかしう、「さらに知らず。僅《はつ》かに二度《ふたたび》三度《みたび》ばかり」など言ひて、弁の文取り出《い》でたり。ここら書き尽くし給ふは、ゆめなくて、三つばかりのみなり。いとあやしう、いかなることぞと胸うち騒ぎて思ひめぐらすに、論無《ろんな》う使ひの心をさなく、もてたがへつるなめり、さても何方《いづかた》にかものせしと、いとどやすからずおぼゆれど、すべなければ、明日その主殿司《とのもづかさ》に問ひてこそ、まことそらごとあきらめめとて、言ひさしつつ、「我はつゆ忘るることもなかりしを」と B うち泣きて、

「II　君を思ひ日《け》長くなりぬ夢にだに見ずて(注5)ここだも恋ひし渡れば

常《つね》忘られず」などあはれなるさまに聞こえなし(注6)給ふ。女、

「III　幾夜《いくよ》かも涙の床《とこ》をはらひ侘《わ》びしをれし衣かへしてぞ寝し

月立つまでに」と言ふも、心苦しければ、「今はな思しそ。さらに途絶えあるまじう、目離《か》れず見え b 奉らんとこそ思へ」と慰めて、男君、

「Ⅳ　さきく(注7)ありてあひ見そめてし若草の妻は(注8)しきやし離《か》れず通はん

その長浜に(注9)」と聞こえ給ふ。

またの日《ひ》、ありつる文使ひの主殿司、密《みそ》かなる所に呼びて問ひ c 給ふに、聞こえやらん方なくてゐたり。さすがに公達《きんだち》のし給ふことなどは、えも言ひやらず、この君のけはひもわづらはしう、まめやかに侘びあへり。弁、あらはにも言はねど、やうやう公達のしわざなりと心得給ひ、頭中将《とうのちゆうじやう》こそかかるをこの振る舞ひはせめ、異人《ことひと》は(ウ)所置くやうもありなんと、推し当てに思ひ寄るに、妬《ねた》きこと限りなし。やがて頭中将の方に、文書き給ふ。

「Ⅴ　秋風の日に日に通ふ雁《かり》(注10)が音《ね》を君が使ひと我が思はなくに

いと世づかぬ御心なん珍しう」とあり。頭中将いぶかしう見給ひけるが、やがて C 心得給ひ、侍従・少将などの、さかしらに(注11)せしことをほの知りて、我に思ひ寄りつるなめりと、をかしきものから、わづらはしうて、

「Ⅵ　おぼつかな夕霧わたるみそらには通はん雁の声も絶えつる

いとあやしう、さらにいかなることとも思ひ給へ寄られ d 侍らずなん」と聞こえ給ふ。

（注）
1　また人――他の人。
2　中の衣――ここでは、打ち解けない心の意。
3　影踏むばかりのほども、逢坂こそかたからめ、文をさへ通はし給はぬ勿来の関の恨めしう――訪れることは難しいだろうが、手紙すらくださらないのは恨めしくの意。
4　うちかすめ――それとなく言い。
5　ここだも――たくさん。
6　衣かへしてぞ寝し――衣を裏返しにして寝ると恋人の夢が見られるという俗信を踏まえた表現。
7　さきくありて――幸せなことに。
8　はしきやし――いとおしいなあ。
9　その長浜に――ここでは、これからずっとの意。
10　雁が音――ここでは、手紙を指す。
11　さかしらに――ここでは、悪ふざけでの意。

問1 傍線部(ア)〜(ウ)の解釈として最も適当なものを、次の各群の①〜⑤のうちから、それぞれ一つずつ選べ。解答番号は 21 〜 23 。

(ア) いとどらうたく 21
① とても安心して
② たいそう申し訳なく
③ ひどく不安で
④ いっそういとおしく
⑤ ますます本心を知りたくて

(イ) あやなくおぼめき給ひけりな 22
① 無礼にも私のせいになさったよ
② 理不尽にもとぼけなさったよ
③ あやうく信じそうになりましたよ
④ ふがいないと思わないでくださいよ
⑤ 苦し紛れにいいわけなさったよ

(ウ) 所置くやうもありなん 23
① 場所がらをわきまえた判断もあってほしい
② もっと気をつかう余裕もあってほしい
③ きっと遠慮することもあるだろう
④ 適切な行動をする配慮もあっただろう
⑤ 気詰まりなところもあるに違いない

問2　波線部a～dの敬語は、それぞれ誰に対する敬意を示しているか。その組合せとして正しいものを、次の①～⑤のうちから一つ選べ。解答番号は 24 。

① a 弁　b 左京　c 主殿司　d 弁
② a 弁　b 左京　c 弁　d 弁
③ a 弁　b 弁　c 弁　d 頭中将
④ a 左京　b 弁　c 主殿司　d 頭中将
⑤ a 左京　b 弁　c 左京　d 弁

問3　傍線部A「いとまがまがしうも」とあるが、このときの左京の心情についての説明として最も適当なものを、次の①～⑤のうちから一つ選べ。解答番号は 25 。

① 弁の方こそ心が離れているのにそのことを認めず、逆に私を責める恨み言まで言うのをにくらしいと思っている。
② 私のことなどもう気にかけていないはずなのに、弁が口先だけで愛情を訴えてくることを気味が悪いと思っている。
③ 手紙が来ないので弁への思いは断ち切っていたのに、今になって言い寄ってきたことをわずらわしいと思っている。
④ 私がこれほど弁を愛しているのに、謹慎明けの弁が遠慮から本心を明かさないのをもどかしいと思っている。
⑤ 会えなかった間のつらさを訴えているのに、弁がまったく聞く耳を持ってくれないのを悲しいと思っている。

問4　傍線部B「うち泣きて」とあるが、このときの弁の心中はどのようなものであったか。その説明として最も適当なものを、次の①～⑤のうちから一つ選べ。解答番号は 26 。

① 左京との間に生じていた誤解はすべて手紙の行き違いによるものであったと判明したことで、安心している。
② 以前よりも愛情が薄れたことを左京に見抜かれそうになり、動揺を隠しながらうまいいわけを考えている。
③ 主殿司に尋ねても手紙が紛失した原因はわからないだろうと思い、真相を明らかにすることを断念している。
④ 手紙が届かなかった理由は知りたいが、それよりも左京に愛情を伝えたいという思いの方が強くなっている。
⑤ 左京の心がすでに離れてしまっていたことを知って傷つき、なんとか愛情を取り戻そうと必死になっている。

問5　傍線部C「心得給ひ」とあるが、頭中将は何を心得たのか。その説明として最も適当なものを、次の①～⑤のうちから一つ選べ。解答番号は 27 。

① 頭中将が手紙に関するいたずらの首謀者であると、侍従や少将が弁に白状したということ。
② 頭中将が左京と深い仲だということを、侍従や少将が弁に教えてしまったということ。
③ 侍従や少将からいたずらが過ぎると思われている頭中将に、弁が同情しているということ。
④ 手紙に関するいたずらの真相を頭中将に解明してほしいと、弁が期待しているということ。
⑤ 手紙に関するいたずらは頭中将のしわざであると、弁が思い込んでいるということ。

問6　Ⅰ～Ⅵの和歌のやりとりに関する説明として最も適当なものを、次の①～⑤のうちから一つ選べ。解答番号は 28 。

① Ⅰで手紙が来ないのはあなたの心が離れたからなのではないかと左京が弁を非難したのに対し、Ⅱで弁は手紙が届いていないとは夢にも思っていなかったと弁明した。

② Ⅰで左京が弁に心変わりを伝えたのに対し、Ⅱで弁はあなたのことをこれからも愛し続けると訴えたが、Ⅲで左京はこれ以上悲しい思いをさせられるのはつらいと拒絶した。

③ Ⅱで弁は会えない間に左京の愛情が薄れたのではないかと疑ったが、Ⅲで左京はせめて夢の中だけでも会いたいと願っていたのにと反論したため、Ⅳで弁は愛情を伝えて慰めた。

④ Ⅲであなたのことが恋しくて幾夜も泣いて過ごしたと左京が弁に思いを伝えたのに対し、Ⅳで弁はあなたのもとにずっと通い続けると訴えて左京を安心させようとした。

⑤ Ⅴで左京のもとに手紙が届かなかった理由を知らないかと弁が頭中将に尋ねたのに対し、Ⅵで頭中将は自分も気になってはいるが全く心当たりがないと返事をした。

第4問

次の文章は清の章学誠《しょうがくせい》が読書について述べたものである。これを読んで、後の問い（問1～6）に答えよ。なお、設問の都合で返り点・送り仮名を省いたところがある。（配点　50）

A 読ム二其ノ書ヲ一者ハ、天下ニ比（注1）比タリ矣。知ル二其ノ言ヲ一者ハ、千ニ不レ得レ百ヲ焉。知ル二其ノ言ヲ一者ハ、天下ニ寥《れう》寥《れう》タリ矣。知ル三其ノ所二以ヲ為スレ言ヲ者ハ、百ニ不レ得レ一ヲ焉。然レドモ而天下皆曰ハク、B 我□読其書、知其所以為言矣。此レ知ルノ之難キ也。

人知ル三『易（注2）』ノ為ルヲ二卜《ぼく》（注3）筮《ぜい》之書一矣。夫（注4）子読ミテレ之ヲ、而知ル三作者ノ有ルヲ二憂患一、是レ(ア)聖人之知ル二(イ)聖人ヲ一也。人知ル三「離（注5）騒」ノ為ルヲ二詞（注6）賦之祖(1)一矣。司（注7）馬遷読ミテレ之ヲ、而悲シム二其ノ志ヲ一、是レ(ウ)賢人之知ル二(エ)賢人ヲ一也。夫レ不シテレ具《そなへ》二司馬遷之志ヲ一、而欲シレ知ラント二屈（注8）原之志ヲ一、不シテレ具ヘ三夫子之憂ヒヲ一、而欲スレバレ知ラント二文（注9）王之憂ヒヲ一、則チ幾(2)二乎罔《くらキニ》一矣。

然ラバ則チ古之人、有三其ノ憂ヒト与二其ノ志一、不幸ニシテ不レ得丁後之人ノ有ルヲ丙能ク憂ヒトシ二

其ノ憂ヒヲ一志トスル乙其ノ志ヲ甲、而因リテ C以テ（注10）湮《いん》没《ぼつ》シテ不レル彰《あき》ラカナラ者ハ、蓋シ不レラン少ナカラ矣。

（章学誠『文史《ぶんし》通義《つうぎ》』による）

（注）1　比比――いたるところに存在するさま。

2　『易』――『易経』のこと。儒家の経典である五経の一つ。

3　卜筮――占い。

4　夫子――孔子を指す。

5　「離騒」――屈原が讒言《ざんげん》にあい、追放されて作ったとされる韻文の文学作品。

6　詞賦――韻文の一形式。

7　司馬遷――前漢の歴史家。『史記』を著し、その中で屈原の伝記を書いた。

8　屈原――戦国時代の政治家。憂国の詩人としても知られる。

9　文王――周王朝の基礎を築いた人物。かつて殷《いん》の紂《ちゅう》王に幽閉され、その苦境の中で『易経』の制作に関わったとされる。

10　湮没――埋没する。

問1　波線部⑴「祖」・⑵「幾」のここでの意味として最も適当なものを、次の各群の①～⑤のうちから、それぞれ一つずつ選べ。解答番号は 29 ・ 30 。

⑴ 「祖」 29
① 傑作
② 遺物
③ 起源
④ 流派
⑤ 後継

⑵ 「幾」 30
① 尽きる
② 兆す
③ 危うい
④ 願う
⑤ 近い

問2　傍線部**A**「読二其書一者、天下比比矣。知二其言一者、千不レ得レ百焉。知二其言一者、天下寥寥矣。知三其所二以為一レ言者、百不レ得レ一焉」の表現や構成に関する説明として**適当でないもの**を次の①～⑤のうちから一つ選べ。解答番号は［31］。

① 同じ字を重ねた「寥寥」という語は、「比比」と対応しており、数量が少ないことを形容している。
② 「百不レ得レ一焉」という表現は、「千不レ得レ百焉」を受けて、そのような人がほとんどいないことを示している。
③ 「知二其言一者」についての記述を繰り返すことによって、「知二其言一」が最も重要であると強調している。
④ 「千不レ得レ百焉」までとそれ以下とが、対句的に構成されている。
⑤ 「読二其書一」「知二其言一」「知三其所二以為一レ言」という三つの段階を設けて分析している。

問3　傍線部**B**「我□読其書、知其所以為言矣」について、(a)空欄に入る語と、(b)書き下し文との組合せとして最も適当なものを、次の①～⑤のうちから一つ選べ。解答番号は［32］。

① (a) 何――(b) 我何ぞ其の書を読み、其の言を為す所以を知らんやと
② (a) 雖――(b) 我其の書を読むと雖も、其の言を為す所以を知ると
③ (a) 猶――(b) 我猶ほ其の書を読み、其の言を為す所以を知るがごとしと
④ (a) 能――(b) 我能く其の書を読み、其の言を為す所以を知ると
⑤ (a) 未――(b) 我未だ其の書を読み、其の言を為す所以を知らずと

問4　二重傍線部(ア)「聖人」・(イ)「聖人」・(ウ)「賢人」・(エ)「賢人」が指すものはそれぞれ誰か。その組合せとして最も適当なものを、次の①～④のうちから一つ選べ。解答番号は 33 。

① (ア) 夫子　(イ) 文王　(ウ) 司馬遷　(エ) 屈原
② (ア) 文王　(イ) 夫子　(ウ) 屈原　(エ) 司馬遷
③ (ア) 夫子　(イ) 文王　(ウ) 屈原　(エ) 司馬遷
④ (ア) 文王　(イ) 夫子　(ウ) 司馬遷　(エ) 屈原

問5　傍線部C「湮没不レ彰者、蓋不レ少矣」とあるが、筆者がそのように述べる理由の説明として最も適当なものを、次の①～⑤のうちから一つ選べ。解答番号は 34 。

① 時代が下ると、古人の憂いや志を理解しようとする人が少なくなるのは当然であるため。
② 自分の中に古人に通じる憂いや志を持たなければ、古人に共感することはできないため。
③ 後世の人は聖人や賢人を敬わないので、その憂いや志を知ることは難しいため。
④ 古人の憂いや志に共感できる人が後世に現れるかどうかは、すべて偶然に左右されるため。
⑤ 尋常ではない不幸な思いを味わわない限り、古人の憂いや志を知ることはできないため。

問6　本文の内容と最もよく合致するものを、次の①～⑤のうちから一つ選べ。解答番号は 35 。

① 作品を理解するには、作者と同じ資質をそなえる必要があるが、聖人や賢人の著作を読むに当たってはそれが困難であるので、できるだけ多くの経験を積み、読解の助けとする努力を惜しむべきではない。

② 読書は、聖人や賢人の著作を対象とすべきであるが、単に内容を理解するだけではなく、作品に共感し感動を得ることが重要であり、そのためには前提となる知識を多く身に付けることが必要となる。

③ すでに評価の定まった聖人や賢人の著作の他にも優れた韻文の文学作品は多くあるので、埋もれた作品を発掘してその価値を見出していくことにこそ読書の意義がある。

④ 書かれた内容の理解や知識の獲得だけを目的として読書をするのではなく、聖人や賢人にならって、作品が生み出された動機など表面には現れていない部分まで理解することが大切である。

⑤ 多くの本を読んでその数を誇る人が多いが、読書は質の高いものを読んでこそ意味があるので、聖人や賢人によって価値を認められた作品を選んで読むことを心がけなければならない。

2019

本試験

80 分　200 点

第1問　次の文章を読んで、後の問い（問1～6）に答えよ。なお、設問の都合で本文の段落に 1 ～ 15 の番号を付してある。（配点　50）

1 僕は普段からあまり一貫した思想とか定見を持たない、いい加減な人間なので、翻訳について考える場合にも、そのときの気分によって二つの対極的な考え方の間を揺れ動くことになる。楽天的な気分のときは、翻訳なんて簡単さ、たいていのものは翻訳できる、と思うのだが、悲観的な気分に落ち込んだりすると、翻訳なんてものは原理的に不可能なのだ、何かを翻訳できると考えることじたい、言語とか文学の本質を弁《わきま》えていない愚かな人間の迷妄ではないか、といった考えに傾いてしまう。

2 まず楽天的な考え方についてだが、翻訳書が溢《あふ》れかえっている世の中を見渡すだけでいい。現実にはたいていのものが――それこそ、翻訳などとうてい不可能のように思えるフランソワ・ラブレー（注1）からジェイムズ・ジョイス（注2）に至るまで――見事に翻訳されていて、日本語でおおよそのところは読み取れるという現実がある。質についてうるさいことを言いさえしなければ、確かにたいていのものは翻訳されている、という確固とした現実がある。

3 しかし、それは本当に翻訳されていると言えるのだろうか。フランス語でラブレーを読むのと、渡辺一夫（注3）訳でラブレーを読むのとでは――渡辺訳が大変な名訳であることは、言うまでもないが――はたして、同じ体験と言えるのだろうか。いや、そもそもそこで「同じ」などという指標を出すことが間違いなのかも知れない。翻訳とはもともと近似的なものでしかなく、その前提を甘受したうえで始めて成り立つ作業ではないのだろうか。などと考え始めると、やはりどうしても悲観的な翻訳観のほうに向かわざるを得なくなる。

4 しかし、こう考えたらどうだろうか。まったく違った文化的背景の中で、まったく違った言語によって書かれた文学作品を、別の言語に訳して、それがまがりなりにも理解されるということじたい、よく考えてみると、何か奇跡のようなことではないのか、と。翻訳をするということ、いや翻訳を試みるということは、この奇跡を目指して、奇跡と不可能性の間で揺れ動くことだと思う。もちろん、心の中のどこかで奇跡を信じているような楽天家でなければ、奇跡を目指すことなどできないだろう。「翻訳家という楽天家たち」とは、青山南(注4)さんの名著のタイトルだが、A翻訳家とはみなその意味では楽天家なのだ。

5 もちろん、個別の文章や単語を(ア)タンネンに検討していけば、「翻訳不可能」だと思われるような例はいくらでも挙げられる。例えばある言語文化に固有の慣用句。昔、アメリカの大学に留学していたときに、こんなことを実際に目撃した記憶がある。中年過ぎの英文学者が生まれて始めてアメリカに留学にやって来た。本はよく読めるけれども、会話は苦手、という典型的な日本の外国文学者である。彼は英文科の秘書のところに挨拶に顔を出し、しばらくたどたどしい英語で自己紹介をしていたのだが、最後に辞去する段になって、「よろしくお願いします」と言おうと思って、それが自分の和文英訳力ではどうしても英訳できないことにはたと気づき、秘書の前に突っ立ったまま絶句してしまったのだ。

6 「よろしくお願いします」というのは、日本語としてはごく平凡な慣用句だが、これにぴったり対応するような表現は、少なくとも英語やロシア語には存在しない。もっと具体的に「私はこれからここで、これこれの研究をするつもりだが、そのためにはこういうサーヴィスが必要なので、秘書であるあなたの助力をお願いしたい」といった言い方ならもちろん英語でもあり得るが、具体的な事情もなくごく(イ)バクゼンと「よろしくお願いします」というのは、もしも無理に「直訳」したら非常に奇妙に(ウ)ヒビくはずである。秘書にしても、もしも突然やってきた外国人に藪《やぶ》から棒にそんなことを言われたら、付き合ったこともない男からいきなり「私のことをよろしく好きになってください」と言われたような感覚を覚えるのではないだろうか。

7 このような意味で訳せない慣用句は、いくらでもある。しかし、日常言語で書かれた小説は、じつはそういった慣用句の塊のようなものだ。それを楽天的な翻訳家はどう処理するのか。戦略は大きく分けて、二つあると思う。一つは、律儀な学者的翻訳によくあるタイプで、一応「直訳」してから、注をつけるといったやり方。例えば、英語で"Good morning!"という表現が出てきたら、とりあえず「いい朝！」と訳してから、その後に（訳注　英語では朝の挨拶として「いい朝」という表現を用いる。もともとは「あなたにいい朝があることを願う」の意味）といった説明を加え、訳者に学のあるところを示すことになる。しかし、小説などにこの種の注が(エ)ヒンシュツするとどうも興ざめなもので、最近特にこういったやり方はさすがに日本でも評判が悪い(ちなみに、この種の注は、欧米では古典の学術的な翻訳は別として、現代小説ではまずお目にかからない)。

8 では、どうするか。そこでもう一つの戦略になるわけだが、これは近似的な「言い換え」である。つまり、同じような状況のもとで、日本人ならどう言うのがいちばん自然か、考えるということだ。ここで肝心なのは「自然」ということである。翻訳といえども、日本語である以上は、日本語として自然なものでなければならない。いかにも翻訳調の「生硬」な日本語は、最近では評価されない。むしろ、いかに「こなれた」訳文にするかが、翻訳家の腕の見せ所になる。というわけで、イギリス人が「よい朝」と言うところは、日本人なら当然「おはよう」となるし、恋する男が女に向かって熱烈に浴びせる「私はあなたを愛する」という言葉は、例えば、「あのう、花子さん、月がきれいですね」に化けたりする。

9 僕は最近の一〇代の男女の実際の言葉づかいをよく知らないのだが、英語の I love you. に直接対応するような表現は、日本語ではまだ定着していないのではないだろうか。そういうことは、あまりはっきりと言わないのがやはり日本語的なのであって、本当は言わないことをそれらしく言い換えなければならないのだから、翻訳家はつらい。ともかく、そのように言い換えが上手に行われている訳を世間は「こなれている」として高く評価するのだが、厳密に言ってこれは本当に翻訳なのだろうか。**B** 翻訳というよりは、これはむしろ翻訳を回避する技術なのかも知れないのだが、まあ、あまり固いことは言わないでおこう。

10 あまり褒められたことではないのだが、ここで少し長い自己引用をさせていただく。

11 『屋根の上のバイリンガル』という奇妙なタイトルを冠した、僕の最初の本からだ。一九八八年に出て、あまり売れなかった本だから、知っている読者はほとんどいないだろう。

12 「……まだ物心つくかつかないかという頃読んだ外国文学の翻訳で、娘が父親に『私はあなたを愛しているわ』などと言う箇所があったことを、今でも鮮明に覚えている。子供心にも、ああガイジンというのはさすがに言うことが違うなあ、と妙な感心こそしたものの、決して下手くそな翻訳とは思わなかった。子供にしても純真過ぎたのだろうか、翻訳をするのは偉い先生に決まっているのだから、下手な翻訳、まして誤訳などするわけがない、と思い込んでいたのか。それとも、外国人が日本人でない以上、日本人とは違った風にしゃべるのも当然のこととして受け止めていたのか。今となっては、もう自分でも分からないことだし、まあ、そんな詮索はある意味ではどうでもいいのだが、それから二〇年後の自分が翻訳にたずさわり、そういった表現をいかに自然な日本語に変えるかで（自然というのがここでは虚構に過ぎないにしても）四苦八苦することになるだろうと聞かされたら、あの時の少年は一体どんなことを考えただろうか。自分の読んでいる翻訳書がいいものと悪いものに分かれるなどとは夢にも思わず、全てが不分明な薄明のような世界に浸りながら至福の読書体験を送ったかつての少年が後に専門として選んだのはたまたまロシア語とかポーランド語といった『特殊言語』（注5）であったため、当然、翻訳の秘密を手取り足取り教えてくれるようなアンチョコ（注6）に出会うこともなく、始めはまったく手探りで、それこそ『アイ・ラヴ・ユー』に相当するごく単純な表現が出て来るたびに、二時間も三時間も考え込むという日々が続いていたのだった……」

13 大学で現代ロシア文学を翻訳で読むというゼミをやっていたときのこと。ある日、一年生のまだ初々しい女子学生が寄ってきて、こう言った。「センセイ、この翻訳って、とってもこなれてますね。『ぼくはあの娘にぞっこんなんだ』（注7）だなんて。まるでロシア文学じゃないみたい」。それは確か、わが尊敬する先輩で、翻訳のうまいことで定評がある、浦雅春さんの訳だったと思う。そのときすぐにロシア語の原文を確認したわけではないので、単なる推量で言うのだが、それは人によっては「私は彼女を深く愛しているのである」などと四角四面に訳してもおかしくないような箇所だったのではないかと思う。

14 「ぼくはあの娘にぞっこんなんだ」と「私は彼女を深く愛しているのである」では、全然違う。話し言葉として(オ)アットウ的に自然なのは前者であって（ただし「ぞっこん」などという言い方じたい、ちょっと古くさいが）、実際の会話で後者のような言い方をする人は日本人ではまずいないだろう。しかし、それでは後者が間違いかと言うと、もちろんそう決めつけるわけにもいかない。ある意味では後者のほうが原文の構造に忠実なだけに正しいとさえ言えるのかも知れないのだから。しかし、C 正しいか、正しくないか、ということは、厳密に言えば、そもそも正確な翻訳とは何かという言語哲学の問題に行き着くのであり、普通の読者はもちろん言語哲学について考えるために、翻訳小説を読むわけではない。多少不正確であっても、自然であればその方がいい、というのが一般的な受け止め方ではないか。

15 確かに不自然な訳文は損をする。例えば英語の小説を日本語に訳す場合、原文に英語として非標準的な、要するに変な表現が出てくれば、当然、同じくらい変な日本語に訳すのが「正確」な翻訳だということになるだろう。しかし、最近の「こなれた訳」に慣れた読者はたいていの場合、その変な日本語を訳者のせいにするから、訳者としては——うまい訳者であればあるほど——自分の腕前を疑われたくないばかりに、変な原文をいい日本語に直してしまう傾向がある。

（沼野充義《ぬまのみつよし》「翻訳をめぐる七つの非実践的な断章」による）

（注）
1 フランソワ・ラブレー——フランスの作家（一四九四—一五五三頃）。
2 ジェイムズ・ジョイス——アイルランドの作家（一八八二—一九四一）。
3 渡辺一夫——フランス文学者（一九〇一—一九七五）。特にラブレーの研究や翻訳に業績がある。
4 青山南——翻訳家、アメリカ文学者、文芸評論家（一九四二—　）。
5 『特殊言語』——ここでは当時の日本でこれらの言語の学習者が英語などに比べて少なかったことを表現している。
6 アンチョコ——教科書などの要点が簡潔にまとめられた、手軽な学習参考書。
7 浦雅春——ロシア文学者（一九四八—　）。

問1　傍線部(ア)〜(オ)に相当する漢字を含むものを、次の各群の①〜⑤のうちから、それぞれ一つずつ選べ。解答番号は 1 〜 5 。

(ア)　タンネン 1
① イッタン休止する
② タンレンを積む
③ タンセイを込める
④ タンカで運ぶ
⑤ 計画がハタンする

(イ)　バクゼン 2
① バクガからビールが作られる
② サバクの景色を見る
③ ジュバクから解き放たれる
④ 観客がバクショウする
⑤ バクマツの歴史を学ぶ

(ウ)　ヒビく 3
① 物資をキョウキュウする
② ギャッキョウに耐える
③ 他国とキョウテイを結ぶ
④ エイキョウを受ける
⑤ ホドウキョウを渡る

(エ)　ヒンシュツ 4
① ヒンシツを管理する
② カイヒン公園で水遊びをする
③ ヒンパンに訪れる
④ ライヒンを迎える
⑤ 根拠がヒンジャクである

(オ)　アットウ 5
① 現実からトウヒする
② ジャズ音楽にケイトウする
③ トウトツな発言をする
④ シュウトウに準備する
⑤ 食事のトウブンを抑える

問2　傍線部A「翻訳家とはみなその意味では楽天家なのだ」とあるが、どういうことか。その説明として最も適当なものを、次の①～⑤のうちから一つ選べ。解答番号は 6 。

① 難しい文学作品を数多く翻訳することによって、いつかは誰でも優れた翻訳家になれると信じているということ。

② どんな言葉で書かれた文学作品であっても、たいていのものはたやすく翻訳できると信じているということ。

③ どんなに翻訳が難しい文学作品でも、質を問わなければおおよそのところは翻訳できると信じているということ。

④ 言語や文化的背景がどれほど異なる文学作品でも、読者に何とか理解される翻訳が可能だと信じているということ。

⑤ 文学作品を原語で読んだとしても翻訳で読んだとしても、ほぼ同じ読書体験が可能だと信じているということ。

問3　傍線部B「翻訳というよりは、これはむしろ翻訳を回避する技術なのかも知れない」とあるが、筆者がそのように考える理由として最も適当なものを、次の①～⑤のうちから一つ選べ。解答番号は 7 。

① 慣用句のような翻訳しにくい表現に対しては、日本語のあいまいさを利用して意味をはっきり確定せずに訳すのが望ましい。だが、それでは原文の意味が伝わらないこともありえ、言葉の厳密な意味を伝達するという翻訳本来の役割から離れてしまうから。

② 慣用句のような翻訳しにくい表現でも、近似的に言い換えることによってこなれた翻訳が可能になる。だが、それは日本語としての自然さを重視するあまり、よりふさわしい訳文を探し求めることの困難に向き合わずに済ませることになるから。

③ 慣用句のような翻訳しにくい表現でも、直訳に注を付す方法や言い換えによって翻訳が可能になる。だが、それでは生硬な表現か近似的な言い方となってしまうため、文化の違いにかかわらず忠実に原文を再現するという翻訳の理想から離れたものになるから。

④ 慣用句のような翻訳しにくい表現に対して、不自然な表現だとしてもそのまま直訳的に翻訳しておくことで、それが翻訳不可能であることを伝える効果を生む。だが、一方でそのやり方は日本語として自然な翻訳を追求する努力から逃げることになるから。

⑤ 慣用句のような翻訳しにくい表現でも、文学作品の名訳や先輩翻訳者の成功例などを参考にすることで、こなれた翻訳が可能になることもある。だが、それでは適切な言い換え表現を自ら探求するという翻訳家の責務をまぬがれることになるから。

問4　傍線部C「正しいか、正しくないか、ということは、厳密に言えば、そもそも正確な翻訳とは何かという言語哲学の問題に行き着く」とあるが、ここから翻訳についての筆者のどのような考え方がうかがえるか。その説明として最も適当なものを、次の①～⑤のうちから一つ選べ。解答番号は 8 。

① 翻訳の正しさとは、原文の表現が他言語に置き換えられた時に、意味的にも構造的にも一対一で対応すべきという学問的な原則に関わるものである。そのため、このような翻訳家が理想とする厳密な翻訳と、一般の読者が理想とする自然な日本語らしい翻訳とは必然的に相反するものになるという考え方。

② 翻訳の正しさとは、原文の表現を他言語に置き換えるとはどういうことか、あるいはどうあるべきか、という原理的な問いに関わるものである。そのため、原文を自然な日本語に訳すべきか、原文の意味や構造に忠実に訳すべきかという翻訳家の向き合う問題は、容易に解決しがたいものになるという考え方。

③ 翻訳の正しさとは、標準的な原文も非標準的な原文もいかに自然な日本語に見せることができるかという翻訳家の技術の問題に関わるものである。そのため、結果としてなされた翻訳が言語哲学的な定義に則して正確であるかそうでないかは、あまり本質的な問題ではないという考え方。

④ 翻訳の正しさとは、結局は原文を近似的な言葉に置き換えることしかできないという翻訳の抱える限界に関わるものである。とはいえ、翻訳家は自然な日本語に訳すことと原文の意味や構造を崩すことなく訳すことを両立させ、時代を超えて通用する表現を目指すべきであるという考え方。

⑤ 翻訳の正しさとは、原文の意味を自然な日本語で効率的に伝えることと、原文の構造に則して忠実に伝達することという二方向の目的に対する翻訳家の選択に関わるものである。とはいえ、正確であるとはどういうことかは学問的に定義して決定していくべきであるという考え方。

問5　次に示すのは、本文を読んだ後に、五人の生徒が翻訳の仕事について話し合っている場面である。本文の趣旨と**異なる発言**を、次の①～⑤のうちから一つ選べ。解答番号は 9 。

① 生徒A――私たちは英語の授業などでI love you.は「私はあなたを愛する」と訳すのだと教わったけど、たしかに実際に日本語でそのように言う人はあまりいないよね。筆者は、翻訳先の言語の中に原文とぴったり対応する表現がなくてもそれらしく言い換えなくてはならないことを、翻訳の仕事の難しさだと考えているよ。

② 生徒B――そうだね、原文をそのまま訳すとどうしても違和感が出てしまう場合があるよね。でも、「あのう、花子さん、月がきれいですね」では、愛を告白するという意図が現代の私たちには伝わらないよ。やはり筆者がいうように、時代や文化の違いをなるべく意識させずに読者に理解させることが翻訳の仕事の基本なんだろうね。

③ 生徒C――筆者は子供の頃、外国の小説で「私はあなたを愛しているわ」と娘が父親に言う場面を読んで、翻訳の良し悪しを意識せずにいかにも外国人らしいと感心したけど、翻訳家としての経験を積んだ今ではなぜそんなに感心したのかと思っている。考えてみれば私たちは父親にそんな言い方をしないし、結局そこにも文化の差があるってことかな。

④ 生徒D――ロシア語からの翻訳の話でいえば「ぼくはあの娘にぞっこんなんだ」は少し古いけど、「私は彼女を深く愛しているのである」と比べたら会話としては自然だね。でも、筆者がいうように後者も正しくないとは言い切れない。こうしたことが起こるのも、ある言葉に対応する表現が別の言語文化の中に必ずあるとは限らないからだね。

⑤ 生徒E――でも、普通の読者はそこまで考えないから、自然な印象ならそれでいいってことになる。それで最近の翻訳では、ある言語文化の中で標準的でない表現がわざと用いられている文章まで、こなれた表現に訳す傾向がある。しかし、それではもとの表現がもつ独特のニュアンスが消えてしまう。そこにも筆者の考える翻訳の難しさがあるね。

問6　この文章の表現と構成について、次の(i)・(ii)の問いに答えよ。

(i)　この文章の表現に関する説明として**適当でないもの**を、次の①～④のうちから一つ選べ。解答番号は 10 。

①　第 4 段落の「しかし、こう考えたらどうだろうか。」は、「こう」の指示内容がわからない段階で提案を投げかけ、読者の注意を引きつける働きをしている。

②　第 4 段落の「翻訳をするということ、いや翻訳を試みるということ」は、「翻訳」に対する筆者の捉え方を、「する」を打ち消して「試みる」に言い換えることによって強調して表している。

③　第 12 段落の「ガイジン」は、現在では「外国人」という語のほうが一般的であるが、筆者はあえて子供時代の感覚を再現するために、カタカナ表記で使用している。

④　第 12 段落の「あの時の少年は一体どんなことを考えただろうか」は、過去の自分が考えたことを回想し、当時を懐かしむ感情を表している。

(ii)　この文章は、空白行によって四つの部分に分けられている。構成に関する説明として最も適当なものを、次の①～④のうちから一つ選べ。解答番号は 11 。

① はじめの部分（1～4段落）は、この文章のテーマである「翻訳」について、対極的な二つの考え方を示して問題提起し、支持する立場を一方に確定させている。

② 2番目の部分（5～9段落）は、「翻訳不可能」な具体例を示して翻訳にまつわる問題点を明確にし、「言い換え」という別の手法を示して論を広げている。

③ 3番目の部分（10～12段落）は、過去のエピソードを引用しながら、筆者が現在の職業に就くことになったきっかけを紹介し、論を補強している。

④ 4番目の部分（13～15段落）は、翻訳の正しさについて検討し、筆者の考える正しさを示しながらも、結論を読者の判断に委ねている。

第2問

次の文章は、上林暁《かんばやしあかつき》「花の精」の一節である。妻が病で入院し長期間不在の「私」の家には、三人の子と、夫に先立たれ途方に暮れている妹がいる。「私」にとって庭の月見草は心を慰めてくれる存在だったが、ある日、庭師が月見草を雑草だと思ってすべて抜いてしまった。「私」は空虚な気持ちで楽しめない日々を過ごしていた。以下はそれに続く場面である。これを読んで、後の問い(問1～6)に答えよ。なお、設問の都合で本文の上に行数を付してある。(配点　50)

私が朝晩庭に下りて、草花の世話をして、心を紛らわせているのを見ると、或《ある》日妹が言った。

「空地利用しようか！」

「なにを植えるんだ。」

「茄子《なす》やトマトなんかを。」

「前にも作ったことがあったが、ここは湿気が多いのと、隣の家の風呂の煙のために、駄目なんだ。糸瓜《へちま》と茄子と紫蘇《しそ》を植えて、一番好《よ》かったのは紫蘇だけだった。糸瓜は糸瓜水を一合ばかり採ったが、茄子は一つもならなかった。——とにかく、作るなら作って見よ。」

妹は市場へ行った序《つい》でに、茄子とチシャ菜の苗を買って来た。

「茄子は、一人に一本ずつで、十分間に合うそうだから。」

と言うわけで、茄子は五本買って来た。そんな言葉を言っているのを聞くと、いかにも百姓(注1)が妹の身に染みている感じがするのだった。妹は郷里では百姓をしていたのである。養蚕や田作りや葉煙草《たばこ》の栽培が、仕事であった。妹は(ア)お手のもので、鍬《くわ》を持つと、庭の空いてる西隅に鍵の手に畝を切った。畝には、泥溝《どぶ》からあげた泥や、腐敗した落葉《おちば》などを集めて来て埋めた。それが実に手際が好いのである。そして一定の間隔をおいて、五本の茄子を植えた。チシャ菜は、黄色い落葉を散らしたように、一面に植えた。二三日すると、今度はトマトを三本買ってきた。私は、草花を植えるために、縁先の陽《ひ》あたりの好いところは全部占領していたけれど、**A**自分だけ好いところを占領するのは気がひけたので、そこの一部を割いて、トマトを植えさせた。

小さな菜園だが、作りはじめると、妹は急に生き生きとして来た。故郷で身についた親しい生活を、小規模ながらも味わえるのが、楽しいのであろう。それからまた、私が花の世話をするのと同じく、菜園の世話をしていれば、途方にくれた思いも、一《ひ》と時忘れることが出来、心が慰まるからにちがいない。妹も朝晩バケツに水を汲《く》み、柄杓《ひしゃく》で茄子やチシャ菜の根にかけた。米の研ぎ汁は、養分の多いことに思いついて、擬宝珠《ぎぼうし》(注2)にまで撒《ま》くことになったのである。小さな庭のなかに、兄が花畠《はなばたけ》をつくり、妹が菜園をつくるのも、皆それぞれ、遣《や》り場のない思いを、慰め、紛らそうがためにほかならないのだ。とすれば、擬宝珠と並んで、花畠のなかの双璧であった月見草を喪《うしな》った私の失望落胆は察してもらえるにちがいない。

然《しか》るに、その月見草を喪ってから十日と経《た》ぬうちに、私の家の庭には、ふたたび新しい月見草が還《かえ》って来て、私の精神の秩序も回復されることとなるのである。

それは、六月の中旬。友人のO君が来たとき、どっか山の見えるところへ行きたいと私が言うと、多摩川べりの是政《これまさ》というところへ行けば、すぐ川のむこうへ山が迫っているという。O君は是政へ鮠《はや》を釣りに行くから、一緒に行ってもいいということだった。山を見たいとは言ったものの、それだけでは腰をあげる気のしなかった私は、そのあとでまた、月見草のことをO君に訴えたのである。すると、是政へ行けば、月見草なんか川原に一杯咲いているという。私は忽《たちま》ち腰をあげる気持《きもち》になった。O君が釣《つり》をしている間じゅう、私は川原で寝そべったり、山を見たりして遊び、かえりには月見草を引いて来ることに、(イ)肚《はら》を決めたのである。

その日の午後、私達《たち》は省線武蔵境駅(注3)からガソリン・カア(注4)に乗った。是政行《ゆき》は二時間おきにしか出ないので、仕方なく北多磨行に乗った。そこから多摩川まで歩くのである。私は古洋服に、去年の麦藁《むぎわら》帽子をかぶり、ステッキをついていた。O君は色眼鏡をかけ、水に入る用意にズックの靴をはき、レイン・コオトを纏《まと》って、普段のO君とまるでちがい、天《あ》っ晴《ぱ》れ釣師の風態《ふうてい》であった。ガソリン・カアは動揺激しく、草に埋《うも》れたレエルを手繰り寄せるように走って行った。風が起《おこ》って、両側の土手の青草が、サアサアと音を立てながら靡《なび》くのが聞《きこ》えた。私達は運転手の横、最前頭部の腰掛《こしかけ》に坐《すわ》っていた。

「富士山が近く見えるよ。」とＯ君が指さすのを見ると、成る程雪がよく見える。

多磨墓地前で停車。あたりは、石塔を刻む槌《つち》の音ばかりである。次が北多磨。そこで降りて、私達は線路伝いに、多摩川へ向《むか》って行った。麦が熟れ、苗代の苗が伸びていた。線路は時々溝や小川の上を跨《また》がっていて、私達は枕木伝いに渡らねばならなかった。

「もう、ここらから月見草が、いっぱいだよ。」とＯ君が、釣竿《ざお》で指すのを見ると、線路のふちに、月見草が一杯並んでいる。昨夜の花は萎え凋《しぼ》み、葉は暑さのためにうなだれている。一体に痩せた感じで、葉色も悪く、うちにあったのが盛んであったさまを思い、私は少し物足りなかった。しかし私は安心した。そこいらいっぱいの月見草を見ると、もう大丈夫だという感じだった。

「月見草には二種類あるんだね。匂いのするのと、しないのと。」

そう言えば、私のうちの庭にあったのは、葉が密生していて、匂いのしないのであった。

線路に別れると、除虫菊の咲いた畠の裾を歩いたり、桑の切株《きりかぶ》のならんだ砂畠を通ったりして、荒地野菊の間を分け、私達は多摩川の土手にあがって行った。眼《め》のまえは、多摩川の広い川原である。旱天《かんてん》つづきで、川筋は細々と流れている。川のむこうは直《す》ぐ山で、緑が眼に沁《し》みた。南武電車の鉄橋を、二輌《りょう》連結の電車が渡って行った。

川原に降りると、また月見草がいっぱいだった。

「かえりには、もう咲いてるだろうな。」

「咲いてるとも。いいのを見つくろって、引いてゆくといいよ。」

Ｏ君は瀬の中へ入って、毛針を流しはじめた。私は上衣《うわぎ》を脱いで、川原に坐った。帽子が風に吹き飛ばされるので、脱いで、石を載せておいた。Ｏ君が流れを下ると、それにつれて、私は魚籠《びく》を提《さ》げて、川原を下った。時々靴をぬいで、水を渉《わた》らねばならなかった。川原に坐って流れを見ていると、眼先が揺れはじめ、眼を上げて見ると、山も揺れるのであった。緑の濃い夏山のたたずまいは、ふと私に故郷の山を思い出させた。山を見るのも何年ぶりであろう。時々千鳥が啼《な》いた。魚がかかると、O君は腰を一寸《ちょっと》うしろに引き、釣針を上げた。すると私は魚籠を差し出した。O君が中流に出るため魚籠を腰につけると、私は閑《ひま》になったので、砂利を採ったあとの凹《くぼ》みに入って寝ころがった。人差指《ひとさし》ほどの鮠を八匹、それがO君の獲物であった。夕翳《ゆうかげ》が出て、川風が冷えて来た。

「もうあと十分やるから、君は月見草を引いててくれない?」

私はO君を残し、川原で手頃な月見草を物色した。匂いのあるのを二本と、匂いのないのを二本、新聞紙にくるんだ。蕾《つぼみ》はまだ綻《ほころ》びていない。振りかえってみると、O君はまだ寒そうな恰好《かっこう》をして瀬の中に立っている。川原の路《みち》を、夜釣の人が自転車を飛ばしてゆく。

私は仮橋を渡り、番小屋の前に立って橋賃を払いながら、橋番(注5)の老人と話をしていた。私の家が杉並天沼だというと、天沼に親戚があると言った。

そこへ、O君が月見草の大きな株を手いっぱいに持って、あがって来た。**B**<u>それは、なんだかよろこばしい図であった。</u>それを見ると、私も思い切って大きなやつを引けばよかったと思った。

「あれから、どうだった?」

「駄目々々。」

「今日は曇っているから、魚があがって来ないんだよ。」と橋番の老人が言った。

「これ、一緒に包んでくれない?」

私は、O君の月見草を、自分のと一緒に新聞紙に包み、O君が首に巻いていた手拭《てぬぐい》で、それを結《ゆわ》えた。そして小脇に抱えた。

「みんな、それを引いてくんだがね、なかなかつかないんだよ。種を播《ま》いとく方がいいよ。」とまた橋番の老人が言った。そう言いながらも、老人の眼は絶えず、橋行く人に注がれている。

是政の駅は、川原から近く、寂しい野の駅だった。古びた建物には、駅員のいる室だけに電燈《とう》が点《つ》いていて、待合室は暗かった。私達は、そこの、暗いベンチに腰をおろした。疲れていた。寒かった。おなかが空いていた。カアが来るまでにはまだ一時間ある。七時五十五分が終発なのだ。

「寒いことはない？」

「いや。」そう言ったが、水からあがったばかりの〇君は脛《すね》まで濡《ぬ》れ、寒そうに腕組みしていた。

二時間に一度しか汽動車の入って来ない閑散な駅なので、駅員はゆっくりと新聞を読んでいた。その新聞には、ドイツ軍の巴《ぱ》里《り》肉薄が載っているはずであった。駅員は七時になると徐《おもむ》ろに立ち上《あが》って待合室の電燈をつけた。

私はベンチを離れ、待合室の入口《いりぐち》に立って、村の方を見ていた。村は暗く、寂しい。畑のむこう、林を背にして、サナトリウム(注6)の建物が見えた。私が待合室の入口に立った時には、どの部屋にもまだ灯がついていなかったので、暗い窓をもった建物は、窩《あな》をもった骸骨のように見え、人の棲《す》まぬ家かと思われた。そのうちにポツリ、ポツリと、部屋々々に灯がつきはじめ、建物が生きて来た。それを見ていると、C突然私は病院にいる妻のことを思い出した。今日家を出てから、妻のことを思い出すのは初めてである。妻は今ごろどうしているだろうか。もう疾《と》っくに晩飯をすませ、独り窓のそばに坐っているだろうか。廊下にでも出て立っているだろうか。それとも、もう電燈を消して、寝床に入っているだろうか。

寂しさがこみあげて来た。私は〇君を一人残して、サナトリウムの方へ歩いて行った。恰《あたか》も自分の妻もこのサナトリウムに住んでいるかの如《ごと》き気持で、私はその建物に向って突き進んで行った。部屋々々には、もう明るく灯がともり、蚊帳の影も見える。炊事室らしく、裏手の方からは皿や茶碗《ちゃわん》を洗う音が聞えた。二階の娯楽室らしい広間には、岐阜提燈《ちょうちん》に灯が入り、水色の光のなかを、あちこち動いている患者の姿も見えた。私は、それらの光景を、ゆっくりと眼や耳に留めながら、サナトリウムの前を通り過ぎた。通りすぎながら、またしても、妻が直ぐそこの病室にいるかの如き気持になって、妻よ、安らかなれ、とよそながら、胸のなかで、物言うのであった。私は感傷的で、涙が溢《あふ》れそうであった。

ほとんど涙を湛《たた》えたような気持で、サナトリウムを後に、乾いた砂路をポクポク歩いていると、ふと私は吸いつけられたように足を停《と》めた。眼の前一面に、月見草の群落なのである。涙など一遍に引っ込んでしまった。薄闇の中、砂原の上に、今開いたばかりの月見草が、私を迎えるように頭を並べて咲き揃《そろ》っているのである。右にも左にも、群れ咲いている。遠いのは、闇の中に姿が薄れていて、そのため却《かえ》って、その先一面どこまでも咲きつづいているような感じを与えるのであった。私は暫《しばら》く佇《たたず》んで(ウ)目を見張っていたが、いつまで見ていても果てしがない。O君のことも思い出したので、急ぎ足にそこを立ち去った。

七時五十五分、最終のガソリン・カアで、私たちは是政の寒駅を立った。乗客は、若い娘が一人、やはり釣がえりの若者が二人、それにO君と私とだった。自転車も何も一緒に積み込まれた。月見草の束は網棚の上に載せ、私達はまた、運転手の横の腰掛に掛けた。線路の中で咲いた月見草を摘んでいた女車掌が車内に乗り込むと、さっき新聞を読んでいた駅員が駅長の赤い帽子を冠《かぶ》り、ホームに出て来て、手を挙げ、ベルを鳴らした。

ガソリン・カアはまた激しく揺れた。私は最前頭部にあって、吹き入る夜風を浴びながら、ヘッドライトの照《てら》し出す線路の前方を見詰めていた。是政の駅からして、月見草の駅かと思うほど、構内まで月見草が入り込んでいたが、驚いたことには、今ガソリン・カアが走ってゆく前方は、すべて一面、月見草の原なのである。右からも左からも、前方からも、三方から月見草の花が顔を出したかと思うと、火に入る虫のように、ヘッドライトの光に吸われて、後へ消えてゆくのである。それがあとからあとからひっきりなしにつづくのだ。私は息を呑《の》んだ。Dそれはまるで花の天国のようであった。毎夜毎夜、この花のなかを運転しながら、運転手は何を考えるだろうか？　うっかり気を取られていると、花のなかへ脱線し兼ねないだろう。

花の幻が消えてしまうと、ガソリン・カアは闇の野原を走って、武蔵境の駅に着いた。是政からかえると、明るく、花やかで、眩《まぶ》しいほどだった。網棚の上から月見草の束を取り下ろそうとすると、是政を出るときには、まだ蕾を閉じていた花々が、早やぽっかりと開いていた。取り下ろす拍子に、ぷんとかぐわしい香りがした。私は開いた花を大事にして、月見草の束を小脇に抱え、陸橋を渡った。

（注）
1　百姓――ここでは農作業をすること。
2　擬宝珠――夏に白色、淡紫色などの花を咲かせるユリ科の植物の名称。
3　省線――この文章が発表された一九四〇年当時、鉄道省が管理していた大都市周辺の鉄道路線。
4　ガソリン・カア――ガソリンエンジンで走行する鉄道車両。
5　橋番――橋の通行の取り締まりや清掃などの仕事をする人。
6　サナトリウム――郊外や高原で新鮮な空気や日光などを利用して長期に療養するための施設。

問1　傍線部(ア)～(ウ)の本文中における意味として最も適当なものを、次の各群の①～⑤のうちから、それぞれ一つずつ選べ。解答番号は 12 ～ 14 。

(ア)　お手のもので 12

①　見通しをつけていて
②　腕がよくて
③　得意としていて
④　ぬかりがなくて
⑤　容易にできそうで

(イ)　肚《はら》を決めた 13

①　気持ちを固めた
②　段取りを整えた
③　勇気を出した
④　覚悟を示した
⑤　気力をふりしぼった

(ウ)　目を見張っていた 14

①　間違いではないかと見つめていた
②　感動して目を見開いていた
③　動揺しつつも見入っていた
④　集中して目を凝らしていた
⑤　まわりを見わたしていた

問2　傍線部A「自分だけ好いところを占領するのは気がひけたので、そこの一部を割いて、トマトを植えさせた」とあるが、この場面からわかる、妹に対する「私」の気持ちや向き合い方はどのようなものであるか。その説明として最も適当なものを、次の①～⑤のうちから一つ選べ。解答番号は 15 。

① 自分だけが庭の日なたの部分を使い花を育てていることに後ろめたい気持ちになり、これからは一緒にたくさんの野菜を育てることで落ち込んでいた妹を励まそうとしている。

② 活力を取り戻して庭に野菜畑を作るために次々と行動する妹に接し、気後れしていたが、家族である妹との関わりは失った月見草に代わる新しい慰めになるのではないかと思い始めている。

③ 野菜を植える手慣れた様子に妹の回復の兆しを感じ、慰めを求めているのは自分だけではないのだから園芸に適した場所を独占するのは悪いと思い、妹にもそこを使わせる気遣いをしている。

④ 自分が庭を一人占めしていることを妹から指摘されたような気持ちになり、再出発した妹に対する居心地の悪さを解消するために、栽培に好都合な場所を妹と共用しようとしている。

⑤ 何もない土地に畝を作り、落ち葉を埋める妹の姿に将来の希望を見出したような思いになり、前向きになっている妹の気持ちを傷つけないように、その望みをできるだけ受け入れようとしている。

問3　傍線部B「それは、なんだかよろこばしい図であった。」とあるが、そう感じたのはなぜか。その説明として最も適当なものを、次の①～⑤のうちから一つ選べ。解答番号は 16 。

① いつの間にか月見草に関心をもっていたO君と、大きな月見草の株とが一緒になった光景は目新しく、月見草を失った自分の憂いが解消してしまうような爽快なものだったから。

② 月見草を傷つけまいと少ししか月見草をとらなかった自分と対照的に、たくさんの月見草の株をとってきたO君の姿は、落胆する自分の気持ちを慰めてくれるかのような力強いものだったから。

③ 釣りをしていたはずのO君が、短い時間で手際よくたくさんの月見草の株を手にして戻ってきた光景は驚くべきもので、その行動の大胆さは自分を鼓舞するような痛快なものだったから。

④ 匂いがするかしないかを考えて月見草をとってきた自分とは異なり、その違いを考慮せずに無造作に持ってきたO君の姿は、いかにも月見草に興味がない人の行為のようなほほえましいものだったから。

⑤ 月見草に関心がなく、釣りに夢中だと思っていたO君が月見草の大きな株を手にしていた光景は意外で、月見草への自分の思いをO君が理解してくれていたと思わせるようなうれしいものだったから。

問4　傍線部C「突然私は病院にいる妻のことを思い出した」とあるが、この前後の「私」の心情はどのようなものか。その説明として最も適当なものを、次の①～⑤のうちから一つ選べ。解答番号は 17 。

① 暗く寂しい村の中に建つサナトリウムの建物を見ているうちに、忘れようと努めていた妻の不在がふと思い出されて絶望的な思いになった。しかし、今の自分にできることは気持ちだけでも妻に寄り添うようにすることだと思い直し、妻の病状をひたすら案ずるようになっている。

② サナトリウムの建物に灯がともり始めたのを見て、離れた地で入院中の妻のことが急に頭に浮かび、その不在を感じた。妻がすぐそこにいるような思いにかられて建物に近づき、人々の生活の気配を感じるうちに妻のことを改めて意識して、その平穏を願い胸がいっぱいになっている。

③ 生気のなかったサナトリウムの建物が次第に活気づいてきたと思っているうちに、他の施設に入院している妻もまた健やかに生活しているような錯覚にとらわれ出した。しかし、あまり思わしくない妻の病状を考え、現実との落差に対する失望感から泣き出しそうな思いになっている。

④ サナトリウムの建物の内部が生き生きとしてきたことがきっかけとなって、入院している妻が今どのように過ごしているかを想像し始めた。朝から月見草をめぐる自分の心の空虚さにこだわり、妻の病を忘れていたことに罪悪感を覚え、妻への申し訳なさで頭がいっぱいになっている。

⑤ サナトリウムの建物が骸骨のように見えたことで、療養中の妻のことをにわかに意識するようになった。その感情が是政駅で感じた寒さや疲労と結びついて、妻がいつまでも退院できないのではないかという不安がふくらみ、妻の回復を祈るしかないと感じている。

問5　傍線部D「それはまるで花の天国のようであった。」とあるが、ここに至るまでの月見草に関わる「私」の心の動きはどのようなものか。その説明として最も適当なものを、次の①～⑤のうちから一つ選べ。解答番号は 18 。

① 是政の駅に戻る途中で目にした、今咲いたばかりの月見草の群れは、どこまでも果てしなく広がるようで、自分の感傷を吹き飛ばすほどのものだった。さらに武蔵境へ向かう車中で見た、三方から光の中に現れては闇に消えていく一面の月見草の花によって、憂いや心労に満ちた日常から自分が解放されるように感じた。

② 月見草を求めて出かけたが、多摩川へ向かう途中の月見草が痩せていて生気のないことや橋番の悲観的な言葉などによって、持ち帰っても根付かないかもしれないと心配になった。しかし、是政の駅を出て目にした、ヘッドライトに照らされた月見草は、自分の心を癒やしてくれ、庭に月見草が復活するという確信を得た。

③ サナトリウムを見たときは妻を思って涙ぐんだが、一面に広がる月見草の群落が自分を迎えてくれるように感じられ、現実の寂しさを忘れることができた。さらに帰りの車中で目にした月見草の原は、この世のものとも思えない世界に入り込んだような安らかさを感じさせ、妻の病も回復に向かうだろうという希望をもった。

④ 月見草を手に入れた後に乗ったガソリン・カアの前方には月見草の原が広がり、驚いて息を呑むばかりだった。サナトリウムの暗い窓を思わせる闇から、次々に現れては消える月見草に死後の世界のイメージを感じ取り、毎夜このような光景を見ている運転手は死に魅入られてしまうのではないかと想像した。

⑤ O君のおかげで多摩川へ行く途中にたくさんの月見草を見ることができたうえに、匂いのする新しい月見草まで手に入った。気がかりなのは妻のことだったが、是政から武蔵境に行く途中に見た、闇の中から現れ光の果てに消えていく月見草の幻想的な光景は、自分と妻の将来に明るい幸福を予感させてくれた。

問6　この文章の表現に関する説明として適当なものを、次の①～⑥のうちから二つ選べ。ただし、解答の順序は問わない。解答番号は 19 ・ 20 。

① 2行目「空地利用しようか!」では「!」を使用し、また4行目「茄子やトマトなんかを。」では述語を省略することで、菜園を始める際の会話部分をテンポよく描き、妹の快活な性格を表現している。

② 25行目「それは、六月の中旬。」、37行目「多磨墓地前で停車。」、「次が北多磨。」などの体言止めの繰り返しによって、O君と一緒に是政に行く旅が、「私」にとって印象深い記憶であったことを強調している。

③ 35行目「サアサアと音を立てながら」、83行目「ポツリ、ポツリと、部屋々々に灯がつきはじめ」、93行目「ポクポク歩いていると」など、カタカナ表記の擬音語・擬態語を使うことで、それぞれの場面の緊迫感を高めている。

④ 44・45行目や、60行目における月見草の匂いの有無に関する叙述は、110行目の、「私」が網棚から月見草を下ろすときに「ぷんとかぐわしい香りがした」という嗅覚体験を際立たせる表現となっている。

⑤ 75行目「疲れていた。寒かった。おなかが空いていた。」という部分は、短い文を畳みかけるように繰り返すことで、「私」の状況が次第に悪化していく過程を強調する表現になっている。

⑥ 82行目「建物は、窩をもった骸骨のように見え」、95行目「私を迎えるように頭を並べて咲き揃っている」のように、比喩を用いることによって、「私」の心理を間接的に表現している。

第3問

次の文章は『玉水《たまみず》物語』の一節である。高柳《たかやなぎ》の宰相には十四、五歳になる美しい姫君がいた。本文は、花園に遊ぶ姫君とその乳母子《めのとご》の月冴《つきさえ》を一匹の狐《きつね》が目にしたところから始まる。これを読んで、後の問い（問1～6）に答えよ。（配点　50）

折節この花園に狐一つ侍《はべ》りしが、姫君を見奉り、「あな美しの御姿や。せめて時々もかかる御有様《ありさま》を、よそにても見奉らばや」と思ひて、木陰に立ち隠れて、(ア)しづ心なく思ひ奉りけるこそあさましけれ。姫君帰らせ給《たま》ひぬれば、狐も、かくてあるべきことならずと思ひて、我が塚へぞ帰りける。つくづくと座禅して身の有様を観ずるに、「我、前《さき》の世いかなる罪の報いにて、かかるけだものと生まれけむ。美しき人を見そめ奉りて、およばぬ恋路に身をやつし、Aいたづらに消え失せなむこそうらめしけれ」とうち案じ、さめざめとうち泣きて臥《ふ》し思ひけるほどに、よきに化けてこの姫君に逢ひ奉らばやと思ひけるが、またうち返し思ふやう、「我、姫君に逢ひ奉らば、必ず御身いたづらになり給ひぬべし。父母の御嘆きといひ、世にたぐひなき御有様なるを、いたづらになし奉らむこと御いたはしく」、とやかくやと思ひ乱れて明かし暮らしけるほどに、餌食《ゑじき》をも服《ぶく》せねば、身も疲れてぞ臥し暮らしける。もしや見a奉るとかの花園によろぼひ出《い》づれば、人に見られ、あるは飛礫《つぶて》を負ひ、あるは神頭《じんどう》(注1)を射かけられ、いとど心を焦がしけるこそあはれなれ。

なかなかに露霜とも消えやらぬ命、もの憂く思ひけるが、(イ)いかにして御そば近く参りて朝夕見奉り心を慰めばやと思ひめぐらして、ある在家(注2)のもとに、男ばかりあまたありて女子を持たで、多き子どもの中にひとり女ならましかばと朝夕嘆くをたよりにて、年十四、五の容貌《かたち》あざやかなる女に化けて、かの家に行き、「我は西の京の辺にありし者なり。無縁の身となり、頼む方なきままに、足にまかせてこれまで迷ひ出でぬれど、行くべき方もおぼえねば頼み奉らむ」と言ふ。主《あるじ》の女房うち見て、「いたはしや。徒人《ただびと》ならぬ御姿にて、いかにしてこれまで迷ひ出でけむ。同じくは我を親と思ひ給へ。男はあまた候《さぶら》へども女子を持たねば、朝夕欲しきに」と言ふ。「さやうのことこそ嬉《うれ》しけれ。いづこを指して行くべき方も侍らず」と言へば、なのめならず喜びていとほしみ置き奉る。いかにしてさもあらむ人に見せ奉らばやといとなみける。されど、Bこの娘、つやつやうちとくる気色もなく、折々はうち泣きなどし給ふゆゑ、「もし見給ふ君などb候はば、我に隠さず語り給へ」と慰めければ、「ゆめゆめさやうのことは侍らず。憂き身のめざましくおぼえてかく(注3)結ぼれたるさまなれば、人に見ゆることなどは思ひもよらず。ただ美しからむ姫君などの御そばに侍りて、御宮仕へ申したく **c** 侍るなり」と言へば、「よき所へありつけ奉らばやとこそ常に申せども、さも思《おぼ》し召さば、ともかくも御心には違《たが》ひ候ふまじ。高柳殿の姫君こそ優にやさしくおはしませば、わらはが妹、この御所に御(注4)非上《ひじやう》にて候へば、聞きてこそ申さめ。何事も心やすく、思されむことは語り給へ。違へ奉らじ」と言へば、いと嬉しと思ひたり。

かく語らふところに、かの者来たりければ、この由を語れば、「そのやうをこそ申さめ」とて、立ち帰り御乳母にうかがへば、「さらばただやがて参らせよ」とのたまふ。喜びてひきつくろひ参りぬ。見様《みざま》、容貌、美しかりければ、姫君も喜ばせ給ひて、名をば玉水の前とつけ給ふ。何かにつけても優にやさしき風情して、姫君の御遊び、御そばに朝夕なれ仕うまつり、御手水《てうづ》参らせ(注5)供御《ぐご》 **d** 参らせ、月冴と同じく御衣《きぬ》の下に臥し、立ち去ることなく候ひける。御庭に犬など参りければ、この人、顔の色違ひ、身の毛一つ立《だ》ちになるやうにて、物も食ひ得ず、けしからぬ風情なれば、御心苦しく思されて、御所中に犬を置かせ給はず。「あまりけしからぬ物怖《お》ぢかな」「(ウ)この人の御おぼえのほどの御うらやましさよ」など、かたはらにはねたむ人もあるべし。

かくて過ぎ行くほどに、五月半ばの頃、ことさら月も隈《くま》なき夜、姫君、御簾《みす》の際近くゐざらせ給ひて、うちながめ給ひけるに、ほととぎすおとづれて過ぎければ、

　　ほととぎす雲居のよそに音をぞ鳴く

と仰せければ、玉水とりあへず、

　　深き思ひのたぐひなるらむ

やがて「わが心の内」と(注6)ぐちぐち申しければ、「何事にかあらむ、心の中こそゆかしけれ。恋とやらむか、また人に恨むる心などか。あやしくこそ」とて、

　　五月雨のほどは雲居のほととぎす
　　　誰《た》がおもひねの色をしるらむ

（注）
1　神頭――鏃《やじり》の一種。
2　在家――ここでは民家のこと。
3　結ぼれたるさま――気分がふさいで憂鬱なさま。
4　非上――貴人の家などで働く女性。
5　供御――飲食物。
6　ぐちぐち――ぼそぼそと。口ごもるように言うさま。

問1　傍線部(ア)～(ウ)の解釈として最も適当なものを、次の各群の①～⑤のうちから、それぞれ一つずつ選べ。解答番号は 21 ～ 23 。

(ア)　しづ心なく思ひ奉りけるこそあさましけれ 21
① 身のほどを知らず恋い焦がれたのは嘆かわしいことだ
② 気持ちが静まらずお慕いしたのは驚きあきれたことだ
③ 見境なく恋心をお伝えになったのはあさはかなことだ
④ 冷静な心を欠いたまま判断なさったのは情けないことだ
⑤ 理性を失い好意をお寄せ申し上げるのは恐ろしいことだ

(イ)　いかにして 22
① 思い直して
② どのようにして
③ どういうわけで
④ なんとかして
⑤ いずれにしても

(ウ)　この人の御おぼえのほど 23
① この人のご自覚の強さ
② この人と姫君のお似合いの様子
③ この人に対するご評判の高さ
④ この人のご記憶の確かさ
⑤ この人の受けるご寵愛《ちょうあい》の深さ

問2　波線部a～dの敬語は、それぞれ誰に対する敬意を示しているか。その組合せとして正しいものを、次の①～⑤のうちから一つ選べ。解答番号は 24 。

① a 狐　b 見給ふ君　c 娘　d 玉水の前
② a 狐　b 娘　c 主の女房　d 姫君
③ a 姫君　b 見給ふ君　c 娘　d 姫君
④ a 姫君　b 娘　c 主の女房　d 姫君
⑤ a 姫君　b 娘　c 娘　d 玉水の前

問3　傍線部A「いたづらに消え失せなむこそうらめしけれ」とあるが、このときの狐の心情はどのようなものか。その説明として最も適当なものを、次の①～⑤のうちから一つ選べ。解答番号は 25 。

① 人間に恋をしたことにより、罪の報いを受けて死んでしまうことを無念に思う気持ち。
② 姫君に何度も近づいたことで疎まれ、はやく消えてしまいたいと悲しく思う気持ち。
③ 姫君に思いを伝えないまま、なんとなく姿を消してしまうのも悔しいと思う気持ち。
④ 人間に化けるという悪行を犯して、のたれ死にしてしまうことを情けなく思う気持ち。
⑤ かなわぬ恋に身も心も疲れきって、むなしく死んでしまうことを残念に思う気持ち。

問4　傍線部B「この娘、つやつやうちとくる気色もなく、折々はうち泣きなどし給ふ」とあるが、娘はどのような思いからこのような態度を示したのか。その説明として最も適当なものを、次の①～⑤のうちから一つ選べ。解答番号は 26 。

① 思い悩んでいるふりをして、意中の人との縁談を提案してくれるように養母を誘導したいという思惑。
② 自分の娘の可愛らしい姿を人前で見せびらかしたいと思っている養母に対して、逆らえないという不満。
③ 縁談を喜ばず沈んだ様子を見せれば、自分の願いを養母に伝えるきっかけが得られるだろうという期待。
④ 養女としての立場ゆえの疎外感や他に頼る者のいない心細さを、はっきりと養母に伝えたいという願望。
⑤ 養母をだましていることからくる罪悪感によって、養母の善意を素直に受け入れられないという苦悩。

問5 狐が娘に化けた理由として最も適当なものを、次の①～⑤のうちから一つ選べ。解答番号は 27 。

① 男に化けて姫君と結ばれれば姫君の身を不幸にし、両親を悲しませることにもなると思い、せめて宮仕えのできそうな美しい女に姿を変えてそばにいられるようにしようと考えたから。

② 男子しかいない家に美しい娘の姿で引き取ってもらえれば、養い親から大事に育てられるし、そのうえ縁談でも持ち上がれば、高柳家との縁もできるのではないかと考えたから。

③ 姫君に気に入ってもらえるようにするには、男の姿よりも天性の優美さをいかした女の姿の方がよく、そばに仕えられるようになってから思いの丈を打ち明けようと考えたから。

④ 人間に化けて姫君に近づけば愛《いと》しい人をだますことになるが、望まない縁談を迫られている姫君を守るためには、男の姿より、近くで仕えられる女の姿の方が都合がよいと考えたから。

⑤ 高柳家の姫君が自分と年近い侍女を探しているという噂《うわさ》を聞きつけ、つてを作るために、同情をひきやすい、年若く薄幸な女の姿で在家の主に引き取ってもらおうと考えたから。

問6　この文章では、姫君との関係において、玉水のどのような姿が描かれているか。その説明として最も適当なものを、次の①～⑤のうちから一つ選べ。解答番号は 28 。

① 犬をおそれる玉水のために邸内に犬を置かせないようにするなど、月冴が嫉妬を覚えるほど、姫君は玉水を厚遇した。最愛の姫君と歌を詠み合うことに熱中するあまりに、周囲の不満に気づけない玉水の姿が描かれている。

② 玉水の秘めた思いを察した姫君は、それが自身への恋心であるとは思いもよらず、胸中を知りたいと戯れる。打ち明けられない思いを姫君本人から問われてしまうという、せつない状況に置かれた玉水の姿が描かれている。

③ 「ほととぎす雲居のよそに音をぞ鳴く」の句から、玉水は姫君が密《ひそ》かに心を寄せる殿上人の存在を感じ取ってしまう。自らの恋心を隠しながら下の句を付け、姫君の恋を応援しようとする、けなげな玉水の姿が描かれている。

④ 思わず口をついて出た「わが心の内」という玉水の言葉に反応し、姫君はその内実をしつこく問い詰める。その姫君に対し、私の思いをわかってもらえるはずもないと、冷たい応対をせざるを得ない玉水の姿が描かれている。

⑤ 念願かなって姫君の寵愛を受けられるようになった玉水だが、そのことで周囲から嫉妬され、涙にくれるような状況にある。苦しい立場を理解してくれない姫君に対して、胸の内を歌で訴えている玉水の姿が描かれている。

第4問

次の文章は、唐代の詩人杜甫《とほ》が、叔母の死を悼んだ文章である。杜甫は幼少期に、この叔母に育ててもらっていた。これを読んで、後の問い（問1〜7）に答えよ。なお、設問の都合で返り点・送り仮名を省いたところがある。（配点　50）

嗚《あ》呼《あ》哀《シイ》哉《かな》。有《リ》㆓兄《ノ》子㆒曰《フ》㆑甫《ト》(注1)、制《シ》(注2)㆓服《ヲ》於斯《ここニ》㆒、紀《しるシ》㆓徳《ヲ》於斯《ニ》㆒、刻《きざム》(注3)㆓石《ニ》於斯《ニ》㆒。

或《あるひと》曰《ハク》、「豈《ニ》(注4)孝童之猶子《ナル》与《か》、A奚《なんゾ》孝義之勤《ムルコト》若《キト》㆑此《クノ》。」甫泣《キテ》而(ア)対曰《ハク》、「B非《ザル》㆓敢《ヘテ》当《タルニ》㆑是《レニ》也、亦《タ》為《ス》㆑報《ユルヲ》也。甫昔臥《ふシ》㆓病《ニ》於我《ガ》諸《しょ》(注5)姑《こニ》㆒、姑之子又病《ム》。問《ヘバ》㆓女《ぢょ》(注6)巫《ふニ》㆒、巫曰《ハク》、C『処楹之東南隅者吉。』姑遂《ニ》易《かへ》㆓子之地《ヲ》㆒以《テ》安《ンズ》㆑我《ヲ》。D我用《もつテ》㆑是《レヲ》存《シ》、而《シテ》姑之子卒《しゅつス》。後《ニ》(イ)乃知《ル》㆓之《ヲ》於走使(注7)《ヨリ》㆒。甫嘗《かつテ》有《リ》㆑説《クコト》㆓於人《ニ》㆒、客将《まさニ》㆑出《ダサント》㆑涕《なみだヲ》、感《ズル》者《こと》久《シクシ》㆑之《ヲ》、相《ヒ》与《ニ》定《メ》㆑諡《おくりな》(注8)《ヲ》曰《フト》㆑義《ト》。」

君子以為《おもヘラク》魯《ろノ》(注9)義姑《ナル》者《ハ》、遇《ヒ》㆓暴客(注10)《ニ》於郊《ニ》㆒、抱《キ》㆓其《ノ》所《ヲ》㆑携《ヘル》、棄《テ》㆓其《ノ》所《ヲ》㆑抱《ク》、以《テ》割《たツト》㆓私愛《ヲ》㆒。E県君(注11)有《リ》㆑焉《これ》。

是《ここヲ》以《テ》挙《ゲ》㆓茲《この》一隅《ヲ》㆒、昭《あきらカニス》㆓彼《かノ》百(注12)行《ヲ》㆒。F銘(注13)而《シテ》不《セ》㆑韻《セ》、蓋《シ》情至《レバ》無《シ》㆑文。其《ノ》詞《ことばニ》

曰ハク「嗚呼、有唐ノ(注14)義姑、京兆(注15)杜氏之墓。」

（『杜《と》詩《し》詳註《しょうちゅう》』による）

（注）

1　甫――杜甫自身のこと。

2　制二服於斯一――喪に服する。

3　刻二石於斯一――墓誌（死者の経歴などを記した文章）を石に刻む。

4　豈孝童之猶子与――あの孝童さんの甥《おい》ですよね、の意。杜甫の叔父杜并《とへい》は親孝行として有名で、「孝童」と呼ばれていた。「猶子」は甥。

5　諸姑――叔母。後に出てくる「姑」も同じ。

6　女巫――女性の祈禱師《きとうし》。後に出てくる「巫」も同じ。

7　走使――使用人。

8　諡――生前の事績を評価して与える呼び名。

9　魯義姑――漢の劉向《りゅうきょう》の『列女伝』に登場する魯の国の女性。自分の子を抱き、兄の子の手を引いていた際に、「暴客」（注10）と遭遇した。

10　暴客――暴徒。ここでは魯の国に攻めてきた斉《せい》の国の軍隊を指す。

11　県君――婦人の称号。ここでは叔母を指す。

12　百行――あらゆる行い。

13　銘而不レ韻――銘文を作るが韻は踏まない。「銘」は銘文を指し、死者への哀悼を述べたもの。通常は修辞として韻を踏む。

14　有唐――唐王朝を指す。

15　京兆――唐の都である長安（いまの陝西省西安市）を指す。

問1　二重傍線部(ア)「対」・(イ)「乃」のここでの意味として最も適当なものを、次の各群の①～⑤のうちから、それぞれ一つずつ選べ。解答番号は 29 ・ 30 。

(ア) 対 29
① こらえて
② そむいて
③ こたえて
④ そろって
⑤ さけんで

(イ) 乃 30
① すぐに
② いつも
③ ことごとく
④ やっと
⑤ くわしく

問2　傍線部**A**「奚孝義之勤若レ此」から読み取れる杜甫の状況を説明したものとして最も適当なものを、次の①～⑤のうちから一つ選べ。解答番号は 31 。

①　杜甫は若いにもかかわらず、叔母に孝行を尽くしている。
②　杜甫は実の母でもない叔母に対し、孝行を尽くしている。
③　若い杜甫は仕事が忙しく、叔母に対して孝行を尽くせていない。
④　杜甫は実の母でもない叔母には、それほど孝行を尽くしていない。
⑤　杜甫は正義感が強いので、困窮した叔母に孝行を尽くしている。

問3　傍線部**B**「非三敢当二是也」は、「とんでもないことです」という恐れ多い気持ちを示す表現である。なぜ杜甫がこのように語るのか、その理由として最も適当なものを、次の①～⑤のうちから一つ選べ。解答番号は 32 。

①　杜甫は孝行を尽くしたという自負は持っていたが、より謙虚でありたいと願ったから。
②　杜甫は他者に優しくありたいと望んではいたが、まだその段階にまで達していないと意識しているから。
③　杜甫は生前の叔母の世話をしていたが、今は喪に服することでしか彼女に恩返しできないから。
④　杜甫は叔父だけでなく叔母も亡くしてしまい、孝行する機会を永遠に失ってしまったから。
⑤　杜甫は自分を養育してくれた叔母に感謝し、その善意に応えているだけだと思っているから。

問4　傍線部C「処楹之東南隅者吉」の書き下し文とその解釈として最も適当なものを、次の①～⑤のうちから一つ選べ。解答番号は 33 。

① ［書き下し文］楹《はしら》の東南隅を処《しよ》する者は吉なり
［解釈］東南側の柱を処分すると、運気が良くなります

② ［書き下し文］楹に処《を》りて東南隅に之《ゆ》く者は吉なり
［解釈］柱から東南側へ向かってゆくと、運気が良くなります

③ ［書き下し文］楹の東南隅に処る者は吉なり
［解釈］柱の東南側にいると、運気が良くなります

④ ［書き下し文］楹を之《こ》の東南隅に処する者は吉なり
［解釈］柱を家の東南側に立てると、運気が良くなります

⑤ ［書き下し文］楹を処し東南隅に之く者は吉なり
［解釈］柱に手を加えて東南側へ移すと、運気が良くなります

問5　傍線部D「我 用レ是 存、而 姑 之 子 卒」の説明として最も適当なものを、次の①～⑤のうちから一つ選べ。解答番号は 34 。

① 杜甫は女巫のお祓《はら》いを受けたことで元気を取り戻したが、叔母の子は命を落とした。

② 杜甫は叔母がすぐに寝場所を替えてくれたので命拾いしたが、叔母の子は重病となった。

③ 杜甫は叔母のおかげで気持ちが落ち着いたので助かり、叔母の子の病気も治った。

④ 杜甫は叔母が優しく看病してくれたので病気が治り、叔母の子も回復した。

⑤ 杜甫は叔母が寝場所を移してくれたので生きているが、叔母の子は犠牲になった。

問6　傍線部E「県 君 有レ焉」の説明として最も適当なものを、次の①～⑤のうちから一つ選べ。解答番号は 35 。

① 叔母は魯の義姑のように、一族の跡継ぎを重んじる考え方に反発していたので、義と呼べるということ。

② 叔母は魯の義姑のように、私情を断ち切って甥の杜甫を救ったので、義と呼べるということ。

③ 叔母は魯の義姑のように、いつも甥の杜甫を実子と同様に愛したので、義と呼べるということ。

④ 叔母は魯の義姑のように、愛する実子を失ったことを甥の杜甫に黙っていたので、義と呼べるということ。

⑤ 叔母は魯の義姑のように、暴徒をも恐れぬ気概を持っていたので、義と呼べるということ。

問7　傍線部F「銘而不レ韻、蓋情至無レ文」についての説明として最も適当なものを、次の①～⑤のうちから一つ選べ。解答番号は 36 。

① 杜甫は慎み深かった叔母のために、韻を踏まない銘を記した。それは実子以上に自分をかわいがってくれた叔母への感謝を思いのままに述べては、人知れず善行を積んでいた叔母の心情に背くと考えたためである。

② 杜甫は毅然《きぜん》としていた叔母のために、韻を踏まない銘を記した。それは取り乱しがちな自分の感情を覆い隠し、飾り気のない文に仕立て上げてこそ、叔母の人柄を表現するのにふさわしいと思ったためである。

③ 杜甫は徳の高かった叔母のために、韻を踏まない銘を記した。それは自分を大切に養育してくれた叔母の死を偲《しの》び、うわべを飾るのではなく、真心のこもったことばを捧げようとしたためである。

④ 杜甫は恩人であった叔母のために、韻を踏まない銘を記した。それは恩返しできなかった後悔の念ゆえ、「嗚呼」と詠嘆するぐらいしかことばが見つからず、巧みな韻文に整えられなかったためである。

⑤ 杜甫はたくさんの善行をのこした叔母のために、韻を踏まない銘を記した。それはあらゆる美点を書きつらねては長文になるので、韻は割愛してできるだけ短くしたためである。

2019

追試験

80 分　200 点

第1問 次の文章は、一九五八年に刊行された文化論の一節である。これを読んで、後の問い（問1～6）に答えよ。なお、設問の都合で本文の段落に 1 ～ 18 の番号を付してある。（配点　50）

1 「日本人はどんなに狭い空間をも住みよく設《しつら》えることがとても上手だ」と、ブルーノ・タウト(注1)はいった。彼はまたこうもいった。「若い僧侶の書斎を覗《のぞ》いてみる。空虚な部屋、畳の上に座蒲団《ざぶとん》が一つ、それに低い机とその傍に数冊の書」と。タウトはこうした簡素とセイ(ア)ケツさを寺院や古い大きな家だけで見ていたのではない。こんなこともいった。「ヨーロッパの中流住宅になら小さな細工物や何やらが山のようにあるのに、日本では労働者の住宅にさえ何一つとして転がっていない」。

2 日本の家屋というと、すぐ畳と障子がおもいおこされるが、これはほとんどあらゆる外国人にとって驚異らしい。畳と障子で囲まれている日本人の居間は、茶ぶだい(注2)をおけば食堂になり、蒲団《ふとん》をしけば寝室になる。その自由自在さにヨーロッパ人はまず驚いている。

3 空《あ》いている処《ところ》をふさぐ、ふさいでいたものをとりはらう。Aこの取り換えの敏捷《びんしょう》さは、まさに日本人独特の才能であろう。空きのあること、透《す》きのあること、いつでもそこへ物がもち込める可能性！　その意味での虚《きょ》、日本人はこれをうまくつかう。

4 昔ある日本人は「実なるものは小さく、虚なるものは大きい」というすばらしい言葉を吐いた。こうしたとき、日本人にとって大きいとか小さいとかは、測って知れるヴォリュームの大小ではないので、そこへ物が容《い》れられることの豊かさの工合《ぐあい》をいっているのである。昔の日本人は「実」というサブスタンス(注3)のものを説明するとき、「実とはふさぐもの」のことだというように解した。虚と実を心得ていたのは昔の剣客(注4)だけではない。石工も大工も畳屋もみんな虚と実とを心得ている。

5 私は建築設計家の山口文象《ぶんぞう》氏からつぎのような話をきいた。神社の鳥居はときに大きな花崗岩《かこうがん》でできているが、あの鳥居の礎石には、角《かど》のとれた丸みのある大きな石が下につかってあるそうだ。ゆっくりと、或《あ》る程度は揺らぐことははじめから予定されてあるらしい。コンクリートで固める、そういうやり方の反対なのである。そういえば、日本の名物である五重の塔の基礎のありさまは、タイ(イ)テイの人が知っている。ヨーロッパ人にとっては下地《したじ》が、つまりサブスタンシャルなものががっちりでき、そのうえにいっさいの建造物はつくられねばならない。ひとり建築だけでなくて、人間の造るものはなんでもそうであることになっている。ヨーロッパでは都市がつくられる、建物がつくられる、学問ができあがる、そうしたとき、必ず基礎に実質的なものが前提されている。

6 日本では、石は基礎に横たえられたり積まれたりするものではなく、まず置かれてあるもの、見られるもの、楽しまれるものなのである。一般に日本人にとっては実は虚のためのものとなっている。といってしかし実は虚を支えているものではない。そうとるのは西欧的なのだ。ほんらい日本人にとっては、実はただ虚のできるはずみになっているだけである。

7 日本人にとってはむしろ実は虚の成立の機会となっている。

8 能の或る古典に、下地ということがいわれている。芸のうえで力は充《み》ちていても、まだ生《なま》であるものは「下地荒くこわい」ものだときびしくいましめられている。芸に基礎《したじ》があることがいけないのではなく、それが荒くてこわい（強い）のがいけないというのである。鳥居にだって或る基礎はある。しかし、そこのところは虚でなくてはならない。「下地は静か」でなくてはならない。虚であってはじめて実なのである。

9 ヨーロッパの古代語にはストーという語がある。現代語にはこれにつながるいくつかの字がある。それは、しっかりと立てられている、設けられていることを言い表わす今日の外国語のいろいろの言葉にあらわれている。「立てる」とか「立ちむかう」ということは、西洋文明の本質を示す大切なもののように私はおもう。ところが、昔の日本人では、不動に立てるのでなく、「置く」ことが大切であった。いや、置くにしても一個所《いっかしょ》に置きつづけられることも、すでにいいことではなかった。一般に止《とど》まるということは避けられねばならなかった。

10 沢庵《たくあん》(注5)は「仏法にては、この止まりて物に心の残ることを嫌ひ申し候。故に止まるを煩悩と申し候」といった。だから、置いた物が止まりつづけるのはよくない。今日でも日本人は固定的なところのない人物や言行を飄々《ひょうひょう》としているとよくいう。おそらく禅語であろうが、水のうえで瓢簞《ひょうたん》を押すように(注6)(水上打胡盧子《ころし》)少しも止まらない、その意味で虚であること、空《くう》であることを貴重がった。だから、B心だって「置いて」はいけない。そういったふうに日本人はすべてのわざを教えた。茶でも、禅の行《ぎょう》でも、剣でも、虚であることをつねに狙っていた。

11 「空」や「無」や「虚」がその思想のうちにひそんでいるのは、日本人においてだけでなく、その根源は古代インド人の仏教的な世界観や中国の老荘(注7)の世界観からきていて、もちろん東洋的特色である。Cこの特色はギリシア的・ローマ的な知性のはたらき方とはまさに対蹠《たいせき》的である。ヨーロッパ人において標本的である知性なるものは、考える力でもって抽象をつくるはたらきに外ならない。抽象してできたもの(たとえば「花」というひとつの抽象)は、できた以上、気分や感じなどとはちがって、消えていかないで固定してくれている。この抽象的固定性は知性の第一の特長である。しかし、固定はまさに東洋人の嫌った止まりの最もなるものである。古代のインド人がまず先《さ》きにこの止まりを恐れた。彼らはこの固定性の悪さを取りのけようとした。取り除くにはもちろんさらに知性を必要としたでもあろうが、とにかく取り除こうとした。このための(ウ)ショウジン努力とその結実が実に仏陀《ぶつだ》の教理だったといえる。だから、こういうことになる。インド人のやり方は、古代諸民族がせっかく鍛えあげた知性の抽象力を、知性が働くとたんにむしりとるのである。人間の心のうちに止まるもの何ものもないようにする。仏教の離《り》とか空とかは、このことに外ならないであろう。知性の灯が生活の薄闇のなかにともったとたんに、これを吹き消すまた別の、つまり念入りにも、もうひとつの知性が働く。これを古代インド人がまず考案したのである。東洋の歴史の流れのうちで老荘の無為の思想が横からこの仏教の空思想を助長したことは、容易に察(注8)しられる。

12 こんな哲学が経文とともに日本に入ったからといって、それだけでは日本人はうけつけなかったろう。ここで、注意してみると誰にもうなずけるのは、寺院の建て方、仏像の造り方、器具のつかい方などの東洋的特長である。これらがすべて軽くしておく、空けておく、透かしておく、もし固く立てることが必要なら要所だけにしぼっておく。こうした技術上の日本的なものは庶民のいっさいの生活様式に染みこんでいる。日本人は仏教の哲学からではなく、生活の仕方から離や空や虚を体得したのだ。もちろん、西欧ほどではないにしても、日本にはこれらを哲学にしあげた思想家も出たし、絵や彫刻や詩や演劇のなかで生かしたそれぞれの芸術家も出た。その実例については私が語るまでもない。

13 さて、虚という生活《せいかつ》(注9)仕《し》方《かた》とその思想は、今日の日本の文化ではもう消えているのだろうか。これが私たちには問題である。

14 私はもう何度か指摘したことだが、西田(注10)哲学の西田さんには、あの人の思索の生涯を通じて、「形なきものの形を見、声なきものの声を聞くといった様なもの」を、求めてやまないものがあったのではないか。よいかわるいかとにかく、西田哲学の特色はここにあったのではないか。こんなのは特に目だっているものをあげたのだが、日本人のつくった文化の全体をよくたずねてみると、実例にはこと欠かないであろう。

15 理論物理学者の湯川(注11)(秀樹)さんが荘子や老子が好きなのは、私の注意をひく。「これから先の理論物理学には、どんな考えが役立つかわかりません。科学は西洋の専売特許だときめてしまう必要はないのであります」という湯川さんも、西田さんに通じるところがある。湯川さんが荘子のなかから持ちだしている混沌《こんとん》の話は面白い。むかし、国がとなり合って三つあった。真中《まんなか》の国の王様の名が混沌、その両側のとなりの国の王様がシュクとコツというのだった。あるときシュクとコツとが混沌の国の(エ)リョウチで出会ったそうだ。二人は混沌にもてなされた。そこで二人は喜んで恩返しをしようとおもった。ところが、混沌をみると、ずんべらぼう(注12)で顔には何もない。そこで、目鼻をつけてあげようということになり、やりかけているうちに混沌は死んでしまった、という話である。湯川さんはこの話を大変に面白がっているが、私たちだって面白い。

16 目鼻をつけるというのは、いってみれば自然科学者が、とてつもない大自然の法則をみつけだし、このわからぬものをなんとかわからせようとしているようなものである。湯川さんも理論物理学者として目鼻をつけようとしているひとりである。自然科学者はとにかく混沌に、ある秩序(たとえば、ニュートンがいったように、わずかばかりの)をつけようというものである。

17 さて、私にとって関心となるのは、こうしたたとえ話のところで湯川さんがいっていることである。「結局どういうことになるかといいますと、法則の成立《なりた》たない、何かもう少し広い(オ)ハイケイを考え、その中で法則の成立つ場合を取出《とりだ》すということをしなければならないわけであります。そういうぎりぎりのところまでいかなければならないと思います」。さあこうしたとき、法則の成り立たないのを、うっかりひとつの世界だと区切り、しかもサブスタンシャルなものときめてしまったりすると、下手に西洋的になる。湯川さんは、そうはせず、「最後に行きつくところは秩序と混沌のさかい目である」というようにとりあつかっている。(注13)私たち考えてみるに、さかい目というものは、厳として作用しているものではあっても、物としては無いものであろう。境界は、やかましいことをいうと、幅のある線であってもいけないものであろう。こうしたとりあつかいは私はおもしろいとおもう。東洋人には東洋人でなかなかやり方のあるものだ。

18 では、ヨーロッパではこんな処理はないかというと、そうでもないので、さしあたりディアレクティーク(弁証法)があるが、この論理は一般につたわり方が賑《にぎ》やかであるが、しかし真意はそれほどつたわっていないようである。とにかく日本においていいものは、何かのかたちでまた他民族のなかにもひそんでいるもののようである。それでこそはじめて「日本的」なのであると私はおもう。

(三枝博音《さいぐさひろと》「西欧化日本の研究」による)

(注)
1 ブルノー・タウト――ドイツの近代建築家(一八八〇―一九三八)。日本に亡命し、日本の古典建築の美を見いだした。「ブルーノ・タウト」と表記されることが多い。
2 茶ぶだい――「卓袱台《ちゃぶだい》」「ちゃぶ台」などと表記されることが多い。
3 サブスタンス――実体、本質、基体。「サブスタンシャル」はその形容詞形。
4 山口文象――建築家(一九〇二―一九七八)。
5 沢庵――臨済宗の僧(一五七三―一六四五)。
6 水上打胡盧子――「水上に胡盧子を打つ」。沢庵の著作『不動智神妙録』の中のことば。「胡盧子」は瓢簞のこと。
7 老荘――古代中国の思想家、老子と荘子。
8 察しられる――「察せられる」に同じ。
9 生活仕方――原文のとおりの表記である。
10 西田哲学の西田――哲学者の西田幾多郎(一八七〇―一九四五)。日本的な「無」の哲学を主張した。
11 湯川(秀樹)――物理学者(一九〇七―一九八一)。日本最初のノーベル物理学賞の受賞者。
12 ずんべらぼう――のっぺらぼうのこと。でこぼこがなく、のっぺりしていること。
13 私たち考えてみるに――原文のとおりの表記である。

問1　傍線部(ア)〜(オ)に相当する漢字を含むものを、次の各群の①〜⑤のうちから、それぞれ一つずつ選べ。解答番号は 1 〜 5 。

(ア)　セイケツ　1
① シンケツを注ぐ
② ケッサクを発表する
③ 車両をレンケツする
④ 身のケッパクを主張する
⑤ 飛行機がケッコウする

(イ)　タイテイ　2
① ホウテイで証言する
② 空気テイコウを減らす
③ 誤りをテイセイする
④ 食堂でテイショクを食べる
⑤ 花束をゾウテイする

(ウ)　ショウジン　3
① 事態をセイカンする
② 日程をチョウセイする
③ セイミツな機械を作る
④ 選手センセイをする
⑤ セイエンを送る

(エ)　リョウチ　4
① リョウヨウ生活を送る
② ドウリョウと話し合う
③ 仕事をヨウリョウよくこなす
④ 自動車をリョウサンする
⑤ 今月のキュウリョウを受け取る

(オ)　ハイケイ　5
① 業務をテイケイする
② 伝統をケイショウする
③ 神社にサンケイする
④ 踊りのケイコをする
⑤ 日本のケイキが上向く

問2　傍線部A「この取り換えの敏捷さ」とあるが、これは具体的に部屋のどのような使い方を指しているか。その説明として最も適当なものを、次の①～⑤のうちから一つ選べ。解答番号は 6 。

① 部屋を物で満たさず、その都度出し入れすることで、すぐに空間を様々に活用できるような使い方。

② 部屋の空間をいつでも広く空けておくことで、より多くの家財を手早く持ち込めるような使い方。

③ 障子の取り外しや机の出し入れによって、使える空間の広さを瞬時に変えられるような使い方。

④ 部屋をふさがないようにしておくことで、素早く並行して複数の目的に利用できるような使い方。

⑤ 狭い部屋の空いた場所やすき間を活用して、より多くの家財をすみやかに収納できるような使い方。

問3　傍線部B「心だって『置いて』はいけない」とあるが、それはどういうことか。その説明として最も適当なものを、次の①～⑤のうちから一つ選べ。解答番号は 7 。

① 日本の文化では、技術から生活様式に至るまで下地を設えてできる固定性を退けてきた。同様に、心のあり方についても、虚や空の体得をめざすことによって西洋的な思想を遠ざけたこと。

② 日本の文化では、建築でも思想でも不動性を忌避してきた。同様に、心のあり方についても、飄々としている状態に反するような様を心がすさみ硬直したものとして遠ざけたこと。

③ 日本の文化では、確かな実体よりも虚や空なるものを重視してきた。同様に、心のあり方についても、一個所にとらわれつづけることを望ましくない執着として遠ざけたこと。

④ 日本の文化では、実に束縛されることを嫌って虚や空を価値づけてきた。同様に、心のあり方についても、一つの事柄に固執して物に情が移ることを行や道の妨げであると遠ざけたこと。

⑤ 日本の文化では、物作りでも芸でも自在で柔軟なわざを称揚し貴んできた。同様に、心のあり方についても、一個所に止まっている段階を未熟で生なわざであると遠ざけたこと。

問4　傍線部C「この特色はギリシア的・ローマ的な知性のはたらき方とはまさに対蹠的である。」とあるが、なぜ「対蹠的」といえるのか。その理由の説明として最も適当なものを、次の①～⑤のうちから一つ選べ。解答番号は 8 。

① 虚を重んじ、それをさまざまな思想や心の下地に置こうとした東洋的特色は、実を重視し、それを人の作ったあらゆるものの上位に位置づけたギリシア的・ローマ的な知性のはたらき方と比べると、正反対であるから。

② 止まることを嫌い、固定的なものを避けようとしてきた東洋的思想の特色は、基礎を固めた上でものごとをがっちりと築き上げようとしたギリシア的・ローマ的な知性のはたらき方と比べると、正反対であるから。

③ 抽象的な法則から具体的な問題を捉えようとした東洋的思想の特色は、気分や感じなどという具体的な事例から「花」という一つの抽象をつくろうとしたギリシア的・ローマ的な知性のはたらき方と比べると、正反対であるから。

④ 止まりを恐れ、固定性の悪さを取りのけようとした東洋的思想の特色は、消えることなく固定化されている具体的な物事を知性の標本と考えたギリシア的・ローマ的な知性のはたらき方と比べると、正反対であるから。

⑤ 虚に代表される世界観を確立することを優先しようとした東洋的思想の特色は、都市や建物といった実体を伴ったものをつくることを第一としたギリシア的・ローマ的な知性のはたらき方と比べると、正反対であるから。

問5　次に示すのは、この文章を読んだ五人の生徒が、先生の問いかけを受けて、第 13 段落以降の内容について話し合っている場面である。本文の趣旨と**異なるもの**を、次の ①〜⑤ のうちから一つ選べ。解答番号は 9 。

先生――第 13 段落で、虚という考え方が、この文章の書かれた当時の日本の文化ではもう消えてしまっているのかと問題提起されているけれど、筆者はそれについてどのように考えているだろうか。みなさんで話し合ってください。

① 生徒A――第 14 段落で筆者は、哲学者の西田幾多郎を例にあげているね。西洋の思想に学び論理を追求した西田哲学の中にも、「形なきものの形」や「声なきものの声」として東洋的な虚の思想が生きているということだと思うよ。理論物理学者の湯川秀樹にも、筆者は共通の考え方を見ているのかな。

② 生徒B――筆者は自然科学者を、混沌とした大自然の中に法則を見つけだそうとする人と捉えている。けれども、混沌が目鼻をつけられているうちに死んでしまう話を湯川が面白がっていることに着目してもいるね。つまり、筆者は自然科学においても秩序づけるだけでは十分でないと考えているんじゃないかな。

③ 生徒C――わからないものに秩序を与えることでわかるようにするのが西洋的な思考ということだね。それに対して、第 17 段落で「最後に行きつくところは秩序と混沌のさかい目である」という言葉を紹介していることに表れているように、筆者は湯川の考え方に伝統的な虚の思想を見ているのだと思うよ。

先生――第 5 段落で紹介されている五重の塔の基礎は、現代の高層建築の耐震構造と共通することが知られていますね。

④ 生徒D――だとすれば、現代日本の私たちの身の回りにも虚の思想が生きていると言えるかもしれないな。そしてそれは実体として現れているのではなく、見えないところで作用しているんだね。筆者は第 18 段落で、日本にとってよいものは何かのかたちでまた他の民族にもひそんでいると言っているよ。

⑤ 生徒E――西洋においても東洋的な虚の考え方が次第に広まってきているということじゃないかな。ただし筆者は法則が成り立たない世界を明確に区別してしまうと、かえって西洋的になるとも言っている。虚とは法則がないということではなく、法則の有無を分けるさかい目そのもののことなんだね。

問6　この文章の表現と構成について、次の(i)・(ii)の問いに答えよ。

(i)　この文章の表現に関する説明として**適当でないもの**を、次の①～④のうちから一つ選べ。解答番号は 10 。

① 第 3 段落の「いつでもそこへ物がもち込める可能性！」は、第 2 段落の「外国人にとって驚異」「ヨーロッパ人はまず驚いている」と対応して、外国人から見た日本文化への驚きを共有して表現している。

② 第 5 段落の「都市がつくられる、建物がつくられる、学問ができあがる、そうしたとき」は、終止形でリズムよく並べることで、読者に複数の例を示し、筆者の主張を強める効果がある。

③ 第 8 段落の「基礎《したじ》」は、ふりがなによって「下地《したじ》」と同じ読み方を示し、建築の「基礎」という用語がもともとは能の用語であったことを示している。

④ 第 11 段落の「知性なるもの」は、知性一般のことではなく、あくまでもヨーロッパ人が考える知性のことであるという、相対化を示す表現である。

(ii)　この文章の第 1 ～ 12 段落の構成に関する説明として最も適当なものを、次の①～④のうちから一つ選べ。解答番号は 11 。

① 第 3 段落は、第 1 、 2 段落で挙げた具体例から推論した結果を示し、この文章の中心的な話題である「虚」について提示している。

② 第 4 ～ 6 段落では、空間的な「実」と「虚」の捉え方について日本と西欧とを比較し、第 7 段落では新しい観点に切り替えている。

③ 第 8 ～ 10 段落は、「虚」について空間的な例からさらに話題を拡張し、古典の言葉などを引用しながら論を展開している。

④ 第 11 、 12 段落では、前段落までで述べた日本的な特徴と、東洋の哲学の思想とを対立させることで論点を深めている。

第2問

次の文章は、耕治人《こうはると》「一条の光」の一節である。「私」とひろ子は結婚してしばらく住んでいた「シャレた家」から八畳ひと間のアパートに移った。しかし四年後、そこが「軍需工場の寮」になるため、また引っ越さねばならなくなった。そんな時、ひろ子の姪《めい》・フジ子を養子として引き取るという話が持ち上がった。以下はそれに続く場面である。これを読んで、後の問い（問1～6）に答えよ。なお、設問の都合で本文の上に行数を付してある。（配点　50）

私は渋った。しかし、ものを書くという仕事に私は自信がないから、それを持ち出すことはできなかった。八畳ひと間じゃフジ子が可哀想《かわいそう》だ、もっと広いところへ移ったら考えよう。私は問題を引き延ばした。ひろ子は私の言葉に従った。

軍需工場の寮にならなかったら、引っ越さなかったのだ。その時分、貸し家、貸し間は払底していた。引っ越しの期限を一ヵ月過ぎて、繁華街の裏通りに、やっとアパートを見つけた。それは偶然だった。四畳半と三畳。高いなどと言っていられなかった。部屋が明るくないことも気になったが——引っ越しの期限はとうに過ぎていたし、一度見ただけで決めたのであった。

貸し家、貸し間は少なかった。入手困難だった。しかし金を出せば、広い家、明るい、太陽の光が射《さ》す贅沢《ぜいたく》なアパートは手に入ったのだ。

私が探す程度のアパート、貸し間は入手が困難だったのだ。

四畳半と三畳に移ったとき、フジ子のことは私の頭から消えていた。

「あなたは四畳半で書きものするでしょう。三畳にフジ子を置きましょう。ね、いいでしょう」というわけだ。私はドキッとした。私がひろ子と結婚した翌年、あのシャレた家を戸締まりして、東北の、その小さな町に行ったことがあった。短い滞在だったが、ひろ子とフジ子の気持《きもち》の交流は、充分(ア)呑《の》みこめた。傍目《はため》にも美しかった。私はそれを思い出した。

「三畳じゃ気の毒だよ。一軒の家に移ったとき、フジ子にその気があるなら、来てもらおうじゃないか」

「それはいつのことだか、わからないわ。フジ子は来年春から女学校にあがるのよ。だから、呼ぶなら、いまがちょうどいいのよ」

「ここから女学校に通うのか」

「そうよ。入学の準備があるから、いま呼ばなくちゃ、間に合わないわ」

「しかし試験があるだろ。通るかね」

「通る女学校を探すわ」

「フジ子に話したのか」

「そうよ」

A私はダマされた気がし、腹が立った。

「なぜ、オレに相談しなかったんだ。フジ子が来ても、オレはいまの生活状態を変えないぞ」

私は喚《わめ》いた。

「そりゃあ、そうですわ。あなたはいまのままでいいのよ。あなた、好きなことしていいのよ。あなたに迷惑かけないわ」

偏窟《へんくつ》な私もひろ子に負けた。そういうわけで、三畳はフジ子の勉強部屋になった。月謝、学用品、小遣い——私の身のまわりを切りつめた。煙草《たばこ》はもとからのまなかったが、酒はやめた。着物は着たきり。靴のカカトは磨《す》り減ったが、修繕費が惜しかった。

フジ子が女学校に、ひろ子が勤めに出たあと、机に向かい、好きなことを書く。書きたいことを書く。それだけが生き甲斐《がい》だ。ハイヤーでヤマナカ湖に行ったり、三浦半島へ行った面影はない。そんな生活をしたことが過去にあったとは、人に話しても信じないだろう。慎《つつ》ましい、坊さんみたいな生活だった。

書いたものを発表することは考えなかった。発表したくても雑誌の数は少なかったし、時局向きのものでないと発表は不可能だった。大家なら時局向きでないものでも通用したろうが、無名の新人には許されなかった。時局向きなものを書いても、発表できるとは限らなかった。だから、はじめから発表は考えない方がよかった。自分がほんとうに書きたいことが時局向きだったら、それもよい。書きたいことと、時局向きが自然に一致したらよいが。自分の本心を忠実に、原稿紙に写したかったのだ。私はもう時間がない、と焦ることもあった。そうかと思うと、当分は大丈夫と、のんびり構えることもあった。

昼近くなると、一人でありあわせのもので飯を食う。それから身仕度して、私が嘱託(注1)をやっている出版社に行く。企画の相談をすることもあり、執筆者に依頼に行くこともあった。その出版社の執筆陣は、医者、教師、役人が多かった。文学書は出していない。ときには割り付け、校正などの仕事をもらってくることもあった。行かない日は、四畳半でやるのだ。つまり、原稿紙の代わりに、午後はゲラ刷りなどが机の上に置かれるというわけだ。

フジ子は勉強家だった。いい子供だった。ひろ子に似て、きれい好きだった。日曜など、ハタキや箒《ほうき》を使い、ひろ子と一緒に掃除した、冗談など言いながら。知らない人が見たら、ほんとうの親子と思うだろう。

窓は、四畳半と三畳についている。四畳半の方は、塀に向かっていた。三畳の方は廊下だ。明かり取りのため両方とも大きかった。

縁側も床の間もない。炊事場はあるが、人間一人やっと入れるほどで——息苦しくて、長くいられなかった。掃除のあいだ廊下に出ているのだ。毎朝そうだ。日曜は、時間が遅いだけだ。それとフジ子が手伝ってくれることだ。週日はフジ子は忙しい。だからフジ子が出かけたあと、ひろ子が掃除をした。

廊下に立っている私は、なんとなく幸福な気持になる。入り口に掃き出したゴミを始末するため、フジ子は廊下用の箒と、蓋つきの大きなチリ取りを取りに行く。それは向こうの廊下の隅のゴミ箱に立てかけてあった。そんなフジ子を見ると、もう長いあいだアパートで生活しているような感じだ。そんなある日、ゴミをすくいながら、「出るにゃあ」と国言葉で言ったことがあった。たくさんゴミが出るという意味だ。

「ほんとうに毎朝掃除するのにねえ」

私も驚くのだ、驚かないわけにゆかないのだ。ほんとにどこから出るのか。鼠《ねずみ》色の、こんもりしたゴミの山。白い紙きれや、御飯粒など混じっていることがある。赤い糸クズや布地のキレッパシもある。

米機の空襲がはじまらなかったら、親子三人、平穏な生活を楽しんだろう。私ははじめ、フジ子を引き取ることに対して気がすすまなかった。それを忘れたわけではない。だが、引き取ってからは予期しなかった幸福があった。しかし、そのために戦争を忘れたわけではない。

B 太平洋戦争がはじまったのは、フジ子が東京にやってきた年だった。防火演習がはじまったのは、それから一年ばかりしてからではなかろうか。

バケツや火ばたきなど持って、アパートの前の空き地に集まるのだ。班長は管理人だった。バケツリレーなどの訓練をやった。バケツのなかには水が入っていた。米機の空襲があった場合、火事が起きるかもしれない。それをバケツの水で消す練習をやるのだ。

その演習は月に二、三回あった。ひろ子が不在のときは私が演習に出たが、米機が来るにしても遠い先だ、と思った。戦局が重大化してゆくのは知っていた。しかし、なんとなく痛切でなかった。その矛盾した感じはフジ子のため生じたらしい。

フジ子は無口な方だが、ひょっこり面白いことを言って、笑わせた。四畳半と三畳に春風みたいなものが漂うようになったのは、フジ子のせいだった。

だから米機が来襲し、警報が不気味に鳴りわたったとき、真剣に疎開を考えねばならないと思ったのだ。

フジ子が通っている女学校で、生徒に疎開をすすめていた。フジ子のクラスにも疎開した人がいたそうだ。食い物も着る物も不自由になってきた。

フジ子の故郷である東北の日本海に面した町は、食い物が豊富だった。軍事施設はないそうだから、米機の目標になることもないだろう。

私は(イ)醒《さ》めた思いだった。ひろ子と彼女の姉とのあいだに何度か手紙のやりとりがあって、フジ子は生家へ疎開することになった。戦争が終わるまでの辛抱だ。

私はそうフジ子に言ったが、再び会えないかもしれない気持が一方にあった。自分の娘のような気持になることがあったから、手放すのが淋《さび》しくもあり、惜しくもあった。

しかし、感情に甘えていられる時局ではなかった。フジ子は一人、旅立ったのであった。その日、私とひろ子は、上野駅まで送っていった。お母さんもなるべく早くおいでよ、という意味のことを、フジ子は汽車の窓から、ひろ子に言った。フジ子はうれしそうな顔をしていた。しっかりしているとはいえ、女学校二年生だ。実家に戻れる喜びは隠しきれないのだ。

C 私はそのフジ子を見て、二十年ばかり前、一人で東京にやってきた自分を浮かべたのであった。私の郷里は、九州の八代海に面した小さな町だ。父母は死んだから、実家はない。フジ子をもらってから、私は死んだ父母のことをよく思うようになった。父だったら、こんな場合どうするだろう、フジ子に対し、どんな態度をとるだろう、と思ってみることがあったのだ。

フジ子が去って、私とひろ子だけの生活に戻った。

そのアパートからも、出征する人や徴用される人があった。何号室の、だれそれさんが出征されます、×日×時×分、万歳を三唱してお送りしたいと思います、アパートの前にお集まりください——そんな紙が入り口の掲示板に貼られたのも二度や三度ではなかった。

はじめ(注2)の方で書いた、昭和十八年〇月〇日、ゴミを見て、コレダ！　と思ったことを、いよいよ説明する運びになった——やっと段取りがついた、というわけだ。

フジ子が去ってから三月ばかり経《た》った。二人きりになった当座は妙に寒々としていた。顔をつき合わせるのが辛《つら》かった。私はフジ子を忘れるためにも、せっせと書いた。空想で書いたものもあれば、自分の経験をもとに書いたものもあった。思いつくまま、手あたり次第に書いてきたのであった。十枚二十枚のものもあれば百枚のものもあった。

午前中書いた。それはフジ子がいるときもいなくなってからも変わらなかった。六時から八時ごろまで、アパートはざわざわする。

九時になると、ひっそりとなる。訪ねてくる人は滅多《めった》にない。コトコト廊下に足音がすると、赤ガミ(注3)を持ってきた人ではなかろうかと、ハッとすることがある。区役所の人や町会の人が持ってくるそうだ。夢中で書いていて、突然足音が耳に入る——そんなときだ、いよいよ来たんじゃないかと思うのは。私は父母のことを書いていた。思い出を辿《たど》ってゆくうち、当然、兄や妹のことも書くようになった。兄も妹も死んだのだ。私がそれを書きはじめたのは五日ばかり前だった。

ひろ子がいつものように勤めに出てから、私は机に向かい、続きを書き出した。三十分経ったか一時間経ったか、わからない。私は時間の観念を失った。そんなことが、ときどきあるのだ。夢中で書いていた私は、ペンを置いた。なぜペンを置いたかわからない。疲れたからか、思索が途切れたからか、それは忘れたが、机から眼《め》を離し、何気なく畳に視線を移したとき、ゴミが飛びこんできたのだ。ゴミはじっとしていた。四畳半の真ん中あたりで動かない。しかし、飛びこんできたような気がしたのだ。

私は眼をパチパチやったのを覚えている。ひろ子がきれいに掃除したのだ。掃除してから二時間ばかりにしかならないのだ。私は三畳の方へ眼をやった。フジ子がいたときは机や本箱などで足の踏み場もなかったが、いまはがらんとした感じだ。四畳半と三畳には、そのゴミのほかにはチリひとつない。**D**小指の先ほどの鼠色のそのゴミは、生まれたような気がした。見つめていると、生きているように感じられた。不思議なことが起きた。そのゴミを起点として、一条の光が闇のなかを走った。私は闇のなかに、いつのまにか、いた。一条の光は私の過去であり、現在だ。それは父母であり、兄妹であり、私の出身校であり、勤め先だった。結婚でもあった。要するに私の生涯だった。生涯を一条の光が貫いたのだ。それは太くもあれば細くもあった。私はワナワナ震えた。身動きができなかった。コレダ！　と思ったのだ。それまでも自分のことを書いたが、自信はなかった。そのとき必然性が生まれたのであった。

少し時間が経ってから、これはうっかり人に言えないぞ、と思った。誤解を恐れたのではない。喋《しゃべ》ったら光が褪《あ》せる気がしたのだ。ひろ子にも黙っていようと思った。ひろ子はいまの生活が満足でないかもしれないが、不平は言わない。あきらめているのかもしれないが、元気で勤めに通っている。説明してもわかってくれるかどうか。私もこれ以上の説明はできないのだ。

(ウ)雲を摑《つか》むような話、と思うかもしれない。私にとっては感動の瞬間だった。ゴミを見つめていると、自然と微笑が浮かんだ。私は、ごく普通のゴミだった。

しかし、私の心のなかに起きたことは消えなかった。日が経つにつれ、ずっしりと重さを増した。

それから五日して、飛行機工場に徴用された。その工場は、電車で一時間ばかりのところにあった。ペンの代わりにスパナやドライバーを握った。私の工員服は石油のにおいが染みた。私は機械組み立て工だ。原稿は書けなくなった。机にも向かえなくなった。しかし、胸のなかのずっしりしたものは、ますます根を張ったのであった。

（注）1　嘱託――正式の社員ではなく、特定の業務にたずさわる人。

2　はじめの方で書いた――作品の冒頭で、「人間だれだって、これだ！　ということにぶっつかるのではないか。」と述べ、それは「私の場合、ゴミと関係がある。」としていることを指す。

3　赤ガミ――赤紙。旧日本軍の召集令状の俗称。

問1　傍線部(ア)〜(ウ)の本文中における意味として最も適当なものを、次の各群の①〜⑤のうちから、それぞれ一つずつ選べ。解答番号は 12 〜 14 。

(ア) 呑《の》みこめた 12
① 予見できた
② 歓迎できた
③ 共感できた
④ 理解できた
⑤ 容認できた

(イ) 醒《さ》めた 13
① 状況を冷静に判断できる
② 状況を正確に把握できる
③ 状況を正常に認識できる
④ 状況を冷淡に観察できる
⑤ 状況を平静に傍観できる

(ウ) 雲を摑《つか》むような 14
① 不明瞭で、とらえどころのない
② 不安定で、頼りにならない
③ 非常識で、気恥ずかしい
④ 非現実的で、ありそうにない
⑤ 非合理的で、ばかばかしい

問2　傍線部A「私はダマされた気がし、腹が立った。」とあるが、それはなぜか。その理由として最も適当なものを、次の①～⑤のうちから一つ選べ。解答番号は 15 。

① フジ子を女学校に入学させると、物書きとしてのわずかばかりの自負をつなぎ止めていた「私」の執筆活動を抑制せざるをえないと察していながら、ひろ子が入学準備を着々と推し進めてしまっていたから。

② 三畳にフジ子を置くのは気の毒なため、一軒家に引っ越すまでフジ子との同居はすべきではないと主張してきたのに、そうした「私」の気遣いを全く無視してひろ子がフジ子を呼び寄せようとしていたから。

③ 物書きを中心とする生活を変える必要はないというひろ子の言い分には無理があったが、それに言及せず寛容な態度で接していたところ、ひろ子がそれに乗じてフジ子との同居を勝手に決めてしまっていたから。

④ フジ子の女学校選びは慎重に行いたいという思いがあったので、フジ子を呼び寄せる時期は先延ばしすべきだと考えていたのに、ひろ子がフジ子の上京の計画を「私」に黙って進めていたことが判明したから。

⑤ 作家としての仕事に自信がないので、創作活動に支障が出るとは言えずにあれこれ言い訳して先送りにしてきたフジ子との同居の件について、「私」に断りなくひろ子がフジ子に持ちかけてしまっていたから。

問3　傍線部B「太平洋戦争がはじまったのは、フジ子が東京にやってきた年だった。防火演習がはじまったのは、それから一年ばかりしてからではなかろうか。」とあるが、その頃の「私」の心境はどのようなものか。その説明として最も適当なものを、次の①～⑤のうちから一つ選べ。解答番号は 16 。

① 戦局の展開は常に気になってはいるが、フジ子を家族の一員に加えた生活が張り合いのあるものとなったため、今後の状況が悪化し世の中が不安定になってもしばらくは我慢して乗り切ろうという思いが生じ始めている。

② 防火演習がはじまると空襲という日々の現実に脅かされるようになったが、ふとした瞬間に場を和ませてくれるフジ子が家族の一員に加わったことに希望を感じ、現実から目を背けてやり過ごそうとしている。

③ 戦局が目に見えて悪化していくなか、家族の一員に迎えたフジ子をしばしば実の子のように感じるようになっていたため、フジ子の生命の安全を最優先に考えて行動しなければならないと覚悟を決めている。

④ 開戦とその後の戦局の悪化を意識しながらも、家族の一員にフジ子が加わったことで心おだやかな日々を送ることができるようになり、世間で起きている事態を深刻なものとして受け止めきれないでいる。

⑤ バケツリレーなどの訓練が開始されると戦局を切実に考えざるをえなくなったが、家族の一員に加わったフジ子が執筆活動に励みを与えてくれる存在であることに安らぎを感じ、静かな家庭生活に満足している。

問4　傍線部**C**「私はそのフジ子を見て、二十年ばかり前、一人で東京にやってきた自分を浮かべたのであった。」とあるが、それはなぜか。その理由として最も適当なものを、次の①～⑤のうちから一つ選べ。解答番号は 17 。

① 父母や兄妹も死んで実家がなくなって以来、故郷のことは長い間意識に上ることもなかったが、実家に戻るうれしそうなフジ子の様子を見ているうちに、故郷と自分とのつながりの強さをあらためて自覚したから。

② 自分たち夫婦に見送られ、うきうきと明るく東京を離れるフジ子の様子を見ているうちに、それとは対比的に、ひとりぼっちで故郷を離れた二十年ほど前の自分の姿が記憶の底からよみがえってきたから。

③ フジ子との暮らしの中で父親のような立場に自分を置くうちに、自分の父母のことをしきりに思い出すようにもなっており、東京を離れて実家に戻るフジ子の姿が上京した頃の自分と重なったから。

④ 気苦労もないわけではなかった養父母との生活を終えて、生まれ故郷の暮らしに戻れる喜びを素直に表す初々しいフジ子の姿から、故郷の束縛を脱し、これから始まる東京暮らしに胸躍らせる若き日の自分の姿が想起されたから。

⑤ 自分の父親の気持ちを想像しながらフジ子のことを思いやるうちに、二十年ほど前に自分が上京した時、父はどんな思いで息子の門出を見送っただろうかと、亡き父のことが感慨深く思い出されたから。

問5　傍線部D「小指の先ほどの鼠色のそのゴミは、生まれたような気がした。見つめていると、生きているように感じられた。」とあるが、このとき「私」の内面でどのようなことが起こったのか。その説明として最も適当なものを、次の①～⑤のうちから一つ選べ。解答番号は 18 。

① すっかり掃除を済ませた後でもどこからともなく出現するゴミは、不思議な生命感があり、光となって私を闇に包み込んだ。いつ戦場に送り込まれるかという不安や文学への自信のなさに悩んでいた私は、その生き生きとした力によって、悩み揺れ動く現在の人生そのものを書くように命じられたと直感した。

② 三人家族となってからの生活の思い出の象徴といえるのが、今目の前に突然出現したゴミだった。なかなか作家として生きてゆく自信が持てず闇の中でさまよっているような私を貫いた光は、私に書くことを促し励ますひろ子とフジ子、さらには記憶によみがえりつつあった故郷の一族の存在の重みを深く認識させた。

③ 目の前のゴミは、思いがけなくもフジ子と共にした幸福な生活の結晶のようなものだった。そこから発せられた光の、誰かに話せば一瞬にして失ってしまうかも知れない闇の中の輝きを、これから大切に守ってゆくことが私の使命であり、同時に作家としての自信を保つためのかけがえのない手立てであると悟った。

④ フジ子が来てからの節約を強いられた貧しい暮らしを思い出させるゴミだが、それはまた、生き生きとした時間が失われてしまったことを確認させるものでもあった。闇の中を走る光は、変化に乏しかった夫婦生活の中の輝かしい思い出であり、私はその光によって今こそ自分の人生を完結したものとして書けるのだと納得させられた。

⑤ がらんとした部屋の真ん中に出現したゴミは、フジ子の不在を私に思い出させるとともに、彼女をきっかけにして私の心が過去に向かって目覚めつつあることを暗示しているようでもあった。闇の中でゴミから発せられた光が、私の過去と現在を一筋に貫き、今なすべきことは自分を書くことであるという確信を与えてくれた。

問6　この文章の表現に関する説明として**適当でないもの**を、次の①～⑥のうちから二つ選べ。ただし、解答の順序は問わない。解答番号は 19 ・ 20 。

① 4行目の「四畳半と三畳」はアパートの間取りの説明だが、9行目の「四畳半と三畳」は引っ越し先をその間取りによって示している。後者は例えば「鉄の心を持つ人」や「暗黒の時代」などの表現と同じく隠喩であり、新居に対する「私」の思いを間接的に表している。

② 13行目で「私」は「フジ子にその気があるなら、来てもらおうじゃないか」と言い、14行目でひろ子は「呼ぶなら、いまがちょうどいいのよ」と言う。「来てもらおう」や「呼ぶ」という言葉に、「私」もひろ子も同じように、フジ子に対して何の遠慮もしていないことがあらわれている。

③ 26行目「そういうわけで、三畳はフジ子の勉強部屋になった。」は、アパートを見つけてから、直前に描かれている「私」とひろ子との会話を経て、フジ子を引き取ることになったことを、そうとは明示せずに伝える文である。

④ 74行目「戦争が終わるまでの辛抱だ。」は、その後に続く段落から「私」がフジ子に発した言葉だと分かる。本文では、「 」を使わずに発話の内容を示して、「私」とフジ子との間に実際にどのような会話があったかは略し、物語の展開と「私」の心情を端的に述べている。

⑤ 本文にはダッシュ（——）が複数使われているが、そのうち85行目と95行目では、ダッシュの前の部分が、その後の指示語が指す内容に該当している。この二つのダッシュは同じ機能を持っている。

⑥ 103行目の「私は眼をパチパチやったのを覚えている。」という文は、「私」が過去を回想して語っていることを改めて明確にするとともに、直前で語っている出来事が確かな体験に基づくものであることを示している。

第3問

次の文章は江戸時代に書かれた『恨の介《うらみのすけ》』の一節である。主人公葛《くず》の恨の介は、清水寺《きよみずでら》で見初めた雪の前という近衛家の養女へ恋文を送ったが、その返事には恨の介が理解できない和歌表現があった。以下はそれに続く場面である。なお、庄司（庄司が後家）と菖蒲《あやめ》殿（菖蒲の前）は二人を仲介する人物である。これを読んで、後の問い（問1～6）に答えよ。（配点　50）

さてさて御文の中《うち》、いづれも聞こえぬれども、A「上の五つの文字」「真葛《さねかづら》」「月の最中《もなか》」に当たらず。されば、ここに細川玄旨《げんし》（注1）に使はれし宗庵と申せし人、恨の介と一段知る人なれば、この宿へ行きて、歌物語を余所《よそ》のやうに語り出《いだ》し、(ア)この心を聞きければ、この宗庵、和歌の道、達者にてありければ、やがて心得、（注2）『なき世なりせばの、上の五つの文字なくは』とは、そなたの心に偽りなくといふ心なるべし。古き言葉に、『偽りのなき世なりせばいかばかり人の言葉のうれしからまし』とあり。さぞやはこの心なるべし。『真葛』『月の最中』といふ事は、（注3）三条右大臣の歌に、『名 a にし負ふ逢坂山《あふさかやま》の真葛人に知られでくるよしもがな』とあり。さて『月の最中』といふ事は、『水の面《おも》に照る月なみを数《かぞ》ふれば今宵ぞ秋の最中なりける』といふ（注4）『朗詠』の歌に見えしは、八月十五夜の事とおぼえたり」。

この由を恨の介聞きて、「かほどの事を知らずして、雲の上人《うへびと》へ一筆を参らせし事、（注5）勿体《もつたい》なき奴め」、身の程を不憫《ふびん》と我が心にて恥ぢ b にけり。「いやいや思ひ忘れたり。昔、鳥羽の院の御内《うち》なる佐藤兵衛憲清《ひやうゑのりきよ》は阿漕《あこぎ》（注6）のいはれを知らずして、頭陀《づだ》（注7）の縁《ふち》笈《おひ》、肩に懸け、北国修行と聞こえける。その隠れなかりし西行法師と申せし人、今の世までも聞こえたる歌人さへ、阿漕を知らぬ例《ためし》あり。B いはむや我ら如きの者、知らぬこそ道理なれ」と思ひける。

その後、八月十五夜を肥後の阿闍梨《あじやり》（注8）の弥勒《みろく》の出世を待つ如く、万年を送る程に待ちければ、つながぬ月日重なりて、やうやく今夜は十五夜 c にもなりければ、恨の介、庄司がもとに行きて、「御文に見え参らせ候ふまま、これまで参り候ふぞや。この上はともかくも、恨の介が事をば、（注9）そもじ様にまかせ奉る」と言ひければ、後家、聞いて、「げにも今夜は月見の管絃《くわんげん》にておはします。人に紛れて自《みづか》らと、いざや、お出《い》で候へ」とて、(イ)やがてこしらへて、かの恨の介を女房に出で立たせ、薄衣《うすぎぬ》を引き被《かつ》かせ、折しも月に隈《くま》もなく、照る月をも恨めしやと厭《いと》ひ、恨の介を連れて近衛殿へ参り、恨の介をば紅葉の門に隠し置き、深く忍ばせ給ひ、「それにてお待ちあれ」とて、庄司が後家は内に入り、まこと、この後家が心ざし、生々世々《しやうじやうせぜ》に至るまで忘れ難くぞ見えにける。

かくて後家、菖蒲殿をとある木陰に引き回し、「かの恨の介連れ立ち、紅葉の門は自然、人の知る事もあらむと思ひ、花の局《つぼね》に隠し置き申してあり。かの姫の御隙《すき》をうかがひ、よきやうに」と申して、姫にも見え参らせず、我が宿に帰りけり。

その後、恨の介耳をそばめ、御内の体《てい》を聞くに、管絃の音しきりにて、琴の音は四本懸《しほんがか》り(注10)の松風におとづれける。これも思ふ人のあるらむと、Iはや心もそぞろにて、門の内にて足音すると思へば、少し声ほのか d に聞こゆる。IIさればこそと思ひ、急ぎ立ち寄れば、門の内にて歌によそへて仰せけるは、「誰《た》ぞやこの花の局に音するは」とのたまへば、恨の介、IIIあつと思ひ、「人待つ程のうたたねの床《とこ》」と申しければ、内より片戸《かたど》をきりきりと細目に開け、さもいつくしき御手にて、恨の介が衣の袖を取り、門の内へ引き入れ給ふ。

上臈《じやうらふ》の御姿を見る e に、いつぞや清水にて見申せし姫にてはなし。さて、いづれおろかならむ。丈に余れる髪《かん》ざしをば、ばつと乱し給へば、折節、月に雲かかり、おぼろに見ゆる御風情、不思議に思ひけるところに、上臈の仰せけるは、「我をば誰《たれ》とか思し召す。庄司が後家に頼まれし菖蒲の前とは自らなり。(ウ)心に節な置かれそ」とこなたへ入らせ給へとて、詰まり詰まりの灯火《ともしび》を、紅に月出したる扇にて、さつさつとあふぎ消し、九重の幔《まん》(注11)、八重の几帳《きちやう》を通り過ぎ、雪の前の御局にぞ入れ給ふ。

かかりけるところに、かの姫、さも恥づかしき風情にて仰せけるは、

葛(注12)の葉のうらみといふは誰やらむ

とありければ、恨の介もやがて御返事とおぼしくて、

君の情のなき身なりせば

と申しければ、かの姫、恨の介が側《そば》へ寄らせ給ひ、恨の介が手をいたいけしたる御手にて取らせ給ひ、菖蒲の前ともろともに御帳台(注13)に入らせ給ふ。

（注）

1 細川玄旨――細川幽斎。安土桃山時代の武将、歌人。

2 『なき世なりせばの、上の五つの文字なくは』――雪の前の手紙には「なき世なりせばいかばかりの、上の五つの文字なくは」とあった。

3 三条右大臣――藤原定方《さだかた》。平安時代前期の歌人。

4 『朗詠』――『和漢朗詠集』。平安時代中期の和歌・漢詩文集。

5 佐藤兵衛憲清――西行法師。平安時代末期の歌人。

6 阿漕――有名な古歌に用いられている語。

7 頭陀の縁笈――修行のときに山伏や僧が背負う箱の一種。

8 肥後の阿闍梨の弥勒の出世を待つ如く――非常に待ち遠しいことのたとえ。

9 そもじ様――あなた様。

10 四本懸り――蹴鞠《けまり》を行う庭に植えてある四種の木。

11 幔――空間を仕切る幕。

12 葛の葉のうらみ――「うらみ」は「裏見」と「根み」の掛詞《かけことば》。

13 帳台――居間・寝室。

問1　傍線部(ア)〜(ウ)の解釈として最も適当なものを、次の各群の①〜⑤のうちから、それぞれ一つずつ選べ。解答番号は　21　〜　23　。

(ア)　この心を聞きければ　21
① 自分自身の気持ちを申し上げたので
② 和歌が上達する方法を質問したところ
③ 歌物語の本質をうかがってみると
④ 今後の心がけについて相談すると
⑤ 言葉に託された真意を尋ねたところ

(イ)　やがてこしらへて　22
① すぐに支度をして
② こっそり誘い出して
③ しばらくして準備して
④ そのまま身を隠して
⑤ さっそく返事をして

(ウ)　心に節な置かれそ　23
① 分別をお持ちください
② お見知りおきください
③ 先走らないでください
④ 遠慮しないでください
⑤ 節操をお捨てください

問2　波線部a～eの文法的説明の組合せとして正しいものを、次の①～⑤のうちから一つ選べ。解答番号は 24 。

① a 副助詞の一部　b 断定の助動詞　c 格助詞　d 格助詞　e 格助詞
② a 副助詞の一部　b 完了の助動詞　c 格助詞　d 断定の助動詞　e 接続助詞
③ a 格助詞　b 完了の助動詞　c 格助詞　d 形容動詞の一部　e 接続助詞
④ a 格助詞　b 完了の助動詞　c 断定の助動詞　d 形容動詞の一部　e 格助詞
⑤ a 格助詞　b 断定の助動詞　c 断定の助動詞　d 断定の助動詞　e 格助詞

問3　傍線部A「『上の五つの文字』『真葛』『月の最中』に当たらず」とあるが、根の介は雪の前の返事に記されていたこの三つの謎の言葉を、宗庵の力を借りてどう読み解いたか。その説明として最も適当なものを、次の①～⑤のうちから一つ選べ。解答番号は 25 。

① あなたの手紙はうれしいが、十五夜の明るい月のようにはっきりと私たちの噂《うわさ》が立ってしまうことを恐れています。
② 私のあなたに対する気持ちにうそがない証拠に、月の明るい八月十五夜にあなたのもとへ忍んで行きましょう。
③ あなたが誠実で、秋が来ても私に飽きなければ、逢坂山を越えるように困難を乗り越えて会いに来てほしいのです。
④ あなたの私への心に偽りがないのならば、八月十五夜に人に見つからないように私のもとを訪れてください。
⑤ あなたの思いが死んでもよいほど強いものならば、逢坂山の名にちなんで中秋の名月の夜に会いたいのです。

問4　傍線部B「いはむや我ら如きの者、知らぬこそ道理なれ」とあるが、この考えにいたるまでの恨の介の心の動きに関する説明として最も適当なものを、次の①～⑤のうちから一つ選べ。解答番号は 26 。

① 謎めいた手紙を送ってきた雪の前に対して一度は憤りを覚えたが、和歌に通じた高貴な女性が、自分のように古歌を知らない男がいるなど想像することさえできないのも当然だと、雪の前の気持ちを思いやっている。

② 意味のよく分からない手紙をもらって途方に暮れていたが、実は雪の前が同情から好意的な返事をくれたことを宗庵の説明ではじめて理解し、その心遣いに気づかなかった我が身を故事に当てはめて恥じ入っている。

③ 古歌の知識がないまま手紙を送ったことを情けなく思っていたが、宗庵の謎解きによって身にあまる雪の前の好意を理解し、自分たちのような者はかえって和歌を知らない方がよいのだと思い直して自らを慰めている。

④ 相手の素性を知らずに近づいたことを一度は恥じたが、西行でさえ分からないことがあったのだと思い至り、雪の前が高貴な女性であることを自分のような身分の者が知らなかったのも当然であると開き直っている。

⑤ 和歌の素養も十分にないまま手紙を送ったのは畏れ多いことだと一度は恥じたが、高名な歌人の西行でさえ知らないこともあるのだから、自分が古歌について知らなくても仕方のないことだと自らを納得させている。

問5　傍線部Ⅰ「はや心もそぞろにて」、傍線部Ⅱ「さればこそと思ひ」、傍線部Ⅲ「あつと思ひ」とあるが、それぞれの傍線部における恨の介の心の動きの説明として最も適当なものを、次の①～⑤のうちから一つ選べ。解答番号は［27］。

① Ⅰで恋敵がいるのではと心が落ち着かず、Ⅱでその不安が的中したと思ったが、Ⅲでなんとか妙案を思いついた。
② Ⅰで琴の音に哀れをもよおし、Ⅱでほのかな声から他に人がいると気づき、Ⅲで美しい歌声に驚きを隠せなかった。
③ Ⅰで人の気配を感じて緊張し、Ⅱで逃げ去れば楽になれるのにと弱気になり、Ⅲで見つかったことに困惑した。
④ Ⅰで期待から心が浮き立ち、Ⅱで聞こえてきた声を雪の前のものだと確信し、Ⅲでついに声をかけられたと思った。
⑤ Ⅰで雪の前を思い浮かべて気が緩み、Ⅱで想像通りの声に満足したものの、Ⅲで声色が変わったことに動揺した。

問6 最後に恨の介は雪の前との対面をはたすが、雪の前に「葛の葉のうらみといふは誰やらむ」と上の句を詠みかけられ、その対応を試される。二人のやりとりの説明として最も適当なものを、次の①～⑤のうちから一つ選べ。解答番号は 28 。

① 恨の介の名をからかいながら尋ねた雪の前に対し、恨の介は、あなたの情けを得られるはずのない身分ゆえ恨めしい思いを抱いておりますと、自分の名の由来を答えている。

② 私を恨んでいるというのは誰ですかと問う雪の前に対し、恨の介は、あなたからこのままひどい扱いをされ続けては、私は身を滅ぼすことでしょうと落胆してみせている。

③ 世の中が恨めしいと言い続けているのはあなたですかと問う雪の前に対し、恨の介は、あなたが私を愛してくれなかったせいですと、人間不信に陥った責任を押しつけている。

④ 葛の葉は恨みを表すものだと言い出したのは誰だったでしょうと、和歌の素養を問う雪の前に対し、恨の介は、なかなか意地悪なお方ですねと戯れて返答している。

⑤ 葛の根の介とはあなたのことですかと尋ねる雪の前に対し、恨の介は、あなたから愛情をいただけなければ名前のとおり恨んでしまうでしょうと、恋心を訴えている。

第4問

次の文章は、北宋の王安石が、「賢人」として慕う二人の友人、子固《しこ》（曾鞏《そうきょう》）と正之《せいし》（孫侔《そんぼう》）について述べたものである。これを読んで、後の問い（問1～6）に答えよ。なお、設問の都合で返り点・送り仮名を省いたところがある。（配点　50）

二賢人者《は》、足ハ未ダル二嘗《かつテ》相ヒ過(ア)一也。口ハ未ダル二嘗テ相ヒ語ラ一也。辞(注1)幣ハ未ダル二嘗テ相ヒ接セ一也。其ノ師若シクハ友ハ、豈ニ尽《ことごとク》同ジカラン哉。予《われ》考フルニ二其ノ言行ヲ一、A其ノ不ル二相ヒ似一者《こと》何ゾ其レ少ナキ也。曰ハク、「学ブ二聖人ニ一而已《のみ》矣ト」。学ベバ二聖人ニ一、則チ其ノ師若シクハ友ハ、必ズ学ブ二聖人ニ一者ナリ。聖人之言行ハ、豈ニ有ラン二二一哉。B其ノ相ヒ似ル也適(注2)然タリ。予在リテ二淮南《わいなん》(注3)ニ一、為ニ二正之ノ一道《いへバ》二子固ヲ一、正之ハ不ル二予ヲ疑ハ一也。還《かへリテ》(注4)二江南ニ一、為ニ二子固ノ一道ヘバ二正之ヲ一、子固モ亦タ以テ為スレ然リト。C予又知ル二所謂賢人ナル者ハ、既ニ相ヒ似テ、又相ヒ信ジテ不ル一レ疑ハ也。

子固作リテ(注5)二「懐《おもフ》レ友ヲ」一首ヲ一(イ)遺ル二予ニ一。D其ノ大略ハ欲相扳(注6)以至乎中(注7)庸而後已。正之モ蓋シ亦タ常ニ云フレ爾《しか》。夫レ安駆(注8)徐行シ、轥(注9)ヘテ二中庸之庭ヲ一、而造《いたルハ》(注10)二於其ノ堂ニ一、舎《おイテ》二賢人ナル者ヲ一而誰《たれゾ》哉。E予昔ヨリ非ズ二敢ヘテ自ラ必ズ其ノ有ラントスルニ一レ至ルコト也、亦タ願フ三従二事センコトヲ於左右一ニ焉《の》爾《み》。輔《たすケテ》而進レマバ之ニ、其レ可也。

（王安石『王文公文集《おうぶんこうぶんしゆう》』による）

（注）
1　辞幣――あいさつの手紙や贈り物。
2　適然――当然であること。
3　淮南――淮河の南、当時正之が居住していた地域。
4　江南――長江の南、当時子固が居住していた地域。
5　「懐レ友」一首――子固の書いた文章。
6　扳――引っ張り上げて助ける。
7　中庸――かたよらず中正であること。儒教における最も重要な徳目の一つ。
8　安駆徐行――馬車をゆっくりと走らせる。目標へ向かって着実に進むことをいう。
9　轥――馬車に乗って通過する。
10　造於其堂――奥座敷に到達する。学問や人徳が高い境地に達することをいう。

問1　波線部(ア)「過」・(イ)「遺」のここでの意味として最も適当なものを、次の各群の①～⑤のうちから、それぞれ一つずつ選べ。解答番号は 29 ・ 30 。

(ア)「過」 29
① 踏み外す
② 迷う
③ 立ち寄る
④ すれ違う
⑤ 追い越す

(イ)「遺」 30
① 預ける
② 戒めとする
③ 返答する
④ 贈る
⑤ 慰める

問2　傍線部A「其不㆓相似㆒者何其少也」から読み取れる筆者の心情を説明したものとして最も適当なものを、次の①～⑤のうちから一つ選べ。解答番号は 31 。

① 面識のない二人とはいえ、似ている点がもう少しあってもよいのにと疑念を抱いている。

② お互いに交流のない二人であるにもかかわらず、多くの点において似ていることに感嘆している。

③ 共通の先生や友人を持つ二人ならば、多くの点において似るのは間違いないと確信している。

④ 以前から会いたいと思っていた二人だからこそ、多くの点において似ているのだと感心している。

⑤ 別々の場所に住む二人なのに、多くの点において似ているのはなぜだろうかと疑問を持っている。

問3　傍線部B「其相似也適然」について、筆者がそのように判断する理由として最も適当なものを、次の①～⑤のうちから一つ選べ。解答番号は 32 。

① 聖人の教えを学ぶ人々は、「学㆓聖人㆒而已矣」という筆者の言葉に忠実に従うから。

② 聖人の教えを学ぶ人々は、共通の先生や友人から同じように影響を受けるから。

③ 聖人の教えを学ぶ人々は、一人の聖人だけを理想として学問を積み重ねるから。

④ 聖人の教えを学ぶ人々は、聖人の多岐にわたる言行から正しいものを選びとるから。

⑤ 聖人の教えを学ぶ人々は、一つの道にのっとった聖人の言行を模範とするから。

問4　傍線部C「予又知㆓所謂賢人者、既相似、又相信不㆑疑也」とあるが、筆者がそのように述べる理由として最も適当なものを、次の①～⑤のうちから一つ選べ。解答番号は［33］。

① 筆者が賢人と慕う正之と子固が、同一の聖人を理想とする点で似通うだけでなく、その聖人を信じ切っている点でも類似していたから。

② これまで面識のなかった正之と子固が、聖人の教えを学ぶ者として似通うだけでなく、筆者の語る互いの人物像をそのまま受け入れたから。

③ 別々の場所に住む正之と子固が、実は同じ先生や友人と交流していたために似通うだけでなく、三人でともに学び合うべきだとする筆者の提案に賛同したから。

④ 互いに交流のなかった正之と子固が、聖人の言行の学び方で似通うだけでなく、ともにその正しさに強固な確信を持っていることを筆者に告げたから。

⑤ 聖人の言行を模範とする正之と子固が、親しい友人である筆者と言行が似通うだけでなく、聖人観についても筆者と一致していたから。

問5 傍線部D「欲 相 扱 以 至 乎 中 庸 而 後 已」について、(i)書き下し文・(ii)その解釈として最も適当なものを、次の各群の①～⑤のうちから、それぞれ一つずつ選べ。 34 ・ 35 。

(i) 書き下し文 34

① 欲は相ひ扱きて以て中庸に至れば後《おく》るるのみ
② 相ひ扱かんと欲し中庸に至るを以て後《のち》に已《や》む
③ 相ひ扱きて以て中庸に至らんと欲すれども後るるのみ
④ 相ひ扱きて以て中庸に至りて後に已まんと欲す
⑤ 欲は相ひ扱きて中庸に至るを以て後に已む

(ii) 解釈 35

① ともに助け合って、中庸の徳を身につけようと願い、それが達成できたことで満足した。
② 人の欲望は、ともに助け合って中庸の徳を身につけさえすれば減らせるものである。
③ ともに助け合って、中庸の徳を身につけるまで止まることのないようにしようと願う。
④ 人の欲望は、ともに助け合って中庸の徳を身につけてこそ抑えられるものである。
⑤ ともに助け合って、中庸の徳を身につけようと願いながら、追いつけないでいる。

問6　傍線部E「予昔非ニ敢自必其有レ至也、亦願三従二事於左右ニ焉爾。輔而進レ之、其可也」とあるが、ここでの筆者の考えの説明として最も適当なものを、次の①～⑤のうちから一つ選べ。解答番号は 36 。

① 筆者は、中庸の徳を身につけて欲望を抑えることは難しいと考えてきたが、聖人の教えをそのままに実践する子固と正之との交流を通して、彼らを見習って中庸の徳を身につけることが重要であると実感している。

② 筆者は、自分だけでは中庸の徳を身につけるのは難しいと考えてきたが、聖人の教えを深く学ぶ子固と正之の姿を見て、彼らとともに学んでゆくことで中庸の徳を身につけられるだろうと期待している。

③ 筆者は、自分だけが中庸の徳を身につけられないのではないかと不安に思ってきたが、子固と正之も自分以上に不安を感じていたことを知って、彼らの助けを借りて学んでゆけばきっと身につけられると確信している。

④ 筆者は、子固と正之のやり方で中庸の徳を身につけられるのか疑念を抱いていたが、確信を持って聖人の教えを学ぶ二人に接して、彼らを信じて学び続けることが正しいのかも知れないと思い始めている。

⑤ 筆者は、中庸の徳を身につけられないはずはないと自負してきたが、それぞれの先生や友人と学び合う子固と正之に出会って、彼らに従って学んでこそ身につけられるのではないかと考え直している。

2018

本試験

80 分　200 点

第1問

次の文章を読んで、後の問い（問1～6）に答えよ。なお、設問の都合で本文の段落に［1］～［19］の番号を付してある。（配点　50）

［1］「これから話す内容をどの程度理解できたか、後でテストをする」

［2］授業の冒頭でこう宣言されたら、受講者のほとんどは授業内容の暗記をこころがけるだろう。後でテストされるのだ、内容をちゃんと憶《おぼ》えられたか否かで成績が評価されるのである。こうした事態に対応して、私たちは憶えやすく整理してノートを取る、用語を頭の中で繰り返し唱える、など、暗記に向けた聴き方へと、授業の聴き方を違える。これは学習や教育の場のデザインのひとつの素朴な例である。

［3］講義とは何か。大きな四角い部屋の空気のふるえである。または教室の前に立った、そしてたまにうろつく教師のモノローグ(注1)である。またはごくたまには、目前の問題解決のヒントとなる知恵である。講義の語りの部分にだけ注目してみても、以上のような多様な捉え方が可能である。世界は多義的でその意味と価値はたくさんの解釈に開かれている。世界の意味と価値は一意に定まらない。A講義というような、学生には日常的なものでさえ、素朴に不変な実在とは言いにくい。考えごとをしているものにとっては空気のふるえにすぎず、また誰かにとっては暗記の対象となるだろう。

［4］冒頭の授業者の宣言は授業の意味を変える。すなわち授業のもつ多義性をしぼり込む。空気のふるえや、教師のモノローグを、学生にとっての「記憶すべき一連の知識」として設定する作用をもつ。授業者の教授上の意図的な工夫、または意図せぬ文脈の設定で、その場のひとやモノや課題の間の関係は変化する。ひとのふるまいが変化することもある。呼応した価値を共有する受講者、つまりこの講義の単位を取りたいと思っている者は、聞き流したり興味のある箇所だけノートしたりするのでなく、後の評価に対応するためまんべんなく記憶することにつとめるだろう。

［5］本書(注2)ではこれまで、さまざまなフィールドのデザインについて言及してきた。ここで、本書で用いてきたデザインという語についてまとめてみよう。一般にデザインということばは、ある目的を持ってイ(ア)ショウ・考案・立案すること、つまり意

図的に形づくること、と、その形づくられた構造を意味する。これまで私たちはこのことばを拡張した意味に用いてきた。ものの形ではなく、ひとのふるまいと世界のあらわれについて用いてきた。

6 こうした意味でのデザインをどう定義するか。デザインを人工物とひとのふるまいの関係として表した新しい古典、ノーマン(注3)の『誰のためのデザイン』の中を探してみても、特に定義は見つからない。ここではその説明を試みることで、私たちがデザインという概念をどう捉えようとしているのかを示そうと思う。

7 辞書によれば「デザイン」のラテン語の語源は〝de signare〟つまり〝to mark〟、印を刻むことだという。人間は与えられた環境をそのまま生きることをしなかった。自分たちが生きやすいように自然環境に印を刻み込み、自然を少しずつ文明に近づけていったと考えられる。それは大地に並べた石で土地を区分することや、太陽の高さで時間の流れを区分することなど、広く捉えれば今ある現実に「人間が手を加えること」だと考えられる。

8 私たちはこうした自分たちの活動のための環境の改変を、人間の何よりの特徴だと考える。そしてこうした環境の加工を、デザインということばで表そうと思う。デザインすることはまわりの世界を「人工物化」することだと言いかえてみたい。自然を人工物化したり、そうした人工物を再人工物化したりということを、私たちは繰り返してきたのだ。英語の辞書にはこのことを表すのに適切だと思われる〝artificialize〟という単語を見つけることができる。アーティフィシャルな、つまりひとの手の加わったものにするという意味である。

9 デザインすることは今ある秩序(または無秩序)を変化させる。現行の秩序を別の秩序に変え、異なる意味や価値を与える。例えば本にページ番号をふることで、本には新しい秩序が生まれる。それは任意の位置にアクセス可能である、という、ページ番号をふる以前にはなかった秩序である。この小さな工夫が本という人工物の性質を大きく変える。他にも、一日の時の流れを二四分割すること、地名をつけて地図を作り番地をふること、などがこの例である。こうした工夫によって現実は人工物化／再人工物化され、これまでとは異なった秩序として私たちに知覚されるようになる。冒頭の例では、講義というものの意味が再編成され、「記憶すべき知識群」という新しい秩序をもつことになったのである。

図１　持ち手をつけたことでのアフォーダンスの変化

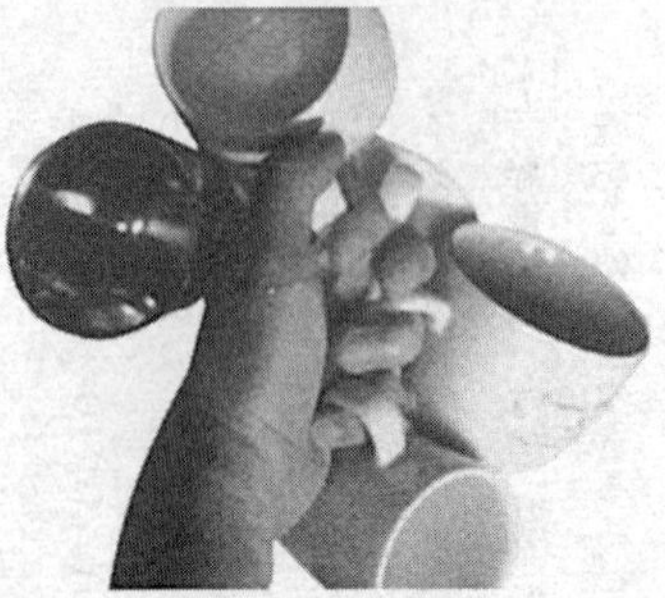

図２　アフォーダンスの変化による行為の可能性の変化

10 今とは異なるデザインを共有するものは、今ある現実の別のバージョンを知覚することになる。あるモノ・コトに手を加え、新たに人工物化し直すこと、つまりデザインすることで、世界の意味は違って見える。例えば、**B**図1のように、湯飲み茶碗《ちゃわん》に持ち手をつけると珈琲《コーヒー》カップになり、指に引っ掛けて持つことができるようになる。このことでモノから見て取れるモノの扱い方の可能性、つまりアフォーダンスの情報が変化する。

11 モノはその物理的なたたずまいの中に、モノ自身の扱い方の情報を含んでいる、というのがアフォーダンスの考え方である。鉛筆なら「つまむ」という情報が、バットなら「にぎる」という情報が、モノ自身から使用者に供される（アフォードされる）。バットをつまむのは、バットの形と大きさを一見するだけで無理だろう。鉛筆をにぎったら、突き刺すのには向くが書く用途には向かなくなってしまう。

12 こうしたモノの物理的な形状の変化はひとのふるまいの変化につながる。持ち手がついたことで、両手の指に一個ずつ引っ掛けるといっぺんに十個のカップを運べる。

13 ふるまいの変化はこころの変化につながる。たくさんあるカップを片手にひとつずつ、ひと時に二個ずつ片付けているウェイターを見たら、雇い主はいらいらするに違いない。持ち手をつけることで、カップの可搬性が変化する。ウェイターにとってのカップの可搬性は、持ち手をつける前と後では異なる。もっとたくさんひと時に運べるそのことは、ウェイターだけでなく雇い主にも同時に知覚可能な現実である。ただ単に可搬性にだけ変化があっただけではない。これらの「容器に関してひとびとが知覚可能な現実」そのものが変化しているのである。

14　ここで本書の内容にかなったデザインの定義を試みると、デザインとは「対象に異なる秩序を与えること」と言える。デザインには、物理的な変化が、アフォーダンスの変化が、ふるまいの変化が、こころの変化が、現実の変化が伴う。例えば私たちははき物をデザインしてきた。裸足《はだし》では、ガレ場、(注4)熱い砂、ガラスの破片がちらばった床、は怪我《けが》をアフォードする危険地帯で(イ)フみ込めない。はき物はその知覚可能な現実を変える。私たち現代人の足の裏は、炎天下の浜辺の(ウ)カワいた砂の温度に耐えられない。これは人間というハードウェアの性能の限界であり、いわばどうしようもない運命である。その運命を百円のビーチサンダルがまったく変える。自然の(エ)セツリが創り上げた運命をこんな簡単な工夫が乗り越えてしまう。はき物が、自転車が、電話が、電子メールが、私たちの知覚可能な現実を変化させ続けていることは、その当たり前の便利さを失ってみれば身にしみて理解されることである。そしてまたその現実が、相互反映的にまた異なる人工物を日々生み出していることも。

15　私たちの住まう現実は、価値中立的な環境ではない。文化から生み出され歴史的に(オ)センレンされてきた人工物に媒介された、文化的意味と価値に満ちた世界を生きている。それは意味や価値が一意に定まったレディメイドな世界ではない。文化や人工物の利用可能性や、文化的実践によって変化する、自分たちの身の丈に合わせてあつらえられた私たちのオーダーメイドな現実である。人間の文化と歴史を眺めてみれば、人間はいわば人間が「デザインした現実」を知覚し、生きてきたといえる。Cこのことは人間を記述し理解していく上で、大変重要なことだと思われる。

16　さてここで、あるモノ・コトのデザインによって変化した行為を「行為′（こういダッシュ）」と呼ぶこととする。これまでとは異なる現実が知覚されているのである。もはやそこは、このデザイン以前と同じくふるまえるような同じ現実ではないのである。そうした現実に対応した行為にはダッシュをふってみよう。例えば、前後の内容を読んで、本の中から読みかけの箇所を探す時の「記憶」・「想起」と、ページ番号を憶えていて探し出す時の「記憶」とでは、その行いの結果は同じだがプロセスはまったく異なる。読み手から見た作業の内容、掛かる時間や手間はページ番号の有無でまったく異なる。読みさしの場所の素朴な探し出しが昔ながらの「記憶」活動ならば、ページ番号という人工物に助けられた活動は「記憶′（きおくダッシュ）」活動ということだ。台所でコップを割ってしまったが、台所ブーツをはいているので破片を恐れずに歩くのは、もうそれまでの歩行とは違う「歩行′」。「今日話す内容をテストする」、と言われた時の受講者の記憶は「記憶′」。人工物化された（アーティフィシァライズされた）新たな環境にふるまう時、私たちのふるまいはもはや単なるふるまいではなく、「デザインされた現実」へのふるまいである。

17　買い物の際の暗算、小学生の百マス計算での足し算、そろばんを使った足し算、表計算ソフトでの集計、これらは同じ計算でありながらも行為者から見た課題のありさまが違う。それは「足し算′」だったり「足し算″」だったり「足し算‴」……する。ただし、これはどこかに無印（むじるし）の行為、つまりもともとの原行為とでも呼べる行為があることを意味しない。原行為も、文化歴史的に設《しつら》えられてきたデフォルト（注5）の環境デザインに対応した、やはり「行為′」であったのだと考える。ページ番号がふられていない本にしても、それ以前のテキストの形態である巻き物から比べれば、読みさしの箇所の特定はたやすいだろう。人間になまの現実はなく、すべて自分たちでつくったと考えれば、すべての人間の行為は人工物とセットになった「行為′」だといえるだろう。

18　人間は環境を徹底的にデザインし続け、これからもし続けるだろう。動物にとっての環境とは決定的に異なる「環境′」（かんきょうダッシュ）を生きている。それが人間の基本的条件だと考える。ちなみに、心理学が批判されてきた／されているポイントは主にこのことの無自覚だと思われる。心理学実験室での「記憶′」を人間の本来の「記憶」（むじるしきおく）と定めた無自覚さが批判されているのである。

19　**D**「心理′学（しんりダッシュがく）」の必要性を指摘しておきたい。人間の、現実をデザインするという特質が、人間にとって本質的で基本的な条件だと思われるからである。人間性は、社会文化と不可分のセットで成り立っており、ヴィゴツキー（注6）が主張する通り私たちの精神は道具に媒介されているのである。したがって、「原心理」なるものは想定できず、これまで心理学が対象としてきた私たちのこころの現象は、文化歴史的条件と不可分の一体である「心理′学」として再記述されていくであろう。この「心理′学」は、つまり「文化心理学」のことである。文化心理学では、人間を文化と深く入り交じった集合体の一部であると捉える。この人間の基本的条件が理解された後、やがて「、」は記載の必要がなくなるものだと思われる。

（有元典文《ありもとのりふみ》・岡部大介《おかべだいすけ》『デザインド・リアリティ——集合的達成の心理学』による）

（注）1　モノローグ——独り言。一人芝居。

2　本書ではこれまで、さまざまなフィールドのデザインについて言及してきた。——本文より前のところで、コスプレや同人誌など現代日本のサブカルチャーが事例としてあげられていたことを受けている。

3　ノーマン——ドナルド・ノーマン（一九三五〜　）。アメリカの認知科学者。

4　ガレ場——岩石がごろごろ転がっている急斜面。

5　デフォルト——もともとそうなっていること。初期設定。

6　ヴィゴツキー——レフ・ヴィゴツキー（一八九六〜一九三四）。旧ソ連の心理学者。

問1　傍線部(ア)～(オ)に相当する漢字を含むものを、次の各群の①～⑤のうちから、それぞれ一つずつ選べ。解答番号は［1］～［5］。

(ア)　イショウ　［1］
① コウショウな趣味を持つ
② 演劇界のキョショウに会う
③ 出演料のコウショウをする
④ 課長にショウカクする
⑤ 戸籍ショウホンを取り寄せる

(イ)　フみ　［2］
① 株価がキュウトウする
② 役所で不動産をトウキする
③ 前例をトウシュウする
④ ろくろでトウキをつくる
⑤ 飛行機にトウジョウする

(ウ)　カワいた　［3］
① 渋滞をカンワする
② 新入生をカンゲイする
③ 難題にカカンに挑む
④ 浅瀬をカンタクする
⑤ カンデンチを買う

(エ)　セツリ　［4］
① 電線をセツダンする
② 予算のセッショウをする
③ セットウの罪に問われる
④ セツジョクをはたす
⑤ 栄養をセッシュする

(オ)　センレン　［5］
① センリツにのせて歌う
② センジョウして汚れを落とす
③ 利益をドクセンする
④ 言葉のヘンセンを調べる
⑤ センスイカンに乗る

問2　傍線部A「講義というような、学生には日常的なものでさえ、素朴に不変な実在とは言いにくい。」とあるが、それはなぜか。その理由の説明として最も適当なものを、次の①～⑤のうちから一つ選べ。解答番号は 6 。

① ありふれた講義形式の授業でも、授業者の冒頭の宣言によって学生が授業内容の暗記をこころがけていくように、学習の場における受講者の目的意識と態度は、授業者の働きかけによって容易に変化していくものであるから。

② ありふれた講義形式の授業でも、授業者の冒頭の宣言がなければ学生にとっての授業の捉え方がさまざまに異なるように、私たちの理解する世界は、その解釈が多様な可能性をもっており、一つに固定されたものではないから。

③ ありふれた講義形式の授業でも、授業者の冒頭の宣言がなければ学生の授業の聴き方は一人ひとり異なるように、授業者の教授上の意図的な工夫は、学生の学習効果に大きな影響を与えていくものであるから。

④ ありふれた講義形式の授業でも、授業者の冒頭の宣言がなければ学生にとって授業の目的が明確には意識されないように、私たちを取り巻く環境は、多義性を絞り込まれることによって初めて有益な存在となるものであるから。

⑤ ありふれた講義形式の授業でも、授業者の冒頭の宣言によって学生のふるまいが大きく変わってしまうように、特定の場におけるひとやモノや課題の間の関係は、常に変化していき、再現できるものではないから。

問3　傍線部**B**「図1のように」とあるが、次に示すのは、四人の生徒が本文を読んだ後に図1と図2について話している場面である。本文の内容をふまえて、空欄に入る最も適当なものを、後の①～⑤のうちから一つ選べ。解答番号は［7］。

生徒A――たしかに湯飲み茶碗に図1のように持ち手をつければ、珈琲カップとして使うことができるようになるね。
生徒B――それだけじゃなく、湯飲み茶碗では運ぶときに重ねるしかないけど、持ち手があれば図2みたいに指を引っ掛けて持つことができるから、一度にたくさん運べるよ。
生徒C――それに、湯飲み茶碗は両手で支えて持ち運ぶけど、持ち手があれば片手でも運べるね。
生徒D――でも、湯飲み茶碗を片手で持つこともできるし、一度にたくさん運ぶ必要がなければ珈琲カップを両手で支えて持つことだってできるじゃない。
生徒B――なるほど。指で引っ掛けて運べるようになったからといって、たとえウェイターであっても、常に図2のような運び方をするとは限らないね。
生徒A――では、デザインを変えたら、変える前と違った扱いをしなきゃいけないわけではないってことか。
生徒C――それじゃ、デザインを変えたら扱い方を必ず変えなければならないということではなくて、［　　　］ということになるのかな。
生徒D――そうか、それが、「今とは異なるデザインを共有する」ことによって、「今ある現実の別のバージョンを知覚することになる」ってことなんだ。
生徒C――まさにそのとおりだね。

① どう扱うかは各自の判断に任されていることがわかる
② デザインが変わると無数の扱い方が生まれることを知る
③ ものの見方やとらえ方を変えることの必要性を実感する
④ 立場によって異なる世界が存在することを意識していく
⑤ 形を変える以前とは異なる扱い方ができることに気づく

問4　傍線部C「このことは人間を記述し理解していく上で、大変重要なことだと思われる。」とあるが、どうしてそのように考えられるのか。その理由として最も適当なものを、次の①～⑤のうちから一つ選べ。解答番号は 8 。

① 現実は、人間にとって常に工夫される前の状態、もしくはこれから加工すべき状態とみなされる。そのため、人間を記述し理解する際には、デザインされる以前の自然状態を加工し改変し続けるという人間の性質をふまえることが重要になってくるから。

② 現実は、どうしようもないと思われた運命や限界を乗り越えてきた、人間の工夫の跡をとどめている。そのため、人間を記述し理解する際には、自然のもたらす形状の変化に適合し、新たな習慣を創出してきた人間の歴史をふまえることが重要になってくるから。

③ 現実は、自分たちが生きやすいように既存の秩序を改変してきた、人間の文化的実践によって生み出された場である。そのため、人間を記述し理解する際には、自分たちの生きる環境に手を加え続けてきた人間の営為をふまえることが重要になってくるから。

④ 現実は、特定の集団が困難や支障を取り除いていく中で形づくられた場である。そのため、人間を記述し理解する際には、環境が万人にとって価値中立的なものではなく、あつらえられた世界でしか人間は生きられないという事実をふまえることが重要になってくるから。

⑤ 現実は、人工物を身の丈に合うようにデザインし続ける人間の文化的実践と、必然的に対応している。そのため、人間を記述し理解する際には、デザインによって人工物を次から次へと生み続ける、人間の創造する力をふまえることが重要になってくるから。

問5　傍線部D「『心理′学（しんりダッシュがく）』の必要性」とあるが、それはどういうことか。その説明として最も適当なものを、次の①～⑤のうちから一つ選べ。解答番号は 9 。

① 人間が文化歴史的条件と分離不可能であることに自覚的ではない心理学は、私たちのこころの現象を捉えるには不十分であり、自らがデザインした環境の影響を受け続ける人間の心理を基本的条件とし、そのような文化と心理とを一体として考える「心理′学」が必要であるということ。

② 人工物に媒介されない行為を無印の行為とみなし、それをもともとの原行為と想定して私たちのこころの現象を捉えるこれまでの心理学に代わって、人工物化された新たな環境に直面した際に明らかになる人間の心理を捕捉して深く検討する「心理′学」が今後必要であるということ。

③ 価値中立的な環境に生きる動物と文化的意味や価値に満ちた環境に生きる人間との決定的な隔たりに対して、従来の心理学は無関心であったため、心理学実験室での人間の「記憶」を動物実験で得られた動物の「記憶」とは異なるものとして認知し研究する「心理′学」が必要であるということ。

④ 私たちのこころの現象を文化歴史的条件と切り離した現象として把握し、それを主要な研究対象としてきた既存の心理学よりも、環境をデザインし続ける特質を有する人間の心性を、文化歴史的に整備されたデフォルトの環境デザインに対応させて記述する「心理′学」の方が必要であるということ。

⑤ ある行い（「行為」）の結果と別の行い（「行為′」）の結果とが同じ場合には両者の差異はないものとして処理する心理学の欠点を正し、環境をデザインし続ける人間の心性と人間の文化的実践によって変化する現実とを集合体として考えていく「心理′学」が必要であるということ。

問6　この文章の表現と構成について、次の(i)・(ii)の問いに答えよ。

(i)　この文章の第 1 ～ 8 段落の表現に関する説明として**適当でないもの**を、次の①～④のうちから一つ選べ。解答番号は 10 。

①　第 1 段落の「これから話す内容をどの程度理解できたか、後でテストをする」は、会話文から文章を始めることで読者を話題に誘導し、後から状況説明を加えて読者の理解を図っている。

②　第 3 段落の「講義とは何か。大きな四角い部屋の空気のふるえである。」は、講義の語りの部分について、教室の中で授業者の口から発せられた音声の物理的な現象面に着目して表現している。

③　第 6 段落の「新しい古典」は、紹介されている著作について、発表後それほどの時間を経過していないが、その分野で広く参照され、今後も読み継がれていくような書物であることを表している。

④　第 8 段落の「私たちはこうした～考える。」と、「～、私たちは繰り返してきたのだ。」の「私たち」は、両方とも、筆者と読者とを一体化して扱い、筆者の主張に読者を巻き込む効果がある。

(ii)　この文章の構成に関する説明として最も適当なものを、次の①～④のうちから一つ選べ。解答番号は 11 。

①　この文章は、冒頭で具体例による問題提起を行い、次に抽象化によって主題を展開し、最後に該当例を挙げて統括を行っている。

②　この文章は、個別の具体例を複数列挙して共通点を見出し、そこから一般化して抽出した結論をまとめ、主張として提示している。

③　この文章は、導入部で具体例の報告を行い、展開部で筆者の主張と論拠を述べ、結論部で反対意見への反論と統括とを行っている。

④　この文章は、個別の例を提示して具体的に述べることと、抽象度を高めてその例を捉え直すこととを繰り返して論点を広げている。

第2問

次の文章は、井上荒野《いのうえあれの》の小説「キュウリいろいろ」の一節である。郁子は三十五年前に息子を亡くし、以来夫婦ふたり暮らしだったが、昨年夫が亡くなった。以下は、郁子がはじめてひとりでお盆を迎える場面から始まる。これを読んで、後の問い（問1～6）に答えよ。なお、設問の都合で本文の上に行数を付してある。（配点　50）

おいしいビールを飲みながら、郁子は楊枝《ようじ》をキュウリに刺して、二頭の馬を作った。(注1)本棚に並べた息子と夫の写真の前に置く。

キュウリで作るのは馬、茄子《なす》で作るのは牛の見立てだという。郁子は田舎の生まれだから、実家の立派な仏壇にも、お盆の頃には提灯《ちょうちん》と一緒にそれらが飾られていた。足の速い馬は仏様がこちらへ来るときに、足の遅い牛は仏様が向こうへ戻るときに乗っていただくのだという。

実家を出てからも、郁子は毎年それを作ってきた。三十五年間――息子の草《そう》が亡くなってからずっと。

馬に乗って帰ってきてほしかったし、一緒に連れていってほしかった。あるときそれを夫に打ち明けてしまったことがある。キュウリの馬を作っていたら、君はほんとにそういうことを細々と熱心にやるねと、からかう口調で言われて、なんだか妙に腹が立ったのだ。あの子と一緒に乗っていけるように、立派な馬を作ってるのよ。言った瞬間に後悔したが、遅かった。俊介は何も言い返さなかった。ただ、それまでの無邪気な微笑《ほほえ》みがすっと消えて、暗い、寂しい顔になった。

後悔はしたのだ、いつも。だがなぜか再び舌が勝手に動いて、憎まれ口が飛び出す。そういうことが幾度もあった。俊介はたまったものではなかっただろう。いつも黙り込むだけだったが、いちどだけ(ア)腹に据えかねたのか「別れようか」と言われたことがあった。

別れようか。俺と一緒にいることが、そんなにつらいのなら……。

いやよ。郁子は即座にそう答えた。とうとう夫がその言葉を言ったということに(イ)戦《おのの》きながら、でもその衝撃を悟られまいと虚勢を張って。

あなたは逃げるつもりなのね？　そんなの許さない。わたしは絶対に別れない。

　震える声を抑えながら、そう言った。それは本心でもあった。息子の死、息子の記憶に、ひとりでなんかとうてい耐えきれるはずがなかった。だから昨年、俊介が死んでしまったときは、怒りがあった。とうとう逃げたのね、と感じた。怒りは悲しみよりも大きいようで、どうしていいかわからなかった。

　郁子はビールを飲み干すと、息子の写真を見、それから夫の写真を見た。キュウリの馬は、それぞれにちゃんと一頭ずつ作ったのだった。帰りの牛がないけれど、べつに帰らなくたっていいわよねえ、と思う。馬に乗ってきて、そのままずっとわたしのそばにいればいい。

　A写真の俊介が苦笑したように見えた。亡くなる少し前、友人夫婦と山へ行ったときのスナップ(注2)。会話しながら笑っている顔。いかにも愉《たの》しげなゆったりとした表情をしているが、あとから友人にあれはあなたと喋《しゃべ》っているときよと教えられた。嘘《うそ》だわと思い、本当かしらとも思った。

　数日前の同級生からの用件は、俊介の写真を借りたい、というものだった。名簿は一ページを四人で分割する形にして、本人が書いた簡単なプロフィールとともに、高校時代のスナップと、現在の写真を並べて載せたいのだという。この写真を貸すことはできるが、そうしたら返ってくるまでの間、書棚の額の片方が空になってしまう。

　そのことが目下の懸案事項なのだった。写真を探さなければならない、と郁子は思った――じつのところ、この数日ずっとそう思っていた。夫と暮らした約四十年間の間に撮ったり、撮られたりして溜《た》まったスナップ写真は、押し入れの下段の布張りの箱に収まっている。箱の上には俊介が整理したアルバムも三冊ある。あれを取り出してみなければ。郁子はそう考え、なんだかもうずっと前、三十年も四十年も前から、そのことばかり考え続けていたような気がした。

　お盆にしては空《す》いてるわね、と思った電車は乗り継ぐほどに混んできた。郁子が向かう先は都下とはいっても西の端の山間部だから、帰省する人もいるだろうし遊びに行く人もいるのだろう。

リュックを背負った中高年の一団に押し込まれるように車内の奥に移動すると、B少し離れた場所に座っていた若い女性がぱっと立ち上がり、わざわざ郁子を呼びに来て、席を譲ってくれた。どうもありがとう。やや面食らいながらお礼を言って、ありがたく腰を下ろした。

女性は、彼女の前に立っていた男性と二人連れらしかった。郁子が座ると、気を遣わせまいとしてか二人は離れた場所へ移動していった。恋人同士か、夫婦になったばかりの二人だろう。

三十数年前、ちょうど今の女性くらいの年の頃、同じこの電車に乗って同じ場所を目指していたことがあった。時間もちょうど同じくらい――午前九時頃。あのときも郁子は席を譲られたのだった。譲ってくれたのは年配の男性だった。男性の妻が郁子の隣に座っていたので、男性はそのままそこにいた。二人の女性が座り、向き合って二人の男性が立っているというかたちになって、四人でいくらかの言葉を交わした。何ヶ月くらいですか？　と男性の妻が郁子に訊《たず》ね、四ヶ月ですと郁子は答えた。よくおわかりになりましたね、と俊介が単純に不思議がっている口調で言った。郁子のお腹《なか》はまだほとんど目立たない頃だったから。経験者ですから、と男性の妻は笑い、奥さんじゃなくてご主人の様子を見ていればわかります、と男性が笑ったのだった。

山の名前の駅に着き、リュックサックの人たちが降りると、車内はずいぶん見通しがよくなった。気のせいかもしれないが温度も幾分下がったように感じられる。郁子は膝の上のトートバッグから封筒を取り出した。封筒の中には俊介の写真が十数枚入っている。

結局、本棚の上の遺影はそのままにしておくことにして、名簿用にはこの十数枚の中のどれかを使ってもらうつもりだった。もっとも十数枚を持ってきたのは、今日これから会う約束をしている俊介の元・同級生に見せるためというよりは、自分のためかもしれない。じつのところ、押し入れから箱を取り出しその蓋をとうとう開けてからというもの、写真を眺めるのは毎晩の日課のようになっていた。写真なんて見たくない、見ることなんてできない、とずっと意固地になっていたのに、ひとたびその(ウ)枷《かせ》が外れると、幾度繰り返し見ても足りなかった。

持ってきた写真は、結婚したばかりの若い頃のから、亡くなった年のものまでに渡っている（なるべく最近の写真を、というのが電話してきた同級生の希望だったのだから、彼のためではないことはやはりあきらかだ)。食事をしている俊介、海の俊介、山の俊介、草を抱く俊介、寺院の前の俊介、草原の俊介、温泉旅館の浴衣を着た俊介。どの俊介もカメラに向かって照れくさそうに微笑み、そうでないときは——本人に気づかれずに誰かが撮影したのだろう——いかにも愉しげに笑ったり、あるいはどこか子供みたいな熱心な顔で、何かを注視したり、誰かの言葉に耳を傾けたりしている。

郁子にとっては驚きだった。もちろん喧嘩《けんか》の最中や、不機嫌な顔をしているときにわざわざ写真を撮ったりはしないものだが、それにしてもこんなに幸福そうな俊介の写真が、これほどたくさんあるなんて。しかもそういう写真は、草がいた頃だけでなく、そのあとも撮られているのだった。

たしかに草が亡くなってしばらくは二人とも家にじっと閉じこもり、写真を撮ることにも撮られることにも無縁だった。それでもいつしか外に出て行くようになり、そうして笑うようにもなっていったのだ。植物が伸びるように人間は生きていく以上は笑おうとするものだ。そんなことはわかっている、と思っていたが、そのことをあらためて写真の中にたしかめると、それはやはり強い驚きになった。当然のこととして何枚かの写真には郁子自身も写っていた。やはり笑って。俊介と顔を見合わせて微笑み合っている一枚すらある。**C**郁子はまるで見知らぬ誰かを見るようにそれらを眺め、それが紛れもない自分と夫であることを何度でもたしかめた。

「鹿島さん？　でしょ？」

俊介の元・同級生の石井《いしい》さんに、改札口を出たら電話をかけることになっていたが、公衆電話を探そうとしているところに声をかけられた。石井さんは、見事な白髪の上品そうな男性だった。

「今時携帯電話を持ってないなんて、いかにも俊介の奥さんらしいですから」

すぐわかりましたよ、と石井さんは笑った。

「お盆休みにお呼びだてしてごめんなさい」

石井さんの感じの良さにほっとしながら、郁子は謝った。

「いやいや、お呼びだてしたのはこちらですよ。わざわざ写真を持ってきていただいたんですから。それにもう毎日が休みみたいなものだから、盆休みといったってとりたてて予定もありませんしね。お申し出に、大喜びで参上しました」

写真は自分でそちらへ持っていきたい、そのついでに、俊介が若い日を過ごしたあちこちを訪ねて歩きたいのだ、と郁子は石井さんに言ったのだった。石井さんに写真を渡したら自分ひとりでぶらぶら歩くつもりでいたのだが、石井さんは案内する気満々でやってきたようだった。

「第一、こんな炎天下に歩きまわったら倒れますよ」

駅舎の外に駐《と》めてあった自転車に跨《また》がった石井さんは、「どうぞ」と当たり前のようにうしろの荷台を示した。郁子はちょっとびっくりしたけれど、乗せてもらうことにした。

「まず僕らの母校へ行ってから、名所旧跡を通って駅のほうへ帰ってきましょう。なに、あっという間ですよ」

トートバッグを前のカゴに入れてもらい、郁子は荷台に横座りした(さすがに初対面の男性の腰に腕を巻きつけることはできなくて、遠慮がちにサドルの端を摑《つか》んだ)。自転車は風を切って走り出した。たしかに炎天ではあったが、石井さんは上手に日陰を選んで走ったので、さほど暑さは感じなかった。アスファルトより土が多い町だから、気温が都心よりも低いということもあるのかもしれない。

「この町ははじめてですか？」

「いいえ……彼と一緒になったばかりの頃に一度だけ」

それ以後、一度も来訪することはなかったのだった。広い庭がある古い木造の家に当時ひとり暮らしだった義母は、それから数年後に俊介の兄夫婦と同居することになり、家と土地は売却されたから。そのたった一度の機会も、郁子が妊娠中だったこともあり駅から俊介の実家へ行く以外の道は通らなかった。それでも今、自転車のスピードに合わせて行き過ぎる風景のところどころに、懐かしさや既視感を覚えて郁子ははっと目を見開いた。

十分も走らないうちに学校に着いた（それでも自分の足で歩いたら三十分はかかっただろうから、郁子は石井さんの好意にあらためて感謝した）。ケヤキや銀杏《いちょう》の大木がうっそうと繁《しげ》る向こうに、広々した校庭と、すっきりした鉄筋の建物が見える。校庭では女生徒たちがハードルの練習をしている。二十年くらい前に共学になって、校舎も建て替えたんですよね、と石井さんが言った。

しばらく外から眺めてから、正門から正面の校舎まで続くケヤキ並木を通り、屋根の下をくぐり抜けて裏門へ出た。守衛さんに事情を話せば校内の見学もできるだろうと石井さんは言ったが、D<u>その必要はありませんと郁子は答えた。</u>何かを探しに来たわけではなかったし、もしそうだとしても、もうそれを見つけたような感覚があった。

見事なケヤキの並木のことは、かつて俊介から聞いていた。高校時代俊介はラグビー部だったことや、女子校の生徒と交換日記をつけていたことも。何かの拍子にそういう話を聞かされるたびに、その時代の俊介に会ってみたい、と思ったものだった。

そして頭の中に思い描いていた男子校の風景が、今、自分の心の中から取り出されて、眼前にあらわれたのだという気がした。それが、ずっと長い間——夫を憎んだり責めたりしている間も——自分の中に保存されていたということに郁子は呆然《ぼうぜん》とした。呆然としながら、詰め襟の学生服を着た十六歳の俊介が、ハードルを跳ぶ女子学生たちを横目に見ながら校庭を横切っていく幻を眺めた。

（注）　1　馬——お盆の時に、キュウリを使って、死者の霊が乗る馬に見立てて作るもの。

2　スナップ——スナップ写真のこと。人物などの瞬間的な動作や表情を撮った写真。

問1　傍線部(ア)～(ウ)の本文中における意味として最も適当なものを、次の各群の①～⑤のうちから、それぞれ一つずつ選べ。解答番号は 12 ～ 14 。

(ア) 腹に据えかねた 12
① 本心を隠しきれなかった
② 我慢ができなかった
③ 合点がいかなかった
④ 気配りが足りなかった
⑤ 気持ちが静まらなかった

(イ) 戦《おのの》きながら 13
① 勇んで奮い立ちながら
② 驚いてうろたえながら
③ 慌てて取り繕いながら
④ あきれて戸惑いながら
⑤ ひるんでおびえながら

(ウ) 枷《かせ》が外れる 14
① 問題が解決する
② 苦しみが消える
③ 困難を乗り越える
④ いらだちが収まる
⑤ 制約がなくなる

問2　傍線部A「写真の俊介が苦笑したように見えた。」とあるが、そのように郁子に見えたのはなぜか。その理由として最も適当なものを、次の①～⑤のうちから一つ選べ。解答番号は 15 。

① キュウリで馬を作る自分に共感しなかった夫を今も憎らしく思っているが、そんな自分のことを、夫は嫌な気持ちを抑えて笑って許してくれるだろうと想像しているから。

② 自分が憎まれ口を利いても、たいていはただ黙り込むだけだったことに、夫は後ろめたさを感じながら今も笑って聞き流そうとしているだろうと想像しているから。

③ かつては息子の元へ行きたいと言い、今は息子も夫も自分のそばにいてほしいと言う、身勝手な自分のことを、夫はあきれつつ受け入れて笑ってくれるだろうと想像しているから。

④ 亡くなった息子だけでなく夫の分までキュウリで馬を作っている自分のことを、以前からかったときと同じように、夫は今も皮肉交じりに笑っているだろうと想像しているから。

⑤ ゆったりとした表情を浮かべた夫の写真を見て、夫に甘え続けていたことに今さら気づいた自分の頼りなさを、夫は困ったように笑っているだろうと想像しているから。

問3　傍線部B「少し離れた場所に座っていた若い女性がぱっと立ち上がり、わざわざ郁子を呼びに来て、席を譲ってくれた」とあるが、この出来事をきっかけにした郁子の心の動きはどのようなものか。その説明として最も適当なものを、次の①～⑤のうちから一つ選べ。解答番号は 16 。

① 三十数年前にも年配の夫婦が席を譲ってくれたことを思い起こし、他人にもわかるほど妊娠中の妻を気遣っていた夫とその気遣いを受けていたあの頃の自分に思いをはせている。

② 席を譲ってくれた年配の夫婦と気兼ねなく話した出来事を回想し、いま席を譲ってくれた女性が気を遣わせまいとわざわざ離れた場所に移動したことに感謝しつつも、物足りなく思っている。

③ まだ席を譲られる年齢でもないと思っていたのに譲られたことに戸惑いを感じつつ、以前同じように席を譲ってくれた年配の男性の優しさを思い起こし、若くて頼りなかった夫のことを懐かしんでいる。

④ 席を譲ってくれた女性と同じくらいの年齢のときにも、同じくらいの時間帯に同じ場所を目指して、夫と電車に乗っていて席を譲られたことを思い出し、その不思議な巡り合わせを新鮮に感じている。

⑤ 若い女性が自分に席を譲ってくれた配慮が思いもかけないことだったので、いささか慌てるとともに、同じようなことが夫と同行していた三十数年前にもあったのを思い出し、時の流れを実感している。

問4　傍線部C「郁子はまるで見知らぬ誰かを見るようにそれらを眺め、それが紛れもない自分と夫であることを何度でもたしかめた。」とあるが、その時の郁子の心情はどのようなものか。その説明として最も適当なものを、次の①～⑤のうちから一つ選べ。解答番号は 17 。

① 息子を亡くした後、二人は悲しみに押しつぶされ、つらい生活を送ってきた。しかし、写真の二人からはそのような心の葛藤は少しも見いだすことができず、そこにはどこかの幸せな夫婦が写っているとしか思われなかった。

② 息子を亡くした悲しみに耐えて明るく振る舞っていた夫から、距離をとりつつ自分は生きてきたと思っていた。しかし、案外自分も同様に振る舞い、夫に同調していたことを、写真の中に写った自分たちの姿から思い知った。

③ 息子の死後も明るさを失わない夫に不満といらだちを抱いていたが、そんな自分も時には夫のたくましさに助けられ、夫とともに明るく生きていた。写真に写った自分たちのそのような様子は容易には受け入れがたく思われた。

④ 息子の死にとらわれ、悲しみのうちに閉じこもるようにして夫と生きてきたと思っていたが、自分も夫も知らず知らず幸福に向かって生きようとしていた。写真に写るそんな自分たちの笑顔は思いがけないものだった。

⑤ 息子の死に打ちのめされた二人は、ともに深い悲しみに閉ざされた生活を送ってきた。互いに傷つけ合った記憶があざやかであるだけに、写真に残されていた幸福そうな姿が自分たちのものとは信じることができなかった。

問5　傍線部**D**「その必要はありませんと郁子は答えた」とあるが、このように答えたのはなぜか。その説明として最も適当なものを、次の①～⑤のうちから一つ選べ。解答番号は 18 。

① 夫の実家のある町並みを経て、彼が通った高校まで来てみると、校内を見るまでもなく若々しい夫の姿がありありと見えてきた。今まで夫を憎んでいると思い込んでいたが、その幻のあまりのあざやかさから、夫をいとおしむ心の強さをあらためて確認することができたから。

② 自分の心が過去に向けられ、たった一度来たきりで忘れたものと思っていた目の前の風景にも懐かしさや既視感を覚えるほどだった。高校時代から亡くなるまでの夫の姿が今や生き生きとよみがえり、大切なことは記憶の中にあるのだと認識することができたから。

③ 夫が若い頃過ごした町並みや高校を訪ねるうちに、いさかいの多かった暮らしの中でも、夫のなにげない思いや記憶を受け止め、夫の若々しい姿が自分の中に刻まれていたことに気がついた。そのような自分たち夫婦の時間の積み重なりを実感することができたから。

④ 長年夫を憎んだり責めたりしていたが、夫が若い日々を過ごした町並みを確認してゆくうちに、ようやく許す心境に達し、夫への理解も深まった。目の前にあらわれた若い夫の姿に、夫への感謝の念と、自分の新しい人生の始まりを予感することができたから。

⑤ 長く苦しめながら頼りにもしてきた夫が、学生服姿の少年として眼前にあらわれ、今は彼のことをいたわってあげたいという穏やかな心境になった。自分と夫は重苦しい夫婦生活からようやく解放されたのだということを、若き夫の幻によって確信することができたから。

問6　この文章の表現に関する説明として**適当でないもの**を、次の①～⑥のうちから二つ選べ。ただし、解答の順序は問わない。解答番号は　19　・　20　。

① 1行目から69行目は12行目の俊介の言葉を除いて「　」がないが、71行目から92行目は郁子と石井の会話に「　」が使われ、93行目以降また使われなくなる。「　」のない部分は郁子の思考の流れに沿って文章が展開している。

② 22行目「馬に乗ってきて、そのままずっとわたしのそばにいればいい。」は、郁子の心情が「郁子は～と思った」などの語句を用いずに「わたし」という一人称で直接述べられている。これは郁子のその場での率直な思いであることを印象づける表現である。

③ 56行目、87行目、97行目では郁子の心情が（　）の中に記されている。ここでは、（　）の中に入れることによって、その内容が他人に隠したい郁子の本音であることが示されている。

④ 57行目「食事をしている俊介、海の俊介、山の俊介、草を抱く俊介、寺院の前の俊介、草原の俊介、温泉旅館の浴衣を着た俊介。」の一文には一枚一枚の写真の中の俊介の様子が「～俊介」の反復によって羅列されている。これによって、夫のさまざまな姿に郁子が気づいたということが表現されている。

⑤ 「名所旧跡」という語は、本来、有名な場所や歴史的事件にゆかりのある場所を表すが、86行目の「名所旧跡」は、俊介という個人に関わりのある場所として用いられている。この傍点は、石井が、あえて本来の意味を離れ、冗談めかしてこの語を使ったことを示している。

⑥ 93行目「一度も来訪することはなかったのだった」の「のだった」や、105行目「その時代の俊介に会ってみたい、と思ったものだった」の「ものだった」は、回想において改めて思い至ったことを確認する文末表現である。前者には郁子の悔やんでいる気持ちがあらわれており、後者には懐かしむ気持ちがあらわれている。

第3問

次の文章は『石上私淑言《いそのかみのささめごと》』の一節で、本居宣長《もとおりのりなが》が和歌についての自身の見解を問答体の形式で述べたものである。これを読んで、後の問い（問1～6）に答えよ。（配点　50）

問ひて云《い》はく、A恋の歌の世に多きはいかに。

答へて云はく、まづ『古事記』(注1)『日本紀』に見えたるいと上《かみ》つ代《よ》の歌どもをはじめて、代々《よよ》の集どもにも、恋の歌のみことに多かる中にも、『万葉集』には相聞《さうもん》とあるが恋にて、すべての歌を雑歌《ざふか》、相聞、挽歌《ばんか》(注2)と三つに分かち、八の巻、十の巻などには四季の雑歌、四季の相聞と分かてり。かやうに他をばすべて雑といへるにて、歌は恋をむねとすることを知るべし。そもいかなればかくあるぞといふに、恋はよろづのあはれにすぐれて深く人の心にしみて、いみじく堪《た》へがたきわざなるゆゑなり。されば、すぐれてあはれなるすぢは常に恋の歌に多かることなり。

問ひて云はく、おほかた世の人ごとに常に深く願ひ忍ぶことは、色を思ふよりも、身の栄えを願ひ財宝《たから》を求むる心などこそは、(ア)あながちにわりなく見ゆめるに、などてさるさまのことは歌に詠まぬぞ。

答へて云はく、B情と欲とのわきまへあり。まづすべて人の心にさまざま思ふ思ひは、みな情なり。その思ひの中にも、とあらまほしかくあらまほしと求むる思ひは欲といふものなり。されば、この二つはあひ離れぬものにて、なべては欲も情の中の一種《ひとくさ》なれども、またとりわきては、人をあはれと思ひ、かなしと思ひ、あるはうしともつらしとも思ふやうの類をなむ情とはいひける。さるはその情より出《い》でて欲にもわたり、また欲より出でて情にもわたりて、一様《ひとやう》ならずとりどりなるが、(イ)いかにもあれ、歌は情の方より出で来るものなり。これ、情の方の思ひは物にも感じやすく、あはれなることこよなう深きゆゑなり。欲の方の思ひはひとすぢに願ひ求むる心のみにて、さのみ身にしむばかり細やかにはあらねばにや、はかなき花鳥の色音《いろね》にも涙こぼるるばかりは深からず。かの財宝をむさぼるやうの思ひは、この欲といふものにて、物のあはれなるすぢにはうときゆゑに歌は出で来ぬなるべし。色を思ふも本は欲より出づれども、ことに情の方に深くかかる思ひにて、生きとし生けるもののまぬかれぬところなり。まして人はすぐれて物のあはれを知るものにしあれば、ことに深く心に染《そ》みて、あはれに堪へぬはこの思ひなり。その他もとにかくにつけて物のあはれなることには、歌は出で来るものと知るべし。

さはあれども、情の方は前にいへるやうに、(注3)心弱きを恥づる後の世のならはしにつつみ忍ぶこと多きゆゑに、かへりて欲より浅くも見ゆるなめり。されど、この歌のみは上つ代の心ばへを失はず。人の心のまことのさまをありのままに詠みて、めめしう心弱き方をもさらに恥づることなければ、後の世に至りて優になまめかしく詠まむとするには、いよいよ物のあはれなる方をのみむねとして、かの欲のすぢはひたすらにうとみはてて、詠まむものとも思ひたらず。

まれまれにもかの『万葉集』の三の巻に「酒(注4)を讃《ほ》めたる歌」の類よ、詩(注5)には常のことにて、かかる類のみ多かれど、歌にはいと心づきなく憎くさへ思はれて、(ウ)さらになつかしからず。何の見所も無しかし。これ、欲はきたなき思ひにて、あはれならざるゆゑなり。しかるを人の国には、あはれなる情をば恥ぢ隠して、きたなき欲をしもいみじきものにいひ合へるはいかなることぞや。

（注）1　『日本紀』――『日本書紀』のこと。
2　挽歌――死者を哀悼《あいとう》する歌のこと。
3　情の方は前にいへるやうに――この本文より前に「情」に関する言及がある。
4　酒を讃めたる歌――大伴旅人《おおとものたびと》が酒を詠んだ一連の歌のこと。
5　詩――漢詩のこと。

問1　傍線部(ア)～(ウ)の解釈として最も適当なものを、次の各群の①～⑤のうちから、それぞれ一つずつ選べ。解答番号は 21 ～ 23 。

(ア)　あながちにわりなく 21
① ひたむきで抑えがたく
② かえって理不尽に
③ なんとなく不合理に
④ ややありきたりに
⑤ どうしようもなく無粋に

(イ)　いかにもあれ 22
① 言うまでもなく
② そうではあるが
③ どのようであっても
④ どういうわけか
⑤ どうにかしてでも

(ウ)　さらになつかしからず 23
① あまり共感できない
② どうにも思い出せない
③ なんとなく親しみがわかない
④ ますます興味がわかない
⑤ 全く心ひかれない

問2　波線部「身にしむばかり細やかにはあらねばにや」についての文法的な説明として**適当でないもの**を、次の①～⑤のうちから一つ選べ。解答番号は 24 。

① 打消の助動詞「ず」が一度用いられている。
② 断定の助動詞「なり」が一度用いられている。
③ 仮定条件を表す接続助詞「ば」が一度用いられている。
④ 疑問を表す係助詞「や」が一度用いられている。
⑤ 格助詞「に」が一度用いられている。

問3　傍線部A「恋の歌の世に多きはいかに」とあるが、この問いに対して、本文ではどのように答えているか。最も適当なものを、次の①～⑤のうちから一つ選べ。解答番号は 25 。

① 恋の歌が多い『万葉集』の影響力が強かったため、『万葉集』以後の歌集でも恋の歌は連綿と詠まれ続けてきた。
② 人の抱くいろいろな感慨の中でも特に恋は切実なものなので、恋の歌が上代から中心的な題材として詠まれている。
③ 相手への思いをそのまま言葉にしても、気持ちは伝わりにくいので、昔から恋心は歌に託して詠まれてきた。
④ 恋の歌は相聞歌のみならず四季の歌の中にもあるため、歌集内の分類による見かけの数以上に多く詠まれている。
⑤ 自分の歌が粗雑であると評価されることを避けるあまり、優雅な題材である恋を詠むことが多く行われてきた。

問4　傍線部B「情と欲とのわきまへ」と恋との関係について、本文ではどのように述べているか。最も適当なものを、次の①～⑤のうちから一つ選べ。解答番号は 26 。

① 「情」と「欲」はいずれも恋に関わる感情であり、人に深い感慨を生じさせる。ただし、悲しい、つらいといった、自分自身についての思いを生じさせるものが「情」であるのに対し、哀れだ、いとしいといった、恋の相手についての思いを生じさせるものが「欲」である。恋において「情」と「欲」は対照的な関係にあると言える。

② 「情」は「欲」を包含する感情であるが、両者を強いて区別すれば、「情」は何かから感受する受動的なものである。これに対して「欲」は何かに向かう能動的な感情であり、その何かを我がものにしたいという行為を伴う。したがって、恋は「情」からはじまり、やがて「欲」へと変化する。

③ 人の心に生まれるすべての思いは「情」であるが、特には、誰かをいとしく思ったり鳥の鳴き声に涙したりするなど、身にしみる細やかな思いを指す。一方、我が身の繁栄や財宝を望むなど、何かを願い求める思いは「欲」にあたる。恋は「欲」と「情」の双方に関わる感情だが、「欲」よりも「情」に密接に関わっている。

④ 人の心に生じる様々な感情はすべて「情」である。一方、「欲」は何かを願い求める感情のことであり、「情」の中の一つに過ぎない。もともと恋は誰かと一緒にいたいという「欲」に分類される感情だが、恋を成就させるには「欲」だけではなく様々な感情が必要なので、「情」にも通じるべきである。

⑤ 「情」は自然を賛美する心とつながるものであり、たいへん繊細な感情である。しかし、「欲」は自然よりも人間の作った価値観に重きを置くので、経済的に裕福になることをひたすら願うことになる。恋は花や鳥を愛するような心から生まれるものであって、「欲」を源にすることはない。

問5　「情」と「欲」の、時代による違いと歌との関係について、本文ではどのように述べているか。最も適当なものを、次の①～⑤のうちから一つ選べ。解答番号は 27 。

① 人の「情」のあり方は上代から変わっていないが、「欲」のあり方は変わった。恋の歌は「情」と「欲」の両者に支えられているため、後世の恋の歌は、上代の恋の歌とは性質を異にしている。

② 「情」は「欲」に比べると弱々しい感情なので、時代が経《た》つにつれて人々の心から消えていった。しかし、歌の世界においては伝統的に「情」が重んじられてきたので、今でも歌の中にだけは「情」が息づいている。

③ 人は恋の歌を詠むときに自らの「情」と向き合うため、恋の歌が盛んだった時代には、人々の「情」も豊かにはぐくまれた。後世、恋の歌が衰退してくると、人々の「情」は後退し、「欲」が肥大してしまった。

④ 「情」は「欲」より浅いものと見られがちであるが、これは後世において「情」を心弱いものと恥じて、表に出さないようになったからである。しかし、歌の世界においては上代から一貫して「情」を恥じることがなかった。

⑤ 『万葉集』に酒を詠んだ歌があるように、歌はもともとは「欲」にもとづいて詠まれていた。しかし、しだいに「情」を中心に据えて優美な世界を詠まねばならないことになり、『万葉集』の歌が振り返られることはなくなった。

問6　歌や詩は「物のあはれ」とどのように関わっているのか。本文での説明として最も適当なものを、次の①～⑤のうちから一つ選べ。解答番号は 28 。

① 歌は「物のあはれ」を動機として詠まれ、詩は「欲」を動機として詠まれる。しかし、何を「あはれ」の対象とし、何を「欲」の対象とするかは国によって異なるので、歌と詩が同じ対象を詠むこともあり得る。

② 上代から今に至るまで、人は優美な歌を詠もうとするときに「物のあはれ」を重視してきたが、一方で、詩の影響を受けるあまり、「欲」を断ち切れずに歌を詠むこともあった。

③ 歌は「物のあはれ」に関わる気持ちしか表すことができない。そこで、一途《いちず》に願い求める気持ちを表すときは、歌に代わって詩が詠まれるようになった。

④ 「情」は生きている物すべてが有するものだが、とりわけ人は「物のあはれ」を知る存在である。歌は「物のあはれ」から生まれるものであって、「欲」を重視する詩とは大きな隔たりがある。

⑤ 歌も詩も「物のあはれ」を知ることから詠まれるが、詩では、「物のあはれ」が直接表現されることを恥じて避ける傾向があるため、簡単には「物のあはれ」を感受できない。

第4問　次の文章を読んで、後の問い（問1～6）に答えよ。なお、設問の都合で返り点・送り仮名を省いたところがある。（配点　50）

嘉祐《かいう》ハ、(注1)禹《う》(注2)偁《しよう》ノ子也。嘉祐ハ平時ハ若キモ二愚騃《ぐがい》(注3)一、独リ寇準《こうじゅん》(注4)ノミ知レ之。準知二開(注5)封府一、Ⅰ Ⅱ 一日、問ヒテ二嘉祐ニ一曰ハク、「外(注6)間ノ議X レ準ヲ云何《いかん》ト。」嘉祐曰ハク、「外人皆云フト二丈(注7)人旦(注8)夕入(注9)リテ相タラント一。」準曰ハク、「於《お》イテハ二吾《ご》(注10)ガ子レニ一意《おも》フコト何如《いかん》ト。」嘉祐曰ハク、「以テレ愚ヲ観《み》ルニ(注11)レ之ヲ、A 丈人不若未為相。為相則誉望損矣。」準曰ハク、「何ノ故ゾト。」嘉祐曰ハク、「自《より》レ古《いにしへ》賢相ノ所下以能ク建テ二功業ヲ一沢Y 中生(注12)民ヲ上者《は》、其ノ君臣相ヒ得ルコト皆如ケレバ二魚(注13)之有ルガレ水。故ニ B 言聴カレ計従ハレ、而シテ功名倶《とも》ニ美ナリ。今丈人負ヒ二天下ノ重望ヲ一、相タレバ則チ中外以テ二太平ヲ一責《もと》メン焉。丈人之於ケルヤ(注14)二明主ニ一、能ク若キ二魚之有ルガ一レ水乎《か》。C 嘉祐ノ所以恐ルル二誉望之損ナハレンコトヲ一也。」準喜ビ、起チテ執リテ二其ノ手ヲ一曰ハク、「元之《げん》(注15)雖モ二文章ハ冠タリト一天下ニ一、至リテハ二於深識遠慮ニ一、D殆《ほとんド》不レ能ハレ勝ルニ吾子ニ一也ト。」

（李燾《りとう》『続資治通鑑長編《ぞくしじつがんちょうへん》』による）

（注）
1 嘉祐——王嘉祐。北宋の人。
2 禹偁——王禹偁。王嘉祐の父で、北宋の著名な文人。
3 愚騃——愚かなこと。
4 寇準——北宋の著名な政治家。
5 開封府——現在の河南省開封市。北宋の都であった。
6 外間——世間。
7 丈人——あなた。年長者への敬称。
8 旦夕——すぐに、間もなく。
9 入——朝廷に入って役職に就く。
10 吾子——あなた。相手への親しみをこめた言い方。
11 愚——私。自らを卑下する謙譲表現。
12 生民——人々。
13 如二魚之有一水——魚に水が必要であるようなものだ。君臣の関係が極めて良好であるさま。
14 明主——皇帝を指す。
15 元之——王禹偁の字《あざな》。

問1　二重傍線部X「議」、Y「沢」の意味の組合せとして最も適当なものを、次の①～⑤のうちから一つ選べ。解答番号は 29 。

① X　相談する　　Y　水を用意する
② X　非難する　　Y　田畑を与える
③ X　論評する　　Y　恩恵を施す
④ X　礼賛する　　Y　物資を供給する
⑤ X　批判する　　Y　愛情を注ぐ

問2　波線部Ⅰ「知レ之」・Ⅱ「知二開　封　府一」の解釈として最も適当なものを、次の各群の①～⑤のうちから、それぞれ一つずつ選べ。解答番号は［30］・［31］。

Ⅰ「知レ之」［30］

① 王嘉祐が決して愚かな人物ではないことを知っていた
② 王嘉祐が乱世には非凡な才能を見せることを知っていた
③ 王嘉祐が世間の評判通り愚かであるということを知っていた
④ 王嘉祐が王禹偁の子にしては愚かなことを知っていた
⑤ 王嘉祐が王禹偁の文才を受け継いでいることを知っていた

Ⅱ「知二開　封　府一」［31］

① 開封府の長官の知遇を得た
② 開封府には知人が多くいた
③ 開封府の知事を務めていた
④ 開封府から通知を受けた
⑤ 開封府で王嘉祐と知りあった

問3 傍線部A「丈人不若未為相。為相則誉望損矣」について、(i)書き下し文・(ii)その解釈として最も適当なものを、次の各群の①～⑤のうちから、それぞれ一つずつ選べ。解答番号は 32 ・ 33 。

(i) 書き下し文 32

① 丈人に若《し》かずんば未だ相と為《な》らず。相と為れば則ち誉望損なはれんと
② 丈人未だ相の為《ため》にせざるに若かず。相の為にすれば則ち誉望損なはれんと
③ 丈人若《なんぢ》の未だ相と為らずんば不《あら》ず。相と為れば則ち誉望損なはれんと
④ 丈人未だ相と為らざるに若かず。相と為れば則ち誉望損なはれんと
⑤ 丈人に若かずんば未だ相の為にせず。相の為にすれば則ち誉望損なはれんと

(ii) 解釈 33

① 誰もあなたに及ばないとしたら宰相を補佐する人はいません。ただ、もし補佐する人が現れたら、あなたの名声は損なわれるでしょう。

② あなたはまだ宰相を補佐しないほうがよろしいでしょう。もし、あなたが宰相を補佐すれば、あなたの名声は損なわれるでしょう。

③ あなたはまだ宰相とならないほうがよろしいでしょう。もし、あなたが宰相となれば、あなたの名声は損なわれるでしょう。

④ あなたは今や宰相とならないわけにはいきません。ただ、あなたが宰相となれば、あなたの名声は損なわれるでしょう。

⑤ 誰もあなたに及ばないとしたら宰相となる人はいません。ただ、もし宰相となる人が現れたら、あなたの名声は損なわれるでしょう。

問4　傍線部B「言聴計従」とあるが、(i)誰の「言」「計」が、(ii)誰によって「聴かれ」「従はれ」るのか。(i)と(ii)との組合せとして最も適当なものを、次の①～⑤のうちから一つ選べ。解答番号は 34 。

① (i) 丈人　(ii) 相
② (i) 君　(ii) 生民
③ (i) 賢相　(ii) 君
④ (i) 明主　(ii) 賢相
⑤ (i) 生民　(ii) 明主

問5　傍線部C「嘉祐所㆔以恐㆓誉望之損㆒也」とあるが、王嘉祐がそのように述べるのはなぜか。その理由として最も適当なものを、次の①～⑤のうちから一つ選べ。解答番号は［35］。

① 宰相は寇準に対して天下を太平にしてほしいと期待するだろうが、もし寇準が昔の偉大な臣下より劣るとすれば太平は実現されず、宰相の期待は失われてしまうから。

② 人々は寇準に対して天下を太平にしてほしいと期待するだろうが、もし寇準が皇帝と親密な状態になれなければ太平は実現されず、彼らの期待は失われてしまうから。

③ 皇帝は寇準に対して天下を太平にしてほしいと期待するだろうが、もし寇準の政策が古代の宰相よりも優れていなければ太平は実現されず、皇帝の期待は失われてしまうから。

④ 人々は寇準に対して天下を太平にしてほしいと期待するだろうが、もし寇準が皇帝の意向に従ってしまえば太平は実現されず、彼らの期待は失われてしまうから。

⑤ 宰相は寇準に対して天下を太平にしてほしいと期待するだろうが、もし寇準が皇帝の信用を得られなければ太平は実現されず、宰相の期待は失われてしまうから。

問6　傍線部D「殆不レ能レ勝ニ吾子一也」とあるが、その説明として最も適当なものを、次の①～⑤のうちから一つ選べ。解答番号は 36 。

①　王嘉祐は宰相が政治を行う時、どのように人々と向き合うべきかを深く知っている。したがって政治家としての思考の適切さという点では、父の王禹偁もおそらく王嘉祐にはかなわない。

②　王嘉祐は寇準の政治的立場に深く配慮し、世間の意見の大勢にはっきりと反対している。したがって意志の強さという点では、父の王禹偁もおそらく王嘉祐にはかなわない。

③　王嘉祐は今の政治を分析するにあたり、古代の宰相の功績を参考にしている。したがって歴史についての知識の深さという点では、父の王禹偁もおそらく王嘉祐にはかなわない。

④　王嘉祐は皇帝と宰相の政治的関係を深く理解し、寇準の今後の進退について的確に進言している。したがって見識の高さという点では、父の王禹偁もおそらく王嘉祐にはかなわない。

⑤　王嘉祐は理想的君臣関係について深く考えてはいるものの、寇準に問われてはじめて自らの政治的見解を述べている。したがって言動の慎重さという点では、父の王禹偁もおそらく王嘉祐にはかなわない。

2018

追試験

80分　200点

第1問

次の文章は、日本の「近代」社会と「近代」以降の「ポスト近代」社会を動かした要因（駆動因）を分析した上で、新たな社会としての「ロスト近代」社会について論じている。これを読んで、後の問い（問1～6）に答えよ。なお、設問の都合で本文の段落に 1 ～ 13 の番号を付してある。（配点　50）

1　現代の社会、あるいはここで「ロスト近代」と呼ぶ時代は、九〇年代の中頃から出現してきた時代の新たなモード(注1)である。バブル経済が崩壊して以降、日本の経済社会は「失われた一〇年」とか「失われた二〇年」などと言われている。もはや高度経済成長を望むことができず、停滞したシステムのなかで、経済のミニ・バブルの波に翻弄されているというのが、私たちの社会の実情であるだろう。日本経済はこれから、どんな政策によって再生することができるのか。さまざまな議論が(ア)フンシュツするなかで、経済の低迷がつづいている。

2　もはや欲望消費(注2)の増大によっては、大きな経済成長は望めそうにない。かといって、人々が勤勉に働けば経済が成長するのかというと、そうでもなさそうである。現代の資本主義社会は、「近代」の駆動因によっても、A「ポスト近代」の駆動因によっても、いずれによってもうまく発展しそうにない。私たちの社会は、新たに別の駆動因をもたなければ、大きな発展を見込むことができないようにみえる。

3　「ロスト近代」とは、さしあたって「近代」と「ポスト近代」を駆り立てていたそれぞれの要因が、いずれもその役目を果たし終えた（あるいは相対的に重要度を失った）時代であるだろう。むろん正確に言えば、近代の駆動因である物象化(注3)も、ポスト近代の駆動因である欲望消費も、いずれも存在している。その意味で、私たちの時代は重層的な原理で動いている。けれどもこれらの要素は、時代を動かすための動因としては、いずれもあまり見込みがない。そのような「失速感」こそが、私たちの時代を規定しているのではないだろうか。

4 とりわけ一九九〇年代中盤以降の現実として、「護送船団方式」(注4)と呼ばれる官主導の社会運営が機能しなくなってきた。社会があまりにも複雑になり、官主導の経済政策は、思ったほどの成果をあげることができなくなってきた。そこで政府は、さまざまな規制緩和(注5)政策を打ち出して、いわゆる「勝ち組」(注6)と呼ばれる新たな富裕層に、経済成長の牽引《けんいん》力を期待するようになった。ときはちょうど、グローバリゼーションが話題となった時代とも重なり、「勝ち組／負け組」という格差が問題化した時期でもあった。

5 ところが自由競争のもとで、日本社会は思わぬ事態に陥った。負け組と呼ばれる低所得層の人びとは、もはやいっしょうけんめいに働いても、「努力が報われない」と感じるようになる。人びとは、「ワンランク上」を目指して努力するよりも、欲求水準そのものをクール・ダウンするようになっていく。「勤勉」に働くことが報われず、「欲望」消費の快楽を期待できないような社会になる。するともはや、富裕層による消費の拡大は、経済全体を牽引することができなくなる。自分よりもワンランク上の「勝ち組」の欲望を模倣(エミュレーション)するためには、一定の所得が必要である。ところがそのような所得が見込めないところでは、人びとはさしあたって、B各私化された欲望を抱くようになる。欲望のエネルギーは、「勝ち組の欲望を真似《まね》する」のではなく、「自分がしたいことをする」という水準にまで、収縮してしまう。けれどもいったい「自分がしたいこと」とは、何であろうか。セレブな生活に羨望を抱かず、「自分がしたいこと」をして満足できるためには、まず自分を好きになる必要がある。「自己への愛」でもって満足する必要がある。だが自分とは、何なのか。それが分からなければ、「自分探し」の旅に出なければならない。けれども旅に出るだけの余裕がなければ、人々はさしあたって、ネット上に「自己の快楽」を求める主体へと向かうのではないだろうか。

6 実際、人びとは、ネットを通じた情報消費によって、蛸壺《たこつぼ》化した選好を抱くようになっていった。インターネットやスマートホンなどに、一か月の定額基本通信料を支払ってしまえば、私たちは自身の欲望を、さらなる資本の論理と結びつける必要がない。基本料金を支払ってしまえば、あとは無料でさまざまなコンテンツを楽しむことができる。動画、音楽、ラジオ、ゲーム、等々、私たちは無料の情報を(イ)キョウジュするだけで、人生を楽しむようになってきた。欲望を肥大化させて「勝ち組」のライフ・スタイルを手に入れなくても、自己愛消費によって生活する術《すべ》を学べば、人生を楽しむことができるようになってきた。

7 他方では、近代的な勤勉精神の喪失（ロスト）、および、ポスト近代的な欲望の喪失（ロスト）、というこのC二つの「ロスト」は、それぞれの時代における「対抗運動」の意義も失効させてしまった。「近代」においては、物象化や疎外（注7）に対抗するコミューン（注8）運動が、抵抗のライフ・スタイルを導いてきた。また「ポスト近代」においては、逸脱的な欲望の表現が、抵抗の政治表現を提供してきた。ところが「ロスト近代」になると、こうした抵抗の戦略は、もはや時代に対抗するための(ウ)ショウチョウ的意義を失っていく。これまでのような抵抗の表現は、時代の支配的な駆動因に対抗する機能を発揮できないためである。

8 「ロスト近代」の社会においては、その支配的なモードに抵抗する活動は、時代の本質的な駆動因に迫るものでなければならない。ではそれは、いったい何であろうか。それを見定めるためにも、私たちはこの時代の駆動因を分析しなければならない。

9 そこでまず、「ロスト近代」の背景をなす諸条件について考えてみたい。ロスト近代は、人びとがしだいに、欲望消費のバカバカしさに気づきはじめたところから生まれている。宣伝に踊らされ、欲望をかきたてられ、欲しいと思ったブランド商品を買っても飽き足らない。そんな生活のむなしさ、あるいは欲望の飽き足らなさから逃れたいと感じ始めた人々は、しだいに欲望消費に巻き込まれず、自然で本来的な経験を求めるようになってきた。例えば、中高年層の登山ブーム、若者たちの古着志向、ロハスと呼ばれる自然なライフ・スタイルの探究、ユニクロや無印良品で楽しむシンプル・ライフ、もはや自動車に関心を向けず、ランニング・シューズや自転車を(エ)コウニュウする若年層、フェアトレード（注9）への関心、職場や学校に自前のお弁当を持参する草食系男子の出現、等々。こうした新しい生活の現象を、一つの言葉でくくることは難しい。だがそこには、共通する一つの志向、すなわち、「自然の本来的価値」への志向があるといえないだろうか。

10 私は以前、拙著『自由に生きるとはどのようなことか』のなかで、「創造階級（クリエイティブ・クラス）」と呼ばれる新しい支配階級の台頭について論じたことがある。創造階級とは、情報産業の新たな担い手たちである。彼・彼女らは、自分の欲望を満たすよりも、自分の潜在能力をできるかぎり引き出すことに、関心を示している。創造階級の人びとは、欲望消費には踊らされない。むしろ、クリエイティブな作品や商品を生み出すために、発想の源泉として、豊かな体験をすること、あるいは創造的な環境に身を置くことに、大きな関心を寄せている。創造階級の人びとが求めているのは、創造の源泉である。その源泉を手に入れるために、自然の本来的な価値に触れたり、自然の多産性を身につけたりすることに、関心をもっている。

11 創造階級は、必ずしも高所得をかせぐことに成功した人たちではない。経済的に成功しなくても、クリエイティブに生きることには、十分な意義があるとみなされる。たとえば私たちは、できることなら環境にやさしい生活をしたいと思うことがある。賢く消費して、自然と融和したい。そのようなエコロジーへの関心は、高い給料を(オ)カセぐ生活よりも、むしろ想像力（イマジネーション）を豊かに発揮して、自然と調和するような生活を求めるだろう。エコロジーへの関心は、真に創造的な生活と、さまざまな点で一致する。いずれも、イマジネーションを活用してはじめて実現できるような生活なのである。

12 では、真にエコロジカルな生活とは、どんなものであろうか。それはたんに、リサイクルをしたり、有機野菜を食べたりするというのではなく、もっと自然の神秘に迫るような、脱日常的な経験を必要としているのではないだろうか。自然の神秘をつかみ取るためには、日常生活においては隠されている「自然の多産な真理」に触れなければならない。多産な自然の神秘をつかみとったときに、私たちはエコロジーの担い手として、精神的にも豊かに生活していくことができるのではないか。

13 自然の多産性を、自分の生き方の原理とする。そのような生き方は、創造階級だけでなく、「真の豊かさとは何か」について関心をもつすべての人々に、魅力的な理想を提供している。私たちの社会は、エコロジカルな融和のために、クリエイティブな仕方で環境と向き合うことを、一つの理想としている。D そのような営みへの関心は、資本主義の原理を、新たに動かす駆動因となりうるのではないだろうか。

（橋本《はしもと》努《つとむ》『ロスト近代――資本主義の新たな駆動因』による）

（注）
1　モード――様式、形式。この文章では時代のありようのこと。
2　欲望消費――筆者の造語。人々が、必要の有無にかかわらずブランド商品や自動車などを次々に求めるように、飽き足らない欲望を満たそうとする消費活動。
3　物象化――人間の能力や人間関係が商品とみなされたり、貨幣で測られたりして物のように扱われる事態。この文章ではさらに、人びとがその扱いに応じて機械のように勤勉に働き、社会に富を蓄積する現象までを含む。
4　護送船団方式――行政が特定の産業を保護し、業界全体の収益力を高める産業政策。
5　規制緩和――行政が行う許認可制度を見直して民間の経済活動を活性化しようとする動き。
6　勝ち組――経済的に新たに二極化した社会的階層の上位層。その下位層が「負け組」とされる。
7　疎外――この文章では、貨幣経済の中で、人間が自分の活動の産物によって支配され、人間らしさを失う状況を指す。物象化と並行して発生する。
8　コミューン運動――共通の思想や文化を持つ人びとの生活共同体が、資本主義社会の問題に対抗するために行う社会的運動。
9　フェアトレード――開発途上国の原料や製品を公正な価格で買い入れる仕組み。

問1　傍線部(ア)〜(オ)に相当する漢字を含むものを、次の各群の①〜⑤のうちから、それぞれ一つずつ選べ。解答番号は 1 〜 5 。

(ア) フンシュツ 1
① ギフンにかられる
② 国境でフンソウが起きる
③ 消毒液をフンムする
④ コウフンして眠れない
⑤ フンショク決算を指摘する

(イ) キョウジュ 2
① 歯並びをキョウセイする
② 国王にキョウジュンの意を示す
③ キョウイ的な記録を残す
④ キョウラク的な人生を送る
⑤ 敵のキョウイにさらされる

(ウ) ショウチョウ 3
① 助走をつけてチョウヤクする
② 税金をチョウシュウする
③ 時代をチョウエツする
④ チョウカイ処分を受ける
⑤ 美術館でチョウコクを見る

(エ) コウニュウ 4
① 雑誌を定期コウドクする
② 売り上げにコウケンする
③ コウキを粛正する
④ ゲンコウ用紙を配る
⑤ コウカを鋳造する

(オ) カセぐ 5
① 責任をテンカする
② カクウの話をする
③ 機械がカドウする
④ もめごとのカチュウに入る
⑤ 競争がカレツを極める

問2　傍線部A「『ポスト近代』」とあるが、本文中の「ポスト近代」の説明として最も適当なものを、次の①～⑤のうちから一つ選べ。解答番号は［6］。

① 停滞した経済システムの中でも勤労精神を失わなかった人びとに突発的に訪れた小規模な好景気が、経済全体を牽引した時代。

② 勤勉に働くことが日本経済のめざましい成長につながると信じた人びとによる勤労所得の著しい増大が、経済全体を牽引した時代。

③ 複雑化した社会に対する国家主導の経済政策が十全に機能しなくなり、代わりに市場に任せる規制緩和政策の効果が、経済全体を牽引した時代。

④ 産業構造の変化と発展に伴い、広告などの情報に操られた人びとによる快楽に満ちた旺盛な消費欲の肥大が、経済全体を牽引した時代。

⑤ 人びとの中産階級意識は薄れつつも、「勝ち組」と呼ばれる一部の富裕層の消費行動を模倣した個人消費が、経済全体を牽引した時代。

問3　傍線部B「各私化された欲望を抱くようになる」とあるが、それはどういうことか。その説明として最も適当なものを、次の①～⑤のうちから一つ選べ。解答番号は 7 。

① グローバリゼーションの急速な拡大から、個人が目前の社会や他者との関わりを放棄して、潜在的な欲望を充足させる情報の消費によって人生を楽しむ術を身につけはじめるようになること。

② 経済成長の停滞の下で、労働による生活の上昇にも消費の欲望にも幻滅を覚え、自分が本来したいことは何かという水準にまで欲望のエネルギーを縮小させ、自己の探究へと向かうようになること。

③ 日本経済の低迷に伴って、自分のできることは何かという先行きへの不安が広がり、競争原理に巻き込まれまいとして自分探しに力を入れ、結局自己中心的な消費にはまり込むようになること。

④ 欲望に流されがちな個人のあり方への反省から、自分の創造的な力を引き出し、日常において隠されていた自然につながる生活を追い求め、多種多様な行動に自由にいそしむようになること。

⑤ 情報技術が高度に進化して個々人がネットに接続できるようになり、現実ではなくメディアが提供する無料コンテンツの中に快楽を求めて、自己の欲望を満たしはじめるようになること。

問4　傍線部C「二つの『ロスト』」とあるが、次に示されているのは、この文章を読んだ五人の生徒が「ロスト」の内容について話し合っている場面である。本文の趣旨に最も近い発言を次の①～⑤のうちから一つ選べ。解答番号は 8 。

① 生徒A――こつこつと真面目に働いても所得が変わらないために、勤勉に働けば自分が幸せになれるということを信じられなくなってきた。それに、自分よりワンランク上の人たちを真似したいという欲望もなくなってきている。そういう人が目立ってきたことがこの文章の「二つの『ロスト』」ってことなんだよね。

② 生徒B――勤勉の方はそのとおりだと思うけど、欲望の方は、物象化に抵抗して人間性を保ちつづけたいという欲望のことなんじゃないかな。そういう欲望が薄れてきていることと、勤勉に働くことを重要だと思わなくなってきたことを併せて「二つの『ロスト』」っていっているんじゃないの。

③ 生徒C――いや、4段落で官主導の経済政策が成果をあげられなくなったことに触れているでしょ、だから、政府のために努力しても仕方がないし、昇進して高い地位を得たいとも思わなくなってきた。そういう人が多くなって、経済の低迷がつづいていることを、ここで「二つの『ロスト』」と呼んでいるんじゃないかな。

④ 生徒D――そうかなぁ。むしろ規制緩和政策の中で勤勉な富裕層に経済を牽引することを期待したけど効果が出ないし、人びとの欲望を刺激しても消費が伸びていかない。そういうふうに、政策的にも経済的にも見込みがなくなっていることが「二つの『ロスト』」だと思うよ。

⑤ 生徒E――たしかに、欲望のままに消費するのはバカバカしいし、それに、勤勉に働いても報われない。そんなふうに考える人が多くなっているので、欲望と勤勉さのどっちも経済を成長させる重要な要因でなくなった。そんな状況をここでは「二つの『ロスト』」と表現しているんだと思うな。

問5　傍線部**D**「そのような営みへの関心は、資本主義の原理を、新たに動かす駆動因となりうるのではないだろうか。」とあるが、どうしてそのように考えられるのか。その理由として最も適当なものを、次の①～⑤のうちから一つ選べ。解答番号は［9］。

①　「ロスト近代」の人びとは、際限のない消費を捨て自然との融和を志向する創造階級として社会で台頭したいという階層意識をもっている。エコロジーに関心を持つそのような大衆の出現は、新たな消費活動を生むとともに生産の拡大をもたらし、この時代の経済を動かしていく要因になるから。

②　「ロスト近代」の人びとは、クリエイティブな仕方で環境と向き合うことを自分の生き方の原理にし、経済的に成功して高所得をかせぐことを拒否して自然と調和した生活環境を求める中で、これまでと異なる新たな消費を生みつつある。その動きがこの時代の経済を動かしていく要因になるから。

③　「ロスト近代」の人びとは、宣伝に踊らされるのではなく自身の可能性を高めるための本来的な経験を求め、日常の中でイマジネーションを活用して自然と調和することに価値を置く傾向がある。その価値観に基づく新たな消費活動の広がりが、これからの経済を動かしていく要因になるから。

④　「ロスト近代」の人びとは、真にエコロジカルな生活とはリサイクルをしたり有機野菜を食べたりすることだと考えており、そのような自然との融和によって精神的に豊かな生活を送る機会を増やしつつある。その流行が新たな消費を生み、これからの経済を動かしていく要因になるから。

⑤　「ロスト近代」の人びとは、情報産業の担い手としてクリエイティブに生きることに意義を見いだす創造階級にあこがれ、自分も同じような生き方をすることを目指している。その強いあこがれは、新たな欲望と消費を生むきっかけとなり、この時代の経済を動かしていく要因になるから。

問6　この文章の構成・展開の説明として**適当でないもの**を、次の①～⑥のうちから二つ選べ。ただし、解答の順序は問わない。解答番号は 10 ・ 11 。

① 第 1 ～ 3 段落の範囲では、この文章の論点について、概要を説明しつつ提示している。
② 第 1 ～ 3 段落の範囲では、この文章の論点と、それに対する文章全体の主張を提示している。
③ 第 5 ～ 8 段落の範囲では、この文章の論点について、具体例の提示や別の角度からの考察により詳述している。
④ 第 5 ～ 8 段落の範囲では、この文章の論点について説明を加えた上で、この文章全体の問題提起を行っている。
⑤ 第 9 ～ 13 段落の範囲では、具体例を考察してこの文章の主張を抽出し、その主張の妥当性について論じている。
⑥ 第 9 ～ 13 段落の範囲では、具体例に言及した上で前著での主張を引用し、この文章の主張と対比して論じている。

第2問

次の文章は、中野孝次《なかのこうじ》「鳥屋《とや》の日々」（一九七七年発表）の一節で、昭和初期の千葉県市川市が舞台である。義務教育終了間近の小学校六年生のクラスは、進学をめぐって険悪な雰囲気が生まれていた。成績優秀だった「ぼく」は進学を希望していたが、父に話せずにいたところ、担任の林田先生が家を訪ねてきた。以下はその後の場面である。これを読んで、後の問い（問1～6）に答えよ。なお、設問の都合で本文の上に行数を付してある。（配点　50）

やがておそるおそる路地から家をのぞくと、林田先生の姿はもうなくて、母が何やら気落ちしたふうで後片付けをしていた。妹や弟たちも戻ってきていた。母はぼくを見ても何も言わなかった。父は長火鉢の前で帳付けしていた。「もう帰ったの。」「ああ、いまお帰りになったよ」と、母の答《こたえ》も上の空だ。それから父が咳《せき》ばらいして立ち上《あが》って近付いた。ぼくが何か言われるなと身構えていると、父はだまって縁側から草履に足をおろし、履いて歩きだしながら、「中学（注1）なんか、やるわけにいかねえぞ」と、ぼくの顔も見ずに言いわたした。

わが家では、親子の対話どころか、親と子が面と向《むか》って何かを話しあうという習慣さえなかった。言葉であれこれと検討したり言いあうことを面倒がる職人気質《かたぎ》からか、ともかく一番大事な決定は、出て行きがしらに短く一方的に宣告されるだけだった。ただしこの一度言われたことは絶対的で、間違っていても何でも変更されることがなかったが。母なぞはだから父に言われるとどんなに不満であっても黙って服従した。ぼくはそれを知っていたが、このときは、今をはずしたらだめだと必死の思いで、「なぜだよ、なぜだめなんだよ」と叫んだ。叫ぶというその行為だけで、父の背中に浴びせた声はもう半分涙声になっていた。

父は一瞬立ち止《どま》ったが、向《むこ》うをむいたまま、「だめだったらだめだ」と断定的に言い放って、そのまま仕事場にいってしまった。

「先生もね」と母がとりなし顔に言った。「おまえを中学にやるようにって、言いに来てくれたんだけどね。」

「じゃ、なぜウンって言ってくれなかったんだよ。やだ、ぼくだけ中学にいけないなんて、やだっ。」

「父ちゃんはね、職人の子に教育なんかいらないって言うんだよ。それで先生と言いあいみたいになっちゃって、先生にも悪いことしちゃったけど、なまじ学問があると生意気になっていけねえって、それ一本槍《やり》で。父ちゃんはあのとおり一刻者で、言いだしたらきかないんだから。」

「やだっ、じゃ貧乏人の子は一生貧乏でいろっていうのか、うそだ、そんなことはうそだっ。」

「無理言うんじゃないよ。上の兄ちゃんだって一番だったのに、高等科(注2)でおえてるんだからね。おまえだけ中学にやったら兄ちゃんが可哀相《かわいそう》じゃないか。それくらいの理窟はおまえだってわかるだろ。」

「中学にいけないんなら死んだほうがましだ。」

「じゃ勝手におし。これだけ言ってもわかんないんなら、母ちゃんだって知らないよ。よそへいくなりなんなり、どこへでもいって自分で好きにやるがいい。」

母にまでこう(ア)すげなく見離されては、どこといって頼るところのあるわけがない。妹や弟が脅《おび》えたふうに見守る前で、最初の一粒がはつれ落ちると、涙はあとからあとからきりもなく溢《あふ》れ出た。ぼくは蹌踉《そうろう》(注3)と家をはなれ、どこにいっても知った顔があるので、また江戸川の土手まで来ていた。よく晴れた日だった。斜面にしゃがみこんで、なにが「分相応」だ、なにが「高のぞみ」だと、父と母の言葉を思いうかべて二人を呪った。こんなつらい目にあうくらいならいっそ生《うま》れてこなければよかった、なんでこんな家に生れて来たんだろう。土手の枯草《かれくさ》にしゃがみこんで、そんなことを思いながら(イ)うちひしがれた目をみひらいていると、前をオワイ船(注4)の列を従えたポンポン蒸気がまたゆっくりゆっくり河《かわ》を下ってゆく。江戸川はいつもと少しも変りなく、下から下から水を盛りあげながら、不透明な灰緑色に流れている。向う岸のひろい葦《あし》の原は風がくるたびに大きくうねりながらうごいていた。それはぼくが生れて以来見つづけてきたあきあきするほどなれ親しんだ景色だった。だが今は、自分の腹の底にすぽっと穴でもあいたような具合で、力が抜けて、**A**その親しい眺めと自分との関係さえ断ち切れてしまったような気がする。須藤や級長の大木やの顔も思い出され、かれらと自分のあいだにいまはっきりとどうしようもない線が引かれてしまったのをぼくは感じていた。

B ぼくは本当は父が好きだったんだと思う。(注5)五つの子が三キロも離れた仕事場まで一人で歩いていったなんて、その子の放浪癖や家嫌いを考慮に入れても、父への愛着ぬきには考えられない。父は傲慢で無教養で暴力的だったが、十歳のぼくは、その父と田舎へ行くのが嬉《うれ》しかった。彼が人間関係におけるある種の無器用さから、口数乏しくただ生身の自分をそこにつっ立たしておく、おれが何者かはおれの仕事を見て言ってくれというように、傲然とつっ立っているのを見るのが、ぼくは好きだった。そういう父を持ったことが自慢だった。しかし彼が家長である家に生きるということは、彼が好きか嫌いかということとまったく別の問題だった。まっとうに立派な仕事だけしていれば、あとはすべて昔からの仕来りどおりに運んでいけばいいんだと父は頑《かたく》なに信じて疑わぬ人だった。新興住宅地のさまざまな新しい問題をかかえた家族にたいし、父の生れた在所のやり方でおし通そうというのは、ほとんど無謀なまでに向う見ずなことだった。子供の教育一つとってみても、彼の考えは一生涯昔の明治農村の常識をこえることができなかった。兄は、気の弱い従順な孝行息子だったから、それですんだが、ぼくが自分を生かそうと自己主張したとき、それは初めて本格的な父と子の闘争にならずにすまなかった。しかもそれ以後一生涯双方の関係を不幸な歪《ゆが》んだものにしてしまったほどの。

それまで楽天的な、おっちょこちょいのはしゃぎやだった少年が、教室でも急に陰鬱な生徒に変った。須藤はぼくが父に進学を断られた話をすると、「へええ、わからずやの親父《おやじ》さんだな、ぼくが頼んでやろうか」と言ったが、呑気《のんき》坊主の須藤も事態の深刻さがわかってくると、この世には進学したくても出来ない子のあることがのみこめたらしい。「がっかりするなよ、きみはできるんだもの、なんとかなるさ」と、へんな慰め方をした。だが、彼がぼくの絶望の深刻さを知ったのは、このときでなく、やがてある暴力事件が自分の身に起《おこ》ったときだったに違いない。それは長いあいだ、記憶の底にあいた暗い穴として、思いだすたびにいても立ってもいられないような気持《きもち》にさせた出来事なのだが。というのは、ぼくがほかならぬその須藤をいきなり殴りつけたのだ。

冬に近いある日の午後、掃除当番をおえてもう進学組とともに居残らずに外に出てくると、校庭の真中《まんなか》に立つプラタナスの巨木のそばに須藤が一人で立っているのが目に入った。(注6)御真影奉安所に背をむけて、色白のひろい額をまっすぐ鉄棒にむけて、なにか緊張した面持ちで砂場に立っていた。彼一人きりだった。須藤はクラスでただ一人大車輪をやってのける生徒だったから、いま進学組として掃除の終《おわ》るのを待つあいだその練習をしていたらしいことが、すぐわかった。須藤は呑気坊主だが、あることに熱中すると、端正な面長の顔にきりっとした気配が流れて、そういうときの彼は実にいい顔をしていた。いまも彼はそういう表情をみせて、人気のない雨天体操場の暗くしずまったガラス戸の前に立っている。そういう彼を見ているうち、突然なにか狂暴な、わけのわからぬものがうちに衝《つ》きあげてきて、ぼくは(ウ)やみくもに須藤めがけてつっかかっていった。突進していった全身の力で須藤をつき倒し、のしかかり、殴りつけた。自分でもどうしてそんなことをしたのかわからずに、ただ、いま自分はなにか非常に卑怯《ひきょう》な、浅ましいことをしているのだと自覚しながら、泣きながら須藤を殴りつづけた。彼は何が起ったのかわからず手をあげて防戦一方だったが、相手がほかならぬぼくだと知ると、一瞬ぎょっとしたような顔になって、それから「こいつ」と叫び、ふだんおとなしい彼に似ぬはげしさで反撃してきた。そこには裏切られた少年の本当の怒りがあった。ぼくはたちまち逆に組み伏せられ、砂まみれになって殴ったり殴られたりしつづけた。須藤はしかしひとしきり殴りつづけると、急にやめ、立ちあがって、なんともいえぬ表情をしてこっちを見て、むこうへ歩いていった。ぼくは泣きじゃくりながら起きあがり、砂まみれの顔を袖でぬぐいぬぐい、彼と反対の裏門のほうへのろのろ歩きだした。自分のしたことがどんなに理不尽なひどい行為かは自分でもよくわかっていた。それだけに、なおかつそんなことをせずにいられなかった自分がみじめで、やりきれなかった。二人は絵でも作文でも小説好きの点でも、いつも同じことをしてきた、分身といってもいい仲間だった。C須藤を殴るのはまるで自分を殴るのと同じことだったのだ。それだけに、ああこれで何も彼《か》も終りだと思い、ぼくはいっそう暗い気持に沈んだ。

昭和十一年秋、父は須和田に初めて自分の家を建てることができた。木下家が屋敷を建てた当時は農家と地元の酒屋・雑貨屋・自転車屋ぐらいしかなかった、田舎いなかしていた辺《あたり》が、数年のあいだに急に新興住宅地に変りかけていた。新しい家は裏に一面の麦畑をひかえ、明るく、せいせいしていて、国府台街道下の西日のすぐかげる暗い長屋から来た目をたのしませた。麦の穂の出るころには、風に乗って麦のにおいが家の中まで漂ってきた。近所の人の顔ぶれも職業も変った。ほとんどが朝ごとに子供を抱いた妻に見送られて駅へ急ぐサラリーマン家庭で、ここでは細君たちはたがいに「奥さん」と呼びあっていた。根本の家のころは「おかみさん」と呼ばれていた母までが急に「奥さん」に変り、髪の手入れをしたり、身なりに気をつけだして、白いエプロン姿に変ったのが、くすぐったいようだった。

父は四十代なかばで、生涯の一番いい時期にさしかかっていた。新しい家の仕事場には切れ目なしに新材が積み上げられ、いつも数人の職人が通いで働いていた。引越《ひっこ》した翌年七月に蘆溝橋《ろこうきょう》事件が起った。職人たちは連日新聞が伝える皇軍(注7)の進撃ぶりを茶のみ話にして、かれらの威勢のいい無責任な話までがうちの景気の伴奏をしているようだった。父は機嫌がよかった。軍需景気という言葉が当時あったかどうか、ともかく戦争にともなうサラリーマン層の増大が、彼をながいあいだの貧困から救いだす結果になったのは間違いない。近くに次から次へ貸家が新築され、それは建つそばからすぐふさがっていった。裏の麦畑も一年後には新しい住宅群に蚕食されていった。

ぼくは元の小学校の高等科に通いだしていた。校長室に向いあった二階の北側の教室に集められた男女生徒四十人ばかりは、商家や職人や農家の子弟がほとんどで、仕方なしにここへ来ているという諦めと一種の人懐っこさが共通していた。教室で一番熱心に教えられるのはソロバンで、来る日も来る日も「ゴハサンデネガイマシテハ」の声だけが真剣にくりかえされた。一年後には、ぼくをふくめて、クラスの大半が珠算の二級試験に合格したのだから、かなり程度の高い実業教育だったと言っていい。そこへ、毎朝職人がくるころ弁当を入れたカバンを肩にさげて、真間川を渡り、吹きっさらしの田圃《たんぼ》道を越え、真間の黒板塀と松林の三業地(注8)をぬけて通った。夕方うす暗くなって帰るころは、打水《うちみず》した料亭の門先に塩が三つまみ盛りあげられていて、抜きえもん(注9)して襟首を白く浮き立たせた芸者が黒いお座敷着のつまを持ちあげて入ってゆく姿が見られた。学校への行き帰りにもぼくは表通りを避け、裏通りを選んで通っていた。ああ、おれは一番したいことをしないでいる、という思いがいつもあった。意識の底にたえずしこりのようにそんな思いがあって、将来自分が何をしたいのかはわからないけれども、四つ玉ソロバンに夢中で指を走らせているあいだもこれは自分が本当にしたいことじゃないと感じながら、先生がしまいには声をからして読みあげる数字を指で追っていた。きみたちが世の中に出るには、ソロバンをしっかり身につけなければだめだ、と越川先生はいつも言っていた。こわい顔をした長身の先生は、須和田の家の奥のほうに最近越してきた人で、先生が中学にいけなかった生徒たちに社会有用の技術を身につけさせようとしている熱意は、無気力な生徒全員の心にしみた。ソロバンを中心にしてクラスには肌をよせあう敗残兵のような空気があり、**D**ぼくは生ぬるい湯につかるようにその空気になじんでいった。

（注）1　中学――当時の学校制度で小学校の義務教育を終えた男子が進学する学校。上級学校への進学を主目的とするエリート養成機関という側面があった。

2　高等科――当時の学校制度で小学校の上に設置され、義務教育終了後に引き続き初等教育を施した学校のこと。その進学者は、将来の進路が中学進学者と大きく異なった。

3　蹌踉と――よろめくように。ふらふらとしながら。

4　オワイ船の列を従えたポンポン蒸気――オワイ船は糞《ふん》尿などを積んで運ぶ船。ポンポン蒸気は、ぽんぽんとエンジン音をたてて走る小さな船。

5　五つの子が三キロも離れた仕事場まで一人で歩いていった――「ぼく」の幼少期の記憶として、父の仕事場（73行目に出てくる木下家の建築現場）に一人で歩いて行ったことが、本文より前の場面に記されている。

6　御真影奉安所――天皇・皇后の写真（御真影）を安置してある場所。当時、ほぼすべての学校に存在した。

7　皇軍――当時の日本の軍隊を指す呼称の一つ。

8　三業地――かつて、料理屋などの営業が許可された場所。

9　抜きえもん――和服の着方の一つ。胸元の合わせ目（衣紋《えもん》）を押し上げて後ろ襟を引き下げ、首筋がのぞくようにしたもの。

問1　傍線部(ア)～(ウ)の本文中における意味として最も適当なものを、次の各群の①～⑤のうちから、それぞれ一つずつ選べ。解答番号は 12 ～ 14 。

(ア) すげなく 12
① 冷淡に
② なすすべなく
③ 一方的に
④ 思いがけなく
⑤ 嫌味っぽく

(イ) うちひしがれた 13
① 不満が収まらず恨むような
② 疲れ切ってしょぼくれた
③ 気が動転してうろたえた
④ 気力を失ってうつろな
⑤ しょげ返って涙にうるんだ

(ウ) やみくもに 14
① 不意をついて
② 敵意をあらわに
③ やむにやまれず
④ 前後の見境なく
⑤ 目標を見据えて

問2　傍線部A「その親しい眺めと自分との関係さえ断ち切れてしまったような気がする」とあるが、それはどういうことか。その説明として最も適当なものを、次の①〜⑤のうちから一つ選べ。解答番号は 15 。

① 中学校への進学が許されず、父ばかりではなく母にも理解を得られなかったことによって、深くなじんだ当たり前の世界とのつながりまでが失われてしまったように感じているということ。

② 中学校への進学が許されず、死を意識するほど悲しんでいるのに、自分に寄り添ってくれると思っていた風景までもがいつもと変わらないでいることにうらめしさを感じているということ。

③ 中学校への進学が許されず、誰かの力を借りることも望めなくなったために、いつも元気づけてくれていた景色までがもはや自分を見離してしまっているかのように感じているということ。

④ 中学校への進学が許されず、親にも理解されない自分の生い立ちのみじめさを悲観しているため、生まれた時からそこにある光景への慕わしさそのものまで疎ましく感じているということ。

⑤ 中学校への進学が許されず、自分の希望を受け入れてもらえない境遇に絶望したことにより、自分を取り巻いてきた環境への親近感や甘えの気持ちまで捨て去ろうと感じているということ。

問3　傍線部B「ぼくは本当は父が好きだったんだと思う。」とあるが、この一文にあらわれた「ぼく」の心情はどのようなものか。その説明として最も適当なものを、次の①～⑤のうちから一つ選べ。解答番号は 16 。

① 暴力的で融通が利かない父に対し不満な気持ちを抱いてきた。しかし、その背後に打ち消しきれない好意があったことにも気づいており、ようやくその感情に素直になることができている。

② ひそかに自慢に思っていた職人気質の父と本当は理解し合いたいと思ってきた。しかし、自分の希望に耳を貸さなかったことが忘れられず、今でも父への愛情を手放しに認められずにいる。

③ 先生の話も聞かず自分の進学を認めなかった父をいまだに許容できずにいた。しかし、少年時より職人としての父へのあこがれもあり、今もなお捨てきれない親愛の情をもてあましている。

④ 自分の希望を理解しようともしない父に強い反発心を抱いてきた。しかし、その底には職人気質の父を誇りに思う心情が潜んでおり、そのことをためらいながらもあらためて確認している。

⑤ 進学についての意見の相違によって父との対立は修復できないものになったと感じてきた。しかし、無邪気に愛情を示していた頃を思い出し、もう和解すべきだと自分に言い聞かせている。

問4　傍線部C「須藤を殴るのはまるで自分を殴るのと同じことだったのだ。」とあるが、それはどういうことか。その説明として最も適当なものを、次の①～⑤のうちから一つ選べ。解答番号は 17 。

① のびのびと鉄棒の練習をしていた須藤の姿は、快活だった過去の自分を思い出させるものだった。須藤を殴る行為は、暗い性格に変わった自分が今後沈んだ気持ちのまま生きていくことを決定的にしてしまう行為だったということ。

② 真剣な様子で鉄棒の練習をしていた須藤の姿は、自分と重なる存在だった彼との距離を強く意識させるものだった。須藤を殴る行為は、大切な二人の関係を修復できなくすることで、自分を孤独に追い込む行為だったということ。

③ 一人きりで鉄棒の練習をしていた須藤の姿は、自分がなりたかった存在を痛切に感じさせるものだった。須藤を殴る行為は、理想に到達できなくなったという絶望感がひきおこした、自分自身を激しく否定する行為だったということ。

④ 目立つ場所で鉄棒の練習をしていた須藤の姿は、苦労なく進学できる呑気さのあらわれに思えるものだった。須藤を殴る行為は、彼への反発とともに、状況を変えられないいら立ちから出た自分を傷つける行為でもあったということ。

⑤ 掃除もせずに鉄棒の練習をしていた須藤の姿は、「ぼく」の心情を考慮しない、自分への裏切りといえる無神経なものだった。須藤を殴る行為は、彼を心から信頼していた自分自身への怒りのあらわれとしての行為だったということ。

問5　傍線部D「ぼくは生ぬるい湯につかるようにその空気になじんでいった」とあるが、それはどういうことか。その説明として最も適当なものを、次の①～⑤のうちから一つ選べ。解答番号は 18 。

① くりかえされるソロバンの授業は、世に出るための質の高い実業教育だということを生徒も感じ始めていた。かつては中学への進学に対して強い情熱を持っていた「ぼく」も、二級試験に合格するくらいソロバンに習熟し、そこに将来の可能性を漠然とながら感じ始めていったということ。

② 中学に行けなかったという傷を抱えた生徒たちは、抜け殻のようになれ合いの生活を送っていた。かつては中学への進学に対して強い情熱を持っていた「ぼく」も、現実社会と向き合えずに、自分は将来何になれるかなどを中途半端な気持ちのまま空想することが増えていったということ。

③ 熱意あるソロバンの授業は、進学を諦めた生徒が希望を喪失することをかろうじて防ぎ、なぐさめ合うような連帯感を生んでいた。かつては中学への進学に対して強い情熱を持っていた「ぼく」も、進学を断念したときの思いが薄れ、充実感に乏しい現状となれ合うようになっていったということ。

④ 進学の道が閉ざされてむなしく過ごす生徒たちは、社会で活躍する将来を思い描けない中途半端な生活を送っていた。かつては中学への進学に対して強い情熱を持っていた「ぼく」は、志望を変更して高等科に通っているという羞恥心から、人目を避けるような生活が日常になっていったということ。

⑤ 質の高いソロバンの授業に影響されて、中学に行けなかった生徒たちは希望を見出し始めていた。かつては中学への進学に対して強い情熱を持っていた「ぼく」も、軍需景気で活気づく社会に鼓舞されるように、実業教育を中心にした毎日の生活に居心地の良さを覚え始めていったということ。

問6　この文章の表現に関する説明として**適当でないもの**を、次の①～⑥のうちから二つ選べ。ただし、解答の順序は問わない。解答番号は 19 ・ 20 。

① 2行目「妹や弟たちも戻ってきていた。母はぼくを見ても何も言わなかった。父は長火鉢の前で帳付けしていた。」は、短い文の連続によって「ぼく」の意識が妹弟、母、父へと移っていることを示し、その場の状況をうかがう「ぼく」の様子を伝えている。

② 37行目から72行目までは、具体的な会話や風景描写の少ない説明的な文章が続いた後、須藤に対する暴力事件のことが具体的な描写や心情の記述を伴って詳しく描かれる。このような記述は、事件が「ぼく」にとって特別な出来事であったことを示している。

③ 46行目「しかもそれ以後一生涯双方の関係を不幸な歪《ゆが》んだものにしてしまったほどの。」は、文を途中で中止して後を省略することによって、父との関係を振り返る「ぼく」の思いを、余韻を残しながら印象づけている。

④ 48行目「それまで楽天的な、おっちょこちょいのはしゃぎやだった少年が、教室でも急に陰鬱な生徒に変った。」は、自らのことを「少年」「生徒」という言葉で示すことによって当時の自分を対象化し、陰鬱となった理由を分析しようとしている表現である。

⑤ 84行目「裏の麦畑も一年後には新しい住宅群に蚕食されていった。」では、住宅建設で近所の自然が徐々に破壊されていくことへの「ぼく」の危機感が、蚕が桑の葉を端から少しずつむしばんでいく視覚イメージによってたとえられている。

⑥ 88行目でカタカナ書きされた「ゴハサンデネガイマシテハ」は、「ぼく」がこの声を、その意味を意識するよりも単なる音の連続として捉えていることを示しており、日々くりかえされる授業の単調さを印象づける効果を持っている。

第3問

次の文章は『鳥部山物語《とりべやま》』の一節である。主人公の民部《みんぶ》は上京中、弁君《べんのきみ》という美しい若者と想い合う仲になるが、東国に戻り離ればなれとなる。都に残された弁君は恋しさのあまり、病に臥《ふ》せってしまう。本文は、民部が弁君の育て役であるめのとの訪問を受け、弁君の危篤を知らされる場面から始まる。これを読んで、後の問い（問1～6）に答えよ。（配点　50）

民部に対面《たいめ》して、「かうかうのこと侍《はべ》るをば、いかにあはれとはおぼえ給《たま》はずや」と言ふより、まづ涙にむせびければ、聞く心地ものもおぼえず。しばらくありて聞こゆるやう、「さればよ。（注1）さること侍りしを、よろづ世の中のつつましさに(ア)しるく言ひ出《い》づることのかなはでうち過ぐし、そこにさへ知らせ侍らざりしを、今かうたづね来たり**a**給ふことの面《おもて》伏《ぶ》せさよ。我も都を出でしより片時忘れ**b**参らすることは侍らねど、誰も心に任せぬ渡らひにて、いたづらに今日までは過ぐしつ。切《せち》なる思ひのよし、聞くもいとたへがたく侍り。いかにもしてあひ見侍らむ」とて、やがて立ち出でて、昔なやめるころ、いとまめやかになぐさめける同朋《どうぼう》（注2）のもとに行きてたばかるやう、「年ごろ心づくしに思ひ置きつるゆかりの者、このほど都近きところまで上《のぼ》り侍るが、はからざるに病にをかされて世の中も頼み少なになりゆくままに、そと聞こえあはすべきことのあれば命のあらむほど今一度《ひとたび》と、とみに告げこし**c**侍り。あはれ、そこのはからひにて三十日《みそか》あまりのいとま賜りて、ただ一目見もし、見えばや」と嘆くを、いかで難かるべきとて、やがて和尚（注3）へ聞こえ奉りければ、ことわりなればとて**A**御いとま賜りぬ。

二人の者いとうれしき事に思ひて、時しも秋風の涙もよほすおとづれに、虫も数々鳴きそへて、草の袂《たもと》も露深く、月押し分くる武蔵野を、まだ東雲《しののめ》（注4）に思ひ立ちぬ。やうやう行けば、富士の高嶺《たかね》に降る雪も、積もる思ひに寄《よ》そへられつつ、

X　消えがたき富士のみ雪にたぐへてもなほ長かれと思ふ命ぞ

など、胸よりあまることども口ずさみつつもてゆくほどに、清見関《きよみがせき》（注5）の磯枕、涙かたしく袖の上は、とけてもさすが寝られぬを、海士《あま》（注6）の磯屋に旅寝して波のよるひるといへるも、我が身の上に思ひ知られて、大方ならぬ悲しさ、また何にかは似るべき。

Y　なかなかに心づくしに先立ちて我さへ波のあはで消えなむ

わりなさのあまりなるべし。

日もやうやう重なるままに土山《つちやま》(注7)といふ駅《むまや》に着きぬ。明くる空は都へと心ざし、よろこびあへる中にも(イ)いとど心やましきに、都よりとて文持て来たり。あはやいかにと胸うち騒ぎて、とく開き見れば、

なやめる人、日にそひ弱りゆきて、昨日の暮れかかるほどになむ絶え入り侍りぬる。

とあるを、見るに目くれ心まどひて、これやいかにと夢のわたりの浮き橋をたどる心地なむしける。民部、涙のひまなきにも、「今一度の頼みにこそはるばるたどり来しに、一日二日《ひとひふたひ》を待たで消えにし露のはかなさよ。かからむとてのあらましにや、同じ(注8)限りのとは嘆き給ひにけむ。されば、我ゆゑむなしくなりし人を、今はの際にさへ一目見 d 給はぬ、そこの心の内推しはかるもうたておぼゆ。(注9)むつきの中より見そなはし給ふ人なれば、(ウ)いかばかりかあへなしと思ひ給はむ。我もこれまで立ち越えし上は、いそぎ都へ上りて、頼りなく嘆き給はむ父母の御心をもなぐさめ、また亡き人の後のわざをもいとなみ侍らばや」と聞こえければ、「ありがたき御心にこそ。かくまでものし給ふ上は B 何の恨みか侍らむ。ただ亡き人の命のもろさこそ、とにもかくにもせむ方なけれ」とて、また泣き沈みける気色、いとわりなしともわりなし。民部もたえだえ鼻うちかみて、「後れ先立つはかなさは大方の世のさがなれど、かかるためしこそ聞きもならはね」とうち嘆きつつ、明くる日の暮れかかるほどに都になむ着きぬる。

(注)
1 さること —— 自分と弁君とが深い仲にあったこと。
2 同朋 —— 仲間。民部と「同朋」はともに「和尚」に仕える身である。
3 秋風の涙もよほすおとづれに —— 「秋風や涙もよほすつまならむおとづれしより袖のかはかぬ」(『千載和歌集』)を踏まえる。
4 東雲 —— 夜明け方を表す表現。
5 清見関の磯枕 —— 「清見関」は静岡県静岡市興津《おきつ》にあった関所。「磯枕」は海辺に旅寝することをいう。
6 海士の磯屋に旅寝して波のよるひる —— 「藻塩《もしほ》焼くあまの苫屋《とまや》に旅寝して波のよるひる人ぞ恋しき」(『堀河百首』)を踏まえる。
7 土山 —— 滋賀県甲賀《こうか》市の地名。
8 同じ限りの —— 弁君は別れの際、「同じ限りの命ならずは」と、死んでも離れたくない思いを民部に訴え、「命」に言及していた。
9 むつきの中より —— 幼いころから。

問1　傍線部(ア)～(ウ)の解釈として最も適当なものを、次の各群の①～⑤のうちから、それぞれ一つずつ選べ。解答番号は 21 ～ 23 。

(ア) しるく言ひ出づることのかなはで 21
① 大胆に告白することを我慢して
② はっきり言い出すことができないで
③ すすんで口に出すことがはばかられて
④ 懸命にお願いしたかいもなく
⑤ うまく言葉で伝えるのが難しくて

(イ) いとど心やましきに 22
① とても気がゆるんでいるところに
② ますます気が高ぶっているところに
③ たいそう心もとないところに
④ いっそう気をもんでいるところに
⑤ たいへん後ろめたいところに

(ウ) いかばかりかあへなしと思ひ給はむ 23
① どんなにかあっけないとお思いでしょう
② どんなに気落ちしているかと拝察いたします
③ どんなにつまらないとお思いになるでしょう
④ 本当にどうしようもないとお思いでしょうか
⑤ どれくらい無念にお思いなのでしょうか

問2　波線部**a**～**d**の敬語について、それぞれの敬意の対象は誰か。その組合せとして正しいものを、次の①～⑤のうちから一つ選べ。解答番号は 24 。

① **a** 民部　**b** めのと　**c** ゆかりの者　**d** 弁君
② **a** 民部　**b** めのと　**c** 同朋　**d** 民部
③ **a** めのと　**b** 民部　**c** ゆかりの者　**d** めのと
④ **a** めのと　**b** 弁君　**c** 同朋　**d** 弁君
⑤ **a** めのと　**b** 弁君　**c** 同朋　**d** めのと

問3　傍線部**A**「御いとま賜りぬ」とあるが、民部はどのようにして「いとま」を得たのか。その説明として最も適当なものを、次の①～⑤のうちから一つ選べ。解答番号は 25 。

① 以前なやんでいた同朋の相談に乗った、その見返りとして、同朋にひと月の休みを譲ってくれと民部は交渉した。
② 同朋と和尚に、都に残してきた愛する人が危篤に陥ったことを告げ、死ぬ前にもう一度会いたいと民部は懇願した。
③ 病気の知人に会いたいと同朋に嘆いてみせ、和尚をあざむくために協力してもらえないかと民部は依頼した。
④ 知人が旅の途中で思いがけず病気になったので、都を一目見るための手助けをしたいと、民部は同朋に訴えた。
⑤ 病気で命も危うい知人が、死ぬ前にもう一度自分に会いたがっていると、民部は同朋を通して和尚に伝えた。

問4　和歌**X**・**Y**についての説明として最も適当なものを、次の①～⑤のうちから一つ選べ。解答番号は 26 。

① **X**では、富士の雪の消えがたさに託して、弁君の延命を願う気持ちが表現されている。**Y**では、中途半端に弁君の身を心配するくらいなら自分が身代わりに死んでしまいたい、という願いが波にたとえて表現されている。

② **X**では、富士の雪になぞらえつつ、弁君の命が消えないでほしいと願う気持ちが表現されている。**Y**では、弁君の身を心配するあまり再会前に自分の命が消えてしまいそうだ、という思いが波に託して表現されている。

③ **X**では、消えることのない富士の雪の深さになぞらえて、弁君の身を思う心情が表現されている。**Y**では、弁君の身を案ずる苦しさに堪えかね、再会をはたす前にいっそ死んだ方がましだ、という思いが波に託して表現されている。

④ **X**では、雪の残る清らかな富士の地に弁君を連れてきて、ゆっくり養生させたいと思う気持ちが表現されている。**Y**では、弁君の容態を心配し続ける気苦労を消し去ってほしい、という願いが波の泡にたとえて表現されている。

⑤ **X**では、弁君の長命を願う思いの深さが、富士に積もった雪になぞらえて表現されている。**Y**では、それがかなわぬ願いならば再会のあかつきにはいっそ二人で死んでしまいたい、という思いが波にたとえて表現されている。

問5　傍線部B「何の恨みか侍らむ」とあるが、めのとはなぜそのように考えるのか。その理由として最も適当なものを、次の①～⑤のうちから一つ選べ。解答番号は 27 。

① 弁君の死に接し、民部は悔恨の念に堪えられず、嘆く両親のために養子となって弁君の後を継ぐことを承諾する。そのことに育て役として気の晴れる思いがしたから。

② 民部は自らの悲しみに堪えてめのとを気遣い、その上、急ぎ上京して、弁君の葬儀のとりしきりや傷心の両親を慰めることを申し出る。そのことに誠意を感じたから。

③ 民部は自分のせいで弁君が亡くなったと泣いて悔いる一方で、幼いころから世話してきためのとより、自分の方が弁君への愛情が深かったとほのめかす。そのことを哀れに感じたから。

④ 東国での民部は弁君への想いを断ち切ったはずだったが、都への道中では、弁君への想いやその身を案ずる気持ちが次第に強まっていく。その態度に民部の真情を見た思いがしたから。

⑤ 民部は弁君を亡くして深く悲しんでいるようにふるまうものの、和歌の名所をめぐるために同朋とともに和尚をだますなど、罪の意識が希薄である。その態度に不快感を覚えたから。

問6　この文章の内容・表現の説明として適当でないものを、次の①～⑤のうちから一つ選べ。解答番号は 28 。

① 民部は、はるばる東国まで訪ねてきためのとから、弁君の病状やその切実な思いを知らされる。弁君との関係を伝えていなかっためのとに面目なさを感じつつ、弁君との再会をはたすべく、すぐに上京できるよう画策する。

② 民部とめのとが都を目指す場面の一部は、五音・七音を基調としたリズムある文章でつづられている。これによって、文章の調子に変化が与えられ、秋の風情と民部たちの哀感がより印象的に描き出されている。

③ 「富士の高嶺に降る雪」から「積もる思ひ」が導かれ、「波のよるひる」には「寄る干る」と「夜昼」が掛けられ、夜も昼も弁君の身を案ずる気持ちが表される。民部とめのとの道中は、その景物が二人の心境に重なる表現で描かれている。

④ 民部は、都から届いた悲報を受け、弁君がのこした別れ際の言葉を思い出す。「同じ限りの命」という言葉を受けとめ、自らも後を追うことで、夢の浮き橋を渡って弁君のもとにたどり着きたいと思い始める。

⑤ 弁君がはかなく逝ってしまい、明日にも対面できると思っていためのとは涙に沈み、人との別れは運命だと頭ではわかっていてもなかなか受け入れがたいと民部も嘆く。二人は悲嘆の思いを抱きつつ、ようやく都に到着する。

第4問

次の文章は、「生日」（誕生日）について述べたものである。これを読んで、後の問い（問1～6）に答えよ。なお、設問の都合で返り点・送り仮名を省いたところがある。（配点　50）

生日之礼(ア)ハ、古人ニ所ナリレ無キ。『顔氏家訓』(注1)ニ曰ハク、「江南(注2)ノ風俗、児生マレテ一期(注3)、為ニ制《つくり》二新衣ヲ一、盥《くわん》浴《よく》(注4)装飾ス。男ハ則チ用ヒ二弓矢紙筆ヲ一、女ハ則チ刀尺鍼《しん》縷《る》(注5)アリ、並ビニ加ヘ二飲食之物、及ビ珍宝服玩(注6)ヲ一、置ク二之ヲ児ノ前ニ一。観《み》二其ノ発シテレ意ヲ所ヲ一レ取ル、以テ験《ためス》二貪廉智《ち》愚《ぐ》ヲ一。A名ツケテレ之ヲ為ス二試児(注7)ト一。親表聚《しゅう》集《しふ》スレバ、因リテ成ス二宴会ヲ一。自《よ》リレ茲《これ》以後、二親若シ在レバ、毎《ごと》ニレ至ル二此ノ日ニ一、常ニ有リ二飲食之事一。無教(注8)之徒ハ、雖モ二已ニ孤露(注9)タリト一、其ノ日ハ皆為シ二供頓(注10)ヲ一、酣《かん》暢《ちやう》(注11)声楽シ、B不知有所感傷。梁《りやう》ノ孝元(注12)年少之時、毎ニ八月六日、載誕(注13)之辰《しん》、嘗《つね》ニ設ク二斎講(注14)ヲ一。自リ二阮《げん》脩《しう》容《よう》ノ(注15)薨《みまか》リテ一後、C此ノ事亦《また》絶ユト」。是レ此ノ礼ハ起コル二於斉《せい》梁《りやう》之間ヨリ一。

逮《およ》ビ二唐宋以後ニ一、D自天子至於庶人、無クレ不ル三崇飾(注16)セ二此ノ日ヲ一、開キレ筵《えん》ヲ(注17)召シレ客ヲ、賦シレ詩ヲ(イ)称レ寿。E而ルニ於《おいテ》ニ昔人ノ反《かへり》レ本《もと》ニ楽シムレ生ヲ之意ニ一、去ルコトレ之ヲ遠シ矣。

（顧炎武《こえんぶ》『日知録《にっちろく》』による）

（注）
1　『顔氏家訓』——中国南北朝時代の顔之推《がんしすい》が著した書物。
2　江南——長江下流の地域を指す。中国南北朝時代には、本文中に出てくる斉や梁などの王朝が支配した。
3　一期——一年。
4　盥浴装飾——体を洗ってやり着飾らせる。
5　刀尺鍼縷——ハサミ、物差し、針、糸。裁縫に使う道具。
6　服玩——装飾品やおもちゃ。
7　親表聚集——親戚が集まる。
8　無教之徒——教養のない連中。
9　孤露——親を亡くしてしまう。
10　為二供頓一——酒を出して客をもてなす。
11　酣暢声楽——酒を飲んでくつろぎ、歌や楽器の演奏に興じる。
12　梁孝元——梁の第四代皇帝である孝元帝。
13　載誕之辰——誕生日。
14　斎講——僧侶を招いて仏法を説いてもらう行事。そこには多くの聴衆が集まり、にぎやかな場となった。
15　阮脩容薨——孝元帝の生母・阮脩容が亡くなる。
16　崇飾——立派に飾り立てる。
17　開筵——宴席を設ける。

問1　波線部(ア)「礼」・(イ)「称レ寿」のここでの意味として最も適当なものを、次の各群の①～⑤のうちから、それぞれ一つずつ選べ。解答番号は 29 ・ 30 。

(ア)「礼」 29
① 両親に対する感謝
② お祝いの儀式
③ 成長を喜ぶ贈り物
④ 子供への説教
⑤ 盛大な宴席

(イ)「称レ寿」 30
① 寿の字を使い詩を作る
② 結婚の喜びをうたう
③ 年齢を言い当てる
④ 久しい交友関係を願う
⑤ 長生きをお祝いする

問2　傍線部A「名レ之為二試児一」とあるが、「試児」という名称になったのはなぜか。その理由として最も適当なものを、次の①～⑤のうちから一つ選べ。解答番号は 31 。

① 様々な物を子供の前に並べ、それらをどう扱うかによって、親が彼らの成長の度合いを測るから。
② 様々な物を子供の前に並べ、興味を示す物を予想して、親が自分の子供を理解しているか確かめるから。
③ 様々な物を子供の前に並べ、何を手にするかに応じて、親が彼らの持つ素質や志向を調べるから。
④ 様々な物を子供の前に並べ、つかもうとする物に合わせて、親が自分の教育方針を決めるから。
⑤ 様々な物を子供の前に並べ、どれに喜びを表すかを見て、親が彼らに合った誕生日の贈り物を選ぶから。

問3　傍線部B「不知有所感傷」について、(i)書き下し文・(ii)その解釈として最も適当なものを、次の各群の①～⑤のうちから、それぞれ一つずつ選べ。解答番号は 32 ・ 33 。

(i)　書き下し文　32

① 感ずる所有るを知らざるは傷なり
② 知らざるに感じて傷《いた》む所有り
③ 所有るを知らずして感じ傷まん
④ 知らずして感ずる所の傷有り
⑤ 感じて傷む所有るを知らず

(ii)　解釈　33

① 亡き親は、子供が悲しみに浸るべき場面を心得ていないことに傷付くだろう。
② 気が付かないうちに、亡き親への思いに伴う心の傷が生じてしまうのだ。
③ 亡き親への思いからくる悲しみに浸ることなど、考えもしない。
④ 子供の本心が理解してもらえないことに、悲しみの感情が湧いてきてしまう。
⑤ 亡き親への思いというものを理解できないのは、嘆かわしいことだ。

問4　傍線部C「此 事 亦 絶」とあるが、これはどういうことか。その説明として最も適当なものを、次の①～⑤のうちから一つ選べ。解答番号は 34 。

① 梁の孝元帝は、母親が亡くなってしまってからも誕生日に斎講を行わないことだけは拒んだということ。
② 梁の孝元帝は、母親が亡くなってしまってからは誕生日以外にも斎講を催さなくなったということ。
③ 梁の孝元帝は、母親が亡くなってしまってからは誕生日の斎講で宴会を開かなくなったということ。
④ 梁の孝元帝は、母親が亡くなってしまってからは誕生日に斎講を催す習慣をやめたということ。
⑤ 梁の孝元帝は、母親が亡くなってしまってからも誕生日の斎講では悲しまなかったということ。

問5　傍線部D「自二天子一至二於庶人一」という表現に関する説明として最も適当なものを、次の①～⑤のうちから一つ選べ。解答番号は 35 。

① 天子（皇帝）を起点とし庶人（庶民）を終点とすることで、上位者と下位者を提示し、両者の間にある身分差をはっきりさせている。

② 天子と庶人を並列させることで、両者の関係が密接であることを表現し、理想的な政治が行われていることを示唆している。

③ 天子を起点とし庶人を終点とすることで、身分階層の上下の範囲を指定し、その間に位置するあらゆる人々を指している。

④ 天子と庶人を並列させることで、先に『顔氏家訓』の文章では、両者に関する習慣が紹介されていたことを確認している。

⑤ 天子を起点とし庶人を終点とすることで、梁の天子による斎講の習慣が、唐宋の時代になると庶人にまで及んだことを表している。

問6　傍線部E「而於二昔人反レ本楽レ生之意一、去レ之遠矣」とあるが、ここでの筆者の主張として最も適当なものを、次の①～⑤のうちから一つ選べ。解答番号は 36 。

① 唐や宋より後の時代になると、人々は誕生日を盛んに祝い、宴会を開き楽しむばかりとなった。これでは、自分を生んだ両親に思いをはせ、そのおかげで生きていられることに感謝するという、昔の人が考えた誕生日の意義からはかけ離れてしまっている。

② 唐や宋より後の時代になると、庶民は子供の好みを最優先に、誕生日の贈り物を選ぶようになった。昔の親は、子供が将来楽をできるよう、誕生日には子供の成長に見合った物を贈ったが、今の親は甘やかすばかりで、子供は親の期待から大きく外れて成長してしまっている。

③ 唐や宋より後の時代になると、誕生日は友人ばかりで集まることが習慣となった。昔の人は、誕生日には決まって両親の家に帰って二人が健在であることを喜び、彼らの健康を願ったというが、今の人は両親の家からすっかり足が遠のいてしまっている。

④ 唐や宋より後の時代になると、庶民までもが誕生日に両親のための大規模な斎講を催し始めた。斎講とは、元来は皇帝が母親を供養すると同時に自らの誕生日を祝うという、特別な階級だけに許された行事であったのに、彼らの特権がどんどん失われてしまっている。

⑤ 唐や宋より後の時代になると、詩人たちは誕生日に詩を作って遊ぶことに夢中で、勉強を怠るようになった。昔の親は、学問に励んでほしいと願って誕生日には男児に紙や筆を贈ったが、後の世の詩人たちはその意図をまったく理解できなくなってしまっている。

2017

本試験

80分　200点

第1問

次の文章は、二〇〇二年に刊行された科学論の一節である。これを読んで、後の問い（問1～6）に答えよ。なお、設問の都合で本文の段落に 1 ～ 13 の番号を付してある。また、表記を一部改めている。（配点　50）

1　現代社会は科学技術に依存した社会である。近代科学の成立期とされる十六世紀、十七世紀においては、そもそも「科学」という名称で認知されるような知的活動は存在せず、伝統的な自然哲学の一環としての、一部の好事家による楽しみの側面が強かった。しかし、十九世紀になると、科学研究は「科学者」という職業的専門家によって各種高等教育機関で営まれる知識生産へと変容し始める。既存の知識の改訂と拡大のみを生業とする集団を社会に組み込むことになったのである。さらに二十世紀になり、国民国家の競争の時代になると、科学は技術的な威力と結びつくことによって、この競争の重要な戦力としての力を発揮し始める。二度にわたる世界大戦が科学－技術の社会における位置づけを決定的にしていったのである。

2　第二次世界大戦以後、科学技術という営みの存在は膨張を続ける。プライス（注1）によれば、科学技術という営みは十七世紀以来、十五年で(ア)バイゾウするという速度で膨張してきており、二十世紀後半の科学技術の存在はGNP（注2）の二パーセント強の投資を要求するまでになってきているのである。現代の科学技術は、かつてのような思弁的、宇宙論的伝統に基づく自然哲学的性格を失い、**A**先進国の社会体制を維持する重要な装置となってきている。

3　十九世紀から二十世紀前半にかけては科学という営みの規模は小さく、にもかかわらず技術と結びつき始めた科学－技術は社会の諸問題を解決する能力を持っていた。「もっと科学を」というスローガンが説得力を持ち得た所以《ゆえん》である。しかし二十世紀後半の科学－技術は両面価値的存在になり始める。現代の科学－技術では、自然の仕組みを解明し、宇宙を説明するという営みの比重が下がり、実験室の中に天然では生じない条件を作り出し、そのもとでさまざまな人工物を作り出すなど、自然に介入し、操作する能力の開発に重点が移動している。その結果、永らく人類を脅かし苦しめてきた病や災害といった自然の脅威を制御できるようになってきたが、同時に、科学－技術の作り出した人工物が人類にさまざまな災いをもたらし始めてもいるのである。科学－技術が恐るべき速度で生み出す新知識が、われわれの日々の生活に商品や製品として放出されてくる。いわゆる「環境ホルモン」(注3)や地球環境問題、先端医療、情報技術などがその例である。B こうして「もっと科学を」というスローガンの説得力は低下し始め、「科学が問題ではないか」という新たな意識が社会に生まれ始めているのである。

4 しかし、科学者は依然として「もっと科学を」という発想になじんでおり、このような「科学が問題ではないか」という問いかけを、科学に対する無知や誤解から生まれた情緒的反発とみなしがちである。ここからは、素人の一般市民への科学教育の充実や、科学啓蒙《けいもう》プログラムの展開という発想しか生まれないのである。

5 このような状況に一石を投じたのが科学社会学者のコリンズとピンチ(注4)の『ゴレム』である。ゴレムとはユダヤの神話に登場する怪物である。人間が水と土から創り出した怪物で、魔術的力を備え、日々その力を増加させつつ成長する。人間の命令に従い、人間の代わりに仕事をし、外敵から守ってくれる。しかしこの怪物は不器用で危険な存在でもあり、適切に制御しなければ主人を破壊する威力を持っている。コリンズとピンチは、現代では、科学が、全面的に善なる存在か全面的に悪なる存在かのどちらかのイメージに引き裂かれているという。そして、このような分裂したイメージを生んだ理由は、科学が実在と直結した無謬《むびゅう》の知識という神のイメージで捉えられてきており、科学が自らを実態以上に美化することによって過大な約束をし、それが必ずしも実現しないことが幻滅を生み出したからだという。つまり、全面的に善なる存在というイメージが科学者から振りまかれ、他方、チェルノブイリ事故(注5)や狂牛病(注6)に象徴されるような事件によって科学への幻滅が生じ、一転して全面的に悪なる存在というイメージに変わったというのである。

6 コリンズとピンチの処方箋は、科学者が振りまいた当初の「実在と直結した無謬の知識という神のイメージ」を科学の実態に即した「不確実で失敗しがちな向こう見ずでへまをする巨人のイメージ」、つまり C ゴレムのイメージに取りかえることを主張したのである。そして、科学史から七つの具体的な実験をめぐる論争を取り上げ、近年の科学社会学研究に基づくケーススタディーを提示し、科学上の論争の終結がおよそ科学哲学者が想定するような論理的、方法論的決着ではなく、さまざまなヨウ(イ)インが絡んで生じていることを明らかにしたのである。

7 彼らが扱ったケーススタディーの一例を挙げよう。一九六九年にウェーバー(注7)が、十二年の歳月をかけて開発した実験装置を用いて、重力波（注8）の測定に成功したと発表した。これをきっかけに、追試をする研究者があらわれ、重力波の存在をめぐって論争となったのである。この論争において、実験はどのような役割を果たしていたかという点が興味深い。追試実験から、ウェーバーの結果を否定するようなデータを手に入れた科学者は、それを発表するかいなかという選択の際に(ウ)ヤッカイな問題を抱え込むのである。否定的な結果を発表することは、ウェーバーの実験が誤りであり、このような大きな値の重力波は存在しないという主張をすることになる。しかし、実は批判者の追試実験の方に不備があり、本当はウェーバーの検出した重力波が存在するということが明らかになれば、この追試実験の結果によって彼は自らの実験能力の低さを公表することになる。

8 学生実験の場合には、実験をする前におおよそどのような結果になるかがわかっており、それと食い違えば実験の失敗がセン(エ)コクされる。しかし現実の科学では必ずしもそうはことが進まない。重力波の場合、どのような結果になれば実験は成功といえるかがわからないのである。重力波が検出されれば、実験は成功なのか、それとも重力波が検出されなければ、実験は成功なのか。しかしまさに争点は、重力波が存在するかどうかであり、そのための実験なのである。何が実験の成功といえる結果なのかを、前もって知ることはできない。重力波が存在するかどうかを知るために、「優れた検出装置を作らなければならない。しかし、その装置を使って適切な結果を手に入れなければ、装置が優れたものであったかどうかはわからない。しかし、優れた装置がなければ、何が適切な結果かということはわからない……」。コリンズとピンチはこのような循環を「実験家の悪循環」と呼んでいる。

9 重力波の論争に関しては、このような悪循環が生じ、その存在を完全に否定する実験的研究は不可能であるにもかかわらず(存在、非存在の可能性がある)、結局、有力科学者の否定的発言をきっかけにして、科学者の意見が雪崩を打って否定論に傾き、それ以後、重力波（注9）の存在は明確に否定されたのであった。つまり、論理的には重力波の存在もしくは非存在を実験によって決着をつけられていなかったが、科学者共同体の判断は、非存在の方向で収束したということである。

10 コリンズとピンチは、このようなケーススタディーをもとに、「もっと科学を」路線を批判するのである。民主主義国家の一般市民は確かに、原子力発電所の建設をめぐって、あるいは遺伝子組み換え食品の是非についてなどさまざまな問題に対して意思表明をし、決定を下さねばならない。そしてそのためには、一般市民に科学に「ついての」知識ではなく、科学知識そのものを身につけさせるようにすべきだ、と主張される。しかしこのような論争を伴う問題の場合には、どちらの側にも科学者や技術者といった専門家がついているではないか。そしてこの種の論争が、専門家の間でさえ、ケーススタディーが明らかにしたように、よりよい実験やさらなる知識、理論の発展あるいはより明晰《めいせき》な思考などによっては必ずしも短期間に解決できないのであり、それを一般市民に期待するなどというのはばかげていると主張するのである。彼らはいう。一般市民に科学をもっと伝えるべきであるという点では、異論はないが、伝えるべきことは、科学の内容ではなく、専門家と政治家やメディア、そしてわれわれとの関係についてなのだ、と。

11 科学を「実在と直結した無謬の知識という神のイメージ」から「ゴレムのイメージ」(=「ほんとうの」姿)でとらえなおそうという主張は、科学を一枚岩とみなす発想を掘り崩す効果をもっている。そもそも、高エネルギー物理学、ヒトゲノム計画、古生物学、工業化学などといった一見して明らかに異なる領域をひとしなみに「科学」となぜ呼べるのであろうか、という問いかけをわれわれは真剣に考慮する時期にきている。

12 **D**にもかかわらず、この議論の仕方には問題がある。コリンズとピンチは、一般市民の科学観が「実在と直結した無謬の知識という神のイメージ」であり、それを「ゴレム」に取り替えよ、それが科学の「ほんとうの」姿であり、これを認識すれば、科学至上主義の裏返しの反科学主義という病理は(オ)イやされるという。しかし、「ゴレム」という科学イメージはなにも科学社会学者が初めて発見したものではない。歴史的にはポピュラーなイメージといってもよいであろう。メアリー・シェリーが『フランケンシュタインあるいは現代のプロメテウス』を出版したのは一八一八年のことなのである。その後も、スティーブンソンの『ジキル博士とハイド氏』、H・G・ウェルズの『モロー博士の島』さらにはオルダス・ハクスリーの『すばらしき新世界』など、科学を怪物にたとえ、その暴走を危惧するような小説は多数書かれており、ある程度人口に膾炙《かいしゃ》していたといえるからである。

13 結局のところ、コリンズとピンチは科学者の一枚岩という「神話」を掘り崩すのに成功はしたが、その作業のために、「一枚岩の」一般市民という描像を前提にしてしまっている。一般市民は一枚岩的に「科学は一枚岩」だと信じている、と彼らは認定しているのである。言いかえれば、科学者はもちろんのこと、一般市民も科学の「ほんとうの」姿を知らないという前提である。では誰が知っているのか。科学社会学者という答えにならざるを得ない。科学を正当に語る資格があるのは誰か、という問いに対して、コリンズとピンチは「科学社会学者である」と答える構造の議論をしてしまっているのである。

（小林傳司《こばやしただし》「科学コミュニケーション」による）

（注）
1　プライス――デレク・プライス（一九二二～一九八三）。物理学者・科学史家。
2　GNP――国民総生産（Gross National Product）。GNI（国民総所得　Gross National Income）に同じ。
3　環境ホルモン――環境中の化学物質で、生体内でホルモンのように作用して内分泌系をかく乱するとされるものの通称。その作用については未解明の部分が多い。
4　コリンズとピンチ――ハリー・コリンズ（一九四三～　）とトレヴァー・ピンチ（一九五二～　）のこと。『ゴレム』は、一九九三年に刊行された共著である。
5　チェルノブイリ事故――一九八六年四月二十六日、旧ソ連にあったチェルノブイリ原子力発電所の四号炉で起きた溶解、爆発事故のこと。
6　狂牛病――BSE（Bovine Spongiform Encephalopathy　ウシ海綿状脳症）。牛の病気。脳がスポンジ状になって起立不能に陥り、二週間から半年で死に至る。病原体に感染した家畜の肉や骨から製造された人工飼料（肉骨粉）によって発症・感染した可能性が指摘されている。一九八六年、イギリスで最初の感染牛が確認された。
7　ウェーバー――ジョセフ・ウェーバー（一九一九～二〇〇〇）。物理学者。
8　重力波――時空のゆがみが波となって光速で伝わる現象。一九一六年にアインシュタインがその存在を予言していた。
9　重力波の存在は明確に否定された――ウェーバーによる検出の事実は証明されなかったが、二〇一六年、アメリカの研究チームが直接検出に成功したと発表した。

問1　傍線部(ア)～(オ)に相当する漢字を含むものを、次の各群の①～⑤のうちから、それぞれ一つずつ選べ。解答番号は［1］～［5］。

(ア)　バイゾウ　［1］
① 細菌バイヨウの実験
② 印刷バイタイ
③ 裁判におけるバイシン制
④ 事故のバイショウ問題
⑤ 旧にバイしたご愛顧

(イ)　ヨウイン　［2］
① 観客をドウインする
② ゴウインな勧誘に困惑する
③ コンイン関係を結ぶ
④ インボウに巻き込まれる
⑤ 不注意にキインした事故を防ぐ

(ウ)　ヤッカイ　［3］
① ごリヤクがある
② ツウヤクの資格を取得する
③ ヤクドシを乗り切る
④ ヤッキになって反対する
⑤ ヤッコウがある野草を探す

(エ)　センコク　［4］
① 上級裁判所へのジョウコク
② コクメイな描写
③ コクビャクのつけにくい議論
④ コクソウ地帯
⑤ 筆跡がコクジした署名

(オ)　イやされる　［5］
① 物資をクウユする
② ヒユを頻用する
③ ユエツの心地を味わう
④ ユチャクを断ち切る
⑤ キョウユとして着任する

問2　傍線部A「先進国の社会体制を維持する重要な装置となってきている」とあるが、それはどういうことか。その説明として最も適当なものを、次の①～⑤のうちから一つ選べ。解答番号は 6 。

①　現代の科学は、伝統的な自然哲学の一環としての知的な楽しみという性格を失い、先進国としての威信を保ち対外的に国力を顕示する手段となることで、国家の莫大《ばくだい》な経済的投資を要求する主要な分野へと変化しているということ。

②　現代の科学は、自然の仕組みを解明して宇宙を説明するという本来の目的から離れて、人々の暮らしを自然災害や疾病から守り、生活に必要な製品を生み出すことで、国家に奉仕し続ける任務を担うものへと変化しているということ。

③　現代の科学は、「科学者」という職業的専門家による小規模な知識生産ではなくなり、為政者の厳重な管理下に置かれる国家的な事業へと拡大することで、先進国間の競争の時代を継続させる戦略の柱へと変化しているということ。

④　現代の科学は、「もっと科学を」というスローガンが説得力を持っていた頃の地位を離れ、世界大戦の勝敗を決する戦力を生み出す技術となったことで、経済大国が国力を向上させるために重視する存在へと変化しているということ。

⑤　現代の科学は、人間の知的活動という側面を薄れさせ、自然に介入しそれを操作する技術により実利的成果をもたらすことで、国家間の競争の中で先進国の体系的な仕組みを持続的に支える不可欠な要素へと変化しているということ。

問3　傍線部B「こうして『もっと科学を』というスローガンの説得力は低下し始め、『科学が問題ではないか』という新たな意識が社会に生まれ始めているのである。」とあるが、それはどういうことか。その説明として最も適当なものを、次の①～⑤のうちから一つ選べ。解答番号は 7 。

① 二十世紀前半までの科学は、自然の仕組みを知的に解明するとともに自然の脅威と向き合う手段を提供したが、現代における技術と結びついた科学は、自然に介入しそれを操作する能力の開発があまりにも急激で予測不可能となり、その前途に対する明白な警戒感が生じつつあるということ。

② 二十世紀前半までの科学は、自然哲学的な営みから発展して社会の諸問題を解決する能力を獲得したが、現代における技術と結びついた科学は、研究成果を新商品や新製品として社会へ一方的に放出する営利的な傾向が強まり、その傾向に対する顕著な失望感が示されつつあるということ。

③ 二十世紀前半までの科学は、日常の延長上で自然の仕組みを解明することによって社会における必要度を高めたが、現代における技術と結びついた科学は、実験室の中で天然では生じない条件の下に人工物を作り出すようになり、その方法に対する端的な違和感が高まりつつあるということ。

④ 二十世紀前半までの科学は、その理論を応用する技術と強く結びついて日常生活に役立つものを数多く作り出したが、現代における技術と結びついた科学は、その作り出した人工物が各種の予想外の災いをもたらすこともあり、その成果に対する全的な信頼感が揺らぎつつあるということ。

⑤ 二十世紀前半までの科学は、一般市民へ多くの実際的な成果を示すことによって次の段階へと貪欲に進展したが、現代における技術と結びついた科学は、その新知識が市民の日常的な生活感覚から次第に乖離《かいり》するようになり、その現状に対する漠然とした不安感が広がりつつあるということ。

問4　傍線部C「ゴレムのイメージに取りかえることを主張したのである」とあるが、それはどういうことか。その説明として最も適当なものを、次の①～⑤のうちから一つ選べ。解答番号は［8］。

① 全面的に善なる存在という科学に対する認識を、超人的な力を増加させつつ成長するがやがて人間に従属させることが困難になる怪物ゴレムのイメージで捉えなおすことで、現実の科学は人間の能力の限界を超えて発展し続け将来は人類を窮地に陥れる脅威となり得る存在であると主張したということ。

② 全面的に善なる存在という科学に対する認識を、水と土から産み出された有益な人造物であるが不器用な面を持ちあわせている怪物ゴレムのイメージで捉えなおすことで、現実の科学は自然に介入し操作できる能力を獲得しながらもその成果を応用することが容易でない存在であると主張したということ。

③ 全面的に善なる存在という科学に対する認識を、魔術的力とともに日々成長して人間の役に立つが欠陥が多く危険な面も備える怪物ゴレムのイメージで捉えなおすことで、現実の科学は新知識の探求を通じて人類に寄与する一方で制御困難な問題も引き起こす存在であると主張したということ。

④ 全面的に善なる存在という科学に対する認識を、人間の手で創り出されて万能であるが時に人間に危害を加えて失望させる面を持つ怪物ゴレムのイメージで捉えなおすことで、現実の科学は神聖なものとして美化されるだけでなく時には幻滅の対象にもなり得る存在であると主張したということ。

⑤ 全面的に善なる存在という科学に対する認識を、主人である人間を守りもするがその人間を破壊する威力も持つ怪物ゴレムのイメージで捉えなおすことで、現実の科学は適切な制御なしにはチェルノブイリ事故や狂牛病に象徴される事件を招き人類に災いをもたらす存在であると主張したということ。

問5　傍線部D「にもかかわらず、この議論の仕方には問題がある。」とあるが、それはなぜか。その理由として最も適当なものを、次の①～⑤のうちから一つ選べ。解答番号は　9　。

① コリンズとピンチは、「ゴレム」という科学イメージを利用することによって、初めて科学の「ほんとうの」姿を提示し科学至上主義も反科学主義も共に否定できたとするが、それ以前の多くの小説家も同様のイメージを描き出すことで、一枚の岩のように堅固な一般市民の科学観をたびたび問題にしてきたという事実を、彼らは見落としているから。

② コリンズとピンチは、さまざまな問題に対して一般市民自らが決定を下せるように、市民に科学をもっと伝えるべきだと主張してきたが、原子力発電所建設の是非など、実際の問題の多くは「科学者」という職業的専門家の間でも簡単に解決できないものであり、単に科学に関する知識を伝えるだけでは、市民が適切に決定を下すには十分でないから。

③ コリンズとピンチは、科学を裂け目のない一枚の岩のように堅固なものと見なしてきたそれまでの科学者を批判し、古生物学、工業化学などといった異なる領域を一括《ひとくく》りに「科学」と呼ぶ態度を疑問視しているが、多くの市民の生活感覚からすれば科学はあくまでも科学であって、実際には専門家の示す科学的知見に疑問を差しはさむ余地などないから。

④ コリンズとピンチは、歴史的にポピュラーな「ゴレム」という科学イメージを使って科学は無謬の知識だという発想を批判したが、科学者と政治家やメディア、そして一般市民との関係について人々に伝えるべきだという二人の主張も、一般市民は科学の「ほんとうの」姿を知らない存在だと決めつける点において、科学者と似た見方であるから。

⑤ コリンズとピンチは、これまでの科学者が振りまいた一枚の岩のように堅固な科学イメージを突き崩すのに成功したが、彼らのような科学社会学者は、科学に「ついての」知識の重要性を強調するばかりで、科学知識そのものを十分に身につけていないため、科学を正当に語る立場に基づいて一般市民を啓蒙していくことなどできないから。

問6　この文章の表現と構成・展開について、次の(i)・(ii)の問いに答えよ。

(i)　この文章の第1～8段落の表現に関する説明として**適当でないもの**を、次の①～④のうちから一つ選べ。解答番号は 10 。

①　第1段落の「『科学者』という職業的専門家」という表現は、「科学者」が二十世紀より前の時代では一般的な概念ではなかったということを、かぎ括弧をつけ、「という」を用いて言いかえることによって示している。

②　第5段落の「このような状況に一石を投じた」という表現は、コリンズとピンチの共著『ゴレム』の主張が当時の状況に問題を投げかけ、反響を呼んだものとして筆者が位置づけているということを、慣用句によって示している。

③　第6段落の「コリンズとピンチの処方箋」という表現は、筆者が当時の状況を病理と捉えたうえで、二人の主張が極端な対症療法であると見なされていたということを、医療に関わる用語を用いたたとえによって示している。

④　第8段落の「優れた検出装置を～。しかし～わからない。しかし～わからない……」という表現は、思考が循環してしまっているということを、逆接の言葉の繰り返しと末尾の記号によって示している。

(ii)　この文章の構成・展開に関する説明として**適当でないもの**を、次の①～④のうちから一つ選べ。解答番号は 11 。

①　第1～3段落では十六世紀から二十世紀にかけての科学に関する諸状況を時系列的に述べ、第4段落ではその諸状況が科学者の高慢な認識を招いたと結論づけてここまでを総括している。

②　第5～6段落ではコリンズとピンチの共著『ゴレム』の趣旨と主張をこの文章の論点として提示し、第7～9段落で彼らの取り上げたケーススタディーの一例を紹介している。

③　第10段落ではコリンズとピンチの説明を追いながら彼らの主張を確認し、第11段落では現代の科学における多様な領域の存在を踏まえつつ、彼らの主張の意義を確認している。

④　第12段落ではコリンズとピンチの議論の仕方に問題のあることを指摘した後に具体的な事例を述べ、第13段落ではコリンズとピンチの主張の実質を確認して、筆者の見解を述べている。

第2問

次の文章は、野上弥生子《のがみやえこ》の小説「秋の一日」（一九一二年発表）の一節である。一昨年の秋、夫が旅行の土産にあけびの蔓《つる》で編んだ手提げ籠を買ってきた。直子は病床からそれを眺め、快復したらその中に好きな物を入れてピクニックに出掛けることを楽しみにしていた。本文はその続きの部分である。これを読んで、後の問い（問1～6）に答えよ。なお、設問の都合で本文の上に行数を付してある。また、表記を一部改めている。（配点　50）

「此《この》秋になったら坊やも少しはあんよして行けるだろ、小《ちいさ》い靴を穿《は》かして一緒に連れて行こう。」

とこんな事を楽しんだ。けれどもその秋も籠は一度も用いらるる事なく戸棚に吊《つ》られてあった。直子は秋になると屹度《きっと》何かしら病気をするのであった。その癖一年のうちに秋は彼女の最も好きな季節で、その自然の風物は一枚の木の葉でも一粒の露でも、涙の出るような涼《すず》しい感銘を催させる場合が多いけれども、彼女は大抵それを病床から眺めねばならぬのである。ところが今年の秋は如何《どう》したせいか大変健《すこ》やかで、虫歯一つ痛まずぴんぴんして暮らした。直子は明け暮れ軽快な心持ちで、もう赤ん坊を脱して一《い》ッぱしいたずら小僧の資格を備えて来た子供を相手に遊び暮らしながら、毎年よそに見はずした秋の遊び場のそこ此処《ここ》を思いやったが、そうなると又特別に行き度《た》いと思う処《ところ》もなかった。

その内文部省(注1)の絵の展覧会が始まって、世の中は一しきりその取沙汰《とりざた》で賑《にぎ》やかであった。直子の家では主人が絵ずきなので早々見に行って来て、気に入った四五枚の絵の調子や構図の模様などをあらまし話してくれた。二三の知った画家の出した絵の様子なども聞いた。直子は去年も一昨年も見なかったので、今年は早く行って見ようと思った。けれども長い間の望みの如《ごと》く、彼のあけび細工の籠に好きな食べものを入れてぶらぶら遊びながらと云《い》う事を思いついたのは、其《その》前日の全く偶然な出来心であった。直子は夕方の明るく暮れ行く西の空に、明日の晴れやかな秋日和を想像して左様《そう》しようと思った。

「それが可《よ》い。A展覧会は込むだろうから朝早くに出掛けて、すんだら上野から何処《どこ》か静かな田舎に行く事にしよう。」

とそう思うと、誠に物珍《めずら》しい楽しい事が急に湧いたような気がして、直子は遠足を待つ小学生のような心で明日を待った。

あけの日は何時《いつ》もより早目に起きて、海苔《のり》を巻いたり焼き結飯《むすび》を拵《つく》ったり女中(注2)を相手に忙しく立ち働いた。支度が出来ていよいよ籠に詰め終《おわ》った時には、直子はただ訳もなく嬉《うれ》しく満足であった。菓子も入れた。無くてはならぬものと思った柿も、きざ(注3)柿の見事なのを四つ五つ入れた。提げて見ると随分重かった。

「それをみんな食べて来る気かい。」

と云って家の人々は笑った。

上野の山は可《か》なり久しぶりであった。直子は新《あた》らしい帽子、新らしい前掛けに可愛《かわい》らしく装われた子供の手を引いて、人気の稀《ま》れな朝の公園の並木道を竹の台の方へ歩いて行った。小路《こみち》に這入《はい》ると落葉《おちば》が多かった。灰色、茶色、鈍《に》びた朱色、種々な木の葉の稍《やや》焦げた芝の縁や古い木の根方などに乾《から》びつつ集まっているのが、歩みの下にさくさくと鳴るのも秋の公園の路《みち》らしかった。其処《そこ》此処の立ち木も大抵葉少なあらわな姿になって、園内は遠くの向《むこ》うまで明るく広々と見渡された。その葉のない淋《さび》しい木の枝に大きな鴉《からす》が来て、ぽっつりと黒く留まってるのが、町中の屋根の端なぞにたまたま見るものなどよりもずっと大きく、ずっと黒く、異様な鳥のように直子の目に映った。その鴉が枝からかァかァかァと鳴いて立つと、子供も

「かァかァかァ。」

と云って口真似《まね》をした。女中もその度に子供と一緒にかァかァかァと真似をした。両大師前の路を古びた寺の土塀に添うて左に廻《まわ》ると、急に賑やかな楽器の音が聞《きこ》えて並木一つ越した音楽堂の前に大勢の人だかりが見えた。何処か小学校の運動会と見えて赤い旗などをくも手に引き廻した中に、沢山な子供の群れがいた。近づいて見ると本郷区何々と染めぬいた大きい赤旗が立って、長方形に取り囲まれた見物人の人垣の中に今小さい一群れの子供が遊戯を始めているところであった。赤旗の下にある一張りの白いテントの内からは、ピアノ音がはずみ立って響いた。くたびれて女中に負《おぶ》さった子供は、初めて見る此珍らしい踊りの群れを、(ア)呆《あ》っけに取られた顔をして熱心に眺めた。直子も何年ぶりかでこんな光景を見たので、子供に劣らぬもの珍らしい心を以《もつ》て立ち留まって眺めていたが、五分許《ばか》りも見ている間に、ふと訳もない涙が上瞼《うわまぶた》の内から熱くにじみ出して来た。訳も

ない涙。直子はこの涙が久しく癖になった。何に出る涙か知らぬ。何に感じたと気のつく前に、ただ流れ出る涙であった。なんでもない朝夕の立ち居の間にも不図《ふと》この涙におそわれる事があった。子供に乳房を与えながら、その清らかなまじめな瞳を見詰めている内に溢《あふ》るる涙のとどめられなくなる時もあった。可愛いと云うのか、悲しいと云うのか、美しいからか、清らかな故にか、なんにも知らぬ。今目の前に踊る小さい子供の群れ、秋晴《あきばれ》の空のま下に、透明な黄色い光線の中をただ小鳥のように魚のように、手を動かしたり足をあげたりしている、ただその有様《ありさま》が胸に沁《し》むのである。直子はそんな心持《こころもち》から女中の肩を乗り出して眺め入ってる自分の子供を顧みると、我知らず微笑《ほほえ》まれたが、**B**この微笑の底にはいつでも涙に変る或物《あるもの》が沢山隠れているような気がした。

　此涙の後に浮《うか》ぶ、いつもの甘い悲しみを引いた安らかな心は、落ち着いて絵を見て歩《あ》りくのに丁度《ちょうど》適した心持ちであった。こう云うと一っぱし見る目のついた人のようだけれども、直子は本統《ほんとう》は画《え》の事などは何にも知らぬのである。ただ好きと云う事以外には、家で画の話を聞く機会が多いと云う事以外には、画の具の名さえ委《くわ》しくは知らぬ素人である。(注4)陳列替えになった三越《みつこし》を見に行くのと余り大した違いのない見物人の一人である。家を出る時、子供連れで初めから一枚一枚丁寧に見て行っては大変だから、余り疲れぬ内に西洋画の方に行けと云いつかっていたから、直子は其言葉に従って最初の日本画の右左に美しい彩色の中を通りぬけて奥の西洋画の室《へや》に急いで行こうとした。其間にも非常に画の好きな此二つの自分の子供が、朝夕家の人々から書いて貰《もら》う、鳩《はと》の画、犬の画、猫の画、汽車の画などの粗い鉛筆画に引き代えて、こうした赤や青や黄や紫やいろいろな画の具を塗った美しい大きな画を、どんな顔をして眺めるだろうか、と云う事に注目する事は怠らなかった。子供は女中の背中からさもさも真面目な顔つきをして左右の絵の壁を眺め廻した。そしてたまたま自分の知った動物とか鳥とか花とかの形を見出した時には、非常に満足な笑い方をしたが、彫刻の並んだ明るい広い室に這入った時に、女の裸体像を見つけては、

「おっぱい、おっぱい。」

とさも懐《なつか》しそうに指《ゆびさ》しをするのには直子も女中も一緒に笑い出した。まだ朝なのでこうした戯れも誰の邪魔にもならぬ位《くらい》入場者のかげは乏しかったのである。どの室もひっそりとして寂しく、高い磨《す》りガラスの天井、白い柱、棕梠《しゅろ》の樹《き》の暗緑色の葉、こ

う云うものの間に漂う真珠色の柔らかい燻《いぶ》したような光線の中に、絵画も彫刻も、暫時うるさい「品定め」から免れた悦《よろこ》びを歌いながら、安らかに休息してるかのように見えた。「瓦焼き」の前に来た時、直子は此画に対して聞かされた、当て気のない清らかな感情の溢れている、円満な真率な矢張り作者の顔の窺《のぞ》いてる画、と云う様な批評の声を再び思い起《おこ》して見た。而《しか》して彼の碧《あお》い海から、二つの瓦釜(注5)から、左側の草屋根から、其前に働く男から、路ばたの子供から、花畑の紅《あか》い花、白い花から、これらすべての上に漲《みなぎ》る明るい暖かそうな日光から、その声を探って見て決して失望はしなかった。けれども三十分程前会場の前の小さい踊りの群れを見た時のような奇《あや》しい胸のせまりはなかった。ただ安らかに気持ちよく見られた。そして不図先日仏蘭西《フランス》から帰った画家が持って来て主人の書斎の壁にピンで止めたシャヴァンヌ(注6)の「芸術と自然の中間」とか云う銅版画を思い出した。「幸ある朝」(注7)の前に立った時には、直子はいろいろ取り集めたような動揺した感情の許《もと》にあった。けれどもそれは其画とは全く関係のない事で、ただ其画家と其義妹《いもうと》にあたる直子の古い学校友達との間につながる無邪気な昔話であった。其友達は淑子さんと云って直子などよりも二級上にいた姉さん分であったけれども、同じ道筋の通学生で、親しいお仲間であった。数学の飛び抜けて旨《うま》い人だったので、直子などの二三人の出来ない連中は、少し面倒な宿題でも出ると、もう考えるより先に淑子さんに頼んで解いて貰っては、それをめいめいのノートに写して行った。少し頑固な点のある位(イ)生《き》一本なので、時とすると衝突して喧嘩《けんか》をした。そんな時にはむきになってまっ青な顔をして怒る人であった。それでも正直な無邪気な方なので直《す》ぐ仲直りは出来た。

話は或《あ》る暑中休暇の事であった。そう云う風な三四人の友達がよって、午前丈《だ》けいろいろな学科の復習をしたり、編み物をしたり、又新らしい書物を読んだりする小さい会のようなものを拵って、二週間許り有益な楽しい日を作り度いと云う相談が出来た。勿論《もちろん》淑子さんも其お仲間の積《つも》りでいると、

「私は駄目よ。」

と云う意外な申出《もうしい》でに皆《み》んな当てが外れた。

「淑子さんが這入って下さらなくちゃ何にも出来なくなるわ。避暑にでも入《い》らっしゃるの。」

と聞くと、

「左様じゃないんですけども、この夏は午前だけ是非用事があるんですもの。」

と云ってどうしても聞き入れないので、

「初《はな》ッからそんな方が出ては屹度長続きはしないから、いっそ止めましょうよ。」

とおしまいにはこんな(ウ)あてつけがましいお転婆を云って止めてしまった。その日一緒につれ立って帰る時、淑子さんは直子に向《むか》って、

「私全く困ったわ。みんな怒ったでしょうねえ。でもこれからお休みになると毎日義兄《あに》の家に通わなくちゃならない事があるんですもの。」

と云った。義兄と云うのはこの画家の事であった。直子は油画でも始めるのかともって(注8)尋ねて見ると、

「まさか。」

とにやにやして、

「今に秋になれば分《わか》る事。」

と謎のような言葉を残して別れた。暑中休暇がすんで秋になって、おいおい画の季節が来た時白馬会(注9)が開《ひら》けた。直子の友達仲間は例になって毎年淑子さんから貰う招待券でみんなして行って見ると驚いた。淑子さんが画になっているのであった。確か「造花」とか云う題であったと思う。大きな模様の浴衣を着た淑子さんが椅子に腰かけて、何か桃色の花を拵ってる処の画なのであった。みんな会話の時などを思い当《あた》った。そして出し抜かれたような、珍らしい賑やかな心持ちになって淑子さんを探すと、今まで傍《そば》にいた人が遠くの向うの室に逃げて此方《こちら》を見てにこにこ笑って立っていた。

直子は今「幸ある朝」の前に立って丁度その頃の事がいろいろ思い出されたのであった。淑子さんはそれから卒業すると間もなくお嫁に行って、そして間もなく亡くなられた。今はもうこの世にない人である。彼《あの》「造花」の画のカンヴァスから此《こ》のカンヴァスの間にはかれこれ十年近くの長い日が挟まっているのだけれども、ちっともそんな気はしない。ほんの昨日の出来事で、今にもあの快活な紅い頬をしたお転婆な遊び友達の群れが、どやどやと此室に流れ込んで来そうな気がする。そして其中に交じる自

分は、ひとり画の前に立つ此自分ではなくって全く違った別の人のような気がする。直子はその親しい影の他人を正面に見据えて見て、笑い度いような冷やかしたいような且《かつ》憫《あわれ》み度いような気がした。而してふり返る度にうつる過去の姿の、如何《いか》にも価なく見すぼらしいのを悲しんだ。直子は**C**こうした雲のような追懐に封じられてる内に、突然けたたましい子供の泣き声が耳に入った。驚いて夢から覚めたように声の方に行くと向うの室の棕梠の蔭《かげ》に女中に抱かれて子供は大声をあげて泣いている。如何したのかと思ったら、

「あの虎が恐《こわ》いってお泣きになりましたので。」

と女中は不折《ふせつ》(注10)の大きな画を見ながら云って、

「もう虎はおりません。あちらに逃げて仕舞いました。」

となだめすかした。直子は急に堪《たま》らなく可笑《おか》しくなったが子供は矢張り、

「とや、とや。」

と云って泣くので、

「じゃもう出ましょう。虎ううが居ちゃ大変だからね。」

と大急ぎで出口に廻った。

（注）
1　文部省の絵の展覧会――一九〇七年に始まった文部省美術展覧会のこと。日本画・洋画・彫刻の三部構成で行われた。
2　女中――ここでは一般の家に雇われて家事手伝いなどをする女性。当時の呼び名。
3　きざ柿――木についたまま熟し、甘くなる柿。
4　陳列替えになった三越――百貨店の三越は、豪華な商品をショーケースに陳列し、定期的に展示品を替えていた。
5　瓦釜――瓦窯。瓦を焼くためのかまど。
6　シャヴァンヌ――ピュヴィス・ド・シャヴァンヌ（一八二四～一八九八）。フランスの画家。
7　「幸ある朝」――絵の題名。藤島武二（一八六七～一九四三）に同名の作品がある。この後に出てくる「造花」も同じ。
8　もって――「思って」に同じ。
9　白馬会が開らけた――白馬会は明治期の洋画の美術団体。その展覧会が始まったということ。
10　不折――中村不折（一八六六～一九四三）。日本の画家・書家。

問1　傍線部(ア)～(ウ)の本文中における意味として最も適当なものを、次の各群の①～⑤のうちから、それぞれ一つずつ選べ。解答番号は 12 ～ 14 。

(ア) 呆《あ》っけに取られた 12

① 驚いて目を奪われたような
② 意外さにとまどったような
③ 真剣に意識を集中させたような
④ 急に眠気を覚まされたような
⑤ 突然のことにうれしそうな

(イ) 生《き》一本 13

① 短気
② 純粋
③ 勝手
④ 活発
⑤ 強情

(ウ) あてつけがましい 14

① いかにも皮肉を感じさせるような
② 遠回しに敵意をほのめかすような
③ 暗にふざけてからかうような
④ あたかも憎悪をにじませるような
⑤ かえって失礼で慎みがないような

問2　傍線部A「誠に物珍《めず》らしい楽しい事が急に湧いたような気がして」とあるが、それはどういうことか。その説明として最も適当なものを、次の①～⑤のうちから一つ選べ。解答番号は 15 。

① この秋はそれまでの数年間と違って体調がよく、籠を持ってどこかへ出掛けたいと考えていたところ、絵の鑑賞を夫から勧められてにわかに興味を覚え、子供と一緒に絵を見ることが待ち遠しくなったということ。

② 長い間患っていた病気が治り、子供も自分で歩けるほど成長しているので一緒に外出したいと思っていたところ、翌日は秋晴れのようだから、全快を実感できる絶好の日になるとふと思いついて、心が弾んだということ。

③ 珍しく秋に体調がよく、子供とどこかへ出掛けたいのに行き先がないと悩んでいたところ、夫の話から久しぶりに絵の展覧会に行こうとはたと思いつき、手頃な目的地が決まって楽しみになったということ。

④ 籠を持って子供と出掛けたいと思いながら、適当な行き先が思い当たらずにいたところ、翌日は秋晴れになりそうだから、展覧会の絵を見た後に郊外へ出掛ければいいとふいに気がついて、うれしくなったということ。

⑤ 展覧会の絵を早く見に行きたかったが、子供は退屈するのではないかとためらっていたところ、絵を見た後にどこか静かな田舎へ行けば子供も喜ぶだろうと突然気づいて、晴れやかな気持ちになったということ。

問3　傍線部B「この微笑の底にはいつでも涙に変《かわ》る或物《あるもの》が沢山隠れているような気がした」とあるが、それはどういうことか。その説明として最も適当なものを、次の①〜⑤のうちから一つ選べ。解答番号は［16］。

① 思わずもらした微笑は、身を乗り出して運動会を見ている子供の様子に反応したものだが、そこには病弱な自分がいつも心弱さから流す涙と表裏一体のものがあると感じたということ。

② 思わずもらした微笑は、小学生たちの踊る姿に驚く子供の様子に反応したものだが、そこには無邪気な子供の将来を思う不安から流す涙につながるものがあると感じたということ。

③ 思わずもらした微笑は、子供の振る舞いのかわいらしさに反応したものだが、そこには純真さをいつまでも保ってほしいと願うあまりに流れる涙に結びつくものがあると感じたということ。

④ 思わずもらした微笑は、幸せそうな子供の様子に反応したものだが、そこにはこれまで自分がさまざまな苦労をして流した涙の記憶と切り離せないものがあると感じたということ。

⑤ 思わずもらした微笑は、子供が運動会を見つめる姿に反応したものだが、そこには純粋なものに心を動かされてひとりでにあふれ出す涙に通じるものがあると感じたということ。

問4　傍線部C「こうした雲のような追懐に封じられてる」とあるが、それはどういうことか。その説明として最も適当なものを、次の①～⑤のうちから一つ選べ。解答番号は 17 。

① 絵を見たことをきっかけに、淑子さんや友人たちと同じように無邪気で活発だった自分が、ささいなことにも心を動かされていたことを思い出した。それに引きかえ、長い間の病気が自分の快活な気質をくもらせてしまったことに気づき、沈んだ気持ちに陥っている。

② 絵を見たことをきっかけに、淑子さんをはじめ女学校時代の友人たちとの思い出が次から次へと湧き上がってきた。当時のことは鮮やかに思い出されるのに淑子さんはすでに亡く、自分自身も変化していることに気づかされて、もの思いから抜け出すことができずにいる。

③ 絵を見たことをきっかけに、親しい友人であった淑子さんと自分たちとの感情がすれ違ってしまった出来事を思い出した。淑子さんと二度と会うことができなくなった今となっては、慕わしさが次々と湧き起こるとともに当時の未熟さが情けなく思われて、後悔の念に胸がふさがれている。

④ 絵を見たことをきっかけに、女学校の頃の出来事や友人たちの姿がとりとめもなく次々に浮かんできた。しかし、すでに十年近い時間が過ぎてしまい、もうこの世にいない淑子さんの姿がかすんでしまっていることに気づいて、懸命に思い出そうと努めている。

⑤ 絵を見たことをきっかけに、淑子さんが自分たちに仕掛けたかわいらしい謎によって引き起こされた、さまざまな感情がよみがえり、ふくれ上がってきた。それをたどり直すことで、ささやかな日常を楽しむことができた女学生の頃の感覚を懐かしみ、取り戻したいという思いにとらわれている。

問5　本文には、自分の子供の様子を見守る直子の心情が随所に描かれている。それぞれの場面の説明として最も適当なものを、次の①～⑤のうちから一つ選べ。解答番号は 18 。

① 子供が歩き出すことを直子が想像したり、成長していたずらもするようになったことが示されたりする場面には、子供を見守り続ける直子の心情が描かれている。そこでは、念願だった秋のピクニックを計画する余裕もないほどに、子育てに熱中する直子の母としての自覚が印象づけられている。

② 「かァかァかァ。」と鴉の口まねをするなど、目にしたものに子供が無邪気に反応する場面には、子供とは異なる思いでそれらを眺める直子の心の動きが描かれている。そこでは、長い間病床についていたために、ささいなことにも暗い影を見てしまう直子の不安な感情が暗示されている。

③ 運動会の小学生たちを子供が眺める場面には、その様子を注意深く見守ろうとする直子の心情が描かれている。そこでは、直子には見慣れたものである秋の風物が、子供の新鮮な心の動きによって目新しいものになっている様が表されている。

④ 初めて接する美術品を子供が眺めている場面には、その反応を見守ろうとする直子の心情が描かれている。そこでは、美術品の中に自分の知っているものを見つけた子供が無邪気な反応を示す様を、周囲への気兼ねなく楽しむ直子ののびやかな気分が表されている。

⑤ 「とや、とや。」と言って子供が急に泣き出した場面には、自分の思いよりも子供のことを優先する直子の心の動きが描かれている。そこでは、突然現実に引き戻された直子が、娘時代はもはや遠くなってしまったと嘆く様が表されている。

問6 この文章の表現に関する説明として**適当でないもの**を、次の①～⑥のうちから二つ選べ。ただし、解答の順序は問わない。解答番号は 19 ・ 20 。

① 語句に付された傍点には、共通してその語を目立たせる働きがあるが、1行目「あんよ」、24行目「あらわ」のように、その前後の連続するひらがな表記から、その語を識別しやすくする効果もある。

② 22行目以降の落葉や46行目以降の日本画の描写には、さまざまな色彩語が用いられている。前者については、さらに擬音語が加えられ、視覚・聴覚の両面から表現されている。

③ 38行目「透明な黄色い光線」、55行目「真珠色の柔らかい燻《いぶ》したような光線」のように、秋晴れの様子が室内外に差す光の色を通して表現されている。

④ 43行目「直子は本統《ほんとう》は画《え》の事などは何にも知らぬのである」、44行目「画の具の名さえ委《くわ》しくは知らぬ素人である」は、直子の無知を指摘し、突き放そうとする表現である。

⑤ 55行目「暫時うるさい『品定め』から免れた悦《よろこ》びを歌いながら、安らかに休息してるかのように見えた」は、絵画や彫刻にかたどられた人たちの、穏やかな中にも生き生きとした姿を表現したものである。

⑥ 直子が、亡くなった淑子のことを回想する68行目以降の場面では、女学生時代の会話が再現されている。これによって、彼女とのやり取りが昨日のことのように思い出されたことが表現されている。

第3問　次の文章は『木草《きくさ》物語』の一節で、主人公の菊君（本文では「君」）が側近の蔵人《くろうど》（本文では「主《あるじ》」）の屋敷を訪れた場面である。これを読んで、後の問い（問1〜6）に答えよ。（配点　50）

にはかのことなれば、主は「御まうけ(注1)もしあへず、いとかたじけなき御座《おまし》なりや」と、こゆるぎ(注2)のいそぎ、さかな求めて、御供の人々もてなし騒ぐに、君は「涼しきかたに」とて端近う寄り臥《ふ》し、うち乱れ給《たま》へる御様、所柄はまいてたぐひなう見え給ふ。

隣といふもいと近う、はかなき透垣《すいがい》(注3)などしわたしたるに、夕顔の花の所せう咲きかかりたる、目馴《な》れ給は**a**ぬものから、をかしと見給ふ。やや暮れかかる露の光もまがふ色なきを、おりたちてこの花一房とり給へるに、透垣の少し空きたるよりさしのぞき給へば、尼のすみかと見えて、閼伽棚《あかだな》(注4)にはかなき草の花など摘み散らしたるを、五十《いそぢ》ばかりの尼の出《い》できて、水すすぎなどす。花皿(注5)に数珠《ずず》の引きやられて、さらさらと鳴りたるもいとあはれなるに、また奥の方よりほのかにゐざり出づる人あり。年のほど、二十《はたち》ばかりと見えて、いと白うささやかなるが、髪のすそ、居丈《ゐたけ》ばかりにこちたく広ごりたるは、これも尼**b**にやあらむ、たそかれ時のそらめに、よくも見わき給はず。片手に経《きやう》持てるが、何ごとやらむ、この老尼《おいあま》にささやきてうち笑《ゑ》みたるも、かかる葎《むぐら》(注6)の中には(ア)にげなきまで、あてにらうたげなり。いと若きに、何ばかりの心をおこしてかくはそむき**c**ぬらむと、はかなきことに御心とまる癖なれば、いとあはれと見捨てがたう思《おぼ》す。

主、御果物などさるべきさまに持て出でて、「これをだに」と、経営《けいめい》(注7)し騒ぐに、入らせ給うても見入れ給はず。いとあはれなる人を見つるかな、尼ならずは、見ではえやむまじき**A**御心地して、人なきひまに御前にさぶらふ童《わらは》に問ひ給ふ。「この隣なる人はいかなるものぞ。知りたりや」とのたまへば、「主のはらからの尼となむ申し侍《はべ》りしが、月頃山里に住み侍るを、この頃あからさまにここに出でものして、君のかくにはかに渡らせ給ひたる、折悪《をりあ》しとて、主はいみじうむつかり侍る」と聞こゆ。「その尼は、年はいくつばかりにか」と、なほ問ひ給へば、「五十あまりにもやなり侍らむ。娘のいと若きも、同じさまに世をそむきて、とうけたまはりしは、まことにや侍らむ。身のほどよりはいやしげなくて、こよなう思ひ上がりたる人ゆゑ、おほくは世をも倦《う》んじ果て侍るとかや。げに仏に仕ふる心高さはいみじく侍る」とてうち笑ふ。「あはれのことや。さばかり思ひとりしあたりに、常なき世の物語も(イ)聞こえまほしき心地するを、うちつけなるそぞろごとも罪深かるべけれど、いかがいふぞ、こころみに消《せう》息《そこ》伝へてむや」とて、御畳紙《たたうがみ》(注8)に、

X「露かかる心もはかなたそかれにほの見し宿の花の夕顔」

童は心も得ず、あるやうあらむと思ひて、懐《ふところ》に入れて行きぬ。

なごりもうちながめておはするに、人々、御前に参り、主も「つれづれにおはしまさむ」とて、さまざま御物語など聞こゆるほど、夜もいたく更け行けば、君はかの御返しのいとゆかしきに、あやにくなる人しげさをわびしう思せば、B眠たげにもてない給うて寄り臥し給へば、人々、御前に「いざ、とく臥し給ひdね」とて、主もすべり入りぬ。

からうじて童の帰り参りたれば、「いかにぞ」と問ひ給ふに、「『すべてかかる御消息伝へうけたまはるべき人も侍らず。所違《ところたが》へにや』と、かの老尼なむ、ことの外に聞こえし」とて、

Y「『世をそむく葎の宿のあやしきに見しやいかなる花の夕顔

かく申させ給へ』と、おぼめき侍りしかばなむ、帰り参りたる」と聞こゆるに、かひなきものから、ことわりと思し返すに、寝られ給はず。(ウ)あやしう、らうたかりし面影の、夢ならeぬ御枕上《まくらがみ》(注9)につと添ひたる御心地して、「間近けれども」とひとりごち給ふ。

（注）
1 御まうけもしあへず、いとかたじけなき御座なりや――十分なもてなしができずに、蔵人が恐縮していることを表す。
2 こゆるぎのいそぎ――急いで。「こゆるぎのいそ」は神奈川県大磯あたりの海浜。「いそぎ」は「磯」と「急ぎ」の掛詞《かけことば》。
3 透垣――竹や板などで間を透かして作った垣。
4 閼伽棚――仏に供えるための水や花を置く棚。
5 花皿――花を入れる器。
6 葎――蔓《つる》状の雑草のことで、手入れのされていない住みかのたとえ。ここでは、隣家が質素な様子であることを表す。
7 経営――世話や準備などをすること。
8 畳紙――折りたたんで懐に入れておく紙。
9 間近けれども――「人知れぬ思ひやなぞと葦垣《あしがき》の間近けれども逢《あ》ふよしのなき」という古歌を踏まえ、恋しい人の近くにいながら、逢えないつらさをいう。

問1　傍線部(ア)～(ウ)の解釈として最も適当なものを、次の各群の①～⑤のうちから、それぞれ一つずつ選べ。解答番号は 21 ～ 23 。

(ア)　にげなきまで 21
①　別人に見えるほど
②　目立ち過ぎるほど
③　不釣り合いなほど
④　信じられないほど
⑤　並ぶ者がないほど

(イ)　聞こえまほしき 22
①　うかがいたい
②　聞いてほしい
③　申し上げたい
④　話してほしい
⑤　話し合いたい

(ウ)　あやしう 23
①　いやしいことに
②　非常識なことに
③　疑わしいことに
④　不思議なことに
⑤　畏れ多いことに

問2　波線部a〜eの助動詞を、意味によって三つに分けると、どのようになるか。その組合せとして最も適当なものを、次の①〜⑤のうちから一つ選べ。解答番号は 24 。

①　〔a〕と〔bce〕と〔d〕
②　〔a〕と〔be〕と〔cd〕
③　〔ace〕と〔b〕と〔d〕
④　〔ad〕と〔b〕と〔ce〕
⑤　〔ae〕と〔b〕と〔cd〕

問3　傍線部A「御心地」とあるが、その説明として最も適当なものを、次の①〜⑤のうちから一つ選べ。解答番号は 25 。

①　うらさびしい家にいる二人の尼の姿を見て、どういう事情で出家したのか確かめずにはいられない菊君の好奇心。
②　隣家にいる二十歳くらいの女性の姿を垣間《かいま》見て、尼であるらしいとは思いながらも湧き上がってくる菊君の恋心。
③　突然やって来た菊君にとまどいながらも、うまく接待をして、良い身分に取り立ててもらおうとする蔵人の野心。
④　菊君の来訪を喜びつつも、隣家にいる身内の女たちに菊君が言い寄りはしないか心配でたまらない蔵人の警戒心。
⑤　菊君の姿を目にして、娘にとっては尼として生きるより彼と結婚する方が幸せではないかと思案する老尼の親心。

問4　傍線部B「眠たげにもてない給うて」とあるが、その説明として最も適当なものを、次の①～⑤のうちから一つ選べ。

解答番号は 26 。

① 菊君は、老尼の娘と恋文を交わそうとしていたが、蔵人たちがそうした菊君の行動を警戒してそばから離れないので、わざと眠そうなふりをして彼らを油断させようとした。

② 菊君は、童を隣家へ遣わして、その帰りをひそかに待っていたが、蔵人たちがなかなか自分のそばから離れようとしないので、人々を遠ざけるために眠そうなそぶりを見せた。

③ 菊君は、老尼の娘からの返事が待ちきれず、こっそり蔵人の屋敷を抜け出して娘のもとに忍び込もうと考えたため、いかにも眠そうなふりをして周囲の人を退かせようとした。

④ 菊君は、忙しく立ち働く蔵人の様子を見て、突然やって来た自分を接待するために一所懸命なのだろうと察し、早く解放してあげようと気を利かせて、眠くなったふりをした。

⑤ 菊君は、慣れない他人の家にいることで気疲れをしていたので、夜遅くになってもまだ歓迎の宴会を続けようとする蔵人に、早く眠りにつきたいということを伝えようとした。

問5　X・Yの和歌に関する説明として最も適当なものを、次の①～⑤のうちから一つ選べ。解答番号は 27 。

① Xの歌の「露」は、菊君の恋がはかないものであることを表している。Yの歌は、そんな頼りない気持ちであるならば、一時の感傷に過ぎないのだろう、と切り返している。

② Xの歌の「心」は、老尼の娘に恋する菊君の心情を指している。Yの歌は、恋は仏道修行の妨げになるので、残念ながらあなたの気持ちには応えられない、と切り返している。

③ Xの歌の「たそかれ」は、菊君が老尼の娘を見初めた夕暮れ時を指している。Yの歌は、夕暮れ時は怪しいことが起こるので、何かに惑わされたのだろう、と切り返している。

④ Xの歌の「宿」は、菊君が垣間見た女性のいる家を指している。Yの歌は、ここは尼の住む粗末な家であり、あなたの恋の相手となるような女性はいない、と切り返している。

⑤ Xの歌の「夕顔」は、菊君が垣間見た女性を表している。Yの歌は、この家に若い女性は何人かいるので、いったい誰のことを指しているのか分からない、と切り返している。

問6　この文章の登場人物に関する説明として最も適当なものを、次の①～⑤のうちから一つ選べ。解答番号は 28 。

① 童は、菊君から隣家にいる女性たちの素性を問われ、蔵人のきょうだいの老尼とその娘であることを伝えつつ、娘は気位が高いので出家したのだろうとも言った。菊君から使いに行くように頼まれた時も、その真意をはかりかねたが、何かわけがあるのだろうと察して、引き受けた。

② 菊君は、夕暮れ時に隣家の母娘の姿を垣間見、まだ二十歳くらいの娘までも出家姿であることに驚いて興味を持ち、恋心を抱いた。出家した女性を恋い慕うことに対して罪の意識を強く感じたが、本心からの恋であるならそれも許されるだろうと考えて、娘に手紙を送ることにした。

③ 蔵人は、来訪した菊君に対して精一杯のもてなしをしようとつとめながらも、連絡もなくやって来たことには不満を感じていた。わざわざ用意した食事に手も付けない菊君の態度を目にしてますます不快に思ったが、他人の気持ちを汲《く》み取ることができない菊君をあわれだと思った。

④ 老尼は、ふだんは山里に住んでいるが、娘を連れて久しぶりにきょうだいの蔵人をたずね、そのまま蔵人の隣家に滞在して仏に花をささげるなどしていた。その折、ちょっとした用事で蔵人のところにやって来た菊君に娘の姿を見られてしまったので、蔵人に間の悪さを責められた。

⑤ 老尼の娘は、二十歳くらいとたいそう年は若いが、高貴な身分から落ちぶれたことによってすっかりこの世を厭《いと》い、母の老尼と同様にすでに出家も果たしている。その後、仏に仕える日々を蔵人の屋敷で静かに送っていたが、菊君から歌を贈られたことで心を乱し、眠れなくなった。

第4問　次の文章を読んで、後の問い（問1～6）に答えよ。なお、設問の都合で返り点・送り仮名を省いたところがある。
（配点　50）

A 聴ケバ二雷《らい》（注1）霆《てい》ヲ於百里之外ニ一者、如クレ鼓スルガレ盆（注2）ヲ、望メバ二江河ヲ於千里之間ニ一者、如キハレ縈《まと》フガレ帯ヲ、以テ二其ノ相ヒ去ルノ之遠キヲ一也。故ニ居《を》リテ二于千載之下ニ一而求ムルニ二之ヲ于(1)千載之上ニ一、以テ二相ヒ去ルノ之遠キヲ一而不レバレ知ラレ有ルヲ二其ノ変一、則チ猶ホシ二刻（注3）ミテレ舟ニ求ムルガ一レ剣ヲ。今之所ハレ求ムル、非ザルモ二往者ノ所ニレ失フ一、而謂《おもへ》リ下其ノ刻ミシハ在リレ此ニ、是レ所ニレ従《よ》リテ墜《お》ツルト上也。豈ニ不レ惑ヒナラ乎《や》。B今夫レ江戸者《は》、世之所ノレ称スル名都大《だい》（注4）邑《いふ》、冠（注5）蓋之所ニレ集マル、(2)舟車之所ニシテレ湊《あつ》マル、実ニ為タル二天下之大都会一也。而レドモC其地之為名、訪之於古、未之聞。豈ニ非ズ三古今相ヒ去ルコト日《ひび》ニ遠ク、而事物之変モ亦《また》在ルニ二于其ノ間ニ一耶《や》。(ア)蓋知ル、後之於ケルモレ今ニ、世之相ヒ去ルコト(イ)愈遠ク、事之相ヒ変ズルコト愈多ク、求ムルモ二其ノ所ヲレ欲スルレ聞カント一而不ルコトレ可カラレ得、亦タ猶ホキヲ二今之於ケルガレ古ニ一也。

吾窃《ひそかニ》有《リ》レ感《ズル》レ焉《これニ》。D『遺聞』(注6)之書、所ニ由《よりテ》作《ル》一也。

（新井白石『白石先生遺文』による）

（注）
1　雷霆――雷鳴。
2　鼓レ盆――盆は酒などを入れる容器。それを太鼓のように叩《たた》くこと。
3　刻レ舟求レ剣――船で川を渡る途中、水中に剣を落とした人が、すぐ船べりに傷をつけ、船が停泊してからそれを目印に剣を探した故事。
4　大邑――大きな都市。
5　冠蓋――身分の高い人。
6　『遺聞』――筆者の著書『江関遺聞』を指す。

問1　波線部(ア)「蓋」、(イ)「愈」のここでの読み方として最も適当なものを、次の各群の①～⑤のうちから、それぞれ一つずつ選べ。解答番号は 29 ・ 30 。

(ア)「蓋」 29

① なんぞ
② はたして
③ まさに
④ すなはち
⑤ けだし

(イ)「愈」 30

① しばしば
② いよいよ
③ かへつて
④ はなはだ
⑤ すこぶる

問2　傍線部(1)「千載之上」・(2)「舟車之所ㇾ湊」のここでの意味として最も適当なものを、次の各群の①～⑤のうちから、それぞれ一つずつ選べ。解答番号は 31 ・ 32 。

(1)「千載之上」 31

① 高い地位
② 遠い過去
③ 重たい積み荷
④ 多くの書籍
⑤ はるかな未来

(2)「舟車之所ㇾ湊」 32

① 軍勢が集まる拠点
② 荷物を積みおろしする港
③ 水陸の交通の要衝
④ 事故が多い交通の難所
⑤ 船頭や車夫の居住区

問3 傍線部**A**「聴二雷霆於百里之外一者、如レ鼓レ盆、望二江河於千里之間一者、如レ縈レ帯、以二其相去之遠一也」とあるが、それはどういうことか。その説明として最も適当なものを、次の①～⑤のうちから一つ選べ。解答番号は 33 。

① 聴覚と視覚とは別の感覚なので、「雷霆」は「百里」離れると小さく感じられるようになるが、「江河」は「千里」離れないとそうならないということ。

② 「百里」や「千里」ほども遠くから見聞きしているために、「雷霆」や「江河」のように本来は大きなものも、小さく感じられるということ。

③ 「百里」離れているか「千里」離れているかによって、「雷霆」や「江河」をどのくらい小さく感じるかの程度が違ってくるということ。

④ 「百里」や「千里」くらい遠い所にいるおかげで、「雷霆」や「江河」のように危険なものも、小さく感じられて怖くなくなるということ。

⑤ 空の高さと陸の広さとは違うので、「雷霆」は「百里」離れるとかすかにしか聞こえないが、「江河」は「千里」でもまだ少しは見えるということ。

問4　傍線部**B**「豈不レ惑乎」とあるが、筆者がそのように述べる理由は何か。「刻レ舟求レ剣」の故事に即した説明として最も適当なものを、次の①～⑤のうちから一つ選べ。解答番号は 34 。

① 剣は水中でどんどん錆《さ》びていくのに、落とした時のままの剣を見つけ出せると決めてかかっているから。

② 船がどれくらいの距離を移動したかを調べもせずに、目印を頼りに剣を探し出せると思い込んでいるから。

③ 大切なのは剣を見つけることなのに、目印のつけ方が正しいかどうかばかりを議論しているから。

④ 目印にすっかり安心して、船が今停泊している場所と、剣を落とした場所との違いに気づいていないから。

⑤ 船が動いて場所が変われば、それに応じて新しい目印をつけるべきなのに、怠けてそれをしなかったから。

問5 傍線部C「其地之為名、訪之於古、未之聞」の返り点の付け方と書き下し文との組合せとして最も適当なものを、次の①～⑤のうちから一つ選べ。解答番号は 35 。

① 其地之為㆑名、訪㆑之於㆑古、未㆓之聞㆒
其の地の名を為《な》すに、之を訪ぬるに古《いにしへ》に於《お》いてするは、未だ之《ゆ》くを聞かず

② 其地之為㆑名、訪㆓之於古㆒、未㆓之聞㆒
其の地の名為《た》る、之を古に訪ぬるも、未だ之を聞かず

③ 其地之為㆑名、訪㆓之於㆑古、未㆑之聞
其の地の名を為すに、之きて古に於いて訪ぬるも、未だ之かざるを聞く

④ 其地之為㆑名、訪㆓之於㆑古、未㆓之聞㆒
其の地の名の為《ため》に、之きて古に於いて訪ぬるも、未だ之を聞かず

⑤ 其地之為㆑名、訪㆓之於古㆒、未㆑之聞
其の地の名為る、之を古に訪ぬるも、未だ之かざるを聞く

問6　傍線部**D**「『遺聞』之書、所ニ由作一也」とあるが、『江関遺聞』が書かれた理由として最も適当なものを、次の①～⑤のうちから一つ選べ。解答番号は 36 。

① 江戸は大都市だが、昔から繁栄していたわけではなく、同様に、未来の江戸も今とは全く違った姿になっているはずなので、後世の人がそうした違いを越えて、事実を理解するための手助けをしたいと考えたから。

② 江戸は政治的・経済的な中心となっているが、今後も発展を続ける保証はないし、逆にさびれてしまうおそれさえあるので、これからの変化に備えて、今の江戸がどれほど繁栄しているかを記録に残したいと考えたから。

③ 江戸は経済面だけでなく、政治的にも重要な都市となったが、かつてはそうではなかったので、江戸の今と昔とを対比することで、江戸が大都市へと発展してきた過程をよりはっきり示したいと考えたから。

④ 江戸は大都市のうえに変化が激しく、古い情報しか持たずに遠方からやってきた人は、行きたい場所を見つけるにも苦労するので、変化に対応した最新の江戸の情報を提供し、人々の役に立ちたいと考えたから。

⑤ 江戸は大きく発展したが、その一方で昔の江戸の風情が失われてきており、しかもこの傾向は今後いっそう強まりそうなので、昔の江戸の様子を書き記すことで、古い風情を後世まで守り伝えたいと考えたから。

2017

追試験

80分　200点

第1問 次の文章を読んで、後の問い（問1～6）に答えよ。なお、設問の都合で本文の段落に 1 ～ 16 の番号を付してある。
（配点　50）

1 複数の人間の間の社会的関係については、昔から慣習、道徳、あるいは宗教的戒律や法的強制などに基づく多くの規制が行われてきた。またそれについての学問的といえる議論も古くから存在した。しかしこのような「べし、べからず」の規範的論理を主とする議論は、客観的認識とはいえない。社会的現象を正邪、善悪の判断から切り離して、客観的にそれ自体として観察し、その中にある論理や法則性を発見しようとする努力から、社会科学が生まれた。

2 社会科学は人々の社会の中での行動によって、個人個人の意図や目的とは直接結びつかない、あるいはそれとは離れた結果が生み出されることを認識し、それを客観的な形式によって表現することによって生まれた。その意図から離れた結果を生ずることについては、個人の責任や倫理を追求することはできないからである。アダム・スミス（注1）は、人々が市場においてそれぞれ自分の利益を追求することから社会的利益が生まれることを証明したが、それはまさにこのことを示している。それを彼は「見えざる手」と表現したが、それは社会の客観的法則性といっても同じことである。マルクス（注2）は資本家による労働者の（ア）サクシュを厳しく批判したが、同時にそれは資本家が邪悪であることによるのではなく、資本家は単に資本の論理に従って行動せざるを得ないだけであると論じた。

3 Aこのような社会科学的認識の前提として二つの要素が必要とされる。一つはその社会を構成する人々の行動様式についての仮定であり、もう一つは個人の行動が統合される社会的な場についての仮定である。社会科学において、しばしば原子論（注3）的アプローチと、全体論的アプローチとの対立が問題とされるが、それは個人の行動を重視する立場と、社会における統合を重視する立場の相違ということができる。

4 社会が単なる個人の集合にすぎないものであるか、それとも個人を越えた何らかの実体と考えるべきかということは、近代社会科学にとって大きな問題であった。

5 ここでこの問題と、社会現象を考察する際のすべてを、それを構成する個人個人の行動にまで還元して考察すべきか、あるいは社会全体を一つの対象として考察すべきかということとは、本来別の問題であることに注意しよう。前者は実体の問題であり、後者は方法の問題だからである。しかしこの二つの問題はとかく混同されがちであった。つまり社会は個人の集合以上の何ものでもないと考える人々は、社会現象はすべてそれを構成する人々の行動にまで還元して説明しなければならないと主張し、逆に個人の行動はその人の置かれている社会の状態によって大きく影響されるのでまず社会を全体として考えなければならないと考える人は、それゆえ社会全体はそれを構成する個人の集合以上の何ものかであり、いわばより高い存在であると論ずる傾向があった。前者の考え方は還元論、あるいは原子論と呼ばれ、後者は全体論、あるいは有機体説と呼ばれた。さらにこのような考え方の違いは直接には価値判断や倫理的命題と必然的に結びつくものではないはずであるが、実際には前者は個人の立場を強調する個人主義に、後者は国家や社会の観点を優先する全体主義に結びつきやすい傾向を持っていた。

6 実はこれと同様な問題は生物に関して起こっていた。生物の体も、すべて原子の結合した分子から構成されているものであるから、生物の性質はすべてそれを構成している原子・分子の性質、つまり物理・化学の法則に還元できるものであるのか、それとも生物には物理・化学の法則に還元できない何か別のものがあって、それが生きている生物を特徴づけているのかということが議論されたのである。二〇世紀の前半まで、生物には無生物にはない特別な「生命力」(anima)というものがあるという説すなわちいわゆる生気論(注4)も有力であった。しかし生物体をどのように分析してもそのようなものを見出《みいだ》すことは不可能であったのに対し、生物の形質を伝える遺伝情報がＤＮＡという形で実際に突き止められるようになって、何か生物を特徴づける超物理・化学的な実体が存在するという考え方は、科学者の間では信じられなくなった。

7 社会についても、国家や民族を、それを構成する一人一人の国民や、言語や文化を共有する人々の集合という以上の意味を持つ実体と考えて、それを特に価値あるものと考える国家主義や民族主義は二〇世紀前半までは多くの国々や地域で大きな力を持っていた。

8 第二次世界大戦におけるドイツ、日本、イタリアなどの全体主義国の敗退の後、国家主義は勢力を失ったが、しかし民族主義は今でも過去のものとなっていないことは明らかである。

9 しかしながらB理念としての国家主義や民族主義に問題があることは、方法としての還元主義が正しいことを意味するものではない。生気論が否定されたとしても、生物の個体が単なる分子の集合以上のものであることを否定する生物学者はいない。生物は生きている限り、その身体を構成する分子は絶えず入れ替わっているにもかかわらず、一個の統一性を持った個体としての存在を維持しているのである。しかもそれを分解してみれば生物体は細胞の集合であり、細胞は分子の集合であって、生物の機能はすなわち細胞の機能の集積にほかならず、そして細胞の機能はそれを構成する分子の物理・化学的作用以外の何ものでもないのであって、そこに分子の物理・化学的性質以上の何か神秘的なものを想定する必要はないのである。それにもかかわらず生きた生物が単なる分子の集合と区別されるのは、そこに一定の構造が存在し、そしてその構造がそれを構成している要素が替わっても維持されているといえるからなのである。そのような構造は一つのシステムと呼んでもよいが、それはそれを構成する物質的要素と、それらの間の関係の構造からなっているのであり、その構造が維持されている限り、それは全体として一個の存在であると見なされる。

10 同じことが国家や社会についてもいい得るのであって、それはすべて個人の集合であり、それを越えた何ものかがそこに存在するわけではなく、また国家や社会の機能といってもそれらはすべて個人の行動にほかならないのであるが、しかしその中で人と人との関係が一定の構造を持ち、それが維持されている限りは、人々の行動は逆にその構造に制約されているのであって、そのような意味では国家や社会が個人に先立って存在しているといってもよいのである。

11 ここでこのような構造がなぜ成立したかということと、それがどのようにして維持され、あるいは生物の生殖作用のように複製されるかということとは別の問題であることに注意する必要がある。二〇世紀半ば以降「情報」という概念が科学の中で人間の意識から独立したものとして認識されるようになったが、情報とは構造を維持し、あるいは再生するものであると定義することができる。そうしてそのことはそのような構造が物理・化学的な因果論のみによっては維持され、再生されるものではないことを意味しているのである。おそらく最初にそのような構造が作り出されたのは、極めて偶然的な条件の下で行われたことに違いない。しかしその構造がいったん成立すれば、それはそれ自体として自己を維持する性質を持ち、また何らかの情報システムを通して自己を保全、再生、あるいは複製するようになっているのである。ＤＮＡの発見の意義はまさに生物体を再生させる情報の担い手となる物質とそのコードを固定することにより、自然界に確かに情報システムと呼んでよいようなものが、客観的に存在していることを実証した点にあった。

12　C社会もそのような意味で一つのシステムであることは自明であろう。つまりそこには特定の性質や性向を持った構成要素、つまり個人が存在すると同様、個人個人の相互間に安定した構造が存在しているのである。その意味では原子論も全体論もそれだけでは正しくない。

13　原子論的アプローチにおいても、ただ個人のばらばらな行動を追っただけでは社会を認識することはできない。この点はある意味で原子論的アプローチの代表者とされるアダム・スミスの前記の「見えざる手」の議論においても明らかである。逆に社会なるものを、それを構成する個人から離れてそれ以上の一つの「実体」と考えたのでは、客観的に認識することは不可能になる。国家を一つの実体と考えた「国家有機体説」は、結局一種の神秘主義的な国家論に(イ)オチイらざるを得なかったのである。

14　社会科学、特にその中でも「科学的」であることを最も強く標榜《ひょうぼう》している経済学に対する批判は、それが前提としている個人行動の原理について向けられることが多い。合理的利己主義者としての「経済人」(注5)(homo oeconomicus)の想定に対する批判は、アダム・スミスがその論理を提出して以来絶えることがない。しかし社会科学が科学として成立するためには、人間行動についての何らかの(ウ)セイゴウセイの仮定が不可欠となる。それは自然科学にとって、自然の(エ)キンイツセイという仮定が必要であるのと同じである。そして経済学に関する限り、人間を合理的利己主義者と規定することは、それを一つの仮説として扱うならば、特に不都合なことはないはずである。

15　問題はそれを仮説としてではなく、実質的な内容を持つ命題としてヨウ(オ)セイし、しかもその内容を無限定に拡張することから生ずる。そうなると社会を構成する合理的利己主義者は一定の社会的ルール、あるいは倫理的規範に従って行動するものと考えるのではなく、社会的規範そのものが効用最大の命題から導かれなければならないということになる。それは最近一部の社会科学者の間では流行しているが、明らかにアダム・スミスの考えではない。

16 もう一つの問題点は、社会を個人から離れて実体化することは誤りであるとしても、社会の論理、その組織は個人から離れて存在するということである。個人間の契約によって社会が成立したと説く社会契約説の立場にしても、それは一つの抽象的な観念として考えるだけであって、具体的に一人一人の個人が、主体的な自由意志を持って、自覚的に契約を結んで社会に参加すると考えるわけではない。人々が社会を作るのではなく、人々は社会の中に生まれるのであり、そして社会によって作られるものであることは自明である。

（竹内啓《たけうちけい》『科学技術・地球システム・人間』による）

（注）1　アダム・スミス――イギリスの経済学者（一七二三～一七九〇）。『諸国民の富（国富論）』の中で、各人が自由な経済活動をおこなえば、神の「見えざる手」によって富が増え、社会の調和が生まれると説いた。

2　マルクス――カール・マルクス（一八一八～一八八三）。ドイツの思想家。『資本論』などの著書で資本主義のメカニズムを理論的に考察した。

3　原子論――全体を、それ以上分割できない構成要素である原子に還元して理解・説明しようとする考え方。

4　生気論――生物の形態の理由や発生の由来は、物理・化学的な素材や力学的作用だけでは説明できないとし、その背後に生命力の存在を想定する考え方。

5　経済人――経済的な合理性に基づいて個人主義的に行動すると想定された人間のモデルのこと。

問1　傍線部(ア)〜(オ)に相当する漢字を含むものを、次の各群の①〜⑤のうちから、それぞれ一つずつ選べ。解答番号は［1］〜［5］。

(ア)　サクシュ　［1］
①　牧場でサクニュウを手伝う
②　実験でサクサンの溶液を用いる
③　期待と不安がコウサクする
④　クッサクの作業が終了する
⑤　観光情報をケンサクする

(イ)　オチイる　［2］
①　ケッカンを指摘する
②　カンタン相照らす
③　カンゲンにつられる
④　カンドコロをおさえる
⑤　問題点をカンカする

(ウ)　セイゴウセイ　［3］
①　セイコウウドクの生活
②　シセイの人びと
③　メールのイッセイ送信
④　運動会に向けたセイレツの練習
⑤　一服のセイリョウザイ

(エ)　キンイツセイ　［4］
①　キンセンに触れる言葉
②　勝負にキンサで競り勝つ
③　小学校時代のカイキン賞
④　キョウキンをひらいて語る
⑤　試合のキンコウを破る得点

(オ)　ヨウセイ　［5］
①　自然のイキオいに任せる
②　花ザカりを迎える
③　将来をチカい合う
④　道路工事をウけおう
⑤　我が身をカエリみる

問2　傍線部**A**「このような社会科学的認識の前提として二つの要素が必要とされる。」とあるが、それはどういうことか。その説明として最も適当なものを、次の①～⑤のうちから一つ選べ。解答番号は 6 。

① 個人の意図や目的を越えた社会的現象を客観的に把握しようとする際の認識の条件として、個人の行動様式自体を理解する観点と、社会的な場における人間関係を理解する観点とが必要とされるということ。

② 社会的現象に伴う個人の責任や倫理を客観的に分析しようとする認識の基礎として、個人的な判断を重視して記述することと、客観的な形式によって記述することとが必要とされるということ。

③ 社会の規範的論理や法則性に関する客観的な認識を導き出すための推論において、個人の意志に基づく行動を認める立場と、国家や社会の観点を尊重する立場とが必要とされるということ。

④ 社会的現象の中にある論理や法則性を客観的に捉えようとする認識の基礎として、個人個人の行動様式に着目することと、社会全体を一つの対象として考察することとが必要とされるということ。

⑤ 人間同士の社会的関係における規制を客観的に理解しようとする際の認識の条件として、個人の利益を重視する観点と、個人が統合される社会の利益を重視する観点とが必要とされるということ。

問3 傍線部B「理念としての国家主義や民族主義に問題があることは、方法としての還元主義が正しいことを意味するものではない」とあるが、なぜそういえるのか。その理由の説明として最も適当なものを、次の①～⑤のうちから一つ選べ。
解答番号は 7 。

① 国家や社会の観点を優先する全体主義の理念が問題を含むとしても、生物の場合に、生気論の登場で生物の性質を物理・化学の法則に単純に還元する立場の限界が示されたように、社会現象を考察する際にも、社会を個人の行動のみに還元して説明する還元主義の方法自体が限界を提示しているから。

② 国家や社会の観点を優先する全体主義の理念が問題を含むとしても、生物の場合に、生気論以降に生物の形質を伝える遺伝情報がDNAという形で確認されたように、社会現象を考察する際にも、社会を単なる個人の集合以上のより高等な形態と捉える全体論の方法自体は有効性が確認されるから。

③ 国家や社会の観点を優先する全体主義の理念が問題を含むとしても、生物の場合に、生気論の衰退によっても生物の個体が全体として統一性を持つ存在であることは否定されなかったように、社会現象を考察する際にも、社会全体を一つの対象と捉えて考察する全体論の方法自体は否定されないから。

④ 国家や社会の観点を優先する全体主義の理念が問題を含むとしても、生物の場合に、生気論に反対して生物の細胞が備える単なる分子の集合以上のものを否定した論が妥当でなかったように、社会現象を考察する際にも、個人の集合以上の構造を分析できない還元主義の方法自体が妥当性を欠いているから。

⑤ 国家や社会の観点を優先する全体主義の理念が問題を含むとしても、生物の場合に、生気論の延長上で生物の機能に神秘的システムを想定する説が支持されてきたように、社会現象を考察する際にも、国家や社会を個人に先立つ神聖な存在として説明する全体論の方法自体は支持されるものであるから。

問4　傍線部C「社会もそのような意味で一つのシステムである」とあるが、それはどういうことか。その説明として最も適当なものを、次の①～⑤のうちから一つ選べ。解答番号は 8 。

① 生物の体が、神秘的なものを想定せずとも、一個の生命体としての統一性を維持する性質を持つと考えられるように、社会においても、個人の集合体が必要な機能や規範を作り上げ、同時にこれらのことが個人の行動などを制約し、全体性を形成する構造が構築されているということ。

② 生物の体が、その細胞を構成する分子を生きている限り絶えず入れ替えるにもかかわらず、生物としての機能を維持するように、社会においても、個人と個人の関係があり、その離合集散から特定の機能が分化することで、国家の機能を維持し発達させる構造が構築されているということ。

③ 生物の体が、物理・化学の法則への還元や超物理・化学的な実体の仮定からは性質を特徴づけられないように、社会においても、構成要素としての個人が集団や民族、国民や国家という段階を経て、それぞれの役割に応じた機能を確立することで、発展的に統合する構造が存在するということ。

④ 生物の体が、個体の形質を伝える遺伝情報による自己保全、再生、複製の機能によって一個の生命体としての統一性を保つように、社会においても、特定の性質や性向を持ったばらばらな個人を社会の内部で相互に結びつけ、同時に制約するような一定の構造が存在するということ。

⑤ 生物の体が、自然界のなかで育まれた情報システムを通じて生命を保持することが実証的に突き止められたように、社会においても、個人の集合体というだけではなく、個人個人の行動が積み重ねられることでおのずと形成される機能によって、安定的な構造が存在するということ。

問5　次に示すのは、この文章を読んだ五人の生徒が、社会科学の方法を話題にしている場面である。本文の趣旨に最も近い発言を、次の①～⑤のうちから一つ選べ。解答番号は 9 。

① 生徒A――自然科学なら実験や観測を通して客観的な現象を確認できるけど、社会を対象とする科学って、考えてみると難しいよね。社会的な現象を客観的に認識するためには、社会をばらばらな個人の集合と考えるんじゃなくて、個人を越えた何らかの実体のあるものとした上で、社会全体を一つの対象として考えていく必要があるんだろうね。

② 生徒B――社会についてそんなふうに考えたら、全体主義的な価値観になってしまうんじゃないの。社会は個人の集合であり国家や社会のはたらきは基本的には個人の行動の集積なんだから、社会現象を考察するときにはそれを構成している個人個人の行動にまで還元して考察することが社会科学では重要だって、この文章にも書いてあるよ。

③ 生徒C――社会については、個人と個人の間に存在する関係の構造をシステムとして考える必要があるんじゃないかと思うよ。たとえば、経済学の場合には、そういう認識に基づいて、人間を合理的利己主義者って規定しているんでしょ。ただ、その規定はあくまで仮説であって、命題じゃないってことを忘れちゃいけないんだよね。

④ 生徒D――社会をそんなふうに捉えた上で人間を合理的利己主義者としたのは確かだけど、経済学はそういう人間のモデルを使って社会的な規範まで導き出したんだよ。だからこそ、社会科学の中でも経済学が特別に「科学的」だといわれるわけだけど、こういう経済学は、アダム・スミスが提出した論理に基づいて大きく進歩したんだよね。

⑤ 生徒E――社会をシステムとして考えるのなら、社会の論理と組織そのものは個人から離れて存在するってことに注意しなきゃいけないよ。合理的利己主義者としての個人は意識的に行動することで、社会との間に新たな関係を作り出していくんだよね。人が社会の中に生まれ、社会によって作られるって、そういうことでしょ。

問6　この文章の表現と構成・展開について、次の(i)・(ii)の問いに答えよ。

(i)　この文章の第1～8段落の表現に関する説明として**適当でないもの**を、次の①～④のうちから一つ選べ。解答番号は 10 。

① 第1段落の「『べし、べからず』の規範的論理を主とする議論」という表現は、「規範的論理を主とする議論」という語句で表される内容を助動詞が表す意味を利用して伝えている。

② 第6段落の「実はこれと同様な問題は～起こっていた。」という表現は、それまで述べてきた問題が社会科学に固有のものではないことを打ち明けておくという書き手の態度も伝えている。

③ 第6段落の「『生命力』(anima)」という表現は、「anima」という語によって表される内容をこの文章では「生命力」という語で表しているという断りを伝えている。

④ 第8段落の「国家主義は～、しかし民族主義は～」という表現は、民族主義の状況が国家主義の状況とは異なっているということを語句の呼応を利用して伝えている。

(ii)　この文章の構成・展開に関する説明として**適当でないもの**を、次の①～④のうちから一つ選べ。解答番号は 11 。

①　第2段落では、社会科学の概要を述べて第1段落で起こした論を引き継ぎ、第3段落では、社会科学に潜む前提を指摘して論の転換を図り、第4段落では、それまでの論述をまとめている。

②　第10段落では、第9段落の内容を踏まえて「国家や社会」と「個人」の関係についてのまとめが行われ、第11段落では、そのまとめについての補足説明がなされている。

③　第12段落では、それまでの議論を集約して結論を端的に述べるが、第13段落では、第12段落で述べた結論が必ずしも十分ではないことを反例とともに述べて、その結論について補足をしている。

④　第14段落では、経済学に話題を絞って論を進め、第15段落では、経済学の問題の一つを述べて論を引き継ぎ、第16段落では、さらに問題点を述べつつ、全体の内容を踏まえて「個人」と「社会」の関係にも言及している。

第2問

次の文章は、浅原六朗《あさはらろくろう》の小説「青ざめた行列」（一九二七年発表）の全文である。これを読んで、後の問い（問1～6）に答えよ。なお、設問の都合で本文の上に行数を付してある。（配点　50）

その郊外は私にとって、全然未知な郊外のようにも想《おも》われなかった。丘を一直線に走る高速度電車には記憶がなかったが、線路のかなたの黒い森や、草原《くさはら》には、何処《どこ》となく、古い記憶が喚《よ》びさまされる感情がのこっていた。

いつのことであろうか。

私は立って、白い空を背景にしたデザアト（注1）な風景をながめていた。風もなく、重い空気が草原の繊細な草の葉さきさえも動かさない日である。人が通らない。音がない。(ア)凝然と森が黒く、地殻を突き破った魔のごとく空の一部にもり上《あが》っている。

私はステッキを地にさしたままながめていた。歯にはさまったものを舌でとろうとするような、もどかしい、はっきりと浮《うか》びあがらない記憶におそわれながら。

誰《だ》れにでもあることであろう。突然ある風景を眼《め》の前にした時、あるいはある場所である友人、又はある女と話している場合、ああ前にこんなことがあった、これとそっくりな……と云《い》った風なこと、曇りガラスをとおしてシリウエット（注2）を見るような感情に襲われる。現実性を帯びたファンタジアと説明するのが妥当か、夢幻的現実と云うか、兎《と》に角《かく》その不思議な空気のなかで、ぼんやりと私は死にはてた記憶がめざめてくるのを待っていた。

高速度電車が、重い空気を極度に掻《か》き乱しながら裂声をあげて走りすぎた。

私はA夢魔からさめて歩きだした。

踏切をこえて森の右手にでた時、私は人の群《むれ》がながく森わきの路《みち》を歩んでいるのを見出《いだ》した。静かな行列が、音もなく、歩んでいるのである。人々はすべて顔を地にむけて歩んでいる。二町（注3）ほどの距離に立つ私もそれははっきりと知ることができた。

間もなく私にはそれが、悲しみの群であることが解《わか》った。しかもこの葬列は、もっとも愛する者を失った人々の一団であることも理解された。寂として、足音さえも悼《いた》みはてた感慨のなかに沈んでいたからである。

私は最近知人の死にさえ逢《あ》ったことがないので、この葬列も私の心のなかにまでは入ってこなかった。私は異常な風景としてのみ、この青ざめた葬列を見送っていた。

けれどこの葬列は私に一つの連想をあたえていた。

ゴーグ（注4）の描いた「囚人」のシーンである。四方とも固い石と煉瓦《れんが》にかこまれた牢獄《ろうごく》の狭い中庭を、運動のため環《わ》を描いて歩ませられている囚人の図である。両手を縛《ばく》せられ、囚人たちのある者は顔をあげ、ある者は傲然《ごうぜん》と唇を歪《ゆが》め、ある者は頭をたれ……私はこの絵の頁《ページ》を開けた瞬間から、烈《はげ》しい魅力を、感ぜずには居られなかった。

光《ひか》りを遮断された煉瓦のなかで、なんのためにこの囚人たちは運動させられているのであろう。絶望と、憂鬱と、反逆と、憎悪と、いや彼等《ら》はおそらくそれらの感情にさえも、慣れてしまっているのではなかろうか。囚人たちは固い靴を石畳に曳《ひ》きずりながら歩いている。

石畳にひびく靴の音！

B私に希望のめぐまれない日は、その絵を見ることによって慰められた。理由もなく私はある日、このはてしなく歩む囚人の環を見つめているのである。終《おわ》りには、私の網膜のなかでさえ、囚人の環が歩むようになっていた。また頭脳の芯には腕にきしむ鎖の音が響いていた。その環は苦い渦をなして廻《まわ》りだしていた。

輪環は悲哀の象徴である。単調と反覆と、倦怠《けんたい》のみがこめられている。そこには変化と流動がない。固定された反覆、それは輪環によってのみ象徴される。

私は空想児であった。しかも生きるためにはリアリティのなかに生活しなければならなかった。空想児が、このすさまじい生存競争のリアリティのなかに於《お》いて破産しないで居られようか。

私が自分の両手に重い鎖を感じだしたのも、ただにゴーグの絵によってのみではなかった。けれどゴーグの絵によって慰められたことは事実なのである。何故《なぜ》ならば、空想児としての私の人生もゴーグの囚人以上であろうかと考えたから。

だから私がこの青ざめた葬列の歩みに、囚人たちの輪環を連想したことも自然なことであった。

私が丘をくだったとき、消えさったように葬列は道からすぎていた。

ほこりの多い路には、黄色の花が、一輪、葩《はなびら》をふみにじられて落ちていた。

私は葬列のあとを追って、路を右に行く気にはなれなかった。私は歩みを左にかえした。私は森を突抜《つきぬ》けようとして、いつか蔦《つた》に覆われた古い石の門の前にでていた。

その時、一瞬にして私は古い記憶をとりもどしていた。

「Kだ、Kの家の前にきたのだ」

十年も過去のことであろうか。私はしたしい友人であるKをこの郊外の家に訪ねたことがあるのである。其《その》後の十年、私はKについて記憶を失《うし》なっていた。Kが暫《しばら》く外国に行って居《お》ったこともその理由の一つではあるが。

私は石段をあがり玄関に立ってベルを押した。ベルには弾力がとれていた。私の指が、ほこりで斑点をつけられたほど、永年使われたものでないことが解った。

私は軽い躊躇《ちゅうちょ》ののち、ドアをコツコツと叩《たた》いてみた。いらえ（注5）がない。私は聴覚を鋭敏にして立っていた。

私はKの記憶を描きつづけていた。Kの記憶は私の感情をしずかにかろくなでてくれた。私は入口《いりぐち》からはなれて庭に廻ってみた。

窓のカアテンは閉ざされたままで、やはり人かげは見えなかった。莨《たばこ》に火をつけてぼんやり空を見上げた。光りを宿しつつ、しかも青色《せいしょく》を失なった白い空である。影のない影が降って地上のすべてのものを包んでいる。

庭の芝生は乱れた髪の毛のように伸びきって、多数の者に踏みにじられた痕《あと》がある。

私は口笛をふきだしていた。空気が重いためか、口笛はかえって響き多く、細かな旋律までもつたえていた。

誰れかが呼んでいる。

私は口笛をやめて周囲を見まわした。庭も家ももとのままで、窓はひらかれていない。けれど私は体の何処かで、呼んだ声をきいていた。

雨にさらされた窓わく、地図のようにはげ落ちたペンキ、私の注意はそれらの点にまで走っていた。が、呼んだ人は見あたらない。

C 私の脈搏《みやくはく》は速くなっていた。

私は歩をかえそうとした。何《な》んとなく、この建物が、ある生物の抜殻《ぬけがら》のように寂しく想われたからである。

Kはもういないのだろう。あの男は表札をだしていない男だった。そして今もでていない。けれどKはもうこの家にいないのだ。

寂然とした感情が私の背にながれて行った。

莨をすてて庭口をでようとして、私の視覚は思わず二階の窓に立つ老人の姿を見ていた。私は体を硬直させて二階の老人を見つめた。

老人が窓を叩いたのである。

老人は親しみ深い顔で私をながめながら、手招きをしていた。

老人の顔は私に何んのこだわりも感じさせなかった。見知らない顔である。見知らない顔ながら私は老人に対して素直な感情がもてた。

私は何んの躊躇もなく、ドアを開けて、客間を通り老人の居る二階の室《へや》にあがって行った。

老人は弱い微笑をもって私をむかえ、無言のまま古びたアーム・チェアを指さした。

私と老人は前からの知り合いでもあるかのように、一脈のしたしさをもってむかい合った。

窓かけの色調も加わって、この室は深い海底のように静かである。

「私はあなたを覚えていません」

私は安易に唇をひらいていた。

「いや、俺《わし》もあなたを知らない」

二人は自然に微笑し合った。

私は老人の微笑のうちに益々《ますます》深い親しみを感じて行った。老人の微笑には過去に行われた無数の歴史と経験が美しくふくまれていた。また眼光に現《あら》われている高い智性《ちせい》が、私に彼を尊敬させた。(イ)霊性を示している鼻の形が、この老人が過去にもったであろう威厳を印象さした。

「何か御話《おはなし》をして下さい」

私は小学生のように謙虚になっていた。

「永い路を御通りになってきたと想います。その路には何があったでしょうか」

老人は微笑したまま私から眼を放さないでいる。

「何か話して下さい」

「どんな話がおすきですか」

老人はようやく唇をひらいていた。

「どんな話でも」

老人は骨ばった指をポキポキと鳴らした。

老人は眉をあげて、また瞳をふせた。その唇は、重い扉のように開かれようとして、また固くしめられてしまった。

私は呼吸さえも硬くしていた。

私は理想の達せられないこの人生を、老人の前で歎《なげ》きたかった。火のような熱情もやがて褪《あ》せてゆく悲しみを慰めてもらいたかった。

「自由は何処にあるのでしょうか？」

私はそうも訊《き》きたかった。

「何処に行くのでしょうか？」

そうも訊きたかった。

私は沈黙のこの老人を前にして、不思議にもプリミチイブ(注6)な青年期の煩悶《はんもん》に還《かえ》らされていた。けれどこの煩悶は私にとって、プリミチイブな形式をとりながら、その根本に於て不変の疑惑であったからでもあろう。人間は一段上の者に逢うとみんな小さくなる。

私は(ウ)<u>つつましく</u>老人を見つめていた。

老人は唇をひらこうとして、突然ほがらかに笑いだしていた。

「話すことは沢山あったでしょう。だが、みんな忘れてしまいました」

私には解らなかった。

「一人私を知っていて呉《く》れる者がありました。革命も事業も……恋も……みんな知っていてくれました。若い二人がこの地上にお伽《とぎ》話の国を造ろうと思ったことがあったのです。その人は立派な熱情と理解をもって奮闘しました。一生を捧《ささ》げて努力したのです」

「…………」

「私の妻です。私の妻です」

老人は眼をとじていた。

老人の言葉は簡単ではあったが、私は、強い感情が底をながれているのを知ることができた。私の連想は、この老人によって語られた夫人を、この地上の殉教者としてまとめあげていた。この老人にさえ敬愛されるその夫人はどんな人であろうか。

「奥さんにもおめにかかることは出来ませんでしょうか」

「俺《わし》の妻に……」

老人の指が枯枝《かれえだ》のような音をさした。

「あなたはここにくる途中長い葬列に逢いはしませんでしたか……」

老人はこう云ったまま、首《こうべ》をふって、右手を機械のように空中でうごかした。

（注）1　デザアトな――砂漠のような。寂しい。

2　シリウエット――シルエット。影。影絵。

3　二町――約二二〇メートル。

4　ゴーグ――オランダの画家ヴィンセント・ヴァン・ゴッホ（一八五三～一八九〇）のこと。

5　いらえ――返事。

6　プリミチイブな――根源的な。素朴な。

問1　傍線部(ア)～(ウ)の本文中における意味として最も適当なものを、次の各群の①～⑤のうちから、それぞれ一つずつ選べ。解答番号は 12 ～ 14 。

(ア) 凝然と 12
① ぐったりと横たわって
② ひっそりと音もせず
③ じっと動きもなく
④ こんもりと生い茂り
⑤ ぼんやりとおぼろげに

(イ) 霊性 13
① 精神の崇高さ
② 気性の激しさ
③ 存在の不気味さ
④ 感覚の鋭敏さ
⑤ 心の清らかさ

(ウ) つつましく 14
① 本音を隠して丁寧に
② 心ひかれてひたむきに
③ 気を引きしめて真剣に
④ 敬意をもって控えめに
⑤ 慈しみを込めて穏やかに

問2　傍線部A「夢魔からさめて」とあるが、「夢魔」とは私のどのような状態を表しているか。その説明として最も適当なものを、次の①〜⑤のうちから一つ選べ。解答番号は 15 。

① 風がなく、重い空気が草原の中に漂っており、大きな黒い森が不吉なもののように空を覆い隠している風景について、ぼんやりとした不安を感じている状態。

② 暗い森が線路の向こうに見える、風も人も音もない郊外の風景について、記憶との結びつきがあるような気はするもののはっきりせず、はがゆさを感じている状態。

③ 無風で黒い森と白い空ばかりが目の前に広がる殺風景な郊外の風景について、かつてここに来たことがあるかないか、なかなか思い出せず、あせりを感じている状態。

④ 大きく盛り上がった黒い森が際立ち、風も人も音も存在しない郊外の風景について、これが夢なのか現実なのか判断することができず、心細さを感じている状態。

⑤ 風もなく、人通りもなく、静まりかえった草原の中をまっすぐ通り過ぎる高速度電車や、白い空を覆い尽くす暗い森について、居心地の悪さを感じている状態。

問3　傍線部B「私に希望のめぐまれない日は、その絵を見ることによって慰められた。」とあるが、それはなぜか。その説明として最も適当なものを、次の①～⑤のうちから一つ選べ。解答番号は 16 。

① 牢獄の中庭を歩いている囚人たちはそれぞれ異なった表情と動作で描かれており、私の網膜や頭脳に焼き付くほどに優れた絵画の表現となっているから。

② 獄中で両手を縛られて歩く囚人たちを描いた絵画は、鎖の音や靴の音までリアルに映し出しており、束縛されつつも現実に生きている自分の姿を私に気づかせるから。

③ 私は厳しい生存競争のリアリティの中で生きることができない空想児であり、囚人たちが描かれた絵画は、現実から逃避する私を受け入れてくれるから。

④ 絵画に描かれている囚人たちの様子は、悲哀や単調、反復、倦怠の象徴であり、それが現実に押しつぶされそうになっている私の感情に形を与えてくれるから。

⑤ 牢獄の中での絶望や憂鬱、反逆、憎悪といった感情に慣れてしまった囚人たちを描いている絵画は、自分がどう生きるべきかについての認識を深めてくれるから。

問4　傍線部C「私の脈搏《みゃくはく》は速くなっていた。」とあるが、Kの家にたどり着いてからここに至るまでの私の心情や様子の説明として最も適当なものを、次の①～⑤のうちから一つ選べ。解答番号は 17 。

① 親友であったKの家の前にたまたまやって来た。Kの家にたどり着くまで私はKのことを思い出すこともなかったが、この家に着くとKの記憶が少しずつよみがえってきた。そして、誰かが自分のことを呼んでいるように思い、かすかな期待感をもつようにもなった。

② 親しかったKの家の前にいつの間にか立っていた。Kの姿は見えなかったが、重苦しさを和らげてくれるKの記憶に私が浸っていると、誰かが呼んでいる声が聞こえてきた。しかし、その姿も見えず、Kの家に不気味さと空虚さとを感じるようにもなった。

③ 記憶をたぐり寄せて旧友のKの家にやって来たが、Kは家を留守にしていた。期待外れに終わって途方に暮れていると、誰かが自分のことを呼んでいる声がした。私は白い空の中にKの影を思い浮かべ、誰もいないKの家に寂しさと不吉さとを感じるようにもなった。

④ Kの家にやって来たが、Kは外国に行っているらしく留守であった。弾力のとれたベルや閉ざされたカーテンは、私をもの寂しい気持ちにさせた。私はKとの記憶を取り戻し、あたかもKが自分のことを呼んでいるのではないかと感じるようにもなった。

⑤ Kとの懐かしい思い出に浸りながら、荒れ果てたKの家の周りを当てもなく歩いていた。Kを呼ぶように口笛をふいてみると、誰かが自分のことを呼ぶ声が聞こえてきた。その声がKのものでなく見知らぬ老人のものであると分かり、張り詰めた気持ちにもなった。

問5　老人との会話における私の心情や様子の説明として最も適当なものを、次の①～⑤のうちから一つ選べ。解答番号は 18 。

① 私は、見知らぬ顔の老人に対して前からの知り合いのように向かい合った。沈黙する老人から不思議にもゴーグの絵の囚人たちのような苦悩を感じていたところ、ようやく聞けた彼の言葉の底に夫人への強い思いを感じて、理想の達せられない人生の意味を問われている。

② 私は、見知らぬ老人になんのためらいもなく話しかけ、微笑し合った。老人の風貌に高い知性や威厳を感じて、何か話を聞きたいと言ったものの老人ははぐらかしてなかなか話してくれず、青年期の悩みに煩悶するばかりの私は、人生の絶望を突きつけられている。

③ 私は、老人の微笑の奥に豊かな人生経験を感じ取っていた。老人を前に私は青年期からずっと持ち続けている自分の苦しさのことを考えていたが、老人の良き同志として共に理想の世界を造ろうとした夫人の話を聞いて、自分の人生にも可能性があることを示唆されている。

④ 私は、弱い微笑と無言で迎え入れてくれた老人に対して、一段上の者と会ったように緊張して息を詰まらせた。自分の不遇な人生を振り返り、青年期の煩悶について老人を問い詰めたところ、老人の理解者であった夫人が亡くなったことを聞かされ、人生の悲哀を感じさせられている。

⑤ 私は、親しみ深く威厳ある顔をした老人と向かい合い、謙虚な気持ちを抱いた。老人に、理想の達せられない自分の悲しみを慰めてもらいたくなったが、たまたま目にした葬列が老人の敬愛していた夫人のものであったことをほのめかされ、人生の厳しさに向き合わされている。

問6　この文章の表現や構成に関する説明として**適当でないもの**を、次の①～⑥のうちから二つ選べ。ただし、解答の順序は問わない。解答番号は 19 ・ 20 。

① 14行目「高速度電車が、重い空気を極度に掻《か》き乱しながら裂声をあげて走りすぎた。」の一文は、それまでの「人が通らない。」、「音がない。」といった静寂の描写と対照的であり、「裂声」は私が「夢魔からさめ」るきっかけとして印象の強いものとなっている。

② 21行目「私の心のなかにまでは入ってこなかった」、「異常な風景としてのみ、この青ざめた葬列を見送っていた」のように、始めは私にとってひとごとのように描かれていた葬列が、結末の場面で老人に関係するものだと示され、意外性をもたらしている。

③ 24行目以降の「囚人」の絵の説明は、「環《わ》を描いて歩ませられている」、「両手を縛《ばく》せられ、囚人たちのある者は顔をあげ、ある者は傲然《ごうぜん》と唇を歪《ゆが》め、ある者は頭をたれ……」など具体的であり、この絵に私が引き込まれている様子が表現されている。

④ 36行目「空想児が、このすさまじい生存競争のリアリティのなかに於《お》て破産しないで居られようか。」や、39行目「空想児としての私の人生もゴーグの囚人以上であろうか」には、反語表現が使われており、私の生きることへの情熱が表されている。

⑤ 私と老人との対話の場面では改行が多用されている。これにより、現実に絶望していた私が老人とのやりとりを通じて苦しみから解放されていく様子が、効果的に描かれている。

⑥ この文章は、どこなのか分からない場所に突然立っていたり、Kの家のはずなのに見知らぬ老人がいたり、老人と私とが何の疑問もなく打ち解けたりするなど、現実感の希薄さを感じさせる展開となっている。

第3問　次の文章は『海人《あま》の刈藻《かるも》』という物語の一節である。主人公の大納言は出家を決意し、斎宮《さいぐう》（大宮の娘）、大宮（大納言を育てた人物）、大将（大納言の兄）の三人宛てに手紙を書き残して一条院（大宮の邸）から姿を消した。本文は、一条院に仕える女房がその手紙を見つける場面から始まる。これを読んで、後の問い（問1～6）に答えよ。（配点　50）

あやしくて見れば、A御笛に添ひたる文は「斎宮へ」とあり。「大宮」「大将殿」とあり。あやしく、胸うち騒ぎて、斎宮にこのよし啓して、文奉れば、おどろかせ給《たま》ひて引き開け御覧ずれど、目も霧《き》りふたがるに、女別当《にょべったう》（注1）・宣旨《せんじ》など見聞こゆれば、

よべ聞こえまほしかりつるを、大宮など諫《いさ》めさせ給はむ、かたじけなさに、え啓し侍《はべ》らずなむ。今しばらくも(ア)あらまほしけれど、命絶ゆべきことを仏の定かに知らせ給ふこと侍れば、しばしがほどもつとめ侍らむとてなむ。大宮をはじめ奉り、思《おぼ》し嘆かむこと、罪避《さ》り所なく、さりとて、御目の前にて亡き身と御覧ぜられむよりはと思ひ侍り。幼き者（注2）は、生ひ立たむままに、山の座主《ざす》（注3）に奉り給へ。法師のこころざし深く侍り。この笛は、故院（注4）、大将の今ひとつも大人《おとな》しくて、欲しがり申されしに、「これは思ふことあり」とて、我に賜はせたり。こころざしかたじけなくて、五つの年より身を放ち侍らぬなり。法師なりとも、形見に賜はせよ。

など、こまごまと書きて、

　伝へてしうきねをしのべ笛竹のこの別れこそ世にたぐひなき（注5）

見給ふ御心ども、夢とも分き難《がた》し。大宮は文を御顔に押しあてて、うつぶし臥《ふ》し給ふ。「御厩《むまや》の馬も、随身《ずいじん》も侍らず」など申すに、あさましともおろかなり。

大宮の御文には、

　深くは思し嘆くまじきことなり。おくれ先立つ習ひ、つねのことにこそ。御目の前の悲しびを御覧ぜられむなむいみじきと思し召して、慰ませ給ふべく。

などとて、

かりそめのうき世の夢のさめぬ間を嘆かでも見よ後《のち》の光を

大将殿へも「かく」と聞こえ給へば、おどろきて文見給へば、

よべ御(注6)あらましを聞きさし侍りしも、かかるこころざしになむ。ゆめゆめB我が心より起こり侍らず。仏のたびたび諫めさせ給ひしかばなむ。C目の前の別れよりは、などかと思しなせ。大宮の嘆かせ給はむ、慰め奉り給へ。

とて、

後の世も隔てはあらじ蓮葉《はちすば》のつゆも変はらぬ身ぞと思へば

殿(注7)も聞きおどろかせ給ひて、大将もろともに一条院へ参り給ふ。

昼つかた、御馬(注8)の引き返して参りけり。「いかにや」と尋ね給へば、「年頃の聖《ひじり》(注9)の坊におはしまして、かねて契り給へるにや、さうなく(注10)御髪《みぐし》下ろして、御衣《ころも》・袈裟《けさ》などかけさせ奉り侍り。『なりつぎ(注11)も帰り参れ』とのたまはせけれど、みづから頭《かしら》下ろして、かれも候ふ。あはれにかたじけなかりしかば、『御ともに』と申し侍りしかど、『都に騒がせ給はむもかたじけなし。帰り参りて、ありさま申せ』と侍りし」と泣くさま、かの車匿舎人《さのくとねり》(注12)が帰りけむ人の朝廷《みかど》まで推し量られて、あはれなり。(イ)「さてあるべきかは」とて、殿も大将も山へ登らせ給ふ。権大夫《ごんのだいぶ》も参り給ふ。内裏《うち》よりの御使《つかひ》に源中納言、春宮《とうぐう》の御使に三位の中将登り給ふ。

聖の室《むろ》にさし入らせ給へば、大納言はおはせず。「さて、いかに」と尋ね給へば、「京より人多く登り続かせ給ふよし、下法師《しもぼふし》の申し侍りしかば、『今さら(ウ)見え奉りても』とて、いづ方へかおはしましぬらむ、知らず」と言ふに、あまりの心憂さに、「などか、一条院(注13)・大殿などにも、かくは伺ひ給はで、かくはなし聞こえ給へるならむ。世の有職《いうそく》にておはしましを」とのたまへば、「いさや。出家を留むるをば、三世十方《さんぜじつぱう》(注14)の仏たち憎み給ふことなれば、こなたよりだに勧め申すべきことを、めでたく御みづから思し寄りたる、ありがたく覚え侍りてなむ。それひがことならば、ともかくも計らひ給へ。昔より出家の身は、国王・大臣といふことをば知らずかし」とて、数珠《ずず》うち繰りて居たり。憎しとも世のつねなり。世のことわりも忘れて、罪得まじくは、「懲りぬや、懲りぬや」とも言はせまほしきさまなり。みな文書き置きて、泣く泣く帰り給ふ。

（注）

1　女別当・宣旨——一条院に仕える女房たち。

2　幼き者——若君。大納言の息子。大宮と斎宮のもとで養育されている。

3　山の座主——比叡山延暦寺の最高位にある僧。

4　故院——大宮の亡き夫。

5　たぐひなき——「たぐひなけれ」とあるべきだが、文意は同じ。

6　御あらまし——まだ正妻がいない大納言に縁談を持ってきたことを指す。

7　殿——関白。大宮の弟。

8　御馬の引き返して参りけり——大納言の馬を随身が連れ帰ったことをいう。

9　年頃の聖——大納言が長年親しくしている僧。

10　さうなく——ためらうことなく。

11　なりつぎ——大納言の従者。

12　車匿舎人が帰りけむ人の朝廷——釈迦《しゃか》についてのインドの故事。王子であった釈迦の突然の出家を、従者の車匿舎人が見届け、宮廷に帰って報告した。

13　一条院・大殿——「一条院」とはここでは大宮のことであり、「大殿」とは大宮・関白の父親のこと。

14　三世十方——仏教でいうあらゆる時間と空間。全世界。

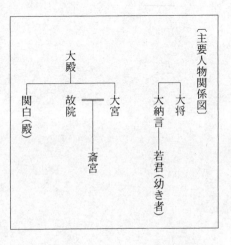

（主要人物関係図）

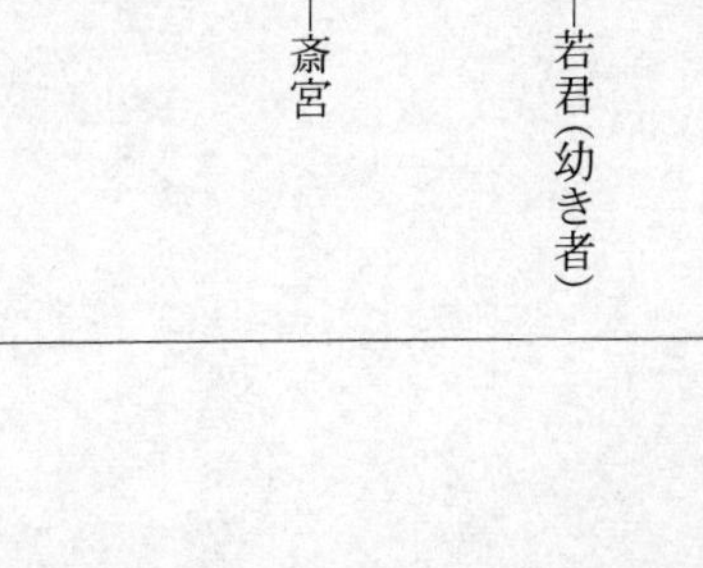

問1　傍線部(ア)～(ウ)の解釈として最も適当なものを、次の各群の①～⑤のうちから、それぞれ一つずつ選べ。解答番号は 21 ～ 23 。

(ア) あらまほしけれど 21
① 理想の人でいたいが
② 帰って来てほしいが
③ 長生きしてほしいが
④ 一緒にいてもよいが
⑤ このままでいたいが

(イ) さてあるべきかは 22
① そんな馬鹿げたことはあるはずがない
② 本当にそうなのか確かめねばならない
③ これからどうしたらよいか分からない
④ そのうち彼の気も変わるにちがいない
⑤ そのままにしておいてよいわけがない

(ウ) 見え奉りても 23
① 拝見したとしてもつまらない
② いらっしゃっても面白くない
③ 来ていただいても興味がない
④ お目にかかっても仕方がない
⑤ 御覧になっても申しわけない

問2　波線部「かくはなし聞こえ給へるならむ」についての文法的な説明として、**適当でないもの**を、次の①～⑤のうちから一つ選べ。解答番号は 24 。

①　品詞分解をすると八語に分かれる。
②　助詞は一語だけ用いられている。
③　大納言への敬意を示す謙譲語が用いられている。
④　一条院・大殿への敬意を示す尊敬語が用いられている。
⑤　推量の助動詞「む」の連体形が用いられている。

問3　傍線部**A**「御笛に添ひたる文は『斎宮へ』とあり」とあるが、大納言が斎宮に笛を残して行ったのはなぜか。その理由として最も適当なものを、次の①～⑤のうちから一つ選べ。解答番号は 25 。

①　故院が特別に私に授けてくれた笛だが、兄の大将も欲しがっていたので、大将に譲ってほしい、と思ったから。
②　私をしのぶよすがとして、幼いときから肌身離さず持っていた大切な笛を若君に渡してほしい、と思ったから。
③　故院の形見の笛だが、出家する私には必要ないので、故院の娘である斎宮に持っていてほしい、と思ったから。
④　大宮は私を養育してくれた恩人なので、五歳から大事にしていた笛をお礼として届けてほしい、と思ったから。
⑤　若君が将来出家する際の布施として、故院から授かった貴重な笛を山の座主に献上してほしい、と思ったから。

問4　傍線部B「我が心より起こり侍らず」とあるが、ここで大納言が言いたかったのはどういうことか。その説明として最も適当なものを、次の①～⑤のうちから一つ選べ。解答番号は 26 。

① 私が人々との関わりを断ち切って出家するのは、残り少ない人生を仏道修行に費やすよう仏に諭されたからである、ということ。

② 私が無断で家を出たのは、親しい人々に打ち明けて引きとめられると出家の決意が揺らぐ恐れがあったためである、ということ。

③ 私が皆を嘆かせると知りつつ出家するのは、他に例のない別れ方をすることで私を忘れずにいてもらうためである、ということ。

④ 私が大将の持ってきた縁談に耳を傾けなかったのは、結婚をすると大宮が寂しがるに違いないと思ったからである、ということ。

⑤ 私が大将の世話してくれた縁談を断ったのは、妻帯してはならないという仏の度重なるお告げに従ったからである、ということ。

問5　傍線部C「目の前の別れよりは、などかと思しなせ」とあるが、ここで大納言が大将に伝えたかったのはどういうことか。その説明として最も適当なものを、次の①～⑤のうちから一つ選べ。解答番号は 27 。

① 面と向かって別れを告げられるより、手紙を通して知る方が、あなたは冷静に受け止められるだろう、ということ。

② 私が大宮に会って別れを告げるより、あなたから伝えてくれた方が、大宮の寂しさもやわらぐはずだ、ということ。

③　私が出家をしないまま死ぬより、僧侶の身となって成仏する方が、あなたのためにもよいことなのだ、ということ。

④　私の死を目の当たりにするより、俗世を捨てた私と会えなくなる方が、あなたの悲しみは浅いはずだ、ということ。

⑤　弟である私との別れより、幼くして両親に先立たれたことの方が、あなたにとってつらい経験だろう、ということ。

問6　本文の内容に**合致しないもの**を、次の①～⑤のうちから一つ選べ。解答番号は 28 。

①　大納言は、大宮に対しては深く嘆くことはないという和歌を、大将に対しては来世でも私たちは少しも変わらず親しい間柄のままだろうという和歌を贈った。

②　関白は、大納言が突然いなくなったことを聞いて驚き、大将と共に一条院へ行った。そこで大納言の随身から大納言が聖のもとで出家したことを知らされた。

③　なりつぎは、大納言が姿を隠した際に同行し、出家を遂げた大納言から帰るように言われた。しかしそれには従わず、出家して大納言のもとにとどまった。

④　大将たちは、優れた人物である大納言が世を捨ててしまうことに賛同できず、出家の世話をした聖を責めた。しかし、聖は大納言の決意を讃《たた》えて反論した。

⑤　聖は、出家を遂げた大納言を連れて帰ろうとする大将たちの無理解に腹を立て、もし罪にならないのならば、人に命じて気が済むまで懲らしめたいと思った。

第4問

次の文章は、明の書家で当時すでに著名であった董其昌《とうきしょう》にまつわる出来事を記したものである。これを読んで、後の問い（問1〜7）に答えよ。なお、設問の都合で返り点・送り仮名を省いたところがある。（配点　50）

新安(注1)ノ一賈《こ》人《じん》欲シテ㆑得ント㆓文敏(注2)ノ書ヲ㆒、而懼《おそ》ルル㆓其ノ贋《にせ》ナルヲ㆒也《や》、謀ル㆓諸《これ》ヲ文敏之客ニ㆒。客令㆘(ア)具ム㆓厚幣(注3)ヲ㆒、介(注4)モテ入謁セ㆖。備ヘ㆓賓主(注5)ノ礼ヲ㆒、命ジテ㆑童ニ(注6)磨《す》ラシメ㆑墨ヲ、墨濃クナレバ、文敏乃チ起《た》チテ揮《ふる》ヒテ㆑毫《ふで》ヲ授ク㆑賈ニ。賈大イニ喜ビテ拝謝シ、持チ帰リテ懸ク㆓堂中ニ㆒。過客(注7)見テ㆑之ヲ、［　X　］嘆絶。

明年、賈復タ至ル㆓松《しょう》江《かう》ニ㆒(注8)。偶《たまたま》過ギテ㆓府署(注9)ノ前ヲ㆒、見ル㆓肩《けん》輿《よ》セラレテ(注10)而入ル者ヲ㆒。人曰ハク、「董(注11)宗伯也。」ト賈望メバ㆓其ノ容ヲ㆒、A絶不類去年為己書者。俟《ま》チテ㆓其ノ出ツルヲ㆒、審《つまび》ラカニ視《み》ルニ㆑之ヲ、相ヒ異ナルコト真ニ遠ク甚ダシケレバ、B不㆑禁ゼ㆓大声モテ呼《さけ》ブヲ(注12)㆑屈ヲ。文敏停《とど》メテ㆑輿ヲ問ヘバ㆑(イ)故ヲ、賈涕《てい》泣《きふ》シテ述ブ㆓始末ヲ㆒。文敏笑ヒテ曰ハク、「C君為ル㆓人ノ所ト㆑給《あざむ》ク矣。D憐㆓君之誠㆒、今可㆓同往為㆑汝書。」賈大イニ喜ビテ再拝シ、始メテ得レバ㆓真筆ヲ㆒、帰リテ以テ誇ル㆑人ニ。而レドモ識者往往ニシテ謂《おも》ヘラク、前書較《やや》工《たくみ》ナリト也。此レ又タ可シ㆑見ル、名家随意酬応之筆常ニ有ルヲ㆘反《かへ》ツテ出ツル㆓贋《がん》本《ぼん》ノ下ニ㆒者㆖。

E

可ケン三遽にはカニ定ム二真偽ヲ于工拙ノ間ニ一乎や。

（葉廷琯『鷗陂漁話《おうひぎょわ》』による）

（注）
1　新安一賈人――「新安」は現在の安徽《あんき》省南部から江西省北部にかけての一帯。「賈人」は商人で、後に見える「賈」も同じ。
2　文敏――董其昌のこと。
3　厚幣――手厚い贈り物。
4　介入謁――訪問先の使用人に案内されて身分の高い人物と面会すること。
5　賓主礼――訪問者と主人とが会う際の儀礼。
6　童――未成年の男子の召使い。
7　過客――立ち寄った者。
8　松江――現在の上海市にある地名で、董其昌が住んでいた。
9　府署――役所。
10　肩輿――前後二人で担ぐ乗り物に人を載せること。乗り物自体も肩輿と呼び、後に見える「輿」もこれと同じ。
11　董宗伯――董其昌のこと。
12　呼レ屈――不当な扱いを受けたと言い立てること。

問1　波線部(ア)「具」・(イ)「故」の意味として最も適当なものを、次の各群の①～⑤のうちから、それぞれ一つずつ選べ。解答番号は 29 ・ 30 。

(ア)「具」 29
① 詳しく見る
② 用意する
③ 探し求める
④ 一つにまとめる
⑤ 言及する

(イ)「故」 30
① 罪状
② 意図
③ 故郷
④ 理由
⑤ 事件

問2　「 X 嘆絶」は「みな感嘆した」という意味になる。空欄 X に入る二字として最も適当なものを、次の①～⑤のうちから一つ選べ。解答番号は 31 。

① 可以
② 何如
③ 不若
④ 無不
⑤ 未必

問3 傍線部A「絶不類去年為己書者」の返り点の付け方と書き下し文との組合せとして最も適当なものを、次の①〜⑤のうちから一つ選べ。解答番号は 32 。

① 絶 不レ類下去 年 為二己 書一者上
絶えて去年己の書を為《な》す者に類せず

② 絶 不レ類二去 年 為レ己 書 者一
絶えて去年己の為《ため》に書する者に類せず

③ 絶レ不レ類下去 年 為二己 書一者上
去年己の書を為す者に類せざるを絶つ

④ 絶レ不レ類二去 年 為レ己 書 者一
去年己の為に書する者に類せざるを絶つ

⑤ 絶 不レ類二去 年一為二己 書一者
絶えて去年に類せずして己の書を為す者なり

問4　傍線部B「不レ禁二大声呼一レ屈」について、どうしてそうなったのか。その説明として最も適当なものを、次の①～⑤のうちから一つ選べ。解答番号は 33 。

① 以前に会ったことがある董其昌と再会したにもかかわらず、彼に無視されてしまったから。
② 長々と待たせた末に、なお肩輿の上に座り続ける董其昌の尊大な態度を無礼に思ったから。
③ 董其昌に会ったと思い込んでいたが、実はそれが計略に引っかかったものとわかったから。
④ 董其昌に紹介してくれた人とまた会ったのに、彼が贈り物について礼を言わなかったから。
⑤ 再び松江に行くことで、実際は紹介者がいなくても董其昌に会うのは簡単だと知ったから。

問5　傍線部C「君為二人所一レ給」には、どのような意味を表す句形が用いられているか。最も適当なものを、次の①～⑤のうちから一つ選べ。解答番号は 34 。

① 反語
② 使役
③ 受身
④ 禁止
⑤ 疑問

問6　傍線部D「憐二君之誠一、今可三同往為レ汝書二」の説明として最も適当なものを、次の①～⑤のうちから一つ選べ。
解答番号は 35 。

① 賈人の熱意に感心したので、一緒に行って賈人のために文字を書いてやろうとしている。
② 賈人の熱意に感心したので、文字を贈り物と一緒にして賈人に送ってやろうとしている。
③ 賈人の熱意に感心したので、今回もやはり賈人のために文字を書いてやろうとしている。
④ 董其昌の熱意には感心したが、それは今回もやはり賈人に文字を書いてやるからである。
⑤ 董其昌の熱意には感心したが、それは賈人と一緒に文字を書きに行ってやるからである。

問7　傍線部**E**「可㆔遽定㆓真偽于工拙間㆒乎」の解釈とその結論に至る筆者の見解として最も適当なものを、次の①～⑤のうちから一つ選べ。解答番号は 36 。

① この文は「本物か偽物かは上手か下手かという点からただちに決められるだろうか」という意味で、その前提には名人が求められるまま気軽に書いた文字でも努めて入手するべきだという筆者の見解がある。

② この文は「本物か偽物かは上手か下手かという点からただちに決められるはずだ」という意味で、その前提には名人が求められるまま気軽に書いた文字は概して偽物に劣るものだという筆者の見解がある。

③ この文は「本物か偽物かは上手か下手かという点からただちに決められるだろうか」という意味で、その前提には名人が求められるまま気軽に書いた文字を入手しても意味がないという筆者の見解がある。

④ この文は「本物か偽物かは上手か下手かという点からただちに決められるはずだ」という意味で、その前提には名人が求められるまま気軽に書いた文字でもやはり偽物に勝るものだという筆者の見解がある。

⑤ この文は「本物か偽物かは上手か下手かという点からただちに決められるだろうか」という意味で、その前提には名人が求められるまま気軽に書いた文字は概して偽物に劣るものだという筆者の見解がある。

2016

本試験

80分　200点

第1問　次の文章を読んで、後の問い（問1～6）に答えよ。なお、設問の都合で本文の段落に 1 ～ 15 の番号を付してある。（配点　50）

1　着せ替え人形のリカちゃん（注1）は、一九六七年の初代から現在の四代目に至るまで、世代を超えて人気のある国民的キャラクターです。その累計出荷数は五千万体を超えるそうですから、まさに世代を越えた国民的アイドルといえるでしょう。しかし、時代の推移とともに、そこには変化も見受けられるようです。かつてのリカちゃんは、子どもたちにとって憧れの生活スタイルを演じてくれるイメージ・キャラクターでした。彼女の父親や母親の職業、兄弟姉妹の有無など、その家庭環境についても発売元のタカラトミーが情報を提供し、設定されたその物語の枠組《わくぐみ》のなかで、子どもたちは「ごっこ遊び」を楽しんだものでした。

2　しかし、平成に入ってからのリカちゃんは、その物語の枠組から徐々に解放され、現在はミニーマウス（注2）やポストペット（注3）などの別キャラクターを演じるようにもなっています。自身がキャラクターであるはずのリカちゃんが、まったく別のキャラクターになりきるのです。これは、評論家の伊藤剛さん（注4）による整理にしたがうなら、特定の物語を背後に背負ったキャラクターから、その略語としての意味から脱却して、どんな物語にも転用可能なプロトタイプ（注5）を示す言葉となったキャラへと、A リカちゃんの捉えられ方が変容していることを示しています。

3　物語から独立して存在するキャラは、「やおい」（注6）などの二次創作と呼ばれる諸作品のなかにも多く見受けられます。その作者たちは、一次作品からキャラクターだけを取り出して、当初の作品のストーリーとはかけ離れた独自の文脈のなかで自由に操ってみせます。しかし、どんなストーリーのなかに置かれても、あらかじめそのキャラに備わった特徴は変わりません。たとえば、いくらミニーマウスに変身しても、リカちゃんはリカちゃんであるのと同じことです。

4　このような現象は、物語の主人公がその枠組に縛られていたキャラクターの時代には想像できなかったことです。物語を破壊してしまう行為だからです。こうしてみると、キャラクターのキャラ化は、B 人びとに共通の枠組を提供していた「大きな物語」が失われ、価値観の多元化によって流動化した人間関係のなかで、それぞれの対人場面に適合した外キャラを意図的に演じ、複雑になった関係を乗り切っていこうとする現代人の心性を暗示しているようにも思われます。

5 振り返ってみれば、「大きな物語」という揺籃《ようらん》(注7)のなかでアイデンティティの確立が目指されていた時代に、このようにふるまうことは困難だったはずです。付きあう相手や場の空気に応じて表面的な態度を取り(ア)ツクロうことは、自己欺瞞《ぎまん》と感じられて後ろめたさを覚えるものだったからです。アイデンティティとは、外面的な要素も内面的な要素もそのまま併存させておくのではなく、揺らぎをはらみながらも一貫した文脈へとそれらをシュウ(イ)ソクさせていこうとするものでした。

6 それに対して、今日の若い世代は、アイデンティティという言葉で表《あら》わされるような一貫したものとしてではなく、キャラという言葉で示されるような断片的な要素を寄せ集めたものとして、自らの人格をイメージするようになっています。アイデンティティは、いくども揺らぎを繰り返しながら、社会生活のなかで徐々に構築されていくものですが、キャラは、対人関係に応じて意図的に演じられる外キャラにしても、生まれもった人格特性を示す内キャラにしても、あらかじめ出来上がっている固定的なものです。したがって、その輪郭が揺らぐことはありません。状況に応じて切り替えられはしても、それ自体は変化しないソリッド(注8)なものなのです。

7 では、自分の本心を隠したまま、所属するグループのなかで期待される外キャラを演じ続けることは、人間として不誠実であり、いい加減な態度なのでしょうか。現在の日本では、とくに若い世代では、どれほど正しく見える意見であろうと、別の観点から捉え直された途端に、その正当性がたちまち揺らいでしまいかねないような価値観の多元化が進んでいます。自己評価においてだけでなく、対人関係においても、一貫した指針を与えてくれる物差しを失っています。

8 現在の人間関係では、ある場面において価値を認められても、その評価はその場面だけで通じるものでしかなく、別の場面に移った途端に否定されるか、あるいは無意味化されてしまうことが多くなっています。人びとのあいだで価値の物差しが共有されなくなり、その個人差が大きくなっているために、たとえ同じ人間関係のなかにいても、その時々の状況ごとに、平たくいえばその場の気分しだいで、評価が大きく変動するようになっているのです。

9 私たちの日々の生活を(ウ)カエリみても、ある場面にいる自分と別の場面にいる自分とが、それぞれ異なった自分のように感じられることが多くなり、そこに一貫性を見出すことは難しくなっています。それらがまったく正反対の性質のものであることも少なくありません。最近の若い人たちは、このようなふるまい方を「キャラリング」とか「場面で動く」などと表現しますが、一貫したアイデンティティの持ち主では、むしろ生きづらい錯綜《さくそう》した世の中になっているのです。

10 しかし、ハローキティやミッフィーなどのキャラを思い起こせばすぐに気づくように、最小限の線で描かれた単純な造形は、私たちに強い印象を与え、また把握もしやすいものです。生身のキャラの場合も同様であって、あえて人格の多面性を削《そ》ぎ落とし、限定的な最小限の要素で描き出された人物像は、錯綜した不透明な人間関係を単純化し、透明化してくれるのです。

11 また、きわめて単純化された人物像は、どんなに場面が変化しようと臨機応変に対応することができます。日本発のハローキティやオランダ発のミッフィーが、いまや特定の文化を離れて万国で受け入れられているように、特定の状況を前提条件としなくても成り立つからです。C生身のキャラにも、単純明快でくっきりとした輪郭が求められるのはそのためでしょう。

12 二〇〇八年には、ついにコンビニエンス・ストアの売上高が百貨店のそれを超えました。外食産業でもファーストフード化が進んでいます。百貨店やレストランの店員には丁寧な接客態度が期待されますが、コンビニやファーストフードの店員にはそれが期待されません。感情を前面に押し出して個別的に接してくれるよりも、感情を背後に押し殺して定形的に接してくれたほうが、むしろ気をつかわなくて楽だと客の側も感じ始めているのではないでしょうか。店員に求められているのは、一人の人間として多面的に接してくれることではなく、その店のキャラを一面的に演じてくれることなのです。近年のメイド（注9）・カフェの流行も、その外見に反して、じつはこの心性の延長線上にあるといえます。そのほうが、対面下での感情の負荷を下げられるからです。

13 こうしてみると、人間関係における外キャラの呈示は、それぞれの価値観を根底から異にしてしまった人間どうしが、予想もつかないほど多様に変化し続ける対人環境のなかで、しかし互いの関係をけっして決裂させることなく、コミュニケーションを成立させていくための技法の一つといえるのではないでしょうか。深部まで互いに分かりあって等しい地平に立つことを目指すのではなく、むしろ互いの違いを的確に伝えあってうまく共生することを目指す技法の一つといえるのではないでしょうか。彼らは、複雑化した人間関係の破綻を㈡カイヒし、そこに明瞭性と安定性を与えるために、相互に協力しあってキャラを演じあっているのです。複雑さを㈤シュクゲンすることで、人間関係の見通しを良くしようとしているのです。

14　したがって、外キャラを演じることは、けっして自己欺瞞ではありませんし、相手を騙《だま》すことでもありません。たとえば、ケータイの着メロの選択や、あるいはカラオケの選曲の仕方で、その人のキャラが決まってしまうこともあるように、キャラとはきわめて単純化されたものに違いはありません。しかし、ある側面だけを切り取って強調した自分らしさの表現であり、その意味では個性の一部なのです。うそ偽りの仮面や、強制された役割とは基本的に違うものです。

15　キャラは、人間関係を構成するジグソーパズルのピースのようなものです。一つ一つの輪郭は単純明快ですが、同時にそれぞれが異なってもいるため、他のピースとは取り替えができません。また、それらのピースの一つでも欠けると、予定調和の関係は成立しません。その意味では、自分をキャラ化して呈示することは、他者に対して誠実な態度といえなくもないでしょう。D価値観が多元化した相対性の時代には、誠実さの基準も変わっていかざるをえないのです。

（土井《どい》隆義《たかよし》『キャラ化する／される子どもたち』による）

（注）
1　リカちゃん――少女の姿形をモチーフにした着せ替え人形。
2　ミニーマウス――企業が生み出したキャラクター商品で、ネズミの姿形をモチーフにしている。「ハローキティ」「ミッフィー」も同様のキャラクター商品として知られており、それぞれネコ、ウサギの姿形をモチーフにしている。
3　ポストペット――コンピューターの画面上で、電子メールを送受信し、管理するためのアプリケーション・ソフトウェアの一つ。内蔵されたキャラクター（主に動物）が、メールの配達などを行う。
4　伊藤剛――マンガ評論家（一九六七～　）。著書に『テヅカ・イズ・デッド――ひらかれたマンガ表現論へ』などがある。
5　プロトタイプ――原型、基本型。
6　「やおい」などの二次創作――既存の作品を原作として派生的な物語を作り出すことを「二次創作」と呼ぶ。原作における男性同士の絆《きずな》に注目し、その関係性を読みかえたり置きかえたりしたものなどを「やおい」と呼ぶことがある。
7　揺籃――ゆりかご。ここでは、比喩的に用いられている。
8　ソリッドなもの――定まった形をもったもの。
9　メイド・カフェ――メイドになりきった店員が、客を「主人」に見立てて給仕などのサービスを行う喫茶空間。

問1　傍線部(ア)〜(オ)に相当する漢字を含むものを、次の各群の①〜⑤のうちから、それぞれ一つずつ選べ。解答番号は［1］〜［5］。

(ア)　ツクロう　［1］
① 収益のゼンゾウを期待する
② 事件のゼンヨウを解明する
③ 建物のエイゼン係を任命する
④ 学生ゼンとしたよそおい
⑤ ゼン問答のようなやりとり

(イ)　シュウソク　［2］
① 度重なるハンソクによる退場
② 健康をソクシンする環境整備
③ ヘイソクした空気の打破
④ 両者イッショクソクハツの状態
⑤ ソクバクから逃れる手段

(ウ)　カエリみても　［3］
① コイか過失かという争点
② コシキゆかしき伝統行事
③ 一同をコブする言葉
④ コドクで華麗な生涯
⑤ コリョの末の優しい言葉

(エ)　カイヒ　［4］
① 海外のタイカイに出場する
② タイカイに飛び込み泳ぐ
③ 方針を一八〇度テンカイする
④ 天使がゲカイに舞い降りる
⑤ 個人の考えをカイチンする

(オ)　シュクゲン　［5］
① 前途をシュクして乾杯する
② シュクシュクと仕事を進めた
③ シュクテキを倒す日が来た
④ 紳士シュクジョが集う
⑤ キンシュク財政を守る

問2　傍線部A「リカちゃんの捉えられ方が変容している」とあるが、それはどういうことか。その説明として最も適当なものを、次の①～⑤のうちから一つ選べ。解答番号は 6 。

① かつては、憧れの生活スタイルを具現するキャラクターであったリカちゃんが、設定された枠組から解放され、その場その場の物語に応じた役割を担うものへと変わっているということ。

② 発売当初は、特定の物語をもっていたリカちゃんが、多くの子どもたちの「ごっこ遊び」に使われることで、世代ごとに異なる物語空間を作るものへと変わっているということ。

③ 一九六七年以来、多くの子どもたちに親しまれたリカちゃんが、平成になってからは人気のある遊び道具としての意味を逸脱して、国民的アイドルといえるものへと変わっているということ。

④ 以前は、子どもたちが憧れる典型的な物語の主人公であったリカちゃんが、それまでの枠組に縛られず、より身近な生活スタイルを感じさせるものへと変わっているということ。

⑤ もともとは、着せ替え人形として開発されたリカちゃんが、人びとに親しまれるにつれて、自由な想像力を育むイメージ・キャラクターとして評価されるものへと変わっているということ。

問3　傍線部**B**「人びとに共通の枠組を提供していた『大きな物語』」とあるが、この場合の「人びと」と「大きな物語」の関係はどのようなものか。その説明として最も適当なものを、次の①～⑤のうちから一つ選べ。解答番号は 7 。

①　「人びと」は、社会のなかの価値基準を支える「大きな物語」を共有することで、自己の外面的な要素と内面的な要素とを比べながら、臨機応変に複数の人格のイメージを使い分けようとしていた。

②　「人びと」は、社会のなかの価値基準を支える「大きな物語」を共有することで、自己の外面的な要素と内面的な要素との隔たりに悩みながらも、矛盾のない人格のイメージを追求していた。

③　「人びと」は、社会のなかの価値基準を支える「大きな物語」を共有することで、自己の外面的な要素と内面的な要素とのずれを意識しながらも、社会的に自立した人格のイメージを手に入れようとしていた。

④　「人びと」は、社会のなかの価値基準を支える「大きな物語」を共有することで、自己の外面的な要素と内面的な要素とを重ねあわせながら、生まれもった人格のイメージを守ろうとしていた。

⑤　「人びと」は、社会のなかの価値基準を支える「大きな物語」を共有することで、自己の外面的な要素と内面的な要素とを合致させながら、個別的で偽りのない人格のイメージを形成しようとしていた。

問4　傍線部C「生身のキャラにも、単純明快でくっきりとした輪郭が求められる」とあるが、それはなぜか。その説明として最も適当なものを、次の①～⑤のうちから一つ選べ。解答番号は［8］。

① ハローキティやミッフィーなどは、最小限の線で造形されることで、国や文化の違いを超越して認識される存在になったが、人間の場合も、人物像が単純で一貫性をもっているほうが、他人と自分との違いが明確になり、互いの異なる価値観も認識されやすくなるから。

② ハローキティやミッフィーなどは、最小限の線で造形されることで、その個性を人びとが把握しやすくなったが、人間の場合も、人物像の個性がはっきりして際だっているほうが、他人と交際するときに自分の性格や行動パターンを把握されやすくなるから。

③ ハローキティやミッフィーなどは、最小限の線で造形されることで、特定の文化を離れて世界中で人気を得るようになったが、人間の場合も、人物像の多面性を削ることで個性を堅固にしたほうが、文化の異なる様々な国での活躍が評価されるようになるから。

④ ハローキティやミッフィーなどは、最小限の線で造形されることで、その特徴が人びとに広く受容されたが、人間の場合も、人物像の構成要素が限定的で少ないほうが、人間関係が明瞭になり、様々な場面の変化にも対応できる存在として広く受け入れられるから。

⑤ ハローキティやミッフィーなどは、最小限の線で造形されることで、様々な社会で人びとから親しまれるようになったが、人間の場合も、人物像が特定の状況に固執せずに素朴であるほうが、現代に生きづらさを感じる若者たちに親しまれるようになるから。

問5　次に示すのは、この文章を読んだ五人の生徒が、「誠実さ」を話題にしている場面である。傍線部**D**「価値観が多元化した相対性の時代には、誠実さの基準も変わっていかざるをえないのです。」という本文の趣旨に最も近い発言を、次の①～⑤のうちから一つ選べ。解答番号は 9 。

① 生徒A――現代では、様々な価値観が認められていて、絶対的に正しいとされる考え方なんて存在しないよね。でも、そんな時代だからこそ、自分の中に確固とした信念をもたなくてはいけないはず。他者に対して誠実であろうとするときには、自分が信じる正しさを貫き通さないと、って思う。

② 生徒B――えっ、そう？　今の時代、自分の信念を貫き通せる人なんて、そんなにいないんじゃないかな。何が正しいか、よく分からない時代だし。状況に応じて態度やふるまいが変わるのも仕方がないよ。そういう意味で、キャラを演じ分けることも一つの誠実さだと思うんだけど。

③ 生徒C――たしかに、キャラを演じ分けることは大切になってくるだろうね。でも、いろんなキャラを演じているうちに、自分を見失ってしまう危険がある。だから、どんなときでも自分らしさを忘れないように意識すべきだと思う。他者よりも、まずは自分に対して誠実でなくっちゃ。

④ 生徒D――うーん、自分らしさって本当に必要なのかな？　外キャラの呈示が当たり前になっている現代では、自分の意見や感情を前面に出すのは、むしろ不誠実なことだと見なされているよ。自分らしさを抑えて、キャラになりきることのほうが重要なのでは？

⑤ 生徒E――自分らしさにこだわるのも、こだわらないのも自由。それが「相対性の時代」ってことでしょ。キャラを演じてもいいし、演じなくてもいい。相手が何を考えているかなんて、誰にも分からないんだから、他者に対する誠実さそのものが成り立たない時代に来ているんだよ。

問6　この文章の表現と構成・展開について、次の(i)・(ii)の問いに答えよ。

(i)　この文章の第1～5段落の表現に関する説明として**適当でないもの**を、次の①～④のうちから一つ選べ。解答番号は 10 。

①　第1段落の第4文の「生活スタイルを演じてくれる」という表現は、「～を演じる」と表現する場合とは異なって、演じる側から行為をうける側に向かう敬意を示している。

②　第2段落の第3文の「評論家の～整理にしたがうなら」という表現は、論述の際には他人の考えと自分の考えを区別するというルールを筆者が踏まえていることを示している。

③　第4段落の第3文の「～しているようにも思われます」という表現は、「～しています」と表現する場合とは異なって、断定を控えた論述が行われていることを示している。

④　第5段落の第3文の「揺らぎをはらみながらも」という表現は、「揺らぎ」というものが、外側からは見えにくいが確かに存在するものであることを暗示している。

(ii)　この文章の第7段落以降の構成・展開に関する説明として**適当でないもの**を、次の①～④のうちから一つ選べ。解答番号は 11 。

① 第7段落では、まず前段落までの内容を踏まえながら新たな問いを提示して論述の展開を図り、続けて、その問いを考えるための論点を提出している。

② 第10段落では、具体的なキャラクターを例に挙げて第9段落の内容をとらえ直し、第11段落では、第10段落と同一のキャラクターについて別の観点を提示している。

③ 第12段落では、百貨店やコンビニエンス・ストアなどの店員による接客といった具体例を挙げて、それまでとはやや異質な問題を提示し、論述方針の変更を図っている。

④ 第13段落では、「～ないでしょうか」と表現を重ねることで慎重に意見を示し、第14段落では、日常での具体例を挙げながら、第13段落の意見から導き出される結論を提示している。

第2問

次の文章は、佐多稲子《さたいねこ》の小説「三等車」の全文である。この小説が発表された一九五〇年代当時、鉄道の客車には一等から三等までの等級が存在した。「私」は料金の最も安い三等車に乗り込み、そこで見た光景について語っている。これを読んで、後の問い（問1〜6）に答えよ。なお、設問の都合で本文の上に行数を付してある。（配点　50）

鹿児島ゆきの急行列車はもういっぱい乗客が詰まっていた。小さな鞄《かばん》ひとつ下げた私は、階段を駆け登ってきて、それでもいくらか空《す》いた車をとおもって、人の顔ののぞく窓を見渡しながら、せかせかと先《さ》きへ歩いていた。人の間をすり抜けてきた若い男が、

「お客さん一人？」

と、斜めに肩を突き出すようにして言った。

「え、ひとり」

「たった、ひとつだけ坐席《ざせき》があるよ」

「いくら？」

「二百円」(注1)

「どこ？」

「ちょっと待ってね」

坐席を闇(注2)で買うのは初めてだった。が話は聞いていたので、私はその男との応対も心得たふうに言って、内心ほっとしていた。名古屋で乗りかえるのだったが、今朝まで仕事をして、今夕先方へ着けばすぐ用事があった。

坐席屋の男はすぐ戻ってきて、私をひとつの車に連れ込んだ。通路ももう窮屈になっている間を割り込んで行き、ひとつの窓ぎわの席にいた男に(ア)目くばせした。

「この席」

「ありがとう」

私はそっと、二百円を手渡して、坐席にいた男の立ってくるのと入れかわった。私は周囲に対して少し照れながら再びほっとした。

長距離の三等車の中は、小さな所帯(注3)をいっぱい詰め込んだように、荷物などもごたごたして、窓から射《さ》し込む朝陽《あさひ》の中に、ほこり立っていた。

前の坐席にいた、五十年配の婦人が、私に顔を差し出して、

「あなたも坐席をお買いになったんですか」

「ええ」

「いくらでした」

「二百円でした」

「ああ、じゃおんなじですよ」

先方も、私も、安心したようになって、そして先方はつづけた。

「つい、遠くへ行くんじゃアね。二百円でも出してしまいますよ」

「そうですね」

発車までには二十分ぐらいはある筈《はず》だった。乗客はまだ乗り込んでいた。もう通路に立つばっかりだった。十二月も半ばになって帰省する学生もいたし、何かと慌ただしい往来もあるのだろう。どうせ遠くまで行くのだろうけれど、諦めたように立ったままの人もあり、通路に自分の坐《すわ》り場所を作る人もある。その中をまた通ってくる乗客は自分の身の置き場を僅か見つけると、そこへ立って荷物を脚の下においたりした。丁度私たちの坐席のそばにきて、そこで足をとめたのも、まあ乗り込んだだけで仕方がない、というように混雑に負けた顔をして、網棚を見上げるでもなく、(イ)無造作に袋や包みを下においた。工員ふうの若い夫婦で、三つ位の男の子を連れ、妻の方はねんねこ(注4)袢纏《ばんてん》で赤ん坊を負ぶっていた。痩せて頭から顔のほっそりした男の子

は、傍らの父親によく似ていた。普段着のままの格好だ。両親に連れ込まれた、汽車の中はこういうものだとでもおもうように、おとなしく周囲を見て突っ立っている。が母親に負ぶわれた赤ん坊は、人混みにのぼせたように泣き出しはじめた。はだけたねんねこの襟の下に赤い色のセーターを見せた母親は、丸い唇を尖《と》がらせたようにして、ゆすり上げたが、誕生(注5)をむかえた位の赤ん坊はいよいよのけ反って、混雑した車内のざわめきをかき立てるように泣く。

妻と対《むか》い合って立っている父親は、舌打ちをし、

「ほら、ほら」

と、妻の肩の上の赤ん坊をあやしながら眉をしかめている。袋の中から一枚のビスケットを取り出して、赤ん坊の口にくわえさせようとするのだが、赤ん坊がのけ反るので、まるで、押し込むような手つきになる。赤ん坊は却《かえ》って泣き立てる。

「何とか泣きやまさせないか」

夫は苛々《いらいら》するように細いかん高い声で言った。妻の方は夫が赤ん坊の口にビスケットをねじり込むようにするときも、視線をはずしたようにしていたが、

「おなかが空いてるのよ」

当てつけるように言って、身体をゆすった。

夫婦の会話は、汽車に乗り込むまでに、もう二人の神経が昂《たかぶ》って、言い合いでもしてきた調子である。男の子はその間のび上《あが》るようにして窓から外を見ている。出がけの忙しかったごたごたを感じさせるように若い妻のパーマネントの髪はぱさぱさして、口紅がはずれてついている。それがつんとしているので、妙に肉感的だ。夫は、妻の口調で一層煽《あお》られたように、

「じゃア、俺アもう行くよ」

と言った。妻は黙って視線をはずしている。

夫婦連れかとおもったが、夫は見送りだけだった。黙っている妻を残して、夫は車を出て行った。出ていったまま窓の外にも顔を出さない。妻もまたそれを当てにするふうでもなく、夫が出てしまうと、彼女はひとりになった覚悟をつけたように、手さ

げ籠の中から何か取り出して、男の子に言った。

「ケイちゃん、ここで待ってなさいね。どこにも行くんじゃないよ。母ちゃん、すぐ帰ってくるからね」

父親の出てゆくときも放り出されていた男の子は、ウン、と、不安げな返事をした。

「ここにいらっしゃい」

私は男の子を呼び、若い母にむかってうなずいた。

「あずかってて上げますわ」

「そうですか、お願いします」

彼女はねんねこ袢纏の身体で、人を分けて出ていったが、そのあとを見て、男の子は低い声で、

「母ちゃん」

と、言った。遠慮がちに心細さをつい声に出したというような、ひとり言のような声だ。

「すぐ、母ちゃん来るわ」

と私が言うと、男の子は窓近くなった興味で、不安をまぎらしたように、ガラスに顔をつけて母を追うのを忘れた。

やがて発車のベルが鳴り出した。母親はどこへ行ったのかまだ帰って来ない。が、それまで姿の見えなかった、若い父親が、ホーム側の窓からのぞき込んで、男の子を呼んだ。

「ケイちゃん、ケイちゃん、じゃ行っておいでね」

その声で男の子は、するすると人の間をホーム側の窓へ渡っていくと、黙って、その窓に小さい足をかけて父親の方へ出ようとした。はき古したズック（注6）の黒い靴が窓ぶちにかかるのを、

「駄目、駄目、おとなしくしてるんだよ」

窓の外からその足を中へおろして、

「握手、ね」

と、父親は子どもの手を握って振った。ベルが止《や》んで汽車が動き出した。

「さよなら」

父の言葉にも、子どもは始終黙っていた。父親の汽車を離れてのぞく姿が見え、すぐそれも見えなくなると、子どもはちゃんと承知したように、反対側の私のそばに戻って、動いてゆく窓の外をのぞいた。母親はどうしたのだろう、と私の方が不安になった頃、彼女はお茶のびんを抱えて戻ってきた。もう私の他に周囲の人もこの親子に注意をひかれている。

「ケイちゃん、おとなしくしてたの」

母親に呼ばれて、男の子はそれで殊更に安心した素ぶりを見せるでもなく、ただ身体を車内に向けた。

彼女は、言い合いのまま車を出ていった夫が、やっぱり発車までホームに残っていたということを知らずにいるのだ。A何か私の方が残念な気がして言い出す。

「汽車が出るとき、子どもさんはお父さんと握手しましたよ」

すると、彼女は伏目《ふしめ》に弱く笑って、

「そうですか」

そしてしゃがんで、手さげ籠の中をごそごそかきまわした。毎日八百屋の買物《かいもの》に下げていたらしい古びた籠である。何かごたごたと入っている。もうひとつの布の袋からも口からはみ出すようにして、おしめなどのぞいている。その二つが彼女の持物《もちもの》だ。

「大変ですね」

と言うと、鼻をすすり上げるようにして、

「父ちゃんがもう少し気を利かしてくれるといいんですけどねえ」

そう言って、ミルクの缶や、小さな薬缶《やかん》や牛乳びんなどを取り出した。彼女は買ってきたお茶で、赤ん坊の乳を作るのだ。私のとなりの坐席にいた会社員らしい若い男も、席を詰めて、彼女の乳作りの道具をおく場所をあけてやった。彼女はうっとうしい表情のまま粉乳をお茶でといた。背中の赤ん坊が、ウン、ウン、と言ってはね上る。私は彼女の背中から赤ん坊をおろさせて、抱いた。

「どこまでいらっしゃるんですか」

「鹿児島まで行くんです」

「赤ちゃんのお乳を作るんじゃ大変ですね」

「え、でも、東京へ来るときは、もっと大変だったんですよ。赤ん坊も、上の子もまだ小さいし、それでもやっぱり私、ひとりで連れてきたんですよ」

やがて彼女は三人掛けの端《は》しに腰をおろして、赤ん坊に乳をのませた。

乳をのませながら、彼女は胸につかえているものを吐き出すように言い出した。

「男って、勝手ですねえ。封建的ですわ」

三人がけのそばの会社員の男は、おとなしそうな人で、彼女の、封建的ですわ、という言葉で、好意的に薄笑《うすわらい》をした。

「去年、お父ちゃんが東京で働いているので、鹿児島から出てきたんですけど、東京は暮《くら》しにくいですわねえ。物価が騰《たか》くて、どうしてもやってゆけないんですよ。お父ちゃんが、暫《しばら》く田舎に帰っておれ、というので帰るんですけど」

私の前の中年の婦人も身体を差し出してうなずいている。男の子は母親から貰《もら》ったビスケットを食べていたが、いつか震動の継続に誘われて私の膝で居ねむりを始めた。

「すみませんねえ」

と言いながら母親は話しつづけて、

「何しろ、子どもが小さいから、私が働きに出るわけにもゆかないし、しょうがないんですよ。正月も近くなるでしょう。田舎に帰れば、うちが農家だから、お餅ぐらい食べられますからねえ」

彼女は気が善いとみえ、(ウ)見栄《みえ》もなくぼそぼそと話す。三等車の中では、聞《きこ》えるほどのものは同感して聞いているし、すぐその向《むこ》うではまたその周囲の別の世界を作って、関《かかわ》りがない。**B** 彼女は二人の子どもを連れ、明日までの汽車の中にようやく腰をおろしたふうだ。

ホームで妻子にあのような別れ方をした夫の方は、あれからどうしただろう。男の子とそっくりの、痩せて、顔も頭もほっそりした男だった。今日の気分の故か癇性《かんしょう》(注7)な男に見えた。彼は外套《がいとう》(注8)のポケットに両手を突っ込んで、今日一日、行き場を失ったように歩きまわるのかもしれない。彼は気持《きもち》の持ってゆき場もなくて、無性に腹が立っているかも知れない。彼は映画館に入るだろうか。焼酎をのみにはいるだろうか。部屋へ帰れば、この朝、慌ただしく妻子の出て行ったあとがまだそのまま残って、男の子のメンコ(注9)などが散らばっているかもしれない。彼はそれを片づけながら、ちょっと泣きたくなるかもしれない。口紅がずれてついていた妻の、つんと口を尖がらして横を向いていた顔が、苛々と目の前に出てくるだろうか。彼はひとりでふとんを引きずり出して転がり込む。ふとんの襟に妻子の臭いも残っている。彼は、彼の方に出ようとして、汽車の窓に片足をかけた小さい息子のズックをおもい出すだろうか。その時もうこの汽車は、山陽線のどこかを走っている。彼はもうすっかりひとりになった実感におそわれて、ふとんの襟をやけに頭の上にずり上げるだろうか。

私は闇の坐席を買った罪ほろぼしのようにせめて男の子を膝に抱いている。男の子のこっくりこっくりしていた頭を、私の胸にもたせかけておいた。が、子どもの眠りもやはり浅かったとみえ、少し経《た》つと彼は頭を上げた。眠りから覚めても、この男の子は何も言わず、母親の居るのを安心したように外を眺める。この男の子のおとなしさは、まるでこの頃からの我が家の空気を感じ取って、気兼ねをしていたようだ。

「ケイちゃん、おむすび食べる?」

母親は片手に赤ん坊を抱いている身体を曲げて、片方の手だけで籠の中からおむすびを探し出した。母親に声をかけられると、男の子はにやっと笑って、それを受け取った。そして、丁度海の見えている窓に立ったまま、そのむすびを食べていた。

列車の箱の中全体が、少し疲れてきて、あまり話し声もしなくなっていた。汽車の音も単調に慣れて私には見なれた東海道沿岸の風景が過ぎてゆく。

ふと男の子の何か歌うように言っているのが耳に入ってきた。小さな声でひとり言のつぶやきのように、それを歌うように言っている。汽車の音響に混じって、それは次のように聞えてきた。

「C父ちゃん来い、父ちゃん来い」

しかし視線は、走り去る風景が珍《めず》らしいというように、みかんの木を追い、畑の鶏を見たりしているのだ。可憐《かれん》に弱々しく、無心なつぶやきだけで、男の子は、その言葉を歌っていた。

（注）
1　二百円――当時、駅で売られていた一般的な弁当が百円程度、お茶が十五円程度だった。これらのことから、私が運賃とは別に男に支払った二百円は現在の二千円から三千円にあたると考えられる。
2　闇――闇取引の略。正規の方法によらずに商品を売買したり、本来は売買の対象ではないものを取り引きしたりすること。
3　所帯――住居や生計をともにする者の集まり。
4　ねんねこ袢纏――子どもを背負うときに上から羽織る、綿入れの防寒着。
5　誕生――ここでは生後満一年のことを指す。
6　ズック――厚地で丈夫な布で作ったゴム底の靴。
7　癇性――激しやすく怒りっぽい性質。神経質な性格を指すこともある。
8　外套――防寒、防雨用に着るコート類。
9　メンコ――厚紙でできた円形または長方形の玩具。相手のものに打ち当てて裏返らせるなどして遊ぶ。

問1　傍線部(ア)～(ウ)の本文中における意味として最も適当なものを、次の各群の①～⑤のうちから、それぞれ一つずつ選べ。解答番号は 12 ～ 14 。

(ア)　目くばせした　12

① 目つきですごんだ
② 目つきで制した
③ 目つきで頼み込んだ
④ 目つきで気遣った
⑤ 目つきで合図した

(イ)　無造作に　13

① 先の見通しを持たずに
② いらだたしげに荒っぽく
③ 慎重にやらず投げやりに
④ 先を越されないように素早く
⑤ 周囲の人たちを見下して

(ウ)　見栄《みえ》もなく　14

① 相手に対して偉ぶることもなく
② 自分を飾って見せようともせず
③ はっきりした態度も取らず
④ 人前での礼儀も欠いて
⑤ 気後れすることもなく

問2　本文1行目から30行目までで、闇で買った座席に着くまでの私の様子が描かれているが、そのときの心情の説明として最も適当なものを、次の①～⑤のうちから一つ選べ。解答番号は［15］。

① 闇で座席を買ったことをうしろめたく思いながらも、その座席が他の乗客と同じ金額であったことや、混雑した車中で座っていられることに安堵《あんど》している。

② 見知らぬ男に声をかけられてためらいながらも、座席を売ってもらったことや、前に座っているのが年配の女性であることに安心している。

③ 闇で座席を買わされたことを耐えがたく思いながらも、座席を買えたことや、自分と同じ方法で座席を買った人が他にもいることで気が楽になっている。

④ 闇で座席を買ってしまったことに罪の意識を感じながらも、前に座っている女性と親しくなって、長い道中を共に過ごせることに満足している。

⑤ 闇で座席を買ったことを恥ずかしく思いながらも、満員の急行列車の中で座っていられることや、次の仕事の準備ができることにほっとしている。

問3　傍線部A「何か私の方が残念な気がして言い出す。」とあるが、このときの私の心情はどのようなものか。その説明として最も適当なものを、次の①〜⑤のうちから一つ選べ。解答番号は 16 。

① 座席を買えずに子どもや荷物を抱えて汽車に乗る母親の苦労が思いやられたので、夫婦が険悪な雰囲気のまま別れることに耐えられなくなり、父親の示した優しさを彼女に伝えて二人を和解させたいと思った。

② 車内でいさかいを起こすような他人と私とは無関係なのに、父親と男の子が別れを惜しむ場面に共感してしまい、家族に対する夫の無理解を嘆くばかりの彼女にも、単身で東京に残る夫のことを思いやってほしいと訴えたくなった。

③ 自分が座っていられる立場にある以上、座席を買う余裕もなく赤ん坊の世話に追われる夫婦のいざこざを放っておいてはいけないように思え、せめて男の子が父親と別れたときのけなげな姿を母親に伝えたいと思った。

④ 偶然乗り合わせただけの関係なのに、その家族のやりとりを見ているうちに同情心が芽生え、妻子を放り出して行ったように見えた夫にも、男の子を見送ろうとする父親らしさがあることを、彼女にも知らせたいと思った。

⑤ 父親と別れて落ち着かない男の子を預かっているうちに、家族の様子が他人事とは思えなくなり、おとなしくするように言うばかりの母親に、周囲の物珍しさで寂しさを紛らわそうとする男の子の心情を理解してほしくなった。

問4　傍線部B「彼女は二人の子どもを連れ、明日までの汽車の中にようやく腰をおろしたふうだ。」とあるが、私の推察している彼女の心情はどのようなものか。その説明として最も適当なものを、次の①～⑤のうちから一つ選べ。解答番号は 17 。

① 子育てに理解を示さない夫のぶっきらぼうな言い方にいらだちを募らせていたが、周囲の乗客に励まされたことで冷静になることができた。今は、日ごろからいさかいを繰り返している夫のことを忘れ、鹿児島での生活に気持ちを向けている。

② 混雑する三等車で座席を確保する余裕もなく、日ごろから子育てを一人で担っていることへの不満も募っていたが、赤ん坊の世話をしていると席を空けてもらえた。偶然乗り合わせたに過ぎない周囲の人たちの優しさと気遣いに感激している。

③ 夫の無理解に対する不満を口にしてしまったが、その思いを周囲の乗客が同調するように聞いてくれたことでいらだちが多少和らいだ。今は、二人の小さな子どもを抱えて長い距離を移動する気苦労を受け入れるくらいに、落ち着きを取り戻している。

④ 出発前の慌ただしい時間の中で、赤ん坊のミルクを作るためのお茶を買いに列車の外へ出たが、発車の直前に何とか車内へ戻ることができた。乗り込むのさえ困難な三等車に乗り遅れることもなく母子三人で故郷に帰れることにほっとしている。

⑤ 周囲の人たちの協力もあり、むずかっていた赤ん坊にミルクを飲ませ、じっとしていられない男の子も眠り始めたので、やっと一息つくことができた。今は、鹿児島に戻らなければならない事情や夫婦間の不満をまくし立てるほど、周囲に気を許している。

問5　傍線部C「父ちゃん来い、父ちゃん来い」とあるが、この男の子の様子や声をめぐって私はどのようなことを考えているか。本文全体もふまえた説明として最も適当なものを、次の①～⑤のうちから一つ選べ。解答番号は 18 。

① 男の子は父親がいなくなった寂しさを抱えながらも、車内の騒がしさに圧倒されておとなしくしていた。次第に静まった車内で聞こえてきた歌声には、その寂しさが込められているかのようだ。私は、男の子の素直な言葉に、この家族が幸せになってほしいという願いを重ね合わせている。

② 男の子はまだ幼いので、両親や周囲の大人に対して気持ちをうまく言葉にできないでいる。窓の外の風景に気を取られながら発した弱々しい声は、父親に自分のそばにいてほしいという願望を表しているかのようだ。私は、男の子の様子をいじらしく感じて、この家族のことを気がかりに思っている。

③ 男の子は父親の怒りっぽい性格のために家族がしばしば険悪な雰囲気になることを感じ、車外の風景でその悲しみを慰めている。男の子の弱々しいつぶやきは、父親に対する恋しさを伝えようとしているかのようだ。私は、男の子の様子や声を通じて、この家族の悲哀を感じている。

④ 男の子は両親の不和に対してやるせない思いを抱えているが、珍しい風景を眺めることでそれを紛らわしている。男の子の弱々しい声には、父親に家族と一緒にいてほしいという思いが表れているかのようだ。私は、かわいそうな男の子の様子を見かねて、家族に対する父親の態度が改まることを願っている。

⑤ 男の子は父親のことだけは信頼しているようだが、まだ三歳くらいなので自分のその思いをはっきりと伝えられるわけではない。男の子のつぶやきは、そうした父親と男の子との絆《きずな》を表しているかのようだ。私は、無邪気にはしゃぐ男の子の姿を通じて、父親が家族に愛情を注ぐことを祈っている。

問6　この文章の表現に関する説明として適当でないものを、次の①～⑥のうちから二つ選べ。ただし、解答の順序は問わない。解答番号は 19 ・ 20 。

① 三等車内の描かれ方を見ると、20行目「小さな所帯をいっぱい詰め込んだように」では車内全体が庶民的な一体感に包まれていることが表されているが、135行目「列車の箱の中全体が、少し疲れてきて」では、そのような一体感が徐々に壊れ始めていることが表されている。

② 汽車に乗り込んできた家族について、37行目「普段着のままの格好」、73行目「はき古したズックの黒い靴」、89行目「毎日八百屋の買物に下げていたらしい古びた籠」のようにその身なりや持ち物を具体的に描くことは、この家族の生活の状態やその暮らしぶりが私とは異なることを読者に推測させる効果を持っている。

③ 夫婦が車内で一緒にいる場面では、「人混みにのぼせたように泣き出しはじめた」「いよいよのけ反って、混雑した車内のざわめきをかき立てるように泣く」など、赤ん坊の泣く様子が詳細に描かれている。これによって、出発前の慌ただしく落ち着かない様子や夫婦の険悪な雰囲気が、より強調されている。

④ 99行目から115行目にかけての母親のセリフでは、昨年からの東京暮らしに対する我慢できないいらだちが語られている。ここでは短いセリフと長いセリフを交互に配したり、読点を多用したりすることによって、母親が話をするにつれ次第に気持ちを高ぶらせていく様子が表されている。

⑤ 母子と別れた後の父親を私が想像する部分には、「～かもしれない」「～かも知れない」「～だろうか」といった文末表現が立て続けに繰り返されている。これによって、家族を思う父親の心情や状況に私が思いをめぐらせる様子が、効果的に表されている。

⑥ 母子と別れた後の父親を私が想像する部分には、「男の子とそっくりの、痩せて、顔も頭もほっそりした男」「口紅がずれてついていた妻」「汽車の窓に片足をかけた小さい息子のズック」という、この部分以前に言及されていた情報がある。これらは私の想像が実際の観察をもとにしていることを表している。

第3問

次の文章は、『今昔物語集』の一節である。京で暮らす男が、ある夜、知人の家を訪れた帰りに鬼の行列を見つけ、橋の下に隠れたものの、鬼に気づかれて恐れおののく場面から始まる。これを読んで、後の問い（問1～6）に答えよ。（配点　50）

男、「今は限りなりけり」と思ひてある程に、一人の鬼、走り来たりて、男をひかへてゐて上げぬ。鬼どもの言はく、「この男、重き咎《とが》あるべき者にもあらず。許してよ」と言ひて、鬼、四五人ばかりして男に唾《つはき》を吐きかけつつ皆過ぎぬ。

その後、男、殺されずなりぬることを喜びて、心地違《たが》ひ頭《かしら》痛けれども、(ア)念じて、「とく家に行きて、ありつる様をも妻《め》に語らむ」と思ひて、急ぎ行きて家に入《い》りたるに、妻も子も皆、男を見れども物も言ひかけず。また、男、物言ひかくれども、妻子、答へもせず。しかれば、男、「あさまし」と思ひて近く寄りたれども、傍らに人あれどもありとも思はず。その時に、男、心得るやう、「早《はや》う、鬼どもの**a**我に唾を吐きかけつるによりて、我が身の隠れにけるにこそありけれ」と思ふに、**A**悲しきこと限りなし。我は人見ること元のごとし。また、人の言ふことをも障りなく聞く。人は我が形をも見ず、声をも聞かず。しかれば、人の置きたる物を取りて食へども、人これを知らず。かやうにて夜も明けぬれば、妻子は、我を、「夜前《やぜん》、人に殺されにけるなんめり」と言ひて、嘆き合ひたること限りなし。

さて、日ごろを経るに、せむ方なし。しかれば、男、(注1)六角堂に参り籠《こ》もりて、「観音、我を助け給《たま》へ。年ごろ頼みをかけ奉りて参り候《さぶら》ひつる験《しるし》には、元のごとく我が身を顕《あらは》し給へ」と祈念して、籠もりたる人の食ふ物や(注2)金鼓《こんぐ》の米《よね》などを取り食ひてあれども、傍らなる人、知ることなし。かくて(注3)二七日ばかりにもなりぬるに、夜寝たるに、暁方の夢に、(注4)御帳《みちやう》の辺《ほとり》、尊げなる僧出《い》でて、男**b**の傍らに立ちて、告げてのたまはく、「汝《なんぢ》、すみやかに、朝ここより罷《まか》り出でむに、初めて会へらむ者の言はむことに従ふべし」と。かく見る程に夢覚めぬ。

夜明けぬれば、罷り出づるに、門のもとに(注5)牛飼《うしかひ》の童《わらは》**c**のいと恐ろしげなる、大きなる牛を引きて会ひたり。男を見て言はく、「いざ、かの主《ぬし》、我が供に」と。男、これを聞くに、「我が身は顕れにけり」と思ふに、うれしくて、**B**喜びながら夢を頼みて童の供に行くに、西ざまに十町ばかり行きて、大きなる棟門《むねもん》(注6)あり。門閉ぢて開かねば、牛飼、牛をば門に結びて、扉の迫《はさま》 d の人通るべくもなきより入るとて、男を引きて、「汝もともに入れ」と言へば、男、「(イ)いかでかこの迫《はさま》よりは入《い》らむ」と言ふを、童、「ただ入れ」とて男 e の手を取りて引き入るれば、男もともに入りぬ。見れば、家の内大きにて、人、極めて多かり。

童、男を具して板敷き(注7)に上りて、内へただ入りに入るに、(ウ)いかにと言ふ人あへてなし。はるかに奥の方に入りて見れば、姫君、病に悩み煩ひて臥《ふ》したり。跡《あと》・枕(注8)に女房たち居並《ゐな》みてこれをあつかふ。童、そこに男をゐて行きて、小さき槌《つち》を取らせて、この煩ふ姫君の傍らに据ゑて、頭を打たせ腰を打たす。その時に、姫君、頭を立てて病みまどふこと限りなし。しかれば、父母、「この病、今は限りなんめり」と言ひて泣き合ひたり。見れば、誦経《ずきやう》を行ひ、また、やむごとなき験者《げんざ》(注9)を請《しやう》じに遣はすめり。しばしばかりありて、験者来たり。病者の傍らに近く居て、心経《しんぎやう》(注10)を読みて祈るに、この男、尊きこと限りなし。身の毛いよたちて、そぞろ寒きやうにおぼゆ。

しかる間、この牛飼の童、この僧をうち見るままに、ただ逃げに逃げて外《ほか》ざまに去りぬ。僧は不動の火界の呪《しゆ》(注11)を読みて、病者を加持する時に、男の着る物に火付きぬ。ただ焼けに焼くれば、男、声を上げて叫ぶ。しかれば、男、真顕《まあらは》になりぬ。その時に、家の人、姫君の父母より始めて女房ども見れば、いといやしげなる男、病者の傍らに居たり。あさましくて、まづ男を捕へて引き出だしつ。「こはいかなることぞ」と問へば、男、事のあり様をありのままに初めより語る。人皆これを聞きて、「希有《けう》なり」と思ふ。しかる間、男、顕れぬれば、病者、搔《か》きのごふやうに癒《い》えぬ。しかれば、一家、喜び合へること限りなし。

その時に、験者の言はく、「この男、咎あるべき者にもあらず。六角堂の観音の利益《りやく》を蒙《かうぶ》れる者なり。しかれば、すみやかに許さるべし」と言ひければ、追ひ逃がしてけり。しかれば、男、家に行きて、C 事のあり様を語りければ、妻、「あさまし」と思ひながら喜びけり。

かの牛飼は神の眷属《けんぞく》(注12)にてなむありける。人(注13)の語らひによりてこの姫君に憑《つ》きて悩ましけるなりけり。

（注）
1　六角堂――京にある、観音信仰で有名な寺。
2　金鼓の米――寺に寄付された米。
3　二七日――十四日間。
4　御帳――観音像の周りに垂らしてある布。
5　牛飼の童――牛車《ぎつしや》の牛を引いたり、その牛の世話をしたりする者。「童」とあるが、必ずしも子どもとは限らない。
6　棟門――門の一種。身分の高い人の屋敷に設けられることが多い。
7　板敷き――建物の外側にある板張りの場所。
8　跡・枕――姫君の足元と枕元。
9　験者――加持祈禱《かじきとう》を行う僧。
10　心経――『般若心経《はんにやしんぎよう》』という経典のこと。
11　不動の火界の呪――不動明王の力によって災厄をはらう呪文。
12　眷属――従者。
13　人の語らひ――誰かの頼み。

問1　傍線部(ア)～(ウ)の解釈として最も適当なものを、次の各群の①～⑤のうちから、それぞれ一つずつ選べ。解答番号は 21 ～ 23 。

(ア)　念じて 21

① 後悔して
② 祈願して
③ 我慢して
④ 用心して
⑤ 感謝して

(イ)　いかでかこの迫《はさま》よりは入《い》らむ 22

① こんな隙間からは入《はい》りたくない
② この隙間からなら入《はい》れるだろう
③ なんとかこの隙間から入《はい》りたい
④ いつからこの隙間に入《はい》れるのか
⑤ この隙間からは入《はい》れないだろう

(ウ)　いかにと言ふ人あへてなし 23

① 見とがめる人は誰もいない
② 面識のある人は誰もいない
③ どの家人とも会えていない
④ 案内してくれる人はいない
⑤ 喜んで出迎える人はいない

問2　波線部a～eの「の」を、意味・用法によって三つに分けると、どのようになるか。その組合せとして最も適当なものを、次の①～⑤のうちから一つ選べ。解答番号は 24 。

① 〔a〕と〔be〕と〔cd〕
② 〔ab〕と〔cd〕と〔e〕
③ 〔a〕と〔bc〕と〔de〕
④ 〔ad〕と〔be〕と〔c〕
⑤ 〔a〕と〔bd〕と〔ce〕

問3　傍線部A「悲しきこと限りなし」とあるが、男がそのように感じた理由として最も適当なものを、次の①～⑤のうちから一つ選べ。解答番号は 25 。

① とくに悪いことをした覚えもないのに、鬼に捕まって唾をかけられるという屈辱を味わったから。
② 鬼に捕まって唾をかけられた後でひどく頭が痛くなり、このままでは死んでしまうと思ったから。
③ 鬼から逃げ帰ったところ妻子の様子が変わり、誰が近くに寄っても返事をしなくなっているから。
④ 自分の姿が、鬼に唾をかけられたことで周りの人々には見えなくなっていることに気づいたから。
⑤ 夜が明けても戻らなかったため、自分が昨夜誰かに殺されてしまったと妻子が誤解しているから。

問4　傍線部B「喜びながら夢を頼みて童の供に行く」とあるが、この時の男の行為の説明として最も適当なものを、次の①～⑤のうちから一つ選べ。解答番号は 26 。

① 夢の中に現れた僧に、朝六角堂から出てきた人について行くように言われ、六角堂の門の前で待っていると、牛飼が出てきたため、夢のお告げの内容を話して一緒に連れて行ってくれるように頼んでみたところ、牛飼が快く引き受けてくれたので、喜んでついて行った。

② 夢の中に現れた僧に、朝六角堂を出て最初に出会った者に元の姿に戻る方法を尋ねるように言われたため、六角堂を出た時に出会った牛飼に夢のお告げをあてにして相談したところ、すぐれた験者のもとに連れて行ってやろうと言われたので、喜びながらついて行った。

③ 夢の中に現れた僧に、朝六角堂を出て最初に出会った者の言うことに従うように告げられて外に出ると、現れたのが怪しげな牛飼だったために不安を抱いたが、姿が見えないはずの自分に声をかけてきたことを喜び、半信半疑ながらも牛飼の言葉に従ってついて行った。

④ 夢の中に現れた僧に、朝六角堂を出て最初に出会った者の言うことに従うように告げられ、六角堂を出たところ、門のあたりにいた牛飼が声をかけてきたので、自分の姿が見えるようになったと思って喜び、夢のお告げを信じて、牛飼の言うことに従ってついて行った。

⑤ 夢の中に現れた僧に、朝六角堂を出て牛飼に出会ったらついて行くように告げられたところ、その通りに牛飼に出会ったので、夢のお告げが信用できることを確信して、この牛飼について行けば、きっと妻子と再会することができるだろうと喜び勇んでついて行った。

問5　傍線部C「事のあり様を語りければ」とあるが、その内容として**適当でないもの**を、次の①～⑤のうちから一つ選べ。

解答番号は 27 。

① 鬼に唾をかけられた後、男の姿が周囲の者には見えなくなり、男が言葉をかけても相手には聞こえなくなった。

② 元の姿に戻れなくなった男は、六角堂の観音に対して、長年参詣して帰依していることを訴えて助けを求めた。

③ 男が牛飼に連れられて屋敷に入ると、病気で苦しむ姫君が寝ていて、女房たちが並んで座って看病をしていた。

④ すぐれた験者が読経をしたことによって男は尊い存在となり、姫君の傍らに姿を現すと、姫君の病気が治った。

⑤ 姫君の家の者は男を捕らえたが、験者は男が六角堂の観音の加護を受けた者だと見抜いて、許すように言った。

問6　この文章の内容に関する説明として最も適当なものを、次の①～⑥のうちから一つ選べ。解答番号は 28 。

① 験者は、病に苦しむ姫君を助けるために呪文を唱え、姫君に取り憑《つ》いていた牛飼の正体を暴いて退散させ、さらに男を牛飼から解き放してやった。

② 験者は、読経を聞いて寒がっている男の気配を察して、助けてやろうと不動の火界の呪を唱えたが、加減ができずに男の着物を燃やしてしまった。

③ 六角堂の観音は、男の祈りに応えて、男を姫君に取り憑いていた牛飼と出会わせて、姫君を加持する験者の呪文を聞くことができるように導いた。

④ 六角堂の観音は、牛飼を信頼して男を預けたが、牛飼が男を救わず悪事に利用しただけだったため、験者の姿となって現れ、牛飼を追いはらった。

⑤ 牛飼は、取り憑いて苦しめていた姫君のもとに男を連れて行き、元の姿に戻すことと引き替えに、姫君の病気を悪化させることを男に手伝わせた。

⑥ 牛飼は、指示を受けてやむなく姫君を苦しめていたが、内心では姫君を助けたく思っていたので、験者が来てくれたのを機に屋敷から立ち去った。

第4問

次の文章は、盧文弨《ろぶんしょう》のもとに張荷宇《ちょうかう》が持ってきた一枚の絵について書かれたものである。これを読んで、後の問い（問1～7）に答えよ。なお、設問の都合で返り点・送り仮名を省いたところがある。（配点　50）

荷宇生十月而喪其母。及(1)有知、A即時時念《おもヒテ》母不置、弥《いよいよ》久弥篤《あつシ》。B哀其身不能一日事乎母也。哀《かなシム》母之言語動作亦未《まダ》能識也。

荷宇香河《かうが》（注1）人。嘗《かつテ》南(2)遊而反《かへル》、至乎銭唐《せんたう》（注2）。夢母来前（注3）、夢中(ア)即知其為母也。既覚、(イ)乃嗷然《けうぜん》（注4）以哭《こくシテ》曰、「此真吾母也。C母胡《なん》為乎使我至今日乃得見也。母又何去我之速《すみやカナル》也。母其可使我継此而得見也。」於是即夢所見為《つくル》之図。D此図吾不之見也。

E今之図吾見之、則其夢母之境而已。

F余因語之曰、「夫人精誠所感、無幽（注5）明死生之隔。此理之

可《ク》レ信《ズ》不《ル》レ誣《しひ》(注6)者《ナリ》。況《ンヤ》子之於《ケル》レ親《ニ》、其《ノ》喘《ぜん》(注7)息《そく》呼吸相《モ》通《ジ》、本《ヨリ》無《キヲ》レ有《ル》二間《へだツル》レ之《ヲ》者一乎《ト》。」

（盧文弨『抱経堂文集《ほうけいどうぶんしゅう》』による）

（注）
1　香河――県名。今の北京の東にあった。
2　銭唐――県名。今の杭州。香河からは千キロメートルあまり離れる。
3　来前――目の前にやってくる。
4　噭然――大声をあげるさま。
5　幽明死生――あの世とこの世、生と死。
6　誣――いつわる。ゆがめる。
7　喘息呼吸――息づかい。

問1　波線部⑴「有レ知」・⑵「遊」のここでの意味として最も適当なものを、次の各群の①～⑤のうちから、それぞれ一つずつ選べ。解答番号は 29 ・ 30 。

⑴「有レ知」 29
① 世に知られる
② 教育を受ける
③ うわさを聞く
④ 知り合いができる
⑤ ものごころがつく

⑵「遊」 30
① 仕事もせずにぶらぶらして
② 気ままで派手な生活を送って
③ 世を避けて独り隠れ暮らして
④ 故郷を離れ遠方の地を訪ねて
⑤ 低い地位にしばらく甘んじて

問2　二重傍線部(ア)「即」・(イ)「乃」はここではそれぞれどのような意味か。その組合せとして最も適当なものを、次の①～⑤のうちから一つ選べ。解答番号は 31 。

① (ア) すぐに　(イ) そこで
② (ア) 意外にも　(イ) まさしく
③ (ア) そこで　(イ) すぐに
④ (ア) すぐに　(イ) まさしく
⑤ (ア) 意外にも　(イ) そこで

問3　傍線部A「時　時　念ㇾ母　不ㇾ置」の解釈として最も適当なものを、次の①～⑤のうちから一つ選べ。解答番号は 32 。

① いつも母のことを思い続けてやむことがなく
② 繰り返し母のことを思っては自らの心を慰め
③ 時折母のことを思うといたたまれなくなり
④ ある日母のことを思ってもの思いにふけり
⑤ ずっと母のことを思いながらも人には言わず

問4　傍線部**B**「哀其身不能一日事乎母也」の返り点の付け方と書き下し文との組合せとして最も適当なものを、次の①～⑤のうちから一つ選べ。解答番号は 33 。

① 哀㆓其身㆒不㆑能㆓一日事㆒乎母㆒也　其の身を哀《かな》しみ一日の事を母に能《よ》くせざるなり

② 哀㆓其身㆒不㆑能㆔一日事㆓乎母㆒也　其の身を哀しみ一日として母に事《つか》ふる能《あた》はざるなり

③ 哀㆓其身不㆒㆑能㆓一日事乎母㆒也　其の身の一日の事を母に能くせざるを哀しむなり

④ 哀㆓其身不㆒㆑能㆔一日事㆓乎母㆒也　其の身の一日として母に事ふる能はざるを哀しむなり

⑤ 哀㆘其身不㆑能㆓一日事㆒乎母㆖也　其の身の一日として事ふる能はざるを母に哀しむなり

問5　傍線部**C**「母、胡為乎使㆘我至㆓今日㆒乃得㆖見也」の解釈として最も適当なものを、次の①～⑤のうちから一つ選べ。解答番号は 34 。

① お母様、なぜ今日になって私がここにいるとわかったのですか。

② お母様、なぜ今日になって私をここに来させたのですか。

③ お母様、なぜ今日になって私を思い出してくださったのですか。

④ お母様、なぜ今日になって私に会ってくださったのですか。

⑤ お母様、なぜ今日になって私の夢を理解してくださったのですか。

問6　傍線部D「此図」と、実際に見たE「今之図」とは、どのように異なっているか。その説明として最も適当なものを、次の①～⑤のうちから一つ選べ。解答番号は 35 。

① Dは荷宇が母の夢を見る場面の描かれた絵であるが、Eは荷宇が夢を見た土地の風景が描かれた絵である。
② Dは荷宇が母の夢を見る場面の描かれた絵であるが、Eは荷宇の夢に現れた母の姿が描かれた絵である。
③ Dは荷宇の夢に現れた母の姿が描かれた絵であるが、Eは荷宇が母の夢を見る場面の描かれた絵である。
④ Dは荷宇の夢に現れた母の姿が描かれた絵であるが、Eは荷宇が夢を見た土地の風景が描かれた絵である。
⑤ Dは荷宇が夢を見た土地の風景が描かれた絵であるが、Eは荷宇の夢に現れた母の姿が描かれた絵である。

問7　傍線部F「余因語レ之曰」以下についての説明として最も適当なものを、次の①～⑤のうちから一つ選べ。解答番号は　36　。

①　「まことの心は生死をも超えて相手に通じるものであり、まして親が我が子を見捨てるはずはない。」と言って、そうであれば荷宇の母が夢に現れたのは事実だと、夢の神秘を分析し納得している。

②　「まことの心は生死をも超えて相手に通じるとはいえ、やはり子が親と離れるのはつらいことだ。」と言って、まったくあなたが夢でしか母に会えないとは痛ましいと、荷宇の境遇に同情し悲しんでいる。

③　「まことの心は生死をも超えて相手に通じるものであり、まして親が我が子から離れることはない。」と言って、やはり子に対する母の思いにまさるものはないと、母の愛情を評価したたえている。

④　「まことの心は生死をも超えて相手に通じるとはいえ、やはり子は親と固く結ばれるべきだ。」と言って、それなのに荷宇が幼くして母を失ったのはむごいことだと、運命の非情を嘆きつつ憤っている。

⑤　「まことの心は生死をも超えて相手に通じるものであり、まして子は親と固く結ばれている。」と言って、だから母に対するあなたの思いは届いたのだと、荷宇の心情に寄り添いつつ力づけている。

2016

追試験

80分　200点

第1問

次の文章は、佐佐木幸綱《ささきゆきつな》が昭和四十七（一九七二）年に発表したものである。これを読んで、後の問い（問1〜6）に答えよ。なお、設問の都合で本文の段落に 1 〜 19 の番号を付してある。（配点　50）

1　近代以後の短歌史が否定してきたものの代表的な二つ、語呂合わせの歌と題詠（注1）を、最近二つ一度に実践した。題詠に関しては二、三それに触れた文章を書いたことがあるので、語呂合わせの歌について記してみたい。語呂合わせというよりもこの場合頭韻を踏んだ歌と言ったほうが正確かもしれないが、頭韻を踏んだ歌を含めた語呂合わせの歌私見として見てもらえればと思う。

2　「毎日新聞」の短歌俳句欄に「秋」という題で歌を出さないかとの電話があり、私は新しい題詠の可能性を考えているいわば題詠賛成派だから、さっそくそれをひき受け、次の歌を含む三首の短歌をつくった。昭和四十六年十一月六日付けの同紙にそれは掲載された。

A　秋の穴のぞくあの子はあばれ者あれあれあれ明日《あした》天気になあれ

3　この歌は一読して明らかなようにア音の頭韻を踏んでいる。他の二首もこれと同じ手法を用いた。私が予想したとおり、歌人の間での評判はきわめて悪かった。こうした歌を発表すれば、遊びだ、まじめでない、軽い、といって、世の歌人たちは非難するだろうことは十分承知のうえのことだから、私はそのこと自体に別に驚きはしなかったけれど、どうしてそう自分自身の武器でありフィールドである短歌を、小さく、狭く考えたがるのだろう、と、あらためて歌壇の体質を思ったりしたことだった。たとえば、天武天皇の次の歌、

B　よき人のよしとよく見てよしと言ひし芳野《よしの》よく見よよき人よく見

の楽しさを認めないことで、近代短歌史はどれだけ狭くなってきたことか。

4 さて、私があえて語呂合わせの歌を発表した主な理由は二つある。一つは新聞という場と短歌の問題にかかわり、いま一つは現代の言葉全体と短歌の問題にかかわる。

5 新聞に出ている短歌はふつうどう読まれるだろう。短歌を自分でつくっている人に限らず、ふつうの人のふつうの日常生活においてのことだ。床の中で、食卓の前で、便所の中で、通勤電車の中で、ニュース、書評、今日の料理、株式市況、マンガと並列して読まれる場合のことだ。そして、ちらっと読んで読み終わるとすぐ古新聞の山に積まれるはずである。つまり、歌集や短歌雑誌とは、読む人も、読まれる状態も異質である、と考えてよいだろう。

6 戦後の歌人は、歌集や短歌雑誌、結社雑誌(注2)で歌を鑑賞されることを前提に歌をつくってきた。極端に言えば、自分を知っていてくれるだろう鑑賞者、また、ちらっと読んでポイと投げ出したりはせぬ好意ある鑑賞者を想定して創作活動を行《おこ》なってきたと言える。褻《け》の歌、すなわち〈私〉の日常の歌が全盛を極めている大きな原因の一つはここにある。

7 これは戦後歌人ひとりひとりの問題というよりも、やはり、戦後短歌の場の問題と考えるほうが(ア)ダトウだろう。新聞、総合雑誌、小説中心の文芸総合誌からはじき出され、あるいはせいぜい刺し身のつま程度の扱いを受けてきた戦後短歌が、マスコミではない、ミニコミ(注3)に合ったかたちの作品を中心にして生き抜こうとしたのはむしろ当然であった。そして、その利点が作歌活動によい意味で反映された部分を指摘することもできよう。しかし、私の考えによれば、ただ一点、歴史的に見て、また、客観的に見て、短歌というジャンルを狭くとらえようとしてきたことはほぼ確実であり、その点における反省を欠いていた、とは言いうるであろう。鋭くはなったけれど狭くもなったのだ。

8 短歌は、もっと広い世界を包括しうる形式だ、と私は思う。いま書いていることの線上で言うならば、C 褻の歌は当然晴《はれ》の歌と対をなすはずのものだ。

9 私たちは、ここで、現代の晴の歌のあり方をあらためて考えてみるべきではないのか。結社雑誌、短歌総合誌、歌集という場を脱して、つまり現在の歌壇の場と、歌壇の常識を脱して、その地点でもう一度短歌とはなんなのか、を考え直す時期に来ているのだ。限定された場の中で成長した戦後短歌、限定された場に縛られてきたために奇形になった戦後短歌、この(イ)コウザイ両面をみずからをうつす鏡の前で冷静に見極めるべきである。

10 短歌の創作は、なにも他人を喜ばせるためにだけなされるのではないことは当然であるけれども、この際、こうした状況を深くつぶさにながめることで、詩歌を創作し、また鑑賞する喜びの根源である〈新鮮な驚き〉の質をあらためて検証する契機をもち、そこへ向かう試行の機会をもつことは絶対に必要であろう。私があえて語呂合わせの歌を発表した理由の一つはここにある。

11 上述の私の歌に沿って言えば、「秋の穴」のイメージと「あした天気になあれ」というフレーズをア音の頭韻に踏むことで結びつけ、そのことで、「あの子」つまり元気のよい少年が、(ウ)ドウヨウ的世界を通して、現実社会の虚の部分ともいうべき世界を瞬間かい間見る〈見る〉行為に対する〈新鮮な驚き〉を、もう一つ新鮮な世界として現出したいとする表現への欲求によってこれは成立したのだった。鑑賞者が、私と同質な〈新鮮な驚き〉を追体験してくれるだろうという魅力的な幻想がまったくないわけではないが、この場合、彼は彼なりに非日常的言語体験によって非日常的世界を一瞬通過し、欲を言えば、そのことで彼の日常を照らし返してくれるなら、それ以上言うことはない。あるいは、非日常的な言語世界をなんとなく楽しみ、または嫌悪してくれるだけでもよいのだ。

12 もちろん、鑑賞者へのこうした期待が私を一方で支えていることも確かである。**D** このことについて歌人はみずからに嘘《うそ》をつきつづけてきた点もここで注意しておかなければならない。昨年の「地中海」三月号の「歌壇艙口《そうこう》」(注4)というアンケート欄で「短歌制作の場合に読者を想定するか否か」という問いを出しているが、回答者のほとんどが「想定いたしません」と答え、想定するのは不潔だといった意味の感想を付していた。モノローグ(注5)にのみ賭けた近代短歌では鑑賞者などは想定しません、と言い切るのが一種の美徳であったからだ。しかし、しばしば書いてきたように、私はこれに反対である。

13 近代短歌以後の歌人たちには、受け手（読者）を想定しない作歌態度を美徳として考えようとする風潮があった。そして、現に、この風潮は圧倒的な力で現在の短歌界を支配していること、右に書いたとおりである。

14 もちろん、こうなった背景にはさまざまな理由を考えることができるだろう。和歌革新運動(注6)までさかのぼって考えれば、たとえば、短歌を社交の具、つまり挨拶の形式から完全に絶縁させることが、短歌が近代文芸の一ジャンルとして生き残るためにどうしても必要なことであったことなども、その大きな理由の一つとして数えることができよう。そして、このようにして幾つかの理由を数えあげてゆくならば、それらの理由を統合するかたちでその根元の部分に、われわれは、近代という時代の時代的個性を見つけ出すにちがいない。すなわち、近代という時代が、自我と正面から向き合った時代、また向き合わざるを得なかった時代だったということが、幾つかの理由の根元の部分に見通せるはずである。

15 近代短歌を代表する人たちの第一歌集が大正二、三年にほぼ出そろい、現歌壇の源流をなす結社が大正四年にその結成期を終わった事実を、私は小さくはない意味を持つと考えている。近代短歌の基本的部分は、大正前期に、ほぼその原型を形成し終わったと考えてよいのではないか。

16 話をもとにもどせば、「作歌時にけっして読者を想定することはありません」と言い、読者を意識して歌を詠むなどということは不潔きわまりないとする近代短歌の〝常識〟は、だいたいこのころに形成され終わったとみられる。この〝常識〟が、今日もなお広くゆきわたっているのである。

17 さて、この〝常識〟が短歌形式にかかわる者にとって絶対永遠のものではなく、時代的必然のしからしむるところであることはすでに見てきたとおりであるが、さしあたってのわれわれにとっての問題は、この〝常識〟のいわば根元の部分にあたる近代という時代の時代的個性の指向するところが、現代のそれと重なり合うかどうかという点にある。私の意見の結論の部分を、先に、簡単に言ってしまえば、そこに幾分のずれを見ないわけにはゆかないし、むしろ、そのずれた部分に注目しなければならないのではないか、ということになる。

18 内外の政治的な要請による富国強兵政策、独占資本主義経済(注7)への移行などをいわば機構の側からの近代化とするならば、人間の側からの近代化は、たとえば、藩、家、世間といった具体的な諸環境の変質に対応すべきかたちでの個人のとらえ方の質的変化を契機にして、新しい個人の発見という方向でなされてきたと言えるだろう。自我の解放としての浪漫主義、自我をレイ(エ)テツに見つめようとする自然主義が文学の方法として大きな意味と力をもったのも当然と言える。ところが、今日はどうか？　私たちは、私たちの前に山積しているあらゆる矛盾が、実は、自我に執することによって逆に自分を追いつめてしまった結果に(オ)ショウライされたものであることに気づく。企業と個人の問題、公害の問題、農業の問題、都市の問題等あらゆる問題が個から発して個を超えた次元にあることを知っている。私たちが〈私〉ではなく、私たち自身をとりもどすためには、モラヴィア(注8)流に言えば〈手段としての人間〉を〈目的としての人間〉へとらえ換え、実現してゆく以外になく、その具体的な突破口は個人つまり〈私〉に執する近代流の姿勢を捨てて、E〈私との関係〉の変革に意を用いる態度を私たち各自が選びとるところにしかないのではないかと私は思う。

19 このように考えてくるとき、〈私〉が〈私〉に執しつつ〈私〉のためにうたうモノローグ短歌のみを信じ実践することが、けっして美徳ではないことがわかる。私たちは、いま、〈うたう〉ということが、基本的に他者との関係を求める行為であるということを思い起こすべきなのである。

（佐佐木幸綱『極北の声』〈一九九九〉による）

（注）
1　題詠――あらかじめ題を決めたうえで詩歌を作ること。またその詩歌。
2　結社雑誌――共通の目的をもった人たちが継続的に発行する雑誌。第12段落の「地中海」はその一つ。
3　ミニコミ――マスコミと対をなす語で、手作りの印刷物などを指す。
4　艙口――船の甲板と船内を連絡するための場所。ハッチ。
5　モノローグ――演劇由来の用語で、登場人物が単独で心中の思いなどを語ること。またそのせりふ。
6　和歌革新運動――明治維新以降の日本社会の変化や新体詩の誕生を背景にして起こった文学史上の運動。
7　独占資本主義経済――資本の集中、集積によって少数の巨大企業が出現し、支配的な力をもった段階の経済をいう。
8　モラヴィア――アルベルト・モラヴィア（一九〇七～一九九〇）。イタリアの小説家。

問1　傍線部(ア)〜(オ)に相当する漢字を含むものを、次の各群の①〜⑤のうちから、それぞれ一つずつ選べ。解答番号は［1］〜［5］。

(ア)　ダトウ［1］
① ダサンが働く
② ダキョウを排する
③ チョウダの列に並ぶ
④ ダガシをねだる
⑤ ダミンをむさぼる

(イ)　コウザイ［2］
① 暗闇でコウミョウを見いだす
② コウミョウな演出に感動した
③ 怪我《けが》のコウミョウとなった
④ 全員がコウゴに係を分担する
⑤ コウゴと文語とを区別する

(ウ)　ドウヨウ［3］
① 木枯らしが木の葉をユらす
② 卵をトいてご飯にかける
③ 能の台本を声に出してウタう
④ 白身魚を油でアげる
⑤ 喜びに胸をオドらせて帰宅する

(エ)　レイテツ［4］
① 大臣をコウテツして刷新をはかる
② テッペキの守りで勝利を手にする
③ 廊下の荷物がテッキョされる
④ テツヤを続けて課題を完成させる
⑤ テツガクを学んで政治家を志す

(オ)　ショウライ［5］
① 夜道をテらす月明かり
② 天にもノボる心地だ
③ それはマサしく本物だ
④ この場にマネかれた光栄
⑤ 親切でクワしい案内状

問2　傍線部A「秋の穴のぞくあの子はあばれ者あれあれ明日《あした》天気になあれ」、B「よき人のよしとよく見てよしと言ひし芳野《よしの》よく見よよき人よく見」という二つの歌の関係についての説明として最も適当なものを、次の①～⑤のうちから一つ選べ。解答番号は［6］。

① **A**も**B**もともに押韻を含み、その音の連なりを楽しむ歌となっているが、天武天皇の詠んだ**B**が魅力的な歌として引き合いに出されることで、**B**に連なる**A**が正当な歌であることが印象づけられている。

② **A**も**B**も複数の箇所で韻が踏まれた、リズムを重視したユニークな歌となっているが、古代の歌である**B**の事例を引くことによって、近代短歌の中で**A**がもつ異質性が目立たなくなっている。

③ **A**も**B**も言葉の意味よりも音の響きに重点が置かれた歌となっているが、すでに評価を得ている天武天皇の歌である**B**との共通性が示されることで、**A**における技巧性の高さが浮き彫りになっている。

④ **A**も**B**も積極的に韻が踏まれた歌となっているが、近代以前の歌である**B**と近代の歌である**A**とが併記されることで、押韻をふまじめだとする一部歌壇に対する、**A**の挑発的な要素が和らげられている。

⑤ **A**も**B**も押韻によって音の響きを楽しむ歌となっているが、ヨ音を中心に複数の音が繰り返される**B**と比較されることで、ア音一音のみの押韻となっている**A**の素朴な魅力が引き立てられている。

問3　傍線部C「褻の歌は当然晴《はれ》の歌と対をなす」とあるが、本文中で「褻の歌」「晴の歌」はそれぞれどういう歌のことを指すか。その説明として最も適当なものを、次の①～⑤のうちから一つ選べ。解答番号は 7 。

① 褻の歌は、作者の日常を題材とすることを基本に、読者が新聞紙面でニュースや書評、株式市況やマンガと並列して読むことを想定して作られてきた歌である。一方、晴の歌は、非日常の〈新鮮な驚き〉を詠むことを主眼として、歌集や短歌雑誌などで他者に鑑賞されることを前提に発表される歌である。

② 褻の歌は、作者の日常を題材とすることを基本に、歌集や短歌雑誌などを舞台として作者と読者が互いの存在を意識できる限られた範囲で詠まれてきた歌である。一方、晴の歌は、創作と鑑賞における〈新鮮な驚き〉を伴う非日常的な言語体験などが、他者と共有されることを願って発表される歌である。

③ 褻の歌は、作者の日常を題材とすることを基本に、新聞や総合雑誌などから排除されながらも、鋭く革新的な世界を作り出してきた歌である。一方、晴の歌は、積極的に歌集や短歌雑誌などの発表場所を利用して、伝統的な技法を復活させたいという意図をもって作られる歌である。

④ 褻の歌は、作者の日常を題材とすることを基本に、短歌に興味を持つ旧知の読者向けの雑誌掲載などを意識して詠まれてきた歌である。一方、晴の歌は、現在の歌壇の常識から逃れ、語呂合わせなども活用することで、新たな掲載機会と読者を獲得することを目的として作られる歌である。

⑤ 褻の歌は、作者の日常を題材とすることを基本に、読者も床の中や食卓の前などの日常空間で読むことを前提として作られてきた歌である。一方、晴の歌は、日常空間とは異なる歌会などの場で作られ、また読者も生活の場以外の非日常空間で他者とともに読むことを想定して作られる歌である。

問4　傍線部D「このことについて歌人はみずからに嘘《うそ》をつきつづけてきた」とあるが、これは、現代歌壇（現代の短歌や歌人）に対するどのような考えに基づいて述べられたものか。その説明として最も適当なものを、次の①～⑤のうちから一つ選べ。解答番号は 8 。

① 歌人たちは、自己の感性を信じることを優先して短歌を詠もうとしてきたが、筆者はそうした傾向には批判的であり、歌人たちが作歌にあたって、読者の好意的な助言を取り入れて新鮮な世界を現出させることを軽視してきたと考えている。

② 歌人たちは、自己の世界に沈潜することを優先して短歌を詠もうとしてきたが、筆者はそうした傾向には批判的であり、歌人たちが作歌にあたって、みずからの言葉を媒介にして新しい世界を読者と共有することを軽視してきたと考えている。

③ 歌人たちは、自己の短歌世界を深めることを優先して短歌を詠もうとしてきたが、筆者はそうした傾向には批判的であり、歌人たちが作歌にあたって、読者の多様な人生経験に触発されて題詠の幅を広げることを軽視してきたと考えている。

④ 歌人たちは、自己の歌道を極めることを優先して短歌を詠もうとしてきたが、筆者はそうした傾向には批判的であり、歌人たちが作歌にあたって、できるだけ多くの読者に歌の本意を正確に伝えようとすることを軽視してきたと考えている。

⑤ 歌人たちは、自己の心情に忠実であることを優先して短歌を詠もうとしてきたが、筆者はそうした傾向には批判的であり、歌人たちが作歌にあたって、現代の読者と手を結びながら近代短歌の常識を脱しようとすることを軽視してきたと考えている。

問5　傍線部E「〈私との関係〉の変革」とあるが、それはどういうことか。本文の主旨に即した説明として最も適当なものを、次の①～⑤のうちから一つ選べ。解答番号は 9 。

① 近代短歌は、頭韻を踏んだ歌が歌人たちに避けられてきた事実からも分かるように、題材の選択範囲が〈私〉の日常生活に狭く限定されてきた。この状況を克服するためにも、三十一文字の形式がもつ潜在的な可能性を掘り起こし、現代の言葉を用いながら、より広い世界を包括できる歌を創造するべきだということ。

② 近代短歌は、近代文学の一ジャンルとして自らを確立する過程でもっぱら〈私〉に固執して、個人的な驚きの表現を重んじる姿勢を取り、読者をないがしろにしてきた。この状況を克服するためにも、他者と〈私〉とのつながりを求め、目の前に山積するさまざまな矛盾や問題の解決に向かう歌に挑戦するべきだということ。

③ 近代短歌は、本来の社交的な役割を意図的に放棄することによって、読者の存在を想定しない独りよがりの短歌表現へと傾いていった。この状況を克服するためにも、〈私たち〉の関わりを生み出す挨拶の形式を短歌に取り戻し、非日常的な言語体験が他者に提供されることを意識した作歌姿勢を尊重するべきだということ。

④ 近代短歌は、新しい個人の発見という方向でなされた近代化を基盤として表現を模索してきたが、〈私〉にとらわれ、〈私〉を超える次元の問題を想像できなくなった。この状況を克服するためにも、他者との関わりを基礎に置き、〈私〉との向き合い方をとらえ直して、〈私たち〉を詠む歌を志向するべきだということ。

⑤ 近代短歌は、歌人らが現歌壇の源流をなす結社を結成することで形成されたが、その過程で語呂合わせの歌と題詠は否定され、短歌作品の質が深められてこなかった。この状況を克服するためにも、これまでの結社と〈私〉との関係を見直し、近代以後の短歌史が否定してきたものを復権させる短歌を目指すべきだということ。

問6　この文章の表現と構成・展開について、次の(i)・(ii)の問いに答えよ。

(i)　この文章の第1～12段落の表現に関する説明として**適当でないもの**を、次の①～④のうちから一つ選べ。解答番号は［10］。

①　第3段落の第4文の「歌壇の体質」における「体質」という表現は、同文で記される「短歌を、小さく、狭く考えたがる」という歌壇の傾向が一過性ではないことを示している。

②　第6段落の第3文の「大きな原因の一つはここにある」という表現は、指示する言葉を用いているが、「そこにある」と表現する場合よりも、原因の所在を正確に示している。

③　第8段落の第2文の「いま書いていることの線上で言うならば」という表現は、言い換えであることを示しつつ、後の内容がそれまでの内容と一連のものであることを示している。

④　第12段落の第3文の「想定いたしません」という表現は、敬語を重ねて用いており、「想定しません」と表現する場合よりも、相手に対する敬意の度合いが高いことを示している。

(ii) この文章の第13〜19段落の構成・展開に関する説明として**適当でないもの**を、次の①〜④のうちから一つ選べ。解答番号は 11 。

① 第13段落では、前段落までで示された結論を確認し、第14、15段落では、結論の背景にある理由、その根元にある時代的個性、当時の歌壇の状況を説明し、結論に関わる補足をしている。

② 第16段落では、冒頭の部分で「話をもとにもどせば」として論述方向の修正をおこない、同時に、前段落までの論述によって広がりすぎてしまった話題を取捨選択して論述の焦点を絞っている。

③ 第17段落では、「さしあたっての」として問題の絞り込みをし、同時に、「先に、簡単に言ってしまえば」として結論の概要の提示もおこない、一つの段落で論述展開の方向までを示している。

④ 第18段落では、「近代化」の状況を踏まえて「今日」の私たちが抱える課題について述べ、第19段落では、前段落と関連させてモノローグ短歌を信奉する現状を批判しつつ、持論を示している。

第2問　次の文章は、川端康成《かわばたやすなり》の小説「孤児の感情」（一九二五年発表）の冒頭の一節である。これを読んで、後の問い（問1～6）に答えよ。なお、設問の都合で本文の上に行数を付してある。（配点　50）

父母――A父母という言葉が久し振りで私の頭に浮《うか》んで来た。妹という言葉の連想としてである。私の妹に就《つい》て知っていることを何もかも心に描き出してみるとしたところで、私の思い出は二分間で種切れになりはする。しかし、妹は現に生きている。これは何より強いことである。また、妹がこの世にいる証拠には、今日もこんな手紙をよこしている。ところが、私は父からも母からも葉書一枚貰《もら》った記憶はない。もっとも、死んだ人間が私に手紙をよこしたりすれば、不可思議な出来事であるが――。

けれども私は、千代子というこの一人の女から、世界中のどの人間ともちがった感じを受ける。この感じは何か。妹である。千代子はなぜ私の妹か。私と父母が同じだからである。だから妹は、時々彼女の連想として父母を私の頭に持って来るのである。

父母が死んだ夏から、四歳の私と一歳の妹とは、別々の家に引取《ひきと》られて大きくなった。幼い頃の私は父母が死んだことも忘れていたし、妹が生きていることも忘れていた。自分の目で見たことのない人間が、この世に生きていたとも、この世に生きているとも、考えようとはしなかったのである。

だから、田舎の家の縁側に七歳の私と並んで焼栗《やきぐり》を食っている女の子、その日初めて見る都会風な女の子が、ぽんと天から降った妹であることに、私は面喰《めんくら》った。兄という感情を私の中に捜して、若《も》し見つからなければ急に拵《こしら》えなければならなかったからである。その時の感情の幼い(ア)狼狽《ろうばい》が、私の妹の最初の記憶である。つまり、感情の強盗であるこの女の子は、「押掛《おしか》け妹」となることに成功したのである。

妹が小学校の二年の時、田舎の叔母は妹の習字を十枚ばかり貰って来て、私に見せた。級中で成績が一番だが、字は特別に上手だと言った。私は嫉妬を感じ、少し右下《さが》りの書方《かきかた》だという欠点を捜出《さがしだ》して安心した。またある時叔母は、千代子は鉛筆が彼女の親指より短くなるまで使い、筆記帳の最後の一頁《ページ》まで最初の一頁と同じ綺麗《きれい》な字を書く、と言って私の贅沢《ぜいたく》を責めた。そんな妹はろくな女にならない、と私は思った。

私が中学(注1)を出て東京の学校で勉強をするようになってからは、春夏冬の休みに帰省する度に、妹の養われている家へも挨拶に行った。しかし、客間で昼飯を食うと夕食までいることはなく、一度も泊《とま》らなかった。妹も客間へは来た。けれども、私が妹の部屋を見たことはないし、妹と二人きりになることもなかった。みなし児《ご》二人でみなし児じみた話をするなぞは嫌だった。

「この少女は相手にしなくとも差支《さしつか》えない。妹だから。」

そう思いながら、私は妹の顔を見るのもなんだか気恥《きはずか》しい気がするのだった。この気恥しさは一種喜ばしい感情であった。

私が暇《いとま》を告げる時に、叔母はきまって妹に言った。

「千代子さん、停車場までお兄さんを送っていらっしゃい。」

「はい。」と答えはするが、妹はいつも玄関で家の人たちと一緒に両手をついてしまって、一度も門の外までは来なかった。

そして、妹が十五の頃から私は故郷に帰らない。最後に会った時、妹はもう女学校(注2)に通っていた。叔母が言った。

「千代子さんはね、尋常五年(注3)の正月から一日欠かさず、そりゃあ細かい字で長い日記を書いているのですよ。よく書くことがあると、不思議な気がしますよ。誰にも見せないんですって。」

妹は赤くなった。**B** <u>私は妹に新しい親しみを感じた。</u>何だか秋のような気持《きもち》だった。

――その妹に結婚の話が持上《もちあが》った。相手の男は東京にいる。その人に会ってみるために、東京へ来て私の下宿に泊る。年賀状しかよこしたことのない妹から、珍しく今日来た手紙に、そう書いてある。

妹は長い夜汽車を一人で来た。

妹は小さい時から髪が豊か過ぎて長過ぎた。彼女の髪を眺めていた眼《め》を彼女の顔に移すと、妹の年を二つ三つ間違えていたのに気がつき、おやと思うことがあった。十五の娘の顔が十七の娘の髪を持っているような不自然を感じた。

しかし、停車場で五年振りに見る妹は、顔と姿が美しい髪に追附《おいつ》いて調和した、結婚期の娘であった。

下宿につれて帰ると私は言った。

「国を出る時に皆がやかましく言わなかったかい。お父さんやお母さんが生きていたら、お前が今日のようなことになったのを見て、どんなにお喜びになるだろう、と。」

「聞きましたわ。少しうるさいくらい。」

「そう。――そうだろう！　涙を流さんばかりにして言ったんだろう！」

私の調子が余りに熱心なので、妹はちょっと変な顔をした。

しかしだ。

「お父さんやお母さんが生きていらしたら、どんなにお喜びになるでしょう。」

この言葉を私は何度聞かされたことか。例えば学校の入学とか、卒業とか、その他私の身に何か事がある度に、人々はきまってこの言葉を私にくれるのである。そして、この言葉を聞くと、私はいつもうつむいて黙ってしまうのであった。

それを口に出す時、彼等《かれら》には私の父母の姿が思い浮んで来るのだろう。しかし私には何も見えて来ない。また、彼等はその時、浮んで来た姿と共に(イ)甘悲しい感情を味《あじわ》うのだろう。しかし私は親子という感情を知らない。私の感情を拷問にかけでもしたら、

「そうです。父母が生きていてくれましたら――。」と言うかもしれないが。

けれども、一方私は一度も聞いたことがない言葉がある。

「お父さんやお母さんが生きていらしたら、どんなにお悲しみになるでしょう。」

誰もこうは言ったためしがないとすると、若し二親が生きていたら、私は彼等を一度も怒らせたり悲しませたりしない孝行息子なのであろうか。親が子供の行いのなかに悲しみと怒りとの種を見出《みいだ》さない、つまり愛のない親であり、子供らしくない子なのであろうか。

それはとにかく、世間の人々はなぜ子供を親や家庭と結びつけて考えないと気がすまないのであるか。なぜ私の成功を第一に喜ぶ者が、影も形もない、私が見たこともない父母であると、空想しなければならないのであるか。――この調子では人々は、私の婚礼の宴席の上をも、父母の葬《とむら》いの行列を通らせずにはおかないつもりらしい。

私が中学に首席で入学した時のことであった。妹が養われている家へ挨拶に行くと、その家の叔母はいつもの通りの文句だ。

「まあ！　お父さんやお母さんがいらしたらどんなにお喜びになるでしょう。お父さんやお母さんは――。」

「そんなものはないんです。」と私は言放《いいはな》った。

「そりゃ、今はないけれども――。」

「ないんです。」

「おかしな子だこと。親のない人間てありますか。それに、お父さんは私の兄さんですもの。」

「ないんです。」

「だって千代子は、あったって言ってますよ。千代子はお父さんやお母さんの話を聞きたがるのに、あんたはちっとも聞こうとしない。」

傍《そば》にいた妹はなんだか(ウ)きまり悪げな顔をした。

しかし私はもう四五年も故郷に帰らないので、「父母が生きていたら――。」という言葉も聞かない。けれども、結婚問題なぞで東京に来る妹は、きっと見送りの人々からお祝いとして父母の幽霊をもらって来たにちがいないと、私は思ったのである。

「あの――生きていたら、という挨拶には僕は十年間苦しめられたね。若し父母が生き返ってひょっくり僕の前に現《あら》われたらどうだろうという空想、僕にはこれ以上不愉快な空想は世の中に二つとないという気がする。」

「それは兄さんの誇張だと思うわ。私はそうは思わない。兄さんはいろいろある気持のうちの一つばかりを、自分で百倍にも二百倍にも無理に強めてみて楽しんでいらっしゃるのですわ。」

「Cつまり、悲しみをはじき返すための、逆説的《パラドキシカル》な感情の遊びというのかい。」

「誇張するのなら、私は兄さんと反対の方へ感情を誇張しますわ。そうしなかったら、私きっと不良少女になっていてよ。女は馬鹿だと世間の相場がきまっているとしたら、不良児は孤児で、孤児は不良児だと、世間の相場がきまっているのね。今朝も汽車の中で新聞を見たら、兵隊上《あが》りの人が孤児養育院を建てるという記事が出ていました。ふた葉のうちに不良の若芽を摘むために――ですって。不良の若芽なんですって。」

妹と二人で話をするのは生《うま》れて初めてだが、彼女はおしゃべりらしい。

「しかし、笠原がお前を欲しいというのは実に意外だね。それを僕に言わないで、叔父さんに手紙を出すのは可笑《おか》しい。笠原ならよく知っているし、この頃もちょいちょい会うんだよ。」

「まあ！　そうなの！」

妹は突然無遠慮に派手な表情を動かした。これが肉親の親しみかな、と思いながらも私は少しあっけにとられた。

(注)　1　中学――五年制の男子の中等教育機関。

2　女学校――四年制を基本とした女子の中等教育機関。

3　尋常――六年制の尋常小学校。

問1　傍線部(ア)～(ウ)の本文中における意味として最も適当なものを、次の各群の①～⑤のうちから、それぞれ一つずつ選べ。解答番号は 12 ～ 14 。

(ア) 狼《ろう》狽《ばい》 12
① とまどい慌てること
② うるさく騒ぎ立てること
③ 驚き疑うこと
④ 圧倒されて気弱になること
⑤ 恐れてふるえること

(イ) 甘悲しい感情 13
① 喪失感
② 望郷の念
③ 悔恨の情
④ 懐かしい思い
⑤ 感傷的な気持ち

(ウ) きまり悪げな顔 14
① 不満そうな顔
② 困惑したような顔
③ 不愉快そうな顔
④ 納得できないような顔
⑤ 腹立たしそうな顔

問2　傍線部**A**「父母という言葉が久し振りで私の頭に浮《うか》んで来た。」とあるが、それはどういうことか。その説明として最も適当なものを、次の①～⑤のうちから一つ選べ。解答番号は 15 。

① 幼いときに父母が亡くなり妹と別々の家に引き取られ、家族との幸せな思い出はなかったのだが、妹からの手紙を受け取り、肉親の温かさを実感して、そこから父母のことも回想したということ。

② 幼い頃は生きている妹のことも忘れているほど、自分の家族には関心がなかったのだが、父母が同じである妹からの手紙に接して、思い出は少ないものの、父母のことを追慕したということ。

③ 幼い頃に亡くなった父母についての記憶がなく、普段は家族がいたということすら忘れているのだが、妹からの手紙に接したことから、実感は伴わないものの父母のことが想起されたということ。

④ 幼いときに亡くなった父母に対しては何の感情もなかったのだが、特別な存在だと感じている妹からの手紙が届き、肉親への親しみが刺激されたので、父母への情が新しく生まれてきたということ。

⑤ 幼くして父母を亡くした後、妹とも別れざるをえなくなり、その後どうしているか分からなかったのだが、手紙が来たことで妹の近況を知り、妹の存在からかろうじて父母のことが連想されたということ。

問3　傍線部B「私は妹に新しい親しみを感じた。」とあるが、それはどういうことか。その説明として最も適当なものを、次の①～⑤のうちから一つ選べ。解答番号は 16 。

① 幼い頃に両親が死んで以来、妹と別々の家に引き取られた私は、妹のことを意識しながらも一人孤独に耐えて生きていくものだと思っていた。しかし、細かい字で長い間日記を書き続けていることを明かされた妹が私に対して恥ずかしそうな表情を見せたことで、私は妹も孤独であると知り、兄として力になろうと思ったということ。

② 父母が同じであるということから、妹を特別な存在として認識するようになった私は、叔母が妹のことを褒めるのを聞くたびに張り合う気持ちが生じていた。しかし、誰にも見せない長い日記を書いていることを明かされて恥ずかしがっている妹の素顔に接し、私は兄として優越感を抱き、満足したということ。

③ 帰省するたびに妹の養家を訪ねていたが、限られた時間しか滞在しなかった私は、妹のことが気になっていたものの性格はよく知らないままでいた。しかし、一日も欠かさず長い日記を書き続けていることを明かされて恥ずかしがったことから、私は妹の忍耐強く控えめな性格を知り、兄として好感をもったということ。

④ 二人きりで話す機会もなく、妹とよそよそしい関係であった私は、それでも顔を見るのがてれくさいと感じる程度には妹を意識していた。しかし、誰にも見せない長い日記を書いていることを明かされた妹が恥じらいの表情を見せたとき、私は妹の繊細な一面に共感し、兄として見守ることができたということ。

⑤ 中学校を出た頃から、妹の顔を見るのが気恥ずかしいほど内向的になった私は、妹に対してよそよそしくするようになっていた。しかし、細かい字で一日も欠かさず日記を書き続けていることを明かされた妹が恥ずかしそうな表情を見せたことから、私は自分と似た性質を知り、兄として妹への関心が高まったということ。

問4　傍線部C「つまり、悲しみをはじき返すための、逆説的《パラドキシカル》な感情の遊びというのかい。」とあるが、私は自分に対する妹の批判をどう理解し、どのように受け止めているか。その説明として最も適当なものを、次の①～⑤のうちから一つ選べ。
解答番号は 17 。

① 世間の人々が自分の感情を勝手に決めつけることを悲しみ、それに対する反発から心にもない感情を作り上げ、もっともらしい理屈をつけてもてあそんでいると、私に対する妹の批判を理解している。それを私は、率直な意見ではあるが見当違いだと兄妹としての親愛をもちつつ冷静に受け止めている。

② 世間の人々が亡くなった父母と結びつけてしか自分を認めてくれないことを悲しみ、それに対する反発から、人々を惑わせることを口先だけで言っていると、私に対する妹の批判を理解している。それを私は、同じ境遇の妹だからこそ気づけることだと感心しながら素直に受け止めている。

③ 父母の不在に対する悲しみを抱えていながらそれを認めようとせず、周囲の人たちの言うことに反発して、自分の感情の一面だけを強調し理屈をこねていると、私に対する妹の批判を理解している。それを私は、同じ境遇にある妹の率直な意見だと思いながらも兄として余裕をもって受け止めている。

④ 父母をはやくに失った悲しみを本当は抱えているが、それを思い出させる周囲の人たちの発言に対する反発から、自分に父母はないと強調して言い人々が困るのを楽しんでいると、私に対する妹の批判を理解している。それを私は、兄妹であっても分かり合えないものだと諦めつつ冷淡に受け止めている。

⑤ 自分の孤独を分かってもらえない悲しみを抱えているが、周囲の人たちが自分に向けるいたわりに反発して、父母の存在を否定することで自分の感情をごまかしていると、私に対する妹の批判を理解している。それを私は、兄妹だからこそ言えることだとうれしく思いながら真摯に受け止めている。

問5　35行目以降の妹が下宿を訪れる場面では、妹に対する私の印象がそれ以前とどのように変わっているか。その説明として最も適当なものを、次の①～⑤のうちから一つ選べ。解答番号は 18 。

① 妹は真面目で優秀だったうえに、どこか年齢以上におとなびた印象を与え、私は妹が他人行儀で打ち解けにくいと感じていた。ところが、初めて二人で話してみると、妹はおしゃべりで親しみやすい人柄ではあるが、結婚相手と私が親しいことも知らない軽率さもあると分かり、私はあきれながらも心配している。

② 妹は真面目でおとなしく、誰に対しても遠慮がちで、私は妹が自由に振る舞えないほど従順な性格だと思っていた。ところが、初めて二人で話してみると、妹は思いのほか言葉遣いはぞんざいだが自分をしっかりもって意見を言うので、私は驚きながらも妹の積極的な一面を知り、自立した女性になったと感じている。

③ 妹は叔母の期待に応えた優等生だったが、私に対してどこかよそよそしく、私は妹ともう少し親しく接したいと思っていた。ところが、初めて二人で話してみると、妹は驚くほど自分の考えや感情を包み隠さずに表す一方、兄である私に気を遣いながら話すので、私はあきれながらも頼もしさを感じている。

④ 妹は成績がよく質素で、何ごとにつけ叔母は私と比較して妹を褒めるので、私は妹にしばしば嫉妬を感じ反発する気持ちを抱いていた。ところが、初めて二人で話してみると、妹は思いやりのある人柄であると分かり、私は過去のわだかまりを解いて、兄妹としての親近感を今までになく実感している。

⑤ 妹はおとなしい娘で自分を表に出すことはあまりなく、会う機会が少ないために、私は妹に淡い親しみを感じることしかなかった。ところが、初めて二人で話してみると、妹は自分の思うことをはっきりと言い、生き生きと感情を表して遠慮なく接するので、私は驚きながらもうれしく感じている。

問6　この文章の表現に関する説明として適当なものを、次の①～⑥のうちから二つ選べ。ただし、解答の順序は問わない。解答番号は 19 ・ 20 。

① この文章には、「――」が多用されている。1行目のように直前の語句や文章を強調し注釈的に示す用法と、5行目のように明示する必要のない言葉の省略を示す用法の二つに整理され使い分けられている。

② この文章には、2行目の「しかし」、4行目の「ところが」、6行目の「けれども」のように、様々な逆接の接続表現が多用されている。これによって私の感情の複雑さを表している。

③ 14行目の「感情の強盗」、50行目の「私の感情を拷問にかけでもしたら」という比喩は、見えないはずの私の感情を物や人のように扱う表現である。これによって私の感情が他人によって型にはめられてしまうことを表している。

④ 14行目の「押掛《おしか》け妹」は、「押掛け女房」という慣用表現にもとづいた造語である。男の家にやってきて無理に妻となる女のように妹の出現が突然であったことを指すものであり、私の無力さと諦めの感情が表現されている。

⑤ 34行目の一行空きの前後で時間の飛躍がある。手紙を読んで妹の結婚話を知り、下宿に妹がやって来て会話できるまでに親密になるには、時間の経過が必要であったことがその空白によって暗示されている。

⑥ 32行目の「相手の男」「その人」が、83行目で「笠原」と表現される。会話の中で固有名詞が唐突に用いられ、私のよく知る人物だったと明かされることで、読者にも意外性を与える効果をもたらしている。

第3問　次の文章は、『苔《こけ》の衣』という物語の一節である。大将（本文では「殿」）の北の方（本文では「上」）は病が重くなり、六歳になる娘（本文では「姫君」）や大将との別れが近いことを予感していた。これを読んで、後の問い（問1～6）に答えよ。（配点　50）

このほどとなりてはまめやかに頼みすくなく、ともすれば消え入りつつ苦しう覚え給《たま》ふ。姫君の、生ひ立ち給ふままにうつくしげにて、我が御鏡の影にいとよく通ひ給ひつつ、御歳のほどよりは(ア)こよなく静まりて傍らについ居給へるを見給ふに、かかるを見捨てて浅茅《あさぢ》(注1)が露と消えな a む ことはいと悲しう思《おぼ》さるれば、近く引き寄せ給ひつ。

上《うへ》は、居丈《ゐたけ》に足り給はぬほどなる御髪《みぐし》の、いとうつくしげにてゆらゆらとかかりたるを、搔《か》きやりつつ見給ふに、「いで、あはれ。我もこのほどにて故上《こうへ》(注2)先立ち給ひにし。かく限りなく思し入りつつ傍ら放ち給はざりし」と、面影なむほのぼの思し出《い》づるに、ただ A 我が身に違《たが》はぬ心地し給へば、「いかなる先の世の契りにて、思ふべき人々見ぬ宿世《すくせ》のあるら b む」と、昔のこと思し出でられて、つくづくと流れ出づる涙塞《せ》き止めがたげなるを、幼き御心に姫君もいと悲しうて、御目に涙の浮きたるを恥づかしげに思しつつ、うつくしげなる御手にて、

「目に塵《ちり》の入りたる」

とて擦《す》り給ふ。「はかなの御様や」と悲しう思されて、

「吾子《あこ》をば誰々《たれたれ》よりもあはれに見捨てがたく思ひきこゆれど、逃れぬことにや、叶《かな》はざりければ、終《つひ》に行き隠れなむ後は、いかにあはれなる様にて生ひ立ち給はむと、いとうしろめたけれど、殿などよもおろかにはもてなし給はじ。また中宮(注3)に聞こえ置き奉りたれば、かたじけなくとも我が代はりと頼み奉らせ給へ。あの壺前栽《つぼせんざい》(注4)、まろがなからむ後に荒らし給ふな。必ずつくろひて御手づから仏などにも奉り給へ。物の心つき給ふほどまでだに見ずなりぬるな c む、思はじと思へど、いと悲しき」

など、大人などに言はむやうにのたまひ続けていみじう泣き給ふを、姫君はいとよく静まりつつ、うち側《そば》みて泣き給ふ。

殿は、またまたおどろおどろしきまでし添へ給ふ御祈りのことなど、沙汰《さた》し給はむとて立ち退《の》き給ひたりけるが、今ぞ入り給

ひたる。この御気色《けしき》どもを見給ふに、「またいかに思さるるにか」と御胸の隙《ひま》なし。常は消え入るやうにし給ふを、ただ同じ様に心弱きまで思し入りつつ、限りあらむ御命もいかがと見ゆるに、すこしも生き出で給ひぬるをば限りなくうれしと思したるを見給ふに、「終に消え果てな d むの後は、いかばかり思さむ」と、まことに後《おく》らかし奉らむも B うしろめたく思さるるにも、「故大臣《おとど》(注5)おはせましかば、いかばかりの気色ならまし。よくぞ先立ち給ひにける」と思ひ続け給ふに、「この身をやつさではかなくなりぬるはいと罪深きことと昔より聞きたるを、いかでか、(イ)すこしも心のある折、様変へてむ」と思して、いとつつましけれど、殿のおはするに、

「かくのみ日を経て苦しうなりまさりて、終に長らふべくも覚え侍《はべ》らぬに、同じ様にていかにもなるはいと罪深きことと人も申すを、常よりも限りの様に覚ゆれば、まことにただ今や閉ぢめなら e むと、言はむかたなく心細きに、本意《ほい》も遂げなばや」とのたまふ。折しも姫君の御懐にのみ入り臥《ふ》し給ひたるが、C 今すこし心乱るるやうなれば、中将の乳母《めのと》(注6)召して、御方(注7)へ渡しきこえ給はむとし給ふを、(ウ)見知り顔に御手に取りつきつつ泣き給ふを、いと悲しう思し入りたり。

（注）1　浅茅が露——荒れた野原の草に置く露。はかないもののたとえ。
2　故上——北の方の母。
3　中宮——大将の姉。北の方とも親しい。
4　壺前栽——中庭の植え込み。
5　故大臣——北の方の父。幼くして母に死別した北の方を慈しみ育てたが、前年に流行病《はやりやまい》により亡くなった。
6　中将の乳母——姫君の養育係。
7　御方——姫君の部屋。

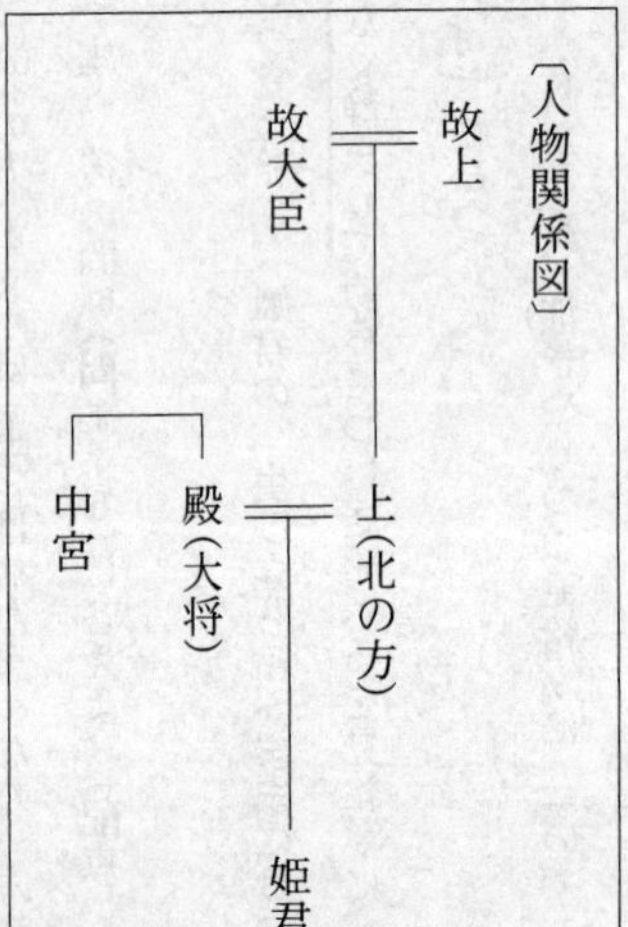

問1 傍線部(ア)〜(ウ)の解釈として最も適当なものを、次の各群の①〜⑤のうちから、それぞれ一つずつ選べ。解答番号は 21 〜 23 。

(ア) こよなく静まりて 21
① 格段に落ち着いて
② 珍しく大人びて
③ 少しあどけなくて
④ ひどく内向的で
⑤ どことなく無口で

(イ) すこしも心のある折 22
① 少しでも風流を好む気持ちがある間に
② 少しでも周囲の人が心配している時に
③ 少しでも夫に対する愛情があるうちに
④ 少しでも意識がはっきりしている時に
⑤ 少しでもこの世への未練があるうちに

(ウ) 見知り顔に 23
① 知り合いのようなふりをして
② 何かを訴えるような視線で
③ 思い出したような表情で
④ 気おくれしたような態度で
⑤ 事情をわかったような様子で

問2　波線部a〜eの「む」についての説明として正しいものを、次の①〜⑤のうちから一つ選べ。解答番号は 24 。

① aは、願望の終助詞「なむ」の一部である。
② bは、推量の助動詞「む」の終止形である。
③ cは、婉曲《えんきょく》の助動詞「む」の連体形である。
④ dは、強意の係助詞「なむ」の一部である。
⑤ eは、推量の助動詞「む」の連体形である。

問3　傍線部A「我が身に違《たが》はぬ心地し給へば」とあるが、この時の北の方の心情の説明として最も適当なものを、次の①〜⑤のうちから一つ選べ。解答番号は 25 。

① 北の方は、我が子の髪を撫《な》で、かわいらしく成長しつつあるその姿が幼い頃の自分とそっくりであると思い、そんな娘の行く末を見届けることのできないまま先立たねばならないことを嘆いている。
② 北の方は、我が子の姿を見て、幼い頃母を亡くしたことを思い出し、今また自分が娘と死別しようとしていることから、娘もいずれ幼い子どもを残して亡くなる運命なのではないかと危惧している。
③ 北の方は、死を迎える頃の母が、幼い自分を側《そば》から離そうとしなかったことを思い出し、その時の母の胸中は、幼い我が子を残して先立たねばならない今の自分と同じだったのだろうと思っている。
④ 北の方は、自分の体調が回復することなく、このまま幼い娘を置いて死んでしまうだろうと嘆き、娘も自分と死に別れなければならないことに対して、悲しく思ってくれているだろうと感じている。
⑤ 北の方は、我が子の髪を見つめていると、母が亡くなった時の自分の髪も同じ長さだったことを思い出し、母が亡くなった季節が今の季節と同じだったことに気づいて、不思議な一致に驚いている。

問4 傍線部B「うしろめたく思さるる」とあるが、誰が、どのように思っているのか。その説明として最も適当なものを、次の①～⑤のうちから一つ選べ。解答番号は 26 。

① 北の方が、妻の死期が近いことにいまだに気づいていない大将を見て、自分の死後に幼い姫君をどのように育ててくれるのだろうかと、不安に思っている。

② 北の方が、妻の病状の変化に一喜一憂する大将の姿を見て、自分が先立ってしまったら残された夫はどれほど悲しむことだろうと、気がかりに思っている。

③ 北の方が、妻が苦しんでいるにもかかわらず席を外す大将を見て、自分が死んだら夫は自分をいつまで思い続けてくれるだろうかと、疑わしく思っている。

④ 大将が、母親の病状を案じている姫君の姿を見て、北の方に万一のことがあったら姫君はどんなに嘆き悲しむことだろうと、父親として不憫《ふびん》に思っている。

⑤ 大将が、あれこれ手を尽くしても病から回復しない北の方の姿を見て、妻は夫から見捨てられたように感じているのではないかと、申し訳なく思っている。

問5　傍線部C「今すこし心乱るるやうなれば」とあるが、この時の北の方の心情の説明として最も適当なものを、次の①～⑤のうちから一つ選べ。解答番号は 27 。

① 北の方は、出家をしないまま死を迎えるのは罪深いことだと不安に思っていたが、自分に寄り添ってくる姫君への愛情が妨げとなって、一途《いちず》に出家を願う気持ちを保つことができなかった。

② 北の方は、日ごとに病状が進んでいき、その苦しさから死が近いことを悟っていたが、事態の深刻さを理解せず無邪気に懐いてくる姫君を見て、娘を残して先立つことはできないと思った。

③ 北の方は、出家してから死に臨もうと志しているが、姫君が自分に取りすがって離れようとしないことから、このままでは幼い娘と一緒に出家するしかないと思うと、とまどってしまった。

④ 北の方は、娘が中将の乳母に連れられて自分の側から離れていくことに心細くなり、このままでは安心して死を迎えられそうもないと感じ、やはり傍らに引き留めようかと迷ってしまった。

⑤ 北の方は、もはや回復の望みはないと諦めていたが、姫君が悲しそうにすがりついてきたので、幼い娘にまで心配をかけている自分を情けなく思い、何とか助かりたいと仏に救いを求めた。

問6　この文章の内容に合致するものを、次の①～⑤のうちから一つ選べ。解答番号は 28 。

① 姫君は、涙もろくなった北の方の弱々しい姿を見て、母が元気だった頃を思い出し、自分も悲しみのあまり涙ぐんでしまったが、心配させてはいけないと思いごまかした。

② 北の方は、自分の亡き後の姫君の将来について考え、父親はあまりあてになりそうにないので、中宮に母親代わりになってくれるよう頼みなさいと、姫君に言い聞かせた。

③ 北の方は、姫君の成長を見込み、自分の死後、中庭の植え込みを荒らさずに手入れし、その草木を仏にみずから供えることを、高貴な女性の心得として姫君に教え諭した。

④ 大将は、病床で苦しむ妻の姿を見て、心の安まるひまもないほど心配したが、人の寿命というのはあらかじめ定まっているものなので、今回は大丈夫だろうと思っていた。

⑤ 北の方は、もし父が生きていたなら、病に苦しむ自分の姿を見てどれほど嘆いたことだろうと思い、この時ばかりは、父が既に他界していることを幸いだったと感じた。

第4問

次の文章は、「後生」（後進の学習者）に向けて、よい文章を書くための心得を説いたものである。これを読んで、後の問い（問1～7）に答えよ。なお、設問の都合で返り点・送り仮名を省いたところがある。（配点　50）

後生《ノ》為《つくルハ》レ文《ヲ》、各《おのおの》用《フ》二己之所《ヲ》一レ長《ズル》。愚(注1)夫《モ》非《ズンバ》二天《ノ》聡明《ニ》一、不レ能《ハ》レ為《なル》レ人《ト》。(ア)況‖士(注2)子《ヲヤ》。読書《シテ》(1)窮レ理、心(注3)鏡自《ラ》開《キ》、覃《たん》思研慮《スレバ》、各有《リ》二一得一。証《シ》二之《ヲ》于己一、質《ただシ》二之《ヲ》于師《ニ》一、黙《もく》二(注4)識《しシ》所《ヲ》一レ長《ズル》、栽培《シテ》善《ク》養《ヘバ》、大小各自《ラ》成《シテ》レ器《ヲ》利《アラン》レ用《フルニ》。A不必与人斉同。若《シ》耳(注5)食浮沈《シ》、学《ベバ》二人《ノ》唱念《スルヲ》一、B今日《ハ》弋《よく》(注6)陽《やう》、明日《ハ》海《くわい》塩《ゑん》、又明日《ハ》蓮《れん》花《くわ》落《らくト》、老死《シテ》無《カラン》レ成《スコト》。

初学《ノ》為《ルハ》レ文《ヲ》、勿《カレ》二急《イデ》求《ムルコト》一レ好《ヲ》。且《しばらク》C須レ問レ病。不レ病則自好。遇《あへドモ》二高手《ニ》一、勿《カレ》レ生《ズルコト》二退《たい》(注7)怯《きやうヲ》一。努力向前《シテ》、角(注8)抵《シ》、久(注9)久《ニ》夾《きやう》持《ぢスレバ》、并《あはセテ》己《モ》亦《タ》高《クナラン》。有《レバ》二長処一、必《ズ》有《リ》二短処一。短処《ハ》難《シ》レ続《つギ》(注10)。且《ク》就《キテ》二長処《ニ》一填補《スレバ》、即《チ》短処(2)漸平《ラカナリ》。有《レバ》二好処一、定《メテ》有《リ》二病処一。病処《ハ》難《シ》レ除《キ》。且《ク》就《キテ》二[Ⅰ]処《ニ》一調養《スレバ》、即《チ》[Ⅱ]処漸癒《ユ》。(イ)苟‖不《レバ》三自《ラ》知《ラ》二其《ノ》

短ヲ一、並ビニ長処モ還《かヘツテ》短トナリ、不レバ三自ラ知ラ二其ノ Ⅲ 一、並ビニ好処モ亦タ病ム。

（郝敬《かくけい》『芸圃傖談《げいほそうだん》』による）

（注）
1　愚夫非二天聡明一、不レ能レ為レ人――どんな人であっても、長所を備えた人として生まれてくることをいう。
2　士子――学問をする人。
3　心鏡自開、覃思研慮――心が澄み切り、深く思慮をめぐらせる。
4　黙識――心の中で認識する。
5　耳食浮沈――他人の言うことに左右される。
6　弋陽・海塩・蓮花落――それぞれ民間芸能の名前。いずれも方言で歌われた。
7　退怯――尻込みしておびえる心。
8　角抵――競い合う。
9　久久夾持――継続して取り組む。
10　続――継ぎ足し補う。

問1　二重傍線部(ア)「況」・(イ)「苟」のここでの読み方として最も適当なものを、次の各群の①〜⑤のうちから、それぞれ一つずつ選べ。解答番号は 29 ・ 30 。

(ア)「況」 29
① いはんや
② すなはち
③ なんぞ
④ むしろ
⑤ あに

(イ)「苟」 30
① いへども
② いはゆる
③ いづくにか
④ いづくんぞ
⑤ いやしくも

問2　波線部⑴「窮レ理」・⑵「漸」のここでの意味として最も適当なものを、次の各群の①～⑤のうちから、それぞれ一つずつ選べ。解答番号は 31 ・ 32 。

⑴「窮レ理」 31

① 理解に苦しむ
② 論理を立てる
③ 理論に反する
④ 道理を究める
⑤ 理由に乏しい

⑵「漸」 32

① すっかり
② ひとまず
③ かえって
④ すぐさま
⑤ しだいに

問3　傍線部A「不 必 与 人 斉 同」の書き下し文として最も適当なものを、次の①～⑤のうちから一つ選べ。解答番号は 33 。

① 必ず人の斉同なるに与《くみ》せず。
② 必ず人の斉同なるに与《あづか》らず。
③ 必ずしも人に斉同なるを与へず。
④ 必ずしも人と斉同ならず。
⑤ 必ずしも人より斉同ならず。

問4　傍線部B「今 日 弋 陽、明 日 海 塩、又 明 日 蓮 花 落」とあるが、これはどのようなことを喩《たと》えたものか。最も適当なものを、次の①～⑤のうちから一つ選べ。解答番号は 34 。

① 無謀にも一度にたくさんの目標を立てること。
② 慎重なあまり現地での実体験にこだわること。
③ 学ぶ対象を次々に変え態度が定まらないこと。
④ 伝統の継承に明け暮れて創造性に欠けること。
⑤ 自己の見識を持たず他者を批判し続けること。

問5 傍線部C「須レ問レ病。不レ病則自好」の解釈として最も適当なものを、次の①～⑤のうちから一つ選べ。解答番号は 35 。

① 悪い点は知っておくことが望ましい。それを気に病まず自分自身を受け入れればよい。
② 悪い点を見つけることが大切である。それを無くしていけば自然と良さが現れてくる。
③ 悪い点は人にたずねてみるのがよい。それは欠点ではなく自分の長所であるとわかる。
④ 悪い点はきっと批判を受けるだろう。それでも努力をし続ければ自然に改善していく。
⑤ 悪い点を深刻にとらえるべきである。それを重視しなければ単なる自己満足で終わる。

問6 空欄 Ⅰ ・ Ⅱ ・ Ⅲ に入る語の組合せとして最も適当なものを、次の①～⑤のうちから一つ選べ。解答番号は 36 。

	Ⅰ	Ⅱ	Ⅲ
①	好	長	病ヲ
②	長	短	好ヲ
③	短	病	長ヲ
④	好	病	病ヲ
⑤	短	好	好ヲ

問7　この文章全体を通して説かれている「よい文章を書くための心得」として最も適当なものを、次の①～⑤のうちから一つ選べ。解答番号は［37］。

① よい文章を書くためには、自身の天性を生かしていくことを心得とするべきであるが、学びはじめは欠点をそのまま放置しない方がよい。

② よい文章を書くためには、自身の思い通り自由に書くことを心得とするべきであるが、学びはじめは広く世の意見を受け入れる方がよい。

③ よい文章を書くためには、自身の短所を自覚して補うことを心得とするべきであるが、学びはじめは名文を手本として練習する方がよい。

④ よい文章を書くためには、自身の長所を伸ばしていくことを心得とするべきであるが、学びはじめはまず先生の教えにしたがう方がよい。

⑤ よい文章を書くためには、自身の不出来な部分を除くことを心得とするべきであるが、学びはじめは個性も残しつつ正していく方がよい。

2015

本試験

80分　200点

第1問　次の文章を読んで、後の問い（問1～6）に答えよ。なお、設問の都合で本文の段落に 1 ～ 11 の番号を付してある。（配点　50）

1 ネット上で教えを(ア)タれる人たちは、特にある程度有名な方々は、他者に対して啓蒙《けいもう》的な態度を取るということに、一種の義務感を持ってやってらっしゃる場合もあるのだろうと思います。僕も啓蒙は必要だと思うのですが、どうも良くないと思うのは、ともするとネット上では、啓蒙のベクトルが、どんどん落ちていくことです。これはしばしば見られる現象です。たとえば掲示板やブログに「〇〇について教えてください」などという書き込みをしている「教えて君」みたいな人がよくいますが、そこには必ず「教えてあげる君」が現れる。自分で調べてもすぐにわかりそうなのに、どういうわけか他人に質問し、そして誰かが答える。そして両者が一緒になって、川が下流に流れ落ちるように、よりものを知らない人へ知らない人へと向かってしまうという現象があり、これはナンセンスではないかと思います。ツイッター(注1)でも、ちょっとしたつぶやきに対して「これこれはご存知《ぞんじ》ですか？」というリプライを飛ばしてくる人がいますが、つぶやいた人は「教えてあげる君」に教えられるまでもなく、それは知っていて、その上でつぶやいたのかもしれない。だから僕は A「教えて君」よりも「教えてあげる君」の方が、場合によっては問題だと思います。自分より知識や情報を持っていない方に向かうよりも、自分が知らないことを新たに知ることができる方向に向かっていった方がいいに決まっている。啓蒙するよりも啓蒙される側に回った方が、自分にとっては利があると思うのです。

2 ところで、ではどうして自分が考えたことをすでに考えた誰かが必ずといっていいほど存在するのか。それは要するに、過去があるから、大袈裟《おおげさ》に言えば、人類がそれなりに長い歴史を持っているから、です。もちろん今だって新しい発想や知見が生まれているわけですが、いろいろな分野において、過去のストックが、ある程度まで溜《た》まってしまった。だから何らかの事柄にかんして考えてみようとすると、タイ(イ)ガイは過去のどこかに参照点がある。しかしわれわれは過去のすべてを知っているわけではない。だからオリジナルだと思ってリヴァイバルをしてしまうことがある。それゆえに生じてくる問題にいかに対すればいいのか。

３　単純な答えですが、順番はともかくとして、自力で考えてみることと、過去を参照することを、ワンセットでやるのがいいのだと思います。(注2)先ほども言ったように、知っていることとわかっていることは別物なのだから、独力で理解できた方が、他者の言説を丸呑《まるの》みするよりもましに決まっています。しかしその一方で、人類はそれなりに長い歴史を持っているので、過去には思考のための(ウ)ジュンタクな資産がある。それを使わない手はない。だから自分が考えつつあることと、他人が考えたことを、どこかのタイミングで突き合わせてみればいい。そうすることによって、現在よりも先に進むことができる。

４　(注3)「君の考えたことはとっくに誰かが考えた問題」と、ちょっと似ていますが、盗作、(注4)パクリをめぐる問題というものがあります。これは多くのひとが気付いていると思うのですが、ある時期以後、たとえば音楽においても、メロディラインが非常に似通った曲が頻出し、しかもそれがヒットしてしまったりするという現象が起こってきました。僕は意図的な盗作よりも、むしろ盗作するつもりなど全然なくて、つまりオリジナルを知らないのにもかかわらず、なぜかよく似てしまう、そのことの方がむしろ問題だと思います。

５　人類がそれなりに長い歴史を持っているということは、当然ながら人類は、これまでに沢山の曲を作ってきたわけです。メロディも沢山書いてきた。だから誰かがふと思いついたメロディが過去に前例があるということは、確率論的にも起き易《やす》くなっていることであって、ある意味で不可避だと言ってもいい。新しいメロディが、なかなか出てこないということは、それだけ過去に素晴らしいメロディが数多く紡ぎ出されたということです。それは別に悪いことではない。もちろん**B**メロディを書こうとする音楽家にとっては、これはなかなか厳しい問題かもしれません。でも、「君の考えたことはとっくに誰かが考えた問題」と同じように、自分で考えたということは自分にとっては意味のあることだけれど、それでも何かに似てしまうということはあり得る、という(エ)タンテキな事実を認めるしかない。自分の口ずさんだメロディが、見知らぬ過去の誰かによって(オ)カナでられていたとしても、めげる必要はない。でも、それを認めることは必要です。知らなかったんだから何が悪い、誰が何と言おうとこれは自分のものだ、ということではない。知らないより知っていた方がいい、でも知らなかったこと自体は罪ではない、ということです。

6 意識せずして過去の何かに似てしまっているものに、誰かが気付いて「これって○○だよね」という指摘をする。それを自分自身の独創だと思っていた者は、驚き、戸惑う。しかしその一方では、意識的な盗作をわからない人たちもいるわけです。明らかに意識的にパクッているのだけれども、受け取る側のリテラシー(注5)の低さゆえに、オリジナルとして流通してしまう、ということもしばしば起こっている。それが盗作側の利益になっていたりするならば、やはり一定のリテラシーが担保されなければならないとも思います。けれども、無意識的に何かに似てしまうというのは、これはもうしょうがないことだと思います。

人類はそれなりに長い歴史を持っているのだから。

7 以上のような問題はいずれも、累積された過去と呼ばれる時間の中で、さまざまなことが行《おこ》なわれてきてしまった、すなわち「多様性」が、ある閾値《いきち》(注6)を超えてしまったということから生じています。何かをしようとした時、何事かを考えはじめようとした時に、目の前に立ちはだかってくるもの、あるいは視線の向こう側に見えてくるものが、あまりにも多過ぎて、どうにもげんなりしてしまう。しかしそれを無視することはできないし、だったら知らなければいいということでもない。しかしだからといって、それらは今、突然、一気に現れたわけではありません。これまでに短くはない時間が流れてきたがゆえに、つまり人類がそれなりに長い歴史を持っているがゆえに、それだけ多くのコト／モノが積み重なったということに過ぎない。しかし、われわれが「多様性」を、何らかの意味でネガティヴに受け取ってしまうのは、時間の流れとは別に、それがひと塊のマッス(量)として、いきなり自分の前に現れたかのように思えるからではないでしょうか。それはナンセンスなことだと思うのです。

8 われわれは、ある事象の背後に「歴史」と呼ばれる時間があると考えるわけですが、特にネット以後、そういった「歴史」を圧縮したり編集したりすることが、昔よりもずっとやり易くなりました。というよりも、そういう圧縮や編集が、どんどん勝手に起きてしまうようになった。何事かの歴史を辿《たど》る際に、どこかに起点を設定して、そこから現在に連なっていく、あるいは現在から遡行していって、はじまりに至る、ということではなくて、むしろ時間軸を抜きにして、それを一個の「塊＝マッス」として、丸ごと捉えることが可能になった。そういう作業において、ネットは極めて有効なツールだと思います。

9 ただ、そのことによって、たとえば「体系的」という言葉の意味が、決定的に変わってしまった。フランス語で「歴史＝histoire」が「物語＝histoire」という意味でもあるということは、もはや使い古されたクリシェ(注7)ですが、しかし「物語」としての「歴史」の記述／把握という営みは、少なからず行なわれてきたし、今も行なわれている。もちろん実証的な観点から、そういうアプローチに対する批判もある。事実の連鎖は物語的な整合性やドラマツルギー(注8)とは必ずしも合致しないからです。しかしそれでも「歴史」を「物語」的に綴《つづ》る／読むことはできてしまう。なぜならば、そこには「時間」が介在しているからです。過去から現在を経て未来へと流れてゆく「時間」というものが、そのあり方からして「物語」を要求してくる。「物語」とは因果性の別名です。だからひとは「歴史」を書くつもりで、ついつい「物語」を書いてしまう。

10 しかしネット以後、このような一種の系譜学的な知よりも、「歴史」全体を「塊」のように捉える、いわばホーリスティック(注9)な考え方がメインになってきたのではないかと思うのです。これはある意味ではC「歴史」の崩壊でもあります。まず「現在」という「扉」があって、そこを開けると「塊」としての「歴史」がある。その「歴史」を大摑《おおづか》みに摑んでしまって、それから隙間を少しずつモザイク状に埋めていくことが、「歴史」の把握の仕方としては、今やリアルなのではないかと思うのです。

11 先ほど「リテラシー」という言葉を出しましたが、リテラシーが機能していないと、何かをわかってもらおうとしても空回りしてしまうことがあるので、最低限のリテラシーを形成するための啓蒙の必要性が、とりわけゼロ年代(注10)になってからよく語られるようになってきました。たとえば芸術にかんしても、ある作家や作品に対する価値判断に一定の正当性を持たせるためには、どうしても啓蒙という作業が必要になってくるという意見があります。時間軸に拘束されない、崩壊した「歴史」の捉え方が、九〇年代以後、少しずつメインになってきて、僕はそれは基本的に良いことだと思っていたのですが、ゼロ年代になってくると、その弊害も起こってきた。そのひとつの例が「意図的なパクリ」だったりします。だから、ここまでくると、啓蒙も必要なのかもしれないという気持ちが、僕にも多少は芽生えてきました。けれども、やはり僕自身は、できれば啓蒙は他の人に任せておきたいのです。啓蒙を得意とする、啓蒙という行為に何らかの責任の意識を持っている人たちがなさってくれればよくて、僕はそれとは異なる次元にある、未知なるものへの好奇心／関心／興味を刺激することの方をやはりしたい。けれどもそれも今や受け手のリテラシーをある程度推し量りながらする必要がある。そこが難しい所であるわけですが。

（佐々木《ささき》敦《あつし》『未知との遭遇』による）

（注）
1　ツイッター――インターネットにおいて「ツイート」や「つぶやき」と呼ばれる短文を投稿・閲覧できるサービス。なお、閲覧したツイートに反応して投稿することを「リプライを飛ばす」などという。
2　先ほども言ったように――本文より前のところで、類似の事柄に関する言及があったことを受けている。
3　「君の考えたことはとっくに誰かが考えた問題」――本文より前のところで言及があった、インターネットにおいて顕著に見られる問題を指している。
4　パクリ――盗作を意味する俗語。「パクる」という動詞の名詞形。
5　リテラシー――読み書き能力。転じて、ある分野に関する知識を活用する基礎的な能力。
6　閾値――限界値。「しきいち」とも読む。
7　クリシェ――決まり文句。
8　ドラマツルギー――作劇術、作劇法。
9　ホーリスティック――全体的、包括的。
10　ゼロ年代――西暦二〇〇〇年以降の最初の十年間。

問1　傍線部(ア)〜(オ)に相当する漢字を含むものを、次の各群の①〜⑤のうちから、それぞれ一つずつ選べ。解答番号は［1］〜［5］。

(ア)　タれる　［1］
① ベートーヴェンにシンスイする
② 寝不足でスイマにおそわれる
③ ブスイなふるまいに閉口する
④ 親元を離れてジスイする
⑤ 鉄棒でケンスイをする

(イ)　タイガイ　［2］
① ガイハクな知識を持つ
② 不正を行った者をダンガイする
③ 制度がケイガイと化す
④ 故郷を思いカンガイにふける
⑤ 会議のガイヨウをまとめる

(ウ)　ジュンタク　［3］
① 水をジュンカンさせる装置
② 温暖でシツジュンな気候
③ ジュンキョウシャの碑
④ 夜間にジュンカイする警備員
⑤ ジュンドの高い金属

(エ)　タンテキ　［4］
① タンセイして育てた盆栽
② コタンの境地を描いた小説
③ ダイタンな意見の表明
④ 一連の事件のホッタン
⑤ 真相のあくなきタンキュウ

(オ)　カナで　［5］
① 事件のソウサが続く
② ソウガンキョウで鳥を観察する
③ 在庫をイッソウする
④ 国王に意見をソウジョウする
⑤ 工場がソウギョウを再開する

問2　傍線部A「『教えて君』よりも『教えてあげる君』の方が、場合によっては問題だと思います」とあるが、それはなぜか。その理由の説明として最も適当なものを、次の①～⑤のうちから一つ選べ。解答番号は 6 。

① 「教えてあげる君」は「教えて君」に対して無責任な回答をすることによって、質問をただ繰り返すばかりの「教えて君」の態度の安直さを許容してしまっているため、「教えて君」の知的レベルを著しく低下させる弊害をもたらすことにもなるから。

② 「教えてあげる君」は「教えて君」に知識を押しつけるばかりで、その時点での相手の知的レベルに応じた回答をしているわけではないため、「教えて君」をいたずらに困惑させてしまい、自らの教える行為を無意味なものにしてしまうことにもなるから。

③ 「教えてあげる君」は自身の知識を増やそうとすることがなく、「教えて君」の知的好奇心を新たに引き出すこともないため、「教えて君」もまた「教えてあげる君」と同様の状況に陥り、社会全体の知的レベルが向上していかないことにもなるから。

④ 「教えてあげる君」は社会全体の知的レベルを向上させなければならないという義務感にとらわれており、「教えて君」の向学心に直接働きかけようとして教えているわけではないため、自分自身の知的レベルが向上していかないことにもなるから。

⑤ 「教えてあげる君」は「教えて君」を導くことで得られる自己満足を目的として教えているに過ぎず、「教えて君」の知的レベルを向上させることには関心がないため、「教えて君」と「教えてあげる君」との応答がむだに続いてしまうことにもなるから。

問3　傍線部B「メロディを書こうとする音楽家にとっては、これはなかなか厳しい問題かもしれません」とあるが、それはなぜか。その説明として最も適当なものを、次の①～⑤のうちから一つ選べ。解答番号は 7 。

① 音楽家は、新しいメロディを作り出そうとして、豊富な音楽の知識を活用するが、逆にその知識が自由な発想を妨げてしまうため、誰もが口ずさめるような躍動感のあるメロディを生み出せなくなってきているから。

② 音楽家は、新しい曲を作ることを期待されているが、多くの曲が作られてきたことで、自分が考え出したメロディに前例がある可能性が高くなるため、オリジナルな曲を作ることが困難になってきているから。

③ 音楽家は、新しい曲を発表することで社会的な認知を得ていくために、たえず新しい曲を発表しなければならず、過去のメロディを自作の一部として取り込むことが避けられなくなってきているから。

④ 音楽家は、新しい曲を発表しても、社会に多くの曲が出回っているために、曲のオリジナリティを正当に評価されることが難しく、才能がある音楽家ほど不満を抱くことが多くなってきているから。

⑤ 音楽家は、新しいメロディを思いついた時には、過去に作られたメロディとの違いを確認する必要が出てくるため、過去の膨大な曲を確認する時間と労力が大きな負担になってきているから。

問4　傍線部C「『歴史』の崩壊」とあるが、それはどういうことか。その説明として最も適当なものを、次の①～⑤のうちから一つ選べ。解答番号は［8］。

① インターネットによる情報収集の普及にともない、過去の出来事と現在の出来事との類似性を探し出すことが簡便にできるようになったため、両者の本質的な違いに着目することによって得られる解釈を歴史と捉える理解の仕方が成り立たなくなってしまったということ。

② インターネットによる情報収集の普及にともない、累積された過去に内在する多様性を尊重することが要求されるようになったため、多くの出来事を因果関係から説明し、それらから構成された物語を歴史と捉える理解の仕方が人々に共有されなくなってしまったということ。

③ インターネットによる情報収集の普及にともない、過去の出来事を重要度の違いによって分類することができるようになったため、重要であるか否かを問題にすることなく等価なものとして拾い出された過去の出来事の集合体を歴史と捉える理解の仕方が根底から覆ってしまったということ。

④ インターネットによる情報収集の普及にともない、過去の個々の出来事を時間的な前後関係から離れて自由に結びつけられるようになったため、出来事を時間の流れに即してつなぐことで見いだされる因果関係を歴史と捉える理解の仕方が権威を失ってしまったということ。

⑤ インターネットによる情報収集の普及にともない、累積された膨大な情報を時間の流れに即して圧縮したり編集したりすることが容易になったため、時間的な前後関係や因果関係を超えて結びつく過去と現在とのつながりを歴史と捉える理解の仕方が通用しなくなってしまったということ。

問5　この文章全体を踏まえ、「啓蒙」という行為に対する筆者の考えをまとめたものとして最も適当なものを、次の①～⑤のうちから一つ選べ。解答番号は 9 。

① 個々の事象の背後にある知の意味が変質し、累積された過去の知見が軽視される傾向にある現代では、教養を他者に分け与え価値判断の基準を整える啓蒙という行為の重要性は高まり続けている、と筆者は思っている。そのため、単に他者を啓蒙するだけにとどまらず、有効な啓蒙の方法を模索することも必要だと考えている。

② 膨大な情報に取り囲まれ、物事の判断基準が見失われた現代では、正当な価値判断を行うためのリテラシーを形成する啓蒙という行為の必要性は高まり続けている、と筆者は思っている。しかし、みずからその作業を率先して担うよりは、好奇心を呼び起こすことで人が自力で新たな表現を生み出すよう促す側に身を置き続けたいと考えている。

③ 知識を求める者と与える者との関係が容易に成立するようになり、自力で考えることの意義が低下した現代では、他者に知識を分け与える啓蒙という行為についての責任を特定の誰かが負う必要はなくなった、と筆者は思っている。しかし、新たな発想が生まれることを促すために、あえて他者を啓蒙する場にとどまり続けたいと考えている。

④ 過去に関する情報を容易に圧縮したり編集したりできるようになった結果、外部から影響されることなく独創的な芸術表現を行うことが困難になった現代では、故意による盗作行為を抑止する営みとしての啓蒙は不可欠である、と筆者は思っている。そのため、啓蒙という行為に積極的に関わることで人々の倫理意識を高めたいと考えている。

⑤ 長い歴史の中で累積された知見を自在に参照できるようになり、過去を振り返ることが求められつつある現代では、歴史を正しく把握する態度の大切さを人々に教える啓蒙という行為の意義は高まる一方である、と筆者は思っている。しかし、あえて啓蒙の意義を否定し、歴史の束縛から解放されることによって現状を打破すべきだと考えている。

問6　この文章の表現に関する説明として**適当でないもの**を、次の①〜⑧のうちから二つ選べ。ただし、解答の順序は問わない。解答番号は 10 ・ 11 。

① 第1段落に出てくる「教えて君」「教えてあげる君」のような「君」付けの呼称は、それらの人たちに対する親しみではなく、軽いからかいの気持ちを示している。

② 第3段落の前半にある丁寧の助動詞「ます」がその段落の後半に出てこなくなるのは、読み手に対する直接的な気配りよりも内容そのものの説明に重点が移っているからである。

③ 第4段落の末尾の文中にある「そのこと」という指示表現は、それを用いず「なぜかよく似てしまうことの方が〜」と続けた場合に比べて、次の段落への接続をより滑らかにする働きをしている。

④ 第5段落の後半になって「〜ない」という打消し表現が目立つようになるのは、同じ話題に関する議論を深めるために、肯定の立場から否定の立場に転じて論じているからである。

⑤ 第7段落の第4文「しかしだからといって、〜ありません。」は、第3文と同じく「しかし」という接続詞で始まっているが、どちらの「しかし」も第2文に対して逆接関係にあることを示している。

⑥ 第8段落の第1文になって初めて「歴史」という語をカギカッコ付きで表示するようになったのは、従来の捉え方による歴史であることを際立たせるためである。

⑦ 第10段落の第2文「これはある意味では〜あります。」の「ある意味では」という表現は、何か特定の内容を示すためではなく、一文全体を婉曲《えんきょく》な言い回しにするという働きをしている。

⑧ 第11段落の第7文「啓蒙を得意とする、〜したい。」の中の「なさって」という尊敬表現によって示される敬意には、その対象となる人たちに対して距離を置こうとする働きが含まれている。

第2問　次の文章は、小池昌代《こいけまさよ》の小説「石を愛《め》でる人」の全文である。これを読んで、後の問い(問1～6)に答えよ。なお、設問の都合で本文の上に行数を付してある。(配点　50)

趣味といってもいろいろあるが、山形さんの場合は、「石」であった。「石」を愛でることであった。そのようなひとを、一般に「愛石家」と呼ぶらしい。愛猫家とか愛妻家とか、考えてみれば、世の中には何かを愛して一家を構えるほどの人が結構いる。しかしアイセキカと聞いて、即座に石を愛するひととは、ちょっと思い浮かばなかった。

山形さんから「アイセキカ」友の会に入会しましたよ、と聞いたときは、えっ？　愛惜？　と聞き返してしまった。山形さんは、そのころ奥さんを、病気でなくしたばかりのころだったから。山形さんが、石を愛するようになったのが、奥さんをなくしたことと関係があるのかないのかは、よくわからない。

わざわざ表明したことはないが、実はわたしも石が好きである。どこかへ行くと、自分の思い出にと、石を持ち帰ることが今までにもよくあった。

子供のころも、海や川へ行くたびに、小石を拾っては家に持ち帰ったが、当時は石よりも、石を持ち帰るという行為そのもののほうに、特別の意味があったようだ。部屋に持ち込まれた石はきまって急速に魅力を失い、がらくたの一つになってしまった。そもそも水辺にある小石は、川や海の水に濡《ぬ》れているときは妙に魅力があるのに、乾いてしまうと、ただの石だ。濡れている色と乾いた色って、同じ石でも随分違う。水辺の石の魅力をつくっているものが、実は、石そのものでなく、水の力であったということなのか。

今、わたしの机の上には、イタリアのアッシジで拾ってきた、大理石のかけらが四つある。イタリアの明るい陽《ひ》に、きらきらと微妙な色の差を見せてくれた、薄紅、薄紫、ミルク色、薄茶の四つの石は、これは日本に持ち帰っても、不思議なことに色あせることがなかった。

一人でいる夜、疲れて心がざらついているようなとき、その石をてのひらのなかでころがしてみる。石とわたしは、どこまでも混ざりあわない。あくまでも石は石。わたしはわたしである。石のなかへわたしは入れず、石もわたしに、侵入してこない。その無機質で冷たい関係が、かえってわたしに、不思議な安らぎをあたえてくれる。

人間関係の疲労とは、行き交う言葉をめぐる疲労である。だから、A言葉を持たない石のような冷《ひや》やかさが、その冷たいあたたかさが、とりわけ身にしみる日々があるのだ。こうしてみると、わたしだって、充分、アイセキカの一人ではないか。

そういえば、生まれて初めて雑誌に投稿した詩が、「石ころ」というタイトルだった。夜の公園に残された石ころが、まるで、なにかをつかみそこねた、握りこぶしのように見えた。それだけのことを書いた幼稚な詩だったが。

子供のときは、道に石があれば、とりあえずは、足で蹴ってみた。武器として、なにものかに向かって投げつけたり、水のなかに意味もなく、ぽちゃっと落としてみたり、拾って、それに絵を描いてみたり、積み上げたり、地面に印のかわりに、置いてみたり……。石ころとは、随分、多方面に渡って、つきあってきたものだ。

ひとと石との、こうしたあらゆる関係の先に、石をただ見つめるという、アイセキカたちの、(ア)透明な行為がひろがっているのだろう。

さて、そのアイセキカ、山形さんは、普段も石のように無口なひとである。ある地方テレビ局の制作部門に勤務している。おいくつですか、と尋ねたことはないが、五十歳はとうに過ぎているはずだ。

山形さんの担当するインタビュー番組に、わたしが出演させてもらったのが知り合うきっかけだった。実はわたしは、テレビのない生活をして、十年くらいになる。見たい番組というのが、ほとんどないし、たまに、人の家でテレビがついていると、テレビとは、こんなに騒がしいものであったかとびっくりする(特にコマーシャルが、ひどい)。

わたし、テレビ持ってませんから。——しかしそれは出演を断る理由にはならなかった。

わたしはこんな仕事をしてますが、テレビを持ってないのは、今では普通のことです、と山形さんは言った。しかし、見るのと出るのでは、また違う。まあ、一度くらい、遊びにいらっしゃってはいかがです?

結局、その十五分番組に、わたしは出ることを決めた。オペラ歌手と評論家のインタビュアーを相手に、とても緊張しつつ、一生懸命になって、詩のことをしゃべり、朗読までして、収録を終えたのだ。

終わったあと、暗い夜道を一人で帰りながら、テレビとは、恐ろしく、自分を消費するものだと思った。インタビュアーたちとの関係も、あまりにも希薄で一時的・図式的なものであり、そんなことは彼らにとって、仕事のひとつなのだから当たり前のことなのに、その当たり前のことに傷ついてしまった。

そのうえ、自分の言ったことが、終わったあとも、わんわんと自分のなかで反響している。詩人という肩書きで得意になってしゃべった自分――これは一種の詐欺であると思った。そのことを自覚したうえで、玄人としてりっぱに騙《だま》せたのならそれでもいいが、わたしは半分素人の様な顔をして、詩とは……とか、詩との出会いは……なんて遠慮がちに、そのくせ内心、(イ)とくとくとしゃべっていたのだから、なんだか、タチが悪いような気がした。

わたしのそんな落ち込みを、山形さんは、まあ、テレビに初めて出た人間はそんなもんですよ、と石のように表情のない顔で、のんびりとなぐさめてくれた。ここを通過するとね、もう怖くはありません。気をつけてくださいよ、テレビに出ることには、けっこう魅力があるようですからねえ。みんな、そう言いますよ。こいけさんもそのうちね――と山形さんは言った。――ぜったいテレビにどんどん出たくなりますよ。そう、自信を持って決めつけるのだった。

その山形さんから、「石を出品しましたので、ぜひごらんください」という、薄いぺらぺらのはがきの案内状が届いたのは、東京に梅雨入り宣言が出された日のことだった。さらに(ウ)追い討ちをかけて電話までかかってきて、石はいいですよ、ぜひ、見にきてくださいよ、何日と何日なら、わたしも行ってますから、と。

その、動かぬ大山のような山形さんの言い方には、断《こと》わられることなど、おのれの辞書にはないというようなずうずうしさがあった。

「わかりました、じゃあ行きますよ(行けばいいんでしょ)。わかりましたよ(まったくもう)」

このわたしの返答も、充分すぎるほど失礼な言い方ではあったが、山形さんは、ともかくもわたしが行くと答えると、うむ、と満足げにうなずいて日取りを決め、それじゃあ、と言って電話を切った。

B 当日は雨だった。しかし石を見に行くのにはいい日のように思われた。傘というものがわたしは好きだ。ひとりひとりの頭のうえに開き、ひとりひとりを囲んでいる傘が。そういえば、寂しい、独りきりの傘のなかを、華やかな世界と表現した女性の詩人がいたなあ。彼女もまた、雨の日と、傘が、好きだったのだろう。五十を過ぎて、彼女は突然自殺してしまった。顔に刻まれた深い皺《しわ》が、とりわけ素敵な美しいひとだった。

そんなことを思い出しながら、会場についた。表参道の小さなアトリエである。傘の露をふりはらって、ドアを開けた。期待したとおり、ずらっと小石どもが並んでいる。それぞれの石の前には、産地の名前と、出品者の名前が毛筆で書いてある。産地というのは、平たく言えば、石を拾った場所、出品者というのは、拾ったひとの名前だろう。そう考えると、石を愛するという趣味は、実にシンプルでいいものだと思った。拾った、拾われた、その一瞬にすべてをかけて展示しているのであるから、ここにあるのは、どれもが人生の瞬間芸のようなものだと言える。

入り口のところには、パンフレットがあって、そのなかに「水石の魅力」という短い文章が書かれてあった。ただの石だと思っていたが、こういうのを、水石《すいせき》というらしい。始めて知った言葉である。

ここは、まるで、河原のようなところだ。石ばかりでなく、言葉も拾うのだ。

さっそく、パンフレットを読んでみた。

「水石は、趣味のなかでも、もっとも深淵《しんえん》で奥の深いものだといわれています。盆栽などとあわせて鑑賞されることも多いのです。

庭石のような大きなものでなく、片手で持てるような小さな鑑賞石をいいます。あなたも、水石の世界に、どうぞひととき、お遊びください」

アトリエは薄暗く、それぞれの石に、柔らかいスポットライトが当てられている。ひとの姿も二、三、ある。どのひとも、みな、一人ぼっちである。石が好きなのだろうか。彼らもまた、アトリエ内に、飛び石のように、存在している。

そこへドアが開いて、山形さんが入ってきた。

（ああ、山形さんだ）

とわたしは思った。思っただけで、声にはならなかった。

（山形さん、わたし、来ましたよ）

これもまた、声にならず、表情だけで、山形さんに訴えることになった。まるで石が、あらゆる声を吸いとってしまったようである。

山形さんも、わたしにすぐに気がついてくれたが、山形さんも、声を出さない。目を細くして、

（ああ、よく来てくれました、むし暑いのに、悪かったですね。ゆっくり見ていってくださいよ、あとでお茶でもいかがですか）

そんなことを言う。違うかもしれない。でも、そのときは、きっとそんな気がしたのである。

沈黙の空気を味わいながら、わたしは、いつしか、山形さんが出品した石の前にいた。

まるまるとした真っ黒な楕円形《だえんけい》。滋賀県瀬田川・山形寛。そんな文字がプレートに書いてある。じっと見ていると、背後から、

「よく来てくれましたね、暑いのに」

と声がした。山形さんだ。なんだかすでに聞いたような言葉をしゃべっている。

その、確かに実在する男の声は、不思議な浸透力を持ってわたしの身体に入ってきた。久しぶりにひとの声を聞いたと思った。まるで、ついさっきまで、わたしは石であり、その声によって、ようやく人間に戻ったというような、どこかほっとする、あたたかい声だった。

山形さんの顔は、日に焼けて、真っ黒だ。おまけに、何をしていたのか、汗だらけの顔である。目があった。出品された石

と、良く似た漆黒の瞳である。雨が降っているせいか、しっとりとしている。こんな目を山形さんは持っていたのだろうか。決して強い目というのではない。疲れはてていて、むしろ気弱な目だ。こんな目を山形さんはしていたのだろうか。石に惹《ひ》かれている山形さんが、そのとき少しだけ、わかったような気がした。

自分でもにわかには信じられないことだが、わたしもそのとき、山形さんに、心を惹かれていたのかもしれない。C何かが何かを少しずつひっぱっている、その日は、そんな感じの日であった。

それから、ドアを押して外に出た。雨はまだ降っている。

「この先のビルの二階に、できたばかりの洋風の居酒屋があるんです。石を見たあとの一杯もいいですよ」

何も答えないでいると、

(じゃあ、いきましょう)

と、山形さんが言った(ように思った)。

言葉を使わないと、わたしたちもまた、石のようなものだ。何を考えているか、わからない。互いにころがっていくほかはない。石もひとも。ころがり、ぶつかりあって、わかりあうしかない。そう考えながら歩いていくと、

「ここですよ」

と山形さんが立ち止まる。古いビルディングの前である。それからくるっと背中を見せ、細く暗い階段をのぼっていった。わたしも彼の後に続いた。

足元がようやく確かめられるほどの、ぼんやりとした光線がふりそそいでいる。いま、この階段をのぼっていることを、覚えておこうとわたしは思った。やがて山形さんが、店のドアを押す。中から、サックスとピアノの音が、あふれるように、外へ流れ出た。

問1　傍線部(ア)～(ウ)の本文中における意味として最も適当なものを、次の各群の①～⑤のうちから、それぞれ一つずつ選べ。解答番号は［12］～［14］。

(ア)　透明な［12］
① ぬくもりのない
② 悪意のない
③ まじり気のない
④ 形のない
⑤ 暗さのない

(イ)　とくとくと［13］
① 意欲満々で
② 充分満足して
③ 利害を考えながら
④ 始めから順番どおりに
⑤ いかにも得意そうに

(ウ)　追い討ちをかけて［14］
① 無理に付きまとって
② 強く責め立てて
③ しつこく働きかけて
④ 時間の見境なく
⑤ わざわざ調べて

問2　傍線部A「言葉を持たない石のような冷《ひや》やかさが、その冷たいあたたかさが、とりわけ身にしみる」とあるが、それはどういうことか。その説明として最も適当なものを、次の①～⑤のうちから一つ選べ。解答番号は 15 。

① 周囲の人の慰めや励ましより、物言わぬ石がもたらす緊張感の方が、自分が確かな存在であることを実感させ、それが人としての自信を取り戻させてくれるということ。

② 石と互いに干渉せずに向き合うことは、言葉を交わす人間関係の煩わしさに疲れていらだった心を癒やし、ほっとするような孤独を感じさせてくれるということ。

③ 物言わぬ石の持つきびしい拒絶感に触れることで、今では失ってしまった、周囲の人との心の通い合いの大切さがかえって切実に思えてくるということ。

④ 現実の生活では時に嘘《うそ》をつき自分を偽ることがあるのに対し、物言わぬ石と感覚を同化させていく時は、虚飾のない本当の自分を強く実感できるということ。

⑤ 乾いて色あせてしまった水辺の石でも、距離を置いて見つめ直してみることによって、他人の言葉に傷ついたわたしを静かに慰めてくれるように思えてくるということ。

問3　わたしの山形さんへの見方は、この文章全体を通してみると変わっていくが、29行目から57行目までに描かれた山形さんの人物像はどのようなものか。その説明として最も適当なものを、次の①～⑤のうちから一つ選べ。解答番号は 16 。

① 初めてのテレビ収録で傷つき落ち込んでいるわたしを励まし、テレビ業界の魅力を説くことで希望を与えてくれる明るさを持つ一方で、繊細な内面に図々しく入り込んでくる人物。

② 初めてのテレビ収録で傷つき落ち込んでいるわたしにテレビ出演の楽しさを説いて自信を持たせようとする度量の大きさを持つ反面、自分の要求はすべて通さずにはいられない人物。

③ 初めてのテレビ収録で傷つき落ち込んでいるわたしを無表情なままに慰めてくれる不思議な優しさを持ちながら、揺るぎない態度でわたしの心情や行動を決めてかかる強引な人物。

④ テレビの仕事で自己嫌悪に陥ったわたしの心を気遣うふりをして、自身の趣味である石の魅力に引き込もうとする自信家であり、わたしの戸惑いをくみ取ろうとしない無神経な人物。

⑤ テレビの仕事で自己嫌悪に陥ったわたしの心を見通したうえで話題をそらしてごまかし、当初のインタビューとは関係のない個人的な趣味の世界に引き込もうとする無責任な人物。

問4　傍線部B「当日は雨だった。しかし石を見に行くのにはいい日のように思われた。」とあるが、それはなぜか。その説明として最も適当なものを、次の①〜⑤のうちから一つ選べ。解答番号は 17 。

① わたしは今までにも水辺の石を持ち帰ったりすることがあった。この日は雨が降っており、様々な状況によって魅力を増す石を観賞したくなる雰囲気だと感じられ、しかも、傘が石と同じように自分だけの世界を心地よいものにしてくれるように思われたから。

② わたしにとって、石と傘は見方によって様々に姿を変えるため、これまでも気分を高揚させる鑑賞対象だった。そのうえ、河原のようなアトリエにも水石の世界があることを知ってからは、石の魅力を味わううえで、雨が思わぬ演出効果をもたらすと気づいたから。

③ わたしが以前から好きだった女性詩人の顔の皺《しわ》には精神的な陰影が刻まれ、水や光によって微妙に表情を変える石に似た魅力があった。この日は雨が降っていたので、五十を過ぎて自殺した彼女も傘を愛していたことを思い出し、孤独な詩人としての共感を覚えたから。

④ わたしは日頃から、じめじめした人間関係の悩みを忘れさせてくれる乾いた石に愛着を覚えていた。しかし、テレビに出演して自己嫌悪に陥ってからは、濡《ぬ》れた石や雨が自分の心を慰め、傘もまた一人一人の孤独な空間を守ってくれるように感じられたから。

⑤ わたしは亡くなった女性詩人と同じように、昔から誰にも邪魔されない孤独を愛していたため、傘に囲まれた空間に安らぎを感じている。そのため、雨の日はかえって外出の億劫《おっくう》さが和らぎ、他人の目を気にせず石を見に行くことができると気づいたから。

問5　傍線部C「何かが何かを少しずつひっぱっている、その日は、そんな感じの日であった。」とあるが、わたしはどのようなことを感じはじめているのか。わたしの中で起こった変化を踏まえた説明として最も適当なものを、次の①～⑤のうちから一つ選べ。解答番号は 18 。

① 強引で何事にも動じない山形さんが、一方では疲れて自信のない人物でもあったことにわたしは意外さを覚えている。強さと弱さが同居した山形さんの人間としての奥行きを垣間見《かいまみ》たわたしが、自分にもそうした両面があることを発見し、石との出会いを契機として似たもの同士の孤独な二人が惹《ひ》かれ合っていることを感じはじめている。

② 冷たい石と向き合う沈黙のひとときに安らぎを感じていたわたしが、山形さんの声は違和感なく受け入れられたことに意外な安堵《あんど》を覚えている。山形さんのしっとりとした瞳の中に弱さを発見したわたしは、山形さんとの人間らしい相互関係を自覚し、石を媒介として二人の心の距離が近付きつつあることを感じはじめている。

③ 石が水の湿り気を得て輝きを増すように、山形さんの生身の声がわたしの身体に浸透し、人間関係に疲れ切ったわたしを生き生きとさせたことに驚いている。寡黙な山形さんに石の世界のおもしろさを教えられ、彼の見識の高さに感動したわたしは、自分も同じように石を出品してみたいと感じはじめている。

④ 山形さんの落ち着いた人柄に惹かれ、石ではなく生身の人間である山形さんに愛情が芽生えはじめたことにわたしは驚いている。山形さんが石を愛するようになったことで孤独から脱するきっかけを得たように、山形さんとの接触が、わたしを今までの自分とは違う人間に変えるかもしれないと感じはじめている。

⑤ 言葉を介した人間関係に困難を感じていたからこそ保たれていた石との関係が、穏やかな山形さんと関わるうちに少しずつ壊れてきていることにわたしは気づいている。静まりかえったアトリエの中で生身の人間との言葉による心の交流が成立した結果、孤独な詩人であることから脱しつつあることを感じはじめている。

問6　この文章の表現に関する説明として適当なものを、次の①～⑥のうちから二つ選べ。ただし、解答の順序は問わない。解答番号は 19 ・ 20 。

① 「愛石家」という語は、3行目から29行目まで一貫して「アイセキカ」とカタカナ表記である。3行目と4行目の「アイセキカ」はわたしが意味を取れずに音だけ理解したことを示しており、これ以後の「アイセキカ」は漢字表記の「愛石家」の意味に限定されないことを表している。

② 山形さんについては一貫して「山形さん」という表記がなされ、わたしの名前については48行目で「こいけさん」というひらがな表記がなされている。48行目の「こいけさん」は、ここでの山形さんの語りかけが、わたしの後悔を他人事として突き放すような、投げやりなものであることを表している。

③ 63行目の「小石ども」の「ども」は、通常、名詞の後ろに付いてそれを見下す気持ちを表す。この場面で「小石」に「ども」を使用しているのは、わたしが子供の頃、石を好き勝手に扱ったことを受けており、他人が拾った「小石」を軽んじる気持ちが生じたことを表している。

④ 98行目には「こんな目を山形さんは持っていたのだろうか」、99行目には「こんな目を山形さんはしていたのだろうか」と、類似の表現が連続して出てくる。これはわたしが山形さんに徐々に惹かれていくにつれて、石からは次第に心が離れつつあることを表している。

⑤ 77行目以降最後まで、山形さんとわたしが発する言葉には、カッコで示されるものとカギカッコで示されるものがある。カッコを使うものはわたしの思念や、わたしが山形さんの思念を推測したものを表しているが、カギカッコを使うものはわたしにはっきり届いた声であることを表している。

⑥ 114行目の「サックスとピアノの音が、あふれるように、外へ流れ出た」に使われている「あふれる」「流れ出る」という動詞は、通常「サックスとピアノの音」のような主語には使われないものである。ここではこれらの動詞を「音」に対して使うことによって、詩人であるわたしの表現技巧が以前と比べて洗練されたことを表している。

第3問

次の文章は『夢の通ひ路物語』の一節である。男君と女君は、人目を忍んで逢《あ》う仲であった。やがて、女君は男君の子を身ごもったが、帝に召されて女御となり、男児を出産した。生まれた子は皇子（本文では「御子《みこ》」）として披露され、女君は秘密を抱えておののきつつも、男君のことを思い続けている。その子を自分の子と確信する男君は人知れず苦悩しながら宮仕えし、二人の仲介役である清さだと右近も心を痛めている。以下の文章は、それに続くものである。これを読んで、後の問い（問1～6）に答えよ。（配点　50）

かたみに恋しう思《おぼ》し添ふことさまざまなれど、夢ならで通ひぬべき身ならねば、現《うつつ》の頼め絶えぬる心憂さのみ思しつづけ、大空をのみうち眺めつつ、もの心細く思しわたりけり。男の御心には、まして恨めしう、(ア)あぢきなき嘆きに添へて、御子《みこ》の御気配もいとつつましう、(注1)鏡の影もをさをさ覚ゆれば、いよいよ「(イ)あきらめてしがな」と思しわたれど、ありしやうに(注2)語らひ人さへ聞こえねば、「人わろく、今さらかかづらひ、をこなるものに思ひまどはれむか」と心置かれて、(注3)清さだにだにも御心とけてものたまはず、いとどしき御物思ひをぞし給《たま》ひける。

こなたにも御心に絶えず思し嘆けど、何かは漏らし給はむ。(注4)御宿直《とのゐ》などうちしきり、おのづから御前がちにて、(ウ)御こころざしのになきさまになりまさるも、よに心憂く、恐ろしう、人知れず悩ましう思して、いささか御局《つぼね》に下り給へり。人少なう、しめやかにながめ給へる夕暮れに、右近、御側《そば》に参りて、御かしらなど参るついでに、かの御事をほのかに聞こえ奉る。

「この程見奉りしに、(注5)御方々《かたがた》思しわづらふもむべに a 侍《はべ》り。げに痩せ痩せとならせ給ひ、こよなく御色のさ青《を》に見奉り候《さぶら》ひぬ。清さだも、久しううちおこたり侍りしを、(注6)いかに思しとぢめけむと、日頃いぶかしう、恐ろしう思ひ給へられしに、なほ忍びはて給はぬにや、昨日文おこせし中《うち》に、かかるものなむ侍りける。『まことに、うち悩み給ふこと、日数へて言ふ甲斐《かひ》なく、見奉るも心苦しう。(注7)東宮のいとかなしうまつはさせ給へば、とけても籠らせ b 給はぬを、この頃こそ、えうちつづきても参り給はで、ひとへに悩みまさらせ給へ』と侍りし」

とて、御消息取《と》う出《で》たれど、なかなか心憂く、そら恐ろしきに、

「いかで、かくは言ふにかあらむ」

とて、泣き給ひぬ。

「こたびは、とぢめにも侍らむ。御覧ぜざらむは、罪深きことにこそ思ほさめ」

とて、うち泣きて、

「昔ながらの御ありさまならましかば、かくひき違《たが》ひ、いづこにも苦しき御心の添ふべきや」

と、忍びても聞こゆれば、X いとど恥づかしう、げに悲しくて、振り捨てやらで御覧ず。

A 「さりともと頼めし甲斐もなきあとに世のつねならぬながめだにせよ

雲居(注8)のよそに見奉り、さるもの(注9)の音《ね》調べし夕べより、心地も乱れ、悩ましう思ひ c 給へしに、ほどなく魂の憂き身を捨てて、君があたり迷ひ出《い》でなば、結びとめ給へかし。惜しけくあらぬ命も、まだ絶えはてねば」

など、あはれに、つねよりはいとど見所ありて書きすさみ給ふを御覧ずるに、来《き》し方行く先みなかきくれて、御袖いたう濡《ぬ》らし給ふ。うち臥《ふ》し給へるを、見奉るもいとほしう、「いかなりし世の御契りにや」と、思ひ嘆くめり。

「人目なき程に、あはれ、御返しを」

と聞こゆれば、御心も慌《あわた》しくて、

B 「思はずも隔てしほどを嘆きてはもろともにこそ消えもはてなめ

遅るべうは」

とばかり、書かせ給ひても、え引き結び給はで、深く思し惑ひて泣き入り給ふ。「かやうにこと少なく、節《ふし》なきものから、いとどあはれにもいとほしうも御覧ぜむ」と、Y 方々《かたがた》思ひやるにも、悲しう見奉りぬ。

（注）

1　鏡の影もをさをさ覚ゆれば――鏡に映った男君自身の顔も御子の顔にそっくりなので、ということ。

2　語らひ人――相談相手となる人。ここでは女君の侍女の右近を指す。

3　清さだ――男君の腹心の従者。右近とはきょうだい。

4　御宿直などうちしきり――女君が帝の寝所にたびたび召されて、ということ。

5　御方々――男君の両親。

6　いかに思しとぢめけむ――どのようにあきらめなさったのだろうか、ということ。

7　東宮――帝の子。

8　雲居のよそに見奉り――女君が入内して男君の手の届かないところに行ってしまって、ということ。

9　さるものの音調べし夕べ――男君はかつて帝と女君の御前で、御簾《みす》を隔てて笛を披露したことがあった。そのときのことを指す。

人物関係図（┆は表向きの親子関係）

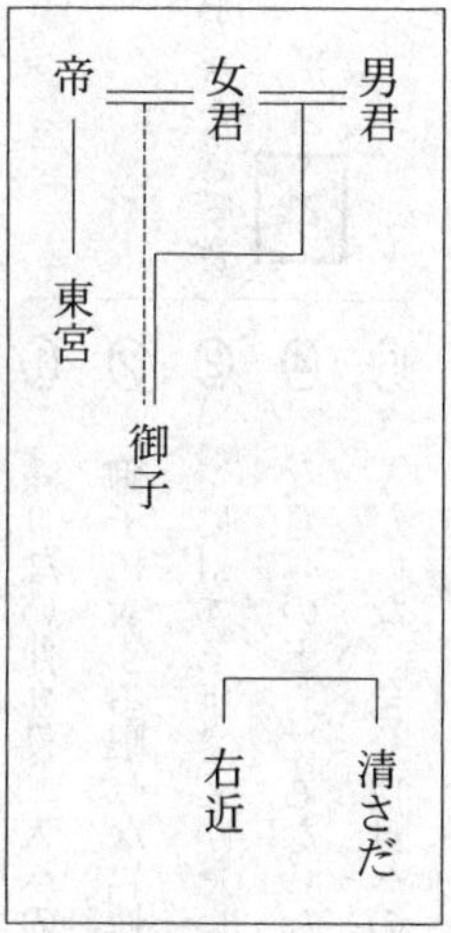

問1　傍線部(ア)～(ウ)の解釈として最も適当なものを、次の各群の①～⑤のうちから、それぞれ一つずつ選べ。解答番号は 21 ～ 23 。

(ア)　あぢきなき嘆き 21
①　頼りない仲介役二人への落胆
②　御子に対する限りない憐《あわ》れみ
③　帝に対する押さえがたい憎しみ
④　女君へのどうにもならない恋の苦悩
⑤　ふがいない自分自身へのいらだち

(イ)　あきらめてしがな 22
①　宮仕えを辞めてしまいたい
②　真実をはっきりさせたい
③　思いを断ち切りたい
④　胸の内を聞いてほしい
⑤　私のことを忘れてほしい

(ウ)　御こころざしのになきさまになりまさる 23
①　帝のご愛情がこの上なく深くなっていく
②　帝のご寵《ちょう》愛《あい》がいっそう分不相応になっていく
③　帝のお気持ちがいよいよ負担になっていく
④　帝のお気遣いがますます細やかになっていく
⑤　帝のお疑いが今まで以上に強くなっていく

問2　波線部a〜cの敬語の説明の組合せとして正しいものを、次の①〜⑤のうちから一つ選べ。解答番号は 24 。

① a……右近から女君への敬意を示す丁寧語
b……御方々から男君への敬意を示す尊敬語
c……男君から女君への敬意を示す謙譲語

② a……右近から女君への敬意を示す丁寧語
b……御方々から男君への敬意を示す尊敬語
c……男君から女君への敬意を示す尊敬語

③ a……右近から男君への敬意を示す謙譲語
b……御方々から男君への敬意を示す尊敬語
c……男君から女君への敬意を示す謙譲語

④ a……右近から男君への敬意を示す謙譲語
b……清さだから男君への敬意を示す尊敬語
c……男君から女君への敬意を示す尊敬語

⑤ a……右近から女君への敬意を示す丁寧語
b……清さだから男君への敬意を示す尊敬語
c……男君から女君への敬意を示す謙譲語

問3　傍線部X「いとど恥づかしう、げに悲しくて」とあるが、このときの女君の心情の説明として最も適当なものを、次の①～⑤のうちから一つ選べ。解答番号は 25 。

① 右近に、男君の病状が悪くなったのは自分のせいだと責められて恥ずかしくなり、また、男君が自分への気持ちをあきらめきれずに手紙をよこしたと告げられて、悲しく感じている。

② 右近に、仲介役とはいえ世に秘めた二人の仲を詳しく知られて恥ずかしくなり、また、右近が声をひそめて話すことから二人の仲が公にできないと思い知らされて、悲しく感じている。

③ 右近に、男君からの手紙を見ないのは罪作りなことだと諭されて恥ずかしくなり、また、昔の間柄のままであったら二人とも苦しまなかっただろうと言われて、悲しく感じている。

④ 右近に、死を目前にした男君が送ってきた罪深い内容の手紙を渡されて恥ずかしくなり、また、男君の姿が元気だった頃とは一変したので心苦しいと嘆かれて、悲しく感じている。

⑤ 右近に、子どもの面倒を見ないのは罪深いことだと説かれて恥ずかしくなり、また、子どもさえなければ帝も男君もここまで苦しまなかっただろうと咎《とが》められて、悲しく感じている。

問4　本文中の手紙A（男君の手紙）、手紙B（女君の手紙）の内容の説明として最も適当なものを、次の①～⑤のうちから一つ選べ。解答番号は 26 。

① 男君は、私が生きる甲斐《かい》もなく死んだら悲しんでほしいと思うが、迷い出そうな魂もあなたのことを考えるとこの身にとどまって死にきれない、と言っている。それに対して、女君は、あなたと離れてしまったことが苦しく、あなたに遅れず私もこの嘆きとともに消えてしまいたい、と応えている。

② 男君は、あなたに逢えずに死んだらせめて心を痛めることだけでもしてほしいが、死にきれないので私を受け入れてはくれないものか、と言っている。それに対して、女君は、もはやあなたを愛することはできないが、前世からの因縁と思えばつらく、一緒に死んでしまいたい、と応えている。

③ 男君は、私は逢瀬《おうせ》の期待もむなしく死ぬだろうが、それまでに魂がこの身から離れてあなたのもとにさまよい出たときは引き留めてほしい、と言っている。それに対して、女君は、心ならずも離ればなれになってしまったことが悲しく、あなたが死んだら私も死に遅れはしない、と応えている。

④ 男君は、あなたを恨みながら死ぬだろうが、そのときには魂を引き留めて、誰のせいでこうなったのか悩んでほしい、と言っている。それに対して、女君は、意に反してあなたと距離ができてしまったことが情けなく、あなたが死んだら私も遅れずに死ぬから待っていてほしい、と応えている。

⑤ 男君は、私がこのまま死んだら、私のことを思って空を眺めてほしい、そうすれば魂はあなたのもとに行くので、そばに置いてほしい、と言っている。それに対して、女君は、今逢えないことでさえももどかしく、あなたが死んだら魂の訪れなど待たずに私も消えてしまいたい、と応えている。

問5　傍線部Y「方々《かたがた》思ひやるにも、悲しう見奉りぬ」とあるが、このときの右近の心情の説明として最も適当なものを、次の①～⑤のうちから一つ選べ。解答番号は 27 。

① 女君は立場上、簡単な手紙しか書けないが、気持ちは男君にきっと伝わるだろうと、離ればなれになった二人を思っては、悲しく感じている。

② 病のせいで言葉少ない男君の手紙を見て、女君はいっそう気の毒に思っているだろうと、二人のやりとりを振り返っては、悲しく感じている。

③ 言葉足らずの女君の手紙を見て、男君は女君をいとしく思いつつもいよいよ落胆するだろうと、二人の別れを予感しては、悲しく感じている。

④ 短く書くことしかできない女君の手紙を見て、男君はさらに女君への思いを募らせるだろうと、二人の気持ちを考えては、悲しく感じている。

⑤ 控えめな人柄がうかがえる女君の手紙を見れば、男君は女君への愛をますます深めるだろうと、二人の将来を危ぶんでは、悲しく感じている。

問6　この文章の内容の説明として最も適当なものを、次の①～⑤のうちから一つ選べ。解答番号は 28 。

① 男君は、女君のことを恋しく思い続けているが、未練がましく言い寄っても女君が不快に思うのではと恐れて、誰にも本心を打ち明けられず、悩みを深めていた。

② 女君は、男君への思いを隠したまま、帝と過ごす時間が長くなっていくことに堪えられず、ついには人目を忍んで男君への手紙を右近に取り次がせようとした。

③ 清さだは、右近から手紙が来ないことを不審に思い、帝が真相に気づいたのではないかと心配になり、事情を知らせるようにと、急いで右近に手紙を送った。

④ 男君は、女君への思いに加えて、東宮のもとに無理に出仕をしたため病気が重くなり、男君の様子を清さだから聞いた女君は、男君は死ぬに違いないと思った。

⑤ 女君は、男君の手紙を見せられて恐ろしく感じ、手紙を取り次いだ右近を前に当惑して泣いたが、無視もできずに手紙を読んだところ、絶望的な気持ちになった。

第4問　次の文章を読んで、後の問い（問1～7）に答えよ。なお、設問の都合で送り仮名を省いたところがある。（配点　50）

家《ニ》蓄《やしなフ》二一老貍《り》(注1)奴《どヲ》一。(ア)将レ誕《うマント》子《ヲ》(a)矣。一女童誤《リテ》触《レ》レ之《ニ》、而《シテ》堕《ス》。日夕嗚《を》(注2)嗚《を》然《ぜんタリ》。会《たまたま》有《リ》下餽《おくル》二両小貍奴《ヲ》一者上。其《ノ》始《メ》、蓋《シ》漠(注3)然《トシテ》不《ル》二相《ヒ》能《よクセ》一也。老貍奴《ナル》者、従《ヒテ》而撫《ぶシ》レ之《ヲ》、徬(注4)徨《はうくわう》焉《えんタリ》、躑《てき》躅《ちよく》焉《えんタリ》。臥《ぐわスレバ》則《チ》擁《シ》レ之《ヲ》、行《ケバ》則《チ》翊《たすク》レ之《ヲ》。舐《なメテ》二其《ノ》氄(注5)《じようヲ》一而譲《ル》二之《ニ》食《ヲ》一。両小貍奴《ナル》者《モ》、亦《また》久《シクシテ》而相《ヒ》忘《ルル》也。稍《やうやク》即《つキ》レ之《ニ》、遂《ニ》(1)承二其《ノ》乳《ヲ》一焉。(イ)自レ是《レ》欣(注6)然《きんぜんトシテ》以《テ》為《ス》二良《まことニ》己之母《ナリト》一。老貍奴《ナル》者《モ》、亦《タ》居(注7)然《トシテ》以《テ》為《ス》二良《ニ》己《ガ》出《ダスト》一(b)也。A吁《ああ》、亦《タ》異《ナル》哉《かな》。

昔、漢《ノ》明(注8)徳馬后《ニ》無《シ》レ子。顕(注9)宗取《リ》二他《ノ》人《じん》子《しヲ》一、命《ジテ》養《ハシメテ》レ之《ヲ》曰《ハク》、B「人子何必親生。但《ダ》恨《ム》二愛之不《ル》レ至《ラ》(c)耳《ト》。」后遂《ニ》尽《クシテ》レ心《ヲ》撫育《シ》、而章帝《モ》亦《タ》恩(注10)性天至《タリ》。母子《ノ》慈孝、始終無《シ》二纖(注11)芥《せんかい》之間一。貍奴之事、(2)適有《リ》レ契《かなフ》(d)焉。然《しかラバ》

則チ C 世之為ニ人親与レ子、而有ニ不慈不孝者一、豈独愧ニ于古人一。亦タ愧《はヅル》ニ此ノ異類ニ(e)已。

（程敏政《ていびんせい》『篁墩文集《こうとんぶんしゅう》』による）

（注）
1 貍奴――猫。
2 嗚嗚然――嘆き悲しんで鳴くさま。
3 漠然――無関心なさま。
4 徬徨焉、躑躅焉――うろうろしたり足踏みをしたりして、落ち着かないさま。
5 氄――うぶ毛。
6 欣然――よろこぶさま。
7 居然――やすらかなさま。
8 明徳馬后――後漢の第二代明帝（顕宗）の皇后。第三代章帝の養母。
9 顕宗取ニ他人子一、命養レ之――顕宗が他の妃《きさき》の子を引き取って、明徳馬后に養育を託したことをいう。
10 恩性天至――親に対する愛情が、自然にそなわっていること。
11 無ニ纖芥之間一――わずかな隔たりさえないこと。

問1　傍線部(1)「承」・(2)「適」の意味として最も適当なものを、次の各群の①～⑤のうちから、それぞれ一つずつ選べ。解答番号は 29 ・ 30 。

(1)「承」 29
① 授けた
② 認識した
③ 納得した
④ 差し出した
⑤ 受け入れた

(2)「適」 30
① ゆくゆく
② わずかに
③ ちょうど
④ ほとんど
⑤ かならず

問2　二重傍線部(ア)「将」・(イ)「自」と同じ読み方をするものを、次の各群の①～⑤のうちから、それぞれ一つずつ選べ。解答番号は 31 ・ 32 。

(ア)「将」 31
① 当
② 盍
③ 応
④ 且
⑤ 須

(イ)「自」 32
① 如
② 以
③ 毎
④ 従
⑤ 雖

問3　波線部(a)「矣」・(b)「也」・(c)「耳」・(d)「焉」・(e)「已」の説明の組合せとして最も適当なものを、次の①～⑤のうちから一つ選べ。解答番号は［33］。

① (a)「矣」は「かな」と読み、詠嘆の意味を添え、(b)「也」は「なり」と読み、断定の意味を添える。
② (a)「矣」は「かな」と読み、感動の意味を添え、(e)「已」は「のみ」と読み、限定の意味を添える。
③ (b)「也」は「なり」と読み、伝聞の意味を添え、(c)「耳」は「のみ」と読み、限定の意味を添える。
④ (c)「耳」は「のみ」と読み、限定の意味を添え、(d)「焉」は文末の置き字で、断定の意味を添える。
⑤ (d)「焉」は文末の置き字で、意志の意味を添え、(e)「已」は「のみ」と読み、限定の意味を添える。

問4　傍線部**A**「吁、亦異哉」とあるが、筆者がそのように述べる理由の説明として最も適当なものを、次の①～⑤のうちから一つ選べ。解答番号は［34］。

① 子猫たちと出会った時は「嗚嗚然」としていた老猫が、「欣然」と子猫たちと戯れる姿を見せるようになったため。
② 互いに「漠然」として親子であることを忘れていた猫たちが、最後には「居然」と本来の関係をとりもどしたため。
③ 老猫と出会った初めは「漠然」としていた子猫たちが、ついには「欣然」と老猫のことを慕うようになったため。
④ 子猫たちが「居然」として老猫になつき、老猫も「嗚嗚然」たる深い悲しみを乗り越えることができたため。
⑤ 子猫たちが「欣然」と戯れる一方で、老猫は「居然」たるさまを装いながらも深い悲しみを隠しきれずにいるため。

問5　傍線部B「人子何必親生」の解釈として最も適当なものを、次の①～⑤のうちから一つ選べ。解答番号は［35］。

① 子というものは、いつまでも親元にいるべきではない。
② 子というものは、必ずしも親の思い通りにはならない。
③ 子というものは、どのようにして育ててゆけば良いのか。
④ 子というものは、自分で産んだかどうかが大事なのではない。
⑤ 子というものは、いつまでも親の気を引きたいものだ。

問6　傍線部C「世之為二人親一与レ子、而有二不慈不孝者一、豈独愧二于古人一」の書き下し文として最も適当なものを、次の①～⑤のうちから一つ選べ。解答番号は［36］。

① 世の人親《じんしん》と子との為にして、不慈不孝なる者有るは、豈に独り古人のみを愧《は》づかしめんや
② 世の人親の子に与ふと為すも、不慈不孝なる者有るは、豈に独り古人に愧づるのみならんや
③ 世の人親の子に与ふるが為に、不慈不孝なる者有るは、豈に独り古人のみを愧づかしめんや
④ 世の人親と子との為にするも、不慈不孝なる者有るは、豈に独り古人のみを愧づかしめんや
⑤ 世の人親と子と為りて、不慈不孝なる者有るは、豈に独り古人に愧づるのみならんや

問7　この文章全体から読み取れる筆者の考えの説明として最も適当なものを、次の①～⑤のうちから一つ選べ。解答番号は 37 。

① 猫の親子でも家族の危機を乗り越え、たくましく生きている。悲嘆のあまり人間本来の姿を見失った親子も、古人が言うように互いの愛情によって立ち直ると信じたいものだ。

② 血のつながらない猫同士でさえ実の親子ほどに強く結ばれることがある。人でありながら互いに愛情を抱きあえない親子がいることは、古人はおろか猫の例にも及ばないほど嘆かわしいものだ。

③ 子猫たちとの心あたたまる交流によっても、ついに老猫の悲しみは癒やされることはなかった。我が子を思う親の愛情は、古人が示したように何にもたとえようがないほど深いものだ。

④ 老猫は子猫たちを憐《あわ》れんで献身的に養育し、子猫たちも心から老猫になつく。その一方で、古人のように素直になれず、愛情がすれ違う昨今の親子を見ると、誠にいたたまれなくなるものだ。

⑤ もらわれてきた子猫でさえ老猫に対して孝心を抱く。これに反して、成長しても肉親の愛情に恩義を感じない子がいることは、古人に顔向けできないほど恥ずかしいものだ。

国 語 解 答 用 紙

注意事項
1　訂正は，消しゴムできれいに消し，消しくずを残してはいけません。
2　所定欄以外にはマークしたり，記入したりしてはいけません。
3　汚したり，折りまげたりしてはいけません。

解答番号	解答欄									解答番号	解答欄									解答番号	解答欄									解答番号	解答欄								
	1	2	3	4	5	6	7	8	9		1	2	3	4	5	6	7	8	9		1	2	3	4	5	6	7	8	9		1	2	3	4	5	6	7	8	9
1	①	②	③	④	⑤	⑥	⑦	⑧	⑨	14	①	②	③	④	⑤	⑥	⑦	⑧	⑨	27	①	②	③	④	⑤	⑥	⑦	⑧	⑨	40	①	②	③	④	⑤	⑥	⑦	⑧	⑨
2	①	②	③	④	⑤	⑥	⑦	⑧	⑨	15	①	②	③	④	⑤	⑥	⑦	⑧	⑨	28	①	②	③	④	⑤	⑥	⑦	⑧	⑨	41	①	②	③	④	⑤	⑥	⑦	⑧	⑨
3	①	②	③	④	⑤	⑥	⑦	⑧	⑨	16	①	②	③	④	⑤	⑥	⑦	⑧	⑨	29	①	②	③	④	⑤	⑥	⑦	⑧	⑨	42	①	②	③	④	⑤	⑥	⑦	⑧	⑨
4	①	②	③	④	⑤	⑥	⑦	⑧	⑨	17	①	②	③	④	⑤	⑥	⑦	⑧	⑨	30	①	②	③	④	⑤	⑥	⑦	⑧	⑨	43	①	②	③	④	⑤	⑥	⑦	⑧	⑨
5	①	②	③	④	⑤	⑥	⑦	⑧	⑨	18	①	②	③	④	⑤	⑥	⑦	⑧	⑨	31	①	②	③	④	⑤	⑥	⑦	⑧	⑨	44	①	②	③	④	⑤	⑥	⑦	⑧	⑨
6	①	②	③	④	⑤	⑥	⑦	⑧	⑨	19	①	②	③	④	⑤	⑥	⑦	⑧	⑨	32	①	②	③	④	⑤	⑥	⑦	⑧	⑨	45	①	②	③	④	⑤	⑥	⑦	⑧	⑨
7	①	②	③	④	⑤	⑥	⑦	⑧	⑨	20	①	②	③	④	⑤	⑥	⑦	⑧	⑨	33	①	②	③	④	⑤	⑥	⑦	⑧	⑨	46	①	②	③	④	⑤	⑥	⑦	⑧	⑨
8	①	②	③	④	⑤	⑥	⑦	⑧	⑨	21	①	②	③	④	⑤	⑥	⑦	⑧	⑨	34	①	②	③	④	⑤	⑥	⑦	⑧	⑨	47	①	②	③	④	⑤	⑥	⑦	⑧	⑨
9	①	②	③	④	⑤	⑥	⑦	⑧	⑨	22	①	②	③	④	⑤	⑥	⑦	⑧	⑨	35	①	②	③	④	⑤	⑥	⑦	⑧	⑨	48	①	②	③	④	⑤	⑥	⑦	⑧	⑨
10	①	②	③	④	⑤	⑥	⑦	⑧	⑨	23	①	②	③	④	⑤	⑥	⑦	⑧	⑨	36	①	②	③	④	⑤	⑥	⑦	⑧	⑨	49	①	②	③	④	⑤	⑥	⑦	⑧	⑨
11	①	②	③	④	⑤	⑥	⑦	⑧	⑨	24	①	②	③	④	⑤	⑥	⑦	⑧	⑨	37	①	②	③	④	⑤	⑥	⑦	⑧	⑨	50	①	②	③	④	⑤	⑥	⑦	⑧	⑨
12	①	②	③	④	⑤	⑥	⑦	⑧	⑨	25	①	②	③	④	⑤	⑥	⑦	⑧	⑨	38	①	②	③	④	⑤	⑥	⑦	⑧	⑨	51	①	②	③	④	⑤	⑥	⑦	⑧	⑨
13	①	②	③	④	⑤	⑥	⑦	⑧	⑨	26	①	②	③	④	⑤	⑥	⑦	⑧	⑨	39	①	②	③	④	⑤	⑥	⑦	⑧	⑨	52	①	②	③	④	⑤	⑥	⑦	⑧	⑨

国 語 解 答 用 紙

注意事項
1　訂正は，消しゴムできれいに消し，消しくずを残してはいけません。
2　所定欄以外にはマークしたり，記入したりしてはいけません。
3　汚したり，折りまげたりしてはいけません。

解答番号	解答欄									解答番号	解答欄									解答番号	解答欄									解答番号	解答欄								
	1	2	3	4	5	6	7	8	9		1	2	3	4	5	6	7	8	9		1	2	3	4	5	6	7	8	9		1	2	3	4	5	6	7	8	9
1	①	②	③	④	⑤	⑥	⑦	⑧	⑨	14	①	②	③	④	⑤	⑥	⑦	⑧	⑨	27	①	②	③	④	⑤	⑥	⑦	⑧	⑨	40	①	②	③	④	⑤	⑥	⑦	⑧	⑨
2	①	②	③	④	⑤	⑥	⑦	⑧	⑨	15	①	②	③	④	⑤	⑥	⑦	⑧	⑨	28	①	②	③	④	⑤	⑥	⑦	⑧	⑨	41	①	②	③	④	⑤	⑥	⑦	⑧	⑨
3	①	②	③	④	⑤	⑥	⑦	⑧	⑨	16	①	②	③	④	⑤	⑥	⑦	⑧	⑨	29	①	②	③	④	⑤	⑥	⑦	⑧	⑨	42	①	②	③	④	⑤	⑥	⑦	⑧	⑨
4	①	②	③	④	⑤	⑥	⑦	⑧	⑨	17	①	②	③	④	⑤	⑥	⑦	⑧	⑨	30	①	②	③	④	⑤	⑥	⑦	⑧	⑨	43	①	②	③	④	⑤	⑥	⑦	⑧	⑨
5	①	②	③	④	⑤	⑥	⑦	⑧	⑨	18	①	②	③	④	⑤	⑥	⑦	⑧	⑨	31	①	②	③	④	⑤	⑥	⑦	⑧	⑨	44	①	②	③	④	⑤	⑥	⑦	⑧	⑨
6	①	②	③	④	⑤	⑥	⑦	⑧	⑨	19	①	②	③	④	⑤	⑥	⑦	⑧	⑨	32	①	②	③	④	⑤	⑥	⑦	⑧	⑨	45	①	②	③	④	⑤	⑥	⑦	⑧	⑨
7	①	②	③	④	⑤	⑥	⑦	⑧	⑨	20	①	②	③	④	⑤	⑥	⑦	⑧	⑨	33	①	②	③	④	⑤	⑥	⑦	⑧	⑨	46	①	②	③	④	⑤	⑥	⑦	⑧	⑨
8	①	②	③	④	⑤	⑥	⑦	⑧	⑨	21	①	②	③	④	⑤	⑥	⑦	⑧	⑨	34	①	②	③	④	⑤	⑥	⑦	⑧	⑨	47	①	②	③	④	⑤	⑥	⑦	⑧	⑨
9	①	②	③	④	⑤	⑥	⑦	⑧	⑨	22	①	②	③	④	⑤	⑥	⑦	⑧	⑨	35	①	②	③	④	⑤	⑥	⑦	⑧	⑨	48	①	②	③	④	⑤	⑥	⑦	⑧	⑨
10	①	②	③	④	⑤	⑥	⑦	⑧	⑨	23	①	②	③	④	⑤	⑥	⑦	⑧	⑨	36	①	②	③	④	⑤	⑥	⑦	⑧	⑨	49	①	②	③	④	⑤	⑥	⑦	⑧	⑨
11	①	②	③	④	⑤	⑥	⑦	⑧	⑨	24	①	②	③	④	⑤	⑥	⑦	⑧	⑨	37	①	②	③	④	⑤	⑥	⑦	⑧	⑨	50	①	②	③	④	⑤	⑥	⑦	⑧	⑨
12	①	②	③	④	⑤	⑥	⑦	⑧	⑨	25	①	②	③	④	⑤	⑥	⑦	⑧	⑨	38	①	②	③	④	⑤	⑥	⑦	⑧	⑨	51	①	②	③	④	⑤	⑥	⑦	⑧	⑨
13	①	②	③	④	⑤	⑥	⑦	⑧	⑨	26	①	②	③	④	⑤	⑥	⑦	⑧	⑨	39	①	②	③	④	⑤	⑥	⑦	⑧	⑨	52	①	②	③	④	⑤	⑥	⑦	⑧	⑨

2022